21世纪房地产系列精品教材

广州市精品课程"房地产投资分析"配套教材

房地产项目投资分析

Analysis of the Real Estate Project Investment

陈琳 谭建辉 ◎ 编著

清华大学出版社
北京

内 容 简 介

本书全面系统地论述了房地产开发项目投资全过程中应当研究和分析的主要问题及操作方法。全书共分为十五章，主要包括房地产投资项目策划与可行性研究概述、投资环境分析、市场调查、市场定位、产品策划、开发流程与进度计划编制、投资费用估算、资金筹措、收入税金估算及投资计划安排、财务评价、风险分析、社会评价以及投资后评价等内容，并配以丰富的实际案例供读者学习与参考。

本书是房地产及其相关学科的专业教材，同时也是一本既有理论深度又有实用性的专著。它既可以作为大专院校师生的教学用书，也可以提供给专业研究人员参考，还可以提供给房地产开发商、投资商、顾问咨询机构、评估机构、银行信贷部门以及政府有关部门等，用作进行房地产项目可行性研究、项目评估以及项目审核的工具书。

本书封面贴有清华大学出版社防伪标签，无标签者不得销售。
版权所有，侵权必究。举报：010-62782989，beiqinquan@tup.tsinghua.edu.cn。

图书在版编目（CIP）数据

房地产项目投资分析/陈琳，谭建辉编著. —北京：清华大学出版社，2015（2024.9重印）
21世纪房地产系列精品教材
ISBN 978-7-302-39415-0

I. ①房… II. ①陈… ②谭… III. ①房地产投资-投资分析-教材 IV. ①F293.35

中国版本图书馆 CIP 数据核字（2015）第 031489 号

责任编辑：杜春杰
封面设计：刘 超
版式设计：魏 远
责任校对：王 颖
责任印制：丛怀宇

出版发行：清华大学出版社
    网　　址：https://www.tup.com.cn，https://www.wqxuetang.com
    地　　址：北京清华大学学研大厦 A 座　　邮　　编：100084
    社 总 机：010-83470000　　邮　　购：010-62786544
    投稿与读者服务：010-62776969，c-service@tup.tsinghua.edu.cn
    质 量 反 馈：010-62772015，zhiliang@tup.tsinghua.edu.cn
印 装 者：三河市龙大印装有限公司
经　　销：全国新华书店
开　　本：185mm×260mm　　印　张：44.75　　插　页：3　　字　数：1200 千字
版　　次：2015 年 10 月第 1 版　　印　次：2024 年 9 月第 9 次印刷
印　　数：14401～14900
定　　价：89.00 元

产品编号：039826-02

前 言
Preface

《房地产项目投资分析》一书以房地产开发项目为研究对象，全面系统地阐述了项目开发投资全过程中应当研究和分析的主要问题及操作方法。全书共分为十五章，主要包括房地产投资项目策划与可行性研究概述、投资环境分析、市场调查、市场定位、产品策划、开发流程与进度计划编制、投资费用估算、资金筹措、收入税金估算及投资计划安排、财务评价、风险分析、社会评价以及投资后评价等内容，并配以多年来在教学与科研活动中所获得的大量的实际案例，以期为读者进行类似的项目研究与分析时提供可能多的帮助。

本书的前身是 2004 年 2 月由中国建筑工业出版社出版的专著《房地产项目投资（第二版）》，该书出版以来，以其清晰的理论架构与密切联系实际的实用性一直受到广大读者的欢迎与厚爱，同时也给我们反馈了很多宝贵的意见。十年过去了，由于社会经济、学科内涵、行业标准等都在不断发展与变化，我们的教学与研究经历也在不断丰富，另外也为了更好地适应专业教学对教材的要求，在清华大学出版社的支持与鼓励下，我们在《房地产项目投资（第二版）》的基础上，结合自身的教学研究心得，以及学科与行业的最新发展动态和标准，采用教材的编写规范与要求，撰写了这本《房地产项目投资分析》。

本书由广州大学陈琳教授统筹并撰写了第七～十四章，广州大学谭建辉副教授撰写了第一～五章，广州大学曲少杰副教授、广州大学市政技术学院张春柳工程师、澳洲元道景观设计公司庄海城工程师共同撰写了第六章，第十五章（案例）由陈琳、谭建辉、吴开泽、高凌霄、郭淑乐共同完成。

本书能得以顺利完成与出版，要感谢的人很多。首先最要感谢的是我们的恩师潘蜀健教授。由于潘教授的一再推辞，他的名字没有出现在封面的作者栏中，但作为《房地产项目投资（第二版）》的主要作者之一，他的工作具有开创性，对本书的贡献是不可磨灭的。

还要感谢我们的学生们。感谢他们投入极大的热情，为本书的编写收集素材，进行整理和核对。他们是吴开泽、章勇、韩清雪、李健超、周刚、刘俊杰、普会霞、邹伟良、谭剑、黄锦成、廖建珍、林笃悦、杨福梅、杜允成、郑文雅、谢仟元、冯栩颖、陶韬、张子平等。

感谢清华大学出版社杜春杰编辑一直以来的耐心帮助。同时，本书的出版，还得到了广州大学教材出版基金的资助，特此致谢。

目 录

Contents

第一章 房地产项目投资概论 1
第一节 投资的基本概念 2
一、投资要素与投资分类 2
二、投资特性 4
第二节 市场与房地产市场 5
一、市场与市场机制 5
二、房地产市场特征与架构 8
三、房地产市场指标 11
四、房地产市场的政府干预 14
第三节 房地产项目投资 18
一、项目及项目周期 18
二、房地产项目投资 19
复习思考题 26

第二章 房地产项目策划与项目可行性研究 27
第一节 房地产项目策划 28
一、房地产项目策划的含义与作用 28
二、房地产项目策划的特性 29
三、房地产项目策划的原则 31
四、房地产项目策划的类型 32
五、房地产项目策划的程序 35
第二节 房地产项目可行性研究 36
一、可行性研究的作用 36
二、可行性研究的阶段与内容 37
三、可行性研究报告编制步骤 39
四、可行性研究报告的内容 40
五、可行性研究报告编制依据和要求 43
第三节 房地产项目前期策划与项目可行性研究的关系 ...44
第四节 案例——广州市琶洲储备用地土地开发可行性研究与经营策划投标书 ...46
一、指导思想 46

　　二、主要工作内容 46
　　三、工作进度及工作流程 48
复习思考题 54

第三章　房地产项目投资环境分析 55
第一节　投资环境概论 56
　　一、投资环境 56
　　二、投资环境的分类 56
第二节　房地产项目投资环境要素 57
　　一、社会环境要素 57
　　二、政治环境要素 58
　　三、文化环境要素 59
　　四、经济环境要素 59
　　五、法律环境要素 59
　　六、自然环境要素 59
　　七、基础设施环境要素 60
第三节　房地产项目投资环境评价 60
　　一、投资环境评价的原则和标准 60
　　二、投资环境评价方法 61
第四节　案例——某房地产开发项目地块评价 68
复习思考题 76

第四章　房地产项目市场调查 77
第一节　房地产项目市场调查概述 78
　　一、房地产项目市场调查的含义和作用 78
　　二、房地产项目市场调查的一般原则 78
　　三、房地产市场调研的误区 79
第二节　房地产市场调查程序 81
　　一、准备阶段 81
　　二、实施阶段 83
　　三、分析和总结阶段 84
第三节　房地产市场调查方法分类 85
　　一、按调查目的分类 86
　　二、按调查范围和对象分类 87
　　三、按调查资料的来源分类 89
　　四、按调查结果的性质分类 95
第四节　房地产市场调查研究的主要内容 96
　　一、市场环境调研 96
　　二、消费者调研 97
　　三、竞争楼盘调研 98
　　四、竞争对手调研 102

第五节	各类房地产项目市场调研	103
	一、住宅市场调研	103
	二、办公楼市场调研	106
	三、商业用房市场调研	110
第六节	调查问卷设计	114
	一、调查问卷设计概述	114
	二、问卷设计的原则	114
	三、调查问卷的一般结构	115
	四、调查问卷的提问形式	116
	五、问卷设计中应注意的几个问题	118
第七节	调查资料的整理与统计分析	120
	一、资料整理	120
	二、常用统计表	122
	三、常用统计图	124
第八节	案例——某商业项目调研计划	127
	一、工作规划	127
	二、时间安排	128
	三、调查内容	128
	四、资源保障	130
	五、委托方协助	130
	六、费用及支付建议（略）	130
复习思考题		134

第五章　房地产项目市场定位 135

第一节	房地产项目 SWOT 分析	136
	一、分析环境因素	136
	二、构造 SWOT 矩阵	136
	三、制定相应对策	136
	案例：某金融城项目 SWOT 分析	137
第二节	市场细分概述	141
	一、市场细分内涵及作用	141
	二、市场细分依据	141
	三、市场细分程序	142
	四、细分市场评估	143
第三节	房地产市场细分	144
	一、房地产市场细分依据	144
	二、房地产市场细分程序与方法	147
	三、房地产细分市场评估	148
第四节	房地产目标市场选择	149
	一、目标市场概述	149
	二、影响目标市场选择的主要因素	149

  三、目标市场选择程序 150
  四、可选择的市场覆盖策略 152
  案例：工业化规模扩张型——碧桂园模式 153
  案例：万科差异化的产品线设计 153
 第五节 房地产项目市场定位 155
  一、房地产项目市场定位战略与定位模式 155
  案例：YOU+（优家）青年公寓产品模式与定位 157
  二、选择并实施市场定位战略与定位模式 158
  三、房地产市场定位的内容 162
 复习思考题 163

第六章 房地产项目产品策划 164
 第一节 房地产项目产品策划概述 165
  一、房地产项目产品策划的含义 165
  二、房地产项目产品策划的工作内容 165
  三、房地产项目产品策划的原则 166
 第二节 房地产项目开发与城市规划 166
  一、城市规划概述 166
  二、城市规划的层次体系 167
  三、城市规划与房地产开发的关系 169
 第三节 房地产项目总体规划策划 170
  一、住宅项目规划设计内容与要求 170
  二、房地产项目平面布局策划 173
  三、房地产项目竖向设计策划 179
 第四节 房地产项目道路交通系统策划 180
  一、居住区交通系统的分类 181
  二、居住区交通规划的原则 184
  三、居住区道路规划的要求 184
 第五节 房地产项目建筑风格策划 185
  一、建筑风格的概念 185
  二、建筑风格策划的重要性 185
  三、建筑风格的分类特征 185
 第六节 房地产项目户型设计策划 194
  一、住宅户型策划的内容 194
  二、住宅户型策划的原则 195
  三、住宅户型设计的具体要求 200
 第七节 房地产项目景观设计策划 205
  一、居住区环境设计的分类 205
  二、居住区景观设计的原则 206
  三、居住区景观设计的具体要求 208
 第八节 房地产项目配套设计策划 219

　　一、居住区配套设施的类型 220
　　二、居住区配套设施设计的原则 220
　　三、居住区配套设施设计的具体要求 221
第九节　案例——广州钢铁集团职工福利房金鹤苑小区项目产品设计策划 222
　　一、金鹤苑项目概况 222
　　二、产品规划设计 223
　　三、经济技术指标 229
复习思考题 231

第七章　房地产项目开发流程与进度计划编制 232
第一节　房地产项目开发流程 233
　　一、获取土地阶段 233
　　二、用地审批阶段 234
　　三、规划报建阶段 235
　　四、施工许可阶段 236
　　五、预售许可阶段 237
　　六、竣工验收阶段 238
　　七、交楼办证阶段 239
第二节　房地产项目开发进度计划 245
　　一、项目计划概述 245
　　二、项目计划编制要求与编制程序 247
　　三、项目计划编制方法 249
第三节　房地产项目开发流程与进度计划编制案例 254
　　案例一：FL 商务大厦项目房地产开发流程案例 254
　　案例二：HG 项目进度计划编制案例 256
复习思考题 261

第八章　房地产项目投资费用估算 262
第一节　建设项目投资估算 263
　　一、建设项目投资估算的作用与阶段划分 263
　　二、建设项目总投资构成 264
　　三、建设项目投资估算方法 265
　　四、建设项目总成本费用构成 272
第二节　房地产项目投资成本费用的构成与估算 274
　　一、房地产项目投资与成本费用构成 274
　　二、房地产项目投资与成本费用估算 275
第三节　案例——某高层住宅房地产项目开发成本费用与投资估算 305
　　一、项目概况 305
　　二、项目开发成本费用与投资估算 305
复习思考题 311

第九章　房地产项目投资资金筹措 ... 312
第一节　资金筹措概论 ... 313
　一、筹资与筹资方式 ... 313
　二、筹资原则 ... 316
第二节　房地产项目资金筹措 ... 316
　一、房地产项目资金筹措渠道 ... 316
　二、几种常见的融资方式 ... 319
第三节　房地产投资信托 ... 322
　一、REITs 的概念及类型 ... 322
　二、REITs 的发展历程 ... 324
　三、REITs 的运作模式 ... 326
　四、REITs 与其他融资方式的比较 ... 330
第四节　其他几种常用的项目融资模式 ... 331
　一、以"产品支付"为基础的项目融资模式 ... 331
　二、以"杠杆租赁"为基础的项目融资模式 ... 332
　三、以"设施使用协议"为基础的项目融资模式 ... 332
　四、BOT/PPP 模式的项目融资 ... 332
　五、ABS 项目融资模式 ... 337
第五节　资金成本与筹资决策 ... 338
　一、资金成本 ... 338
　二、杠杆效应 ... 341
　三、财务风险与筹资决策 ... 345
第六节　借款还本付息表的编制和指标计算 ... 346
　一、还本付息的资金来源 ... 346
　二、还款方式及还款顺序 ... 347
　三、贷款还本付息额的计算办法 ... 347
　四、贷款还本付息表的格式 ... 350
　五、借款还本付息表指标的计算 ... 351
　六、还本付息表的分析 ... 353
　七、对既有法人项目借款偿还能力的分析 ... 354
第七节　房地产项目融资案例 ... 354
　案例一：中意广场房地产开发项目资金筹措方案分析 ... 354
　案例二：G 市公共租赁住房产业基金融资案例 ... 358
复习思考题 ... 364

第十章　房地产项目收入税金估算及投资计划安排 ... 365
第一节　房地产项目价格确定 ... 366
　一、房地产项目价格与价格策划 ... 366
　二、房地产项目价格策划程序 ... 366
　三、房地产项目价格确定方法 ... 371
第二节　房地产项目收入估算 ... 376

　　一、销（租）售收入测算表的编制 376
　　二、销（租）售收入测算表的形式 377
　　三、销（租）售收入测算表的分析 378
第三节　房地产项目销售与经营税费 378
　　一、房地产项目经营税费主要税种 378
　　二、广州市房地产有关税费一览表 382
第四节　投资计划与资金筹措表的编制 390
　　一、投资计划与资金筹措表的格式 390
　　二、编制投资计划与资金筹措表的依据 391
　　三、对投资计划与资金筹措表的分析评价 392
　　四、特别说明 392
复习思考题 393

第十一章　房地产项目财务评价 394
第一节　财务评价概述 395
　　一、财务评价的含义和作用 395
　　二、财务评价的原则 396
　　三、财务评价的依据 396
　　四、财务评价的基本原理 397
　　五、财务评价的基础数据和基本财务报表 397
　　六、财务评价指标体系 398
第二节　损益表与静态盈利分析 400
　　一、一般建设项目损益表 400
　　二、房地产投资项目损益表 403
第三节　现金流量表与动态盈利分析 407
　　一、财务现金流量表编制与分析的有关概念 407
　　二、一般建设项目财务现金流量表的编制与分析 408
　　三、房地产投资项目财务现金流量表的编制与分析 413
第四节　资金来源与运用表及资金平衡分析 416
　　一、一般建设项目的资金来源与运用表及资金平衡分析 417
　　二、房地产投资项目资金来源与运用表 419
第五节　资产负债表及清偿能力分析 420
　　一、资产负债表的构成和内容 421
　　二、清偿能力分析 423
第六节　房地产项目投资经济效益的不确定性分析 426
　　一、盈亏平衡分析 426
　　二、敏感性分析 433
　　三、概率分析 437
第七节　财务评价案例 440
　　案例一：某一般建设项目财务评价案例 440
　　案例二：某住宅小区房地产项目财务评价 454

　　案例三：某商业大厦房地产项目财务评价案例 488
　　复习思考题 514

第十二章　房地产项目投资风险分析 515
第一节　投资风险概述 516
　　一、风险与投资风险 516
　　二、投资风险的种类 517
　　三、投资风险识别 518
　　四、投资风险的度量 518
　　五、投资风险评价 521
　　六、房地产项目投资风险 522
第二节　房地产项目投资风险防范与控制 524
　　一、投资风险防范策略 524
　　二、不同阶段的投资风险防范措施 525
　　三、投资风险分析方法 526
　　四、投资风险分析过程 535
　　五、投资风险控制 537
　　复习思考题 541

第十三章　房地产项目投资社会评价 542
第一节　投资项目社会评价概述 543
　　一、社会发展与社会发展观 543
　　二、项目社会评价研究发展概况 547
　　三、项目社会评价的内涵与特点 549
　　四、项目社会评价的原则 551
第二节　房地产项目社会评价的主要内容和程序 552
　　一、房地产项目社会评价的主要内容 552
　　二、房地产项目周期各阶段社会评价的侧重点 557
　　三、房地产项目社会评价的程序 562
第三节　房地产项目社会评价指标体系与方法 564
　　一、房地产项目社会评价指标体系 564
　　二、房地产项目社会评价的综合评价法 567
　　三、综合评价方法的应用案例 569
　　四、房地产项目社会评价的其他方法 572
第四节　社会评价中的成本效益分析法 573
　　一、房地产项目社会成本效益分析的理论基础 573
　　二、房地产项目的社会成本效益分析方法 575
　　三、投资项目的社会成本效益分析程序 577
　　四、房地产项目社会成本效益分析中的相关指标及其确定 577
　　五、应用社会成本效益分析方法的相关建议 579
第五节　案例——JG镇拆迁项目社会风险评价 579

一、项目基本情况 579
　　二、调查过程和方式 580
　　三、主要研究发现 580
　　四、评估结论 583
　　五、相关应对策略及政策建议 583
复习思考题 584

第十四章　房地产项目投资后评价 585
第一节　项目投资后评价概论 586
　　一、项目投资后评价的内涵 586
　　二、项目投资后评价的特征 586
　　三、项目投资后评价的组织 587
第二节　项目投资后评价的内容和评价程序 587
　　一、世界银行投资贷款项目后评价的主要内容 587
　　二、项目投资后评价的评价程序 588
第三节　房地产项目投资后评价的内容、指标和评价方法 590
　　一、房地产项目投资后评价的内容 590
　　二、房地产项目投资后评价指标 591
　　三、房地产项目投资后评价的分析方法 596
第四节　案例——HG 项目后评价 597
　　一、项目概况 597
　　二、项目前期总体策划思路与可行性研究相关结果指标 597
　　三、项目后评估 600
　　四、项目后评价结论 615
复习思考题 615

第十五章　房地产开发项目可行性研究案例 616
案例一　GZ 市白云地块项目可行性研究 617
　　一、项目简述 617
　　二、项目开发宏观环境分析 620
　　三、GZ 城市总体规划描述 621
　　四、项目所在地区域环境分析 623
　　五、项目开发条件分析 625
　　六、项目开发竞争对手分析 629
　　七、市场需求分析 629
　　八、本地块住宅开发市场定位 630
　　九、项目开发投资分析与财务评价 631
　　十、项目风险分析 648
　　十一、项目特征综述、评估结论与建议 650
案例二　GZ 市某旧厂改造项目策划与可行性研究 653
　　一、项目概况 653

二、项目宏观环境分析（略） 655
三、项目所在地区域环境分析（略） 655
四、同类项目案例研究及对本项目的启示（略） 655
五、项目开发条件分析 655
六、项目竞争对手分析 662
七、市场需求分析 667
八、项目整体定位 668
九、项目开发投资分析和财务评价 678
十、项目风险分析及控制 687
十一、项目社会评价（略） 689
十二、项目结论和建议 689

参考文献 691
附录A "房地产项目投资"课程设计指导书 696
附录B "方兴杯"第七届全国大学生房地产策划大赛任务书 699

第一章 房地产项目投资概论

本章从投资的基本概念与投资要素的构成入手,介绍投资的分类与特性,市场机制的形成与作用,并重点介绍房地产的市场特征、架构与市场指标,政府干预房地产市场的必要性与干预手段,以及房地产项目投资的特性与投资类型。

第一节 投资的基本概念

一、投资要素与投资分类

（一）投资要素

投资是指投资者为了获取未来的收益，将资金、土地、设备、物质、技术等生产要素投入社会再生产过程的经济活动和经济行为。投资行为是社会经济发展的基本推动力。投资主体、投资客体、投资目标、投资方式构成了投资行为的四项基本要素。

1．投资主体

投资主体即投资者，是指组织投资活动，筹集和提供投资资金，进行投资决策并实施投资的行为主体。凡是具有相对独立的投资决策权、拥有投资所形成资产所有权或经营权，同时承担投资风险的经济主体均可成为投资主体。一个严格意义上的投资主体须具备如下四项基本条件。

（1）有相对独立的投资决策权。即可以独立自主地决定是否投资、采用何种形式投资、投资规模多大等一系列战略性问题。

（2）能自行筹措并自主运用投资资金。尽管投资资金的来源有多种渠道，但无论这些资金形成于何处，均应当是由投资主体自身设法筹集到的。而且在运用投资资金时，有着充分的自主权，以监督控制和实施投资活动。

（3）拥有对投资所形成资产的所有权与经营权。即投资主体应当是投资直接成果（资产）的权益主体。

（4）承担投资风险并享有投资收益。投资主体必须首先是投资活动的责任主体，要承担因投资失败而导致的风险，也享受因投资成功而获取的收益。

2．投资客体

投资客体即投资对象、目标或标的物。既包括房屋、土地、厂房、设备等实物（有形）资产，也包括期货、股票、债券等金融资产，还有商标、专利等无形资产。

3．投资目标

投资目标是指投资活动要达到的目的和投资者的投资动机。每一项投资活动都是特定的投资主体在一定的环境条件下为追求某种特定的目的而形成的。投资动机内在的、主观的影响因素，并对投资实施起决定作用的本体便是投资主体。而环境条件则是影响投资活动的客观外在因素。投资目标既取决于投资主体的动机，又受制于投资环境条件。但就一般意义而言，投资目标通常表现为反映经济利益的，以资本的回收和增值为表象的营利性目的；反映社会效益的，以社会综合效益为表象的社会性目的；反映社会效益的，以投资环境的改善为表象的环境性目的。显然，营利性目的是投资行为的动力源，是最基本的投资目标。

4．投资方式

投资方式是投资过程的运行方式，或投资活动的运行方式，通常可分为直接投资和间接投资两类。直接投资是指把资金直接投入建设项目，形成实物资产（房屋、设备、建筑地块等）或投入社会生产经营活动（商业、开发等）的投资；间接投资是指通过购置有价证券（期货、债券、股票等）进行的投资。

（二）投资的经济实质及分类

投资的经济实质就是资金的运动。如图 1-1 所示，投入经济活动过程中的资金，随着经济活动的进行，依次进入准备、生产、销售三个阶段，表现为储备资金、生产资金和成品资金三种形态，随着商品的销售而实现资金的回收及增值。

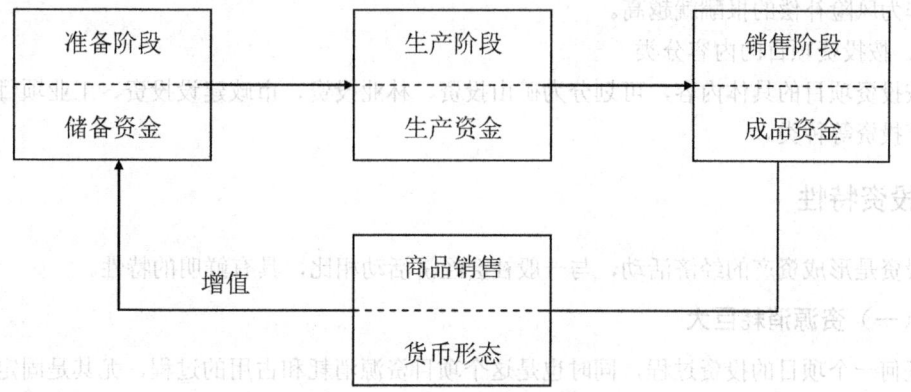

图 1-1 投资资金的运动过程

如上所述，投资是一个复杂的经济活动过程。按不同的分类要求和分类标准，可划分为不同的投资类型。

1. 按投资主体分类

按投资主体的不同，可分为国家投资、企业投资及个人投资三类。国家投资是由国家财政通过投资拨款、投资贷款和基本建设基金的形式实施的投资；企业投资是由企业作为投资主体，自筹资金实施的投资；个人投资是指由个人自筹资金实施的投资。

2. 按投资客体分类

（1）按投资客体的性质不同，可分为实物投资、金融投资与无形资产投资三类。实物投资是指以厂房、机械、设备、土地、房屋等有形实物资产作投资对象的投资；金融投资是指以股票、债券资产作投资对象的投资；无形资产投资是指以商标、商誉、专利等无形资产作投资对象的投资。

（2）按投资客体的经济性质不同，又可划分为固定资产投资和流动资产投资两类。固定资产是指在社会再生产过程中，可供较长时间反复使用，并在其使用过程中基本不改变其原有实物形态的劳动资料或其他物质资料，包括房屋、建筑物、机器、机械、运输工具以及其他与生产、经营有关的设备、器具、工具等。形成固定资产的投资均为固定资产投资；流动资产是指在企业的生产经营过程中，经常改变其存在状态的资金，包括货币资金、短期投资、应收票据、应收账款和存货等。用于流动资产的投资称为流动资产投资。

（3）固定资产投资按其使用用途可划分为生产性建设投资和非生产性建设投资两类。生产性建设投资是指形成新的生产能力的投资，如矿井建设投资，厂房、设备投资等；非生产性建设投资是指住房、医院等公益性、福利性项目投资。房地产项目投资多属于非生产性建设投资。

3. 按投资形式分类

按投资形式分为直接投资和间接投资两类。直接投资是指将资金直接投入项目的建设或购置以形成固定资产和流动资产的投资，是增加或改善实物资产的投资；间接投资是投资者通过购买有价证券,以获取一定收益的投资。

4. 按风险程度分类

按投资风险程度可分为一般投资和风险投资两类。风险投资是指具有很高投资风险的一类投资。投资者在选择高风险项目投资的基本条件就是足够高的预期收益率,而且风险程度越大,要求作为风险补偿的报酬就越高。

5. 按投资项目的内容分类

按投资项目的具体内容,可划分为矿山投资、林业投资、市政建设投资、工业项目投资、房地产投资等种类。

二、投资特性

投资是形成资产的经济活动,与一般社会经济活动相比,具有鲜明的特性。

(一)资源消耗巨大

任何一个项目的投资过程,同时也是这个项目资源消耗和占用的过程,尤其是固定资产投资,需要占用比其他经济活动多得多的原材料、劳动力和劳动时间。而随着这些资源的消耗,也就是巨额资金的占用,投资者在整个投资建设过程中,必须逐期、不断地投入大量货币资金。因而资源条件是否齐备、资金来源是否充裕,历来是投资者在考虑项目投资决策时,首先要研究的问题。

(二)投资期间漫长

固定资产的投资过程往往需要相当长的时间。在项目实施前,就需要进行长时间的投资机会研究与以市场调查、方案设计、效益评价为核心内容的可行性研究;在投资实施时则要历经规划设计、施工建设、设备安装、调试运行等必不可少的过程;即使是投资项目建成以后,也要经历漫长的生产经营期方能收回投资。时间一长,项目所面临的市场环境、政策环境以及生产技术条件均有可能发生变化。因而,投资者不得不谨慎小心,在投资决策时一定要考虑各种变化趋势,立足于充足的信息资料和科学的预测。

(三)环境因素复杂

市场经济条件下的投资活动,不仅以其投资经济活动改变投资主体及其相关联的经济地位及经济形势,而且无可避免地受到社会的、经济的、市场的乃至科学技术等各方面的影响和制约。首先,任何一个项目的投资都处于特定的环境条件之中,任何投资者都不可能完全依赖自身的力量提供全部的资源要素,整个投资过程实际上是许多不同经济组织协作劳动的过程;其次,项目投资建成后,进入市场流通领域,势必受制于市场环境,受到消费者及竞争对手的影响。因而环境的调查与研究始终是投资者最为关心的环节,构成项目投资前期的重要工作内容。

(四)风险客观存在

投资决策所依赖的条件和依据,虽然是经过大量调查与分析的结论,但这些研究成果毕竟是一种预测与估计。预测并不等于现实,随着时间的改变,不可预料的变化在所难免,因素条件的变化有可能使投资者的收益低于预期收益,甚至相差甚远,人们称这种投资收益与预期收益的差异为投资风险。显然,投资量越大,投资期限越长,投资风险越大。客观存在的投资风险促使投资者在决策时要慎重考虑各种风险因素,尽可能地防范与规避风险。

第二节 市场与房地产市场

一、市场与市场机制

（一）市场

市场是商品经济的产物。人类社会自从出现了社会分工和生产资料、劳动产品的私有制，商品的生产和交换便应运而生，于是就出现了市场。市场是商品交换关系的总和。

在研究市场形态时，通常把它分为以下四类：完全竞争市场、垄断性竞争市场、寡头垄断市场及完全垄断市场。完全竞争市场是指完全由市场机制起作用的市场，唯有在完全竞争的市场上，价格、需求与供给的经济学关系法则才能完美、真实地表现。一个完全竞争市场，必须具备如下四项基本特征：① 大量的买者和卖者；② 信息充分；③ 商品同质；④ 自由进出。在完全竞争市场，任何人都不能左右或控制商品的价格。本节讨论的市场机制问题，便是完全竞争市场条件下的经济规律。

（二）市场的作用

商品经济下的市场，对于社会经济的存在及发展，具有极其重要的地位与作用。具体表现在以下四点。

1．市场是联结社会生产和需要的纽带

在市场经济条件下，企业既是商品的生产者，也是商品的经营者。只有通过市场才能推销产品，也只有通过市场，才能了解顾客的需求，生产适销对路的产品。市场把产品的生产与消费紧紧地联系在一起。

2．市场是调节供求关系的重要手段

在商品生产关系中，具有独立经济利益的商品生产者在商品的交换、分配、竞争中发生关系和联系。无数的商品生产者在社会再生产过程中构成一个互相联系又互相制约的庞大网络。各种商品的交换都要受到需求与供给的影响。商品交换的运行，唯有通过市场的协调机制（市场机制）才能实现。这种协调机制，最终是通过市场交换的价格实现的。价值规律通过市场，既调节需求，又调节供给，对整个商品经济的运行，起着重要的协调与引导作用。

3．市场是竞争的场所

优胜劣汰的竞争，是商品经济必然存在的机制，是社会发展的原动力。从表面上看，竞争源于商品生产者生存的本能和追逐更大利润的热情，但其本质却来源于技术进步。市场为企业参与竞争提供了场所。企业只有进入市场、研究市场，才能参与竞争，才能在竞争过程中不断地改进自己、完善自己、壮大自己。

4．市场是再生产过程实现的必要条件

任何商品生产得以维系、实现再生产的必要条件就是其生产过程中的生产资料和劳动消耗必须及时得到补偿，而补偿的重要途径便是交换。因而，为商品交换提供场所和机会的市场，实际上也构成了社会再生产实现的必要条件。

（三）市场机制

市场机制就是价值规律起作用的机制，即市场机体内的价格、供给、需求与竞争等要素互为因果、互相影响的过程和结果。在完全市场竞争条件下，价值规律的作用必然通过作为商品经济运行基本模式的市场体现出来。生产为市场的需要而进行，交换在市场中完成，市场成为生产与消费之间的桥梁和纽带。价值规律对商品经济下的生产、交换、分配、消费的调节作用，就是通过市场来实现的。因而，市场机制是商品经济运行的基本机制，直接引导经济运行的就是市场机制。市场的核心是交换，而交换受制于需求与供给。有了需求，又有了供给，便产生了交换。为了深刻地认识市场机制的作用过程，有必要研究经济学中的两个基本命题，即需求与供给。

1. 需求法则与需求曲线

需求是指在某段时间里，在一定的选择范围中，人们愿意而能够购买的商品数量。在商品交易过程中，消费者的消费决策是建立在两套基本价格水准上的，即卖方提供的市场价格与买方确认相对价值的所求价格。显然，只有消费者认为商品的价值（需求价格）符合其市场价格时，才会发生交易行为。

（1）需求法则。需求法则是经济学中一个十分重要的法则。它说明在其他因素不变的情况下，产品的价格与需求数量之间存在负的相关关系。即任何产品的价格提高，必然会促使消费者减少消费或寻找该产品的替代品，从而降低需求量。

（2）需求曲线。若以商品的销售单价 P（元/件）为纵坐标，销售量（需求量）Q（件）为横坐标，需求法则可描述为图1-2所示的一条曲线（D）。这是一条向下倾斜（负斜率）的曲线。即某一商品较低的价格可能引起消费者更多的消费或吸引新的消费者，从而增加该商品的需求。

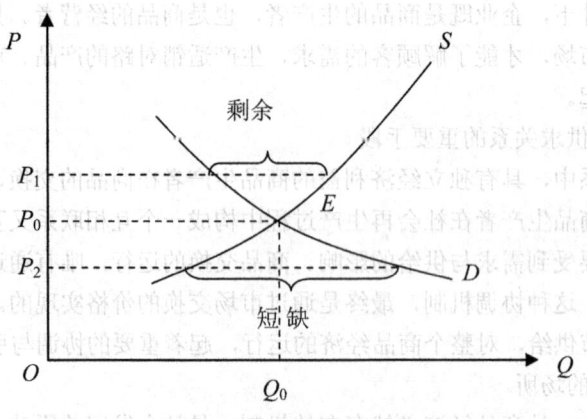

图1-2 需求和供给曲线

（3）影响需求的其他因素。需求曲线描述的是在其他情况不变时，需求与价格的关系。但影响商品需求的因素并不仅仅是价格。除了价格外，尚有消费者偏好、收入，相关产品价格，消费者对未来价格与收入的预测，政府税收与政策，以及商品的质量、性能及其他属性等。

偏好是指消费者由于文化、习俗、社会地位及性格、年龄、性别的不同，对商品价值判断上的差异；收入的多少将直接影响消费者需求。相关产品价格的变化是影响替代消费的关键因素。未来消费或收入变化的预测结果将会直接刺激目前的消费，从而影响需求。政府税收、财政补贴或其他经济政策将会直接影响商品价格或消费者的消费能力，自然也导致需求的变化。此外，商品自身所具备的质量、性能及其他属性（如住宅的地理位置）也是影响需求的重要因素。

2. 供给法则与供给曲线

供给是指在一定的时间内，在某些条件下由卖主提供的商品数量。在市场经济条件下，商品的生产者必须借助市场销售其产品而获利，否则就无法负担生产与经营成本，难以为继。因而，市场的销售价格便成为商品生产者从事商品生产的重要因素。

（1）供给法则。供给法则说明，在其他条件不变时，商品的供给与其市场价格间存在正的相关关系。即任何产品价格的提高，必将刺激生产者扩大生产或吸引新的生产者，从而增加供给。

（2）供给曲线。供给法则同样可描述为图 1-2 所示的一条曲线（S），这是一条向上倾斜（正斜率）的曲线。它表示，某商品价格的上扬将会刺激生产，从而提高供应量。

（3）影响供给的其他因素。影响商品供给的因素除了价格外，尚有生产技术、成本、其他相关产品价格，成本变化预测，以及税收、补贴、产业政策等。

技术是现代工业发展的脊梁，技术进步直接影响产品的生产成本和生产效率，从而影响供给；成本的变化直接影响利润，从而决定着生产者提供的商品量；其他相关产品价格的变化会影响厂商生产热情的转移从而影响供给；成本变化趋势的预测结果将直接影响生产者转产，从而影响供给；政府的税收、补贴及其产业政策均从某一方面影响着现有的或潜在的商品生产者的生产热情，从而影响供给。

3. 市场均衡

供给和需求共同决定着价格和数量，从而使市场达到均衡。均衡意味着所有变化的力量是平衡的。如图 1-2 所示的 S 曲线与 D 曲线相交处（E 点）。供应量与需求量正好相等（Q_0），商品既没有积压，也没有短缺。然而，由于市场条件的变化，这种均衡的理想状态是不可能长期维持不变的。因而，视市场的均衡为一种结果不如视其为一种过程。市场机制正是利用价值规律同时左右着生产和消费，力图达到供应与需求的均衡。图 1-3 形象地描述了这种作用过程。

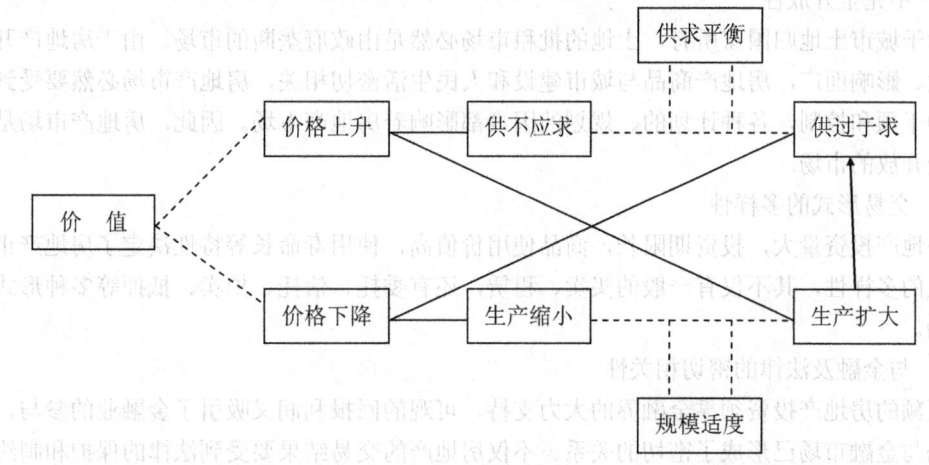

图 1-3 市场机制作用过程示意图

由图 1-3 可以看出市场机体内价格变化、供求变化、生产规模变化三者间的内在联系。从其中任一点出发，都可以得到一个合乎逻辑的、实现均衡的循环。在这个循环过程中，市场机制的作用达到了两个目的。

（1）个别生产者生产商品的劳动耗费只有社会必要劳动时间的部分才会得到社会承认。在市场交换中，只承认商品的差别，不承认生产条件的差别，这就是优胜劣汰的竞争机制得以实现的保证。

（2）一定使用价值的生产规模的扩大和缩小直接取决于价格涨落的变化。价格涨落使一定使用价值的生产最终取得与市场需求相适应的规模，从而使市场机制实现了社会总劳动时间在不同价值使用部门的合理分配，即通过市场协调了国民经济各部门的平衡发展。

二、房地产市场特征与架构

（一）房地产市场特征

房地产商品交换关系的总和就是房地产市场。房地产市场是整个市场体系的一部分，具有一般市场的普遍特性。但由于房地产商品的特殊性，房地产市场的功能和机制与一般的市场相比，具有明显的差别。研究这些特征，对于了解和认识房地产市场，具有重要意义。

1. 区域性

由于房地产商品的不可移动性，造成了不同城市，甚至是同一城市的不同区域，房地产商品价格相差甚大。研究房地产市场，尤其要注意不同区域位置环境条件的差异。

2. 不充分性

由于房地产商品投资量大，交易形式复杂，买卖双方均不易随便进入或退出市场；由于城市住房涉及人们必需的生活条件，政府必然采取某些补贴性的福利政策，因此，房地产市场是一个不充分的准市场，在这里价格、竞争等市场机制都不是唯一起作用的因素。

3. 兼容性

房地产市场不仅深刻地影响着其他生产资料市场和生活资料市场，而且也在很大程度上受制于金融市场、服务市场和国民经济的其他市场。成为国民经济支柱产业的房地产业与商业、旅游业、建筑业互相渗透，具有很强的兼容性。

4. 不完全开放性

由于城市土地归国家所有，土地的批租市场必然是由政府垄断的市场。由于房地产开发投资量大、影响面广，房地产商品与城市建设和人民生活密切相关，房地产市场必然要受到政府的各种干预和控制，各种计划的、规划的因素都影响着房地产市场。因此，房地产市场是一个不完全开放的市场。

5. 交易形式的多样性

房地产投资量大，投资期限长，商品使用价值高，使用寿命长等特性决定了房地产市场交易形式的多样性，其不仅有一般的买卖、租赁，还有委托、信托、拍卖、抵押等多种形式的交易行为。

6. 与金融及法律的密切相关性

巨额的房地产投资须靠金融界的大力支持，可观的回报利润又吸引了金融业的参与，房地产市场与金融市场已形成了密切的关系。不仅房地产的交易结果要受到法律的保护和制约，甚至是交易过程的每一个环节，都需要借助法律咨询或服务。

（二）房地产市场架构

1. 房地产市场类型

我国房地产市场虽然开放时间不长，但发展异常迅猛。在较短时间内已形成错综复杂、规模庞大的市场体系。从不同的角度可以将房地产市场划分为不同的类型。

（1）按商品用途，可以把房地产市场划分为生产资料市场和消费资料市场。其中，房地产生产资料市场包括工业厂房、仓库、营业用房等，房地产消费资料市场包括各种档次的商品住宅等。

（2）按市场发育的成熟和完善程度，可以把房地产市场划分为初级市场、中级市场和高级市场。

（3）按经营对象，可以把房地产市场划分为土地市场和房产市场。土地市场又可分为生地市场和熟地市场，成片土地市场和单块土地市场；房产市场可进一步分为新房市场和旧房市场。

（4）按市场活动范围，房地产市场可划分为地方市场、国内市场和国际市场。

（5）按交易内容，房地产市场可划分为土地市场、房屋商品市场、房地产金融市场、房地产劳务市场、房地产技术市场和房地产信息市场。

（6）按市场层次，房地产市场可划分为一级市场、二级市场和三级市场。

此外，若从所有制形式考察，我国房地产市场是一个由多种所有制组成的综合体。其中包括了全民所有制房地产经济、集体所有制房地产经济、个体房地产经济以及中外合资、外资独资等混合形式。

2．房地产的三级市场架构

就我国当前房地产市场发展现状来看，在各种类型的房地产市场中，把房地产市场划分为三级市场是最基本的分类。下面着重介绍一下三级市场架构。

（1）房地产一级市场

房地产一级市场又称土地使用权出让市场，是指国家将城市土地的使用权按一定年限一次性出让给土地使用者，并由土地使用者向国家支付出让金的交易市场。

一级市场主要特点如下：

① 一级市场建立在城市土地国有制的基础上。坚持城市土地的国有制，交易过程中不变更土地所有权，交易的只是土地使用权。

② 土地的受让方允许为多种性质、多种成分的法人。可以是国有企业、集体企业、三资企业、各类房地产开发经营公司或土地直接使用者等。一级市场属于所有者与经营者的纵向流通市场。

③ 明确规定各类用地的使用年限。商业、旅游、娱乐用地使用年限为40年；工业、教育、科技、文化、卫生、体育、综合用地使用年限为50年；居住用地使用年限为70年。

④ 国家直接调控垄断经营权。表现在：第一，只有县级以上政府或其委托机构才有征用、出让（批租）权。第二，出让合同中规定的土地使用年限、用途、条件等，不仅在一级市场要遵守，在二级、三级市场也必须遵守，否则有权解除土地使用合同，收回土地使用权或索取赔偿并处罚。第三，土地受让人除缴纳出让金外，每年还需向政府缴纳土地使用税或场地使用费。这是政府作为土地所有者在经济上必须得到的收益。第四，政府严禁土地投机。政府通过行政的手段、经济的手段及其他措施，制止土地投机和土地炒买炒卖，确保土地所有权的垄断。

⑤ 批租土地使用权的价格是一种"租赁"价格，其构成基础包括绝对地租和级差地租，租赁费用一次性收取。

⑥ 土地使用权有偿出让的形式主要有四种：协议出让、招标出让、拍卖出让和挂牌出让。有偿出让原来多采用协议出让，但其中弊端不少。国家土地管理部门于2000年正式发文宣布全面推行土地招标、拍卖、挂牌制度。取消经营性房地产用地的行政划拨和协议出让方式，城市规划区范围内的新增经营性房地产项目用地，一律实行招标、拍卖和挂牌出让。2004年3月，国土资源部和监察部又联合下发了《关于继续开展经营性土地使用权招标拍卖挂牌出让情况执

法监察工作的通知》（"71号令"），要求从2004年8月31日起，所有经营性的土地一律都要公开竞价出让。

(2) 房地产二级市场

房地产二级市场，即房地产转让市场，又称开发经营市场。它是已经取得土地使用权的开发经营者与房地产使用单位和个人之间进行横向交易转让的市场。

房地产二级市场特点有以下两点。

① 房地产流通由经营向使用消费平行转移。房地产开发企业在取得土地房屋开发建设和经营权之后，对土地进行开发（"三通一平""七通一平"）或按"统一规划、合理布局、综合开发、配套建设"的方式对土地进行综合开发，将开发建设的各类房屋（厂房、库房、商场、写字楼、宾馆、游乐场、公寓、住宅）或建筑地块，转让或租赁给消费者。这是房地产开发向房地产消费使用的转移市场。

② 涉及较多的经济法律关系。房地产二级市场中涉及土地使用者之间、土地使用者与所有者之间较为复杂的经济法律关系。二级市场的交易品是房地产的统一体，交易时往往将房屋和土地使用权一起销售给消费者。土地使用权转让时，土地使用权出让合同中载明的权利、义务随之转移。

(3) 房地产三级市场

房地产三级市场是房地产消费者之间的房地产商品再转让市场。

三级市场的突出特点是土地使用者、房屋所有人将所取得的一定年限的土地使用权、房屋所有权或房屋所占有和使用的土地使用权一并在市场上转让、出租、抵押、买卖、赠与、继承、交换。其属于调剂余缺、重新配置的市场。

三级市场主要作用表现在：第一，调节住宅余缺，满足居民的住宅需要。第二，改变房地产用途，完善土地利用结构。如原来住宅区变为商业区，居民住宅改变为商店和办公楼，一般都是靠房地产三级市场完成的。第三，满足企业和居民的特殊需要，在企业之间调剂余缺，适应经济发展的需要。

房地产三级市场还包括房地产的再开发及开发后的维修、保养、装饰等。三级市场的业务有时同二级市场业务交叉进行，同时还包括一些法律咨询、行情展示、中介服务、信息沟通及劳务活动等业务。

房地产三个级别的市场是一个统一的有机整体，它们有着内在联系，并相互影响、相互促进。

3. 房地产的要素市场

房地产三个级别的市场主要考察房地产市场的层次性。除此之外，我们还应该研究按房地产交易内容即房地产市场商品组成要素所构成的各类市场。

(1) 地产市场。又称土地使用权市场。

(2) 房产市场。一切以房屋为标的物的权益让渡行为，均属于此类市场内容。它包括房屋的现货和期货买卖，房屋的租赁、调换、抵押、典当等。

(3) 房地产资金市场。通过各类金融机构，用信贷，发行股票、期票和债券，开展住房储蓄业务，以及企业运用贷款和预售等方式，帮助房地产企业和购房者融通资金而形成的市场。

(4) 房地产劳务市场。它是为保持、延缓、增添原有房屋使用价值所提供劳务的市场。包括为住房户提供房屋的修缮、加固、改造、危房鉴定、室内外装修、房屋附属建筑物和设备的维修、物业管理、中介经纪等服务活动。

(5) 房地产技术信息市场。为房地产交易双方提供房地产业务、技术咨询、价格评估服务、房地产交易、租赁中介以及房地产有关资料的市场。

上述五种房地产市场紧密相连、相辅相成，在房地产业经济运行中结成一个完整的有机市场整体。

三、房地产市场指标

反映和描述房地产市场状况的指标包括供给指标、需求指标、市场交易指标和市场监测与预警指标四种类型。

（一）供给指标

（1）新竣工量（New Completions，NC_t），是指报告期（如第 t 年或半年、季度、月，下同）内新竣工房屋的数量，单位为建筑面积或套数，可按物业类型分别统计。我国新竣工量统计指标是竣工面积，指报告期内房屋建筑按照设计要求已全部完工，达到入住和使用条件，经验收鉴定合格（或达到竣工验收标准），可正式移交使用的各栋房屋建筑面积的总和。

（2）灭失量（δ_t），是指房屋存量在报告期期末由于各种原因（毁损、拆迁等）灭失掉的部分。

（3）存量（Stock，S_t），是指报告期期末已占用和空置的物业空间总量，单位为建筑面积或套数；在数值上，报告期存量=上期存量+报告期竣工量-报告期灭失量（$S_t = S_{t-1} + NC_t - \delta_t$）；可按物业类型分别统计。

（4）空置量（Vacancy，VC_t），是指报告期期末房屋存量中没有被占用的部分。由于市场分析过程中的空置量通常指存量房屋中可供市场吸纳的部分，并与新竣工量共同形成当前的市场供给，所以严格意义上的空置量，还应该从没有被占用的房屋数量中扣除季节性使用或由于各种原因不能用于市场供应的房屋数量。目前中国空置量是指"报告期末已竣工的可供售或出租的商品房屋建筑面积中，尚未销售或出租的商品房屋建筑面积，包括以前年度竣工和报告期竣工的房屋面积，但不包括报告期已竣工的拆迁还建、统建代建、公共配套建筑、房地产公司自用及周转房等不可销售或出租的房屋面积"。

（5）空置率（Vacancy Rate，VR_t），是指报告期期末空置房屋占同期房屋存量的比例，$VR_t = VC_t/S_t$。在实际应用中，可以根据房屋的类型特征和空置特征分别进行统计，包括不同类型房屋空置率、新竣工房屋空置率、出租房屋空置率、自用房屋空置率等。

（6）可供租售量（Houses for Sale/Rental，HSR_t），是指报告期期末可供销售或出租房屋的数量，单位为建筑面积或套数。可供租售量=上期可供租售数量-上期吸纳量+报告期新竣工量（$HSR_t = HSR_{t-1} - AV_{t-1} + NC_t$）；实际统计过程中，可按销售或出租、存量房屋和新建房屋、不同物业类型等分别统计。因为并非所有的空置房屋都在等待出售或出租，所以某时点的空置量通常大于该时点可供租售量。

（7）房屋施工面积（Buildings Under Construction，BUC_t），是指报告期内施工的全部房屋建筑面积，包括报告期新开工的面积和上期开工跨入报告期继续施工的房屋面积，以及上期已停建在报告期恢复施工的房屋面积。报告期竣工和报告期施工后又停建缓建的房屋面积仍包括在施工面积中，多层建筑应为各层建筑面积之和。

（8）房屋新开工面积（Construction Starts，CS_t），是指在报告期内新开工建设的房屋面积，不包括上期跨入报告期继续施工的房屋面积和上期停缓建而在报告期恢复施工的房屋面积。房屋的开工日期应以房屋正式开始破土刨槽（地基处理或打永久桩）的日期为准。

（9）平均设计周期（Construction Period，CP_t），是指某种类型的房地产开发项目从开工到竣工交付使用所占用的时间长度。在数值上，平均建设周期=施工面积/新竣工面积（$CP_t = BUC_t / NC_t$）。

（10）房屋价值（Value of Buildings Completed，VBC_t），是指在报告期内竣工房屋本身的建造价值。竣工房屋的价值一般按房屋设计和预算规定的内容计算。既包括竣工房屋本身的基础、结构、屋面、装修以及水、电、卫等附属工程的建筑价值，也包括作为房屋建筑组成部分而列入房屋建筑工程预算内的设备（如电梯、通风设备等）的购置和安装费用；但不包括厂房内的工艺设备、工艺管线的购置和安装，工艺设备基础的建造，办公和生活家具的购置等费用，购置土地的费用，征收补偿费和场地平整的费用及城市建设配套投资。竣工房屋价值一般按工程施工结算价格计算。

（二）需求指标

（1）国内生产总值（GDP），是按市场价格计算的一个国家（或地区）所有常住单位在一定时期内生产活动的最终成果。国内生产总值有三种表现形态，即价值形态、收入形态和产品形态。从价值形态看，它是所有常住单位在一定时期内生产的全部货物和服务价值超过同期投入的全部非固定资产货物和服务价值的差额，即所有常住单位的增加值之和；从收入形态看，它是所有常住单位在一定时期内创造并分配给常住单位和非常住单位的初次收入之和；从产品形态看，它是所有常住单位在一定时期内最终使用的货物和服务价值减去货物和服务进口价值。在实际核算中，国内生产总值有三种计算方法，即生产法、收入法和支出法。这三种方法分别从不同的方面反映国内生产总值及其构成。

（2）人口数量，是指一定时点、一定地区范围内有生命的个人总和，包括户籍人口、常住人口和现有人口。其中，户籍人口是在某地政府户籍管理机关登记有常住户口的人，不管其是否外出，也不管其外出时间长短；常住人口是指经常居住在某地的人口，包括常住该地并登记了常住户口的人，以及无户口或户口在外地而住在该地 1 年以上的人，不包括在该地登记为常住户口而离开该地 1 年以上的人；现有人口又称瞬间人口峰值，是指在规定的标准时点下，在这个地区居留的人口。例如，北京市 2008 年末的户籍人口、常住人口和瞬间人口峰值分别为 1330 万人、1695 万人和 2100 万人。常住人口与一个地区的社会经济关系更为密切。

（3）城市家庭人口规模，是指居住在一起，经济上合在一起共同生活的家庭成员数量。凡计算为家庭人口的成员，其全部收支都包括在本家庭中。

（4）就业人员数量，是指从事一定社会劳动并取得劳动报酬或经营收入的人员数量，包括在岗职工、再就业的离退休人员、私营业主、个体户主、私营和个体就业人员、乡镇企业就业人员、农村就业人员、其他就业人员（包括民办教师、宗教职业者、现役军人等）。这一指标反映了一定时期内全部劳动力资源的实际利用情况，是研究国家基本国情国力的重要指标。

（5）就业分布，是指按产业或职业分类的就业人员分布状况。

（6）城镇登记失业率，是指城镇登记失业人员与城镇单位就业人员（扣除使用农村劳动力、聘用的离退休人员、港澳台及外方人员）、城镇单位中的不在岗职工、城镇私营企业、个体户主、城镇私营企业和个体就业人员、城镇登记失业人员之和的比。

（7）城市家庭可支配收入，是指家庭成员得到可用于最终消费支出和其他非义务性支出以及储蓄的总和,即居民家庭可以用来自由支配的收入。它是家庭总收入扣除缴纳的所得税、个人缴纳的社会保障费以及记账补贴后的收入。

(8)城市家庭总支出,是指除借贷支出以外的全部家庭支出,包括消费性支出、购房建房支出、转移性支出、财产性支出、社会保障支出。

(9)房屋空间使用数量,是指按使用者类型划分的正在使用中的房屋数量。

(10)商品零售价格指数,是反映一定时期内城乡商品零售价格变动趋势和程度的相对数。商品零售价格的变动直接影响城乡居民的生活支出和国家的财政收入,影响居民的购买力和市场供需的平衡,影响消费与积累的比例关系。

(11)城市居民消费价格指数,是反映一定时期内城市居民家庭所购买的生活消费品价格和服务项目价格变动趋势和程度的相对数。该指数可以观察和分析消费品的零售价格和服务项目价格变动对职工货币工资的影响,作为研究职工生活和确定工资政策的依据。

(三)市场交易指标

(1)销售量(Houses Sold,HS_t),是指报告期内出售房屋的数量,单位为建筑面积或套数。在统计过程中,可按存量房屋和新建房屋、不同物业类型分别统计。我国销售量统计指标为商品房销售面积,指报告期内出售商品房屋的合同面积(双方签署的正式买卖合同中所确定的建筑面积),由现房销售建筑面积和期房销售建筑面积两部分组成。

(2)出租量(Houses Rented,HR_t),是指报告期内出租房屋的数量,单位为建筑面积或套数。在统计过程中,可按房屋类型和新建房屋分别统计。我国房地产开发统计中的出租面积,是指在报告期期末房屋开发单位出租的商品房屋的全部面积。

(3)吸纳量(Absorption Volume,AV_t),是指报告期内销售量和出租量之和($AV_t = HS_t + HR_t$),单位为建筑面积或套数。实际统计过程中,可按销售或出租、存量房屋和新建房屋、不同物业类型等分别统计。

(4)吸纳率(Absorption Rate,AR_t),是指报告期内吸纳量占同期可供租售量的比例($AR_t = AV_t/HSR_t$),以百分数表示。包括季度吸纳率、年度吸纳率等。实际计算过程中,可按销售或出租房屋、存量房屋和新建房屋、不同物业类型等分别计算。

(5)吸纳周期(Absorption Period,AP_t),是指按报告期内的吸纳速度(单位时间内的吸纳量)计算,同期可供租售量可以全部被市场吸纳所需要花费的时间($AP_t = HSR_t/AV_t$),单位为年、季度或月,在数值上等于吸纳率的倒数。在计算过程中,可按销售或出租房屋、存量房屋和新建房屋、不同物业类型等分别计算。在新建商品房销售市场吸纳周期又称为销售周期。

(6)预售面积,是指报告期内已正式签订商品房预售合同的房屋建筑面积。

(7)房地产价格,是指报告期房地产市场中的价格水平,通常用不同类型房屋的中位数或平均数价格表示。

(8)房地产租金,是指报告期房地产市场中的租金水平,通常用不同类型房屋的中位数或平均数租金表示。

(9)房地产价格指数,是反映一定时期内房地产价格变动趋势和程度的相对数,包括房屋销售价格指数、房屋租赁价格指数和土地交易价格指数。

(四)市场监测与预警指标

前述市场供给、需求和交易指标,均可以作为监测房地产市场状况的基础,这些指标的变化趋势，则可部分揭示房地产市场的未来发展趋势。此外，国内外通常还通过构造下述指标来实现对房地产市场的进一步监测和预警。

（1）土地转化率，是报告期内政府批准新建商品房预售和销售面积与当期出让土地规则建筑面积的比例，用于监测土地供应与住房供应之间的关系，反映土地转化为房屋的效率。

（2）开发强度系数，是指房地产开发投资与GDP或固定资产投资的比例，反映房地产开发投资与宏观经济协调发展的总体状况。

（3）开发投资杠杆率，是指房地产开发投资与开发商投入的自有资金或权益资本的比率，开发投资杠杆率反映开发企业的财务风险水平，它的数值越大，说明开发商投入的自有资金越少，利用杠杆资金越多，财务风险也越大。

（4）住房可支付性指数（Housing Affordability Index，HAI），是指中位数收入水平的家庭对中位数价格的住房的承受能力，在数值上等于家庭可承受房价的上限与该城市实际住房中位数价格之比，如果HAI=100，说明中位数收入水平的家庭正好能够承受中位数价格的住房；如果HAI>100，说明居民家庭能够承受更高价格的住房；如果HAI<100，说明居民家庭只能承受更低价格的住房。

（5）住房价格合理性指数，是指从城市经济基本面可支撑住房价格的角度，对当前实际住房价格合理性作出的判断，反映了实际住房价格与城市经济基本面指标的协调关系。

（6）房价租金比，是指报告期内房地产价格与租金的比值，用来考察房地产价格是否过度偏离其使用价值。

（7）量价弹性，是指报告期内房地产价格变化率与交易变化率的比值。依据交易量和价格的升降关系，可以判断市场所处的景气阶段。

（8）个人住房抵押贷款还款收入比，是指住房抵押贷款月还款额占月家庭收入的比例，反映个人住房抵押贷款违约风险水平。

（9）住房市场指数（IIMI），是反映房地产开发商对未来市场预期的指标，根据开发商对当前销售、未来6个月内销售量的预期（好、一般、差）以及开发商对潜在购买者数量预期（高、平均、低）的调查结果构造。

（10）消费者信心指数，是指消费者近期的购房意愿，通常根据对消费者"未来6个月内是否计划买房？未来6个月内是否计划买自住房？"的调查结果来构造。

四、房地产市场的政府干预

房地产市场的政府干预，是指当房地产市场运行出现了剧烈的震荡时，政府从维持房地产市场稳定和促进健康发展的目标出发，通过各种政策工具进行市场干预，以达到短期内使房地产市场回到稳定运行轨道内的政府干预行为。

（一）政府干预房地产市场的必要性

1. 房地产市场失灵

从亚当·斯密的古典经济学到现代的新自由主义学派均认为，只要满足完全竞争的条件和理性人假设，自由竞争的市场就能自动地趋于和谐与稳定，"看不见的手"就能有效地指导经济运行。但是资本主义经济发展的经验表明，在实际经济生活中，很多假设无法严格满足，于是就产生了市场价格无法在资源配置过程中发挥作用的现象，即所谓的"市场失灵"。西方传统的政府经济理论认为"市场失灵"是政府进行干预的最重要前提，而造成市场失灵的主要原因又包括垄断、外部性、信息不对称、市场不完全、公共品、失业、通货膨胀及失衡、再分配和优效品等八类。

房地产市场的垄断性特征，要求政府积极地制定反垄断的政策，以改善房地产市场效率，平抑房地产市场上出现的垄断价格。房地产市场存在的外部性，需要政府通过税收补贴、外部性收益一成本内部化等措施来提高市场效率。房地产市场存在的严重信息不对称问题，则要求政府建立并实施有效的信息公开制度，提高市场透明度，以减少市场上的非理性和从众行为。

2．住房问题和住房保障

住房兼具商品和公共品的双重属性，而且获取基本的住房需要（Housing Needs）往往也是公民的基本人权，因此住房保障不仅是一个经济问题，也是重要的社会问题和政治问题。住房保障是社会保障体系中的一个部分，也是政府维护社会公平的重要职能。国际社会普遍重视住房保障问题，并形成了以英国、新加坡和中国香港为代表的政府直接建房方式，以法国、瑞典和日本为代表的依靠政府贷款利息补贴等财政优惠措施，鼓励非营利机构的建房方式，以及各国普遍采取的对住房投资人减税和对住房承租人补贴的方式。不论各国的住房保障水平以及保障方式如何，在"市场失灵"导致严重的住房问题时，政府通常会通过生产者补贴增加可支付住房供给，通过消费者补贴提高居民住房支付能力，甚至采取价格或租金管制措施，对住房市场进行干预。

3．宏观经济周期循环

世界各国的经济发展历程表明，在经济增长的过程中，不同时段的经济增长速度总是有快有慢，由此导致经济总量在时间序列上总是呈现出波浪式上升或者下降的运行规律，这就是经济周期。每一个经济周期一般包括四个阶段：繁荣、衰退、萧条、复苏。其中，复苏和繁荣两个阶段构成扩张过程，衰退与萧条两个阶段构成收缩过程。从扩张过程转为收缩过程时，宏观经济达到繁荣期最高点，即波峰；从收缩过程转为扩张过程时，宏观经济达到萧条期最低点，即波谷。当宏观经济进入周期循环的波谷时，各国政府一般采用扩张性的货币政策和财政政策抑制经济衰退；而当宏观经济进入周期循环的波峰时，则采用紧缩性的货币政策与财政政策。由于住房资产在各国国家财富中所占的比例一般都超过25%，占家庭财富的比例一般都超过75%，而且在家庭支出中的比例也在20%以上，因而住房市场通过对总投资与总消费的作用渠道直接影响宏观经济的运行。在宏观经济调控的背景下，房地产业往往成为重要的目标对象。这个时候，住房市场的运行要受到货币政策和财政政策的影响，而且从住房市场来看，这种政府干预是一种引致性的干预。

4．房地产价格剧烈波动

从长期来看，房地产价格和宏观经济一样，也存在着一定的周期运行规律。房地产价格的连续上升从一个较长的时间维度看往往是不可持续的，价格的快速上升往往也伴随着其随后快速的下跌，即所谓的"繁荣与崩溃"规律，而一旦发生房地产价格崩溃，则会对房地产市场和宏观经济的稳定运行造成巨大威胁。为了维护房地产市场价格的稳定，当房地产价格出现剧烈波动时，通常会引发政府的政策干预。日本20世纪90年代初出现泡沫经济的导火索之一就是严重的土地市场投机，由于日本政府采取的不干预政策，最后导致泡沫破裂并对宏观经济产生了长期的负面影响。

5．房地产市场非均衡

房地产市场上的非均衡表现为总量上的非均衡和结构上的非均衡。房地产市场总量非均衡一般表现为潜在总需求大于有效需求，实际供给大于有效供给，即超额需求与超额供给同时并存，或称短缺与过剩同时并存。结构非均衡的维度比较多，主要表现为不同的子市场之间在供求方面的结构失衡，如商品住房与经济适用住房之间、高档商品住房与普通商品住房之间、大户型与中小户型之间、存量住房与增量住房之间。

在欧美等发达的市场经济国家中，已经建立起了相对完备的市场机制，价格调节作用相对完善，而且就房地产市场而言，也进入了以存量为主的平稳发展阶段，所以供需之间的非均衡表现并不明显。而我国房地产市场非均衡问题仍然比较突出，需要通过政府运用相应的政策工具对市场进行干预，促使房地产市场的运行从非均衡状态向均衡状态发展。

（二）政府干预房地产市场的手段

对于一个完善的房地产市场而言，市场的自由运作非常重要。政府的调控政策，不能过分参与及干预房地产市场的自由运作。这样才能保证本地及外来投资者对当地房地产市场的信心，进而保证房地产市场的稳定发展以及整个社会经济的安定繁荣。但是宏观调控也非常重要。宏观调控房地产市场的手段包括土地供应、金融、公共住房和税收政策等。

1. 土地供应政策

没有土地供应，房地产开发和商品房供给就无从谈起。在我国当前的土地制度条件下，政府是唯一的土地供给者，政府的土地供应政策对房地产市场的发展与运行有决定性影响。

土地供应政策的核心，是土地供应计划。土地供应计划对房地产开发投资调节的功效非常直接和显著，因为房地产开发总是伴随着对土地的直接需求，政府土地供应计划所确定的土地供给数量和结构，直接影响着房地产开发的规模和结构，对房地产开发商的盲目与冲动形成有效的抑制。科学的土地供应计划应与国民经济发展规划和城市规划相协调，并保持足够的弹性，能够对市场信号做出灵敏的反应。土地供应计划也应该是公开透明的，能够为市场提供近期和中长期的土地供应信息，以帮助市场参与者形成合理的市场预期，减少盲目竞争和不理性行为。

通过土地供应计划对房地产市场进行宏观调控，要求政府必须拥有足够的土地储备和供给能力，还要妥善处理好保护土地资源和满足社会经济发展对建筑空间的需求之间的关系。保护是为了更好地、可持续地满足需求，但如果对当前的需求都不能很好地满足，就很难说这种保护是有效率的。要在政府的集中垄断供给和市场的多样化需求之间实现平衡，必须准确把握社会经济发展的空间需求特征，通过提高土地集约利用和优化配置水平，采用科学的地价政策和灵活的土地供给方式，实现保护土地资源和满足需求的双重目标。

2. 金融政策

房地产业与金融业息息相关。金融业的支持是繁荣房地产业必不可少的条件，房地产信贷也为金融业提供了广阔的发展天地。个人住房抵押贷款价值比率的调整，会明显影响居民购房的支付能力，进而影响居民当前购房需求的数量。房地产开发贷款利率、信贷规模和发放条件的调整，也会大大影响房地产开发商的生产成本和利润水平，进而对其开发建设规模和商品房供给数量产生显著影响。此外，外商投资政策、房地产资产证券化政策以及房地产资本市场创新渠道的建立，也会通过影响房地产资本市场上的资金供求关系，进而起到对房地产开发、投资和消费行为的调节作用。因此，发展房地产金融，通过信贷规模、利率水平、贷款方式、金融创新等金融政策调节房地产市场，是政府调控房地产市场的一个重要手段。

3. 住房政策

居住权是人的基本权利，保证人人享有适当住房，是凝聚了广泛共识的全球目标。住房问题不仅是经济问题，也是社会问题。各国的经验表明，单靠市场或是全部依赖政府均不能很好地解决住房问题，只有市场和非市场的有效结合，才是解决这一问题的有效途径。目前，我国城市住房供给主要有保障性住房和商品住房两类。

根据《国家基本公共服务体系"十二五"规划》，"十二五"时期，政府提供的基本住房保障服务，主要是面向最低收入住房困难家庭的廉租住房和面向中等偏下收入住房困难家庭、新就业无房职工以及城镇稳定就业的外来务工人员的公共租赁住房。保障性住房由市、县政府负责提供、省级政府给予资金支持，中央给予资金补助。除廉租房和公共租赁住房外，经济适用住房、限价商品住房和棚户区改造住房，也属于保障性住房的范畴。其中的经济适用住房和限价商品住房只在部分城市供应，且建设规模在逐渐缩小，棚户区改造住房则是阶段性的住房保障任务。

商品住房则采取完全市场化的方式经营，是城市房地产市场的主要组成部分。为了促进住房市场的稳定，政府通常用土地供给、房地产税收、房地产金融、增加保障性住房供给、市场规制等手段，对住房市场进行干预，以促进住房市场供应，抑制不合理住房需求，改善住房价格的可支付性。1998年国家停止住房实物分配，实行住房分配货币化政策以来，商品住房在全部新增住房供应中的比例，已经从1998年的29.7%上升到2011年的73.0%。

4．城市规划

城市规划以合理利用土地、协调城市物质空间布局、指导城市健康有序发展为己任，对土地开发、利用起指导作用。原有的城市规划带有传统计划经济的色彩，市场经济体系建立后，其科学性、适用性都面临着严峻的挑战。我国部分城市如深圳特区已开始进行城市规划图则体系的改革，将规划分为发展策略、次区域发展纲要、法定图则、发展大纲图和详细蓝图等五个层次，高层次的规划应能指导土地的开发和供应，低层次的细部规划应能为土地出让过程中确定规划要点提供依据。整个规划力求体现超前性、科学性、动态性和适用性。

社会经济发展计划、城市规划、土地供应计划都对土地配置有一定影响，对房地产市场的运行起重要作用，政府供应土地的过程应是具体实施国民经济计划、城市规划的过程。面对日益发育的市场环境，三个规划除改善各自的技术、观念和管理方式外，有必要相互协调，形成土地配置及调控房地产市场的计划体系。

5．地价政策

房地产价格是政府调控房地产市场的主要对象，因为房地产价格不但直接影响房地产市场的运作，而且对整体社会经济、投资环境产生直接的影响。由于房地产价格主要取决于房地产市场上的供求关系，所以，不容忽视地价对房地产价格的影响，尤其是在政府垄断土地供给、土地成本在总开发成本中占有重要比重的状况下，政府完全可以通过调控地价来实现对房地产市场的调控。

土地成本、建造成本、专业费用、管理费用、财务费用、投资利润、税金等因素极大地影响着房地产市场上的供给价格。在一定时期内，建造成本及与之相关的专业费用、管理费用、财务费用和税金大体固定在一定水平上，通过调控地价来间接调控房地产价格，一般是十分有效的。政府通过调整土地供应数量、调整与土地开发相关的税费政策等经济手段，灵活运用挂牌、招标、拍卖等出让方式，必要时通过直接的行政干预，都可以对地价进行有效的调控。

6．税收政策

房地产税收政策是政府调控房地产市场的核心政策之一。正确运用税收杠杆不但可以理顺分配关系、保证政府土地收益，还可以通过税赋差别体现政府的税收政策和产业政策，进而对抑制市场投机、控制房地产价格、规范房地产市场交易行为等方面起到明显的作用。例如，美国通过免除公司所得税这一税收优惠政策，推动了房地产投资信托行业的发展壮大。世界上许多国家和地区，通过个人购房税收优惠政策有效推动了住房自有率水平的提高。可以预见，随着我国房地产税收体制不断完善，尤其是房产税的全面开征，将有效抑制住宅的投机性需求。

7. 租金控制

租赁市场是房地产市场的一个重要组成部分，租金作为房地产的租赁价格，同样是政府调控房地产市场的主要对象之一。合理的租金水平应与整体经济发展水平相适应。在运行正常的房地产市场，租金还与房地产价格保持合理的比例。与交易价格一样，租金也包含土地因素的影响。畸高的租金和租金回报率，往往意味着调控手段的无力和级差地租的流失，不利于房地产市场和整体经济的运行。

第三节　房地产项目投资

一、项目及项目周期

（一）项目的定义

一定约束条件下，具有特定目标的一次性任务谓之项目。由此看来，构成一个项目，必须具备如下四项基本条件。

1. 项目是一个系统的有机整体

尽管每个项目均可按时间、位置或性质划分为若干部分，或若干子项目，但其间仍然会因各种千丝万缕的制约和联系构成一个整体。

2. 项目具有明确的目标

目标是项目立项的依据，也是构成项目的基本条件。

3. 项目具有明确的起点和终点

任何项目都有明确的生命周期，有一个从立项到终了或开始至结束的时间历程。

4. 资源条件的保障

项目的实施，必然要消耗或占用一定的资源（材料、设备、劳动、土地、资金等），因而任何项目必须具备可靠的资源保证。

凡是满足上述条件的事项，均可称为项目。由此看来，一项投资、一项建设、一项设计、一项研究等，均可构成一个项目。根据项目性质的不同可分为投资项目、建设项目、开发项目、研究项目、工程项目、施工项目等。

（二）项目周期

项目周期研究的是项目管理工作在时序上的安排。任何项目都有其生命周期，即从开始设想立项，到完成项目目标，结束项目为止，都有它的阶段性和时序性。人们称之为项目发展周期。我们以投资项目为例，研究其项目发展周期的阶段性。

就一般情况而言，投资项目的发展周期，可划分为投资前期、投资实施期和经营使用期三大阶段。

1. 项目投资前期

投资前期是指从投资项目设想到项目投资实施前的一段时间，包括投资机会研究、投资项目建议、项目可行性研究、项目评估与决策等具体工作。这一时期的核心内容是对项目的科学论证与评价决策。项目能否成立的判定、项目的投资规模、投资方案以及厂址选择、资金筹措方案的选择等，都应在这一阶段完成。

2. 项目投资实施期

投资实施期是指项目决策后,从项目规划设计、施工建设到竣工验收前的一段时期。这是把规划变成现实,完成项目建设计划的关键时期。这一阶段的主要工作包括如下三大部分。

(1) 项目设计施工任务的承发包

项目承发包是指项目投资者按照项目规划设计的工程技术要求、使用功能要求、质量要求和工期要求,通过一定的方式,将项目的建筑与结构设计任务、基础工程和主体工程施工任务、设备安装和室内外工程施工任务、配套设施施工任务、主要原材料和设备订货等,委托给承包商来实施建设任务。项目承发包是项目设计、施工任务常用的委托方法。

(2) 项目控制

项目控制是指投资者为了行使项目开发建设的主权、保证项目施工按投资意图顺利进行,以实现投资目标而行使的控制与管理职权。显然,控制活动贯穿于项目开发建设的始终,是项目实施期的重要内容。项目控制的具体内容包罗万象,严格地说,凡是与项目有关的事项均在控制之列。主要的控制内容可归结为以下五大部分。

① 项目进度控制。即按项目进度计划实施的控制,以确保项目按预定工期完成。

② 项目投资控制。即项目开发建设成本费用控制,以确保项目经济效益的实现。

③ 项目质量控制。即按项目质量要求和国家颁布的质量标准实施的质量监督与控制。

④ 项目合同控制。即按项目承包中签订的合同条款实施控制,以确保合同的履约。

⑤ 项目风险控制。即投资风险的识别、规避、防范与控制。

(3) 项目财务管理

项目财务管理的主要工作内容是资金筹措计划的实施,已完工程款的结算与决算,到期借款的还贷,现金流量表的编制,项目现金流量的差异分析等。项目财务管理的基本任务是防范财务风险,控制投资,降低成本,保证项目资金及利润计划的实现。

3. 项目经营使用期

经营使用期是指项目交工验收、交付使用后的一段时期,是项目生命周期的最后一个阶段。经验收合格的投资建设项目,便可交投资者经营使用,进入项目的经营使用期。

房地产投资项目,因项目性质、用途不同,经营使用期的工作内容、形式也有很大区别。租赁经营的商场、写字楼、酒店等,其项目交工验收后方可从事租赁经营业务。销售性的住宅、酒店等物业,一般在项目投资实施一定阶段以后,便可进行该物业的预售业务。因此,对于可预售的房地产项目,其投资实施期与经营使用期在时间上往往有搭接,难以严格区分。

二、房地产项目投资

(一) 房地产投资的特性

受制于房地产的不可移动性、异质性和弱流动性等特性,形成了房地产投资区别于其他类型投资的重要特性。

1. 前期工作十分重要

由于房地产项目开发周期长,少则数月,多则数年甚至十数年;投资数额巨大,少则数百万、千万元,多则数十亿元;投资回收期远远长于一般商品经营。较大的风险使投资者不得不谨慎从事,不惜耗费时间和精力,进行投资前的调查研究和分析,使失误的可能性降到最低程度。

2. 区位选择异常关键

房地产的不可移动性决定了房地产投资的收益和风险不仅受地区社会经济发展水平和发展

状况的束缚，还受到其所处区位及周边市场环境的影响。

人们常说位置决定了房地产的投资价值。只有当房地产所处的区位对开发商、置业投资者和租户都具有吸引力，即能使开发商通过开发投资获取适当的开发利润，使置业投资者获取合理稳定的经常性租金收益，使租户方便地开展经营活动以赚取正常的经营利润并具有支付租金的能力时，这种投资才具备了基本的可行性。

房地产所处的宏观区位或区域对投资者也很重要。一宗房地产的投资价值高低，不仅受其当前租金或价格水平的影响，而且与其所处区域的物业整体升值潜力及影响这种升值潜力的经济、社会和环境等因素密切相关。很显然，投资者肯定不愿意在经济面临衰退、人口不断流失、城市功能日渐衰退、自然环境日益恶化的区域进行房地产投资。因此，投资者在进行投资决策时，不仅关心房地产及其所处位置的地理特性，而且十分重视分析和预测区域未来环境的可能变化。对于大型房地产投资者，还需要考虑房地产投资的区域组合，以有效管理和控制投资风险。

3．适合进行长期投资

土地不会毁损，投资者在其上所拥有的权益通常在40年以上，而且拥有该权益的期限还可以依法延长；地上建筑物及其附属物也具有很好的耐久性。因此，房地产投资非常适合作为一种长期投资。

房地产同时具有经济寿命和自然寿命。经济寿命是指地上建筑物对房地产价值持续产生贡献的时间周期。对于收益性房地产来说，其经济寿命就是从地上建筑物竣工之日开始，在正常市场和运营状态下，出租经营收入大于运营费用，即净收益大于零的持续时间。自然寿命是指从地上建筑物竣工之日开始，到建筑物的主要结构构件和设备因自然老化或损坏而不能继续保证建筑物安全使用为止的持续时间。

自然寿命一般要比经济寿命长得多。从理论上来说，当物业维护费用高到不能用其所得租金收入支付时，干脆就让它空置在那里。但实际情况是，如果物业维护状况良好，则其较长的自然寿命可以使投资者从一宗房地产投资中获取几个经济寿命，因为如果对建筑物进行一些更新改造，改变建筑物的使用性质或目标租户的类型，投资者就可以用比重新购置另外一宗房地产少得多的投资，从而继续获取可观的收益。

因此，许多房地产投资者都把房地产投资作为一项长期投资，从开发建设开始，就重视其长期投资价值的创造、维护和保持，以使得房地产投资项目的全寿命周期利益最大化。

4．物业替换性受关注

房地产的不可移动性使投资者十分关注房地产项目的替换性，即房地产商品使用性质的可变换性。投资者一般不愿投资于那些难以更改用途的特种物业，如特种厂房、码头、油罐等，由于其适用性、替换性差，更改用途困难，一旦该行业不景气，就会使投资者蒙受损失而束手无策。相反，商场、写字楼、标准厂房、公寓等，常常会被各种公司、个人租用，更改使用性质也方便，更吸引投资者关注。

5．需要适时更新改造

从持有房地产作为长期投资的角度出发，必须努力使所投资的房地产始终能在激烈的市场竞争中处于有利的地位。这就要求投资者适时调整房地产的使用功能，以适应市场环境的变化。房地产的收益是在使用过程中产生的，投资者通过及时调整房地产的使用功能，使之适合房地产市场的需求特征，不仅能增加房地产投资的当前收益，还能保持甚至提升其所投资房地产的价值。例如，写字楼的租户需要更方便的网络通信服务，那就可以通过升级现有网络通信设施来满足这种需求;购物中心的租户需要改善消费者购物环境、增加商品展示空间,那就可以通过改造购物中心的空间布局来满足这些需求;公寓内的租户希望获得洗衣服务,那就可以通过增加自助洗衣房、提供出租洗衣设备来解决这一问题。

按照租户的意愿及时调整或改进房地产的使用功能十分重要,这可以极大地增加对租户的吸引力。对于投资者来说,如果不愿意进行更新改造投资或者其所投资房地产的可改造性很差,则意味着投资者会面临较大的投资风险。

6. 易产生资本价值风险

异质性是房地产的重要特性,市场上没有两宗完全相同的房地产。由于受区位和周围环境的影响,土地不可能完全相同;两幢建筑物也不可能完全一样,即使是在同一条街道两旁同时建设的两幢采用相同设计形式的建筑物,也会由于其内部附属设备、临街状况、物业管理情况等的差异而有所不同,而这种差异往往最终反映在两宗房地产的租金水平和出租率等方面。

房地产的异质性,也导致每宗房地产在市场上的地位和价值不可能一致。这就为房地产市场价值和投资价值的判断带来了许多困难,使投资者面临着资本价值风险。因此,房地产投资者除了需要聘请专业的房地产估价师帮助其进行价值判断外,还要结合自身的眼光、能力和经验进行独立判断,因为相同市场价值的房地产却有着因人而异的投资价值。

7. 变现性差

变现性差是指房地产投资在短期内无损变现的能力差,这与房地产资产的弱流动性特征密切相关。虽然房地产资产证券化水平在逐渐提高,但也不能从根本上改变房地产资产流动性差的弱点。

房地产资产流动性差的原因,与房地产和房地产市场的本质特性密切关联。一方面,由于房地产的各种特征因素存在显著差异,购买者也会存在对某些因素的特定偏好,因此,通常需要进行多次搜寻才能实现物业与购买者偏好的匹配。另一方面,对于同一物业而言,不同卖方和买方的心理承受价格都存在差异,因此,只有经过一段时间的搜寻和议价,实现买卖双方心理承受价格的匹配,才有可能达成交易。而房地产价值量大所导致的买卖双方交易行为的谨慎,以及房地产市场的交易分散,信息不完备程度高等特点,又进一步延长了搜寻时间。房地产的变现性差往往会使房地产投资者因为无力及时偿还债务而破产。

8. 易受政策影响

房地产投资容易受到政府宏观调控和市场干预政策的影响。由于房地产在社会经济活动中的重要性,各国政府均对房地产市场倍加关注,经常会出台新的政策措施,以调整房地产开发建设、交易和使用过程中的法律关系和经济利益关系。而房地产的不可移动等特性,决定了房地产投资者很难避免这些政策调整所带来的影响。政府土地供给、公共住房、房地产金融、税收和市场规制等政策的调整,都会对房地产的市场价值,以及房地产投资意愿、投资效果产生影响。

9. 依赖专业管理

房地产投资离不开专业化的投资管理活动。在房地产开发投资过程中,需要投资者在获取土地使用权、规划设计、工程管理、市场营销、项目融资等方面具有管理经验和能力。房地产置业投资,也需要投资者考虑租户、租约、维护维修、安全保障等问题,即使置业投资者委托了专业物业资产管理公司,也要有能力审查批准物业资产管理公司的管理计划,与物业资产管理公司一起制定有关的经营管理策略和指导原则。此外,房地产投资还需要房地产估价师、房地产经纪人、会计师、律师等提供专业服务,以确保置业投资总体收益的最大化。

(2) 转让土地使用权。即土地使用者再转移土地使用权的行为，包括出售、交换和赠与。在我国目前的地产市场上，通过合法转让获取使用权的土地来源有两类：一类是出让方式获取使用权的土地，经过一定的投资开发或使用后再进入流通领域，转让剩余年限的土地使用权；另一类则是原行政划拨的土地使用权，经过补办土地出让手续、补交土地出让金的合法程序后，进入流通领域转让余期使用年限的使用权。

出售土地使用权即买卖土地使用权，就是土地使用者按法定的程序将该宗地的剩余年限使用权转移给他人，他人为此支付土地转让金的方式。

交换土地使用权是指土地使用权的拥有人双方约定相互转移两宗土地的使用权；或一方转移某地块的使用权，而另一方则以金钱以外的标的物使用权或所有权进行交换的方式。从法律上看，土地使用权的交换与出售均为双务有偿合同；当事人的法律地位也相同，因而有关土地使用权买卖的法律规定，一般也适用于交换。所不同的是，在交换关系中，双方均以款项以外的物或权利进行给付。

赠与土地使用权是指赠与人自愿把自己所拥有的土地使用权无偿转移给接受赠与人，受赠人表示愿意接受该土地使用权而达成合同，实现土地使用权转让的方式。与出售、交换不同的是，赠与属无偿单务合同，赠与人对受赠人负有无偿给予土地使用权的义务。

(3) 出租土地使用权。是指土地使用权的拥有人作为出租人将土地使用权随同地上建筑物、构筑物和其他附属物租赁给承租人使用，由承租人向出租人支付租金的交换方式。在出租行为中，承租人取得的仅仅是按土地及地上建筑物本来用途的一段时间（租赁期内）的使用权。这与土地使用权出让、转让行为中受让人获得的具有独立意义的土地使用权有很大的不同。在土地使用权的出让、转让中，受让人获得的土地使用权是一种物权，是一种独立的财产权，其内容不但包括对土地的占有、使用、收益，还包括一定程度内（在法律规定的范围内）对土地进行处分的权力。而由租赁获得的土地使用权，不完全具备物权性质，不是一项独立的财产权。其内容只包括占有、使用，而不包括对土地的处分。因而，承租人只能使用土地，一般不得改变土地的原貌，也不得实行转租、抵押或其他处分。

(4) 土地入股参与联建联营。即以土地使用权作价入股，参与联建联营，实质上是以土地的使用权作条件参与的经济活动。入股的土地，其法人主体已发生了变化，由新的企业法人所占用。这时的土地，既是企业经济活动的场所，又是一笔"资本化了的股金"，作为资产已融入合资企业之中。因此，土地入股本质上也是一种土地使用权的转让方式。

(三) 房地产项目投资对象

可用作房地产投资的项目类型主要有：土地物业投资、居住物业投资、商用物业投资、工业物业投资、酒店与休闲娱乐设施投资和特殊物业投资等。

1. 土地物业投资

任何房地产项目投资都离不开土地这一基础性资源，同时土地也可以成为独立的开发投资对象。土地开发从广义上指因人类生产建设和生活不断发展的需要，采用一定的现代科学技术手段，扩大对土地的有效利用范围或提高对土地的利用深度所进行的活动，包括对尚未利用的土地进行开垦和利用，以扩大土地利用范围，也包括对已利用的土地进行整治，以提高土地利用率和集约经营程度。

作为房地产开发对象的土地有两类：一类是旧城区，一类是新区开发。

旧城区开发的土地属房地产的二次开发，是由于原有城区因使用性质改变或城市老化，房屋陈旧、破损或基础设施改造而进行的投资建设。旧城区开发的主要经济活动有拆迁安置和改造建设两个方面。拆迁是指对原有建筑物、构筑物的拆除与搬迁；安置是对原住户、用户及单位（包括机关、学校、医院、工厂、商场等）的安置；改造建设主要是对旧城区原有基础设施及部分公共服务设施的改造及新建筑物的建设。旧城开发不仅因旧城区地价高要付出更多的投资，而且因原有住户或用户的拆迁补偿、原有基础设施的改造，将会大大增加开发成本。开发企业在城市土地出让市场，通过竞投获取土地使用权以后，便可进行该地块的拆迁安置及改造建设，使其具备房屋建设的基础条件，然后可直接进行房屋建设，或通过土地二级市场，有偿转让该地的使用权，收回投资并赚取利润。旧城区改建投资的成败在于该地块是否升值，而地块的升值除了自身的基础设施条件的改善外，更重要的在于该地块周围环境条件的改善。因此，从事旧城区土地开发的投资者，若对城市规划的发展、城市经济的成长预测不够准确，将会冒极大的风险。

新区开发是指城市郊区新征土地的开发建设，其主要经济活动是征用农村集体所有的土地，并进行土地改造和基础设施建设。新区开发的土地一般都位于城市郊区或远郊区，需拆迁安置的负担并不高，地价也相对便宜得多，因而新区开发成本费用可大大降低。但新区开发将受到农业用地保护的限制，而且由于基础设施条件较差，配套设施功能不全，往往需投入较多的建设资金或限制其使用，影响其销售。新区开发成败的关键在于使用性质是否把握准确，配套设施、基础设施、公共服务设施的建设是否完备。

目前，越来越多的城市政府建立了土地开发中心（或储备中心），负责建设用地收储、开发和出让工作，实质上扮演了土地开发商的角色。

2．居住物业投资

居住物业投资是指供人们生活居住的房地产，包括公共住房和商品住房。公共住房又可以细分为面向低收入家庭出租的廉租住房、面向低收入家庭出售的经济适用住房，以及面向中等收入家庭的限价商品住房和公共租赁住房等多种类型。商品住房又可细分为普通住宅、高档住宅、公寓和别墅等。

居住物业投资主要表现为开发投资，将建成后的住房出售给购买者，而购买者大都是以满足自用为目的，也有少量购买者以投资为目的，将所购买的住房出租给租户使用。由于人人都希望拥有自己的住房，而且在这方面的需求随着人们生活水平的提高和支付能力的增强不断向更高的层次发展，所以居住物业的市场最具潜力，投资风险也相对较小。

值得指出的是，随着政府住房保障制度的完善以及公共住房需求的增加，通过与政府部门或机构合作开发建设公共住房用于出租或出售，将逐步成为房地产开发投资者的重要投资选择。

3．商用物业投资

商用物业又称经营性物业、收益性物业或投资性物业，是指能出租经营、为投资者带来经常性现金流收入的房地产，包括写字楼、零售商业用房（店铺、超市、购物中心等）和出租公寓等。

随着房地产市场的发展，商用物业投资的开发—出售模式，即将建成后的商用物业分割产权销售的模式越来越缺乏生命力，而开发—持有或整体出售给机构投资者统一持有经营模式越来越成为一种趋势。由于商用物业投资的收益主要来自物业出租经营收入和物业资产升值，因而更适合作为长期投资，且收益水平与投资者管理商用物业的能力密切相关。

商用物业市场的繁荣除了与当地整体社会经济状况相关，还与工商贸易、金融保险、咨询服务、旅游等行业的发展状况密切相关。这类物业交易涉及的资金数量巨大，所以常在机构投资者之间进行。物业的使用者多用其提供的空间进行商业经营，并用部分经营所得支付物业租金。由于商用物业内经营者的效益在很大程度上受其与市场或客户接近程度的影响，因此位置对于这类物业有着特殊的重要性。

4．工业物业投资

工业物业是指为人类生产活动提供空间的房地产，包括工业厂房、仓储用房、高新技术产业用房、研究与发展用房（又称工业写字楼）等。工业物业投资既有开发—出售市场，也有开发—持有出租经营市场。将有限的资金集中用于生产经营环节而不是用于购置工业物业，是许多现代企业运营的潮流和趋势。用于出租经营的工业物业常常出现在工业开发区、工业园区、科技园区和高新技术产业园区。

一般来说，重工业厂房由于其建筑物的设计需要符合特定工艺流程的要求和设备安装的需要，通常只适合特定用户使用，因此不容易转手交易。高新技术产业用房和研究发展用房则有较强的适应性。轻工业厂房介于上述两者之间。随着物流行业的发展，传统的以自用为主的仓储用房也越来越多地用于出租经营，成了工业物业的重要组成部分。

5．酒店与休闲娱乐设施投资

酒店和休闲娱乐设施是为人们的商务或公务旅行、会议、旅游、休闲、康体娱乐活动提供入住空间的建筑，包括酒店、休闲度假中心、康体中心、赛马场、高尔夫球场等。严格地说，这类物业投资也属于商业物业投资，但其在经营管理服务活动上的特殊性，又使得其成为一种独立的物业投资类型。对于酒店和休闲娱乐设施而言，其开发投资活动和经营管理活动的关联更加密切。以酒店为例，在其初始的选址和规划设计阶段，负责未来运营管理的酒店管理公司就会成为开发队伍的重要成员。

6．特殊物业投资

特殊物业是指物业空间内的经营活动需要得到政府特殊许可的房地产，包括汽车加油站、飞机场、火车站、码头、高速公路、桥梁、隧道等。特殊物业的市场交易很少，这类物业投资多属于长期投资，投资者靠日常经营活动的收益来回收投资，赚取投资收益。另外，除了上述类型外，近年来还出现了城市综合体、旧改项目等物业投资类型。城市综合体是指将城市中的零售商业、办公、居住、旅店、展览、餐饮、会议、文娱和交通等城市生活空间进行三项以上的组合，并在各部分间建立一种相互依存、相互助益的能动关系，从而形成一个多功能、高效率的综合体。这种项目已在许多特大型和大型城市中出现，并成为当地的地标性建筑，可以预见其未来将会有更广阔的发展空间。旧改项目是近几年顺应"三旧"（旧城、旧村、旧厂）改造政策的产物。旧改项目没有统一的式样和操作方式，其出发点与终结就在于平衡各方利益，改善城市环境，使旧城、旧村与旧厂焕发生机。严格意义上说，旧改项目的最终形态可以是以上任意一种或者它们的组合。

（四）房地产投资的作用

房地产投资的作用，可以从全社会及投资者自身两个角度来理解。从社会的角度看，房地产投资尤其是房地产开发投资，对一个国家或地区的经济增长、就业机会创造以及相关产业发展，均具有重要的带动作用，对增加政府财政和税收收入、改善人民居住水平和社会福利、提高城市公共品质量和城市空间使用效率等，均能作出重要贡献。

从投资者的角度看，由于房地产投资具有收益、保值、增值和消费四个方面的特性，投资者可以通过房地产投资，获得经常性的租金收入和资本增值，降低其投资组合的总体风险，抵御通货膨胀的影响。因此，房地产投资通常被投资者视为进行财富积累、实现财富价值最大化的重要途径，是最理想的投资渠道之一。

复习思考题

1. 什么是投资？投资的要素构成包括哪些？
2. 什么是市场？市场机制是怎样发挥作用的？
3. 与一般市场相比，房地产市场具有哪些特征？
4. 房地产市场指标有哪些？如何使用？
5. 政府干预房地产市场的必要性是什么？主要手段有哪些？
6. 什么是项目？一般建设项目的周期包括哪些阶段？
7. 房地产项目投资特性有哪些？
8. 建设用地土地使用权获取的方式有哪些？
9. 房地产项目投资对象有哪些？

第二章 房地产项目策划与项目可行性研究

本章首先介绍房地产项目策划的概念、特点、原则与程序；接着重点介绍房地产项目可行性研究的概念，可行性研究报告编制的步骤，可行性研究报告的内容以及可行性研究阶段的划分；最后介绍房地产项目策划与房地产项目可行性研究的关系，指出前期策划与可行性研究的有机结合，有助于提高项目决策质量。同时，随着可行性研究与策划方案相互渗透和影响，有助于保证项目决策后的有效实施。

第一节 房地产项目策划

房地产项目策划与房地产可行性研究都是房地产项目投资前期的重要工作,二者有着密不可分的关系。本节主要介绍房地产项目策划的内涵、特征、原则、基本类型和程序等。

一、房地产项目策划的含义与作用

(一)策划的含义

策划又称"策略方案"和"战术计划",是指人们为了达成某种特定的目标,借助一定的科学方法和艺术,为决策、计划而构思、设计、制作策划方案的过程。"策划"一词最早出现在《后汉书·隗嚣传》中"是以功名终申,策画复得"之句。其中"画"与"划"相通互代,"策画"即"策划",意思是计划、打算。其中,"策"的意思是指计谋,"划"则指设计、工作计划、筹划、安排。

哈佛大学企业管理丛书编撰委员会认为,策划是一种程序,在本质上是一种运用脑力的理性行为。绝大多数的策划都是关于未来事物的,也就是说,策划是针对未来要发生的事情作当前的决策。换言之,策划是找出事物的因果关系,衡量未来可采取的途径,作为目前决策的依据。也可以说,策划是预先决定做什么、何时做、如何做、谁来做等。策划的步骤是以假定的目标为起点,然后定出策略、政策,以及详细的内部作业计划,最后还包括成效的评估和反馈,而返回到起点,开始了策划的第二次循环。一般而言,策划具有未来性、程序性、目的性、创造性等特征。

(二)房地产项目策划的含义

房地产项目策划是指在房地产项目投资、营销等过程中,根据房地产开发项目的具体目标,以客观的市场调研为基础,以准确的项目定位和独特的概念设计为核心,综合运用各种资源与手段,按照一定程序对房地产开发项目进行创造性的规划,并以具有可操作性的房地产策划文本作为结果的活动,是房地产开发中一项复杂而高度专业的工作。

上述定义可细分为以下几层意思。

(1)房地产项目策划是在房地产领域内运用科学规范策划行为的活动。不同于其他策划,尽管使用的手段可以千变万化,但房地产策划的对象始终围绕着房地产开发产品,应用于房地产开发与销售领域。规范的策划行为要求策划人员按照客观规律,遵循一定的流程来策划。

(2)房地产项目策划具有明确的目的性。房地产项目本身就是一个相互联系、相互影响的多目标体系,系统内各目标之间还必须保持一定的均衡性和合理性。这些目标可能包括项目建设进度目标、成本控制目标、销售进度目标及盈利性目标、企业或项目品牌建设目标等。项目策划应在理解目标体系内在逻辑性的基础上,围绕着如何实现这些目标而展开。

(3)房地产项目策划是在市场调研的基础上进行的。房地产开发项目面临纷繁复杂的市场环境,所以扎实、准确的市场调研是策划的前提与基础。脱离了市场环境、主客观限制因素谈策划就如同在空中建楼阁一样虚无缥缈、不着边际。

(4)项目定位与概念设计是房地产项目策划的核心环节。在房地产开发中,项目定位和概念设计往往是成败的关键。如何通过广泛深入的调研、对自身资源的理解和竞争环境的清醒认识，提出能表达项目特殊竞争优势的定位和独特主题，是房地产项目策划，尤其是项目前期策划的核心内容。

（5）房地产项目策划是一项综合性工作，需要运用各种资源与手段。将策划文案上的概念变成实际，并非容易的事情。它需要策划人员综合运用各种知识、技术手段，充分利用各种资源合力。有些手段、知识来自房地产领域内，如投资策划、项目产品设计等；有些则需要利用其他领域的知识和技能。

（6）房地产项目策划是一项创造性工作。创造是所有策划活动的灵魂，房地产项目策划也不例外。开发项目概念的提出、定位的选择都要经过从无到有、从模糊到逐步清晰的过程。在此过程中，需要策划人员打破陈规，不断创新。

（7）房地产项目策划报告书或策划提案是策划活动的一项重要输出。很多情况下，策划的结果需要形成具有可操作性的策划报告书或者策划提案。

（三）房地产项目策划的作用

房地产项目策划是房地产项目成功开发的指南针、路线图，策划人员在开发中扮演着重要的角色。房地产项目策划的作用体现在以下几方面。

1. 提高项目决策的准确性，避免运作出现偏差

房地产项目策划是一种按照规范程序进行的、理性的行为，为决策提供参考，可以在很大程度上避免决策的盲目性和随意性。策划建立在深入细致的市场调研的基础上，是策划人员不断面对市场总结出来的智慧结晶，有其科学性。同时，严密的目标体系和操作计划也便于实际运作中检验、调整，避免出现重大的运作误差。

2. 增强项目竞争力

经历几年的跨越式发展，房地产业到了重新"洗牌"的阶段。竞争的加剧、潜在购房者购买动机的多样性以及需求品位的提高，都要求项目要有更大的独特性。在这种情况下，房地产策划有了用武之地。通过研究市场、精心策划、规范运作，可以整合项目资源，发掘项目竞争优势，提升竞争能力，创造项目价值，使之在激烈的竞争中立于不败之地。

3. 增强团队管理创新能力，打造学习型组织

房地产企业要赢得市场，管理创新是重要一环。项目策划的过程也是以问题为导向，遵循科学策划流程，进行管理创新摸索的过程。很多成功的企业和团队，就是在项目策划过程中，寻找到了适合本企业、团队的管理运作模式。同时，由于房地产项目策划涉及大量新的知识、技能，客观上也推动了房地产行业中学习型组织的建立。

二、房地产项目策划的特性

结合行业特性分析，房地产项目策划具有地域性、创造性、市场性、系统性、超前性、可操作性、科学性和艺术性的结合等特征。

（一）地域性

房地产项目策划的地域性特征，是区别于其他行业所独有的，是由房地产位置固定性的特征决定的。首先，由于我国幅员辽阔，各地的地理位置、自然环境、社会经济发展水平都不同，有相当大的差异性。其中，区域经济因素是研究的重点。一个地方成功的策划经验运用到另一个地方，不见得也能获得成功。其次，房地产市场只能是区域性市场，项目营销主要受区域内类似房地产项目的供需情况影响，故房地产项目策划需要密切关注区域市场的发展动向，把握

供求关系，研究消费者行为特征等。最后，项目周边区位状况，如区域各种设施状况、规划前景、街区成长历史也需要作深入研判与分析。

（二）创造性

创新是一切策划活动的灵魂。对于房地产项目策划而言，创造性就是要有新意，做到原创而不雷同。每一个房地产开发项目都有其自身的独特性，简单复制别人的模式很难取得成功。要做到创新，首先是概念上的创新和主题上的创新。只有概念、主题有新意，才能使项目有个性。其次是策划方法手段上的创新，灵活运用各种手段和方法以期获得意想不到的效果。

（三）市场性

房地产项目策划中的市场性，就是以市场为导向，以顾客为关注的焦点。顾客是项目赖以生存的基础，顾客是否认可更是检验策划成败的唯一依据。对于市场性的理解可以分为以下三个层次：第一，房地产项目策划要研究市场的规律、顾客的偏好，建造出满足客户现实需要的房子；第二，市场是变动的，顾客的消费观念也会发生改变，策划要因这些变化作出适时的调整；第三，在对顾客和市场有了深入认识之后，把握规律、提前布局、引导消费、创造市场、激发需求。

（四）系统性

房地产项目策划要遵循系统性原则，使策划活动的各个组成部分、各个子系统相互协调统一，以保持策划工作具体和策划目标的最优化。房地产项目开发要经过市场调研、概念形成、项目财务评价、规划设计、建筑施工、营销推广等若干阶段，每个阶段分别构成策划的子系统，系统之间又有相应的接口。各子系统功能上相互独立又有关联，所以如何利用系统的原理整合各子系统，达到效率最高、绩效最大是房地产策划人员需要特别关注的。

（五）超前性

房地产项目策划是一项立足现实，为未来事件的产生和目标的实现而开展的系列工作，具有超前性。具体地说，需要在项目理念上具有超前性，在运作手段上具有预见性。房地产项目周期短则两三年，长则达到十数年之久，以今天的产品满足未来的需要，没有一定的超前性显然不能满足要求。所以，在房地产策划的各个阶段，都要运用超前的思维方式。如在市场调查阶段，不但要看现在的供求关系，更要预测当项目投放市场时的竞争状况；在投资分析阶段，要基于合理的假设测算项目实施的投资现金流、销售及租赁收入现金流等；在产品设计阶段，则要根据潜在购房者现在及未来的需要和期望进行设计，在规划、园林、建筑风格、户型设计等方面体现未来居住的趋势；在营销推广阶段，则要带着预判的眼光选择适当的时机、制定有竞争力的价格策略。只有每个环节都做到了适度超前，才能保证项目步步领先，不会陷于被动。

（六）可操作性

房地产项目策划要具有可操作性。美好的蓝图要与客观条件结合起来，要做到环境许可、方法有效、易于执行。任何脱离实际、超出项目运作者能力的方案，最终都不能落到实处。

（七）科学性和艺术性的结合

房地产项目策划活动同时包括了科学和艺术两个侧面，是二者的优美结合。这里的"科学"是指为实现目标解决问题而进行的系统分析、逻辑推理和运用数学工具。这里的"艺术"是指运用理论和方法的技巧、丰富的想象力，以及知道何时和怎样发挥以上能力的智慧。房地产策划既具有科学性，也具有艺术性，是二者的结合。其中艺术性是以科学性为基础的，是对科学理论和知识方法的创造性运用。

三、房地产项目策划的原则

（一）独创原则

无论是房地产项目的定位、建筑设计的理念，还是策划方案的创意、营销推广的策略，如果没有独创性，毫无新意，要在市场竞争中赢得主动地位都是不可能的。独创就是独到、创新、差异化、有个性。独创具有超越一般的功能，它应贯穿于房地产策划项目的各个环节，使房地产项目在众多的竞争项目中脱颖而出。房地产策划要达到独创，就应满足策划观念独创、主题独创和手段独创三方面的要求。

（二）定位原则

《定位》一书的作者里斯·特劳特认为："定位的对象不是产品，而是针对潜在顾客的思想，是你对未来的潜在顾客心智所下的工夫……要为产品在潜在顾客的大脑中确定一个合适的位置。"在房地产项目策划中，项目定位就是依据市场细分及目标市场的选择，针对目标购房群体对产品属性、特征、功能的需求，对项目产品各种特征所作的具体规定，强有力地塑造房地产项目个性形象，并把这种形象传递给目标购房者，从而吸引顾客，占领市场的过程。

定位是否准确往往是项目成败的关键。如顺德碧桂园，起初销售情况并不乐观，后来在策划中，提出与名校北京景山学校合作办学的构想，并辅以高规格的生活配套设施，提炼出"给您一个五星级的家"的项目定位，动一子而全盘皆活，一举打开了局面，并迅速建立了品牌。

（三）整合原则

整合原则是房地产项目策划中一条重要的原则。在房地产开发项目中，客观存在着多种不同的资源，按是否明显易见，可分为显性资源和隐性资源两类；按其具体形式可分为主题资源（或称概念资源）、社会资源、人文资源、物力资源、人力资源等多类。在没有策划整合之前，这些资源往往是松散、凌乱、没有中心的，但经过整合和配置后，逐步凝聚成有机的整体，形成合力，为项目开发所用。

为了有效地整合好房地产开发项目的客观资源，策划人员必须做到以下几点：第一，要把握好整合资源的技巧。在整理、分类、组合中要有的放矢，抓住重点，使客观资源合力加强，达到 1+1>2 的效果。第二，整合好的各个客观资源要围绕项目开发的主题中心，远离主题中心的资源往往很难达到目的。第三，要善于挖掘、发现隐性资源。如创新、独到的主题资源大都是隐藏起来的，不易被人发现，需要策划人聪慧的头脑去提炼、发掘甚至创造。

（四）客观原则

客观原则是指在房地产策划运作的过程中，策划人员通过各种努力，使自己的主观意志自觉能动地符合策划对象的客观实际。要遵循客观原则做好项目策划，必须注意以下几点：第一，实事求是，不讲大话、空话；第二，做好客观市场的调研、分析、预测，提高策划的准确性；第三，在客观实际的基础上谨慎行动，避免引起故意"炒作"之嫌；第四，策划的观念、理念既有所超前，又符合实际。

（五）可行性原则

可行性原则是指房地产项目策划运行的方案需达到并符合切实可行的策划目标和效果。这就要求策划行为时时刻刻为项目的科学性、可行性着想，避免出现不必要的差错。从这个角度看，项目策划与项目可行性研究应该有机结合起来。具体来说，可从房地产项目的经济性、运作的有效性等方面对策划方案的可行性进行考察。

（六）全局原则

全局原则是要求从整体、大局的角度来衡量房地产项目策划的成败，为策划人员提供指导的原则。房地产项目策划可以分为若干阶段，每个阶段都跟全局有密切的联系，每个局部的运作好坏都对全局造成影响。全局原则要求：第一，房地产项目策划要从整体性出发，注意全局的目标、效益和效果。在整体规划的前提下，部分服从整体，局部服从全局。第二，房地产项目策划要从长期性出发，处理好项目眼前利益和长远利益的关系。第三，房地产项目策划要从层次性出发，总览全局。房地产策划是个大系统，任何一个系统都可以被看成是一个全局。而系统是有层次性的，大系统下有子系统，子系统下还有孙系统。因此，考虑下一个层次的策划时，应该同上一层次的战略要求相符合。

（七）文化原则

做策划离不开文化，好的策划都有其独特的文化内涵。在房地产项目策划中，把握文化就是要把握在特定社会历史条件下，人们形成的思想、生活习惯、风俗和宗教信仰等社会思想对房地产产品需求的影响。位于广州番禺的丽江花园用"一方水土一方人，美善相随丽江人"广告语谱写了文化住区的生活剧本，打动了无数求真、求善的高层次购房者；同样是在广州的云山诗意花园，则以传统文化为号召，建筑风格上大量采用岭南建筑元素，广告中体现和谐、中庸的传统文化精髓，强调三代同堂的大家庭生活模式，激发了很多在"修齐治平"儒家文化熏陶下成长起来的中年购房者的购买热情。具体操作中要注意以下几点：第一，要对我国传统文化有较深入的认识；第二，深入调研，并要利用人口统计学把握目标群体特征；第三，根据人群特征，选择文化主题、元素；第四，将精心筛选的文化元素渗透、融合到项目的方方面面；第五，不断积累、强化品牌建设。

（八）应变原则

所谓"应变"就是随机应变，它要求房地产项目策划要在动态变化的复杂环境中，及时准确地把握发展变化的目标、信息，预测事物可能发展变化的方向、轨迹，并以此为依据来调整策划目标和修改策划方案。

房地产策划的应变原则是完善策划方案的重要保证。它要求：增强动态意识和随机应变观念；时刻掌握策划对象的变化信息；预测对象的变化趋势，掌握随机应变的主动性；及时调整策划目标，修正策划方案。

四、房地产项目策划的类型

对于房地产项目策划而言，有意义的分类方法有两种：按照策划所处项目开发周期的不同阶段来划分和按照策划工作的关注点来划分。

（一）按照策划所处开发周期阶段分类

根据不同的开发阶段，策划可以被分为项目开发前期策划、销售/招租策划以及物业管理策划。

10. 存在效益外溢和转移

房地产投资收益状况受其周边物业、城市基础设施与市政公用设施和环境变化的影响。政府在道路、公园、博物馆等公共设施方面的投资，能显著提高附近房地产的市场价值和收益水平。例如，城市快速轨道交通线的建设，使沿线房地产资产由于出租率和租金水平的上升而大幅升值；城市棚户区改造、城中村改造等大型城市更新项目的实施，也会使周边房地产的市场价值大大提高。从过去的经验来看，能准确预测到政府大型公共设施建设并在附近预先投资的房地产投资者，都获得了较大成功。

（二）土地使用权的获取

获取土地使用权是房地产项目投资的基础。如何经济地获取理想的建设用地，几乎是所有房地产项目投资者最关心的问题。

按我国的现行法律规定，土地使用权获取的基本形式有：行政划拨、有偿出让、转让、租赁和入股联建等。其中行政划拨土地是无偿、无限期、无流动的土地供应方式。推行土地有偿、有限期的使用制度以后，只有非经营性项目、公益性项目才能取得行政划拨土地使用权。

（1）有偿出让土地使用权。是指地、市、县人民政府及其土地管理部门，代表国家将土地在一定年限内的使用权，以指定的地段、用途和其他条件，通过规定的形式和程序，出让给土地使用者，并一次或分次收取土地使用权出让金的行为。我国境内外的公司、企业、其他组织和个人，除法律另有规定外，均可通过协议、招标、拍卖和挂牌等形式取得土地使用权。

协议出让土地使用权又称定向议标，是政府根据城市规划的要求与土地使用性质，有目的地定向选择土地受让人，然后与选定的土地受让人协商议定土地的出让金、使用年限、使用性质和其他条件，最后达成协议，签订土地使用合同，有偿出让土地使用权的全过程。协议出让方式，在早期曾一度被广泛应用，但这种方式并没有引入竞争机制，在地产市场运行的过程中，缺乏公开性、公平性，人为的、非规范性的因素过多，容易导致"权力寻租"，滋生贪腐行为。随着我国房地产市场体系的逐渐发育和完善，这种土地使用权出让的方式逐渐减少。国家土地管理部门已于 2000 年宣布取消经营性房地产项目用地的行政划拨和协议出让方式。2004 年 3 月，国土资源部和监察部又联合下发了《关于继续开展经营性土地使用权招标拍卖挂牌出让情况执法监察工作的通知》，要求从该年 8 月 31 日起，所有经营性的土地一律都要公开竞价出让。

招标出让土地使用权是指在规定的期限内，由符合规定的单位或个人（经过资格审查的单位或个人），以书面投标形式，竞争投标某块土地使用权，土地出让者按事先规定的标准，通过评标、决标来确定该地块使用权获得者的形式。土地使用权的招标方式引进了市场竞争机制，综合考虑了规划、地价、投资者的资信等多种因素，有利于形成公平、公正的市场机制，是房地产开发项目土地使用权获取的主要方式。

拍卖出让土地使用权是土地使用权有偿出让方式中最具竞争性的方式。由土地出让者发布"土地使用权拍卖公告"。在规定的时间、地点，由该地块的竞投者公开叫价、应价，最后由叫价最高者签订《土地使用权合同》，交付土地出让金并获取该地块使用权的方式。

挂牌出让土地使用权是指出让人发布挂牌公告，按公告规定的期限将拟出让地块的交易条件在指定的土地交易场所挂牌公布，接受竞买人的报价申请并更新挂牌价格，根据挂牌期限截止时的出价结果确定土地使用者的行为。挂牌方式具备有利于竞买人理性决策和竞争，操作简便，易于开展，有利于土地有形市场的形成等优点，越来越多地被采用，成为招标、拍卖方式出让土地使用权的重要补充形式。

1. 项目开发前期策划

项目开发前期策划是指从获取土地起到进入建筑施工之前的这一阶段的策划，包括土地使用权获取研究，项目市场调查及消费者行为分析，房地产项目市场细分、目标市场选择与市场定位，房地产项目的产品策划等内容。

（1）土地使用权的获取研究

一般说来，项目的前期策划都是从土地使用权获取那一刻开始的。开发商及其策划人员首先在对城市规划和当地房地产市场较充分把握的基础上，通过初步测算，研究哪个区域、哪些地块具有开发价值；对特定用地，研究获得土地使用权的最佳方式、策略。

（2）房地产项目市场调查及消费者行为分析

房地产项目市场调查是指运用科学的方法，有目的、有计划、系统地收集房地产市场状况方面的各种情报资料，通过整理、分析资料来判断和把握市场现状与未来发展趋势，为项目建设的必要性、充分性、建设指标、形式、规模、档次、时机及开发经营方式等决策提供可靠的依据。市场调查的内容包括环境调查、房地产供需情况调查和开发场地调查等。市场调查的方法根据研究假设是否充分和所处的阶段，可分为探索性调查（如焦点小组座谈、深度访谈等）、描述性调查（如问卷调查、观察法等）和因果性调查（如试验法）三类，如果结合对未来趋势的判断，则还有预测性调查。

消费者行为分析是建立在深入的市场调查基础上，对消费者心理行为模式进行探讨。包括购房者个性心理分析、社会文化等因素对购房决策的影响、购买行为模式的分析等内容。

市场调查和消费者行为分析是项目方案设计及可行性研究的重要基础。

（3）房地产项目市场细分、目标市场选择与市场定位

通过市场调查，进行项目市场细分、选择目标市场和确定项目的市场定位。同时，策划人员还要根据消费者的心理与行为，考虑导入什么样的概念，以适应目标买家的爱好和习惯。

（4）房地产项目的产品策划

房地产项目的产品策划即项目的规划设计，一般是由开发商委托给专业设计机构来完成。在设计单位进行具体的规划设计之前，开发商及其策划人员要依据市场调查的结果和项目的市场定位，给设计人员提出具体的建议和指导。设计方案出来后，策划机构或人员要站在市场角度提出专业的意见，不断修改完善。

以上四项内容构成了项目开发前期策划，也有学者将其归纳为投资决策、深度市场调研、定位策划、产品策划、产品设计等五个环节。前期策划往往与项目可行性研究结合在一起，为项目投资决策提供坚实的依据。本书所涉及的策划也主要是这部分的内容。

2．销售/招租策划

无论是概念提炼还是产品设计，都不是策划的最终目的，它们都是为项目能销售/出租出去，获得理想经济回报服务的。所以，进入销售、招租阶段，就要开展相应的策划活动。其中包括制定项目的价格策划、项目的广告策略和项目的销售推广策略等。

3．物业管理策划

随着消费者的日渐成熟，现在购房不仅仅看产品，更看重未来的使用，尤其对于商业物业，这种考虑更多一些，所以物业管理也就成了项目营销需要重要考量的因素。这就需要物业管理早期介入，策划人员根据项目特点，选择适当的介入时机，制订出完善的物业管理方案，甚至为购房者量身定做物业服务，有些时候，在产品设计阶段物业管理的前期策划就要介入，以保证产品能充分考虑日后的使用与管理。

（二）按照策划工作的关注点来划分

在不同时期，房地产策划的关注点也不相同，据此，有学者将策划区分为若干模式。

1. 房地产项目战略策划模式

战略策划是项目开发设计总谱，并帮助企业从全局的需要出发，有效整合专业性操作，使其在统一的平台上，协调一致地实现总体目标。战略策划模式适用于须从宏观战略的高度来策划的项目，尤其适合大型项目或者在项目投建初期，各种条件和限制还不明确的时候，为项目定出基本开发思路。但是，战略策划模式对策划人各方面的素质要求很高，具有哲理型、思想型、创新型素质的策划人才能胜任。

2. 房地产项目全程策划模式

房地产全程策划，简单地说就是对房地产项目进行全过程的策划，即从市场调研、土地取得、投资分析、项目定位、规划设计、建筑方案、建筑施工、项目形象、项目营销、品牌培植以及物业服务等各个方面都进行全方位策划，最大限度地提升项目的开发价值。由于这种策划模式需要关注的点很多，时间上覆盖整个项目投资建设期，较适用于中小型项目开发。当然，不排除专业策划机构实力雄厚，具有多方面人才而能胜任大型项目的全程策划任务。

3. 房地产品牌策划模式

品牌就是差异，就是个性。品牌标志着商品的特殊身份，将自身与其他类商品区别开来。每一个品牌都有自己特定的内涵。房地产品牌就是房地产项目具有区别于其他项目的个性，有独特的目标市场和共同认知的目标客户群，它具有较高的知名度、美誉度和忠诚度。房地产品牌策划是对房地产品牌的内涵进行挖掘、发现和推广，使商品房赢得人们的信赖，创造新的生活方式和新的需求。这种策划模式的最大特点是不仅仅着力打造项目的内在品质，还强调项目品牌的推广。通过工地包装、现场销售包装、电视报纸广告造势、样板房推动、软性新闻宣传、公关活动介入等，把不知名的楼盘短时间内变得家喻户晓，吸引客户购买，从而达到品牌策划的目的。品牌策划模式对于一些内部资源略显不足、品质稍差的项目来说，效果是很好的，通过快速推广，使项目赢得人们的认同。但是，如果在推广时片面追求造势、炒作，对产品不进行精雕细琢，即使取得开盘成功，但后期的销售也不会理想。因此，在快速推广的同时，也不能忘了打造品牌的内在品质。

4. 房地产产品策划模式

所谓房地产产品策划，顾名思义就是对房地产产品进行调研、定位、设计、营销以及物业管理等内容的谋划和运筹，以适应人们对房地产产品不断变化、提高的要求。这种策划模式属于战术层面的策划，适用面广，也比较容易把握，运用得当，较容易取得预期的效果。但是过分强调产品本身，而缺乏对大势的把握、竞争环境的深入研究、全程的参与，对品牌的推广等策划理念不重视，甚至不屑一顾，很容易患上营销近视症，同样会遭到失败，这是人们"交学费"总结出来的真理。

总的来说，这些模式是人们通过策划实践总结出来的，都能创造出房地产项目开发的策划经典。它们的异同如下：战略策划模式、全程策划模式、品牌策划模式和产品策划模式是从不同的角度来进行策划的。战略策划模式侧重从宏观大势上来把握房地产项目的策划；全程策划模式侧重从项目开发的全过程和价值提升方面来把握房地产项目的策划；品牌策划模式侧重从项目的品质和推广方面来把握房地产项目的策划；产品策划模式则侧重于房地产产品定位和设计方面来把握房地产项目的策划。

这些作为目前房地产项目策划的流行模式，在实际操作中都存在是否适用的问题，需要根据策划人员的水平、能力和项目的具体情况选用。随着房地产策划的不断深入和发展，房地产策划模式也将不断完善和发展。

五、房地产项目策划的程序

房地产项目策划是一项复杂、专业性强的活动，有其科学严谨的工作程序。按照相应程序开展策划活动可以使工作更具有计划性，避免不必要的反复和浪费，提高效率；可以使策划工作规范化、精细化，保证策划工作的质量。通过房地产项目策划程序，还可以窥探项目的全过程，了解房地产项目策划中各项具体工作之间的内在联系。

房地产项目策划多数情况下是开发商委托专业的房地产策划代理机构完成，下面站在策划代理机构的角度介绍常规的策划作业流程。

（一）项目洽谈阶段

这一阶段的工作主要是解决策划代理机构的业务来源问题。业务的来源可以是主动联系开发企业、关系人介绍获得以及开发商自己找上门。无论哪种形式，经过一段时间的洽谈，达成共识后，都须签订策划合同以明确各方的权利和义务，明确委托方的需求。

（二）组建策划工作团队阶段

这一阶段的工作是保证策划工作在人员配备、工作计划、时间安排以及业务经费上得到落实，以便为下一步开展业务做好准备。当策划代理业务落实后，组建策划工作团队就成了重要环节。根据项目特点的不同、介入时机的差异、工作内容和要求的不同、经费的多寡，在组建工作团队的时候也有所取舍。对人员的选择主要考虑知识背景、经验、工作能力与工作态度等方面。

（三）项目调研阶段

这一阶段是整个策划代理工作的重头戏，也是策划成果的主要内容。在项目调研阶段，最能反映一个策划师或策划机构的能力和水平。另外，这一工作阶段也是最辛苦的。策划人员为了取得尽可能丰富的调研资料，往往需要走访许多政府部门、业务机构，到项目现场踏勘；同时策划人员还要翻阅大量资料和文件，以取得项目调研的书面资料。没有深入第一线的钻劲，策划人员不可能获得客观、真实的材料，更不能为以后工作打下良好的基础。

（四）提炼创意成果阶段

在策划人员经过调研取得了大量的资料以后，接下来就要针对项目进行研究、讨论、论证、提炼创意。这一阶段工作的好坏，直接影响到策划方案的质量和可操作性。这个阶段通常采用碰头会的形式进行头脑风暴，以擦出创意"火花"。通过大家认真研究、反复论证，最终提炼出创意成果。

（五）提交报告阶段

通过项目策划小组一段时间的积极努力，就进入了编写报告、向委托方提交策划成果的时候，也就是说，房地产项目策划工作已经接近尾声了。这一阶段的重点是保证策划成果的质量，如果在编写时感到策划结果没有达到预期的效果，就要再一次回到上面的调研和研讨阶段，直至得到满意的结果为止。提交策划报告，通常需要向委托方作详细的讲解，同时回答委托方的提问和质询,并要根据反馈情况作必要的修改完善。

(六) 实施方案阶段

策划方案或报告一旦得到了委托企业的肯定,就进入了实施方案阶段。如果代理公司与委托方所签合同的工作范围不包括执行,那策划工作也并不是到此结束,因为还需对实施的效果进行监测。监测的结果如果达不到方案的目的,还要分析原因,找出解决问题的办法,交与委托方加以及时修正。

如果代理公司与委托方所签合同的工作范围还包括执行(不是配合),则这一阶段对策划代理机构而言就是至关重要的了,它关系到策划代理机构的策划成果是否产生效益,也关系到策划代理机构是否得到更好的报酬。

以上六个阶段环环相扣,相互搭接,如图 2-1 所示。

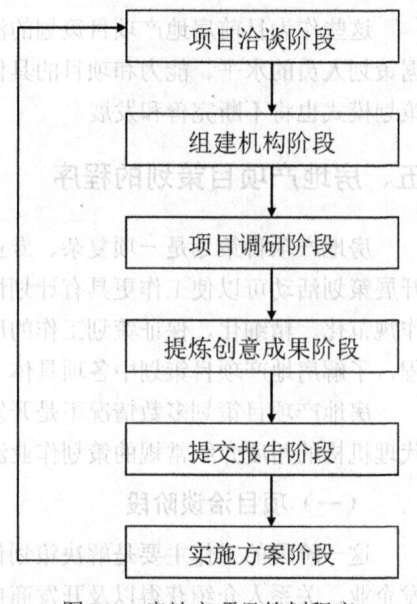

图 2-1 房地产项目策划程序

第二节 房地产项目可行性研究

房地产项目的可行性研究,是指在投资决策前,对拟建项目有关的社会、经济、技术等方面进行深入细致的调查研究,对可能采用的各种方案进行认真的技术经济分析和比较论证,对项目建成后的经济效益进行科学的预测和评价;在此基础上,对拟建项目的技术先进性和适用性、经济合理性和有效性,以及建设的必要性和可行性进行全面分析、系统论证、多方案比较和综合评价,由此得出该项目是否应该投资和如何投资等结论性意见,为项目投资决策提供可靠的科学依据。

一项好的可行性研究,应该向投资者推荐技术经济最优的方案,使投资者明确项目具有多大的财务获利能力,投资风险有多大,是否值得投资建设;使主管部门明确,该项目是否值得支持和批准;使银行和其他资金供给者明确,该项目能否按期或者提前偿还借贷资金。

一、可行性研究的作用

可行性研究在项目投资决策中的作用主要体现在如下四个方面。

(一) 保证项目投资决策的科学性和合理性

可行性研究要在占有大量信息资料的基础上,运用科学的分析方法,对项目策划所提出的多种方案进行详细研究;对项目所面临的主要技术问题、环境问题、效益问题进行全面的评价和分析,从而保证项目投资决策的科学性和合理性。

(二) 保证项目投资方案的优化

可行性研究的过程,实质上是投资方案的优化过程。通过可行性研究,策划者对方案策划阶段所提出的各种方案进行反复的评价和比较,从中选择最适宜且效益最好的方案,从而保证投资方案的优化。

（三）保证项目投资的有序性

有序性是大规模项目投资经济活动正常运行的基本保证。房地产项目投资活动涉及面广、回收期长、风险程度高。唯有严格按照固定程序运行，才能最大限度地避免失误。项目投资的可行性研究过程，实际上也是对项目实施进行周密安排的过程，尤其是围绕项目开发进度而进行的资源配置、资金筹措、现金流量计算、还贷能力分析等一系列计划制定与分析研究，为项目投资的实施，制定了一整套有效的程序，为保证整个项目投资建造及经营过程有条不紊地进行，奠定了基础条件。

（四）为项目投资后续工作提供了依据

可行性研究不仅是为项目决策服务的。事实上，通过可行性研究收集到的翔实而丰富的信息资料，可行性研究报告及可行性研究各中间环节所提供的研究成果，还为项目投资实施过程的其他阶段，提供了可靠的依据。如可行性研究所确定的目标体系是编制设计任务书的依据；可行性研究所推荐的最优方案是编制项目计划的依据；可行性研究报告关于项目投资资金需求、经济效益评价、项目还贷能力分析的结论是向银行申请贷款的依据。此外，可行性研究中关于项目建设对原材料和设备的需求计划以及供水、供电、运输、通信计划，往往就是项目投资者或建设者与有关部门谈判、协商、签订协议的重要依据。

二、可行性研究的阶段与内容

可行性研究工作主要在房地产项目投资前期进行。广义的可行性研究工作主要包括机会研究阶段、初步可行性研究阶段、详细可行性研究阶段、评价和决策阶段四个阶段。狭义的可行性研究工作仅指详细可行性研究。

（一）机会研究阶段

投资机会研究又称投资机会论证。这一阶段的主要任务是提出项目投资方向建议，即在一个确定的地区和部门内，根据自然资源、市场需求、国家产业政策，通过调查、预测和分析研究，选择建设项目，寻找投资的有利机会。机会研究要解决两个方面的问题：一是社会是否需要；二是有没有可以开展项目的基本条件。

这一阶段的工作比较粗略，一般是根据条件和背景相类似的工程项目来估算投资额和成本费用，初步分析建设投资效果，提供一个或一个以上可能进行建设的投资项目或投资方案。这个阶段所估算的投资额和成本费用的精确程度控制在±30%，大中型项目的机会研究所需时间为1～3个月，所需费用占投资总额的0.2%～1%。如果投资者对这个项目感兴趣，则可再进行下一步的可行性研究工作。

（二）初步可行性研究阶段

对于投资规模大、技术工艺比较复杂的大中型骨干项目，需要先进行初步可行性研究。初步可行性研究也称为预可行性研究，是正式的详细可行性研究前的预备性研究阶段。经过投资机会研究认为可行的建设项目，值得继续研究，但又不能肯定是否值得进行详细可行性研究时，就要做初步可行性研究，进一步判断这个项目是否有生命力，是否有较高的经济效益。经过初步可行性研究，认为该项目具有一定的可行性，便可转入详细可行性研究阶段。否则，就终止该项目的前期研究工作。初步可行性研究作为投资项目机会研究与详细可行性研究的中间性或过渡性研究阶段，主要目的有以下两点：① 确定是否进行详细可行性研究；② 确定哪些关键问题需要进行辅助性专题研究。

初步可行性研究的内容和结构与详细可行性研究基本相同，主要区别是所获资料的详尽程度和研究深度不同。对建设投资和生产成本的估算精度一般要求控制在±20%，研究时间为4~6个月，所需费用占投资额的0.25%~1.25%。

（三）详细可行性研究阶段

详细可行性研究又称技术经济可行性研究，是可行性研究的主要阶段，是房地产项目投资决策的基础。它为项目决策提供技术、经济、社会、商业方面的评价依据，为项目的具体实施提供科学依据。这一阶段的主要目标有以下几个。

（1）提出项目建设方案。

（2）效益分析和最终方案选择。

（3）确定项目投资的最终可行性和选择依据标准。

这一阶段的内容比较详尽，所花费的时间和精力都比较大，而且本阶段还为下一步工程设计提供基础资料和决策依据。因此，在此阶段，投资额和成本费用计算精度控制在±10%以内；大型项目研究工作所花费的时间为8~12个月，所需费用占投资总额的0.2%~1%；中小型项目研究工作所花费的时间为4~6个月，所需费用占投资总额的1%~3%。

（四）评价和决策阶段

评价和决策是由投资决策部门组织和授权有关咨询公司或有关专家，代表项目业主和出资人对建设项目可行性研究报告进行全面的审核和再评价。其主要任务是对拟建项目的可行性研究报告提出评价意见，最终决策该项目投资是否可行，确定最佳投资方案。项目评价与决策是在可行性研究报告的基础上进行的，其内容包括以下几方面。

（1）全面审核可行性研究报告中反映的各项情况是否属实。

（2）分析项目可行性研究报告中各项指标计算是否正确，包括各种参数、基础数据、定额费率的选择。

（3）从企业、国家和社会等方面综合分析和判断项目的经济效益和社会效益。

（4）分析判断项目可行性研究的可靠性、真实性和客观性，对项目作出最终的投资决策。

（5）最后写出项目评估报告。

由于基础资料的占有程度、研究深度与可靠程度要求不同，可行性研究的各个工作阶段的研究性质、工作目标、工作要求、工作时间与费用各不相同。一般来说，各阶段的研究内容由浅入深，项目投资和成本估算的精度要求由粗到细，研究工作量由小到大，研究目标和作用逐步提高，因此工作时间和费用也逐渐增加，如表2-1所示。

表2-1　可行性研究各工作阶段的要求

工作阶段	机会研究	初步可行性研究	详细可行性研究	评价和决策阶段
研究性质	项目设想	项目初选	项目准备	项目评估
研究要求	编制项目建议书	编制初步可行性研究报告	编制可行性研究报告	写出项目评估报告
估算精度	±30%	±20%	±10%	±10%
研究费用（占投资的比例）	0.2%~1%	0.25%~1.25%	大项目 0.2%~1% 小项目 1%~3%	—
需要时间（月）	1~3	4~6	大项目 8~12，小项目 4~6	—

三、可行性研究报告编制步骤

《房地产投资项目可行性研究报告》（以下简称《报告》）是房地产投资项目可行性研究工作成果的体现，是房地产投资者进行项目最终决策的重要依据。为保证《报告》的质量，应切实做好编制前的准备工作，收集充分的信息资料，进行科学分析，比选论证，做到编制依据可靠、结构内容完整、《报告》文本格式规范、附图附表附件齐全，《报告》表述形式应尽可能数字化、图表化，《报告》深度能满足投资决策和编制项目初步设计的需要。可行性研究报告编制步骤如下。

（一）签订委托协议

可行性研究报告编制单位与委托单位，就项目可行性研究报告编制工作的范围、重点、深度要求、完成时间、费用预算和质量要求交换意见，并签订委托协议，据以开展可行性研究各阶段的工作。

研究任务的委托是通过书面形式提出的。在项目可行性研究委托书中应明确提供如下信息和要求。

（1）关于项目建设背景的有关材料。
（2）关于项目前期策划其他阶段的成果材料。
（3）关于项目可行性研究的经费。
（4）关于项目可行性研究的时间要求。
（5）关于项目可行性研究的界限、范围、内容要求以及评价指标、评价标准。
（6）关于项目可行性研究的其他要求或规定。

（二）组建工作小组

根据委托项目可行性研究的工作量、内容、范围、技术难度、时间要求等组建项目可行性研究工作小组。小组成员一般由市场研究人员、规划设计人员、技术经济分析人员等组成。为使各专业人员协调工作，保证《报告》的总体质量，一般应由项目负责人负责统筹协调。

（三）制订工作计划

计划内容包括研究工作的范围、重点、深度、进度安排、人员配置、费用预算及《报告》编制大纲，并与委托单位交换意见。

（四）调查研究、收集资料

各专业人员根据《报告》编制大纲进行调查研究，收集整理有关资料。

调研工作一般分两方面进行。

一方面是内业资料的调查与研究。既包括前期策划其他阶段所收集到的信息资料与研究成果，也包括新收集到的有关信息资料。如市场调研报告，消费者调查报告，有关法律、法规及产业政策的文件资料；有关城市规划、经济、地理、气象、地质、资源条件的分析报告；有关项目规划、计划及开发建设方案、投资经营方案的策划报告；有关项目构思及目标设计的报告等。

另一方面是项目所在地的现场调查研究。如项目所在地的水文、地质、地理、地貌等自然环境条件；项目所在地的交通、经济、人口、配套设施等经济环境条件，以及风俗、宗教、信仰等社会环境条件的调查与研究。

调查与研究是一个问题的两个方面。调查是信息资料的收集，只有广泛地调查，切实掌握了大量的第一手资料，才有可能把握真实情况，制定相应对策。研究是对信息资料的加工与分析，是对收集来的资料的去粗取精、去伪存真的改造制作。唯有经过深入的研究，才能透过表面现象，揭示其基本的特征与规律。

（五）方案编制与优化

在调查研究收集资料的基础上，对项目的建设方案、规划方案、产品方案、实施进度方案以及项目投资与资金筹措方案等进行分析研究，编制备选方案。对方案进行论证、比选、优化后，提出推荐方案。

（六）项目评价

对推荐方案根据需要进行环境评价、财务评价、国民经济评价、社会评价及风险分析，以判别项目的环境可行性、经济可行性、社会可行性和抗风险能力。当有关评价指标结论不足以支持项目方案成立时，应对原设计方案进行调整或重新设计。

（七）编写《报告》

项目可行性研究中所涉及的各个专业方案，经过技术经济论证和优化之后，由各专业人员分工编写。经项目负责人衔接协调综合汇总，提出《报告》初稿。

（八）与委托单位交换意见

《报告》初稿形成后，与委托单位交换意见，修改完善，形成正式《报告》。

四、可行性研究报告的内容

可行性研究报告是项目可行性研究的书面总结性文件。虽然因项目的具体内容和环境条件的不同，报告的内容有很大差异，但对一般房地产投资项目而言，主要包括如下内容。

（一）总论

综述项目概况，包括项目名称，主办单位，承担可行性研究的单位，项目的主要技术经济指标，项目的主要财务评价指标，可行性研究的主要结论以及存在的问题与建议等。

（二）项目宏观环境研究

通过对城市不断变化的经济、政治、文化、人口、技术等因素的分析研究，明确项目当前所处的宏观环境与市场条件，把握房地产市场的整体走势，为科学决策提供宏观依据。

（三）项目区域环境研究

通过对项目所在区域的城市规划、景观、交通等区位条件的分析，以及对区域内现实与潜在楼盘供应量的分析，研究项目地块所具有的区位价值。

（四）项目开发条件分析

对项目自身的开发条件及发展现状进行分析，初步明确地块及其环境的优势与缺陷，为项目定位、投资分析做准备。

（五）项目开发的主要竞争楼盘与竞争对手分析

通过对项目开发的主要竞争对手的竞争楼盘分析，了解项目主要竞争对手的楼盘规模、销售价格、市场反应等,同时了解竞争对手的营销策略及其目标客户群,为确定项目开发的竞争策略提供依据。

(六) 消费者需求调研

通过对消费者需求的二手资料与一手资料的收集与调查,了解消费者的购买力水平、购买倾向以及目标消费者的共同特点,为项目的市场定位提供依据。

(七) 项目目标市场的选择与市场定位

结合上述研究结论,确定项目的目标市场并进行相应的市场定位。

(八) 项目开发方案策划

根据项目目标市场的选择与项目的市场定位,进行项目开发方案策划,包括项目开发内容和规模的分析与选择,开发时机的分析与选择,项目开发合作方式的分析与选择,项目融资方式和资金结构的分析与选择,项目产品经营方式的分析与选择,项目产品价格的分析与选择等。

(九) 进度安排

采用网络图或横道图,按前期工程、主体工程、附属工程、交工验收、销售经营等,分阶段安排好开发建设进度。对于大型成片开发项目,建设工期长,投资需要量大,一般应分阶段开发,每一阶段的开发内容、完成期限也应统筹安排,作出计划。

(十) 投资与成本费用估算

要编制好项目的投资及成本费用估算表。主要包括以下两点。

(1) 开发成本估算表。包括地价表、前期费用估算表、建筑及安装工程费用表、基础设施及公建配套设施费用表、各种税费估算表等。

(2) 开发费用估算表。包括项目的销售、管理费用表,筹资费用估算表等。

将上述各表汇总,即构成项目的投资与成本费用估算总表。

(十一) 投资计划及筹资计划

按项目开发进度计划安排项目投资计划表、项目资金运用计划表、资金筹措计划表及还贷计划表等。必要时还应进行项目融资结构与融资成本分析。

(十二) 经营收益估算

项目投资的经营收益估算,主要包括如下内容。

(1) 市场营销单价及营销状况的调查分析。如现有楼盘的性质、规模、销售单价及特色统计。

(2) 市场租赁单价及租赁状况的调查分析。如现有物业的性质、分布、规模、租赁价格及特色统计。

(3) 项目销售价格、租赁价格、销售计划、租赁计划、销售收入、租赁收入的统计。

(4) 编制项目销售、租赁收入测算表与销售、租赁税金及附加估算表。

(十三) 项目财务评价

根据上述的成本收益分析,编制项目基本的财务报表,计算相关的评价指标,同时进行项目的不确定性分析,据以判定项目的财务可行性。

具体包括以下内容。

(1) 编制所有相关的财务报表(包括损益表、全部投资现金流量表、自有资金现金流量表、资金来源与运用表等)。
(2) 计算相应的财务指标并进行财务评价。
(3) 给出项目财务评价结论。

(十四) 国民经济评价

按照项目评价的有关规定,对铁路、公路等交通运输项目,较大的水利、水电项目,国家控制的战略资源开发项目,动用社会资源和自然资源较多的中外合资项目,以及主要产出品的市场价格不能反映其真实价值的项目需要进行国民经济评价。因此,对于房地产投资项目可行性研究而言,国民经济评价并非必须完成的内容,而是根据实际情况决定是否进行项目的国民经济评价。

具体包括以下内容。
(1) 影子价格及评价参数选取。
(2) 效益费用范围与数值调整。
(3) 国民经济评价报表。
(4) 国民经济评价指标。
(5) 国民经济评价结论。

(十五) 社会评价

对于涉及社会因素较为复杂,社会影响较为久远,社会效益较为显著,社会矛盾较为突出,社会风险较大的投资项目需要进行社会评价。

具体包括以下内容。
(1) 项目对社会的影响分析。
(2) 项目与所在地互适性分析。
(3) 社会风险分析。
(4) 社会评价结论。

(十六) 项目风险分析

房地产项目的投资风险来源于国家风险、市场风险和企业风险三个方面。国家风险主要指由于宏观经济状况、产业政策及经济政策变化带来的风险;市场风险是指由于市场条件改变带来的风险;企业风险是指企业自身经营的风险。风险分析正是针对这些问题所进行的判断与分析。

具体包括以下内容。
(1) 项目主要风险识别。
(2) 风险程度分析。
(3) 防范风险对策研究。

(十七) 结论与建议

1. 结论

在完成上述可行性研究内容后,应对项目作出综合性的结论,也就是对项目进行综合评价。
(1) 对可行性报告推荐方案进行综合描述,包括推荐方案的上述内容和分析研究结果,对推荐方案的不同意见和存在的主要问题,推荐方案的结论性意见进行归纳。
(2) 对由于种种原因未被推荐的重大比选方案进行描述,阐述该方案的主要内容、优缺点和未被推荐的原因。

2. 存在问题与建议

从咨询者的角度对在项目实施阶段和运营阶段，项目有关各方应注意的有关问题和应采取的措施提出相应的建议，或者对实施中需要协调解决的问题提出相应建议。也可以提出推进项目建设，或彻底修改项目方案，甚至暂缓建设项目的建议。

（十八）附录

项目可行性研究所依据的某些原始材料和中间的计算分析资料，应当以附录的形式附在报告书的后面。最重要的附录材料有以下内容。

（1）地图、行政区划图。如项目所在地域的地形图、行政区划图、交通图等。

（2）土地使用权文件。如地块红线图、规划设计要点批复文件、土地使用权证书复印件等。

（3）市场调查资料。如相应楼盘调查统计表、市场消费者问卷以及权威部门发布的相关统计资料等。

（4）其他资料。与可行性研究有关又不便于放在报告正文中的资料。如一些计算书、批复文件、会议纪要等。

五、可行性研究报告编制依据和要求

（一）《报告》编制依据

（1）项目建议书（初步可行性研究报告）及其批复文件。国家和地方的经济和社会发展规划；行业部门发展规划，如城市发展战略执行规划、区域规划、城市土地利用规划等。

（2）国家有关法律、法规、政策。

（3）有关机构发布的工程建设方面的标准、规范、定额。

（4）合作项目各方签订的协议书或意向书。

（5）编制《报告》的委托合同。

（6）其他有关依据资料。

（二）信息资料采集与应用

编制可行性研究报告应有大量的、准确的、可用的信息资料作为支持。信息资料收集与应用一般应达到如下要求。

（1）充足性要求。占有的信息资料的广度和数量，应能满足各方案设计、比选、论证的需要。

（2）可靠性要求。对占有的信息资料的来源和真伪进行辨识，以保证可行性研究报告准确可靠。

（3）时效性要求。应对占有的信息资料发布的时间、时段进行辨识，以保证可行性研究报告，特别是有关预测结论的时效性。

（三）可行性研究报告的深度要求

（1）《报告》应能充分反映项目可行性研究工作的成果，内容齐全，数据准确，论据充分，满足决策者定方案、定项目的要求。

（2）《报告》选用主要设备的规格、参数应能满足预订货的要求。引进技术设备的资料应能满足合同谈判的要求。

（3）《报告》中的重大技术、经济方案，应有两个以上方案的比选。

(4)《报告》中确定的主要工程技术数据,应能满足项目初步设计的要求。

(5)《报告》构造的融资方案,应能满足银行等金融部门信贷决策的需要。

(6)《报告》中应反映在可行性研究过程中出现的某些方案的重大分歧及未被采纳的理由,以供委托单位与投资者权衡利弊进行决策。

(7)《报告》应附有评估、决策(审批)所必需的合同、协议、意向书、政府批件等。

(四)可行性研究报告编制单位及人员资质要求

可行性研究报告的质量取决于编制单位的资质和编写人员的素质。承担可行性研究报告编写的单位和人员,应符合下列要求。

(1)《报告》编制单位应具有经国家有关部门审批登记的资质等级证明。

(2)编制单位应具有承担编制可行性研究报告的能力和经验。

(3)可行性研究人员应具有所从事专业的中级以上专业职称,并具有相关的知识、技能和工作经历。

(4)《报告》编制单位及人员应坚持独立、公正、科学、可靠的原则,实事求是,对提供的可行性研究报告质量负完全责任。

(五)《报告》文本格式

1.《报告》文本排序

(1)封面。项目名称、研究阶段、编制单位、出版年月并加盖编制单位印章。

(2)封一。编制单位资格证书。如工程咨询资质证书、工程设计证书。

(3)封二。编制单位的项目负责人、技术管理负责人、法人代表名单。

(4)封三。编制人、校核人、审核人、审定人名单。

(5)目录。

(6)正文。

(7)附图、附表、附件。

2.《报告》文本的外形尺寸

统一为 A4(210mm×297mm)。

第三节 房地产项目前期策划与项目可行性研究的关系

在房地产项目启动初期,项目前期策划与可行性研究是两项重要的工作,两者的关注点不同。前者关注项目做什么和如何做的问题;后者关注项目实施的技术先进性、经济可行性等方面的问题。然而它们有着密不可分的关系,主要体现在以下几方面。

(一)两者在目标与内容上有许多相似的地方

项目前期策划和可行性研究都是为项目决策服务的,两者在目标上具有一致性。同时,在工作内容上也存在很大相似性。两者都非常重视市场调研,策划中的项目定位与财务评价各项指标的计算都需要市场调研数据支撑。

(二)两者相互渗透和影响

在实际运作中,项目前期策划与可行性研究往往同步进行,很难从时间上将其严格区分开来。它们又相互渗透、影响。项目策划中的市场定位、方案策划为可行性研究明确了方向,项目实施进度安排又是可行性研究中成本收入测算的依据。然而,可行性研究又反过来印证项目策划的科学性与有效性,促进策划方案的不断调整、优化。

(三) 两者有机结合可提高项目决策的质量

前期策划与可行性研究的有机结合,有助于增加研究的深度与广度,提高策划方案与可研报告的质量,进而提高项目决策质量。同时,随着可行性研究与策划方案相互渗透和影响,通过不断论证、深化和完善,又有助于保证项目决策后的有效实施。

因此,应该将项目前期策划与可行性研究工作结合起来,作为一个整体看待。按照事项发生的时间顺序,可以绘制出房地产项目投资前期工作流程图,如图 2-2 所示。

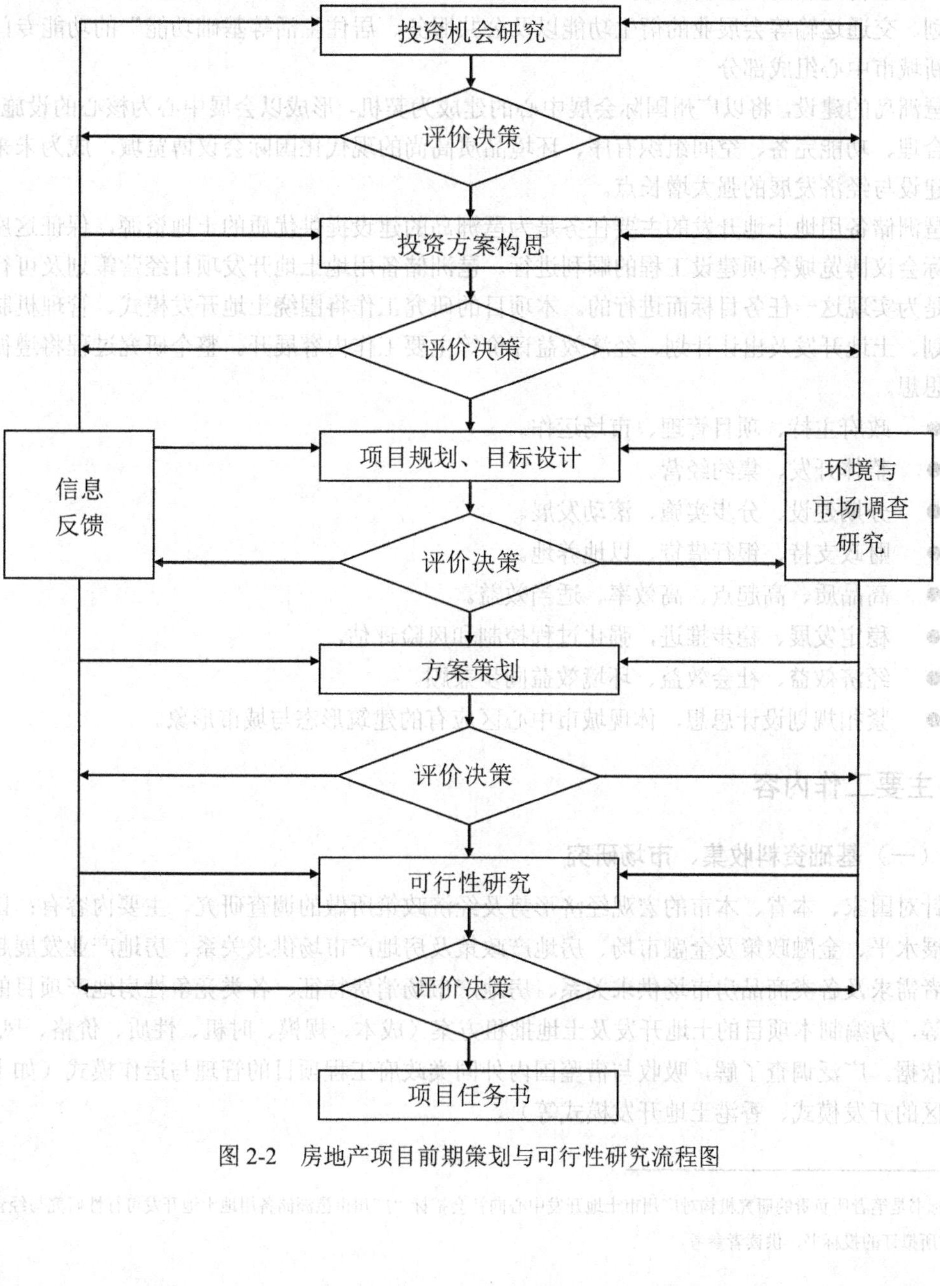

图 2-2 房地产项目前期策划与可行性研究流程图

第四节 案例——广州市琶洲储备用地土地开发可行性研究与经营策划投标书*

一、指导思想

琶洲是广州市区珠江河段中的一个岛，与珠江新城隔江相望，位于北起白云山摩星岭，南至洛溪新客运港口的广州新中轴线上。新建的"广州国际会展中心"就坐落在这里。按照规划设想，这里将建设为"以会展博览、科技研发为核心功能，积极发展文化娱乐、旅游休闲、咨询策划、交通运输等会展业的衍生功能以及公共服务、居住生活等基础功能"的功能专门化生态型新城市中心组成部分。

琶洲岛的建设，将以广州国际会展中心的建成为契机，形成以会展中心为核心的设施完善、布局合理、功能完备、空间组织有序、环境品质高尚的现代化国际会议博览城，成为未来广州城市建设与经济发展的强大增长点。

琶洲储备用地土地开发的主要任务是为琶洲岛的建设提供优质的土地资源，保证这座现代化国际会议博览城各项建设工程的顺利进行。琶洲储备用地土地开发项目经营策划及可行性研究正是为实现这一任务目标而进行的。本项目的研究工作将围绕土地开发模式、管理机制、项目策划、土地开发及出让计划、经济效益评价等主要工作内容展开。整个研究过程将遵循如下指导思想。

- 政府主持、项目管理、市场运作。
- 整体开发、集约经营。
- 分期建设、分步实施、滚动发展。
- 财政支持、银行借贷、以地养地。
- 高品质、高起点、高效率、适当效益。
- 稳定发展、稳步推进，强化过程控制和风险评估。
- 经济效益、社会效益、环境效益同步兼顾。
- 紧扣规划设计思想，体现城市中心区应有的建筑形态与城市形象。

二、主要工作内容

（一）基础资料收集、市场研究

针对国家、本省、本市的宏观经济形势及经济政策所做的调查研究。主要内容有：国民经济发展水平、金融政策及金融市场、房地产政策及房地产市场供求关系、房地产业发展趋势、消费者需求及各类商品房市场供求关系、房地产市场消费特征、各类竞争性房地产项目的调查分析等，为编制本项目的土地开发及土地批租方案（成本、规模、时机、性质、价格、风险等）提供依据。广泛调查了解，吸收与借鉴国内外同类政府工程项目的管理与运作模式（如上海浦东新区的开发模式、香港土地开发模式等）。

---

* 本投标书是笔者所负责的研究机构对广州市土地开发中心向社会招标"广州市琶洲储备用地土地开发可行性研究与经营策划"项目时所拟订的投标书，供读者参考。

（二）环境调查与评估

针对储备用地地块现状进行的调查。主要内容有地块的地质、地貌、植被等自然环境，地上设施及附着物，地下管道及其他设施情况，地块权属关系、使用性质等社会及法律环境等，为估计土地开发成本、编制征地、拆迁、安置计划提供依据。

（三）项目管理模式研究

琶洲储备用地将按照"政府主持、项目管理、市场运作"的方式组织开发建设。要建立相应的项目法人机构。为此，需要调查现有的政府工程项目法人机构的设置情况及其运作机制（如高速公路公司、地铁有限公司等）的成功经验，参照本项目土地开发规模及工作程序，研究本项目的法人机构组织形式、管理模式、规模编制、主要运作机制等，编制"项目管理模式方案"及"项目控制及风险评估方案"。

（四）分步开发及分期出让计划

琶洲储备用地进入土地市场的时机和规模，既要满足琶洲岛规划及国际会议博览城建设发展计划的要求，同时又受到房地产市场供求关系的制约。因此，要认真研究琶洲岛规划布局、博览城建设发展计划及广州房地产市场供求关系，科学地设定土地升值方案，在综合考虑各方面因素后，提出琶洲储备用地的土地开发及出让计划。

（五）项目定位及开发主题研究

虽然整个琶洲岛的形象定位是"环境品质高尚的现代化国际会议博览城"，但具体到每一个拟推入地产市场的地块，因其使用性质、功能要求、基础与环境条件不尽相同，同时由于面对不同的消费群体，有着不同的消费需求，因此应分别研究其市场定位及开发主题，并提出功能的细化建议。

（六）开发模式及经营策略研究

土地开发模式涉及土地价值评估、土地开发计划以及随着土地深度开发而带来的邻近土地的升值评估。本项研究在于编制一个在"以地养地、略有节余、滚动发展"原则指导下，最大限度提升土地价值的琶洲储备土地滚动式开发经营计划及相应的经营策略。

（七）项目开发成本分析

在充分进行市场研究、环境调查的基础上，编制拟出让地块的土地开发成本计划（主要针对近期已具备出让条件的98万平方米地块进行），并对其他地块的土地开发成本进行估算。

（八）项目投资与融资方案研究

按照土地出让计划及成本分析，遵照"财政支持、银行借贷、以地养地、滚动发展"的原则，编制拟先期出让的98万平方米地块土地开发投资与融资方案，并对其他地块进行投资估算。

（九）项目财务评价与风险评估

对先期拟出让的98万平方米地块，依据成本计划、投资与融资方案、收益测算、进度计划及其他有关资料，编制项目各项财务报表，测算各项财务评价指标并通过盈亏平衡分析、敏感性分析以及其他的财务评价指标测算，进行项目的经营风险评估。

对拟出让土地开发过程将要涉及的政策问题、环境问题、社会问题进行风险评估。

（十）制订项目控制方案

针对项目具体情况及项目管理模式，制订项目开发过程的投资、进度、合同、风险等问题的控制方案。

（十一）项目效益评价

在项目成本分析、收益测算、财务评价、投资融资方案策划及风险评估的基础上，对项目的经济效益、环境效益及社会效益进行综合性、全方位的分析、判断与评价。

（十二）编制项目研究报告

在上述研究的基础上，编制《琶洲储备用地土地开发经营策划报告》和《琶洲储备用地土地开发可行性研究报告》。

三、工作进度及工作流程

（1）组建项目研究组，进行责任分工。

（2）分三组同时进行资料收集及市场调查、环境调查（1个月）。

（3）进行项目管理模式，土地出让计划，项目定位及开发主题研究，土地开发模式及经营策略研究（1个月）。

（4）进行财务评价与风险评估，制订项目控制方案（1个月）。

（5）进行经济效益、社会效益与环境效益评价（0.5个月）。

（6）编制研究报告（0.5个月）。

整个项目在4个月的时间内完成。

上述主要工作环节按如下流程展开（见图2-3）。

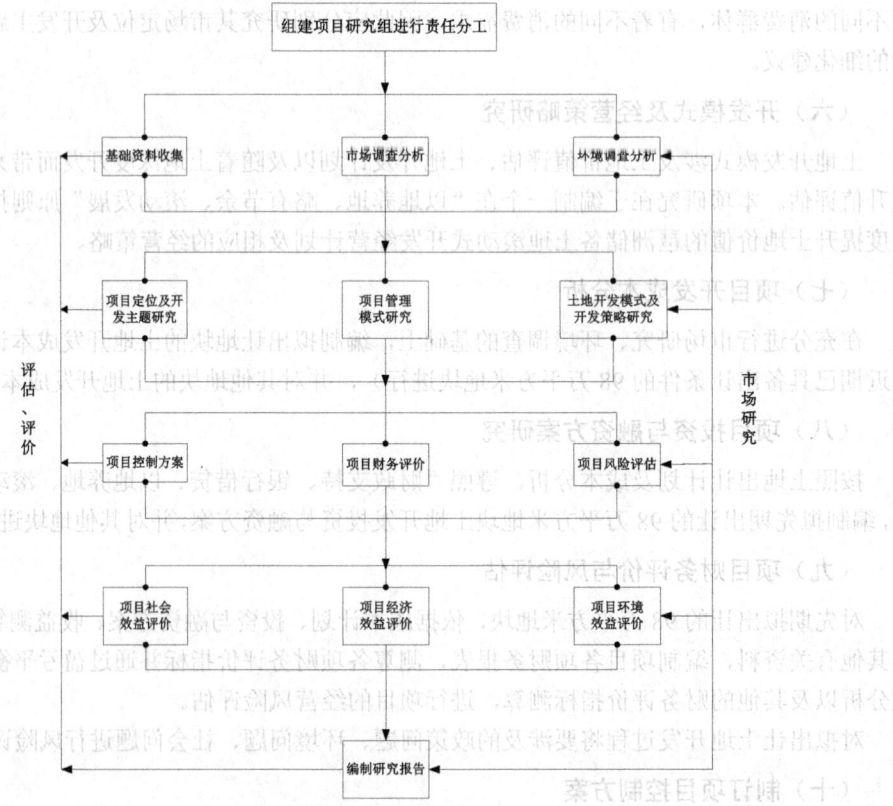

图2-3 工作流程图

与本投标书相关的资料请参见附件1、附件2、附件3。

附件1　广州市土地开发中心向全社会征集咨询中介机构时所发出的公告

广州市琶洲储备用地土地开发可行性研究和经营策划征集咨询中介机构公告

广州市土地开发中心（广州市政府征用土地办公室）是市国土资源和房屋管理局下属的具有市政府和市国土资源和房屋管理局委托行政职能的副局级事业单位。广州市土地开发中心为广州市政府储备招标拍卖储备用地、组织储备用地的征地拆迁和土地整理、组织经营性用地国有土地使用权招标拍卖挂牌出让工作。目前储备用地包括珠江新城、金沙洲、琶洲、员村、白云新城、广氮等地块。

琶洲是珠江中的一个岛，位于广州市行政区域的南部。琶洲北隔珠江与广州CBD珠江新城相望；西接赤岗领事馆区；南临海珠区万亩果园。琶洲规划定位为广州的会展中心区，广州国际会展中心坐落其中。目前，广州国际会展中心首期工程已建成投入使用，首期工程占地面积43.9万平方米，建筑面积39.5万平方米，全部工程建成后，占地面积和建筑面积将达到70万平方米。琶洲将发展为广州对外交流的重要窗口，成为广州城市建设与经济发展的强大增长点。

琶洲储备用地位于琶洲规划区的A区和B区，储备用地面积433万平方米，目前可出让用地面积98万平方米，可出让建筑面积160万平方米。土地使用性质是与会展中心区相配套的商务办公、酒店、居住用地。

琶洲储备用地将按项目管理集约经营的模式进行整体土地开发：通过整体开发可行性研究和经营策划，确定合理的组织经营方案和运营思路，经专家评审、方案优化后报市政府批准立项，组织项目管理经营班子，按照既定的方案实施项目管理，资金来源采取以银行借贷为主和部分财政支持方式，通过滚动经营，逐步利用土地出让收益还贷和归垫部分财政资金，力争实现整体收支的基本平衡，完成琶洲土地的整体开发。

为做好琶洲储备用地整体开发可行性研究和经营策划，确定合理的组织经营方案和运营思路，充分体现土地价值，提高政府储备用地综合效益，广州市土地开发中心现拟委托一家中介机构负责编写琶洲储备用地可行性研究报告和经营策划方案工作，要求如下。

（一）工作内容

对琶洲储备用地土地储备整理出让进行前期分析策划，以琶洲储备用地土地开发管理为项目，按照项目管理的要求，编写《琶洲储备用地土地开发可行性研究报告》和《琶洲储备用地土地开发经营策划报告》（简称《可行性研究报告》和《经营策划报告》），为琶洲储备用地土地开发项目管理工作提供决策参考文件。主要工作内容应包括以下几点。

（1）按照报告提纲要求（附1.1，附1.2）进行调查、分析、策划，编写报告。

（2）重点明确投资收益、开发进度（土地出让进度、土地整理和工程开发进度）、资金计划、市场营销策略等因素。

（3）按年度对项目运行进行跟踪评估，参加琶洲储备用地项目年度总结会议，为年度开发计划提供咨询。

（二）对中介机构的要求

（1）完善的公司组织架构和专业技术人员，有能力承担大型土地开发项目可行性研究和经营策划研究工作。

（2）良好的业绩，曾作为主办机构负责面积11平方千米以上规模房地产开发项目前期分析策划。

（3）成立专门工作小组，主要工作地点在广州市。
（4）工作周期应在 4 个月以内。

附 1.1 土地开发可行性研究报告（提纲）

（一）总论

基本情况，项目背景、研究目的与方法。

（二）基本情况分析

1. 宏观经济环境状况
2. 土地供求
3. 土地经营状况调查
4. 竞争力分析
5. 项目定位

（三）项目区位研究及区位价值分析

（四）建设规模与策划

（五）环境影响评价

本报告只需简要分析环境影响，不需包括具体环境评估报告。

（六）项目实施进度

1. 建设与经营工期
2. 项目实施进度安排

（七）投资估算与融资方案

（八）财务评价

1. 静态分析
2. 动态分析
3. 盈亏分析
4. 敏感性分析

（九）社会效益分析

（十）总结

附 1.2 土地开发经营策划报告（提纲）

一、项目背景情况

（一）项目概况

1. 项目综述
2. 研究范围
3. 研究目的与方法

（二）策划依据

（三）策划内容

二、市场状况分析

1. 宏观环境状况
2. 土地供求
3. 土地经营状况调查
4. 项目区位研究
5. SWOT 分析

三、开发策略
（一）项目定位
1．功能定位
2．目标市场定位
3．客户定位
（二）经营开发策略
四、项目基本目标
1．经济目标
2．进度目标
五、地块策划与建设计划
1．地块规模与性质
2．工程建设计划
六、年度开发与出让进度安排
七、营销方案
八、资金计划方案
1．整体成本收益分析
2．年度资金计划
3．筹融资方案
九、工作关键点、跟踪与控制
1．方案实施的关键控制点
如：（1）各年度收支平衡实施情况；（2）关键地块出让时间；（3）关键工程等。
2．跟踪与评价方案
十、总结

附件2　广州市土地开发中心在综合了各投标单位的投标方案后所拟定的"琶洲土地开发可行性研究与经营策划工作纲要"

琶洲土地开发可行性研究和经营策划工作纲要

一、项目概况
该部分简要阐述项目的情况，本报告要研究解决的问题，研究的目的和运用的方法，以及相关的经济指标。
1．项目综述
2．研究范围
3．研究目的与方法
4．相关经济指标
二、相关市场状况分析
该部分通过对经营性土地市场的外部环境、内部环境的研究，分析城市经营性土地开发的有利因素和制约因素。检讨目前经营性土地的供应情况，调查目前的需求情况，分析先进地区的经验，从而预测经营性土地市场未来的需求和满足需求的可行性。
（一）宏观环境状况
1．政治政策法规
2．经济发展状况

3. 城市规划和定位
4. 人口的增长情况
5. 广州市及项目周边地区居民居住状况和文化习惯

(二) 土地市场状况调查

1. 土地供应
   (1) 检讨过去广州的土地供应政策
   (2) 调查现存的供应量
   (3) 预测未来的供应量
2. 土地经营状况及土地市场准入调查
3. 土地需求研究（专项调查）

以合适的问卷方式对投资商、开发商进行需求调查。

4. 先进国家及地区土地经营案例分析（深圳、新加坡、香港等）

三、项目区位研究

深入分析琶洲区域的地理位置、经济环境、基础设施、自然资源、人文环境，发掘琶洲特有的本质、自身的优势。

1. 位置
2. 经济环境
3. 基础设施
4. 自然资源
5. 人文环境

四、项目 TOWS 矩阵法综合分析（TW、TS、OW、OS 等）

运用 TOWS 矩阵分析的基本原理，综合环境因素研究的成果和项目自身因素研究的成果，整合项目的机会与威胁、优势与劣势，探讨各种发展可能性，确定较佳的发展方向。

五、项目定位

本节承接前面的研究成果，在明确琶洲项目发展方向的基础上，策划琶洲的市场定位，中间客户和最终客户定位，功能定位。提出项目未来在市场所处的角色的建议，目的是让项目在市场中处于最佳位置。

1. 目标市场定位
2. 功能定位
3. 项目各组成部分在细分市场中的定位
4. 客户定位

六、项目基本目标和经营开发策略

在明确本项目定位的前提下，对基本目标提出可行的设想，明晰实现目标的基本假设条件，阐述项目发展到各阶段应该采取的经营开发策略（如以点带面、分层推进、环境拉动等策略）。

1. 项目目标：低位、中位、高位
2. 开发策略：核心策略、整合策略

七、产品策划与建设规划

在明确定位、目标、策略的基础上，根据前面市场供需情况研究的成果，提出产品建议、规划建议、建设计划建议等。目的是明确琶洲项目经营性土地进入市场的产品品种、结构、数量、质量。

1. 产品的规模与构成

2. 总体规划建议
3. 工程建设计划

八、销售推广策略

按照核心策略和产品特性制定整合营销策略来吸引客户促进产品销售，保证项目基本目标的实现，并进一步提出营销计划和行动方案等具体化建议。

1. 整合营销传播
2. 营销计划
3. 行动组合方案

九、项目经济可行性分析

在对本项目建设规模、技术方案、工程方案、基本目标、推广策略等进行研究并基本确定的基础上，对项目从前期筹备到销售完毕整个过程需投入的资金进行投资估算，并测算建设期内年资金需要量，为合理控制项目开发成本提供依据。研究项目的资金渠道、融资形式、融资结构，并用科学的财务评价方法，对项目的盈利能力、投资回收期、资金运用情况、还债能力、不确定因素等进行分析，据以判断项目的财务可行性。

1. 项目投资估算
2. 融资方案
3. 财务评价

十、总结

附件3 由广州市土地开发中心拟定的"可行性研究与经营策略报告"评审标准（见表2-2）

表2-2 可行性研究与经营策划报告评审标准

一、可行性研究报告	1. 报告编制的质量水平	文本制作是否精美、编排是否合理、错漏程度、语言是否精炼等
	2. 市场调查与预测	调查是否充分，数据是否真实，分析是否透彻，预测是否符合逻辑，结果是否科学
	3. 项目定位分析	对项目的把握是否准确，分析是否科学，定位是否合理
	4. 项目实施进度安排	进度安排是否符合项目滚动开发管理的要求，是否能达到最佳
	5. 投资估算与融资方案	方法是否正确，依据是否充分，方案是否合理
	6. 财务评价	方法是否正确，分析是否透彻，数据是否可靠
	7. 其他分析	有无对项目起实质性作用的创新分析方法与内容，分析的合理性与科学性
二、开发经营策划报告	1. 报告编制的质量水平	文本制作是否精美，编排是否合理，错漏程度，语言是否精炼等
	2. 市场调查与分析	调查是否充分，数据是否真实，分析是否透彻，预测是否符合逻辑，结果是否科学
	3. 开发策略分析	对项目目标客户的捕捉是否准确，有无建议确定的目标客户群，经营开发策略是否科学合理
	4. 项目策划	项目规模定位与建设计划是否合理
	5. 营销方案	对市场的把握是否正确，营销策略是否适用，方案的经济性与实用性
	6. 开发进度安排	开发与出让进度的安排是否衔接并能达到项目管理的要求
	7. 资金计划	成本收益分析是否充分合理，资金计划安排是否能达到滚动开发的要求
	8. 关键点的控制	关键点把握是否正确，控制措施是否得当

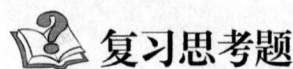

复习思考题

1. 什么是房地产项目策划？房地产项目策划有哪些特点？
2. 房地产项目策划的原则与程序是什么？
3. 房地产项目策划的主要内容有哪些？
4. 什么是房地产项目的可行性研究？其可以分为哪几个阶段？
5. 房地产项目可行性研究的编制步骤是什么？可行性研究报告的主要内容有哪些？
6. 以一个实际的房地产项目为例，谈谈房地产项目策划与房地产可行性研究的关系。

第三章　房地产项目投资环境分析

本章在介绍投资环境的概念与分类之后,重点介绍房地产项目投资环境的构成要素与分析内容,房地产投资环境评价的原则和标准,以及房地产投资环境评价的主要方法,为房地产项目进行投资环境分析奠定理论基础。

第一节　投资环境概论

一、投资环境

投资环境是指拟投资的地域（国家、地区、城市或街区）在一定时期内所具有的能决定和制约项目投资的各种外部境况和条件的总和。最初的投资环境研究，主要关注的是投资区域范围内的自然地理环境和基础设施等基本物质条件，如地质、水文、地貌、交通、通信、电力等。随着社会经济的发展，各地为了吸引投资，除了提供基本的物质条件之外，还在经济、制度、立法、服务等方面不断创造各种优惠条件，如减免税收，提供法律保护投资者利益，建立专为投资者服务的机构，等等。这些条件，无不在某一方面影响着项目投资效益，从而影响项目投资决策。因而，现代投资环境研究的内容几乎扩展到社会、政治、经济、文化、习俗的一切领域。

一般来讲，投资环境对单个的投资者而言是无法改变也不可控制的。投资者只有努力去认识它、适应它。尤其是在项目投资的前期策划阶段和项目投资决策阶段，充分了解和把握项目的投资环境，对于制订正确的项目投资方案，作出正确的项目投资决策，具有重要意义。因而，"项目投资的成败取决于投资环境的把握程度"的提法，在某种意义上说具有一定根据。

二、投资环境的分类

投资环境涉及人类社会的各个方面，这些构成要素可按不同的层面进行分类。

（一）按各要素存在的物质形态分类

按投资环境各要素存在的物质形态不同，可分为硬投资环境和软投资环境两类。

硬投资环境是指影响项目投资的各种外部物质条件。主要包括基础设施、配套设施及自然地理状况。基础设施主要有交通运输、邮电通信、能源、给排水等；配套设施主要有商业网点、文化娱乐设施、医疗卫生及其他服务设施；自然地理状况是指项目所在地块的地质、地貌、水文、植被、山川、气候等。

软投资环境是指影响项目投资的各种社会、政治、经济、文化条件。主要包括政治环境、经济环境、社会环境、文化环境和法律环境。

政治环境是指政治制度与政治体系，如政治的稳定性、社会的安宁性、政策的连续性等；经济环境是指经济发展状况、社会购买力状况、经济政策、市场规模、金融秩序及金融服务情况等；社会环境是指社会秩序、社会信誉及社会服务条件，如社会制度、社会的稳定性及当地提供的行政服务、法律服务、咨询服务、金融服务、信息服务及生活服务条件等；文化环境是指影响项目投资的社会文化条件，如语言、艺术、宗教、风俗、家庭等；法律环境是指有关法律法规的完备性、稳定性及争议仲裁的公正性。

（二）按各要素存在的范围分类

按投资环境各要素存在的范围大小不同，可分为宏观投资环境、中观投资环境和微观投资环境三类。

宏观投资环境一般是指一个国家的投资环境，如政治环境中的政治制度、政局稳定性；经济环境中的社会经济发展状况、经济政策、经济制度；社会环境中的社会制度、社会信誉；文化环境中的语言、宗教等，都是从一个国家的角度进行研究和评价的。

中观投资环境是指拟投资地区或行业的投资环境。如当地的经济发展水平、社会购买力水平、自然资源条件、基础设施状况等；行业发展规模、行业市场容量、行业竞争状况等。

微观投资环境是指进行投资活动具体场所的自然、经济及社会条件。如该建筑地块的基础设施条件，地质、地貌、水文条件；当地的配套设施及环境条件，等等。

（三）按投资环境的内容分类

按投资环境各要素内容的不同，又可划分为社会环境、政治环境、文化环境、经济环境、法律环境、自然环境、基础设施环境等类型。

项目有大有小，项目的性质也千差万别，并不是任何投资项目的研究都要涉及上述环境的所有内容。策划者应视项目的具体情况，针对那些确实会对项目投资方案、投资效益及投资决策产生影响的环境条件进行分析研究。

对于房地产投资项目而言，由于其自身所具备的不可移动性，以及投资数额大、投资期限长、影响因素复杂等特征，对投资环境的研究，除了市场、竞争、资源等经济环境外，尤其要重视产业政策的分析和研究。如土地供应的优惠政策、税费的优惠政策等；除了一般性地研究宏观环境条件外，更要注重中观和微观环境条件的研究。如城市和地区的经济状况、购买力水平、产业政策、资源条件；项目所在区域的基础设施条件、配套设施条件等。

第二节 房地产项目投资环境要素

在开展一项投资之前，尤其是要进行异地投资的时候，投资环境分析评价就显得非常重要。在跨国投资中，常用PEST分析法进行投资环境的评价和优选。该方法通过政治的（Politics）、经济的（Economic）、社会的（Society）和技术的（Technology）角度及其方面的因素分析，从总体上把握宏观环境，并评价这些因素对企业战略目标和战略制定的影响。

政治环境主要包括政治制度与体制，政局，政府的态度等；法律环境主要包括政府制定的法律、法规。如政治环境是否稳定，政府所持的市场道德标准，政府的经济政策，政府是否关注文化与宗教等。

经济环境是构成经济环境的关键战略要素，包括GDP、利率水平、财政货币政策、通货膨胀、失业率水平、居民可支配收入水平、汇率、市场机制、市场需求等。

社会环境是指组织所在社会中成员的民族特征、文化传统、价值观念、宗教信仰、教育水平以及风俗习惯等因素。

技术环境不仅包括发明，而且还包括与企业市场有关的新技术、新工艺、新材料的出现、发展趋势以及应用背景。

然而，落实到一个具体的房地产项目投资环境的分析，又可以分为以下七个方面。

一、社会环境要素

如前所述，社会环境是指拟投资地域的社会秩序、社会信誉和社会服务条件。这些环境条件对于投资安全保障自然是十分重要的。一般来讲，构成项目投资社会环境的要素主要有如下几类。

（一）社会制度

社会制度是指拟投资项目所在国的社会政治制度与社会管理制度。包括经济决策的民主和科学程度，行政管理的透明度，政府对经济事务的干预程度，行政事务的效率及政府官员的廉洁性，等等。

（二）社会秩序

社会秩序是指拟投资地区的社会政治秩序和经济生活秩序。包括当地社会的稳定性、安全性；当地居民对家乡经济建设的参与感和责任感，对外来经济势力的认同感与欢迎程度等。

（三）社会信誉

社会信誉是由公众道德水准和法律双向支撑的，是维系社会健康发展的基础。社会信誉既包括合同履约的信誉，也包括社会承诺的信誉。作为投资者最关注的还是由产业政策连续性所表现出来的地方政府在经济政策上的信誉。显然，一个朝令夕改的地方政府，必然会使投资者顾虑重重、望而却步。

（四）社会服务

社会服务是指拟投资地区所提供的服务设施及服务效率条件。既包括某些硬件环境条件，也包括某些软件环境条件。构成社会服务硬件环境条件的有金融服务、生活服务、通信服务、交通服务、信息服务等服务内容的设备状况；构成社会服务软件环境条件的除了上述各项服务的服务效率与服务态度外，还有行政服务、法律服务、咨询服务、信息服务等。

二、政治环境要素

政治环境研究的是一个国家的政治制度、政局的稳定性和政策的连续性。政治环境构成的主要要素有政治体制和政权，政治局势，政策及战争风险。

（一）政治体制和政权

政治体制是国家政权的组织形式及其有关的管理制度。政权是指国家的权力。作为一种投资环境要素，投资者关注的是该国政治体制变革及政权更迭过程中所体现的渐进性与平和性。显然，政权不稳定、体制变化无常，必然会带来巨大的投资风险。

（二）政治局势

政治局势是社会稳定性的重要标志。通常的政治局势有国内局势与对外局势两类。国内政治局势的动荡一般是由政治斗争或国内重大的社会经济问题而引发的；对外政治局势的动荡则是由外交问题、边界问题而引发的。显然，动荡不安的政治局势，必然带来社会的不稳定，从而影响投资。

（三）政策

政策即国家或政党为实现一定历史时期的路线而制定的行动准则。作为政治环境要素的政策，投资者最关注的还是其经济政策和产业政策。政策包括国民经济发展的政策、引进外资的政策、对外开放的政策以及各种税收政策等。

（四）战争风险

战争是为了一定政治目的而进行的武装斗争。战争一起，一切正常的社会经济秩序都将被破坏，生命财产也失去保障，更不要说项目投资的安全与效益了。因而，投资者在政治环境研究中，尤其关注拟投资地区的战争风险程度。

三、文化环境要素

狭义的文化是指社会的意识形态。如风俗习惯、语言文字、宗教信仰、价值观念、文化传统、教育水准等。作为意识形态的文化，是一定社会政治经济的反映，又给予政治经济的发展以巨大的影响。文化环境直接决定消费需求的形式和内容，直接影响项目开发和经营过程，从而制约着项目投资方案和投资决策，或为投资者需要了解和研究的另一范畴的投资环境。

四、经济环境要素

经济环境是影响项目投资决策的最重要、最直接的基本因素。经济环境要素包括的内容很多，主要有宏观经济环境、市场环境、财务环境、资源环境等。

（一）宏观经济环境

宏观经济环境是指一国或一地区的总体经济环境。如该地的国民生产总值、国民收入总值、国民经济增长率等反映国民经济状况的指标；当地的消费总额、消费结构、居民收入、存款余额、物价指数等描述社会消费水平和消费能力的指标；当地的经济政策、财政政策、消费政策、金融政策等产业政策方面的情况等。

（二）市场环境

市场环境是指项目面临的市场状况，包括市场现状及未来趋势预测。如市场吸纳量的现状及未来估计，市场供应量的现状及未来估计，市场购买力的分布状况，同类楼盘的分布及其现状，竞争对手的状况，市场价格水平及其走势，等等。

（三）财务环境

财务环境是指项目面临的资金、成本、利润、税收等环境条件。主要包括金融环境，如资金来源的渠道、项目融资的可能性以及融资成本；经营环境，如投资费用、经营成本、税费负担、优惠条件，同类项目的社会平均收益水平及盈利水平等。

（四）资源环境

资源环境是指人力资源、土地资源、原材料资源及从能源角度研究的投资环境。

五、法律环境要素

法律环境是从法律的完备性、法制的稳定性和执法的公正性三个方面来研究的投资环境。法律完备性主要研究投资项目所依赖的法律条文的覆盖面，主要的法律法规是否齐全。法制的稳定性主要研究法规是否变动频繁、是否有效。执法的公正性是指法律纠纷、争议仲裁过程中的客观性、公正性。

六、自然环境要素

自然环境要素是指项目所在地域的自然条件和风景地理特征。由于自然环境是一种投资者无法轻易改变的客观物质环境，具有相对不变和长久稳定的特点。而房地产项目的投资又具有地理位置的固定性和不可逆性的特点，因而房地产项目投资十分重视自然环境要素的研究。

自然环境要素包括地理位置、地质地貌、自然风光及气温气候等。地理位置对项目投资影响最大的因素主要有交通，距商业中心的距离，距医院、娱乐场所、学校的距离，直接关系到未来住户生活方便的程度，从而影响市场销售；距配电站、给排水管网、通信电缆的距离等，直接影响项目开发成本，从而影响项目效益。地质地貌与风光气候特点不仅关系到项目建筑物的基础设计，而且直接影响项目的景观。一个好的项目规划，必然十分重视项目所在地的地貌特点、自然风光、气候风向等自然环境条件。充分利用其有利的一面，想方设法通过景观设计弥补其不足的一面，使项目无论是外观造型、结构布局，还是使用性质、使用功能，均与外在的自然环境很好地协调起来。

七、基础设施环境要素

基础设施环境要素是项目投资重要的"硬环境"，主要包括项目投资地域的交通、能源、通信、给排水、排污等。属于交通环境条件的内容有：距机场、码头、车站的距离，主要交通干线的分布，重要的公共交通工具及数量，交通方便的程度等。属于能源条件的主要内容有电力供应状况、最近的变电站距离及其容量，煤气供应站的距离、煤气主干线管道的距离，其他能源，如煤、天然气等的供应状况等。通信环境条件是指最近的光纤、通信电缆的位置等。给排水及排污环境条件包括当地的自来水管网分布、距主要自来水管道的距离，排水、排污设施状况，管道分布情况等。

第三节　房地产项目投资环境评价

一、投资环境评价的原则和标准

投资环境评价是对项目投资环境的优劣所做的综合性、系统性判断，由于项目投资环境内容上的复杂性，这种评价就必须遵循一般的原则。

（一）投资环境评价原则

投资环境评价，应遵循的主要原则有系统性原则、比较性原则、时效性原则、定性分析与定量分析相结合原则和实事求是、突出重点原则。

1. 系统性原则

由于影响项目投资的环境因素错综复杂，在评价分析过程中，必须注意把握系统性原则，对影响项目投资所有层面的因素进行综合性的考察和评价。既要研究宏观层次的环境要素，也要研究微观层次的环境要素；既要研究经济因素，也要研究政治、社会和其他方面的环境因素；既要研究有利面的环境因素，也要研究不利面的环境因素。面对错综复杂的环境状况，唯有运用系统分析的方法，把握系统性原则，才能全面而正确地揭示项目投资所面临的环境状况，对其投资环境作出客观的、符合实际情况的评价。

2. 比较性原则

严格地讲，投资环境的优劣，都是相对而言的，并不存在一种绝对固定的标准。因而，在把握了项目投资的具体环境状况后，人们总是把它与其他国家或地区，或其他类似项目的环境状况进行比较，从而判断二者环境条件的差异与优劣。显然，比较的参照系不同，结论也往往不同。因而，在进行投资环境评价时，还要注意选好较具代表性的比较对象。一般而言，比较的范围越大，比较的对象越多，比较对象的选择越具有代表性，对项目投资环境的评价就越客观，越符合实际。

3. 时效性原则

投资环境是一个动态系统，环境要素的大多数内容是随着时间的推移而发生变化的。因而，在进行项目的投资环境评价时，一定要注意时间因素，这便是时效性原则。环境因素的时效性，有两重含义。一是指在进行环境因素评价时，不但要进行静态评价，还要进行动态评价，即要注意随着时间的推移，其环境条件可能发生的变化。二是指作为投资环境评价参照系的比较对象，一定要考虑其时间因素，不能取若干年前的状态作参照和比较的标准。

4. 定性分析与定量分析相结合的原则

投资环境的描述，大多难以量化，于是投资环境评价往往只做定性分析，这显然是不够的。由于定性分析较易受人的主观意愿所支配，较易产生片面性，而有失客观与公正。因而，在投资环境评价时，应提倡凡是能够量化的要素，都要进行定量分析，推行定量分析与定性分析相结合的原则。

5. 实事求是、突出重点的原则

实事求是就是尊重客观规律，突出重点就是抓住主要矛盾。投资环境是客观存在，投资环境的研究必须尊重事实，来不得半点虚伪和臆测。投资项目有大有小，投资项目的具体内容也千差万别，不可能任何一个项目的投资环境研究，均要从宏观到微观，从政治到经济，全面分析一遍。应当针对项目的具体情况和投资决策的实际需要，突出重点，进行项目环境评价。

（二）投资环境评价的标准

项目投资环境评价既有定性分析的一面，也有定量分析的一面，很难制定统一的、规范的、定量的指标，只能确定出在进行环境评价时常用的标准。

1. 适应性标准

适应性是指项目使用性质、使用功能与环境条件的适应程度。对于房地产项目而言，就是其规划设计与项目功能、环境条件的协调、适应程度。

2. 稳定性标准

稳定性是指项目环境条件发生变化波动性的大小，如产业政策、经济状况、政治局势都应相对稳定，即使有变化，也应是遵循一定规律的、渐进式的变化才有利于投资。

3. 竞争性标准

竞争性是指项目投资环境为投资者造就的优势条件，如成本降低的优势条件、环境优美的优势条件、市场营销的优势条件，等等。

二、投资环境评价方法

为了便于按照错综复杂的环境分析结果对项目的投资环境进行客观的评价，人们提出了各种各样的评价方法。这里介绍几种常用的方法。

（一）等级尺度法

等级尺度法是美国学者罗伯特·斯托包夫于 1969 年提出的投资环境评价方法。这种方法将投资环境因素分为以下八个方面：① 资本抽回自由程度；② 外商股权比例；③ 货币稳定性；④ 对外商的管理制度；⑤ 政治稳定性；⑥ 关税保护；⑦ 资金供应能力；⑧ 通货膨胀率。每个方面又划分为 4～7 种情况，再视每个方面的权重大小，定出分类标准，最好的评分分别为 12, 14, 20 分，最差的评分分别为 0, 2, 4 分。

评估投资环境时，先按各种情况分别计分，再将得分累计起来，分数越高，投资环境越好。

这种评价方法主要考核的是东道国对外资的优惠条件及吸引外资的能力,并没有考虑项目所在地的具体环境条件,因而其适应范围具有相当的局限性。

(二) 多因素和关键因素评估法

由香港大学闵建蜀教授提出的多因素和关键因素评估法实际上是两个前后关联的评估方法。

1. 多因素评估法

多因素评估法把投资环境因素分为如下11类,每类又分解为如下若干子因素。

（1）政治环境。包括政治稳定性、国有化可能性、外资政策。

（2）经济环境。包括经济增长、物价水平。

（3）财务环境。包括资本与利润外调,汇价,融资可能性。

（4）市场环境。包括市场规模、分销网点、营销辅助机构、地理位置。

（5）基础设施。包括通信设备、交通运输。

（6）技术条件。包括科技水平、劳动力、专业人才。

（7）辅助工业。包括发展水平和配套情况。

（8）法律环境。包括法律完备性、执法公正性、法制稳定性。

（9）行政效率。包括机构、效率、素质。

（10）文化环境。包括信任与合作,社会风俗。

（11）竞争环境。包括竞争对手状况、市场占有额。

在实施评价时,首先由各位专家独立地对各类因素的子因素作出综合评价,并据此对该类因素的优劣等级,按优、良、中、可、差五个等级作出综合判断。再统计计算出该项目获得各等级的百分比,确定各类因素的权重系数。代入下式,便可求得该项目的投资环境总分。

$$投资环境总分 = \sum_{i=1}^{11} W_i (5a_i + 4b_i + 3c_i + 2d_i + e_i)$$

式中,W_i 为第 i 类因素的权重系数;a_i 为第 i 类因素被评为"优"等的百分比;b_i 为第 i 类因素被评为"良"等的百分比;c_i 为第 i 类因素被评为"中"等的百分比;d_i 为第 i 类因素被评为"可"等的百分比;e_i 为第 i 类因素被评为"差"等的百分比。

最后,按投资环境得分,对该项目的投资环境进行综合评价。一般来说,投资环境总分的分值在1～5之间,越接近5,说明投资环境越好;越接近1,说明投资环境越差。

2. 关键因素评估法

上述多因素评估法只是对某一地区的投资环境进行一般性评价,尚未涉及各类不同投资动机下对环境的具体要求。因而,闵建蜀教授又提出了针对具体投资项目,充分考虑投资动机的关键因素评估法。

关键因素评估法的基本思路是从影响投资环境的一般因素中,找到影响投资动机实现的关键因素,然后依据这些因素对投资环境进行综合评价。此方法把一般项目的投资动机分为降低成本、开拓市场、获得原料、分散风险、竞争、获得生产技术和管理技术六大类。每一类动机又包含若干影响投资环境的关键因素。

（1）降低成本类。劳动生产率、土地费用、原料价格、运输成本。

（2）开拓市场类。市场规模、营销机构、文化环境、地理位置、运输条件、通信条件。

（3）获得原料类。资源条件、汇率变动、通货膨胀、运输条件。

（4）风险分散类。政治稳定、国有化可能性、汇率变动、通货膨胀。

（5）竞争类。市场规模、地理位置、营销机构、法律制度。

（6）获得生产技术和管理技术类。科技发展水平、劳动生产率。

实施投资项目的环境评价时，要视投资者的投资动机（1类或几类），挑选关键因素。仍采用多因素评估法，由计算"投资环境总分"的方式来进行项目投资环境的综合评价。

对于房地产开发项目，投资动机没有那么复杂，需考虑的因素也远远不止上述几种。不妨按房地产项目的使用性质进行分类。各类房地产投资需重点考核的环境因素再按权重分为三类。如对于国内开发建设的普通住宅区房地产投资项目，其环境评价的关键因素，可按如下分类。

（1）第一类因素（重点因素），权重系数 $W_i = 0.6$。

① 市场环境中的购买力水平、吸纳量、供应量、同类楼盘的分布及其现状等。

② 财务环境中的项目融资可能性、融资成本、税费负担、同类项目盈利水平等。

③ 自然环境中的地理位置、风景地貌、自然景观等。

④ 基础设施条件的电力、通信、给排水、交通及其他生活设施条件。

（2）第二类因素（一般因素），权重系数 $W_i = 0.3$。

① 经济环境中的消费结构、居民收入、物价指数等。

② 资源环境中的劳动力资源条件、原材料供应等。

③ 法律环境中的争议仲裁公正性等。

（3）第三类因素（次要因素），权重系数 $W_i = 0.1$。

① 社会环境中的社会秩序、社会信誉和社会服务等。

② 文化环境中的文化传统、教育水准等。

其他类型的房地产开发项目，则应视具体情况做适当调整。如对于在境外尤其是其他国家开发的房地产项目，要把政治环境中的政权稳定性、政治局势、经济政策，文化环境中的价值观念、文化传统等因素作为第一类因素。对于高档住宅，尤其是高级别墅区之类的房地产投资项目，则要把拟开发地块的自然环境，如山川、植被、气候等因素调到第一类因素来。对于工业厂房、仓库等项目，则应以交通、基础设施条件作第一类因素。总之，关键因素分析法之关键因素的划分和权重系数的确定，应视投资项目的具体要求及投资对象的具体情况而定，切忌千篇一律、教条主义行事。

划分好项目的环境因素类型及其权重后，便可视专家们的评价结果，按前述多因素分析法的计算公式，计算该项目投资环境总分，进行其投资环境的综合评价了。

（三）综合评价法

综合评价法的基本步骤是由层次分析法确定各环境要素的权重系数；由统计分析确定各环境要素的得分；计算项目投资环境的综合评分；由灵敏度分析判断各环境要素发生变化对投资环境评价带来的影响。

1. 环境要素权重系数的确定

权重系数是用来描述环境要素在项目环境评价中相对重要程度的指标。其大小既取决于要素自身在项目投资环境诸要素中的地位，又取决于投资者因投资动机或性格的差异对投资环境的期望和要求。因而，权重系数一般采用层次分析法进行综合确定。其基本分析步骤如下。

（1）建立层次结构模型。按项目投资环境因素的内容及其相互间的关系，将各环境要素划分为层次结构形式。如图3-1所示为国内普通商住楼宇房地产项目投资环境影响因素的层次结构模型。

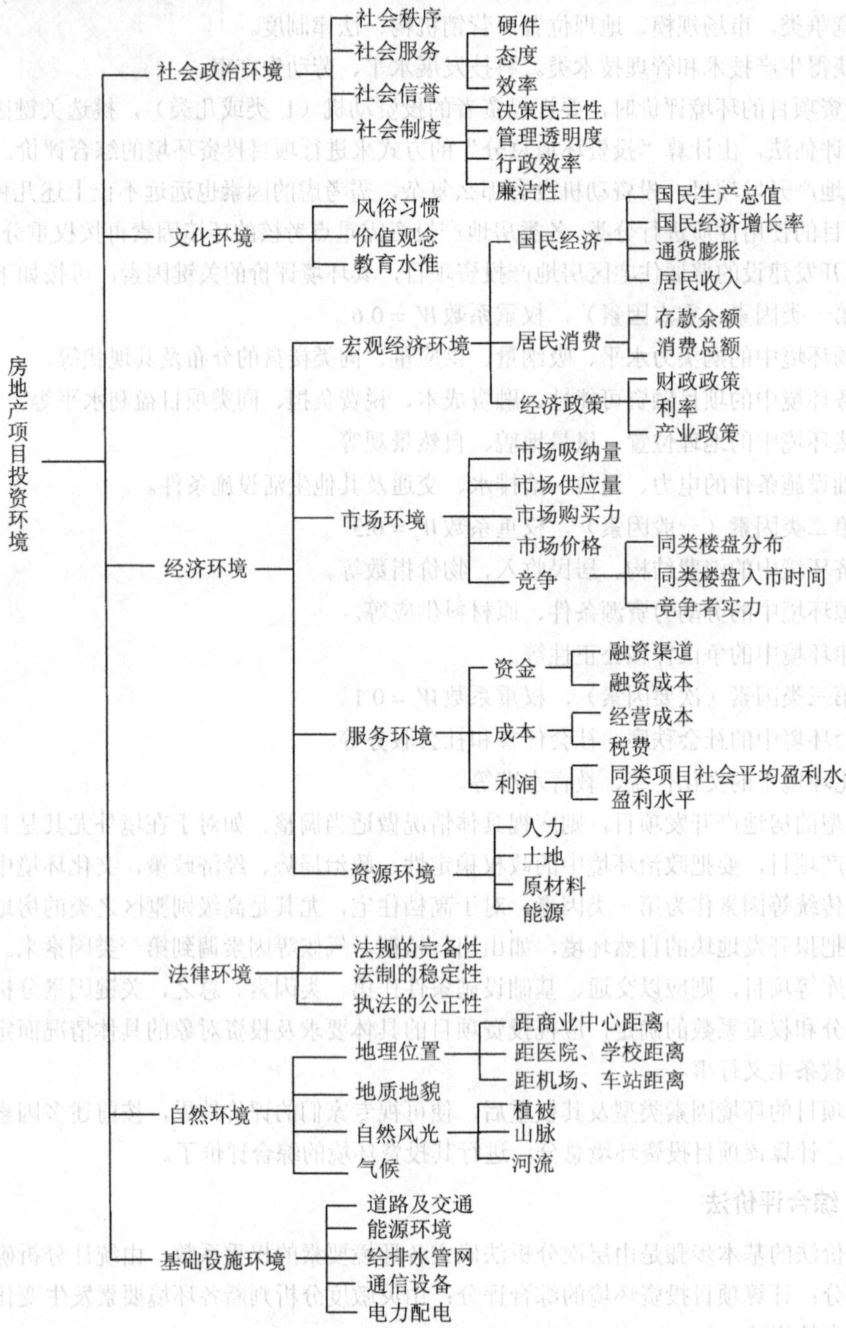

图 3-1　国内普通商住楼宇投资环境影响因素结构层次图

（2）确定同层间单权重系数。同层间要素的单权重系数是用以描述位于同一层次的各环境要素相对于上一层因素重要程度的系数。它是由求解该层的判断矩阵求得的。判断矩阵则是由同一层次间各要素之重要程度两两比较而构建的。为了便于清晰地界定因素的重要程度，将评价尺度按表 3-1 所示划分为 9∶1～1∶1 共 9 个级别。其中 9∶1 表示绝强的相对重要程度，1∶1 表示等强的相对重要程度。其间由极强而强，由强而稍强、等强，逐渐变化。由此，一个由 n 个要素构成的同一层次结构，经因素间相对重要性判断之后，便可构造一个 $n×n$ 阶的矩阵。这便是判断矩阵。

表 3-1 相对重要程度评价尺度表

相对重要程度	绝强	极强↑绝强	极强	强↑极强	强	稍强↑强	稍强	等强↑稍强	等强
评价尺度	9:1	8:1	7:1	6:1	5:1	4:1	3:1	2:1	1:1
相对重要程度	绝弱	极弱↑绝弱	极弱	弱↑极弱	弱	稍弱↑弱	稍弱	等强↑稍弱	等强
评价尺度	1:9	1:8	1:7	1:6	1:5	1:4	1:3	1:2	1:1

设判断矩阵为 $[\alpha]$，各因素的权重系数为 W_i，则有如下关系

$$[\alpha] = \begin{bmatrix} \alpha_{11}, & \alpha_{12}, & \cdots, & \alpha_{1n} \\ \alpha_{21}, & \alpha_{22}, & \cdots, & \alpha_{2n} \\ \vdots & \vdots & & \vdots \\ \alpha_{n1}, & \alpha_{n2}, & \cdots, & \alpha_{nn} \end{bmatrix} = \begin{bmatrix} \frac{W_1}{W_1}, & \frac{W_1}{W_2}, & \cdots, & \frac{W_1}{W_n} \\ \frac{W_2}{W_1}, & \frac{W_2}{W_2}, & \cdots, & \frac{W_2}{W_n} \\ \vdots & \vdots & & \vdots \\ \frac{W_n}{W_1}, & \frac{W_n}{W_2}, & \cdots, & \frac{W_n}{W_n} \end{bmatrix}$$

显然，若 α_{ij} 之值判断正确，便有

$$\alpha_{ij} = \frac{W_i}{W_j} = \frac{W_i}{W_k} \times \frac{W_k}{W_j} = \alpha_{ik} \times \alpha_{kj}$$

上式意味着，若 i 因素比 k 因素重要 α_{ik} 倍，k 因素又比 j 因素重要 α_{kj} 倍，则 i 因素将比 j 因素重要 $\alpha_{ik} \times \alpha_{kj}$ 倍。但事实上，由于在构造判断矩阵时，都是由各要素两两比较而得出结论的。判断上的误差，只能产生近似关系，$\alpha_{ij} \approx \frac{W_i}{W_j}$。因而，判断矩阵的各要素不能直接作为权重系数，只能采用一定的数学方法，由判断矩阵聚合为一组权重系数。

将判断矩阵两边同乘以特征向量 $[W]^T$，便有

$$[\alpha][W]^T = \lambda_{max}[W]^T$$

则有关系式

$$[\alpha] - \lambda_{max}[I] \approx 0$$

式中，$[I]$ 为单位矩阵；λ_{max} 为判断矩阵唯一非零的最大特征根；$[W]^T$ 为特征向量，即各要素之同层单权重系数。

因而，只要在构造好判断矩阵后，运用线性代数的方法，计算判断矩阵的特征向量，便可求得同层间单权重系数。为了简化计算过程，实际应用中，不妨采用一种称为方根法的简易近似计算法，求解特征向量和最大特征根。

$$W_i = \frac{\overline{W_i}}{\sum_{i=1}^{n} \overline{W_i}} \quad (i = 1, 2, \cdots, n)$$

式中

$$\overline{W_i} = \sqrt[n]{\prod_{i=1}^{n} \alpha_{ij}} \qquad \lambda_{\max} = \sum_{i=1}^{n} \frac{[AW]_i}{nW_i}$$

式中

$$[AW] = [\alpha][W]^T$$

【例 3-1】设一判断矩阵如下所示：

$$[\alpha] = \begin{bmatrix} 1 & 1/7 & 1/9 \\ 7 & 1 & 1/2 \\ 9 & 2 & 1 \end{bmatrix}$$

试用方根法求其特征向量及最大特征根。

【解】由已知矩阵得

$$\overline{W_1} = \sqrt[3]{1 \times 1/7 \times 1/9} = 0.2614$$

$$\overline{W_2} = \sqrt[3]{7 \times 1 \times 1/2} = 1.5183$$

$$\overline{W_3} = \sqrt[3]{9 \times 2 \times 1} = 2.6207$$

$$\sum_{1}^{3} \overline{W_i} = 0.2614 + 1.5183 + 2.6207 = 4.4004$$

由此便可求得该矩阵的特征向量分别为

$$W_1 = \frac{0.2614}{4.4004} = 0.05940$$

$$W_2 = \frac{1.5183}{4.4004} = 0.3450$$

$$W_3 = \frac{2.6207}{4.4004} = 0.5956$$

最大特征根按下式求得

$$[AW] = \begin{bmatrix} 1 & 1/7 & 1/9 \\ 7 & 1 & 1/2 \\ 9 & 2 & 1 \end{bmatrix} \begin{bmatrix} 0.05940 \\ 0.3450 \\ 0.5956 \end{bmatrix} = [0.1749, \ 1.0586, \ 1.7806]^T$$

$$\lambda_{\max} = \frac{0.1749}{3 \times 0.05940} + \frac{1.0586}{3 \times 0.3450} + \frac{1.7806}{3 \times 0.5956} = 3.0007$$

于是，可判定该矩阵各要素相对于目标的相应权重系数为

$$W_1 = 0.05940, \quad W_2 = 0.3450, \quad W_3 = 0.5956$$

（3）一致性检验。如前所述，判断矩阵是由分析者在对各因素的相对重要程度进行两两比较后，凭估计而建立起来的。既然是估计，就难免存在误差，过大的误差便会影响单权系数的可信度。因而，需要一种检验及度量这种判断误差大小的方法，这便是一致性检验方法。

设$[\alpha]$的估计矩阵为$[\alpha]'$，由于判断误差的存在，$[\alpha]'$与$[\alpha]$是不相容的。只有$[\alpha]'$与$[\alpha]$完全相容时，才有$\lambda_{\max} = n$。一般情况下，$\lambda_{\max} > n$，因此，可用$\lambda_{\max} - n$作为度量判断矩阵偏离相容性的指标。由此，建立一致性检验式为

$$C.I = \frac{\lambda_{\max} - n}{n - 1}$$

式中，C.I 为一致性检验指标；$\lambda_{\max}$为判断矩阵最大特征根；n为判断矩阵的阶。

由于$\lambda_{\max} \geq n$，故 C.I 一般均大于或等于零。当 C.I 大时，就认为该判断矩阵的一致性太差，

所求得的单权重系数不可信，须重新进行相对重要性的判定。一般来讲，只要 C.I 值小于 0.1，便认为这个判断令人满意了。

【例 3-2】 试判断例 3-1 所示判断矩阵的一致性。

【解】 由例 3-1 解得的答案可知

$$n = 3$$
$$\lambda_{max} = 3.0007$$

代入一致性检验公式，得

$$C.I = \frac{3.0007 - 3}{3 - 1} = 0.00035 \approx 0 < 0.1$$

由此可判定例 3-1 所示判断矩阵相容性良好，具有令人满意的一致性，由其求得的单权重系数也是令人满意的。

（4）组合权重系数的确定。在上述各层的单权重系数确定之后，便可由递推运算判定各层间因素的组合权重系数了。组合权重系数描述的是综合考虑了上下两层各因素的权重系数后，得出的相对于更上一层相应因素的权重系数（或称优先函数）。

设某项目环境层次模型有 A、B、C 三层，由判断矩阵已求得 B 层各因素的单权重系数为 b_i，C 层各因素的单权重系数为 c_{ij}，则 C 层各因素的组合权重系数为 BC_j，可按下式计算：

$$BC_j = \sum_{i=1}^{n} b_i c_{ij} \quad (j = 1, 2, \cdots, n)$$

组合权重系数 BC_j 描述了 C 层各因素相对于 A 层的优先顺序。若 C 层下还有另一层要素 D，其单权重系数为 d_{ij}，则该层相对于 A 层的组合权重（优先顺序）BCD_j 按如下递推运算求得：

$$BC_j = \sum_{i=1}^{n} (BC)_i d_{ij} \quad (j = 1, 2, \cdots, n)$$

这样由上而下，依次递推，便可求得层次结构模型的最下层环境因素在项目环境评价中的组合权重系数。

2．各环境要素的评分

组合权重系数仅仅描述了各环境要素在项目环境评价中的地位（重要程度）。对要素环境的单项评价，还需要通过记分的方法来实现。通常的做法是不论其为定性的还是定量的指标，均按优、良、中、差四级进行评价。由于评价者个人的经历、观念、经验的差异，不同的评价者对同一环境条件往往会作出不同的评价。因而，为了使评价结果更符合实际，应综合考虑全部评价者对 j 指标的评价，按下式统计评分。

$$V_j = 4r_{j1} + 3r_{j2} + 2r_{j3} + r_{j4}$$

式中，V_j 为环境指标 X_j 的评分值；r_{j1} 为认为 j 指标为优的评价者占全部评价者的百分比；r_{j2} 为认为 j 指标为良的评价者占全部评价者的百分比；r_{j3} 为认为 j 指标为中的评价者占全部评价者的百分比；r_{j4} 为认为 j 指标为差的评价者占全部评价者的百分比。

这种评分法评出的分值在 4 分至 1 分之间。显然，得分越高，说明该指标越优。

3．项目投资环境的综合评分

分别求得了各环境要素的组合权重系数 BCD_j 和评价分值 V_j 后，便可代入下式求项目投资环境的综合评价分。

$$G = \sum_{j=1}^{m} BCD_j \cdot V_j$$

式中，G 为项目投资环境的综合评分；BCD_j 为第 j 个环境因素的权重系数；V_j 为第 j 个环境因素的评价分；m 为环境因素个数。

上述算式求得的项目投资环境评分值也在 4 分至 1 分之间，得分越高，说明项目投资环境的评价越好。

4. 项目投资环境评价的敏感性分析

上述投资环境的综合评价，是立足于现在的状态进行的判断。然而，现实的社会经济生活是一种动态过程，很多作为评价依据的环境条件并不是一成不变的。敏感性分析正是要考察当这些环境条件变化时，将对评价结果带来的影响及其影响程度。其基本分析步骤如下所示。

（1）逐项分析环境因素的稳定状况，判断其在项目投资建设或经营期内发生变化的可能性，并研究其变化的基本趋势及变化程度。

（2）对将要发生变化的环境因素，依据其变化的趋势及变化程度，请专家给予重新评价。

（3）统计各因素的评价结果，计算它们的评分值。

（4）计算变化后的项目投资环境综合评分值。

（5）若是不同地点投资环境的比较和排序，则按新的综合分值重新排序，并比较前后两种排序的差异，分析原因，作出判断。

（6）若是单一项目、单一地点的投资环境评价，则比较前后两次综合评分值，研究其变化程度，分析原因，作出判断。

利用这种敏感性分析方法，还能进行政策模拟。当提出某项政策建议时，可预先分析其对环境因素带来的影响，及评价者对变化后的新环境因素的评价，由此推测该政策的推行将对投资环境的影响。

总之，综合评价法不仅是投资环境的科学分析与评价方法，还是一种项目投资环境比较的重要工具，政策模拟的重要手段；也是对投资环境进行监测、预警的重要方法。

第四节 案例——某房地产开发项目地块评价

某房地产开发项目，选中了甲、乙、丙三个地块。投资者对三处的投资环境分别从经济环境、社会政治环境、自然环境和基础设施环境进行了调查分析。这些环境因素又可分解为表 3-2 所示的内容。投资者邀请了 20 位专家对这些环境要素进行了评价，评价结果如表 3-3 所示。试依据这些资料对题中的三个地块的投资环境进行综合评价。

表 3-2 房地产开发项目投资环境评价要素内容

A 层要素	B 层要素	C 层要素	D 层要素
A_1：经济环境	b_1：市场环境	c_1：市场竞争	d_1：同类楼盘分布对项目销售影响
			d_2：竞争者实力
		c_2：市场购买力	
	b_2：财务环境	c_3：资金	d_3：融资渠道
			d_4：融资成本
		c_4：成本	d_5：经营成本
			d_6：经营税费
	b_3：资源环境	c_5：人力资源	
		c_6：原材料	
		c_7：能源	

续表

A层要素	B层要素	C层要素	D层要素
A_2：社会政治环境	b_4：社会秩序	c_8：安全性 c_9：安定性	
	b_5：社会服务	c_{10}：硬件 c_{11}：态度 c_{12}：效率	
A_3：自然环境	b_6：地理位置	c_{13}：距商业中心距离 c_{14}：距机场、车站距离	
	b_7：自然风光	c_{15}：植被 c_{16}：山脉 c_{17}：河流	
A_4：基础设施环境	b_8：道路及交通 b_9：给排水管网 b_{10}：通信 b_{11}：电力配电		

表3-3 环境评价结果统计表

单位：%

A层要素	B层要素	C层要素	D层要素	甲地块评分				乙地块评分				丙地块评分			
				r_{j1}	r_{j2}	r_{j3}	r_{j4}	r_{j1}	r_{j2}	r_{j3}	r_{j4}	r_{j1}	r_{j2}	r_{j3}	r_{j4}
A_1	b_1	c_1	d_1	50	50	0	0	35	25	25	15	15	25	25	35
			d_2	65	35	0	0	60	20	15	5	20	35	25	20
		c_2		75	10	15	0	65	20	10	5	70	20	5	5
	b_2	c_3	d_3	45	20	25	10	65	30	5	0	25	25	45	5
			d_4	25	35	25	15	40	30	20	10	30	40	25	5
		c_4	d_5	20	20	30	30	25	30	15	30	60	20	10	10
			d_6	25	20	30	25	20	20	10	50	55	25	20	0
	b_3	c_5		65	25	10	0	35	25	20	20	0	10	25	65
		c_6		60	20	10	10	25	30	25	20	0	15	30	55
		c_7		70	30	0	0	30	40	20	10	10	25	25	40
A_2	b_4	c_8		50	50	0	0	60	30	10	0	30	20	20	30
		c_9		65	30	5	0	25	50	20	5	10	25	65	0
	b_5	c_{10}		70	20	10	0	60	20	20	0	20	20	30	30
		c_{11}		25	20	50	5	35	60	5	0	25	30	40	5
		c_{12}		75	15	10	0	65	25	10	0	25	25	50	0
A_3	b_6	c_{13}		65	20	15	0	50	25	15	10	10	20	25	45
		c_{14}		10	15	20	55	20	15	30	35	25	20	30	25
	b_7	c_{15}		70	20	10	0	10	20	50	20	65	25	10	0
		c_{16}		0	0	75	25	0	25	60	15	75	20	5	0
		c_{17}		0	0	0	100	100	0	0	0	100	0	0	0
A_4	b_8			75	25	0	0	60	30	10	0	0	0	25	75
	b_9			60	30	10	0	40	30	0	0	10	20	40	30
	b_{10}			70	30	0	0	40	30	30	0	20	30	50	0
	b_{11}			50	25	25	0	70	20	10	0	10	30	60	0

【解】

(1) 首先建立该项目的层次结构模型，如图 3-2 所示。

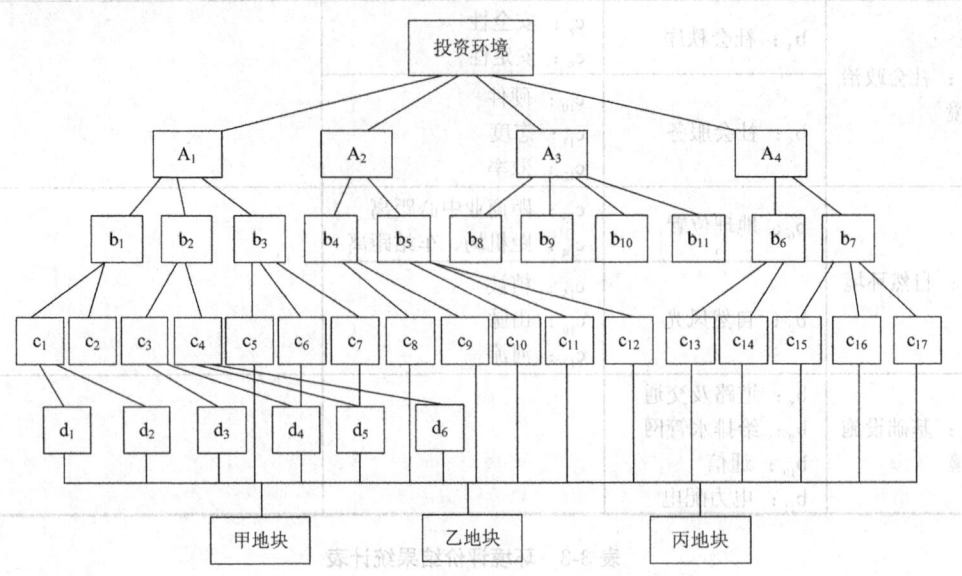

图 3-2　项目投资环境评价层次结构模型

(2) 建立各层因素判断矩阵。

① A 层要素判断矩阵。将 A 层的各要素两两比较，按其在投资环境评价中的重要程度依据表 3-1 所示判断尺度建立 $O-A$ 判断矩阵，如表 3-4 所示。

表 3-4　$O-A$ 判断矩阵

O	A_1	A_2	A_3	A_4
A_1	1	5	3	2
A_2	1/5	1	1/3	1/5
A_3	1/2	3	1	1/2
A_4	1/2	5	2	1

② B 层要素判断矩阵。分别将 A 层要素相关的各 B 层要素两两比较，按其在相应 A 层要素评价中的重要程度，建立 A_1-B，A_2-B，A_3-B，A_4-B 判断矩阵，分别如表 3-5～表 3-8 所示。

表 3-5　A_1-B 判断矩阵

A_1	b_1	b_2	b_3
b_1	1	2	5
b_2	1/2	1	4
b_3	1/5	1/4	1

表 3-6　A_2-B 判断矩阵

A_2	b_4	b_5
b_4	1	2
b_5	1/2	1

表 3-7 A_3-B 判断矩阵

A_3	b_6	b_7
b_6	1	7
b_7	1/7	1

表 3-8 A_4-B 判断矩阵

A_4	b_8	b_9	b_{10}	b_{11}
b_8	1	3	2	2
b_9	1/3	1	1/2	1/3
b_{10}	1/2	2	1	1/2
b_{11}	1/2	3	2	1

③ C 层要素判断矩阵。分别将与 B 层要素相关的各 C 层要素两两进行比较，按其在相应 B 层要素评价中的重要程度，建立 b_1-c，b_2-c，b_3-c，b_4-c，b_5-c，b_6-c，b_7-c 判断矩阵，分别如表 3-9～表 3-15 所示。

表 3-9 b_1-c 判断矩阵

b_1	c_1	c_2
c_1	1	1/3
c_2	3	1

表 3-10 b_2-c 判断矩阵

b_2	c_3	c_4
c_3	1	3
c_4	1/3	1

表 3-11 b_3-c 判断矩阵

b_3	c_5	c_6	c_7
c_5	1	1/2	1
c_6	2	1	1/2
c_7	1	2	1

表 3-12 b_4-c 判断矩阵

b_4	c_8	c_9
c_8	1	3
c_9	1/3	1

表 3-13 b_5-c 判断矩阵

b_5	c_{10}	c_{11}	c_{12}
c_{10}	1	5	3
c_{11}	1/5	1	1/2
c_{12}	1/3	2	1

表 3-14 $b_6 - c$ 判断矩阵表

b_6	c_{13}	c_{14}
c_{13}	1	2
c_{14}	1/2	1

表 3-15 $b_7 - c$ 判断矩阵

b_7	c_{15}	c_{16}	c_{17}
c_{15}	1	1/2	1/3
c_{16}	2	1	1/2
c_{17}	3	2	1

④ D 层要素判断矩阵。分别将与 C 层要素相关的各 D 层要素两两进行比较，按其在相应 C 层要素评价中的重要程度，建立 $c_1 - d$，$c_3 - d$，$c_4 - d$ 判断矩阵，分别如表 3-16～表 3-18 所示。

表 3-16 $c_1 - d$ 判断矩阵

c_1	d_1	d_2
d_1	1	3
d_2	1/3	1

表 3-17 $c_3 - d$ 判断矩阵

c_3	d_3	d_4
d_3	1	2
d_4	1/2	1

表 3-18 $c_4 - d$ 判断矩阵

c_4	d_5	d_6
d_5	1	1/2
d_6	2	1

（3）用方根法分别求得各判断矩阵的特征向量与最大特征根，如表 3-19 所示。

表 3-19 各判断矩阵的特征向量与最大特征根

判断矩阵	特征向量	最大特征根
$O - A$	$a_1 = 0.4583$ $a_2 = 0.0665$ $a_3 = 0.1823$ $a_4 = 0.2929$	$\lambda_{\max} = 4.1722$
$A_1 - b$	$b_{11} = 0.5695$ $b_{21} = 0.3331$ $b_{31} = 0.0974$	$\lambda_{A_1 - b} = 3.0247$
$A_2 - b$	$b_{42} = 0.6667$ $b_{52} = 0.3333$	$\lambda_{A_2 - b} = 2$
$A_3 - b$	$b_{63} = 0.8750$ $b_{73} = 0.1250$	$\lambda_{A_3 - b} = 2$
$A_4 - b$	$b_{84} = 0.3992$ $b_{94} = 0.1041$ $b_{104} = 0.2145$ $b_{114} = 0.2823$	$\lambda_{A_4 - b} = 4.0942$
$b_1 - c$	$c_{11} = 0.2500$ $c_{21} = 0.7500$	$\lambda_{b_1 - c} = 2$
$b_2 - c$	$c_{32} = 0.7500$ $c_{42} = 0.2500$	$\lambda_{b_2 - c} = 2$
$b_3 - c$	$c_{53} = 0.2599$ $c_{63} = 0.3275$ $c_{73} = 0.4126$	$\lambda_{b_3 - c} = 3.2174$

续表

判断矩阵	特征向量	最大特征根
b_4-c	$c_{84}=0.7500$ $c_{94}=0.2500$	$\lambda_{b_4-c}=2$
b_5-c	$c_{105}=0.6483$ $c_{115}=0.1220$ $c_{125}=0.2297$	$\lambda_{b_5-c}=3.0039$
b_6-c	$c_{136}=0.6667$ $c_{146}=0.3333$	$\lambda_{b_6-c}=2$
b_7-c	$c_{157}=0.1634$ $c_{167}=0.2970$ $c_{177}=0.5396$	$\lambda_{b_7-c}=3.0092$
c_1-d	$d_{11}=0.7500$ $d_{21}=0.2500$	$\lambda_{c_1-d}=2$
c_3-d	$d_{33}=0.6667$ $d_{33}=0.3333$	$\lambda_{c_2-d}=2$
c_4-d	$d_{54}=0.3333$ $d_{64}=0.6667$	$\lambda_{c_4-d}=2$

（4）一致性检验。分别将上述各判断矩阵的最大特征根值代入一致性检验计算式，除判断矩阵 b_3-c 外，均满足 C.I≤0.1 的要求。其求得的层间权重系数（各判断矩阵的特征向量）是可信的。

判断矩阵 b_3-c 的 C.I 值为

$$C.I = \frac{3.2174-3}{3-1} = 0.1087 > 0.1$$

故该判断矩阵不可信，须重新判定，为此，对 b_3-c 判断矩阵各要素重新判定其相对重要程度，得新的判断矩阵为表 3-20 所示。

表 3-20 b_3-c 判断矩阵

b_3	c_5	c_6	c_7
c_5	1	1/2	1
c_6	2	1	2
c_7	1	1/2	1

求解上述判断矩阵，得特征向量及最大特征根分别为

$c_{31}=0.2500$ $c_{32}=0.5000$
$c_{33}=0.2500$ $\lambda_{b_3-c}=3.00$

代入一致性检验式 C.I=0，故上述判断结果是可信的。

（5）进行递推运算，计算组合权重系数。
① 首先求 B 层组合权重系数 AB_j，计算结果如表 3-21 所示。

表 3-21 B 层组合权重系数计算表

A\B	A_1 $\alpha_1=0.4583$	A_2 $\alpha_2=0.0665$	A_3 $\alpha_3=0.1823$	A_4 $\alpha_4=0.2929$	组合权重 AB_j
b_1	0.5695				0.2610
b_2	0.3331				0.1527
b_3	0.0974				0.0446
b_4		0.6667			0.0443
b_5		0.3333			0.0222
b_6			0.8750		0.1595

续表

B \ A	A_1 $\alpha_1=0.4583$	A_2 $\alpha_2=0.0665$	A_3 $\alpha_3=0.1823$	A_4 $\alpha_3=0.2929$	组合权重 AB_j
b_7			0.1250		0.0228
b_8				0.3992	0.1169
b_9				0.1041	0.0305
b_{10}				0.2145	0.0628
b_{11}				0.2823	0.0827

② 接着求 C 层组合权重系数 ABC_j，如表 3-22 所示。

表 3-22　C 层组合权重系数表

C \ AB_j	AB_1 0.2610	AB_2 0.1527	AB_3 0.0446	AB_4 0.0443	AB_5 0.0222	AB_6 0.1595	AB_7 0.0228	组合权重 ABC_j
c_1	0.2500							0.0653
c_2	0.7500							0.1958
c_3		0.7500						0.1145
c_4		0.2500						0.0382
c_5			0.2599					0.0116
c_6			0.3275					0.0146
c_7			0.4126					0.0184
c_8				0.7500				0.0332
c_9				0.2500				0.0111
c_{10}					0.6483			0.0144
c_{11}					0.1220			0.0027
c_{12}					0.2297			0.0051
c_{13}						0.6667		0.1063
c_{14}						0.3333		0.0532
c_{15}							0.1634	0.0037
c_{16}							0.2970	0.0068
c_{17}							0.5396	0.0123

③ 再接着求 D 层组合权重系数 $ABCD_j$，如表 3-23 所示。

表 3-23　D 层组合权重系数计算表

D \ ABC_j	ABC_1 0.0653	ABC_3 0.1145	ABC_4 0.0382	组合权重 $ABCD_j$
d_1	0.7500			0.0490
d_2	0.2500			0.0163
d_3		0.6667		0.0763
d_4		0.3333		0.0382
d_5			0.3333	0.0127
d_6			0.6667	0.0255

由此便求得本例诸环境要素的综合评价组合权重系数为

$ABCD_1 = 0.0490$ $ABCD_4 = 0.0382$
$ABCD_2 = 0.0163$ $ABCD_5 = 0.0127$
$ABC_2 = 0.1958$ $ABCD_6 = 0.0255$
$ABCD_3 = 0.0763$ $ABC_5 = 0.0116$
$ABC_6 = 0.0146$ $ABC_{14} = 0.0532$
$ABC_7 = 0.0184$ $ABC_{14} = 0.0037$
$ABC_8 = 0.0332$ $ABC_{16} = 0.0068$
$ABC_9 = 0.0111$ $ABC_{17} = 0.0123$
$ABC_{10} = 0.0144$ $AB_8 = 0.1169$
$ABC_{11} = 0.0027$ $AB_9 = 0.0305$
$ABC_{12} = 0.0051$ $AB_{10} = 0.0628$
$ABC_{13} = 0.1063$ $AB_{11} = 0.0827$

（6）计算各地块环境指标的评分值 V_j。依据表 3-3 所提供的环境要素的专家评价统计结果，分别计算各地块的环境指标评分值。

$$V_j = 4\gamma_{j1} + 3\gamma_{j2} + 2\gamma_{j3} + \gamma_{j4}$$

计算结果如表 3-24 所示。

表 3-24　各地块环境指标评分值

A 层	B 层	C 层	D 层	甲地块 $V_甲$	乙地块 $V_乙$	丙地块 $V_丙$
A_1	b_1	c_1	d_1	3.50	2.80	2.20
			d_2	3.65	3.35	2.55
		c_2		3.60	3.45	3.55
	b_2	c_3	d_3	3.00	3.60	2.70
			d_4	2.70	3.00	2.95
		c_4	d_5	2.30	2.50	3.30
			d_6	2.45	2.10	3.35
	b_3	c_5		3.55	2.75	1.45
		c_6		3.30	2.60	1.60
		c_7		3.70	2.90	2.05
A_2	b_4	c_8		3.50	3.50	2.50
		c_9		3.60	2.95	2.45
	b_5	c_{10}		3.60	3.40	2.30
		c_{11}		2.65	3.30	2.75
		c_{12}		3.65	3.55	2.75
A_3	b_6	c_{13}		3.50	3.15	1.95
		c_{14}		1.80	2.20	2.45
	b_7	c_{15}		3.60	2.20	3.55
		c_{16}		1.75	2.15	3.40
		c_{17}		1.00	4.00	4.00

续表

A层	B层	C层	D层	甲地块 $V_甲$	乙地块 $V_乙$	丙地块 $V_丙$
A_4	b_8			3.75	3.50	1.25
	b_9			3.50	3.70	2.10
	b_{10}			3.70	3.10	2.70
	b_{11}			3.25	3.60	2.50

（7）计算地块投资环境综合评价值。将表 3-24 所求得的各地块环境指标评分值及上述各环境要素组合权重系数值分别代入下式，分别求得各地块投资环境综合评价值。

$$G = \sum_{1}^{m} ABCD_j \cdot V_j$$

$G_甲 = 0.049 \times 3.5 + 0.0163 \times 3.65 + 0.1958 \times 3.60 + \cdots + 0.0305 \times 3.5 +$
$\quad 0.0628 \times 3.7 + 0.0827 \times 3.25 = 3.3252$

$G_乙 = 0.049 \times 2.8 + 0.0163 \times 3.65 + 0.1958 \times 3.45 + \cdots + 0.0305 \times 3.7 +$
$\quad 0.0628 \times 3.10 + 0.0827 \times 3.60 = 3.2282$

$G_丙 = 0.049 \times 2.2 + 0.0163 \times 2.55 + 0.1958 \times 3.55 + \cdots + 0.0305 \times 2.10 +$
$\quad 0.0628 \times 2.7 + 0.0827 \times 2.50 = 2.5425$

由上述综合评价结果可知，本案例的三个地块投资环境排序为甲、乙、丙，即甲地块的投资环境综合评价最高；乙地块次之；丙地块投资环境最差。作为投资者，理所当然地选择甲地块进行该项目的投资。

复习思考题

1. 什么是投资环境？其分为哪几类？
2. 房地产项目的投资环境的主要内容有哪些？
3. 房地产项目投资环境评价的原则是什么？标准有哪些？
4. 房地产项目投资环境的评价方法有哪些？试举例说明其如何运用。
5. 结合你所在的城市，谈谈你对其所处的宏观环境的认识。

第四章　房地产项目市场调查

本章首先介绍了房地产项目市场调查的意义、一般原则以及房地产项目市场调查的基本程序，在此基础上，重点阐述了房地产市场调研的基本方法，房地产市场调研的主要内容，不同类型房地产的市场调研，房地产市场调查问卷的设计以及对房地产市场调查资料的整理与统计分析。通过本章的学习，应具备运用所学的调查方法制订调研计划、实施调研计划和撰写调研报告的能力。

第一节 房地产项目市场调查概述

一、房地产项目市场调查的含义和作用

（一）房地产项目市场调查的含义

房地产项目市场调查是指运用科学的方法，有目的、有计划、系统地收集房地产市场状况方面的各种情报资料，通过对过去与现在营销状况及动态性影响因素的分析研究，从而为房地产项目投资者预测市场未来发展、作出正确的决策提供可靠的依据。

与其他类型调研相比较，房地产项目市场调研具有调研内容广泛性、复杂性、针对性和时效性，调研方法的多样性和专业性，以及调研结果的局限性等特征。

（二）房地产项目市场调查的作用

房地产项目市场调查对房地产开发企业具有重大作用，主要体现在以下几方面。
（1）房地产项目市场调查是项目决策者认识市场、把握新的市场机会的前提。
（2）房地产项目市场调查是项目决策者感知市场需求、确定目标市场的主要手段。
（3）房地产项目市场调查是项目决策者进行项目定位、挖掘卖点、形成项目创意的重要工具。
（4）房地产项目市场调查是项目可行性研究的重要依据，也是开展项目营销策划的基础条件。
（5）房地产项目市场调查是项目决策者避免错误决策、降低开发风险的重要途径。

二、房地产项目市场调查的一般原则

房地产项目市场调查是一项复杂而细致的工作过程，在市场调研过程中建立一套系统科学的程序，是市场调研工作顺利进行，提高工作效率和品质的重要保证。市场调研的步骤应按照调查内容的繁简，精确程度，调查的时间、地点、预算手段以及调查人员的学识经验等条件具体确定。但不论市场调研的规模大与小，内容多与少，都应该遵循下面述及的基本原则，即调查资料的准确性和时效性，针对调查主题的全面性和经济性，以及调研的创造性。

（一）准确性原则

调查资料必须真实、准确地反映客观实际。科学的决策建立在准确预测的基础上，而准确预测又应依据真实的市场调查资料。只有在准确的市场调研资料的基础上尊重客观事实，实事求是地进行分析，才能看清问题，找准市场，作出正确的决策。

资料的准确性取决于以下三个方面。

1. 市场调研人员的专业技术水平

调查人员的专业技术水平决定了他们在调查中技巧的运用能力，对问题把握的敏锐度，对整体调查方案的理解程度，以及资料的筛选、整理、分析能力等。

2. 市场调研人员的敬业态度

市场调研在大多数情况下是一项很辛苦的工作，并不是简单地看看剪报、发发问卷，或者随便找个人谈谈话那样轻松。大多数情况下，市场调研的需求是在影响决策的诸多因素均不明朗的情形下产生的，因而市场调研人员必须具备科学的态度，敬业的精神才能做好调研工作。浅尝辄止的工作态度是做不好市场调研的。

3. 资料提供者是否持客观态度

资料提供者是否持客观态度，是否说出他们内心真实的想法，也会直接影响调研结果的准确性。

（二）时效性原则

一份好的调查资料应该是最新的。因为只有最新的调查资料，才能及时反映市场的现实状况，并成为企业制定市场经营策略的客观依据。在市场调研工作启动后，要充分利用有限的时间，尽可能地在较短的时间里搜集更多的资料和信息，避免调查工作的拖延。否则，不但会增加费用支出，而且会使决策滞后，贻误时机。因此，市场调研应该顺应瞬息万变的市场形势，及时反馈信息，以满足各方面的需要。

（三）全面性原则

全面性原则是根据调查目的，全面系统地收集有关市场经济信息资料。市场环境的影响因素很多，既有人的因素也有经济因素、社会因素、政治因素等，甚至有时国际大气候对市场环境也有较大影响。由于各因素之间的变动是互为因果的，如果单纯就事论事地调查，而不考虑周围环境等因素的影响，就不能把握事物发生、发展甚至变化的本质，就难以抓住关键因素得出正确的结论。这一点在房地产市场调研方面体现得尤为突出。房地产开发不能离开一个城市的社会、经济发展状况，因此一个完整全面的市场调查应包括宏观的背景情况，如社会政治经济环境、自然环境、区域因素以及整个市场的物业开发量、吸纳量、需求量、总体价格水平、空置率等内容，还应包括对消费者的调查、对竞争对手与竞争楼盘的调查等内容。

然而，值得注意的是，全面性并不意味着调研要事无巨细、面面俱到，而是应尽量解决调研目标设定的所有需要解决的问题。

（四）针对性原则

对于特定项目的市场调研，还应遵循针对性原则。要在有限的时间和预算内，达到调研的目的，必须要分清主次，有所侧重，有的放矢。比如在房地产市场调研中，不同物业的目标客户群体是不同的，不同客户群体对房屋的偏好各异，比如中等收入家庭购房时更关注价格，而高收入家庭购房时则会更注重环境与景观等。市场调查的目的，就是要准确把握住不同客户群体间各种显著或细微的差别，最终抓住目标客户群。这也是物业销售成功的关键之一。

（五）创造性原则

市场调研是一个动态的过程，虽然有科学的、程序化的步骤，但任何环节都需要创意的帮助。市场调研的创造性思维，不能仅仅在调研开始前的头脑风暴会议上绽现，而应该贯穿于整个调研设计和实施过程中。有创意的调研人员，总是能十分敏锐地捕捉到那些有价值的信息，不与它们失之交臂，抓住它们，并深入地挖掘它们。创造性调研的特点之一，是根据调研中发现的有价值的信息，提出一个很有创意的假设，然后运用各种调研方法进一步去证明这种假设是否确实存在；创造性调研的特点之二，是抛开那些传统的、先入为主的思维方式，采用准确、直接的调研新手段、新方法。

三、房地产市场调研的误区

房地产业在中国还是一个逐渐成熟的行业，而调查业在中国则起步更晚。因此，在房地产市场调研中存在误区也就在所难免。这些误区主要有以下几种。

（一）轻视调研

轻视调研的表现各有不同，以下面三种最具代表性。

第一种观点认为，消费者自己也不清楚想要的是什么——在他们没有看到最好的产品之前。因此，根本不需要作什么市场调研，受市场所左右。开发商的任务就是要将国外优秀的建筑、优秀的生活方式引进国内，从而领导市场。而跟随市场被消费者所引导就不可能生产出优秀的产品。

第二种观点则更多地表现在对调查方式及调查结果的怀疑上，其认为调查的样本是那样少；而购买我们房子的消费者又只有那么一小部分，市场调查很难找到真正的买家。

第三种观点则认为，在产品差异化相对较大的情况下，消费者极其分散，目前什么样的产品都会有相当大的市场，系统的市场调查将是未来的事。

上述三种观点在目前国内的房地产商中很具有代表性。但这些看法是存在着误区的。第一种观点忽视了消费者的潜在需求与现实需求的区别，即有时市场中确实存在着一些连消费者自己都尚未察觉的潜在需求，但它们仍然是可以通过市场调研来发掘的，适应市场不等于迎合市场，引导市场仍然需要建立在了解市场并满足市场需要的基础之上。第三种观点是早已过时的"生产观念"——仍然将市场想象为供不应求的卖方市场。而第二种观点，则忽略了在市场调研中要遵循的一个基本原则，即"针对性原则"。正是因为目标消费者有限，才更需要我们通过市场调研来寻找。就上述三种观点所代表的发展商而言，即使其以往所开发的项目销售较为理想，其成功的部分仍然归功于特别方式的市场调查，只不过被他们不自觉地运用罢了，而不成功的部分则是缺乏市场调查的后果，因为项目本身总有这样或那样的缺陷，总有不好卖的户型，总要寻求最佳的目标市场。而且最重要的是，如果他们固执己见，未来将不能适应日益细分的消费者市场的需要，同时也将会在与其他发展商的相互竞争中处于不利地位。

（二）轻信调研

这种情况与前一种误区正好相反，实际上是从另一个侧面表现了与市场的隔膜与背离。持这种观点的发展商认为，自己平时对市场调查了解甚少，又缺少必要的市场调研机制与市场感觉，觉得专业的工作还是要交给专业的人来做，因此关于市场的情况全部听信调查公司的。这种情况实际上比轻视调查的做法具有更大的风险。

（三）盲目调研

盲目调研是指调研缺乏目的性，不看实际情况和需要，盲目开展调研活动。

盲目调研的表现之一是贪多不要细。一般发展商在项目定位前将会遇到市场趋势、项目前景、规划问题、竞争对手、外销市场、目标市场、营销推广、价格策略、销售组织等问题，如果指望在一次调查中面面俱到，肯定是贪多嚼不烂，而且也使市场调查失去了重心和针对性。

盲目调研表现之二是只看结果不看过程。其实，市场调研是一个高度实证主义的事情，讲究的是过程和各个环节的逻辑关系。问卷设计是否合理，样本是否具有针对性，抽样方法是否正确，资料的整理、统计与分析是否科学，回访是否及时等因素都会影响调研结果的系统性和准确性。因此，发展商只有对各个环节都严格加以控制，才能真正把调研工作做到实处。

第二节 房地产市场调查程序

房地产市场调查的程序是指从调查准备到调查结束全过程工作的先后次序。在房地产市场调查中，建立一套系统的科学程序，有助于提高调查工作的效率和质量。通常，一项正式调查的全过程可分为调查准备、调查实施以及分析总结三个阶段，每一个阶段又可分为若干具体步骤，如图 4-1 所示。

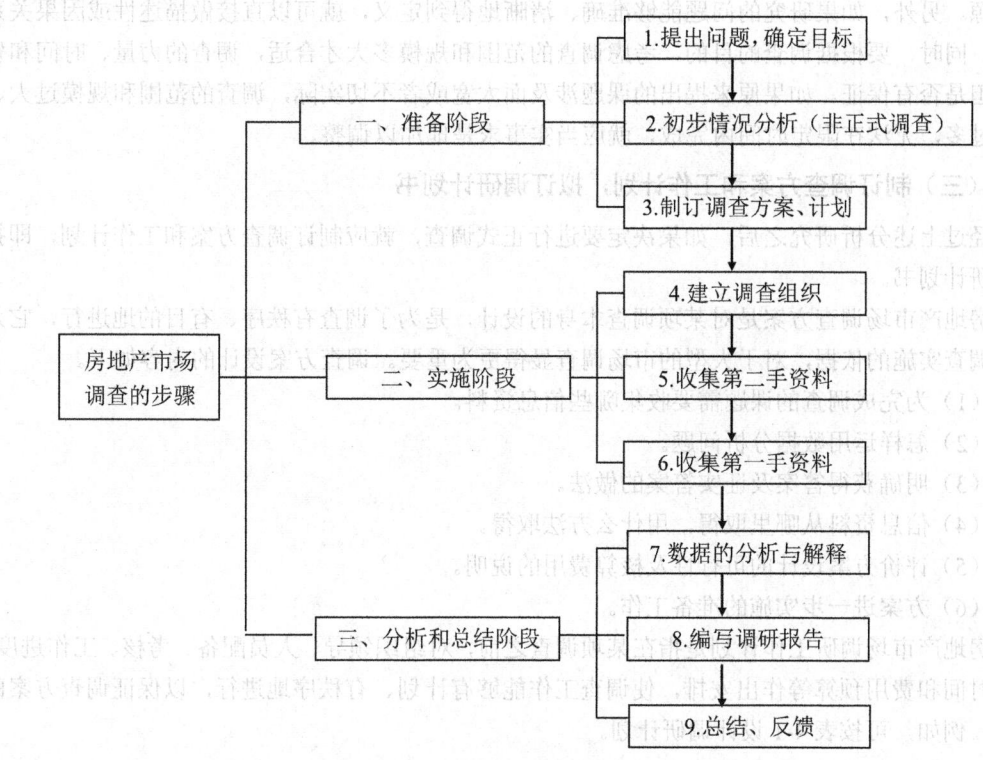

图 4-1 房地产市场调查的程序

一、准备阶段

房地产市场调查准备阶段是调查工作的开端。准备是否充分，对于实际调查工作和调查的质量影响颇大。一个良好的开端，往往可收到事半功倍之效。调查准备阶段，重点是解决调查的目的、要求，调查的范围和规模，调查力量的组织等问题。在此基础上，制订一个切实可行的调查方案和调查工作计划。这个阶段的具体工作步骤如下。

（一）提出问题，明确目标

市场研究意义重大，其中一个重要的作用就是帮助人们确定需要解决的问题。只有当需要研究的问题被仔细、准确地定义以后，才能设计研究计划，获取切合实际的信息。在对需要研究的问题进行定义的过程中，确定所要研究项目的目标也是一项重要的工作。每一项目应含有一个或多个目标。在这些目标未被明确建立之前，是无法进入下一步的研究的。

房地产市场调研也不例外。市场调研的任务是为营销决策提供信息，帮助发现并解决营销问题。所以调研人员必须牢记调研是为营销服务的，其目的是发现问题并解决问题，任何偏离主题的调研都不能成为有效的调研。因此，在每次起草调研提案之前，调研人员首先要知道自己要干什么，要对调研目的与目标十分明确。

（二）初步情况分析和非正式调查

调研人员对初步提出来需要调查的课题，要搜集有关资料做进一步分析研究，必要时还可以组织非正式的探测性调查，以判明问题的症结所在，弄清究竟应当调查什么。探测性研究资料的收集具有较大的灵活性。已出版的材料、个别访谈、反面佐证案例等，都是行之有效的资料来源。另外，如果研究的问题能够准确、清晰地得到定义，就可以直接做描述性或因果关系研究。同时，要根据调查的目的，考虑调查的范围和规模多大才合适，调查的力量、时间和费用负担是否有保证。如果原来提出的课题涉及面太宽或者不切实际，调查的范围和规模过大、内容过多，无法在限定时间内完成，就应当实事求是地加以调整。

（三）制订调查方案和工作计划，拟订调研计划书

经过上述分析研究之后，如果决定要进行正式调查，就应制订调查方案和工作计划，即拟订调研计划书。

房地产市场调查方案是对某项调查本身的设计，是为了调查有秩序、有目地地进行，它是指导调查实施的依据，对于大型的市场调查显得更为重要。调查方案设计的内容如下。

（1）为完成调查的课题需要收集哪些信息资料。
（2）怎样运用数据分析问题。
（3）明确获得答案及证实答案的做法。
（4）信息资料从哪里取得，用什么方法取得。
（5）评价方案设计的可行性及核算费用的说明。
（6）方案进一步实施的准备工作。

房地产市场调研工作计划是指在某项调查之前，对组织领导、人员配备、考核、工作进度、完成时间和费用预算等作出安排，使调查工作能够有计划、有秩序地进行，以保证调查方案的实现。例如，可按表4-1设计调研计划。

表4-1 调研计划表

项 目	内 容
调查目的	为何要做此调查，需要了解些什么，调查结果有何用途等
调查方法	采用询问法、观察法或实验法等
调查区域	被调查者居住地区、居住范围等
调查对象、样本	对象的选定、样本规模等
调查时间、地点	调查所需时间、开始日期、完成日期、地址等
调查项目	访问项目、问卷项目（附问卷表）、分类项目等
分析方法	统计的项目、分析和预测方法等
提交调查报告	报告书的形式、份数、内容、中间报告、最终报告等
调查进度表	策划、实施、统计、分析、提交报告书等
调查费用	各项开支数目、总开支额等
调查人员	策划人员、调查人员、负责人姓名和资历等

总之，市场调研计划书必须具有可操作性，对调查对象、调查范围、调查内容、调查方法、

调研经费预算、调研日程安排等都应给出明确的线路。

二、实施阶段

房地产市场调查方案和调研计划经论证确定后，就进入了调查实施阶段。这个阶段的主要任务，是组织调查人员深入实际，按照调查方案或调查提纲的要求，系统地收集各种资料和数据，听取被调查者的意见。这一阶段的具体步骤如下。

（一）建立调查组织，组建调研团队

房地产市场调查部门，应当根据调查任务和调查规模的大小，配备好调查人员，建立房地产项目市场调查组织，组建调研团队。调查人员确定后，需要集中学习。对于临时吸收的调查人员，更要进行短期培训。学习和培训的内容主要包括以下几点。

（1）明确房地产市场调查方案。
（2）掌握房地产市场调查技术。
（3）了解与房地产有关的方针、政策、法令。
（4）学习必要的经济知识和业务技术知识等。

（二）收集第二手资料

房地产市场调查所需的资料，可分为第一手资料和第二手资料两大类。第一手资料是指需要通过实地调查才能取得的资料。取得这部分资料所花的时间较长，费用较大。第二手资料是指企业内部记录或已出版的外部记录，如政府和机构通过互联网发布的信息等。取得这部分资料比较容易，花费较少。在实际调查中，应当根据调查方案提出的内容，尽可能组织调查人员收集第二手资料。收集第二手资料，必须保证资料的时效性、准确性和可靠性。对于统计资料，应该弄清指标的含义和计算的口径，必要时应调整计算口径，使之符合调查项目的要求。对于某些估计性的数据，要了解其估算方法、依据以及可靠程度。对于某些保密的资料，应当根据有关保密的规定，由专人负责收集、保管。

（三）收集第一手资料

经常遇到的情况是，为解决问题所需的资料并不能完全地从内部记录或已出版的外部记录中获得，即不能完全地从第二手资料中获得，因此研究必须以第一手资料为基础。第一手资料是专门为项目研究而收集的。收集第一手资料常要回答下面几个问题：是通过观察实验，还是通过询问来获得资料？问卷采取封闭式还是采取开放式结构？是将研究的目的直截了当地告诉被访者，还是对他们隐瞒研究的目的？此外还有许多问题，但上述几个问题是在研究过程中必须回答的基本问题。

在收集第一手资料的过程中，往往还伴随着对调查样本的设计和样本的采集。在房地产市场调查中，广泛采用的是抽样调查法。因此，研究人员在抽样设计过程中必须考虑以下问题。

1. 调研总体（母体）

调研总体又称为母体，是指要调研的对象的总和。明确调研总体有助于保证抽样的规范和样本的合格。

2. 个体

个体也称为个案或总体单位，是组成总体的每一个元素。有时是个人，有时是家庭，有时是企业。尽管总体单位通常是明确的，但有时候仍需要进一步探讨。

3. 样本

样本也称为抽样总体，是从总体中抽取的若干个体所组成的群体。

4. 抽样框

抽样框又称"抽样框架"，是指对可以选择作为样本的总体单位列出名册或排序编号。完整的抽样框中，每个调研对象都应该出现一次，而且只能出现一次。很多时候，由于调研人员无法获得完整的抽样框，从而导致了抽样误差的产生。

5. 抽样设计

抽样设计作为调研设计的有机组成部分，是根据调研方法的不同而采取的不同抽样技术。抽样调查法要求抽选出的样本必须是母体的浓缩，要能代表母体的特征。为此，只有足够的容量和正确的样本抽取法，才能把调查误差降低到满足要求的程度。抽样调查方法主要分为两大类：一类是概率抽样，另一类是非概率抽样。两者的区别在于前者可以利用样本的统计值推断总体的参数值，但后者则不行。在房地产市场调查中，两种抽样方法都被广泛应用。

6. 样本规模

样本规模是指所抽取的样本量的多少。"样本量越多，调研精度越高"，这个命题是正确的，但往往被很多人误解。实际上，即使在最理想的情况下，统计精度也只是与样本量的平方根成正比。而对于一个特定的抽样调研，在达到一定的样本量后，再增加样本量对提高它的统计精度就起不了多大作用，而现场调研费用却会成倍增加。因此，样本规模的确定原则是，控制在必要的最低限度。但最低限度的样本量到底是多少，却常常困扰着调研设计者，对这个问题的回答还是应该回到调研目的上，即只要样本量足够让调研者发现问题或获知解决问题的信息，也就是说，达到了调研者希望的最低限度的样本量。

三、分析和总结阶段

房地产市场调查资料的分析和总结阶段，是得出调查结果的阶段。这一阶段的工作如果抓得不紧或者草率从事，会导致整个调查工作功亏一篑，甚至前功尽弃。它是调查全过程的最后一环，也是调查能否发挥作用的关键环节。这一阶段有以下具体步骤。

（一）数据的分析与解释

数据分析包括对采用的抽样方法进行统计检验，以及对数据的编辑、编码和制表。编辑就是对问卷表进行纵览的过程，以保证问卷的完整、连续；编码就是对问题加以编号，以使资料更好地发挥分析作用；制表就是根据某种指标对观察得到的数据进行分类和交叉分类。

在大多数研究中，都要涉及编码、编辑和制表程序。而统计检验作为一种独特的抽样过程和数据搜集工具，往往仅应用于某些特殊的研究。在可能的情况下，统计检验一般都在数据搜集和分析之前就进行，以保证所得到的数据与意欲研究的问题密切相关。

（二）编写调研报告

调查研究报告主要归纳研究结果并得到结论，提交给管理人员决策使用。很多主管人员都十分关心调研报告，并将它作为评价研究成果的标准。因此，研究报告必须写得十分清楚、准确。无论你的研究做得多么深透、高明，如果没有一份好的研究报告，都将会前功尽弃。

调研报告的主要内容包括以下几点。

（1）调查目的、方法、步骤、时间等说明。

（2）调查对象的基本情况。

（3）所调查问题的实际材料与分析说明。
（4）对调查对象的基本认识，作出结论。
（5）提出建设性的意见和建议。
（6）统计资料、图表等必要附件。

房地产市场调查报告的结构多种多样，没有固定的格式，一般由导言、主体、建议与附件组成。导言部分介绍调查课题的基本状况，是对调查目的地简单而基本的说明；主体部分应概述调查的目的，说明调查所运用的方法及其必要性，对调查结果进行分析并进行详细的说明；附件部分是用来论证、说明主体部分有关情况的资料，如资料汇总统计表、原始资料来源等。

编写房地产市场调研报告，还应当注意以下几个问题。

（1）坚持实事求是原则。调研报告要如实反映市场情况和问题，对报告中引用的事例和数据资料，要反复核实，必须做到确凿、可靠。

（2）突出重点。调研报告的内容必须紧扣调查主题，突出重点。结构要条理清楚，语言要准确精练，务必把所说的问题写得清楚透彻。

（3）结论明确。调查结论切忌模棱两可，不着边际。要善于发现问题，敢于提出结论和建议，以供决策参考，结论和建议可归纳为要点，使之更为醒目。

（4）印刷精美。调研报告应完整、装订整齐，印刷清楚、精致美观。

（三）总结、反馈

房地产市场调查全过程结束后，要认真回顾和检查各个阶段的工作，做好总结和反馈，以便改进今后的调查工作。总结的内容主要有以下几个方面。

（1）调查方案的制订和调查表的设计是否切合实际。

（2）调查方式、方法和调查技术的实践结果，有哪些经验可以推广，有哪些教训应当吸取。

（3）实地调查中还有哪些问题没有真正搞清，需要继续组织追踪调查。

（4）对参加调查工作的人员作出绩效考核，以促进调查队伍建设，提高调查水平和工作效率。

值得注意的是，在上述房地产市场调查的程序中，除了提出问题这一步骤之外，其他研究步骤并不能完全依照设想的程序进行，并且这些步骤也不是僵化不变的。实际运用时，可视调查内容、环境条件及要求的轻重缓急，灵活使用。有的程序可以省去，有的可以强化，有的可以重复。例如，在制订某项研究方案时，也许会发现要研究的问题并没有很好地定义，这样，研究人员也许需要重新回到第一步，对需要研究的问题再作仔细的界定；再如，进入收集数据阶段时，可能会发现原计划的方法成本太高，这时为了保持预算平衡，就可能需要对原来的研究设计进行改变，减少资料规模，或以其他资料来代替（也许依靠第二手资料）。但当资料已经收集得差不多时，研究人员如果再对研究方案作改动的话，所付出的代价就非常大，这将影响研究的进行。正因为如此，在进行资料收集之前，就应对研究设计进行十分认真的考虑，以免造成不必要的损失。

第三节　房地产市场调查方法分类

房地产市场调查可以采用多种方法，调查方法是否得当，对调查结果有很大的影响。房地产企业必须依据自身的实际情况，正确地选择市场调查的类型和方法。房地产市场调查方法按不同标准可以有不同的分类，如图4-2所示。

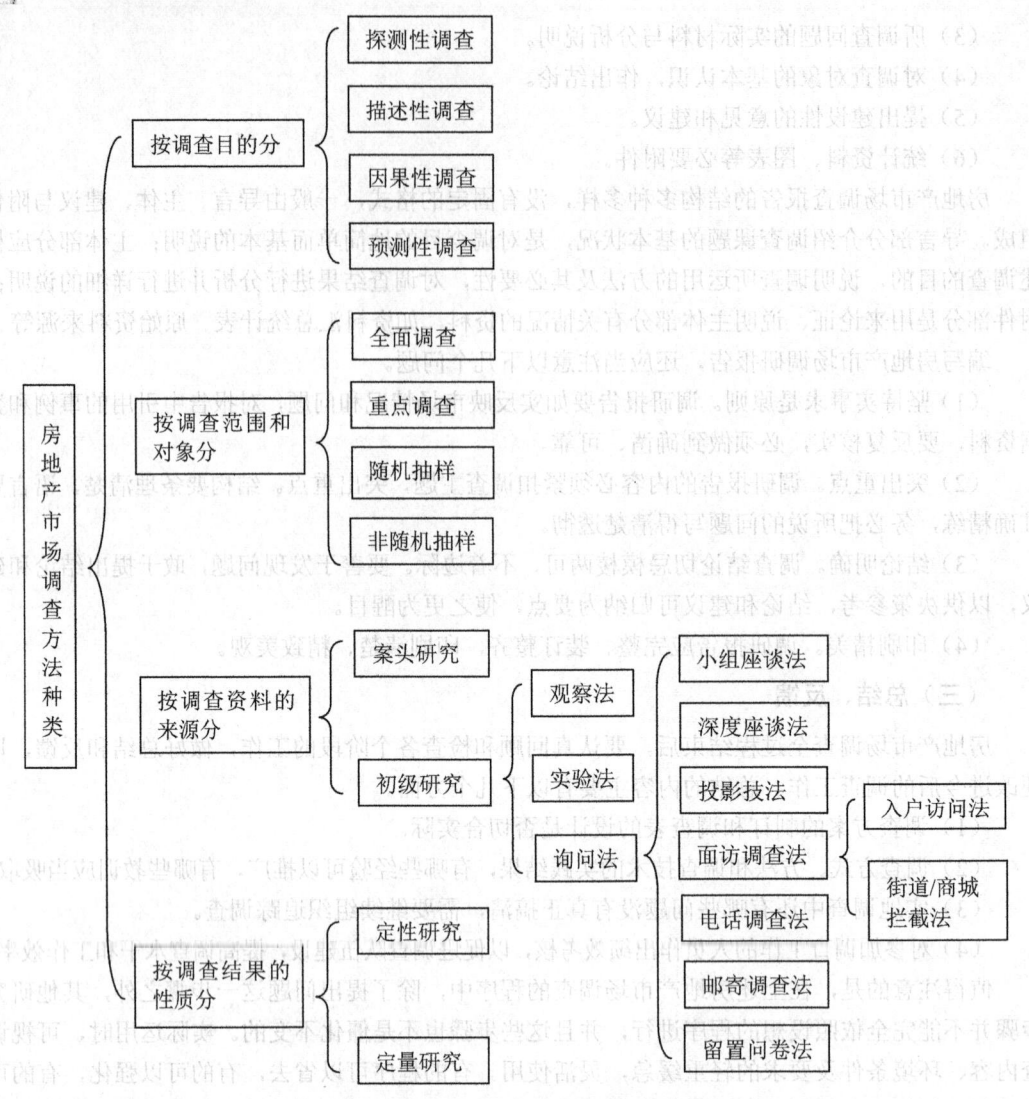

图 4-2 房地产市场调查方法分类图

一、按调查目的分类

按调查目的可划分为探测性调查、描述性调查、因果性调查、预测性调查四大类。

（一）探测性调查

探测性调查又称非正式调查。当企业对需要研究的问题和范围不明确，无法确定应该调查哪些内容时，可以采用探测性调查来找出症结所在，然后再做进一步研究，以明确调查对象，确定调查重点，选择调查方法，寻找调查时机。例如，某房地产公司近几个月来销售量一直下降，公司一时弄不清楚是什么原因，是宏观经济形势不好，是广告支出减少，是销售代理效率降低，是消费者偏好转移，是市场上有新的替代品出现，还是其他设计与质量上的缺陷？在这种情况下，可以采用探测性调查，从中介公司、消费者那里收集资料，以便找出最有可能的原因。

由此可见，探测性调查只是收集一些有关资料，以确定问题所在，至于问题应该如何解决，则有待于进一步的调查研究。探测性调查回答的是"可以做什么"，也就是"投石问路"。探测性调查一般通过搜集第二手资料、请教专家或参照以往发生的类似实例来进行。

（二）描述性调查

描述性调查是指对确定调查的问题通过收集资料并经甄别、审核、记录、整理、汇总，做更深入、更全面的分析，确认问题真相，并对问题的性质、形式、存在、变化等具体情况作出现象性和本质性的描述。例如：某房地产公司欲弄清购买本公司产品的是哪些消费者，他们的具体分布如何？什么时候进行购买？如何购买？即通过调查，把市场活动面貌如实地描述出来，不必做结论。

描述性调查回答的是"是什么"问题，一般可用于房地产市场占有率的调查、销售渠道的调查、消费者行为的调查和市场潜在需求量的调查等。常用的方法有二手资料分析、抽样调查、固定样本连续调查、观察法等。

（三）因果性调查

因果性调查是对导致研究对象存在或变化的内在原因和外部因素的相互联系和制约关系作出说明，并对诸因素之间的因果关系、主从关系、自变量与因变量的关系进行定量与定性的分析，指出调查对象产生的原因及其形成的结果。例如，价格和销售之间的因果关系如何？降价可以使销售量增加吗？广告与销售之间的因果关系如何？现场广告可以促进购买冲动吗？这些问题和假设可以通过正式的因果关系研究来检验其有效性。

由此可见，因果性调查就是在描述性调查的基础上，找出房地产市场上出现的各种现象之间、各种问题之间相互关系的原因和结果，它回答的"为什么"问题，常用方法有实验法。

（四）预测性调查

预测性调查是在调查研究的基础上，对市场的发展趋势及其未来变迁形态、变迁原因、变迁时间进行估算、预测。例如，对房地产市场的消费趋势、某房地产产品需求量及其变化趋势、某房地产产品市场容量等进行预测。

预测性调查着眼于房地产市场的未来，它回答的是"将来怎么样"问题。方法有特尔菲法、时间序列预测法等。

二、按调查范围和对象分类

按调查范围和对象可划分为全面普查、重点调查、概率抽样与非随机抽样四大类。

（一）全面普查

全面普查是指对调查对象总体所包含的全部单位无一例外地逐个进行调查。对市场进行全面普查，可获得全面、准确的数据，效果明显。设想如果对一个城市的人口、居民年龄、家庭结构、职业、收入分布情况进行全面的系统的调查了解，对房地产开发将是十分有利的。但由于全面普查工作量很大，要耗费大量人力、物力、财力，调查周期又较长，因此一般只在较小范围内采用。当然，有时可借用国家权威机关的普查结果作为市场调研的二手资料，如全国人口普查所得到的有关数据资料等。

（二）重点调查

重点调查是在进行市场调研时所采用的传统方式之一。它是在调查对象中选择一部分对全局具有决定性作用的重点单位所进行的调查。这部分重点单位虽然数目不多，但就调查的标志值来说，它们在总体中占有很大的比重，调查这一部分单位的情况能够大致反映被调查现象的基本情况。重点调查常用于产品需求调查，如调查高档住宅需求情况，可选择一些购买大户作为调查对象，这些大户往往对高档住宅的需求量占到了整个市场需求量的绝大多数，同时其对高档住宅功能的要求也具有较强的代表性。此外，市场调研中有关竞争楼盘、竞争对手问题的调查，也可以运用重点调查方式，选择在本市场中占有重要地位，或者起较大作用的重点单位进行调查，以便对这些问题的基本情况作出估计。

（三）概率抽样

概率抽样在市场调查中占有重要地位，在实际工作中应用也很广泛。概率抽样最主要的特征是从母体中任意抽取样本，每一个体都有相等的被抽中的机会。由于事件发生的概率是相等的，因此可以根据调查样本空间的结果来推断母体的情况。它又可以分为以下三种。

（1）简单随机抽样。即总体中所有个体都有均等的机会被选作样本，一般可利用随机数码表进行抽样。

（2）分层随机抽样。即对整体按某种特征（如年龄、收入、职业等）分组（分层），然后从各组（层）中随机抽取一定数量的样本。

（3）分群随机抽样。即将总体按一定特征分成若干群体，随机抽取其中一部分作为样本。

分群抽样与分层抽样是有区别的。分群抽样是将样本总体划分为不同群体，这些群体间性质相同，然后再将每个群体进行随机抽样，这样，每个群体内部存在性质不同的样本，即"群间差别小，群内差别大"；而分层抽样则是将样本总体划分为几大类，这几大类之间是有差别的，每一类则是由性质相同的样本构成，即"层间差别大，层内差别小"。

（四）非概率抽样

非概率抽样又称为"非随机抽样"，是指市场调查人员根据自己的方便或主观判断抽取样本的方法。非概率抽样也分为以下三种。

（1）任意抽样。又称偶遇抽样，即市场调查人员根据最方便的时间、地点，在调研对象范围内任意选择一定数量的样本进行调查。例如，街头拦人，进行现场访问，任意选取一群消费者进行谈话，了解他们对产品的看法或购买动向等。这种方法简便易行，可以及时取得所需资料。

从理论上讲，只有在调查总体的各个个体之间差异不大时，采用此类方法抽取的样本才具有较高的代表性。但在实践中，往往总体中的每一个个体并非都是相同的，故抽样结果偏差较大。因此，任意抽样技术一般适用于非正式的探测性调查或调查前的准备工作。

（2）判断抽样。又称目的抽样，即市场调查人员根据自己的主观意愿、经验和知识，从总体中选择具有典型代表性的样本作为调查对象的一种抽样方法。应用这种抽样方法的前提是研究者必须对总体的有关特征有相当多的了解。

判断抽样选取样本单位一般有两种方法：一种是选择能代表普遍情况的调查对象，常以"平均型"或"多数型"为标准，"平均型"是在调查总体中具有代表性的平均水平的单位；"多数型"是在调查总体中占多数的单位。应尽量避免选择"极端型"，但也不能一概而论，有时也会选择"极端型"，其目的是研究造成异常的原因。另一种是利用调查总体的全面统计资料，按照一定标准，主观选取样本。

判断抽样方法在样本量较小及样本不易分门别类挑选时有较大的优越性。但由于其精确性依赖于研究者调查对象的了解程度、判断水平和对调查结果的主观解释，因此判断抽样方法的结果的客观性常受到人们的质疑。

（3）配额抽样。它是非随机抽样中最流行的一种。配额抽样类似随机抽样中的分层抽样。它首先将总体中的所有单位按一定的标志分为若干类（组），然后在每个类（组）中用任意抽样或判断抽样方法选取样本单位。

采用配额抽样，事先要对总体中所有单位按其属性、特征分为若干类型，这些属性、特征称为"控制特征"（如被调查者的姓名、年龄、收入、职业、文化程度等），然后按各个控制特征分配样本数额。配额抽样方法简单、易行，可以保证总体的各个类别都能包括在所抽样本之中，与其他几种非随机抽样方法相比，其样本具有较高的代表性。

三、按调查资料的来源分类

按调查资料的来源可分为收集第二手资料的案头研究和收集第一手资料的初级研究两大类。

（一）案头研究

1. 案头研究的特点

案头研究又称为二手资料研究，是指利用第二手资料来进行部分或全部的研究工作。它与初级研究的区别在于，它的资料已由第三方，如政府的研究机构或专业的市场研究与信息咨询机构收集。研究人员的主要任务只是解释和说明这些信息。当然，第二手资料也包括自己企业内部早先获取的资料。

许多市场研究问题只要通过使用公开的信息资料就可以得到很好的解决，而且这种第二手资料相当丰富、价廉。

对市场研究不太熟悉的人也许倾向于使用第一手资料，哪怕手里已掌握有足够的第二手资料。但实际上，从因特网上查询免费的信息，或者花上很少一笔钱从专门从事信息咨询的公司那里获取资料，往往比自己花上不菲的价钱，不短的时间去直接获取第一手资料要合算得多。信息可以重复使用无数次，因此咨询公司获得资料并向其他公司有偿提供这些资料，就比这些公司自己去获取第一手资料要经济得多。

但第二手资料也有弱点，这也是研究人员最头疼的问题，其弱点如下。

（1）资料往往不以人们所需要的形式出现。

（2）你感兴趣的研究资料也许至今尚未出现。

（3）资料有时过于陈旧。

（4）资料对于复杂问题有时显得过于笼统，缺乏针对性。

（5）无法完全控制资料的质量。

但不管怎样，对二手资料的利用仍然非常重要。如果二手资料相当完善，也许它能给我们的研究提供一个完整的解决方案；即使资料不完善，至少也能填补一些研究中的空白，同时还能提出一个合适的研究方法供我们在收集第一手资料时遵循。因此，在可利用的第二手资料没有被用尽之前，不要去盲目地追求第一手资料，否则很可能事倍功半，影响调研的效率和效果。

2. 第二手资料收集的途径

第二手资料又可以分为内部数据资料和外部数据资料。内部数据资料是指来自企业内部的自有的数据资料。这些数据有的可以马上应用，有的要经过调研人员的进一步处理才能用。

外部的数据资料包括以下几点。

（1）出版物类。如商业年鉴、民间组织或协会的统计数据，政府部门的统计数据、报纸、杂志等。

（2）计算机数据库。如在线网络查询、国家或地方统计局的数据库、政府相关部门的网上信息等。

（3）向专业的市场研究公司或信息咨询公司购买。可一次性购买有关数据资料，也可成为这些公司的长期会员，定期获得由这些公司提供的物业信息资讯。

（二）初级研究

初级研究又称为第一手资料的研究。初级研究与案头研究不同，必须在制订详细的调查方案的基础上，由调查人员通过访问、实验或观察方法来获取资料。

1. 观察法

观察法是市场调查最基本的方法之一，是指根据调查课题，观察者利用眼睛、耳朵等感觉器官和其他科学手段及仪器，有目的地对研究对象进行考察，以取得研究所需资料的一种方法。在这种方法下，调查人员不与被调查者正面接触，而是在旁边观察。这样做被调查者无压力，表现得自然，因此调查效果也较为理想。观察法有以下四种形式。

（1）直接观察法。直接观察法就是派调查人员去现场直接察看。例如，可派调查人员去房地产展销会或去到各大楼盘的售楼部，观察顾客对哪些房地产产品最喜欢，对哪些房地产产品不感兴趣；又如，要了解一个楼盘的实际入住情况，在白天可观察该小区楼宇的空调安装数量，在晚上可观察该小区住户的亮灯数量，由此可得到较为准确的入住率；再如，要判断一个顾客的收入水平与购买能力，可从其来看楼时采用的交通工具略知大概，等等。

（2）亲自经历法。亲自经历法就是调查人员通过亲自参与某项活动来收集有关资料。如某一房地产商，要了解某代理商服务态度的好坏，服务水平的高低，就可以派人伴装顾客，到该代理商代理的楼盘现场，去咨询参与房屋租售互动的全过程等。通过亲身经历法收集的资料，一般来讲是非常真实的。

（3）痕迹观察法。这种方法不是直接观察被调查对象的行为，而是观察调查对象留下的实际痕迹。例如，美国的汽车经销商同时经营汽车修理业务。他们为了了解在哪一个广播电台做广告的效果最好，对开来修理的汽车，要干的第一件事情，就是派人看一看汽车收音机的指针是在哪个波段，从这里就可以了解到哪一个电台的听众最多，下一次就可以选择在这个电台做广告。

（4）行为记录法。因为观察法不直接向调查者提出问题。所以，有些观察工作就可以通过录音机、录像机、照相机及其他一些监听、监视设备来进行。如美国尼尔逊广告公司就通过计算机系统，经用户同意在全国 1200 个家庭的电视机里装上了电子记录器，与公司总部相连，每 90 秒钟扫描一次，每一个家庭的电视机，只要收看 3 分钟以上的节目，就会被记录下来，然后再对这些资料加以汇总、分析，以确定广告播出的黄金时间与频道。这是使用行为记录法最典型的一个例子。行为记录法的另一种做法是请一些家庭（如 300～500 户）做收看记录，每家每天都在什么时候看了什么节目，全都记录下来，每周统计一次，然后把统计表寄给调查公司，这同前面提到的机器观察法的作用是一样的。

首先，观察法的最大优点是它的直观性和可靠性，它可以比较客观地收集第一手资料，直接记录调查的事实和被调查者在现场的行为，调查结果更接近于实际。其次，观察法基本上是调查者的单方面活动，特别是非参与性观察，它一般不依赖语言交流，不与被调查者进行人际交往。因此，它有利于对无法、无需或无意进行语言交流的市场现象进行调查，有利于排除语言交流或人际交往中可能发生的种种误会和干扰。而观察法的缺点主要表现在观察不够具体、深入，只能说明事实的发生，而不能说明发生的原因和动机。

2. 实验法

实验法是将调查范围缩小到一个比较小的规模上，进行试验后得出一定结果，然后再推断出总体可能的结果。所有的实验包括三个基本部分：实验对象称为"实验体"，实际上引入的变化称为"处理"，"处理"发生在实验对象上的效果称为"结果"。例如，某厂家想要研究在工人的工作场地引入音乐能否提高生产率。生产工地是由不同房间进行不同工作的几栋楼房组成的,而实验将在少数几个房间进行。在这个实验中,被选择的工人称为"实验体",引入的音乐称为"处理",工人在生产环境改进条件下的生产量的变化称为"结果"。实验法是研究因果关系的一种重要方法。例如,在调查广告效果时,可选定一些消费者作为调查对象,对他们进行广告宣传,然后根据接受的效果来改进广告用词、声调等;又如,用实验法研究广告对销售的影响,可在其他因素不变的情况下研究广告投放量的变化所引起的销售量的变化,并将它与未举办广告的区域进行比较。当然,由于市场情况受多种因素的影响,在实验期间,消费者的偏好,竞争者的策略,都可能有所改变,从而影响实验的结果。虽然如此,实验法在研究因果关系时仍能提供询问法和观察法所无法得到的材料,因此具有独特的使用价值和应用范围。特别值得一提的是,试销是一种重要的试验方法,这包括一项新产品或服务在推向扩大的市场之前,先在局部水平推广或测试。在投入大笔资金之前,局部水平的推广将有助于消除可能出现的问题。

3. 询问法

询问法是把调研人员事先拟定的调查项目或问题以某种方式向被调查对象提出,要求给予回答,由此获得信息资料。询问法包括以下几种方法。

(1) 小组座谈法

所谓小组座谈法,又称焦点访谈法(Focus Groups Discussions,FGD),是指采用小型座谈会的形式,挑选一组具有代表性的消费者或客户,在一个装有单面镜或录音录像设备的房间内(在隔壁的房间里可以观察座谈会的进程),在主持人的组织下,就某个专题进行讨论,从而获得对有关问题的深入了解。小组座谈会在国外得到广泛应用,被视为一种重要的定性研究方法;近年来,我国许多调查机构也越来越多地采用这种研究方法,在房地产市场调查中的应用也屡见不鲜。

(2) 深度访谈法

在市场调查中,常需要对某个专题进行全面深入的了解,同时希望通过访问、交谈发现一些重要信息,要达到此目的,仅靠表面观察和一般的访谈是不够的,而是需要采用深度访谈法。

深度访谈法是一种无结构的、直接的一对一的访问,在访问过程中,由掌握高级访谈技巧的调查员对调查对象进行深入的访谈,用来揭示被访者对某一问题的潜在动机、态度和情感等。此方法最适于做探测性调查。

(3) 投影技法

小组座谈法和深层访谈法都是直接法,即在调查中明显地向被调查者表露调查目的,但这些方法在某些场合却不太合适,比如对某些动机和原因的直接提问,对较为敏感问题的提问等。此时,研究者主要采取在很大程度上不依赖于研究对象自我意识和情感的新方法。其中,最有效的方法之一就是投影技法,又称为投射法。它用一种无结构的、非直接的询问方式,可以激励被访者将他们所关心话题的潜在动机、态度和情感反映出来。例如,欲了解调查对象对某个新推出楼盘的看法时,你可以这样问他:"这是个新推出的楼盘,如果您的朋友有意购房,你认为他会对这个楼盘感兴趣吗?"研究者可以从被访者如何把他自己投影到这个第三者身上,来揭示出被访者的真实想法。因为有时一些深层次的真实原因,单靠信息的收集和直接的访问是不能发现的。

(4) 面访调查法

面访调查主要包括入户面访调查和街头/商城拦截式面访调查两大类。

入户面访调查,是指调查人员按照抽样方案的要求,到抽中的家庭或单位中,按事先规定的方法选取适当的被访者，再依照事先拟定好的问卷或调查提纲上的顺序，对被调查者进行面对面的直接访问。

街头/商城拦截式面访调查主要有两种方式。一种方式是由经过培训的访问员在事先选定的若干个地点，如交通路口、户外广告牌前、商城或购物中心内（外）、展览会内（外）等，按照一定的程序和要求（例如，每隔几分钟拦截一位，或每隔几个行人拦截一位，等等），选取访问对象，征得其同意后，在现场进行简短的面访调查。这种方式常用于需要快速完成的销售样本的探索研究，如消费者对某新推出楼盘的反映等。

另一种方式也叫中心地调查或厅堂测试，是在事先选定的若干场所内，租借好访问专用的房间或厅堂，根据研究的要求，可能还要摆放若干供被访者观看或试用的物品，然后按照一定的程序和要求，在事先选定的若干场所的附近，拦截访问对象，征得其同意后，带到专用的房间或厅堂内进行面访调查。这种方式常用于需要进行实物显示或特别要求有现场控制的探索性研究，或需要进行实验的因果关系研究。例如，对某房地产广告效果的测试等。

面谈调查法的优点包括以下几点。

① 回答率高。回答率高可以提高调查结果的代表性和准确性，这是调查成功的首要前提。

② 当被访问者因各种原因不愿意回答或回答困难时，可以解释、启发成激励被调查者合作，完成调查任务。

③ 可以根据被调查者的性格特征、对访问的态度、心理变化及各种非语言信息，扩大或缩小提问范围，具有较强的灵活性。

④ 可对调查环境和背景情况进行了解，有利于访问者判断所得资料的可靠性和真实性。

面谈调查法的缺点包括以下几点。

① 调查的人力、经费消耗较多，对于大规模、复杂的市场调研更是如此。所以，这种方法比较适用于在小范围内使用。

② 对调查人员素质要求较高，调查质量易受访问者工作态度、提问技巧和心理情绪等因素的影响。

③ 对调查人员的管理比较困难。有的调查人员出于省事或急于完成调查任务的目的，随意破坏对样本的随机性要求和其他质量要求；有的调查人员在取得一些资料后即擅自终止调查，得出结论，甚至还有人根本不进行调查，自己编造调查结果。这些做法都是十分错误的，但并非这种调查方法所特有，只是采用这种方法时对调查人员较难控制罢了。

④ 面谈法中的入户面访通常要求调查人员亲自到被调查单位或家中调查，对于管理较严的单位和对来访者有戒心的家庭，采取此法有时会遇到不少困难。

（5）电话调查法

电话调查是由调查人员通过电话等辅助工具，向被调查者询问了解有关问题的一种调查方法。现在越来越多的访问在计算机辅助的电话访问（Computer Aided Telephone Interview，CATI）中心内完成。

电话调查法的优点：

① 取得市场信息资料的速度最快。

② 节省调查时间和费用。

③ 覆盖面广，可以对任何有电话的地区、单位和个人进行调查。

④ 被调查者没有调查者在场的心理压力，因而能畅所欲言。

⑤ 对于那些不易见到面的被调查者，采用此法有可能取得成功。

电话调查法的缺点：

① 被调查者只限于有电话和能通电话者，在经济发达地区，这种方法可得到广泛应用。但在经济不发达、通信条件比较落后的地区，在一定程度上会影响调查的完整性。

② 电话提问受到时间限制，询问时间不能过长，内容不能过于复杂，故只能简单回答，无法深入了解情况和问题。

③ 由于无法出示调查说明、照片、图表等背景资料，也没有过多时间逐一在电话中解释，因此被调查者可能因不了解调查的确切的意图而无法回答或无法正确回答。

④ 对于某些专业性较强的内容，如询问对方单位计算机的型号、使用年限等问题，而接电话者未必是这方面的专家时，就无法取得所需的调查资料。

⑤ 无法针对被调查者的性格特点控制其情绪，如对于挂断电话的拒答者，很难做进一步的规劝工作。

电话调查法适用于亟须得到市场调研结果的场合，目前我国市场调研机构已大量采用这种方法。随着我国电信事业的发展，尤其是移动电话的普及，电话调查作为一种快捷、有效的调查方法，将会更加得到更广泛的重视和运用。

（6）邮寄调查法

邮寄调查法是将问卷寄给被调查者，由被调查者根据调查问卷的填表要求填好后寄回的一种调查方法。

邮寄调查的优点：

① 可以扩大调查区域，增加更多的调查样本数目，只要通邮的地方，都可以进行邮寄调查。此外，提问内容可增加，信息含量大。

② 调查成本较低，只需花费少量邮资和印刷费用。

③ 被调查者有较充分的时间填写问卷，如果需要，还可以查阅有关资料，以便准确回答问题。

④ 可以避免被调查者受调查者的态度、形象、情绪等因素的影响。

⑤ 通过让被调查者匿名的方式，可对某些敏感或隐私情况进行调查。

⑥ 无须对调查人员进行专门的培训和管理。

邮寄调查法的缺点：

① 征询问卷回收率一般偏低，许多被调查者对此不屑一顾。

② 信息反馈时间长，影响资料的时效性。

③ 无法确定被调查者的性格特征，也无法评价其回答的可靠程度，如被调查者可能误解问题意思，填写问卷的可能不是调查者本人等。

④ 要求被调查者有一定的文字理解能力和表达能力，对文化程度较低者不使用。

（7）留置调查法

留置调查是指调查者将调查表当面交给被调查者，说明调查意图和要求，由被调查者自行填写回答，再由调查者按约定的日期收回的一种调查方法。

留置调查是介于面谈和邮寄调查之间的一种方法，此法既可弥补当面提问因时间局促，被调查者考虑问题不成熟等缺点，又可克服邮寄调查回收率低的不足。缺点是调查地区、范围受到一定限制，调查费用相对较高。

（8）网络调查法

网络调查法又称"在线调查法"，是指利用技术手段将传统的调查问卷在线化、智能化，并通过网络在线实施的一种调查方法。

随着信息技术的发展，尤其是电脑和网络的普及，互联网在人们生活中扮演着越来越重要的角色。20世纪90年代初，欧美和日本等国家在传统的问卷调查基础上发展出了一种新的调查形式——网络调查。由于这种调查方式成本低，效率高，并可极大地扩展市场调查的人群覆盖面，近年来在我国也得到高速发展，越来越多的市场调查公司、政府机关、企事业单位（也包括房地产开发企业）利用网络开展问卷调查。

网络调查的程序与传统的问卷调查相似，但也有其特点，以房地产企业为例，开展网络调查的基本步骤包括：

① 明确调查目标和受访群体。互联网是房地产企业与顾客有效的沟通渠道，企业可以充分利用该渠道直接与顾客进行沟通，了解顾客的期望或者产品和服务是否满足顾客的需求等。如某开发企业决定利用网络问卷了解潜在购房者对产品的需求，这便是开展调查的目标。当然，这一目标设立的前提是潜在购房者群体能够而且愿意上网表达意见。因此，在设定调查目标的同时，还需要对受访群体的规模、特征有所了解。

② 确定样本收集方式。网上调查的样本收集方式可以是随意样本、过滤性样本和选择性样本三种。随意性取样并不对应答者加以任何控制，网上任何人都能填写问卷，这样的方式成本低，但获得的数据质量较差。过滤性取样是通过对样本特征的配额限制，限制一些不具有代表性的个案入选，相对而言，样本的质量有所提高。选择性取样则是对取样群体加以更多限制，如仅从中介代理机构的客户名单或售楼部到访客户登记簿中选取调查对象，通过电话、e-mail等方式发出网络调查邀请，有的甚至向受访者提供密码账号以确认其接受调查的资格。选择性取样的质量高、针对性强，但实施难度较大。

③ 设计调查问卷。科学设计网络调查问卷是网上调查实施的关键。由于互联网交互机制的特点，网络调查可以采用调查问卷分层设计。这种方式适合过滤性的调查活动，因为有些特定问题只限于一部分调查者，所以可以借助层次的过滤寻找适合的回答者。但同时还需注意问卷设计应尽量简单、明了，问卷的完成时间应控制在15分钟以内，否则提前终止问卷的几率将提高。

④ 网上征集应答。将调查问卷的网页挂在网站上，并按照选定方式收集回应。目前国内有多家专业的调查网站，可供开发企业选择，但更多时候，开发企业会将调查问卷挂在自己的网站上，增加调查的可信度。同时，由于参与调查需要耗费受访者时间和精力，建议适当给予物质激励。

⑤ 调查数据整理与分析。这一步骤是网络调查能否发挥作用的关键。与传统调查的结果分析类似，需要尽量排除不合格的问卷（应答），并对有效问卷进行综合分析和论证。由于网络调查问卷的应答可直接生成数据文件，可以大幅节省数据录入时间，降低录入误差。

⑥ 撰写调查报告。撰写调查报告是网络调查的最后一步，也是调查成果的体现。撰写调查报告主要是在分析调查结果基础上对调查的数据和结论进行系统的说明。

网络调查的优缺点比较明显，其中优点包括以下方面。

① 开发性与及时性。网上调查是开放的，多数时候对全体网民开放，都可以进行投票和查看结果，而且在投票信息经过统计分析软件初步自动处理后，可以马上查看到阶段性的调查结果。

② 费用低。实施网络调查节省了传统调查中耗费的大量人力和物力。

③ 交互性。网络的最大好处是交互性，因此在网上调查时，被调查对象可以及时就问卷相关问题提出自己更多看法和建议，可减少因问卷设计不合理导致调查结论偏差。

④ 客观性。实施网络调查，被调查者是在完全自愿的原则下参与调查，调查的针对性更强，

调查结论相对客观。

⑤ 突破时空性。网上市场调查是24小时全天候的调查，这就与受区域制约和时间制约的传统调研方式有很大不同，因此，网络调查更适合需要跨地域开展的调研活动。

⑥ 可控制性。利用互联网进行调查收集信息，可以有效地对采集信息的质量实施系统的检验和控制，降低数据录入误差。

然而，网络调查也存在一些不足，包括以下方面。

① 无法覆盖不上网的人群。开展网络调查的前提是调查对象能上网，但有些时候，开展某些特定主题调研（如城市低收入家庭住房状况调查）时，会遇到调查对象由于年龄、文化程度或者收入等特征，不会或不能上网的情况，对这一群体选择网络调研显然是不合适的。

② 无限制样本导致取样偏差。在许多网络调查中，由于没有对样本的选取加以适当的控制，导致严重的取样偏差，调查无法取得满意的效果。

③ 互联网的安全性问题困扰。由于对互联网的安全性的担忧，许多调查对象忌惮于通过网络方式提交问卷，尤其是当问卷中含有涉及个人信息的题目时，停止作答的几率高。如何消除人们的顾虑，是推进网络问卷调查亟待解决的问题。

四、按调查结果的性质分类

按照调查结果的性质可分为定性调查与定量调查两大类。在人们的印象中，它们似乎是两个极端；事实上，更应该视其为相互补充的两种研究方法。最好的调研设计应该是将这两种方法有机结合起来。一般说来，定量研究通常在定性研究的基础上展开。

1. 定性研究

在定性研究中收集到的信息通常不可能从统计上加以证实，却传递了一种看法或直觉。定性研究的结果是根据小型的、大概20~30人的抽样调查得出的。使用的关键方法是观察，重点则放在被访者的见解及意义上，而且它着眼于事情为什么发生和怎样发生。

定性研究的抽样调查通常规模极小，以致无法对整个目标群体的看法作出有效的假设说明。然而，定性调研可以为定量研究提供作进一步深入探索的关键性信息，为定量调研指明方向。

定性研究的信息主要用于以下几方面。

① 在定量研究之前阐明问题。

② 识别可能的新产品开发。

③ 评价消费者对产品或竞争者的感觉。

④ 形成假说。

⑤ 分析消费者行为。

⑥ 研究如何制定购买决策。

⑦ 确定消费者为什么偏爱某种品牌的感情原因。

定性调研分为直接调研和间接调研。直接调研又称为非隐瞒的调研，也就是说调研对象在被调研时知道调研意图，主要方法有观察法和询问法中的小组座谈法、深度访谈法、街头/商城拦截面访调查法。间接调研又称隐瞒性调研，被调研者并不知道调研的意图，主要方法是投影技法。

2. 定量研究

定量研究是基于统计并且较为人们熟悉的一种市场研究手段。它研究的是多少、何人、何时及何地。它应用抽样、调查表和基于计算机的数据处理方法来产生有效的定量估计。

定量研究虽然比定性研究更费时费钱，但如果要调研的问题中确实有需要定量研究的方面，那它就是很重要的。一般说来，定量研究的信息主要用于以下几方面。

(1) 定量地表明某种品牌的市场占有率。
(2) 定量地表明人们的某种偏好。
(3) 用定量的信息来支持决策等。

特别需要指出的是，在统计技术与计算机技术已日趋成熟和完善的今天，数据的分析处理过程对于定量研究而言已不再是一件困难的事，定量研究结果的可信度，主要取决于一手调查资料本身的真实性、可靠性与充分性。

定量研究的方法主要包括询问法中的入户面访调查、邮寄调查、电话调查、留置问卷以及实验法等。

定性和定量调查的比较如表 4-2 所示。

表4-2 定性和定量调查特点比较

项　　目	定　性　调　查	定　量　调　查
问题的类型	探索性	有限的探索性
样本规模	较小	较大
执行人员	需要特殊技巧	不需太多特殊技巧
分析类型	主观性、解释性	统计性、摘要性
重复操作能力	较低	较高
对调查者培训	心理学、社会学、营销学、市场调研	统计学、决策模型、营销学、市场调研
研究类型	探索性	说明性、因果性

总之，按不同需要和标准划出，房地产市场调查的种类很多，这说明房地产市场调研是一个分阶段、分层次、由浅入深的过程。

第四节　房地产市场调查研究的主要内容

房地产业是一个综合性非常强的行业，涉及面广，这决定了房地产市场调研也是一个综合分析的过程。一般说来，房地产市场调研的内容主要包括以下几个方面。

一、市场环境调研

（一）宏观环境调研

市场环境处在不断变化之中，总是不断产生着新的机遇和危机，对市场敏感的企业家们往往能够从这些变化中看到企业发展的商机。而房地产市场调研最重要的任务，就是要摸清企业当前所处的宏观环境，为科学决策提供宏观依据。房地产市场宏观环境主要包括以下内容。

（1）经济环境。主要包括国民经济发展状况、产业结构的变化、城市化的进程、经济体制、通货膨胀的状况、家庭收入和家庭支出的结构等。

（2）政策环境。主要包括与房地产市场有关的财政政策、货币政策、产业政策、土地政策、住房政策、户籍政策等。

（3）人口环境。主要包括人口的总量、年龄结构、家庭结构、知识结构以及人口的迁移特征等。

另外，宏观环境还包括文化环境、行业环境、技术环境以及对城市发展概况的描述等。在房地产市场研究中，对于同一城市的同一类项目而言，该部分内容在接近的时点上基本一致，可参考以往类似的调查研究结果略作改动。若项目处于一个陌生的城市,则对该部分内容的调研是不可或缺的。

(二)区域环境调研

区域环境调研是指对项目所在区域的城市规划、景观、交通、人口构成、就业中心、商圈等区位条件进行分析,对项目地块所具有的区位价值进行判断。具体包括以下几方面。

(1)结合项目所在城市的总体规划,分析项目的区域规划、功能定位、开发现状及未来定位。

(2)进行区域的交通条件研究。

(3)对影响区域发展的其他因素和条件进行研究,如历史因素、文化因素、发展水平等。

(4)对区域内楼盘的总体价格水平与供求关系进行分析。

(三)项目微观环境调研

项目的微观环境调研又称为项目开发条件分析。其目的是分析项目自身的开发条件及发展状况,对项目自身价值提升的可能性与途径进行分析,同时为以后的市场定位做准备。具体包括以下几方面。

(1)对项目的用地现状及开发条件进行分析。

(2)对项目所在地的周边环境进行分析。主要指地块周围的物质和非物质的生活配套情况,包括水、电、气等市政配套设施,公园、学校、医院、邮局、银行、超市、体育场馆、集贸市场等生活配套情况,以及空气、卫生、景观等生态环境,还包括由人口数量和素质所折射出来的人文环境等。

(3)对项目的对外联系程度、交通组织等进行分析。

二、消费者调研

市场营销的目的是满足目标消费者的需要和欲望。但是要了解消费者的需要并不简单,消费者对产品的需要和欲望的叙述是一回事,实际行为可能又是另外一回事,有时他们会由于一些原因在最后一刻改变主意,有时可能连他们自己也没有意识到的一些潜在的欲望和需要影响了购买行为。由于房地产价值量大,购买的决策期长,影响因素多,消费者需求的把握难度更大,这些都需要研究人员来加以分析和引导。

一般而言,我们研究购房者时需要回答以下七个问题(6W+H)。

第一,哪些人是买家?(Who)

第二,买家要买什么样的房?(What)

第三,买家为什么要买这些房子?(Why)

第四,谁参与买家的购买行为?(Whom)

第五,买家以什么样的方式买房?(How)

第六,买家什么时候买房?(When)

第七,买家在哪里买房?(Where)

具体说来,我们对消费者的调查,则包括以下几个方面。

(一)消费者的购买力水平

消费者的购买力水平是影响住房消费最重要的因素,它直接决定了消费者的购房承受能力。消费者购买力水平的主要衡量指标是家庭年收入。

（二）消费者的购买倾向

消费者的购买倾向主要包括物业类别、品牌、户型、面积偏好、位置偏好、预期价格、物业管理、环境景观等。

（三）消费者的共同特性

主要包括消费者的年龄、文化程度、家庭结构、职业、原居住地，等等。

一般说来，在未确定目标消费者之前，可通过二手资料的收集对房地产市场的消费者做一个普遍、粗略的了解；在确定了目标消费者之后，则主要是通过问卷调查的形式就想要了解的问题对目标调查对象进行访问。目标消费者的确定可参照同类物业的已成交客户进行划分。必要的时候，甚至还可针对核心购买者进行再一次的调查，如此反复，直至得到较为准确可靠的结论为止。因此我们说，对消费者的调研可视为动态的全过程调研。消费者调查问卷的设计请参考本章第六节的内容。

三、竞争楼盘调研

竞争性楼盘分为两种情形，一种是与所在项目处在同一区域的楼盘；另一种是不同区域但定位相似的楼盘。竞争楼盘调研包括对楼盘进行营销策略组合的调查与分析，包括产品、价格、广告、销售推广和物业管理等方面。具体说来，主要包括以下几方面。

（一）产品

1. 区位

（1）地点位置，是指楼盘的具体坐落方位，同本项目的相对距离以及相邻房产的特征。

（2）交通条件，是指地块附近的交通工具和交通方式，包括城市铁路（地铁）、公路、飞机等。交通条件一方面表示地块所在区域与周边各地的交通联系状况，表明进出的方便程度；另一方面，一个地区的交通状况也左右着该地区的未来发展态势。

（3）区域特征，是指相对聚集而产生的、依附于地域的特有的一种物质和精神形态，主要取决于地域的经济发展水平、产业结构、生活水准、文化教育状况等。

（4）发展规划，是指政府对城市土地、空间布局、城市性质的综合部署和调整，是一种人为的行为。

（5）周边环境，是指开发地块周围的生活配套情况，还包括由人口数量和素质所折射出来的人文环境和生态环境。

2. 产品特征

（1）建筑参数，主要包括该项目总建筑面积、总占地面积以及容积率等，是由规划管理部门确定的，也是决定产品形态的基本数值。

（2）面积户型，一个楼盘的面积和户型基本决定了其产品品质的好坏，其中包括各种户型的使用面积、建筑面积、使用率以及面积配比、户型配比等。

（3）装修标准，一是公用部位的装修，包括大堂、电梯厅、走道以及房屋外立面，二是对户内居室、厅、厨卫的处理。

（4）配套设施，分两大部分：一是满足日常生活的最基本设施，如水电、燃气、保安、车库、便利店和中小学等；二是为住户专门设立的额外设施，如小区会所等相关的娱乐设施。

（5）绿化率，绿地的多少越来越受到购房人的重视，成为判断房屋品质的一条重要标准。

3. 公司组成

一个楼盘主要的营运公司就是开发商、设计单位、承建商和物业管理公司，它们分别负责项目的投资建设、建筑设计、工程建造和物业服务。四家公司的雄厚实力和有效联合是楼盘成功的保证，而其中开发商的实力是最关键的。

4. 交房时间

对于期房楼盘而言，交房日期是影响购房人购买决策的重要因素。

（二）价格

价格是房地产营销中最基本、最便于调控的因素，在实际调查中却往往难以取得真实的信息。一般从单价、总价和付款方式来描述一个楼盘的价格情况。

（1）单价。它是楼盘各种因素的结合反映，是判断一个楼盘真正价值的指标，可以从以下几个价格来把握：① 起价，这是一个楼盘最差房屋的销售价格，为了促销，加入了人为的夸张，不足为凭；② 平均价，指总销售金额除以总销售面积得出的单价；③ 主力单价，是指占总销售面积比例最高的房屋的标定单价，这才是判断楼盘价格区位的主要依据。

（2）总价。虽然总价是销售单价和销售面积的乘积，但单价反映的是楼盘品质的高低，而总价反映的是目标客户群的选择。通过对楼盘总价的调研，能够掌握产品的市场定位和目标市场。

（3）付款方式。这是房屋总价在时间上的一种分配，实际上也是一种隐蔽的价格调整手段和促销工具，用以缓解购房人的付款压力，扩大目标客户群的范围，提高销售率。付款方式不外乎下面几种类型：① 一次性付款；② 按照工程进度付款的建筑期付款；③ 按照约定时间付款；④ 利用商业贷款或公积金贷款付款等。

（三）广告

广告是房地产促销的主要手段，对楼盘的广告分析是市场调研的重要组成部分。

（1）售楼部。这是实际进行楼盘促销的主要场所。其地点选择、装修设计、形象展示是整个广告策略的体现。

（2）广告媒体。这是一个楼盘选择的主要报刊和户外媒体，是其楼盘信息的主要载体。在实际工作中，选择的媒体应与产品的特性相吻合。

（3）广告投入强度。从报纸广告的刊登次数和篇幅，户外媒体的块数和大小，就可以判断出一个楼盘的广告强度，它体现了该楼盘所处的营销阶段。

（4）诉求点。广告的诉求点，也就是物业的卖点，反映了开发商想向购房人传达的信息，是产品竞争优势的展示。

（四）销售情况

销售情况是判断一个楼盘优劣最终的指标，但是它也是最难获得准确信息的，主要包括以下内容。

（1）销售率。这是一个最基本的指标，反映了一个楼盘被市场接纳的程度。

（2）销售顺序。这是指不同房屋的成交先后顺序，可以按照总价的顺序，也可以按户型的顺序或是面积的顺序来排列。可从中分析出不同价位、不同面积、不同户型的产品被市场接纳的原因，反映了市场需求结构和细节。

（3）客户群分析。通过对客户群职业、年龄、家庭结构、收入的统计，可以反映出购房人的信息，从中分析其购买动机，找出本楼盘影响客户购买行为的因素，以及各因素影响力的大小。

通过对单个楼盘的调研，可以分析竞争对手产品规划的特点、价格策略、广告策略和销售的组织、实施情况，以此为基础可制定出本公司项目的营销策略和相应的对策。

（五）物业管理

物业管理包括物业管理的内容、情况、管理费以及管理公司等。

竞争楼盘调查表详见表 4-3～表 4-9。

表 4-3　竞争楼盘调查表 1（原始调查表）

物业名称		调查日期	
区域		类型	
地点		售楼电话	
发展商/投资商		发展商电话	
承建商/设计单位		总建筑面积（m²）	
销售代理		占地面积（m²）	
物业管理		绿化面积	
按揭银行		车位	
最高按揭比例		容积率	
预售证号		首次推出时间	
小区规模			
配套设施			
装修标准			
楼宇设备			
外墙			
门窗			
内墙			
天花			
楼地面			
厨厕			

表 4-4　本期发售情况

本期栋名		展销地点					
展销地日期		展销会销售观察					
推出单位数目		参观人流（人/10 分钟）					
最受欢迎单位		上次展销均价（元/m²）					
施工进度		本期交楼日期					
广告代理商	本周报纸广告量（万元）	当地日报	当地晚报	其他报纸	电视广告	电台广告	示范单位	专车
卖点特色								

表 4-5　售价资料

南向单元	定价（元/m²）	北向差价（元/m²）	单元售价	最高
高				最低
中			展销期优惠	
低			平均订价（元/m²）	
推出单位数目			展销期按揭均价（元/m²）	

表 4-6　付款方式

种类	一次性付款	银行按揭	分期付款	其他付款方式
折扣				
临时订金		手续费	物业管理费（元/m²/月）	

表 4-7　新推出详细数据

新推栋名	面积范围			新推面积			实用率
户型面积 套数	单间	一房一厅	二房一厅	二房二厅	三房	四房以上	合计（套）
户型面积 套	59m²以下	60~79m²	80~99m²	100~119m²	120~149m²	150m²以上	

表 4-8　竞争楼盘调查表 2（可量化统计表）

项目名称　因素及权重	序号	楼盘名称	楼盘名称	楼盘名称	备注
位置 0.5	1				
价格 0.5	2				
配套 0.4	3				
物业管理 0.3	4				
建筑质量 0.3	5				
交通 0.3	6				
城市规划 0.3	7				
楼盘规模 0.3	8				
朝向 0.3	9				
外观 0.1	10				
室内布置 0.2	11				
环保 0.2	12				
发展商信誉 0.1	13				
付款方式 0.2	14				
户型设计 0.1	15				
销售情况 0.1	16				
广告 0.1	17				
停车位数量 0.1	18				
合计					

表 4-9　竞争楼盘指标衡量标准一览表

定级因数	指标	分值
位置	a. 住宅距所在片区中心的远近；b. 商业为临街或背街；c. 写字楼为临街或背街	a. 最差（少）1；b. 很差（少）2；c. 一般 3；d. 很好（多）4；e. 最好（多）5
价格	a. 百元以上为等级划分基础；b. 商铺、写字楼、豪宅、普通住宅等级依次减少；c. 价格是否有优势	a. 最差（少）1；b. 很差（少）2；c. 一般 3；d. 很好（多）4；e. 最好（多）5
配套	a. 城市基础设施：供水、排水、供电；b. 社会服务设施：文化教育、医疗卫生、文娱体育、邮电、公共绿地	a. 最差（少）1；b. 很差（少）2；c. 一般 3；d. 很好（多）4；e. 最好（多）5

续表

定级因数	指标	分值
物业管理	a. 保安；b. 清洁卫生；c. 内墙；d. 绿化率及养护状况；e. 物业管理费（月/元）；f. 是否人车分流；g. 物业管理商资质	a. 最差（少）1；b. 很差（少）2；c. 一般 3；d. 很好（多）4；e. 最好（多）5
建筑质量	a. 是否漏雨水；b. 门窗封闭情况；c. 内墙，地板；d. 排水管道	a. 最差（少）1；b. 很差（少）2；c. 一般 3；d. 很好（多）4；e. 最好（多）5
交通	a. 大中小巴线路数量；b. 距公交站远近；c. 站点数量；d. 大中小巴舒适程度	a. 最差（少）1；b. 很差（少）2；c. 一般 3；d. 很好（多）4；e. 最好（多）5
城市规划	a. 规划期限（远中近期）；b. 规划完善程度；c. 规划所在区域重要性程度；d. 规划现状	a. 最差（少）1；b. 很差（少）2；c. 一般 3；d. 很好（多）4；e. 最好（多）5
楼盘规模	a. 总建筑面积（在建或未建）；b. 总占地面积；c. 户数	a. 最差（少）1；b. 很差（少）2；c. 一般 3；d. 很好（多）4；e. 最好（多）5
朝向	a. 按方向；b. 按山景；c. 按海景；d. 视野	a. 最差（少）1；b. 很差（少）2；c. 一般 3；d. 很好（多）4；e. 最好（多）5
外观	a. 是否醒目；b. 是否新颖；c. 是否高档；d. 感官舒适程度	a. 最差（少）1；b. 很差（少）2；c. 一般 3；d. 很好（多）4；e. 最好（多）5
室内装饰	a. 高档；b. 实用；c. 功能是否完善；质量是否可靠	a. 最差（少）1；b. 很差（少）2；c. 一般 3；d. 很好（多）4；e. 最好（多）5
环保	a. 空气；b. 噪声；c. 废物；d. 废水	a. 最差（少）1；b. 很差（少）2；c. 一般 3；d. 很好（多）4；e. 最好（多）5
发展商实力及信誉	a. 资质及资历；b. 开发楼盘多少；c. 楼盘质量；d. 品牌	a. 最差（少）1；b. 很差（少）2；c. 一般 3；d. 很好（多）4；e. 最好（多）5
付款方式	a. 一次性付款；b. 分期付款；c. 按揭付款；d. 其他	A. 最差（少）1；b. 很差（少）2；c. 一般 3；d. 很好（多）4；e. 最好（多）5
户型设计	a. 客厅和卧室的结构关系；b. 厨房和厕所的结构关系；c. 是否有暗房；d. 实用率大小	a. 最差（少）1；b. 很差（少）2；c. 一般 3；d. 很好（多）4；e. 最好（多）5
销售情况	a. 销售进度；b. 销售率；c. 尾盘状况	a. 最差（少）1；b. 很差（少）2；c. 一般 3；d. 很好（多）4；e. 最好（多）5
广告	a. 版面大小；b. 广告频率；c. 广告创意	a. 最差（少）1；b. 很差（少）2；c. 一般 3；d. 很好（多）4；e. 最好（多）5
停车位数量	a. 停车位数量；b. 住户方便程度	a. 最差（少）1；b. 很差（少）2；c. 一般 3；d. 很好（多）4；e. 最好（多）5

对竞争楼盘的调研，应特别注意保证楼盘基本数据的准确性。最后还应对竞争楼盘进行综合对比分析。

四、竞争对手调研

有市场的地方，就存在竞争。狭义的竞争对手是指以类似价格提供类似产品给相同顾客的其他公司；广义的竞争对手是指制造相同产品或同级产品的所有公司。房地产市场研究中，对竞争对手的调研主要包括以下内容。

（1）收集竞争对手相关资料和信息。对竞争对手的调研需从以下几个方面收集相关信息和情报。

① 专业化程度，是指竞争对手将其力量集中于某一产品、目标顾客群或所服务的区域的程度。

② 品牌知名度，是指竞争对手主要依靠品牌知名度而不是价格或其他度量进行竞争的程度。目前，我国房地产企业已经越来越重视品牌知名度。

③ 推动度或拉动度，是指竞争对手在销售楼盘时，是寻求直接在最终用户中建立品牌知名度来拉动销售，还是支持分销渠道来推动销售的程度。

④ 开发经营方式，是指竞争对手对所开发的楼盘是出售、出租还是自行经营。如果出售，是自己销售还是通过代理商销售等。

⑤ 楼盘质量，是指竞争对手所开发楼盘的质量，包括设计、户型、材料、耐用性、安全性能等各项外在质量与内在质量标准。

⑥ 纵向整合度，是指竞争对手采取向前（贴近消费者）或向后（贴近供应商）进行整合所能产生的增值效果的程度，包括企业是否控制了分销渠道，是否能对建筑承包商、材料供应商施加影响，是否有自己的物业管理部门等。

⑦ 成本状况，是指竞争对手的成本结构是否合理，企业开发的楼盘是否具有成本优势等。

⑧ 价格策略，是指竞争对手的商品房在市场中的相对价格状况。价格因数与其他变量关系密切，如财务、成本、质量品牌等。它是一个必须认真对待的战略性变量。

⑨ 与当地政府部门的关系，是指竞争对手与当地城市建设规划部门、土地管理部门等政府职能部门的关系。这一点对于房地产企业经营而言也是十分重要的。

⑩ 竞争对手历年来的项目开发情况。

⑪ 竞争对手的土地储备情况以及未来的开发方向、开发动态等。

（2）在上述针对竞争对手的调查研究的基础上进行对比分析，评价竞争对手的优势与劣势。

（3）为项目所在企业的机构调整及开发战略提供准确依据。

第五节 各类房地产项目市场调研

按照房地产项目的类型，可以分为住宅、商业物业、写字楼项目、工业地产项目、旅游地产项目等，不同的项目其调查的方法和侧重点也有所不同。以下主要介绍住宅市场、商业物业市场和写字楼市场调研的相关内容与要求。

一、住宅市场调研

住宅市场面对着广大消费者，满足消费者"住"的需求，受多种因素的影响和制约，其交错混杂形成了住宅市场的多层次性，每一层次均显示出不同的特性。从市场规模来看，住宅在增量房地产市场上占据了绝对的主导地位。因此，毫不奇怪，住宅市场也是房地产开发商投入注意力最多的细分市场，多数房地产市场调研也集中于此。

（一）住宅市场的特性

从市场调研的角度来看，住宅市场的某些特性特别引人注目，也是研究时考察的重点内容。

1. 住宅产品结构复杂，附带相关因素较多

住宅产品是多种因素的综合体，与单一功能的消费品有着显著的差异。如住宅的建筑面积、建筑结构、户型设计、内部装修、通风采光、配套设施、升值潜力、付款方式、社会环境、自然环境、售后服务、物业管理、开发商资质和信誉等因素交织在一起，形成了一个非常复杂的产品结构体系。

2. 不同的区位或地段，价格差异较为明显

通常所说的住宅区位或地段，是指地块的地理和经济空间位置及其与相邻地块的相互关系。还有一种更广义的区位概念，是指人类包括经济、文化教育、科学卫生在内的一切活动以及人们的居住活动的空间布局和相互关系。可以说，区位是所有经济、社会、历史、文化和心理影响的综合反映，而消费者又是这些影响的传承者，在住宅购买决策中显示出极强的区位偏好，由此也对同一城市不同区域住宅市场的供求关系产生影响，其突出表现是住宅价格的区位落差。对区位偏好的深度分析是确定住宅市场需求的一个非常重要的前提条件。

3. 购买频率较低，决策过程复杂

由于住宅相对于人们的收入水平来说所占的比重极大，是一个人（家庭）在整个生命周期中最重要的消费品和投资品。在一个较为稳定的社会环境中，一般人购买住宅的频率很低，一生中通常只发生两三次，这样，消费者购买决策复杂、过程漫长自不待言。

4. 住宅市场与消费者的长期收入关系较为密切

消费者对住宅的购买力或称支付能力是其长期收入的积累，人们现有的收入水平及其对未来预期左右着当前的住宅购买决策，而未来的收入预期又受国民经济的发展水平和趋势、地区经济的发展水平和趋势、人们的职业地位及发展趋势、个人生命周期阶段、家庭的结构规模等因素的影响。因此，分析确定住宅市场中消费者的购买力是一项相当困难的任务。

5. 消费者的购买决策与融资机制相关

消费的现时性和收入累积的长期性，使消费者购买住宅还受到金融市场的影响，如贷款可得性、贷款条件、利率水平及发展趋势等。在其他条件相同的情况下，金融市场的发达程度与住宅市场的繁荣呈现出极强的相关关系。

6. 住宅购买和持有决策与人们的资产组合状况联系紧密

住宅是人们生存的一种基本消费品，同时又是一种重要的投资品，可以说住宅具有消费和投资的双重属性。人们选择购买并持有住宅还要考虑住宅的预期收益是否超过其他可以持有的金融资产的收益率。另外，人们还常常把住宅作为一种具有良好抵御通货膨胀的工具，在投资活动中居于十分重要的地位。

（二）住宅市场调研的关键点

市场调研者往往会根据研究目标的不同对住宅市场的某个局部进行分析，以期寻求与当前决策或调研问题相关的信息。

全面系统的考察住宅市场，一般应涉及以下几个方面。

1. 地区经济分析

在房地产市场调研中所进行的地区经济研究，主要是确定一个地区经济的容量及其发展潜力。在一个持续增长、新兴行业层出不穷的地区，人们的收入水平也呈高速增长的态势，对各类产品（包括房地产产品和服务）的需求都会增长。反之，在一个持续萎缩的地区，对各类产品的需求都会下滑，这时，人们收入水平的下降将直接影响对住宅的支付能力。

描述一个地区的经济状况，通常需要考察经济增长率、储蓄、消费和投资水平、人均收入水平、就业状况、房价收入比、贷款利率、一般物价水平等指标及其变化。在住宅市场调研精度要求不高的情况下，这些指标可以直接通过政府的相关统计资料来获得。不过，如果研究问题较为重要或要求的精确度较高，这些数据就不能直接利用，而是需要进行一些调整。这是因为，政府的统计目的与实际市场调研的目的不同，而且这些数据带有一定的滞后性，往往比较笼统，可能会将重要的区域信息合并在国家或城市层次。因此，研究者就必须根据研究目的，结合日常的一些快速统计资料及相关的报道进行调整。

另外，运用这些指标描述地区经济状况时，其中很重要的一个方面就是预测今后的变化趋势和幅度，只有根据这些指标的变化，研究者才能准确把握住宅市场的未来走向。

2. 人口统计特征分析

可以说，人口统计特征分析是住宅需求分析的基础。在研究中，要分析下列要素：人口规模，待研究区域的总人口数及其变化趋势，家庭数量及其变化趋势；家庭规模构成，待研究区域中各类家庭所占的比重（比如大家庭、三口之家、单亲家庭和单身的比重）；人口年龄构成，待研究区域中老年人、中年人、青年人等所占的比重；人口职业构成，待研究区域各类职业人口所占比重；人口性别构成，即待研究区域人口的性别比；人口教育构成，待研究区域各教育层次人口所占的比重；人口统计特征变化，家庭数量的变化，家庭规模、家庭年龄结构预测。

3. 供求关系分析

住宅市场的供求关系分析大致可以分为三个层次：第一个层次为供给分析，就是在给定某种或某些特征，如位置、档次、户型、价格等条件下，确定这一地区特定产品类型的供给量及未来的变化趋势。第二个层次为需求分析，就是在上述特征条件下（在操作中要将这些特征与消费者特征，如收入水平、受教育水平、年龄、家庭结构等对应起来），确定这一地区特定消费者（家庭）的总人数（总户数），并在给定付款方式、贷款条件和贷款利率的情况下，确定需求量。第三个层次为供求关系分析，就是将上述两个层次得出的供给量和需求量进行比较，一方面比较现期供求关系，确定是否存在供求缺口，缺口出现在什么地方，大小如何，如果我们能够发现有未被满足的需求，这就是市场机会之所在。另一方面，我们还要比较未来的供求关系，确定在未来是否存在供求缺口以及缺口的方向、时间和大小，以确定未来的住宅需求量。

具体操作中可以计算各类住宅的供求比，即用需求量除以供给量，当供求比大于100%时，表明需求量大于供给量，即存在供给缺口，该值越大意味着需求潜力越大。反之，当供求比小于100%时，表明需求量小于供给量，即存在需求缺口，在该类住宅市场上不存在投资机会。

4. 价格分析

住宅市场调研的价格分析第一步，是要鉴别出影响住宅价格的主要因素，通常来说，一是经济因素，主要是国家、地区或城市的经济发展水平、经济增长状况、产业结构、就业情况、居民收入水平、投资水平、财政收支、金融状况；二是社会因素，包括人口、家庭、城市形成历史、城市化状况、社会治安、文化和时尚等；三是行政与政治因素，主要是国家或地方政府在财政、税收、金融、土地、住房、城市规划与建设、交通、消防、行政区划等方面的一些制度、法规、政策和行政措施；四是住宅内在因素和周边环境因素，即住宅自身及其周边环境的状态，如土地的位置、面积、形状，建筑物的外观、朝向、结构、内在格局、设备配置状况、施工质量，以及所处环境的地质、地貌、气象、水文、环境污染情况等。住宅自身的内在因素对其使用有一定的制约作用，从而影响着住宅的价格。在实际研究工作中，就是针对某一具体项目确定影响价格的主要因素并将这些因素细化。

住宅价格分析的第二步，是根据上述因素进行消费者特征调研，决定哪些因素或因素组合对消费者的影响最大，或者说哪些因素是消费者认为住宅"物有所值"的基础。

住宅价格分析的第三步，是以房地产开发企业的定价目标为基准，判断价格被消费者接受的程度。

5．购买力分析

简单来说，住宅市场调研中的购买力分析就是研究消费者的收入水平与住宅价格之间的关系。在实际分析中，就是要计算各收入区间的人群在一定融资手段的安排下可以购买的房价范围。根据各收入区间人群所能承受的房价，再结合当前市场价格情况，就可以分析判断该区域市场的购买力情况。进一步还可以根据本节人口统计特征分析中所确定的每一笔收入区间的家庭比重，来确定整个区域各收入层次的购买力。

6．竞争分析

竞争分析分为三步，第一步是对竞争项目的情况进行描述，包括竞争项目的基本信息，如项目名称、基地位置、开发商、企划销售、联系电话、基地面积、建筑面积、容积率、绿地率、工程进度、按揭银行、竣工年月、预售日期、预售证号等。产品信息有户型、建筑面积、使用率、各类户型具体布局、公共配套和主要设备等。第二步是分析各竞争性楼盘或项目的突出优势和缺陷。第三步是分析竞争性楼盘对本项目的竞争压力的大小，如对本项目的市场吸引力、市场销售情况的影响。竞争楼盘调研相关内容可参见本章第四节。

7．产品分析

从分析结构上来说，对房地产开发商本身项目产品的分析，与对竞争对手项目的分析没有区别，也应按上述竞争分析的基本步骤来确定。如果开发商是在本项目已经基本完成或在产品销售存在问题时，进行住宅市场的研究，那么更多要考虑的是如何对产品进行重新定位以适合消费者的需求。开发商要根据前面的几项分析确定新的产品定位。如果开发商是在项目设计阶段进行研究，则要结合前面叙述的相关内容，尤其是要结合对潜在消费者特征的分析，由此来确定项目设计的基本思路。

在产品分析中，应看重对房屋类型、户型结构、装修标准、停车设施等方面进行深入研究。

二、办公楼市场调研

随着经济发展和产业结构的调整，社会对办公楼的需求量也在逐渐增加，除了一些大型、特大型的公司和机构拥有自建的办公楼外，大多数公司采取租赁方式租用办公空间。由于地区经济的周期性波动和一个经济社会开放程度的变化，使得办公楼市场的供求关系波动相当剧烈，影响因素也颇为复杂。

（一）办公楼市场的特性

在现代社会，产业结构已经从第一、第二产业向第三产业（服务业）演进，产业类型和业务活动方式的变化使人们从田间、工厂向办公室移动，各类大大小小的公司在办公楼内洽谈、签约以及经营日常业务，各类产品的生产基地退居幕后，越来越多的机构（包括公司）和个人进驻办公楼。办公楼已成为现代社会房地产开发的一个重要投资领域。

与其他市场类型相关，办公楼市场具有下列特性。

1．与地区经济增长前景密切相关

如果比较一下一个国家不同城市的办公楼市场，会发现经济增长速度较快的城市，办公楼的开发规模较大，办公楼的保有量和档次也呈递增趋势，租金水平居于较高的位置，空置率较低。地区经济状况影响着对企业产品和服务的需求水平及其盈利前景。例如，上海地区办公楼市场近年来租金水平提高，空置率下降，与人们对上海经济增长前景看好有着十分密切的联系。

2. 区位质量对办公楼市场的影响较大

简单说来，区位质量就是办公楼所处地理空间位置及相邻地块之间相互关系状况的优劣程度。其所处的地理空间位置决定了交通、通信、商业服务设施等各方面条件的优越程度，也直接影响着入住客户经营和办事效率的高低。一般的特点是区位质量高的办公区，客户的认同度较高，需求量较大，从而引致租金水平和出租率也比较高。

3. 办公楼沿重要交通线呈带状或在城市中心区、次中心区块状分布，集聚效应明显

办公楼集中分布形成一定的片区，主要是基于经济方面的原因，由集中分布带来的利益称为集聚效应。集聚效应的产生是因为多幢办公楼集中分布，使其对交通、通信、商业服务等的需求达到一定规模，这一规模可以维持一个或多个专业化机构的生存。另外，有相互协作关系的公司机构集中在一起，可以享受协作的便利条件，也利于行业信息的流动，降低交易成本。

4. 办公楼本身品质与客户品质的一致性

城市中一定区域的办公楼在历史发展中形成了特殊的声誉，与入驻的客户形成了相互影响和相互选择的关系，即客户看重办公楼代表的信誉、实力和地位，办公楼也要倚重客户巩固和加强这种地位。通过市场选择最终形成了办公楼本身品质与客户品质一致性的特点。这一特点对办公楼市场调研有着十分重要的意义，客户定位分析、需求分析和竞争分析都可以借此进行深化。

5. 受交通、通信等基础设施配套情况的影响较大

由于办公楼集中了大量的机构，这些机构业务活动频繁，机构工作人员经常与外界交往，如到全国各地出差、与各地客户进行业务联系等，对交通和通信条件的要求较高。例如，甲级办公楼对到机场、车站、码头的距离和行车时间，对预置的电话线数量、网络接口、带宽等都有较高的要求。换言之，当一地的交通和通信等基础设施配套状况改善时，往往能够带动周边办公楼市场的发展。

（二）办公楼市场调研的关键点

1. 地区经济分析

在逻辑上，当一个地区经济增长速度较快，经济结构趋于合理时，人们对一般商品和服务的需求旺盛，导致人们的消费支出水平和企业的投资水平提高，企业规模扩大，最终引致对办公面积需求水平的增加。从一个地区的经济周期变化中，不难发现地区经济与办公楼市场之间的密切联系。当经济走向衰退时，办公楼市场的空置率提高，而租金水平下滑；反之，则空置率降低，租金提高。

办公楼市场调研同样要考察地区经济增长率、储存水平、消费水平、投资水平、人均收入水平、就业状况、一般物价水平、行业发展状况、优势产业和劣势产业等指标及其变化趋势，可以说，地区经济状况和发展趋势是办公楼市场供求和竞争分析的基础性制约因素。

2. 产品分析

产品分析既是办公楼市场调研的起点，又是研究的终点。初步的产品研究分析完成后，待开发项目面对的基本客户对象就基本明确了，其后进行的需求分析、供给分析和竞争分析才有了基础。当后续分析完成后，回过头来还要根据研究结论对产品设计进行调整或重新设计，以

适应市场需求，提高项目的竞争力。

具体来说，产品分析包含两层内容：一是根据办公楼分类标准，确定本项目的"座次"；二是对办公楼品质特性的分析。

实践中通常按办公楼投入使用的时间、区位和租金水平因素将办公楼分为四个等级。甲级办公楼一般处于较好的地段，如中央商务区、城市次中心区和重要交通枢纽区，出租率高，建造年代较晚，各类建筑设施齐备，与时代变化发展保持较高的同步水平，这类办公楼的租金通常较高，但代表着入住机构的形象，使得高租金反而有竞争力。有些甲级办公楼建造年代虽然较早，楼龄较长，但由于有较高的声誉，往往代表着一个城市的形象，其级别也可定为甲级。乙级办公楼处于城市的次中心区或区域中心，建造年代较晚，内部设施基本上与时代发展同步，出租率和租金水平较高，对中小机构有较强的吸引力。丙级办公楼一般处于城市的非中心区，或者呈零星分布状态，建造年代可早可晚，内部设施一般，出租率和租金水平中等，对小机构有一定的吸引力。丁级办公楼处于城市的非中心区，规模较小，设施陈旧，条件较差，出租率和租金水平较低，对部分个体从业人员有一定的吸引力。

办公楼市场产品分析的主要环节包括区位质量、建筑成新度、可租面积率、楼层及层高、硬件设施设备、办公楼软件、租金水平、免租期及租金递增速度、租户定位的分析。市场调研的最终结果为投资者明确了其面对的客户是谁、有什么特征、从哪里可以找到等信息。通过产品分析，研究者要确定潜在客户的人员规模、资金实力和产业类型，这是后期营销规划的重要依据。

3．市场区分析

由于入驻办公楼的机构对信息沟通、业务经营洽谈等条件的要求较高，使得办公楼所处的市场区显得尤为重要，办公楼一般处于城市中央商务区、中心区和次中心区，或者沿重要交通干道带状分布。

根据办公楼的区位质量、区位接近性、道路交通状况和相关的商业服务及功能的配套情况，可以将办公楼的市场区划为高级办公区、一般办公区和低价办公区。

高级办公区处于城市的主要地区，在人们的心目中有较高威望和声誉，建筑设计独特，便利性极高，办公舒适度极高。例如，上海的外滩地区、小陆家嘴地区、虹桥地区、南京西路沿线、淮海中路及东路沿线、徐家汇地区即高级办公区。一般办公区处于城市的次中心区或一般区域，主要服务于广泛的支持性商务活动，位于交通通达性较好但并不易见的地点，具有不同的便利性和舒适度。低级办公区通常呈零星分布状态。大多是用于零售、仓储、轻工业、技术、工业生产设备等的辅助办公用房，交通通达、便利性和舒适度差异较大。

具体来看，市场区一般用区位通达度、住址通达度、商业服务设施完备度等指标来分析。

4．需求分析

办公楼市场的需求分析可以分为两个层次，一个是从宏观的角度出发估算待研究项目所处市场区域的总需求，另一个是结合待研究项目本身的特点确定其潜在客户的数量及定性特征。

办公楼市场的总需求规模估算的基本思路是，确定机构现有数量及未来扩张趋势；确定机构平均规模及未来变化趋势；确定人均办公面积占有量；确定总办公面积占有量；确定总办公面积变化趋势；确定办公楼市场每年的需求量。

在上述步骤完成后，可以确定待研究区域办公楼市场每年的需求量。在完成办公楼市场供给分析后，两者结合起来，就可以判断当前及今后市场的供求关系及其变化趋势了，即目前和将来有无缺口、缺口方向、缺口规模，由此可以奠定开发商开发办公楼的市场基础。

5. 供给分析

办公楼市场的供给分析可以分为两个层次，一个是现有供给量，另一个是潜在供给量，即目前处于建造或规划阶段的办公楼。

办公楼现有供给量可以通过现场调研的方式获得，而潜在供给量则主要通过政府的规划和相关的二手资料来估计。由于办公楼所处的区位质量不同，品质迥异，有不同的适宜客户群体，因此供给分析还应按前面产品分析提供的办公楼分级分别进行计算。

供给分析的主要步骤可以分为以下几个方面：一是通过现场调研获得现存各级别办公楼的总建筑面积、已出租面积和空置率数据。二是通过市场调研、政府规划和相关的二手资料获得未来一定期限内正在建造、规划中的各级别办公楼供应量的数据。三是估算一定期限内每年的供给量。四是估算一定期限内每年的空置率及其变动趋势。

上述步骤完成后，就是供给和需求结合的供求分析了。我们可以比较供给和需求以确定供给缺口的大小和方向。

6. 市场吸纳速度分析

从实质上来看，市场吸纳速度分析是以需求为导向的，即在需求的基础上考虑了时间因素，是指一个特定细分市场在多长时间内（通常以年为计算单位）可以消化或出租一定的办公面积，反映了一幢办公楼从开盘到基本完成租赁所需要的时间。假定某办公楼总共可出租面积为 12000 平方米，在忽略退租因素的情况下，如果每年完成出租 4000 平方米，则市场吸纳速度为 3 年。依这一思路，也可计算一个区域的各类型办公用房的吸纳速度。

从市场吸纳速度分析来看，它是联系供求分析和竞争分析的中间环节。供求分析更侧重于市场基本面的变化，竞争分析侧重于当前市场上其他办公楼对待研究项目的压力和影响，而吸纳速度分析介于二者之间。

从另一个角度来看，市场吸纳速度的高低也可以反映市场竞争程度的强弱。当吸纳率较低时，意味着更多的办公楼在竞争少量的市场需求；反之，吸纳率较高时，竞争程度下降。就外在特征而言，吸纳速度的差异最明显地反映在租赁条件、装修程度和设施设备等物质特性上，如是否提供免租期，免租期长短，装修好坏，提供何种配套设施等方面。当吸纳率较高时，这些条件往往比较苛刻，如免租期缩短，装修简化等；反之，这些条件则较为宽松，租户可能会争取到较长的免租期等。

7. 竞争分析

办公楼市场调研的竞争分析主要确认在特定的细分市场上现有和潜在的竞争者的数量，特征及其基本竞争策略，以相应制定一定的应对措施。现有竞争者往往采取现场调研的方法获取（在实际操作中可结合供给调研一并进行），相对比较容易。而潜在竞争者还是要依赖于政府规划和二手资料，组织和实施就有很大的困难。竞争分析的首要步骤就是详细分析待研究区域各竞争性办公楼的基本特征。为了使竞争分析结果易于使用，可以运用前文提到的量表法对各项因素进行分等定分，计算出每一个竞争性办公楼的竞争优势得分。这种得分一方面反映了整个细分办公楼市场的平均水平，另一方面也对本项目的规划设计提供了参照，以此可以分析其他楼盘的优势和劣势，以提供本项目扬长避短的策略。

（三）办公楼市场调研的注意事项

1. 研究方法选择

从前面的分析中可知，办公楼市场调研要涉及大量的预测问题，如机构数量、规模，办公面积占用量,办公面积需求量和供给量,租金水平变化趋势,空置率变化趋势等,而研究人员要预测未来充满不确定性的世界,其"风险"不小。因此,在研究方法的选择方面要慎重一些,对研究问题本身的性质、数据源和数据质量要严格把关,保证数据有足够的准确性。另外,在预测时,要明确指出其基本的假设条件,并尽可能通过改变假设,分析不同的结果发生的概率大小,这样才会使研究结论更有价值。

需要注意的另一方面是对现场调研的不足要有足够的认识。办公室市场调研中访谈的对象大多为机构客户,而这类机构一般对市场调研人员的访谈抱着敬而远之的态度,无形中增加了调研的困难。解决这一问题的办法,一是提高访谈人员的人际交往技巧,二是在行业内建立长久的关系网络,三是制订良好的调研计划。

竞争分析、市场区分析、供求分析的准确性严重依赖于政府的相关规划及其变动情况,尤其是重要的交通、通信、公建配套设施的规划,对整个办公楼市场区的形成和演变至关重要。研究人员要密切关注政府相关部分的动向,了解其规划的意图和基本思路,平时留意收集政府部分负责人的言论,订阅这些部门出版的刊物。

2. 抽样方法

在办公楼市场调研中,由于各不同细分市场的规模和特征差异较大,为全面反映总体的特征,抽样时通常运用分层抽样的方法。常用的分层抽样的特征变量为区域和等级,鉴于办公分区较为明显,研究人员可以根据二手资料或经验确定区域,如在广州可以明确区分出环市路、天河北、珠江新城等区域,然后再按调研预算和精度要求确定每一区域要抽取的样本数量。

另外,在办公楼市场需求调研中,潜在客户需求特征分析也可以采取分层抽样的办法,只是分层特征一般选择所属行业类型。在较大范围的研究中可以选择国民经济行业分类的大类作为分层依据。在实践中,根据需要还可以选择行业分类中的小类作为分层依据,这样能够更好地反映总体的特征。

三、商业用房市场调研

在商业用房市场分析中,消费者需求是除住宅以外的对其他商品和劳务的需求,涉及面更为广泛,也给市场调研带来新的挑战。可以说,商业用房市场分析是房地产调研中最为困难的一种类型,要求研究人员具备多方面的知识和技能。

(一)商业用房市场的特性

了解商业用房市场的特性是进行这类市场调研的关键点,商业用房不同于住宅,它是经营者与消费者进行直接交易的场所,是一种类似于机械设备的资产,而不像住宅兼有消费品和投资品的特性。只有经营者预期通过经营可以获得足够商业利润的情况下,才会产生对商业用房的需求。具体来说,商业用房市场有以下特性。

1. 对商业用房的需求是一种引致需求,即对它的需求取决于人们对商业用房所出售或提供的商品和服务的需求

对商业用房的需求遵循这样一个逻辑:经营者在其中销售商品或劳务,获取收入,在弥补了各项成本后,获取一定的利润或承受一定的亏损,经营者对商业用房需求量的大小取决于可获得利润水平的高低,当利润达不到预期的水平或出现亏损时,经营者不会租赁或购买(包括自行建造)商业用房。

2. 与地区经济发展状况密切相关

当一个地区的经济发展水平较高时，人们的收入水平往往呈现较快速上涨的趋势，这时消费水平的增长也较高，各类消费品和服务的销量也呈上升势头，消费品的市场容量扩大，从而引致对商业用房的需求量放大。反之，则对商业用房的需求量会缩小。

3. 与人口密集度密切相关

通常商业用房集中在人口较为密集的城市或城市的一些区域。道理很简单，在人口聚集的区域，购买力相对集中，在其他条件相同的情况下，便利性较高，可达性较好，易于满足人们日常的消费需求。另外，比较关键的一点还在于维持一定的商业用房本身的存在，需要有合适的利润空间，当人口较少或较为分散时，市场容量不足以"养活"一定面积的商业用房。例如，在一个只有几百户的住宅区内开设一个营业面积上万平方米的购物中心，如果不能吸引周围足够的人口，这一购物中心就难以生存，通常所谓的商业选址研究，实际上就是对某一区域的市场容量的调查。

4. 受中等收入家庭的收入水平和需求偏好影响较大

一个国家或城市居民的购买力强弱取决于两个因素，一个是这个国家或城市的人口数量，另一个是中等收入家庭的收入水平。单纯人口众多并不意味着这个国家或城市的购买力强，例如，在我国不少城市，存在着数量较大的中低收入群体，然而，他们的总体购买力并不强；而对于极少数的高收入人群，规模有限，而且他们的消费行为往往也较少受地域的限制，因此，中等收入家庭是一个地区消费的主力军，其收入水平和需求偏好决定了这个地区主导的消费品品种、质量、数量和特定的功能要求。

5. 受交通状况的影响较大

交通状况决定了商业用房的易达性，所谓易达性就是指消费者接近商业用房的容易程度，当交通状况较好时，在同样的交通成本的限制下，消费者可以达到更远的区域；反之，则会限制在较小的区域。例如，城市的某条道路由双向行驶改为单向行驶后，对道路两侧的商业用房会产生极大的消极影响，实际上就是由于交通状况的变化降低了这一商业用房的易达性，经营商业的投资者的利润率会下降，进而他们会减少对商业用房的需求。

（二）商业用房市场调研的关键点

需要注意的是，考虑到商业用房需求的引致性特性，我们的分析中涉及两个层次，一是对商业用房本身的研究，二是对利用商业用房进行商业经营的研究。下面针对上述问题展开分析。

1. 地区经济分析

地区经济分析要考察地区经济增长率、投资水平、就业状况、人均收入水平、储蓄、消费和一般物价水平、行业发展状况、优势产业和劣势产业等指标及其变化趋势。商业用房建成后，要面对一般的消费者，其经营或消费的产品和劳务的类型关系到经营者能否获得足够的收益，而这种经营领域与地区经济的发展和区域的经济状态之间有着十分密切的关系。考察各类地区经济指标的历史、现状及其发展趋势，可以确定待开发的商业用房日后的经营领域，以保证商业用房的租赁或销售有足够的需求支撑。

2. 商业用房产品分析

对于一幢适于商业用途的房屋来说，其产品构成分为内部和外部两个部分。

商业用房的内部构成包括以下内容：营业面积，是指供商品展示、陈列以及提供相关的服务、结账等的面积；仓储面积，是指供商品货物接收、储藏和流转的面积；管理办公面积，是指为满足商场的正常运转所需的管理人员、财务人员、行政人员等办公所需的面积;设备面积,是指为满足商场正常运转所需的中央空调、供水、供电等设备安放的面积;其他面积,是指为便利顾客购物或吸引顾客逗留所设置的停车场、草坪、小型娱乐设施等所占用的面积。

商业用房的外部构成包括以下内容:商业用房周边的街道系统,商场处于街道的具体位置,顾客如何到达本商场,是否便利等;商业用房周边的交通系统,即商场周边有无方便的交通线路,如公交线路、地铁、轻轨,是否处于交通枢纽等;商业用房周边的交通流量,平均交通流量如何,一周和一日中各不同时段的交通流量等。

要完整地描述一栋商业用房就需要说明上述内部构成和外部的影响因素,后者实际上就是通常所说的区位分析,即对商业用房所处位置的可达性、便利性、易接近性、顾客光顾频率等的描述。

3. 商业经营领域分析

商业用房经营领域分析主要是确定商业用房在经营中所提供的商品和劳务的类型,如何提供这种商品或劳务,以及提供的频率等问题。由于商品和劳务本身性质和价格水平的差异,不同商品和劳务类型的更新频率,消费者购买形式和市场的范围有很大的差异。

通常在商业经营中为了获取专业化分工协作的好处以及建立地区性市场的声誉,经营相似产品和劳务的经营者会聚集在一个较小的区域内,这称为集聚效应。例如,许多城市出现的轻纺城、汽配一条街、食街、文化街(书店、文具店等)就是集聚效应的突出表现。这种集聚效应一方面可以看做是经营领域的指示器,另一方面也限制了投资者面对的经营领域选择范围,缩小了投资者可选择的余地。不过,当某区域存在较强的集聚倾向时,选择经营领域便显得较为容易了,起码有两点比较明确:一是可以选择同样的经营领域,二是可以选择填补本区域经营领域的空白。

4. 竞争分析

商业用房市场调研中的竞争分析分为直接和间接两个层次,直接层次就是商业用房本身的竞争,即商业用房的投资者之间为争夺租户的竞争。间接层次就是经营商品和劳务的经营者之间的竞争,即经营者争夺一般消费者或顾客的竞争。当间接层次的经营者竞争激烈,利润率水平趋于低下时,就会影响到商业用房的租赁或销售,从而使商业用房的投资者难以获得预期的利润。因此,竞争分析的一般步骤为:调研经营不同类别商品和劳务的经营者的数量、规模和经营方式;调研区域市场中各经营者的收入、成本和利润水平;调研各经营者采取的竞争策略及其走向;调研区域内其他商业用房的数量和规模,商品和劳务经营的主导方向;调研区域的其他商业用房投资者采取的竞争策略及其走向。

5. 市场容量分析

市场容量分析主要是确定商品用房所经营的商品和劳务准备面对的潜在顾客特征和规模,通常涉及以下几个方面:潜在顾客的收入水平和消费支出水平及变动趋势分析;潜在顾客对此前确定的拟经营商品和劳务的消费倾向,即消费频率、消费额、顾客最关注因素等;潜在顾客的人口统计特征和行为特征,这是要回答乐于进入本区域市场的潜在顾客是谁,有什么特征,如是男性还是女性,老年人还是儿童,高收入者还是中低收入者,偏好什么商品和价格,在商店的逗留时间有多长,等等;市场容量估计,即估算本商业用房可达的市场区域范围内潜在顾客的数量、频率及平均消费额;其他相关商业用房的市场占有率,即其他相关经营者已经吸纳或能够吸纳多少潜在顾客;本商业用房预计的市场占有率,即在本区域市场总的市场容量的基础上,扣除竞争者所吸纳的潜在顾客外,还有多少剩余,这一剩余就是待研究商业用房面对的市场容量。

6. 供求关系分析

商业用房市场的供求关系包括两个层次，一个是对所销售商品和劳务的需求和供给关系的分析，另一个是对商业用房本身的供给和需求的分析。

（1）所销售商品和劳务的供求分析。前面在市场容量分析中，主要侧重于确定潜在顾客的基本特征和规模。需求分析则侧重于从商品和劳务角度出发确定其在一定价格水平下可能的销售量。不过，这两个问题可以看做是一个问题的两个方面，只是角度略有不同而已。两者都要涉及对消费者收入水平、偏好、替代品的价格、信用状况和付款方式等的分析。而供求分析更侧重于分析各类商品的供应商状况，如是单一供应商还是多个供应商，供应商的市场地位如何等。

（2）商业用房的供求分析。对所销售商品和劳务的需求间接地确定了商品用房本身的需求，对商业用房供给的分析涉及两个方面，一是现有未出租的商业用房面积大小，二是在未来一定时间内可能向市场提供的商业用房面积的大小。第一个问题可以通过现状调研来获得，后一问题则可以通过对区域市场可利用土地状况及政府的相关规划来进行估算。一般在一个较为成熟的商业区，可供使用的土地极少，未来能向市场提供的商业用房面积较容易估算。

分别对商业用房的供给和需求分析完成后，要作综合对比分析，即确定供求是否平衡，如果不平衡，缺口在什么方向。假如供给小于需求而且幅度足够大时，就为投资商业用房提供了机会。

（3）商业用房盈利潜力分析。最终，投资者决定是否进入商业用房市场、是否作出开发建造的决策，依赖于拟投资项目的盈利潜力如何。可以说，这是商业用房市场调研的最后一步，也是最重要的一步。商业用房盈利潜力分析所需要的各种数据建立在前面分析的基础上，其基本步骤为：估计出需求量和供给量，确定供求缺口；确定市场租金（价格）水平及变化趋势；确定投资水平；估算静态和动态投资回收期、投资报酬率、现金流量和内部收益率。

（三）商业用房市场调研的注意事项

1. 研究方法选择

在商业用房调研中，无论是分析经营领域还是分析竞争状况，要想得到客观准确的结论，很大程度上取决于能否获得有关竞争对手的一手资料，如其他商业用房的投资者和租用商业物业的经营者等的信息。直接的现场调研恐怕很难奏效，即使得到部分信息，其真实性也颇受人怀疑。这样，在研究方法的选择方面就要使用竞争情报研究的特殊手段。

竞争情报研究的信息来源一般有本机构的市场销售人员、行业内专家、政府机构、行业协会、各类专业报刊、展销会、竞争对手出版的各类定期和不定期刊物、竞争对手的工作人员等。

2. 抽样问题

通常，在研究中涉及较大区域范围内的行业用房市场，要调研的经营者、业主数量众多，不可能进行普查，需要按一定的抽样原则展开抽样调查。另外，在市场容量分析中也会牵涉到大量的潜在顾客的调研，同样需要用到抽样调查的方法。

在经营者层次的调查中，由于经营者经营领域、规模、实力、所占据的商业物业的区位差异较大，所以如果运用简单随机抽样方法并不能全面反映总体特征。这时，往往就要求采取便利抽样的方法，选择具有典型性的商业物业、经营者和业主进行调研。便利抽样能照顾到各经营者的差异，但又使抽样失去随机性，受研究人员主观偏好的影响较大，这是经营者层次调查需要注意的问题。

为保证典型性分析的客观性,在实践中一般采取专家意见法来确定典型性的标准,依此标准来选取一定的样本展开深入调查。

通常的典型性标准大致有以下几种:一是经营领域。例如,可以区分出待研究区域的经营单一品种和多品种商品的商业物业,选取一定的样本;也可以按经营的商品种类进行归类,如按百货商店、日杂商店、家具店、皮具店、五金店、首饰店、服装店等来归类,从每一类中选择一定的样本。二是规模。将规模作为典型性标准大致可以按商业物业的营业面积来区分,将营业面积低于200平方米、200~500平方米、500~1000平方米、1000~5000平方米、5000~10000平方米、10000~30000平方米、30000平方米以上归为不同的类别,每一类别可按重要性不同抽取不同数量的样本。三是区位。区位作为典型性的标准与商业物业的规模有较为密切的关系,通常在交通枢纽、城市中心区会有一些规模较大的商业物业,而在人口较少或交通不便的地区,大规模的商业物业则较为少见。以区位作为典型性的标准,可以将商业物业划分为街区便利店、社区购物中心、区域性购物中心、地区性购物中心。例如,在一个住宅区内零星分布着一些便利店,主要服务的顾客来自本住宅区,市场辐射面大致在方圆几百米范围内。在一个社区内中心地带集中布置着两到三处较大型的商场,主要服务的顾客来自社区,营业面积通常为上千至几千平方米,市场辐射面影响到周边两三公里的范围。区域性和地区性购物中心的营业面积更大,市场辐射面也更广,少数大城市的地区性购物中心可以辐射到方圆几十公里甚至上百公里的范围。

第六节 调查问卷设计

问卷是最主要的收集定量信息的方法,以下主要介绍问卷调查方法。

一、调查问卷设计概述

一个成功的问卷设计应该具备两个功能,一是能将所要调查的问题明确地传达给被调查者;二是设法取得对方合作,最终取得真实、准确的答案。但在实际调查中,由于被调查者的个性不同,文化程度、理解能力、道德标准、生活习惯、职业、家庭背景等都有较大差异,加上调查者本身的专业知识和技能高低不同,这都将会给调查带来困难,并影响调查的结果。具体表现为以下几个方面。

① 被调查者不了解或误解问句的含义,不是无法回答就是答非所问。
② 回答者虽了解问句的含义,但是记不清正确的答案。
③ 回答者了解问句的含义,也具备回答的条件,但不愿意回答,即拒答。
④ 回答者愿意回答,但无能力回答,比如回答者不善于表达自己的意见等。

所以问卷设计是否科学,直接影响到市场调研的成功与否。

二、问卷设计的原则

(一)目的性原则

问卷调查是通过向被调查者问问题来进行调查的,所以问题必须与调查主题密切联系。这就要求在问卷设计时重点突出,避免可有可无的问题,并把主题分解为更详细的题目,即把它分别做成具体的询问形式供被调查者回答。

（二）可接受性原则

调查问卷的设计要能比较容易地让被调查者接受。由于被调查者对是否参加调查有着绝对的自由，调查对他们来说是一种额外负担，他们既可以采取合作的态度，配合调查；也可以采取对抗行为，拒答或不真实回答。因此，请求合作就成为问卷设计中一个十分重要的问题。应在问卷说明词（问候语部分）中，将调查目的明确告诉被调查者，让对方知道该项调查的意义和自身回答对整个调查结果的重要性。问卷说明词要亲切、温和，但切忌肉麻；提问部分要自然，有礼貌和有可允许的趣味性，应适合被调查群体的身份、水平等。比如国外对儿童进行市场调研的问卷，有的就采用了漫画的形式。另外，必要时可采用一些物质鼓励，并替被调查者保密。最终使被调查者能自愿参与，认真填好问卷。

（三）顺序性原则

顺序性原则是指在设计问卷时，要讲究问卷的排列顺序，使问卷条理清楚、顺理成章，以提高回答问题的效果。问卷中的问题一般可按下列顺序排列。

① 最初的提问应当是被访者容易回答且较为关心的内容。
② 提问的内容应从简单逐步向复杂深化，容易回答的问题放在前面。
③ 对相关联的内容应进行系统的整理，使被访者不断增加兴趣。
④ 作为调查核心的重要问题应在前面提问。
⑤ 专业性强的具体细致问题应尽量放在后面。
⑥ 敏感性问题也应该尽量放在后面。
⑦ 封闭性问题放在前面，开放性问题放在后面。

（四）简明性原则

简明性原则主要体现在以下三个方面。

① 调查内容要简明。没有价值或无关紧要的问题不要列入，同时要避免出现重复，力求以最少的项目设计出必要的、完整的信息资料。
② 调查时间要简短，问题和问卷都不宜过长。设计问卷时，不能单纯从调查者角度出发，而要为回答者着想。调查内容过多，调查时间过长，都会招致被调查者的反感。根据经验，一般问卷时间应控制在30分钟左右。
③ 问卷设计的形式要简明易懂、易谈。

（五）匹配性原则

匹配性原则是指要使被调查者的回答便于进行检查、数据处理和分析。所提问题都应事先考虑到能对问题结果做适当分类和解释，使所得资料便于做交叉分析。

三、调查问卷的一般结构

一份完整的调查问卷通常采取以下结构。

（1）问卷的标题。问卷的标题是概括说明调查的研究主题，使被调查者对所要回答什么方面的问题有一个大致的了解。确定标题应简明扼要，易于引起回答者的兴趣。例如，"木地板消费状况调查""居民住房状况调查"等。而不要简单采用"问卷调查"这样的标题，它容易引起被访者因不必要的怀疑而拒答。

（2）问卷说明。问卷说明常常以简短的书信形式出现，旨在向被调查者说明调查的目的、意义。对自填式问卷还有填表须知、交表时间、地点及其他事项说明等。问卷说明一般放在问卷开头，通过它可以使被调查者了解调查目的，消除顾虑，并按一定的要求填写问卷。问卷说明可采取两种方式：一是比较简洁、开门见山的方式；二是在问卷说明中进行一定的宣传，以引起调查对象对问卷的重视。

（3）被访者基本情况。这是指被访者的一些主要特征，即背景资料。如在消费者调查中，消费者的性别、年龄、民族、家庭人口、婚姻状况、文化程度、职业、单位、收入、所在地区，等等。通过这些项目，便于对调查资料进行统计分组、分析。在实际调查中，列入哪些项目，列入多少项目，应根据调查目的、调查要求而定，并非多多益善。

（4）调查主题内容。调查的主题内容是研究者所要了解的基本内容，也是调查问卷中最重要的部分。它主要以提问的形式提供给被访者，这部分内容设计的质量直接影响整个调查的价值。主题内容主要包括以下几方面。

① 对人们的行为进行调查。包括对被访者本人行为进行了解或通过被访者了解他人的行为。

② 对人们的行为后果进行调查。

③ 对人们的态度、意见、感觉、偏好等进行调查。

（5）编码。编码是将问卷中的调查项目变成代码数字的工作过程，大多数市场调查问卷均须加以编码，以便分类整理，易于进行计算机处理和统计分析。所以，在问卷设计时，应确定每一个调查项目的编号和为相应的编码做准备，与此同时，每份问卷还必须有编号，即问卷编号。此编号除了顺序号之外，还应包括与该样本单位有关的抽样信息。

（6）作业证明的记载。在调查表中，常须附上调查员的姓名、访问日期、时间等，以明确调查人员完成任务的性质。如有必要，还应写上被访者的姓名、单位或家庭住址、电话等，以便于审核和进一步追踪调查。但对于一些涉及被访者隐私的问卷，上述内容则不宜列入。随着我国市场调查逐步与国际接轨，上述记录应得到被访者同意后方可进行。

调查问卷示例请参见本章附录。

四、调查问卷的提问形式

调查问卷的形式主要有两类：封闭式提问和开放式提问。

（一）封闭式提问

封闭式提问是指事先已设计出了问题的各种可能的答案，调查对象只要或只能从中选择一个或几个现成答案的提问方式。这种提问方式便于统计，但回答的伸缩性较小。

1. 二项选择法

提出一个问题，仅有两个答案可供选择。而且这两个答案是对立互斥的，非此即彼，调查对象只能在二者中选择一个作出回答。例如：

请问您是否打算在近两年内购房？

□是（ ）　　□否（ ）

2. 多项选择法

提出一个问题，给出两个以上的答案，调查对象可从中任选一项或几项作为回答。例如：

(1) 请问您打算购买的住宅类型是什么？（单选）
□别墅   （   ）
□多层住宅（6层或以下），没有电梯（   ）
□多层住宅（6层或以下），有电梯 （   ）
□小高层住宅（约8~10层）   （   ）
□高层住宅（超过10层）   （   ）
(2) 请问您的购房信息主要来源于哪里？（可多选）
□电视广告   （   ）
□报纸广告   （   ）
□传单/宣传册   （   ）
□交通广告   （   ）
□房地产展销会   （   ）
□亲戚朋友介绍   （   ）
□其他   （请注明：   ）

一般说来，多项选择法给出的答案不要超过8个，否则会使得被访者感到无从选择或产生厌烦。

3. 程度评定法

对提出的问题，给出程度不同的答案，被调查对象从中选择同意的一个作出回答。例如：
在购买商品房时，您认为品牌的重要性如何？
□很重要   （   ）
□较重要   （   ）
□一般   （   ）
□不太重要   （   ）
□很不重要   （   ）

4. 语意差别法

列出两个语意相反的词，让被调查对象做出一个选择。
例如：
请问您对××花园小区的看法如何？（每对只选1个）
□建筑新颖   （   ）   □建筑风格陈旧   （   ）
□品位高   （   ）   □品位低   （   ）
□户型设计合理   （   ）   □户型设计不合理   （   ）
□价格合理   （   ）   □价格偏高   （   ）

（二）开放式提问

开放式提问是指对所提出的问题，回答没有限制，调查对象可以根据自己的情况自由回答。此种提问方式，答案不唯一，不易统计，不易分析。

1. 自由式

调查对象可以不受任何限制回答问题。例如：
请给出印象最深刻的一个房地产广告（   ）

2．语句完成式

提出一个不完整的句子，由被调查对象完成该句子。例如：

如果您欲购房，您购房的主要理由是（　　　　　　）。

3．字眼联想式

调查人员列出一些词汇，每次一个，由调查对象说出或写出所联想到的第一个词。例如：

当您听到以下词句时，首先会想到什么？

☐丽江花园　　（　　　　）

☐祈福新村　　（　　　　）

☐碧桂园　　　（　　　　）

4．顺问式

这种方法要求调查对象根据自己的态度来评定问题的顺序。例如：

购房时您所看中的因素依次为（请根据您认为的重要程度分别标上序号）

☐地段（　　　）

☐价格（　　　）

☐配套（　　　）

☐环境（　　　）

☐设计（　　　）

☐服务（　　　）

☐品牌（　　　）

☐其他：＿＿＿＿＿＿（　　　　）

5．过滤法

过滤法又称"漏斗法"，是指最初提出的问题较为广泛，离主题较远，再根据被调查者回答的情况逐渐缩小提问范围，最后有目的地引向要调查的某个专题性问题。例如：

请问您近两年内打算购房吗？

☐是（　　　）　☐否（　　　）

如果是，您打算购买住宅的建筑面积为＿＿＿＿＿＿＿＿

五、问卷设计中应注意的几个问题

前面已提到问卷设计的基本原则，总的要求是问卷中的问句表达要简明、生动，注意概念的准确性，避免提似是而非的问题。具体应注意以下几点。

（一）避免提一般性的问题

一般性问题因缺乏针对性，所以对实际调查工作并无指导意义。例如："您对××楼盘的物业管理印象如何？"这样的问题过于笼统，很难达到预期效果。可具体提问："您认为××楼盘的物业管理收费是否合理？服务项目是否齐全？服务态度怎样？"等。

（二）避免用不确切的词

例如，"普通""经常""一些"等，以及一些形容词"美丽""著名"等，这些词语，个人理解往往不同，在问卷设计中应避免或减少使用。例如："你是否经常去健身房？"回答者不知经常是指多长时间。可以改问："你多久去一次健身房？"又如："你接受高档住宅吗？"被调查者很难回答，即使作出了回答，意义也不大。可以改为：如果购房，您能接受的单价为：

① 6000 元/平方米以下
② 6001~8000 元/平方米
③ 8001~10000 元/平方米
④ 10001~15000 元/平方米
⑤ 15001~20000 元/平方米
⑥ 20001 元/平方米以上

（三）避免引导性的提问

如果提出的问题不是折中的，而是暗示出调查者的基本观点倾向和见解，力求使被访者跟着这种倾向回答，这种提问就是引导性提问。

例如："消费者普遍认为房地产商广告投入量越大，说明越有实力。您的看法如何？"这种引导性的提问会导致两个不良后果：一是被调查者不假思索就认同问题中暗示的结论，直接应付了事；二是由于引导性提问大多是引用权威或多数人的态度，被调查者会产生从众心理。另外，对于一些敏感性问题，在引导提问下，被调查者会不愿表达他本人的想法等。因此，这种提问是调查的大忌，常常会引出与事实相反的结论。

（四）避免提可能令被访者感到难堪、禁忌和敏感的问题

可能令被访者感到难堪、禁忌和敏感的问题是指各地风俗和民族习惯中忌讳的问题、涉及个人利害关系的问题、个人隐私问题等。这类问题在问卷中应尽量避免。应考虑被访者的自尊心，尽量注意提问的方式、方法和措辞。具体可采取以下方式。

① 释疑法。即在问题前面写一段消除顾虑的功能性文字，或在问卷的说明中写明严格替被调查者保密，并说明将采取的保密措施。

② 假定法。用一个假定条件句作为文句的前提，然后再询问被访者的看法。

③ 转移法。即把本应由被访者根据自己的实际情况填写的问题，转移到由被访者根据他人的情况来阐述自己的想法。

（五）问句要考虑时效性

时间过久的问题容易使人遗忘，逼迫被访者做过长时间的回忆，往往会使其产生抵制调查的心态。如"您前年家庭的生活费支出是多少？其中用于住房的消费是多少？"除非极细心的被调查者，否则很少有人能回答上来。

一般可问："您家上月生活费支出是多少？其中用于住房的消费是多少？"显然，这样缩小时间范围可使问题回忆起来较容易，答案也比较准确。

（六）避免问题与答案不一致

所提问题与提供的答案应做到一致，例如："您经常看哪种报纸？"
□广州日报　　□羊城晚报　　□信息时报
□经常看　　　□偶尔看　　　□根本不看

上述问题与答案显然就存在不一致的地方，而且分类标准混乱，会令被访者感到无所适从。

（七）避免使用专用术语

除非确信被访者都是专业人士，否则考虑到普通人对专业知识的局限，不宜采用过于专业的术语，而应尽量使用通俗易懂的语句。如"请问您现住房是否为成套住房"，这里面，"成套住房"即属于专业术语，普通市民难以正确理解。因此，可改为"请问您现住房有独立的厨

房和卫生间吗"。

（八）问句中避免使用否定句式

问题表述时应尽量使用肯定句式，避免使用否定句式，否则容易引起被访者困惑。如题干问"物业管理维修基金的使用不需要获得业主大会的同意，您同意吗"，提供的选项是："① 同意，② 不同意"，则容易对被访者产生迷惑。建议改为"物业管理维修基金的使用需要获得业主大会的同意，您同意吗"，简单、易懂。

第七节　调查资料的整理与统计分析

一、资料整理

（一）编辑

通过调研获得资料后，首先要对资料进行编辑，这可以在现场进行，也可以在办公室进行。现场编辑对个人访问特别重要，因为调查者在访问时很难填满整个问卷，多半是用常用的记录符号来记录答案的，因此在访问后应尽快审阅或更正。在进行小组访问时常有多个调研人员，每人负责的方面不同，而调研小组的主持人要督促他人进行及时更正，以尽量防止可能出现的问题。办公室进行的编辑是在收到所有访问记录、邮寄问卷或电话记录后，进行的综合的审查编辑。下面是在进行编辑工作时常会遇到的一些基本问题。

（1）假访问——这类假访问常出现在个人访问和电话调查中，比如结果中有不寻常的一致性和不一致性。这多是由于课题所雇用的某些调查员不认真负责而做的假象。因此，如果发现有这种行为就应仔细检查，经常性的检查有助于减少欺骗的倾向。

（2）不一致或矛盾的回答——在收到问卷里，可能会发现应答者的回答前后不一致。如一个年龄为 16 岁的被访者却回答其职务为高级经理，或者月收入低于 1000 元的被访者却拥有一辆豪华轿车。

（3）无法读懂的回答——如果邮寄问卷上的答案是手写的，有些问题的答案可能难以读懂，编辑者就只得把这些答案扔掉。开放式问题越多，难读懂的答案也越多。

（4）不正确的回答——比如把时间记错了。

（5）不完整的回答——回答者可能会把使用的商品的品牌给忘掉了。

（6）"不知道"和没有答案——在"不知道"出现的情况下，应答者表明他对所问的问题没有形成一个答案或观点。而没有答案是指应答者让某个问题空着不予回答。

那么如何处理上述问题呢？一般说来，通常有三种处理不满意答案的办法。

① 退回实施现场去重新获取较好的数据。

② 按缺失值处理。

③ 将整个问卷（被访者）作废。

值得注意的是，仅仅把这类问题或把整个问卷扔掉是不明智的。或许不回答的人在某种程度上属同一类型，需要进一步研究。不完整的问卷中有时仍然有不少有用的信息。

（二）编码

编码是给问题的答案配上数字或符号以便为表格化做准备。编码可在整理问卷时就同时进

行，也可在问卷整理编辑完成之后再进行。下面讨论编码的一些方法。

1．对量化资料进行分类编码

应当对资料进行分类才能满足研究目的。在很多情况下，问卷中的问题本身就已经对答案进行了分类，例如：

请您指出您的月收入在哪个范围？

□小于 1500 元；

□1501～2500 元；

□2501～3500 元；

□3501 元以上。

这四个答案等级就可用在编码分类中。但如果问题是开放式的"请您指出您的月收入数额"，其回答是具体数值，如 2400 元，就有必要依据回答的规律进行分类。

像上面讨论的那样，对涉及数量资料的问题（收入、销售量、使用频率、年龄等），编码就是把数据放在某个间隔里。下面是一些常用的原则。

（1）划分的档次不宜太多，每一档的范围不宜太宽。因为档次太多，使得问卷篇幅增大，而且有些档次只有极少数人可回答。一般的方法是，在大多数人所属的范围内进行适当的分档，将两端列为开口组就行了。

（2）在无法确定档次的数目时，采取宁多勿少的做法，因为频次小的档次可以在整理时进行合并。

（3）各档次的数字之间应正好衔接，无重叠、中断现象。

2．对定性资料进行分类编码

在涉及定性资料（职业、态度、偏好、品牌等）的编码时，应该注意下面几点。

（1）在分类与编码之前，要看是否有定量的回答存在。

（2）使用的分类应与其他的资料相适应，以利于比较。

（3）分类是简洁和互斥的，每个回答只能放在一个间隔里。

（4）包容所有可能的回答。这并不是指每个答案都应有一个数字编号，而是每个回答都应当能放在某个类别里。通常使用其他来包括所有没有指出的答案选择。

给每个问题的答案进行编码是为了对每个问题进行表格化和统计分析做准备。在编码过程中，要根据资料的类型和含义判断每个问题的编码属什么类型的数字尺度。表 4-10 是根据某调查问卷的编号列出的前 7 个被调查者的应答结果。

表 4-10　某调查问卷答案编码

应答者	问题															
	1	2	3	4	5	6	7	8	9	10	11	12	13	14	…	24	25
1	1	2	2	3	2	4	1	3	2	4	1	2	1	1		1	3
2	3	2	4	1	1	3	3	1	2	3	1	2	2	1		4	2
3	2	1	4	2	1	2	3	2	4	3	1	2	1	2		1	3
4	2	1	2	2	4	2	4	3	1	2	1	2	1	2		2	4
5	1	4	5	1	1	3	2	2	1	1	2	1	2	1		4	1
6	2	1	3	1	3	1	2	1	1	2	1	1	1	2		3	1
7	3	3	1	2	2	4	1	2	1	1	2	1	1	2		1	4
…																	

二、常用统计表

将收集到的资料组合起来并且表格化,可以由人工或计算机完成。表格化就是使答案以某种报告的形式出现。常用统计表包括简单频数表与分组频数表,二维列联表和多维列联表等。

(一) 简单频数表与分组频数表

调查问卷中的每一个问答题或项目都可以用一个或多个变量来表示。在整理数据时,首要的也是最基本的工作就是给出各个变量的频数,对连续变量要先分段后再求频数。如果调查所涉及的对象是属于不同类别的,则最好给出一份分组频数表。简单频数表或分组频数表是研究者向客户提供的最基础的结果之一。频数表最好是结合原始问卷一同给出,这样可以使客户对调查问答题的问法以及基本结果都做到一目了然。此外,频数表还应给出最基本的百分数,同时明示计算这些百分数的基数。因为复杂的市场调查问卷中有许多分叉,基于不同的基数,可以得到多个不同的百分数,一定要有明确的说明,以免引起不必要的误会。以下是一个简单频数表的示例,如表4-11所示。

表4-11 对"顾客是否会购买某种产品"的简单频数表

您是否会买这种产品	数值(频率)	百分比(%)
绝对会买	124	11.1
很可能会买	211	18.9
不知道	376	33.7
很可能不买	204	18.3
绝对不买	200	18.0
总和	1115	100.0

(二) 二维列联表

二维列联表是用于提供基本调查结果的最常用的形式。列联表可以清楚地表示两个定类变量之间的相互关系。列联表也可以看成是分类的频数表,即一个变量的频数分布是根据另一个变量的取值来进一步细分的。例如,表4-12给出了对某名牌产品的"熟悉程度"和对该产品的"使用量"之间的某种关系。从中可以看出,对该名牌产品熟悉的消费者似乎使用量也比较多。

表4-12 对某名牌产品的"熟悉程度"和对该产品的"使用量"的二维列联表

单位:人

使用量	熟悉程度		行合计
	不熟悉	熟悉	
少	100	100	200
多	150	250	400
列合计	250	350	600

为了更进一步考察这两个变量之间的关系,还可以计算百分数。百分数可以按列合计为基数计算(见表4-13),也可以按行合计为基数来计算(见表4-14)。那么,哪一张表更有用呢?一般来说,这取决于研究者将哪个变量当作自变量、哪个当作因变量。一般的准则是按照自变量各类的合计来计算因变量各类的百分数。在这个例子中,研究者可能将"熟悉程度"当成自变量,将"使用量"当因变量。因此,应当使用表4-14。从中可以看到,在对该名牌产品熟悉的消费者中,使用量多的占71.4%;而对该名牌产品不熟悉的消费者中,使用量多的只有60.0%。

表 4-13　按"熟悉程度"分类的"使用量"的二维列联表

单位：%

使用量	熟悉程度	
	不熟悉	熟悉
少	40.0	28.6
多	60.0	71.4
列合计	100.0	100.0

表 4-14　按"使用量"分类的"熟悉程度"的二维列联表

单位：%

使用量	熟悉程度		
	不熟悉	熟悉	行合计
少	50.0	28.6	100.0
多	37.5	71.4	100.0

（三）多维列联表

调查变量之间的关系是复杂的，有时候只研究两两变量之间的关系是不够的，大多数情况下都要考虑多个变量之间的关系。如果只利用二维列联表，可能会发现，两个变量之间似乎是联系相当紧密的（或者是没有什么联系的），但如果再引进一个变量（第三个变量或控制变量）之后，发现原来两个变量之间的相关关系变弱了、消失了（或者呈现显著的相关）；当然也有可能原来的关系保持不变。由此可以体会到单纯考虑两个变量之间的联系是很有可能导致错误判断的。引进一个或多个控制变量后的列联表称为多维列联表。例如，在上述"熟悉程度"和"使用量"之间的关系中（见表 4-12），似乎对该名牌产品熟悉的消费者，其使用量多的比例也比不熟悉的消费者高，即可以得出"熟悉程度"与"使用量"之间是显著相关的结论。但是如果引进第三个变量"性别"并做出三维列联表后，发现不管是男性还是女性，对"熟悉"该名牌产品和"不熟悉"该产品的消费者来说，其使用量多或少的比例都是相同的（见表 4-15）。也就是说，当对男性群体和女性群体分别进行研究时，"熟悉程度"与"使用量"之间的联系就消失了。说明最初从二维列联表中观察到的这两个变量间的相关是一种假相关，真正的相关可能存在于"性别"和"使用量"之间，即"使用量"的多少可能与"性别"有关（女性中使用量"多"的比例显著高于男性），但是与"熟悉程度"无关。

表 4-15　按"性别"和"熟悉程度"分类的"使用量"的三维列联表

使用量	男性		女性	
	熟悉程度		熟悉程度	
	熟悉	不熟悉	熟悉	不熟悉
少	36.7%	36.7%	30.0%	30.0%
多	63.3%	63.3%	70.0%	70.0%
列合计	100%	100%	100%	100%
个案数	150 人	150 人	10 人	200 人

（四）相关表

为给进一步的分析提供尽可能多的参考信息，常见的做法是在整理数据的最初阶段，做出变量之间两两对应的相关表，即相关系数表。为此，对定性的变量要先做定量化的处理。根据相关表，研究者可以进一步分析其中一些变量的关系，进一步构造或验证有关的定量模型。相关的概念和假设检验的概念与做法请参阅有关资料，此处不再详述。

（五）统计表格制作的注意点

一个调查项目结束后，一般都需要制作大量的统计表格，其中有些表格是要插放在报告之中的；但大部分都是要作为原始资料单独装订，按附录交付给客户的。统计表格的制作一般应注意如下几点。

① 每张表都要有编号和标题；标题要简明扼要。

② 项目的顺序可适当排列。一般应将最显著的放在前面；如果强调的是时间，则可按时间的顺序排列；如果强调的是大小，就按大小顺序排列；当然也可以按其他顺序排列，如按问卷中项目出现的顺序排列。

③ 尽量少用线条。表格中的斜线、竖线、数与数之间的横线可尽量省去，以空白来分隔各项数据。

④ 注意各种数据的单位。只有一种单位的表，可在标题中统一注明。

⑤ 表格的层次不宜过多。

⑥ 分组要适当，不可过细，以免烦琐，而且表格内的频数太少也难以说明问题；也不可过粗，以免有掩盖差别的可能。

⑦ 小数点、个位数、十位数等应上下对齐，一般应有合计。

⑧ 给出必要的说明和标注。对表格的说明可以通过简明的标题或标注（一般在表格下面说明）来实现，但应尽可能避免一些不必要的数、字、符号和标注。

⑨ 一般应说明数据的来源。

三、常用统计图

（一）直方图

直方图是最常用的统计图，简单而直观。直方图可以是水平的或垂直的；其长度可以是绝对数，也可以是相对数。根据直观明了的目的，图中项目的排列可以按照问答题中的顺序，也可以按照大小的顺序；直方图可以只表达一个变量的频数或百分比，也可以表达两个变量关系的交叉表的数据结果；直方图适用于单选问题，也可用于多选问题。如图 4-3 所示是一个关于小区内对住户提供服务类型的调查，从此直方图中可以看出，在各种服务当中，比较需要的是钟点服务、住客巴士服务和家电维修服务，其余都有潜在的需求。

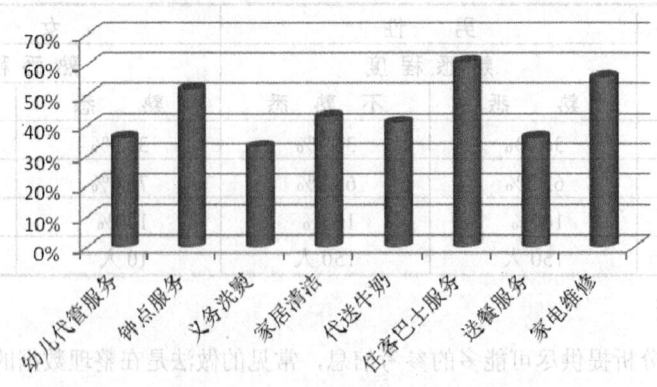

图 4-3 小区应为住户提供何种服务调查

附：原始问答题

B4：请问您认为小区是否需要为住户提供以下服务？（读出，可多选）
1. 幼儿代管服务
2. 钟点服务
3. 衣物洗熨
4. 家居清洁
5. 代送牛奶
6. 住客巴士服务
7. 送餐服务
8. 家电维修

（二）饼形图

饼形图与直方图一样，也是最常用的统计图，简单而且直观。不过饼形图只适用于单选问题，整张圆饼总计100%，每一部分的面积就表示了某个变量对应取值的百分数。饼形图可以是平面的，也可以是立体的，不过要尽可能将三维效果减至最小，使饼形尽可能呈现圆形；一般情况下不能将圆饼切成太多的部分，最常用的只有两片或三片的情况；最好使两片的分界线是一根垂直的子午线；将每一部分的说明尽可能直接地记在饼形图内。图4-4给出一个饼形图的示例。这是一个关于消费者所能承受的住房单价的调查。从调查结果可以看出，6000元/平方米以下是绝大多数工薪人士的期望购买单价，超过6000元/平方米的不足20%。

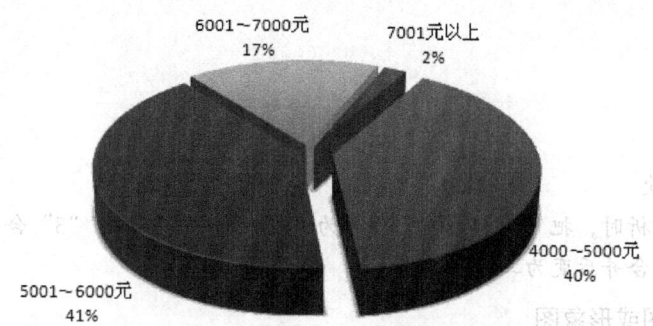

图4-4 消费者对房价的承受力调查

附：原始问答题

D1：请问您打算在三年内购买房子的单价是多少？（读出，只选一项）
1. 4000～5000元
2. 5001～6000元
3. 6001～7000元
4. 7001元以上

值得注意的是，这个提问的答案在设计上存在一些问题，应在答案中再加上一项"4000元以下"就完整、确切了。

（三）态度对比图

在市场调查中，经常会涉及消费者的满意程度、同意程度、喜爱程度等方面的态度问题。所用的量表一般是5级量表，即分别用1、2、3、4、5表示很不满意、不满意、一般、比较满意、很满意等。为了更直观地比较被访者对各个项目的满意程度（同意程度、喜爱程度）和不满意程度（不同意程度、不喜爱程度），常常将"比较满意"和"很满意"的百分数相加或叠加在一起，称为满意度（同意度、喜爱度）；将"很不满意"和"不满意"的百分数合并，称之为不满意度（不同意度、不喜爱度）；将满意度和不满意度分别按直方图的形式做成直观的态度对比图；中立的态度"一般"在态度对比图中不出现。图 4-5 给出了态度对比图的一个示例，从中可以看出，在北京、上海、广州、成都和沈阳五个城市中，成都居民表示对现在所居住的城市很喜欢或比较喜欢的比例最高，而北京最低。

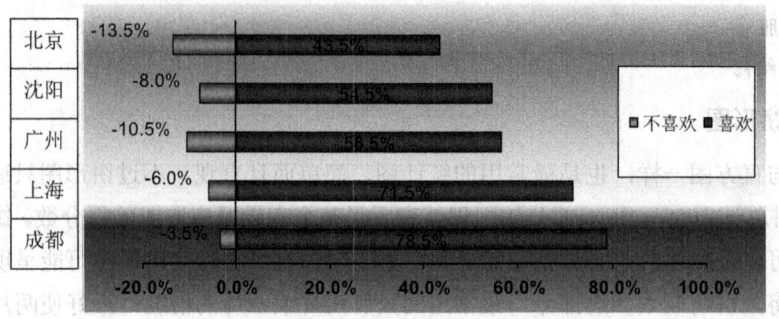

图 4-5　对现在居住城市的喜欢程度对比

附：原始问答题

A48（出示卡片）：从总体上看，您喜欢现在居住的城市吗？

1. 非常喜欢
2. 比较喜欢
3. 一般
4. 不太喜欢
5. 非常不喜欢

注：本例在分析时，把"1"与"2"合并为"喜欢"，"4"与"5"合并为"不喜欢"，"一般"不出现，合并后变为二级。

（四）轮廓图或形象图

轮廓图或形象图常常用于比较几个子样本在一些项目中的平均得分，或一些实体在各个方面的形象平均得分。当需要比较几个群体相对多个项目的满意程度、同意程度、喜爱程度或其他评价时，用一般化直方图或态度对比图就不那么直观了。这时常用的方法是计算每个群体相对于每个项目的平均得分，只用一个分数来代替 5 级量表中的 5 个百分数，以获取最大限度的简洁性和可比性。

（五）其他统计图

其他常用的统计图还有趋势图、散布图、网络图、三维直方图等，在此不再详述。

（六）统计图制作的注意点

一般来说，只要有可能，就应尽量采用图形来帮助理解调查的结果。一张精心设计的图形有可能抵得上或胜过一千个字的说明。要使统计图能够有效地、直观地表现尽可能多的信息，在设计和制作上一般应注意如下几点。

① 每张图都要有编号和标题；标题要简明扼要。
② 项目较多时最好按大小顺序排列，以使结果一目了然。
③ 尽量避免使用附加的图标说明，应将图标的意义及所表示的数量尽可能标记在对应的位置上。
④ 数据和作图用的笔墨之间的比例要恰当，避免太少或太多的标注、斜线、竖线、横线等，既要清楚又要简明。
⑤ 度量单位的选择要适当，使图形的表现均衡，所有的差异都是可视的和可解释的。
⑥ 作图时最好既使用颜色，又使用文字说明，以便在进行必要的黑白复印时仍能清晰如初。
⑦ 颜色和纹理的选择不是随机的，要有一定的逻辑性。其中，特别重要的部分应该用更突出的颜色、更精的线条或更大的符号等来表示。

当然，随着计算机技术的不断发展，在进行数据处理时，往往会借助一些成熟的统计软件，如 SAS、SPSS 统计软件等。这些软件功能强大、使用简单、图形输出精美、实用性强，广泛应用于自然科学、技术科学、社会科学的各个领域，有兴趣的读者可以就这些软件的应用进行专门的学习，此处不再赘述。

第八节 案例——某商业项目调研计划

一、工作规划

（一）调查目的

（1）通过客观深入的市场调查和科学严谨的分析，了解 JM 市场供需空间和价格趋势，确定目标客户群及其对产品和价格的取向，明确项目定位，对项目的规划提出建议。

（2）根据对项目的定位、规划、市场前景、投资风险的调查研究分析，对后续招商及营销推广策略提供有力支持。

（二）拟解决的关键问题

（1）JM 的城市地位、产业发展与本项目的关系。
（2）JM 的城市空间发展对本项目的影响。
（3）项目的辐射范围、辐射能力。
（4）本项目适宜的产品类型、形态、功能选择（做什么东西，放什么元素进去，多个元素如何整合等问题）。
（5）潜在客商的需求以及满足需求的策略（会不会进来，怎么才能吸引他们进来）。
（6）运营中要解决的硬件和软件配套问题。
（7）风险的研判以及降低风险的措施。

（三）市场调查的程序

（1）确定调查目的、范围，选择调研方法。
（2）二手资料收集（区域性基础数据、规划等）。
（3）实地考察，熟悉项目。
（4）深入调研（地块调研、相关产业研究、周边成功与失败的专业市场、卖场专案分析、需求分析）。

(5) 督导、审核和数据补充调查。

(6) 数据录入及汇总。

(7) 撰写初稿并与委托方沟通。

(8) 根据反馈修改，形成终稿。

（四）研究范围

(1) 商圈调查：以 JM 市区为限，对各类型商业设施调研。

(2) 产业调查：以整个五邑地区为限，了解可为项目提供支持的产业发展情况。

(3) 专案调查：重点是 JM 及周边地区，经营成功或失败的专业市场、大型商业项目。

(4) 消费者调查：根据选定的业态和明确的项目辐射范围，再行确定研究范围。

（五）研究方法

拟采用文献研究，现场调研、观测，半结构化焦点小组座谈，深度访谈等方法；是否采用调查问卷则视情况而定。

二、时间安排

时间安排计划表如表 4-16 所示。

表 4-16 时间安排计划表

专 项	地 点	时 间	备 注
二手资料收集、研究	广州	3 天	前期准备（收集资料：网上、地图、图书馆等）
实地考察	JM	2 天	接触、熟悉项目
深入调研	广州/JM/珠江三个城市	20 天	地块调研、相关产业研究、周边成功与失败的专业市场、卖场专案分析、需求分析
深度访谈和座谈	广州/JM/珠江三个城市	5 天	委托方协调
数据录入及汇总	广州	3 天	按调查手册记录整理归类，重点为商业状况
审核和数据补充调查	广州/JM	5 天	实地核实
市场调研报告撰写	广州/JM	7 天	第一次提案稿
与委托方沟通、初步分析并讨论修改方案	广州/JM	2 天	收集意见
最终修改，提交正式方案	JM	5 天	提交打印文本
汇总		52 天	可根据实际需求进行调整

三、调查内容

项目开发运作的需要，本次市场调查的重点以 JM 地区市场环境和广东省典型可比案例为主，通过对专业市场业态组合、招商渠道、经营运作等进行深入调查研究，同时结合项目开发所涉及的各种因素，融合当前整体社会环境、经济环境、区域城市结构与发展规划等宏观因素，通过全方位的市场分析确保项目的成功开发。

市场调研报告主要构成内容如下。（根据项目实际情况做适当调整）

第一篇　JM市宏观市场分析

一、JM城市概况

（一）地理环境

（二）行政区域

（三）交通网络

（四）产业概况

（五）工业发展概况

（六）对外贸易

（七）城市发展战略

（八）城市规划

（九）区域发展规划分析

二、JM市经济环境分析

（一）总体经济发展概述

（二）JM辖下各市、区工业产业分析

三、JM市消费市场调查分析

（一）消费市场运营特点

（二）消费市场发展分析

第二篇　JM市市区房地产市场分析

一、JM市市区2007—2008年房地产发展状况

二、JM市商业房地产市场分析

第三篇　JM市专业市场分析

一、JM家居建材市场分析

二、JM五金市场分析

三、JM建材专业街分析

四、JM五金专业街分析

五、JM二手汽车交易市场研究

六、JM水果批发市场研究

七、典型专业项目及区域调查分析

第四篇　珠三角地区主要城市五金、家居、建材、灯饰业的发展概况及其对本项目的影响

一、中山古镇灯饰市场发展对本项目影响分析

二、佛山陶瓷业市场发展对本项目的启示

三、东莞建材业的市场发展对本项目的启示

四、广东五金模具制造行业当前市场状况分析

第五篇　JM及周边地区成功与失败案例剖析（具体项目待定）

第六篇　项目篇

一、项目的基本概况

二、商业环境分析

三、项目的 SWOT 分析

四、项目的核心竞争力分析

五、项目面临的问题以及解决的方向

六、目标客户访谈

第七篇　项目总体定位建议

一、项目定位分析

二、项目的规划构思建议

第八篇　项目运营风险与对策

一、风险分析

二、对策建议

四、资源保障

派出不少于 8 人的调研团队，由具有丰富调研经验的专家带队开展全方位调研。

五、委托方协助

为更好地完成项目，希望委托方提供以下协助：

（1）协助收集 JM 城市规划、国民经济发展战略规划等资料。

（2）协助召集相关人员座谈，如特定行业经营者、有关政府机关工作人员等。

六、费用及支付建议（略）

附录：调查问卷示例

白云新城地块项目购房需求调查问卷

问卷编号		访员编号		访员签字	
受访者姓名		受访者联系电话		访问时间	

尊敬的先生/女士：

您好，我是_____公司的访问员，现正在做一项房地产开发项目的市场调查，希望能占用您几分钟时间，了解您在住房需求与消费上的一些看法，回答不分对错，只要是您的真实想法就可以。问卷中涉及的您的个人信息，我们将会严格保密，感谢您的支持和配合！

甄别部分

Z1. 请问您 3 年内，有没有购房的意向？

　　□有　　　　　　□没有（终止访问）

Z2. 您或您的亲属是否从事房地产的开发、代理顾问、广告及市场研究机构等工作的一项或几项？

　　□有（终止访问）　□没有

Z3. 您在最近 3 个月内是否接受过同类的市场研究方面的访问？

　　□有（终止访问）　□没有

问卷部分

Q1. 请问您的购房目的是什么？（可选 1~2 项）

　　□投资　　□婚房　　□养老　　□无房　　□改善现住房　　□拆迁　　□学位房　　□其他____

Q2. 您如果想买房子，除了价格和区位外，还考虑哪几个因素？（多选，最多可选3项）
　　□交通环境　　□小区环境　　□户型设计　　□朝向　　□周边自然环境
　　□小区规模　　□配套设施　　□物业管理　　□治安　　□教学、医疗设施
　　□开发商信誉　□建筑风格　　□装修风格　　□其他_____

Q3. 请对白云新城区域的吸引力进行评分（10分满分）：

非常吸引 10分 — ⑨ — ⑧ — ⑦ — ⑥ — ⑤ — ④ — ③ — ② — 不吸引 1分

Q4. 对于白云新城区域，吸引您的是（多选，最多可选3项）：
　　□地理位置　　　　□交通环境　　　　□周边自然环境　　□发展前景
　　□生活便利性　　　□教学、医疗设施　□治安状况　　　　□其他

Q5. 对于白云新城区域，不吸引您的是（多选，最多可选3项）：
　　□地理位置　　　　□交通环境　　　　□周边自然环境　　□发展前景
　　□生活便利性　　　□教学、医疗设施　□治安状况　　　　□习惯现住区域地块
　　□不了解　　　　　□其他

Q6. 您最喜欢的建筑风格是什么？（出示附件/展示图）
　　□中式古典风格　　□现代主义风格　　□西方古典风格　　□其他

Q7. 您希望购买的户型：

	0间	1间	2间	3间	4间	5间
厅						
卧室						
卫生间						
阳台						
厨房						
入户花园						
工人房						
衣帽间						
书房						

Q8. 您对房子的交楼装修要求：
　　□毛坯（不装修）　　　　　　　　　　　　□基本装修（装修费在1000元/平方米以内）
　　□精装（装修费为1000~2000元/平方米）　　□豪装（装修费为2000元/平方米以上）
　　□其他

Q9. 您希望住宅具备的小区配套是（多选，最多可选3项）：
　　□会所/康体娱乐设施　　□超市　　　　□幼儿园/小学
　　□医疗保健设施　　　　 □餐饮店　　　□金融邮政设施　　□其他_____

Q10. 请问您需要的小轿车位数：
　　□0个　　　　□1个　　　　□2个　　　　□3个及以上

Q11. 请问您能承受房子的最高单价是_____元/平方米。

131

Q12. 您计划购买面积为_____平方米的房子。

Q13. 请问您准备购买总价_____万元的房子。

Q14. 您能接受的最高物业管理费是_____元/平方米（每月）。

Q15. 您购房会使用何种购房方式？
  □一次性付款 □银行按揭 □分期付款 □其他_____

Q16. 您通常从哪种渠道获取相关的购房信息？（多选，最多可选3项）
  □报纸 □杂志 □宣传单张 □手机信息
  □邮件信息 □相关网站 □电视广告 □发展商宣传活动
  □房展/房博会 □路牌广告 □朋友介绍推荐 □其他_____

Q17. 请问您的购房决策参与者是（多选）：
  □父母 □配偶 □子女 □亲戚
  □朋友 □同事 □销售人员 □其他_____

Q18. 请问您对楼价未来趋势的看法是：
  □持续飙升 □稳中有升 □基本不变化 □有下跌迹象
  □其他看法_____

基本资料

Q19. 性别：
  □男 □女

Q20. 年龄：
  □25岁及以下 □26～35岁 □36～40岁
  □41～50岁 □51～60岁 □60岁以上

Q21. 您购房后将几人同住？
  □1人 □2人 □3人 □4人 □5人及以上

Q22. 职业：
  □公务员/事业单位人员 □私营业主 □个体户（含商铺经营）
  □企业中/高级管理人员 □企业一般职员 □专业人士（律师、顾问、医生等）
  □自由职业（作家/撰稿人等） □全职太太 □现役军人
  □退休人员 □学生 □散工
  □无业 □其他

Q23. 过去一年内家庭平均每月总收入：
  □10000元以下 □10000～19999元 □20000～29999元
  □30000～49999元 □50000元及以上

Q24. 请问您出行最常用的交通工具：
  □步行 □自行车 □公交 □地铁
  □私家车 □公务派车 □打的 □其他_____

访问到此结束，谢谢您的合作！再见！

附件：**Q6展示图**

中式古典风格

现代主义风格

西方古典风格

复习思考题

1. 房地产市场调查的原则有哪些？为什么要遵循这些原则？
2. 房地产市场调查的基本程序是什么？以一个实际项目为例，对其制订一项调研计划。
3. 房地产市场调查的方法有哪些？分别有哪些优缺点？最常用的调查方法是什么？
4. 房地产市场调查主要包括哪些内容？宏观环境、中观环境及微观环境调查的区别在哪里？以一个实际的房地产项目为例，对其进行市场调查，并进行相关的环境分析。
5. 不同类型房地产市场调查的重点分别是什么？
6. 如何设计一份完整的调查问卷？要注意哪些问题？
7. 一份完整的市场调研报告应主要包括哪些内容？

第五章　房地产项目市场定位

本章首先介绍房地产项目 SWOT 分析的概念与分析矩阵构造原理，在此基础上，详细论述房地产项目市场细分，目标市场选择的内涵、依据、影响因素及策略，最后针对所选择的目标市场，给出如何准确进行市场定位的程序与方法。

第一节 房地产项目 SWOT 分析

通过充分的市场调研，对项目的外部环境和自身条件有了深入认识后，才能进行正确的市场细分与市场定位，在进行定位前，一般需要对前期调研进行总结，这项工作可以成为项目自身分析或者项目投资 SWOT 分析。

房地产自身分析包括开发企业分析和开发项目分析两个方面。开发企业分析主要从企业基本情况、经营思想与经营目标、资金状况、人力资源状况、管理水平、品牌形象等方面进行。开发项目分析主要从项目地块状况、开发目标、价格定位、成本收益、融资条件、政策符合性以及审批通过的可能性等方面进行。

项目自身分析通常采用 SWOT 分析法。SWOT 分析法又称为态势分析法，是由旧金山大学的管理学教授韦里克于 20 世纪 80 年代初提出来的一种能够较客观而准确地分析和研究项目实现情况的自我诊断方法。SWOT 中的 4 个英文字母代表优势（Strength）、劣势（Weakness）、机会（Opportunity）和威胁（Threat）。即从企业和项目的各个方面对本项目以和周边竞争性企业及项目的情况进行比较分析，在比较中明确本项目的竞争优势与不足，机会与挑战，并据此制定相应的开发策略。

SWOT 分析法包含分析环境因素、构造 SWOT 矩阵、制定相应对策三大步骤。

一、分析环境因素

利用各种研究方法，分析项目的内部环境因素和外部环境因素。内部环境因素包括优势因素和劣势因素，它们是项目自身存在的积极和消极因素，属主动因素，一般分为管理、组织、经营、财务、销售等不同的方面。外部环境因素包括机会因素和威胁因素，它们是影响项目发展的有利和不利外部因素，属于客观因素，包括经济、政治、社会、人口、市场、竞争等不同的方面。在调查分析这些因素时，不仅要考虑到历史与现状，更要考虑未来可能的发展趋势。

二、构造 SWOT 矩阵

将调查得出的各种因素根据轻重缓急或影响程度等排序方式构造 SWOT 矩阵。在此过程中，那些对公司或项目发展有直接的、重要的、大量的、迫切的、久远的影响因素优先排列出来，而将那些间接的、次要的、少许的、不急的、短暂的影响因素排列在后面。

三、制定相应对策

在完成环境因素分析和 SWOT 矩阵的构造后，便可以制定出相应的对策。制定对策的基本思路是发挥优势因素，克服劣势因素，利用机会因素，化解威胁因素；考虑过去，立足当前，着眼未来。运用系统分析的综合分析方法，将排列与考虑的各种环境因素相互匹配起来加以组合，得出一系列项目未来可供选择的发展对策，这些对策包括如下内容。

（1）最小与最小对策（WT 对策）。即考虑劣势因素和威胁因素，努力使这些因素的影响趋于最小。

（2）最小与最大对策（WO 对策）。即注重考虑劣势因素与机会因素，努力使劣势因素趋于最小,使机会因素趋于最大。

(3)最大与最小对策(ST 因素)。即弥补不足,把握机会,着重考虑优势因素和威胁因素,努力使优势因素趋于最大,使威胁因素趋于最小。

(4)最大与最大对策(SO 对策)。对于有些项目劣势,在无法弥补的情况下(如地段因素有时候无法改变),只能采取扬长避短的策略,发挥项目优势,把握市场机会。

可见,WT 对策是最悲观的对策,是处于最困难的情况下不得不采取的对策;WO 对策和 ST 对策是一种苦乐参半的对策,是处于一般情况下的对策;SO 对策是一种最理想的对策,是项目处于最为顺畅情况下采取的对策。

在项目前期策划阶段,策划师一般都要针对项目的地理环境、人文环境、政治环境、经济环境和竞争环境等要素进行全方位的 SWOT 分析。各种因素在同一个项目中可能表现为优势,也可能表现为劣势;有可能称为机遇,也有可能称为威胁。但经过策划师分析后,劣势有可能转化为优势,威胁也有可能转化为机遇。

案例:某金融城项目 SWOT 分析

一、项目概况

项目地块位于广州市天河区黄埔大道与科韵路交汇处,紧邻地铁 5 号线科韵路站。地块通过北侧的黄埔大道与城区相连,交通便捷,环境优美,地理位置优越(见图 5-1)。

图 5-1 项目地块位置图

项目用地规模:37441 平方米。其中可建设用地面积 23394 平方米,市政道路用地面积 6973 平方米、城市绿地面积 7074 平方米,可建筑面积 224000 平方米。

项目地块现状:地块现状为旧厂房拆迁,土地不平整,土面泥泞,目前正在拆迁修整当中,堆砌很多废砖废料。地块内部有高压线经过。项目开发的土方工程大,前期需花一定的时间进行地块平整。地块北接棠下,西连员村,东靠东圃,地块濒临珠江畔,地理位置优越,是广州市未来发展蓝图中重要的片区。

二、项目主要技术指标（见表5-1）

表5-1 地块规划条件

地块位置	天河区黄埔大道
占地面积	37441m², 其中可建设用地面积 23394m²
土地使用性质	B2（商务设施用地）、B1（商业设施用地）
规划项目	商务办公、商业、酒店、服务型公寓
地上容积率	≤9.6
建筑密度	≤55%
绿地率	≥20%
建筑高度	≤300米

资料来源：广州市城市规划局

三、项目SWOT分析（见图5-2）

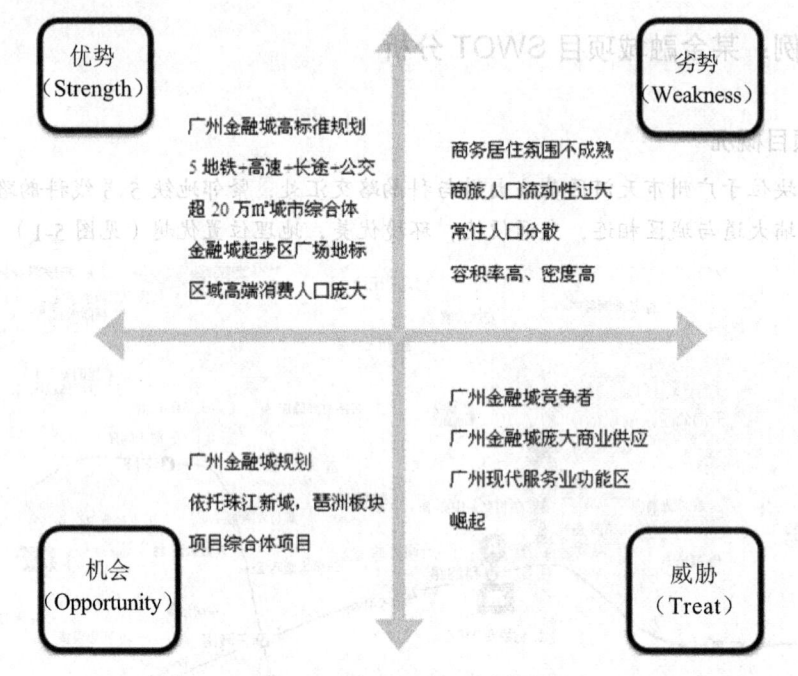

图5-2 项目SWOT分析图

（一）项目优势分析（Strength）

1. 项目优势

（1）区域高标准规划优势：本项目所在的广州金融城起步商务区已明确定位为广州市服务业重点功能区、超越珠江新城发展区域之一，以高标准的规划，完善公共服务设施、基础设施配套建设后，才进入商业开发阶段，与同类区域相比，本项目所在区域具备良好的基础设施条件。

（2）交通优势：本项目属于双地铁上盖物业，目前已开通广州地铁5号线科韵路站，规划广州地铁7号线已动工，轨道交通优势明显；本项目三面临干道，与广州琶洲、珠江新城、天河区相邻，通达性强。

（3）规模优势：本项目总占地3万余平方米，总计容面积超20万平方米，属于大型城市综合体，在广州金融城起步核心商务区具备稀缺性，将成为广州金融城核心商务区首个地标建筑，辐射区域。

（4）环境优势：本项目东南侧紧靠广州金融城中轴广场及地下空间，中轴广场以公共绿地、文化设施等公共服务配套为主，目前中轴广场计划近期将会动工，本项目坐享中轴广场带来的休闲配套环境及良好的昭示性。

（5）人口优势：本项目辐射的员村、冼村、珠江新城、广州大学城、琶洲板块，总常住消费人口达80万以上。

（6）地标优势：本项目西南侧规划为广州金融城核心商务区项目，本项目雄踞广州金融城核心商务区门户位置，具备庞大体量、良好的昭示性，与地标项目共同成为广州金融城核心商务区地标建筑群。

2. 项目优势的发挥

（1）区域高标准规划优势：塑造高端项目形象，借力区域高标准规划优势提升项目档次。作为重点商务功能区，本项目应以高端定位亮相市场，结合广州金融城核心商务区"第三极"的形象，成为区域地标。

（2）交通优势：连通地铁，建造连廊连接广州金融城、珠江新城、天河中心公共交通设施。本项目依托地铁科韵路站上盖的优势，可考虑建设地下通道直接连通地铁科韵路站，引进庞大的地铁客流，同时可在项目西侧建设连廊连通对面的广州金融城及其公共交通配套站点，提升本项目公共交通优势。

（3）规模优势：建设连廊连通周边项目，打造广州金融城核心商务区整体形象。本项目规划为商务办公项目，可考虑为周边项目预留连廊设施，利用连廊与周边项目连接，形成庞大便捷的商务圈，集聚商务氛围，将独立项目的规模扩大为片区商务圈的规模。

（4）环境优势：面对中轴广场的一面，依托良好的昭示性，提高建筑设计质量，建设与中轴广场优良环境融合的地标性建筑。中轴广场将参考珠江新城花城广场模式，地下进行商业开发，地上为公共空间，本项目东南侧紧靠中轴广场，具备良好的昭示性，靠近该侧的建筑应以地标作为原则，提高项目整体档次及区域影响力，成为中轴广场公共空间及商务空间的良好过渡区域。

（5）人口优势：配套商住项目，挖掘自身人口，引入外部人口，提高项目人口流动性。本项目有近50%用地为商住混合用地，可考虑设置住宅、公寓等居住项目，因此，本项目自身能吸纳相当数量高层次人口。而项目东北侧规划为二类居住用地，规模较大，将有许多人入住，因此，可建设连廊连接该类住宅项目，吸引人流穿行过本项目进入地铁站，提高本项目可及性。

（6）地标优势：连廊连接180米地标。通过连廊设置连接180米地标，使本项目与该地标共同形成区域地标，提高整体性。

（二）项目劣势分析（Weakness）

1. 项目劣势

（1）商务居住氛围不成熟：广州金融城起步区原址为工厂区，目前尚无任何居住及商务办公项目，整体氛围较薄弱。

（2）商旅人口流动性过大：广州金融城目前主要以商旅客流为主，但该类客流仅出入于公共交通与广州金融城之间，流动性非常大，通常为单纯乘坐高铁的客流，该类客流并不会进入广州金融城核心商务区，包括本项目。

（3）常住人口分散：本项目目前周边尚无具有一定规模的居住项目，人口分散，难以汇聚。

（4）容积率高、密度高：本项目整体容积率达9.6，建筑密度达50%，居住、商务办公较为压抑，整体舒适度不高。

2. 项目劣势的规避

（1）商务居住氛围不成熟：即将进入整体开发期，预留连廊营造整体氛围。广州金融城起步区土地已进入出让阶段，目前已有6宗用地出让，广州市政府明确广州金融城土地将于2013—2023年内出让完毕，10年内开发完毕，预计广州金融城在2013—2017年内将迎来整体开发期，本项目预计开发周期将在此期间内，片区整体将在5年内共同营造商务居住氛围。同时本项目可考虑运用连廊模式将周边项目连通，共同形成广州目前少有的通达性高、商务往来便捷的核心商务办公圈，提升整体商务氛围。

（2）商旅人口流动性过大：引入酒店、服务式公寓、商场等业态，吸引商旅人口驻足。目前广州金融城尚无酒店、服务式公寓等商务配套，商旅人口只能通过地铁等公共交通转乘至其他区域，引入酒店等商务配套将有助于项目吸引商旅人口，从而降低商旅人口流动性。

（3）常住人口分散：前期开设穿梭巴士，后期主要依赖名声及公共交通。本项目投入使用的前期，由于周边氛围尚不浓厚，可考虑开设穿梭巴士连通大学城、员村、车陂、冼村、琶洲等，吸引常住人口前往本项目。

（4）容积率高、密度高：作为不可抗指标，本项目需要通过建筑设计、布局等途径尽量提高项目舒适度，如通过设置空中花园增添更多休息空间、增加商业项目及写字楼项目的通透性，以提高整体舒适度等方式。

（三）项目机会分析（Opportunity）

1. 项目机会

（1）广州金融城核心商务区规划逐步落实：广州金融城起步区作为广州服务业重点功能区，规划起点高，启动快，关注度大，作为该区域大型城市综合体项目，本项目具备良好的发展机会。

（2）广州金融城规划：广州金融城规划包括起步区、发展区、成熟区，广州金融城规划为集旅游、商务休闲、总部经济、信息技术为主，将整体提升金融城商务氛围及档次。

（3）周边商务设施空缺：广州金融城所在片区周边尚无大型城市综合体，居民生活主要依赖低端社区配套，高端商务配套处于空缺状态。

2. 项目机会的把握

（1）广州金融城核心商务区规划逐步落实：找准开发时期。本项目处于广州金融城核心商务区的核心位置，具备良好的开发条件及地段，本项目应把握好金融城规划的落实，找寻适当机会推出市场，引爆金融城规划效应。

（2）广州金融城规划：借力广州金融城辐射，与广州金融城形成差异化发展。本项目具备庞大的商旅人群及优良的交通配套，面对广州金融城启动速度更快的现实，本项目应借力广州金融城带来的辐射，找准广州金融城的空缺，与其形成差异化发展，共同提升金融城的商务形象。

（3）员村规划金融城，周边商业市场不成熟，抢先机抢占空缺市场，精准项目定位。随着珠江新城和金融城的建设，项目周边区域将汇聚超80万高端居住人口，因此，本项目应抢占周边居民区的消费空缺，精准确定项目定位。

（四）项目威胁分析（Treat）

1. 项目威胁

（1）广州金融城起步区内的威胁：广州金融城规划多达数十宗商务办公用地，本项目位于起步区区域，未来潜在商务办公项目非常多。

（2）广州金融城的迅速发展：以本项目为代表的广州金融城商圈正在迅速成型，其拥有的成熟居住氛围是本项目暂时无可比拟的，未来10年广州金融城将新增200万平方米商业，对本项目将构成直接威胁。

2. 项目威胁的化解

（1）广州金融城起步区内的威胁化解：规模与地标并举，营造项目标杆形象及稀缺性。本项目具备超20万平方米体量，是广州金融城核心商务区的地标城市综合体，可考虑从高端方向树立本项目在区域内的领导地位以及稀缺地位。

（2）广州金融城的迅速发展：差异化竞争尤为重要。主要以现代信息产业作为主要功能，公共交通发达是本项目极大的优势，本项目应牢牢把握交通等基础设施优势，与广州金融城其他项目进行差异化竞争。

（3）金融城与珠江新城，琶洲板块，众多现代服务业功能区域崛起：本项目所在区域与众多现代服务业功能区域最大的差别在于专项服务金融业，具有明确的定位和超强辐射力，本项目应突出强调这一特点，与其他现代服务业功能区进行差异化竞争。

第二节 市场细分概述

一、市场细分内涵及作用

市场由购买者组成，而购买者之间总有或多或少的差别。他们会有不同的欲望，不同的资源，不同的地理位置，不同的购买态度以及购买习惯等。因为购买者有各自不同的需要和欲望，因此每个购买者实际上形成一个单独的市场，所以按理说销售者应为每一个购买者设计一个单独的营销方案。但是，绝大多数销售者面对的是数量众多的较小买主，因此不值得进行彻底的市场细分。取而代之的是寻找具有不同产品需要和购买行为的较宽泛的购买者群体。

由此可知，将市场按照某些事先选择好的变量，分割为有意义的、相似的、可识别的部分或群体的过程就叫做市场细分，英文称作 Segmentation。

市场细分是市场竞争的产物，在社会生产力水平大幅提高，供求关系失衡，买方市场形成的市场环境下，会迫使产品的生产厂家或服务的提供机构更认真地研究市场，分析顾客群体的不同类别和不同消费偏好，以寻找新的市场机会，市场细分便由此而起。

市场细分是一个强有力的营销工具，在当代市场营销策划中占据重要地位，其主要作用表现在如下几方面。

（1）有利于发现市场机会。
（2）有利于实施营销组合。
（3）有利于组织生产或服务。
（4）有利于提高效率和效益。
（5）有利于销售。
（6）有利于提高企业声誉，建立品牌。

二、市场细分依据

细分市场不能仅靠一种方式。营销人员必须尝试各种不同的细分变量或变量组合，以便找到分析市场结构的最佳方法。常用的市场细分依据包括地理、人口、心理和行为变量。

1．地理细分

地理细分要求把市场细分为不同的地理单位，如国家、地区、省、城市或地段。公司可选择在一个或几个地区经营，也可在整个地区经营，但要注意不同区域对产品或服务的差异。

2．人口细分

人口细分是指根据各种变量，如年龄、性别、家庭人口、家庭生命周期、收入、职业、教育、宗教、种族、国籍等，把市场分割成群体。人口因素是细分消费群的最常用的依据。一个原因是消费者的需要、欲望和使用率经常紧随人口变量的变化而变化。还有一个原因是人口变量比绝大多数其他变量更易衡量。即使先用其他依据，如用个性或行为来定义细分市场，也必须同时知道它们的人口特征，以便能够估计目标市场的规模，并有效地进入目标市场。

3．心理细分

心理细分是指按社会阶层、购买动机、生活方式或个性特征等，把消费者分成不同的群体。处在同一人口因素群体中的人们可能会有不同的心理构成。

4．行为细分

行为细分是指按照购买者对产品的了解程度、态度、使用以及反应，把购买者分割成群体。许多营销人员认为行为变量是建立细分市场的最好出发点。行为变量主要包括购买时机、寻找利益、使用率、忠诚程度等因素。

三、市场细分程序

市场细分按如下基本程序进行。

1．调查

调查是一切分析的基础，调查的目的在于有针对性地收集信息资料。严格地说，调查应贯穿于市场细分的始终。这里的调查是特指在营销目标初步确定之后，按照目标所确定的市场和范围所进行的调查。调查的深度视市场分析人员对市场熟悉的程度和对市场信息把握的程度而定。对于那些已经熟悉市场状况、已经掌握了大量相关资料的分析人员，不妨一步到位，直接进入深层次的细分市场信息调查；对于那些初次涉足的市场领域，分析者对市场细分变量的把握性不大，且手头又没有掌握必要的信息资料，调查活动就不妨分阶段逐渐深入进行。最初的调查往往是最简的、最粗浅的，其进行的形式也相应简单，成本也相对低一些（如查阅资料、电话询问、街道采访等）。待事项逐渐明朗，认识逐渐深化后，再进行深层次的问卷调查。

2．分析

分析阶段的主要工作是对调查资料的研究。在分析阶段，市场研究人员不仅要依据自己的直觉、理性分析、感性经验、逻辑推理对所收集到的信息资料进行真伪判断、可信度与可利用价值的判断，而且要利用各种统计分析工具从大量的调查数据中，寻找出某种规律性的东西。

3．市场划分

市场划分即依据市场调查资料和统计分析结果实施市场分割。这一阶段依据市场分割的细化程度又可划分为如下四个环节。

（1）市场初步分割。即依据细分变量对市场类型进行初步划分。如依据顾客主要特征把消费者分解为不同类型。

（2）筛选。即对初步分割的市场进行深入研究，寻找主要特征变量。如对同类的顾客群体研究其差异，寻找主要特征，剔除次要因素。

（3）命名。对初步选定的细分市场进行标识。应采用形象化的方法，对细分市场进行简单及富艺术性的处理，命名标识细分市场的特点。

（4）检验与评估。对拟定的细分市场依据进行检查，对其有效性与可行性进行评估，对市场规模、市场范围、市场经济效益进行预测，为决策者提供可靠的评估报告。

四、细分市场评估

细分市场的评估包括市场细分方案有效性评估与市场细分方案可行性评估两类。

1. **市场细分方案有效性评估要素**

显然，细分市场有许多方法，但是并非所有细分方法都能行之有效。要想使细分市场充分发挥作用，该细分必须具备如下特点。

（1）可衡量性。指细分市场的规模、购买力和特征是可以被衡量的。

（2）可获得性。指能有效地进入和满足细分市场。

（3）可收益性。指细分市场足够大、足够有利可图。细分市场应是值得专门制订营销计划去追求的最大同类顾客群体。

（4）可行动性。指能够设计出吸引和满足细分市场的有效方案。

2. **市场细分方案可行性评估要素**

企业在评估各种不同的细分市场方案的可行性的时候，必须考虑以下三个因素：细分市场的规模和增长程度，细分市场结构的吸引力，企业的目标和资源。

（1）细分市场的规模和增长程度

企业必须首先收集并分析各类细分市场的现行销售量、增长率和预期利润量。企业只对有适当规模和增长特征的市场感兴趣。但是，适当规模和增长程度是一个相对量。一些企业想把销售量大、增长率大和利润额高的市场作为目标市场。但是，并不是对每一个企业来说，最大和增长最快的细分市场便最具有吸引力。一些较小的企业发现它们缺乏必要的技能和资源来满足较大细分市场的需要，或者这些市场里竞争太激烈。因此，这些企业务必要选择那些较小和较逊色的细分市场，其实这对它们更加有利。

（2）细分市场结构的吸引力

细分市场可能具备理想的规模和增长速度，但是在利润方面还缺乏吸引力。企业必须查清几个影响细分市场长期吸引力的重要结构因素。例如，一个细分市场中如果已有许多很强的竞争对手，那么其吸引程度就会降低。许多实际或潜在的替代产品会限制细分市场中的价格和可赚取的利润。消费者的相对购买力也会影响细分市场的吸引程度。如果细分市场中的买方比卖方更能讨价还价，那么买方便会尽量压低价格，提出更高的质量或服务要求，制造竞争厂商之间的相互争斗。这些都会降低卖方的获利能力。如果细分市场中存在很强的供应商，如能够控制价格，或者能够降低产品和服务质量、减少其数量，则该市场的吸引程度也会降低。如果供应商很大、很集中，市场中很少有替代产品，或者该企业投入市场的产品对于企业来说非常重要，供应商便会变得非常有势力。这一切都会影响到细分市场结构吸引力。

（3）企业目标和资源

即使某个细分市场具有合适的规模和增长速度，也具备结构性吸引力，企业仍需将本身的目标和资源与其所在的细分市场的情况结合在一起考虑。某些细分市场虽然有较大的吸引力，但不符合企业的长远目标，因此不得不被放弃。尽管这些细分市场本身可能很具有吸引力，但是它们会分散企业的注意力和精力，使企业无法实现主要目标；或者从环境、政治或社会责任的角度考虑，选择这些细分市场并不明智，会使企业放弃该细分市场。

如果某一细分市场适合企业的目标，那么该企业还必须看它是否具有占领该市场所必需的技能和资源。如果企业缺乏赢得细分市场竞争胜利所必需的力量，或不能够适时地获得这些力量，那么该企业就无法进入这个细分市场。除必需的力量以外，企业还要有超过竞争对手的技能和资源，才能在细分市场上真正获得胜利。只有当企业能够提供优越的价值并取得竞争优势时，企业才能进入细分市场。

进行细分市场评估是为进入细分市场决策提供充足的依据。显然，只有那些确定为有效而又切实可行的细分市场，才能吸引公司，决心进入该市场。

第三节 房地产市场细分

一、房地产市场细分依据

市场细分是一个对市场因素（变量）重新归类，重新分割的过程。由于市场细分的目的在于尽可能地赢得顾客，扩大市场份额，因此市场细分的依据大多也集中在顾客身上。但正如上节所述，不同的商品，具有不同的属性，顾客关注的内容自然有很大差距，因而脱离商品笼统地谈市场细分的依据是没有意义的。房地产商品按其用途也可分为好几类，各类商品房由于用途不同、性质不同、顾客群不同，消费者的需求，除了一些基本要素（如安全、质量等）外，其他要素也有较大的差异。因此，房地产市场细分的依据，也应按房地产商品的类别分类研究。

由于住宅是商品房的基本市场，因此本书仅以住宅市场为例，讨论住宅市场细分的主要依据。通常说来，住宅市场的细分包括以下四类。

（一）地理因素

地理因素作为住宅市场细分变量主要是指潜在消费者的地理分布状况。如地区、地域特征（市区、郊区、远郊区、农村等）、城市规模、人口密度，以及地区自然环境、生活环境、交通环境等。潜在的消费者原来所处的地理环境因素或多或少地影响着消费者的生活方式，也影响着他们对新购住房的需求偏好。地理因素还是预测市场规模的重要因素。因而，住宅市场细分也往往把地理因素作为一项重要的细分指标来对待。

另外，房地产的区位环境具有三重性质：第一是自然地理环境，如地形、地貌以及气候条件等；第二是经济地理环境，如距离市中心的远近、交通便利程度等；第三是人文环境，如居民素质、社会风气、文化教育设施等。人们对房地产的需求爱好，实际上是对房地产及周围环境进行综合评价和选择的结果。因此，在细分房地产市场时，还应充分考虑到人们对房地产需求的环境评价与偏好。

（二）人口因素

人口统计因素是消费者群体分类的基本变量。如人口的年龄分组、性别分类、家庭结构、收入、职业、文化程度、宗教、民族、国籍等，均可作为市场细分的变量。

（1）家庭结构

家庭结构是指家庭人口的构成状况，如单亲家庭、一家三口的标准家庭、三代同堂的大户型等。显然，将潜在的住宅消费群体按其家庭结构状况进行细分对于住宅区的户型设计、配套设施设计以及道路、园林规划设计都具有重要意义，同时对于发现新的消费群体，开辟新的市场领域也相当重要。

（2）年龄

年龄分组通常关注的是青年、中年和老年组的分类。不同的年龄结构，将会对居住环境有不同的要求，购买力水平也有一定差距。如青年组大多喜欢方便、舒适、新潮的住宅，受支付能力的限制，他们大多倾向于小户型，多采用按揭付款方式；中年开始考虑环境的优美、子女上学问题；老年人在购房时优先考虑的往往是就医、购物的方便程度……潜在消费者群体的年龄分组对于商品房的市场定位往往是至关重要的。

（3）收入水平

家庭收入水平是住宅市场细分的一个重要参数。不同收入水平的家庭对住宅的需求数量和质量要求是不同的。同一收入水平上，各个家庭的住宅需求数量与质量也会表现得很不相同。但一般说来，家庭的收入水平与其住宅需求（欲望）的演进趋向是相应的。随着人们收入水平的提高，住宅需求的类型也会从生存型向发展型乃至享受型发展。生存型的住宅需求追求的是一个以平方米指标为主的居室；发展型的住宅需求追求的则是一个能满足多方面家居生活需要的室内环境；而享受型住宅需求更是全方位追求一个居住宽敞、功能齐全分明、设备高档、装修精致、外部环境优美、物业管理系统健全的"安居乐"境界。

家庭收入水平，一般分为高收入、中等收入和低收入三类。在住宅市场细分中，应调查和分析与这三类收入水平相应的住宅需求特征，从而针对性地开发适销对路的住宅，并制定符合实际的营销策略。

至于职业、文化程度、宗教、种族、民族、国籍之类的人文统计因素，都是影响住房需求的变量。如职业与文化程度决定着住房消费偏好，以及对居住环境、配套设施的特殊要求；由于宗教信仰、种族、民族、国籍等因素的作用，往往会形成完全不同类型的消费群体及某些特殊的消费偏好等。

（三）心理因素

心理因素细分是以人们购买住宅的动机、生活方式以及个性等心理因素作为划分住宅消费群的基础。具体说来，包括以下几个方面。

1. 购买动机

任何购买行为都是由动机支配的，而动机又是由需求激发的，当消费者受到某种内部或外部的刺激后，就开始意识到一种需求。消费者的需求是多种多样的，因而产生的购买动机也就不一而足，而只有最强烈的购买动机才会导致购买行为。下面介绍几个消费者购买房屋的动机及其敏感点。

为自住而购房的首次置业：对价格敏感，对地段、环境、房型、楼盘质量、配套设施等因素很关心。

为改善住房条件而换购：对房型、环境非常关注。

为个人资产保值而购房：对房地产未来的升值潜力很关心。

为休闲度假而购房的二次置业：对环境和配套要求很高。

2. 生活方式

生活方式是指人们对消费、工作和娱乐的特定习惯和倾向性的方式。人们的家庭生活方式影响了他们对各种住宅的兴趣，而他们所消费的住宅状况也在一定程度上反映出他们的生活方式。

无论从历史的或社会的角度看，人们的生活方式与住宅需求确实存在着十分密切的匹配关系。可以这样说，住宅是人们生活方式的物质外壳，而人们对某种新型住宅的需求，往往体现了他们对改变现有生活方式的欲望，以及对某种更感兴趣的新的生活方式的追求。因此，住宅开发经营企业必须深入调查和把握人们生活方式的现状，科学预测发展变化，才能在住宅市场上处于领先一步的地位。

3．个性

消费者在住宅需求上都会有自己的个性特征。对住宅需求的个性主要表现为消费者对住宅的式样、装修、色彩、室内平面布局、邻里关系和区位环境等方面的心理偏好，其中突出反映在室内装修、室内布局、区位环境、社区文化等问题上。

（四）行为因素

行为因素是指人们对住宅产品的知识、态度、使用或反应。以行为参数为基础来划分住宅消费群，称为住宅市场的行为细分。

（1）使用时机。根据人们对住宅产生需要、购买或使用的时机加以区别。抓住消费者对住宅的使用时机，及时提供与需求相一致的各类住宅商品及管理服务，是企业开拓和占领新的住宅市场的有效策略。比如每年五一、国庆长假，都是消费者购房的黄金周，开发商可利用这一时机推盘，宣传，以获得人气。

（2）追求利益。这是根据购买者对住宅商品所追求的不同利益而形成的一种有效的细分方式。例如，同样是购买住宅，有的人追求交通、配套、购物方便的市中区位置，有的人注重视野开阔、赏心悦目的周围环境，还有的人追求的是物业的升值潜力。因此，住宅开发经营企业，假如以追求利益来细分住宅市场，就必须让自己的住宅产品突出某些最吸引人的特性，并分别做好广告宣传，以最大限度地吸引某个或若干个住宅消费群。

房地产企业可运用利益细分法来分清楚它们想吸引的利益细分市场，以及该市场的特征和主要的竞争品牌。它们还可以寻找新的利益和创立提供这些利益的新品牌。

（3）购买阶段。在任何时候，人们总是处在某种住宅的购买阶段。有的消费者不知道有某种住宅，有的已得到信息，有的感兴趣，有的想买，有的正准备买，有的是已买过的老客户。住宅开发企业应将处于不同购买阶段的消费者进行细分，然后采用适当的市场营销措施。特别应注意的是，有调查数据表明，在消费者日常获得房地产信息的渠道中，报纸占有举足轻重的作用，许多消费者将报纸广告作为最主要的信息来源；排在第二位的是同事、亲友的介绍，由此可见，对楼盘口碑的建设以及培养满意与忠诚顾客的重要性。

总之，细分住宅消费者市场是一个以调查研究为基础的分析过程。住宅市场细分可以循序渐进，每一次细分可以只取其中两个或几个变量作为分析依据（见表5-2）。

表 5-2 市场细分变量

市场细分的变量		典 型 分 类
地理因素	地区	华南、华北、华东、华中等
	城市规模	100万以下人口城市、100万～500万人口城市、500万人口以上城市
	气候	亚热带、温带
人口因素	年龄	20～35岁、36～60岁、61岁及以上
	性别	男、女
	家庭规模	1～2人、3～4人、5～7人、8人及以上
	家庭生命周期	青年，单身；青年，已婚，无子女；青年已婚，有子女等
	家庭月收入	0～5000元、5001～10000元、10001～15000元、15001～20000元、≥20001元
	职业	专业技术人员、公务员、家庭主妇、失业者、其他
	教育背景	小学、中学、专科、大学本科、硕士及以上
	种族（民族）	汉族、回族、满族、朝鲜族、其他少数民族

续表

市场细分的变量		典型分类
心理因素	社会阶层	下层、中层、上层
	生活方式	变化型、参与型、自由型、稳定型
	个性	冲动型、交际型、自负型
行为因素	购买时机	一般时机、特殊时间
	利益追求	便利、经济、心理满足
	准备阶段	不了解、感兴趣、了解、熟知
	对产品态度	热情、肯定、不关心、否定

二、房地产市场细分程序与方法

市场细分的工作程序一般说来可划分为调查、分析和细分三个阶段。调查是对市场信息原始资料的收集；分析是对市场信息的研究；细分是按研究结论对市场的分解。市场细分的对象是市场，依据是市场，结果也是市场。因而，市场研究在市场细分过程中是非常重要的。无论进行到哪一个环节，都要紧紧地把握住市场的脉搏。市场细分的过程实质上是对目标市场逐渐认识、逐渐深化、逐渐具体的过程，是一个不断循环、重复的调查、分析、细分的过程。应当说，每进行新一轮的循环，人们对市场的认识就提高一个层次，市场细化的程度就深化一个等级，对目标市场就接近一段距离。房地产市场细分的基本程序应当要遵循这一过程，逐渐深化，逐渐具体。

（一）第一轮市场细分

第一轮的市场细分主要针对房地产市场总的供求关系而进行，以确定拟投资商品房的类型及区位。这一轮的市场调查关注的主要有如下信息资料。

（1）本市各类商品房的供求关系。
① 各类商品房开发规模及其变化率。
② 各类商品房市场投入量及其变化率。
③ 各类商品房市场吸纳量及其变化率。
④ 各类商品房地区分布状况。
（2）本市各类商品房价格及成本信息。
① 各类商品房建造成本及其变化率。
② 各类商品房税费及其变化率。
③ 各类商品房销售价格及其变化率。
（3）本市各类商品房建造资源信息。
① 土地供应信息。
② 房地产金融信息。
（4）其他有关信息。
① 各相应地块环境信息。
② 各类商品房法律环境及产业政策信息。

第一轮市场信息资料分析的目的在于寻找投资机会。由各类商品房的市场供求、投资成本、收益、建设资源条件及其他条件，判断最佳投资方向。这一轮的市场细分便是从一般的房地产概念中细分出具体使用性质、具体地域乃至具体地块的具体项目来。

（二）第二轮市场细分

房地产市场的第二轮细分往往是针对消费者而进行的，以确定拟投资商品房的市场定位。如消费群体的定位、建设档次的定位、市场价格定位，等等。

在第二轮市场细分中，调查的重点对象是潜在顾客的地域分布、家庭结构、文化层次、收入水平、职业特点、购买动机等。

第二轮市场细分分析的目的是确定目标群体及其特殊要求。这种分析首先要做的是剔除相关性很大的变量，然后分出一些差异最大的细分市场。相关性很大的变量（如安全、方便）反映了顾客的共同需要，细分信息固然重要，但主要用于项目策划的参考。细分市场关注的是差异，只要找到区别一般市场要求的特殊需求变量，而且界定出这种市场规模的大小及其发展潜力，便为目标市场的确定奠定了基础。

第二轮市场细分最后要做的工作是为划分出的细分市场取名。取名的目的在于形成一个简明的、便于识别和表述的概念。在市场细分阶段，细分市场的名称是暂定名，一般来说，只要便于识别、反映特质即可，并非十分重要。然而，一旦目标市场确定以后，目标市场的名称经常与项目名称关联在一起，那项目名称的选择便十分重要了。

（三）第三轮市场细分

房地产第三轮市场细分是在初步拟定了细分市场后进行的。这一轮市场调研的焦点是顾客的消费偏好、消费行为及其他个性特征。如对房屋开间布局、装修档次、建筑设备、朝向、窗户、阳台，以及配套设施、建筑规划、社区文化、小区服务等方面的特殊要求。

第三轮市场调查的目的在于为市场特质、市场卖点寻找进一步的证据，为目标市场决策提供更精细、更可靠的资料。第三轮市场调研是针对第二轮市场细分得出的细分市场而进行的。调查的重点集中在潜在消费群体的消费心理、消费偏好等心理因素和行为因素上。

三、房地产细分市场评估

房地产细分市场评估是针对细分的房地产市场有效性和可行性进行的评估，是进入该细分市场决策前的最后一道程序。它将为决策者提供有效而充分的证据。

由第二节可知，房地产细分市场有效性的评估主要集中在对细分市场的变量，以及由此而选择出来的细分市场的可衡量性、可获得性、可收益性和可行动性上的评估。显然，只有这样一类变量，才能用来区分消费群体、识别消费对象，才能形成一个有特质的、有个性的或称为有特色的市场，才是有效的。如以追求安静、舒适为消费者偏好的中高层收入家庭构成的消费群体，以追求医疗、保健和社区家政服务为消费偏好的老年人家庭构成的消费群体，以追求健身、体育运动为消费偏好的中青年人家庭构成的消费群体，以追求方便、舒适为消费偏好，甚至要求提供公寓酒店式服务的单身白领消费群体，等等。

房地产细分市场的可行性评估主要集中在细分市场的规模和增长程度，细分市场结构的吸引力，以及细分市场与公司资源条件和战略发展目标的一致性方面。显然，无论细分市场多么引人注目，都必须构成一定的规模和具有一定的增长速度才具备开发的条件。同时，细分市场在结构方面还须具有足够的吸引力，在分析了影响市场长期吸引力的重要结构因素（竞争对手、替代品、购买方、供应商、潜在进入者）之后，可以看出细分市场在利润方面的吸引力。显然，只有足够的产出，足以弥补进入该细分市场的投入成本，以及给投资者带来足够吸引力的利润，该细分市场才能吸引投资者，才是可行的。细分市场与公司资源条件的比较是指将进入该细分市场必需的资源条件（人、财、物、技术、经验等）和公司所拥有的、可支配的资源条件相比较，只有具备了必要的资源条件，投资者进入该细分市场才是可能的，该细分市场对于投资者也才是可行的。细分市场与公司战略发展目标的一致性是指从公司长远发展角度来探讨的该细分市场的可行性，只有那些与公司长远利益相一致的细分市场才是可行的。从上面的分析可以看出，细分市场的规模、增长速度以及细分市场的结构吸引力属于公司的外部环境，而公司的资源条件和战略发展目标属于公司的内部环境，只有那些既适应了公司外部环境，又适应了公司内部环境的细分市场，才是可行的、值得进入的细分市场。

第四节 房地产目标市场选择

一、目标市场概述

目标市场就是企业决定进入的那个市场，英文称做 Targeting，即企业经过市场细分，以及对细分市场评估以后，决定以相应的商品和服务去满足细分市场需要和服务的顾客群。就房地产企业而言，目标市场就是一个为满足细分市场的特定项目，以及该项目一系列的开发理念、市场定位、卖点设计等营销策略的组合。

目标市场的决策关系着项目的成败，是企业发展生死攸关的大事。目标市场的选择不仅依赖于市场细分过程中详尽的市场调查分析，细分市场的评估结论，在细分的市场中做出选择，还要就所选择的目标市场（项目及项目的市场定位）进行全面、综合的技术经济论证，即所谓的可行性研究。目标市场的选择在整个项目策划过程中，对项目决策起着至关重要的作用，具有重要意义。

（1）能够系统地考察各个细分市场，从而了解全局，更好地把握市场机会。
（2）能够系统地考察一个项目，就其满足特定的细分市场需要进行项目策划。
（3）能够从技术、经济、管理角度对项目策划方案进行全面的论证与评估。
（4）能够对项目投资及投资方案作出科学的决策。

二、影响目标市场选择的主要因素

影响房地产目标市场选择的主要因素有市场规模、资源条件、环境条件，以及盈利性因素、风险性因素、政策性因素等。

（一）市场规模

市场规模是指细分市场的规模大小及其发展潜力。具有足够发展空间的市场，即使当前的市场规模不够大，仍然具备吸引力。对于房地产项目而言，市场规模的大小往往成了目标市场决策的首要因素。

市场规模大小的预测是依据市场调查进行的。市场调查资料是否真实描绘了市场的本质，一则取决于抽样方案，二则取决于样本规模。因而，市场细分的调查方案编制，一定要充分关注科学性、真实性原则。

（二）资源条件

资源条件是指公司所拥有的或公司能筹集到的可供支配的资源。对于房地产公司而言，从事房地产项目开发所涉及的主要资源条件有资金、土地、技术和人力资源。资金是第一位的，任何一个新的目标市场的决策（新项目的开发决策），首先遇到的就是资金问题。只有筹集到足够的资金，项目才能决策。土地是房地产项目立足的根基，只有找到了适宜于细分市场开发的土地，目标市场才能够确定。技术是指公司从事该类房地产项目投资经营、开发建设的技术力量。人力资源是指公司所拥有的具备同类项目开发建设及经营管理的人才。

（三）环境条件

环境条件是指项目所在地块的环境是否与目标市场的要求相适应。房地产项目目标市场关注的环境条件主要包括以下几种。

（1）自然环境条件。主要有项目所在地的地质、地貌（山脉、河流）、地形、植被（森林、草地、树木）、气候（风、雨、气温、湿度、温度）。

（2）社会环境条件。主要有项目所在地的社区文化、风俗、社区管理机构、社区治安及社区服务环境等。

（3）基础设施环境条件。主要指项目所在地块的基础设施状况。如给水、电力、通信、排水、排污设备等。

（4）配套设施环境条件。主要有交通、商业、生活、医疗、卫生、保健、文化、娱乐、教育等配套设施条件。

（四）盈利性因素

盈利是指扣除投资成本后的收益。如前所述，目标市场的盈利性主要取决于目标市场的结构吸引力，由竞争对手、替代品、购买方、供应商以及潜在的进入者共同决定。用来反映房地产项目投资盈利性的主要指标有投资收益率、投资回收期、内部收益率、净现值等，分别适用于不同的情况。应当视条件有选择性地采用。

（五）风险性因素

风险是指由于意外因素影响，使项目收益偏离预期投资效益的程度。风险客观存在于一切项目投资过程中。用来描述房地产项目投资风险的主要指标有投资风险损失强度和投资风险分布状况（标准偏差及变异系数）。用来衡量、评估项目风险状况的常用方法有风险调整贴现率法、肯定当量法、决策树法（期望值法）、盈亏平衡分析法、敏感性分析法等，应当视具体情况采用不同的方法和指标。

（六）政策性因素

政策性因素是指项目所在国和所在地当时颁布的与项目有关的各种法律、法规、产业政策。应从有利和不利两方面来分析对项目带来的影响。对于房地产开发项目而言，最主要的政策性因素有城市规划、利率政策、环境保护政策、住房政策、土地政策以及相关的税收政策，等等。

三、目标市场选择程序

房地产目标市场的选择过程是一个为满足细分市场需要的特定项目的策划与决策过程。因而，其目标市场的选择程序就如图 5-3 所示，基本上类似于房地产项目的投资决策程序。

由图 5-3 所示的房地产目标市场选择程序可看出，就房地产而言，其目标市场的选择本质上就是一个为满足细分市场需要的特定项目的选择及策划过程。在这个程序中有如下几个要点需要特别注意。

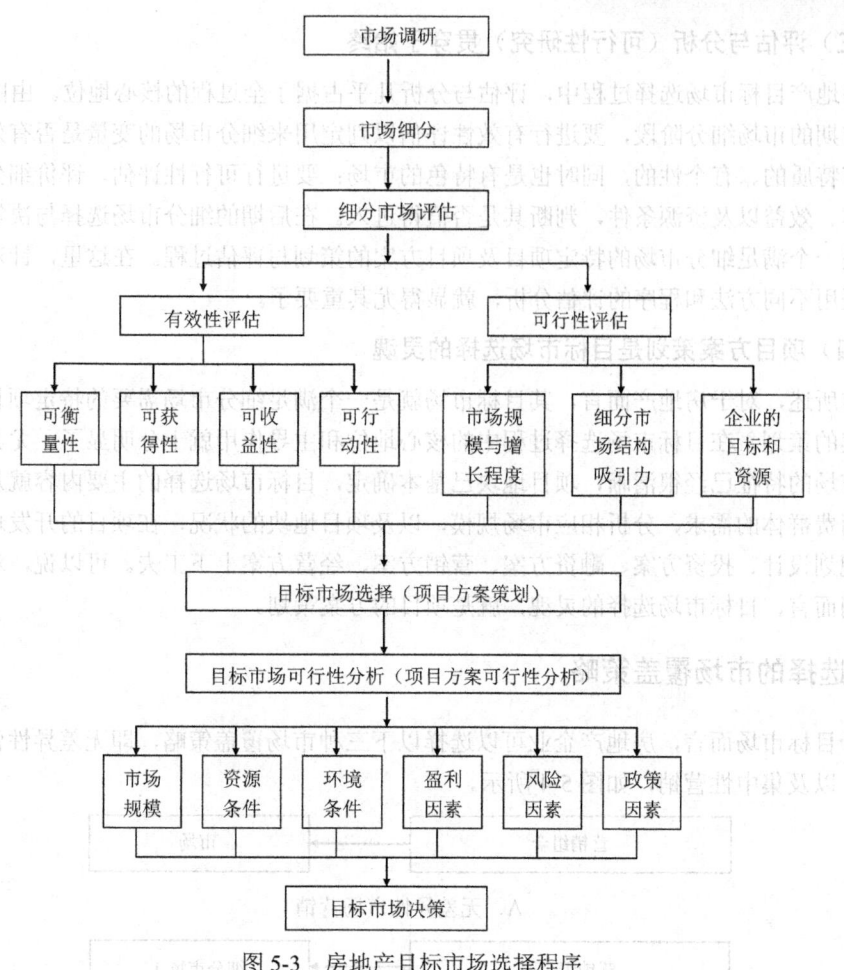

图 5-3　房地产目标市场选择程序

（一）市场研究十分重要

目标市场的选择是在市场细分的基础上进行的。因而，广泛的、不断深化的市场调查与研究显得尤其重要。房地产项目投资额巨大，投资周期长，涉及因素复杂，风险大，尤其要重视市场研究。真实地把握市场规律，而不是主观臆断、观风向、凭想象，市场研究在房地产目标市场选择中的重要地位表现在如下两个方面。

其一是指市场研究贯穿于目标市场选择过程的始终，涉及目标市场选择的每一个环节，唯一的区别在于随着选择过程的深入，所关注的市场范围将会越来越窄，而研究的深度将会越来越增加；其二是指目标市场选择所涉及的评估问题，无论是评估内容还是评估依据、评估标准，都是与市场密切相关的。应当说，目标市场的选择是一个来源于市场，最终又回到市场的过程。

（二）目标市场的选择是一个不断深化、反复修正的过程

尽管程序图（图 5-3）将房地产目标市场的选择过程划分为若干阶段，但在实际工作中，这些阶段是很难划分的，它们仅仅反映了一个大致的过程顺序，许多工作都是反复、循环进行的。尤其是进入评估阶段以后，往往后期的评估会对前期某些工作（如市场细分的依据、细分市场的规模、目标市场的方案等）提出质疑，迫使人们不得不重新进行市场调研以寻找新的凭证，或对原有的认识、原拟的方案进行修正，有时甚至会推翻以前的定论，重新开始新一轮的研究。这一类问题，在接近后期的目标市场决策前的目标市场可行性研究阶段尤其明显。

（三）评估与分析（可行性研究）贯穿于始终

在房地产目标市场选择过程中，评估与分析几乎占据了全过程的核心地位。由图 5-4 可看出，在前期的市场细分阶段，要进行有效性评估以判定用来细分市场的变量是否有效，是否能细分出有特质的、有个性的，同时也是有特色的市场；要进行可行性评估，评价细分市场的规模、成本、效益以及资源条件，判断其是否值得进入。在后期的细分市场选择与决策阶段，基本上就是一个满足细分市场的特定项目及项目方案的策划与评估过程。在这里，针对各种不同内容，采用不同方法和程序的评估分析，就显得尤其重要了。

（四）项目方案策划是目标市场选择的灵魂

如前所述，对于房地产而言，其目标市场就是一个满足细分市场需要的特定项目。因此，项目方案的策划，在目标市场选择过程中的核心地位和主导作用就十分明显了。尤其在后期，当细分市场的特征已经很清晰，项目地块已基本确定，目标市场选择的主要内容就是认真研究特定的消费群体的需求，分析相应市场规模，以及项目地块的状况，在项目的开发理念、卖点设计、规划设计、投资方案、融资方案、营销方案、经营方案上下工夫。可以说，对于房地产市场营销而言，目标市场选择的灵魂，就是项目的方案策划。

四、可选择的市场覆盖策略

对于目标市场而言，房地产企业可以选择以下三种市场覆盖策略，即无差异性营销、差异性营销，以及集中性营销，如图 5-4 所示。

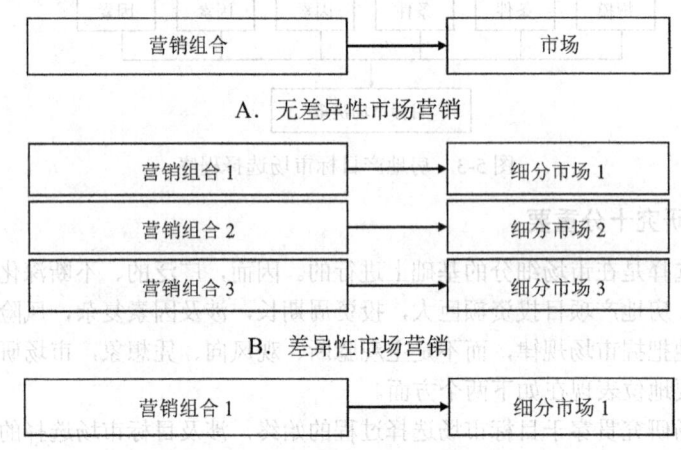

图 5-4 可选择的市场覆盖策略

（一）无差异性营销

无差异性营销是指房地产企业不考虑细分市场的差异性，对整个市场只提供一种产品。该产品针对的是消费者的共同需求而不是不同需求。企业的主要任务是设计出能在最大程度上吸引购买者的产品及营销方案。企业实施大规模的分销和大众化的广告，目的是在人们的脑中树立起优秀的产品形象。

无差异性营销能够节约成本，因为单一的产品能降低生产和成本，无差异性广告运动则降低促销费用。由于不必做细分市场的调研和规划，因此降低了市场调研和管理成本。碧桂园模式可谓成功实施这一战略的典范。

案例：工业化规模扩张型——碧桂园模式

1994年，碧桂园学校成功救市后，长期困扰碧桂园的资金和销售问题得到了解决。借着大规模的推广攻势，碧桂园在市场上快速树立了品牌。1999年，在强势品牌带动下，碧桂园进行规模化生产和规模化营销，进军广州等地市场，又于2005年后，走出华南，向全国扩张，并伴随着大规模储备土地，2013年，碧桂园实现了千亿销售额。碧桂园取得成功的重要因素是其纵向一体化的企业运作模式，牢固掌控了从设计、施工，到销售、物业管理服务和商业设施经营全产业链所有环节，有效地控制了项目开发和运营的成本，实现了跨区域的大规模快速扩张。

（二）差异性营销

采用无差异性市场营销，在开发使所有消费者都感到满意的产品或品牌时，会遇到许多困难。实行无差异性营销的企业一般针对市场中的最大细分市场提供单一产品。当几家企业同时这么做时，在最大细分市场中便会出现激烈竞争，而较小细分市场的需要却难以得到满足，最后的结果是，较大的细分市场因吸引来激烈的竞争而减少了利润。许多企业也逐渐认识到了这个问题，所以对较小的细分市场越来越感兴趣，这便形成了差异性市场营销战略。

差异性营销是指房地产企业决定以几个细分市场为目标，为每个目标市场分别设计产品及营销方案。这些企业希望在每个细分市场中通过不同的产品和营销战略来提高消费者对公司及其产品系列的整体认同，同时还希望以此获得更多的忠诚顾客，因为该企业的产品和营销方式能更好地满足每个细分市场的愿望。

越来越多的房地产开发公司已开始采用差异性营销战略，差异性营销往往能带来比无差异性营销更大的总销售额，同时也可以在一定程度上回避价格的竞争。但是，差异性市场营销也会增加交易成本。改进一种房地产产品以满足不同细分市场的需求通常会导致额外的调研、设计或开发等费用。对不同的细分市场分别采取不同的市场营销计划需要额外的市场调研、预算、销售分析，以促销策划和销售渠道管理，同时，为打入不同的细分市场而做的不同广告也会增加促销费用。因此，房地产企业在决定采用差异性市场营销战略时，必须先掂量一下销售量的增长和成本的增长孰轻孰重。

对于房地产开发而言，常见的差异化包括产品差异化、服务差异化、人员差异化、形象差异化。具体来说包括推盘时机的差异；现场包装的差异；建筑外观的差异；园林景观的差异；物业管理的差异；装修标准的差异；户型设计的差异；开发概念的差异；项目定位的差异；定价策略的差异；付款方式的差异；配套功能的差异；社区文化的差异；售楼人员的差异；……

以上只是一些常见的差异化方法，细心的人在实际操作过程中会发现，几乎任何一个细节都可以形成差异化，而这些细节的组合决定了开发商和营销者的实力。同时值得注意的是，差异化只是手段，不是目的，说到底，差异化还是为了满足目标市场消费者的需求。

案例：万科差异化的产品线设计

万科公司的多样化产品线设计，可谓是对差异化营销概念的最好诠释。其具体的住宅产品线设计分析如表5-3所示。

房地产项目投资分析

表5-3 万科住宅产品线设计分析

产品系列		区位特点			核心价值	核心理念	产品组合	品质属性	目标消费群体	代表项目
		位置	交通	配套						
金色系列 Golden		城市中心区（市区或新城区）——以高密度高层建筑为主体，产品地位相对集中，户型不大，用地规模偏小	发达	生活配套完善	便捷的城市生活	都市·时尚生活	以小高层、高层为主，辅以洋房	城市住宅	(1) 首次置业的青年之家 (2) 改善居住二次置业业主 (3) 商务投资	深圳万科金色家园 南京万科金色家园 武汉万科金色城市 长春万科城市花园
城市花园系列 City		城市郊区或新城区边缘——交通条件和就业条件比较好，产品以多层为主，兼有高层和局部低层联排别墅类型住宅，规模适中	便利	规划有完整的生活配套	舒适居住（第一居所）	大城·丰盛生活	以多层、小高层为主，辅以高层和洋房	城郊住宅	(1) 首次置业的青年之家 (2) 改善居住二次置业业主	武汉万科城花璟苑 武汉万科四季花城 左岸枫林
四季花城系列 Town		城乡接合部规模大盘——多在大的发展区域之中，产品类型较远，规模较大	不便利	不完善	低价格，舒适居住	山水·悠然生活	以洋房为主，辅以少量小高层	郊区住宅	(1) 首次置业的青年之家 (2) 改善居住二次置业业主	深圳万科四季花城 南昌万科四季花城
高档系列 Top	万科红郡	特色资源项目——市区或郊区拥有稀缺资源	便捷	对配套无要求	占有稀缺资源	墅庭·高尚生活	以低密度别墅为主	高档住宅	具有较强支付能力的社会精锐和富裕家庭	上海万科兰乔圣菲 武汉金域蓝湾 东海岸 武汉万科红郡
	万科玫瑰里									

同时，万科目前也正在实现从传统住宅供应商向城市配套服务发展商的转变。其相关业务新兴产品线如表 5-4 所示。

表 5-4 万科城市配套服务新兴产品线分析

产品系列	产品内涵
万科里	以教育为核心，通过众筹共建模式重构的社区商业
万科塾	以通过对优质教育资源的整合，以营地、美术、科技为核心模块的城市级教育平台
万科云	以产业服务为核心，通过合伙人机制和孵化器构建的产业生态系统
万科派	以地铁上盖为价值核心的服务式公寓
万科度假	以服务为核心的度假品牌
万科养老	以服务为核心的养老品牌

（三）集中性营销

第三种市场覆盖战略是集中性营销，这种战略特别适合于房地产企业资源有限的情况。根据这种战略，房地产企业将放弃一个大市场中的小份额，而去争取一个或几个亚市场中的大份额。集中性营销是小型的新兴企业在与实力雄厚的大企业竞争时取得立足点的极好办法。通过集中性营销，房地产企业能够在它服务的细分市场（或专门市场）中取得很强的市场地位，这是因为该企业更了解细分市场的需要，同时也更能以专业化的产品和服务来满足这种需要。

这种战略的代表是北京 SOHO 现代城项目，其目标市场集中于时尚、现代和颇有些另类的年轻白领阶层，同样取得了较大的成功。

第五节 房地产项目市场定位

市场定位，英文称做 Positioning，实际上是进行市场调查、市场分析、市场细分等环节后水到渠成的一个结果。房地产项目市场定位实际上就是目标市场的选择，选择目标市场时要考虑到目标市场的可衡量性（目标市场容量的大小可以被估计出来）、可进入性（开发商是否能够比较容易、顺利地进入）及可盈利性等要求。

从单个细分市场的角度看，市场需求是有限的，但是从总体市场以及市场需求的多样性来看，市场需求又是无限的。任何一个项目总有其对应的市场需求，市场定位就是要发现这个需求并通过概念、产品、价格等方面的优势与特定的市场需求联系起来。因此，市场定位主要不在项目本身，而是要在消费者的心里占据一定的位置，即市场定位不是对项目本身做实质性的改变，而是对市场价值的发现。市场定位的实质是将本项目与其他项目区别开来，使顾客感觉和认识到这种差别，从而在顾客心目中占有特殊的位置。

一、房地产项目市场定位战略与定位模式

（一）房地产项目市场定位战略

通过最外化的楼盘广告语，可以看到房地产开发企业定位所遵循的几个思路。

1. 定位于使用功能特征

这是最常用的，它直接点明项目与众不同的特点，例如：

奥林匹克花园——运动就在家门口

嘉和苑——流花湖畔豪庭
光大花园——大榕树下，健康人家

2．定位于档次

这也是经常用的，一般用于中高档房地产项目，例如：

金桂园——都市里的生活特区
王府花园——顶级生活的体验
万科俊园——非常空中，非常豪宅
碧桂园——给你一个五星级的家
南国花园——广州的第一花园

3．定位于情感

这是从目标买家的生活需求出发，通过定位进行成功共鸣。例如：

翠逸家园——舒适无价
皇上皇大厦——念念不忘老城区
中信东泰花园——美好生活在等你
万科四季花城——美一刻，美一生
盈翠华庭——超越时尚，活出精彩

4．定位于个性

通过彰显项目的个性，且这一个性与目标买家的生活态度相符而产生效果。例如：

白云堡豪苑——尊贵精神，无处不在
南景园——水木清华，庭园人家
天朗明居——新生代阳光之城
星海洲——活出优越感
萃锦苑——最爱不平凡
丽景湾——水边的香格里拉
现代城——你准备 SOHO 了吗
帝景苑——追求卓越，华采不绝
芳草园——我轻松，我快乐

5．定位于文化

有人说，策划的背后是文化，这也有一定道理。例如：

祈乐苑——一幅欧洲小城风情画
美林海岸花园——地中海小城
白云高尔夫——寻常人家的高尔夫生态家园
朗晴居——城市精英首选
丽江花园——一方水土一方人，美善相随丽江人

6．与竞争对手比较的定位

特别适合中小型项目和中低价项目，实质也是一种借用手法。例如：

绿茵翠庭——如果你想买 3000 元/m² 的市区明星小区
慧怡园——比周边便宜 50%
客村苑——半价购现楼
远锋大厦——同样的价钱，你何必舍近求远
东富花园——同样的 2000 元/m²，你能得到更多

7. 混合性的定位

用一种综合的方法,来归纳项目的特点。例如:

锦城花园——品味、价值、舒适与和谐

云景花园——你想要的,这里都有

海昌欣城——大连国际性城市样板生活社区

合生创展——优质生活,完美实现

……

房地产开发商还可以联合使用以上这些定位战略。很明显,一个项目的核心开发理念是项目的基本市场定位,或许不一定用一句话来表达,但却必须是清晰的。在具体推广的过程中,需要根据核心理念的精神和原则来演绎,需要切实地依据项目进展、市场状况、各阶段所针对的消费群、竞争对手的变化来应变。只有如此,企业所开发的项目在外界看来才是清晰的,同时又不是呆板的。通过下面的优家青年公寓案例,我们可以清晰地看出市场定位的精髓所在。

案例:YOU+(优家)青年公寓产品模式与定位

YOU+公寓是什么?

YOU+青年公寓创办于中国广州,是一个面向现代都市青年的连锁生活社区。它的产品模式是在创业公司集中的产业园或者交通便利的地方租用价格较低的整幢楼,对其进行改造后出租。其特色是它的改造不是无的放矢,而是针对城市中收入较高的单身青年的生活所需。

YOU+公寓的卖点何在?

在租房市场,房主通常只有一两套房子,能给房客将基本经济设施配套齐全就很不容易了,满足社交需求是谈不上的。而YOU+公寓则是认真研究过租房体验并且进行了较为深入的市场细分,真正理解了收入较高的城市单身群体,他们的需求究竟是什么。

从YOU+公寓提供的条件看,更像是设施不错的酒店。富丽堂皇、设施丰富的一楼大厅是住户的客厅、娱乐室、健身房、电影院、社交场所。精心设计空间和设施,允许用户自行装扮的房间兼顾了酒店客房的舒适和家的温馨。集中住户,公寓可以方便地提供衣食住行、旅游娱乐等集体服务。

对用户本身的筛选和对房客的社交KPI(Key Performance Indicator,关键表现指标)考核加强了住户之间的交流,满足了异乡单身客最难满足的交际需求。这种用户体验对收入较高的单身一族来说非常不错,房租价格相对面积来说高一点也就不难接受了。同样的价格,也许能租到更大、设施更好的房子,但是娱乐设施、集体服务、交际需求是买不到的。

什么是YOU+公寓的"三不租"?

YOU+公寓的"三不租"概念是指:45岁以上的不租、带小孩的不租、不爱交朋友的不租。

(二)房地产项目市场定位模式

房地产市场定位的模式主要有以下几种。

1. 单一产品单一目标市场模式

单一产品单一目标市场模式是指针对一个特定的消费群体开发某一种产品类型,强调为其量身定做。由于目标市场明确,可以开发出有针对性的产品,专业化水平较高。但是由于单一的目标市场其容量有限,也可能会带来一定的市场风险。因此在选择目标市场时要准确估计市场容量的大小,选择能足够容纳本项目的目标客户群体。

2. 多种产品单一目标市场模式

多种产品单一目标市场模式中的目标客户只有一个，但是产品类型却有多个，用来满足同一客户群体的不同消费需求。

3. 单一产品多个目标市场模式

开发商推出一种固定的大众化的产品来满足不同目标客户的需求，以不变应万变，该模式的特点是产品非常专业，目标客户有好几类，如某些SOHO住宅，满足了年轻白领、小型公司及单身租户等好几类客户的需求。由于不同目标客户通常具有不同的需求特点，要兼顾各种目标客户的不同消费特点是很困难的，因此这种模式一般来说风险比较大。

这种定位模式比较适合于那些大型项目，对小项目可能并不适合。根据调查发现，人们一般不喜欢跟自己富裕得多的人住在一起，也不喜欢跟比自己穷很多的人住在一起，而大多数人倾向于跟差不多层次的人同住，即物以类聚、人以群分的概念。所以，如果一个项目中既有豪华别墅，又有普通公寓，还有经济适用房，则这样的定位是比较危险的。

4. 多种产品多个目标市场模式

这种模式又称为完全覆盖市场模式，基于"不能把所有鸡蛋放在一个篮子里"的思想，即开发若干个产品类型来满足相应若干个细分市场的需求，如一个项目中有别墅、公寓等，分别满足高端及普通客户的需求。当开发商无法准确判断项目特定的目标客户时，为避免定位狭窄带来的市场风险，可能会采用这种"撒网捕鱼""广种薄收"式的定位方式。不过这种方式看似分散了市场风险，但实际上由于要同时满足多个消费群体的不同需求，定位不明确，产品没有鲜明特点，再加上开发难度也较大，反而有可能带来很大的风险，只有那些规模较大的项目才有可能适用。

二、选择并实施市场定位战略与定位模式

（一）选择并实施市场定位战略与定位模式的原则

1. 客户导向原则

成功的市场定位取决于两个方面：一是市场定位是否与消费者的需求相吻合；二是如何将项目信息有效地传递给消费者。客户导向原则就是要求市场定位必须以消费者接收信息的思维方式和心理需求为指引，考虑如何突破传播障碍将项目优势信息传达给消费者，并不断强化消费者的满意程度。客户导向原则强调市场定位的主要任务应该是市场因素而不是项目自身的因素，即有效的市场定位并不是取决于项目具有什么优势，而在于市场需要什么，不是企业怎么想而是顾客怎么看的问题。比如市场如果需要中低档的住宅产品，而项目提供的却是别墅产品，那么即使产品本身很好也是卖不出去的。

2. 一致性原则

一致性原则包括两个方面：一是要求市场定位需要与企业的发展战略一致；二是要求市场定位要与当地的经济、社会、消费水平、企业自身的技术和管理水平等相适应。

企业发展战略包括品牌战略、经营战略和管理战略等方面。只有在企业发展战略的框架下进行项目的市场定位，才能体现企业的竞争优势，发挥企业的核心竞争力，构建企业品牌和产品品牌，使得企业的产品具有延续性和创新性，实现企业的总体战略目标。比如一个走高端产品路线的开发商，低端的项目定位对其品牌形象可能是一个损害。

3. 可行性原则

可行性原则要求"量力而行"，该原则包括项目实施的可行性和经济评价指标的可行性两个方面。由于房地产市场的不断变化与发展，市场定位必须考虑项目实施的可行性，要根据项

目规模、地块特征及自身优势来分析入市的时机,准确设计项目的实施进度。同时,运用微观效益和宏观效益分析相结合,定量分析与定性分析相结合,动态分析与静态分析相结合等方法,对项目进行经济效益的分析与评价,分析各个经济指标是否可行。

4. 差异性原则

房地产市场竞争激烈,广告铺天盖地,只有坚持差异化,追求与众不同才能在消费者的心里占据一席之地。项目可以从以下几个方面来体现差异化,突出其竞争优势。

(1)产品差异化。这是首要的关键因素,包括规划建筑、景观环境、功能户型、公共配套等方面都要尽量做到与众不同,"人无我有,人有我优,人优我变"。项目必须在某一方面具有突出优势,否则只能通过其他方面来突出项目的差异性。

(2)主题个性化。产品差异化是实现市场定位的一个重要手段,但产品差异化的优势也不会自动显现出来。市场定位不仅要强调产品差异化,而且要通过产品差异化建立其独特的市场形象,这需要通过项目个性化的主题概念来实现。消费者购房时在理性上会考虑项目的实用性因素,但同时也会考虑项目个性、文化、品位等性感因素,当项目表现的主题概念与其价值观相吻合时,他们就会选择项目并通过项目来体现自己的个性。比如北京SOHO现代城就曾凭借其鲜明的产品个性受到许多时尚年轻人的追捧与喜爱。

(3)价格差异化。由于房地产价值量非常大,从某种程度上讲,价格始终是消费者关注的焦点,同时也是影响项目形象的重要因素。消费者在价格面前通常会表现出复杂的心理特征,消费者购房时一般心中都会有一个心理预期价格,如果实际价格与预期价格之间差距很大,如项目实际价格大大高于其心理价格则基本上不会引起消费者的关注,而如果实际价格低于其心理价格10%以上,则该项目就有可能形成巨大的价格优势,从而获得消费者的认可。因此,价格差异化原则如果使用得当会产生很好的效果,但是用得不好会适得其反。

(4)服务差异化。当楼盘质量和价格都难以体现差异时,项目成功的关键取决于服务项目的多少和服务水平的高低。服务包括销售服务和售后服务即物业管理服务,优质的服务可以培养顾客的忠诚度,形成口碑效应,弥补产品本身缺乏个性特点的劣势。

(二)选择并实施市场定位战略与定位模式的步骤

选择并实施市场定位战略与定位模式包括三个步骤:一是识别据以定位的可能的竞争优势,二是选择正确的竞争优势,三是有效地向市场表明企业的市场定位。

1. 识别可能的竞争优势

消费者一般都选择那些给他们带来最大价值的产品和服务。因此,赢得和保持顾客的关键是比竞争对手更好地理解顾客的需要和购买过程,以及向他们提供更多的价值。途径是通过提供比竞争对手更低的价格,或者是提供更多的价值,以使自己较高的价格显得合理。值得注意的是,空洞的诺言并不能建立起巩固的市场定位。如果房地产企业将自己的产品定位于具有最好的质量和服务,那么就必须提供所承诺的质量和服务。所以,市场定位始于将企业自身的产品切实地区别于竞争对手,同时给予消费者更多的利益。

并不是每个发展商都能找到很多机会使自己的产品区别于其他发展商,从而赢得竞争优势。一些发展商发现,许多较小的优势很容易被竞争对手复制,因此这些优势极易失去。对此,发展商以继续识别与发掘新的潜在优势,并一个接一个地加以利用,使对手应接不暇。不要指望能取得一个主要的永久的优势,相反的,可以通过取得许许多多较小的、可资利用的优势来赢得一定时期内的市场份额。

具体说来，识别可能的竞争优势包括以下三个方面。

(1) 选择竞争对手

发展商在了解自己楼盘优劣的同时，也应该全面、充分地掌握竞争对手楼盘的优势与劣势，这样才能在制定营销策略时做到收放自如，让自己的项目在激烈的市场竞争中脱颖而出。

在选择对手楼盘时可以用以下标准。

① 周围 2～3 千米以内的房地产项目，也可以根据开发项目的规模适当扩大或缩小搜寻范围。

② 价格相差 10%～15% 之间的其他在售或潜在项目。

③ 本市最畅销的前 20 名项目。

④ 知名发展商正在发售或即将发售的项目。

需要特别强调的是，许多发展商在进行此类分析时往往只注重正在开发的项目。其实，分析潜在项目往往更重要，因为本企业的项目推出时，这些潜在者就可能成了真正的竞争者。分析竞争对手是为了进行针对性比较。项目定位的关键就是寻找差异化，做到扬长避短。只有通过比较才能把"长"与"短"清清楚楚地搞明白。分析畅销楼盘则主要是为了借鉴和学习，看一看哪些方法对自己开发的楼盘有帮助。

(2) 分析竞争对手

对竞争对手深入、细致、全方位的分析，是企业确定自身地位，在不同竞争态势下采取不同的市场定位和不同的促销手段的需要。总之，对竞争对手的情况了解得越透彻，开发商成功的把握性也就越大。剖析对手的情况可以回答以下问题。

① 竞争是否激烈？是间接还是直接竞争？

② 直接竞争的主要对手是谁？间接竞争有哪些？

③ 外地发展商在本地市场占的份额是否很大？有何特权？

④ 竞争者的财务能力有多大？楼盘的规划、进度计划如何？准备推出什么户型？

⑤ 竞争对手的价格策略如何？

⑥ 对手盘的户型是否设计新颖？有哪些特征？

⑦ 对手盘的产品中有哪些遗漏、忽略？有哪些不足？

⑧ 对手盘的市场销量如何？是呈上升趋势、下降趋势，还是长时间持平？其市场占有率如何？

⑨ 对手盘的促销手段如何？是否存在被对手盘遗忘了的、抛弃了的，然而却是非常重要且行之有效的销售形式与途径？

⑩ 对手盘的发展商及楼盘的知名度如何？美誉度如何？在买家心中的形象又是如何？其知名度、美誉度在消费者心目中的形象是逐渐上升还是每况愈下？

⑪ 对手盘的广告费用大约是多少？占销售额比例的多少？其多数做怎样的广告？

⑫ 对手盘的管理层与管理结构的分析如何？

若能从多个方面对竞争者有透彻的了解，不仅能为楼盘进行市场定位找到一个恰当的切入口，而且也可以给发展商作出决策提供依据，帮助发展商在激烈的市场竞争中掌握充分的主动权。

(3) 分析可能的竞争优势

对市场可能的和潜在的竞争对手进行深入的剖析后，接下来的工作便是在与竞争对手比较的过程中分析自己可能的竞争优势，以寻找占领市场的最佳立足点。

"竞争优势也称差异化优势，是被目标市场视为比其他竞争者更重要及更优越的企业与其产品的独有特色组合。正是这个或这些因素使消费者惠顾该企业而不是其他竞争者。"这是美国营销学教授查尔斯·W.小兰姆（Charles W.Lamb, Jr.）在其代表性著作《营销学精要》中对"竞争优势"概念所下的定义。由此可见，竞争优势应当是竞争者孜孜以求、用于吸引顾客的卖点。房地产企业可以从以下几方面来寻找或构筑自己的竞争优势。

① 成本优势。成本优势的目标在于形成价格优势。竞争者往往通过设计、管理、风险转移（如工程发包）及各种有效的经营管理手段降低项目开发及经营成本。成本优势意味着在开发商能维持满意的利润水平下，以更低的价格向消费者提供同类产品或服务。

在保证质量的前提下降低成本的主要途径包括以下两种：一是规划设计。项目规划设计阶段决定着项目最终的质量水平和成本费用；在规划设计时，可通过结构、造型、材料、设备、设施、工艺、施工组织等选择来影响项目建设成本。二是组织管理。在项目策划全过程和项目开发建设、经营管理阶段，往往可以通过周密的管理与有效的经营来实现降低成本的目标，如好的策划方案将有助于缩短项目开发建设工期、加速资金回收周期；有利的工程发包方案将在转移项目投资风险的同时降低项目的资金需求，从而减少开发成本；好的融资方案既能保证项目的资金需求，又能有效地降低融资成本；严格的经营管理措施既可以大幅度减少人力、原材料消耗，又可以提高劳动效率和效益，从而降低开发成本。

② 规模优势。房地产业的一个基本特征就是投资额特别大、投资周期特别长。规模大的企业，所拥有或可调配的资源更多，讨价还价的能力也越强，在竞争过程中可处于优势地位；同时规模大的项目，便于形成规模效益，从而有利于降低成本、聚集人气、造就声势，因此可获得明显的竞争优势。

③ 差异化优势。差异化是指那些为顾客提供的，区别于其他同类、同质商品（服务）的独有特性。如楼盘在建筑质量、建筑风格、小区环境、售楼人员素质、配套设施、物业管理、社区文化等方面的差异。值得注意的是，差异化并不意味着就一定能够形成竞争优势。严格地说，房地产商品由于其自身所具备的特性，任何一件产品都是独一无二的，都有区别于其他产品的特质。问题的关键是如何更好地利用差异化来满足该项目特定的消费对象以及其特定的需求，从而构筑起吸引这些潜在消费者的营销组合。唯有这样，差异化才能真正形成竞争优势。

④ 品牌优势。品牌被定义为名称、标识，和其他可展示、以示区别的标记。品牌之所以可形成竞争优势，源于市场交换过程中信息的不对称性。这种现象在房地产商品的交易过程中表现得尤为明显。商品房的许多质量特性（尤其是那些至关重要的内在质量特性）、功能及其他属性，对于消费者而言是无法把握和检验的。于是，消费者不得不依赖品牌来间接予以评价。

品牌在市场竞争中之所以可以成为一种优势，还源于消费者的消费心理的作用。好的品牌，预示着好的质量、好的信誉，其产品更容易得到消费者的接受和认同。同时，开发商还能利用该品牌的成功扩展到其他市场，使项目品牌最终变成企业品牌，形成更大的竞争优势。

2. 选择合适的竞争优势以建立市场定位战略

假定企业已很幸运地发现了自身若干个潜在的竞争优势，接下来的任务就是企业必须选择其中的几个竞争优势，据以建立起自身的市场定位战略。在这一过程中，企业必须决定促销多少种以及哪几种优势。

发展商应促销多少种优势？许多营销商认为企业针对目标市场只需大力促销一种优势即可。例如，广告制作人罗泽·里福斯说，企业应为每一种品牌建立唯一的销售主张，并坚持这一主张。企业应给每一个品牌分派一个特点，并使它成为这一特点中的"第一名"。购买者趋向于熟记"第一名"，特别是在一个过度传播、信息泛滥的社会中。因此，我们看到，中海地产始终宣传它的楼盘质量，万科始终宣传它的品牌，碧桂园始终宣传它的物美价廉，星河湾则始终宣传它的产品和园林绿化。企业若着重围绕自身最具竞争优势的一个特点进行宣传，并且为实现这一特点坚持不懈，就很有可能因此而闻名，并被消费者记住。

也有营销商认为企业的定位只要不多于七个不同的因素即可（心理学家认为人脑能够处理的不同概念的信息单元小于或等于七）。当两个或更多的企业宣称在同一特点上最优时，这样做就有必要了。但值得注意的是，在企业增加品牌特性数量的同时，也承担了不被人相信的风险，并可能会因此而失去明确清晰的市场定位。

发展商应宣传哪些不同的竞争优势？要知道，并不是所有的品牌差异都有意义或有价值，也不是每一种差异都能成为很好的区别因素。同时，每一种差异都有可能在给顾客带去利益的同时增加企业的成本。因此，房地产企业必须仔细挑选区别于竞争对手的因素。一个差异是否值得建立应看它是否能够满足以下几条。

（1）重要性。该差异能给目标购买者带来高价值的利益。

（2）专有性。竞争对手无法提供这一差异，或者不能以一种更加与众不同的方法来提供该差异。

（3）优越性。该差异优越于其他可使顾客获得同样利益的办法。

（4）感知性。该差异实实在在，可为购买者感知。

（5）先占性。竞争对手不能够轻易地复制出此差异。

（6）可支付性。购买者有能力支付这一差异。

（7）可营利性。企业能从此差异中获利。

然而，并不是所有企业所采用的区别因素都能满足这些标准中的一条或几条。例如，新理想华庭发展商在广告中宣称它的楼盘外墙贴金，其实这一特点对许多消费者来说并不重要，事实上，它还赶跑了许多顾客；凯旋会发展商宣称它的楼盘是本地住宅的第一高楼，也并未能取得理想的效果。由此可见，选择可用来为产品或服务定位的竞争优势是很困难的，但是这些选择对于房地产企业的成功来说至关重要。

（三）传播并送达选定的市场定位

一旦选择好市场定位，发展商就必须采取切实步骤把理想的市场定位传达给目标消费者。发展商所有的市场营销组合必须支持这一市场定位战略。给楼盘定位要求有具体的行动而不是空谈。比定位更重要的是实现这一定位的实实在在的全方位的支持体系。否则，在市场竞争中，所谓的定位也好，主题概念也好，只不过是一种包装罢了，是经不起时间考验的，也是最终会被越来越成熟和理智的消费者所唾弃的。

发展商经常会发现制定出一个好的市场定位战略比实施这一战略更容易些，建立或改变一个市场定位通常需要很长时间，相反，许多年苦心经营建立起来的市场地位有时却会很快丢失。因此，一旦房地产企业建立起了理想的市场定位，就必须通过不断的表现和行动小心翼翼地保持、支持这种定位。同时，发展商必须密切地监视并适时地修改市场定位，以紧随消费者需要和竞争对手战略的变化。但是，发展商应注意避免对市场定位的突发性变更，因为突发性变更会使消费者感到困惑，甚至不知所措；相反地，产品的市场定位应逐渐演变，以适应不断变化的营销环境，从而使企业在激烈的市场竞争中获得成功。

三、房地产市场定位的内容

市场定位主要包括客户定位、主题定位、价格定位、形象定位、文化定位、营销定位等内容，以下选择若干个定位内容来进行说明。

（一）客户定位

客户定位也就是目标市场选择，即在市场分析和市场细分的基础上选择一个或多个目标市场，选择目标市场时需要考虑目标市场的容量，使其能够保证项目获得足够的经济效益。

（二）主题定位

主题是房地产项目所集中表达的特殊优势与独特的开发理念，是贯穿于项目发展各个环节的总体指导思想。主题定位的主要目的就是向市场传达项目的开发理念，展示项目的独特个性，突出项目的竞争优势，塑造项目的品牌形象，最终实现项目市场价值的提升。

（三）产品定位

产品定位就是将目标市场与产品相结合的过程，也是主题定位的具体化。由于影响房地产产品的因素众多，因此定位的内容也非常丰富。产品定位需要考虑的问题包括产品功能与类型定位、产品档次、规划建筑、公建配套、景观环境等方面。

（1）功能与类型定位主要考虑项目产品的类型及其组合，比如说是住宅还是写字楼，如果是住宅则是别墅还是公寓，如果是公寓则是多层还是高层，或者是住宅与写字楼，别墅与公寓，高层与多层等不同功能类型房地产的综合以及各种产品类型所占的面积比例等。

（2）产品档次定位要确定出门建筑材料，配套设施及整体造价水平的高低，是毛坯房还是精装修房，若是精装修房则其装修标准如何等。比如项目定位为豪宅的，则要考虑是否采用高档进口的龙头、台盆、坐便器等洁具设施。

（3）建筑规划定位要考虑项目的整体布局，建筑密度，容积率，绿化率，建筑风格，户型大小及其比例，结构类型，建筑层高等。比如户型是采用狭长型还是蝴蝶型布局，主力户型的面积是多大，大中小户型面积分别是多少等。

（4）公建配套定位要确定交通、车位、会所、医院、商业购物、体育健康、休闲娱乐等设施的类型及规模。

（5）景观环境定位要考虑绿地、采光、水系等生态环境因素。

（四）价格定位

价格定位主要根据客户定位、产品定位来进行，包括确定租售价格的大致区间。

其中，产品定位与价格定位等内容，我们会在以后的章节中进行详细阐述。此处不再赘述。

复习思考题

1. 什么叫 SWOT 分析？构造项目 SWOT 分析矩阵的原理是什么？
2. 什么是市场细分？市场细分的主要依据有哪些？试分别针对住宅市场调查的人口因素、地理因素、心理因素、行为因素设计调查问卷及表格，并进行相关的信息分析与处理。
3. 在市场细分过程中，有效性评估和可行性评估主要是针对什么进行的？试举例说明房地产细分市场有效性和可行性的内涵。
4. 什么是房地产的目标市场？试举例说明房地产目标市场选择的战略和程序。房地产目标市场选择的基本程序是什么？
5. 什么是房地产的市场定位？试举例说明如何进行房地产市场定位。
6. 选择一个你认为最合适的项目，剖析其市场调查、SWOT 分析、市场细分、目标市场选择以及市场定位的全过程，研究其成功的经验（或失败的教训）及其值得改善的地方。

第六章 房地产项目产品策划

本章首先介绍房地产项目产品策划的概念、原则和工作内容，进而介绍房地产项目开发与城市规划的关系，补充相关城市规划知识，然后以住宅项目为例着重介绍总体规划、交通道路系统规划、建筑风格、户型设计、景观环境设计和配套设施策划等的要点。通过本章的学习我们将认识到，总体规划策划和交通体系规划是项目其他策划的基础；建筑风格体现项目的形象，具备审美、识别及广告等功能；户型策划是决定住宅舒适性的主要内容，也是目前住宅项目最常见的设计策划内容；景观环境是体现项目档次，树立项目品牌的重要方面；而配套设施则是满足住宅居住功能必不可少的条件。

第一节　房地产项目产品策划概述

一、房地产项目产品策划的含义

房地产项目的产品设计是项目能否吸引消费者，进而取得成功的关键环节。从表面上看，产品设计是一个纯技术性工作，是建筑师和工程师的事情。然而，实际上，房地产产品首先需要满足消费者的需要。因此，房地产项目产品设计首先是解决市场需求问题，其次才是技术性问题。作为掌握了充分市场信息的开发商或策划机构，就有必要在专业技术人员进行设计前以及设计过程中提出自己的要求、建议和看法。这正是房地产项目产品策划的原因所在。

房地产项目产品策划是指房地产策划与可行性分析人员结合市场调研获得的信息，根据房地产项目的定位，依据城市规划的总体要求，从建筑产品的角度出发，对房地产项目产品进行策划或提出设计建议，以满足目标客户群体对该项目的需求的过程。房地产项目产品策划具有专业性、针对性等特点。

二、房地产项目产品策划的工作内容

1．房地产项目产品总体策划建议

房地产项目策划的首要工作是结合市场分析的信息和消费者调研的数据，对项目规划选址、平面布局以及竖向设计等前期设计工作提出总体建议。

2．房地产项目道路交通规划设计建议

只要达到一定规模，无论是住宅项目还是商业项目，都需要对道路交通组织进行专项设计，以满足人流和车流的通行需要。

3．房地产项目建筑类别及风格建议

随着市场竞争日趋激烈，客观上对房地产项目的建筑类别、建筑符号的使用提出了更高的要求，这就要求项目策划人员根据市场调研的情况，结合项目定位以及项目现场条件等提出建议。

4．房地产项目户型设计建议

对于住宅项目而言，由于不同项目服务的对象存在着年龄、职业、家庭人口、生活方式、购买目的等方面的差异，他们在使用过程中，将对户型、面积、空间功能等提出不同的要求，因此需要对住宅产品的户型配比、间隔等进行科学的设计和谋划。

5．房地产项目建筑景观设计建议

房地产项目除了满足消费者居住、工作等核心需求外，还应具备优秀的景观环境，满足人们越来越高的审美需求和对生活品质的要求，因此项目策划人员要对项目的景观设计提出意见、建议，并交由设计机构实施。

6．房地产项目配套设施建议

一个住宅项目的实施，除了核心的住宅产品外，还需要建设大量公共服务、市政公用、服务管理等配套设施来满足居民的各项生活需要。根据房地产项目总体情况，对配套设施的配备、布局等提出专业的建议是房地产产品策划的一项重要工作。

三、房地产项目产品策划的原则

1. 以市场需求为导向原则

现代技术的发展，使房地产项目产品策划具有无限可能性。然而，要使项目能在激烈的市场竞争中立于不败之地，就需要以市场需求为导向，根据竞争环境分析和消费者需求分析，确定产品的功能、类型和风格等。

2. 因地制宜原则

房地产具有不可移动的特征，决定了其产品设计必然受到宗地条件和周边环境的制约，因此在进行项目产品策划时，需要根据宗地实际情况，充分利用当地各种资源条件，规避不利的制约因素，审时度势，因地制宜。

3. 顺序性原则

房地产项目产品策划应遵循顺序性原则，具体而言，就是先整体后局部，先外后内。先整体后局部要求策划人员先进行整体布局设计，再进行单体设计；先确定建筑类型，再选择建筑风格；先进行整体交通规划，再考虑各单体间的空间联系；先进行整体环境景观规划，再进行中心庭院和组团的景观设计。先外后内则要求在产品规划设计中，先进行整体规划、建筑风格等的外观设计，再进行户型、装饰装修等的内部设计。

房地产项目产品策划内容丰富，且不同类型的项目具有不同的要求，本章主要以住宅项目为例，从项目总体规划、道路交通规划、建筑风格选择、户型设计、景观环境以及配套设施等方面简要介绍设计和策划的相关工作。

第二节 房地产项目开发与城市规划

一、城市规划概述

（一）城市的概念

不同的学科，对城市有不同的理解。如人口学认为城市是人口高度聚集的地区，人口规模和密度是判断城市的标准；地理学认为城市是建筑物和基础设施密集地区，是一种本质上不同于农村的空间聚落；社会学认为城市之所以为城市，主要是城市形成了一种特有的生活方式——城市性；经济学认为城市是工业和服务业经济活动高度聚集的结果，是市场交换的中心。

从房地产项目投资的角度看，城市是以人为主体，以空间利用为特点，以聚集经济效益和人类社会进步为目的的一个集约人口、集约经济、集约科学文化的空间地域系统。在我国，往往是以非农业产业和非农业人口集聚为主要特征的居民点，包括按国家行政建制设立的市、镇等。

随着社会分工日益复杂、社会化程度不断提高，交通、水电供应、集中供热、通信事业等成为现代城市的命脉，文化教育、科学技术、金融贸易、商业服务、体育、园林、工厂企业、生活居住以及各项产业结构形成庞大的现代城市大系统。要使得城市建设井然有序，市民生活有条不紊，城市实现可持续发展，规划工作显得非常必要。

（二）城市规划的概念

城市的建设需要规划指引。城市规划是城市政府为了确立城市性质、规模和发展方向，实现城市经济和社会发展目标，合理利用城市土地，协调城市空间布局和各项建设的综合部署和全面安排。

城市规划可以从以下几方面去理解。

1. 城市大系统由若干子系统组成

在城市中,各系统间相互联系,按比例综合平衡才能组成一个有机的整体。因此,作为城市建设蓝图和指引的城市规划具有复杂性、综合性、原则性和灵活性的特点。

2. 城市规划具有法律性和严肃性

在我国,城市规划是经中央和地方政府审批,人大通过,具有严肃性和群众性的特点,是民主与法制的体现。另外,城市中的一切土地开发、建设、获得,都必须服从城市规划和规划管理,这也体现了规划的严肃性和强制性。

3. 城市规划是一个动态过程

城市规划理论是动态的。城市规划由单一学科,发展到综合学科,由固定形态发展到动态,由平面布局到立体空间,由单一城市到区域联系,内容不断丰富,视野不断扩大,理论不断提高。

二、城市规划的层次体系

最终各国经济体制、城市发展水平、城市规划的实践和经验不同,规划的工作步骤、阶段划分与编制方法不同,但基本都按照由抽象到具体,从战略到战术的层次决策原则进行。一般将城市规划分为城市发展战略(发展目标、原则、战略部署)和建设控制引导(对地块的开发利用作出法律规定)两个层面。我国《城乡规划法》将规划分为总体规划和详细规划两个阶段。具体而言,按规划的深度不同,可以分为城市总体规划、分区规划、控制性详细规划和修建性详细规划等(见图6-1)。

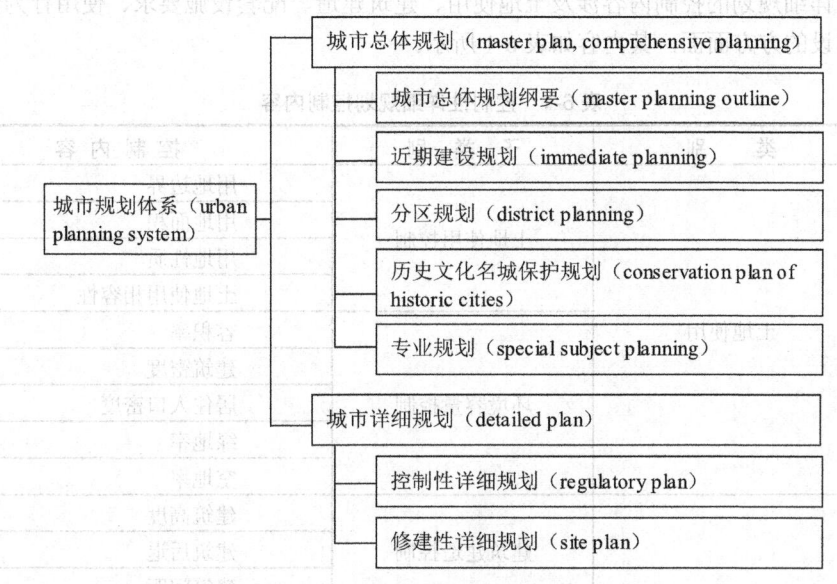

图 6-1 我国城乡规划体系图

(一)城市总体规划

城市总体规划是在较长时期内,对整个城市的发展进行的综合部署,从宏观上控制城市土地合理利用和空间布局,指导城市协调发展。它的主要任务是研究确定城市的性质、发展目标和发展规模(包括人口规模和用地规模等);确定城市布局形式和功能分区;制订城市道路和交通系统规划,城市园林绿地系统规划,城市给排水、防洪、供电、供热、燃气供应和通信等专项工程规划和城市各项工程管线设计。此外,城市总体规划还包括公共建筑位置的规划方案、地震设防城市的防震规划、城市改建规划等。

(二)分区规划

分区规划是在城市总体规划的基础上,具体划定土地使用界限,对土地使用进一步分类,对不同使用性质的用地位置和范围提出控制性要求,确定次干道及支路的红线位置、横断面、主要交叉口形式、控制点的坐标、标高;确定地上、地下各种主要管线的走向、控制管径,综合处理平面和竖向关系;严格规定区域内建筑高度和建筑密度,确定每块用地的建筑容积率和人口数量等。

(三)控制性详细规划

控制性详细规划是随着城市土地有偿使用和房地产开发的发展而形成的新的规划类型,其对房地产项目开发的指导意义最强。

控制性详细规划是《城市规划编制办法》中确定的规划层次之一,与修建性详细规划同属详细规划,是以总体规划或分区规划为依据,以土地使用控制为重点,详细规定建设用地性质、使用强度和空间环境,强化规划设计与管理,开发的衔接,作为城市规划管理的依据并指导修建性详细规划的编制。

控制性详细规划是连接总体规划与修建性详细规划的承上启下的关键性编制层次,是规划与管理、规划与实施的重要环节,也是规划管理的依据,更是房地产项目开发的必要条件。总体规划强调整体性,倾向于平面的、定性的、宏观的控制;而控制性详细规划倾向于三维空间的、定量的和微观的控制。

控制性详细规划的控制内容涉及土地使用、建筑建造、配套设施要求、使用行为活动等房地产项目建设的方方面面,其内容如表6-1所示。

表6-1 控制性详细规划控制内容

类别		子类别	控制内容
规划控制指标体系	土地使用	土地使用控制	用地边界
			用地面积
			用地性质
			土地使用相容性
		环境容量控制	容积率
			建筑密度
			居住人口密度
			绿地率
			空地率
	建筑建造	建筑建造控制	建筑高度
			建筑后退
			建筑间距
		城市设计引导	建筑体量
			建筑色彩
			建筑形式
			其他环境要求
			建筑空间组合
			建筑小品设置

续表

类别	子类别	控制内容
规划控制指标体系	市政设施配套	给水设施
		排水设施
		供电设施
		交通设施
		其他
	公共设施配套	教育设施
		医疗卫生设施
		商业服务设施
		行政办公设施
		文娱体育设施
		附属设施
		其他
行为活动	交通活动控制	交通组织
		出入口方位及数量
		装卸场地规定
	环境保护规定	噪声震动等允许标准值
		水污染允许排放量
		水污染允许排放浓度
		废气污染允许排放量
		固体废弃物控制
		其他

（注：设施配套类的"设施配套"跨子类别栏）

（四）修建性详细规划

修建性详细规划是对即将开发的地块，根据控制性详细规划对该地块的控制指标或城市规划管理部门提出的设计条件，所编制的开发建设实施性详细规划。

修建性详细规划的主要任务是，确定各类建筑、各类基础工程设施、公共服务设施的具体配置，并根据建筑和绿化的空间布局、环境景观设计，编制规划总平面图；对局部地区交通站场选址定线以及单项工程加以综合，解决各种管线在平面上、高程上的关系，市政设施的具体位置和范围以及开放小区内外各种管线的衔接关系等。

与前面介绍的城市总体规划、分区规划和控制性详细规划的编制单位不同（这些规划的编制单位为城市政府和规划管理部门），修建性详细规划是由开发企业委托专业设计机构编制的开发实施性文件，是开发企业向城市规划管理部门申请报建的主要文件和材料。

三、城市规划与房地产开发的关系

城市规划约束和限制引导着房地产项目的开发，对房地产开发形成正面的影响。

上述提到的城市总体规划、分区规划、控制性详细规划和修建性详细规划，具有从宏观到微观，从概要说明到详细布局，从整体到局部，从远期目标到近期建设实施等特点，构成了完整的城市规划层次体系，是指导房地产开发的重要依据，对房地产项目开发建设提供了约束与指引。

同时，城市规划确定合理的城市用地数量结构、用地功能布局、地块的开发顺序、开发强度和建筑用地技术规范，从而决定了未来城市各区位房地产开发的价值和最有效利用程度。

另外，城市规划及其管理工作是根据城市建设需要，提出并落实开发建设程序，有效管理城市增量用地投放和存量土地的建设，从而为政府提供了调控房地产市场的有力手段。也就是说，开发企业只有顺应城市规划的方向，踩准土地供应的节奏，才能在激烈的竞争中立于不败之地。

然而，房地产行业的发展，影响着群众的生产生活，对城市规划又产生了深刻的反向作用。具体体现在以下几方面：

第一，促使城市规划工作向更深更广的领域拓展。房地产开发的多元化，要求城市规划的灵活性和动态弹性。于是，控制性详细规划和城市设计被提到规划工作的重要日程，规划设计成果不只是一套图纸，重要的是研究报告及实施规划的政策、设计准则和措施等。房地产开发对规划者的专业能力提出了更高的要求。

第二，促使城市规划师增强土地商品价值观念。土地有偿使用制度使土地成为商品进入市场，促使规划师了解城市土地划分等级的指定方法，或者让规划师参与城市土地制定基准价，以便在城市土地利用规划中按照经济规律办事。

第三，促使城市规划管理的科学化和法制化。

房地产开发的兴起，增加了规划管理的内容。因此，必须做到以下几点：（1）建立健全规划管理和房地产管理的法规体系，使管理者的行为与被管理者的任何开发行为都有章可循；（2）改进和完善管理体制，提高规划管理的效率（科学化）；（3）积极采用新技术，如建立城市规划管理信息系统，实现对房地产开发与经营者的快速咨询与检索（查询），以便实现动态监督和指导。

第三节 房地产项目总体规划策划

房地产项目的总体规划需要进行项目平面布局、竖向设计以及管线综合设计等工作，在进行上述规划工作时，需要坚持以人为本、因地制宜以及用地平衡等原则。下面以住宅项目为例介绍房地产项目总体规划的策划工作。

一、住宅项目规划设计内容与要求

住宅小区是城市的基本构成，是城市详细规划的主要内容之一，是实现城市总体规划的重要步骤。住宅小区的规划与建设在一定程度上反映了国家不同时期的社会政治、经济、思想和科学技术发展的水平，也是当前房地产开发项目中的主流产品。

居住区规划是住区建设的先行，是决定住区建设水平的主要环节；是一个复杂的综合性的系统工程，因此，在建设过程中要求多个环节密切配合，有所前进，尤其是规划设计更要有所创新，使建成的住区在各地能起到积极的推进作用，从而改善各地的居住环境。

（一）住宅项目规划设计内容

（1）以上一级规划为依据，选择和确定用地位置、范围（包括改建、拆迁范围）。

（2）确定规模，包括人口数量和用地面积。

（3）拟订住宅类型、层数比例、数量、布置方式。

（4）拟订各级公共服务设施的内容、数量、规模（包括建筑和用地）、分布和布置方式。

（5）拟订道路的性质，各级道路的宽度、断面形式、布置方式。

（6）拟订公共绿地、体育、休息等室外场地的数量、分布和布置方式。

（7）拟订给排水、电力等相关工程设计方案。

（8）拟订各项技术经济指标。

（二）住宅项目规划中的相关概念

1. 居住区的组成和规模

广义的居住区，泛指不同居住人口规模的居住生活聚居地，是地形、地质、水文、气象、植物、建筑物等自然要素与社会制度、组织、道德风尚、风俗习惯、宗教信仰、文化艺术等精神要素的综合体。

居住区按居住户数或人口规模可分为居住区（狭义）、小区、组团三级（见表6-2）。

表6-2 居住区分级控制规模

指　　标	居　住　区	小　　区	组　　团
户数（户）	10000～16000	3000～5000	300～1000
人口（人）	30000～50000	10000～15000	1000～3000

其中，狭义的居住区是指被城市干道或自然分界线所围合，并与一定居住人口规模（30000～50000人）相对应，配建有一整套较完善的，能满足该区居民物质与文化生活所需的公共服务设施的居住生活聚居地。

居住小区是指被城市道路或自然分界线所围合，并与居住人口规模（10000～15000人）相对应，配建有一套能满足该区居民基本的物质与文化生活所需的公共服务设施的居住生活聚居地。

居住组团是指被小道路或自然障碍分隔，并与居住人口规模（1000～3000人）相对应，配建有居民所需的基层公共服务设施的居住生活聚居地。

居住区的规划布局形式可采用居住区——小区——组团、居住区——组团、小区——组团及独立式组团等多种类型。一个居住区可以包括2～3个小区，而一个小区可以包括4～5个组团（见图6-2～图6-4）。

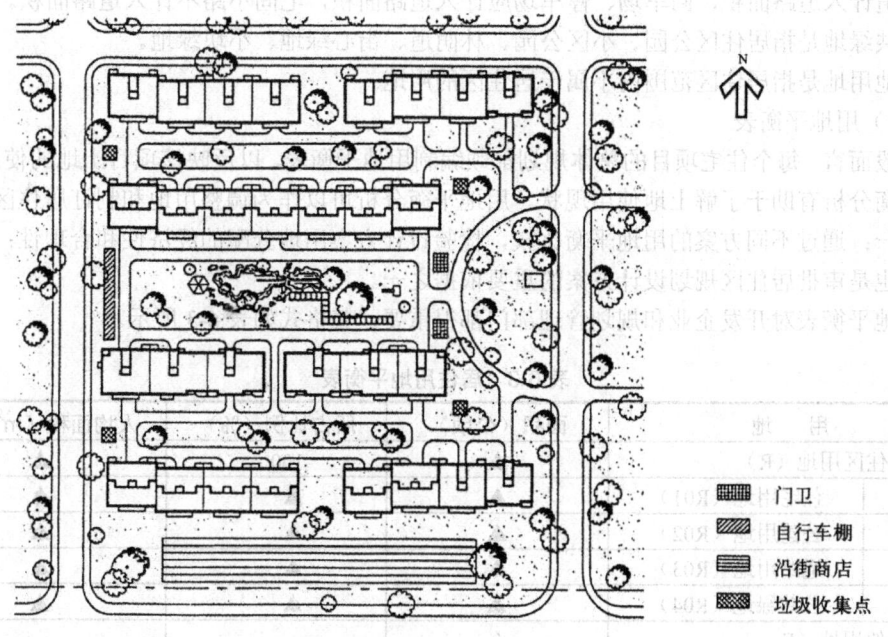

图6-2 小区总平面图（局部）

图片来源：《住宅小区环境设计图集》

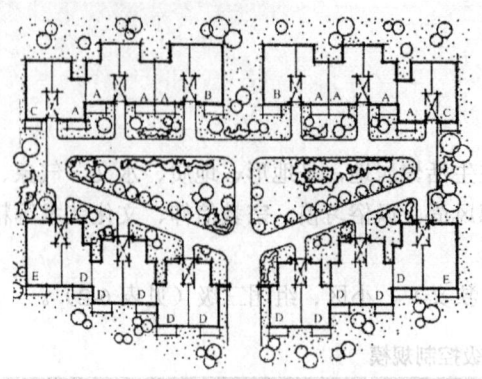

图 6-3 四合院式组团示例

图片来源:《住宅小区环境设计图集》

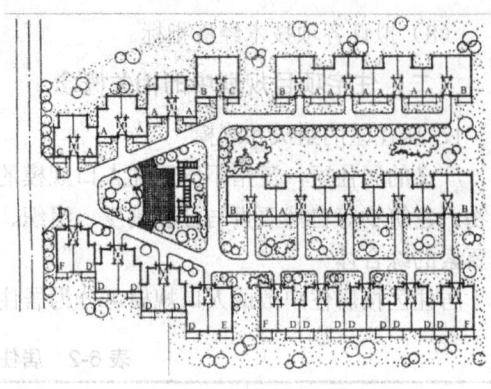

图 6-4 叉式组团示例

图片来源:《住宅小区环境设计图集》

2. 居住区用地分类与用地平衡

(1) 居住区用地分类

居住区用地按其用途分为住宅用地、公共服务设施用地、道路用地、绿化用地等几类。

其中,住宅用地是指住宅基底和住宅前后必不可少的用地(宅前宅后和家务院落)。用地划分一般以居住区内部各种道路为界;与绿地相接无其他明显界限时,前后以住宅日照间距的一半计算,两侧可按 1.5 米计算;与公建相邻的,以公建用地为界。

公共服务设施用地是指无明显界限的公建,按实际所占用地计算,有时按定额计算。底层公建住宅或住宅公建综合楼时,按住宅和公建各占建筑总面积的比例分摊用地;底层公建突出上部住宅或占有专用场院,或应公建需要后退红线的用地,均计入公建用地。

道路用地是指规划用地外围为城市支路或居住区道路时,道路面积按红线宽度的一半计算,规划用地内的居住区道路按红线宽度计算,小区路、组团路按道路路面实际宽度计算。小区路的人行道计入道路面积,回车场、停车场应计入道路面积,宅间小路不计入道路面积。

公共绿地是指居住区公园、小区公园、林荫道、街心绿地、小块绿地。

其他用地是指居住区范围内不属于居住区的用地。

(2) 用地平衡表

一般而言,每个住宅项目的总体规划都须编制用地平衡表,以反映该项目土地的使用状况。用地平衡分析有助于了解土地使用现状。用地平衡分析可以作为调整用地和制订居住区规划的依据之一;通过不同方案的用地平衡比较,检验设计方案用地分配的经济性和合理性;用地平衡分析也是审批居住区规划设计方案的重要依据之一。

用地平衡表对开发企业和规划管理部门都很重要,其格式如表 6-3 所示。

表 6-3 居住用地平衡表

用 地		面积(公顷)	所占比例(%)	人均面积(m²/人)
一、居住区用地(R)		▲	100	▲
1	住宅用地(R01)	▲	▲	▲
2	公建用地(R02)	▲	▲	▲
3	道路用地(R03)	▲	▲	▲
4	公共绿地(R04)	▲	▲	▲
二、其他用地(E)		△	—	—
居住区规划总用地		△	—	—

注:"▲"为参与居住区用地平衡的项目。

不同类型的项目，其每类用地所占比例有一个合理的范围，对一般项目而言，表 6-4 给出了参考标准。

表 6-4 居住区用地平衡控制指标

单位：%

用 地 构 成	居 住 区	小 区	组 团
1．住宅用地（R01）	50～60	55～65	70～80
2．公建用地（R02）	15～25	12～22	6～12
3．道路用地（R03）	10～18	9～17	7～15
4．公共绿地（R04）	7.5～18	5～15	3～6
居住区用地（R）	100	100	100

3．居住区中的空间序列

由于使用方式不同，居住区客观上存在不同的空间序列安排。一般可将居住区空间划分为公共、半公共、半私用、私用四个层次。

公共空间，往往是指居住区的公共干道路和集中的绿地或游园，供居住区居民共同使用的空间。居住区的公共空间一般都布置在居住区的中心，并将文化建筑、水面、曲桥、草坪、树木、雕塑小品等结合在一起。

半公共空间并非是一个完全的公共空间，其公共性具有一定的限度，作为住宅组团内的半公共空间是供组团内居民共同使用的，它是居民增加相互接触、熟悉、互助的地方，是邻里交往、游乐、休息的主要场所，是防灾避难和疏散的有效空间，以及通过较完整的绿地和开阔的视野作为居民接近自然的场所。居住区具有不同规模、不同形态和不同内涵的半公共空间。

半私用空间，是住宅楼幢间的院落空间，住区的半私用空间形状各异、设施多种，将其规划成住区内吸引力最强的居民活动空间，老人可就近找到休息、聊天、弈棋以及健身活动的场地，儿童可就近与小朋友游戏，也利于家长们照顾与监视。有的小区特别强化半私用空间，使其发挥更大作用。

私用空间，即住宅底层庭院、楼层阳台与室外露台。底层庭院的设置使居民可自由种植，增加组团内的景观，又使居民有安全感。楼层上的阳台和露台可以眺望、休息、种植花卉，取得垂直绿化的景色。

4．居住区规划的技术经济分析

除了用地平衡分析外，往往还要计算相应的技术经济指标，以反映项目的科学合理性和用地经济性。这些指标包括以下几种。

人口毛密度=居住区人口/居住区总用地（人/公顷）

人口净密度=居住区总人口/住宅用地总面积（人/公顷）

住宅建筑净密度=住宅建筑基底面积/住宅用地面积（%）

住宅建筑面积净密度=住宅总面积/住宅用地面积（m^2/公顷）

住宅建筑面积毛密度=住宅总面积/居住用地面积（m^2/公顷）

平均层数=按层数加权后的总建筑面积/基底总面积（层）

二、房地产项目平面布局策划

（一）建筑单体平面布局

1．平面布局的形式

根据《住宅设计规范》和《高层民用建筑防火设计规范》等规定，住宅平面可分为通廊式住宅、单元式住宅和塔式住宅三类。

(1) 通廊式住宅

通廊式住宅是指"以共享楼梯或楼梯与电梯通过内、外廊进入各套住房,且至少有一套住房的进房门至楼梯间门的距离超过 10m 的住宅"。通廊式住宅无论是外廊式还是内廊式,都需要设置较大面积的走道,而且由于走道从各套门前或窗前通过,各套住宅之间存在互相干扰和影响。

外廊式住宅每户均有良好的朝向、采光和通风。但在寒冷和严寒地区,会受到不易保温和防寒的局限(见图 6-5)。

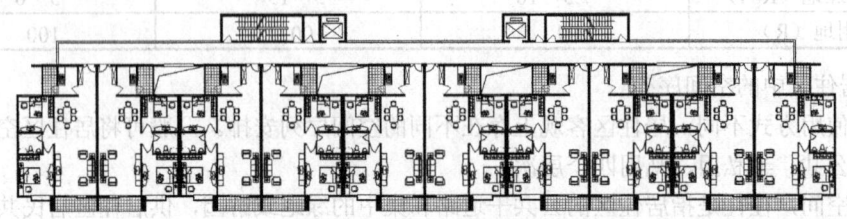

图 6-5 外廊式住宅平面图

内廊式走道则无法实现户内自然通风,如果处理得不好,半数以上户型会没有南向日照。因此,目前市场上采用通廊式布局的普通住宅比较少见,而在单身公寓、酒店式公寓等过渡性质的小户型住宅中相对采用较多(见图 6-6)。

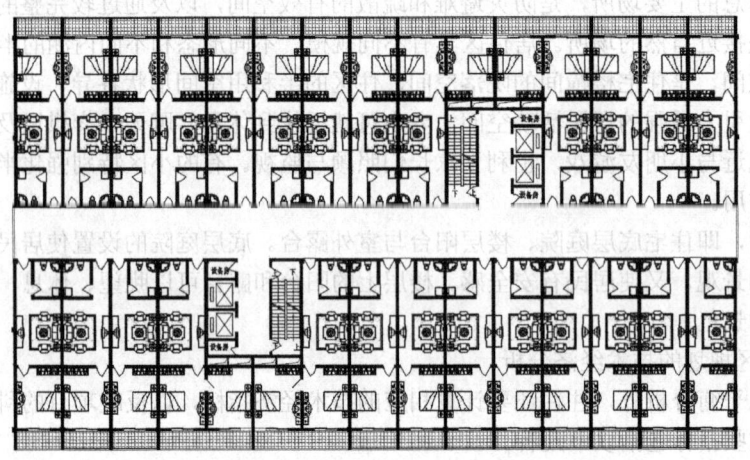

图 6-6 内廊式公寓平面

(2) 单元式住宅

单元式住宅是指"由多个住宅单元组合而成,每单元均设有楼梯或楼梯与电梯的住宅",在房地产市场上通常采用"一梯两户"的布局形式(见图 6-7)。单元式住宅的平面形状接近于长方形,建筑面宽与进深的比例一般大于 2。单元式住宅适用于多种建筑高度的住宅,包括低层、多层、小高层、高层、超高层等。

(3) 塔式住宅

塔式住宅是指"以共用楼梯或楼梯与电梯组成的交通中心为核心,将多套住宅组织成一个单元式平面,且每套进户门至楼梯间门的距离不超过 10m 的住宅"。也就是说,塔式住宅属于"一梯多户"的布局形式(此处的"梯"是指电梯井或楼梯间,而电梯数量可能有多个),平面形状接近于方形,建筑面宽与进深的比例一般小于 2。塔式住宅以高层建筑为主,根据平面形状的不同，可进一步分为方形、转角形、十字形、Y 字风车形、蝶形、工字形、T 形等不同类型（见图 6-8～图 6-14）。

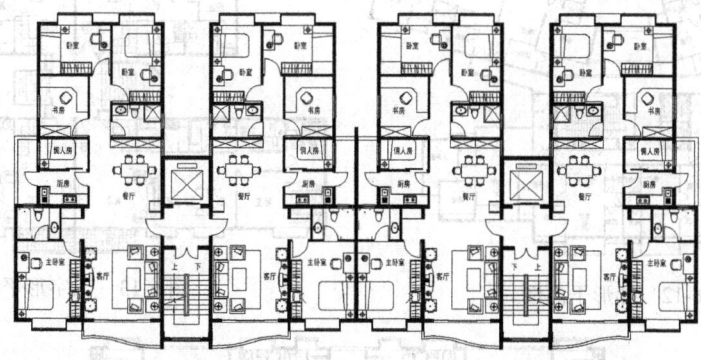

图 6-7 单元式住宅平面

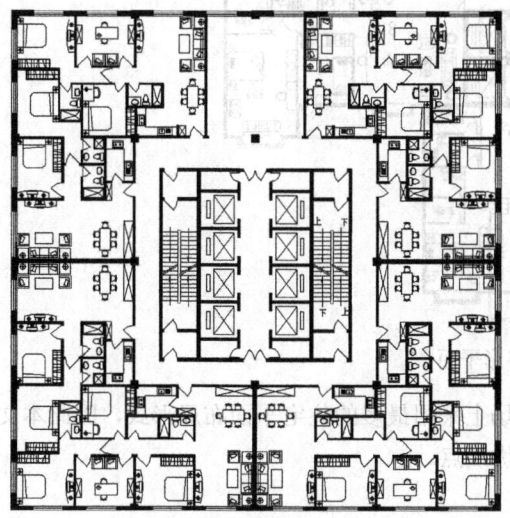

图 6-8 方形平面图

图 6-9 转角形平面图

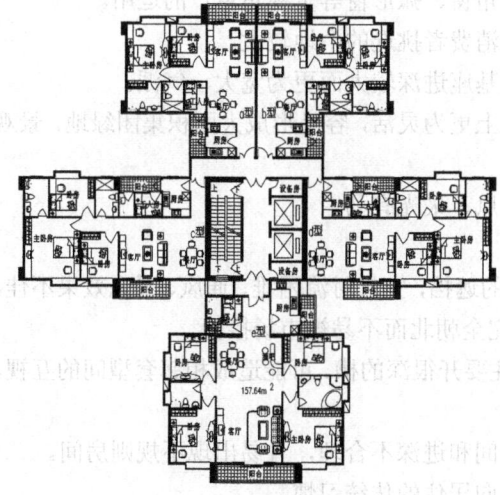

图 6-10 十字形平面图

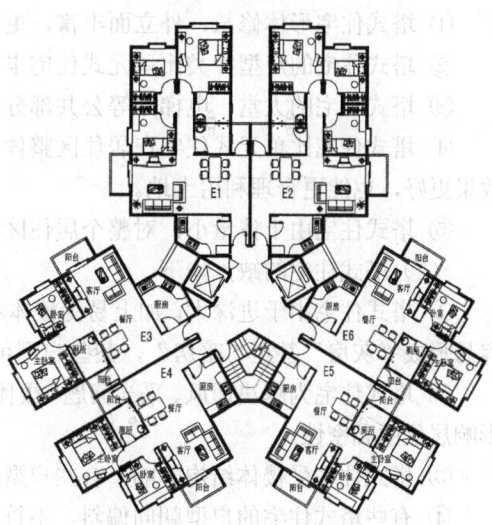

图 6-11 Y 字风车形平面图

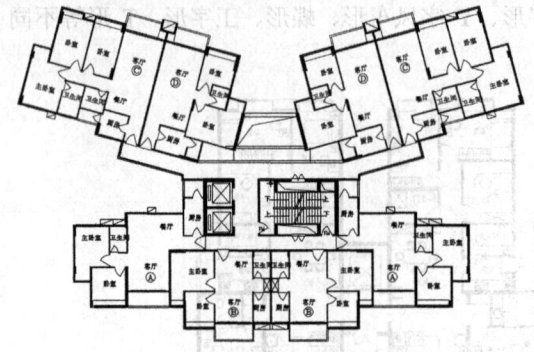

图 6-12 蝶形平面图

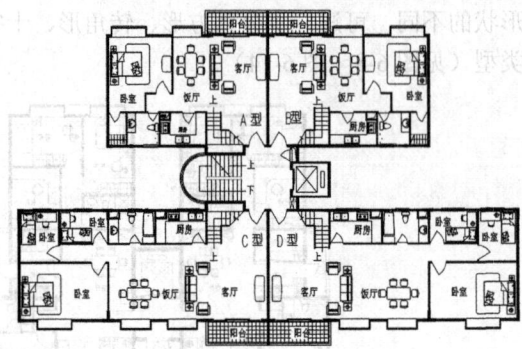

图 6-13 工字形平面图

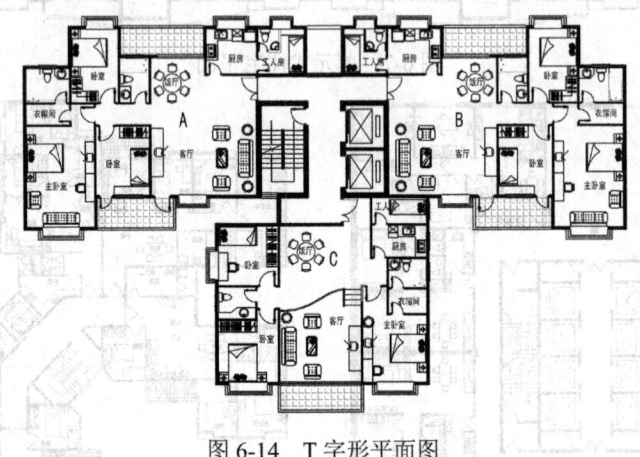

图 6-14 T字形平面图

由于塔式住宅和单元式住宅是目前房地产市场上采用最多的住宅平面布局形式，因此本文仅针对塔式住宅和单元式住宅分别介绍其各自的优缺点。

2. 塔式住宅的优缺点

（1）塔式住宅的优点如下。

① 塔式住宅形体修长，外立面丰富，更适合角窗、弧形窗等宽视角窗户的运用。

② 塔式住宅的户型种类比单元式住宅丰富，消费者挑选的余地较大。

③ 塔式住宅的大堂、电梯厅等公共部分由于基座进深较大而更为宽大、气派。

④ 塔式住宅比单元式住宅在居住区整体布局上更为灵活，容易形成大面积集团绿地，景观效果更好，也能更合理利用土地。

⑤ 塔式住宅由于体量小，对整个居住区的通风、采光有利。

（2）塔式住宅的缺点如下。

① 塔式住宅由于进深大，加上易受楼体本身的遮挡，空气对流困难，通风、采光效果不佳，容易形成"灰房"甚至"暗房"，某些户型可能完全朝北而不易被市场接受。

② 塔式住宅为解决通风、采光问题，楼体往往要开很深的槽，可能造成相邻套型间的互视，影响居住的私密性。

③ 塔式住宅受楼体结构影响，有些户型的开间和进深不合理，且易出现不规则房间。

④ 有些塔式住宅的户型朝向偏斜，不符合正向居住的传统习惯。

⑤ 垂直交通集中布置，在高峰期容易产生拥堵。

3．单元式住宅的优缺点
（1）单元式住宅的优点如下。
① 单元式住宅的建筑面宽大，进深相对短，南北贯通，通风、采光效果好。
② 单元式住宅的户型规整、方正，朝向正向，主要房间保证有充足的日照。
③ 单元式住宅的户型之间独立性强，能保证居住的私密性。
④ 单元式住宅一般采用"一梯两户"布局，垂直交通便捷。
（2）单元式住宅的缺点如下。
① 单元式住宅的户型类型变化不大，整体布局比较单调（如通常采用行列式的布局形式，呈现兵营式排列），立面比较呆板，视野不够开阔，景观效果也可能受视线遮挡面影响。
② 单元式住宅形体庞大，可能会影响整个居住区的通风、采光，对场地要求也比较高。
③ 单元式住宅由于要考虑消防问题，需要增加消防电梯、防烟楼梯等设施，造成高层单元式住宅交通面积大，公摊面积增加。

（二）建筑群体平面布局

住宅建筑群体平面布局的形式有以下几种：行列式、围合式、组团式、点群式、开放式及混合式等。

1．行列式

行列式布局是指单元式住宅按一定朝向和合理间距成排布置的方式（见图6-15）。行列式布局的优点是可以使每户都能获得良好的日照和通风条件，便于布置道路、管网，实现工业化施工。缺点是空间景观单调、呆板，后排建筑的视线容易受前排建筑的遮挡，视野不够开阔。但是如果能在住宅排列组合中，注意避免"兵营式"的布置，多考虑住宅群体空间的变化，如采用山墙错落、单元错落拼接以及用矮墙分隔等手法仍可达到良好的景观效果。

2．围合式

围合式布局是指住宅建筑沿街坊或院落周边布置的形式（见图6-16）。围合式布局的优点是通过形成封闭或半封闭的庭院空间，院落完整、安静、安全，利于布置室外场地、小块公共绿地和小型公建等居民社交场所，此外还有利于提高建筑密度从而节约用地。围合式布局一般较适用于寒冷多风沙地区，可阻挡风沙及减少院内积雪。其缺点是部分住宅朝向较差，对于炎热地区较难适应，对地形起伏较大的地区会造成较大的土石方工程等。

图6-15　行列式布局

图6-16　围合式布局

3．组团式

对于规模较大的项目来说，现在一般都采用组团式布局的方式（见图6-17）。组团可以由若干同一类型、同一层数，或者不同类型、不同层数的住宅围合而成，组团之间可用绿地、道路或自然地形进行分隔，组团实质上也是一种围合式布局。组团的规模主要受建筑层数、公共建筑配置方式、自然地形、现状及物业管理等条件的影响。组团布局优点是住宅布置灵活，空间景观效果丰富，功能分区明确，便于利用地形，有些组团可以进行封闭物业管理，也较利于分期建设。但是组团布局不利于组团内部的通风。

4．点群式

点群式布局是指塔式或单元式等住宅围绕居住区中心绿地、水景或配套建筑，有规律或自由布置的布局形式（见图6-18）。点群式布局的优点是住宅布置灵活，能够合理利用土地，景观效果丰富。但是点群式布局的居住区的庭院感没有围合式和组团式布局的居住区强。

图6-17　组团式布局

图6-18　点群式布局

5．开放式

开放式布局是指住宅布局既不是严格的行列式、围合式，也不是完全的组团式，而是自由的、开放的、不拘一格的布局方式（见图6-19）。开放式布局的优点是视野开阔，景观效果丰富，立面效果生动活泼。缺点是不利于日后的物业管理。

6．混合式

混合式布局可以综合以上布局形式的特点，扬长避短，结合不同的开发时期发挥各种形式的最大效益（见图6-20）。

图6-19　开放式布局

图6-20　混合式布局

三、房地产项目竖向设计策划

房地产项目的竖向设计是指为了满足居住区道路交通、地面排水、建筑布置和城市景观等方面的综合要求，对自然地形进行利用与改造，确定坡度，控制高程和平衡土（石）方等进行规划设计工作，主要包括道路竖向设计与场地竖向设计等。

（一）竖向设计的目的

在居住区规划工作中合理利用地形，是达到工程合理、造价经济、景观优美的重要途径。在实际规划设计中常常有这样的情况，在制定规划方案时，完全没有考虑实际地形的起伏变化，为了追求某种形式的构图而开山填沟，既破坏自然景观，又产生大量土石方，增加工程费用。有时，各单项工程的规划设计独立进行，缺乏协调，造成道路标高与住宅标高不衔接或一些地方的地面水无出路等。因此需要在规划设计阶段进行充分的竖向设计工作，一些不利于建设的地块加以适当的改造；或提出一些工程措施，减少土石方工程量；另外还要根据环境景观的特点，对项目地形地貌、建筑物高度和空间景观加以研究等。

（二）竖向设计的内容

（1）分析规划用地的地形、坡度，为各项建设用地提供参考，包括场地的坡度、坡向、高程及纵、横剖面分析等。

（2）制定利用与改造地形的方案，合理利用地形，满足建设用地的使用要求。

（3）确定道路控制点的坐标、标高，以及道路的坡度、曲线半径等。

（4）确定建筑的定位、正负零标高以及室外地坪的规划控制标高。

（5）结合建筑布置、道路规划与工程管线敷设，确定居住区内其他用地的标高与坡度。

（6）确定挡土墙、护坡等室外防护工程的类型、位置和规模。

（7）估算土（石）方及防护工程量，进行土（石）方平衡。

（三）竖向设计的原则

（1）竖向规划应与用地选择及建筑布局同时进行，使各项建筑在平面上统一和谐，竖向上相互协调。

（2）竖向规划应有利于居住区建筑及空间环境的规划和设计。

（3）竖向规划应满足各项建筑用地及工程管线敷设的高程要求，满足道路布置、车辆交通与人行交通的技术要求，满足地面排水及防洪、排涝的要求。

（4）竖向规划在满足各项用地功能要求的条件下，应避免高填、深挖，减少土（石）方以及建（构）筑物和挡土墙、护坡等防护工程数量。

（四）竖向设计的具体要求

1. 道路竖向设计的要求

（1）道路的竖向设计应结合地形，符合纵断面、横断面设计的技术要求，包括纵坡、横坡、坡长限制、宽度、转弯半径、竖曲线半径、视距等，并考虑行车和行人的视野景观。

（2）居住区的主要道路均应先做纵、横断面设计。小区主要道路可视地形复杂程度决定，一般地形平缓的，可做简单的纵断面设计方案，确定控制点标高，然后进行道路设计等高线的绘制。小路通常根据排水要求对竖向做简便的设计考虑，横断面多用单坡。

(3) 道路交叉口的竖向设计因地形及道路交叉的主次状况不同而有多种处理形式。主要原则是保证主要道路纵坡不变或少变，以利于行车顺畅；同时，要避免交叉口积水，并尽量使地面与水不汇流过交叉口前的人行横道线。

(4) 市区级道路坡度一般小于 6%，困难时可达 9%；山区城市局部路段坡度可达 12%，但坡度超过 4%，必须限制其长度；人行道纵坡以不大于 5%为宜，大于 8%行走费力，宜采用踏步；在道路交叉口纵坡不应大于 2%。

2. 场地竖向设计的要求

(1) 同一场地可以设计成不同的竖向形式，以满足使用要求和景观效果。

(2) 场地坡度要符合地块使用的要求。

① 平坡。坡度在 0%～2%之间，建筑及道路可不受地形坡度限制任意布置和安排，但坡度小于 0.3%时应注意排水组织。

② 缓坡。坡度在 2%～10%的坡地，当坡度在 2%～2.5%时，建筑宜平行等高线或与之斜交布置，若垂直等高线，其长度不宜超过 30～50m，否则需要结合地形做错层、跌落等处理；非机动车道尽可能不垂直等高线布置，机动车道则可以随意选线。地形起伏可使建筑及环境绿地景观丰富多彩；若坡度达到 5%～10%时，建筑道路最好平行等高线布置或与之斜交。如与等高线垂直或大角度斜交，建筑应结合地形设计，做跌落、错层处理。机动车道需限制其坡长。

③ 中坡。坡度在 10%～25%时，建筑应结合地形设计，道路要平行或与等高线斜交迂回上坡。布置较大面积的平坦场地，填挖土方量甚大。人行道与等高线做较大角度斜交布置，也须做台阶。

④ 陡坡。坡度在 20%～25%，这种用地作城市居民区建设用地时，施工不便，费用大，建筑必须结合地形个别设计，不易大规模开发建设。在山地城市用地紧张时仍可使用。

⑤ 急坡。坡度大于 50%时通常不用于居住区建设。

(3) 场地要保证有良好的排水条件，力求使设计地形和坡度适合雨水、污水的排水组织和坡度要求，避免出现凹地。建筑室内地坪标高应保证在沉降后仍高于室外地坪 15～30cm；室外地坪纵坡不得小于 0.3%，且不得坡向建筑墙脚。

3. 其他竖向设计的要求

(1) 广场按其性质、使用要求、空间组织和地形特点，可设计成多种竖向形式。在一个平面上的广场，竖向设计形式有单坡、双坡和多坡几种。下沉广场和多台广场不同高程的地面用挡土墙、台阶和斜坡等衔接过渡，使广场更生动有趣，适合人们活动、散步、游憩。

(2) 宅旁用地竖向设计要注意排水组织，防止地面雨水排向建筑物，影响建筑的使用和基础的稳定。

(3) 绿地的竖向设计应自然起伏以便更生动宜人。

第四节　房地产项目道路交通系统策划

严格说来，道路交通规划应属于总体规划设计的内容，但由于其重要性与专业性，故单独成节说明。

道路是居住区的空间形态骨架，居住区道路不仅具有组织车行与人行交通的功能，同时也是居住区功能布局的基础。在居民的居住心理方面，道路是居住区的基本脉络，起着"家"与

"环境"的连接作用，是居民日常活动的基本通道。

一、居住区交通系统的分类

1. 按照道路等级，居住区道路可以分为居住区级道路、小区级道路、组团级道路、宅间小路四类

对于一些特殊地段可适当增减，如增加商业步行街、滨水景观休闲步行道等。

（1）居住区级道路。居住区级道路是居住区的主干道，面宽不小于20m。作为居住区与城市道路网相衔接的中介性道路，在大城市可视为城市的支路，在中小城市可视为城市次干道。居住区的道路不仅要满足进出居住区的人行和车行交通需要，还要保证各种基础设施（如市政管线、照明灯柱）和绿化的合理布置。居住区内主要道路至少应有两个方向与市政道路相连。

（2）小区级道路。小区级道路是居住区的次干道，也是居住小区的主干道，具有沟通小区内外关系、划分居住组团的功能，面宽6~9m。主要通行私人小轿车、内部管理机动车、非机动车与人行交通，不允许引进公共电、汽车交通，同时需要保证紧急情况下消防、救护车辆的通行。小区内主要道路至少应有两个出入口。

（3）组团级道路。组团级道路是居住小区的支路，也是组团的主路，主要用于沟通组团的内外关系，面宽3~5m。主要通行内部管理机动车、非机动车与行人，同时满足地上、地下管线的敷设要求。

（4）宅间小路。宅间小路是进出住宅及庭院空间的道路，主要通行自行车及人流，但要满足清理垃圾、救护、消防和搬运家具等需要，路面宽不宜小于2.5m。

2. 按照交通方式，居住区的交通系统可划分为动态交通系统和静态车辆停放系统

（1）动态交通系统。动态交通系统可以分为人车混行、人车分流和人车部分分流等方式。

① 人车混行系统。人车混行是指居住区道路既是车行道路，同时又是人行通道，甚至是居民社交场所。人车混行能增强居住区道路的交通流量，提高居住区道路系统的使用效率，在一定程度上缓解居住区内的人车矛盾。但是人车混行最大的问题是会对居民的居住安全造成很大的威胁，还会带来噪声及空气污染等不良后果。

为消除人车混行带来的危险，在设计上可以采用以下措施：限制居住区内道路直线段的长度和宽度；修建道路小拱、瓶颈，抬高交叉平面高度及设置减速带等。这些措施都可以限制车速及车流量，以保证居民的生活安全。

② 人车分流系统。人车分流是在道路上将人流与车流完全分隔开，互不干扰地各行其道。这种系统使步行道路和车行道路完全分离，成为两个独立的道路系统，行人与汽车分别通行，不产生平面交叉，保证居住生活环境的安静和安全，使居住区内各项生活活动能正常舒适地进行，避免了机动车对居民生活质量的影响。人车分流包括平面分流和立体分流两类。

平面分流是指从平面布置入手，使车行路线和人们活动路线互不交叉。主要有以下两种形式。

第一种形式是车走外围，行人则可在社区内安全自在地活动。通过居住区的周边停车、主要出入口停车或完全地下停车等方式将机动车辆限制在生活区域以外，仅提供货运车、救护车、消防车、搬家车等特殊服务车辆及非机动车辆出入。同时，通过人行道、自行车交通系统将居住区各组成单元组织起来。这种道路组织系统的优点是可以减少机动车引起的废气、噪声等污

染以及交通堵塞，同时可以减少道路占地面积，又能创造出归属感的环境，有助于社区的统一与人际亲近，是一种较为理想的道路组织方式。但为了使居民步行到存车点或公共汽车站的距离保持在合理的距离之内，居住区内的住宅群落的规模会受到限制。因此，这种道路组织系统一般常见于城市中心区域的小型居住区，或是在城市旧区和城市边缘传统村落的改造，保持传统居住小区的特色。为保证采用这种道路组织系统的居住区的顺利运行，必须要有充足的周边条件：可以通往城市各个区域的大运量公共交通工具（如公共汽车、地铁、轻轨等），或小型快捷的出租车服务，以及限制小型车辆而促进非机动车交通方式的城市道路系统。这些城市道路系统为仅可以实现快速高效的客运目的，还在一定程度上抑制了小汽车交通发生量，同时为创造无机动车通行的居住小区提供有利的条件。

第二种形式是采用车行道进入到社区内一定的深度，布置成尽端式道路形式以减少用车人的步行距离，同时人们的内部活动没有车行交叉的干扰。尽端式道路布置有效解决了用车和避车的矛盾，而且尽端式车行路的设计可以和人行网相连接，用警示及活动阻拦装置进行分割，必要时可以连通使用，有利于搬家、消防及急救等车辆的通行。

立体分离是指人和车从立体上上、下分行，完全避开交叉，一般在高层居住区内采用较多，低层居住区很少采用。立体分离也主要有以下两种形式。

第一种是"车行地下，人走地面"。人在地面上行走感觉方便、舒适；车走地下，用坡道引导，直接进入地下车库，甚至可以直达本单元的地下室入口或电梯口入口。这种方式适用于人们出入步行社区的步行距离过长，使用公交车和出租车不太方便的大规模居住区。

第二种是"车走地面，人走天桥"。这种布置方式车行畅快，可以直达各楼门口，停车泊位可以安排在建筑底层，用车最为方便。但是人们步行进入社区，需要先上（下）一层楼，会给居住造成不便，同时不能方便享受社区共享空间。

人车分流的道路组织方式也存在一些不容忽视的问题：一是道路交通趋向复杂化，道路占地面积大；二是出入口多，不利于社区管理，又对外部交通产生较大干扰；三是如果中心绿地和各个设施、各出入口没有较好的联系，容易因缺少治理，使中心绿地变得荒凉、空旷。尽管如此，人车分流系统由于较好地解决了人车矛盾，仍然成为目前首选的居住区道路交通方式。

③ 人车部分分流系统。人车部分分流系统是对人车混行和人车分流系统的折中。一些居住区考虑到经济、地段等因素不能采用完全人车分流方式，只能在局部运用，以最大限度地发挥人车混行系统与人车分流系统各自的优势。比如在道路横断面上对机动车、非机动车和行人进行分离而形成的一种人车适时分行的道路交通方式，在经济尚不发达、汽车交通量虽有增加但人车矛盾并不是十分紧张的情况下，这种分流方式既保障了步行的安全，又能充分发挥机动车道的效用。同时，在汽车较少时，行人与自行车还可以利用机动车道进行出入交通。但随着汽车的大量增加，这种方式在安全与环境问题上将会越来越显示出局限性。此外，还可以考虑在人车混行道路系统的基础上，在住宅组团、绿地等居住区内部用地之间设置局部的专用道路（如局部的步行专用路、自行车专用路等），以实现局部的人车分流。

（2）静态车辆停放系统。静态车辆停放系统包括机动车和非机动车停放两类，本节主要针对解决汽车的停放问题，具体包括露天停车场、室内停车库等方式。

① 露天停车场。露天停车方式分为居住区外围周边停放、组团入口附近停放、院落内停放以及居住区道路一侧停放等形式。居住区外围周边停放是指在居住区规划主路沿周边布置，将汽车停放场地设在城市规划要求红线的范围内，人行道则设于小区中部。组团入口附近停放是

指在组团入口附近一侧或组团之间的场地停放，是一种不让车辆驶入组团，保证组团内安全、安静，又较方便存车的做法。但停车场需要布置在组团入口附近，却不是人流频繁通过之处。院落内停放是车主乐意接受的方式，但它却最易干扰居民生活，影响居住环境。一般在规划时只允许少量汽车停放在院落附近，作为临时停车或来客停车，停放在院落入口处、院落与院落之间的场地或在楼幢之间的空地上的停车方式，易与住宅、人流相接触。因此在设计时，应尽可能设在住宅的北向或住宅的端部，以减少干扰。居住区通道一侧停放是指在居住区道路一侧停车，有的局部放宽小区主路、支路的宽度，有的在路的尽端适当扩大场地，这种做法也多适用外来车辆的临时停车。

② 室内停车库。室内停车方式可以采用单建式停车库、附建式停车库、混合式车库。

单建式停车库（见图6-21）常建于各种场地的地下，如广场、绿地、活动场地等。它对地面上的空间和建筑物基本没有影响，只有少量出入口和通风口外露地面，能保持外部空间完好并能节约用地；车库柱网完全不受地面使用条件限制，完全可以按照车库技术指标建设，提高车库面积利用率。或者独立建设一个建筑物作为停车库，一般设于小区出入口附近，但造价较高，需要占据一定的面积。单建式停车库集中存车，远离住户，存取车辆不太方便。

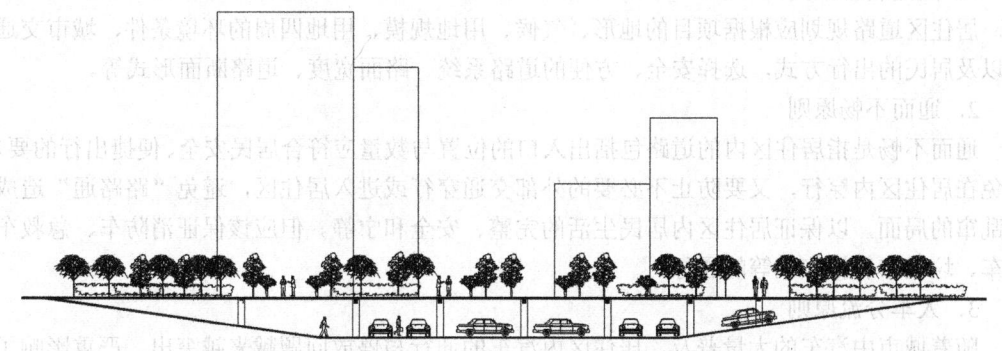

图6-21 单建式小区中心绿地地下停车库剖面图示意图

附建式停车库（见图6-22）多建于住宅楼、公建的底层，也可附建于高层住宅建筑的地下室中。这类停车库受上部建筑结构制约，灵活性和停车量均受到限制。因其附建于住宅楼，故其对用户存取车辆比较方便，但车辆进出院落，对居民干扰大。

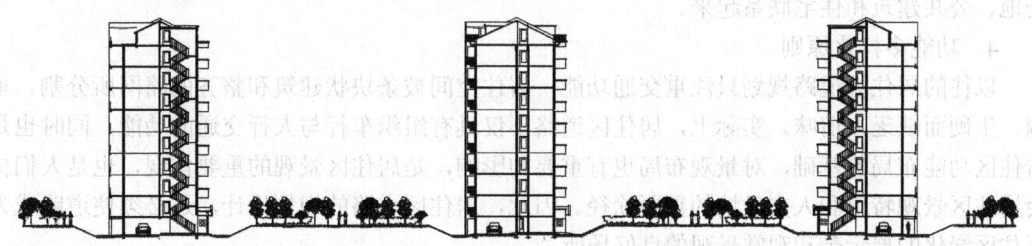

图6-22 附建式停车库剖面图示意图

混合式车库（见图6-23）常以院落高架车库的形式出现，居民可以由平台进出楼幢，汽车则在台下停放，平台上设采光、通风口并铺装绿地、座椅小品，可作为居民室外消遣、交往场地，住宅底层设储藏空间，用以停放自行车与架物，基本解决人车交叉，又方便存取，不破坏院落环境。

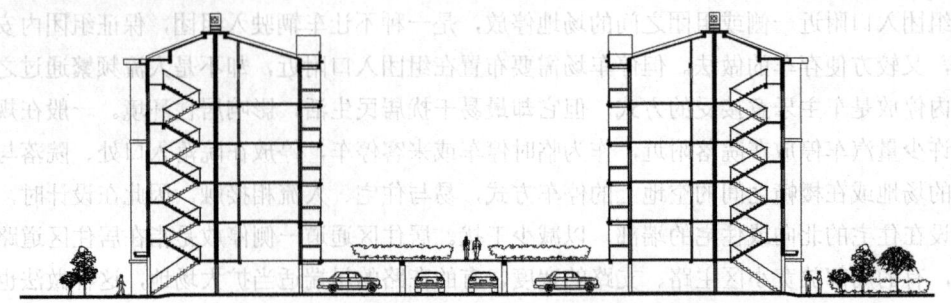

图 6-23 混合式院落高架停车库剖面图示意图

地下存放车辆方式能高效地利用土地，不减少绿化面积，具有隔绝噪声、减少废气、便于统一管理的优点。但地下车库造价昂贵，同时，车库入口应远离绿地，并应处理好人流车流交叉问题。

二、居住区交通规划的原则

1．因地制宜原则

居住区道路规划应根据项目的地形、气候、用地规模、用地四周的环境条件、城市交通系统以及居民的出行方式，选择安全、方便的道路系统、路面宽度、道路断面形式等。

2．通而不畅原则

通而不畅是指居住区内的道路包括出入口的位置与数量应符合居民安全、便捷出行的要求，避免在居住区内穿行，又要防止不必要的外部交通穿行或进入居住区，避免"路路通"造成人车乱窜的局面，以保证居住区内居民生活的完整、安全和宁静。但应该保证消防车、急救车、货车、垃圾车和搬家车等的通行。

3．人车分流原则

随着城市中汽车的大量普及，居住区内汽车的通行与停放问题越来越突出，严重影响了行人出行的安全，而且也不利于保持居住区内环境的安宁与空气的清洁。为减少人流和车流的相互干扰，车行与人行宜分开设置，自成系统。车行道通常设在居住区、住宅组团周围，且以枝状或环状尽端道路伸入小区或住宅组团内，在尽端路的尽端处设有机动车停车场或回车场，尽量控制车辆进入院落空间之内。步行道通常贯穿于居民区或居住小区内部，将绿地、户外活动场地、公共建筑和住宅联系起来。

4．功能多样化原则

以往的居住区道路规划只注重交通功能，居住空间被条块状建筑和整齐的路网所分割，单调、生硬而缺乏人情味。实际上，居住区道路不仅具有组织车行与人行交通的功能，同时也是居住区功能布局的基础，对景观布局也有重要的影响，是居住区景观的重要体现，也是人们体会居住区景观特色和人文风情的重要途径。因此，居住区道路的规划设计，还必须使道路成为居住区绿化的展示带和观赏景观的良好场所。

三、居住区道路规划的要求

（1）为了保证居住区内居民的安全和宁静，不应有过境交通穿越居住区。同时，不宜有过多的车道出口通向城市交通干道。出口间距应不小于150m，也可用平行于城市交通干道的地方性通道来解决居住区通向城市交通干道出口过多的矛盾。

（2）考虑居住区交通对周边城市交通可能产生的不利影响，避免在城市的主要交通干道上设出入口，或者控制出入口的数量和位置，并防止住宅区的出入口靠近道路交叉口。

（3）道路的宽度除满足居住区人流、车流交通通行外，各级道路宽度应满足日照间距、通风和地上地下工程管线的埋设要求。

（4）居住区道路边缘至建筑物要保持一定距离，主要是考虑在建筑底层开窗、开门和行人出入时不影响道路的通行，还有一旦楼上掉下物品也不影响行人和车辆的安全，且有利于安排地下管线、地面绿化、减少对底层住户的视线干扰等。

（5）居住区内必须配置足够数量的停车场所（包括汽车和自行车等）。停车场所的形式有人防地下室停车库；住宅底层架空层停车库；绿化带下的停车库；架空平台下的停车库；地面停车场或路边停车位。

第五节 房地产项目建筑风格策划

一、建筑风格的概念

建筑风格是指建筑物在内容和外貌等方面反映出来的特征，主要在于建筑物的平面布局、空间形态、立面色彩、建筑细部、建筑材料、艺术处理和手法运用等方面所显示的独创和完美的意境。

建筑风格具有一定的民族性、地域性和时代性。建筑风格的形成与发展受到不同时代的政治、经济、社会、建筑材料和建筑技术等的制约，同时还受到建筑设计思想、观念和艺术素养等因素的影响。

在进行房地产项目建筑风格设计及策划时，需要根据项目所处地区的地理环境、气候特征、文化背景、风俗习惯、目标客户群体心理、审美观念和价值取向等因素来综合确定。

二、建筑风格策划的重要性

随着生活水平的日益提高，人民群众对住房的需求不再仅仅是居住。住宅所具有的审美属性越来越受到重视，在房地产项目开发中，建筑风格策划显得越来越重要。其原因有以下几个方面。

1. 建筑风格具有良好的识别功能，有利于实现项目的定位诉求

房地产项目的建筑风格是项目的个性体现，是区别于其他项目的显著特征，有利于人们识别项目，对项目开发具有非常重要的意义。

2. 建筑风格具有广告效应，有利于促进项目销售

恰当的项目建筑风格选择，符合潜在客户的审美需求，引起他们的心理愉悦，提升项目的感知价值，拉近项目与潜在客户的距离，产生良好的广告效应，能有力地促进项目销售。

三、建筑风格的分类特征

（一）建筑风格的类别

建筑从古至今沿着时间和地域两条不同的线索，随着技术与文化不间断地发展、融合、演绎，而形成了不同的风格。因此，对建筑风格的分类也是循着历史阶段和国家（民族）地域来进行。

1. 按照历史阶段及艺术表现形式划分

西方的建筑按其历史发展阶段以及艺术表现形式，可以分为古希腊建筑风格、古罗马建筑风格、罗曼建筑风格、哥特式建筑风格、文艺复兴建筑风格、古典主义建筑风格、巴洛克建筑

风格、洛可可建筑风格、折中主义建筑风格、浪漫主义建筑风格、功能主义建筑风格、现代主义建筑风格、有机建筑风格和后现代主义建筑风格等类型。

2. 按照国家（民族）或地区划分

按照国家和民族来划分，可以将建筑分为中国风格、日本风格、英国风格、法国风格、美国风格、西班牙风格等。从地区来划分，又有所谓的欧陆风格、地中海风格、拉丁美洲风格等。其中根据地区范围的不同，可以做进一步分类，如中国建筑风格可以细分为徽派建筑风格、岭南风格等。

3. 按照我国房地产项目开发的实践划分

根据我国目前房地产项目开发的实际情况，结合历史和地域特征可以将建筑风格分为中式风格、异域风格和现代风格等大类。其中，中式建筑风格又可以进一步细分为传统中式风格、新中式风格；异域风格可以进一步细分为法式风格、德式风格、英式风格、意大利风格、地中海风格、美式风格、日本风格、东南亚风格等。

（二）主要类别的特征介绍

根据我国住宅项目开发的实际情况，简要介绍中式建筑风格、英式建筑风格、法式建筑风格、德式建筑风格、意大利建筑风格、地中海建筑风格、新古典主义建筑风格和现代主义建筑风格等。

1. 中式建筑风格

中式建筑风格的形成和发展具有悠久的历史。由于幅员辽阔，各处的气候、人文、地质等条件各不相同，而形成了中国各具特色的建筑风格。尤其以民居形式更为丰富多彩，如南方的干阑式建筑、福建土楼建筑、西北的窑洞建筑、游牧民族的毡包建筑、北方的四合院建筑等（见图6-24）。中国传统住宅大部分是内院式建筑，但各地形式差异较大。

（a）北京四合院

（b）湘西吊脚楼

（c）福建土楼

（d）陕西窑洞

图6-24 中国传统民居举例

随着时代的发展，中式建筑又被分为传统中式（见图6-25）与新中式建筑两类（见图6-26）。

　　　　　　（a）

　　　　　　（b）

图6-25　传统中式风格建筑

　　　　　　（a）

　　　　　　（b）

图6-26　新中式风格建筑

传统的中式建筑是独立的结构体系，其最大的特点有四点：以木结构体系为主，采用构架制的结构原理，斗拱，特异的外部轮廓。

传统中式建筑包含了丰富的元素，内容如下。

（1）屋顶形式特色鲜明。

按类型可分为：庑殿顶、歇山顶、悬山顶、硬山顶、攒尖顶、卷棚顶。

按等级可分为：重檐庑殿顶、重檐歇山顶为最高级别；其次为单檐庑殿、单檐歇山顶；再次是悬山顶、硬山顶、卷棚顶、攒尖顶、十字脊顶、盝顶、盔顶。

在中国木构架建筑中，最常用的屋顶有六种：悬山顶、硬山顶、歇山顶、庑殿顶、卷棚顶、攒尖顶。

（2）平面布局有中轴对称，围合院落，如四合院等。

（3）小雕饰有吻兽，抱鼓石，耍头，昂头雕饰。

（4）形式多样，有北京四合院，徽派建筑的封火墙，陕西的窑洞的拱形（靠山窑，下沉式窑洞），干阑式（底层架空）等。

（5）造景手法注重远借临借（借景框景），迂回曲折，隔而不断（对景墙），小中见大（小型景观），体现天人合一的思想。

（6）古建筑构件多样，有斗拱、承檐、椽子、望板、筒瓦、脊砖、兽吻、抱头梁……

新中式建筑通过现代材料和手法修改了传统建筑中的各个元素，并在此基础上进行必要的演化和抽象化，外貌上看与传统建筑式样有较大差异，但在整体风格上，仍然保留着中式住宅的神韵和精髓，有的还保留了白墙、灰瓦、马头墙等大量传统建筑符号。在沿袭中国传统建筑精粹的同时，新中式建筑更注重对现代生活价值的精雕细刻，着力提高舒适度。在设计中更多考虑私密性，更有效地提高了卫生间、厨房在居室中的地位，更好地使居室环境合理分割与有机协调等。在庭院、地下室的处理中，也吸纳了更多现代生活流线的创新之笔，如外庭院、下沉庭院、内游廊等，让中式建筑以一种更自然、更现代、更具生命力的品相出现。

通常，中式风格能吸引包括外籍人士在内的有一定文化水平、性格沉稳、喜欢中国传统文化的客户。这种风格目前多运用在中高档项目中，建筑形态以别墅、联排别墅等2~4层住宅为主，但也有被一些开发商运用在小高层和高层住宅项目中（见图6-27）。

（a）

（b）

图 6-27　中式风格运用在高层项目中

2. 英伦建筑风格

英伦建筑风格或英式风格（见图6-28）是对英国建筑风格简单的、笼统的概括。实际上，在不同历史时期，英国建筑受到哥特、文艺复兴、巴洛克、古典主义、洛可可、希腊复兴等多种艺术风格的影响，显示了不同的风格特征，也出现了风格迥异的代表建筑。

（a）

（b）

（c）

图 6-28　英式风格建筑

具体而言，英国建筑的主要潮流是古典复兴风格。古典复兴又可以分为古罗马复兴和古希腊复兴风格。英国盛行的另一种潮流是浪漫主义建筑风格，又称为哥特复兴，主要是在庄园府邸中复活中世纪建筑。此外，在古典复兴主义潮流流行的同时，在英国又出现了建筑的折中主义，其本质上是把古典复兴和浪漫主义糅合在一起，弥补古典主义和浪漫主义的局限性，也称集仿主义。因为英国在东方多个国家推行殖民统治，英国建筑中又引入了中国、印度、土耳其和阿拉伯等国家和地区建筑的元素，形成独具魅力的"东方情调"，影响了欧洲浪漫主义建筑风格的发展历程。

对于住宅建筑的重要组成部分，英式别墅是具有鲜明特色的。英式别墅主要建筑结构墙体为混凝土砌块，具有简洁的建筑线条、凝重的建筑色彩和独特的风格，坡屋顶、老虎窗、女儿墙、阳光室等建筑语言和符号的运用，充分诠释着英式建筑所特有的庄重、古朴。双坡陡屋面、陡峭的侧三角形屋顶、深檐口、屋檐几乎无装饰、外露木构架、砖砌底脚、木板大门、斜网格窗、壁炉和显眼的精制大烟囱等都是英式住宅的特征。

英式别墅建筑空间灵活适用、流动自然，蓝、灰、绿富有艺术的配色处理赋予建筑动态的韵律与美感。建材选用手工打制的红砖、碳烤原木木筋、铁艺栏杆、手工窗饰拼花图案，渗透着自然的气息。

英式风格目前多运用在高档别墅和低密度住宅项目中，但总体而言，数量不多。

3. 法式建筑风格

法式建筑风格（见图6-29）是欧陆建筑风格的重要组成部分，是经过数百年的历史筛选和时光打磨而逐步形成的经典的建筑风格。

(a)

(b)

(c)

图6-29 法式风格建筑

法式建筑往往不求简单的协调，而是崇尚冲突之美，呈现出浪漫典雅气息。法式建筑有一个重要的特点，那就是对建筑的整体方面有着严格的把握，善于在细节雕琢上下工夫。法式建筑十分推崇优雅、高贵和浪漫，它是一种基于对理想情景的考虑，追求建筑的诗意、诗境，力求在气质上给人深度的感染。

法式建筑风格偏于庄重大方，整个建筑多采用对称造型，建筑气势恢宏，居住空间豪华舒适。

法式建筑也有特定的建筑符号，如上屋顶多采用孟莎式，坡度有转折，上部平缓，下部陡直。屋顶多配有精致的老虎窗，或圆或尖，造型各异。外墙多用石材或仿石材装饰，细节处理上运用了法式廊柱、雕花、线条，制作工艺精细考究。

法式风格目前多运用在中高档项目中，建筑形态以别墅、联排别墅等2～4层住宅为主，较少使用在多层和高层住宅中。

4．德式建筑风格

德式传统建筑是欧洲大陆建筑的一个重要组成部分。简洁大气、棱角分明、讲求实用是德式建筑的鲜明特征（见图6-30）。不对称的平面、粗重的花岗岩、高坡度的楼顶、厚实的砖石墙、窄小的窗口、半圆形的拱券、轻盈剔透的飞扶壁、彩色玻璃镶嵌的修长花窗等都是充满德国风情的建筑元素。

图6-30 德式风格建筑

德国现代建筑简朴明快，色彩庄重，重视质量和功能，具有高度的规划性、精确性和特有的工业美感。那些随处可见的清晰的转角、相对简洁的造型、精确的比例、功能的强调以及良好的施工品质给人光洁而严谨的整体感觉。

无论是建筑物的外部还是内部，都通过有层次的空间营造来满足人的需要，这些空间包括走廊、中庭、院落等。同时追求工业设计的工艺高度甚至是艺术高度，对精确、尺寸性的到位有极高的要求。

德式风格在19世纪末20世纪初进入中国，近年来得到快速发展。传统德式建筑风格目前在我国多运用在中高档项目中，建筑形态以别墅、联排别墅等2～4层住宅为主。现代德式建筑则被广泛应用于多层、高层项目中。

5. 意大利建筑风格

意大利建筑突破了欧洲古典、文艺复兴时期古典主义的常规，在建筑技术、规模、类型及建筑艺术手法上都有很大的发展，无论在建筑空间、建筑构件还是建筑外形装饰上，都体现一种秩序、一种规律、一种统一的空间概念（见图6-31）。

(a)   (b)

图 6-31 意大利风格建筑

流行于19世纪下半叶的意大利式风格，一般为方形或近似方形的平面，红瓦缓坡顶，出檐较深，檐下有很大的托架（也称牛腿）。檐口处精雕细琢，气势宏大，既美观又避免雨水淋湿檐口及外墙而变色，使外观看上去始终保持鲜艳亮丽。普通的意大利风格的建筑，朝向花园的一面有半圆形封闭式门廊，落地长窗将室内与室外花园连成一体，门廊上面是二楼的半圆形露台。

意大利建筑在细节的处理上特别细腻精巧，贴近自然。其中铁艺是意大利建筑的一个亮点，阳台、窗间都有铸铁花饰，既保持了罗马建筑特色，又升华了建筑作为住宅的韵味感。尖顶、石柱、浮雕等，彰显着意大利建筑风格古老、雄伟的历史感。

6. 地中海（美国加州）建筑风格

地中海风格建筑，原来是特指沿欧洲地中海北岸沿线的建筑，特别是西班牙、葡萄牙、法国、意大利、希腊等国家南部沿海地区的住宅。这些地中海沿岸的建筑和当地乡村风格的建筑相结合，产生了诸如法国普罗旺斯、意大利拖斯卡纳等地区的经典建筑风格。后来这种建筑风格融入欧洲其他地区的建筑特点后，逐渐演变成一种豪宅的符号（见图6-32）。

闲适、浪漫却不乏宁静是地中海风格建筑所蕴含的生活方式的精髓所在。长长的廊道，延伸至尽头后垂直拐弯；半圆形高大的拱门，或数个连接或垂直交接；墙面通过穿凿或半穿凿形成镂空的景致，这是地中海建筑中最常见的三个元素。

地中海风格的建筑舍弃浮华的石材，用红瓦白墙营造出与自然合一的朴实质感。地中海风格从建筑的形态上看，经常出现很多不对称的设计，尤其是西班牙风格的建筑，采用了很多圆弧形结构。外立面颜色温润而醇和，材料粗朴而富有质感，建筑中包含众多的回廊、构架和观景平台。

图 6-32　地中海（美国加州）风格建筑

地中海风格建筑在细节的处理上特别细腻精巧，如在西班牙建筑中，经常广泛运用螺旋形结构配件。此外，在地中海建筑中往往采用建筑圆角，让外立面更富动感，并配合落地大窗和防锈锻铁为装饰的小窗，外墙局部用文化石和特别的涂料；露台上采用弧形栏杆等；而装饰用的烟囱，则带有传统的英国风味。

随着大量西班牙移民进入美国，而加利福尼亚州的自然条件与地中海地区相近，使得地中海风格在加州得以发扬光大，形成"加州风格"或称"美国加州地中海风格"。早期，美国加州的建筑形体厚实，小窗洞、黄灰色的抹灰、实墙、运用原木等特殊的材质，让建筑显得粗犷自然，整体环境透露着一种宗教的神秘感。大约在 19 世纪晚期，由于新艺术运动的兴起，加州的住房也开始讲究装饰，强调铁艺的运用，呈现简洁、粗犷的时尚，增加豪华感和南欧其他地区的一些特点，经过多年发展，逐渐成为代表世界豪宅的商标。

地中海风格被广泛运用在中高档项目中，建筑形态以别墅、联排别墅等 2~4 层住宅为主，但也有被一些开发商运用在小高层和高层住宅项目中。

7. 新古典主义建筑风格

新古典主义是古典与现代的结合物，它的精华来自古典主义，但不仿古，更不复古，而是追求神似。新古典主义是西方建筑艺术现代变革的产物。它是对 18 世纪纤巧、细腻、浮华的洛可可艺术风尚的反思，旨在用古罗马文化来振兴当代艺术，推崇高尚质朴的思想和为国献身的英雄主义。比照罗马建筑的经典元素，新古典主义在檐口、栅花、线条等方面可以说都是世界建筑精华的集大成者，在建筑比例上严格符合了人体的黄金比例。这是新古典主义至今仍在世界领域被广为采用，并且不断发展演变的原因（见图6-33）。

(a)

(b)

图6-33 新古典主义风格建筑

当前我国大量住宅项目均采用新古典主义风格，这些项目超越了早期"欧陆风"的生硬与"现代简约"的粗糙，设计更趋精细，品位更加典雅细腻。

8. 现代主义建筑风格

现代主义建筑是指20世纪中叶，在西方建筑界居主导地位的一种建筑思想。这种建筑主张，建筑师要摆脱传统建筑形式的束缚，大胆创造适应于工业化社会的条件、要求的崭新建筑。因此具有鲜明的理性主义色彩，又被称为现代派建筑（见图6-34）。

(a)

(b)

图6-34 现代主义风格建筑

现代主义建筑的特点是强调时代感，要随时代而发展。主要体现在现代建筑应同工业化社会相适应；强调建筑师要研究和解决建筑的实用功能和经济问题；主张积极采用新材料、新结构，在建筑设计中发挥新材料、新结构的特性；倡导坚决摆脱过时的建筑样式的束缚，放手创造新的建筑风格；力求发展新的建筑美学，创造建筑新风格。

对于住宅而言，现代主义风格强调基本居住功能，其设计的基础是逻辑性、科学性，而不是视觉美的装饰性。以功能为设计的出发点，突出建筑设计的经济原则，以最低的开支达到最大程度的满足性。

从形态上看，现代主义建筑多采用波浪的造型，布局高低跌宕，简单轻松，舒适自然。

现代主义建筑元素包括高耸的建筑外立面，强烈金属质感的建筑材料，竖线条的色彩分割，平屋顶，对称的布局，光洁的白墙面，简单的檐部处理，大小不一的玻璃窗，少用或完全不用装饰线脚等。

现代主义建筑在我国大量运用，是主流建筑风格，是各种类型和档次住宅项目都可以选择的一种建筑风格形态。

随着行业的发展，除了上述建筑风格外，如北美风格、澳大利亚风格、日本风格和东南亚风格等建筑风格也纷纷被引进我国，可供项目决策者选择的余地更大了。因此，在具体的实践中，房地产策划和可行性分析人员应该根据市场调研的情况，选择适宜的建筑风格类型，树立鲜明的项目形象。

第六节　房地产项目户型设计策划

一、住宅户型策划的内容

1．确定户型类型

户型策划的首要工作就是要确定户型类型，即确定是采用平面户型还是立体户型，独立户型还是双拼户型，错层户型还是跃层或复式户型。户型类型要根据项目所处区位以及周边总体环境，结合目标消费群体的消费特征等来确定。

2．确定户型大小

根据面积大小的不同，户型一般可分为实用型、舒适型和豪华型等。但是户型大小划分的面积标准并不是绝对的，不同时期、不同地区具有不同的"大""小"标准。比如在 20 年前，$80m^2$ 就算大户型，而在今天一般只能算是小户型。从不同地区来看，我国南北之间，大中小城市之间的标准也不同，一般来说北方比南方户型要大，小城市比人城市的户型大，比如 $90m^2$ 在香港地区已经属于大户型甚至是"豪宅"，而在内地一些大城市最多只能算是中等户型，而在一些中小城市可能就是小户型。

户型大小首先要根据人体工程学和家居生活的规律来确定。面积大小应该适中，面积太小会使生活不便，而且有压抑感；面积太大不仅浪费，而且失去了温馨的家庭生活氛围。其次，户型大小还要结合项目的土地价值来判断。景观丰富、交通便利的地块当然应以大户型为主；土地各方面均普通既无突出优点又无特别缺点的，则以中等户型为主；而地块较差时则应以总价较低的中、小户型为主；至于在商务中心区的小幅土地，最适宜的当然是小面积公寓甚至酒店式公寓。

3．确定户型组合

户型组合是指一个项目中不同类型、大小、位置的户型组合及其比例关系。一个房地产项目不可能只有一种户型，否则产品线过于狭窄，市场风险很大。有多种户型就涉及不同户型的组合与比例问题，比如两户、三户、四户等分别应占多少比例。但是户型类型及大小类型又不能过多，企图吸引所有消费者的项目最终只能是所有消费者都吸引不到。

一般来说，一个项目应该确定一个主力户型（其数量明显要比其他户型多），再加上一些辅助户型。物以类聚、人以群分，消费者一般倾向于同自己所处的阶层和素质比较接近的人做邻居。较少的户型类型能够使目标消费群体相对集中，提高产品的档次，间接起到替消费者"选择邻居"的作用。当项目规模较大或者目标消费群体界定不清楚时，可以采用多个主力户型，但一个项目的主力户型不宜过多过杂；否则无法集中满足某一层次的需求，也体现不出项目的档次与形象。因此，大、中、小户型的比例配置既要有相对同一性，又要使消费者有一定的挑选余地，提高项目的市场抗风险能力。究竟什么户型比例才恰当，只能根据市场调研来决定。

4. 确定户型布局

户型布局包括两个层次的含义：一是指各个户型在小区总平面、楼层、平面上的位置；二是指一个户型之内不同功能房间的平面布置。

研究发现有些单纯从设计角度看堪称优秀的户型却不幸滞销，其原因在于发展商将它们放在了错误的位置上，比如面积大、总价高的户型却被放在临近路边噪声很大的位置，或景观较差的地方，或朝北的方向，或建筑平面中间，或有"西晒"，或是底层等。一般来说，位置好、景观佳的地方布置总价高的大户型，位置较差的地方设置总价最低的户型。

户型内部不同功能房间的平面布置是户型策划的重点。在进行策划时，策划机构应该站在市场角度，从如何更好地满足消费者需求以及项目整体定位的高度审视，而不应由建筑设计师单纯从建筑技术、建筑结构等角度出发来确定。

二、住宅户型策划的原则

不同的消费者对户型有不同的要求，但是有一点是统一的，那就是户型要以人为本，满足人性化的要求。人性化是户型设计和户型策划中必须遵循的最高准则，要求户型设计和策划必须一切从家居生活的基本规律出发，符合生活方便、合理、舒适、安全、卫生等需要。具体包括以下几个方面。

1. 功能分区原则

住宅应具备起居、娱乐、饮食、洗浴、就寝、工作、学习、储藏等基本功能，相应的有客厅、餐厅、厨房间、卫生间、卧室、书房、储藏室等空间。根据不同的标准可以将上述空间分为不同的类型，且不同类型的空间应该适当分区。

（1）动静分区

居室根据其使用性质可分为动区和静区，客厅、餐厅、厨房、娱乐室、公共卫生间等空间属于动区，而卧室、书房、主卫等空间则属于静区。动区空间活动频繁，应靠近入户门设置；静区需要最大限度的静谧，尽量靠近户型内侧，动、静区应该保持一定的距离，一方面使会客、娱乐或进行家务的人能放心活动，另一方面使休息、学习的人能确保静谧，不受会客、娱乐等活动的干扰。最能体现动静分区原则的是跃层、错层户型，但平面户型如果布置合理，也能实现动静分区（见图6-35）。在动区和静区的面积比例上，有人提出一个参考指标，即三房户型大致五五开，两房大致六四开，一房大致七三开。

（2）公私分区

居室根据其开放程度可分为公共区和私密区。入户门和玄关为公共区；客厅、餐厅为半公共区；厨房、工人房和服务阳台为半私密区；次主卧、次卧、次卫和家庭起居室为家庭私密区；主卧和主卫为主人私密区。在户型设计中，家庭生活的私密性必须得到充分的尊重和保护，不能让访客在进门后将业主家庭生活的方方面面都一览无余。公私分区要求卧室与客厅、餐厅、娱乐室等空间分离，卧室尤其是主卧布置在最隐秘处，而且还应该注意各房间门的开启方向，尽量保证卧室之间，以及卧室与其他房间之间不相互对视。图6-36中主卧布置在户型的最内侧，实现了客厅等公共活动区的分离，但是次卧房门正对着公共卫生间门不妥。

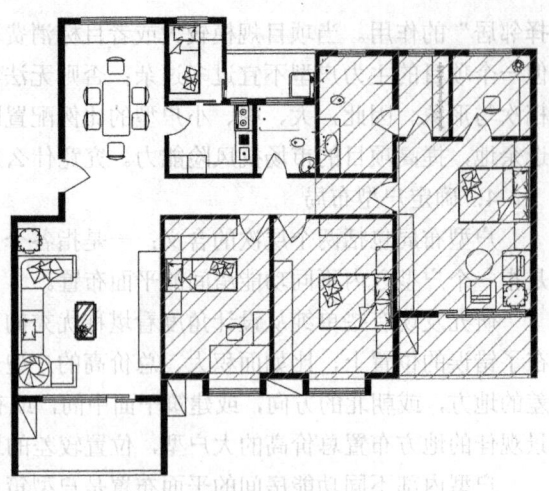

图 6-35 平面户型中的动静分区　　　　图 6-36 平面户型中的公私分区

（3）主次分区

主次分区主要是为了保证家庭成员之间的起居互不干扰。一般要求主卧与次卧有一定距离。主卧最好带有独立卫生间（见图 6-37）；保姆房（工人房）与主人房有所分离等。

（4）干湿分区

按照是否用水可分为干区和湿区。厨房、卫生间等属于湿区，卧室等属于干区。为了减少污染，干区和湿区应该分离。比如将厨房、卫生间和居室结合部设置过渡空间，进行干湿分置；厨房门口设置冰箱间等（见图 6-38）。

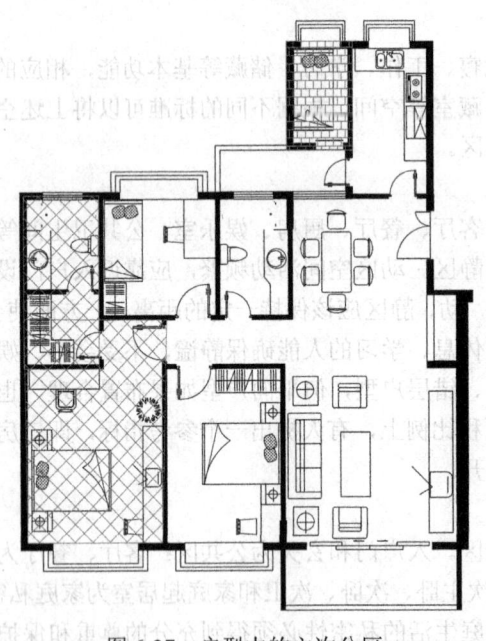
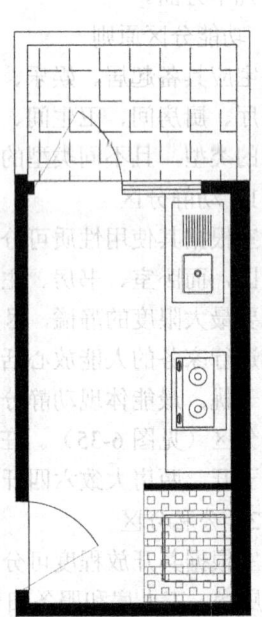

图 6-37 户型中的主次分区　　　　图 6-38 厨房干湿分区

（5）洁污分区

洁污分区是指污染源相对集中的房间与其他相对洁净的房间分离，比如卫生间、厨房与卧室分离等，以及卫生间内的便溺与盥洗空间分离等（见图 6-39）。

2. 流线设计原则

流线又称动线，是指住宅中日常活动的路线，通过流线设计可以有意识地将人们的行为方式加以组织和引导，从而达到划分不同功能区域的目的。住宅中的流线一般可划分为家务流线、家人流线和访客流线三种，流线设计原则上要求上述三种流线尽量不要交叉。如果流线产生很多交叉，则说明空间的功能区域混乱，功能分区不合理。不合理的功能分区会使空间被零星分割，居住面积被浪费，日常生活不方便以及家具布置受到限制等。

（1）家务流线

家务流线包括烹饪流线、洗涤流线、洗浴流线。储存、清洗、料理三道程序决定了烹饪流线，一般家中的厨房较窄，流线通常为 I 形或 L 形，顺序不当就会引起使用上的不便。比如烹饪流线规划是先从冰箱取物，然后隔过炉灶进入水槽清洗，案头加工，最后再回炉灶烹调，这样感觉流线并不合理。如果一开始就是冰箱、水槽、案头、炉灶，使用起来就会更流畅些。洗涤流线主要是洗衣、晾晒和熨衣，这三点最好一线，设置在同一区域，例如将洗衣机放置服务阳台，使洗涤过程集中完成，是目前常见的布局。又比如洗浴流线，有些采用洁污分离的手法，将洗手台设计在卫生间外侧，然后依次是坐便器和淋浴房，既避免了浴室潮气四处散布，又使洗衣、如厕、淋浴互不干扰。

（2）家人流线

家人流线主要存在于卧室、卫生间、书房等私密性较强的空间中。这种流线应尊重主人的生活格调，满足其生活习惯。如主卧配独立卫生间甚至衣帽间，大户型增设带卫生间的次主卧，以及主卧配书房等，这就增强了居住流线的私密性。目前还有一种书房开设两个门，分别通向主卧和客厅的设计，既保证了主人学习的便利，又使有亲密关系的来客能在书房畅谈，将居住流线和来客流线在书房中形成交叉点（见图6-40）。

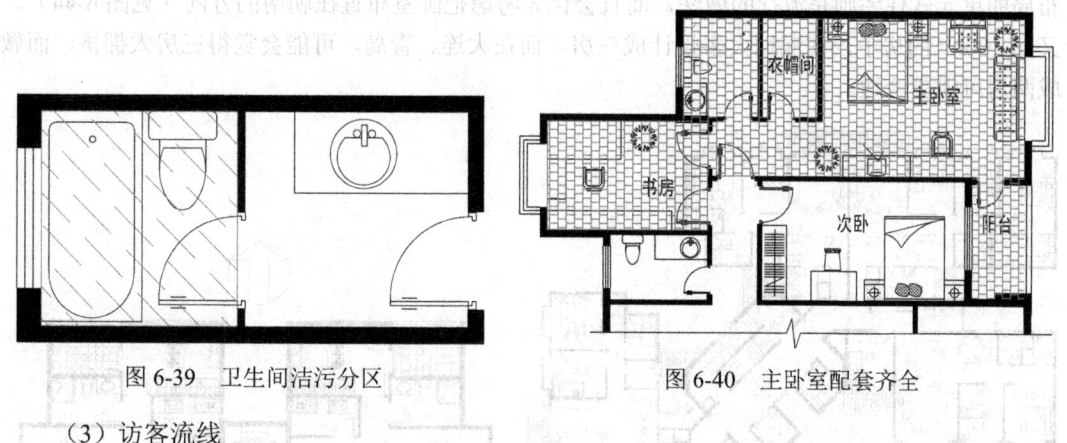

图 6-39　卫生间洁污分区　　　　　图 6-40　主卧室配套齐全

（3）访客流线

访客流线主要指从入户门进入客厅的行动路线。来客流线不应与居住流线、家务流线交叉，以免客人来访时影响家人的休息或工作（见图6-41和图6-42）。客厅所处的位置和周边的门是保证流线合理的关键。客厅处于套型中的动区，应在外侧，也就是离入户门近的区域；卧室的门要开在会客区外，避免出入时横穿沙发和电视机之间，最好的办法是完全动静分离，将客厅独立设置。在一些高档公寓或者别墅类住宅中，已经出现了双起居室的设计，即会客室和家庭起居室，将不同流线的干扰降到最低。

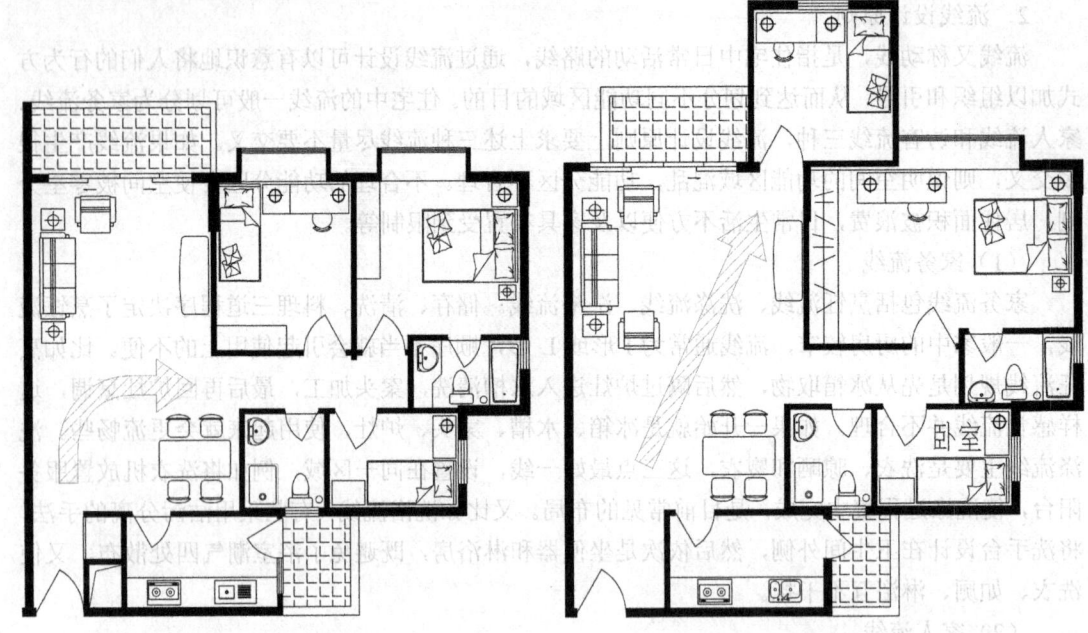

图 6-41　流线不交叉　　　　图 6-42　家人流线与访客流线交叉

3．地域性原则

地域性是由于各地区人们生活习惯不同而对户型和面积有着不同的要求，是户型设计中必须高度重视的问题。比如广州、深圳等南方城市的户型设计中可以有全部朝北的户型（见图 6-43）。在北方地区由于考虑到冬季采光等要求，绝对无法接受完全朝北的户型，一梯两户布局的单元式住宅则是流行的做法，而且会优先考虑把卧室布置在朝南的方向（见图 6-44）。又如 $100m^2$ 的房子，在深圳大多设计成三房，而在大连、青岛，可能会觉得三房太拥挤，而做成两房可能更合适。

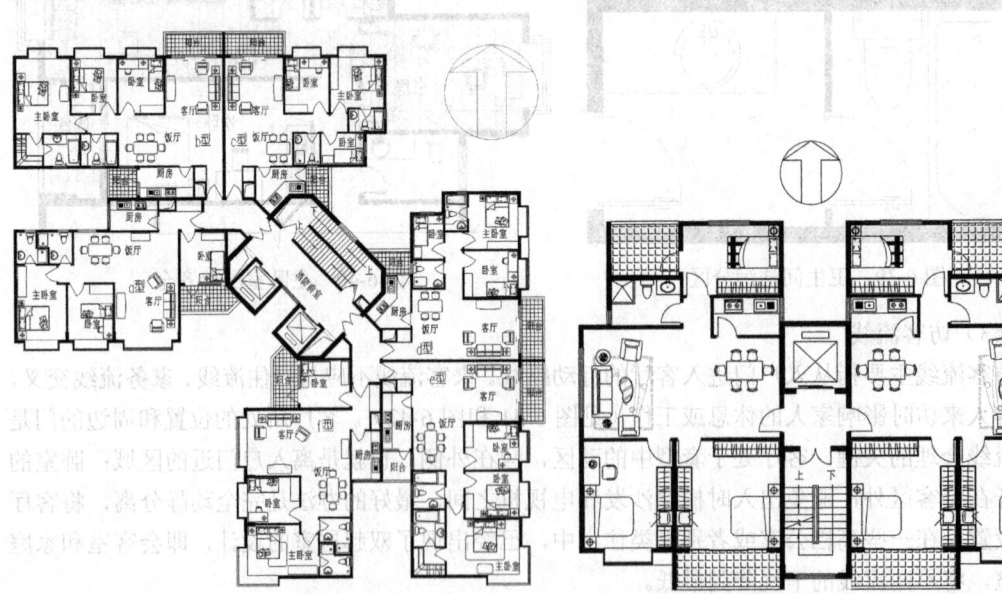

图 6-43　南方某户型平面　　　　图 6-44　北方常见户型平面（一梯两户）

4．均好性原则

在房地产开发中，由于楼梯位置、朝向、通风、采光、楼层等差异，在每个项目的后期都会有一些条件不太好的户型形成空置。而要提高户型设计的均好性则是降低项目的空置率的有效办法，也是开发水平和设计水平的重要体现。户型设计的均好性就是指要求每套住宅都能够均享环境资源。比如为朝北、朝西的户型设置园林小品形成景观优势以弥补朝向上的不足；在多层住宅中设置电梯以弥补5层、6层住户上楼的不便；改变房屋位置和朝向以满足不同户型的景观等。

5．灵活性原则

由于不同消费者具有不同的使用要求，即使是同样的消费者随着家庭规模、家庭结构及生活水平的变化，其消费需求也会发生变化，因此户型应该具有一定的弹性和可变性。户型设计的弹性和可变性包括户型内部的弹性设计，以及户型与户型间的弹性设计。户型内部的弹性设计是将套型内的某些居室设计成无隔墙的大空间，让购房者自己决定如何分割，以提高利用率。比如厨房和餐厅相互敞开，客厅和书房之间不做隔墙等。户型与户型间的弹性设计是指一套大户型居室可以拆成两套小户型居室，或者两套小户型居室可以合并成大户型居室。比如平层的两个户型共享一个门户，变成大户型；而跃层的户型两层各开各的门户，保留楼梯联系上下。这样灵活多变，可分可合，使购房者的选择余地加大，扩大了市场定位范围。

6．经济性原则

对于大多数普通购房者来说，紧凑实用，价格适中，使用率高的住宅是必然的选择。经济性要求户型面积大小要适宜，大而无当，小而局促，都会使舒适度受到影响。比如有些户型片面追求景观窗、落地窗等面积，不仅使造价高昂，而且使用能耗较大。

7．风俗性原则

户型策划必须充分考虑项目所在地的消费习惯与风俗人情。在目前的房地产市场上，尤其要重视风水的问题。虽然对风水的认识还是仁者见仁、智者见智，但是风水观念在华人社会确实存在很大的市场，尤其是在南方地区，因此要引起开发商和策划机构的重视。比如从风水的角度考虑，进户门不能正对电梯或楼梯，也不应正对卫生间门；房间应该方正规整；床头上方不应该有横梁，等等。如图6-45～图6-47所示中的户型从风水角度看是不合适的。

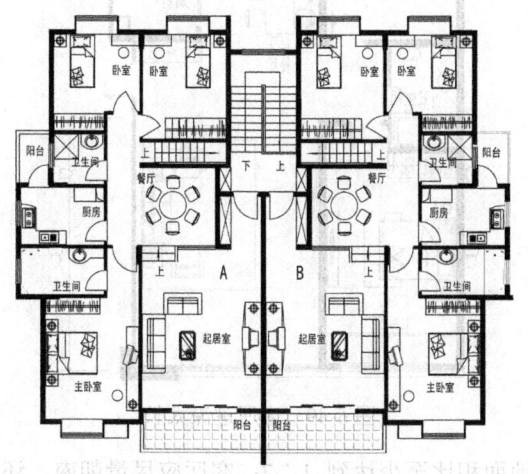

图6-45　进户门正对楼梯间

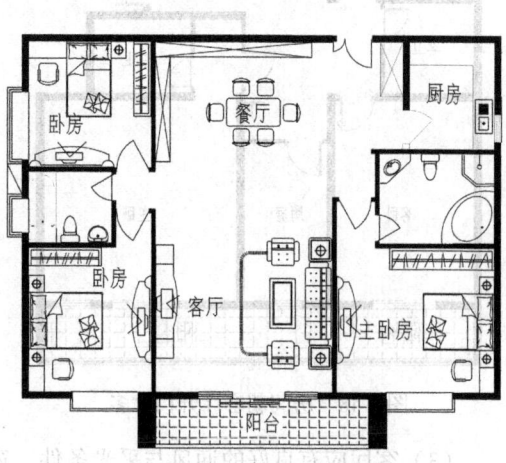

图6-46　进户门正对主卧门

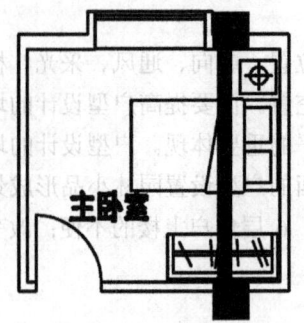

图 6-47　卧室"横梁压顶"

三、住宅户型设计的具体要求

1. 客厅设计要求

客厅是进入一个家庭给人的第一视野，是家庭尽享天伦之乐时最主要的活动空间，是迎宾会客的公共活动空间，因此客厅的重要性不言而喻。客厅设计应该遵循以下原则。

(1) 客厅应具有一定的独立性与完整性。不要向客厅开太多的门，避免使客厅成为交叉穿越的过道，从而降低空间利用率；保证有两个相对完整的墙面，以利于沙发和电视机的摆放，完整的墙面也有利于客厅空间的装饰效果，如图 6-48 所示的客厅四周共有 7 道门，只有一个完整墙面，严重影响了客厅的完整性。

(2) 布局应尽量方正，面积大小适中，开间一般不小于 3.6m，但也不应该超过 5m，一般以 3.9~4.5m 为宜；进深与开间之比不宜超过 2，否则会因过于狭长而影响使用，如图 6-49 中的客厅进深太长，进深与开间比例不合适，造成面积浪费。

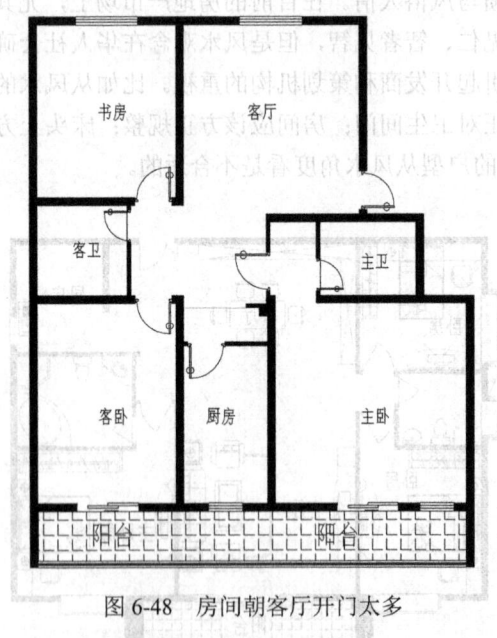

图 6-48　房间朝客厅开门太多

图 6-49　客厅进深太长

(3) 客厅应有良好的通风与采光条件。窗地面积比至少达到 1∶7；客厅应尽量朝南，还应该具有开阔的视野，如果室外有较好的景观时，客厅可朝向景观方向。客厅最好与阳台相连，既能保证通风、采光，又能避免阳台与卧室相连，造成对卧室私密性的干扰。

（4）客厅与进户门之间应设置一定的过渡空间，以保持室内空间的相对私密性，避免在进口门处就能对客厅一览无余，此处可以设置玄关、入户花园等过渡空间。

（5）在有条件的情况下，可以在居室中划分出单独的会客室或设置家人活动的厅，从而使得会客时不影响其他家庭成员的正常活动。

2．卧室设计要求

（1）卧室设计必须保证居住的舒适性，要有直接采光和通风条件，尽量朝南，不允许出现"暗房"。卧室应该具有私密性，应远离入户门、客厅，卧室门尽量不要正对客厅，以保证实现动静分区。此外，主、次卧之间也应保持一定的距离，以保证私密性。

（2）主卧空间的设计应该成为居住舒适性的关键。私密性和独立性是主卧设计的主要要求。主卧一般位于住宅的最里面，如是立体户型则设置在上层或上半部分；功能上最好能自成一体，不能仅单纯满足于双人床、衣柜、电视柜、床头柜等，在有条件的情况下，应该将主卫、梳妆台、阳光房、小书房等空间纳入主卧的范围，但也不是越大越好，面积太大反而无法营造亲密、浪漫、温馨的氛围；主卧必须朝南或面对最佳景观朝向，大窗、飘窗甚至落地窗等设计能够保证主卧有很好的通风、采光及视野。

（3）大面积的户型还应有带卫生间的次主卧（见图6-50），次主卧的面积小于主卧但大于次卧，主卧与次卧之间的面积差距不能过大，次主卧一般给父母或年龄较大的子女居住。

（4）儿童房与工人房则可相对较小，通常孩子的活动区更多在客厅，工人房最好与兼有放置洗衣机功能的服务阳台相连（见图6-50）。

3．餐厅设计要求

（1）餐厅应该具备良好的通风、采光条件，一般以处于户型北侧为宜。

（2）餐厅应该与厨房紧密相连，西式厨房可以与餐厅实现一体化。

（3）餐厅空间至少要有两面墙，一方面可以避免成为公共过道（见图6-51），另一方面有利于设置餐边柜、酒柜等家具（见图6-52）。

图6-50　某高档公寓户型平面图　　　　图6-51　餐厅几乎成为过道

（4）处理好餐厅与客厅的位置关系。如果餐厅与客厅布置在完全独立的两个房间内，一来餐厅和客厅各自的空间会显得狭小，二来可能会影响通风、采光效果；如果餐厅与客厅完全连通（小户型通常的做法），甚至餐厅与客厅布置在同一个空间内，那么会使得整个公共活动空间产生"穿堂风"，而且室内明亮，非常舒适，但是就餐厅与会客也可能相互干扰，而且餐厅的面积也可能有所浪费（见图6-53）。因此，餐厅与会客厅宜相互通视又适当错开，既可以使功能分区更清楚、餐厅气氛更雅致，而且也基本能保证通风与采光（见图6-54）。

4. 厨房设计要求

（1）在位置方面，由于厨房是家居生活中最主要的污染源之一，噪声、油烟油污、残渣剩饭、残枝败叶、清洗污水等都集中于此，因此厨房尽可能接近入户门以便于食品、垃圾的进出；厨房需要良好的通风、采光条件，尽量靠近户型北面的窗户，具备明厨和自然通风条件；厨房应与餐厅相邻；厨房宜设置服务阳台，方便储藏、放置杂物和设置表具；从管道检修、水电煤气抄表以及施工成本、能源利用、热水器安装等问题考虑，厨房应该与公共卫生间尽量相连（见图6-55）。

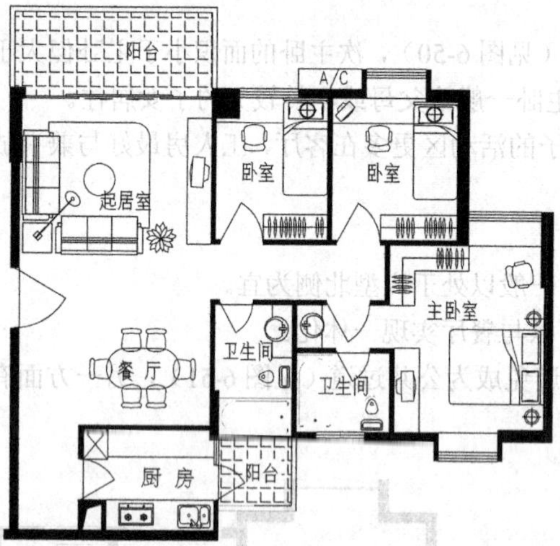

图 6-52　餐厅相对独立 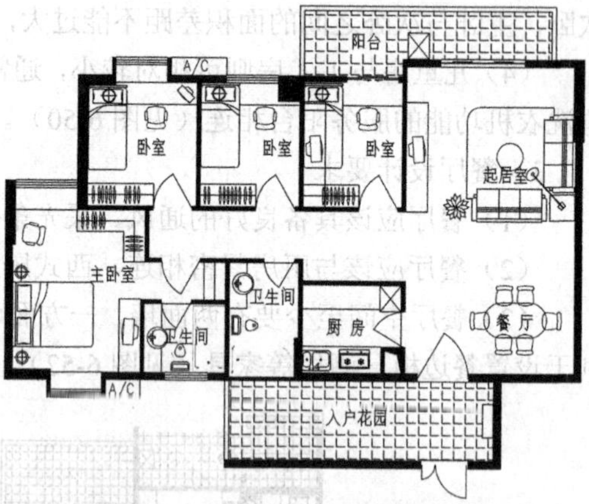　　　　　　图 6-53　餐厅与客厅完全连通

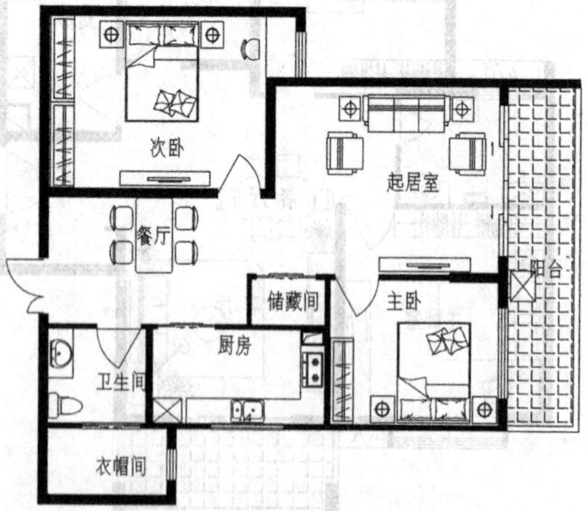

图 6-54　餐厅与客厅适当错开 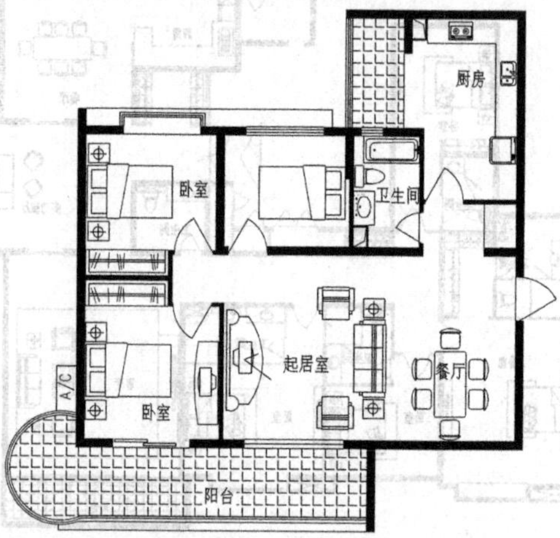　　　图 6-55　厨房间与卫生间集中分布

(2) 在面积方面，厨房必须具备足够的面积。目前多数厨房的面积在 6~7m²，但是如果考虑冰箱进入厨房，微波炉、洗碗机、电烤箱等厨房家电的日益普及以及烹调中煎、炸、煮、蒸、煲分工日益明细的今天，厨房的面积还将进一步扩大。此外，厨房的设计尺寸应尽量满足模数要求，以利于设备摆设。

(3) 在形状方面，考虑到中国人在烹饪中洗、切、烧的习惯，L 形和 U 形厨房要比 I 形厨房更能减少步伐移动，节省时间，提高效率，降低劳动强度，也更有利于厨房操作台面的布置摆放，图 6-56 中的流线要比图 6-57 中的相对合理。

(4) 在功能方面，可以考虑将厨房的清洗加工区和烹饪区分离。这样既可最大限度地降低油烟污染，又可使拣菜、洗菜、切菜在更为宽松惬意的空间进行，不仅大大提高了舒适度，还能有足够的空间使家人一起参加厨房劳动，增添居家生活的情趣。

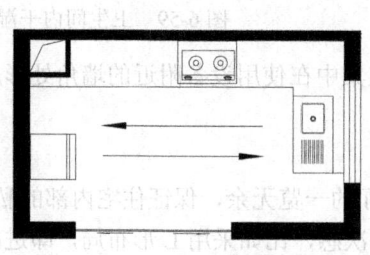
图 6-56　厨房中的流线（一）

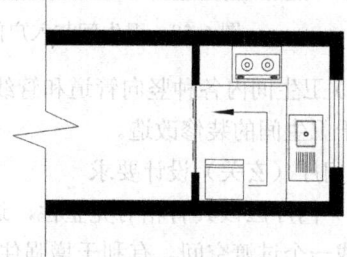
图 6-57　厨房中的流线（二）

(5) 在住宅科技方面，厨房是住宅内设备和科技运用最集中的空间之一，设计时应具有一定的前瞻性，比如应预留足够多的管线，以便日后更新改造。

(6) 厨房设计应符合建筑模数协调的要求，综合考虑各类设备的配置，满足通用性、互换性、成套性的要求。

(7) 厨房内各种竖向管道和管线宜集中敷设，宜集中在设备附近的墙角处形成管线区，便于厨房的装修改造。

5. 卫生间设计要求

(1) 在位置方面，卫生间是家中用水最集中的地方之一，最容易阴暗潮湿从而滋生细菌，因此需要布置在通风、采光良好的地方；如果只有一个卫生间，则卫生间应布置在动静分区或者公私分区之间并靠近卧室尤其是主卧，避免穿堂越室；有两个或两个以上卫生间时，公共卫生间应设在公共使用方便的位置，但入口不宜对着入户门和起居室，也不应该正对餐厅（见图 6-58）；卫生间中的坐便器不能正对着卫生间门。

(2) 在面积方面，卫生间具有便溺、洗漱、淋浴三项基本功能，因此其面积一般不应小于 6m²，如果考虑洗衣机进入卫生间，则面积还要适当放大。如果有两个及以上卫生间，则主卧卫生间的面积一般要大于公共卫生间。如果中小户型要设置两个卫生间，则公共卫生间可以做成只有马桶和洗手池的迷你型卫生间，以解决客人或保姆等的如厕需求。

(3) 在功能方面，卫生间要具有便溺、淋浴、盥洗等功能，这些功能干湿、洁污等情况有所不同，因此尽量实现干湿分区和洁污分区（见图 6-59）。

(4) 在数量方面，三室及以上的大户型应该有一个以上的卫生间，其中一个是主卧中的独立卫生间。

(5) 在住宅科技方面，卫生间与厨房一样是住宅内设备和科技运用最集中的空间之一，设计时应具有一定的前瞻性，比如应预留足够多的管线，以便日后更新改造；卫生间设计还应符合建筑模数的要求，以满足卫生间设备通用性、互换性、成套性的要求。

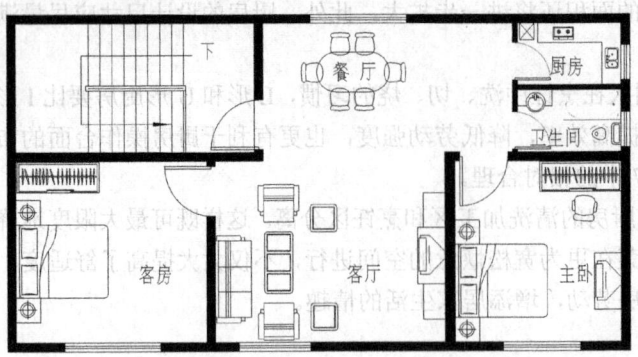
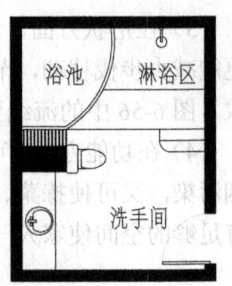

图 6-58　卫生间与入户门相对　　　　　图 6-59　卫生间内干湿分区

（6）卫生间内各种竖向管道和管线宜集中敷设，宜集中在使用设备附近的墙角处形成管线区，便于卫生间的装修改造。

6．门厅（玄关）设计要求

（1）门厅应该具有相对完整性，这样既避免对客厅的一览无余，保证住宅内部的私密性，又能形成一个过渡空间，有利于增强住宅内部空间的层次感，比如采用L形布局，即进门后有一转折，既保证了私密性，也营造了"对景"的空间效果（见图6-60和图6-61）。

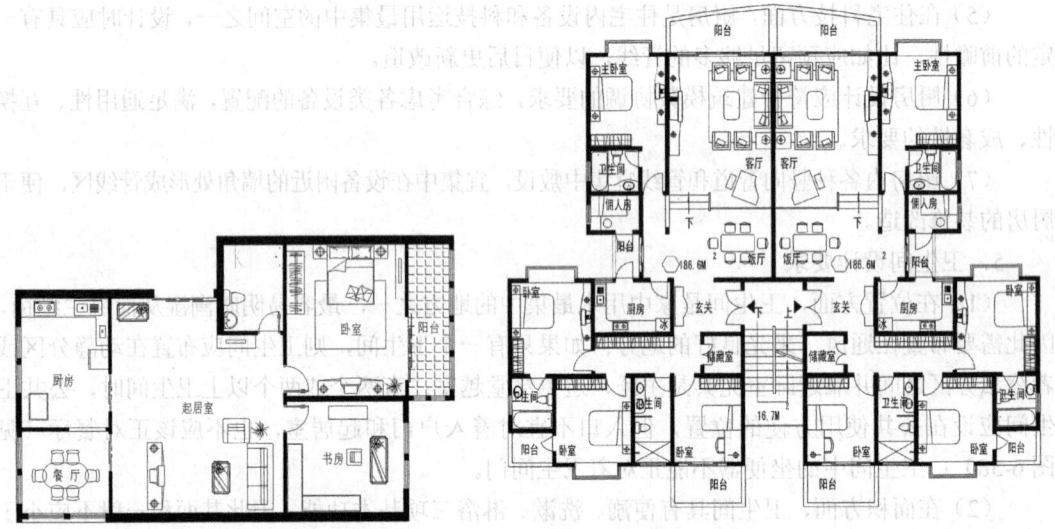

图 6-60　没有独立门厅的户型　　　　　图 6-61　有独立门厅的户型

（2）门厅应该具有足够的面积。随着人们生活水平的提高，入户换鞋已经成为城市居住生活中的基本习惯，再加上穿衣戴帽，整理着装，放置文件包、雨伞、钥匙及其他物品等行为，门厅空间所需容纳的活动日渐丰富，需要的空间也相应扩大。

（3）门厅应该布置鞋柜（换鞋的需要）、衣柜（更衣的需要）、储藏室（放置物品的需要）等空间以及凳子（换鞋的需要）、穿衣镜（出门整装的需要）等家具。

7．阳台设计要求

阳台是大多数住宅里唯一可以与外界自然环境交流的空间（有些户型设置的入户花园也具

有阳台的功能），是将自然风、自然光引入室内的最佳途径。

（1）阳台具有通风、采光、景观、晾晒衣物等功能，各个功能应该有所区分。在户型北侧应该设置服务阳台并与厨房相连，便于置放蔬菜及其他杂物。晾晒衣物的阳台尽量不要与景观阳台（一般与客厅相连）合二为一，否则客厅里就能对外面阳台上各式各样的衣物甚至内衣内裤等一览无余，是比较尴尬的。景观阳台往往与客厅相连，实际上成了客厅的一部分。为保证阳台功能区分，阳台数量也应有足够保证。

（2）阳台的平面和材料应该多样化，不能局限于过去千篇一律的长方形以及砌体材料，平面上可以采用半圆形、弧形、扇形、L 形等形状，材料上可以采用镂花铁艺、不锈钢、石柱、钢化玻璃等，使阳台成为都市里一道亮丽的风景。

（3）另外还可以布置一些不上人的特殊功能阳台，比如为了避免立面单调而设置一些装饰小阳台，或者出于安全考虑，用于搁置空调主机、燃气热水器等的服务阳台。

8. 储藏室设计要求

储藏空间在我国以往的户型设计中一直没有受到足够的重视。过去的住宅中基本没有储藏的空间，之后逐渐增加了壁柜、吊柜、餐边柜等收纳类空间。在实际生活中，储藏空间对于现代居住生活十分必要。青年住户有大量的衣物储藏要求，中年住户需要空间分别储藏自己和孩子各自的生活用品，老年住户更有很多不舍得丢弃的物品需要储藏。储藏间设置不足的住户家中往往较为凌乱，且服务阳台、书房甚至卧室等空间都不得不兼有储藏间的功能。因此，在今后的户型设计中，储藏间的比重应该增加。随着生活质量的提高，分类储藏间之中，家务工具、厨房炊具和卫生间用具也不会收纳在一起。此外，旅行用的大箱子、日常的小物品、囤积的粮油食品也各自需要不同大小、不同条件的储藏空间。因此，在加大储藏面积的同时，储存空间的分类细化也是有必要的。这一点可以借鉴日本等地的住宅设计，虽然住宅面积较小，但储藏空间比较大，一般达到使用面积的 1/10 左右，并且分类细致。

第七节 房地产项目景观设计策划

良好的景观环境不但能满足居民生活以及生理健康上的需要，还能提高人们的生活品质、丰富人们的心理体验、满足人们的精神追求，景观设计是房地产项目的点睛之笔，是项目展示形象、树立品牌的重要方面，也是物业保值增值的重要保证。本节主要介绍原建设部于 2006 年颁发的《居住区环境景观设计导则》的相关内容。

一、居住区环境设计的分类

《居住区环境景观设计导则》列出了常见的景观设计元素（见表 6-5）。诸多设计元素根据其不同特征分为功能类元素、园艺类元素和表象类元素。

表 6-5 城市居住区景观设计分类

序号	设计分类	设计元素		
		功能类元素	园艺类元素	表象类元素
1	绿化植物景观		植物配置、宅旁绿地、隔离绿地、架空层绿地、平台绿地、屋顶绿地、绿篱设置、古树名树保护	

续表

序号	设计分类	设计元素		
		功能类元素	园艺类元素	表象类元素
2	道路景观	机动车道、步行道、路缘、车挡、缆柱		
3	场所景观	健身运动场、游乐场、休闲广场		
4	硬质景观	便民设施、信息标志、栏杆/扶手、围栏/棚栏、挡土墙、坡道、台阶、种植容器，入口造型	雕塑小品	
5	水景景观	自然水景（驳岸、景观桥、木栈道）、游泳水景、景观用水	庭院水景（瀑布、溪流、跌水、生态水池/涉水池）、装饰水景（喷泉、倒影池）	
6	庇护性景观	亭、廊、棚架、膜结构		
7	模拟景观		假山、假石、人造树木、人造草坪、枯水	
8	高视点景观			图案、色块、屋顶、色彩、层次、密度、荫影、轮廓
9	照明景观	车行照明、人行照明、场地照明、安全照明		特写照明、装饰照明

二、居住区景观设计的原则

1. 社会性原则

社会性原则要求住宅景观设计赋予景观环境亲切宜人的艺术感召力，通过美化居住生活环境，体现优良的社区文化，促进精神文明建设，使居住区真正成为居民生活的精神乐园。同时，在设计与营造景观环境时还要时时体现人的社会属性，要更多地体现对人际交往的关怀，赋予人们更大的发展空间，要对人的居住行为、心理变化有深层次的介入，从多层次关注人的情感，促进社会交往，共建和谐社区与和谐社会。

2. 经济性原则

经济性原则要求景观设计要以建设节约型社会为目标，顺应市场发展需求及地方经济状况，注重节能、节水、节材，合理使用土地资源，提倡朴实简约，反对浮华铺张，并尽可能采用新技术、新设备，达到优良的性价比。

3. 生态性原则

生态性原则要求景观设计要尊重自然、顺应自然，追求人与环境的和谐统一，尽量保持现存的良好生态环境，改善原有的不良生态环境。提倡将先进的生态技术运用到环境景观的塑造中去，利于人类的可持续发展。景观设计首先要考虑到当地的生态环境特点，对原有土地、植被、河流等要素进行保护和利用，尽可能利用一些坡地、劣地、洼地和水面等不利于建设的用地进行绿化，变不利为有利，节约用地；其次要进行自然的再创造，即在人们充分尊重自然生态系统的前提下，发挥主观能动性，合理规划人工景观。

4. 地域性原则

地域性原则要求景观设计体现项目所在地域的自然环境特征，因地制宜地创造出具有时代特点和地域特征的空间环境，尽量使用当地或同类地区的植物，避免盲目移植。

5．历史性原则

历史性原则要求景观设计了解项目所在城市的历史与现状，尊重历史与传统文化以及当地的气候、民俗、生活习惯和周围环境等，保护和利用历史性景观，保留在先，改造在后，让珍贵的历史文脉融入当代的景观设计元素中，以便使景观设计既延续城市历史文脉，又具有较鲜明的时代特征。

6．协调性原则

协调性原则要求各种景观要素的大小、数量、风格等应该和谐统一。通过借景、组景、分景、添景多种手法，与居住区内外环境相协调，具体应该满足以下几个方面：

（1）景观设计要有层次感

景观的层次感体现在功能构成和空间构成两个方面。例如在功能构成方面，通过设置中心花园、组团绿化和楼间绿化，形成一个从公共开放区域、半公共区域到私密区域的一个层次分明、各有特色的景观布局；在空间构成景观方面，通过架空层、亭台廊架、隔墙、立柱等立体构筑物以及乔木、灌木、花卉、草坪等不同层次植被的合理搭配形成的错落有致的立体景观，形成变化的空间视线感官体验。

（2）处理好动与静的关系

景观功能布局中，应注意动静功能分区，通常活动广场空间，运动健身设施场地，商业空间，健身跑道等功能属于"动"态功能区中；休闲绿地、观景休息平台、庭院空间、步行小径等则划分为"静"态功能区中。在动态为主的功能区中应注重以布置活跃性、开放性的景观元素为主，如喷泉水景、人工溪流、铺装图案、景观灯具等，并穿插布置少量静态空间，如坐凳树池、休闲廊架等为活动的人们提供休息之处；静态为主的功能区中通常注重以营造自然景观搭配为主，如草坪、湖景假山等。

（3）处理好虚与实的关系

"实"是指建筑物的实体景观，实体景观过多会造成拥挤，给人以压抑感，一些繁华商业街如北京王府井、上海南京路等都是实多虚少的例子；"虚"是指空旷的场地，虚的成分过多则会使人缺少可依赖感和归属感。虚实结合是空间美学的重要概念，也是居住区布局的重要原则。居住区中的公共空间不宜过实，商业空间不宜过虚。图6-62中建筑、水景、植物等景观因素过多，整体空间感觉拥挤，而图6-63通过将小型水景、花槽与地面铺装有机结合，较好地处理了虚、实的关系。

图6-62　景观元素过多示例

图6-63　较好处理虚、实关系示例

三、居住区景观设计的具体要求

1. 绿化景观

（1）绿化景观的构成

绿化景观主要包括两个方面：一是居住区周围景观的借景；二是居住区内部的绿化景观。其中，居住区内部的绿化景观按照规模及其所处的部位可以分为社区级公园、居住小区公园（小游园）、组团绿地、宅间绿地以及绿篱、隔离绿化、架空空间绿化、平台绿化、屋顶绿化、停车场绿化等组成部分。

① 社区级公园。社区公园主要供社区内居民就近使用，是各年龄组居民在节假日和休闲时间乐于逗留的地方，也是老年人和成年人锻炼身体的去处。一般3万人左右的居住区应有2～3公顷规模的公园。居住区公园应在居民步行能达到的范围之内，最远服务半径不超过800m，位置最好与居住区的商店文娱中心结合在一起，也可与体育场地和设施相邻布置。

② 居住小区公园（小游园）。居住小区公园也称小游园。小区公园更靠近居民，更方便人们休息散步和人际交往，它主要供居住小区内居民使用，一般1万人左右的小区可有一个大于0.5公顷小游园，服务半径以不超过400m为宜，小区游园仍以绿化为主，可以多设些座椅让居民在这里休息和交往，适当开辟地面的活动场所，也可以有些简单的儿童游戏设施。在规划设计中可将老年活动站和青少年文化站同小区小游园结合起来，但要注意不要侵占绿化面积。

③ 组团绿地。组团绿地实际上是宅间绿地的扩大式延伸。若干栋住宅组合成一个组团，每个组团可有一块较大的绿化空间，供组团内居民活动。特别适宜老年人及青少年儿童活动，也适宜更大范围的邻里交往，由于接近居民、使用方便、面积小、投资省、易建成，故被较为广泛使用。组团绿地可以布置在组团之间，也可临街在组团一侧或两侧布置，布置方式有开敞式、半开敞式和封闭式等。

④ 宅旁绿地。宅旁绿地主要满足居民休息、幼儿活动及安排杂务等需要。宅旁绿地的布置方式随居住建筑的类型、层数、间距及建筑组合形式等的不同而异。在住宅四周还由于向阳、背阳和住宅平面组成的情况有不同的布置。如低层联立式住宅，宅前用地可根据住户分布划分成私人院落，由住户自行布置，院落可围以绿篱、栅栏或矮墙；而多层住宅的前后绿地可以组成建筑前公共入口的绿化空间，也可将部分绿地用围墙分隔，作为底层住户的独用院落；至于高层住宅的前后绿地，由于住宅间距较大，空间比较开敞，一般作为组团绿地进行设计。

应结合住宅的类型及平面特点、建筑组合形式、宅前道路等因素进行布置，创造宅旁的庭院绿地景观，区分公共与私人空间领域。同时还应体现住宅标准化与环境多样化的统一，依据不同的建筑布局做出宅旁及庭院的绿地设计，植物的配植应依据地区的土壤及气候条件，居民的爱好以及景观变化的要求，尽量创造特色，使居民有一种认同感、归属感。

（2）景观植物的种类

适用居住区的绿化景观主要有乔木、灌木、草本三大类。常见的乔木有香樟、广玉兰、棕榈、杨柳、枫杨、乌桕、槐树、梧桐、合欢、银杏、雪松、龙柏、马尾松、水杉、金钱松等。常见的灌木有黄杨、橘树、珊瑚树、海桐、桂花、迎春、女贞、栀子、山茶杜鹃、丝兰、苏铁、樱花、白玉兰、桃花、腊梅、紫薇、槭树、芙蓉、石榴、罗汉松、翠柏、五针松等。草本植物常用的有藤本植物、草坪、花卉、竹类。常见的藤本有紫藤、络石、地锦（爬山虎）、常春等；常见的草坪种类有天鹅绒草、结缕草、麦冬草、高羊茅、马尼拉草等；常见的花卉有太阳花、长生菊、一串红、美人蕉、五色苋、甘蓝、菊花、兰花、蔷薇等；常见的竹类有观音竹、慈孝竹、佛肚竹、碧玉镶黄金等。

（3）植物配置的原则

① 满足绿化的功能要求，适应所在地区的气候、土壤条件和自然植被分布特点，选择抗病虫害强、易养护管理、具有地方特色的优良植物，体现良好的生态环境和地域特点。

② 充分发挥植物的各种功能，行道树宜选择遮阳性强的落叶乔木，儿童游戏场和青少年活动场地忌用有毒或带刺植物，而体育运动场地则应避免用大量棉花、落果的树木等。绿化植物还要根据其观赏特点合理配置，常绿与落叶，速生与慢生相结合，乔木、灌木与地被相结合，观花与观叶不同观赏类型相结合，构成多层次的复合生态结构，达到人工配置的植物群落自然和谐。

③ 植物品种的选择要在统一的基调上力求丰富多样，注重植物的季相变化和色彩变化，力求做到一年四季都有较好的景观，创造出春华、秋实、夏荫、冬敞的情调。

④ 要注重种植位置的选择，以免影响室内的采光、通风和其他设施的管理维护。

⑤ 植物配置尽量提高单位绿量，提高植物群落的生态效益。

2. 道路景观

（1）总体设计要求

① 道路作为车辆和人员的汇流途径，其两侧的环境景观应符合导向要求，并达到步移景移的视觉效果。道路两边的绿化种植及路面质地色彩的选择应具有韵律感和观赏性。

② 在满足交通需求的同时，道路可形成重要的视线走廊。因此，要注意道路的对景和远景设计，以强化视线集中的景观。

③ 休闲性人行道、园道两侧的绿化种植，要尽可能形成绿荫带，并串联花台、亭廊、水景、游乐场等，形成休闲空间的有序展开，增强环境景观的层次。

④ 居住区内的消防车道与人行道、院落车行道合并使用时，可设计成隐蔽式车道。消防车通道有承重要求，因此通常以植草格配合地被为主，无法布置花灌木。可以适当在 4m 幅宽的消防车道内种植不妨碍消防车通行的草坪，铺设人行步道，平日作为绿地使用，应急时供消防车使用，有效地弱化单纯消防车道的生硬感，提高了环境和景观效果。

（2）路面分类及适用场地

居住区道路路面的分类，特点及适用场地如表 6-6 所示。

表 6-6 居住区道路路面的分类、特点及适用场地

序号	道路分类		路面特点	适用场地							
				车道	人行道	停车场	广场	园路	游乐场	露台	屋顶广场	体育场
1	沥青	不透水沥青路面	热辐射低，光反射弱；全年使用，经久耐用，维护成本低；表面不吸水、不吸尘；弹性随混合比例而变化，遇热变软	√	√	√						
		透水性沥青路面			√	√						
		彩色沥青路面				√	√					

续表

序号	道路分类		路面特点	适用场地								
				车道	人行道	停车场	广场	园路	游乐场	露台	屋顶广场	体育场
2	混凝土	混凝土路面	坚硬，无弹性；铺装容易；全年使用，耐久，维护成本低；撞击易碎	√	√	√	√					
		水磨石路面	表面光滑，可配成多种色彩，有一定硬度，可组成图案装饰		√		√	√	√			
		模压路面	易成形，铺装时间短；面层纹理色泽可变；分为坚硬、柔软两种		√		√	√				
		混凝土预制砌块路面	具有防滑性；步行舒适；施工简单；修整容易；价格低廉；色彩样式丰富		√	√	√					
		水刷石路面	表面砾石均匀透明；具有防滑性；观赏性强；砾石粒径可变；不易清扫		√		√	√				
3	化砖	釉面砖路面	表面光滑；铺筑成本高；色彩鲜明；撞击易碎；不适应寒冷气候		√				√			
		陶瓷砖路面	有防滑性；有一定的透水性；成本适中；撞击易碎；吸尘、不易清扫		√			√	√	√		
		透水花砖路面	表面有微孔；施工简单；接缝多易渗水；平整度差，不易清扫		√		√	√				
		黏土砖路面	价格低廉，施工简单；接缝多易渗水；平整度差，不易清扫		√		√	√				
4	天然石材	石块路面	坚硬密室；耐久，抗风化强，承重大；加工成本高；易受化学腐蚀，粗表面，不易清扫；光表面，防滑差			√						
		碎石、卵石路面	在道路基地上用水泥粘铺；有防滑性能；观赏性强；成本高；不易清扫					√				
		沙石路面	成本低；易维修；无光反射；质感自然；易透水					√				
5	沙土	砂土路面	软性路面；成本低，无光反射；透水性强；需常湿润					√				

续表

序号	道路分类	路面特点	适用场地								
			车道	人行道	停车场	广场	园路	游乐场	露台	屋顶广场	体育场
5	沙土 黏土路面	用混合黏土或三七灰土铺成；有透水性；成本低；无光反射；易维修					√				
6	木 木地板路面	有一定的弹性；步行舒适；防滑；透水性强；成本较高；不耐腐蚀；应选择耐潮湿木料					√	√			
	木砖路面	步行舒适；防滑，不易起翘；成本较高；需做防腐处理；应选择耐潮湿木料					√	√			
	木屑路面	质地松软；透水性强；取材方便；价格低廉；表面铺树皮具有装饰性						√			
7	合成树脂 人工草皮路面	无尘土；排水良好；行走舒适；成本适中；负荷较轻；维护费用高				√	√				
	弹性橡胶路面	具有良好的弹性；排水良好；成本较高；易受损坏；清洗费时							√	√	√
	合成树脂路面	行走舒适、安静；排水良好；需定期维修；适用于轻载								√	√

（3）路缘石及边沟

路缘石具有确保行人安全、引导交通、保持水土、保护植被、区分路面铺装的功能。路缘石可采用预制混凝土、砖、石料和合成树脂材料，高度为10~15cm为宜。区分路面的路缘，要求铺设高度整齐统一，局部可采用与路面材料相搭配的花砖或石料；绿地与混凝土路面、花砖路面、石路面交界处可不设路缘；与沥青路面交界处应设路缘。

边沟主要用于排水。车行道排水多用带铁篦子的L形边沟和U形边沟；广场地面多用蝶形状和缝形边沟；铺地砖的地面多用加装饰的边沟，且要注重色彩的搭配；平面形边沟水算格栅宽度要参考排水量和排水坡度确定，一般采用25~30cm；缝形边沟的缝隙不小于2cm。

（4）道路车挡及缆柱

车挡和缆柱是限制车辆通行而停放的路障设施，其造型及设置地点应与道路景观相协调。车挡和缆柱分为固定和可移动式的，固定车挡可由私人加锁管理。

车挡材料一般采用不锈钢材料制作，高度为70cm左右；通常设计间距为60cm；但有轮椅和其他残疾人用车地区，一般按90~120cm的间距设置，并在车挡前后设置约1.5m左右的平路，以便轮椅的通行。

缆柱分为有链条式和无链条式两种。缆柱可用铸铁、不锈钢、混凝土、石材等材料制作，缆柱高度一般为40~50cm，可作为街道座凳使用；缆柱间距适宜为1.2m左右。带链条的缆柱间距也可由链条长度决定，一般不超过 2cm。缆柱链条可采用铁链、塑料链和粗麻绳制作。

3. 场所景观

（1）运动场所

居住区的运动场所分为专用运动场和一般的健身运动场，专用运动场多指网球场、羽毛球场、篮球场和室内外游泳场，这些运动场应按其技术要求由专业人员进行设计。健身运动场应分散在方便居民就近使用又不扰民的区域。

健身运动场包括运动区和休息区。运动区应保证有良好的日照和通风，地面宜选用防滑、平整适于运动的铺装材料，同时满足易清洗、耐磨、耐腐蚀的要求。室外健身器材要考虑老年人的使用特点，采取防跌倒措施。休息区布置在运动区周围，供健身运动的居民休息和存放物品。休息区宜种植遮阳乔木，并设置适量的座椅。

（2）休闲广场

休闲广场应设在居住区人流集散地（如中心区、主入口处），面积应根据项目规模和规划设计要求确定，形式宜结合地方特色和建筑风格考虑（见图 6-64）。

广场周边宜种植适量庭荫树和休息座椅，为居民提供休息、活动、交往的设施，在不干扰邻近居民休息的前提下，保证适度的灯光照度。

广场铺装以硬质材料为主，形式及色彩搭配应具有一定的图案感，不宜采用无防滑措施的光面石材、地砖、玻璃等，另外需注意通行消防车道的铺装材料有一定的承重要求。广场出入口应符合无障碍设计要求。

（3）游乐场

游乐场的设计要求如下。

① 儿童游乐场应该在景观绿地中划出专属的区域，一般均为开敞式。游乐场地必须阳光充足，空气清洁，能避开强风的袭扰。

② 应与居住区的主要交通道路相隔一定距离，减少汽车噪声的影响并保障儿童的安全。游乐场的选址还应充分考虑儿童活动产生的嘈杂声对附近居民的影响，故离居民窗户 10m 远为宜。

③ 儿童游乐场设施的选择应能吸引和调动儿童参与游戏的热情，兼顾实用性与美观。色彩可鲜艳，但应与周围环境相协调。

④ 游戏器械选择和设计应尺度适宜，避免儿童被器械划伤或从高处跌落，可设置保护栏、柔软地垫、警示牌等。居住区中心较具规模的游乐场附近应为儿童提供饮用水和游戏水，便于儿童使用、冲洗和进行筑沙游戏等。

⑤ 儿童游乐场周围不宜种植遮挡视线的树木，保持较好的可通视性，便于成人对儿童进行目光监护（见图 6-65）。

图 6-64 小区广场

图 6-65 儿童游乐场

4. 硬质景观

硬质景观是相对种植绿化这类软质景观而确定的名称，泛指用质地较硬的材料组成的景观。硬质景观主要包括雕塑小品、围墙、栅栏、挡墙、坡道、台阶及一些便民设施等。

（1）雕塑小品

雕塑小品能够与周围环境共同塑造出一个完整的视觉形象，同时赋予景观空间环境以生气和主题，通常以其小巧的格局、精美的造型来点缀空间，使空间诱人，富于意境，从而提高整体环境景观的艺术境界。雕塑按使用功能分为纪念性、主题性、功能性与装饰性等雕塑。从表现形式上可分为具象和抽象雕塑、动态和静态雕塑等。

（2）便民设施

居住区便民设施包括音响设施、垃圾容器、座椅（具）、饮水器及书报亭、公用电话、邮政信报箱等。便民设施应容易辨认，其选址应注意减少混乱且方便易达。在居住区内，宜将多种便民设施组合为一个较大单体，以节省户外空间和增强场所的视景特征。

（3）标识系统

居住区信息标志可分为名称标志、环境标志、指示标志、警示标志四类（见表6-7）。信息标志的位置应醒目，且不对行人交通及景观环境造成妨碍。标志的色彩、造型设计应充分考虑其所在地区建筑、景观环境以及自身功能的需要。标志的用材应经久耐用，不易破损，方便维修。各种标志应确定统一的格调和背景色调，以突出物业管理形象。

表6-7 居住区主要信息标志

标志类别	标志内容	通用场所
名称标志	标志牌、楼号牌、树木名称牌	
环境标志	小区示意图	小区入口大门
	街区示意图	小区入口大门
	居住组团示意图	居住团入口
	停车场导向图、公共设施分布示意图、自行车停放处示意图、垃圾示意图	
	告示牌	会所、物业楼
指示标志	出入口标志、导向标志、机动车导向标志、自行车导向标志、步道标志、定点标志	
警示标志	禁止入内标志	变电所、变压器等
	禁止踏入标志	草坪

（4）栏杆/扶手

栏杆具有拦阻功能，也是分隔空间的一个重要构件。设计时应结合不同的使用场所，首先要充分考虑栏杆的强度、稳定性和耐久性；其次要考虑栏杆的造型美，突出其功能性和装饰性。常用材料有铸铁、铝合金、不锈钢、木材、竹子、混凝土等。

（5）围栏/栅栏

围栏和栅栏具有限入、防护、分界等功能，立面构造多为栅状和网状，透空和半透空等形式，一般采用铁、钢、木、铝合金、竹等材料，高度和间距应该符合相关规定。

（6）挡土墙

挡土墙的形式根据建设用地的实际情况经过结构设计确定。按照结构形式可以分为重力式、半重力式、悬臂式和扶臂式挡土墙，按照形态可以分为直墙式和坡面式。

挡土墙的外观质感由用材确定，直接影响到挡土墙的景观效果。毛石和条石砌筑的挡土墙要注意砌缝的交错排列方式和宽度；预制混凝土块挡土墙应设计图案效果；嵌草皮的坡面上须铺上一定厚度的种植土，并加入改善土壤保温性的材料，利于草根系的生长。

（7）坡道

坡道是交通和绿化系统中重要的设计元素之一，直接影响使用和感观效果。坡道的设计要求如下：

① 居住区道路最大纵坡不应大于 8%；园路不应大于 4%；自行车专用道路最大纵坡控制在 5% 内；轮椅坡道一般为 6%，最大不超过 8.5%，并采用防滑路面；人行道纵坡不宜大于 2.5%。

② 园路、人行道坡道宽一般为 1.2m，但考虑到轮椅的通行，可设定为 1.5m 以上，有轮椅交错的地方其宽度应达到 1.8m。

（8）台阶

台阶在园林设计中起到不同高程之间的连接作用和引导视线的作用，可丰富空间的层次感，尤其是高差较大的台阶会形成不同的近景和远景的效果。

（9）种植容器

① 花盆（坛）。花盆（坛）是景观设计中传统种植容器的一种形式。花盆具有可移动性和可组合性，能巧妙地点缀环境，烘托气氛。

② 树池/树池箅。树池是树木移植时根球（根钵）的所需空间，一般由树高、树径、根系的大小所决定。树池深度至少深于树根以下 25cm。树池箅是树木根部的保护装置，它既可保护树木根部免受践踏，又便于雨水的渗透和步行人的安全。树池箅可以选择颗粒直径较大的卵石、砾石等天然材料（见图 6-66），也可选择具有图案拼装的人工预制材料，如铸铁、混凝土、塑料等，这些护树面层宜做成格栅状，并能承受一般的车辆荷载。

（10）入口造型

居住区入口的空间形态应具有一定的开放性，入口标志性造型（如门廊、门架、门柱、门洞等）应与居住区整体环境及建筑风格相协调，避免盲目追求豪华和气派。应根据住区规模和周围环境特点确定入口标志造型的体量尺度，达到新颖简单、轻巧美观的要求。同时要考虑与保安值班等用房的形体关系，构成有机的景观组合（见图 6-67）。

图 6-66　卵石树池箅

图 6-67　入口造型示例

住宅单元入口是住宅区内体现院落特色的重要部位，入口造型设计（如门头、门廊、连接单元之间的连廊）除了功能要求外，还要突出装饰性和可识别性。要考虑安防、照明设备的位置以及与无障碍坡道之间的相互关系，达到色彩和材质上的统一，所用建筑材料应具备易清洗、不易破损等特点。

5. 水体景观

水体景观设计应结合项目所在地的气候、地形及水源条件。南方干热地区应尽可能为居住区居民提供亲水环境，北方地区在设计不结冰期的水景时，还必须考虑结冰期的枯水景观。

（1）自然水景

与海、河、江、湖、溪相关联自然水景设计必须服从原有自然生态景观，以及自然水景与局部环境水体的空间关系。通过正确利用借景、对景等手法，融合居住区内部和外部的景观元素，形成纵向景观、横向景观和鸟瞰景观，创造出新的亲水居住环境。

① 驳岸。驳岸是亲水景观中应重点处理的部位，驳岸与水线形成的连续景观线是否能与环境相协调，不但取决于驳岸与水面间的高差关系，还取决于驳岸的类型及用材。对居住区中的沿水驳岸（池岸），无论规模大小，无论是规则几何式驳岸（池岸）还是不规则驳岸（池岸），驳岸的高度、水的深度设计都应该满足人的亲水性要求。驳岸（池岸）尽可能贴近水面，以人手能触摸到水为最佳。亲水环境中的其他设施（如水上平台、汀步、栈桥、栏索等）也应以人与水体的尺度关系为基准进行设计。其中应注意的是：人工湖水体近岸 2 米范围内的水深，不得大于 0.7 米，达不到此要求的应设护栏。无护栏的园桥、汀步附近 2 米范围内的水深不得大于 0.5 米。

② 景观桥。桥在自然水景中都起到不可缺少的景观作用，其功能作用主要有形成交通跨越点；横向分隔河流和水面空间；形成区域标志物和视线集合点；眺望河流和水面的良好观景场所，其独特的造型具有自身的艺术价值。景观桥分为钢制桥、混凝土桥、拱桥、原木桥、锯材木桥、仿木桥、吊桥等。居住区一般采用木桥、仿木桥和石拱桥为主，体量不宜过大，应追求自然简洁，精工细做（见图 6-68）。

③ 木栈道。临水木栈道为人们提供了行走、休息、观景和交流的多功能场所，由于木材具有一定的弹性和粗朴的质感，因此行走在上面比一般石铺砖砌的栈道更为舒适，多用于要求较高的居住环境中。木栈道所用木材必须进行严格的防腐和干燥处理（见图 6-69）。

图 6-68　景观桥

图 6-69　木栈道

（2）庭院水景

庭院水景通常为人工水景。根据庭院空间的不同，采取多种手法进行引水造景（如跌水、溪流、瀑布、涉水池等）。在场地中有自然水体的景观应保留，并进行综合设计，使自然水景与人工水景融为一体。

① 瀑布。瀑布按其跌落形式分为滑落式、阶梯式、幕布式、丝带式等多种，并模仿自然景观，采用天然石材或仿石材设置瀑布的背景和引导水的流向（如景石、分流石、承瀑石等），如图 6-70 所示。

考虑到观赏效果，不宜采用平整饰面的白色花岗石作为落水墙体。为了确保瀑布沿墙体、山体平稳滑落，应对落水口处山石作卷边处理，或对墙面作坡面处理。瀑布因其水量不同，会产生不同视觉、听觉效果，因此落水口的水流量和落水高差的控制成为设计的关键参数。

② 溪流。溪流的形态应根据环境的条件、水量、流速、水深、水面宽和所用材料进行合理的设计。溪流分可涉入式和不可涉入式两种。可涉入式溪流的水深应小于 0.3m，以防止儿童溺水，同时水底应作防滑处理。可供儿童嬉水的溪流，应安装水循环和过滤装置。不可涉入式溪流宜种养适应当地气候条件的水生动植物，增强观赏性和趣味性。

溪流的坡度应根据地理条件及排水要求而定。普通溪流的坡度宜为 0.5%，急流处为 3%左右，缓流处不超过 1%。溪流宽度宜在 1~2m，水深一般为 0.3~1m，超过 0.4m 时，应在溪流边采取防护措施（如石栏杆、木栏杆、矮墙等）。为了使居住区内环境景观在视觉上更为开阔，可适当增大宽度或使溪流蜿蜒。溪流水岸宜采用散石和块石，并与水生或湿地植物的配置相结合，减少人工造景的痕迹。

③ 生态水池/涉水池。生态水池是一种适于水下动植物生长，起到美化环境、调节小气候作用的观赏水景。在居住区里的生态水池多饲养观赏鱼虫和水生植物（如水草、芦苇、荷花、莲花等），营造动物和植物互生互养的生态环境。

水池的深度应根据所饲养鱼的种类、数量和水草在水下生存的深度而确定，一般在 0.3~1.5m，为了防止陆上动物的侵扰，池边平面与水面需保证有 0.15m 的高差。池壁与池底以深色为佳。不足 0.3m 的浅水池，池底可作艺术处理，显示水的清澈透明。池底与池畔宜设隔水层，池底隔水层上覆盖 0.3~0.5m 厚土，种植水草。

涉水池可分为水面下涉水和水面上涉水两种。水面下涉水主要用于儿童嬉水，其深度不得超过 0.3m，池底必须进行防滑处理，不能种植苔藻类植物。水面上涉水主要用于跨越水面，应设置安全可靠的踏步平台和踏步石（汀步），面积不小于 0.4m×0.4m，并满足连续跨越的要求。上述两种涉水方式应设水质讨滤装置，并保持水的清洁，以防儿童误饮池水。

（3）泳池水景

泳池水景以静为主，营造一个让居住者在心理和体能上放松的环境，同时突出人的参与性特征（如游泳池、水上乐园、海滨浴场等）。居住区内设置的露天泳池不仅是锻炼身体和游乐的场所，也是邻里之间重要的交往场所。泳池的造型和水面也要极具观赏价值。

居住区泳池平面不宜做成正规比赛用池，池边尽可能采用优美的曲线，以加强水的动感。泳池根据功能需要尽可能分为儿童泳池和成人泳池，儿童泳池放在较高的位置，水经阶梯式或斜坡式流入成人泳池，这样既保证了安全又可丰富泳池的造型。

池岸必须作圆角处理，铺设软质渗水地面或防滑地砖。泳池周围多种灌木和乔木，并提供休息和遮阳设施，有条件的小区可设计更衣室和提供餐饮设备及区域。

（4）装饰水景

装饰水景是通过人工式水流的控制（如排列、疏密、高低、大小、时间差等）达到艺术效果，并借助音乐和灯光的变化产生视觉上的冲击，进一步展示水体的活力和动态美，满足人的亲水要求。装饰水景能够烘托环境，往往构成环境景观的中心。

① 喷泉。居住区内设置喷泉可以形成动态特色景观和活泼气氛（见图 6-70 和图 6-71）。在炎热的地区，喷泉还可以改善局部小气候。喷泉常结合雕塑和戏水池设计。居住区的喷泉以中小型为宜，水循环系统必须简单可靠，便于操作。喷泉是完全靠设备制造出的水量，故对水的射流控制是关键环节，采用不同的手法进行组合，会出现多姿多彩的变化形态。

图 6-70 喷泉与人工瀑布

图 6-71 喷泉与跌水相结合

② 倒影池。光和水的互相作用是水景景观的精华所在，倒影池就是利用光影在水面形成的倒影，扩大视觉空间，丰富景物的空间层次，增加景观的美感。倒影池极具装饰性，可做得十分精致，无论水池大小都能产生特殊的借景效果，花果、树木、小品、岩石前都可设置倒影池。

倒影池的设计首先要保证池水一直处于平静状态，尽可能避免风的干扰；其次是池底要采用黑色和深绿色材料铺装（如黑色塑料、面砖、沥青胶泥等），以增强水的镜面效果。

6. 庇护性景观

庇护性景观是居住区中重要的交往空间，是居民户外活动的集散点，既有开放性，又有遮蔽性，包括亭、廊、棚架、膜结构等景观（见图 6-72～图 6-75）。

图 6-72 亭

图 6-73 廊

图 6-74 棚架

图 6-75 膜结构

庇护性景观应邻近居民主要步行活动路线，易于通达，并作为一个景观在视觉效果上加以认真推敲，确定其体量大小。

（1）亭

亭是供人休息、遮阳、避雨或纪念性的建筑。亭形式、尺寸、色彩、题材等应与居住区景观相协调。亭的高度宜在 2.4~3m，宽度宜在 2.4~3.6m，立柱间距宜在 3m 左右。木制凉亭应选用经过防腐处理的耐久性强的木材。亭的形式和特点如表 6-8 所示。

表 6-8 亭的形式和特点

名 称	特 点
山亭	设置在山顶或人造假山石上，多属于标志性构筑物
靠山半亭	靠山体、假山石建造，显露半个亭身，多用于中式园林
靠墙半亭	靠墙体建造，显露半个亭身，多用于中式园林
桥亭	建在桥中部或桥头，具有遮风、避雨和观赏功能
廊亭	与廊相连接的亭，形成连续景观的节点
群亭	由多个亭有机组成，具有一定的体量和韵律
纪念亭	具有特定意义和誉名，或代表院落名称
凉亭	以木制、竹制或其他轻质材料建造，多用于盘结悬垂类蔓生植物，也常作为外部空间通道使用

（2）廊

廊以有顶盖为主，可分为单层廊、双层廊和多层廊。廊具有引导人流、视线，连接景物节点和供人休息的功能，其造型和长度也形成了自身有韵律感的连续景观效果。廊与景墙、花墙相结合增加了观赏价值和文化内涵。柱廊是以柱构成的廊式空间，是一个既有开放性，又有限定性的空间，能增加环境景观的层次感。柱廊一般无顶盖或在柱头上加设装饰构架，靠柱子的排列产生效果，柱间距较大，纵向间距 4~6m 为宜，横向间距 6~8m 为宜，柱廊多用于广场、居住区主入口处。

廊的宽度和高度设定应按人的尺度比例关系加以控制，避免过宽过高，一般高度宜在 2.2~2.5m 之间，宽度宜在 1.8~2.5m 之间。居住区内建筑之间的连廊尺度控制必须与主题建筑相适应。

（3）棚架

棚架有分隔空间、连接景点、引导视线的作用，由于棚架顶部由植物覆盖而产生庇护作用，同时减少太阳对人的热辐射。有遮雨功能的棚架，可局部采用玻璃和透光塑料覆盖。适于棚架（或绿廊）的植物多为藤本植物。棚架下应设置供休息用的椅凳。

棚架形式可分为门式、悬臂式和组合式。棚架高宜 2.2~2.5m，宽宜 2.5~4m，长度宜 5~10m，立柱间距宜 2.4~2.7m。

（4）膜结构

膜结构由于其材料的特殊性，能塑造出轻巧多变、优雅飘逸的建筑形态。作为标志建筑，应用于居住区的入口与广场上；作为遮阳庇护建筑，应用于露天平台、水池区域；作为建筑小品，应用于绿地中心、河湖附近及休闲场所。连体膜结构可模拟风帆海浪形成起伏的建筑轮廓线。居住区内的膜结构设计应适应周围环境空间的要求，不宜做得过于夸张，位置选择须避开消防通道。膜结构的悬索线埋点要隐蔽并远离人流活动区。

必须重视膜结构的前景和背景设计。膜结构一般为银白反光色，醒目鲜明，故要以蓝天、较高的绿树，或颜色偏冷、偏暖的建筑物为背景，形成较强烈的对比。前景要留出较开阔的场地，并设计水面，突出其倒影效果。结合反光照明可营造出富于想象力的夜景。

7. 模拟景观

模拟景观是现代造园手法的重要组成部分，是以代替材料模仿真实材料，以人工造景模仿自然景观，以凝固模仿流动，是对自然景观的提炼和补充，设计得当可以超越自然景观的局限，达到特有的景观效果。模拟景观包括假山石、人造山石、人造树木、枯水、人造草坪、人工坡地以及人工铺地等。

8. 高视点景观

随着居住区密度的增加，住宅层数也越来越多，居住者在很大程度上都处在由高点向下观景的位置，即形成高视景观。高视点景观设计不但要考虑地面景观序列沿水平方向展开，同时还要充分考虑垂直方面的景观序列和特有的视觉效果。

高视点景观平面设计强调悦目和形式美，大致可分为两种布局：一是图案布局，即平面布局具有明显的轴线、对称关系和几何形状，通过基地上的道路、花卉、绿化种植及硬铺装等组合而成，突出韵律及节奏感；二是自由布局，即无明显的轴线和几何图案，通过基地上的园路、绿化种植、水面等组成（如高尔夫球练习场），突出场地的自然变化。

高视点景观的设计要点如下。

（1）强调色块和色调的对比

在点线面的布置上，高视点景观设计应该尽量少采用点和线，更多地强调面，即色块和色调的对比。色块由草坪色、水面色、铺地色、植物覆盖等组成，相互之间需搭配合理，并以大块为主，色块轮廓尽可能清晰。

（2）突出植物绿化的疏密对比

种植物应形成簇团状，不宜散点布置。草坪和铺地作为树木的背景要求显露出一定比例的面积，不宜采用灌木和乔木进行大面积覆盖。树木在光照下形成的阴影轮廓应能较完整地投在草坪上。

（3）重视对水体的艺术处理

水面在高视点设计中占重要地位，只有在高点才能看到水体的全貌或水池的优美造型。因而要对水池和泳池底的色彩和图案进行精心的艺术处理（如贴反光片或勾画出海洋动物的形象），充分发挥水的光感和动感，给人以意境之美。

（4）对居住区平面进行色彩处理

视线之内的屋顶、平台（如亭、廊等）必须进行色彩处理遮盖（如有色瓦或绿化），改善其视觉效果。基地内的活动场所（如儿童游乐园、运动场等）的地面铺装要求作色彩处理。

9. 照明景观

居住区照明景观包括车行照明、人行照明、场地照明、装饰照明、安全照明、特写照明等。居住区室外景观照明的目的主要有以下四个方面：① 增强对物体的辨别性；② 提高夜间出行的安全度；③ 保证居民夜间活动的正常展开；④ 营造环境气氛。

照明作为景观素材进行设计，既符合夜间使用功能，又要考虑白天的造景效果，必须设计或选择造型优美别致的灯具，使之成为一道亮丽的风景线。

第八节　房地产项目配套设计策划

配套设施是住宅房地产项目的重要组成部分，是保证住宅入住率的基本条件，是增进居民之间交流，提高居民文化素质，调节住户心理状态，丰富社区文化生活，改善社区环境的必要条件，也是实现保值增值的重要条件。

一、居住区配套设施的类型

住宅房地产项目的配套设施按照不同的标准具有不同的分类。

1. 按照经济属性划分

根据配套设施的经济属性可将房地产项目的配套设施分为公共产品、准公共产品和私人产品。公共产品是指整个社会共同消费的、具有消费或使用上的非竞争性和受公益上的非排他性的产品，比如小学与初中的教学设施，街道办事处、居委会、派出所等的办公房、公交车站、公共厕所等配套设施。私人产品是指与个人日常生活中衣食住行直接相关的，人们要消费这种物品就得支付其市场价格的产品，在消费上具有竞争性和排他性，比如居住区中的会所、菜市场、银行、停车场等配套设施。准公共产品是介于公共产品和私人产品之间的产品。准公共产品又称"混合产品"，通常只具备上述竞争性和排他性两个特性中的一个，而另一个则表现得不充分，比如高级中学、医院、邮局、敬老院等。

经济属性决定供给方式。外部效益的公共产品和准公共产品的供应由于缺乏市场动力，产生了市场失灵而无法通过市场供给，因此其建设和维护只能由政府按照一定的方式统一组织提供。政府可以通过收费等形式取得资金用于配套设施中公共产品的建设。而开发商则应该是私人产品的建设主体，由开发商负责私人产品的建设，产权归开发商所有。

2. 按照使用功能划分

按照配套设施的使用功能不同，可以将其划分为教育设施（包括托儿所、幼儿园、小学、初中、高中等）、文化体育设施（比如图书馆、体育场、综合活动中心、会所等）、医疗卫生设施（比如医院、门诊部、社区卫生站等）、商业设施（比如超市、菜市场、酒店、旅馆等）、金融邮电设施（比如银行、邮局等）、社区服务设施（比如物业管理处、敬老院、残疾人康复托养所、停车场（库）、自行车库、社区综合服务部等）、行政管理设施（街道办事处、派出所、居委会等）、市政公用设施（比如公厕、垃圾站、公交车站、加油站等）。

3. 按照服务范围划分

按照服务范围大小的不同，居住区配套设施大致可以划分为楼宇配套设施、小区配套设施和居住区配套设施等类型。楼宇配套设施是指主要为某一住宅楼服务的配套设施，比如楼宇内的水电设施（包括供水、排水、强电、弱电等）、供热及供冷设施、供气设施、安全监控设施（比如可视对讲、紧急呼叫、自动报警、门禁系统等）、通信信息系统（比如电话、电视、网络等）以及楼宇智能化设施（比如水、电、气等远程抄表系统，电子公告系统，电梯运行监控系统，家庭自动报警系统，家电遥控系统等）等。小区配套设施包括会所、车库、安保（比如电子监控设施等）、灯光、背景音乐以及社区管理智能化（比如三方可视对讲系统、车辆管理系统、社区一卡通系统等）等配套设施。居住区配套设施包括文化教育、医疗卫生、公交、商业、菜市场、环卫等配套设施。

二、居住区配套设施设计的原则

1. 配套设施应该充分利用社会资源

由于配套设施对项目销售的重要性，因此很多开发商纷纷扩大配套范围、提高配套标准，小到商店、餐馆，大到学校、医院甚至公交等，形成了一股"小区办社会"潮流。这对社会销售无疑是有利的，尤其是那些规模巨大的楼盘。但这种"小区办社会"的配套模式也存在很大的问题：一是加大项目开发建设成本，二是造成配套设施资源的浪费，加大运行成本，这些增加的建设和运营成本最终还是要由住户承担。因此，为了避免上述问题，开发商首先应该充分地利用社会资源，避免因不必要的重复建设而引起浪费。

2．配套设施应努力实现共享

由于实行的是"谁建设，谁配套，谁受益"的原则，很多房地产项目尤其是城市郊区楼盘，往往独自进行配套设施的建设，建成后不对外开放而实行封闭式管理。这就造成了很多地方的小规模项目由于实力有限而缺乏配套，而大项目则配套浪费的不平衡现象。因此，在项目规划设计阶段，同一区块的开发商应该进行充分协调，通过多个项目之间的合作建设与使用共享来解决单个项目建设与运营公共设施成本过高的问题，这样既解决了配套问题，同时又降低了建设与运营成本。

3．配套设施既要经济适用又要适当超前

相对于写字楼来说，住宅项目的业主对住宅物业的价格以及今后的运行管理费用等比较敏感，因此在保证功能和服务质量的前提下尽量降低建设费用和运行成本是十分必要的，也就是配套设施建设要坚持适用性，比如目前有些项目的住宅智能系统的功能与建设标准往智能大厦的标准上靠是没有必要的。但是对于那些需求增长很快、技术更新迅速的配套设施则要有适当的超前性，而在网络综合布线时也要为今后的技术升级和改造留有一定的可扩充性，即在坚持经济性的原则上，局部的配套设施系统应该有适当的超前性。

4．配套设施要与住宅同步甚至先行建设

随着消费者对住宅配套设施的重视程度越来越高，不少开发商在销售阶段也会大力宣传本项目的配套设施如何齐全或豪华，但此时绝大部分所谓的配套设施往往还处于图纸设计甚至规划阶段，展示给消费者的仅仅是一些效果图或楼盘模型。在实际房地产开发中，由于开发商缺乏诚信的现象经常发生，造成消费者通常对开发商的承诺半信半疑，往往担心项目建成以后开发商无法兑现购房时对配套设施的承诺。如此一来，开发商宣传配套设施的努力和效果也会大打折扣。因此，为了消除消费者对开发商后期无法兑现配套设施的承诺，可以在住宅建设过程中同步建设相应配套设施，而不是通常的"先建设，再配套"，甚至可以先行建设配套设施，给消费者一个实实在在的感受，使消费者眼见为实，从而赢得消费者的信任，树立项目的市场形象和品牌。

三、居住区配套设施设计的具体要求

1．教育设施

教育设施（如托儿所、幼儿园、小学、中学等）的配套设施应相对围合，设计中应将建筑物与绿化、庭院相结合，形成有机统一、开敞而富于变化的活动空间。校园周围可用绿化与周围环境隔离，校园内布置操场、草坪、文化活动场地，有条件的可设置小游园及生物实验园地等。另外，可设置游戏设施、沙坑、体育设施、座椅、体育亭廊、花坛等小品，为青少年及儿童提供轻松、活泼、幽雅、宁静的气氛和环境，促进其身心健康和全面发展，该用地绿化应选择生长健壮、病虫害少、管理粗放的树种。

2．文化体育设施

文化体育设施包括图书馆、电影院、体育场以及综合活动中心、会所等。这类配套设施应该为开敞空间，设计中可令各类建筑设施呈辐射状与广场绿地直接相连，使绿地广场成为大量人流集散的中心。用地内绿地应有利于组织人流和车流，同时要避免遭受破坏活动，为居民提供短时间休息及交往的场所。用地内应设有照明设施、条凳、果皮箱、广告牌、座椅等小品设施，并以坡道代替台阶，同时要设置公用电话及公共厕所。绿化树种宜选用生长迅速、健壮、挺拔、树冠整齐的乔木，运动场上的草皮应用耐修剪，耐践踏，生长期长的草类。

3. 医疗卫生设施

医疗卫生设施包括医院、门诊部、社区卫生站等，设计中注重使用半开敞的空间与自然环境（植物、地形、水面）相结合，形成良好的隔离条件。其专用绿地应做到阳光充足，环境优美，院内种植花草树木，并设置供人休息的座椅，采用无障碍设计以适宜病人休息、散步。同时，医院用地应加强环境保护，利用绿化等措施防止噪声及空气污染，以形成安静、和谐的气氛，消除病人的恐惧和紧张心理。该用地内树种宜选用冠大、遮阴效果好、病虫害少的乔木，或选用其他中草药及具有杀菌作用的植物。

4. 商业服务设施

商业服务设施包括超市、菜市场、酒店、旅馆等，为了给居民提供舒适、便利的购物环境，此类配套设施宜集中布置，形成建筑群体，并布置步行街及小型广场等。该用地内的绿化应能点缀并加强其他商业气氛，并设置具有连续性的，有特征标记的设施及树木、花池、条凳、果皮箱、电话亭、广告牌等。用地内的绿化应根据地下管线埋置深度，选择深根性树种，并根据树木与架空线的距离选择不同树冠的树种。

5. 社区管理设施

社区管理设施包括居委会、街道办事处、物业管理处等。设计中可以通过乔灌木的种植将各孤立建筑有机地结合起来，构成连续围合的绿色前庭，利用绿化弥补和协调各建筑之间在尺度、形式、色彩上的不足，并缓和噪声及粉尘对办公室的影响，从而形成安静、卫生、优美的工作环境。用地内可设置简单的文体设施和宣传画廊、报栏，以活跃居民业余文化生活。绿化方面可栽植庭荫树及多种果树，树下种植耐荫经济植物，并利用灌木、绿篱围成院落。

6. 其他公共设施

比如垃圾站、锅炉房、车库等。此类设施用地宜构成封闭的围合空间，以利于阻止粉尘向外扩散，并可利用植物作屏障，减少噪声，阻挡外部人员的视线，而且不影响居住区的景观环境。此类用地应设置围墙、树篱、藤蔓等，绿化时应选用对有害物质抗性强，能吸收有害物质的树种，种植枝叶茂密、叶面多毛的乔、灌木，墙面、屋顶采用爬蔓植物绿化。

第九节 案例——广州钢铁集团职工福利房金鹤苑小区项目产品设计策划

一、金鹤苑项目概况

1. 项目介绍

该项目位于广州市芳村区，广州钢铁集团的西面，距地铁一号线坑口站约500米，周围逐步发展成为商住区。2000年至2002年建造，总投资约人民币一亿元。

该项目总用地为4.7718公顷，总建筑面积为6.867万平方米，总住宅户数625套，平均层数7层，综合容积率为1.8，建筑密度为30.5，绿地率为33%，总停车位978个。

该小区总平面布局采用围合式，相对独立和便于管理，东北面临市政路，首层设有农贸市场和商铺，西面首层架空停车，中部住宅首层架空，与小区绿地及活动场地融为一体，南面设一所幼儿园配套公建。

该小区为企业自建经济适用住房，住宅户型以中小型为主，有三种户型：A型为一梯六户，B型一梯三户，C型一梯五户，其中有少量转角围合户型；建筑面积多在55～100平方米左右。从规划到建筑设计均以经济实用为原则，住宅单体紧凑而合理，均有良好的景观和采光、通风，小区活动场地较大而又安全。虽然该项目当时周边交通与公建配套欠缺，但是职工们均感觉到这里是安居乐业的美好家园。

2．区位分析

（1）地段位置情况。该地段位于广州市芳村区西朗村内。广州市是广东省的政治、文化、交通中心。芳村区位于广州市区西南角，与荔湾区和海珠区隔江相望，芳村区的西南面紧临南海市，西朗村位于芳村区的西南角，并与南海市交界。

（2）周边重要道路交通关系。该用地红线的东南边外300米有广中路，东西向跨过。该路东面连接鹤洞大桥至海珠区，西南通南海市平洲、花地湾大道。该地段东北面有40米宽规划路，西北面紧邻26米规划路，西南面隔15米外也有一条26米规划路。广州市一号地铁线通至西朗村总站，离该地段东南方向1000米。

（3）周边大型公建及基础设施情况。用地内有长途汽车客运站、大型商场、中小学（如文伟中学，距离为800米）。规划西北面紧邻省实验中学，地铁站旁边有市第一人民医院，规划中有省中医院。

3．规划建设前的拟用地状况分析

场地现状地形平坦，无建筑物，只有草地和菜地。现用地红线边只有北面紧邻6米小路和10米宽水渠。红线内暂无任何基础设施，无文物保护项目。

二、产品规划设计

1．规划设计理念

（1）遵循可持续发展原则，建立整体生态建筑观

在群体建筑的组合中，在湿热地区为了引进自然风，要求东南面尽量敞开，西北面较封闭一些，长条的建筑体形，要求中间部位有开口或首层架空等。因此，整体建筑外观也体现了空间因素的影响，并受到地球资源有限性的制约。

（2）结合气候、地域特点，形成以环境为中心，生态住区规划思想

生态城市住区的目标是那种在适当的时候，在适当的地方利用适当技术发展保护环境，节约资源的物质空间，因此我们需要重新界定人与自然的关系，把环境放在中心的位置，将保护环境和合理利用资源作为推动科学技术进步的发展思想，实现现代化生态的城市住区。

（3）利用科学技术手段形成城市住区的生态环保效应

节能生态设计主要通过建筑物朝向方位的布置，建筑内外体貌和结构的设计以及新技术、新工艺、新材料等手段来实现。本项目为一湿热地区城市住区，建筑物首层全部架空，庭院内的路、水、花草等元素均可延伸至室内，使室内外环境交融，形成流动连续的空间，即可引导风进入小区，并通过南低北高的布局，每户均有"穿堂风"，使小区内形成良好的自然通风环境，如图6-76和图6-77所示。在架空层内设运动设施、跑道等，比在有空调的健身房还要好，既节能又省钱，全民参与，加强邻里关系，人在里面活动既荫凉，又不怕日晒雨淋，还能通风降温，视觉上又能看到庭院的景观。小区内人车完全分流，车在外围通行。充分考虑小孩、老

年人的休息和活动。草地多做成有起伏的地形，便于排水，水自然集中到低洼地或小塘内，形成保水节水的生态循环。水体中心设一喷雾型喷泉，使水体流动，能达到一定的降温效果。

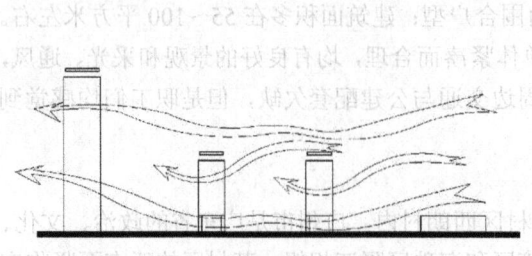

图 6-76　南低北高的立面布图示意图

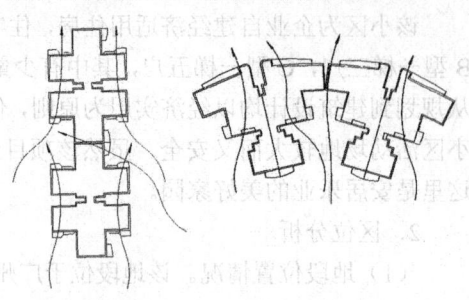

图 6-77　"穿堂风"示意图

隔热措施的有效选择是满足建筑物热工要求的重要手段，建筑墙体构件如果在白天暴晒，那么晚上就会放出大量的辐射热。传统经验和科学实验都表明，白色或浅色墙面可以有效地减少环境中的辐射热。相反，深色外墙或屋面会大量吸收太阳辐射，提高外墙内表面温度并产生辐射热，特别在无风（即静风状态下）的夜晚，来自外墙内表面的辐射热会使人十分难受，所以，住区内的建筑物外墙，均是白色墙面。本项目的墙体均选用热阻系数大、重量大的砌体墙，以减少外墙内的温度波动，装饰方面采用浅黄色材料，大大改善了外墙的热工性能（见图 6-78）。

图 6-78　现场实景拍摄

（4）用智能化管理、实施，综合评价城市住区的生态策略

小区物业的智能自动化管理，目前已达到几十种门类，人们可以足不出户，就能满足一切基本生活、工作需求，信息时代的科技已使人们的生活发生很多变化，城市住区的生态体系也已向高科技型的环保体系转变。城市住区内的生活质量和水平要想提高到小康型经济社会水平，必须先建立生态系统的思想观和生活观，发挥主观能动作用，利用科学适宜的动态管理体制来控制和发展城市住区，使城市住区始终处于良性循环的和谐生态系统中。

2. 规划总体设计

（1）规划用地布局。该用地长边方向朝东南，规划布局中建筑物朝向以东南为主，整体按东南向开敞，西北向合拢，南低北高，充分考虑视线景观和引导东南风；南北建筑间距满足 1∶1 楼距的要求，其他次要朝向间距满足消防间距要求。

（2）规划路网和交通设施布局。规划路网采用人车分流制。沿西南外边设 7m 宽双车道，在 40m 及 26m 城市道边分设一个出入口，沿组团内围设环形 4m 宽步行道兼消防通道。组团中心为公用绿地，内设曲折的庭院小路，在 40 米规划路另设一个人流主出入口和一个消防出入口。

（3）规划建筑布局。建筑单体形式分为三种，西南边、东北边布置多层连体式单元，每单元为一梯六户；西北边布置小高层一梯八户的连体单元；中间布置八组点式住宅，每单元为一梯三户，两单元为一组。沿城市规划路的建筑首层为商业配套公建，西南边建筑首层架空设为汽车库及夹层设自行车库，中间点状建筑首层架空，部分架空，部分绿化。

（4）规划场地布局。用地南端独立地块规划为幼儿园及部分公共绿地，北面主干道交叉口留出较大的广场，以缓和人流的拥挤状况。西南端设有文化活动中心的球场等室外活动场地，隔7m车行道外设有垃圾站和公共厕所。整个住宅小区用地进行了合理的分配和布置。

（5）空间组织及环境设计。该小区整体为半围合式空间布局，以南北轴对称来强调整体气势，南低北高富有空间层次。中心为连通式绿地，让住户有一种家园的归宿感，并且有交流的空间和共享的环境（见图6-79和图6-80）。

图6-79 小区总体效果图

图6-80 总平面图

3．绿地景观系统规划

以点面绿地为主，辅以线形绿带和行道树进行联系，绿地空间是相互沟通的，其性质和布置内部是相互呼应和互补的。把宅前绿地和中心绿地通过建筑首层架空而融为一体。结合布置中心小广场、汀步、庭院水景、地面铺装，形成南北向主要景观轴线和东西向副景观轴线（见图6-81）。

4．公共服务设施规划

沿40m规划路的南侧设有农贸市场，沿小区内部道路设有居委会、卫生站等。东南端设有一个煤气站，北端高层的首层处设有一个供变电室。建筑物一至三层为市政水网直接供水，其他层均为地下水池及屋顶水箱加压供水，水池按建筑的相对集中组团而分3处设置（见图6-82）。

5．道路交通规划

小区道路与城市规划路设有合理数量和位置的出入口，做到人车分流，交通便捷。消防车可直达每栋建筑的旁边，汽车库集中在车行道一边，自行车库分散布置在中心点状建筑下，方便用户使用。庭院路延伸至首层架空区内，沟通室内外空间。4m宽的环形步行道考虑了残疾人无障碍设计（见图6-83）。

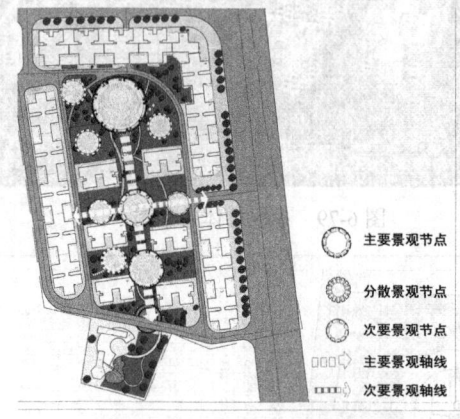
图6-81 景观分析图

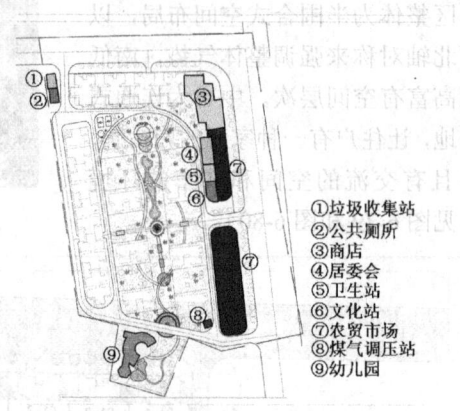
图6-82 配套设施分布图

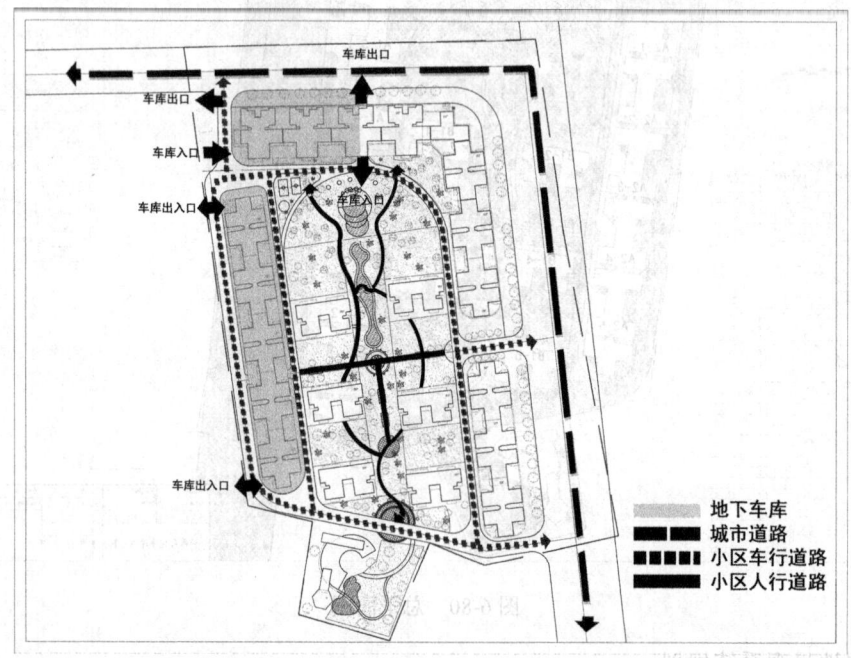
图6-83 流线分析图

6. 管线综合规划

各种工程管线设置均通过容量预测及负荷计算。雨水和污水分管排放，污水经化粪池，沉淀汇集流入城市主排污管。各种管线沿内环形步行道分层布置，管线布置短而直接，达到合理经济的较佳效果。

7. 竖向设计

原地形地貌简单平坦，总趋势为南低北高，规划时结合土石方的综合平衡及雨水排放组织，也设为南低北高的平缓坡度，横向往环形步行道做坡，使雨水排放组织顺畅，草地留有适当起伏，美化景观。

8. 住宅户型设计

以中小型为主，有三种户型：A 型为一梯六户，B 型一梯三户，C 型一梯五户。户型设计紧凑实用，公摊面积少，实用率高（见图 6-84～图 6-95）。

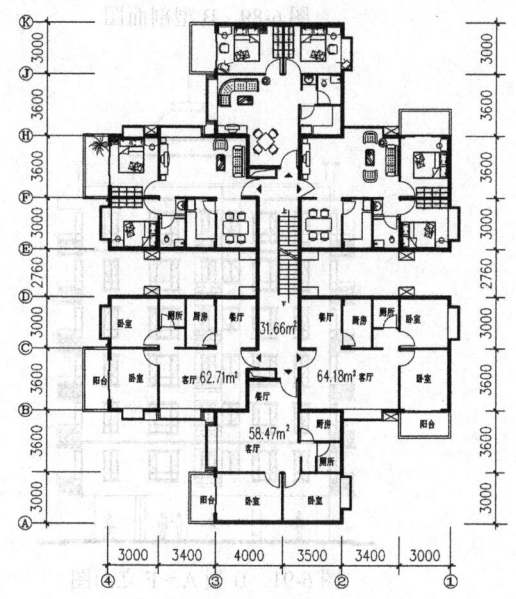

图 6-84　A 型平面图

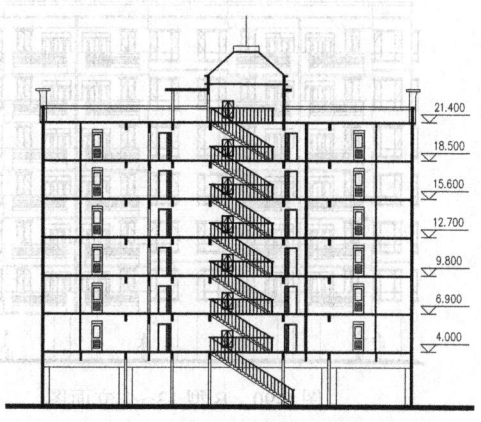

图 6-85　A 型剖面图

图 6-86　A 型 A~K 立面图

图 6-87　A 型 K~A 立面图

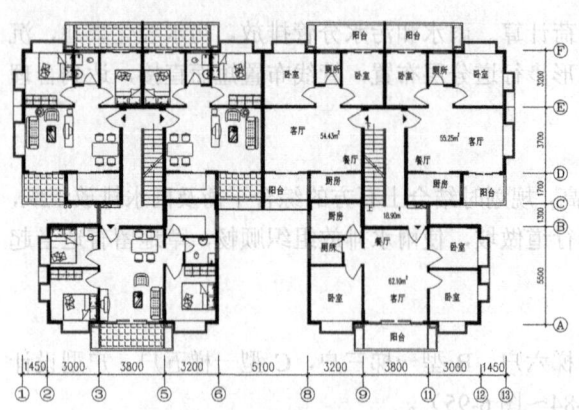

图 6-88 B 型平面图

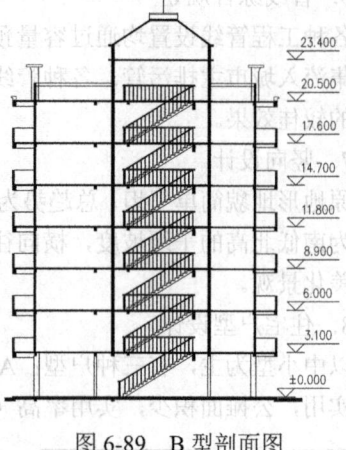

图 6-89 B 型剖面图

图 6-90 B 型 13~1 立面图

图 6-91 B 型 A~F 立面图

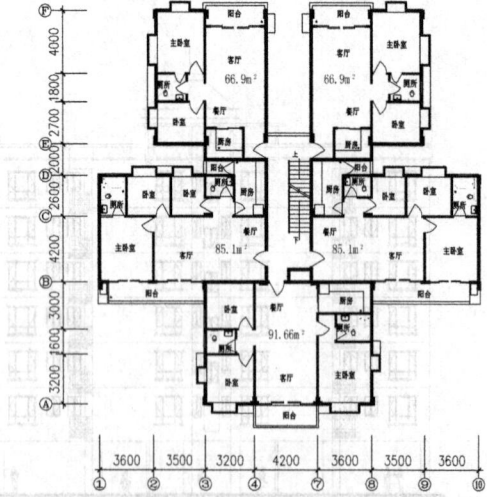

图 6-92 C 型平面图

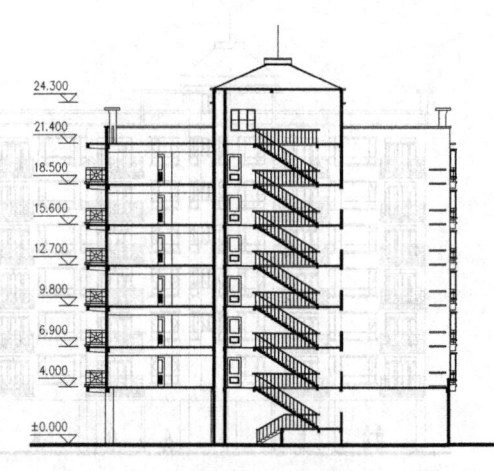

图 6-93 C 型剖面图

图 6-94　C 型 1~10 立面图　　　图 6-95　C 型 A~F 立面图

三、经济技术指标

经济技术指标如表 6-9～表 6-12 所示。

表 6-9　综合技术经济指标一览表

项　　目	计量单位	数　值	所占比重（%）	人均面积（m²/人）
居住区规划总用地	ha	4.7718		
居住区用地	ha	3.53	100	16.1
住宅用地	ha	1.04	29.5	4.8
公建用地	ha	0.412	11.7	1.9
道路用地	ha	1.037	29.4	4.7
公共绿地	ha	1.041	29.5	4.8
其他用地（E）	ha	0		
居住户（套）数	户（套）	625		
居住人数	人	2187		
户均人口	人/户	3.5		
总建筑面积	万平方米	686715		
计算容积率建筑总面积	万平方米	635346	100	31.4
住宅建筑面积	平方米	54114.6	85.2	24.7
规划	平方米	54114.6		
保留	平方米	0		
公建面积	平方米	9420	14.8	4.3
规划	平方米	9420		
保留	平方米	0		
首层车库建筑面积	平方米	4930		
架空建筑面积	平方米	2316		
住宅平均层数	层	6.3		

续表

项 目	计量单位	数 值	所占比重（%）	人均面积（m²/人）
高层住宅比例	%	0		
中高层住宅比例	%	100		
人口毛密度	人/ha	619.5		
人口净密度	人/ha	2102.9		
住宅毛容积率	%	153.3		
住宅净容积率	%	520.3		
综合（净）容积率		1.826		
综合（毛）容积率		1.826		
总建筑密度	%	33.1		
塔楼建筑密度	%	0		
绿地率	%	32		
人均公共绿地面积	平方米/人	4.630		
拆建比				

表 6-10　A1-4-6/C/D 型住宅技术指标表

序 号	名 称	指 标	备 注
1	A1-4-6 栋总建筑面积	9089.75m²	
2	A1-4-6 栋基底面积	1744m²	
3	C 栋总建筑面积	14946m²	
4	C 栋基底面积	2189.2m²	
5	D 栋总建筑面积	1447m²	
6	D 栋基底面积	240m²	
7	A1-4-6 总汽车库面积	3300m²	
8	A1-4-6 总户数	205	
9	层数	7 层	
10	A1-4-6C、D 总建筑面积	25620.5m²	

表 6-11　绿地明细表

项 目		面积（m²）
居住规划用地		35303.669
绿地	绿地总面积	11648.088
	公共绿地 居住区级	0
	公共绿地 居住小区级	7474.172
	公共绿地 组团级	2940.345
	宅旁绿地	0
	公共服务设施附属绿地	1233.572
	道路绿地	0
	人均公共绿地	4.762
	绿地率	33.00%

表 6-12 配套设施一览表

项 目	设 施 名 称	建筑面积(m²)	用地面积(m²)	所属建筑编号	备 注
医疗卫生	卫生站	100		G-1	
	小计	100			
文化娱乐	文化活动站	100		G-1	
	小计	100			
教育	幼儿园	1501	2677	E1-1	
	小计	1501	2677		
商业服务	农贸市场	400		G-1	
	综合商店	350		G-1	
	农贸市场	1735		G-1	
	小计	2485			
行政管理	居委会	100		G-1	
	小计	100			
公共设施	公厕	80		G-1	
	垃圾压缩站	163	278	E2-3	
	燃气管理站	17	27	E2-2	
	小计	260	305		
总计		4546	2982		

复习思考题

1. 房地产项目设计主要是设计师的工作,为何还要强调设计策划?
2. 单体建筑的平面布局有哪几种形式?各有什么优缺点?
3. 建筑群体平面布局的类型有哪些?分别有什么特点?
4. 住宅房地产项目实行人车分流有何好处?
5. 目前我国住宅房地产市场上常见的建筑风格有哪些?有何特点?
6. 房地产策划和可行性分析人员如何选择项目建筑风格类型?
7. 户型策划主要有哪些内容?
8. 户型设计有哪些主要原则?举例说明户型设计的地域性。
9. 户型设计中的功能分区原则包括哪些内容?
10. 客厅、卧室、餐厅、厨房、卫生间、门厅、阳台及储藏室等设计有何具体要求?
11. 住宅房地产项目景观设计包括哪些内容?
12. 景观设计有哪些重要原则?为什么要遵循这些原则?
13. 住宅房地产项目常见景观要素的具体设计要求有哪些?
14. 住宅房地产项目需要哪些配套设施?
15. 目前房地产开发项目中的配套设施存在哪些问题?
16. 住宅房地产项目配套设施设计有哪些原则?
17. 住宅房地产项目常见配套设施的具体设计要求有哪些?

第七章　房地产项目开发流程与进度计划编制

本章首先以房地产项目的报建程序为线索，讲述房地产项目的开发流程，包括获取土地、用地审批、规划报建、施工许可、预售许可、竣工验收以及交楼办证等七个阶段。在此基础上，较详细地介绍房地产项目开发进度计划，项目计划的概念与体系，项目进度计划的编制程序以及编制方法等。

第七章 房地产项目开发流程与进度计划编制

第一节 房地产项目开发流程

房地产开发是一项复杂的商业活动,既包括从取得土地开始,进行土地和建筑物开发、出售或出租土地或建筑物的典型房地产开发活动,也包括从购买现有建筑物开始,经更新改造后再出租或出售建筑物的房地产开发活动。要通过房地产开发活动,将满足社会空间需求的设想变为现实,需要土地、劳动力、资本、管理经验、企业家精神和伙伴关系的综合投入,同时创造满足消费者对空间、时间和服务需要的新价值。社会对房地产开发的需求持续不断,因此随着经济增长、人口增加和技术进步,消费者品味和偏好也在不断发生变化,居民不断产生对生活方式的新追求和新选择。作为房地产开发活动的发起者,房地产开发企业(又称房地产开发商,简称开发商)是开发创意、规划设计、投资融资、工程建造和市场营销环节的协调管理者,也是开发风险的主要承担者和开发利益的主要分享者。

房地产开发的最终产品,即一个新开发或再开发的物业,是许多专业人士共同协作努力的结果。开发活动需要金融机构参与,没有金融机构的支持,房地产开发会受到很大的制约;开发活动需要规划设计、工程技术、工程管理专家和建筑工人参与,这是开发项目建造质量和效率的关键;开发商在整个开发过程中,还要与政府机构打交道,以解决有关土地获取、政府审批、规划调整、征收补偿、建筑规范、市政设施和基础设施配套等问题;许多城市的社区团体和民众也越来越多地要求参与开发过程中,与这些社区团体沟通和谈判也会对开发项目产生重要影响;在检验项目成功与否的租售过程中,还需要与经验丰富的营销专家、形象推广专家、销售人员、律师等密切配合。

以下仅以开发商(文中称建设单位)就某房地产开发项目与政府机构打交道的各个环节(也称项目报建)为线索,讲述房地产项目的开发流程。

一、获取土地阶段

目前,建设单位获取国有土地使用权主要有两种方式:协议出让和公开出让。建设单位获得土地使用权后,须跟城市土地主管部门签订《国有土地使用权出让合同》,并向发展改革部门申报建设项目立项备案,再向建设委员会申请房地产开发资质证书,办理房地产开发建设项目手册。本流程主要针对公开出让的方式进行设计。

(一)公开出让

公开出让是指以政府组织的形式,设定一定条件,向建设单位公开出让某一国有土地的使用权。公开出让分为三种:招标、拍卖和挂牌,简称"招拍挂"。

招标出让是指在规定的期限内,由符合条件的建设单位以书面形式投标,竞投某一国有土地的使用权,由招标单位根据综合条件按照"最佳者得"的原则确定土地使用权受让人的出让方式。

拍卖出让是指土地所有权人在规定时间、地点,组织有意受让且符合条件的建设单位公开叫价竞投,以"价高者得"的原则确定土地使用权受让人的出让方式。

挂牌出让是指土地所有权人发布挂牌公告，在规定期限内将出让地块的交易条件在土地交易部门挂牌公布，根据挂牌时间截止时的报价，按"价高者得"的原则确定土地使用权受让人的出让方式。

（二）国有土地使用权出让合同

建设单位通过公开出让后交易过户取得用地，由土地交易部门出具成交确认书，由土地主管部门与土地使用者签订国有土地使用权出让的合同就是国有土地使用权出让合同。以广州为例，签订《国有土地使用权出让合同》是由广州市国土资源和房屋管理局主办，建设单位凭成交确认书办理，一般两个工作日可完成。

（三）建设项目立项备案

建设单位在获得土地使用权，确定建设项目后须向发展改革部门依次办理立项、审批、核准、备案等手续。此阶段主要是城市发展与改革主管部门牵头，联同城市对外经济贸易主管部门、规划主管部门、环境保护部门和安全监管部门完成内资企业项目核准、外商投资项目核准、建设项目选址意向书审批、环境影响评价初步意见审批、安全预评价、职业病危害预评价。最后由城市发展与改革主管部门审批统一发证，包括选址意见书、用地预审意见、内资企业项目核准意见、外商投资项目核准意见，以及各相关部门的批复函。

二、用地审批阶段

土地储备机构在完成用地结案，取得储备用地的规划条件后，向建设单位出具同意使用储备用地的书面意见（附用地结案书和相关规划条件）。建设单位持项目批准（或核准、备案）、环境影响评价、规划选址（含规划条件）、土地储备机构同意使用储备用地的书面意见等文件申请办理用地审批程序。该阶段由城市土地和房屋主管部门牵头，联同规划主管部门完成建设用地规划许可证、修建性详细规划审查意见、建设用地批准书等的审批工作，由城市土地和房屋主管部门同意发放所有审批结果，包括建设用地规划许可证、修建性详细规划审查意见、建设用地批准书等。

（一）建设用地规划许可证

规划部门完成建设用地许可审批是城市土地和房屋主管部门对用地立项、规划、权属等相关材料进行审核的重要依据。

建设单位应备齐申请函、身份证明资料、投资批（核）准文件或投资备案登记文件、实测坐标现状地形图及电子文件、绘制在1：500现状地形图上的总平面规划图、建设单位盖章确认的现场图片、国有土地使用权有偿使用合同（国有土地使用权出让合同）等资料申请办理。由城市规划主管部门完成审批。

（二）修建性详细规划审批

修建性详细规划是以城市总体规划为依据，制定用以指导各项建筑和工程设施的设计和施工的规划设计。

建设单位可备齐立案申请表、申请函，身份证明资料，绘制在1：500现状地形图上的总平面规划图，经技术审查的电子报批文件，技术审查合格报告，规划说明书、规划设计蓝图以及总平面规划彩图，已取得的供水、燃气、电力、电信、排水专业管理部门的书面意见，申请办理建设用地规划许可证的批复函等资料申请办理修建性详细规划审批，此项工作由城市规划主管部门办理。

（三）建设用地批准书

建设用地批准书是城市土地与房屋主管部门颁发的允许建设单位使用建设用地的证件，是建设单位依法使用土地的法律凭证。

在城市规划主管部门完成建设用地许可审批手续后，城市土地和房屋主管部门依据规划部门提供的用地许可审批结果，对用地立项、规划、权属等相关材料进行审核，审核通过后，统一核发建设用地批准书。

城市规划主管部门审核项目建设用地规划许可证后，城市土地与房屋主管部门依据规划部门提供的审批结果以及建设单位提供的如下资料审批建设用地批准书：立案申请表、身份证明资料、用地批准书附图、绘制1∶500现状地形图上的总平面规划图、建设单位盖章确认的现场图片、土地勘测定界技术报告书、出让宗地平面界址图、用地结案书等。审核通过后，直接向建设单位核发建设用地批准书。

（四）房地产开发资质证书

房地产开发资质证书是房地产开发企业通过向城市建设主管部门递交申请并获得审核通过，允许一定规模的开展房地产开发的资质证书，是房地产开发企业合法开发建设项目的重要法律依据。房地产开发资质可分为暂定、三级、二级、一级四个等级。

建设项目完成用地审批手续后，建设单位即可向城市建设主管部门申请核准房地产开发企业暂定资质。建设主管部门依据建设单位提供的申请报告；房地产开发企业资质申报表；房地产开发项目建设用地规划许可证或其他建设用地规划有效批文；房地产开发项目建设用地批准书或国有土地使用证或其他有效批文；企业法人营业执照；企业章程；由会计师事务所出具的800万以上注册资本验资证明；企业法定代表人身份证；按三级以上资质条件配备的专业技术人员资格证书、身份证、劳动合同以及社保证明；由银行出具的房地产开发项目总投资额20%资金的证明；房地产开发项目可行性研究报告等资料审核办理房地产开发资质证书。审核通过后由建设主管部门统一发给建设单位《关于同意×××公司经营房地产开发业务的复函》1份，以及《房地产开发企业暂定资质证书》正、副本各1份。

三、规划报建阶段

（一）专业部门审查意见

建设工程项目涉及国家安全、卫生、环卫、教育、文物、港口、铁路、轨道交通、机场、航空控高、河道、水利、供水、排水、交通管理、民族宗教、"三旧"改造、园林绿化、水土保持、海洋、防震、非煤矿山建设项目和危险化学品建设项目安全涉及条件评价等事项的，城市规划主管部门在提供建设用地规划条件、审查修建性详细规划阶段和建设工程规划许可咨询服务阶段应予明确，并要求建设单位在规划报建前取得相关专业部门的审查意见。气象部门的防雷装置设计审查并入施工许可阶段完成。

（二）电子报批文件技术审查

设计单位将拟建项目的平面图、立面图、剖面图、规划设计条件及项目基本概况形成电子文件，交由自动化中心对建设用地审批、修建性详细规划设计方案进行审查，审核通过后由城市规划主管部门统一发放技术审查合格报告，并完成报建通电子文件的加密。

（三）建设工程规划许可证

建设工程规划许可主要审查容积率、建筑密度、绿地率、建筑间距、建筑退让、建筑高度等规划条件，修建性详细规划中确定的规划控制要求是否得以落实，市政工程规划许可主要核查是否满足控制性详细规划的要求。建设工程规划许可不审查建设工程设计方案的其他内容，除建设工程设计方案总平面图以外的设计图纸不再加盖市规划局业务专用章，而仅加盖存档章。在城市规划主管部门发出《建设工程规划许可证》后，如调整设计图纸，建设单位应到规划主管部门更换存档图纸。

四、施工许可阶段

（一）施工单位及监理单位招投标

工程项目招标投标制，是我国工程建设市场的重大改革举措之一。通过招标，房地产建设单位首先可以选择合适的项目承包商，以确保工程投资不超过预算、质量符合设计要求、工期达到预期目标。在确定了工程承包商后，房地产建设单位还需要通过招标选择合适的监理单位，以便对工程进行建设工程监理。

（二）质量安全监督登记

质量安全监督登记是由城市质监主管部门主办，根据节能主管部门出具的节能设计审查备案表，工程勘察设计行业协会出具的施工图审查备案表，城市建设工程造价管理部门出具的建设工程合同备案书，建设工程招标管理主管部门出具的招标投标备案登记等办理。

建设单位还需向城市劳动保护主管部门缴纳建设工程劳动保险调剂金，向墙体改造主管部门交存新型墙体材料专项基金，向水泥管理部门办预交散装水泥专项基金，以及向建设主管部门交市政配套费等费用。

（三）建设工程施工许可证

为了加强对建筑活动的监督管理，维护建筑市场秩序，保证建筑工程的质量和安全，根据《中华人民共和国建筑法》、《建筑工程施工许可管理办法》等法律、法规的规定，1999年12月1日起在全国实行建筑工程施工许可证制度，此前，全国各地方政府也有类似管理制度，但名称及管理方式缺乏统一指导，如开工报告、开工证等。

办理施工许可证需具备以下条件。

（1）施工场地已基本具备施工条件。

（2）已经办理该建筑工程用地批准手续。

（3）在城市规划区的建筑工程，已经取得规划许可证。

（4）需要拆迁的，其拆迁进度符合施工要求。

(5) 已经确定建筑施工企业；按照规定应该委托监理的工程已委托监理单位。

(6) 有满足相关设计规范要求的施工图纸。

(7) 已在质量监督主管部门及安全监督主管部门办理相应的质量、安全监督注册手续。

(8) 建设资金已经落实，工期不足1年的，到位资金不得少于工程合同价款的50%；工期超过1年的，到位资金不得少于工程合同价款的30%。

建设单位具备上述条件后，可向城市建设主管部门申请办理建设工程施工许可证。

五、预售许可阶段

（一）项目地名命名及门牌批复

1. 项目地名命名

项目地名命名即建设单位为项目的命名向市地名办申请合法依据。当项目拿到或完成《国有土地使用证》或《建设用地批准书》，《建设用地规划许可证》及红线图，《建设工程规划许可证》及规划总平面图或四至图等步骤，建设单位可依据上述材料向城市地名管理部门申请办理项目地名命名批复。

该阶段流程由建设单位向建设主管部门窗口递交申请材料，由项目所在区民政主管部门初审，市民政主管部门审核，市政府审批，最后由市民政主管部门统一出文答复。

2. 门牌批复

门牌批复即建设单位向所在地派出所申请项目具体门牌地址的批复。申请门牌时，项目必须是地面以上首层或可见层完工且门口、楼梯位置确定，并核定项目所在地的标准道路、街巷名称。

凭规划部门核发的《建设工程规划许可证》及其附件，申请门牌呈批表、门牌烧制通知单、门牌号码申请书、项目命名批复、土地使用证、建设用地规划许可证、总平面图、首层平面图办理。若其他楼层结构与首层不一致的，还应附各层平面图。

（二）房屋面积预测算成果报告书

建设单位因为资金回笼的关系，就会有申请项目预售的需要，由于项目在完工前进行预售，因此会由市土地与房屋管理部门的测绘单位根据建设单位提供的报建图对项目进行面积预算。一般情况下，如果建设单位完成项目地名审批跟门牌地址批复后，即可向土地和房屋管理部门申请房屋面积预算。

建设单位可凭委托预算申请书原件；身份证明[申请人（含单位法定代表人）及其代理人的身份证明，申请人授权委托书]原件或复印件；《房屋面积预（测）算合同》原件；《建筑工程规划许可证》复印件；报建审核意见书复印件；建筑功能指标明细表复印件；1∶500总平面图复印件；《建设工程放线测量记录册》复印件；报建图，包括房屋各层平面图、立面图、剖面图、大样图以及对应的电子图形文件（.dwg）复印件或晒蓝图（电子图形文件必须与报建审批图一致）；建筑设计说明书复印件；城市地名管理部门建设项目名称批复证明文件复印件；公安部门门牌证明复印件；单元号编排表或示意图原件等资料向城市国土和房屋管理部门申请面积预算。

（三）项目概况审核

项目概况审核是项目申请预售许可证之前，由城市土地与房屋管理部门牵头对拟申请预售的项目的基本概况、企业信息、房屋明细、规划许可、用地来源、拆迁补偿安置等情况的审核，以明确项目在申办预售许可手续之前存在的问题，确保预售许可证颁发的准确性。

申请项目概况审核需要通过房屋管理系统预先进行网上申报，再递交项目的基本概况、企业信息、房屋明细、规划许可、用地来源、拆迁补偿安置等纸质材料向城市土地与房屋管理部门申请审核。

（四）商品房预售许可证

预售许可证是指建设单位为了回笼资金，在项目未完工前，满足预售条件的情况下向城市土地与房屋管理部门申请对项目预先销售的批准文件。

依据中华人民共和国《城市房地产管理法》第四十四条的规定，商品房预售应当符合下列条件：一是已交付全部土地使用权出让金，取得土地使用权证书；二是持有建设工程规划许可证；三是按提供预售的商品房计算，投入开发建设的资金达到工程建设总投资的25%以上，并已经确定施工进度和竣工交付日期；四是向县级以上人民政府房产管理部门办理预售登记，取得商品房预售许可证明。

以广州为例，申办预售许可证还需在建项目七层及以下建筑完成结构封顶，七层以上（不含七层）建筑总层数达到封顶层数的 2/3 以上才可申请办理预售许可手续。申请预售许可证需提前在市房屋监管中心申报销售方案备案、开设预售监控账户以及在市物业专项维修基金中心预先缴存项目物业专项维修基金。

具备上述申请条件后，建设单位可凭项目概况审核资料预先在房屋管理系统申报预售许可证申请，再向市国土房管局递交纸质资料，申请项目预售许可证。资料审核通过后，由城市土地与房屋管理部门统一颁发《商品房预售许可证》。

六、竣工验收阶段

（一）规划验收行政审批阶段

建设单位按照《建设工程规划许可证》、核准的施工图以及环境设计的要求完成全部建设内容，即可向规划部门申请规划验收行政审批。

申请规划验收行政审批前，建设单位须先向档案馆做好城建档案预验收，同时向规划院申请规划验线，由规划院出具建设项目验线册。建设单位凭规划院出具的建设项目验线册向规划局申请规划验收前期咨询服务审批，对整个建设项目的面积核算，确定整个建设项目的总面积是否超过报建面积，如超过须按具体情况补交公共设施配套费用。最后由规划部门安排专人组织现场验收，验收通过，向建设单位颁发建设工程规划验收合格证。

（二）专业部门验收批复

规划部门完成规划验收后，建设单位还需对白蚁防治、防雷、民防、环保、消防等工程进行验收，获取验收批复。

在竣工验收阶段涉及国家安全、文物、港口、河道、水利、园林绿化、水土保持、海洋、防震、防雷、城市管理、非煤矿矿山建设项目审查、危险化学品监管等事项的,由市建委组织相关部门实行并联验收。根据相关规定,在竣工验收阶段依法确需实行并联验收的事项还包括涉及国家安全事项建设项目竣工验收审查,生产建设项目水土保持设施验收,城市排水许可证核发。

(三)档案认可书

完成各类验收后,由各部门向建设单位出具验收批复及各类工程图纸、资料,此为该项目城建档案,须按一定格式备份后,移交城市建设档案管理部门,该部门确认移交完毕后,向建设单位出具档案认可书,完成城市建设档案移交。

(四)竣工验收备案

建设单位组织工程项目竣工验收合格后,建设单位向城市建设主管部门提交工程竣工验收资料和建设工程档案验收认可文件,由建设主管部门收齐审核后办理竣工验收备案。竣工验收备案完成后,建设单位就可以组织交楼办证工作。

七、交楼办证阶段

(一)房屋面积初始测量及数据变更

房屋面积初始测量即项目合格通过规划验收后,建设单位提供项目竣工图委托市房地产测绘院对房屋的实际面积进行测算,俗称"实测"。此阶段测算的面积为房屋的实际面积,测绘人员不仅依据项目竣工图测算房屋面积,还要现场测量,以现场为主,有别于项目前期所做的房屋面积预测算。

由于项目前期房屋面积预测算与房屋面积初始测量数据有别,因此房屋面积初始测量的数据形成后,建设单位还需要向城市土地与房屋管理部门申请变更房屋数据,由该部门核实后,在房屋管理系统中变更。

(二)项目权属证明书

项目完成竣工验收,获取房屋面积的初始测量数据,依据土地使用权来源证明、房屋报建文件及附图、房屋测绘成果报告、房屋门牌证明、预售许可证、楼盘单元明细表等资料向城市房地产交易登记部门申请办理项目初始登记,即申请项目权属证明书,俗称"大确权"。若项目在此阶段前仍存在土地出让金尚未悉数缴的或存在滞纳金、违法建设尚未依据违法建设处理决定通知书进行处理的,一概不予办理权属证明书。

(三)各单元房产证

项目确权后,有须分办各单元房产证的,建设单位可提供权属证明书、房地产测绘附图、财税部门征(免)税证明、单元明细表等资料向城市房地产交易登记部门申请办理各单元房产证。有买卖的房屋,还须提供购房合同及购房发票。由城市房地产交易登记部门审核通过后,颁发各单元房产证。

以广州为例,房地产项目开发报建阶段流程图与竣工验收阶段流程图分别如图7-1与图7-2所示。房地产开发项目流程工作日如表7-1所示。

房地产项目投资分析

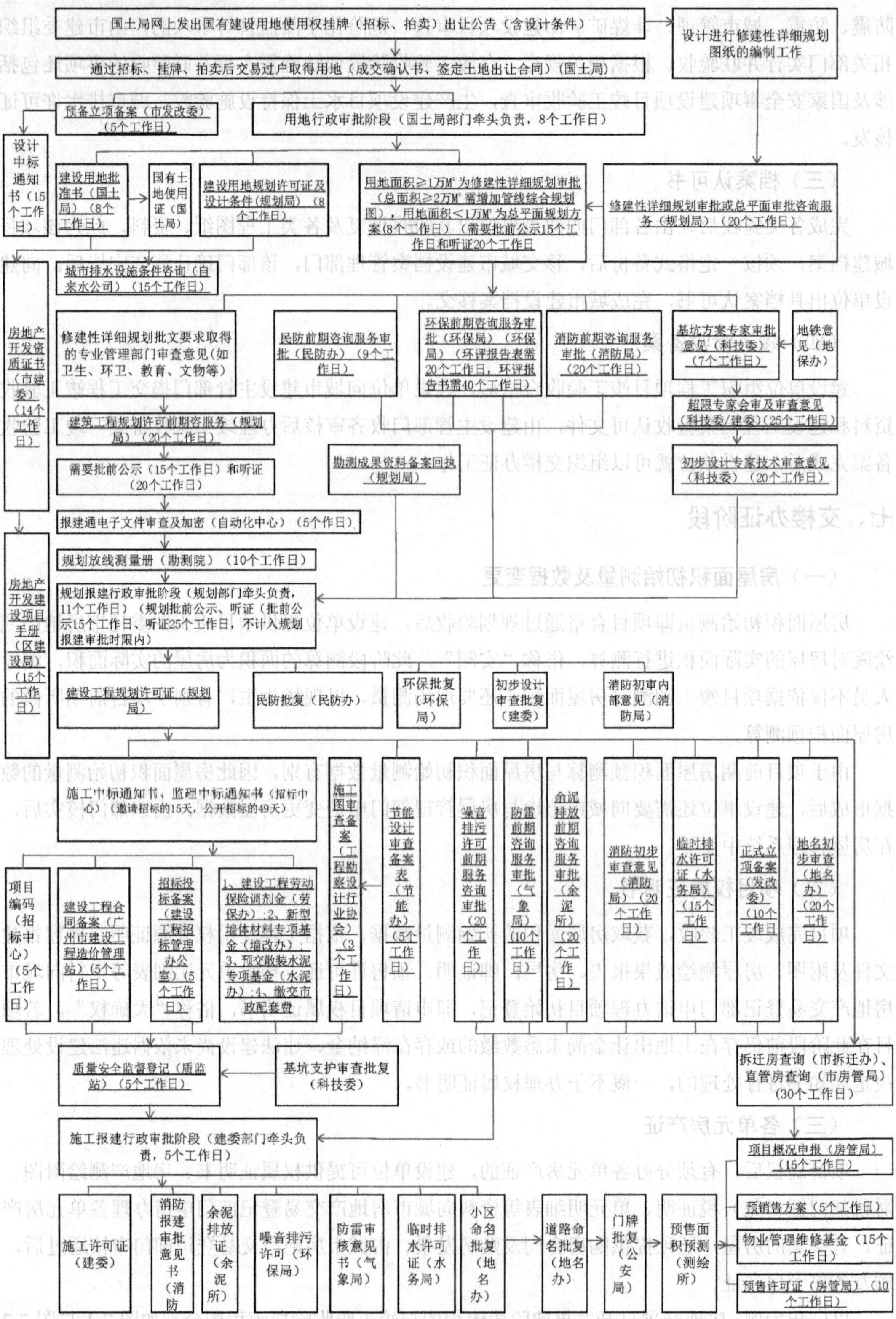

图 7-1 开发报建阶段流程图

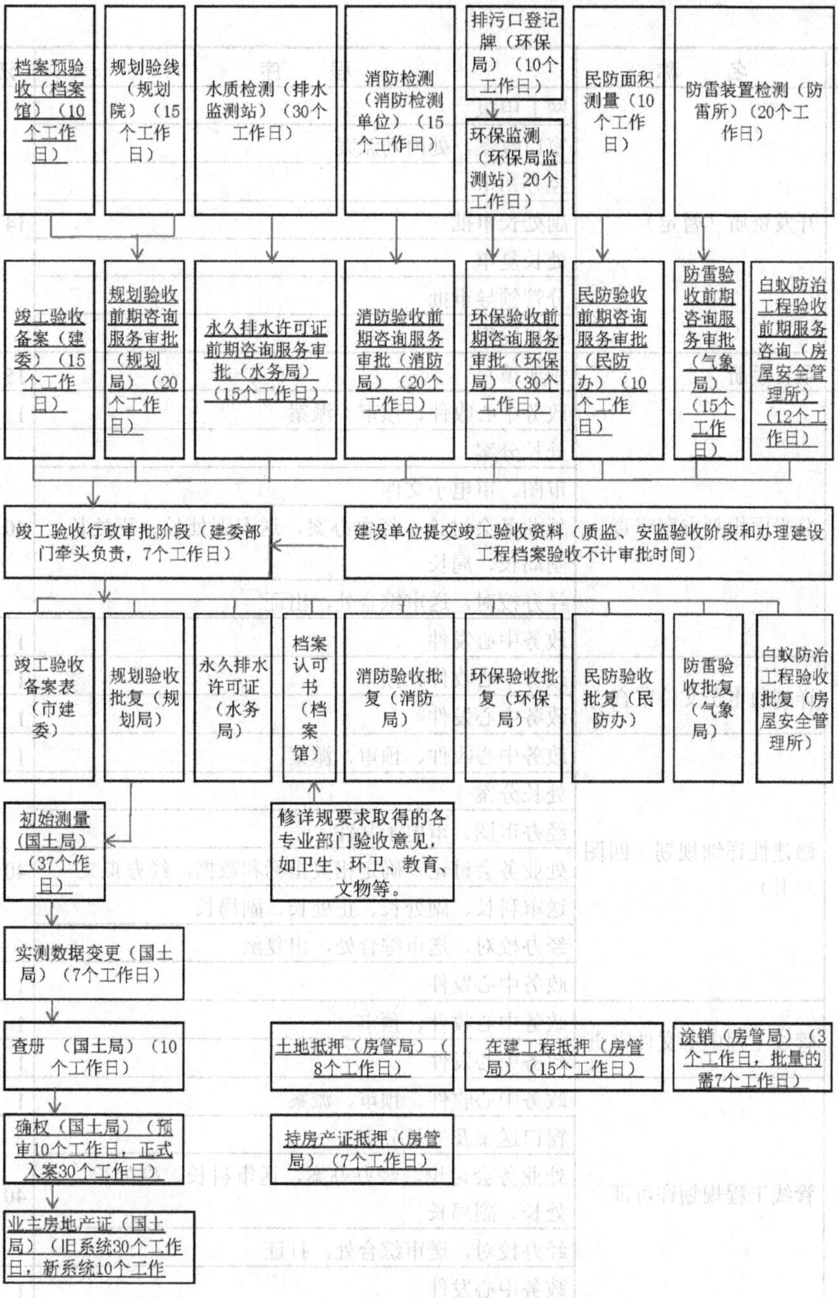

第七章 房地产项目开发流程与进度计划编制

图 7-2 竣工验收阶段的流程图

表 7-1 房地产开发项目报建流程工作日

类 型	名 称	程 序		法定工作日
市发改委	预备项目表（立项）	窗口送案及分案		5
		经办审核		
		副处长审批	副处长审批	
		处长审批		
		经办出文		

续表

类型	名称	程序	法定工作日
市建委	开发资质（暂定）	网上申报	14
		窗口收案，处内勤派案	
		经办初审	
		副处长审批	
		处长复审	
		分管领导审批	
		窗口发案	
规划局	项目手册	领册填写	15
	总平面规划方案审查	政务中心收件、预审、派案	1
		处长分案	
		审图、审电子文件	
		处业务会讨论，经办办案，送审副处长、正处长、副局长、局长	40
		经办校对，送审综合处，出证	
		政务中心发件	1
	详规通电子文件审查	政务中心收件、预审	1
		政务中心发件	1
	修建性详细规划（四图一书）	政务中心收件、预审、派案	1
		处长分案	
		经办审图、审电子文件	
		处业务会讨论，确定相关指标和数据，经办拟文	40
		送审科长、副处长、正处长、副局长	
		经办校对，送审综合处，出复函	
		政务中心发件	1
	管线工程电子文件审查	政务中心收件、预审	1
		政务中心发件	1
	管线工程规划许可证	政务中心收件、预审、派案	1
		窗口送案及处长分案	
		处业务会讨论，经办办案，送审科长、副处长、正处长、副局长	40
		经办校对，送审综合处，打证	
		政务中心发件	1
	方案电子文件审查	政务中心收件、预审	1
		政务中心发件	1
	建筑设计方案审查	政务中心收件、预审、派案	1
		处长分案	
		经办审图、审电子文件	
		处业务会讨论，经办拟文，送审科长、副处长、正处长、副局长	30
		经办校对，送审综合处，出复函	
		政务中心发件	1

续表

类型	名称	程序	法定工作日
规划局	建证电子文件审查	政务中心收件、预审、派案	1
	建证电子文件审查加密	经办审核，组长审核，加密软件加密	4
		缴费，政务中心发件	1
	放线测量记录册	队长派案	15
		现场勘测	
		经办办案，出图册，如图纸调整或修改，涉及设计单位，工作日须延长7个工作日	
		送审检查员	
		送审副队长、队长	
		交费，取册	
		规划院转市规划局自动化中心审核、盖章	—
	建设工程规划许可证	区政务中心收件、预审、派案	1
		区规划局凭放线及面积审核回执到市规划局领图纸及放线册	—
		处长分案	30
		审图、审电子文件	
		处业务会讨论，经办拟文，送审科长、副处长、正处长、副局长，经办校对，制批后公示图	
		送审综合处，打证	
		交市政配套费，出证	3
		政务中心发件	1
人防办	人防报建	政务中心收件、预审、派案	1
		内部办公室分案	15
		经办审图	
		处长、主任审批	
		办公室整理出文	
		政务窗口发案	1
市建委和市科技委	超限审查	政务中心收件、预审、派案	1
		专家会审	25
		政务窗口出文	1
环保局	环保报建	1. 环评登记表 编写登记表	15
		窗口送案及分案	
		经办审图	
		看现场	
		经办出报告	
		处长审批	
		局长审批	
		秘书科整理出文	
		政务窗口出案	1

续表

类型	名称	程序	法定工作日
环保局	环保报建	2．环评报告表 编写报告表	30
		窗口送案及分案	
		经办审图	
		看现场	
		经办出报告	
		处长审批	
		局长审批	
		秘书科整理出文	
		政务窗口出案	1
		3．环评报告书 编写报告书	85（其中上环境委员会25）
		环境委员会	
		窗口送案及分案	60
		经办审图	
		看现场	
		经办出报告	
		处长审批	
		局长审批	
		秘书科整理出文	
		政务窗口出案	1
疾控中心	卫生防疫报建	窗口送案及分案	15
		经办审图	
		处长审批	
		主任审批	
		办公室整理出文	
消防局	消防报建	政务窗口送案及分案	1
		经办审图	
		看现场	
		经办出报告	20
		处长审批	
		秘书科整理出文	
		政务窗口出案	1
市建委/各区建设和市政局	初步设计审查	政务中心收件、预审、派案	1
		内部办公室分案	
		召开专家会	
		经办办案	40
		送审副处长、处长、主任	
		经办校对	
		政务中心发件	1

续表

类型	名称	程序	法定工作日
市发改委	正式项目表	窗口送案及分案	10
		经办审核	
		处室会办	
		处长审批	
		副处长审批	
		经办出文	
市建委/各区建设和市政局	墙体节能审查备案/施工图审查备案	政务中心收件、预审、派案	1
		递送相关图纸	
		专家会审	15
		处长、主任审批	
		政务中心发件	1
市建委/各区建设和市政局	施工许可证	窗口收件、预审、派案	1
		内部办公室派案	
		经办办案	
		现场勘察	15
		科长、副局长、局长审批	
		窗口发证	1
合计			325

第二节　房地产项目开发进度计划

一、项目计划概述

（一）项目计划与计划管理

计划是指对工作或行动的事先安排，是人们基于对现实的认识和对未来的估计，经科学的分析和判断以后，对今后某一时期应达到的目标，以及实现目标的措施、方案、程序及人事、责任、资源等所做的安排。项目计划是针对项目制定的安排，即对项目的形成、实施、运营、管理等所有经济活动的策划和安排。

项目计划管理是指通过计划的编制、执行和控制来实现项目投资策划、项目投资实施、项目运营管理等所有涉及该项目的经济活动处于受控状态的综合性管理工作。在市场经济条件下，投资者要充分地了解市场及项目所处的环境条件，制订并随时修正项目计划，只有用计划来控制项目的一切经济活动，才能保证投资目标的实现。

（二）项目计划管理的作用

计划管理在项目投资管理中的具体作用，主要包括如下四个方面。

1. 计划的编制过程是项目投资方案的优化过程

在项目投资前期，实质上就已部分地进入了项目计划的编制过程，如项目进度计划、资金计划、投资计划等，这些计划的编制过程，无不经过反复的技术经济论证与方案比较。所以，从这个角度来看，项目计划的编制过程，也可看做项目投资方案的优化过程。

2．计划的安排为实现项目的系统管理奠定了基础

项目投资的实施过程是一个庞大的系统工程，动用巨额资金，涉及众多部门和资源，相互影响、相互制约、环环相扣，如果一个环节出现差错或延误，就会影响整个项目的顺利进展。唯有通过周密的计划安排，才能协调和处理好其间错综复杂的关系。

3．计划的制订为落实项目的投资目标提供了切实的保证

项目投资目标通过计划的编制层层分解为相对独立的子目标，而这些已分解的子目标又可通过计划分别落实到每个阶段和各个相应的部门。显然，项目计划既是对项目投资总目标实现方法、措施和过程的安排，也是对其分解后的许多更详细、更具体的子目标的安排。这些安排，无不为项目总目标的实现提供了切实的保障。

4．计划的编制为项目管理提供了宝贵的信息资料

如前所述，项目计划的编制过程，实质上就是对项目投资方案策划的技术经济分析过程，在这个分析过程中，分析者利用收集来的市场信息资料，按照策划方案，计算出众多的计划指标数据信息来。一旦方案确定下来，这些计划指标数据信息便是项目投资管理的重要依据。

（三）项目计划体系

项目计划贯穿于项目投资从策划到运营的全过程。在项目投资的每一个环节，都有计划及计划管理工作。所不同的是，其具体内容及详细程度的差异。项目投资全过程所涉及的计划，构成了一个完整的计划体系。对于较大型的房地产投资项目而言，这个计划体系主要由如下几类计划组成。

1．项目综合计划体系

项目综合计划是有效实施投资项目综合管理的基础。在房地产项目投资的每一个环节，除了最早期的一般投资机会研究以外，几乎每个阶段均要制订项目综合计划。当然，每个环节涉及的信息资料不同，项目管理内容不同，综合计划的详细程度及内容形式也不尽相同。

（1）具体项目投资机会研究阶段的项目综合计划。其主要规定市场调查的对象、内容、形式、资源及进度安排，使项目投资机会研究有目标、有计划地进行，减少盲目性，提高工作效率。

（2）项目构思及规划设计阶段的综合计划。这一阶段项目投资综合计划的内容主要包括关于项目市场调研的内容及进度安排、资源安排；关于项目市场定位的研究内容及时间安排；关于项目规划设计指标、招标及评选的安排；关于项目目标指标值的研究方案及进度安排等。

（3）方案策划阶段的综合计划。方案策划阶段的主要内容有项目开发建设方案的策划及项目投资经营方案的策划。前者涉及的主要计划有征地计划、拆迁安置计划、工程进度计划、工程招标计划、施工计划、质量计划、设备计划、主要材料计划等；后者涉及的主要计划有投资计划、资金筹措计划、项目经营计划、营销（或租赁）计划、还贷计划等。本阶段综合计划的主要内容便是这些计划制订的进度安排、责任者和方案评价方法，以及评选进度的安排等。

（4）可行性研究阶段的综合计划。可行性研究实质上是对上一阶段所提方案的全面技术经济论证。所以本阶段综合计划主要指上述开发建设方案及投资经营方案的所有计划的进一步完善与技术经济评价的时间安排和责权分配。

（5）项目投资实施阶段的综合计划。其主要包括项目的施工管理、投资和进度控制、质量控制、成本控制的安排以及责权分配等。

（6）项目经营阶段的综合计划。其主要包括项目营销或租赁方案的安排，进度安排、资源分配，物业管理方案、配套设施启用方案的安排等。

2. 项目开发建设计划体系

房地产投资项目开发建设计划体系是指涉及项目建设程序和技术安排上的计划体系，是从项目投资机会研究阶段便开始形成（如市场调研计划、征地拆迁计划）直至项目投资实施阶段，逐渐完善、逐渐详细与深化的一系列计划构成的体系。主要有如下几种计划。

(1) 市场调查计划。
(2) 环境调查计划。
(3) 征地计划（或土地使用权竞投计划）。
(4) 拆迁安置计划。
(5) 项目策划计划。
(6) 规划设计计划。
(7) 工程进度计划。
(8) 工程施工计划。
(9) 工程招标计划。
(10) 工程质量计划。
(11) 设备订货计划。
(12) 主要材料计划。

3. 项目投资经营计划体系

房地产投资项目的投资经营计划体系是指涉及项目资金流转和经营安排上的计划体系，也是从项目投资机会研究阶段便开始形成（如市场定位的计划）直至项目投入使用阶段逐渐深化、逐渐完善的计划体系。主要有如下几种计划。

(1) 市场定位计划。
(2) 项目成本计划。
(3) 项目投资计划。
(4) 项目资金计划。
(5) 还贷计划。
(6) 营销计划。
(7) 租赁计划。
(8) 物业管理计划。
(9) 人员招聘及培训计划。

二、项目计划编制要求与编制程序

(一) 项目计划的要求

项目计划是项目投资各阶段工作的方针和程序安排。虽然每个阶段对计划的内容和计划深度要求不尽相同，但作为一种工作指南、工作实践的纲领，应当有一些共性的要求。

1. 目的性

计划是保证投资目标得以实现的安排。目标是计划的灵魂。任何计划都要在目标或分解目标非常明确的条件下才能编制。而任何计划的编制都必须有非常明确的目标。

2. 实践性

计划是行动的指南，是投资经济活动的具体安排。因而，计划的编制必须切实注意其可操作性与明确性。它是便于实施的、准确无误的而不是含混不清的和不切实际的。

3. 科学性

唯有科学的计划才能保证计划的科学，唯有计划的科学才能保证行为的科学。计划的科学是项目投资取得效益的基本条件。科学性最重要的体现是符合客观实际，包括环境条件、市场条件，以及客观规律的符合性。科学性最重要的保证是计划编制者科学的态度和科学的方法。只有尊重客观规律，一丝不苟的科学精神，严格按规律办事，采用科学的计算分析方法，才能制订出科学的计划。

4. 经济性

项目计划的编制不仅要求有较高的效率，还要有尽可能高的效益，要力争在最短的时间内，用最少的投入获取最大的收益。这就是计划的经济性。因而计划的编制几乎是与方案的技术经济分析同时进行的。在项目的前期策划中，有时很难完全准确地区分计划与分析两种工作。它们往往交织在一起，边计划边分析，反复比较，反复测算平衡，直至找到一种最好的方案，从而制订出这种方案的计划书。

5. 灵活性

计划是立足于现在对未来事件所做的安排，而人们对未来的估计不可能绝对正确。何况，现实的社会经济生活丰富多彩、瞬息万变，计划必须有足够的灵活性以适应这种变化。因而，在目标设置、进度安排、资金筹措、成本计划、营销计划安排上，都要留有余地，具备足够的灵活性。

6. 全面性

计划是对项目投资经济活动的全面安排，而任何项目投资的实施，均须涉及方方面面的因素，因而项目计划的编制不仅要做到符合实际、符合客观规律，还要做到内容的周密与全面。要考虑好各方面的因素，使项目投资经济活动所涉及的所有资源条件及环境条件在时间和空间上取得充分的协调；使项目投资经济活动的所有有利与不利的因素得到充分的考虑。

（二）项目计划编制程序

房地产项目投资计划是针对具体开发经营对象而编制的计划。在项目计划编制过程中，必须注重调查研究，尊重客观规律，运用科学方法。

房地产项目投资计划的编制，一般按如下程序进行。

（1）项目投资环境及条件的调查与研究。虽然在项目计划编制前的早期策划中已进行过投资环境及条件的调查研究，由于计划编制要涉及更周密的协调与安排，对环境及条件要求提供更详细的信息资料，故计划编制阶段的第一个任务，仍然是在原有信息资料的基础上，进行更深入细致的调查研究，一般来讲，这里的投资环境条件划分为软环境与硬环境。

软环境包括市场环境与政策环境。市场环境是指该类物业市场的供需状况、竞争情况；成本要素（原材料、劳动力等）的市场状况；营销形势的市场状况（销售价格及销售率）；宏观经济形势及购买力状况等。政策环境是指国家的产业政策、税收政策及金融政策等。

硬环境包括项目所在地的交通、能源、通信、水电、给排水等基础设施条件，经济、人口、社会发展、城市规划等社会经济条件，山川、河流、地形、地貌、气候、植被等自然风景条件，还有项目所涉及的资金、原材料、设备、技术等资源条件。

环境及条件的调查研究主要目的在于为编制计划提供充足的第一手资料。要想使项目计划编制得科学、合理，就须具备充足、可靠的资料，须对项目面临的现实条件与可能的发展趋势有正确的认识。因而调查与研究重在调查而贵在研究。重在调查是强调了信息资料收集的重要性。要坚持尊重事实、实事求是的作风，反对先入为主，更要杜绝弄虚作假、自欺欺人的做法。贵在研究是提倡科学的态度，对待大量收集到的信息资料，要以一种科学的方法，进行加工处理，经过一番去伪存真、由此及彼、由表及里的改造制作工夫，从中提炼出有用的信息。

在项目前期策划的其他阶段，如机会研究阶段、方案策划阶段，一般都要进行相应的环境条件的调查与研究。在计划编制时，要注意充分利用过去调查的信息资料，进行更周密、更详细的补充。

（2）项目进度计划的初步安排。项目进度计划安排是编制其他计划的基础。在进行项目进度计划的初步安排时，需要考虑各单位工程（或工序）的工程数量、合理工期，各单位工程（或工序）间的逻辑关系，市场吸纳量及最佳推出时机，资金需要量及资金筹措情况。进度计划受工程数量、施工条件、资金状况及市场需求等多种因素的影响，因而进度计划的编制实际上是一个不断修订、平衡、优化的过程。

（3）资金筹措及投资计划的编制。在初步编制了项目的进度计划以后，便可依据项目开发的成本费用编制其投资计划。投资计划应反映项目投资依工程进度而变动的情况。这是编制项目资金筹措计划及编制现金流量表的基础。资金筹措计划是项目资金筹措方案的核心内容，由贷款计划及还贷计划构成。

（4）编制营销（或租赁）计划。项目营销（或租赁）计划描述的是项目营销（或租赁）收入随时间而变化的情况，应依据项目进度计划和市场调查资料编制。

（5）计划平衡与调整。如前所述，由于项目投资效益的影响因素错综复杂，许多计划内容，如工期、成本、资金、收入等，其实是互相影响、互相制约的。因而，项目计划的编制过程，实质上就是不断调整、不断改善的优化过程。再加上各种方案的评价与比较，计划调整的工作量之大，就可想而知了。

计划平衡与调整从本质上来讲，就是对初步安排计划的技术经济论证，以及各单项计划间的协调。在综合平衡中需考虑的因素很多，一般来讲，最主要的有如下内容。

① 研究市场供求状况及竞争性项目的具体情况，分析本项目推出市场的时机是否恰当，从而调整项目的进度安排。

② 研究承包商的施工能力及各单位工程的工程数量，分析项目工期安排的合理性。

③ 研究资金市场状况，分析项目资金计划、投资计划的合理性。

④ 研究同类物业的市场销售情况，分析项目市场定位及收入计划的合理性。

⑤ 研究道路、供水、供电、排水、排污、供热、供气等配套工程的工期安排，分析与项目进度的衔接关系。

⑥ 研究各主要材料的采购计划、各主要设备的订货计划，以及有关人员的招聘计划、培训计划，分析它们与项目总进度计划的适应性。

（6）编制其他计划。经过平衡调整后的项目进度计划、成本计划、投资计划、资金计划、收入计划可作为编制其他计划的依据，据此便可进而编制拆迁安置计划、招标计划、施工计划、质量计划、设备计划、还贷计划，以及各配套工程的进度计划、设备计划等，完善项目的计划体系。

（7）经营措施及方案。项目计划编制过程中及计划编制后，项目策划者及计划编制者均要花相当的精力研究有关措施及方案，保证计划的顺利实施。如施工技术方案、施工组织方案、经营方案、营销方案、资金筹措方案、设备及材料采购方案、管理方案、人员培训方案等。

三、项目计划编制方法

项目计划通常采用横道图或网络图来编制。

(一)横道图

横道图又名甘特图（Gantt），是1900年前后，由亨利·L.甘特（Henry L Gantt）发明的。其基本形式如图7-3所示，它以横坐标作时间轴，表示经济活动的时间。左边是有关工序（活动）名称、工程数量（或持续时间）、编号的表格，有时还包括责任者或其他要说明的内容；右边是按时间单元（年、季、月或周、日，甚至可以是小时）划分的网格。每项活动按其计划安排在起止日期间，用粗线段描绘在相应网格上。

由图7-3可看出，横道图实质上是图与表相结合的表达形式。这种图式最大的特点是简单、明确，形象、生动，使用方便，易绘易懂。因而，横道图法在计划安排，尤其是进度计划安排中得到了广泛的应用，至今在许多公司的生产调度室和计划处仍可见到这种图式。

项次	工程名称	建筑指标 单位	建筑指标 数量	施工天数（月）	施工进度（月） 第1年 3月4月5月6月7月8月9月10月11月12月	施工进度（月） 第2年 1月2月
1	三通一平			6		
2	临时建筑	m²	600	1		
3	集体宿舍	m²	468	3		
4	大食堂	m²	700	4		
5	门诊楼、锅炉、浴室、洗衣房	m²	1356	3		
6	办公楼、病人食堂、中药房	m²	1342	3		
7	内科、供应科	m²	1334	3		
8	外科楼	m²	1828	3		
9	家属宿舍（1）	m²	665	2		
10	家属宿舍（2）	m²	665	2		
11	家属宿舍（3）	m²	665	2		
12	家属宿舍（4）	m²	665	2		
13	小学、幼儿园	m²	341	2		
14	动物房、太平间	m²	86	1		
15	被服、家具、危险品库	m²	166	2		
16	制药厂	m²	191	2		
17	配电房	m²	39	1		
18	水泵房	m²	43	1		
19	汽车库	m²	130	1		
20	汽油库等	m²				

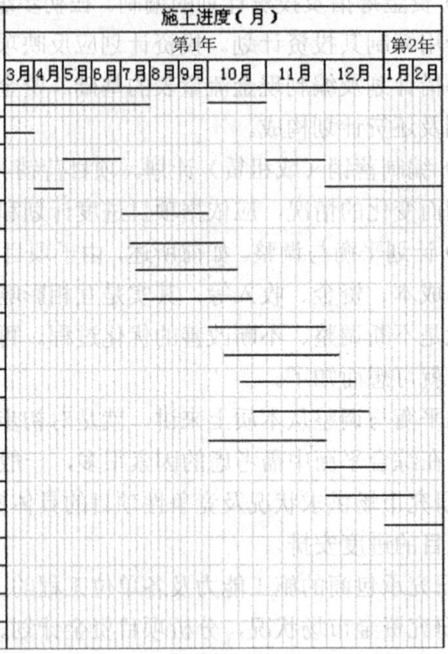

图7-3 某医院工程施工进度计划横道图

但是，也正是由于横道图太简单，用它来描述较复杂的计划安排时，就显得无能为力了。首先，横道图无法描述项目中各种活动间错综复杂的相互制约关系，而这种关系在安排大型项目计划时是经常遇到的。其次，横道图只能描述项目计划内各种活动安排的时序关系，无法同时反映更多的由项目策划者或实施者关注的其他计划内容，如影响项目总工期的关键活动有哪些，在哪些活动的节点存在一定的活动余地，等等。另外，横道图也不便于调整，从而也不便于优化。因此，横道图的应用受到一定的限制，通常仅适用于如下场合。

（1）某些小型的、简单的、由少数活动组成的项目计划。
（2）大中型项目或复杂项目计划的初期编制阶段，这时项目内复杂的内容尚未揭示。
（3）项目管理的高层机构，只需要了解粗线条的项目计划。
（4）项目进度的形象描述用于宣传报道的场合。

(二)网络图

网络图又名计划评审技术式网络计划方法。它是利用网络关系来描述项目计划内容的一种计划方法。由于网络图能克服横道图的上述缺点，能全面而明确地描述各活动间错综复杂的关系;能进行网络时间参数的计划,找出影响项目总工期的关键活动和关键路线,便于优化;便于计划方案的调整,以适应复杂多变的环境。由于它有一整套规范化的作图和计算分析方法,特别适用于计算机管理。因此,网络图一经出现,便在计划编制,尤其是项目的进度计划编制中得到了广泛的应用。

1. 网络图的形式

网络图有多种表达形式。最常见的是单代号网络图和双代号网络图。

(1)单代号网络。单代号网络是由节点代表活动,节点间的带箭头短线代表活动间逻辑关系的网络形式。如图7-4所示的网络图式,便描述了A、B、C、D、E五种经济活动间的逻辑关系。A活动结束后便可开展B活动;B活动结束后,可进行D活动;而只有在B活动和D活动同时结束后,才进行C活动;最后进行E活动。

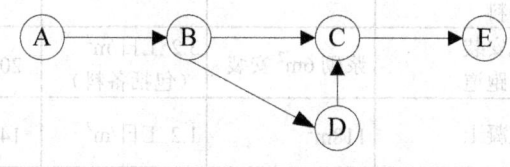

图7-4 单代号网络示意图

(2)双代号网络。双代号网络是由节点间带箭头的短线代表活动,由节点描述活动间的逻辑关系的网络图式。在这种网络中,每项活动,由短线前后两个节点的标号来描述,故称之为"双代号"网络。图7-5所示的网络图式,便描述了活动AB,BC,BD,CE之间的逻辑关系。由图可看出,AB活动结束以后,可同时开始BC活动和BD活动;只有在BD、BC两项活动均结束时,才可进行CE活动。网络中的虚箭杆(图7-5中的DC线)表示无持续时间,不消耗资源的虚拟活动,只用来描述活动间的逻辑关系。如此处只是说明,活动CE要在BC、BD两项活动均完成以后才能开始。

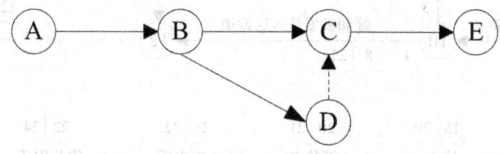

图7-5 双代号网络示意图

表7-2所示工序的双代号网络图形式如图7-6所示。箭杆下方的数字,是该项活动的持续时间;节点上方的方框,描述了该节、点的时间参数;图中的双线条(或粗实线)箭线描述了该项目的关键活动和关键线路。虚线描述的是工序(19~20)与工序(14~18)的逻辑关系。即只有在工序(14~18)、(17~19)均完成后,才能开始工序(19~20)。线条下方的数字描述的是该工序的持续时间。节点上方(或侧方)括号内的一组数据是该节点的一组时间参数,其标注形式如图7-7所示。

表7-2 工序明细表

顺序	作业编号	工作名称及内容	工程数量	定额	工日	计划工作天数	日需用工(人)
1	①~②	草袋围堰	744m³	0.71 工日/m²	528	15	35
2	②~③	填心	436m³	0.5 工日/m²	218	5	44
3	③~⑤	铺垫木/刃脚拼制	64根/21.7m	0.055/0.18	12	1	12

续表

顺序	作业编号	工作名称及内容	工程数量	定额	工日	计划工作天数	日需用工（人）
4	①~④	内模制作	80.4m²	0.3工日/m²	24	7	4
5	⑤~⑥	立内模	80.4m²	0.2工日/m²	16	1	16
6	⑥~⑨	绑扎钢筋	2.5t	制作5.5 安装4.5	14 11	安装2天	6
7	⑥~⑧	预埋射水管	20m 四个三通		6	1.5	4
8	④~⑦	外模制作	108m²	0.3工日/m²	33	8	4
9	⑨~⑬	立外模	108m²	0.2工日/m²	22	1	22
10	①~⑩	拌和机场地平整			80	8	10
11	⑩~⑪	砂石备料				3	3
12	⑩~⑫	拌和机安装及运送跑道	浆砌6m²安装	3.2工日/m²（包括备料）	20	4	5
13	⑬~⑭	灌注混凝土	118m²	1.2工日/m²	142	1.5	4个小班每班36人
14	⑭~⑮	养生			6	3	2
15	⑮~⑯	拆模			13	1	13
16	⑭~⑱	混凝土等强100%				10	
17	⑯~⑰	安装抽水设备			10	2	5
18	⑰~⑲	安装提升设备			5	1	5
19	⑲~⑳	抽垫下沉				5	

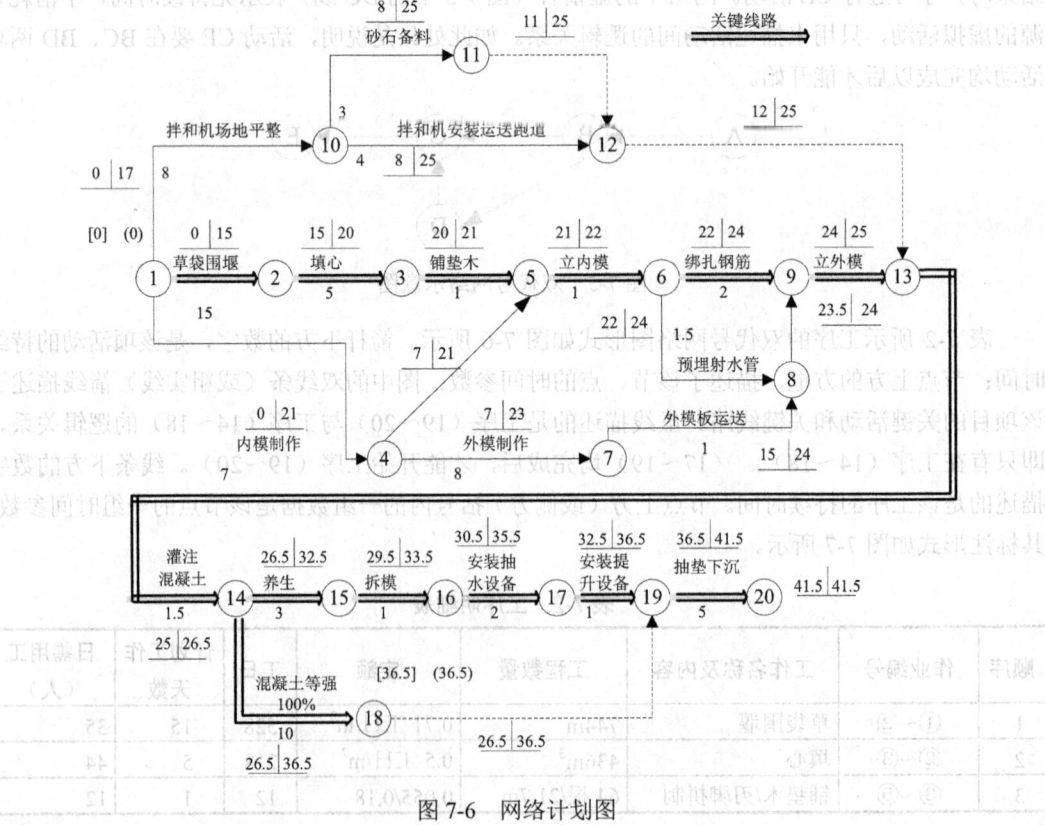

图 7-6 网络计划图

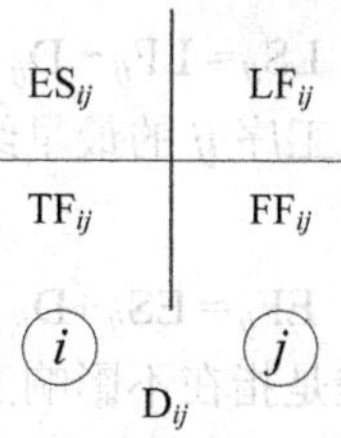

| ES$_{ij}$ | LF$_{ij}$ |
| TF$_{ij}$ | FF$_{ij}$ |

(i) —— (j)
D$_{ij}$

图 7-7 双代号网络图时间参数的标注

图中，ES$_{ij}$ 为工序 ij 的最早开始时间；LF$_{ij}$ 为工序 ij 的最迟结束时间；TF$_{ij}$ 为工序 ij 的总时差；FF$_{ij}$ 为工序 ij 的自由时差；D$_{ij}$ 为工序 ij 的持续时间。

2．网络图时间参数的计算

双代号网络图的时间参数主要有如下几类。

（1）工序持续时间 D$_{ij}$。工序持续时间 D$_{ij}$ 由工序工程数量及相应施工能力确定。

（2）工序 ij 最早开始时间 ES$_{ij}$。工序 ij 最早开始时间应从网络图的起始节点开始，沿着箭头方向依次逐项推算。

以起始节点 i 为箭尾节点的工序 ij，如未规定其起始时间，则工序 ij 的最早开始时间为零，即

$$ES_{ij}=0$$

若规定其起始时间为 T_D，则工序 ij 的最早开始时间为 ES$_{ij}$，即

$$ES_{ij}=T_D$$

其他工序 ij 的最早开始时间则为

$$ES_{ij} = \max\{ES_{hi}+D_{hi}\}$$

式中，ES$_{ij}$ 为工序 ij 的紧前工序 hi 的最早开工时间；D$_{hi}$ 为工序 ij 的紧前工序 hi 的持续时间。

（3）项目计划工期 T_p。网络计划所描述的项目计划工期 T_p 应按下列情况分别确定。

当已规定了要求工期 T_r 时

$$T_p \leq T_r$$

当未规定要求工期时

$$T_p = T_c$$

式中，T_c 为网络计划的计算工期。按下式计算。

$$T_c = \max\{EF_{ij}\}$$

式中，EF$_{ij}$ 为以网络终点节点（$j=n$）为箭头节点的工序 in 的最早完成时间。

（4）工序 ij 的最迟完成时间 LF$_{ij}$。工序 ij 最迟完成时间应从网络图的终点节点开始，逆着箭头方向依次逐项推算。

以网络终点节点（$j=n$）为箭头节点的工序最迟完成时间 LF$_{in}$，应当按项目的计划工期 T_p 确定。

$$LF_{in}=T_p$$

其他工序 ij 的最迟结束时间 LF$_{ij}$ 则按下式计算。

$$LF_{ij} = \min\{LF_{jk}-D_{jk}\}$$

式中，LF$_{jk}$ 为工序 ij 的紧后工序 jk 的最迟完成时间；D$_{jk}$ 为工序 ij 的紧后工序 jk 的持续时间。

（5）工序 ij 的最迟开工时间 LS$_{ij}$。工序 ij 的最迟开工时间可由该工序的最迟完成时间 LF$_{ij}$ 和持续时间 D$_{ij}$ 推算出来。

$$LS_{ij} = LF_{ij} - D_{ij}$$

（6）工序 ij 的最早结束时间 EF_{ij}。工序 ij 的最早结束时间可由该工序的最早开工时间 ES_{ij} 和该工序的持续时间 D_{ij} 推算出来。

$$EF_{ij} = ES_{ij} + D_{ij}$$

（7）工序 ij 的总时差 TF_{ij}。总时差是指在不影响工期的前提下，工序所具有的机动时间。工序 ij 的总时差是由其最迟开工时间 LS_{ij} 与最早开工时间 ES_{ij} 之差，或由其最迟结束时间 LF_{ij} 与最早结束时间 EF_{ij} 之差决定的。

$$TF_{ij} = LS_{ij} - ES_{ij} = LF_{ij} - EF_{ij}$$

式中，LS_{ij} 为工序 ij 的最迟开工时间；ES_{ij} 为工序 ij 的最早开工时间；LF_{ij} 为工序 ij 的最迟结束时间；EF_{ij} 为工序 ij 的最早结束时间。

（8）工序 ij 的自由时差 FF_{ij}。自由时差是指在不影响其紧后工序最早开始时间的前提下，工序 ij 所具有的机动时间。工序 ij 的自由时差可由下式计算。

$$FF_{ij} = ES_{jk} - ES_{ij} - D_{ij} = ES_{jk} - EF_{ij}$$

式中，ES_{jk} 为工序 ij 的紧后工序业的最早开工时间；ES_{ij} 为工序 ij 的最早开工时间；D_{ij} 为工序 ij 的持续时间；EF_{ij} 为工序 ij 的最早结束时间。

图 7-6 网络计划的时间参数计算结果如图中标示所示。为简便起见，这里只标示了工序最早开工时间 ES_{ij} 和最迟结束时间 LF_{ij}。

第三节 房地产项目开发流程与进度计划编制案例

案例一：FL 商务大厦项目房地产开发流程案例

FL 商务大厦位于 GZ 市 TH 区 ZJ 新城 H3-3 地块，用地面积为 6860m²，原属 GZ 市 SD 实业有限公司（下称 SD 公司）所有。于 2009 年 9 月 29 日由 SD 公司委托 GZ 市房地产交易登记中心（以下简称登记中心）对该地块 50%份额的土地使用权进行公开挂牌出让，经过公开竞价，确认 X 房地产开发有限公司（下称 X 公司）为竞得人，登记中心与 X 公司签订 GZ 市国有土地使用权转让挂牌成交确认书，确认 X 公司拥有该地块 50%份额的使用权。X 公司凭成交确认书到 GZ 市国土资源和房屋管理局（下称市国土房管局）缴交国有土地出让金，并且到登记中心缴交税费手续。完成缴费手续后，X 公司凭缴费发票与成交确认书与市国土房管局签订《GZ 市国有土地使用权出让合同》，2009 年 12 月 1 日 X 公司凭出让合同在市国土房管局办得了《国有土地使用证》。X 公司完成土地使用权确认手续后，向 GZ 市发展改革委员会申请项目立项备案，完成企业项目核准、建设项目选址意向书审批、环境影响评价初步意见审批、安全预评价、职业病危害预评价等批复手续，完成项目立项工作。

完成用地结案，取得储备用地的规划条件后，X 公司持项目批准、环境影响评价、规划选址、国有土地使用证以及国有土地使用权出让合同等文件在 GZ 市政务中心建设项目并联审批窗口申请用地审批手续。GZ 市规划局（下称市规划局）负责审核项目建设用地规划许可证以及修建性详细规划审批，最后由市国土房管局综合市规划局的审批意见为项目办理建设用地批准书。

2010 年 2 月 X 公司完成用地审批手续后，即向 GZ 市建设委员会（下称市建委）办理房地

第七章 房地产项目开发流程与进度计划编制

产开发资质申请,同年 3 月 11 日获得市建委审核通过,颁发《关于同意 X 开发有限公司经营房地产开发业务的复函》以及《房地产开发企业暂定资质证书》。

2010 年 4 月初,X 公司开发部专业报建人员分别在民防办申请民防前期咨询服务审批,在环保局申请环保前期咨询服务审批,在消防局申请消防前期咨询服务审批,在地保办申请地铁意见,在科技委申请基坑方案专家审批意见等专业审查意见。同时,规划报建人员还向市规划局先后办理了建筑工程规划许可前期咨询服务,勘测成果资料备案回执,报建通电子文件审查及加密,规划放线测量等。2010 年 10 月,该项目进入规划报建行政审批阶段。2010 年 11 月,市规划局审核通过后向 X 公司发放《建设工程规划许可证》。

获得《建设工程规划许可证》后,X 公司工程部门负责人便组织建设工程施工单位、设计单位、监理单位的招投标工作,最后确定由 GJ 建设集团有限公司、HJ 建筑工程设计事务所、HY 建设监理咨询有限公司分别承担施工单位、设计单位和监理单位,由 X 公司发放中标通知书。

2011 年 4 月,X 公司专业报建人员分别办理了民防办的民防批复,环保局的环保批复,市建委的初步设计审查批复,消防局的消防初审内部意见等专业部门批复。另外,在发改委申请正式立项备案;在水务局申办临时排水许可证,在消防局办理消防初步审查意见,在淤泥办办理淤泥排放前期咨询服务审批,在气象局办理防雷前期咨询服务审批,在节能办办理节能设计审查备案,在工程勘察设计行业协会办理施工图审查备案,在劳保办缴交建设工程劳动保险调剂金,在墙改办交存新型墙体材料专项基金,在水泥办预交散装水泥专项基金,在建设工程招标管理办公室办理招标投标备案,在市建设工程造价管理站办理建设工程合同备案等备案登记手续。

2011 年 5 月,项目进入施工报建行政审批阶段,X 公司递交申请资料后,经审核通过后,于 2011 年 5 月 29 日获发《建设工程施工许可证》。

2012 年 6 月,X 公司进入预售准备阶段,向 GZ 市地名办申请项目命名批复,2012 年 7 月 1 日获 GZ 市地名办同意批复,确定项目命名为 FL 商务大厦。2012 年 7 月 3 日,X 公司又向 GZ 市公安局 TH 区分局申请门牌批准,于 2012 年 7 月 23 日获得批复,确定项目门牌地址为 GZ 市 TH 区 HC 大道 665 号、667 号。

2012 年 7 月 24 日,X 公司国土报建人员向市国土房管局的产权处和拆迁办分别递交两个非标准案件申请,查询该项目地块上的拆迁直管房安置补偿情况。该环节如果涉及拆迁安置补偿则花费时间较多,而该项目经查询后确定不涉及拆迁安置补偿,因此较快获得市国土房管局产权处和拆迁办的批复。

2012 年 7 月 24 日,X 公司国土报建人员向市房地产测绘院窗口递交申请商品房面积与测算,委托 GZ 市房地产测绘院根据 X 公司提供的报建图跟电子文件对项目进行预测工作。2012 年 8 月 5 日,GZ 市房地产测绘院完成委托测绘工作,向 X 公司出具房屋面积预算(测算)成果报告书,测得整个项目层高 30 层,两栋,共有房屋 500 套,办公性质,总建筑面积 74973.95m^2。

2012 年 8 月 12 日,X 公司备齐项目概况审核所需资料,向市国土房管局申报项目概况审核,中途流经市国土房管局测绘所、拆迁办、产权处、房屋监管中心四个部门,于 2012 年 8 月 20 日完成项目概况审核。同时,X 公司向市房屋监管中心申请项目的销售方案备案,向市物业专项维修基金管理中心预交项目物业管理维修基金。

2012 年 8 月 21 日,X 公司与 ZG 银行 HZ 支行以及 GZ 市房屋监管中心三方协议,确定 X 公司在 ZG 银行开设的预售房款监控账户。

2012 年 8 月 23 日,X 公司凭项目概况审核资料、销售方案、交存物业维修基金确认书以及监控账户协议书等资料向市国土房管局申请办理商品房预售许可证行政审批手续,2012年9月3日获市国土房管局批复发放《商品房预售许可证》。

2012年11月5日,基本完成建设内容,X公司向市规划局申办规划验收手续。此前X公司档案管理人员已整理齐项目的城建档案资料,向档案馆申请档案预验收。同时,X公司规划报建人员则向城建规划院申请规划验线以及向规划局申请规划验收前期咨询服务审批,最后由规划局安排专人组织现场验收。验收通过后,2012年11月29日由市规划局发放《建设工程规划验收合格证》。

而X公司专业报建人员也就水质监测、永久排水许可证前期咨询服务审批、消防检测、消防验收前期咨询服务审批、排污口登记牌申请、环保验收前期咨询服务审批、民防面积测量、民防验收前期咨询服务审批、防雷装置检测、防雷验收前期咨询服务审批、白蚁防治工程验收前期咨询服务审批等做好申请工作,经各专业部门审核后,获取永久排水许可证、消防验收批复、环保验收批复、民防验收批复、防雷验收批复以及白蚁防治工程验收批复。

规划验收合格,连同各专业部门的验收合格批复、档案馆出具的档案认可书等资料,FL商务大厦于2013年1月4日完成竣工验收备案工作。

2013年12月,X公司完成规划验收后,即向GZ市房地产测绘院申请房屋面积初始测量,经测算后,确定该项目层高30层,两栋,共有房屋500套,办公性质,总建筑面积75003.9m²。由于此次测绘的房屋面积与原预测的房屋面积不一致,因此X公司向市国土房管局申请变更房屋数据,以初始测绘的面积为准。

项目具备房屋面积数据后,X公司正式向市交登申请办理项目权属证明书,由于该项目土地出让金已经缴清,不存在滞纳金,且项目不涉及违法建设,不涉及抵押、拆迁,因此于2013年3月18日顺利在市交登办理项目权属证明书。

项目确权后,由于项目已经有部分房屋出售,X公司办证人员在确定办证房产完税情况下,协同购房业主到市交登办理房产证。截至2013年8月为止,已经为购房业主成功办得房产证385份。

案例二:HG项目进度计划编制案例

一、项目概况

项目位于GZ市LW区HG路地段,属于GZ市老城区的中心位置,总占地面积14503m²,地块呈不规则状况。2006年4月11日,X公司通过土地竞拍以2.08亿元获得项目土地开发权,项目定位是以高档住宅、乙级公寓式写字楼、三星级精致型酒店为一体的综合性物业。原地块上的弃产弃租面积共1089m²,需要拆迁安置面积为11006m²。HG项目的主要技术如表7-3所示。

表7-3 HG项目主要技术指标

指标	面积(m²)	备注
总用地面积	14503	
容积率	5.69	
总建筑面积	90491	包括地上及地下面积
地下室建筑面积	7950	规划为设备用房和停车场,详见备注1
地上总建筑面积	82583.02	

续表

指标		面积（m²）	备注
其中	住宅建筑面积	50914	其中安置回迁面积11006.06m²，商品住宅面积39908m²
	商业建筑面积	14960	其中回迁商业面积465m²，须安置在首层商铺内；可售（租）商业面积为14495m²。其中包含肉菜市场1000m²
	办公建筑面积	15387	
	配套公建及其他	2322.02	详见备注2
建筑密度		≤38.54%	
绿地率		≥25%	

备注：

1. 停车场

北部设置一层地下室，南部设置两层地下室，约400个车位（待设计方案明确后确定）。现先按规划设计条件中规定的199个车位进行测算，待规划部门批准扩大地下室面积后，再明确车库的收益。

2. 公建配套2322.02m²

包括幼儿园1000m²，公厕92.02m²，文化站及居委会100m²，变电房50m²及垃圾压缩站80m²，原规划文件批复中规定的肉菜市场1000m²面积。

二、项目开发进度计划建议

目前周边区域上已公布项目上市时间大多安排在近两年，除FL项目和YX项目外，周边项目以单体楼盘为主，预计2007年上半年该区域销售货量可达至高峰。

按照目前土地的供应情况，估计2008年上半年该区域将形成新一轮的缺货局面，虽然目前各方消息反映LW区近年还将有多块厂区用地即将投入土地市场，但预计上市时间最快也要安排在2008年下半年后。

一般年底（总结、结算等事务繁忙）、春节（享受家庭欢乐较少考虑大宗购买）、4月和7月（清明、鬼节一般人不会购房）、6月（中小学准备考试）为销售淡季。考虑发展商的集中大幅优惠，消费者一般较喜欢在两个黄金周购房，3月、8月、11月也是房市较旺的时段，但11月一般为促销。从销售季节和媒体宣传周期考虑，建议本项目宣传介入点安排在五一或十一黄金周前一个半月，即3月中旬或8月中旬展开。

结合本项目工期安排，建议加快工程进度，争取2008年10月将商品住宅部分推出市场，2009年12月交付使用。具体工期建议如下：

- 2006年12月，完成设计招标，方案送审。
- 2006年12月，完成裙楼酒店前期合作接洽。
- 2007年9月，完成方案报建，开始基础工程。
- 2008年4月，完成全部基础工程。
- 2008年6月，住宅6楼样板房开始装修。
- 2008年8月，售房部可开放使用，住宅样板房可对外开放。
- 2008年10月，商品住宅达到预销条件，申请预售证；住宅内部认购。
- 2008年11月，商品住宅结构封顶。
- 2009年5月，写字楼结构封顶，申请预售证。
- 2009年8月，新的售房部及示范层开放，写字楼内部认购。

- 2009年6月，完成住宅机电安装及室内装修工程。
- 2009年12月，住宅验收完毕，交付使用。
- 2009年6月，完成写字楼机电安装和室内装修工程。
- 2009年12月，写字楼验收完毕，交付使用。
- 2009年8月，推售首层商铺。
- 2009年12月，商铺验收完毕，交付使用。
- 2011年12月，完成全部物业的出证工作。

项目总体工期计划图与项目详细工程进度计划图分别如图7-8与图7-9所示。

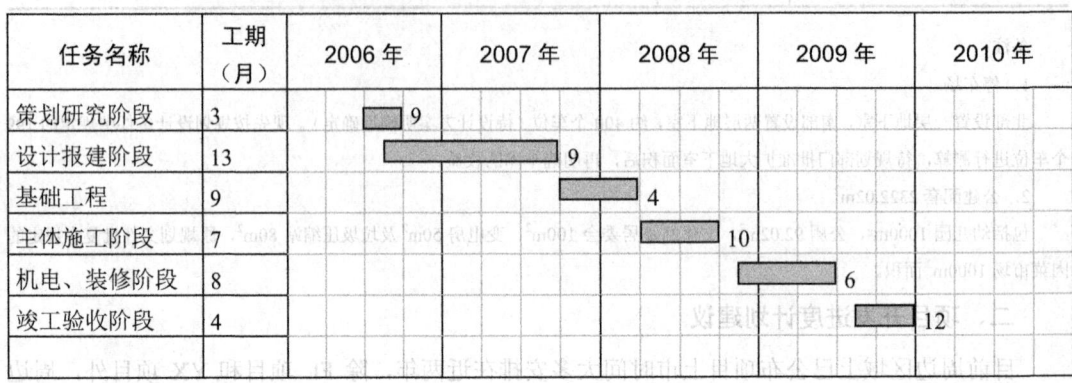

图7-8 项目总体工期计划图

三、加快开发进度措施策略

房地产开发是一个综合性很强的体系，设计、工程施工、报建、拆迁等相互独立又相互制约，处理不好将大大影响工期建设。

（1）规划总体进度时间表及部门控制方案。

（2）成立项目组，人员及时到位，定期组织工作会议。

（3）提前明确招投标的内容。

（4）加强与政府相关部门（建委、房管局、规划局等）的沟通，确保所报方案资料的高效反馈。

（5）项目宣传推广提前介入（如尽快完善工地围墙广告、设置临时销售中心、发布专题软文、地铁沿线预展活动等），以客户需求、市场需求引导规划设计和销售策划，再引导项目工期安排等。

四、项目估算的各项设定

1. 项目说明

由于项目的规划设计方案尚未完成，故本阶段仅以项目的各项规划指标为基准，作初步的概算。

2. 项目开发销售周期说明

以发展商提供的工期计划为基础，结合加快工程进度建议，若能按预定目标如期推进，写字楼部分在2009年5月具备销售条件，住宅部分在2008年10月具备销售条件，项目在2009年底具备交付条件。

第七章 房地产项目开发流程与进度计划编制

标识号	任务名称	工期	开始时间
2	一、设计报建阶段	550 工作日	2006年04月17日
3	办理《建设用地批准书》	30 工作日	2006年05月08日
4	办理《建设用地规划许可证》	30 工作日	2006年04月17日
5	办理商品住宅预备计划	5 工作日	2006年05月08日
6	办理项目手册	5 工作日	2006年05月08日
7	办理《国有土地使用证》	10 工作日	2006年05月17日
8	缴纳土地出让金	5 工作日	2006年05月17日
9	地籍出图及审核	10 工作日	2006年05月17日
10	前期策划招标及定稿	90 工作日	2006年05月09日
11	前期策划招标	30 工作日	2006年05月09日
12	前期策划完成中稿	35 工作日	2006年06月08日
13	前期策划定稿	25 工作日	2006年07月13日
14	设计招标、勘测招标	128 工作日	2006年05月17日
15	编写审查招标文件	30 工作日	2006年05月17日
16	送招标办、公告	7 工作日	2006年06月16日
17	资格预审、公示	20 工作日	2006年06月23日
18	发标书	3 工作日	2006年07月16日
19	回标、评标	35 工作日	2006年07月16日
20	发中标通知书,公示	3 工作日	2006年08月20日
21	签订合同	30 工作日	2006年08月23日
22	修建性详细规划设计	10 工作日	2006年08月23日
23	修建性详细规划报建	40 工作日	2006年09月03日
24	单体方案报建	215 工作日	2006年07月05日
25	回迁楼方案设计工程	215 工作日	2006年07月05日
30	商品楼方案设计	60 工作日	2006年08月23日
31	商品楼方案报建	30 工作日	2006年10月22日
32	各专业报建(商品楼)	50 工作日	2006年11月25日
39	各专业报建(回迁楼)	30 工作日	2007年02月05日
40	申请小区名称	30 工作日	2006年09月02日
41	地块清场及施工场地围闭	15 工作日	2006年05月17日
42	地质勘测	15 工作日	2006年06月01日
43	初步设计(商品楼)	60 工作日	2006年11月21日
44	初步设计审查(商品楼)	60 工作日	2007年01月20日
45	初步设计(回迁楼)	60 工作日	2007年01月16日
46	初步设计审查(回迁楼)	60 工作日	2007年03月17日
47	监理招标	108 工作日	2007年03月29日
55	规划放线	10 工作日	2007年01月10日
56	办理《建设工程规划许可证》(商)	30 工作日	2007年01月10日
57	办理《建设工程规划许可证》(回)	30 工作日	2007年03月07日
58	施工图设计(商品楼)	60 工作日	2007年01月30日
59	施工图审查备案(商品楼)	20 工作日	2007年03月31日
60	施工图设计(回迁楼)	60 工作日	2007年03月27日
61	施工图审查备案(回迁楼)	20 工作日	2007年05月26日
62	办理商品住宅正式计划	15 工作日	2007年02月09日
63	装修设计工程	66 工作日	2007年02月09日
66	主体施工招标(商品楼+回迁楼)	108 工作日	2007年05月04日
74	办理《施工许可证》(商品楼+回)	212 工作日	2007年03月21日
80	二、工程施工阶段	790 工作日	2007年10月19日
81	基坑开挖至+00以下施工完成(商品)	270 工作日	2007年10月19日
82	基坑开挖至+00以下施工完成(回)	270 工作日	2007年10月19日
83	回迁楼工程	500 工作日	2008年07月15日
87	商品楼工程	476 工作日	2008年07月15日
102	销售中心及示范单元包装	15 工作日	2009年03月21日
103	室外工程	220 工作日	2009年05月11日
104	供水施工	220 工作日	2009年05月11日
108	市政排水	220 工作日	2009年05月11日
111	园林景观	220 工作日	2009年05月11日
116	煤气管道安装	220 工作日	2009年05月11日
119	三、验收交楼阶段	115 工作日	2009年12月17日
120	规划验收	60 工作日	2009年12月17日
121	各专业验收	40 工作日	2010年02月15日
122	竣工备案	15 工作日	2010年03月27日
123	公建移交及维修	0 工作日	2010年04月10日
124	四、物业经营阶段	1525 工作日	2006年04月17日
125	办理预售许可证	30 工作日	2009年02月20日
126	回迁交楼	0 工作日	2010年04月10日
127	商品房交楼	0 工作日	2010年04月10日
128	办理门牌号码	0 工作日	2009年03月21日
129	交易过户	70 工作日	2010年04月11日
130	房屋测量	30 工作日	2010年04月11日

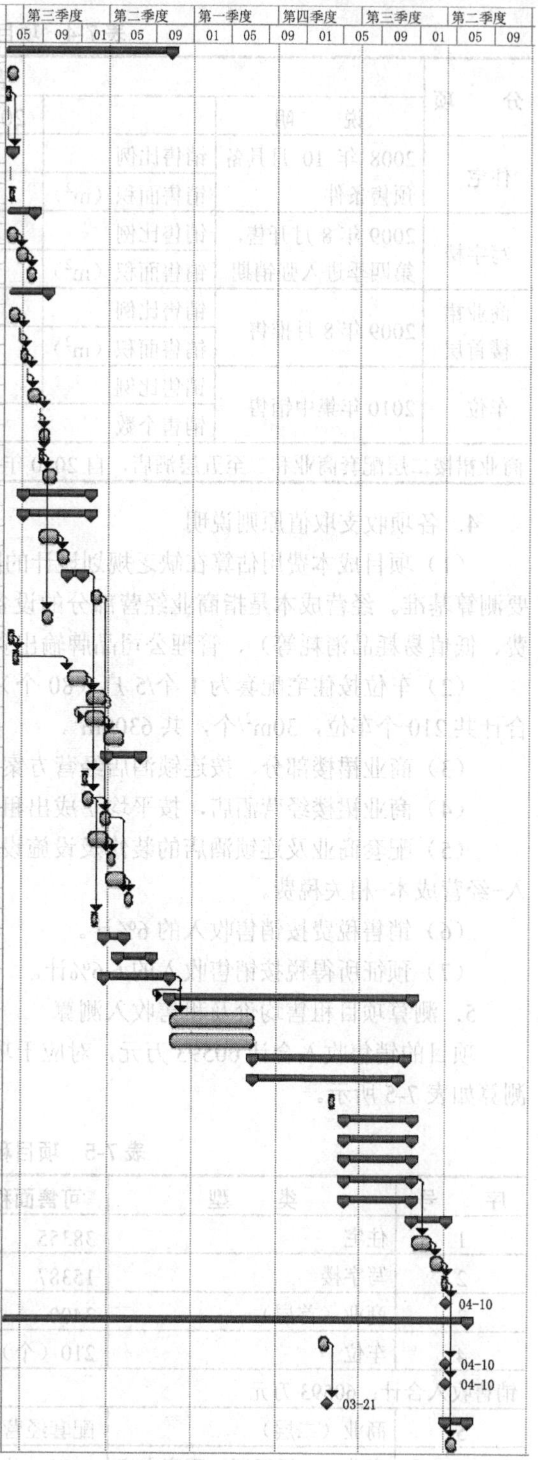

图 7-9 项目详细工程进度计划图

3. 项目营销计划说明

在上述项目前期策划方案的基础上,初拟各物业类型的营销部署,如表 7-4 所示。

表 7-4 项目营销计划表

分项	说明		营销计划				
			2006年	2007年	2008年	2009年	2010年
住宅	2008年10月具备预售条件	销售比例	—	—	40%	60%	—
		销售面积（m²）	—	—	15342	23013	—
写字楼	2009年8月开售，第四季进入强销期	销售比例	—	—	—	40%	60%
		销售面积（m²）	—	—	—	6155	9232
商业裙楼首层	2009年8月推售	销售比例	—	—	—	50%	50%
		销售面积（m²）	—	—	—	1700	1700
车位	2010年集中销售	销售比例	—	—	—	—	100%
		销售个数	—	—	—	—	210

商业裙楼二层配套商业和二至五层酒店，自2010年起经营，各项计算按10年期

4. 各项收支取值原则说明

（1）项目成本费用估算在缺乏规划设计的限制下，暂以规划指标和发展商提供数据作为主要测算基准。经营成本是指商业经营部分的设备及装修成本、经营管理费用、其他费用（水电费、低值易耗品消耗等）、管理公司品牌输出费用。

（2）车位按住宅配套为1个/5户（80个），商业办公配套为总建面积×0.15（150个），合计共210个车位，30m²/个，共6300m²。

（3）商业裙楼部分，按连锁酒店经营方案，仅首层3400m²可供销售。

（4）商业裙楼经营酒店，按平均7成出租率计算。

（5）配套商业及连锁酒店的装修及设施设备投入列入成本费用，设定其经营收入=租赁收入-经营成本-相关税费。

（6）销售税费按销售收入的6%计。

（7）预征所得税按销售收入的6.6%计。

5. 测算项目租售均价及租售收入测算

项目的销售收入合计60593万元，对应于项目总投资，投资利润率仅6.5%。项目租售收入测算如表7-5所示。

表 7-5 项目租售收入测算表

序号	类型	可售面积（m²）	销售价格（元/m²）	销售收入（万元）
1	住宅	38355	9150	35095
2	写字楼	15387	9000	13848
3	商业（首层）	3400	25000	8500
4	车位	210（个）	15万元/个	3150
销售收入合计：60593万元				
5	商业（二层）	配套经营面积2000	月租：60	经营期收入：1440
6	商业（二至五层）酒店客房	8895，共约202套	日租：220/套	经营期收入：11354
经营期内租赁收入合计：12794万元				
项目租售收入合计：73387万元				

提高项目销售收入的途径，一是通过优化产品设计和提高营销手法，进一步提升住宅部分的售价；二是在规划设计上实现首层商业，特别是临街铺的面积最大化。

商业经营部分（配套商业、酒店），其经营收入占项目总体租售收入的17%，可以说，经营的成功与否决定了本项目的收益水平。

 **复习思考题**

1. 以一个实际房地产开发项目为例，分析其开发报建流程一般可分为哪几个阶段？各阶段的主要工作内容分别是什么？
2. 房地产项目计划管理的作用是什么？计划管理体系包括哪几个部分？
3. 房地产开发项目进度计划的编制要求与编制流程是什么？
4. 房地产开发项目进度计划的编制方法有哪些？试举例说明其如何运用。

第八章 房地产项目投资费用估算

本章首先介绍一般建设项目投资估算的作用与阶段划分，建设项目总投资的构成，建设项目投资估算方法以及建设项目总成本费用的构成，在此基础上，针对房地产开发投资项目的特点，重点介绍房地产项目投资与成本费用的构成，以及房地产项目投资与成本费用的估算过程。

第一节 建设项目投资估算

一、建设项目投资估算的作用与阶段划分

投资估算是指在整个投资决策过程中,依据现有的资料和一定的方法,对建设项目投资数额进行的估计,是项目决策的重要依据之一。投资估算要有准确性,如果误差太大,必将导致决策的失误。因此,准确、全面地进行建设项目的投资估算,是项目可行性研究乃至整个项目投资决策阶段的重要任务。

(一) 投资估算的作用

一般来讲,投资估算具有以下几个方面的作用。

(1) 投资估算是筹措基本建设资金和金融部门批准贷款的依据。

(2) 投资估算是确定设计任务书的投资额和控制初步设计概算的依据。

(3) 投资估算是可行性研究和在项目评估中进行技术经济分析的依据。

(二) 投资估算的阶段划分

建设项目的不同研究评价阶段,要求有不同的投资估算质量。联合国工业发展组织(UNIDO)为发展中国家推行项目可行性研究而编写的《工业可行性研究手册》中,根据经验数据,提出了按阶段变化的投资估算可能误差的理想平均值。其大致幅度为机会研究阶段,±30%;初步可行性研究阶段,±20%;可行性研究阶段,±10%。对此,可将项目投资估算按其精度和适用范围归为如下五类。

1. 毛估

根据设想的开发项目和平均单价估算投资总额,或是简单制定一个项目,看是否值得作进一步研究。估算误差>±30%。

2. 粗估

根据初步打算的开发项目和平均单价估算投资总额,来表明一个项目是否可行。估算误差±(20%~30%)。

3. 初步估算

根据初步计划的开发项目和较确切的单价估算投资总额,来决定一个项目。估算误差±20%。

4. 确定性估算

根据较详细的开发项目计划和较准确的单价估算投资总额,来决定项目拨款,并据此确定项目是否设计和施工。估算误差±10%。

5. 详细估算

根据项目开发的施工设计图纸、预算定额和单价估算的项目投资额,来控制管理项目建设。其估算误差应在±5%以内。

由此可见,毛估与粗估,主要用在可行性研究的机会研究阶段。初步估算相当于概算指标估算法,虽然估价方法仍很粗糙,但总算是有一定的指标定额依据。确定性估算相当于初步设计概算,其估价精度有进一步的提高,主要用于可行性研究阶段。至于第五类的详细估算,按其编制方法和依据,相当于施工图预算,已超出了可行性研究范畴。

二、建设项目总投资构成

如果要办一个工厂，一共要花多少钱，有时很难用一句话说清楚，这是因为大家用的计算的口径和范围常常不一致。譬如说，我国正在进行的最大的建设项目——长江三峡工程，其报道的静态投资总数量 900 亿元人民币。为什么说是静态的呢？一般说来，静态的投资总数是按现在的价格估计的，不包括价格变动因素。由于建设期很长，物价的变动是免不了的。考虑了价格变动因素，实际的投资肯定不止这个数字。另外，投资需要的资金中很大一部分是贷款，从借贷开始到还清贷款还要发生借款的利息、承诺费和担保费等。这些开支有些在当时就要用投资者的自有资金来支付，或者再借债来偿付，有些可能待项目投入运行以后再偿付。不管怎样，实际上要筹措的资金比工程上花的资金要多。如果考虑了这类动态因素，有人估计长江三峡的总投资要超过 2000 亿元人民币，甚至更多。另外，一般人们常说的投资主要是指固定资产投资。事实上，生产经营性的项目还要有一笔数量不小的流动资金的投资。一个工厂建成后，仅有厂房、设备和设施还不能运行，还要有一笔钱来购买原料、半成品、燃料和动力等，待产品卖出去以后才能收回这笔资金。从动态看，工厂在生产经营过程中，始终有一笔用于原材料、半成品、在制品和成品储备占用的资金。当然，还有一笔必要的现金被占用着。在投资估算时，要把这笔投资也考虑在内。

按照国际上通用的划分规则和我国的财务会计制度，总投资的构成如图 8-1 所示。

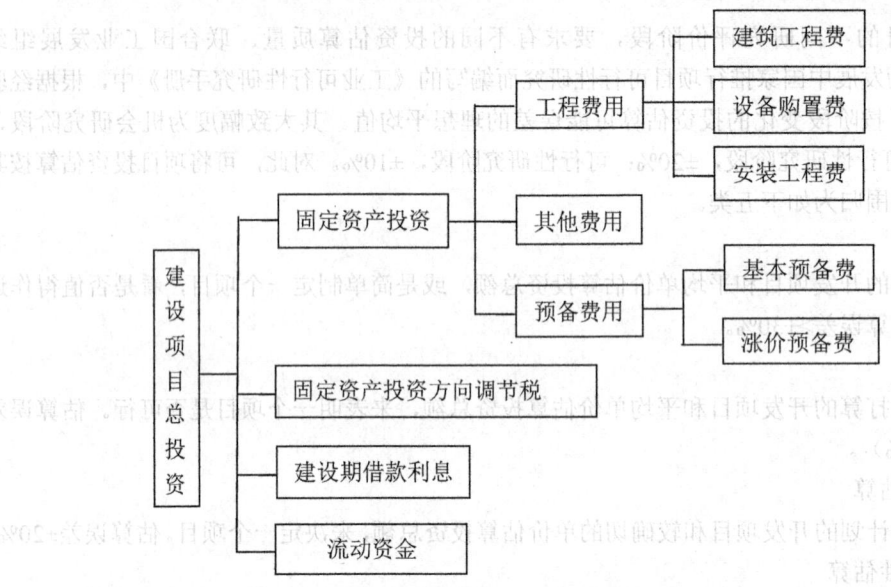

图 8-1 建设项目总投资的构成

注：固定资产投资方向调节税现已停征。

根据资本保全原则，当项目建成投入经营时，固定资产投资、投资方向调节税和建设期利息形成固定资产、无形资产及递延资产三部分。

固定资产是指使用期限超过一年，单位价值在规定标准以上，并且在使用过程中保持原有形态的资产。其包括房屋及建筑物、机器设备、运输设备、工具、器具等。

无形资产是指能长期使用但没有实物形态的资产。其包括专利权、商标权、土地使用权、非专利技术、商誉等。

递延资产是指不能全部计入当年损益，应当在以后年度内分期摊销的各项费用，主要是指开办费，包括筹建期间的人员工资、办公费、培训费、差旅费和注册登记费等。

为简化计算，可将预备费用和建设期利息全部计入固定资产原值。

三、建设项目投资估算方法

在建设项目总投资的构成中，通常把其中的建筑安装工程费用、设备、工器具购置费用、其他费用以及预备费中的基本预备费部分，合称为静态投资部分（有些书中也称其为概算投资），而将建设期贷款利息、固定资产投资方向调节税以及预备费中的涨价预备费部分，合称为动态投资部分，如图 8-2 所示。下面分别讲述各类投资的估算方法。

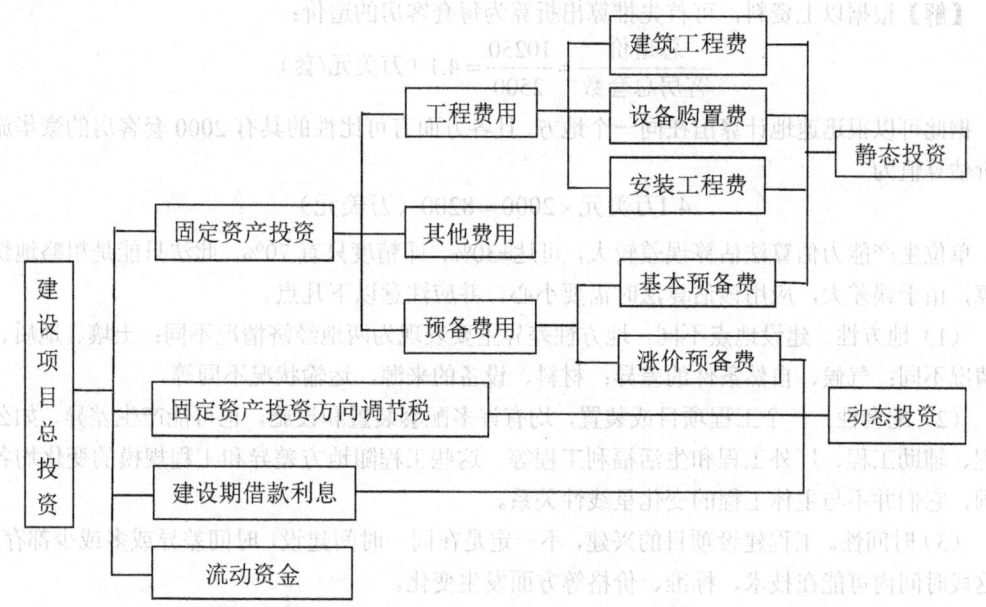

图 8-2　建设项目总投资分类图

（一）静态投资部分的估算

静态投资部分估算是建设项目投资估算的基础，应全面进行分析，既要避免少算漏项，又要防止高估冒算。由于不同的研究阶段所具有的条件和掌握的资料不同，估算的方法和准确程度也不相同。目前常用的有以下几种方法。

1. 单位生产能力估算法

依据调查的统计资料，利用相近规模的单位生产能力投资乘以建设规模，即得拟建项目投资。其计算公式为

$$C_2 = \left(\frac{C_1}{Q_1}\right) Q_2 f$$

式中，C_1 为已建类似项目的投资额；C_2 为拟建项目投资额；Q_1 为已建类似项目的生产能力；Q_2 为拟建项目的生产能力；f 为不同时期、不同地点的定额、单价、费用变更等的综合调整系数。

这种方法把项目的建设投资与其生产能力的关系视为简单的线性关系，估算结果精确度较差。使用这种方法时要注意拟建项目的生产能力和类似项目的可比性，否则误差会很大。由于在实际工作中不易找到与拟建项目完全类似的项目，通常是把项目按其下属的车间、设施和装

置进行分解，分别套用类似车间、设施和装置的单位生产能力投资指标计算，然后加总求得项目总投资。或根据拟建项目的规模和建设条件，将投资进行适当调整后估算项目的投资额。这种方法主要用于新建项目或装置的估算，十分简便迅速，但要求估价人员掌握足够的典型工程的历史数据，而且这些数据均应与单位生产能力的造价有关，方可应用，而且必须新建装置与所选取装置的历史资料相类似，仅存在规模大小和时间上的差异。

【例8-1】假定某地拟建一座 2000 套客房的豪华旅馆，另有一座豪华旅馆最近在该地竣工，且掌握了以下资料：它有 2500 套客房，有餐厅、会议室、游泳池、夜总会、网球场等设施。总造价为 10250 万美元。估算新建项目的总投资。

【解】根据以上资料，可首先推算出折算为每套客房的造价：

$$\frac{总造价}{客房总套数} = \frac{10250}{2500} = 4.1（万美元/套）$$

据此可以很迅速地计算出在同一个地方，且各方面有可比性的具有 2000 套客房的豪华旅馆造价估算值为

$$4.1万美元 \times 2000 = 8200（万美元）$$

单位生产能力估算法估算误差较大，可达±30%，即精度只有70%。此法只能是粗略地快速估算，由于误差大，应用该估算法时需要小心，并应注意以下几点。

（1）地方性。建设地点不同，地方性差异主要表现为两地经济情况不同；土壤、地质、水文情况不同；气候、自然条件的差异；材料、设备的来源，运输状况不同等。

（2）配套性。一个工程项目或装置，均有许多配套装置和设施，也可能产生差异，如公用工程、辅助工程、厂外工程和生活福利工程等，这些工程随地方差异和工程规模的变化均各不相同，它们并不与主体工程的变化呈线性关系。

（3）时间性。工程建设项目的兴建，不一定是在同一时间建设，时间差异或多或少都存在，在这段时间内可能在技术、标准、价格等方面发生变化。

2. 生产能力指数法

这种方法是根据已建成的、性质类似的工程或装置的实际投资额和生产能力之比，按拟建项目的生产能力，推算出拟建项目的投资。一般说来，生产能力增加一倍，投资不会也增加一倍，往往是小于 1 的倍数。根据行业的不同，可以找到这种指数关系，写成公式为

$$I_2 = I_1 \left(\frac{C_2}{C_1}\right)^e f$$

式中，I_1，I_2 分别为已建和拟建工程或装置的投资额；C_1，C_2 分别为已建和拟建工程或装置的生产能力；e 为投资/生产能力指数，$0 \leq e \leq 1$；f 为不同时间、不同地点的定额、单价、费用变更等的综合调整系数。

【例8-2】已知建设日产 10t 氢氰酸装置的投资额为 18000 美元，试估计建设日产 30t 氢氰酸装置的投资额（投资/生产能力指数 $e = 0.52$，$f = 1.0$）。

【解】

$$I_2 = I_1 \left(\frac{C_2}{C_1}\right)^e f$$

$$= 18000 \times \left(\frac{30}{10}\right)^{0.52} \times 1 = 31869.52（美元）$$

【例 8-3】若将设计中的化工生产系统的生产能力在原有的基础上增加一倍，投资额大约增加多少？

【解】对于一般未加确指的化工生产系统，可按 $e=0.6$ 估计投资额。因此

$$\frac{I_2}{I_1} = \left(\frac{C_2}{C_1}\right)^e = \left(\frac{2}{1}\right)^{0.6} \approx 1.5$$

计算结果表明，生产能力增加 1 倍，投资额大约增加 50%。

3．按设备费用的推算法

这种方法是以拟建项目或装置的设备购置费为基数，根据已建成的同类项目或装置的建筑工程、安装工程及其他费用占设备购置费的百分比推算出整个工程的投资费用，公式为

$$I = E(1 + f_1P_1 + f_2P_2 + f_3P_3)$$

式中，I 为拟建工程的投资额；E 为拟建工程的设备购置费；P_1，P_2，P_3 分别为建筑工程、安装工程、其他费用占设备费用的百分比；f_1，f_2，f_3 相应的调整系数。

【例 8-4】某项工程的设备费用为 35000 万元，根据以往的资料，与设备配套的建筑工程、安装工程和其他费用占设备费用的百分比分别是 43%，15% 和 10%。假定各种工程费用的上涨与设备费用的上涨是同步的，即 $f_1 = f_2 = f_3 = 1$。试估算全部工程费用。

【解】全部工程的投资估算值为

$$I = 35000 \times (1 + 0.43 + 0.15 + 0.10) = 58800（万元）$$

4．造价指标估算法

对于建筑工程，可以按每平方米的建筑面积的造价指标来估算投资，也可以再细分每平方米的土建工程、水电工程、暖气通风和室内装饰工程的造价，汇总出建筑工程的造价，另外再估算其他费用及预备费，即可求得投资额。

采用这种方法时，一方面要注意，若套用的指标与具体工程之间的标准或条件有差异时应加以必要的局部换算或调整；另一方面要注意，使用的指标单位应密切结合每个单位工程的特点，能正确地反映出其设计参数，切勿盲目地、单纯地套用一种单位指标。

（二）动态投资部分的估算

动态投资部分主要包括建设期价格变动可能增加的投资额、建设期利息和固定资产投资方向调节税三部分内容，如果是涉外项目，还应该考虑汇率的影响。动态投资不得作为各种取费的基数。

（三）价格变动可能增加的投资额

对于价格变动可能增加的投资额，即价差预备费的估算，可按国家或部门（行业）的具体规定执行，一般按下式计算：

$$V = \sum_{t=1}^{n} K_t \left[(1+i)^t - 1\right]$$

式中，V 为价差预备费；K_t 为年度投资使用计划额；i 为年价格变动率；n 为建设期年份数。

上式中的年度投资使用计划 K_t 可由建设项目资金使用计划表中得出，年价格变动率可根据工程造价指数信息的累积分析得出。

【例 8-5】 某工程项目的静态投资为 22310 万元，按本项目实施进度计划，项目建设期为三年，三年的投资使用比例分别为第一年 20%，第二年 55%，第三年 25%。建设期内年平均价格变动率预测为 6%，求该项目建设期的价差预备费。

【解】 第一年的年度投资使用计划额

$$K_1 = 22310 \times 20\% = 4462 （万元）$$

第一年的价差预备费 $= 4462 \times \left[(1+0.06)^1 - 1\right] = 267.7$（万元）

第二年的年度投资使用计划额

$$K_2 = 22310 \times 55\% = 12270.5 （万元）$$

第二年的价差预备费 $= 12270.5 \times \left[(1+0.06)^2 - 1\right] = 1516.6$（万元）

第三年的年度投资使用计划额

$$K_3 = 22310 \times 25\% = 5577.5 （万元）$$

第三年的价差预备费 $= 5577.5 \times \left[(1+0.06)^3 - 1\right] = 1065.4$（万元）

所以，建设期的价差预备费总额为

$$V = 267.7 + 1516.5 + 1065.4 = 2849.7 （万元）$$

对建设期利息进行估算时，应按借款条件的不同分别计算。对国内外借款，无论实际按年、季、月计息，均可简化为按年计息，即将名义年利率按计息时间折算成有效年利率。计算公式为

$$有效年利率 = \left(1 + \frac{r}{m}\right)^m - 1$$

式中，r 为名义年利率；m 为每年计息次数。

为简化利息的计算，假定借款发生当年均在年中支用，按半年计息，其后年份按全年计息；还款当年按年末偿还，按全年计息。每年应计利息的近似计算公式如下：

$$建设期每年应计利息 = \left(年初借款本息累计 + \frac{1}{2} \times 本年借款额\right) \times 有效年利率$$

【例 8-6】 某建设项目，建设期为三年，在建设期第一年贷款 300 万元，第二年 600 万元，第三年 400 万元，年利率为 12%，试计算建设期贷款利息。

【解】 在建设期，各年利息计算如下：

第一年应计利息 $= \left(0 + \frac{1}{2} \times 300\right) \times 12\% = 18$（万元）

第二年应计利息 $= \left(318 + \frac{1}{2} \times 600\right) \times 12\% = 74.16$（万元）

第三年应计利息 $= \left(318 + 600 + 74.16 + \frac{1}{2} \times 400\right) \times 12\% = 143.06$（万元）

所以，建设期贷款利息总和为

$$I = 18 + 74.16 + 143.06 = 235.22 （万元）$$

建设项目投资估算表的形式如表 8-1 所示。

表 8-1 建设项目投资估算表

单位：万元

序号	项目	建筑	设备	安装	其他	合计
1	固定资产投资	187.0	1168.0	77.0	0.0	1432.0
1.1	主要生产车间	20.0	650.0	65.0		735.0
1.2	辅助生产车间	40.0	120.0	12.0	0.0	172.0
1.2.1	A	10.0	90.0	0.0		100.0
1.2.2	B	10.0	10.0			20.0
1.2.3	C	10.0	30.0			40.0
1.2.4	D	10.0	5.0			15.0
1.3	公用工程	57.0	143.0	0.0	0.0	200.0
1.3.1	配电站及锅炉房	7.0	33.0			40.0
1.3.2	车库及车辆	10.0	110.0			120.0
1.3.3	原料及成品储库	40.0				40.0
1.4	服务工程	50.0	150.0			200.0
1.5	厂区工程	20.0	105.0			125.0
1.6	厂外工程					0.0
1.7	其他工程					0.0
2	无形资产投资	0.0	0.0	0.0	400.0	400.0
2.1	工业产权				300.0	300.0
2.2	土地使用权				100.0	100.0
3	开办费	0.0	0.0	0.0	20.0	20.0
3.1	投资前研究				5.0	5.0
3.2	筹建费				15.0	15.0
4	预备费	0.0	0.0	0.0	140.9	140.9
4.1	基本预备费				55.0	55.0
4.2	涨价预备费				85.9	85.9
5	建设期利息				34.7	34.7
6	总计	187.0	1168.0	77.0	595.6	2027.6

（四）流动资金的估算

这里的流动资金是指项目建成投产后，为保证正常生产所必需的周转资金。流动资金的估算方法有以下两种。

1. 扩大指标估算法

一般可参照同类生产企业流动资金占销售收入、经营成本、固定资产投资的比例，以及单位产量占用流动资金的比率来确定。例如，百货、零售商店的流动资金可按年销售收入的10%～15%估算；机械制造项目可按年经营成本的15%～20%考虑；钢铁联合企业可按固定资产投资的8%～10%估算等。

2. 分项详细估算法

采用扩大指标估算法得到的估算结果准确度不高。随着项目投资决策研究的深入，必要时应进行分项详细估算。其计算公式如下：

$$流动资金 = 流动资产 - 流动负债$$

$$流动资产 = 应收账款 + 存货 + 现金$$

$$流动负债 = 应付账款$$

$$流动资金本年增加额 = 本年流动资金 - 上年流动资金$$

流动资产和流动负债各项的计算公式如下。

① $周转次数 = \dfrac{360}{最低周转天数}$

最低周转天数按实际情况并考虑保险系数分项确定。

② $应收账款 = \dfrac{年经营成本}{应收账款周转次数}$

③ 存货 = 外购原材料、燃料 + 在产品 + 产成品

外购原材料、燃料应分项计算，其计算公式为

$$外购原材料、燃料 = \dfrac{年外购原材料、燃料}{各种类分项周转次数}$$

$$在产品 = \dfrac{年外购原材料、燃料及动力费 + 年工资及福利费 + 年修理费 + 年其他制造费用}{在产品周转次数}$$

$$产成品 = \dfrac{年经营成本}{产成品周转次数}$$

④ $现金 = \dfrac{年工资及福利费 + 年其他费用}{现金周转次数}$

⑤ $应付账款 = \dfrac{年外购原材料、燃料及动力费}{应付账款周转次数}$

流动资金一般应在投产前开始筹措。为简化计算，规定流动资金在投产第一年开始按生产负荷进行安排，其借款部分按全年计算利息。流动资金利息应计入财务费用；项目计算期末回收全部流动资金。

【例 8-7】某拟建项目第四年开始投产，投产后的年生产成本和费用的估算表如表 8-2 所示。各项流动资产和流动负债（应付账款）的周转天数如表 8-3 所示。试估计投产阶段需要投入的流动资金。

表 8-2 年生产成本和费用估算表

单位：万元

序号	年份 项目	投产期		达产期		
		4	5	6	7	…
1	外购原材料	2055	3475	4125	4125	
2	进口零部件	1087	1208	725	725	
3	外购燃料	13	25	27	27	
4	外购动力	29	48	58	58	
5	工资及福利费	213	228	228	228	
6	修理费	15	15	69	69	

续表

序号	年份\项目	投产期		达产期		
		4	5	6	7	…
7	折旧费	224	224	224	224	
8	摊销费	70	70	70	70	
9	利息支出	234	196	151	130	
10	其他费用	324	441	507	507	
11	总成本费用	4264	5930	6184	6163	
12	经营成本	3736	5440	5739	5739	

说明：1. 经营成本是指生产总成本费用中不包括折旧、摊销和利息的支出和费用。

2. 这张表的项目是按成本要素列的。其中各项要素费用包括了制造费用、管理费用、财务费用和销售费用中的该项要素费用。表中第10项"其他费用"是指制造费用、管理费用、财务费用和销售费用中扣除了工资及福利费、折旧费、摊销费、维修费和利息支出后的其他费用。

表8-3 流动资产和应付账款的最低周转天数

单位：天

序号	项目	最低周转天数
1	应收账款	40
2	存货	—
2.1	原材料	50
2.2	进口零部件	90
2.3	燃料	60
2.4	在产品	20
2.5	产成品	10
3	现金	15
4	应付账款	40

【解】按以上资料，列表（见表8-4）算出流动资金的需要量和逐年的投入量。附注中给出对应表8-2的赖以周转的成本费用项目。

表8-4 流动资金估算表

单位：万元

序号	年份\项目	最低周转天数	周转次数	投产期		达产期		对应表8-2的成本费用项目
				4	5	6	7	
（一）	流动资产	—	—	1290	1685	1877	1877	—
1	应收账款	40	9	415	604	638	638	12
2	存货	—	—					
2.1	原材料	50	7.2	285	483	573	573	1
2.2	进口零部件	90	4	272	302	181	181	2
2.3	燃料	60	6	2	4	5	5	3
2.4	在产品	20	18	190	278	290	290	1+2+3+4+5+6
2.5	产成品	10	36	104	151	159	159	12

续表

序号	年份 项目	最低周转天数	周转次数	投产期 4	投产期 5	达产期 6	达产期 7	对应表 8-2 的成本费用项目
3	现金	15	24	22	28	31	31	5+10
	小计	—	—	1290	1685	1877	1877	—
（二）	流动负债	—	—	354	528	548	548	
4	应付账款	40	9	354	528	548	548	1+2+3+4
（三）	流动资金 [（一）-（二）]			936	1157	1329	1329	
（四）	流动资金本年增加额			936	221	172	0	

由表 8-4 可以估算出投产年初（第 4 年初）要投入流动资金 936 万元；第 5 年再投入 221 万元；第 6 年再投入 172 万元。第 6 年后，假定生产已达到正常，流动资金已不再需要投入，始终保持在 1329 万元的水平上。

四、建设项目总成本费用构成

（一）总成本费用

总成本费用是指项目在一定时期内（一般为一年）为生产和销售产品而花费的全部成本和费用。

总成本费用由生产成本、管理费用、财务费用和销售费用组成。

生产成本包括各项直接支出（直接材料、直接工资和其他直接支出）及制造费用。

制造费用是指为组织和管理生产所发生的各项费用，包括生产单位（分厂、车间）管理人员工资、职工福利费、折旧费、维简费、修理费及其他制造费用（办公费、差旅费、劳动保护费）。

管理费用是指企业行政管理部门为管理和组织经营活动发生的各项费用，包括管理人员工资和福利费，折旧费，修理费，无形及递延资产摊销费及其他管理费用（办公费、差旅费、劳动保护费、技术转让费、土地使用税）。

财务费用是指为筹集资金而发生的各项费用，包括生产经营期间发生的利息净支出及其他财务费用（汇兑净损失等）。

销售费用是指为销售产品和提供劳务而发生的各项费用，包括销售部门人员工资、职工福利费、折旧费、修理费及其他销售费用（广告费、办公费、差旅费等）。

综上所述，总成本费用的构成可用图 8-3 来表示，这是生产总成本费用的第一种构成方式。

- 生产总成本费用
  - 生产成本
    - 直接材料
    - 直接工资
    - 直接其他支出
    - 制造费用
  - 管理费用
  - 财务费用
  - 销售费用

图 8-3　生产总成本费用构成图（一）

（二）经营成本

在技术经济分析中，要引入企业财务会计中所没有的经营成本这一概念。

在对建设项目进行技术经济分析时，必须考察特定经济系统的现金流入与现金流出。从前述对产品成本构成所做的分析可以知道，产品的成本中包含有固定资产折旧费、摊销费、维简费和贷款利息等。而实际上，固定资产折旧是对固定资产磨损的价值补偿，并不是真正发生的现金流出。在技术经济分析中，固定资产投资是计入现金流出的，如再将折旧随成本计入现金流出，会造成现金流出的重复计算。摊销费也一样。在采掘工业项目中实行按产量提取维简费，维简费是维持简单再生产资金的总称，不提折旧，也属于非现金支出。贷款利息是使用借贷资金所要付出的代价，对于企业来说是实际的现金流出，但在评价项目全部投资的经济效果时，并不考虑资金来源问题，在这种情况下不用考虑贷款利息的支出。因此，为了计算与分析的方便，技术经济分析中一般将经营成本作为一个单独的现金流出项目，其计算公式为

经营成本=总成本费用-折旧费-摊销费-维简费-利息支出

由此形成了生产总成本费用的第二种构成方式，如图8-4所示。

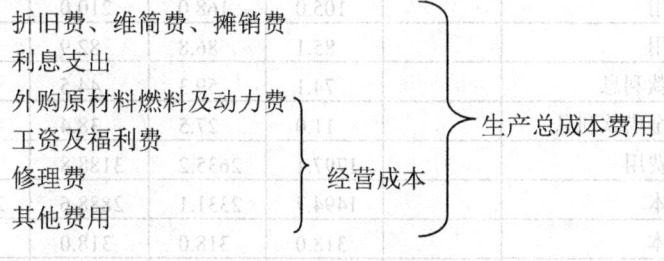

图8-4 生产总成本费用构成图（二）

注：为了简化计算，图8-4中将工资及福利费、折旧费、修理费、摊销费、利息支出进行归并后分别列出，该图中的其他费用是指在制造费用、管理费用、财务费用和销售费用中扣除工资及福利费、折旧费、修理费、摊销费和利息支出后的费用。

（三）可变成本与固定成本

产品成本按其与产量变化的关系分为可变成本、固定成本和半可变成本（或半固定成本）。在产品总成本中，有一部分费用随产量的增减而成比例地增减，称为可变成本，如原材料费用一般属可变成本。另一部分费用与产量的多少无关，称为固定成本，如固定资产折旧费用、管理费用。还有一些费用，虽然也随产量增减而变化，但非成比例地变化，称为半可变（半固定）成本。通常将半可变成本进一步分解为可变成本与固定成本。因此，产品总成本费用最终可划分为可变成本和固定成本。由此形成了总成本费用的第三种构成方式，如图8-5所示。

可变成本 ⎫
固定成本 ⎬ 生产总成本费用

图8-5 生产总成本费用构成图（三）

总成本费用估算表的形式如表8-5所示。

表 8-5 总成本费用估算表

单位：万元

序号	项目	1	2	3	4	5	6
1	生产成本		1531.6	2305	2820.5	2820.5	2820.5
1.1	原材料		1229.1	1966.6	2458.2	2458.2	2458.2
1.2	燃料及动力		50.0	80.0	100.0	100.0	100.0
1.3	生产人员工资及福利		6.6	10.5	13.1	13.1	13.1
1.4	制造费用		245.9	247.9	249.2	249.2	249.2
1.4.1	折旧		173.3	173.3	173.3	173.3	173.3
1.4.2	修理费		69.3	69.3	69.3	69.3	69.3
1.4.3	其他		3.3	5.3	6.6	6.6	6.6
2	管理费用		75.4	75.4	75.4	75.4	75.4
2.1	管理人员工资福利费		20.9	20.9	20.9	20.9	20.9
2.2	摊销		44.0	44.0	44.0	44.0	44.0
2.3	其他管理费用		10.5	10.5	10.5	10.5	10.5
3	销售费用		105.0	168.0	210.0	210.0	210.0
4	财务费用		85.1	86.8	82.9	68.1	53.2
4.1	长期借款利息		74.1	59.3	44.5	29.7	14.8
4.2	流动资金借款利息		11.0	27.5	38.4	38.4	38.4
5	总成本费用		1797.1	2635.2	3188.8	3174	3159.1
6	经营成本		1494.7	2331.1	2888.6	2888.6	2888.6
7	固定成本		318.0	318.0	318.0	318.0	318.0
8	可变成本		1479.1	2317.2	2570.6	2856	2841.1

第二节 房地产项目投资成本费用的构成与估算

一、房地产项目投资与成本费用构成

房地产项目从可行性研究到竣工投入使用，需要投入大量的资金。在项目的前期阶段，为了对项目进行经济效益评价并作出投资决策，必须对项目的投资与成本费用进行准确的估算。

由于房地产项目的投资过程本身就是房地产商品的生产过程，因而其投资估算与成本费用估算不可截然分开，而应合二为一。房地产开发项目投资与成本费用估算的范围包括土地购置成本、土地开发成本、建安工程造价、管理费用、销售费用、财务费用及有关开发期间的税费等全部投资。

房地产项目各项费用的构成复杂，变化因素多，不确定性大，尤其是依建设项目的类型不同而有其自身的特点，因此不同类型的建设项目的投资与费用的构成有一定的差异。对于一般房地产开发项目而言，其投资与成本费用由开发成本和开发费用两大部分构成。

（一）开发成本

房地产项目的开发成本一般包括如下八项。

（1）土地使用权出让金。

（2）土地征用及拆迁安置补偿费。
（3）前期工程费。
① 规划设计费。
② 项目可行性研究费。
③ 地质勘查测绘费。
④ 三通一平费。
（4）建安工程费。
① 土建工程费。
② 设备及安装工程费。
（5）基础设施费。
（6）公共配套设施费。
（7）不可预见费。
（8）开发期间税费。

（二）开发费用

房地产项目的开发费用一般包括如下三项。
（1）管理费用。
（2）销售费用。
（3）财务费用。

二、房地产项目投资与成本费用估算

（一）开发成本的估算

1. 土地使用权出让金

国家以土地所有者身份，将土地在一定年限内的使用权有偿出让给土地使用者，并由土地使用者向国家支付土地使用权出让金。土地出让金底价的估算一般可参照政府延期出让的类似地块的出让金数额，并进行时间、地段、用途、临街状况、建筑容积率、土地出让年限、周围环境状况及土地现状等因素的修正得到；也可以依据城市人民政府颁布的城市基准地价，根据项目用地所处的地段等级、用途、容积率、使用年限等因素修正得到。

基准地价是各地政府制定土地政策的主要依据，是土地使用权单位面积平均价格，反映出当地经济政策取向和楼市状况。广东省于1999年首次制定出了《广东省城市国有土地分等级基准地价标准》，以后又在此基础上进行了不断的动态调整。广州市也相应地制定了本市的基准地价。

本次制定的基准地价是城市不同级别、"五通一平"土地开发程度下，平均容积率下，同一用途的完整土地使用权的平均价格，一个级别的土地由于具体情况不同，实际地价也有区别。地价构成含土地取得费、土地开发费、利息、利润、政府规定的有关税费及土地所有权收益。土地用途按商业、住宅、工业区分，各用途土地使用年限为法定最高年限。

各城市土地分等级基准地价会随社会经济发展变化，各地将根据变化情况及时调整，并报省国土资源厅和省价格主管部门备案。

《广东省部分城市国有土地等级基准地价标准（2010）》如表8-6所示；广州市各区域基准地价的内涵及各级别不同用途土地的基准地价标准，如表8-7～表8-11所示。

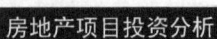

表8-6 广东省城市国有土地等级及基准地价标准

城市名称	商业用地基准地价（元/平方米）					住宅用地基准地价（元/平方米）					工业用地基准地价（元/平方米）				
	一级	二级	三级	四级	五级	一级	二级	三级	四级	五级	一级	二级	三级	四级	五级
广州	20420*	14626*	11639*	9036*	5466*	5526*	4449*	3364*	2302*	1584*	1341	850	655	602	441
深圳	价格范围：1357～8160* 均价：2197*					价格范围：820～3500* 均价：1559*					价格范围：354～1130* 均价：574*				
珠海	2500*	2300*	2100*	1600*	—	1500*	1300*	1100*	910*	—	600*	400*	300*	230*	—
佛山	7370*	4940*	3140*	2460*	7370*	1100*	930*	760*	570*	1100*	600	485	430	—	600
顺德	8990*	5931*	4397*	2414*	1620*	4079*	3215*	2450*	1855*	1382*	610	533	466	412	610
东莞	4132*	3089*	2591*	2296*	—	1675*	1436*	1256*	1085*	—	427*	367*	329*	—	—
汕头	2301~2705	1511~2209	1085~1494	543~937	—	1656~1752	1200~1576	936~1193	675~898	384~650	489~510	418~470	315~421	255~264	—
中山	5435*	3110*	2512*	1620*	590*	1930*	1435*	1115*	725*	440*	610*	495*	445	395	384
惠州	2530*	1740*	1350*	920*	590*	910*	700*	490*	330*	245*	410*	360*	320*	285*	255*
江门	4169*	2949*	1474*	849*	454*	814*	572*	399*	288*	201*	449*	336	252	—	—
肇庆	5747*	4167*	2731*	1907*	606*	2055*	1682*	1187*	790*	—	520	420	300	260	—
阳江	3179*	2362*	1756*	908*	606*	1626*	1186*	915*	610*	407*	370	290	230	190	—
清远	3890*	2370*	1150*	710*	—	850*	650*	490*	380*	—	250	200	150	130	100
湛江	2254*	1391*	978*	689*	437*	933*	684*	581*	513*	338*	353	299	263	—	—
茂名	2362*	1530*	1018*	771*	591*	818*	678*	589*	473*	374*	330	280	252	230	211
韶关	5378*	3360*	2081*	1437*	863*	1130*	735*	519*	307*	189*	598*	405*	350*	294*	230*
汕尾	1750*	1250*	800*	600*	—	850*	650*	450*	300*	—	280	200	160	—	—

资料来源：各地国土部门网站以及广东省国土资源厅公布的《广东省城镇国有土地基准地价表》。

注：带*号表示为楼面地价；各地级市的地价如无特殊说明，均指该市城区。

表 8-7 广州市各区域基准地价的内涵

类别	区域	越秀、海珠、荔湾、天河、白云、黄埔、萝岗区	番禺区	花都区	南沙区
商业用地	土地开发程度	五通一平			
	平均容积率	合理			
	价格类型	首层楼面地价			
居住、综合（办公）用地	土地开发程度	五通一平			
	平均容积率	2.7	1.8	1.8	1.8
	价格类型	楼面地价			
工业用地	土地开发程度	五通一平			
	平均容积率	1.0			
	价格类型	地面地价			

表 8-8 广州市商业用地级别范围及价格

单位：元/平方米建筑面积

级别	级别范围	级别价
一级	由以下路线围合而成的区域：解放北路—府前路—越华路—仓边路—大塘街—文明路—大南路—起义路—惠福东路—解放中路	29991
二级	由以下线路围合而成的区域：东风东路—陵园西路—中山四路—中山三路—东川路—东华西路—文明路—德政中路—中山四路—仓边路—豪贤路—越秀北路；东风西路—解放北路—解放中路—惠福东路—起义路—大南路—文明路—文德路—文德南路—沿江中路—沿江西路—人民南路—人民中路—人民北路；天河北路—林和西路—林乐路—天寿路—天河东路—黄埔大道西—中山一路—广州大道中	18334
三级	由以下线路围合而成的区域：东风西路—人民北路—人民中路—人民南路—珠江（含沙面岛）—黄沙大道；广园中路—广园东路—濂泉路—先烈东路—广州大道中—黄埔大道西—华南快速干线—珠江（含海心沙和二沙岛）—文德南路—文德路—文明路—东华西路—东川路—中山三路—陵园西路—东风东路—越秀北路—豪贤路—仓边路—越华路—吉祥路—府前路—解放北路—东风西路—人民北路—流花路—站前横路—站前路—站南路—环市西路—广园西路；禺东西路—广园快速路—五山路—石牌东路—黄埔大道西—天河东路—林乐路—林和西路—天河北路—广州大道中；滨江西路—滨江中路—东晓路—昌岗东路—昌岗中路—宝岗大道	13840
四级	除上述级别外，由以下线路围合而成的区域：黄石东路—白云大道南—大金钟路—广园中路—广园西路—三元里大道—机场路；西湾路—站西路—广园西路—环市西路—站南路—站前路—站前横路—流花路—人民北路—东风西路—南岸路—中山八立交—珠江—增埗河；信义路—花蕾路—花地大道北—浣花路—东漖北路—芳村大道中—珠江；宝岗大道—昌岗中路—昌岗东路—东晓路—珠江（不含二沙岛和海心沙）—华南快速干线—黄埔大道西—石牌东路—五山路—广园快速路—大观南路—东环高速—珠江（包含北帝沙、沙仔滩、峨眉沙）—黄埔涌—新港中路—广州大道南—新滘西路—泰沙路—工业大道南—工业大道中—昌岗西路—珠江	8654

续表

级别	级别范围	级别价
五级	除上述级别外，由以下线路围合而成的区域：华海街—西洲北路—广清高速公路—西槎路—德康路—京广铁路—黄石西路—机场路—三元里大道—广园西路—站西路—西湾路—珠江—佛山市南海区界—珠江（包含沉香沙）；永泰路—同泰路—广州大道北—南方大道—中成路—中元路—上元岗东大街—天源路—燕岭路—北环高速公路—广深高速公路—科珠路—科林路—岐山路—茅岗路—广园快速路—禺东西路—兴华路—沙太南路—环城高速公路—大金钟路—白云大道南—白云大道北；环城高速公路—中山大道中—中山大道东—黄埔东路—大沙地西—大沙地东—石化路—珠江（不包含北帝沙、沙仔滩和峨眉沙）；新港中路—黄埔涌—珠江（不包含丫髻沙）—昌岗西路—工业大道中—工业大道南—泰沙路—新滘西路—广州大道南；鹤洞路—花地大道中—珠江—花地大道北—花蕾路—信义路—珠江	6486
六级	由以下线路围合而成的区域：雅岗南大道—鸦岗大道—华南快速干线—广花一路—新石路—106国道—文盛庄路—东平南路—东平中路—东平大道—白云大道北—广从一路—龙兴中路—大源北路—大源中路—华南快速干线—龙洞东路—广汕公路—大观北路—大观中路—广深高速公路—北环高速公路—广汕公路—上元岗东横街—中元路—中成路—南方大道—广州大道北—同泰路—永泰路—白云大道北—黄石东路—黄石西路—京广铁路—德康路—西槎路—广清高速公路—西洲北路—华海街—珠江—佛山南海区界—珠江；广园快速路—广九铁路—东二环高速公路—广江路—珠江（包含长洲岛、洪圣沙、白兔沙、大吉沙、大蚝沙岛）—石化路—大沙地东—大沙地西—中山大道东—大观南路—珠江—墩头涌；墩头涌—路滘涌—东江 番禺区由以下线路围合而成的区域：市桥西环路—东环路—市莲路—东环二路—市桥水道—市桥西环路；小谷围岛、洛溪新城 花都区由以下线路围合而成的区域：宝华路—花城路—秀全大道—新花街—新华路—福宁路—站前路	4664
七级	番禺区由以下线路围合而成的区域：洛浦街界—大石街界—南村镇界—新造镇界—石基镇界—市桥水道（包含大刀沙）—东环路—市南路—市良路—景观大道—银平路 花都区由以下线路围合而成的区域：建设北路—松园路—茶园南路—龙珠路—公益路—宝华路—茶园南路—云山大道—天贵路—滨湖路—花城南路—环湖路—建设南路—华南路—京九铁路—宝华路—站前路	2957
八级	除上述级别外，由以下线路围合而成的区域：北二环高速公路—金坑水库—红旗水库—广州市市区行政边界—东江—路滘涌—墩头涌—珠江—广江路—东二环高速公路—广九铁路—岐山路—科林路—科珠路—广深高速公路—大观南路—大观北路—广汕公路—龙洞东路—华南快速干线—大源中路—龙兴中路—龙兴中路—广从一路—白云大道北—东平大道—东平中路—东平南路—文盛庄路—106国道—新石路—广花一路—流溪河；花地大道南—鹤洞路—珠江—花地河—佛山南海区界—花地河 番禺区：除上述级别外，由以下线路围合而成的区域：化龙镇、石楼镇和南沙街道辖区；钟村镇界—银平路—景观大道—市良路—市南路—东环路—市桥水道（包含紫坭村）；豪岗大道—东濠路—豪龙路—兴业路—欣荣路—龙津路—潭灵大道 除上述级别外，花都区由以下线路围合而成的区域：广清高速公路—永发大道—三东大道—凤凰路—商业大道—新华路—新华镇界—花都区界；狮旗路—振兴路—雄狮东路—花狮公路—广清高速公路—雄狮西路—利和路	1564

续表

级别	级别范围	级别价
九级	除上述级别外，白云区、黄埔区、萝岗区管辖范围内的区域 除上述级别外，番禺、南沙由以下线路围合而成的区域：榄核镇—大岗镇—横沥镇—南沙街—黄阁镇—东涌镇辖区 花都区：新华镇界—洪秀全水库—花山镇界—花都界—花东镇界—新华路—商业大道—迎宾大道—凤凰路—三东大道—永发大道—广清高速公路—花都区界	937
十级	南沙区：除上述级别外，南沙区管辖范围内的区域 花都区：除上述级别外，花都区管辖范围内的区域	550

表 8-9 商业区段路线价加价表

序号	区域	段名	区段范围	路线价加价（元/m²）	标准进深（m）
1	越秀区	北京路 2	文明路—中山四路	84997	15
2	越秀区	中山五路	北京路—解放北路	43902	15
3	越秀区	农林下路	中山一路—东风东路	37640	15
4	越秀区	西湖路 1	北京路—教育路	33218	15
5	越秀区	北京路 1	中山四路—广卫路	31972	15
6	越秀区	北京路 3	万福路—文明路	30282	15
7	越秀区	站南路	人民北路—站西路	29561	15
8	越秀区	淘金路 1	环市东路—淘金北路	28052	10
9	越秀区	状元坊	天成路—人民路	26593	10
10	越秀区	中山三路	东川路—越秀北路	25358	10
11	越秀区	文明路 1	文德路—北京路	23963	10
12	越秀区	中山四路 1	仓边路—北京路	21428	10
13	越秀区	陵园西路	中山三路—东风中路	20968	10
14	越秀区	署前路	庙前西街—中山二路	20908	10
15	越秀区	一德路 1	起义路—天成路	19395	10
16	越秀区	中山四路 2	越秀北路—仓边路	18610	10
17	越秀区	龟岗大马路	东山大街—庙前西街	19601	10
18	越秀区	惠福东路 1	北京路—教育路	17271	10
19	越秀区	惠福东路 2	教育路—解放中路	17121	10
20	越秀区	文德路	万福路—中山四路	16949	10
21	越秀区	大南路	北京路—起义路	16686	10
22	越秀区	建设六马路	东风中路—环市东路	17563	10
23	越秀区	东川路	白云路—中山三路	17228	10
24	越秀区	高第街	北京路—起义路	16143	10
25	越秀区	人民南路	沿江西路—大德路	16224	10
26	越秀区	中山六路	解放中路—人民中路	16699	10
27	越秀区	广大路	中山五路—广卫路	15497	10
28	越秀区	教育路	惠福东路—中山五路	14338	10
29	越秀区	大新路 2	起义路—解放南路	16246	10
30	越秀区	较场西路	东华西路—中山三路	13880	10

续表

序号	区域	段名	区段范围	路线价加价（元/m²）	标准进深（m）
31	越秀区	高第西街	解放南路—起义路	14203	10
32	越秀区	北京路4	万福路—天字码头	12981	10
33	越秀区	泰康路	北京路—起义路	11977	10
34	越秀区	环市西路2	人民北路—广园西路	13593	10
35	越秀区	站西路	站南路—广园西路	14556	10
36	越秀区	环市东路1	区庄立交—麓湖路	13188	10
37	越秀区	大沙头三马路	大沙头—东湖西路	13402	10
38	越秀区	大新路1	解放南路—人民南路	11703	10
39	越秀区	环市东路2	区庄立交—梅东路	13169	10
40	越秀区	流花路2	解放北路—人民北路	12009	10
41	越秀区	小北路	东风中路—环市中路	12178	10
42	越秀区	一德路2	天成路—人民南路	10341	10
43	越秀区	解放中路	大德路—中山六路	10144	10
44	越秀区	绿荫路	大沙头三马路—大沙头二马路	11736	10
45	越秀区	中山二路	署前路—东川路	10897	10
46	越秀区	解放南路	沿江西路—大德路	9623	10
47	越秀区	沿江西路	人民南路—海珠桥	10291	10
48	越秀区	华乐路	建设六马路—环市东路	11681	10
49	越秀区	长堤大马路	解放南路—仁济路	9562	10
50	越秀区	环市东路3	麓湖路—小北路	10914	10
51	越秀区	广卫路	北京路—吉祥路	9092	10
52	越秀区	店前直街	寺贝通津—署前路	11065	10
53	越秀区	解放北路2	中山五路—流花路	10026	10
54	越秀区	天成路	一德路—大德路	8979	10
55	越秀区	大沙头1	东湖路—大沙头三马路	10560	10
56	越秀区	起义路	泰康路—中山五路	8416	10
57	越秀区	海珠南路	沿江西路—大德路	8580	10
58	越秀区	解放北路1	流花路—三元里大道	10716	10
59	越秀区	仁济西路	仁济路—人民南路	9284	10
60	越秀区	惠福西路	解放中路—人民中路	8809	10
61	越秀区	仓边路	中山四路—东风中路	8632	10
62	越秀区	庙前西街	署前路—均益路	9516	10
63	越秀区	西湖2	起义路—教育路	8356	10
64	越秀区	西濠二马路	仁济路—人民南路	8113	10
65	越秀区	濠畔街	解放南路—海珠南路	8011	10
66	越秀区	万福路	越秀南路—北京路	8653	10
67	越秀区	寺右新马路	广州大道中—达道路	9217	10
68	越秀区	大沙头四马路	大沙头路—大沙头北街	9031	10
69	越秀区	东湖西路1	大沙头三马路—白云路	8751	10
70	越秀区	人民中路	上九路—中山六路	7928	10

续表

序 号	区 域	段 名	区段范围	路线价加价（元/m²）	标准进深（m）
71	越秀区	人民北路1	流花路—环市西路	7925	10
72	越秀区	淘金北路	淘金路—恒福路	8627	10
73	越秀区	诗书路	大德路—惠福西路	6905	10
74	越秀区	广仁路	广卫路—越华路	6319	10
75	越秀区	纸行路	惠福西路—中山六路	7117	10
76	越秀区	净慧路	海珠北路—人民中路	6269	10
77	越秀区	越华路	仓边路—吉祥路	6035	10
78	越秀区	大德路	起义路—人民中路	5723	10
79	越秀区	吉祥路2	中山五路—越华路	5167	10
80	越秀区	应元路	小北路—解放北路	6456	10
81	越秀区	东湖路	大沙头路—东湖西路	6602	10
82	越秀区	侨光西路	沿江中路—一德路	4942	10
83	越秀区	朝天路	光塔路—中山六路	5362	10
84	越秀区	童心路	环市中路—下塘西胜街	6413	10
85	越秀区	吉祥路1	东风中路—越华路	5250	10
86	越秀区	越秀中、北路	文明路—东风东路	5222	10
87	越秀区	建设横马路	建设大马路—建设六马路	5345	10
88	越秀区	盘福路	东风西路—解放北路	5678	10
89	越秀区	侨光路	沿江中路—泰康路	3957	10
90	越秀区	德政中、北路	万福路—东风中路	4607	10
91	越秀区	大沙头路2	大沙头三马路—东华南路	5808	10
92	越秀区	东华东路	东山大街—东川路	5478	10
93	越秀区	先烈南路	东风东路—环市东路	5424	10
94	越秀区	流花路1	人民北路—站前路	5926	10
95	越秀区	文明路2	文德路—越秀路	4395	10
96	越秀区	建设三马路	建设中马路—东风中路	4427	10
97	越秀区	沿江东路	东湖路—东华南路	5437	10
98	越秀区	东风中路	越秀北路—解放北路	4283	10
99	越秀区	三育路	农林下路—福今路	5067	10
100	越秀区	沿江中路	东华南路—海珠桥	3973	10
101	越秀区	东风东路	广州大道中—越秀北路	4439	10
102	越秀区	东风西路2	解放北路—荔湾路	4354	10
103	越秀区	人民北路2	中山六路—流花路	3881	10
104	越秀区	海珠中、北路	大德路—百灵路	3564	10
105	越秀区	中山一路	广州大道中—农林下路	4361	10
106	越秀区	东华西路	越秀中路—东川路	3405	10
107	越秀区	东湖西路2	东湖路—大沙头三马路	3657	10
108	越秀区	达道路	寺右新马路—中山一路	3889	10
109	越秀区	水荫路	天河路—先烈东路	4417	10
110	越秀区	广九大马路	白云路—越秀南路	3910	10

续表

序号	区域	段名	区段范围	路线价加价（元/m²）	标准进深（m）
111	越秀区	建设大马路	环市东路—东风中路	3107	10
112	越秀区	百灵路	解放北路—海珠北路	2855	10
113	越秀区	迥龙路	泰康路—沿江中路	1567	10
114	越秀区	豪贤路	越秀北路—仓边路	2521	10
115	越秀区	梅花路	环市东路—中山一路	3590	10
116	越秀区	法政路	越秀路—小北路	2553	10
117	越秀区	连新路	中山五路—府前路	1398	10
118	越秀区	先烈中路	先烈东路—环市东路	3779	10
119	越秀区	仁济路	一德路—仁济西路	2277	10
120	越秀区	六榕路	中山六路—百灵路	1663	10
121	越秀区	下塘西路	下塘西胜街—政通路	3103	10
122	越秀区	越秀南路	东华路—白云路	2841	10
123	越秀区	永福路	先烈中路—广园东路	3949	10
124	越秀区	八旗二马路	东沙角—北京南路	1091	10
125	越秀区	米市路	朝天路—惠福西路	970	10
126	越秀区	恒福路	永福路—麓湖路	2182	10
127	越秀区	麓景东、西路	宝汉直街—恒福路	2397	10
128	越秀区	光孝路	净慧路—中山六路	268	10
129	越秀区	正南路	东风中路—越华路	872	8
130	越秀区	麓湖路	环市东路—恒福路	1459	10
131	越秀区	共和路	中山一路—共和大街	2157	10
132	越秀区	共和大街	共和路—西元岗	2148	10
133	越秀区	广园西路	环市西路—广园中路	3474	10
134	越秀区	执信南路	中山二路—东风东路	1558	10
135	越秀区	珠光路	北京路—德政南路	1282	10
136	越秀区	大沙头二马路	东湖西路—东华南路	1418	10
137	越秀区	文德南路	万福路—沿江中路	601	10
138	越秀区	光塔路	纸行路—米市路	578	10
139	越秀区	东园横路	越秀南路—德政南路	1108	10
140	越秀区	德政南路	万福路—沿江中路	1015	10
141	越秀区	观绿路	诗书路—人民路	1131	10
142	越秀区	越秀北路	东风路—小北路	270	10
143	越秀区	黄华路	北较场路—东风东路	428	10
144	越秀区	白云路	东川路—广九大马路	523	10
145	越秀区	淘金路2	淘金北路—太和岗路	567	10
146	越秀区	广园东路	广州大道北—大金钟路	2150	10
147	越秀区	福今路	中山一路—东风东路	419	10
148	海珠区	江南西路	江南大道中—宝岗大道	26230	10
149	海珠区	瑞康路	新港西路—南面尾端	25464	10
150	海珠区	江南大道中	昌岗中路—同福东路	18713	10

续表

序 号	区 域	段 名	区段范围	路线价加价（元/m²）	标准进深（m）
151	海珠区	宝岗大道3	江南西路—同福中路	12121	10
152	海珠区	江南大道北	同福东路—滨江东路	9022	10
153	海珠区	下渡路	滨江东路—新港西路	8001	10
154	海珠区	新港西路	广州大道南—东晓路	8201	10
155	海珠区	昌岗中路	江南大道中—工业大道中	7315	10
156	海珠区	昌岗东路	东晓路—江南大道中	6810	10
157	海珠区	新港中路	黄埔涌—广州大道南	7987	10
158	海珠区	滨江东路	东晓路—广州大道南	6641	10
159	海珠区	前进路	东晓路—江南大道中	5664	10
160	海珠区	同福东路	江南大道北—同庆路	4812	10
161	海珠区	晓港中马路	昌岗东路—泰沙路	5921	10
162	海珠区	万松园路	江南大道中—前进路	4064	10
163	海珠区	广州大道南1	滨江东路—新滘南路	6130	8
164	海珠区	广纸路	工业大道中—广州造纸厂	6365	10
165	海珠区	洪德路	滨江西路—革新路	4008	10
166	海珠区	工业大道中	江燕路—昌岗西路	5691	10
167	海珠区	同福中路	同庆路—宝岗大道	3332	10
168	海珠区	东晓路1	滨江东路—昌岗东路	3896	10
169	海珠区	工业大道北	昌岗西路—革新路	4382	10
170	海珠区	同福中、西路	宝岗大道—洪德路	2115	8
171	海珠区	江南大道南	江燕路—昌岗东路	3465	10
172	海珠区	海联路	东晓路—怡海路	2883	8
173	海珠区	宝业路	工业大道—宝岗大道	3154	8
174	海珠区	工业大道南	南洲路—江燕路	4745	8
175	海珠区	宝岗大道4	昌岗中路—江南西路	2294	10
176	海珠区	南华中、西路	江南大道北—洪德路	1969	8
177	海珠区	江燕路	工业大道中—礼岗路	3667	8
178	海珠区	小港路	南华东路—江南大道北	427	8
179	海珠区	敦和路	广州大道南—新港西路	3217	8
180	海珠区	上渡路	滨江东路—新港西路	2089	8
181	海珠区	荔福路	宝业路—宝岗大道	2097	8
182	海珠区	宝岗大道1	同福中路—滨江西路	908	10
183	海珠区	赤岗路	新港中路—聚德北路	3243	8
184	海珠区	怡乐路	滨江东路—新港西路	1865	8
185	海珠区	南华东路	同庆路—江南大道北	948	8
186	海珠区	滨江中路	海印桥—解放桥	900	8
187	海珠区	滨江西路	洲咀路—同庆路	449	8
188	海珠区	大江直街	新港路—滨江东路	1095	8
189	海珠区	宝岗大道2	昌岗中路—南泰路	1887	8
190	海珠区	江湾路	纺织路—江南大道北	413	8

续表

序号	区域	段名	区段范围	路线价加价（元/m²）	标准进深（m）
191	海珠区	盈丰路	东晓路—南燕路	3164	8
192	海珠区	江海大道	新港中路—聚德北路	2984	8
193	海珠区	革新路	工业大道北—沙渡路	1829	8
194	海珠区	新港东路	黄埔涌—环城高速公路	329	8
195	海珠区	东晓路2	昌岗东路—南洲路	2181	8
196	海珠区	广州大道南2	新滘南路—南洲路	3052	8
197	海珠区	南洲路	江南大道南—广州大道南	2647	8
198	海珠区	江晓路	东晓路—江南大道南	2390	8
199	海珠区	礼岗路	昌岗中路—江南大道南	371	8
200	海珠区	南洲北路	盈中路—瑞宝涌	1173	10
201	海珠区	侨港路	东晓南路—江南大道南	308	10
202	荔湾区	下九路	杨巷路—文昌南路	52145	15
203	荔湾区	上九路	人民中路—杨巷路	39356	15
204	荔湾区	第十甫路	文昌南路—宝华路	33986	15
205	荔湾区	华林新街	西来正街—长寿西街	29194	15
206	荔湾区	十三行路	人民南路—长乐路	18484	10
207	荔湾区	丛桂路2	黄沙大道—珠江	19067	10
208	荔湾区	六二三路2	黄沙大道—珠江	19833	10
209	荔湾区	西猪栏路	黄沙大道—珠江	19052	10
210	荔湾区	站前路1	环市西路—西村西约大街	18967	10
211	荔湾区	清平路1	六二三路—梯云东路	18471	10
212	荔湾区	宝华路	第十甫路—长寿西路	18127	10
213	荔湾区	站前横路	流花路—站前路	16725	10
214	荔湾区	杨巷路	浆栏路—下九路	14468	10
215	荔湾区	德星路	下九路—长寿东路	14747	10
216	荔湾区	康王南路	六二三路—下九路	13968	10
217	荔湾区	西堤二马路	人民南路—镇安路	13278	10
218	荔湾区	十八甫北路	十八甫路—下九路	12386	10
219	荔湾区	康王中路	中山七路—下九路	11061	10
220	荔湾区	长寿东路	人民中路—德星路	10985	10
221	荔湾区	中山八路	荔湾路—南岸路	10877	10
222	荔湾区	长寿西路	德星路—宝华路	10633	10
223	荔湾区	站前路2	流花路—西村西约大街	11298	10
224	荔湾区	六二三路1	镇安路—大同路	9057	10
225	荔湾区	龙津东路	人民中路—康王路	7329	10
226	荔湾区	清平路2	梯云东路—十甫路	8216	10
227	荔湾区	康王北路	中山七路—东风西路	7091	10
228	荔湾区	中山七路	人民中路—荔湾北路	5899	10
229	荔湾区	龙津中路	康王路—华贵路	5918	10
230	荔湾区	杉木栏路1	康王南路—长乐路	5546	8

续表

序号	区域	段名	区段范围	路线价加价（元/m²）	标准进深（m）
231	荔湾区	文昌南路	长寿路—第十甫路	5639	10
232	荔湾区	荔湾路	中山七路—东风西路	5255	10
233	荔湾区	文昌北路	长寿西路—龙津中路	6606	10
234	荔湾区	和平东路	长乐路—人民南路	3787	8
235	荔湾区	南岸路	中山八路—东风西路	5909	10
236	荔湾区	西华路	人民中路—东风西路	4610	10
237	荔湾区	黄沙大道	大同路—中山八路	4605	10
238	荔湾区	环市西路1	东风西路—广园西路	4561	10
239	荔湾区	浆栏路	杨巷路—光复南路	2426	8
240	荔湾区	多宝路	黄沙大道—宝华路	3734	10
241	荔湾区	十八甫路	十八甫北路—长乐路	2523	10
242	荔湾区	泮塘路	中山八路—荔湾湖公园	2609	10
243	荔湾区	西湾路2	西湾东路—站西路	3856	10
244	荔湾区	光复路	浆栏路—人民北路	906	10
245	荔湾区	十八甫南路	十八甫路—六二三路	2545	8
246	荔湾区	陆居路	芳村大道中—长堤街	4706	10
247	荔湾区	洞企石路	芳村大道中—安定首约路	6191	10
248	荔湾区	东风西路1	荔湾路—增槎路	3159	10
249	荔湾区	和平中、西路	丛桂路—长乐路	480	8
250	荔湾区	杉木栏路2	康王南路—十八甫南路	381	8
251	荔湾区	珠矶路	第十甫路—六二三路	599	8
252	荔湾区	东漖北路	浣花西路—芳村大道中	5044	8
253	荔湾区	华贵路	中山七路—宝华路	1218	10
254	荔湾区	大同路	第十甫路—六二三路	295	8
255	荔湾区	花地大道北	浣花西路—珠江隧道	4365	10
256	荔湾区	梯云东路	十八甫南路—大同路	903	8
257	荔湾区	十三甫路	珠矶路—清平路	668	8
258	荔湾区	黄沙后道	蓬莱路—丛桂路	1168	8
259	荔湾区	丛桂路1	恩宁路—黄沙大道	584	8
260	荔湾区	陈岗路	站前路—站前横路	1080	8
261	荔湾区	十八甫西路	十八甫北路—清平路	882	8
262	荔湾区	蓬莱路	恩宁路—黄沙大道	678	8
263	荔湾区	荣兴路	花地大道北—东漖北路	3816	8
264	荔湾区	恩宁路	丛桂路—龙津西路	478	8
265	荔湾区	周门街—周门路	荔湾路—中山八路	513	8
266	荔湾区	龙津西路	华贵路—多宝路	253	8
267	荔湾区	花蕾路	芳村大道中—东漖北路	3281	8
268	荔湾区	逢源路	龙津西路—多宝路	406	8
269	荔湾区	芳村大道中	花蕾路—塞坝涌	3440	8
270	荔湾区	芳村大道西	塞坝涌—南海	4032	8

续表

序 号	区 域	段 名	区 段 范 围	路线价加价（元/m²）	标准进深（m）
271	荔湾区	芳村大道东	鹤洞路—花蕾路	638	8
272	荔湾区	鹤洞路	芳村大道东—花地大道南	1663	8
273	天河区	天河路2	体育西路—体育东路	57925	15
274	天河区	体育西路2	黄埔大道西—天河路	28740	10
275	天河区	石牌西路	黄埔大道西—天河路	27669	10
276	天河区	天河南一路	体育东路—体育西路	24902	10
277	天河区	石牌东路	黄埔大道西—天河路	23933	10
278	天河区	天河路3	石牌东路—体育东路	20861	10
279	天河区	体育东路	黄埔大道西—天河北路	19543	10
280	天河区	天河北路	五山路—广州大道中	17582	10
281	天河区	龙口西路	天河北路—天河路	11590	10
282	天河区	天河南二路	体育东路—天河东路	10687	10
283	天河区	体育西路1	天河路—天河北路	10292	10
284	天河区	林乐路	林和东路—天寿路	10247	10
285	天河区	林和中路	天河北路—东站路	9426	10
286	天河区	东圃大马路	黄埔大道东—中山大道东	14006	10
287	天河区	华利路	广州大道中—珠江大道西	8574	10
288	天河区	金穗路	广州大道中—珠江大道东	8187	10
289	天河区	花城大道	广州大道中—珠江大道东	7644	10
290	天河区	林和西路	天河北路—东站路	7770	10
291	天河区	天河东路	黄埔大道西—天河北路	6504	10
292	天河区	华就路	广州大道中—珠江大道西	5808	10
293	天河区	天河路1	体育西路—梅东路	6618	10
294	天河区	华景路	中山大道西—华景北路	8045	10
295	天河区	先烈东路	水荫路—广州大道北	6374	10
296	天河区	天润路	天寿路—龙口东路	4119	10
297	天河区	骏景路	中山大道西—骏景南路	7977	10
298	天河区	员村二横路	员村新街—黄埔大道中	5543	10
299	天河区	天寿路	广园东路—天河北路	3615	10
300	天河区	黄埔大道西	华南快速路—广州大道中	3589	10
301	天河区	中山大道西	车陂路—五山路	5165	10
302	天河区	广州大道中、北路	广园东路—广州大桥	3107	10
303	天河区	天河直街	天河路—天河北路	2404	10
304	天河区	龙口东路	广园东路—天河路	3109	10
305	天河区	体育西横街	体育西路—体育东路	1348	10
306	天河区	体育东横街	体育东路—天河东路	1056	10
307	天河区	林和东路	天河北路—广园东路	489	10
308	天河区	五山路	天河路—粤汉路	2618	10
309	天河区	东莞庄路	广园东路—东燕街	4410	10
310	天河区	岳洲路	粤汉路—岳洲路尾	5003	10

续表

序号	区域	段名	区段范围	路线价加价（元/m²）	标准进深（m）
311	天河区	科韵路	黄埔大道—中山大道西	3150	10
312	天河区	广州大道北2	广园东路—兴华路	3121	10
313	天河区	粤垦路	燕岭路—东莞庄路	3605	10
314	天河区	骏景南路	科新路—车陂路	2726	10
315	天河区	黄埔大道中	车陂路—华南快速路	2072	10
316	天河区	林和西横路	林和西路—广州大道中	719	10
317	天河区	车陂路	黄埔大道中—棠德南路	2733	10
318	天河区	兴华路	燕岭路—广州大道北	2974	10
319	天河区	员村新街	员村二横路—员村三横路	966	10
320	天河区	广州大道北1	兴华路—同泰路	3598	10
321	天河区	员村三横路	黄埔大道中—员村新街	860	10
322	天河区	棠德南路	泰安北路—棠德西路	1280	10
323	天河区	广汕公路	迎龙路—龙洞东路	3157	10
324	天河区	天府路	中山大道西—黄埔大道中	254	8
325	天河区	中山大道中	大观南路—车陂路	1958	10
326	天河区	燕岭路	兴华路—北环高速路	2316	10
327	天河区	禺东西路	兴华路—广州大道北	475	10
328	天河区	沙太路	天健路—兴华路	2885	10
329	白云区	景泰直街	北环高速公路—云苑一街	10089	10
330	白云区	机场路2	三元里大道南端—石榴桥路	8343	10
331	白云区	机场路1	黄石东路—石榴桥路	8927	10
332	白云区	远景路	机场路—三元里大道	6242	8
333	白云区	松柏东街	广园中路—金钟横路	4677	10
334	白云区	广园中路	大金钟路—广园西路	4346	10
335	白云区	乐嘉路	心谊路—机场路	5234	10
336	白云区	京溪路	广州大道北—沙太路	6514	10
337	白云区	黄石东、西路	白云大道—小坪西路	5497	10
338	白云区	汇侨路	汇侨中路—汇侨南路	4580	10
339	白云区	三元里大道	机场路—广园西路	3002	10
340	白云区	棠景街	机场路—三元里大道	3847	8
341	白云区	景泰北街	松柏东路—白云大道	649	8
342	白云区	云苑一街	松柏东路—白云大道	851	8
343	白云区	大金钟路	广园中路—白云大道	1417	8
344	白云区	金钟横路	白云大道南—松柏东街	328	8
345	白云区	增槎路	卫生河—西槎路	2727	8
346	白云区	心谊路	远景路—乐嘉路	1441	8
347	白云区	景云路	白云大道南—大金钟路	1363	8
348	白云区	西槎路1	西湾路—德康路	621	8
349	白云区	西槎路2	德康路—广清高速公路	1410	8
350	黄埔区	大沙地东	镇东路—港湾路	9466	10

续表

序号	区域	段名	区段范围	路线价加价（元/m²）	标准进深（m）
351	黄埔区	港湾路	港前路—沙边路	6086	8
352	黄埔区	丰乐中、北路	黄埔东路—沙边路	5792	8
353	黄埔区	大沙地西	黄埔东路—港湾路	4788	8
354	黄埔区	丰乐南路	港前路—黄埔东路	3998	8
355	黄埔区	石化路	黄埔东路—广深铁路	1780	8
356	黄埔区	黄埔东路	港湾路—增城	1554	8
357	花都区	秀全大道1	站前路—花城路	6948	10
358	花都区	建设北路2	新华路—云山大道	5788	10
359	花都区	狮岭皮革城	皮革城建成区范围内	6767	—
360	花都区	商业大道2	福宁路—花城路	4533	10
361	花都区	龙珠路3	天贵路以东至尾段	3868	10
362	花都区	花城路2	新华路—宝华路	3742	10
363	花都区	宝华路	站前路—天贵路	3667	10
364	花都区	公园前路2	商业大道—云山路	3143	10
365	花都区	新中路2	新华路—秀全大道	2912	10
366	花都区	雄狮中路	广清高速公路—新联路	4878	10
367	花都区	建设北路3	云山大道—新都大道	3776	10
368	花都区	茶园路	云山路—迎宾大道（新都大道）	3029	10
369	花都区	天贵路2	新都大道—三东大道	3976	10
370	花都区	公益大道1	宝华路—迎宾大道（新都大道）	3182	10
371	花都区	云山大道2	建设路—茶园路	3004	10
372	花都区	雄狮东路	新联路—狮岭皮革城	4028	8
373	花都区	龙珠路2	建设北路—天贵路	2032	8
374	花都区	东升路	广清高速公路—振兴路	3623	8
375	花都区	新华路2	新中路—花城路	1932	8
376	花都区	福宁路	新华路—秀全大道	2012	8
377	花都区	天贵路1	新华路—迎宾大道（新都大道）	1940	8
378	花都区	商业大道1	新民路—福宁路	1900	8
379	花都区	站前路	秀全大道—宝华路	1795	8
380	花都区	凤凰北路	商业大道—三东大道	1919	8
381	花都区	紫薇路	公益大道—百寿路	1856	8
382	花都区	曙光大道	宝华大道—三东大道	1329	8
383	花都区	新花街	新华路—秀全大道	1211	8
384	花都区	公园前路1	新华路—商业大道	224	8
385	花都区	秀全大道2	花城路—秀全中学	704	8
386	花都区	丰盛街	新民路—竹凤街	467	8
387	花都区	花城北路	宝华路—迎宾大道（新都大道）	553	8
388	花都区	新中路1	华南路—新华路	1017	8
389	花都区	新华路3	花城路—天贵路	978	8
390	花都区	公园前路3	云山大道—宝华路	206	8

续表

序号	区域	段名	区段范围	路线价加价（元/m²）	标准进深（m）
391	花都区	商业大道3	花城路—天贵路	715	8
392	花都区	龙珠路1	大华二路—建设北路	910	8
393	花都区	新华路1	新民路—新中路	424	8
394	花都区	迎宾大道（新都大道）	铁路—凤凰路	309	8
395	花都区	凤华路	建设路—花城路	187	8
396	花都区	云山大道1	站前路—建设路	188	8
397	花都区	建设北路1	环湖路—新华路	121	8
398	花都区	海关西街	宝华路—海关北街	129	8
399	花都区	公益大道2	新都大道—三东大道	144	8
400	花都区	花城路1	雅瑶桥—新华路	205	8
401	花都区	新民路	华南路—秀全大道	159	8
402	花都区	云山大道3	茶园路以东至尾段	108	8
403	花都区	农新路1	站前路—收费站	426	8
404	花都区	华南路	新民路—建设路	174	8
405	花都区	建设北路4	新都大道以北至尾段	131	8
406	花都区	新街大道2	农新路—金华路	381	8
407	花都区	商业大道4	天贵路以东至尾段	366	8
408	花都区	工业大道2	新街大道—铁路	168	8
409	花都区	新街大道1	工业大道—农新路	159	8
410	花都区	新华路4	天贵路以东至尾段	156	8
411	花都区	农新路2	收费站以西至尾段	451	8
412	花都区	工业大道1	107国道—新街大道	268	8
413	番禺区	大北路1	环城中路—桥东路	19475	10
414	番禺区	易发商业街东街	光明北路—大北路	18430	10
415	番禺区	繁华路1	光明北路—大北路	12561	10
416	番禺区	桥东路1	东涌路—工业路	10967	10
417	番禺区	大北路2	桥兴大道—禺山大道	7124	10
418	番禺区	吉祥道	如意三马路—如意二马路	8738	10
419	番禺区	大东路	大南路—大北路	7115	10
420	番禺区	大西路1	光明南路—大南路	9539	10
421	番禺区	大南路	大东路—清河路	6291	10
422	番禺区	光明路	桥兴大道—清河西路	6399	10
423	番禺区	西丽南路	禺山西路—西城路	5751	8
424	番禺区	桥兴大道	光明北路—大北路	4701	8
425	番禺区	环城东路1	平康路—清河路	4881	8
426	番禺区	东涌路	桥东路—清河路	3919	10
427	番禺区	清河中、东路	东涌路—德兴南路	4714	8
428	番禺区	环城中路	大北路—平康路	2837	8
429	番禺区	桥东路2	工业路—环城中路	2664	8

续表

序号	区域	段名	区段范围	路线价加价（元/m²)	标准进深（m)
430	番禺区	繁华路2	光明北路—西丽路	3503	8
431	番禺区	吉祥北街	北园西路—如意二马路	2717	8
432	番禺区	105国道	大石大桥—南大路	3669	8
433	番禺区	吉祥北道	北园西路—如意三马路	2770	8
434	番禺区	如意一马路	105国道—环岛路	3414	8
435	番禺区	吉祥南街	北园西路—如意二马路	2885	8
436	番禺区	如意二马路	105国道—洛溪路	2766	8
437	番禺区	大西路2	三堂路—光明南路	3101	8
438	番禺区	朝阳路1	岗东路—大石房管所	2120	8
439	番禺区	工业路	桥东路—清河路	1303	8
440	番禺区	德兴路	平康路—长堤路	1938	8
441	番禺区	富华西路1	光明北路—桥兴大道	2006	8
442	番禺区	富华中路	桥兴大道—大北路	1511	8
443	番禺区	清河西路	西堤路—东涌路	1327	8
444	番禺区	如意路	105国道—北环路	477	8
445	番禺区	西丽中路	康乐路—禺山大道	1819	8
446	番禺区	捷进东路	光明北路—大北路	1757	8
447	番禺区	康乐路1	西丽北路—光明北路	3692	8
448	番禺区	兴泰路	德兴南路—盛泰路	1183	8
449	番禺区	禺山大道	大北路—西环路	297	8
450	番禺区	万丰路	工业路—德胜路	216	8
451	番禺区	大北路3	东环路—关边路	1566	8
452	番禺区	中华大道	大巷涌路—西环路	813	8
453	番禺区	平康路1	环城中路—德兴路	580	8
454	番禺区	富华西路2	富华花园—光明北路	504	8
455	番禺区	东沙路	环城东路—德兴路	321	8
456	番禺区	德胜路	平康路—东沙路	323	8
457	番禺区	繁华路3	西丽路—北桥路	113	8
458	番禺区	富华东路1	大北路—番禺电脑城	219	8
459	番禺区	解放路1	环城西路—三堂路	395	8
460	番禺区	环城东路2	清河中路—长堤东路	147	8
461	南沙区	进港大道	金沙路—珠电路	249	8
462	萝岗区	青年路	夏港大道—友谊路	6736	10
463	萝岗区	宏光路	罗南大道—沧联二横路	4542	8
464	萝岗区	沧联二横路	宏光路—宏明路	4162	8
465	萝岗区	宏明路	罗南大道—沧联一路	2049	8

说明：上述路段宗地在标准深度内部分的地价为所在地段网格点基准地价加上路线价加价，超出标准深度部分的地价为所在地段网格点基准地价。公式：宗地首层楼面地价=（路线价加价×标准深度内面积+网格点基准地价×总用地面积）/总用地面积。

表 8-10　广州市居住用地级别范围及价格

级　别	级　别　范　围	级别价（元/m²）
一级	二沙岛、沙面岛	9181
二级	除上述级别外，由以下线路围合而成的区域：解放北路—环市中路—麓湖路—恒福路—永福路—先烈中路—环市东路—天河路—广州大道北—天河北路—林和西路—广园东快速路—天寿路—天河东路—黄埔大道西—华南快速干线—珠江（含海心沙）—滨江东路—万寿路—南华东路—南华中路—南华西路—洪德路—同福西路—珠江—人民桥—六二三路—大同路—第十甫路—宝华路—华贵路—荔湾路—中山七路	7499
三级	除上述级别外，由以下线路围合而成的区域：西湾路—站西路—广园西路—广园中路—机场路—黄石东路—白云大道北—白云大道南—大金钟路—环城高速公路—广汕高速—燕岭路—禺东西路—广园快速路—林和西路—天河北路—广州大道中—天河路—环市东路—先烈中路—永福路—恒福路—麓湖路—环市中路—解放北路—东风西路—人民北路—中山七路—荔湾路—华贵路—荔湾路—宝华路—第十甫路—大同路—六二三路—珠江隧道—珠江—增埗河；广园东路—五山路—广九铁路—车陂路—黄埔大道东—环城高速公路—珠江（包含北帝沙和峨眉沙）—黄埔涌—新港中路—新港西路—昌岗东路—昌岗中路—昌岗西路—珠江—同福西路—洪德路—南华西路—南华中路—南华东路—万寿路—滨江东路—珠江（不含二沙岛、海心沙）—华南快速干线—黄埔大道西—天河东路—天寿路	6142
四级	除上述级别外，由以下线路围合而成的区域：机场路—广园中路—广园西路—站西路—西湾路—增埗河—珠江（包含坦尾岛）—佛山南海区界—珠江（包含沉香沙）—增埗河；白云大道南—白云大道北—黄石东路—白云山路—白云山西、北麓—永泰路—沙太北路—中成路—中元路—上元岗东大街—天源路—燕岭路—北环高速公路—广深高速公路—大观中路—大观南路—奥体路—广园快速路—黄村大道—广九铁路—茅岗路—大涌湾路—珠吉路—莲溪路—珠江—环城高速公路—黄埔大道东—车陂路—广九铁路—五山路—广园东路—燕岭路—广汕路—环城高速公路—大金钟路；珠江—信义路—花蕾路—花湾路—浣花路—东漖北路—芳村大道中—花地大道北；昌岗西路—昌岗中路—昌岗东路—新港西路—新港中路—黄埔涌—珠江（包含丫髻沙） 番禺区：洛溪岛、小谷围岛	4353
五级	除上述级别外，由以下线路围合而成的区域：雅岗南大道—鸦岗大道—华南快速干线—白云大道南—白云大道北—龙兴中路—大源中路—大源东路—华南快速干线—龙洞东路—广汕公路—北二环高速公路—广深高速公路—科珠路—科林路—岐山路—广九铁路—黄村大道—奥体路—大观北路—广深高速公路—环城高速公路—天源路—上元岗东横路—中元路—中成路—沙太北路—黄石东路—永泰路—白云山西、北麓—白云山路—白云大道北—黄石东路—黄石西路—增埗河—珠江—佛山南海区界—珠江；广九铁路—珠江（包含长洲岛、洪圣沙、白兔沙、大吉沙、大蚝沙岛）—莲溪路—珠吉路 番禺区：南浦岛—珠江—沿江中路—岗西路—105国道—257省道—市广路—银平路—禺山西路—进村大街—西环路—市桥水道—傍雁路—东环二路—城区大道—迎宾路—金山大道—化龙镇界—珠江；裕丰村辖区	2821

续表

级别	级别范围	级别价（元/m²）
六级	除上述级别外，由以下线路围合而成的区域：X280线—北二环高速公路—广花二路—珠江—北二环高速公路—金坑水库—红旗水库—广州市市区行政边界—东江—珠江—广九铁路—岐山路—科林路—科珠路—广深高速公路—大观南路—大观北路—广汕公路—环城高速公路—广汕公路—龙洞东路—华南快速干线—大源中路—龙兴中路—白云大道北—白云大道南—华南快速干线—鸦岗大道—雅岗南大道 除上述级别外，番禺、南沙区由以下线路围合而成的区域：沿江中路—岗西路—105国道—257省道—市广路—银平路—禺山西路—进村大街—西环路—市桥水道；市桥水道—傍雁路—东环二路—城区大道—迎宾路—金山大道—化龙镇界 除上述级别外，花都区由以下线路围合而成的区域：广清高速公路—平步大道中—平步大道东—花山镇界—商业大道—迎宾大道—新华镇界—京广铁路—工业大道东—新街大道—布心路	1659
七级	除上述级别外，白云区、萝岗区管辖范围内的区域 除上述级别外，番禺、南沙区以下线路围合而成的区域番禺区管辖范围内的区域：石楼镇海鸥岛—榄核镇—大岗镇—横沥镇—南沙街—黄阁镇—东涌镇辖区 除上述级别外，由以下路线围合而成的区域：炭步镇界—狮岭镇界—洪秀全水库—花芙路—两龙路—118省道—花山镇界—花都区界；狮旗路—振兴路—雄狮东路—花狮公路—广清高速公路—雄狮西路—利和路	701
八级	南沙区：除上述级别外，南沙区管辖范围内的区域 花都区：赤坭镇界—花都区界—果合山—耙头山—福源水库—花山镇界—山前大道—106国道—花东镇界—花都区界—新华镇界—118省道—两龙路—花芙路—洪秀全水库—新华镇界	446
九级	除上述级别外，花都区管辖范围内的区域	347

表8-11 广州市工业用地级别范围及价格表

单位：元/平方米地面面积

级别	级别范围	级别价
一级	由以下线路围合而成的区域：人民南路—人民中路—人民北路—环市西路—环市中路—麓湖路—恒福路—太和岗路—先烈中路—先烈东路—水荫路—水荫四横路—广州大道北—禺东西路—广深铁路—华景西路—华南快速干线—珠江（含海心沙、二沙岛）	1419
二级	除上述级别外，由以下线路围合而成的区域：珠江—增河—同德涌—西湾路—环市西路—广园西路—广园中路—机场路—广花五路—黄石大道—黄石东路—广从路—新广从快速—大金钟路—北环高速公路—沙太路—兴华路—禺东西路—广深铁路—车陂路—珠江—琶洲大桥—科韵路（琶洲段）—黄埔涌—新港中路—广州大道南—珠江—鹤洞大桥—鹤洞路—花地大道中—花地大道北—浣花路—东漖北路—花地河—珠江	900
三级	除上述级别外，由以下线路围合而成的区域：珠江—白沙河（含大坦沙）—沙贝海—西华海—凤凰路—凤鸣路—石丰路—石沙公路—石井河—黄石西路—榕茵路—广铁路—大朗西路—大朗路—尖彭路—广从公路—白云山路—白云山西、北麓—东园中路—沙太路—犀牛西路—云兴路—银兴路—中元路—车房大街—天源路—广汕公路—北环高速公路—广深高速公路—大观南路—大观路—广园东快速路—珠村路—珠江（含北帝沙）—官洲河（含长洲岛）—珠江（含生物岛、海心沙、丫髻沙）—花地河—五眼桥涌—佛山市南海区界，珠江—西河—东河—横涌—东江—珠江	679
四级	除上述级别和五级外，荔湾区、天河区、白云区、黄埔区、萝岗区管辖范围内的区域	599

续表

级别	级别范围	级别价
五级	由以下线路围合而成的区域：广九铁路—天河区界—萝岗区界—广深铁路，长洲岛 番禺区：洛浦街、大石街、南村镇、钟村镇、东环街、沙头街、市桥街、桥南街、沙湾镇等区域以及石基镇的建成区 花都区：由以下线路围合而成的区域：广清高速公路—永发大道—建设北路—迎宾大道—天贵路—云山大道—新华路—吉石河—新街河—广清高速公路	449
六级	除上述级别外，番禺区管辖范围内的区域 南沙区管辖范围内的所有区域 除上述级别外，花都区由以下路线围合而成的区域：东秀路—港口大道—巴江河—新华镇界—114省道—114省道北侧公路—平步大道西—广清高速路—洪秀全水库—芙蓉专用线—育才路—芙蓉镇界—花山镇界—商业大道—迎宾大道—雅瑶镇界—花都区界—东秀路，广清高速公路—新联路—心田路—培正大道—利和路—广清高速公路—山前大道—南航大道—花狮公路—广清高速公路，花山镇建成区，花东镇建成区	358
七级	除上述级别外，花都区管辖范围内的区域	309

资料来源：《关于公布广州市国有土地使用权基准地价的通告》（穗国房字〔2011〕1318号）。

土地有偿出让的方式包括协议、招标、拍卖和挂牌等。对于经营性用地，国家规定一律采用拍卖、招标或挂牌的出让方式。土地使用权出让金缴交的时间和方式各地政府有不同的规定。以广州市为例，目前通常要求土地受让人须在签订《土地出让合同》之日起60日内一次性付清土地出让金，并按相关规定缴交契税等费用。

同时，在借鉴香港"勾地"方式的基础上，2011年8月，广州市国土房管局公布了《广州市国有建设用地使用权公开出让预申请暂行办法》（以下简称《办法》），为进一步完善土地出让制度进行了有益的探索。《办法》规定有符合资格要求的申请人对年度公开出让计划或宗地公开出让预公告公布的地块进行预申请的，出让人可以启动公开出让的程序，并组织实施预申请地块的公开出让活动，但必须坚持公开、公平、公正的原则进行。经审核，出让人接受申请人承诺的，土地交易机构应当书面通知申请人对预申请进行确认，申请人应当在书面通知送达之日起5日内签订预申请确认书，明确申请人承诺内容和不履行承诺的后果。申请人应当按照预申请确认书的承诺时间缴交不低于承诺土地价格1%（但不高于1000万元人民币）的预申请保证金。申请人缴交预申请保证金后，土地交易机构应当在市国土房管局网站公示预申请结果，但不得公布申请人及承诺的土地价格。预申请地块公开出让公告发布后，已签订预申请确认书的申请人应当按出让公告要求提交竞买（竞投）申请，参与竞买（竞投），且报价（投标价）不低于承诺的土地价格，并与其他竞买（竞投）人公平竞买（竞投）。

2. 土地征用及拆迁安置补偿费

（1）土地征用费。根据《中华人民共和国土地管理法》的规定，国家建设征用农村的土地发生的费用主要有土地补偿费、劳动力安置补助费、水利设施维修分摊、青苗补偿费、耕地占用税、耕地垦复基金、新菜地、鱼塘开发基金、征地管理费等。国家和各省市对各项费用的标准都作出了具体的确定，因此农村土地征用费的估算可参照国家和地方有关标准进行。

（2）拆迁补偿费。在城镇地区，国家或地方政府可以依据法定程序，将国有储备土地或已由企、事业单位或个人使用的土地出让给房地产开发项目或其他建设项目使用。因出让土地使原用地单位或个人造成经济损失的，新用地单位应按规定给予合理补偿。

目前，《国有土地上房屋征收与补偿条例》（中华人民共和国国务院令第590号）已经颁布，并于2011年1月21日起实施。

新条例规定：被征收人可以选择货币补偿，也可以选择房屋产权调换。对被征收人的补偿包括被征收房屋价值的补偿、搬迁与临时安置补偿、停产停业损失补偿和补助、奖励。对被征收房屋价值的补偿不得低于类似房地产的市场价格；对符合条件的被征收人除给予补偿外，还要优先给予住房保障；征收房屋的各项建设活动应当符合国民经济和社会发展规划、土地利用总体规划、城乡规划及专项规划，保障性安居工程和旧城区改建还应纳入市、县级国民经济和社会发展年度计划；征收补偿方案要征求公众意见，因旧城区改建需要征收房屋，多数被征收人认为征收补偿方案不符合本条例规定的，还要组织听证会并修改方案；政府是房屋征收与补偿的主体，禁止建设单位参与搬迁；取消行政强制拆迁等。

条例还规定，2001年6月13日国务院公布的《城市房屋拆迁管理条例》同时废止。本条例施行前已依法取得房屋拆迁许可证的项目，继续沿用原有的规定办理，但政府不得责成有关部门强制拆迁。

下面给出各种因素对住宅房屋价值影响度表（见表8-12和表8-13），供进行房屋拆迁价值估算时参考。

表8-12 各种因素对住宅房屋价值的影响度

基本因素	权重数	具体因数	权重数	因子	权重数
商服繁华状况	0.222	商服便利度	0.222	商服中心	0.093
				宾馆酒店	0.043
				集贸市场	0.086
交通条件	0.242	道路通达度	0.091		
		对外交通便利度	0.051	码头	0.010
				长途汽车站	0.020
				火车站	0.021
		公交便利度	0.100		
基础设施状况	0.217	基础设施状况	0.107	给水	0.045
				排水	0.033
				煤气供应	0.029
		社会服务设施	0.11	医院门诊部	0.017
				邮电局所	0.009
				停车场	0.010
				中学	0.013
				小学	0.016
				幼儿园	0.016
				图书馆	0.006
				体育场馆	0.007
				公园	0.011
				影剧院	0.005
环境质量状况	0.197	绿地覆盖度	0.066	绿地覆盖度	0.066
		自然条件状况	0.053	自然条件状况	0.053
		环境质量优劣度	0.078	大气污染	0.029
				噪声污染	0.025
				水污染	0.024
规划前景	0.122	用地规划	0.066		
		道路规划	0.056		

表 8-13 住宅用地区域指标说明表

区域因素	优（5）	较优（4）
商服繁华状况	与市级商服中心距离≤1000米，与集贸市场距离≤300米，与宾馆、酒店、写字楼区距离≤500米	与市级商服中心距离1000～2000米，与集贸市场距离300～500米，与宾馆、酒店、写字楼区距离500～1000米
交通条件	邻生活型道路，与地铁口、公交站距离≤600米，与火车站、长途汽车站、码头距离≤500米	邻混合型道路，与地铁口、公交站距离600～1000米，与火车站、长途汽车站、码头距离500～1000米
城市基础设施完备度	五通一平，与小学、幼儿园距离≤500米、中学距离≤1500米，医院、邮电局（所）距离≤800米，与图书馆、影剧院、体育场距离≤1500米	四通一平，与小学、幼儿园距离500～1000米，与中学距离1500～2500米，与医院、邮电局（所）距离800～1500米，与图书馆、影剧院、体育场距离1500～2500米
环境质量状况	与公园、风景区距离≤500米，周围绿化程度高，空气洁净，环境优美，无污染。地质状况为硬质、软质岩石，地下水位低，土质密度大、均匀	与公园、风景区距离500～1000米，周围绿化程度较高，空气较为洁净，环境较安静，附近无污染。地质状况为碎石，地下水位低，土质密度大、均匀
规划前景	规划为低密度大型住宅区、生活型主干道	规划为中、低密度中型住宅区、生活型次干道
区域因素	一般（3）	较劣（2）
商服繁华状况	与市级商服中心距离2000～3000米，与集贸市场距离500～700米，与宾馆、酒店、写字楼区距离1000～2000米	与市级商服中心距离3000～4000米，与集贸市场距离700～900米，与宾馆、酒店、写字楼区距离2000～3000米
交通条件	邻交通型道路，与地铁口、公交站距离1000～1400米，与火车站、长途汽车站、码头距离500～1000米	邻支路，与地铁口、公交站距离1400～1800米，与火车站、长途汽车站、码头距离1000～1500米
城市基础设施完备度	三通一平，与小学、幼儿园距离1000～1500米，与中学距离2500～3500米，与医院、邮电局（所）距离1500～2200米，与图书馆、影剧院、体育场距离2500～3500米	二通一平，与小学、幼儿园距离1500～2000米，与中学距离3500～4500米，与医院、邮电局（所）距离2200～3000米，与图书馆、影剧院、体育场距离3500～4400米
环境质量状况	与公园、风景区距离1000～1500米，地质状况为碎石，地下水位较低，土质密度较大，附近无厂区，附近有污染源，污染情况一般，对生活无影响	与公园、风景区距离1500～2000米，地质状况为老黏性土，地下水位较高，土质密度较小。较远处有工厂排放有害气体，邻近车流量大，噪声大，附近水源遭受污染较为严重，气味难闻
规划前景	规划为高、中密度小型住宅区，混合型道路	规划为高密度小型住宅区、交通型次干道
区域因素	劣（1）	
商服繁华状况	与市级商服中心距离≥4000米，与集贸市场距离900米，与宾馆、酒店、写字楼区距离≥3000米	
交通条件	位于内巷，与地铁口、公交站距离≥1800米，与火车站、长途汽车站、码头距离≥1500米	
城市基础设施完备度	一通一平，与小学、幼儿园距离≥2000米，与中学距离≥4500米，与医院、邮电局（所）距离≥3000米，与图书馆、影剧院、体育场距离≥4400米	
环境质量状况	与公园、风景区距离≥2000米。地质状况为淤泥地，含沙层、喀斯特，附近有工厂排放有害气体，临交通型干道，附近水源遭受污染严重，气味难闻	
规划前景	规划为工业区、交通型主干道	

3. 前期工程费

前期工程费主要包括开发项目的前期规划、设计、可行性研究、水文地质勘测以及"三通一平"等土地开发工程费支出。可按建安工程费的3%～6%进行估算。具体包括以下两点。

（1）项目的规划、设计、可行性研究所需的费用一般可按项目总投资的一个百分比估算。一般情况下，规划及设计费为建安工程费的3%左右，可行性研究费占项目总投资的0.2%～1%，水文、地质、勘探所需的费用可根据所需工作量结合有关收费标准估算，一般为设计概算的0.5%左右。

（2）"三通一平"等土地开发费用，主要包括地上原有建筑物、构筑物拆除费用、场地平整费用和通水、电、路的费用。这些费用的估算可根据实际工作量，参照有关计费标准估算。

4. 建安工程费

建安工程费是指直接用于工程建设的总成本费用，主要包括建筑工程费（结构、建筑、特殊装修工程费）、设备与安装工程费（给排水、电气照明、电梯、空调、煤气管道、消防、防雷、弱电等设备与安装）以及室内装修工程费等。

在可行性研究阶段，建安工程费的估算，可以采用单元估算法、单位指标估算法、工程量近似匡算法、概算指标估算法等，也可根据类似工程经验估算。

（1）单元估算法

单元估算法是指以基本建设单元的综合投资乘以单元数得到项目或单项工程总投资的估算方法。如以每间客房的综合投资乘以客房数估算一座酒店的总投资，以每张病床的综合投资乘以病床数估算一座医院的总投资等。

（2）单位指标估算法

单位指标估算法是指以单位工程量投资乘以工程量得到单项工程投资的估算方法。一般说来，土建工程、水电安装工程及其他设备安装工程可按建筑平方米造价计算。其造价指标可参照有关近似案例获得。

（3）工程量近似匡算法

工程量近似匡算法采用与工程概预算类似的方法，先近似匡算工程量，配上相应的概预算定额单价和取费，近似计算项目投资。

（4）概算指标法

概算指标法采用综合的单位建筑面积和建筑体积等建筑工程概算指标计算整个工程费用。常使用的估算公式如下

$$工程概算价值 = 建筑面积 \times 概算指标$$

需要注意的是，当拟建工程和参照工程的建设年份相隔几年时，单方造价必须考虑时间因素的影响，利用国家或地区发布的建安工程造价指数来调整参照工程的单方造价。

（5）类似工程经验估算法

每一建设项目都有其自身个别的特点，因此难以就建安工程费用中各项所占的比例定出一个绝对适用的标准。但在一定时期和相对稳定的市场状况下，运用客观的估算方法，加上对实际个案的经验总结，可以测算出各类有代表性物业的建安工程各项费用的大致标准。

表8-14为2010年各类建筑安装工程费与各类土建造价近似经验估算指标。表8-15为2013年广州建设工程造价管理站发布的广州市建设工程参考造价。表8-16为2012年广州市市政工程参考造价。表8-17～表8-19给出了由威宁谢香港有限公司发布的各有关城市建筑成本估算指标，仅供参考。

表 8-14 各类建安工程费的近似估算指标

单位：元/m²

项　　目	多层（7层以下）	小高层（8~17层）	高层（18层以上）
桩基础	50~69	70~90	90~120
土建工程（含粗装修）	1150~1450	1400~1600	1550~1750
一般水电安装	120~160	180~200	180~200
电梯	—	80~100	80~100
中央空调	—	—	450~480
消防	18~23	40~65	40~65
通信	2~3	3~4	3~4
天然气	30~40	30~40	30~40
玻璃幕墙	—	—	90~100
有线电视	10	10	10
智能化设施	20~30	40~50	40~50
地下室建安费	—	200~350	200~350
室内精装修工程费	普通档次装修：300~500；中高档次装修：500~1000；高档次装修 1000~3000		

表 8-15 广州市建设工程参考造价（2012）

类　　型	单方造价（元/m²）	备　　注		
		地　下　室	电　　梯	中　央　空　调
住宅（6层及6层以下）	1737			
住宅（7层及7层以上）	1909		√	
住宅（7层及7层以上）	2402	√	√	
办公楼（5层及5层以下）	2742	√		√
办公楼（6层及6层以上）	2836		√	√
办公楼（6层及6层以上）	3441	√	√	√
商场	2668		√	√
教学楼	1757			
图书馆	2718		√	√
厂房仓库（层高6米以内）	1807		√	
2011年工程造价指数	100			
2012年工程造价指数	93.41			

注：1. 表中单方造价包含带"√"的内容。

2. 单方造价包括建筑、一般装饰和安装费用。

表 8-16 2012 年广州市市政工程参考造价

类　　型	单方造价（元/m²）	备　　注
沥青混凝土道路	410	基本结构：细粒式改性沥青混凝土 4cm+中粒式改性沥青混凝土 6cm+粗粒式沥青混凝土 8cm+水泥稳定级配碎石层 30cm+水泥稳定石屑层 20cm；仿花岗岩侧平石、彩色人行道透水砖
水泥混凝土道路	320	基本结构：混凝土路面 35cm+水泥稳定石屑层 28cm；仿花岗岩侧平石、彩色人行道透水砖

资料来源：《关于发布广州市建设工程 2012 年参考造价的通知》（穗建造价〔2013〕4号）。

表 8-17 香港建筑成本估算表

序号	类型	成本（港元/m²）	说　　明
1	住宅		1. 低标准房是按香港房屋委员会和阶式公屋设计 2. 一般标准公寓为每层 6～8 套；每套 500～800 平方米 3. 高级标准公寓和高级住宅配有空调 4. 高级房仅包括功能性照明设施
	高层低标准房	3900～4200	
	高层一般标准房	7600～8200	
	高级标准高层公寓	8800～10500	
	排房屋	11000～12600	
	单栋高级房	16000 以上	
2	写字楼/商业楼		1. 建筑物楼高 20～30 层，每层最小 1000m² 2. 一般标准写字楼，不包括租用面积内的灯具安装和空调管道 3. 高级写字楼租用面积内必配有窗墙升级机、花岗石门厅、完备的空调设备和灯具安装
	高层一般标准写字楼	8800～10200	
	高层高级写字楼	12000 以上	
	一般购物中心	9200～11400	
	高级购物中心	12200 以上	
3	厂房		1. 厂房租用面积内不包括生产设备、空调和电力分配系统 2. 私营厂房不包括生产设备、空调和特殊服务设施
	轻负荷厂房（7.5kPa）	4800～5400	
	重负荷厂房、货栈（15kPa）私营的低层厂房	5200～6000	
4	酒店		1. 包括内部装饰和零散家具等，但不含日常用具（如陶器、刀叉餐具、台布等） 2. 包括一层地下室
	三星级酒店（包括精装修、家具及设备）	11800～13000	
	五星级豪华酒店（同上）	16000 以上	
5	其他		1. 停车场为高出地面的多层 2. 中小学校应符合政府规定标准 3. 学生宿舍不包括空调
	停车场	3800～4500	
	中小学校	6500～7400	
	国际学校	8000～9300	
	学生宿舍	8000～9300	
	体育俱乐部（包括精装修、家具及设备）	13000～15400	

注：1. 以上所列的各类价格是根据已定的各竞投投标价求出的平均价。必须指出，实际的房价应依据设计和其他因素计算，可能与上列价格不符。
2. 每平方米的价格是以建筑面积计算。即测量外墙的外面面积或外周界，包括电梯井、楼梯井、植物房、水箱等。
3. 所有建筑物均认为不含地下室（除另有说明外），建于平地，土质一般，有极少的外部工程。所列价格不包括地价、专家鉴定费、财政和法律上的开支。

表 8-18 中国主要城市建筑成本估算表

单位：美元/m²

序号	类型	香港	上海	北京	广州	深圳
1	住宅					
	一般标准公寓，高层	1010	380	380	350	350
	豪华型公寓，高层	1240	430	430	400	400
	排屋	1510	300	300	280	280
	单独大厦和带阳台平房	2050 以上	440 以上	460 以上	420 以上	420 以上

续表

序号	类型	香港	上海	北京	广州	深圳
2	写字楼/商业楼					
	一般标准写字楼，高层	1220	750	770	510	510
	高级写字楼，高层	1540 以上	1000 以上	1050 以上	680 以上	680 以上
	零售/百货公司（无精装修）	1320	850	880	610	610
3	工业厂房					
	轻负荷厂房（承载 7.5kPa）	650	300	300	250	250
	中负荷厂房和仓库（14kPa）	720	350	350	280	280
	单层钢结构通用厂房	—	350	350	300	300
4	酒店					
	旅游酒店	—	1000	—	—	—
	三星级酒店（含精装修，家私及设备）	1590	850	870	730	730
	五星级酒店（含精装修，家私及设备）	2050 以上	1200 以上	1300 以上	1080 以上	1080 以上
5	其他					
	停车场，地面以上	530	270	290	200	200

表 8-19　东南亚主要城市建筑成本估算表

单位：美元/m²

序号	类型	新加坡	吉隆坡	曼谷	雅加达	文莱
1	住宅					
	一般标准公寓，高层	680	280	350	405	388
	豪华型公寓，高层	1040	625	450	585	505
	排屋	860	190	285	—	282
	单独大厦和带阳台平房	1320	590	330	325	318
2	写字楼/商业楼					
	一般标准写字楼，高层	930	480	380	445	449
	高级写字楼，高层	1240	825	540	675	581
	零售/百货公司（无精装修）	900	525	350	360	514
3	工业厂房					
	轻负荷厂房（承载 7.5kPa）	510	290	260	210	251
	中负荷厂房和仓库（14kPa）	675	315	—	—	—
	单层钢结构通用厂房	460	245	260	180	222
4	酒店					
	旅游酒店	1250	900	800	950	832
	三星级酒店（含精装修，家私及设备）	1280	1025	800	740	983
	五星级酒店（含精装修，家私及设备）	1780	1850	1100	1095	1211
5	其他					
	停车场，地面以上	315	180	140	160	292

5. 基础设施费

基础设施费又称为红线内工程费,包括供水、供电、道路、绿化、供气、排污、排洪、电信、环卫等工程费用。

基础设施费通常采用单位指标估算法来计算。一般说来,详细估算时,供水工程可按水增容量(吨)指标计算,供电及变配电工程可按电增容量(千伏安)指标计算,采暖工程按耗热量(瓦特)指标计算,集中空调安装按冷负荷量(瓦特)指标计算,供热锅炉安装按每小时产生蒸汽量指标计算,各类围墙、管线工程按长度米指标计算,室外道路按道路面积平方米指标计算。

粗略估算时,则各项基础设施工程均可按建筑平方米或用地平方米造价计算。总额一般占到建安工程费的15%左右。表8-20给出了广州经济技术开发区内某小区的基础设施配套费,以供参考。

表8-20 基础设施配套费

序号	项目	计算依据	金额(万元)
1	道路工程	42.13万元/公顷×33.08公顷=1393.66万元	1393.66
2	排水管道工程	37.6万元/公顷×33.08公顷=1243.80万元	1243.80
3	河涌改造工程	8.58万元/公顷×33.08公顷=283.83万元	283.83
4	跨横窖河工程	一座约981.12万元	981.12
5	中小桥	五座约501.96万元	501.96
6	污水泵站	一座约287.39万元	287.39
7	公共广场	25000m²(高压线下的公园、车场)×320元/m²=800万元	800
8	公共车场、站场	费用已列入"公共广场"中	
9	横窖河堤岸	450m×1200元/m=54万元	54
10	绿化工程	5.4万元/公顷×33.08公顷=178.63万元	178.6
11	供水工程	15万元/公顷×33.08公顷=496.20万元	496.20
12	供电工程	65万元/公顷×33.08公顷=2150.2万元	2150.2
13	电信工程	7万元/公顷×33.08公顷=231.56万元	231.56
14	煤气工程	7万元/公顷×33.08公顷=231.56万元	231.56
15	合计		8833.90

注:1公顷(hm²)=10^4m²。

6. 公共配套设施费

公共配套设施费主要包括不能有偿转让的开发小区内公共配套设施发生的支出。

公共配套设施费的估算可参考"建安工程费"的估算方法。对于开发小区而言,总额一般可占到建安工程费的10%~15%。

表8-21给出了人口规模为1万~1.5万人的居住小区公共配套设施定额指标。在测算公共配套设施费时,按项目实际完成的公共配套设施项目进行估算。

对于人口规模为1.5万~3万人的居住区,除配套居住小区的全部公共建筑项目外,增设药店、洗染店、副食品店、水果店、日杂店、储蓄所和邮政所,共计配套项目28项,街道办事处和公安派出所每条行政街设一处,街道办事处规模为建筑面积300~500m²,公安派出所规模为建筑面积300m²。

第八章 房地产项目投资费用估算

表8-21 广州市小区级公共建筑定额指标（1万～1.5万人规模）

系统	序号	项目	一般规模 (m²) 建筑面积	一般规模 (m²) 用地面积	千人指标 (m²/千人) 建筑面积	千人指标 (m²/千人) 用地面积	所需数量（处）	备注
教育	1	托儿所	300～400	不少于600	70～100	100～135	2～3	收1～3岁儿童。以适龄儿童占总人口的3.5%，其中50%入托计。共17座位/千人。建筑面积4～6m²/座位（每班容量25座位）
	2	幼儿园	1000～1450	1500～2000	145～190	190～240	1～2	收3～6岁儿童。以适龄儿童占总人口的4%，其中60%入托计。共2座位/千人。建筑面积6～8m²/座位（每班容量30座位）
	3	小学	3200～3800	6500～8500	240～280	460～480	1	80座位/千人。建筑面积3.0～3.5m²/座位，用地面积6～8m²/座位，学校规模约24班，每班容量45座位。要求校内设60m直跑道
	4	中学	6000～7000	1200～1500	315～350	700～180	1/2	70座位/千人。建筑面积4.5～5.0m²/座位，用地面积10～12m²/座位，学校规模约24～30班。要求校内设200m环跑道和100m直跑道
卫生	5	卫生站	30～50		6～10			500人左右设一个。可与居委会集中布置
文娱	6	文化活动站	50～100		10～20		2～3	5000人左右设一个。可结合室外运动场地一起设置，供老人和少年儿童活动
	7	综合商店	300		20～30		2～3	1万～1.5万人设一个。以经营副食、粮食、烟酒为主，兼营小百货和日用杂货。服务半径不大于300m
商业服务业	8	理发店	100		6～10		1	1万～1.5万人设一个
	9	肉菜分销店	300～500		30～35		1	1万～1.5万人设一个，服务半径不大于300m
	10	粮油食品店	200～300		12～20		1	供应户数一般不超过4000户（1.5万人），服务半径不大于300m
	11	柴油煤店	15～200		10～13		1	供应户数一般不超过4000户（1.5万人），服务半径不大于300m
	12	饮食店	100～150		20～30		1	5000人左右设一个，供应冷饮食、点心、粉面等
	13	废品收购店	60～80		6		2～3	1万～1.5万人设一个
行政	14	书报销售亭	30～50		3		1	1万～1.5万人左右设一个
	15	居委会	30～50		10～16		1	每3000人设一个
公用设施	16	自行车房	60～75		280		3～5	车房可在住宅底层设置或单独设置
	17	变电房			15～20		3～5	800～1200户（3000～5000人）设一个，服务半径300～500m。同时1000人左右须设置垃圾桶或垃圾集散点
	18	垃圾集散点	50		5～10		2～3	500～10000人设一个，服务半径100m
	19	公厕	50		10			5000人左右设一处。在流动人口较多的地段，服务半径不大于300m
		合计			1213～1433			

301

7. 开发期间税费

开发项目投资估算应考虑项目在开发过程中所负担的各种税金和地方政府或有关部门征收的费用。在一些大中城市，这部分税费已成为开发建设项目投资构成中占较大比重的费用。各项税费应当根据当地有关法规标准估算。以广州市为例，开发期间的税费主要包括以下各项。

（1）配套设施建设费

配套设施建设费开征的目的在于加强城市配套建设，促进城市建设资金的良性循环。

计收办法和标准：小区成片开发（用地面积大于或等于 20000m²）的商品房项目按基建投资额的 5%计征；零星开发（用地面积小于 20000m²）的商品房项目按基建投资额的 10.5%计征。

各个建设项目在设计要求、建设规模、标准及楼宇的总体高度等方面的差异必然会造成基建投资额的不同。为了减少在实施过程中出现的矛盾，有关部门经过对多种用途的建筑楼宇以及低层、高层的建筑工程进行的基建投资额的实际数据调查，对建筑物的各工程层数制定了缴纳"配套设施建设费"的计算基数（1998 年颁布，以后根据实际情况再相应作出调整），如表 8-22 所示。

表 8-22　缴纳配套设施建设费计算基数一览表

建筑物工程层数（层）	计交配套设施建设费基数（元/m²）
≤9	1080
10	1200
11	1320
12	1440
13	1560
14	1660
15	1720
16	1780
17	1830
18	2150
19	2150
20	2280
21	2340
22	2400
23	2470
24	2530
25	2590
26	2980
27	3050
28	3120
29	3190
30	3260
31	3330
32	3400

续表

建筑物工程层数（层）	计交配套设施建设费基数（元/m²）
33	3470
34	以上按公式70X+1200计算（注）
单层厂房	845
多层厂房	1030

注：1. 写字楼物业在以上基础之上增加8%。

2. 公式中的X是代表工程层数，70和1200是以元为单位。[例]34层计算：70×34+1200=3580（元）。

（2）建筑工程质量与安全监督费

建筑工程质量监督是指对建筑工程的地基基础、主体结构和总体工程质量的评定、验收；安全监督是指建筑工程施工中有关防高空坠落、物体打击、机具伤害、触电以及防火、防爆等安全防范措施的落实和对执行安全操作规程的检查监督。

计收办法和标准：框架（含砖混）结构2元/m²，高层建筑2.5元/m²，超高层3.2元/m²。交通、水运、电力、电信、水利等不能按建筑面积计收的工程统一按建安工作量的1‰收取工程质量监督费。

（3）工程定额测定费

计收办法和标准：以建安工程量为基础，按1‰计收。

（4）建设工程交易中心招投标服务费

计收办法和标准：以中标价为基础，按0.5‰~0.9‰计收。

（5）工程建设监理费（施工阶段）

计收办法和标准：以监理工程量为基础，根据其规模大小按0.6%~2.5%计收。

（6）其他税费

其他税费包括项目需在开发期间缴纳的城市占道费、开发企业资质审查费等（详见第十章第三节表10-12"广州市房地产有关税费一览表"），总共约为基建投资额的1%。

将以上各项汇总，可得到表8-23"房地产项目开发期间税费一览表"。

表8-23 房地产项目开发期间税费一览表

序号	类别	计算依据
1	配套设施建设费	基建投资额×10.5%（零星开发）
		基建投资额×5%（小区成片开发）
2	建筑工程质量安全监督费	框架（含砖混）结构2元/m²，高层建筑2.5元/m²，超高层3.2元/m²
4	工程定额测定费	建安工程量×1‰
5	建设工程交易中心招标服务费	中标价×（0.05%~0.09%）
6	工程建设监理费（施工）	基建投资额×（0.6%~2.5%）
7	其他	基建投资额×1%
	合计	约为建安工程费的8%~15%

8. 不可预见费

不可预见费包括备用金（不含工料价格上涨备用金）、不可预见的基础或其他附加工程增加的费用、不可预见的自然灾害增加的费用。它依据项目的复杂程度和前述各项费用估算的准确程度，以上述（1）～（6）项费用之和为基数，按3%～5%计算。

（二）开发费用

开发费用是指与房地产开发项目有关的管理费用、销售费用和财务费用。

1. 管理费用

管理费用是指企业行政管理部门为管理和组织经营活动而发生的各种费用。

管理费用可按项目前述开发成本之和为基数，取一个百分比计算。这个百分数一般为3%左右。

2. 销售费用

销售费用是指开发建设项目在销售产品过程中发生的各项费用以及专设销售机构或委托销售代理的各项费用。主要包括如下三项。

（1）广告宣传及市场推广费，为销售收入的2%～3%。

（2）销售代理费，为销售收入的1.5%～2%。

（3）其他销售费用，为销售收入的0.5%～1%。

以上各项合计，销售费用占到销售收入的4%～6%。

3. 财务费用

财务费用是指为筹集资金而发生的各项费用，主要为借款利息和其他财务费用（汇兑损失等）。借款利息主要包括长期借款利息和流动资金借款利息。

（1）长期借款利息的计算公式如下：

$$每年应计利息=\left(年初借款本息累计+\frac{1}{2}\times 本年借款额\right)\times 年利率$$

长期借款本息的偿还方式有以下两种。

① 每年等额偿还本息和。

② 等额还本，利息每年照付。

至于选择何种偿还方式应根据具体的贷款条件而定，详见第九章"房地产项目投资资金筹措"。

（2）流动资金借款部分是按全年计息。利息计入财务费用，每年照付，期末一次还本。

表8-24给出了中国人民银行发布的金融机构贷款利率，自2015年6月28日起执行，供参考。

表8-24 金融机构贷款利率表

项 目	年利率（%）
一、短期借款	
一年以内（含一年）	4.85
二、中长期借款	
一年至五年（含五年）	5.25
五年以上	5.40

(三) 投资与成本费用估算结果的汇总

为了便于对房地产开发项目各项成本与费用进行分析和比较，常把估算结果以汇总表的形式列出，如表 8-25 所示。

表 8-25　房地产开发项目投资与成本费用估算汇总表

项目 内容	计 算 依 据	单价（元/m²）	合价（万元）
（一）开发成本	以下 1～8 项之和		
1. 土地使用权出让金	按实际估算		
2. 土地征用及拆迁安置补偿费	按实际估算		
3. 前期工程费	按实际估算，约为建安工程费的 3%～6%		
4. 建安工程费	按实际估算		
5. 基础设施费	按实际估算，约为建安工程费的 15%		
6. 公共配套设施费	按实际估算，约为建安工程费的 10%～15%（小区开发）		
7. 开发期间税费	按实际估算，约为建安工程费的 8%～15%		
8. 不可预见费	1～6 项之和的 3%～5%		
（二）开发费用	以下 1～3 项之和		
1. 管理费用	（一）×3%		
2. 销售费用	约为销售收入的 4%～6%		
3. 财务费用	详见"贷款还本付息表"		
（三）合计	（一）+（二）		

第三节　案例——某高层住宅房地产项目开发成本费用与投资估算

一、项目概况

本项目为一高层商业与住宅综合开发项目。项目具体规划指标如表 8-26 所示。

二、项目开发成本费用与投资估算

项目开发成本费用与投资估算如表 8-27 所示。

表 8-26 项目规划指标

总占地面积	10843.94	m²	建筑用地面积	6183.50	m²	总建筑面积	35560	m²
建筑物基底面积	3814.67	m²	建筑密度	35.2%		绿地率	40.0%	
计容积率面积	32798.32	m²	容积率	3.0		围墙长度		m
道路用地合计 1516	沥青路面车行道		砼路面车行道（停车位）1803		硬质铺装车行道		硬质铺装人行道	
绿化用地合计 4338	重要公共绿地 2535				硬质铺装		底层私家花园	水景占地面积	泳池
产品构成		占地面积	楼栋数	建筑物基底面积	建筑面积	可售面积（计容面积）	产品比例	平均每户面积	单元数	户数	层数
住宅	1#高层（17层）（有商业+架空层）	1564.05	1.00	1542.52	14354.41	14043.76		73.14	4	192	16
	2#高层（17层）（架空层）	1335.78	1.00	2700.83	16875.34	16400.77		65.34	5	251	16
	小计	2899.83	2.00	4243.35	31229.75	30444.53	100%	68.72	9	443	32
商业	底层商业	914.85		1116.75	1116.75	1116.75					
	独立商业	0.00		914.03	914.03	899.59					
	商业中心	0.00									
	小计	914.85	0.00	2030.78	2030.78	2016.34					

续表

产品构成		占地面积	容积率	楼栋数	建筑物基底面积	建筑面积	可售面积（计容面积）	产品比例	平均每户面积	单元数	户数	层数
	泛会所											
	幼儿园											
	学校											
	球场											
配套设施	市政设施用房				239.76							
	物业管理用房				474.57							
	架空层											
	公交站场											
	垃圾站											
	小区户外文体设施											
	液化石油气站											
	小计			2.00	0.00	0.00	0.00					
			车位数			建筑面积	可售面积					
	人防地下室											
停车	车库		100									
	集中商业地下室		100			2299.85						
	地面露天车位		200									
	小计					2299.85	0.00					
合计		3814.68			6988.46	35560.38	32460.87					

307

表 8-27 项目开发成本费用与投资估算汇总表

序号	成本项目	可售面积单位成本					总成本					
		车库	底层商业	独立商业	1#高层（17层）（有商业+架空层）	2#高层（17层）（架空层）	整体单方	产品单方	车库	底层商业	独立商业	1#高层（17层）（有商业+架空层）	2#高层（17层）（架空层）	合计
	建筑面积	*	*	*	*	*	*	*	2300	1117	914	14354	16875	35560
	实际建筑面积	*	*	*	*	*	*	*	2357	1057	915	16956	19873	41158
	占地面积	*	*	*	*	*	*	*	0.00	1117	914	1543	2701	6274
一	土地获得价款	*	909.46	816.66	414.88	414.88	416.31	456.06	0.00	101.56	74.64	582.65	680.44	1480.40
1	政府地价及相关费用	*	829.77	816.66	414.88	414.88	402.25	440.65	0.00	92.66	74.64	582.65	680.44	1430.40
2	红线外市政设施	*	79.69	0.00	15.40	0.00	14.06	15.40	0.00	8.90	0.00	21.63	0.00	50.00
3	拆迁补偿费	*	0.00	0.00	0.00	0.00	0.00	0.00	0.00	0.00	0.00	0.00	0.00	0.00
二	开发前期准备费	*	96.40	94.88	96.40	96.40	88.00	96.40	0.00	10.77	8.67	135.38	158.10	312.93
1	勘察设计费	*	47.90	47.14	47.90	47.90	43.72	47.90	0.00	5.35	4.31	67.26	78.55	155.47
2	报批报建增容费	*	16.45	16.19	16.45	16.45	15.02	16.45	0.00	1.84	1.48	23.11	26.99	53.41
3	三通一平费	*	25.19	24.80	25.19	25.19	23.00	25.19	0.00	2.81	2.27	35.38	41.32	81.78
4	临时设施费	*	6.86	6.75	6.86	6.86	6.26	6.86	0.00	0.77	0.62	9.63	11.24	22.26
三	主体建筑工程费	2058.61	1837.70	1440.55	2156.57	2183.86	2103.78	2304.66	473.45	205.23	131.67	3028.64	3581.70	7481.14
1	桩基础增加	0.00	0.00	0.00	0.00	0.00	17.00	18.62	83.10	4.53	10.77	79.07	111.89	60.45
2	基础工程	361.31	40.52	117.88	56.30	68.22	81.37	89.14	383.14	147.43	77.37	1417.05	1645.85	289.36
3	结构及粗装修	1665.93	1320.19	846.49	1009.03	1003.52	1032.29	1130.85	4.21	19.52	16.08	189.43	227.87	3670.85
4	门窗工程	18.30	174.78	175.96	134.89	138.94	128.55	140.82	3.00	33.75	27.44	355.73	440.41	457.11
5	公共部位装修	13.07	302.20	300.21	253.30	268.53	241.94	265.04	0.00	0.00	0.00	987.35	1155.68	860.34
6	室内装修	0.00	0.00	0.00	703.05	704.65	602.64	660.19						2143.03

续表

序号		成本项目	可售面积单位成本								总成本		
			车库	底层商业	独立商业	1#高层（17层）（有商业+架空层）	2#高层（17层）（架空层）	整体单方	产品单方	车库	底层商业	独立商业	1#高层（17层）（有商业+架空层）	2#高层（17层）（架空层）	合计
四		主体安装工程费	429.12	137.79	239.54	362.03	389.52	360.86	395.32	98.69	15.39	21.90	508.43	638.85	1283.25
1		室内水暖气电	147.41	76.86	167.25	188.37	214.73	189.67	207.78	33.90	8.58	15.29	264.55	352.17	674.49
2		设备及安装费	281.71	37.65	43.60	135.01	123.75	130.92	143.42	64.79	4.20	3.99	189.60	202.96	465.54
3		弱电系统	0.00	23.27	28.70	38.65	51.05	40.28	44.12	0.00	2.60	2.62	54.28	83.72	143.22
五		社区管网工程费	0.00	94.26	92.77	94.26	94.26	86.04	94.26	0.00	10.53	8.48	132.38	154.59	305.98
1		室外给排水系统	0.00	36.24	35.67	36.24	36.24	33.08	36.24	0.00	4.05	3.26	50.90	59.44	117.64
2		室外采暖系统	0.00	0.00	0.00	0.00	0.00	0.00	0.00	0.00	0.00	0.00	0.00	0.00	0.00
3		室外燃气系统	0.00	0.00	0.00	0.00	0.00	0.00	0.00	0.00	0.00	0.00	0.00	0.00	0.00
4		室外高低压线路	0.00	36.10	35.53	36.10	36.10	32.95	36.10	0.00	4.03	3.25	50.69	59.20	117.17
5		发电机及其安装	0.00	15.40	15.16	15.40	15.40	14.06	15.40	0.00	1.72	1.39	21.63	25.26	50.00
6		室外智能化系统	0.00	6.52	6.42	6.52	6.52	5.95	6.52	0.00	0.73	0.59	9.16	10.69	21.16
六		园林环境费	0.00	52.81	51.97	52.81	52.81	48.21	52.81	0.00	5.90	4.75	74.16	86.61	171.42
1		绿化建设费	0.00	16.91	16.64	16.91	16.91	15.44	16.91	0.00	1.89	1.52	23.75	27.74	54.90
2		建筑小品	0.00	3.70	3.64	3.70	3.70	3.37	3.70	0.00	0.41	0.33	5.19	6.06	12.00
3		道路广场建造费	0.00	21.84	21.49	21.84	21.84	19.93	21.84	0.00	2.44	1.96	30.67	35.81	70.88
4		围墙建造费	0.00	0.77	0.76	0.77	0.77	0.70	0.77	0.00	0.09	0.07	1.08	1.26	2.50
5		室外照明	0.00	3.08	3.03	3.08	3.08	2.81	3.08	0.00	0.34	0.28	4.33	5.05	10.00
6		室外零星工程	0.00	6.51	6.41	6.51	6.51	5.95	6.51	0.00	0.73	0.59	9.15	10.68	21.14
七		配套设施建设费	0.00	13.86	13.64	13.86	13.86	12.65	13.86	0.00	1.55	1.25	19.47	22.74	45.00
1		游泳池	0.00	0.00	0.00	0.00	0.00	0.00	0.00	0.00	0.00	0.00	0.00	0.00	0.00
2		会所	0.00	0.00	0.00	0.00	0.00	0.00	0.00	0.00	0.00	0.00	0.00	0.00	0.00

续表

序号	成本项目	可售面积单位成本							总成本					合计
		车库	底层商业	独立商业	1#高层（17层）（有商业+架空层）	2#高层（17层）（架空层）	整体单方	产品单方	车库	底层商业	独立商业	1#高层（17层）（有商业+架空层）	2#高层（17层）（架空层）	
3	幼儿园	0.00	0.00	0.00	0.00	0.00	0.00	0.00	0.00	0.00	0.00	0.00	0.00	0.00
4	学校	0.00	0.00	0.00	0.00	0.00	0.00	0.00	0.00	0.00	0.00	0.00	0.00	0.00
5	市政设施用房	0.00	0.31	0.30	0.31	0.31	0.28	0.31	0.03	0.03	0.43	0.51	1.00
6	物业管理用房	0.00	6.16	6.06	6.16	6.16	5.62	6.16	0.55	0.69	8.65	10.10	20.00
7	设备用房	0.00	7.39	7.28	7.39	7.39	6.75	7.39	0.67	0.83	10.38	12.13	24.00
8	红线内外共享景观	0.00	0.00	0.00	0.00	0.00	0.00	0.00	0.00	0.00	0.00	0.00	0.00
9	车库公共面积	0.00	0.00	0.00	0.00	0.00	0.00	0.00	0.00	0.00	0.00	0.00	0.00
10	体育设施	0.00	0.00	0.00			0.00	0.00	0.00	0.00	0.00	0.00	0.00	0.00
11	其他	0.00	0.00	0.00			0.00	0.00	0.00	0.00	0.00	0.00	0.00	0.00
八	开发间接费	0.00	197.67	194.55	197.67	197.67	180.44	197.67	17.78	22.07	277.60	324.20	641.66
1	工程管理费	0.00	25.79	25.39	25.79	25.79	23.55	25.79	2.32	2.88	36.22	42.30	83.73
2	营销设施建造费	0.00	34.74	34.19	34.74	34.74	31.71	34.74	3.13	3.88	48.79	56.97	112.76
3	物业完善费	0.00	24.10	23.72	24.10	24.10	22.00	24.10	2.17	2.69	33.85	39.53	78.23
4	不可预见费	0.00	26.78	26.36	26.78	26.78	24.45	26.78	2.41	2.99	37.61	43.92	86.93
5	迟工协议						22.50	24.65	2.22	2.75	34.61	40.42	80.00
6	工程奖励费	2487.72	197.67				56.24	61.61	5.54	6.88	86.53	101.05	200.00
	开发成本	2487.72	3339.95	2944.57	4091.54	3443.27	3296.30	3611.04	372.99	269.14	5746.06	5647.23	11721.76
九	开发费用	0.00	216.33	406.62	413.15	216.33	377.13	413.15	24.16	37.17	580.21	365.06	1341.11
1	管理费用	0.00	81.41	87.78	89.19	83.77	89.19	89.19	9.09	8.02	125.25	137.39	289.50
2	销售费用	0.00	134.91	145.46	147.80	138.82	147.80	147.80	15.07	13.30	207.56	227.67	479.76
3	财务费用	0.00	173.38	176.16	176.16	0.00	176.16	176.16	15.85	247.40	247.56	571.84
	项目总投资	2487.72	3556.28	3351.19	4504.69	3665.86	3673.43	4024.19	397.15	306.31	6326.27	6012.29	13062.87

复习思考题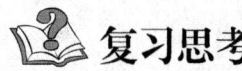

1. 建设项目投资估算的作用是什么？一般可划分为哪几个阶段？
2. 建设项目总投资一般由哪几个部分构成？估算方法有哪些？试举例说明。
3. 建设项目总成本费用的构成模式可分为哪几种？用途是什么？
4. 房地产项目投资与成本费用构成一般包括哪几部分？
5. 以一个实际的房地产开发项目为例，进行投资与成本费用估算，并对估算结果进行适当的分析与说明。

第九章 房地产项目投资资金筹措

本章首先介绍一般性投资项目资金筹措的方式与原则,接着讲述房地产投资项目资金筹措的常规渠道与方式,并对其他房地产项目融资模式进行了介绍,包括房地产投资信托模式、产品支付模式、杠杆租赁模式、设施使用协议模式、BOT 模式以及 ABS(资产证券化)项目融资模式等。在此基础上,对房地产投资项目的资金成本与融资决策进行分析,并重点介绍房地产投资项目借款还本付息表的编制与指标计算方法。

第九章 房地产项目投资资金筹措

第一节 资金筹措概论

一、筹资与筹资方式

资金筹措又称融资，是指为企业式项目的生产经营活动筹集资金的活动。资金是经济运行的血液，是经济活动赖以维持及发展壮大的重要资源。没有足够的资金，经济活动便无法顺利进行，企业便无法维持。因而，积极地筹措资金便成为公司经营管理的重要工作；制订切实可行的筹资方案，取得低成本、低风险的资金，便成为项目成败的关键。筹资方式可按不同的分类标准分类。

（一）按筹资主体分类

资金筹措的方式若按筹资主体来分类，可分为公司筹资和项目筹资两类。公司筹资是指以公司自身的资信能力所安排的融资活动，是一种传统的筹资方式。资金投入者（金融机构或公司股票、债券的购买者）是将该公司总体的资产负债、利润及现金流状况作为考核对象，来决定是否进行投资的。项目筹资是以项目本身的资产和现金流量进行筹资的方式。即"为一个特定的经济实体所安排的融资，其贷款人在最初考虑安排贷款时，满足于使用该经济实体的现金流量和收益作为偿还贷款的资金来源，并且满足于使用该经济实体的资产作为贷款的安全保障"。这是美国银行家彼得·内维特在其专著《项目融资》中对项目筹资所作的定义。由此可见，项目筹资和传统的公司筹资两种融资方式的最大区别就在于构成资金筹措基础的具体内容，前者是项目自身的经济强度，而后者却是公司的经济强度，由此而影响到的资金筹措运作程序、评价与分析方法自然也有些区别。房地产项目资金筹措大部分是按项目进行筹资的。这也是本章分析的重点。

（二）按资金来源渠道分类

资金筹措方式若按资金来源渠道分类，可划分为如下六类。

1. 国家资金

国家资金是指国家对公司或项目投入的资金。如国拨的固定基金、流动基金或其他专项基金；国家对一些基础设施项目或大中型项目的投资基金；各级地方财政部门对某些公司或项目投入的资金；等等。

2. 借贷资金

借贷资金专指公司或项目向银行申请的贷款，也包括向其他非银行的金融机构（比如信托投资公司、租赁公司、保险公司及民间金融机构如城市合作社等）借入的资金。

3. 公司之间的资金拆借

拆借资金专指公司之间借用的资金。在公司的生产经营过程中，往往有部分暂时闲置的资金，可在公司之间相互调剂利用。随着金融体制改革的深化，企业经营自主权的日益扩大，拆借资金的筹资形式将会得到广泛运用。

4. 社会资金

社会资金是指存在于城乡居民或本公司职工手中的社会游资，通过发行股票、债券或定向集资等手段予以筹集的资金。

5. 自留资金

自留资金是指作为公司发展基金、新产品试制基金、后备基金的可转化为生产经营资金的留用利润。

6. 外资

外资是指通过项目招商、合资经营、合作经营等形式吸纳的境外机构和个人的资金。

（三）按筹资形式分类

筹资形式是指资金筹措的实施办法。资金用途不同，资金来源渠道不同，筹资形式也会差别很大。公司经常性的支出和某些资本性的支出，可动用公司留利中可转化为生产经营资金的部分资金，也可向本公司职工内部集资，这种形式的筹资方式称为内部筹资。在内部筹资尚不能满足资金需要时，就要考虑外部筹资了。对于那些短期的资金筹措，可通过公司间的资金拆借来调剂，这种形式的筹资，属于直接筹资。借贷资金、发行股票或债券等大部分的外部筹资是通过金融机构而进行的，称为间接筹资。房地产项目筹集的资金，主要是间接筹资的中长期资金。因而，本节主要介绍这几类筹资方式。

如图 9-1 所示，在一个健全的金融市场上，一个公司筹集中长期资金的方式主要有：股权、债务、租赁和政策性信贷四类。

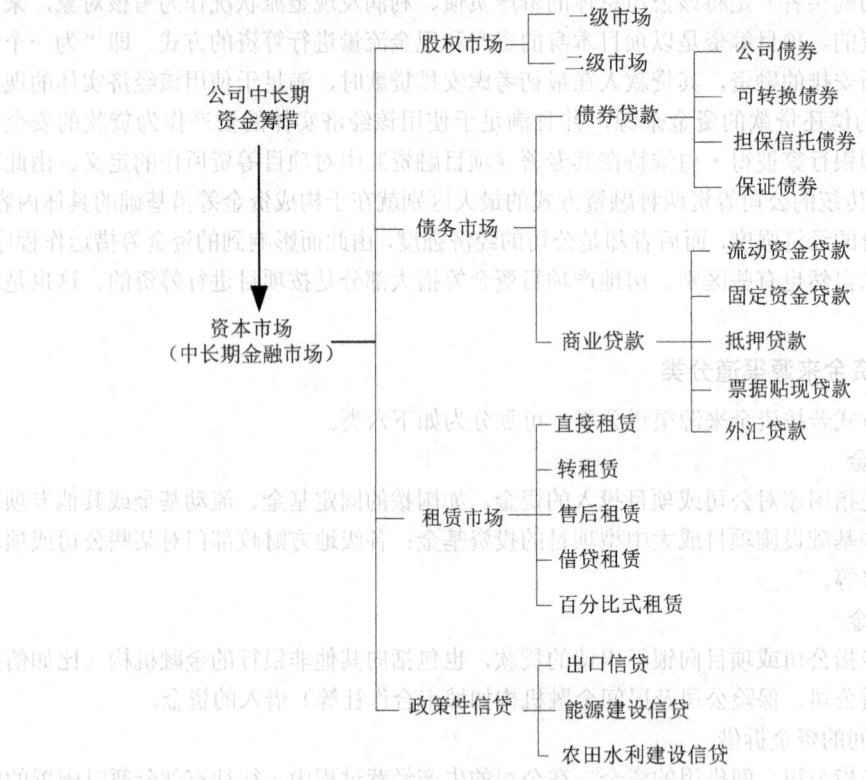

图 9-1 中长期资金筹资方式

1. 股权市场筹资方式

股权市场的筹资是由股份公司发行股票来筹措资金的。股票是股份公司收到投资者交付的股金份额后发给投资者以证明其股东资格、股权份额的凭证。持有者凭其所持有的股票分享公司利益，同时承担公司的责任与风险。股份公司发行股票筹集的资金，是发行公司的自有资金，没有到期日，公司可以永远占用。人们把股权市场分为两个等级，一是股票的发行市场，通常称为一级市场；二是股票的流通市场，通常称为二级市场。由于二级市场上的股票价格决定了公司的市场价值，从而对公司筹资起着重要影响，也影响公司再次发行股票的发行价格。所以，二级市场虽然不是股份公司筹资的直接市场，但同样间接影响着公司的筹资效果。

2. 债务市场筹资方式

债务市场筹资是指以债务形式筹集资金的筹资方式。按筹资对象的不同，债务市场筹资可划分为债券市场及商业贷款两类。

债券市场筹资是指通过债券发行筹集资金的形式。债券也是一种有价凭证，是由债务人发行，定期向债券持有人支付利息，并在债券到期后归还本金的债务凭证。债券发行后，便在发行者和购买者（持有者）之间形成了一种债权、债务关系。债券发行有直接发行和间接发行两类。直接发行是指不通过证券发行中介机构，完全由债务人自己组织和完成债券发行工作，并直接向投资者销售债券的发行方式。间接发行是指通过证券发行的中介机构（证券公司、投资银行、信托投资公司等）向社会发行债券的方式。债券按其附加条件又可分为多种类型。如普通的，无任何附加条件的债券、可转换公司债券、担保信托债券、保证债券、偿债基金债券，等等。发行公司应视自身收益水平、偿付能力、信誉程度及投资者的意向来选择合适的债券种类。

商业贷款是指向商业银行或其他金融机构借款的筹资方式，是目前我国大多数公司或项目的筹资主渠道。商业贷款按贷款的用途可分为流动资金贷款、固定资金贷款、抵押贷款、票据贴现贷款和外汇贷款等类型。

3. 租赁市场筹资方式

租赁是出租人（租赁公司）按照租赁协议将物品交承租人临时占有和使用，并在租赁期内向承租人收取租金的经济行为。租赁筹资又称金融租赁，是指租赁公司用资金购买设备、土地或房产，按照协议将其租给承租人使用并收取租金，而承租方相应地解决了这些固定资产购置所需资金的资金融通行为。

筹资租赁既不同于银行借贷，也不同于商业信用和经营租赁，是租赁与借贷相结合的一种筹资方式。用银行借贷方式筹资时，公司借入的是货币资金的使用权，而用筹资租赁方式筹资时，公司借入的是设备、房屋或土地的使用权；商业信用是贷款延期支付的债务债权关系，并不影响货物所有权转移给购货方。而筹资租赁表现为租赁合同关系，租赁设备的所有权属于出租人，承租人对租赁物只有使用权。经营租赁只涉及出租人与承租人的双边关系。公司需要设备时，直接向经营出租业务的出租人租赁。而筹资租赁则涉及出租人、承租人和供货人三边的关系。在承租人需要某种设备时，向出租人提出，出租人找供货人购买，再交由承租人使用。

筹资租赁常见的形式有直接租赁、转租赁、售后回租、借贷租赁和百分比式租赁五种。直接租赁是承租人与租赁公司间的直接租赁形式；转租赁是由租赁公司先作为承租人向其他租赁公司办理筹资租赁业务，再转租给承租人的租赁形式；售后回租是公司先将厂房、设备或土地出售给租赁公司，然后再作为承租人将这些固定资产租回使用，并按期向租赁公司支付租金的租赁形式；借贷租赁是出租人只付设备投资的一部分，其余部分采用举债办法，由金融机构提供抵押贷款购置，再租赁给承租人的方式；百分比式租赁是指先由承租人向出租人交纳一定比例的基本租金，其余租金按承租人经营收益的一定百分比支付的租赁方式。

4. 政策性信贷筹资方式

政策性信贷是指国家或地方政府为了实施其产业政策，由财政补贴提供各种优惠性贷款。如为出口贸易提供的贷款，为发展能源、交通等基础设施建设提供的贷款，为鼓励高科技项目提供的贷款，为农田水利建设而提供的贷款等。

二、筹资原则

无论是公司筹资还是项目筹资均要坚持适度与效益两项基本原则。

（一）适度性原则

适度性原则是指资金的筹集一定要适应经济活动的实际需要，无论是筹资规模还是筹资时机、期限、方式均要适当。

筹资规模适度是指筹集资金的额度既要保证合理供应，又不超过合理需求；既要满足经济活动的需要，又要在安全合理的负债限度内。筹资时机的适度是指应把握好合适的筹资时间，既要审时度势，选择资金市场上筹集资金的最佳时机，又要密切配合经济活动的进行，把握好资金的投放时机，关注资金的筹集、运用、转化、回收的最佳时机。期限的适度是指各种资金的举债时限应很好搭配，短期借款要与长期借款相协调，还款时间既要与生产经营活动相配合，也要尽可能分散、均匀，避免过度集中，以尽可能降低还贷压力。筹资方式的适度是指要把筹资活动当作经济活动的一个有机构成进行系统研究，要根据需要和可能选择最好的筹资方式组合。

（二）效益性原则

效益性原则是指在制订筹资方案，进行筹资决策时，应当从经济上来判断筹资方案的可行性。这种分析和判断一般包括成本、效益和风险三项内容。

1. 筹资成本

资金筹措的本质就是获取一定资金在一段时间内的使用权，而这种使用权的获取是要付出代价的。这种代价在经济上的表现便是筹资成本。尽可能地使筹资成本极小化，即花最小的代价实现筹资目标，是筹资效益性原则的主要内涵。

2. 筹资经济效益

资金筹措的原始动机是经济利益，因而筹资方案所带来的经济利益的大小应当是衡量其经济效益的重要内容。在实际资金筹措活动中，人们一般用融资杠杆来评价筹资方案的经济效果。描述经济杠杆的常用指标有融资利润率、融资成本率、融资成本效益指数等。

3. 筹资风险

资金筹措的直接后果是造成了公司的负债。对于公司而言，这种负债经营是要担当风险的。风险的大小与筹资方案有极大的关系。一个好的筹资方案，应当千方百计地把因筹资而带来的经营风险和财务风险降到最低限度。

第二节 房地产项目资金筹措

一般而言，资金筹措以企业（法人）为载体进行运作。房地产开发企业为了解决某个或某些项目的投资资金来源，或者为了调整企业或项目的资本结构而进行筹集资金的活动。但本书主要以房地产开发项目资金筹措为重点。

一、房地产项目资金筹措渠道

根据国家关于建设项目的投融资管理体制，按照不同投资主体的投资范围和建设项目的具体情况,将建设项目大体划分为三类:竞争性项目,以企业或建设单位作为基本的投资主体,主要向市场筹集资金;基础性项目,在加强国家政策性投融资的同时,加重地方和企业的投资责任;公益性项目,主要由政府拨款建设。

建设项目实行项目法人投资责任制,试行建设项目资本金制度。根据国务院《关于固定资产投资项目试行资本金制度的通知》,从1996年起,对各种经营性固定资产投资项目,包括国有单位的基本建设、技术改造、房地产开发项目和集体投资项目,试行资本金制度,投资项目必须首先落实资本金才能进行建设,按照建设项目总投资的一定比例注册登记,不能用借入资金注册,不能搞无本项目。

在资金筹集阶段,一般性建设项目所需的资金总额主要由自有资金、借贷资金两部分组成。对于房地产项目,特别是以销售为主的房地产项目而言,其投资资金的来源渠道除了自有资金、借贷资金外,还可以有预售(租)收入再投入部分,以及包括股票融资、债券融资、房地产信托基金(REITS)等在内的其他渠道,如图9-2所示。

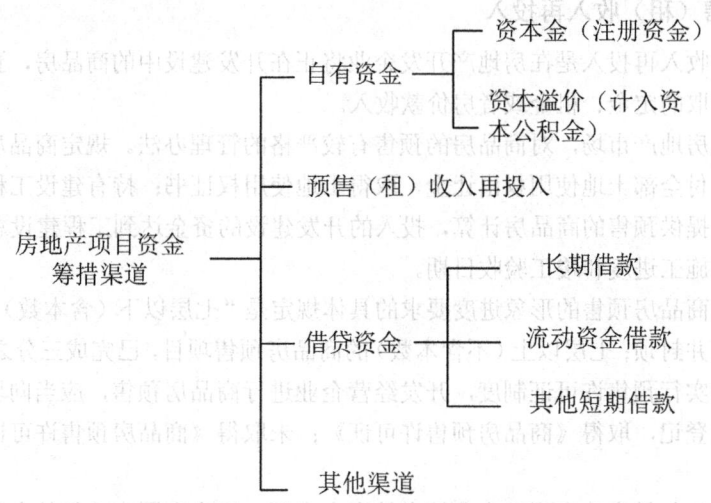

图9-2 房地产项目资金筹措渠道

(一)自有资金

自有资金是指企业有权支配使用按国家财务制度和会计准则可用于固定资产投资和流动资金的资金,即在建设项目资金总额中投资者缴付的出资额,包括资本金和资本溢价。

1. 资本金

设立企业或投资项目必须有法定的资本金。根据国家财政部《企业财务通则》、《施工、房地产开发企业财务制度》和国务院颁布实施的《固定资产投资项目试行资本金制度》的规定,资本金是指以新建投资项目设立企业时在工商行政管理部门登记的注册资金,也就是在项目总投资中,由投资者认缴的出资额,对投资项目来说是非债务性资金,项目法人不承担这部分资金的任何利息和债务。投资者可按其出资的比例依法享有所有者权益,也可转让其出资,但不得以任何方式抽回。

根据投资主体的不同,资本金可分为国家资本金、法人资本金、个人资本金和外商资本金。国家资本金为有权代表国家投资的政府部门或者机构,以国有资产投入企业或建设项目形成的资本金;法人资本金为其他法人单位以其依法可以支配的资产投入企业或建设项目形成的资本金；个人资本金为社会个人或者本企业内部职工以个人合法财产投入企业或建设项目形成的资本金；外商资本金为国外投资者以及我国香港、澳门和台湾地区投资者投入企业或建设项目形成的资本金。

房地产开发项目的资本金比例为不少于总投资的30%。在可行性研究阶段，应根据项目法人组织形式的特点，研究资本筹措方案。在可行性研究报告中，应说明资本金的出资人，出资方式，资本金的来源与数量，资本金的认缴进度。

2．资本溢价

企业或项目建设单位在筹集资本金活动中，投资者缴付的出资额超出资本金的差额，即为资本溢价。最典型的是发行股票的溢价净收入，即股票溢价收入扣除票面价格和发行费用后的净额。根据财政部、建设银行制定的《施工、房地产开发企业财务制度》，企业的资本溢价收入、接受捐赠的财产、资产重估差价以及资本汇率折算差额等计入资本公积金。资本公积金可以按照法定程序，转增资本金。

（二）预售（租）收入再投入

预售（租）收入再投入是在房地产开发企业将正在开发建设中的商品房，预先租售给承租人或购买人所获取的定金、租金或者房价款收入。

国家为规范房地产市场，对商品房的预售有较严格的管理办法。规定商品房预售应当符合以下条件：已交付全部土地使用权出让金，取得土地使用权证书；持有建设工程规划许可证和施工许可证；按提供预售的商品房计算，投入的开发建设的资金达到工程建设总投资的25%以上，并已经确定施工进度和竣工验收日期。

而广东省对商品房预售的形象进度要求的具体规定是"七层以下（含本数）的商品房项目，已完成结构工程并封顶；七层以上（不含本数）的商品房预售项目，已完成三分之二结构工程"。

商品房预售实行预售许可证制度，开发经营企业进行商品房预售，应当向城市、县城房地产管理部门预售登记，取得《商品房预售许可证》；未取得《商品房预售许可证》的不得进行商品房预售。

预售（租）收入是房地产开发企业持有的资金来源，应当在国家政策的允许范围内，尽量争取较多的预售（租）收入作为房地产开发项目的资金来源之一。在房地产项目投资分析中，应当对预售（租）收入的数量和取得的时间作出合理的预测，预售（租）收入再投入金额一般以控制在总投资的30%左右为宜。

（三）借贷资金

借贷资金，也称负债资金，即企业或项目建设单位对外筹集的资金，是指以企业或项目建设单位名义从金融机构和资本市场借入需要偿还的固定资产投资资金和流动资金，代表了投资人对企业或建设项目的债权，包括长期负债和流动负债。

长期负债是指偿还期限在一年或者超过一年的一个营业周期以上的债务，包括长期借款、长期应付款、应付长期债券等。长期负债的应计利息支出，在建设项目筹建期间，计入开办费。建设经营期间的，计入财务费用。长期负债资金一般采用银行中长期借款、发行债券等方式来筹集。

流动负债是指可以在一年内或者超过一年的一个营业周期内偿还的债务，包括短期借款、应付短期债券、预提费用、应付及预收款项等。流动负债的应计利息支出，计入财务费用。流动负债资金可以采用商业信用、银行短期借款、商业票据等方式来筹集。

（四）其他融资方式

其他融资方式还包括股票融资、债券融资、房地产投资信托基金（REITs）等。

二、几种常见的融资方式

（一）银行抵押贷款

如前所述，借贷资金是指向金融机构取得的，按约定的期限和利率还本付息的货币借款。由于我国金融体制改革的相对滞后，资金市场发育还不完善，房地产项目的主要资金来源还集中在银行。因而，银行借贷仍然是房地产项目最重要的筹资方式。房地产项目的银行借款主要有房地产抵押贷款、土地使用证抵押贷款、单位购建房贷款、个人购建房贷款、合作建房贷款、房地产开发企业流动资金贷款以及按揭贷款等。由于篇幅所限，这里只研究抵押贷款这种最主要的银行借贷形式。

1. 抵押贷款及抵押物

抵押贷款是房地产信贷业务的主要形式，房地产抵押是指抵押人以其拥有的物业作为本人或第三人偿还债务或履行合同的担保。抵押权人有权在抵押人或第三人于债务到期而未偿还时，就抵押的物业较其他债权人优先受偿。这里所谓的抵押人是指以其拥有的房地产作为债务偿还担保的法人或自然人，多为房地产开发商、购房人、土地使用人及房屋所有人。而抵押权人是指接受房地产抵押作为债务偿还的人，多为银行和其他金融机构。抵押权是指债权人对于债务人或第三人的不转移所有权而提供担保的物业，当债务不履行时，可将其变卖清偿债务的权利。

用于抵押的物业，必须是经过当事人共同商议、当地公证机关公证及当地房地产管理部门登记的房地产，包括土地的使用权，房屋和预售房屋的《房屋预售合同》。

（1）土地使用权

抵押人以土地使用权设定抵押时，应连同地上建筑物及其他附着物同时作价抵押（不包括地下的矿藏、埋藏物等自然资源），并以土地使用合同规定的期限为限。

（2）房屋

抵押人以房屋设定抵押时，应当连同房屋坐落地块的土地使用权同时作价抵押。如果抵押人是以同一建筑物的部分设定抵押时，应按所抵押房屋建筑面积占整幢楼宇总建筑面积的比例，将相应比例的土地使用权与该抵押房屋同时作价抵押。

（3）房屋预售合同

房屋预售是指房屋出售人按照一定的法律规定在该建筑物未建成前（施工过程中）即行销售的房屋。为了保障购房者的权益，房屋预售必须签订《房屋预售合同》。该房屋所有权即在预售合同生效之日便发生转移，即购房者从签订的《房屋预售合同》生效之日起便拥有了该房屋的所有权，而不必等待对该房屋实体的"实际占有"。因而，购房者就有权凭借证明其拥有该房屋所有权的《房屋预售合同》设定抵押。

2. 抵押设定的基本条件

设定房地产抵押应具备如下基本条件。

（1）为筹集分期付款购房所需资金，购房者可凭《房屋所有权证》、《土地使用证》或《房屋预售合同》设定抵押。

（2）为筹集房屋建设资金，房地产开发商可凭《土地使用权证》及《工程承包合同》设定抵押。

(3) 抵押人以共有的物业设定抵押时,应当出具其他共有人的《同意意见书》,并以抵押人本人所有的份额为限。

(4) 外商投资企业和内联企业以物业设定抵押时,应出具企业董事会或联合管理机构的书面同意书。

(5) 全民所有制企业和集体所有制企业以物业设定抵押时,应出具上级主管部门的书面同意书。

(6) 以物业向境外金融机构抵押贷款时,应出具有关外汇管理局的批准书。

(7) 抵押人以出租的物业设定抵押时,应书面通知承租人,原租赁合同继续有效。

(8) 抵押人就同一物业设定若干抵押时,应事先将已设定的抵押状况告知各抵押权人。

3. 抵押贷款的一般原则

如前所述,抵押贷款是以自己所拥有的物业作抵押物,向银行或其他金融机构申请长期贷款的筹资方式。公司在依赖抵押贷款而筹集投资资金时,应遵循如下原则。

(1) 公司的债务与其自有资本必须保持适当平衡关系的原则

尽管房地产开发大多是"借钱赚钱"的,然而举债规模必须恰当。不考虑公司自身的经济实力与承受能力,一味举债借款对公司是危险的。一遇到市场波动,就会发生损失,甚至面临破产的危险。因而"量力而行",保持公司的负债额与自有资本在一个恰当的比例,是制订筹资方案,进行融资决策的一项基本原则。

(2) 尽可能均匀安排债务偿还期的原则

集中在一个时期偿还债务,往往会使公司面临巨大的压力。为了保证公司有较稳定的资金供给,最好同时安排有较长期限的贷款,应力争借贷有一定的偿还宽限期。

(3) 妥善安排、有效利用的原则

应尽量安排长期贷款用于项目的开发建设,短期贷款用于支付贷款本息及维持项目经营,要充分利用好每一笔贷款。

(4) 统筹兼顾、全面考虑的原则

抵押贷款时不仅要认真考虑贷款利息,还应研究赋税条件、法律咨询等问题及因不能按时还贷而将承受的惩罚性支出(滞纳金)等问题。

(5) 妥善制订还贷计划的原则

所有的抵押贷款均要按时还本付息,因而几乎每一笔贷款都应在借贷时就制订好切实可行的还贷计划。应尽可能均匀安排每年应支付的贷款本息及作出妥善的财务安排。

4. 房地产抵押贷款的种类

房地产抵押贷款可以从不同的角度来进行分类。

(1) 按利率的确定方式分类

房地产抵押贷款从利率的确定方式可分为固定利率、递增固定利率、浮动利率、重议利率等种类。

(2) 按房地产抵押条件分类

房地产抵押贷款从抵押条件可分为定期抵押、信托契约式抵押和凭书面证据抵押三类。其中,定期抵押是指在抵押合同规定的期限内,房地产的抵押权归受押人,一旦期限届满、贷款偿还,抵押随即取消;信托契约抵押是指要求将抵押物(房产、土地)的契约转让给银行,作为抵押凭证,直至贷款期届满并偿还贷款本息;凭书面证据抵押贷款是指当事人以书面形式证明其愿意把抵押物的产权作为按期偿还贷款本息的贷款。

(3) 按房地产抵押的当事人分类

房地产抵押从涉及的当事人可分为普通抵押和按揭式抵押两类。

普通房地产抵押贷款涉及的当事人只有贷款人与银行两家。贷款人（个人或法人）为获得一笔资金的使用权，以自己所拥有的物业（房产产权或土地使用权）作抵押，向银行借款；按揭式抵押贷款涉及的当事人有三家，即贷款人、银行及房地产开发商，它是银行支持商品房销售的一种金融形式；贷款者交付一定比例的购房款后，便可与开发商签订购房合同，再以购房合同向银行贷款，余下的房款便由银行提供，购房者须按月向银行还贷。

(4) 按贷款融资的目的分类

房地产抵押贷款，若从融资目的分类，可分为经营性和消费性抵押贷款两大类。

经营性房地产抵押贷款是指以房地产投资者或经营者为对象，发生在房地产投资经营、开发建设领域内的抵押贷款。主要有房地产投资抵押贷款（房地产建设贷款）和房地产融资抵押贷款两种。前者是指房地产项目的投资者以取得使用权的土地作抵押，向银行取得的贷款；后者是指房地产的经营者以自己所拥有的物业作为抵押物，向银行取得的贷款。

消费性抵押贷款是指发生在房地产消费领域，为支持商品房销售的抵押贷款。主要有面向城镇居民的私人购房抵押贷款和按揭式抵押贷款，存贷结合的住房抵押贷款和住房公积金的住房抵押贷款等数种。其中存贷结合是指贷款者须事先参加住房储蓄，待达到购房款的一定比例（通常为30%）后，银行便可发放购房贷款；住房公积金的抵押贷款是指由住房公积金向参加公积金的单位职工发放的私人购房抵押贷款，由于住房公积金的福利性质，这种抵押贷款通常利率都较低。

抵押贷款还本付息计算详见本章第六节的内容。

(二) 股票筹资

股票是股份公司收到投资者交付的股金份额后发放给投资者的证明其股东资格、股权份额和取得股息与红利权利的凭证。股票筹资形成股份公司的主权资本（业主权益），是股份公司首要的资金来源，并且是保证该公司获得其他资金来源的基础。在股份公司资本结构中，主权资本占有极重要的地位，也是股份公司资金的长期筹措与中短期筹措的重要区别所在。中短期资金筹措一般不借助于主权资本，长期资金筹措一般都要借助于主权资本，即通过股票发行来实现。股票筹资最常见的有普通股和优先股两类。

(1) 普通股。普通股是公司股份中最常见的一种，是公司资本的基础，是在优先股要求权得到满足后，在公司利润和资产分配方面给予持股者无限权利的所有权凭证。普通股票的持有人是公司的基本股东，他们享有经营参与权（由表决权、选举权、被选举权间接反映）、盈利分配权、财产分配权、优先认股权、股份转让权，同时也相应承担风险。普通股属于高风险、高收益性股票。用普通股筹资，具有如下优缺点。

① 公司没有清偿的义务，从而为公司提供了长期、稳定的资本供应。
② 是公司改变资本结构的重要手段。
③ 筹措发行普通股的费用较高。
④ 资本成本率较高（公司向普通股支付的股息报酬较高）。

(2) 优先股。优先股又称特别股，是指相对于普通股对公司具有特别权利的股票。其优先性主要表现在两方面：一是有固定的股息率，股息支付在普通股之前；二是当公司解散或清算时，对公司清偿债务后的剩余财产，有优先分配权。优先股同样没有期限，股息又是用税后净利润支付的，法律认定优先股还是股票，属主权资本范畴。优先股筹资具有如下优缺点。

① 没有届满期限，为公司提供了长期稳定的资金来源。
② 优先股不享有投票权，可避免支配权的分散。
③ 股息是累积的，有助于困境中的企业获得一个喘息的机会。
④ 优先股仍属于主权资本，股息由税后净收益支付，增加了所得税负担。

（三）债券筹资

债券是债务人发行的，定期向债券持有人支付利息，并在债券到期后归还本金的一种债务凭证。公司发行的债券是公司基本的长期债务证券，是一张长期本票。债券筹资具有如下优缺点。

① 利息率较低，从而降低了公司的资本成本率。
② 债券利息在税前扣减，从而降低了税金。
③ 避免公司支配权的分散。
④ 按期还本付息，增加了公司的财务风险。
⑤ 给公司的现金周转带来麻烦。

（四）房地产投资信托（REITs）

详见本章第三节"房地产投资信托"的内容。

第三节 房地产投资信托

房地产投资信托（Real Estate Investment Trusts，REITs）是一种与房地产信托、房地产投资基金等概念相关的新型的投资工具，它直接把市场资金融通到房地产行业，为房地产开发项目资金筹集开拓了一条新的融资渠道。

一、REITs 的概念及类型

REITs 又称为房地产投资信托基金，是一种将按照信托原理设计，以发行受益凭证的方式公开或非公开汇集多数投资者的资金交由专门投资机构进行投资经营管理，并将投资综合收益按比例分配给投资者的投资工具。

按照基本组织形式划分，REITs 分为契约型 REITs 与公司型 REITs。

（一）契约型 REITs

契约型 REITs 是以信托契约为基础形成的代理投资行为，本身不具有法人资格。其基本结构由投资人（委托人、受益人）、受托人（REITs 基金）和基金托管公司三方构成。受托人按信托契约将受益权进行分割并依据法律、法规和信托契约负责 REITs 基金的经营和管理操作，同时又委托基金托管公司负责保管基金、资产。

这里契约型 REITs 存在两个信托法律关系，即投资人、REITs 基金管理公司之间的信托关系和 REITs 基金管理公司、基金托管公司之间的信托关系，因此实际上 REITs 基金管理公司同时具有委托人、受托人和受益人三重身份，投资人是最终的受益人，而基金托管机构则是最终的受托人。

这样，契约型 REITs 的基本结构如图 9-3 所示。

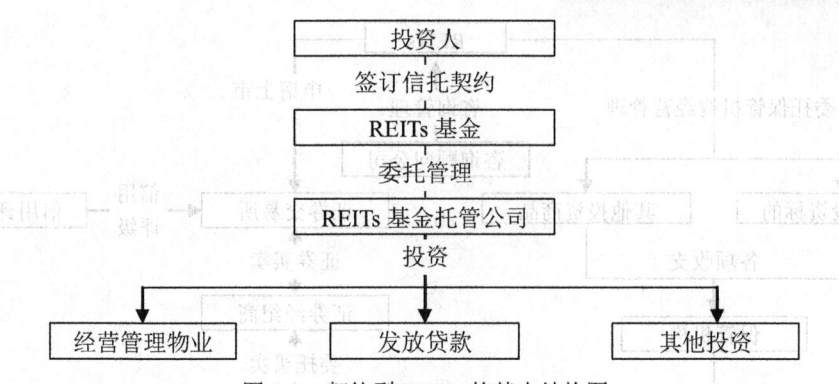

图 9-3 契约型 REITs 的基本结构图

(二) 公司型 REITs

公司型 REITs 设立一个具有独立法人资格的投资公司进行管理，其基本结构由投资人、REITs 投资公司（委托人、受益人）和基金保管公司（受托人）三方构成。投资公司的发起人通过向社会公开发行股票从广大投资者手中集中资金成立专门从事投资的股份有限公司，从事与房地产相关的各类投资，并将由此获得的收益以股息或红利的形式返还给股东投资者。

公司型 REITs 通常委托专业的管理公司和独立投资顾问管理资产，同时还会委托保管机构保管资产。从信托关系上来说，公司作为委托人与保管机构签订信托协议，将公司资产转让给保管机构使后者成为资产名义上的所有人，同时公司作为受益人将资产产生的收益以分红的形式分配给股东完成整个投资流程。因此，不同于契约型 REITs，公司型 REITs 中仅存在一个信托法律关系，即以保管机构为受托人，投资公司为委托人和受益人的信托法律关系，投资者通过购买投资公司的股份而成为股东，与投资公司之间构成了股东与公司的关系，二者之间的权利义务也完全由公司法设定，不存在信托关系。

公司型 REITs 的基本结构如图 9-4 所示。

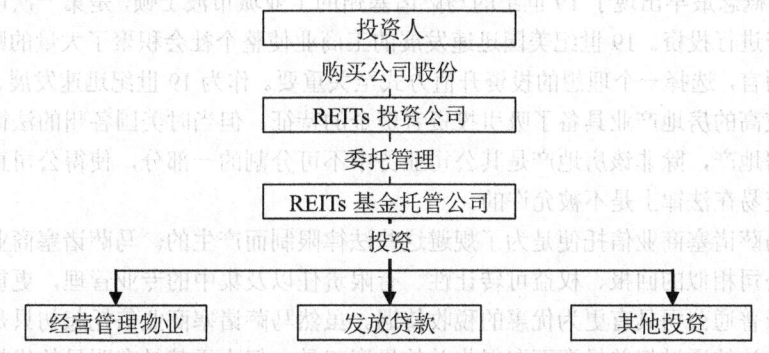

图 9-4 公司型 REITs 的基本结构图

对于公司型 REITs 来说，投资人购买 REITs 的股票形成的 REITs 投资公司直接参与管理物业经营获取租金收益和资本利得，也可通过向房地产开发企业贷款获取利息收益，各种收益的组合以分红的形式返还给投资人或其指定的受益人，其运作模式如图 9-5 所示。

(三) 契约型 REITs 与公司型 REITs 的比较

契约型 REITs 与公司型 REITs 基本结构的比较如表 9-1 所示。

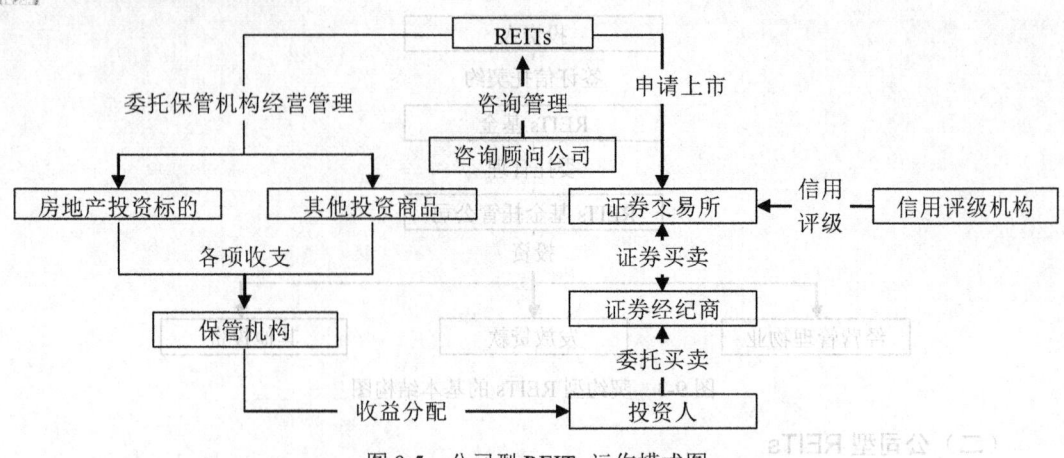

图 9-5 公司型 REITs 运作模式图

表 9-1 契约型 REITs 与公司型 REITs 的比较

比较项目	契 约 型	公 司 型
资金属性	信托财产	公司资产
资金的使用	按信托契约规定	按公司章程规定
与投资人的关系	信托契约关系	股东与公司的关系
与受托人的关系	以受托人存在为前提	本身即受托人
利益分配	分配信托利益	分配股利

二、REITs 的发展历程

REITs 实际上是一种信托基金制度，以在美国的发展最为典型。

（一）REITs 的起源

REITs 的概念最早出现于 19 世纪的马萨诸塞州的工业城市波士顿，是第一次以商事信托的形式对房地产进行投资。19 世纪美国迅速发展的工商业使整个社会积聚了大量的财富，对于财富的持有者而言，选择一个理想的投资升值方式至关重要。作为 19 世纪迅速发展、投资收益相比其他行业较高的房地产业具备了吸引投资者资金的特征。但当时美国各州的法律大都禁止公司直接持有房地产，除非该房地产是其公司业务中不可分割的一部分，使得公司直接对房地产进行投资或交易在法律上是不被允许的。

最早的马萨诸塞商业信托便是为了规避这些法律限制而产生的。马萨诸塞商业信托为投资者提供了与公司相似的回报、权益可转让性、有限责任以及集中的专业管理，更重要的是，这种信托相比于普通公司具有更为优惠的税收待遇。虽然马萨诸塞商业信托起初只是作为一种专为富有阶层设计的通过权益投资而取得收益的投资工具，但由于其具有明显的优越性，很快便成为大众型投资方式。马萨诸塞商业信托的投资方式在波士顿取得成功后，很快发展至美国各大工业城市，如芝加哥、奥马哈和丹福，上述城市中的富有阶层很快将马萨诸塞商业信托作为自己的理想投资方式。马萨诸塞商业信托作为投资房地产的工具一直持续到 1935 年，联邦最高法院通过判决的方式取消了该种信托的税收优惠。很快，马萨诸塞信托因丧失了优越性而趋于低迷，到 20 世纪 40 年代末，仅剩下为数不多的马萨诸塞信托同享有税收优惠待遇的依据 1940 年《投资公司法》设立的房地产投资公司和房地产辛迪加进行竞争。

在 1935 年之前，美国中小投资者对房地产领域的投资方式一直为麻州商业信托。但由于 1935 年美国最高法院取消了其税收优惠政策，使此类信托及其他一些类似的信托产品纷纷被转让。在此后的 25 年间,由于缺乏足够的税收优惠政策吸引投资者,房地产类信托产品在美国基本处于停滞状态。这种情况直至 1960 年《国内税收法案》修正才得以根本改变。

1960 年美国《国内税收法案》的修正实际上源于主客观两方面因素的共同作用。一方面,在 20 世纪 50 年代剩余的少数房地产信托公司出于生存和业务发展的需要,通过游说政府,使得信托基金能够享有依据 1940 年《投资公司法》成立的投资公司同样的税收优惠政策,这就为 1960 年《国内税法法案》的修正预先进行了法律上的铺垫。该项努力实质上使得 1935 年之后被停滞的麻州商业信托理念重新复苏,并具备了同投资公司设立的其他投资工具,如封闭式共同基金和房地产辛迪加进行竞争的能力。另一方面,第二次世界大战后美国投资者对购买房地产和抵押贷款资金的强烈需求也促使国会决定促进 REITs 的发展。1960 年美国《国内税收法案》的修正正式批准成立 REITs 业务,并具体规定了 REITs 所能够享受的税收优惠政策以及申报认定为 REITs 实体所需通过的"结构"和"经营"审核标准。1960 年《国内税收法案》修正案的出台,使美国广大中小投资者能够分享不动产投资收益,避免财团垄断,同时建立房地产资本市场,促进了房地产市场与资本市场有效融合。此外,同年国会还出台了旨在单独调整规范 REITs 经营活动的《REITs 法》,法案中进一步明确规定了 REITs 享有与共同基金同样的特殊税收优惠政策。从此之后,REITs 在美国得到了迅速的发展,1968—1970 年间 REITs 的总资产额从 10 亿美元迅速增加至 47 亿美元,同期新上市的 REITs 数量从 61 家增长至 161 家。

（二）REITs 的发展

自 1960 年 REITs 正式成立以来,随着美国宏观经营环境的不断变化以及税法等相关法律的不断调整,REITs 的发展经历了曲折的过程。其中《国内税收法案》于 1976 年和 1986 年进行了两次修正,均对当时正处于低迷状况的 REITs 起到了有力的推动作用。1986 年《国内税收法案》修正案最为重要的变化就是允许 REITs 不仅拥有房地产,而且可以直接经营和管理这些房地产;同时延长了房地产的折旧年限,并限制了被动损失的使用,导致传统房地产投资失去了避税优势。这使得 REITs 在 20 世纪 80 年代再次回升,资产值不断增长,1991 年底达到历史最高水平。

但随着美国房地产市场竞争的激烈,虽然 REITs 可以根据《国内税收法案》直接经营管理其所拥有的物业,但是在经营范围和租金税收政策上均存在一定程度的限制,使其很难提供与其他专门房地产经营管理公司同等质量的服务,在市场上并不具有竞争优势。正因为如此,REITs 行业不断游说美国国会提升 REITs 在房地产市场中作为所有者和经营者的竞争地位,促进了 2001 年《REITs 现代化法》的出台。该法案允许 REITs 获得税收补贴并为租户提供某些服务;同时将 REITs 应纳税收益的分配比率从 95% 降至 90%,保证了 REITs 的平稳发展。

（三）美国的《REITs 法》

美国《REITs 法》对 REITs 的收益来源、分配及管理等运作模式做了详尽的规定。

（1）REITs 必须采用公司、信托投资行等组织形式,由董事会或受托人经营、管理;REITs 至少应有 100 位股东,并且份额最大的 5 名股东在 REITs 中的股份应低于 50%。

（2）REITs 所有的股份都一样,没有普通股和优先股之分,且所有的股份可以在证券市场上自由转让。

（3）REITs 的总资产中需至少有 75% 投资于与房地产有关的业务中,如房地产运营、房屋抵押贷款、对其他 REITs 的投资或政府证券。

（4）REITs 的总收入中至少应有 75% 来源于房屋租金收入、房屋抵押贷款的利息收入及出售物业的利润;且总收入 95% 以上应来源于租金收入、房屋抵押贷款的利息收入、出售物业的利润及 REITs 公司投资股票的红利收入、利息收入和出售证券的资本收益。

(5) REITs 的总收入中最多只能有 30%来源于持有不超过 4 年的物业的销售收入。这与一般的房地产开发机构主要通过开发—出售的方式来盈利有本质的区别。

(6) REITs 必须把 95%以上的经营收益（资本收益不计在内）以红利的形式分配给投资者。

(7) REITs 的高级管理人员必须将大部分个人净资产投资于自己管理的 REITs 中，这意味着管理层与股东的本质一致性，较好地避免了二者之间的利益冲突。

(8) REITs 的经营收入在公司经营层面上无须纳税，从而成为美国最重要的避税型投资工具之一。

三、REITs 的运作模式

（一）美国 REITs 的运作模式

目前，美国 REITs 的运作模式主要有以下两种。

1. REITs 典型模式

REITs 通过在股票市场发行股票（IPO 或增发）募集资金后，持有和管理房地产资产，投资者通过购买 REITs 股票间接投资于房地产，并可以在股票市场进行交易，获得资本利得和流动性。REITs 的收入主要包括出租房地产的租金、投资于其他 REITs 股票所得的股利、投资于房地产抵押贷款和短期债务工具的利息收益。其运作模式如图 9-6 所示。

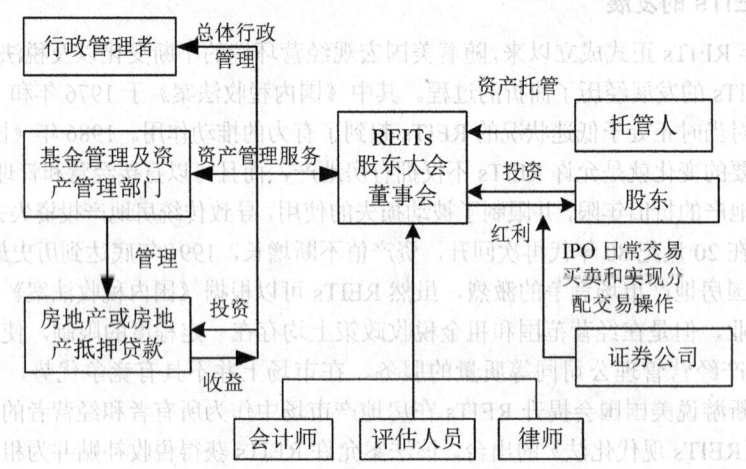

图 9-6 美国 REITs 的典型运作模式

2. 伞形合伙 REITs 的运作模式

目前，美国比较常见的是一种称为伞形合伙 UPREITs 的 REITs 的运作模式，其基本过程是，现有合伙企业的数个合伙人共同设立一个经营性合伙企业，然后转让自有房地产，以获取代表有限合伙权益的凭证——经营型合伙单位（operating partnership unit，简称 OP 单位），成为有限合伙人。在设立经营性合伙企业的同时，公开募集成立一个 REITs。REITs 以融得资金向经营型合伙企业出资，成为后者的普通合伙人（即无限责任合伙人）。有限合伙人持有 OP 单位一段时间（通常为 1 年）后，合伙人可以把 OP 单位转换成 REITs 股份或现金，从而获取流动性。这种转换权利实际上是一种"看涨期权"。REITs 融资所得资金交给合伙企业后，合伙企业用于减少债务、购买其他房地产等用途。其运作模式如图 9-7 所示。

（二）亚洲国家和地区的 REITs 运作模式

20 世纪 90 年代末以来，REITs 开始在亚洲各国和地区中得到推广。日本、新加坡、韩国、中国台湾地区、中国香港特别行政区等已经发行和正在发行 REITs 或类似的金融产品。

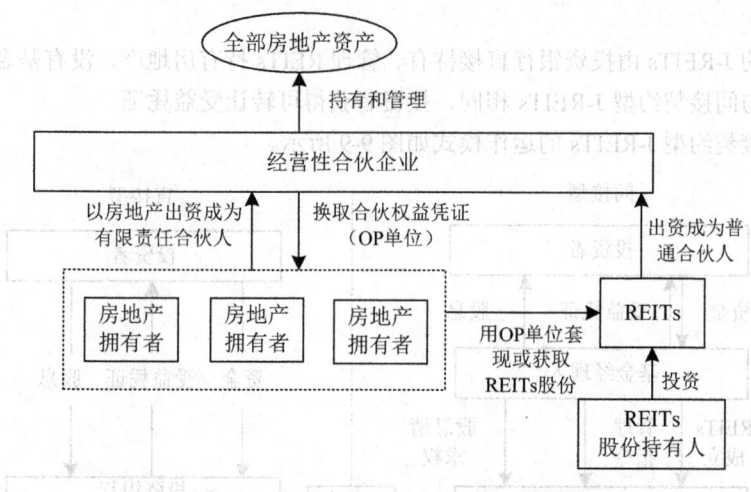

图 9-7　伞形合伙 UPREITs 的运作模式

1. 日本 REITs 的模式

日本在 2000 年 11 月修改了《投资信托及投资公司法》，允许投资信托所募集资金运用于房地产投资，即日本的不动产投资信托（J-REITs）正式建立。投资人投资于 J-REITs 时，获得与股票类似的投资凭证，可以在东京不动产投资信托市场（TSEREITs market）进行交易。

J-REITs 分为公司型和契约型两种类型。根据是否有基金经理人参与，契约型 REITs 可以进一步划分为间接型和直接型两种类型。

（1）公司型 J-REITs

目前在日本东京不动产投资信托市场上市交易的 J-REITs 都采用公司型，这种类型也是日本 REITs 的主要发展方向。公司型 J-REITs 成立一个以运用投资人资金投资并管理房地产这一特殊目的公司，发行投资凭证募集投资者的资金，然后购买并管理房地产。从技术上说，这一特殊目的公司必须自己负责房地产的管理和经营，但是，实践中这一功能一般外包给第三方。其运作模式如图 9-8 所示。

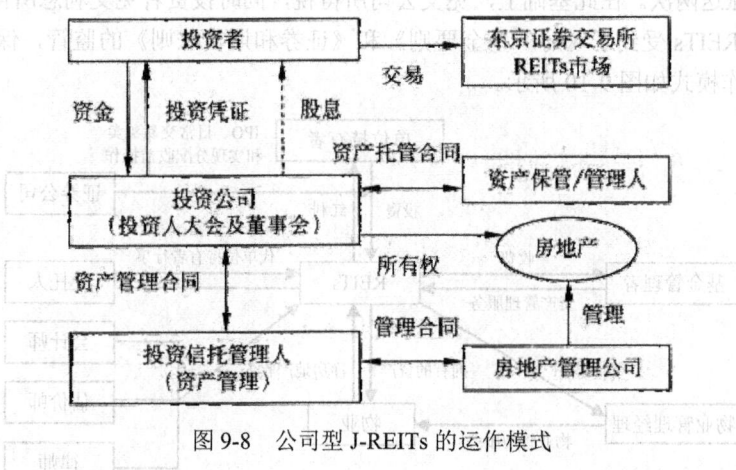

图 9-8　公司型 J-REITs 的运作模式

（2）契约公司型 J-REITs

与一般的有价证券投资信托相类似，间接契约型 J-REITs 由基金经理人/管理人负责运作，选择并决定由投资银行持有和管理的资产。投资银行负责直接管理房地产。投资者获得可转让的受益凭证。

直接型契约 J-REITs 由投资银行直接持有、管理 REITs 持有房地产，没有基金经理人/管理人参与运作。与间接契约型 J-REITs 相同，投资者获得可转让受益凭证。

间接和直接契约型 J-REITs 的运作模式如图 9-9 所示。

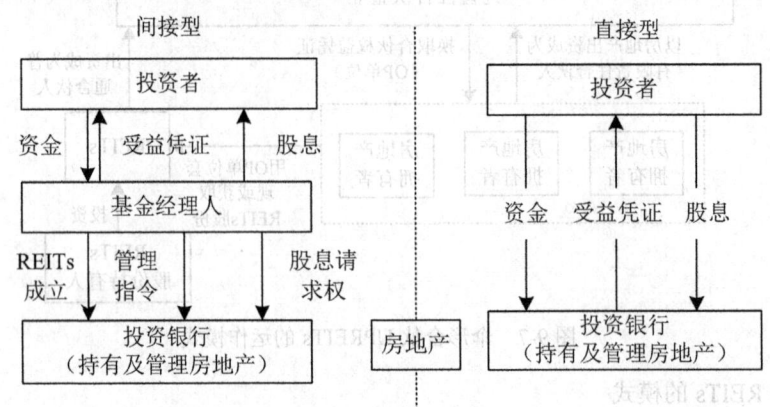

图 9-9　契约型 J-REITs 的运作模式

2. 新加坡 REITs 的模式

1999 年，新加坡财政当局公布了 REITs 的设立准则，其设立的主要目的是增加资产的流动性，同时为房地产公司开辟一条新的融资渠道。

新加坡的 REITs 既可以投资国内的房地产，也可以投资国外的房地产，至少 70% 的投资来自于房地产以及其相关领域，包括债券、房地产上市公司的股票等，同时法律规定 REITs 不能投资于空地以及被抵押的房地产项目。REITs 可以以公司形式或者以契约形式成立，如果以公司形式成立，则这个基金必须在新加坡证券交易所（SGX）公开募集资金，如果以契约形式成立，则可以公开或者私下募集资金，如以私募方式，投资者必须被允许至少一年可以赎回此信托单位。另外，新加坡法律还规定 REITs 的财务杠杆比例不得超过 35%，规定将收入的 90% 作为红利分发，并且一般一年派送两次。在此基础上，免交公司所得税，同时投资者免交利息所得税。

新加坡的 REITs 受到了《财产基金要则》和《证券和期货法则》的监管，保证 REITs 的正常运行。其运作模式如图 9-10 所示。

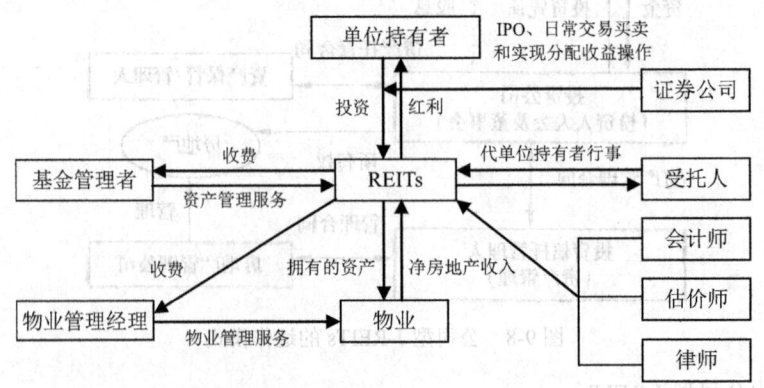

图 9-10　新加坡 REITs 的运作模式

3. 中国香港 REITs 的模式

2003年6月，为了增强房地产市场资产的流动性，同时满足房地产公融资需要，香港证券委员会（SFC）颁布了关于 REITs 的第一部法规，成立 REITs。

香港的 REITs 是以契约形式存在，按法律规定委派外部管理公司进行管理，同时必须由一名与房地产公司无关的基金托管人对 REITs 制订计划，实施管理。

法律规定，REITs 必须在香港本地投资，投资的物业包括地产和房产，物业类型没有限制，REITs 可以投资于写字楼、零售物业，也可以投向停车场、酒店等特殊的房地产物业。但是投资的物业必须是可以产生连续型的收入，同时 REITs 还可以投资于新建的房地产，但是此类房地产的比例不能超过总净资产的10%。法律还规定 REITs 拥有的物业时限必须在两年以上，每一年均必须将90%的税后净收入作为股利分发，而且公司无需交所得税。

同样，香港的 REITs 可以在香港证券交易所（HKSE）上市。其运作模式如图9-11所示。

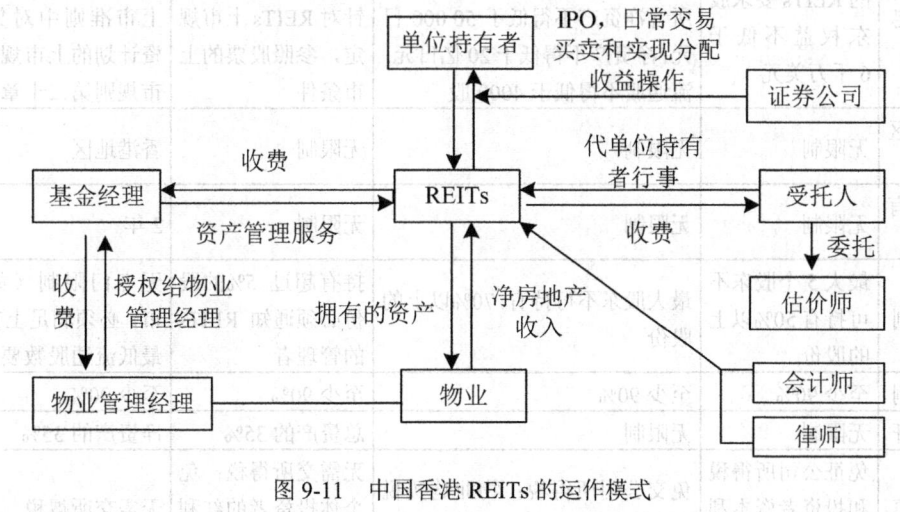

图 9-11 中国香港 REITs 的运作模式

（三）各国及地区 REITs 运作模式比较

美国、日本、新加坡以及中国香港地区的 REITs 运作模式比较如表9-2所示。

表 9-2 各国及地区 REITs 运作模式比较

要求	美国 REITs	日本 J-REITs	新加坡 REITs	香港 REITs
结构要求	公司	投资信托/投资公司（公司型开放式基金或股份有限公司、合伙公司、有限责任公司、契约式封闭基金）	单位信托或共同基金（契约型开放基金或公司型开放基金）	单位信托
资产投资要求	至少75%的投资在房地产以及与房地产有关的资产	至少75%的投资在房地产以及与房地产有关的资产，同时50%以上的资产必须是收入产生型，且一年内不可能被出售	至少70%的投资在房地产以及与房地产有关的资产	至少90%的投资在房地产以及与房地产有关的资产
收入要求	收入中不低于75%来自于房地产以及与房地产有关的资产	收入中不低于75%来自房地产以及与房地产有关的资产	收入中不低于70%来自房地产以及与房地产有关的资产	收入的较大部分必须源自房地产项目的租金收入

续表

要求	美国 REITs	日本 J-REITs	新加坡 REITs	香港 REITs
业务范围	开发、收购、持有、管理房地产	不能开发房地产	禁止从事或参与房地产开发活动	禁止投资于空置土地或从事或参与物业开发活动（不包括修缮、装修）
资产管理	一般由 REITs 自己管理房地产	公司型的 REITs 其房地产一般委托第三方管理	必须委托第三方管理	自行或委托第三方管理
发行方式	上市	上市或者不上市	上市或者不上市，定期定量赎回	上市
上市规定	对经营 3 年以下的 REITs 要求股东权益不低于 6 千万美元	房地产占总管理的资产比例不得低于 75%；每手交易的股份所含净资产不得低于 50 000 日元；净资产不得低于 20 亿日元；流通股不得低于 4000 股	须是经 MAS 批准的 REITs；无专门针对 REITs 上市规定，参照股票的上市条件	须是经香港证监会批准的 REITs；符合主板上市准则中对集体投资计划的上市规定（上市规则第二十章）
房地产区域限制	无限制	无限制	无限制	香港地区
最低持有年限	无限制	无限制	无限制	2 年
持股限制	最大 5 个股东不可持有 50% 以上的股份	最大股东不可持有 70% 以上的股份	持有超过 5% 的股份必须通知 REITs 的管理者	无专门限制（如果上市，必须满足上市公司最低流通股数要求）
分红比例	至少 90%	至少 90%	至少 90%	至少 90%
财务杠杆	无限制	无限制	总资产的 35%	净资产的 35%
税收优惠	免征公司所得税和投资者资本利得税	免交公司所得税；物业购买税和登记税上的优惠	无需交所得税；免个体投资者的红利分配税	无需交所得税

资料来源：丁烈云. 房地产开发[M]. 第 3 版. 北京：中国建筑工业出版社，2008.

四、REITs 与其他融资方式的比较

从世界发展来看，REITs 有很大需求，这都源于 REITs 的特征所带来的各方面的优势。这些优势可以通过与股票和公司债券融资方式的比较而突显出来。

（一）REITs 与公司债券融资的比较

1. 投资资本的安全性

公司债券投资资本比 REITs 投资资本的安全性更大。主要表现在以下两个方面。

（1）除非发行债券的企业或机构破产，否则债券在到期时必须偿还本金，即投资者至少能收回投资本金；而 REITs 的投资者则不可能得到这样的保障。

（2）即使出现破产清算的情况，公司债券投资者也将得到优于 REITs 投资者的受偿，而 REITs 作为普通股，其受偿顺序在债权之后。

2. 投资收益

从总的投资收益的角度来看，在利率和市场行情不发生重大变化的情况下，公司债券的投

资收益就是息票利率指向的收益值,其收益有基本的保障且与预期值相同,但没有增长的潜力;而 REITs 的基本收益率没有债券的息票利率高,但其总的投资收益是分红再加上资本增长所带来的收益。因此,REITs 的投资收益水平要高于公司债券。

3. 通货膨胀的影响

相对于 REITs,公司债券是利率敏感性的资产,不能对通货膨胀进行有效抵御。具体而言,当通货膨胀率上升时,公司债券价值会降低很多,且距离债券到期时间越长,其价值就下跌得越快。即使投资者持有债券到期末,能收回原来的投资成本,但此时的货币已经贬值;而对于 REITs,通货膨胀率的上升会使 REITs 名下拥有的物业增值,租金水平上升,直接促使 REITs 经营收入的增长。也就是说,REITs 比公司债券有更强的抵御通货膨胀的能力,并且其价值会随着时间的推移而增长。当通货膨胀率降低时,市场利率也随之降低,企业的融资成本下降。已经发行了高于当时市场利率债券的某些企业,一般会选择提前回购债券,这直接导致投资者丧失了获取未来高收益的权利;而对于 REITs,在通货膨胀率下降时,REITs 的股票价值会随之上升,从而保障其总体收益水平。因此,公司债券的投资者将承担通货膨胀升降带来的收益不稳定的风险,而 REITs 因其收益来源的多样性,可以很好地抵御通货膨胀率变动的影响。

(二)REITs 与公司股票融资的比较

以美国为例,美国的《房地产投资信托法》规定,所有的 REITs 都没有优先股,只能是普通股。因此,基于《房地产投资信托法》的管理规定,REITs 与一般股票的区别主要表现在以下两个方面。

(1) REITs 必须把其 95% 以上的经营收入(资本收益不计在内)以红利的形式分配给投资者,也就是说,REITs 没有权利制订自己的分红比例,而是要服从法律的规定。这样,REITs 要扩张发展时,所需资本就不能像别的公司那样以自己上一年的盈利为资本积累,必须开拓新的资本渠道。

(2) 由于 REITs 是采用信托方式经营,在经营层面上无需纳税,能给投资者的投资带来更大的收益,因此,REITs 是美国具有避税作用的最重要的投资工具之一。

第四节 其他几种常用的项目融资模式

在项目融资中,还有几种模式也有较多的应用,介绍如下。

一、以"产品支付"为基础的项目融资模式

这是指项目公司完全以产品和这部分产品销售收益的所有权作为担保品,而不是采用转让或抵押方式进行融资,这种方式是针对项目贷款的还款方式而言的。借款人在项目投产后不以项目产品的销售收入来偿还债务,而是直接以项目产品来还本付息。在贷款得到偿还前,贷款人拥有项目部分或全部产品的所有权。因此,产品支付融资适用于资源储量已经探明,并且项目生产的现金流量能够比较准确地计算出来。

以"产品支付"为基础的项目融资的特点如下。

(1) 独特的信用保证结构。

(2) 贷款的偿还期比项目的经济寿命周期短。

(3) 贷款人一般只为项目的建设和资本费用提供融资，不提供用于项目经营开发的资金。

(4) 贷款银行的融资容易被安排成为无追索或有限追索的形式。

(5) 一般要求成立一个融资中介机构，由该机构（一般为信托机构）与项目公司签订"产品支付协议"，专门负责从项目公司购买一定比例项目资源的储量或未来生产的资源性产品产量。

二、以"杠杆租赁"为基础的项目融资模式

这是指在项目发起人的要求和安排下，由杠杆租赁结构中的资产出租人承担小部分购置资产所需的资金，而银行等金融机构提供贷款，补足大部分所需资金购买项目资产，然后租赁给承租人的一种融资结构。当出租人没有足够的资本或希望分散风险时，常采用杠杆租赁融资模式向第三方寻求贷款资金。

以"杠杆租赁"为基础的项目融资模式的特点如下。

(1) 融资方式比较复杂，涉及的参与者较多，资产抵押以及其他形式的信用保证在股本参与者与债务参加者之间的分配和优先顺序问题也比一般项目融资模式复杂，较适合大型工程项目的融资安排。

(2) 项目公司仍拥有对项目的控制权，包括对租赁资产的使用、经营、维护和维修权等。

(3) 可实现100%的融资，项目发起人不需再进行任何股本投资。

(4) 融资成本较低，承租人可享受税前偿租的好处，出租人通常可获得投资税务抵免、优惠政策、加速折旧等好处。

(5) 应用范围比较广泛，既可以为整个项目安排融资，也可以为项目的一部分建设工程或专项设备安排融资。

三、以"设施使用协议"为基础的项目融资模式

设施使用协议是指在某种工业设施或服务性设施的提供者和使用者之间达成的具有"无论使用与否均需付款"性质的协议。以"设施使用协议"为基础，项目投资者可以利用与项目利益有关的第三方（即项目设施使用者）的信用来安排融资，分散风险。以"设施使用协议"为基础的项目融资方式适用于资本密集，收益相对较低但相对稳定的基础设施类项目。这种融资方式在项目投资结构的选择上比较灵活，成败的关键是设施使用者能否提供一个强有力的具有"无论使用与否均需付款"性质的承诺，以及该承诺的可靠程度（设施使用者的信用）。通常要求设施使用者在项目融资期间，不管其是否真正地利用了项目设施所提供的服务，都得向设施的提供者无条件地定期支付预先确定数额的项目设施使用费。在项目融资中，这种无条件承诺的合约权益将被转让给提供贷款的银行，与项目投资者提供的完工担保一同构成项目信用保证结构的主要组成部分。

四、BOT/PPP模式的项目融资

BOT/PPP模式不等同于项目的融资，而是一种新的项目建设模式，项目融资只是其中的一个阶段。但是大多数用BOT/PPP模式开发的项目，采用项目融资的方式筹集大部分（70%及更多）项目资金，因此与项目融资密切相关。前文所述的融资结构都可用于BOT/PPP项目，但BOT/PPP模式仍具有自身独有的特征。

（一）BOT/PPP 基本概念

BOT（Build-Operate-Transfer，建设—经营—移交）模式是指项目所在国政府授予项目发起人或为项目专门成立的项目公司特许经营权，让其全面负责该项目的融资、设计、建造、运营和维护，在规定的特许期内出售项目产品/服务，以偿还债务，回收投资并获得合理的回报，在特许期满后将项目按规定的要求移交给政府。BOT 模式下，项目所有权不转移，政府对项目拥有较大的控制权，私有化程度较低。在我国，BOT 也常称作"特许权"、"特许经营"或"法人"招标，包括 BOT、BOOT、BOO 三种基本形式和 BT、BLT、TOT、DBO、DBFO 等十多种演变形式。

BOT 模式是为了吸纳资金，尤其是海外投资，减少风险，提高项目运营的效益。因此，BOT 模式主要应用于意欲吸收外资的大型能源、交通、电力等回报率较高的国有基础设施建设项目。

BOOT（Build-Own-Operate-Transfer）是指建设—拥有—经营—移交。与 BOT 的概念基本相同，项目投资者仅在特许经营期内拥有项目所有权，特许经营期满，项目所有权和经营权一并移交政府，是一种有限的私有化模式。

BOO（Build-Own-Operate）是指建设—拥有—经营。投资者在项目建成后拥有项目所有权并开展经营，特许期满后无须将项目所有权和经营权无条件转让给政府，一般适用于不涉及国民经济命脉和国家安全的行业，或者特许期满后收回项目所有权和经营权意义不大的项目。BOO 模式使项目完全私有化。

BT（Build-Transfer）是指建设—移交。项目的运作通过项目管理公司总承包后，由承包方垫资进行建设，建设验收完毕再移交给政府，政府按协议支付项目总投资合理的回报。此方式适合无法进行收费运营的项目，或者基于安全和战略的需要必须由政府直接运营的关键设施。

BLT（Build-Lease-Transfer）是指建设—租赁—移交。与 BOT 的概念基本相同，只是项目的运营形式是出租，即获得特许经营权的私人开发商筹资建设项目设施，项目建成后，在规定的特许期内把项目出租给政府，以所得的租金回收工程投资和赚取合理的利润，特许期满后将项目按规定的要求移交给政府。

TOT（Transfer-Operate-Transfer）是指移交—经营—移交。即政府部门将已建成运营的项目的经营权有偿地转让给投资者，投资者在一定期限内，通过运营项目收回投资并获取合理收益，并在合同期满后将项目经营权无偿交还政府部门的一种融资方式。

DBO（Design-Build-Operate）是指设计—建设—经营。即承包商设计并建设一个公共设施或基础设施，并且运营该设施，满足在工程使用期间公共部门的运作要求。承包商负责设施的维修保养，以及更换在合同期内已经超过其使用期的资产。该合同期满后，资产所有权移交回给公共部门。

DBFO（Design-Build-Finance-Operate），是指设计—建设—融资—经营。这是英国政府在英国公路建设上最常用的方式。由项目公司根据相关协议对各阶段相应合作伙伴进行管理，不牵涉项目及产权的拥有、转让问题。该模式由私人部门负责融资、设计、建设并运营公用项目，在合同期提供服务，政府根据特许协议支付一定的费用。

PPP（Public-Private-Partnership）本身是一个意义非常宽泛的概念，指公共部门通过与私人部门建立伙伴关系提供公共产品或服务的一种方式。具体而言是政府公共部门为提供、交付部分公共设施及相关服务的项目而与私人部门之间缔结紧密的合作伙伴关系，相互之间签署合同或协议明确双方的权利和义务，以确保这些项目的顺利完成。PPP 模式的基本特征很明确，即公私双方共享投资收益，分担投资风险和共同承担社会责任。

广义来说，把任何利用政府和私营机构各自的独特优势、通过合作实现优势互补的模式都可归结为PPP（公私合作伙伴关系）模式，因此BOT及其演变形式都是PPP模式下的具体运用形式。下面以BOT模式为例进行具体说明。

（二）BOT模式的基本特点

BOT模式最大也是最显著的特点是，项目发起人（所在国政府）对项目没有直接的控制权，在融资期间也无法获得任何经营利润，只能通过项目建设和运营获得间接经济效益和社会效益。在BOT项目实施过程中政府起主导作用，让渡BOT项目的经营权，但拥有项目的终极所有权。政府不干涉项目公司的正常经营，但要参与项目实施过程的组织协调，并对项目服务质量和收费进行监督。BOT方式偏重于在公共基础设施项目中使用。

1. 项目参与者众多

BOT模式涉及众多的参与人，一般由三部分人员组成：项目最终所有者（项目发起人），项目直接经营者和管理者，项目贷款银行。其中所在国政府和项目发起人最为关键。

项目发起人是指项目所在国政府或政府指定的公司，项目发起人在法律上既不拥有项目也不经营项目，而是通过给予项目某些特许经营权和给予项目一定额度的从属性贷款或贷款担保作为项目建设、开发和融资安排的支持。通过采用BOT模式，发起人可以减少项目建设的初始投入，吸引外资，引进先进技术，改善和提高项目管理水平。由于特许权协议在BOT模式中占据关键性地位，有时BOT模式也被称为特许权融资。

项目经营者是BOT融资方式的主体。项目经营者从所在国政府获得建设和经营的特许权，负责组织项目的建设和生产经营，并从项目中获得利润。项目经营者角色一般由一个专门组织起来的项目公司承担。项目公司的组成以在这个领域具有技术能力的经营公司和工程承包公司作为主体。

项目贷款银行组成较为复杂，除了商业银行组成的贷款银团之外，政府的出口信贷机构和世界银行或地区性开发银行的政策性贷款，在BOT模式中通常也扮演很重要的角色。贷款银行的条件取决于项目本身的经济强度、项目经营者的经营管理能力和资金状况，但是在很大程度上主要依赖于项目发起人和所在国政府为项目提供的支持和特许权协议的具体内容。

2. 融资结构复杂

由于采用BOT模式融资的项目涉及巨额资金，又有政府的特许协议作为支持，所以投资者一般愿意将其融资安排为有限追索的形式。即贷款银行可以在贷款的某个阶段或一定的范围内对项目投资者进行追索，除此之外，项目出现任何问题，贷款人均不能追索到借款人除该项目资产、现金流量以及所承担义务之外的任何形式的财产。BOT融资模式的设计，体现了利益共享、风险分担的原则。BOT项目应使用相对成熟的技术，在对市场需求进行全面分析的基础上，严格论证项目的经济强度以保证融资的顺利进行，所以其融资结构的设计十分重要。基本结构如图9-12所示。

3. 有利于风险分担

在BOT实际操作中，通常会有三类风险：① 商业风险和信用风险。这类风险由项目公司承担。② 包括法律风险、政治风险、金融风险在内的非商业风险。这类风险也主要由项目公司承担。③ 由于自然等因素存在并造成的不可抗力风险。这类风险可由项目公司出资购买保险，不能投保的则由项目公司与政府共同承担。采用BOT模式的好处之一就是能够转移项目风险，减少政府的风险承担。而风险管理的核心，是通过BOT合同合理分配整个项目在建设、经营中的风险。

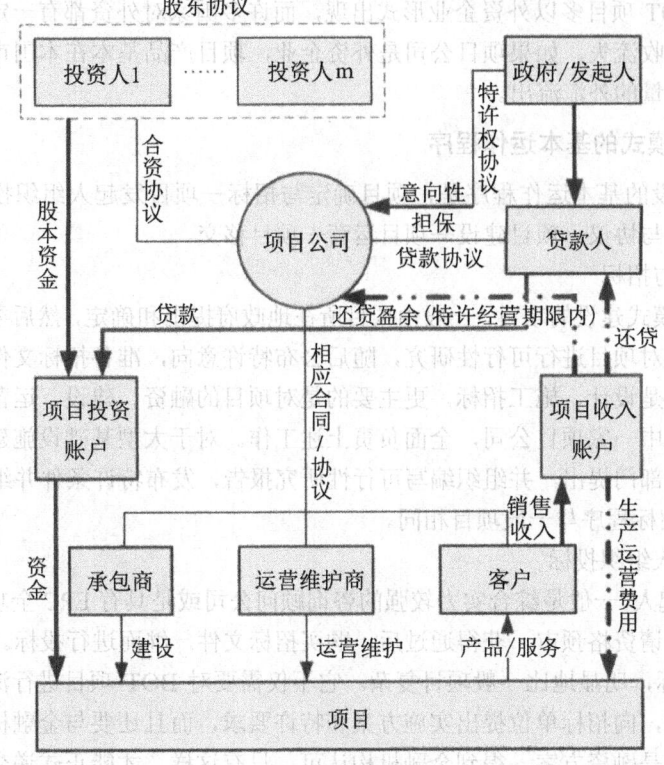

图 9-12 BOT 模式的基本结构

资料来源：刘晓君. 工程经济学[M]. 北京：中国建筑工业出版社，2009：178.

4. 有利于提高项目的运营效率

BOT 项目一般具有由巨额资本投入和项目周期长等因素带来的风险，同时由于私营企业的参与，贷款机构对项目的要求就会比政府更加严格。私营企业为了减少风险，获得较多的收益，客观上会加强管理、控制造价。因此，尽管项目前期工作量较大，但一旦进入实施阶段，项目的设计、建设和运营效率就会比较高，客户就会得到较高质量的产品与服务。

5. 有利于提高技术和管理水平

BOT 项目常常是由国外、境外发达国家和地区具有实力的私营机构来承包的，为了利润最大化，这些机构必然会优先采用先进的技术来提高效益。同时，多数 BOT 项目都会吸收当地企业参与，因而项目所在国可以从项目的建设运营中学到先进的技术和管理经验，促进本国相关方面的发展。

（三）BOT 模式潜在的负面效应

（1）由于 BOT 模式是将基础设施项目在一定期限内全权交由项目公司去建设运营，所以在特许权规定的期限内，政府将失去对项目所有权及经营权的控制。

（2）由政府公共部门转移过来的一些风险将会反映在私营机构的融资费用上。一般而言，私营机构借贷的费用高于国家借贷费用，同时私人投资者在承担投资风险的同时，要求有较高的投资回报率。因此可能会出现项目融资成本高，产品使用价格高的状况。

（3）尽管采用 BOT 模式能使项目的建设进度加快，设计得到优化，但项目投标的过程比较长，合同结构复杂，谈判难度增大，政府还很容易失去对设计过程的控制。

（4）由于 BOT 项目多以外资企业形式出现，而许多国家对外资都有一定的优惠政策，结果导致国家大量税收流失。如果项目公司是外资企业，项目产品基本在本国市场销售，那么项目完成后还会有大量的外汇流出。

（四）BOT 模式的基本运作程序

BOT 项目建设的基本运作程序是，项目确定与招标—项目发起人组织投标—成立项目公司，签署各类合同与协议—项目建设—项目运营—项目移交。

1. 项目确定与招标

拟采用 BOT 模式建设的项目，一般由项目所在地政府提出和确定，然后委托一家资金能力相当的咨询公司，对项目进行可行性研究，随后公布特许意向，准备招标文件，公开招标。此时的招标，不仅仅是设计、施工招标，更主要的是对项目的融资、建设、运营、移交等全过程的招标，目的是选中一家项目公司，全面负责上述工作。对于大型基础设施建设项目，往往会由项目所在国政府部门提出，并组织编写可行性研究报告，发布特许条件并组织招标。

BOT 模式的招标程序与一般项目相同。

2. 项目发起人组织投标

BOT 项目发起人，一般是综合实力较强的咨询顾问公司或是具有 EPC 全功能的工程公司及财团。它们首先申请资格预审，获得通过后，购买招标文件，继而进行投标。

BOT 项目投标，明显地比一般项目复杂。它不仅需要对 BOT 项目进行深入的技术和经济效益的可行性分析，向招标单位提出实施方案和特许要求，而且还要与金融机构洽商，使自己的实施方案，尤其是融资方案，得到金融机构认可。只有这样，才能正式递交投标书。在投标过程中，投标单位的项目发起人往往还要聘请各专业咨询机构（如金融、财务、法律、保险、运营等），协助编制投标文件。

3. 成立项目公司，签署各类合同与协议

经过招标后，中标的项目发起人一般就是项目公司的组织者。项目公司一般由项目发起人、大型承包商、设备材料供应商、项目所在国政府和国有企业组成。另外，还有金融、保险公司等，但它们作为股东，一般不直接参与项目公司的经营和管理。

项目公司在签订各种合同和协议之前，项目发起人一般要向项目所在地政府主管部门提供组建项目公司的可行性研究报告，经过股东讨论，签订股东协议，订立公司章程，并向当地政府工商管理和税务部门登记注册。

4. 项目建设

BOT 项目建设阶段，项目公司的主要任务是委托监理公司对总承包商的设计、施工进行监理，以保证项目顺利实施。BOT 项目建设中，主要是总承包商按合同约定，完成项目的设计、施工、设备采购、试运转、竣工验收，有的还包括人员培训。

5. 项目运营

项目建成后，即投入运营。主要是项目公司对项目进行生产管理，做好必要的维修、保养工作。同时，项目公司开始收取费用，获得利润，并按有关协议，偿还贷款及利息，给股东分红。

BOT 项目，一般是完成一部分，具备条件即开始运营（如高速公路某一路段、污水处理的第一期工程等），这样可早日收回投资。同时，根据条件还可适时组织综合性开发公司，对项目进行综合开发，以期多方获利。

6. 项目移交

根据项目公司与当地政府签署的特许协议，特许期满后，BOT 项目要完全无偿移交给当地

政府运营。特许期满前，项目公司应做好必要的维修保养工作，并应准备必要的移交文件，以便及时顺利完成移交，由当地政府继续运营。如有必要当地政府仍可聘用原有运营公司继续运营，也可另组织公司管理运营。BOT 项目移交时，应将与该项目有关的综合性开发项目一并移交。特许期满所移交的项目，应是完整的、无故障的、可继续生产的项目。

五、ABS 项目融资模式

ABS（Asset-Backed Securitization）资产证券化也是基础设施建设的一种新型融资模式。

（一）ABS 融资的定义

ABS 融资模式是以项目所拥有的资产为基础，以项目资产带来的预期收益为保证，通过在国际资本市场发行债券来筹集资金的一种项目证券融资方式。该模式的实质是将基于基础设施或资产的现金收入与设施或资产或资产原始权益人完全剥离，过户给特别目的公司 SPV（Special Purpose Vehicle），SPV 通过金融担保、保险及超额抵押等方式取得较高的信用评级，然后以债券的方式发售给资本市场的投资者，筹集项目建设所需资金，并以设施的未来现金收入作为投资者收益的保证，不需要以发行者自身的信用作债券的偿还担保。

通过证券市场发行债券筹集资金是 ABS 不同于其他项目融资模式的一个显著特点，无论是产品的支付、融资租赁，还是 BOT，都不是通过证券化进行融资的。与 BOT 融资相比，证券化融资涉及的机构相对较少，从而减少了酬金、差价等中间费用，使融资费用相对较低。由于 ABS 模式隔断了项目原始权益人自身的风险和项目资产未来现金收入的风险，使其清偿债券本息的资金仅与项目资产的未来现金有关，加之在高等级证券市场发行的债券是由众多投资者购买的，从而分散了投资风险，避免项目被投资者控制，保证了运营利润不会大幅外流。政府无须为项目的投资回报、外汇平衡问题作出承诺和安排，不必为吸引资金而承诺在项目经营期内固定收费标准，并可有效避免外汇市场风险。但由于项目的经营决策权仍归原始权益人，在融资的同时无法引进国外先进的技术和管理，不利于项目建设及经营效率的提高。

（二）ABS 融资的基本程序

ABS 融资在实际运作中通常有以下几个参与者：原始权益人、特设交易载体 SPV、投资者、资信评级机构、信用增级机构、受托管理人、服务人等。各参与者在其中各司其职，相互联系，相互牵制。

ABS 的基本运作过程一般包括以下几个步骤。

1. 确定资产证券化的对象

进行 ABS 融资时，首先选择未来现金流量稳定、可靠、风险较小且具有良好的可出售品质和较低信用风险，但目前却又无法通过证券化的途径在资本市场筹集项目建设资金的项目资产。我国基础设施项目的经济效益比较好，且具有稳定的预期收入，符合资产证券化的条件，可以作为资产证券化的目标资产。其次要将基础设施项目资产进行估算和信用考核，根据资产证券化的目标确定用于证券化的资产数量，并把这些资产汇集组合，形成一个资产池。

2. 组建特别目的公司 SPV

SPV 是为迎合法律要求而特设的一个法律实体。它主要从事单一业务，购买证券化资产，整合应收权益，并以此为担保发行证券。成功组建 SPV 是 ABS 能成功运作的关键因素。在现实操作中，SPV 公司可以是已经在国际上获得权威资信评估机构给予的较高资信评定等级的投资银行、信托投资公司、信用担保公司、投资保险公司或其他独立法人等。

3. 实现项目资产的"真实出售"

发起人或原始权益人将可证券化资产"真实销售"给 SPV 以发行证券。转让的目的是将原始权益人本身的风险和项目未来现金收入的风险隔断,以实现"破产隔离"。

4. 信用评级和信用增级

信用评级是发行人按时支付 ABS 证券本息回报的评价,通常由国际资本市场上的独立私营评级机构(如穆迪或标准普尔)进行。信用增级是通过提供各种担保,增强资产证券信用,以吸引投资者购买,提高 ABS 的交易质量和安全性。

5. 证券设计与销售

发行人通过承销商,在资本市场上向投资者发行经过优先和次级架构的 ABS 资产来支撑的证券。

6. 现金流管理服务与清算

发起人或原始权益人或由其指定的服务公司对资产池进行管理,负责收取、记录由资产池产生的全部收入,并把这些收入全部存入托管行的收款专户。托管行按约定建立积累金准备用于 SPV 对投资者还本付息。到了规定期限,托管行将积累金拨入付款账户,对投资者付息还本。待资产支持证券到期后向聘用的各类机构支付专业服务费。由资产池产生的收入在还本付息、支付各项服务费之后,若有剩余,全部退还给原始权益人。

至此整个资产证券化过程结束。

第五节 资金成本与筹资决策

一、资金成本

资金成本是指公司为筹措并使用资金而支付的费用,它包括资金筹措成本和资金使用成本两部分。资金筹措成本是指资金筹集过程中所支付的费用;资金使用成本则是指资金使用过程中所支付的费用。

资金成本是由资金成本率这一指标来描述的。通常资金成本率由于筹资方式的不同而不同。进行资金成本研究的目的,是选择筹资方案,进行筹资决策;进行项目财务评价,判断项目投资方案的可行性;进行财务管理,挖掘资金潜力的分析研究。

(一)各单项筹资方式的资金成本率

1. 银行借款的资金成本率

影响银行借款资金成本率的主要因素有借款利息、抵减金额率和所得税率。其中抵减金额率是由两部分构成的。一部分是筹资费率,即筹集资金的成本占筹资额的比率;另一部分是相称存款余额占筹资额的比率。所谓相称存款余额,是指借款中按规定留出一定额度的存款额存在借款银行中,以此保证借款银行最低限度权益的存款。借款资金成本率按下式计算。

$$借款资金成本率 = \frac{年支付利息额 \times (1-所得税率)}{借款总额 \times (1-抵减金额比率)}$$

2. 债券筹资的资金成本率

影响债券筹资资金成本率的主要因素有债券利息、债券发行额(现行市场价)抵减金额率和所得税率。这里的抵减金额率是指发行债券的费用（或相称存款余额）占债券发行额的比率。债券筹资资金成本率按下式计算。

$$债券资金成本率 = \frac{年支付利息 \times (1-所得税率)}{债券发行总额 \times (1-抵减金额比率)}$$

3. 普通股筹资的资金成本率

影响普通股筹资成本率的因素有普通股发行总额、普通股的年分配股利以及用来描述普通股股票发行费用占普通股发行总额比率的抵减金额比率。由于普通股的股利波动较大，难以固定，在其资金成本率计算时，是用一种所谓股利预期年增长率来处理的。其计算公式如下所示。

$$普通股资金成本率 = \frac{普通股票预期年股利支出额}{普通股发行总额 \times \left(1-抵减金额比率\right)} \times 100\% + 股利预期增长率$$

这里的普通股发行总额是按普通股的现行市场价计算的。

4. 优先股筹资的资金成本率

与普通股相比，优先股股票的特点是每年的股利支出是固定的，因而其筹资资金成本率的计算也简单得多。

$$优先股资金成本率 = \frac{优先股年股利支出额}{优先股发行总额 \times (1-抵减金额比率)}$$

其中，优先股的发行额是按该股票的市场价计算的。

5. 保留利润的资金成本率

保留利润又称公司留存盈利，是指公司累积的用于扩大再生产的净利减去分配额的余额。由于保留利润充作股本再投资，机会成本随即发生，因而保留利润的资金成本率可按普通股股票的资金成本率计算法计算，并以其市价为价格。

$$保留利润资金成本率 = \left[\frac{最近一期股息利率}{公司普通股现行市价 \times (1-抵减金额比率)} + 股息预期增长率\right] \times \left(1-股东个人所得税率\right)$$

（二）综合资金成本率

综合资金成本率又称加权平均资金成本率。任何一间公司或一些大型的开发项目，所运用的筹资工具都不是单一的。为了要综合地评价和优选筹资方案，为了要优化公司的资本结构，需要有一种考虑了各种筹资工具的资金成本率指标，人们称其为综合资金成本率，由于这种资金成本率指标是通过加权平均法计算出来的，因此又称其为加权平均资金成本率。其计算公式如下所示：

$$R = \sum_{i=1}^{n} W_i R_i$$

式中，R 为综合资金成本率；W_i 为各资金来源占筹资总额之比；R_i 为各单项筹资金成本率。

W_i 有两种计算方法。一种是账面价值法，即按资产负债表中所登记的账面价值计算；另一种是市场价值法，即按公司债券的公开交易价值来计算。这种方法适用于用股票和债券筹资较多的公司。

【例 9-1】某项目制订的筹资方案有关财务数据如表 9-3 所示，试据此分别计算各有关筹资工具的资金成本率及该方案的综合资金成本率。

表 9-3　×××项目筹资方案有关财务数据表

筹资方式	注 一	注 二	注 三	注 四
银行借款	借款金额 500 万元	年利率 8.5%	抵减金额 20 万元	所得税率 33%
债券	发行总额 1600 万元	债券利率 9.0%	发行费用 2.5 万元	所得税率 33%
普通股票	发行总额 50 万股 500 万元	预期股利率 1.0 元/股	发行费用 2.5 万元	股利预期增长率 3%
优先股票	发行总额 50 万股 500 万元	股利率 0.7 元/股	发行费用 15 万元	
保留利润	个人所得税率 25% 保留利润额 200 万元	股利率 0.7 元/股	普通股市价 12 元	年股利预期增长率 5%

【解】将题设已知条件代入相应计算式，可求得各种筹资方式的资金成本率 R。

（1）银行借款资金成本率

$$R_1 = \frac{500 \times 8.5\% \times (1-0.33)}{500 \times \left(1 - \dfrac{20}{500}\right)} \times 100\% = 6.03\%$$

（2）债券筹资资金成本率

$$R_2 = \frac{1600 \times 9.0\% \times (1-0.33)}{1600 \times \left(1 - \dfrac{16}{1600}\right)} \times 100\% = 6.09\%$$

（3）普通股筹资资金成本率

$$R_3 = \frac{500 \times 1 \text{元}/\text{股}}{500 \times \left(1 - \dfrac{2.5}{500}\right)} \times 100\% + 3\% = 13.05\%$$

（4）优先股筹资资金成本率

$$R_4 = \frac{50 \times 0.7 \text{元}/\text{股}}{500 \times \left(1 - \dfrac{15}{500}\right)} \times 100\% = 7.22\%$$

（5）保留利润资金成本率

$$R_5 = \left[\frac{0.70}{12 \times (1-0)} + 5\%\right] \times (1 - 25\%) = 8.12\%$$

（6）综合资金成本率

$$R = \sum W_i R_i$$

式中，加权平均数由每种筹资方式筹资金额占总筹资额的比率求得

总筹资额 $K = 500 + 1600 + 500 + 500 + 200 = 3300$（万元）

因而

$$W_1 = K_1 / K = 500 / 3300 = 0.15$$

$$W_2 = K_2/K = 1600/3300 = 0.48$$
$$W_3 = K_3/K = 500/3300 = 0.15$$
$$W_4 = K_4/K = 500/3300 = 0.15$$
$$W_5 = K_5/K = 200/3300 = 0.06$$

代入综合资金成本率计算式，得

$$R = 0.15 \times 6.03\% + 0.48 \times 6.09\% + 0.15 \times 13.05\% + 0.15 \times 7.22\% + 0.06 \times 8.12\% = 7.35\%$$

故该项目综合资金成本率为7.35%。

二、杠杆效应

杠杆效应是指公司利润因扩大销售规模或改变资本结构而发生改变的效应关系。因涉及因素不同，人们把杠杆效应分为营业杠杆和财务杠杆两类进行研究。

（一）营业杠杆效应

营业杠杆效应是指公司资产对营业收益产生的影响。即这些资产促进营业收益发生变化的比率超过产品营业规模扩大而促进营业收益发生变化的比率。营业杠杆效应研究，是利用公司经营固定成本在一定范围内，并不随着销售的增加而增长这一事实，当扩大公司销售规模增加公司营业收入时，单位销售量所负担的固定成本会相对下降，由此而带来的额外利润，就是营业杠杆效应的收益。

营业杠杆效应是由营业杠杆系数（DOL）来描述的。如前所述，由于固定成本在一定范围内并不随销售量的增加而相应提高，所以销售额的变动率和公司税前利润的变动率是不相等的。一般来讲，后者要高于前者。于是，人们就用这两种变动率的比率来描述营业杠杆效应的大小，称之为营业杠杆系数（DOL），其计算公式如下。

$$\mathrm{DOL} = \frac{\text{税前利润变动率}}{\text{销售额变动率}} = \frac{\Delta E/E}{\Delta S/S}$$

设 r 为销售额增长率、E 为税前利润、S 为变动前销售额、C_V 为变动前变动成本、C_F 为固定成本，则当销售额增长率达到 r 后，销售额为 $S+rS$、变动成本为 C_V+rC_V，销售额增长前后的税前利润则分别为

$$E = S - C_V - C_F$$
$$E' = (S+rS) - (C_V+rC_V) - C_V$$

于是，可简化上式为

$$\mathrm{DOL} = \frac{\Delta E/E}{\Delta S/S} = \frac{\Delta E/E}{rS/S} = \frac{\Delta E}{rE}$$
$$= \frac{[(S+rS)-(C_V+rC_V)-C_F] - [S-C_V-C_F]}{rE}$$
$$= \frac{rS - rC_V}{rE}$$
$$= \frac{S - C_V}{E}$$

式中，E 为销售额增长前的税前利润额；C_V 为变动成本；S 为销售额（增长前）。

营业杠杆效应反映的是公司经营的规模效益问题。上式中的 $(S-C_V)$（销售额-变动成本）为贡献利润，是固定成本与税前利润之和。

【**例 9-2**】某公司经营损益表和销售额增加10%后的损益表分别如表9-4、表9-5所示。试

求其营业杠杆效益系数。

表9-4 ×××公司经营损益表

单位：万元

项目	成本总额（C）	其中变动成本（C_V）	其中固定成本（C_F）	
销售额				2400.00
销售成本	1520.00	1292.00	228.00	
销售费用	240.00	72.00	168.00	
行政管理费	120.00		120.00	
折旧费	65.00		65.00	
合计	1945.00	1364	581.00	
税前利润				455.00

表9-5 ×××公司销售额增长10%后损益表

单位：万元

项目		
销售额		2640.00
销售成本（1292×1.1+228）	1649.20	
销售费用（72×1.1+168）	247.20	
行政管理费	120.00	
折旧费	65.00	2081.40
税前利润		558.60

【解】由题设条件已知该公司营业额变动前后的税前利润分别为

$$E = 455.00（万元） \quad E' = 558.6（万元）$$

则 $\Delta E = E' - E = 103.6$（万元）

该公司营业额变动前后的销售额分别为

$$S = 2400.00（万元） \quad S' = 2640（万元）$$

则 $\Delta S = S' - S = 240$（万元）

代入营业杠杆系数计算式，便得

$$DOL = \frac{103.6/455}{240/2400} = 2.28$$

或直接将 $S = 2400$ 万元，$C_V = 1364$ 万元，$E = 455$ 万元，代入营业杠杆的简化计算式，得

$$DOL = \frac{2400 - 1364}{455} = 2.28$$

该公司在目前的经营状态下，其营业杠杆系数为2.28；即在一定范围内，公司销售额每增加1%，税前利润便可增长2.28%，由扩大营业规模而带来的额外杠杆利益为1.28%。

（二）财务杠杆效应

财务杠杆效应是公司资本结构对股息的作用。在公司资本不变的条件下，公司须从利润中支付的利息，优先股和租赁费是固定的，这样，若增加公司的税前利润，每股普通股所负担的固定利息和租赁费用便会相应减少，由此而带来的额外利润，便是财务杠杆效应。财务杠杆效应是由财务杠杆系数来描述的。由于固定利息和租赁费并不随税前利润而变化，所以每股普通股利润的变动率与公司税前利润的变动率并不相等。于是人们便以这两种利润变动率的比率来

描述财务杠杆的大小。这便是所谓财务杠杆系数（DFL），其计算公式如下所示。

$$DFL = \frac{每股普通股利润变动率}{税前利润变动率} = \frac{\Delta F/F}{\Delta E/E}$$

设公司普通股数量为 n，借款利息为 I（包括债券利息），租赁费为 L，优先股股息为 d，所得税税率为 r，每股普通股利润 F，变动量为 ΔF，税前利润为 E，变动量为 ΔE，则：普通股利润增长额为 $n \times \Delta F$；增长前全部普通股利润为 nF。

由于普通股利润增长额应当等于税前利润增长额扣除所得税之后的余额，即有关系式

$$n\Delta F = \Delta E(1-r)$$

由于增长前全部普通股利润应当是税前利润减去利息、租赁费、所得税、优先股股息后的余额，即有关系式

$$nF = (E-I-L)(1-r) - d$$

于是，可简化财务杠杆系数计算式为

$$DFL = \frac{\Delta F/F}{\Delta E/E} = \frac{n\Delta F}{nF} \times \frac{E}{\Delta E}$$
$$= \frac{\Delta E(1-r)}{(E-I-L)(1-r)-d} \times \frac{E}{\Delta E}$$
$$= \frac{E}{E-I-L-\dfrac{d}{1-r}}$$

式中，E 为利润增长前的税前利润额；I 为借款利息（包括债券利息）；L 为租赁费用；d 为优先股股息；r 为所得税税率。

【例 9-3】某公司财务资料如表 9-6 所示，试据此分析其财务杠杆系数。

表 9-6 ×××公司财务资料表

项 目	数 额	备 注
普通股数量	120 万股	10 元/股
债券金额	1200.00 万元	利率 8%
资本总额	2400.00 万元	
税前利润	360.00 万元	
支付债券利息	96.00 万元	利率 8%
缴纳所得税	87.12 万元	税率 33%
净利润	176.88 万元	
税前利润增长率	20%	
增长后税前利润	432.00 万元	
支付债券利息	96.00 万元	利率 8%
缴纳所得税	110.88 万元	税率 33%
净利润	225.12 万元	

【解】由题设条件，可求得

利润增长前每股普通股利润

$$F_1 = 176.88/120 = 1.474（元/股）$$

利润增长后每股普通股利润

$$F_2 = 225.12/120 = 1.876（元/股）$$

普通股利润增长
$$\Delta F = F_2 - F_1 = 1.876 - 1.474 = 0.402 \text{（元/股）}$$

每股普通股利润变动率
$$\Delta F / F_1 = \frac{0.402}{1.474} = 0.2727$$

利润变动额
$$\Delta E = E_2 - E_1 = 432 - 360 = 72 \text{（万元）}$$

利润变动率
$$\Delta E / E_1 = \frac{72}{360} = 0.20$$

代入财务杠杆系数计算式，可求得该公司财务杠杆系数
$$\text{DFL} = \frac{0.2727}{0.20} = 1.364$$

或利用简化计算式，将题设已知条件：
税前利润 $E_1 = 360.00$ 万元
债券利息 $I = 96.00$ 万元
优先股股息 $d = 0$
租赁费 $L = 0$
代入财务杠杆系数简化计算式，也可求得
$$\text{DFL} = \frac{360.00}{360.00 - 96.00} = 1.364$$

（三）综合杠杆效应

综合杠杆效应是综合考虑营业杠杆效应与财务杠杆效应结果的分析内容。人们用综合杠杆系数（DCL）来描述它。综合杠杆系数等于营业杠杆系数（DOL）与财务杠杆系数（DFL）之积。其计算公式推导如下：

$$\text{DCL} = \text{DOL} \times \text{DFL} = \frac{\Delta E / E}{\Delta S / S} \times \frac{\Delta F / F}{\Delta E / E} = \frac{\Delta F / F}{\Delta S / S}$$

式中，ΔE 为税前利润增长额；E 为税前利润额（增长前）；ΔS 为销售增加额；S 为销售额（增长前）；ΔF 为每股普通股利润增长额；F 为每股普通股利润额（增长前）。

或由简化式推导为
$$\text{DCL} = \text{DOL} \times \text{DFL}$$
$$= \frac{S - C_V}{E} \times \frac{E}{E - I - L - \dfrac{d}{1-r}}$$
$$= \frac{S - C_V}{E - I - L - \dfrac{d}{1-r}}$$

式中，S 为销售额（增长前）；C_V 为变动成本；E 为税前利润额（增长前）；I 为借款利息（包括债券利息）；L 为租赁费用；d 为优先股利息；r 为所得税税率。

综合杠杆系数最终反映的是公司普通股股票利润变动率相当于销售额变动率的倍数。以上两式表达的形式虽然不同，但其内涵却是一致的。

【例9-4】 某公司财务数据如表9-7所示，试据此研究其由于综合杠杆作用的结果销售额每增长1%，将使普通股利润增长多少？

表9-7 ×××公司有关财务数据

项　　目	数　　额	备　　注
销售额	2000 万元	
变动成本额	1825 万元	
税前利润	432.78 万元	
利息	102.00 万元	
租赁费	51.00 万元	
优先股股息	125.00 万元	
所得税率	25%	

【解】 由题设条件，已知

S=2000.00 万元　　　C_V=1825.00 万元

E=432.78 万元　　　I=102.00 万元

L=51.00 万元　　　d=125.00 万元

R=25%

代入上式，便可求得综合杠杆系数为

$$DCL = \frac{2000-1825}{432.78-102-51-\dfrac{125}{0.75}} = 1.55$$

即该公司销售额每增加 1%，就可使其普通股利润增长 1%×1.55=1.55%，由于杠杆作用的结果，使股利多增长 1.55%-1%=0.55%。

三、财务风险与筹资决策

（一）财务风险

杠杆效应的作用效果并不总是有利的。事实上，营业杠杆效应在市场繁荣、销售量增长时，会扩大利润增长率；而在市场疲软，销售不振时，同样会扩大利润下降幅度。人们称前者为正的杠杆效应，后者为负的杠杆效应。财务杠杆效应也具有同样的性质。如果公司经营利润增长，财务杠杆效应的作用结果是使普通股的股息增长率超过利润增长率；反之，若公司经营利润下降，普通股股息的下降率也将超过利润下降率，股东们将蒙受财务杠杆效应带来的额外损失。

举债经营的结果除了会增加还本付息的负担，以及由于不能按时还本付息带来的破产危险外，还将引起公司资本结构的改变，由于杠杆作用的负效应，在税前利润下降时，使普通股利润以更快的速度下降。这些由于借债（银行借款或发行债券）而带来的风险统称为财务风险。

财务风险与财务杠杆系数成正比。财务杠杆系数越大，公司经营的财务风险也越大。因而，公司在制订筹资方案时，常常会在利用财务杠杆正效应以加速效益增长和避免财务杠杆负效应，防止财务风险间处于两难选择的局面。因此，在进行项目筹资决策时，应当谨慎从事。一个普通的原则就是只有当普通股利润增加幅度超过财务风险增加幅度时，才考虑举债。

财务风险的一种评价是其每股普通股利润分布的标准差（σ）及其变异系数（C_V）。其计算分析方法将在第十二章（房地产项目投资风险分析）中介绍。财务风险的另一类评价是有关财务报表的比率分析。为了衡量项目的财务状况，人们设置了诸如流动比率、速动比率、资产负债率等一系列的财务比率,借助于财务报表提供的财务信息,进行项目财务状况的评价与分析。关于这一部分内容,将在第十一章(房地产项目财务评价)中详加介绍。

(二)筹资决策

筹资决策就是筹资方案的评价与选择。无论是公司筹资还是项目筹资,都面临着若干可供选择的方案。筹资决策就是运用一些评价指标和评价方法,对这些方案进行综合性分析、比较和判别,从中优选最好的方案。

1. 筹资决策需要考虑的主要因素

影响筹资决策的因素很多,在进行筹资方案的评价时,主要应关注如下诸因素。

(1)由筹资方案所决定的资金成本。

(2)由经营方案和筹资方案所决定的资金运用效益(营业杠杆和财务杠杆)。

(3)由经营方案和资本结构所决定的财务风险(财务比率、标准偏差、变异系数)。

(4)公司(项目)经营的效益状况及市场营销条件。

2. 筹资决策步骤

如上所述,资金筹措方案的决策涉及众多因素,其决策过程是不可能独立进行的,常常要结合公司(项目)的经营计划同时进行,作为公司(项目)经营方案或投资方案可行性研究的内容之一,进行综合、协调的研究。一般而言,大致按如下步骤进行。

(1)研究公司(项目)经营(投资)计划、编制有关财务报表。

(2)视资金需求状况及公司(项目)经营情况,编制筹资方案。

(3)计算各筹资方案的资本结构和资金成本率。

(4)选择资金成本率最低的筹资方案为待选方案。

(5)进行该筹资方案支持下的公司(项目)经营财务分析,计算营业杠杆系数、财务杠杆系数及资金利用效益系数。判断该方案资本结构的效益状况。

(6)进行该筹资方案支持下的公司(项目)经营财务比率分析、风险分析,计算各有关财务比率和股利标准偏差、变异系数,判断该方案资本结构的风险程度。

(7)综合比较和分析上述计算结果,对待选方案可行性进行判定。

(8)若待选方案的可行性遭到否决,则从余下的方案中选择一个或重新编制另一个筹资方案,重复上述过程,直至找到一个资金成本率最低,又通过可行性研究的筹资方案,便是决策方案。

第六节 借款还本付息表的编制和指标计算

一、还本付息的资金来源

对于一般建设项目而言,按现行财务制度规定,归还贷款的资金来源主要是项目投产后的未分配利润、折旧额和摊销费等。因此,在估算了项目每年的未分配利润、折旧额和摊销费等后,就可以进一步测算出其还本付息的时间。

如果项目借款按债权人的要求,要在一定年限内分期等额偿还本金和支付利息,或者分期等额偿还本金,支付相应利息,那么在某些年份,特别是开始投产的年份,往往会出现折旧费、摊销费和未分配利润之和不足以按期偿还本利的情况。此时不足的还款资金,一般要由短期借款来解决。这部分短期借款的利息也要进行计算，并计入总成本费用中的财务费用中去。

对于房地产开发项目而言，其还贷的资金主要来源于未投入使用的预售收入。同样的道理，当还贷时若遇到回收的投资资金不足且又不能修订还贷计划时，就需要用短期借款来弥补这部分不足的资金。

二、还款方式及还款顺序

项目贷款的还款方式应根据贷款资金的不同来源所要求的还款条件来确定。

1. 国外（含境外）借款的还款方式

按照国际惯例，债权人一般对贷款本息的偿还期限均有明确的规定。要求借款方在规定的期限内按规定的数量还清全部贷款的本金和利息。因此，需要利用资本回收系数计算出在规定的期限内每年须归还的本息总额，然后按协议的要求分别采用等额还本付息，或等额还本、利息照付两种方法。

2. 国内借款的还款方式

目前虽然借贷双方在有关的借贷合同中规定了还款期限，但在实际操作过程中，主要还是根据项目的还款资金来源情况进行测算，按最大偿还能力进行偿还。一般情况下，先偿还当年所需的外汇借款本金，然后按照先贷先还、后贷后还，利息高的先还，利息低的后还的顺序归还国内借款。

三、贷款还本付息额的计算办法

贷款每年应计利息的计算公式如下所示。

$$每年应计利息 = \left(年初借款本息累计 + \frac{本年借款额}{2}\right) \times 年实际利率$$

在编制还本付息表时，还本付息额是由借贷合同规定的还本付息方式及借贷偿还期限、利率确定的。常见的贷款还本付息方式有等额还本付息和等额还本、利息照付两种方式。其还本付息额的计算方式略有不同。

1. 等额还本付息方式

等额还本付息就是在借款的还贷期限内，每年支付相等的本息和。其计算公式如下所示。

$$A = I_c \times \frac{i(1+i)^n}{(1+i)^n - 1}$$

式中，A 为每年的还本付息额；I_c 为建设期末固定资产借款本金或本金及利息之和；i 为年实际贷款利率；n 为贷款方要求的借款偿还年数（由借款年开始计）；$\frac{i(1+i)^n}{(1+i)^n - 1}$ 为资金回收系数，即 $(A/P, i, n)$，可通过查复利表求得。

还本付息中偿还的本金和利息各年不等，偿还的本金部分将逐年增多，支付的利息部分将逐年减少。至于还贷本金与利息的分离则要按期末结余贷款与原始贷款之比来计算。这个比值的计算公式如下所示。

$$结余贷款占原始贷款之比 = \frac{原始贷款还贷系数}{结余贷款还贷系数}$$

式中，还贷系数 $(A/P, i, n) = \frac{i(1+i)^n}{(1+i)^n - 1}$。

将上述比值乘以原始贷款额便得到每期末的结余贷款额。从上一期的结余贷款额扣除本期末的结余贷款额，便是当期的还贷本金。从等额还本付息额中减去当期还贷本金，便求得了当期偿付的贷款利息。

【例 9-5】 某项目借款 1500 万元，要求按年等额还本付息。年利率 11.7%，从借款当年起，15 年内还清本息。试计算每年还本付息额及偿付的本金和利息额。

【解】 由题设条件，该笔贷款每年等额还本付息额为

$$A = 1500(A/P, 0.117, 15) = 216（万元）$$

还贷本金与利息的分离按结余贷款比求得，以借贷第 5 年年末为例。

$$总贷款还贷系数 = \frac{0.01 \times (1+0.01)^{12 \times 15}}{(1+0.01)^{12 \times 15} - 1} = 0.01200168$$

$$五年末结余贷款还贷系数 = \frac{0.01(1+0.01)^{12 \times 10}}{(1+0.01)^{12 \times 10} - 1} = 0.01434709$$

$$五年末结余贷款与原始贷款之比 = \frac{0.01200168}{0.01434709} = 0.83653$$

$$五年末结余贷款额 = 1500 \times 0.83653 = 1254.80（万元）$$

按上述算法，可求得该笔贷款的分期偿付计划如表 9-8 所示。

表 9-8 等额还本付息计算表

单位：万元

年 份	结余贷款与原始贷款之比 ①	结余贷款额 ②=1500×①	还贷本息 ③	还贷利息 ④=③-⑤	还贷本金 ⑤=②$_{t-1}$-②$_t$
0	1.00000	1500.00	—	—	—
1	0.97461	1461.92	216.00	177.92	38.08
2	1.94601	1419.02	216.00	173.10	42.90
3	0.91377	1370.66	216.00	167.64	48.36
4	0.87745	1316.18	216.00	161.52	54.48
5	0.83653	1254.79	216.00	154.61	61.39
6	0.79228	1188.42	216.00	149.63	66.37
7	0.73844	1107.66	216.00	135.24	80.76
8	0.67988	1019.82	216.00	128.16	87.84
9	0.61389	920.83	216.00	117.01	98.99
10	0.53954	809.31	216.00	104.48	111.52
11	0.45575	683.62	216.00	90.31	125.69
12	0.36134	542.01	216.00	73.39	141.61
13	0.25496	382.44	216.00	56.43	159.57
14	0.13508	202.62	216.00	36.18	179.82
15	0.00000	0	216.00	13.38	202.62

2. 等额还本，利息照付的方式

等额还本，利息照付的公式为

$$A'_t = \frac{I_c}{n} + I_c\left(1 - \frac{t-1}{n}\right)i$$

式中，A'_t为第t年的还本付息额。

等额还本，利息照付，各年度之间偿还的本金及利息之和是不等的，偿还期内每年偿还的本金额是相等的，利息将随本金逐年偿还而减少。计算公式为

$$每年支付利息 = 年初贷款余额 \times 年利率$$

$$每年偿还本金 = \frac{I_c}{n}$$

【例9-6】例9-5所示项目的借款，若按等额还本、利息照付的方式还本付息，试作出其还本付息计划。

【解】按题设条件，该项目的1500万元贷款，应从该笔贷款的借款当年起，15年内等额还本。则每年的还本额为

$$B = \frac{I_c}{n} = \frac{1500}{15} = 100 （万元）$$

每年应支付的利息额则按年初的贷款余额（或借贷本金总额减去累计还本额）与利率计算。以借款第5年为例。

当年还贷本金：$B_5 = 100$（万元）

当年年初贷款余额：$I_5 = 1500 \times 4 \times 100 = 1100$（万元）

当年还贷利息：$I = I_5 i = 1100 \times 11.7\% = 128.7$（万元）

按上述算法，可求得该笔贷款的分期偿付计划如表9-9所示。

表9-9 等额还本、利息照付计算表

单位：万元

年 份	等额还本额 ①	年初贷款余额 ② = ②$_{t-1}$ - ①$_{t-1}$	本期还贷利息 ③ = ② × $i_年$	本期还本付息额 ④ = ① + ③
1	100	1500	175.5	27525
2	100	1400	163.8	263.8
3	100	1300	152.1	252.4
4	100	1200	140.4	240.4
5	100	1100	128.7	228.7
6	100	1000	117.0	217.0
7	100	900	105.3	205.3
8	100	800	93.6	193.6
9	100	700	81.9	181.9
10	100	600	70.2	170.2
11	100	500	58.5	158.5
12	100	400	46.8	146.8
13	100	300	35.1	135.1
14	100	200	23.4	123.4
15	100	100	11.7	111.7

3. 按项目最大偿还能力偿还借款本息的方式

按项目最大偿还能力偿还借款本息，是指根据国家财政规定及投资项目的具体偿还条件，以每年项目可作为偿还贷款项目的最大收益（利润、折旧及其他收益），来偿还投资借款本金和利息的方式。对于房地产开发项目而言，每年可以用来偿还投资借款本息的最大收益为每年

的销售收入扣除销售税金及附加以及所得税后的剩余部分。

四、贷款还本付息表的格式

贷款还本付息表的格式如表 9-10（一般建设项目借款还本付息表）与表 9-11（房地产开发项目借款还本付息表）所示。需要注意的是，贷款还本付息表只反映固定资产资金的贷款本息，而没有反映流动资金贷款本息。按现行财会制度、流动资金贷款利息列入生产成本中的财务费用内，计入产品生产总成本中。流动资金的贷款还本付息一般采用每年利息照付、期末一次还本的方式。

表 9-10 借款还本付息表（一般建设项目）

单位：万元

序号	项目	1	2	3	4	5	6
1	长期借款						
1.1	年初累计长期借款	0.0	534.7	427.7	320.8	213.9	106.9
1.2	本年新增长期借款	500.0	0.0				
1.3	本年应计利息	34.7	74.1	59.3	44.5	29.6	14.8
1.4	本年应偿还额	0.0	181.0	166.2	151.4	136.6	121.8
1.4.1	其中：本金	0.0	106.9	106.9	106.9	106.9	106.9
1.4.2	利息	0.0	74.1	59.3	44.5	29.6	14.8
2	偿还本金资金来源	0.0	106.9	106.9	106.9	106.9	106.9
2.1	折旧费		106.9	106.9	106.9	106.9	106.9
2.2	摊销费						
2.3	未分配利润						
2.4	短期借款						

注：1. 贷款年利率为 13.86%，借款偿还期为 5 年；
　　2. 采用等额还本，利息照付方式。

表 9-11 借款还本付息估算表（房地产开发项目）

单位：万元

序号	项目名称	合计	建设经营期							
			1	2	3	4	5	6	7	8
1	借款及还本付息									
1.1	年初借款累计			1040	3203	6579	5457	4246	2938	1525
1.2	本年借款	6000	1000	2000	3000	0				
1.3	本年应计利息	2240	40	163	376	526	437	340	235	123
1.4	本年还本付息	8240				1648	1648	1648	1648	1648
1.5	年末借款累计		1040	3203	6579	5457	4246	2938	1525	0
2	偿还本息的资金来源									
2.1	投资回收	8240				1648	1648	1648	1648	1648
2.2	未分配利润									
2.3	短期借款									

注：1. 贷款年利率 8%借款偿还期为 5 年；
　　2. 采用等额偿还本息的方式，$(A/P, 8\%, 5) = 0.25046$。

五、借款还本付息表指标的计算

关于借款还本付息指标的计算，目前实践中有两种方法可供选择。即根据具体情况在备付率指标（包括利息备付率和偿债备付率）和借款偿还期指标中二者择其一。偿债备付率和利息备付率指标适用于预先设定借款偿还期，按等额还本付息或等额还本利息照付方式计算借款还本付息的项目；对那些要求按最大偿还能力计算借款偿还期的项目，再计算备付率指标就失去了意义。各指标的含义和计算要点如下。

1. 利息备付率

利息备付率也称已获利息倍数，指项目在借款偿还期内各年可用于支付利息的税息前利润与当期应付利息费用的比值。

（1）计算公式。

$$利息备付率 = \frac{税息前利润}{当期应付利息费用}$$

$$税息前利润 = 利润总额 + 计入总成本费用的利息费用$$

当期应付利息是指计入总成本费用的全部利息。

利息备付率可以按年计算，也可以按整个借款期计算。

（2）评价准则。利息备付率表示使用项目利润偿付利息的保证倍率。对于正常经营的企业，利息备付率应当大于 2。否则，表示项目的付息能力保障程度不足。而且利息备付率指标需要将该项目的指标与其他企业项目进行比较来分析决定本项目的指标水平。

2. 偿债备付率

偿债备付率是指项目在借款偿还期内，各年可用于还本付息的资金与当期应还本付息金额的比值。

（1）计算公式。

$$偿债备付率 = \frac{可用于还本付息资金}{当期应还本付息金额}$$

可用于还本付息的资金包括可用于还款的折旧和摊销，成本中列支的利息费用，可用于还款的利润等。对于房地产开发项目而言，当期可用于还本付息的资金包括项目当期销售收入扣除项目预售收入再投入、销售税金及附加以及所得税后的部分。当期应还本付息金额包括当期应还贷款本金及计入成本的利息。

偿债备付率可以按年计算，也可以按项目的整个借款期计算。

（2）评价准则。偿债备付率表示可用于还本付息的资金偿还借款本息的保证倍率。正常情况下应当大于 1，且越高越好。当指标小于 1 时，表示当年资金来源不足以偿付当期债务，需要通过短期借款偿付已到期债务。

【例 9-7】某小型写字楼的购买价格为 50 万元，其中投资者投入的权益资金为 20 万元，另外 30 万元为年利率 7.5%、期限 30 年、按年等额还款的抵押贷款。建筑物的价值为 40 万元，按有关规定可在 25 年内直线折旧。预计该写字楼的年毛租金收入为 10 万元，空置和收租损失为毛租金收入的 10%，包括房产税、保险费、维修费、管理费、设备使用费和大修资金在内的年运营费用为毛租金收入的 30%，写字楼年增值率为 2%。试计算该写字楼投资项目的现金回报率、投资回报率和偿债备付率指标。

该写字楼项目的投资回报指标计算过程，如表 9-12 所示。

表9-12 投资回报指标计算表

序号	项目	单位	数额	备注
1	年毛租金收入	元	100000	
2	空置和收租损失	元	10000	毛租金收入的10%
3	年运营费用	元	30000	毛租金收入的30%
4	营业利润	元	620000	
5	年还本付息	元	25400	按年等额还款
6	净现金流	元	34600	
7	税前现金回报率	%	17.3	34600/200000
8	还本收益	元	2900	25400-300000×7.5%
9	扣除折旧前的应纳收入	元	37500	34600+2900
10	折旧	元	16000	400000/25
11	应纳税收入	元	21500	37500-16000
12	所得税（税率为25%）	%	5375	21500×25%
13	税后净现金流	元	29225	34600-5375
14	税后现金回报率	%	14.6	29225/200000
15	投资者权益增加值	元	2900	还本收益
16	投资回报率	%	16.1	（29225+2900）/200000
17	写字楼市场价值增值额	元	10000	2%×500000
18	考虑增值后的投资回报率	%	21.1	（29225+2900+10000）/200000
19	偿债备付率（DCR）		2.36	60000/25400
20	利息备付率（ICR）		2.67	60000/（25400-2900）

3. 借款偿还期

借款偿还期是指在国家财税规定及项目具体财务条件下，以项目投产后可用于还款的资金偿还固定资产投资的借款本金和建设期利息所需要的时间。

（1）计算公式。借款偿还期的表达式为

$$I_d = \sum_{t=1}^{P_d} R_t$$

式中，I_d为固定资产投资借款本金（含建设期利息）；P_d为固定资产投资借款偿还期（从借款开始年计算。当从生产经营期算起时，应予注明）；R_t为第t年可用于还款的资金，包括利润、折旧、摊销及其他还款资金。

按新财务制度规定，长期负债经营的利息进入财务费用，利息支出额与还款能力无直接关系。经营期的每年利息是必须支付的，投产初期即使利息额很大，也必须支付，在损益表上可能会出现亏损，这时往往就需要依靠短期借款来支付利息。

在实际操作中，借款偿还期是通过借款还本付息表、总成本费用表、损益表三个表逐年循环计算求得的。首先在还本付息表中计算出建设期末尚欠的本金及利息额，据此计算出项目投产第一年应付的利息额，作为总成本费用表中财务费用项的第一年利息额，然后计算出第一年的总成本费用额；将此转入损益表，计算出第一年的利润总额、所得税、税后利润和未分配利润。未分配利润加上折旧和摊销费等就构成了用于还款的资金总额。将此数列入还本付息的计算表中，就可以得到第一年末，即第二年初的借款余额。在此，第一年的还本付息计算完毕。接着从第二年起按此程序循环计算，直至借款余额为零。借款偿还期的具体计算公式为

$$借款偿还期 = 借款偿还后开始出现盈余的年份 - 开始借款年份 + \frac{当年应偿还借款金额}{当年可用于还款的金额}$$

（2）评价准则。借款偿还期满足贷款机构的要求期限时，即认为项目是有借款偿债能力的。

借款偿还期指标适用于那些计算最大偿还能力、尽快还款的项目，不适用于那些预先给定借款偿还期的项目。对于预先给定借款偿还期的项目，应采用利息备付率和偿债备付率指标分析项目的偿债能力。

上述借款偿还期的计算过程，同样适用于房地产的租赁经营项目。但对以销售为主的房地产开发项目而言，其借款偿还期的确定就略有不同。

在实际操作中，项目投资的每一笔贷款均规定有具体的还本付息方式及借贷期限，项目借款偿还期便由借贷合同确定。

需要注意的是，在分析项目的清偿能力时，房地产项目投资回收除用于清偿债务外，还有相当大的一部分要用于再投资。显然，当年用于还本付息和再投资的资金之和，不能超过当年扣除销售税金及附加以及所得税的销售收入。即不能超过当年可运用资金总和。若尚有缺口，就要修订投资计划、资金筹措计划或以短期借款弥补。

六、还本付息表的分析

还本付息表提供了项目债务状况的财务信息，描述了项目生产经营过程中债务本息的分布状况，为项目经营决策和财务决策、债务清偿能力分析提供了重要依据。针对项目还本付息表，可进行如下分析。

1．分析项目债务清偿能力

还本付息表显示了项目还本付息的时间及数额，将还本付息表与项目的收益表、现金流量表或资金筹措表结合起来进行分析，可以判断项目的债务清偿能力，避免因债务清偿而导致的财务风险。

2．协助安排短期贷款

短期借贷主要用于项目长期贷款的还本付息。如前所述，许多项目贷款的还贷期限和还本付息方式都是在借贷合同中明确规定了的，在实际运作过程中，很可能会出现无法按还本付息表规定的时间和额度还贷的现象。这时，就要修订资金筹措计划，安排一些短期贷款用于还本付息，避免由于无法按时清偿债务而导致的财务风险。

3．研究资金筹措方案的合理性

一个好的资金筹措方案，既要保证项目开发及时获得必要的资金，又要把因筹资而增加的成本费用（利息、费用）和因举债而带来的财务风险尽可能降到最低点。项目的还本付息表显示了资金筹措方案所决定的筹资结构、筹资成本状况，从而为方案的调整及优化提供了依据。

4．评价财务风险

举债经营为项目解决了资金来源，也带来了财务风险。过度举债或债务结构及还贷方式不合理将会大幅提高项目财务风险程度。通过还本付息表所提供的信息，可以系统地研究分析项目负债结构、还贷方式、负债程度的合理性，评价项目因举债而带来的财务风险及降低这种风险的可能性。

七、对既有法人项目借款偿还能力的分析

对于新设法人项目，项目即为企业。因此只需要如前所述进行项目的借款偿还能力分析即可。而对于既有法人项目，根据项目范围界定的不同，可能会涉及项目和企业两个层次。此时偿债能力分析就有可能出现项目和企业两个层次的偿债能力分析。

1. 项目层次的借款偿还能力分析

2002 年由国家计委发布的《可行性研究指南》明确指出：既有法人项目偿债能力分析首先可以进行项目层次的偿债能力分析，采用有项目数据编制借款还本付息计划表，并分析有项目时项目范围内的借款偿还能力（当简化计算时，也可分析拟建项目用自身产生的新增收益偿还新增债务的能力），选择计算利息备付率和偿债备付率或借款偿还期指标。

对于既有法人项目而言，虽然银行贷款针对企业（法人）是不争的事实，但对项目层次的借款偿还能力分析仍然可以给银行和企业提供一定的有用信息，即项目本身是否有能力还清用于项目的贷款；是否还需要企业给予支持，并加重企业的债务负担。特别是对于那些被银行授信的特大型公司，项目层次的借款偿还能力分析更为有用。因为大公司拟建项目很多，如果每个项目的借款偿还能力分析都针对公司法人进行，把公司整体数据公示出来进行分析，既无可能也无必要。只要公司整体现状财务状况好，项目又有还款能力，银行就可以进行贷款决策。所以对于银行来说，项目层次的借款偿还能力只有与企业财务状况的考察相结合，才能满足其信贷决策的要求，因此在计算项目层次的借款偿还能力的同时，企业要向银行提供前 3～5 年的主要财务报表，用于对企业财务状况的评估。只要企业的整体资产负债结构和偿债能力满足要求，有时虽然项目自身无偿债能力，但是整个企业信誉好，偿债能力强，银行也可能给予贷款；有时虽然项目有偿债能力，但企业整体信誉差、负债高、偿债能力弱，银行也可能不予贷款。

2. 企业层次的借款偿还能力分析

为了考察企业将来的整体偿债能力，银行等金融部门除了要求提供前 3～5 年的主要财务报表外，还要了解企业各笔借款（含原有贷款、其他拟建项目贷款和项目新增贷款）的综合偿债能力。特别是对"小"企业拟建"大"项目的情况，或者是对企业当前财务状况不是很满意的情况。为了满足债权人要求，还需要编制企业在拟建项目建设期和投产后 3～5 年内（或项目借款偿还期内）的综合借款还本付息计划表、损益表、资金来源与运用表和资产负债表，分析企业整体偿债能力。

第七节　房地产项目融资案例

案例一：中意广场房地产开发项目资金筹措方案分析

中意广场项目总投资 12159 万元，设计了 5 种筹资工具，其中银行长期借款（10 年期，利率 8%）600 万元，发行金融债券（20 年，利率 9%）1000 万元，发行股票，优先股（股利 7%）420 万元，普通股 5334 万元，保留利润 2700 万元，共筹集资金 10054 万元。该项目资产负债表及相应的财务补充资料分别如表 9-13 和表 9-14 所示。试据此对该项目的筹资方案进行决策分析。

表 9-13 中意广场房地产开发项目资产负债表

单位：万元

资产	金额	负债	金额
流动资产		流动负债	
现金	2140	应付账款	1305
		应付银行贷款	450
应收账款	760	应付税费	65
存量商品房	7030	应付到期长期债务	160
预付费用	2150	应付股利	125
流动资产合计	12080	流动负债合计	2105
		长期债务	
		银行借款（10年，8%）	600
		金融债券（面值1000元，20年，9%）	1000
		负债合计	3705
固定资产合计	79	股东权益	
		优先股（面值100元，7%）	420
		普通股（面值10元）	5334
		保留盈余	2700
		股东权益总计	8454
资产总额	12159	负债与股东权益总计	12159

表 9-14 中意广场房地产开发项目财务补充资料

内容	金额或数量
普通股：	
发行费率	3.0%
每股收益	1.0 元/股
每股现行市场价	12 元/股
每股股息	0.75 元/股
股息预期增长率	5.5%
优先股：	
发行费率	3.0%
每股收益	7.0 元/股
每股现行市场价	76.25 元/股
金融债券：	
筹资费率	1.5%
现行市场价	997.50（万元）
公司所得税率	33%
个人所得税率	20%
相称活期存款余额	未清偿贷款 20%
最低活期存款余额	100 万元
税前利润额	630 万元
债务总额	10054 万元	现行市场价 11018.55 万元

房地产项目投资分析

一、计算该项目单项资金成本率

1. 银行借款资金成本率 K_1

借款总额：$L=600$（万元）

年支付利息额：$I=600×8\%=48$（万元）

所得税率：$r=33\%$[①]

抵减金额率：$R=20\%$（相称存款余额）

故：$K_1 = \dfrac{48(1-0.33)}{600(1-0.20)} = 6.7\%$

2. 金融债券资金成本率 K_2

年支付利息额：
$I = 1000 \times 9\% = 90$（万元）

债券发行总额：$L=1000$ 万元，现值市场价 997.5 万元

所得税率：33%

抵减金额率：1.5%（筹资费用率）

故：$K_2 = \dfrac{90(1-0.33)}{997.5(1-0.015)} = 6.14\%$

3. 优先股资金成本率 K_3

年股利支出额：$420×7\%=29.4$（万元）

优先股发行总额：420 万元

现行市场价：$76.25 \times \dfrac{420}{100} = 320.25$ （万元）

抵减金额率：3%（股票发行费率）

$$K_3 = \dfrac{29.4}{320.25(1-0.03)} = 9.46\%$$

4. 普通股资金成本率 K_4

预期年股利支出额：$\dfrac{5334}{10} \times 0.70 = 373.38$ （万元）

普通股发行总额（现行市价）：$12 \times \dfrac{5334}{10} = 6400.8$ （万元）

抵减金额比率：3%（股票发行费率）

股利预期增长率：5.5%

$$K_4 = \dfrac{373.38}{6400.8(1-0.03)} + 5.5\% = 11.51\%$$

5. 保留利润资金成本率 K_5

最近一期股息利率：0.75/10=7.5%

普通股现行市价 6400.8（万元）

抵减金额率：3%

股息预期增长率：5.5%

股东个人所得税率：20%

[①] 自2007年起，企业所得税率已变更为25%。

第九章 房地产项目投资资金筹措

$$K_5 = \left[\frac{0.075}{6400.8 \times (1-0.03)} + 5.5\%\right] \times (1-0.20) = 4.4\%$$

二、计算该项目综合资金成本率 R

$$R = \sum_{i=1}^{5} W_i R_i$$

$$W_1 = \frac{600}{11018.55} = 0.0545 \qquad W_2 = \frac{997.5}{11018.55} = 0.0905$$

$$W_3 = \frac{320.25}{11018.55} = 0.0291 \qquad W_4 = \frac{6400.8}{11018.55} = 0.5810$$

$$W_5 = \frac{2700}{11018.55} = 0.2449$$

将各单项资金成本率代入上式，便得该筹资方案综合资金成本率：

$$R = 0.0545 \times 6.7\% + 0.0905 \times 6.14\% + 0.0291 \times 9.46\% + 0.5810 \times 11.51\% + 0.2449 \times 4.4\% = 8.96\%$$

三、计算该项目财务杠杆系数

由题设条件可知

税前利润额 E = 630（万元）

借款利息：$I = 600 \times 8\% + 1000 \times 9\% = 138$（万元）

租赁费用：$L = 0$

优先股股息：$d = 420 \times 7\% = 29.4$（万元）

所得税税率：$r = 33\%$

$$DFL = \frac{630}{630 - 138 - \frac{29.4}{1-0.33}} = \frac{630}{448.12} = 1.4$$

该方案具有较高的财务杠杆系数。

四、财务比率分析

1. 流动比率 η_1

$$\eta_1 = \frac{12080}{2105} = 5.74 > 2$$

2. 速动比率 η_2

$$\eta_2 = \frac{12080 - 7030}{2105} = 2.40 > 1$$

3. 负债比率

长期债务与股东权益之比

$$\eta_3 = \frac{600 + 1000}{8454} = 18.93\%$$

负债总额与资产总额之比

$$\eta_4 = \frac{2105 + 1600}{12159} = 30.47\%$$

由上述财务比率分析结果可判断，该方案的债务构成合理，具有较强的偿还短期债务的能力（$\eta_1 > 2$，$\eta_2 > 1$），该项目筹资方案所决定的资金结构状况较好，长期负债仅占股东权益的18.93%，具有较强的偿还长期债务的能力。负债总额与资产总额之比为30.47%，说明该项目资产中，有30.47%来源于债务，69.53%来源于股东权益，该项目的资本结构是合理的。

案例二：G市公共租赁住房产业基金融资案例[①]

一、基本假设条件

1. 建设需求假设

（1）公租房建设需求

假设G市在未来5年内拟新建公共租赁住房约8万套。按60平方米/套计算，总建设规模480万平方米。

（2）配套商业物业建设需求

假设公租房项目按15%的比例配建商业物业，那么建设480万平方米公租房需要配套72万平方米商业物业。

2. 融资需求假设

（1）土地成本

假设以行政划拨方式供应土地，暂不考虑土地成本。

（2）拆迁成本

根据市住房保障部门负责建设的经济适用房有关历史数据，拆迁成本取单价平均值1151.80元/平方米。

（3）项目建设成本及总开发成本

根据市住房保障部门负责建设的经济适用房有关历史数据，假设公租房和配套商业物业的平均建设成本取单价3197元/平方米。加上拆迁成本，公租房项目总开发成本单价为4349元/平方米。

（4）总融资规模

按照上述的成本标准，建设480万平方米公租房和72万平方米商业物业，总投资额度估计约240亿元。

3. 项目建设、运营和退出计划假设

本方案假设项目分五期开发，每期建设时间为2年，具体开发计划如表9-15所示，在2015年末各期项目建设资金通过REITs退出或者通过出售公租房退出。

表9-15 项目开发计划表

项目内容	2011年	2012年	2013年	2014年	2015年	合计
公租房开发建设套数	2万套	2万套	2万套	1万套	1万套	8万套
公租房开发面积（m²）	120万	120万	120万	60万	60万	480万
配套商业物业开发面积（m²）	18万	18万	18万	9万	9万	72万

4. 租金标准假设

近期G市公布拟将LG地块（25.87万平方米）以及G市TD地块（8万平方米）作为公租房建设用地。经过对G市TD地块、G市JSZ地块、TH公园以及G市科学城等同一租金级别区域进行评估后，我们认为G市TD地块地区指标与上述四个地块平均值十分接近，所以决定

[①] 本案例的编写得到广州市住房保障办公室的大力支持，特此致谢。

在本方案中，采用 G 市 TD 地块的高层住宅市场价格的 60%作为公租房租金标准，以该地区商业市场租金为本方案测算的配套商业设施租金。如表 9-16 所示。

另外参考市场租金增长情况，本方案假定在公租房投入运营后，公租房和配套商铺租金每年按照 4%的比率增长。

表 9-16 租金区位表

单位：元/平方米/月

区片名称	公租房高层住宅价格			配套商业设施价格
	市场租金	按市场价格60%	按市场价格80%	市场租金
G 市 TD 地块	23	13.8	18.4	46
G 市 JSZ 地块	17	10.2	13.6	30
TH 公园	29	17.4	23.2	77
G 市科学城	16	9.6	12.8	25
平均值	21	12.75	17	44.5

5. 投入运营后，物业年维修费假设

根据市住保办以往保障房有关历史数据，公租房年维修费以建设成本的 1.5%记取，本方案中公租房建设成本单价为 3197 元/平方米，所以公租房投入运营后每年维修费用按 48 元/平方米计算。按 480 万平方米公租房，72 万平方米商业物业计算，每年维修费用约 2.6 亿元。

6. 投入运营后，年物业管理成本及物业管理费收入假设

根据 G 住房保障有关历史数据，公租房物业管理成本按照每月 1 元/平方米计算，按 480 万平方米公租房，72 万平方米商业物业计算，每年物业管理费用约 6624 万元。

日后拟通过向承租人收取 1 元/平方米/月的物业管理费，覆盖物业管理成本。

7. 税收政策

根据国家关于公租房建设和经营期间的税费予以减免规定，故本方案不再计算。

二、G 市公租房建设项目融资方案

1. 项目资金投入计划

我们假定每期项目建设资金在两年建设期内平均投入，各期建设资金在 2015 年末通过发行 REITs 和出售部分公租房的方式安全退出。

以第一期项目为例，建设公租房 120 万平方米，商业物业 18 万平方米，按 4349 元/平方米测算，总建设成本约 60 亿元，在 2011 年和 2012 年每年投入 30 亿元建设资金。根据表 9-15 开发计划以及对建设成本预测，全部 5 期项目每年资金投入计划如表 9-17 所示。

表 9-17 全部 5 期项目建设资金投入计划

单位：万元

项目分期	2011 年	2012 年	2013 年	2014 年	2015 年
第一期项目	300000	300000	0	0	0
第二期项目	0	300000	300000	0	0
第三期项目	0	0	300000	300000	0
第四期项目	0	0	0	150000	150000
第五期项目	0	0	0	0	300000
小计	300000	600000	600000	450000	450000

2. 融资模式及融资结构

本融资方案拟采取组合式的融资模式，具体融资结构设计如下。

（1）项目资本金组成

项目资本金按总投资规模20%计算，其中"政府种子基金"出资25%，"公租房产业基金"出资75%。

（2）后续开发资金组成

后续80%开发资金通过"公租房产业基金"、"住房公积金贷款"和"商业银行贷款"三种方式筹集。为了简化测算模型，我们按"住房公积金贷款"与"公租房产业基金"各出资50%计算。

（3）在第5年项目结束时，为了简化测算模型，并考虑REITs退出方式更稳健、谨慎，退出回收资金暂时以REITs回笼资金为测算依据。

3. 融资成本

（1）"政府种子基金"是政府财政投入的资金，所以融资期间不收取利息，只考虑在第5年末回收本金。

（2）"公租房产业基金"是向社会投资者募集的资金，融资成本确定需考虑以下几方面的因素：一是市场投资者接受程度，即投资者对投资收益的要求。二是融资方信用等级或提供的增信措施。三是不同的融资方式对融资成本也有一定影响。一般而言，股权融资的成本高于同期银行贷款的融资成本。四是货币信贷政策环境及利率走势。

参考目前市场同类产品，建议融资成本以五年期以上银行贷款利率为基准适当上浮，暂时按7%利率计算。如果日后能募集到保险、社保基金等低成本资金，"公租房产业基金"能下调预期成本。

（3）商业银行贷款利率按五年期人民银行贷款基准利率下浮10%，即5.526%。

（4）住房公积金贷款利率按公积金五年期个人贷款利率上浮10%，即4.455%计算，为了简化测算模型，假定本方案暂不使用商业银行贷款，全部使用公积金贷款，以减低融资成本。

4. 融资期限

项目融资期限初定为5年，项目分5期建设，每年支付利息，在第5年末所有建设资金一次性还本退出。

各类资金出资比例、用途、期限及融资成本如表9-18所示。

表9-18　各类资金出资比例、用途、期限及融资成本

融资来源	融资比例（亿元）	融资期限	利率	资金用途	备注
政府种子基金	5%	5年	—	资本金	不收取利息，到期还本
公租房产业基金	55%	5年	7%	15%作资本金、40%作贷款	参考市场利率
商业贷款	待定	待定	5.526%	开发贷款	五年期基准利率下浮10%
公积金贷款	40%	5年	4.455%	开发贷款	公积金5年期个人贷款利率上浮10%（参照《关于利用住房公积金贷款支持保障性住房建设试点工作的实施意见》规定）

5. 项目融资计划及本息偿还计划安排

根据上述设定的每期项目建设资金投入计划和各种资金融资比例，每期项目的融资计划如

表 9-19 所示,每年本息偿还计划如表 9-20 所示。

表 9-19 各期项目融资计划

单位:万元

分期	项目内容	2011 年	2012 年	2013 年	2014 年	2015 年
第一期项目	政府种子基金资本金	30000	0	0	0	0
	公租房产业基金资本金用途部分	90000	0	0	0	0
	住房公积金贷款	90000	150000	0	0	0
	公租房产业基金贷款用途部分	90000	150000	0	0	0
第二期项目	政府种子基金资本金	0	30000	0	0	0
	公租房产业基金资本金用途部分	0	90000	0	0	0
	住房公积金贷款	0	90000	150000	0	0
	公租房产业基金贷款用途部分	0	90000	150000	0	0
第三期项目	政府种子基金资本金	0	0	30000	0	0
	公租房产业基金资本金用途部分	0	0	90000	0	0
	住房公积金贷款	0	0	90000	150000	0
	公租房产业基金贷款用途部分	0	0	90000	150000	0
第四期项目	政府种子基金资本金	0	0	0	15000	0
	公租房产业基金资本金用途部分	0	0	0	45000	0
	住房公积金贷款	0	0	0	45000	75000
	公租房产业基金贷款用途部分	0	0	0	45000	75000
第五期项目	政府种子基金资本金	0	0	0	0	15000
	公租房产业基金资本金用途部分	0	0	0	0	45000
	住房公积金贷款	0	0	0	0	120000
	公租房产业基金贷款用途部分	0	0	0	0	120000
年度合计	政府种子基金资本金	30000	30000	30000	15000	15000
	公租房产业基金资本金用途部分	90000	90000	90000	45000	45000
	住房公积金贷款	90000	240000	240000	195000	195000
	公租房产业基金贷款用途部分	90000	240000	240000	195000	195000
	以上小计	300000	600000	600000	450000	450000

表 9-20 各种资金本息偿还计划

单位:万元

	项目内容	2011 年	2012 年	2013 年	2014 年	2015 年
各种资金年度累计融资总额	政府种子基金资本金	30000	60000	90000	105000	120000
	公租房产业基金资本金用途部分	90000	180000	270000	315000	360000
	住房公积金贷款	90000	330000	570000	765000	960000
	公租房产业基金贷款用途部分	90000	330000	570000	765000	960000
各种资金利息偿付计划	政府种子基金资本金	0	0	0	0	0
	公租房产业基金资本金用途部分	6300	12600	18900	22050	25200
	住房公积金贷款	4010	14702	25394	34081	42768
	公租房产业基金贷款用途部分	6300	23100	39900	53550	67200
	以上小计	16610	50402	84194	109681	135168
各种资金本金偿付计划	偿还贷款本金(公积金+产业基金)	0	0	0	0	1920000
	退还项目资本金的支出	0	0	0	0	480000
	以上小计	0	0	0	0	2400000

6. 项目租金收入预测

假设公租房及配套商业物业出租率为95%，基于上述对租金标准分析，2013年第一期项目租金收入计算如下。

（1）2013年第一期项目公租房租金收入

名义收入：120万平方米×13.8元/平方米/月×12月=19872（万元）

实际收入：19872万元×95%=18873（万元）

（2）2013年商业物业租金收入

名义收入：18万平方米×46元/平方米/月×12月=9936（万元）

实际收入：9936万元×95%=9439（万元）

（3）2013年总租金收入

18873万元+9439万元=28318（万元）

（4）后续每年公租房和商铺的租金收入

后续每年公租房和商铺的租金收入按4%递增，如表9-21所示。

表9-21 项目租金收入预测

单位：万元

	项目内容	2011年	2012年	2013年	2014年	2015年	2016年
第一期项目	名义住宅租金（100%出租）	0	0	19872	20667	21494	22353
	实际住宅租金（95%出租）	0	0	18878	19634	20419	21236
	名义商业物业租金（100%出租）	0	0	9936	10333	10747	11177
	实际商业物业租金（95%出租）	0	0	9439	9817	10209	10618
第二期项目	名义住宅租金（100%出租）	0	0	0	20667	21494	22353
	实际住宅租金（95%出租）	0	0	0	19634	20419	21236
	名义商业物业租金（100%出租）	0	0	0	10333	10747	11177
	实际商业物业租金（95%出租）	0	0	0	9817	10209	10618
第三期项目	名义住宅租金（100%出租）	0	0	0	0	21494	22353
	实际住宅租金（95%出租）	0	0	0	0	20419	21236
	名义商业物业租金（100%出租）	0	0	0	0	10747	11177
	实际商业物业租金（95%出租）	0	0	0	0	10209	10618
第四期项目	名义住宅租金（100%出租）	0	0	0	0	0	11177
	实际住宅租金（95%出租）	0	0	0	0	0	10618
	名义商业物业租金（100%出租）	0	0	0	0	0	5588
	实际商业物业租金（95%出租）	0	0	0	0	0	5309
第五期项目	名义住宅租金（100%出租）	0	0	0	0	0	11177
	实际住宅租金（95%出租）	0	0	0	0	0	10618
	名义商业物业租金（100%出租）	0	0	0	0	0	5588
	实际商业物业租金（95%出租）	0	0	0	0	0	5309
以上合计	名义住宅租金（100%出租）	0	0	19872	41334	64481	89413
	实际住宅租金（95%出租）	0	0	18878	39267	61257	84943
	名义商业物业租金（100%出租）	0	0	9936	20667	32240	44707
	实际商业物业租金（95%出租）	0	0	9439	19634	30628	42471
	实际总租金收入（住宅+商业）	0	0	28318	58901	91885	127414

7. 项目盈利和还本付息能力测算

对项目的收益和还本付息能力测算数据如表 9-22 所示，我们可得出以下结论。

表 9-22　公租房项目收益还款能力测算表

编号	项目内容	2011 年	2012 年	2013 年	2014 年	2015 年
1	项目经营活动产生的现金流量	0	0	21694	45653	72013
1.1	年度租金收入	0	0	28318	58901	91885
1.2	年物业管理费收入	0	0	1656	3312	4968
1.3	年物业维护支出	0	0	(6624)	(13248)	(19872)
1.4	年物业管理成本支出	0	0	(1656)	(3312)	(4968)
2	项目投资活动产生的现金流量	(300000)	(600000)	(600000)	(450000)	(450000)
2.1	工程投资支出	(300000)	(600000)	(600000)	(450000)	(450000)
3	项目融资活动产生的现金流量	283391	549599	515807	340319	463108
3.1	注入资本金收到的现金	120000	120000	120000	60000	60000
3.2	申请开发贷款收到的现金	180000	480000	480000	390000	390000
3.3	第 5 年销售公租房回笼现金	0	0	0	0	0
3.4	第 5 年发行 REITs 回笼现金	0	0	0	0	2548276
3.5	（产业基金和公积金）贷款利息支出	(10310)	(37802)	(65294)	(87631)	(109968)
3.6	偿还贷款本金支出	0	0	0	0	(1920000)
3.7	（公租房产业基金）红利支出	(6300)	(12600)	(18900)	(22050)	(25200)
3.8	退还项目资本金的支出	0	0	0	0	(480000)
4	净现金流量（1+2+3）	(16610)	(50402)	(62500)	(64028)	85121

（1）240 亿元建设资金能全部通过"政府种子基金""公租房产业基金"，申请公积金贷款或商业银行贷款解决。

（2）本方案虽然通过采取配建商业物业增加租金收入，申请住房公积金贷款降低融资成本等措施，但是项目每年仍出现 5 亿~6 亿元的现金流缺口。我们认为政府需要统筹安排资金给予贴息补助，补贴资金可来源于以下几方面。

第一，安排财政专项资金，提供贴息补助。

第二，土地出让金收入提取一定资金，给予补贴。

第三，保障性住房 REITs 回笼资金。

第四，销售一定比例的公租房，回笼部分建设资金。

（3）在项目第 5 年退出时，如果选择采取 REITs 方式退出，回笼资金基本能偿还所有建设资金本金，并产生少量盈余。如果综合采取 REITs 和销售部分公租房两种退出方式，由于公租房销售估值比 REITs 估值高很多，将取得更大的盈余。

为此，我们认为通过运用多种创新金融工具，能完成 G 市"十二五"规划期内的公租房建设资金的筹集任务，而且能保证 5 年后社会资金安全退出，实现建设资金循环使用，但是在融资期间存在一定利息差额缺口，需要政府采取措施统筹安排资金进行补贴。

三、融资方案限制因素说明

本融资方案按照稳健、谨慎的原则进行预测，设计思路是积极拓宽政府投入资金来源、构建公租房产业融资平台，吸引低成本资金进入，具有较强的实践意义。但是方案实施能否成功，将受诸多因素影响，主要包括以下几点。

1. 公租房项目选址

由于公租房项目的租金水平是参考同地段、同类型房屋市场价格的一定比例计取，因此公租房项目的选址是否合理，对项目的租金收入有十分大的影响。

2. 能否吸引公积金贷款和社保基金等成本较低资金参与公租房建设

由于公租房项目融资规模大，期限长，对融资成本敏感性十分大，如果只依赖银行贷款资金和社会资金，就会造成融资成本过高，项目还本付息压力过大。

3. 政府能否加大投入，能否提供还本付息支持

由于公租房项目租金水平较低，租金收入未能完全覆盖融资期间的利息成本，存在一定缺口；为了保证社会资金的收益安全，因此需要政府提供还本付息担保。

复习思考题

1. 房地产项目投资的资金筹措渠道一般有哪几种？试以一个实际的房地产项目为例，对其进行资金筹措方式的安排。

2. 以一个实际的房地产项目为例，对其各种可能的融资模式流程进行设计，并对各种融资模式的优缺点进行分析。

3. 以一个实际的房地产开发投资项目为例，编制借款还本付息表，计算相应的评价指标，并对得出的指标进行相应的分析与说明。

第十章 房地产项目收入税金估算及投资计划安排

本章主要针对房地产项目的收入税金估算及投资计划安排进行阐述。首先介绍房地产投资项目价格的确定程序与确定方法,在此基础上,论述房地产项目收入的测算方法与收入预测表的编制。同时,本章还对房地产项目的有关销售与经营税费进行详细介绍。最后,针对房地产项目投资计划与资金筹措表的编制,给出详细的说明,为项目后续的财务评价打下基础。

第一节 房地产项目价格确定

一、房地产项目价格与价格策划

价格是商品价值的货币表现。价格的制定受着众多因素的影响和制约。价格的效果也影响到一个项目、一个企业的生存与发展，因而项目定价不是一个简单的、单纯的事项，而是在项目策划的整个过程都需要综合考虑、统筹安排的系统工程。人们把与项目定价有关的工作，统称为项目的价格策划。

价格策划是指为实现一定的营销目标而协调处理各种有关价格关系的活动。它涉及商品营销价格的策略安排。价格策划的基本目标就是定价。因而，价格策划必然包含了定价过程，要运用各种定价方法、定价策略等。但价格策划又是一个比定价更为广泛的概念。它不仅包括价格的制定，而且在一定环境条件下，为实现特定的营销目标，协调配合其他因素，构思、选择，并在实施过程中不断调整价格战略和策略的全过程。

价格策划作为项目营销策划的一个重要部分，在项目前期策划中具有举足轻重的作用。由于价格是项目营销变量中，作用最为直接，见效最快，对经济效益指标影响最大的一个变量；由于价格不仅决定着项目的财务效果，从而影响企业的经济效益，而且还决定着项目的市场效果，从而影响企业产品的市场占有率；由于价格往往是企业竞争的重要手段，因此，价格策划历来都是项目投资者或经营者十分关注的问题。

二、房地产项目价格策划程序

完整的价格策划程序包括环境研究、目标确定、价格测算、方案选择、方案实施与调整五个步骤。

（一）环境研究

任何项目的开发建设过程及营销服务过程都是处于一定的环境之中，价格策划的环境研究主要是调查、分析、研究影响项目营销价格的环境因素。此环境主要有社会经济环境、市场环境、竞争环境和项目环境。

社会经济环境是指项目所面临的宏观经济和法律环境，是项目价格策划的基础环境。主要有社会经济发展状况，区域经济发展状况，消费者收入状况，物价指数，以及产业政策、税收政策、金融政策，等等。

市场环境是指项目所对应的市场供求状况、市场吸纳能力、市场消费倾向、市场消费能力以及涉及项目投资建造和经营的成本费用状况，等等。

竞争环境是指主要竞争对手及主要竞争项目的基本情况，如项目分布、项目进入市场的时机、对手的竞争策略，尤其是竞争价格，以及项目特点，等等。

项目环境是指本项目影响到营销价格的一些主要因素，如项目所在位置的交通条件、服务条件、气候条件、基础设施条件以及项目的营销形式、营销渠道，等等。

营销环境是项目投资环境的一部分，因而营销环境研究应当与整个项目的投资环境研究协调进行。

（二）目标确定

价格策划的目标作为项目营销目标的内容之一，在营销目标研究中统一确定。其主要内容有利润目标、市场目标、形象目标、竞争目标和资本增值五项。

（1）利润目标。利润目标是项目价格策划的首要目标。提高利润的基本途径有两条，一是高价高利润；二是低价多销高利润。在市场经济条件下，尤其是已形成买方市场的条件下，高价必然带来销售量的下降，非垄断的高价是行不通的。唯有施行低价多销的途径，才能实现长期的利润目标。

（2）市场目标。市场目标就是项目的市场占有率，是指本项目在同类项目市场销售额中所占的比率。市场占有率直接影响项目的营销量，从而影响项目的利润水平和投资经营者的知名度，从而对未来的经营状况带来影响。提高市场占有率水平的直接手段是低价，当然其他的促销手段，如展销、广告等，也起很大作用。

（3）形象目标。形象目标是指企业形象和企业商品的品牌形象，即企业或企业的某一商品品牌在消费者心目中的地位、印象。形象直接影响消费意愿，在买方市场条件下，形象目标对于保证企业或项目经营的长期和稳定发展具有决定意义。价格策划所实现的形象目标，常规的途径有高价和平价两条。由高价实现的形象目标，几乎都是与高尚、高雅以及质量、材料、结构和环境的上乘相联系的，如环境优美的高级别墅、装修高档的高级公寓，等等。满足于某一特定消费阶层的需要，而不拘泥于实际成本。由低价和平价实现的形象目标，则总是与价格的低廉和项目配套服务设施的完善、质量的可靠相联系的，满足于普通的大众消费者的需要。

（4）竞争目标。竞争目标是指与竞争对手较量或避免竞争行为的定价目标。与竞争对手较量的目的在于扩大营销额，提高市场占有率。因而其制定的价格往往带有很强的挑战性、进攻性。有些项目为了企业的长远利益或满足企业近期财务安排上的需要（如亟须吸纳一部分经费），甚至采取亏损的定价。避免竞争行为的定价目标大多是跟随型，即按市场调查的平均价格水平来实施定价。

（5）资本增值。资本增值是指资本价值的增长。市场经济条件下的企业经营，首先是资本经营。即对企业可以支配的资源和生产要素进行运筹、谋划和优化配置，以实现最大限度资本增值目标的经营。资本经营的目标在于资本增值的最大化，因而作为项目经营策划首要内容之一的价格策划，自然要以资本经营作为其目标之一。在进行项目价格策划时，要实现资本增值目标，就是把希望获得的投资回报有针对性地分配到价格中去。

上述五项价格策划的目标，是相互影响、相互制约的，在进行价格策划时，应在项目总经营目标的规范下，综合考虑、协调平衡，制定出合适的、科学的价格策划目标。

（三）价格测算

价格测算是指项目销售价格下限与上限的测算，价格测算是价格策划中具有决定意义的定量计算。

1. 关于价格下限的测算

项目价格的下限就是项目的成本价。销售价格高于成本，项目才不至于亏损，企业才能扩大再生产。销售价格低于成本价，项目亏损，企业连简单再生产也维持不了。对于房地产经营项目，由于其经营形式不同，其成本构成也有较大的差异。

用于销售经营的房地产项目，其成本项目主要由项目开发成本及项目经营成本两部分构成。项目开发的成本费用，主要有土地开发费、建安工程费、配套设施费、市政工程费、勘察设计费及利息等费用。其中土地开发成本由于土地使用权的来源不同而不同。由一级地产市场取得使用权的土地，其成本费用主要是土地出让金、征地拆迁费、七通一平费等。由二级地产市场取得使用权的土地,其成本费用主要是土地转让金,除了包括上述土地开发成本外,尚要加上土地使用权进入流通领域后的费用,如管理费、维护费及各种推销费用,还要加上土地开发必要的税费、利息及开发商应赚取的利润,等等。其具体测算过程详见本书第八章"房地产项目投资费用估算"部分。

用于租赁经营的房地产项目,其租赁成本由房屋价值补偿费、维修费、管理费、利息和土地使用税构成。其中房屋价值补偿费就是折旧费,是指按房屋的使用年限计算的逐年回收的房屋建设投资。房屋在长期使用过程中,虽然其原有的实物形态不变,但由于自然损耗和人为损耗,其价值在逐年减少。这部分因损耗而减少的价值,以货币形式来表现,就是折旧费。房屋租赁成本中的折旧费,与一般商品生产成本中的折旧费不同。一般商品成本中的折旧费,是作为生产资料的固定资产在生产中按设备磨损程度逐年转移价值,按年提取回收费用,参加当年新产品的价值形成。而房屋租赁的折旧费是随着房屋的出租按年限平均回收的房屋投资,按一定的规定摊销到房屋租赁单价中去,并不参加当年新产品的价值形成。房屋折旧费的计算,应首先认定房屋造价、耐用年限和残值率。其计算公式如下。

$$年折旧费 = \frac{造价 \times (1-残值率)}{耐久年限}$$

房屋造价,是建造房屋的投资。由于房屋的结构或建造的地段不同,造价也有较大的差别。总的来说,房屋造价的多少,应该是由生产建造房屋的社会必要劳动时间来决定的,通常是以某种结构的房屋在若干年内的平均造价来表示。

耐用年限,是从经济观点来看房屋的正常使用年限,在计算耐用年限时,因对房屋修缮投资不同而有显著的差别。因此,耐用年限不易做到十分准确,往往规定一定的时间幅度。如1958年提出的房屋耐用年限是钢筋混凝土为80～100年,混合结构为50～80年,砖木结构为25～70年,其他结构为20年以下等。

房屋的残值,是房屋失去使用价值后,所剩余的物质的价值。各类结构房屋的残值率也不尽相同。如一般钢筋混凝土为零,砖混结构为2%,砖木为3%～4%,简易为3%。

目前,房管部门制定的各类租金标准,其折旧费一般只考虑到房屋的自然耐用年限,没有考虑物价上涨和社会经济各方面的变化等因素。这对房屋的经营、更新改造以及房产投资的发展都是不利的。更重要的是,按80～100年的耐用年限计算房屋价值补偿费,意味着投资者将在如此漫长的时间内才能回收投资,这当然是不可能的。因而,在物业租金计算时,一般只用物业的经济寿命或用加速折旧法计算该物业的折旧费(价值补偿费)。

经济寿命的折旧年限一般取10～18年。加速折旧法有以下两类。

(1)递减法。随着资产使用年限的增加而按一定比例逐步递减折旧额的折旧方法。这种方法在固定资产使用初期提取的折旧额较高,随着使用时间的延长,效率下降,提取的折旧额也相应下降。按每期期末的净值乘以固定的折旧率来计算折旧额,折旧率按下式计算。

$$r = 1 - \sqrt[n]{\frac{s}{c}}$$

式中,s 为固定资产净残值;c 为固定资产原值;n 为固定资产使用年限(或经济寿命)。

(2)级数法。利用算术级数 $\frac{n}{D}$,$\frac{n-1}{D}$,$\frac{n-2}{D}$,…,$\frac{1}{D}$ 作为年度折旧率的折旧方法。其年度折旧额用期末净残值乘折旧率求得。

这里的 $D = \frac{n(n+1)}{2}$,n 为资产使用年限(或经济寿命)。

级数加速折旧法的第 t 年的折旧率为

$$r = \frac{n-t+1}{D} = \frac{2(n-t+1)}{n(n+1)}$$

无论是采用递减加速折旧法还是级数加速折旧法，其直接效果就是提高了物业的年度折旧额，加快了物业投资的回收速度。下面通过一例来考察不同方法的折旧速度。

【例 10-1】 某物业投资 100 万元，设其使用寿命 50 年，经济寿命 10 年，50 年后残值率为 2%，10 年后残值率 20%，试分别用直线折旧法、递减加速折旧法、级数加速折旧法计算该物业 10 年内每年提取的折旧额及 10 年内累计提取的折旧总额。

【解】 按题设条件，该物业有关数据计算如下。

① 使用寿命 $n=50$ 年，经济寿命 $=10$ 年

② 50 年后净残值 $s=100\times2\%=2$（万元）

10 年后净残值 $s=100\times20\%=20$（万元）

③ 直线折旧法年折旧率

$$r = \frac{1}{50} = 0.02$$

年折旧额

$$p_1 = r_1 \times (100-100\times0.02) = 1.96（万元）$$

④ 递减加速折旧法年折旧率

$$r_2 = 1 - \sqrt[n']{\frac{s'}{c}} = 1 - \sqrt[10]{\frac{20}{100}} = 0.1486$$

年折旧额：$p_t = p_{(t-1)} \times r_2$，其中：$p_1 = 80$（万元）

⑤ 级数加速折旧法的年折旧率

因为 $D = \frac{n'(n'+1)}{2} = \frac{10(10+1)}{2} = 55$

故有 $r_3 = \frac{10}{55}, \frac{9}{55}, \frac{8}{55}, \frac{7}{55}, \cdots, \frac{1}{55}$

$= 0.1818, 0.1636, 0.1455, \cdots, 0.0182$

年折旧额：$p = c \times r_3 = 80 \times r_3$（万元）

将以上计算结果列表，如表 10-1 所示。

表 10-1 各折旧法计算结果比较表

单位：万元

	直接折旧法		增减加速折旧法		级数加速折旧法	
	年折旧率	年折旧额	年折旧率	年折旧额	年折旧率	年折旧额
1	0.02	1.96	0.1486	14.066	0.1818	14.544
2	0.02	1.96	0.1486	12.651	0.1636	13.088
3	0.02	1.96	0.1486	10.775	0.1455	11.640
4	0.02	1.96	0.1486	9.174	0.1273	10.184
5	0.02	1.96	0.1486	7.810	0.1091	8.728
6	0.02	1.96	0.1486	6.650	0.0909	7.272
7	0.02	1.96	0.1486	5.661	0.0727	8.816
8	0.02	1.96	0.1486	4.820	0.0545	4.360
9	0.02	1.96	0.1486	4.101	0.0364	2.912
10	0.02	1.96	0.1486	3.490	0.0182	1.456
合计		19.60		80.00		80.00

由表 10-1 中计算结果可看出，常规的直线折旧法，10 年仅收回投资 19.60 万元，而加速折旧的两种方法均可保证在 10 年内回收投资。

2. 关于价格上限的测算

项目价格的上限就是项目价格的最高限界。对于房地产经营商品而言，其价格上限通常可分为：市场决定、政府决定、法规限定三类情况。市场决定是指受市场供求关系影响，以市场营销受阻的价格作为价格上限的形式，这是市场机制的价格形式。在市场经济条件下，由于竞争及价格机制的影响，商品的销售状况在其他因素均不变的条件下，在一定的范围内，其销量与价格成反比例的函数关系。价格越低，销量越大；价格越高，销量越低。一旦销量降至零，这时的价格即为市场决定的最高限价。因而，房地产投资项目在进行价格策划时，要进行广泛的市场调查，研究市场上同类项目的价格及营销状况，以此来确定本项目的价格上限。

政府决定是指由政府主管部门依据项目性质及当时、当地的具体条件，公布该项目的最高限价。这是行政干预的价格水平。由于房地产商品，尤其是住房商品，除了具备一般商品属性以外，还是人们的生活必需品，政府有义务为人民，尤其是处于贫困环境的人民提供必要的住房。因而，政府便相应地具备了干预住房价格的权力，如制定城市住房租金的最高标准；制定解困房、安居工程住房、微利房的最高售价标准，等等。

法规决定是指由法律规定的最高限价为价格上限。我国市场经济的运行，由于反暴利法的颁布，使经营者的价格策划，受到了法律的约束。所谓暴利，是指商品生产经营者通过不正当的价格行为而获取的超常利润。具体到每件商品的暴利界定，主要看它的市场定价是否超过物价部门规定的价格上限，超过部分即为暴利。但由于房地产项目费用构成情况复杂，迄今为止尚未见到成功应用的案例。

项目价格的上下限确定以后，便为其价格策划的定价规定了一个明确的范围。

（四）方案选择

项目价格策划方案选择包括方案制订、评价、选择与优化四个主要环节。项目定价方案的主要内容是项目的价位取向、价格测算及定价策略。为了便于比较和分析，应同时制订数种定价方案，供决策备选。

价位取向是指项目营销平均价格的确定，房地产项目营销的价位取向即在上述价格上限与下限的范围内，依据价格策划的目标及定价策略，确定项目的营销价格水平。

价格测算是按照已选定的价位水平、计价公式及定价策略，具体计算该项目每一单元物业的单价、总价及调整价。单价是每平方米建筑面积的售价，总价是该物业单元的总售价，调整价是综合考虑楼层、朝向、设备、装修等因素后的销售价格。

定价策略是指为达到营销目标，出于竞争的需要而制订的各种价格策略。如分期付款、价格优惠与装修费、配套设施设备费赠送、价格调整，等等。定价策略的制定是项目价格策划中最具挑战性，也是最富生命力的重要环节。定价策略并无固定模式，也无固定的程序，全凭策划者丰富的实践经验、缜密的组织与思考。在充分把握了大量的客观现实资料的基础上，在价格策划目标及价格上下限界的范围内，构思、选择并不断分析研究的结果。

定价策略也可看成项目营销价格的实施方案和项目在市场上的价格竞争方案。定价策略与价位取向、价格测算的组合，便是一份完整的项目价格策划方案。显然，同样的项目、同样的市场环境和同样的营销目标，将会有不同的价格竞争手段、不同的定价策略，也会有不同的价位取向与价格测算结果，即会制订出不同的价格策划方案。策划者应当广开思路，分析市场的

各种可能趋向，制订多种方案，并进行方案的评价与比较，供决策者选择方案时参考。

项目价格策划方案评价的重要标准就是项目的营销目标。因而，每个价格策划方案均要进行营销目标实现程度的测算与分析。每一种方案都有其相适应的环境条件，因此每种方案均须认真分析项目面临的市场环境、竞争环境等环境条件，并分析其未来的变化趋势，以便于决策者依据更为详尽的市场分析资料，站在更高的层次上进行方案选择。

（五）方案实施与调整

价格策划方案的实施与项目营销方案的实施是一致的。而方案的调整要依据项目营销效果和市场变动情况，因而在项目营销过程中，应随时收集反馈信息，研究营销目标的完成情况及营销市场的变动情况，提出价格调整方案。房地产项目营销价格的调整策略主要有降价与提价两类。

1. 降价

由于营销效果不佳、竞争激烈、企业财务状况困难以及剧烈竞争的需要，会考虑降价措施，以刺激需求，增加销量。然而，由于市场条件的千变万化，单纯的降价有时并不能达到促销的目的，甚至由于顾客的如下心理，适得其反，造成项目销售状况的进一步恶化。

（1）恐怕是房屋质量有问题，卖不出去，不得不降价。

（2）恐怕是公司财务困难或遇到了其他的麻烦，这样的公司信誉不佳，不如买别的楼。

（3）既然开始降价了，可能还会有第二轮、第三轮的降价，不妨再等等。

（4）降了价的房屋，只有偷工减料，原来许诺的条件，可能实现不了。

此外，某一项目的降价行动，很可能会引起当地同类楼盘的竞相降价。由于降价而希望达到的价格优势，便很快消失。因此，降价并非促销的万全之策。

2. 提价

在市场营销形势很好，同类物业供不应求的情况下，或开发成本提高，项目盈利目标难以实现的情况下，公司可能考虑提升销售价格的措施。提价自然会增加公司的营销收入，改善项目的财务状况，但这应当以不影响项目的营销状况为前提条件。应当看到，毫无缘由的过度提价，会招来顾客的抱怨，从而失去一部分客户，降低营销数量。当然，适当的提价有时反而会使客户意识到该物业销路看好，升值潜力大，从而刺激消费。

总之，项目营销价格的调整，作为营销方案调整的重要内容，应当在充分分析了项目目前的营销状况，充分研究了项目面临的市场及竞争形势的变动情况后，方可实施。更要注意的是，价格的调整必须配合以其他的策略手段，绝不可孤立进行，否则的话，可能会带来其他的负面影响。

三、房地产项目价格确定方法

依据定价所依赖的基础，项目定价方法可分为成本导向定价法、需求导向定价法和竞争导向定价法三类。每一类中又可根据具体计算分析方法的不同，分为若干种不同的方法。各种方法均有其局限性，又有各自不同的环境条件，应当视每个项目具体条件、项目营销与价格策划的目标灵活选用。

（一）成本导向定价法

成本导向定价法就是以项目成本为计价核心的定价方法。由于计算及分析方法的不同，成本导向定价法又可分为以下数种。

1. 完全成本定价法

完全成本是指生产或提供某种产品所支付的全部成本,其中既包括固定成本,也包括变动成本。完全成本定价法就是在生产或提供单位产品所支付的完全成本的基础上,加上一定比率的利润来确定价格。即按下式计算单价。

单价(不含税)=单位成本(1+成本利润率)

式中的单位成本由项目开发建设的直接成本(土地出让金、建安工程费、公建配套设施工费等)和间接成本(管理费、各种税费、拆迁安置费等)除以项目商品房建筑面积求得。

式中的成本利润率可由资金利润率求出项目的目标利润,再由目标利润反求成本利润率。即

项目的目标利润=项目占用资金×资金利润率

$$成本利润率 = \frac{目标利润}{总成本}$$

式中的资金利润率可由其他同类项目的利润及资金占用情况估算出,也可由同期贷款利率估算。

2. 盈亏平衡分析定价法

盈亏平衡分析是研究项目规模效益的分析方法。盈亏平衡分析定价的基本指导思想是,通过研究项目的规模、成本、单价及收益,确保按此价格销售一定数量的产品,能使项目保持盈亏平衡或获取一定的利润。其计算公式如下。

$$P_0 = \frac{F + C_x Q_2}{Q_1}$$

$$P_1 = \frac{F + C_x Q_2 + E}{Q_1}$$

式中,P_0为盈亏平衡单价(不含税);F为项目固定成本;C_x为项目单位变动成本;Q_1为项目可销售面积;Q_2为项目开发建设面积;P_1为目标利润单价(不含税);E为项目目标利润。

采用盈亏平衡分析定价,必须首先分析成本结构,分离固定成本和变动成本。凡是在一定范围内不随项目建设规模(开发建设面积)而变化的成本均属固定成本,如土地出让金、征地拆迁费等;凡是随着项目建设规模变化而变化的成本均属变动成本,如建安工程费等。此外,尚须确定项目的可销售面积,即可作为商品房进入市场销售的面积。由项目的开发建设总面积扣除公建配套设施占用面积、回迁户占用面积等不可能作商品房销售的房屋面积后,便是项目的可销售面积。

(二)需求导向定价法

需求导向定价是指按买方对产品的价值认可与需求强度定价。买方价值认可是指以买方价值观念来认定的产品价值,也称认识价值。需求强度是指由市场供求关系所确定的需求量。需求量大,销路好,价格上扬;需求量小,销路差,价格下降。由于具体的计算分析程序不同,需求导向定价法也可分为如下数种方法。

1. 认知价值定价法

认知价值定价是需求导向定价法中最基本、也是最重要的定价方法。基于消费者自身对某种物业需要的迫切程度、支付能力及对市场供求关系的认识,消费者对其欲购的物业都有一种价值判断。这个价值判断便是所谓认知价值。消费者通常会在认知价值与该物业的实际销售价格之间进行比较,从而影响购买决策。物业的市场销售价格扣除认知价值的余额称为消费者剩余。当消费者剩余为负数,亦即市场价格高于消费者的理解价值时,消费者购买该物业的可能

性将会下降；当消费者剩余大于零时，该物业被购买的可能性将上升。鉴于销售价格、消费者的认知价值及市场销售状况之间的上述关系，以消费者对商品认知价值的高低为基本依据来定价，对促进项目营销，提高经济效益无疑具有重要意义。

认知价值定价的基本依据是消费者对商品价值的理解。因此，认知价值定价的关键环节便是调查、发现和界定认知价值。通常的方法有直接评定法、直接评价法和诊断法三种。

直接评定法是直接请消费者给出反映其对商品价值认知价格的方法。直接评价法是由消费者将100分在同类商品中进行分配，再以市场平均价按各商品得分值的比例评定来确定其认知价格的方法。诊断法是直接评价法扩展，考虑到影响商品价值的因素不是唯一的，在由消费者评定出影响该商品价值的几个关键属性，并给出其相应的权重系数后，接着由消费者按直接评价法的程序分别对各因素进行评分，再分别求得各同类商品的加权平均分，即各商品的认知价值系数值。以此为依据，以市场平均价按比例分配来确定其认知价格。

上述三种认知价值定价法中，诊断法最适应房地产开发项目的商品房定价。当然，这里的消费者角色应当由熟悉商品房市场行情及其价值规律的专家来担当，即由专家来评分与评价；这里的市场平均价是市场调研求得的综合平均价；这里的"同类商品"是指使用性质、建筑标准、区域位置（地价）等主要影响因素均相同或接近的同类物业。

【例10-2】设某一城区要对同类的三幢商品住宅楼宇进行认知价格定价。该类物业的市场平均价为12000元/m^2，若专家们考虑的因素及其权重系数，评分结果如表10-2所示，试据此确定这几幢商品住宅的认知价格。

表10-2 认知价格系数调查统计表

序号	商品属性	权重	分值分配		
			A幢	B幢	C幢
1	质量	0.30	40	35	25
2	装修等级	0.15	30	40	30
3	环境	0.30	35	35	30
4	物业管理	0.15	40	30	30
5	开发商信誉	0.10	50	30	20
	认知价格系数	1.00	$\frac{38.0}{33.3}=1.14$	$\frac{34.5}{33.3}=1.04$	$\frac{27.5}{33.3}=0.83$

【解】A幢物业的认知价格=12000×1.14=13680（元/m^2）
B幢物业的认知价格=12000×1.04=12480（元/m^2）
C幢物业的认知价格=12000×0.83=9960（元/m^2）

认知价格的确定实际上是给出了商品市场销售价格的上限。策划者应当以此为依据，制定营销价格。然而，需要指出的是，面对不断变化的市场，以消费者为中心的项目营销策划及营销活动，不仅要注意通过多种渠道去了解消费者的认知价值，还要采取多种手段去影响消费者对该物业价值的认知程度。一般来讲，影响认知价值的因素是多方面的，如物业质量、物业环境、开发商知名度、未来的物业管理，等等。这些因素大多是可以通过规划建设及营销活动予以改善的。因而，投资者应当在项目策划阶段便综合考虑，统筹规划，采取各种措施，影响消费者的价值认知，提高认知价格。

2. 消费心理定价法

消费心理是消费者在商品购置时的心理特征。如果掌握了这一类心理特征，并以此为依据进行定价，便是消费心理定价法。房地产商品本身所固有的特性决定了房地产商品（尤其是住宅）的消费心理有别于一般商品的消费心理。常见的有如下几种。

（1）高价消费心理。消费者希望通过购买活动，满足自身价值的展示。这时，购买和消费行为既是获取商品、使用商品的过程，也是向社会展示其自身价值的过程。在某些场合，这种自我展示的精神需要甚至是第一位的。一些高档住宅楼宇和别墅的开发建设，正是为了满足这一类消费需要。

（2）保值升值消费心理。由于土地资源的稀缺性和不可再生性，房地产商品成为最具保值性与升值性，以抵御通货膨胀的投资对象。许多消费者正是从保值和升值的消费心理出发，进行房地产商品的投资性消费。

（3）按价论质消费心理。由于建筑结构及建筑物生产过程的特殊性，房地产商品的许多内在质量特性是无法凭直觉或感观认知的，于是，许多消费者形成了视商品售价高低来辨别商品质量的消费心理。他们认为价格是质量的指标，价高乃是质量优良的保证，价格太低，产品的质量便值得怀疑。

（4）价格范围消费心理。房地产商品的巨额费用促使消费者在事前要经过长时间的地点选择和价格比较。消费者对各类商品房的价格状况早已心中有数，形成了一个价格的上限与下限，如果超过其上限，便会认为太贵；如果低于其下限，便会认为质量值得怀疑，"肯定是卖不出去了才会这么便宜"的心理自然会制约低价商品的消费。

总之，消费者在消费过程中所形成的与商品价格相关的消费心理是多种多样的，也是十分复杂的。它不仅取决于消费对象及消费市场，还取决于消费者自身的文化、性格、习惯及价值观念等。在进行项目的价格策划时，要视其市场定位，认真研究消费对象的消费动机和消费心理，有针对性地选择定价方法和价格标准。

（三）竞争导向定价法

竞争导向定价法是指以竞争各方的实力对比和竞争对手的商品价格为主要依据，以在竞争环境中的生存和发展为主要目标的定价方法。常用的竞争导向定价法有跟随型定价与排他型定价两类。

1. 跟随型定价

跟随型定价又称通行价格定价。所谓通行价格，是指当时、当地、同类物业的市场平均价格。采用通行价格定价，既包括在项目的质量、环境条件及信誉等价格因素一致的情况下，直接套用同类物业的价格水平，也包括在质量、环境条件及信誉等价格因素不相同时，按其差异情况进行相应价格调整的定价方法。事实上，由于房地产商品的单件性，很难找到完全一致的同类物业，在现实定价策划中，一般都要视具体情况进行相应的调整。通常的做法是视本物业区别于其他同类物业的特征，事先选定若干权重因素，再分别就某一物业的因素状况取权重系数 W_{ij}（条件相当于取 100 的系数；优于本物业者取大于 100 的系数；差于本物业者取小于 100 的系数），设该物业市场销售平均价格为 P_i，则可按下式求得该物业的加权平均售价为

$$P_i' = P_i \prod_{j=1}^{m} \frac{100}{W_{ij}}$$

式中，$\prod_{j=1}^{m} \frac{100}{W_{ij}}$ 为 m 项因素权重比的连乘积；W_{ij} 为被调查的物业 i 第 j 项因素之权重系数；m 为事先确定的权重因素的个数；P_i 为被调查物业 i 的销售单价；P_i' 为被调查物业 i 的加权平均售价。

然后再视各被调查物业的市场营销状况进行营销权重系数修正。最终确定供作定价参考的市场通行价。营销权重系数是视各物业的市场营销状况而定的系数。最大为1，营销状况越差，系数值越小。市场通行价按下式计算。

$$P'' = \frac{\sum_{i=1}^{n} g_i P_i'}{\sum_{i=1}^{n} g_i}$$

式中，$\sum_{i=1}^{n} g_i P_i'$ 为各被调查物业加权平均单价期望值之和；$\sum_{i=1}^{n} g_i$ 为各被调查物业营销权重系数之和；n 为被调查物业幢数；P'' 为市场通行价。

【例 10-3】 为确定某一高层住宅楼宇的市场通行价格，对其周边的同类物业进行了市场调查。调查结果及各物业价格影响因素的权重系数如表 10-3 所示。销售状况权重系数如表 10-4 所示。试据此确定该楼宇的市场通行价格。

表 10-3　各物业价格影响因素权重系数表

序号	物业名称	平均价格（元/m²）	权重系数（W_{ij}）				
			繁华程度	交通条件	生活设施	装修档次	开发商信誉
1	北秀花园	7200	98	97	105	100	103
2	恒福阁	7100	97	95	105	100	100
3	侨福苑	6640	107	98	105	98	108
4	金满楼	6740	107	98	105	98	108
5	富宏花园	6630	98	97	105	97	100
6	天秀大厦	7650	98	97	105	105	100

表 10-4　各物业营销状况权重系数调查表

内容＼物业名称	北秀花园	恒福阁	侨福苑	金满楼	富宏花园	天秀大厦
营销状况权重系数（g_i）	1	0.91	0.89	0.87	0.92	0.93

【解】 由各物业平均单价（P_i）及各物业价格影响因素权重系数（W_{ij}），可求得各物业的加权平均单价如下所示。

$$P_1' = P_1 \prod_{j=1}^{5} \frac{100}{W_{1j}} = 7200 \times \frac{100}{98} \times \frac{100}{97} \times \frac{100}{105} \times \frac{100}{100} \times \frac{100}{103} = 7003 \text{（元/m}^2\text{）}$$

$$P_2' = P_2 \prod_{j=1}^{5} \frac{100}{W_{2j}} = 7100 \times \frac{100}{97} \times \frac{100}{95} \times \frac{100}{105} \times \frac{100}{100} \times \frac{100}{100} = 7338 \text{（元/m}^2\text{）}$$

$$P_3' = P_3 \prod_{j=1}^{5} \frac{100}{W_{3j}} = 6640 \times \frac{100}{107} \times \frac{100}{98} \times \frac{100}{105} \times \frac{100}{98} \times \frac{100}{108} = 5698 \text{（元/m}^2\text{）}$$

$$P_4' = P_4 \prod_{j=1}^{5} \frac{100}{W_{4j}} = 6740 \times \frac{100}{107} \times \frac{100}{98} \times \frac{100}{105} \times \frac{100}{98} \times \frac{100}{108} = 5784 \text{（元/m}^2\text{）}$$

$$P_5' = P_5 \prod_{j=1}^{5} \frac{100}{W_{5j}} = 6630 \times \frac{100}{98} \times \frac{100}{97} \times \frac{100}{105} \times \frac{100}{97} \times \frac{100}{100} = 6848 \text{（元/m}^2\text{）}$$

$$P_6' = P_6 \prod_{j=1}^{5} \frac{100}{W_{6j}} = 7650 \times \frac{100}{98} \times \frac{100}{97} \times \frac{100}{105} \times \frac{100}{105} \times \frac{100}{100} = 7299 \text{（元/m}^2\text{）}$$

由表 10-4 所示各物业营销状况系数权重系数便可求得该物业市场通行价。

$$P'' = \frac{\sum_{1}^{5} g_i P_i'}{\sum_{1}^{5} g_i} = \frac{1}{5.52} \times (1 \times 7003 + 0.91 \times 7338 + 0.89 \times 5698 + 0.87 \times 5784 + 0.92 \times 6848 +$$

$$0.93 \times 7299) = 6680 \text{（元/m}^2\text{）}$$

2. 排他型定价

跟随型定价法的出发点是按照市场接受的价格水平营销，从而避免价格竞争。而排他型定价则是直接以价格作为竞争手段的定价方法。房地产项目的排他型定价，一般都是物业市场出现了大量的商品房空置，项目经营者为了尽快实现营销目标，或是面对严峻的竞争形势，面临严重的财务困难，投资者为了尽快地回收资金而采取的竞争性定价。采用排他型定价，策划者必须对竞争形势、竞争项目的具体情况以及自身的实力、项目财务状况了如指掌，视具体条件制定价格标准，否则将事与愿违，不仅达不到促销目的，还会造成重大的经济损失。

第二节 房地产项目收入估算

一、销（租）售收入测算表的编制

销售收入是企业产品于市场销售获取的收入，它是企业在生产过程中产生的资金增值在流通领域内得以实现的重要指标。在对项目进行财务评价时，只考虑项目产品的销售收入，它是衡量项目经济效益的基础。

房地产开发项目应在项目策划方案的基础上，制订出切实可行的房地产产品的出售、出租、自营等计划（以下简称租售计划），通过该收入计划，正确地估算出开发项目可能的收入。租售计划应与开发商的营销策略相结合，同时还应遵守各级政府有关房地产租售方面的限制条件和规定。

1. 制订房地产开发项目租售计划

房地产项目租售计划一般包括可供租售的房地产类型及数量、租售价格、收款方式等内容。

（1）在确定可供租售的房地产类型及数量时，应首先确定开发项目可以提供的房地产类型及数量，再根据市场条件，确定开发项目在整个租售期内每期（年、半年或季度，以下同）拟租售的房地产类型及数量。

（2）租售价格的确定应在市场调查与预测的基础上，结合房地产开发项目的具体情况，通过市场交易信息的分析与比较来完成。根据开发项目的特点，选择在位置、功能、规划、档次上可比的交易实例，通过对交易价格的分析与修正，得到拟开发项目的租售价格。所确定的租售价格应与开发商的营销策略中的价格策略相一致，在考虑政治、经济、社会等宏观环境因素对开发项目租售价格所造成影响的同时，还应对房地产市场的供求关系进行分析。特别应注意已建成的、正在建设的以及潜在的竞争性房地产项目对拟开发项目租售价格的影响。

（3）确定收款方式时应考虑房地产交易的付款习惯和惯例。当分期付款时，应注意分期付款的期数与分期付款的比例。在制订租售计划时，应特别注意可租售面积比例的变化对租售收入的影响。

2. 房地产开发项目租售收入的估算

租售收入的估算是要计算出每期所能获得的房地产收入，主要包括土地转让收入、商品房销售收入、出租房租金收入、配套设施销售收入和开发企业自营收入等。

（1）房地产开发项目的出租、出售收入，一般为可租售的项目建筑面积的数量与单位租售价格的乘积。对于出租的情况，应注意空置期（项目竣工后暂未租出的时间）和空置率（未出租建筑面积占可出租总建筑面积的百分比）对各期租金收入的影响。同时还应考虑经营期未出租物业的转售收入。

（2）房地产开发项目的自营收入，是指房地产开发企业以开发完成后的房地产产品为其进行商业和服务业等经营活动的载体，通过综合性的自营方式得到的收入。在进行自营收入的估算时，应充分考虑目前已有的商业和服务业设施对拟开发项目建成后所产生的影响，以及未来商业和服务业设施对拟开发项目建成后所产生的影响，还有未来商业和服务业市场可能发生的变化对拟开发项目的影响。

二、销（租）售收入测算表的形式

房地产开发项目销（租）售收入测算表的形式如表 10-5～表 10-7 所示。在实际操作时，可按照实际需要参照运用。

表 10-5　销售收入与销售税金及附加估算表

序号	项目	合计	1	2	3	…	N
1	销售收入						
1.1	产品 A 销售收入						
	销售面积（数量）						
	单位售价						
1.2	产品 B 销售收入						
	销售面积（数量）						
	单位售价						
	……						
2	销售税金及附加						
3	土地增值税						

表 10-6　出租收入与经营税金及附加估算表

序号	项目	合计	1	2	3	…	N
1	租金收入						
1.1	可出租面积						
1.2	单位租金						
1.3	出租率						
2	经营税金及附加						
3	净转售收入						
3.1	转售价格						
3.2	转售面积						
3.3	转售税金						

注：1. 当房地产开发项目有预租时，开发期存在租金收入；
　　2. 净转售收入一般在期末实现。

表 10-7　自营收入与经营税金及附加估算表

序号	项目	合计	1	2	3	…	N
1	自营收入						
1.1	商业						
1.2	服务业						
1.3	其他						
2	经营税金及附加						

三、销（租）售收入测算表的分析

销（租）售收入测算表主要用于估算项目收入来源、收入额度及收入按时间的安排，为项目收益表、现金流量表的编制提供信息。

销（租）售收入表的分析主要围绕项目的租售方案来进行。其主要内容有以下几方面。

（1）分析项目租售方案的合理性，如租售面积的比率、租售单元的安排是否合理。

（2）分析项目租售单价的合理性，如市场的可接受程度、利润的高低等。

（3）分析项目租售进度安排的合理性，即研究项目租售收入在时间安排上是否符合市场实际，是否满足项目资金再投入及还本付息的需要。

第三节　房地产项目销售与经营税费

一、房地产项目经营税费主要税种

房地产项目经营税费实际上是包含两大部分，即房地产项目开发期间的税费与房地产项目经营期间的税费。房地产项目开发期间的税费作为房地产开发项目投资的构成部分已在本章第二节中作了详细叙述，此处不再赘述。而房地产项目经营期间的税费，对于房地产投资项目而言，主要是指其在销售与交易阶段发生的税费。它们不参与投资与成本费用的构成，只是作为销售收入的扣减。这些税费主要包括如下两大部分。

（一）与转让房地产有关的税费

1. 营业税

所谓营业税是对在我国境内提供应税劳务（包括交通运输业、建筑业、金融保险业、邮电通信业、文化体育业、娱乐业、服务业）、转让无形资产或者销售不动产的单位或个人所获得营业额征收的一种税。

税费的计收办法和标准：按营业额（这里指房地产销售收入）的5%计征。

营业税税目税率情况如表 10-8 所示。

表 10-8　营业税税目税率表

税目	征收范围	税率（%）	计征依据
一、交通运输业	陆路运输、水路运输航空运输、管道运输装卸搬运	3	营业额
二、建筑业	建筑、安装、修缮、装饰及其他工程作业	3	营业额
三、金融保险业		5	营业额
四、邮电通信业		3	营业额
五、文化体育业		3	营业额

续表

税　目	征收范围	税率（%）	计征依据
六、娱乐业	歌厅、舞厅、卡拉OK、歌舞厅、音乐茶座、台球、高尔夫球、保龄球、游艺	5～20	营业额
七、服务业	代理业、旅店业、饮食业、旅游业、仓储业、租赁业、广告业及其他服务业	5	营业额
八、转让无形资产	转让土地使用权、专利权、非专利技术、商标权、著作权、商誉	5	转让额
九、销售不动产	销售建筑物及其他土地附着物	5	销售额

2．城市维护建设税

城市维护建设税是对在我国境内既享用城镇公用设施，又有经营收入的单位和个人征收的一种税。开征城市建设税，是为了进一步扩大城市建设，提供城市维护和建设的资金来源。

税费的计收办法和标准：以单位和个人实际缴纳的增值税、营业税、消费税（对于房地产销售而言，仅指营业税）税额为计征依据，税率为7%，与"三税"同时缴纳。

外资企业免征此税。

3．教育费附加

征收教育费附加是为了加快发展地方教育事业，扩大地方教育经营的资金、来源。

税费的计收办法和标准：以单位和个人实际缴纳的增值税、营业税、消费税（对于房地产销售而言，仅指营业税）的税额为计征依据，附加率为3%，与"三税"同时缴纳。

外资企业免征。

4．防洪工程维护费

为加强北江大堤及广州市防洪工程的加固、维修和管理，保障国家和人民生命财产安全，在广州市开征防洪工程维护费。

税费计收办法和标准：按每年应纳税营业额（房地产销售额）的1.0‰计征。

5．交易印花税

印花税是对经济活动中书立领受各种凭证而征收的税种。房地产经济活动中书立设计、建筑施工承包合同、房产租赁合同、借款抵押合同、房地产转移合同、领受产权证书等，均要规定缴纳印花税。

税费计收办法和标准：按房地产交易价的1‰，买卖双方各负担一半，即各负担0.5‰。

6．交易服务费

房地产交易服务费开征的目的是加强房地产交易管理，保障房产买卖双方当事人的合法权益。该项费用已包括了与房地产交易有关的一切手续、估价及表格、资料等费用。

以广州市为例，该项税费的计收办法和标准：采用分段递减累计、实行最高收费限额的计费方法；100万元以下（含100万），服务费3000元；100万元以上至500万元部分，费率为2.5‰；500万元以上至1000万元部分，费率为2‰；1000万元以上至5000万元部分，费率为1‰；5000万元以上至10000万元部分，费率为0.5‰；10000万元以上部分不计税费。

将以上各项汇总，可得到表10-9（与转让房地产有关的税费一览表）。

与转让房地产有关的税费详见本节表10-12（广州市房地产税费一览表）。特别值得注意的是，按房屋总价的2%征收的物业管理维修基金由于是购房人出资，故不在上表中出现。同时，对于实行商品房预售的房地产企业而言，还要缴纳一笔商品房预售款监督管理服务费，按监督管理预售款项的2‰计征。

表10-9 与转让房地产有关的税费一览表

序号	类别	计算依据
1	营业税	销售收入×5%
2	城市维护建设税	营业税×7%
3	教育费附加	营业税×3%
4	防洪工程维护费	销售收入×1.0%
5	印花税	销售收入×0.05%
6	交易服务费	销售收入×0.1%（约计）
	合计	销售收入×5.74%

（二）土地增值税

土地增值税，是以转让房地产取得的增值额为征税对象征收的一种税。其实质是对土地收益的课税。

1. 税额计算

土地增值税实行四级超率累进税率。

增值额未超过扣除项目金额50%的部分，税率为30%。

增值额超过扣除项目金额之50%、未超过扣除项目金额100%的部分，税率为40%。

增值额超过扣除项目金额100%、未超过扣除项目金额200%的部分，税率为50%。

增值额超过扣除项目金额200%的部分，税率为60%。

由此可知，土地应纳税额的计算，按下列公式进行：

$$土地增值额=转让房地产的总收入-扣除项目金额$$

$$应纳税额=土地增值额\times 适用税率$$

若土地增值额超过扣除项目金额50%以上的，即同时适用于二档或二档以上适用税率的，则须分别计算。

【例10-4】某单位出售房地产的收入为300万元，扣除项目的金额为150万元，试求应缴纳的土地增值税额。

【解】应纳税额应按以下方式计算：

（1）土地增值额= 300万元-150万元=150万元

（2）土地增值额与扣除项目金额之比为150万元÷150万元=100%

（3）税率分别为30%和40%

（4）应纳税额 = 150×50%×30% + (150 - 150×50%)×40% = 75×30% + 75×40% = 52.5万元

为简化计算，可按增值额乘以适用的税率减去扣除项目金额乘以速算扣除系数的简便方法计算。公式如下：

$$应纳税额=土地增值额\times 适用税率-扣除项目金额\times 速算扣除率$$

适用税率与速算扣除率如表10-10所示。

表10-10 土地增值税适用税率和速算扣除率

级距	增值率	税率（%）	速算扣除率（%）
1	增值率50%以下部分	30	0
2	超过50%至100%部分	40	5
3	超过100%至200%部分	50	15
4	超过200%部分	60	35

注：增值率即房地产增值额与扣除项目金额之比。

对于上述例子，计算其应缴纳的土地增值税，代入公式

应纳土地增值税 = 150万×40% – 150万×5% = 52.5（万元）

2．增值额的计算

所谓增值额，是指纳税人转让房地产所取得的收入减去扣除项目金额后的余额。

（1）转让房地产的总收入，包括货币收入、实物收入和其他收入。

（2）计算增值额的扣除项目，包括以下几项内容。

① 取得土地使用权所支付的金额。

② 开发土地和新建房及配套设施的成本。

①与②两项之和即为第八章第二节"房地产项目投资成本费用的构成与估算"中的"开发成本"。

③ 开发土地和新建房及配套设施的费用，即"开发费用"，包括销售费用、管理费用、财务费用等。

财务费用中的利息支出，凡能够按转让房地产项目计算分摊并提供金融机构证明的，允许据实扣除，但最高不能超过按商业银行同期贷款利率计算的金额。

凡不能按转让房地产项目计算分摊利息支出或不能提供金融机构证明的，房地产开发费用按①、②项规定计算的金额之和（"开发成本"之和）的10%以内计算扣除。

④ 旧房或建筑物的评估价格。转让旧有房地产时，应按旧房或建筑物的评估价格计算扣除项目金额。

⑤ 与转让房地产有关的税金，包括营业税、城市维护建设税、教育费附加、印花税等，详见本节（一）"转让房地产有关税金（费）"。

⑥ 财政部规定的其他扣除项目。对从事房地产开发的纳税人可按①与②项之和（"开发成本"之和）加计20%扣除。

综上所述，我们可将土地增值税的计算列出表格，如表10-11所示。

表10-11　土地增值税计算表

序号	项目	计算基础
1	转让房地产总收入	详见销售收入表
2	扣除项目金额	2.1+2.2+2.3+2.4
2.1	开发成本	见开发成本估算汇总表
2.2	开发费用	见开发费用估算汇总表（据实计算）或按开发成本×10%计算
2.3	与转让房地产有关的税费	销售收入×6.43%
2.4	财政部规定的其他扣除项目	开发成本×20%
3	增值额	1～2
4	增值率	3/2
5	适用增值税率	查表10-12
6	增值税	应纳税额=土地增值额×适用税率-扣除项目金额×速算扣除率

【例10-5】某房地产开发公司建造并出售了一幢写字楼，取得了1200万元人民币的销售收入。与转让房地产有关税金的综合税率为6.43%。该公司为建造写字楼支付了100万元地价款，建造此楼时又投入了500万元的房地产开发成本。由于种种原因该公司不能提供出准确的利息支出情况。试计算转让此写字楼的土地增值税。

【解】

（1）确定房地产的转让收入。根据已知条件，可知转让收入为1200万元。

（2）确定转让房地产的扣除项目金额。

① 取得土地使用权所支付的金额：100万元

② 新建房地产的开发成本：500万元

③ 与房地产开发有关的费用：（100+500）×10%=60万元（假设房地产所在地主管税务局确定的费用扣除比例为10%）

④ 与转让房地产有关的税费：1200×6.43%=77.16万元

⑤ 财政部规定的其他扣除项目，对于从事房地产开发的加计扣除为（100+500）×20%=120万元

故转让房地产的扣除项目金额合计为100+500+60+77.16+120=857.16万元

（3）计算转让房地产的增值额：

$$1200-857.16=342.84 \text{万元}$$

（4）计算增值率：

$$342.84 \div 857.16 = 40\%$$

（5）计算应纳税额：

$$342.84 \times 30\% = 102.9 \text{万元}$$

3．免税规定

有下列情形之一的，免征土地使用税。

（1）纳税人建造普通标准住宅出售，增值额未超过扣除项目金额20%的。考虑到我国房地产业的特殊性及人民居住条件的实际情况，税法规定，对建造普通标准住宅出售，其增值额未超过扣除项目金额20%的项目免税。这是因为这些房地产项目大多是微利性质，投入大、收益小，应从税收政策上给予支持和鼓励。同时也可避免因征土地增值税后又征所得税，使税负显得过重。

这里所讲的普通标准住宅，是指一般居住用住宅。高级别墅、公寓、小洋楼、度假村等以及超面积、超标准、豪华装修的住宅，均不属于普通标准住宅。免税的普通标准住宅，须经主管税务机关确认。

（2）因国家建设需要征用的房地产。因国家建设需要而被政府征用的房地产，是指因城市市政规划、国家重点项目建设的需要，而被政府征用的房地产。特别值得注意的是，上面讲述的是土地增值税理论上的计算方法和步骤。在现实中，各地政府为简化土地增值税的计算程序，都制定了相应的实施细则，实际上大多采取的是先预征后清算的方式。以广州市为例，目前该市的土地增值税预征率是，写字楼（办公用房）和普通住宅为房地产销售收入的2%，非普通住宅为3%，别墅、商业营业用房和车位为4%。

（三）企业所得税

企业所得税是指对在我国境内实行独立经济核算的企业或组织的生产、经营所得和其他所得征收的一种税。

税费的计收办法和标准：按企业应纳税所得额的25%计征。

外资企业的所得税计收办法和标准同上。

二、广州市房地产有关税费一览表

广州市房地产有关税费一览表如表10-12所示。

第十章 房地产项目收入税金估算及投资计划安排

表 10-12 广州市房地产税费一览表（统计时间截至 2011 年 12 月）

纳税（费）阶段	序号	项目名称	税费计收办法和标准	纳税（费）人	征收单位	备注
征地、拆迁阶段	A1	土地使用权出让金	广州商业、居住、工业用地基准地价平均价格水平分别为 5356 元/平方米、2085 元/平方米、471 元/平方米；具体地段价格根据不同土地级别和调节系数确定	用地单位	市国土、房管局	用该标准可确定协议出让土地地价。对于经营性土地而言，该标准只是用来确定出让底价，最终地价应以招标、拍卖或挂牌出让方式成交的地价为准
	A2	征用农地补偿费	按国家有关规定补偿	用地单位	被征地单位	
	A3	耕地垦复基金	广州市区按 25 元/m²；县级市辖区内的按 20 元/m² 计征	用地单位	市国土局	
	A4	耕地占用税	人均耕地不超过 1 亩的地区（以县级行政区域为单位，下同），每平方米为 10 元至 50 元；人均耕地超过 1 亩但不超过 2 亩的地区，每平方米为 8 元至 40 元；人均耕地超过 2 亩但不超过 3 亩的地区，每平方米为 6 元至 30 元；人均耕地超过 3 亩的地区，每平方米为 5 元至 25 元	用地单位	税务局	
	A5	新菜地开发建设基金	15 万元/公顷，1 万元/亩	用地单位	各区的新菜地开发建设基金由市农业主管部门统一征收；各县级市的新菜地开发建设基金由本级农业行政主管部门征收	
	A6	拆迁补偿费	根据拆迁房屋区位、用途、建筑面积等因素，以房地产市场评估价确定	拆迁单位	补拆迁房屋所有人	

续表

纳税（费）阶段	序号	项目名称	税费计收办法和标准	纳税（费）人	征收单位	备注
	B1	工程定额测定费	按建安工程量的1‰	广州市属（含区属）、增城市及从化市所属二级以上（含二级）和中央部属、部队、省外、境外驻（进）穗的施工企业		
			按建安工程量的0.5‰	广东省内各市、县进穗的施工企业	广州市造价站	
	B2	工程质量监督费	框架（含砖混）结构 2 元/m²，超高层 3.2 元/m²，高层建筑 2.5 元/m²，交通、水运、电力、电信、水利等不能按建筑面积计收的工程统一按建安工作量的1‰收取工程质量监督费	承建（总包）单位	市建委监站	一项工程建筑工程质量监督费低于800元的，按800元收费。对农民自建自住的房屋进行质量监督不得收费
房地产开发阶段	B3	建设工程交易中心招标服务费	中标价 1 亿元以下者按中标价的 0.9‰征收，1 亿元以上者按 0.5‰征收，最高限额 20 万元。场地使用费按中标价的 0.5‰征收，最高限额 15 万元	建设单位	建设工程交易中心	
	B4	工程建设监理费	按工程概预算额确定，具体收费基价见改价格[2007]670号文件	建设单位	监理单位	实行政府指导价的建设工程施工阶段监理收费，其基准价与相关服务费计算，浮动幅度为上下20%。发包人和监理人应当根据建设项目的实际情况在规定的浮动幅度内协商确定收费额。实行市场调节价的建设工程监理与相关服务收费，由发包人和监理人协商确定收费额

384

第十章 房地产项目收入税金估算及投资计划安排

续表

纳税(费)阶段	序号	项目名称	税费计收办法和标准	纳税(费)人	征收单位	备注
房地产开发阶段	B5	投资方向调节税	从2000年1月1日起停征			
		消防配套设施费		建设单位	市公司局消防处	已取消征收
		供电用电负荷费（供电增容费）		建设单位	市供电局	已取消征收
	B6	城市基础设施配套费	小区按基建投资额的5%征收；零散建设项目按基建投资额的10.5%征收	建设单位	市政设施收费处	
	B7	居住小区配套设施建设费	按小区规模，以实物形式提供小区内文化教育、医疗卫生、商业服务、行政管理以及市政公用等配套；配套设施分为市政基础设施与公共服务设施两大类	建设单位		不分期实施的开发项目，其独立用地的配套设施必须在开发建设总量完成80%前实施完成；分期实施的开发项目，其独立用地的配套设施必须在首期建设完成前全部实施完成
	B8	城市占道费	营业性占用的，各种建设或其他占用的，每天每平方米收费不超过1元，每天每平方米收费不超过0.5元，有关路段另行具体划分	占道单位	道路所在地公安局	
	B9	开发企业资质审查费	每宗20元（包括正本一本、副本二本及有关表格等费用）	开发企业	市建委	
销售阶段	C1	防洪工程维护费	按营业（销售）总额的1‰计征	各类生产经营企业	市水利电力局（市财税部门代征）	
	C2	营业税	按营业（销售）总额的5%计征	销售房地产的单位和个人	税局	

385

续表

纳税（费）阶段	序号	项目名称	税费计收办法和标准	纳税（费）人	征收单位	备注
销售阶段	C3	教育费附加	"三税"（增值税、消费税、营业税）税额的3%	缴纳"三税"的单位和个人	税局	同时适用于外商投资企业、外国企业及外籍个人
	C4	城市维护建设税	纳税人所在地为市区的，税率为7%；纳税人所在地为县城、镇的，税率为5%；纳税人所在地不属于市区、县城或镇的，税率为1%	缴纳"三税"的单位和个人	税局	外商投资企业、外国企业和外籍个人暂不缴纳城建税
	C5	土地增值税	理论上以转让房地产的增值额为计税基础，实行四级超额累进税率；实际上采取的土地增值税预征后清算的方式；目前广州的土地增值税预征税率为写字楼（办公用房）和普通住宅3%，别墅、商业营业用房和车位4%	转让房地产的一切单位和个人	税局	建造普通住宅，增值额未超过扣除项目金额20%的免征土地增值税
	C6	商品房预售款监督管理服务费	按监督管理预售款项的2‰计征	实行商品房预售的房地产企业	市房地产中介管理所	
		企业所得税	税率为25%	实行独立经济核算的企业和组织	税局	
	C7	个人所得税	按财产转让的应所得额的20%计征；转让住房的应纳税所得额，转让非住房应纳税所得率为7.5%	在中国境内有住所，或虽无住所，但居住满一年的个人	税局	应纳税所得额=每次转让房产收入额－房产原值－合理费用应纳税额；合理费用是指转让房产时，交易过程中按规定支付的有关税费
交易阶段		房屋交易契税	按成交价格的3%计征	卖方		广东省契税税率为3%，普通住宅（除高级公寓、别墅、豪华住宅外）按1.5%征收，对个人首次购买90平方米及以下普通住房的，契税税率统一下调到1%；相应减免契税政策参见《财税[2008]175号》的有关规定
	C8		视同房屋买卖或房屋赠与	承典人	税局（房地产交易所代征）	
			参照房屋买卖的市场价格核定，税率3%	受赠人		
			按所交换房屋的价格差额3%计征	以小换大者		

续表

纳税（费）阶段	序号	项目名称	税费计收办法和标准	纳税（费）人	征收单位	备注
	C9	交易印花税	按房地产交易价的1‰计征，买卖双方各负担一半（各负担万分之五）	买卖双方	税局（房地产交易所代征）	
	C10	房地产交易服务费	采用分段递减累计，实行最高收费限额的计费方法；100万元以下（含100万），服务费3000元；100万元以上至1000万元部分，费率2.5‰；1000万元以上至5000万元部分，费率2‰；5000万元以上至10000万元部分，费率1‰；10000万元以上部分不计费	买卖双方	房地产交易所	
交易阶段	C11	抵押备案登记费、服务费	170元/户	抵押贷款申请人	房地产登记所	
	C12	借款合同公证费	300元/户	抵押贷款申请人	公证处	
	C13	抵押贷款印花税	按借款金额0.05‰	抵押贷款申请人与金融机构	税局	
	C14	保险费	2~5年（含5年）按总房价的0.9‰/年计征；6~10年（含10年）10年以上至20年（含20年）按总房价的0.6‰/年计征；20年以上按总房价的0.45‰/年计征	抵押贷款申请人	保险公司	
	C15	律师费	房价在50万元以下者，按500元/宗征收；房价在50万~100万元以上，按750元/宗征收；总房价在100万元以上者，按揭贷款额的1%收费，最高5000元		律师事务所	
销售阶段	C16	土地使用登记费	立户、过户登记费为200元。抵押登记费为80元，由抵押权人缴纳	土地登记申请人	市房地产登记所	
	C17	房地产初始登记费	建筑面积100平方米及以下每宗90元，超过100平方米的加收10元	房屋产权人	市房地产登记所	

续表

纳税（费）阶段	序号	项目名称	税费计收办法和标准	纳税（费）人	征收单位	备注
销售阶段	C18	房地产权转移登记费	每宗不超过 80 元	房屋产权人	市房地产登记所	
	C19	房地产权变更登记费	每宗不超过 80 元	房屋产权人	市房地产登记所	
	C20	房屋测绘费	房屋面积 50m² （含 50m²）以内的，80 元/宗，50～100m²（含 100m²）120 元/宗，超过 100m² 部分，每超过 100m² 加收 50 元	委托测绘单位或个人	房地产测绘服务机构	
	C21	仲裁费	按争议财产价额的 0.3‰～1%计征，最低 20 元	除双方当事人自愿以外，一般为败诉方	市房地产仲裁办	
	C22	公证费	证明担保书、证明公司章程、资信情况等有关文书，按 50～200 元每宗计征；证明经济合同、企业承包经营合同、按标的金额分七级计征，10～3000元；证明房屋转让、买卖、土地使用权有偿转让，按标的金额的 3‰计收，最低 10 元	公证双方协商确定	公证处	
其他	C23	物业管理维修基金	高层（有电梯）住宅每平方米 105 元，多层（无电梯）住宅（含别墅）每平方米 77 元、独立非住宅物业参照高层（有电梯）住宅的标准	购房人	业主委员会	穗国房字[2008]1083 号
	C24	房地产中介服务费	房地产咨询费：口头咨询双方协商定价、书面咨询每份 300～1000 元，一般不超过咨询标的 0.5%	委托方	中介机构	粤价[1995]362 号
			房地产价格评估：按房地产价格总额，分七级累进计费。土地价格评估费：按土地价格总额，分七级累进计费	委托方	评估机构	房产评估收费参见粤价[1995]362 号，土地评估收费参见粤价[1995]182 号

续表

纳税(费)阶段	序号	项目名称	税费计收办法和标准	纳税(费)人	征收单位	备注
其他	C24	房地产中介服务费	房地产经纪费：租赁代理收费，按半月至一月成交租金标准征收，房屋买卖代理收费，按成交总额的0.5%~2.5%征收；独家代理收费，最高不超过成交价格的3%；土地使用权转让代理收费标准另行规定	委托方	经纪机构	参见粤价[1995]362号
房地产使用阶段	D1	土地使用税	居住商业用地分6级，每平方米每年3~27元；工业用地分5级，每平方米每年3~15元	土地使用者	税局	
	D2	房产税	按照房产原值减除30%的余值计算，税率为1.2%	房屋所有权人	税局	
	D3	土地使用税	居住商业用地分6级，每平方米每年3~27元；工业用地分5级，每平方米每年3~15元	土地使用者	税局	
	D4	房产税	按照房产出租租金收入计算，税率为12%	出租单位	税局	
	D5	营业税	按租赁营业收入的5%计征	出租单位	税局	
	D6	城市维护建设税	以营业税为计征基础，税率为7%；纳税人所在地为市区的，税率为5%；纳税人所在地为县城、镇的或城镇的，税率为1%	出租单位	税局	
	D7	教育费附加	按营业税的3%计征	出租单位	税局	
	D8	企业所得税	按财产租赁应纳税所得额的25%计征	出租自有房产的个人	税局	
	D9	个人出租自有房产综合税	住宅：月租金低于1000元(不含1000元)，税率4%；月租金1000~2000元(不含2000元)，税率6%；月租金2000元(含2000元)以上的，税率8% 非住宅：月租金低于1000元(不含1000元)的，税率6%；月租金1000元(含1000元)以上的，税率14%	出租自有房产的个人	税局	个人出租两套或两套以上房产，必须合并计算纳税

第四节　投资计划与资金筹措表的编制

一、投资计划与资金筹措表的格式

项目投资估算与资金筹措已分别在本书的第八章和第九章做了详尽的介绍，在确定项目的资金筹措方案和筹资计划时，应首先结合项目实施进度计划与投资估算编制投资计划表，以保证项目实施资金的需求和资金的合理、有效使用。为此，必须把投资计划与筹资计划有机地结合起来，既要满足项目实施对资金的需求，又要尽可能合理、有效地使用每一笔资金，把资金使用成本降到最低。

一般建设项目的投资计划与资金筹措表如表 10-13 所示。

表 10-13　投资计划及资金筹措表（一般建设项目）

单位：万元

序号	项目	合计	1	2	3	4
1	总投资	2527.6	2027.6	250.0	150.0	100.0
1.1	建设投资	1992.9	1992.9			
1.2	流动资金	500.0		250.0	150.0	100.0
1.3	建设期利息	34.7	34.7			
2	资金筹措	2527.6	2027.6	250.0	150.0	100.0
2.1	自有资金	1642.9	1492.9	150.0		
2.2	借款	884.7	534.7	100.0		100.0
2.2.1	长期借款（含利息）	534.7	534.7			
2.2.2	流动资金借款	350.0		100.0		100.0

对于房地产开发项目而言，由于其建设期与生产期不可截然划分，且在投资估算上也有许多与一般建设项目不同的特点。因此，它的投资计划与资金筹措计划表在格式上与一般建设项目的也有所不同，具体形式见表 10-14 所示。

表 10-14　投资计划与资金筹措表（房地产项目）

单位：万元

序号	项目名称	合计	建设经营期			
			1	2	3	4
1	项目投资总额	214289	59446	68153	50647	36043
1.1	开发建设投资	214 89	59443	68153	50647	36043
1.2	流动资金					
2	资金筹措	214289	59443	68153	50647	36043
2.1	自有资金	44000	22000	22000		
2.2	借贷资金	72381	20611	27470	3937	20363
2.3	预售收入再投入	97908	16835	46710	15680	
2.4	其他					

注：1. 预售收入来源于投资回收和未分配利润。
　　2. 当项目考虑租赁经营时，方考虑流动资金，该项目为全部销售项目，故不考虑流动资金。
　　3. 自有资金的投入不能低于总投资的20%。
　　4. 若开发建设投资中未考虑利息，则借贷资金中便不能考虑利息，此表方能平衡。

二、编制投资计划与资金筹措表的依据

（一）编制投资计划表的依据

编制资金投入计划，主要是根据开发项目的建设进度计划和开发商与承包商签订的工程承包合同中的工程成本预算，施工组织设计中关于设备、材料和劳动力的投入时间要求，以及付款方式来分项计算。投入资金的分类可粗可细，大致可按第九章中房地产开发项目投资与成本费用的构成，将各项投资列表根据工程进度计划算出每月或每季度的总投资支出，即资金投入计划表，如表 10-15 所示。

表 10-15 项目投资计划表

序号	投资项目 \ 时间	第 1 年				第 2 年				第 3 年				小计
		I	II	III	IV	I	II	III	IV	I	II	III	IV	
1	开发成本													
1.1	土地使用权出让金													
1.2	征地及拆迁补偿费													
1.3	前期工程费													
1.4	建安工程费													
1.5	公建配套设施费													
1.6	开发期间税费													
1.7	不可预见费													
2	开发费用													
2.1	管理费用													
2.2	销售费用													
	合计													

注：1. 表中投资项目一栏，根据可能粗列或细列。
2. 表中 I、II、III、…可为月或季度，视开发周期长短而定。
3. 假设本表所示的房地产开发项目建设期为 3 年。

（二）编制资金筹措表的依据

对于房地产开发项目而言，其投资的资金来源主要有三个渠道：一是自有资金，二是银行贷款，三是预售收入用于投资的部分。资金运作方式如下：自有资金全部用于投资；预售收入扣除与销售有关税费后用于投资；此外若还缺资金，则向银行借贷。自有资金按规定不得低于总投资的 20%，可通过招商引资筹集。因此，在编制房地产开发项目的资金筹措表时，应先编制项目可运用资金表，在此基础上，决定项目的借款额度。

编制项目可运用资金表，主要是根据楼宇租售计划，结合市场分析中预计的最可能租金、售价水平进行计算，时间单位应与资金投入计划表取得一致。

可运用资金的项目主要包括扣除相关销售或租赁税金及附加与所得税后的租售收入的净值。将各项收入列表，即为项目可运用资金，如表 10-16 所示。

表 10-16 项目可运用资金表

序号	时间 项目	第 1 年				第 2 年				第 3 年				小计
		I	II	III	IV	I	II	III	IV	I	II	III	IV	
1	销售（租赁）收入													
2	销售（租赁）税金及附加													
3	土地增值税													
4	所得税													
5	项目可运用资金（1-2-3-4）													

注：1. 此表只列出开发建设期内的有关收入，也可将此表中的时间延长到项目租售完毕。
　　2. 其他有关说明同表 10-10。

值得注意的是，项目的可运用资金，既可用来再投资，也可用于借款的还本付息。因此，项目当年用于还本付息和再投资之和，不能超过项目当年的可运用资金，借款计划应根据这一原则来进行安排。

另外，为了减少开发商筹资数额以降低筹资成本，在安排投资进度计划时，应考虑尽量将占用资金量大的费用项目向后安排。在工程发包的招标及评标时，也要注意审查其施工进度计划及施工组织设计，看是否将可后移的占用资金较大的分项工程有意向前移，或是否采用了不均衡报价策略，有意把先进行的施工内容单价调高，而把后期工程的单价压低。

三、对投资计划与资金筹措表的分析评价

对投资计划与资金筹措表的分析评价可从以下三个方面考虑。

（1）项目实施进度计划是否能与筹资计划相吻合，投资计划能否与项目实施进度相衔接。

（2）对各项不同渠道来源的资金使用是否合理，特别是预售收入的再投入部分是否与销售收入计划相配合与协调。

（3）项目投资使用计划的安排是否科学、合理，能否达到保证项目顺利实施和资金最优利用的目的。

四、特别说明

近年来，可行性研究中应就融资问题进行研究的呼声颇高，《可行性研究指南》已对资金筹措问题和融资方案分析提出了较高的要求。这对改变过去可行性研究中对于资金筹措问题的研究过于粗浅且具形式化的倾向十分有利。但值得注意的是，实际上，可行性研究首先解决的应是投资决策问题，而第一步的投资决策与资金筹措方案无关，它只就项目给企业创造的价值进行研究，采用融资前分析的方法。尽管在可行性研究阶段，对于融资方案应该进行初步研究，寻找资金来源，研究分析资金来源的可能性、可靠性，初步估计融资成本和融资风险，并研究在考虑融资的情况下，权益投资的获利水平能否满足要求。但可行性研究报告中的融资方案研究不可能做到过详过细，详细的融资方案研究应该从可行性研究后期开始准备，在作出投资决策后，进行深入细致的研究，最终形成可以实施的融资方案。详细的融资方案的研究确定，往往需要聘请专门的融资顾问（特别是大型项目），通过与贷款方的多次交流和谈判，才能达成

协议。最终形成的融资方案有可能与可行性研究报告采用的方案会有很大的变化。但因投资决策是基于融资前分析,尽管融资方案发生了变化,也不会从根本上改变对项目获利能力的基本判断。

复习思考题

1. 房地产项目价格策划的程序是什么?价格确定的方法有哪些?试以一个实际的房地产项目为例,对其进行价格的确定。

2. 房地产项目销售收入预测表的编制依据是什么?试以一个实际的房地产项目为例,对其进行销售(租赁)收入预测表的编制。

3. 与转让房地产有关的税费通常有哪些?试以一个实际的房地产项目为例,对其进行相关经营税费的测算。

4. 投资计划与资金筹措表的编制依据是什么?试以一个实际的房地产项目为例,对其进行投资计划与资金筹措表的编制,并对其进行相关的分析与评价。

第十一章 房地产项目财务评价

　　本章以房地产项目财务评价为主线,首先介绍财务评价的基本概念、作用、原则、依据与基本原理,并给出财务评价基本框架与指标体系。在此基础上,分别针对一般建设项目与房地产投资项目,详细阐述损益表的编制与项目静态盈利能力分析;现金流量表的编制与项目动态盈利能力分析;资金来源与运用表的编制与项目资金平衡能力分析;资产负债表的编制与项目清偿能力分析等财务评价的核心内容。最后论述房地产项目投资效益的不确定性分析方法,包括盈亏平衡分析、敏感性分析以及概率分析等。

第一节 财务评价概述

一、财务评价的含义和作用

（一）财务评价的含义

财务评价是在国家现行会计制度、税收法规和市场价格体系下，预测估计项目的财务效益与费用，进行财务盈利能力分析和偿债能力分析，编制财务报表，计算评价指标，考察拟建项目的财务盈利能力、偿债能力等财务状况，据以判别项目的财务可行性。财务评价首先是针对初步设定的建设方案，在完成投资估算并初步设定融资方案的基础上进行，财务分析结果又可以反馈到建设方案设计中，优化并完善建设方案设计。在具体操作程序上，财务分析又与投资估算和融资方案的初步确定有一定交叉。

财务评价是建设项目经济评价中的微观层次，它主要从微观投资主体的角度分析项目可以给投资主体带来的效益以及投资风险。作为市场经济微观主体的企业进行投资时，一般都进行项目财务评价。建设项目经济评价中的另一个层次是国民经济评价，它是一种宏观层次的评价，一般只对某些在国民经济中有重要作用和影响的大中型重点建设项目以及特殊行业和交通运输、水利等基础性、公益性建设项目展开国民经济评价。

（二）财务评价的作用

1. 财务评价是项目建议书和可行性研究报告的重要组成部分

如前所述，可行性研究是对投资项目涉及的诸多方面进行研究和评价，但市场、建设规模和产品方案、工艺技术、工程方案等方面的研究成果最终都要通过财务评价来体现。也就是说，项目方案的优劣及其财务可行性最终都要通过财务评价来体现，因此财务评价是项目建议书和可行性研究报告必不可少的重要组成部分。

2. 财务评价结论是主要的决策依据

虽然财务评价结论不是唯一的决策依据，但的确是重要的决策依据，通过财务评价衡量盈利能力和考察清偿能力，作出投资决策和初步的融资决策。特别是在市场经济条件下，对竞争性项目来说，财务评价是主要的决策依据。

3. 非盈利项目的财务评价可以使有关各方做到心中有数

对于非盈利性项目，虽然其投资决策并不一定依据财务评价结论，但对其进行必要的财务评价，可以对将来项目运营后的财务收支情况心中有数，便于在决策前就对其采取某些措施，使其能顺利运营，实现投资目标。

4. 财务评价是方案比较和选取的重要手段

方案比较是可行性研究的精髓。在可行性研究全过程的每一步，都应该进行多方案比较。大多都是采用财务数据，对各备选方案进行比较，选出相对优化的方案。

5. 配合投资各方协议、合同、章程的谈判，促使各方在平等互利基础上进行经济合作

随着投资形式多样化、投资主体多元化的进程，中外合资合作项目、国内合资合作项目越来越多，财务评价结果可以体现出各方收益分配，也就是各方的利益。因此，财务评价在配合投资各方协议、合同、章程的谈判，促使各方在平等互利的基础上进行经济合作的作用正在加强。

二、财务评价的原则

财务评价应遵循以下原则。

1. 效益与费用计算范围的一致性原则

为了正确评价项目的获利能力,必须遵循效益与费用计算范围的一致性原则。如果在费用估算中考虑了某项工程或因素,而因此增加的效益没有被估计,就会低估了项目的效益;反之,如果只考虑该工程或该因素产生的效益,却未计算因此增加的费用,项目的效益就会被高估。只有遵循费用与效益计算范围的一致性原则,将项目投入和产出的估算限定在同一范围内,才能真实地反映项目的净效益。

2. 效益与费用识别的有无对比原则

采用有无对比方法识别投资项目的效益和费用是国际上项目评价中通用的基本原则,财务评价当然也不例外。有无对比是指"有项目"情况与"无项目"情况的对比。所谓"有项目"是指实施项目后的将来状况,"无项目"是指不实施项目时的将来状况。在识别项目的效益和费用时,须注意只有"有无对比"的差额部分才是由于项目的建设增加的效益和费用,即增量效益和费用。即使不实施该项目,由于各种原因,现状效益可能也会出现三种情况:可能不变,可能增加,还可能降低。

采用有无对比的方法,就是为了识别那些真正应该算到项目效益的部分,即增量效益,排除那些其他原因产生的效益;同时也要找出与增量效益相对应的增量费用,只有这样才能真正体现项目投资的净效益。

有无对比原则适用于所有类型的项目。有无对比直接适用于依托旧项目进行的改扩建与技术改造项目、停缓建后又恢复建设项目的增量效益分析。对于从无到有进行建设的新项目,有无对比原则同样适用,此时通常将无项目情况视为与现状相同,也就是现状和无项目时效益与费用同为零。如果考虑无项目时,可能会新建另一个项目,此时就出对该项目的评价转化成对这两个项目进行比较的问题了。

3. 动态分析与静态分析相结合,以动态分析为主的原则

动态分析是指根据资金时间价值原理,考虑项目整个计算期内各年的效益和费用,采用现金流量分析的现值法,计算内部收益率和净现值等评价指标。这是国际上通行的项目评价方法。我国于1987年、1993年和2006年由国家计委(后改为国家发展改革委)和建设部发布施行"建设项目经济评价方法与参数"第一版、第二版和第三版,都采用了动态分析与静态分析相结合,以动态分析为主的原则,制定出了一整套项目评价方法与指标体系,一直沿用至今。

三、财务评价的依据

1. 政策法规依据

财务评价要以预测的财务收支(财务效益和费用)为基础,为了使预测的财务效益和费用尽可能符合将来的实际情况,以合理反映项目投资的效益,必须在国家的产业政策、现行会计制度、税收法规的基础上进行。因此国家和地方的各种政策法规是财务评价的重要依据。

2. 方法和参数依据

为了使财务评价结果合理可信,具有可比性,过去国家和有关部门发布了关于可行性研究的一些规定,包括《方法与参数》及部门实施细则。近年又有《可行性研究指南》作指导,有

的部门和大型专业公司也有其具体的方法和参数。2000 年 9 月由中华人民共和国建设部发布的《房地产开发项目经济评价方法》是房地产开发项目进行可行性研究的指南，而本书所提供的房地产投资项目财务评价方法及相关的评价报表与评价指标，是笔者在利用国家与行业发布的财务评价方法与参数的基础上，结合自身多年教学、科研与实践经验，总结而得，供读者借鉴、参考。本书后面所附的有关房地产项目可行性研究与财务评价的案例，都是利用笔者所构建的财务评价体系与财务报表完成，可供读者对照使用。

四、财务评价的基本原理

财务评价的基本原理是从基本报表中取得数据，计算财务评价指标，然后与基本参数作比较，根据一定的评价标准，决定项目的取舍。因此，财务评价是一种规范化的体系，该体系由财务报表、财务评价指标和用于财务评价的行业或国家参数三部分组成。其作用原理如图 11-1 所示。

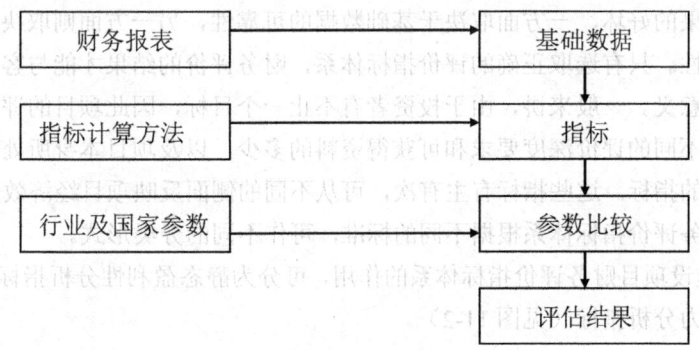

图 11-1　财务评价作用原理图

五、财务评价的基础数据和基本财务报表

财务评价的实质是对基础数据进行加工，使其系统化、表格化，以最终计算评价指标来反映项目的本质状况。因此，财务评价的基础数据是制约和影响项目经济效益好坏的基本依据，它们之间既有独立性又存在着一定的联系。

基础数据资料主要通过市场调查、投资分析与预测分析取得，在此基础上进行财务预测，形成投资估算表、投资计划与资金筹措表、借款还本付息表、生产成本费用表、销售收入预测表、销售税金及附加估算表等一系列辅助性报表。

然后根据上述财务预测数据汇总，编制出一套基本的财务报表，主要包括以下内容。

1. 损益表

反映项目在计算期内逐年的成本、税后利润和收益状况。

2. 财务现金流量表（包括全部投资和自有资金投资）

反映项目在计算期内的全部经济活动状况。

3. 资金来源与运用表

反映项目在计算期内各年的资金盈余或短缺情况。

4. 资产负债表

反映项目在计算期内各年末资产、负债和所有者权益变化状况及对应关系。

对于涉及外汇的项目,另外还需编制财务外汇平衡表。

在财务报表分析的基础上,还需对项目进行不确定性分析与概率分析。不确定分析是指在信息不足,无法用概率描述不确定因素变动规律的情况下,估计可变因素变动对项目可行性的影响程度及项目承受风险能力的一种分析方法。不确定性分析包括盈亏平衡分析和敏感性分析。概率分析是指在可变因素的概率分布已知的情况下,分析可变因素在各种可能状态下项目经济评价指标的取值,从而了解项目的风险状况。

特别值得注意的是,从投资项目经济评价的实践角度来看,将不确定性分析与概率分析严格区分开来的实际意义不大,因此在一般情况下人们习惯于将以上两种分析方法统称为不确定性分析。

关于不确定性分析方法详见本章第六节"房地产项目投资经济效益的不确定性分析"。

六、财务评价指标体系

财务评价效果的好坏,一方面取决于基础数据的可靠性,另一方面则取决于所选取的评价指标体系的合理性。只有选取正确的评价指标体系,财务评价的结果才能与客观实际情况相吻合,才具有实际意义。一般来讲,由于投资者有不止一个目标,因此项目的评价指标体系也不是唯一的。根据不同的评价深度要求和可获得资料的多少,以及项目本身所处条件与性质的不同,可选用不同的指标。这些指标有主有次,可从不同的侧面反映项目经济效果。

建设项目财务评价指标体系根据不同的标准,可作不同的分类形式。

(1)根据建设项目财务评价指标体系的作用,可分为静态盈利性分析指标、动态盈利性分析指标和清偿能力分析指标(见图 11-2)。

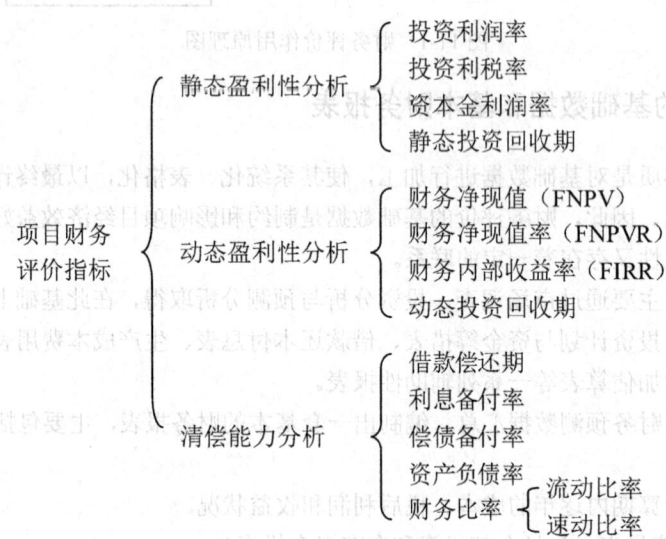

图 11-2 财务评价指标分类(一)

(2)根据建设项目财务评价指标体系的性质,可分为时间性指标、价值性指标、比率性指标(见图 11-3)。

一般而言,财务评价包括项目财务盈利能力分析和清偿能力分析,对于涉及外汇的项目有时还需要进行外汇平衡分析。此外,还要根据项目特点和实际需要进行项目的不确定性分析。

这些财务评价的内容与评价指标如表 11-1 所示。

```
                    ┌ 时间性指标 ─┬ 静态投资回收期
                    │             ├ 动态投资回收期
                    │             └ 借款偿还期
                    │
                    ├ 价值性指标 ─── 财务净现值（FNPV）
项目财务            │
评价指标            │             ┌ 财务内部收益率（FIRR）
                    │             ├ 财务净现值率（FNPVR）
                    │             ├ 投资利润率
                    │             ├ 投资利税率
                    └ 比率性指标 ─┤ 资本金利润率
                                  ├ 利息备付率
                                  ├ 偿债备付率
                                  ├ 资产负债率
                                  ├ 流动比率
                                  └ 速动比率
```

图 11-3　财务评价指标分类（二）

表 11-1　财务评价的内容与评价指标

评价内容	基本报表	评价指标	
		静态指标	动态指标
盈利能力分析	全部投资现金流量表	全部投资回收期	财务内部收益率 财务净现值
	自有资金现金流量表		财务内部收益率 财务净现值
	损益表	投资利润率 投资利税率 资本金利润率	
偿债能力分析	资金来源与 资金运用表	借款偿还期 累计盈余资金	
	资产负债表	资产负债率 流动比率 速动比率	
	借款还本付息表	借款偿还期 偿债备付率 利息备付率	
外汇平衡分析	财务外汇平衡表		
不确定性分析	盈亏平衡分析	盈亏平衡产量 盈亏平衡生产能力利用率	
	敏感性分析	敏感度系数 不确定因素的临界值	
	概率分析	NPV 期望值 NPV≥0 的累计概率	

第二节 损益表与静态盈利分析

损益表是财务评价的基本报表之一,它是建设项目在整个寿命期的财务成果的一种报表。它反映了项目在整个寿命期的利润总额、所得税和税后利润的分配情况等财务信息,提供了项目经济效益静态评价的信息资料。国家计委在 2002 年发布的《投资项目可行性研究指南》中将该表改称为"利润与利润分配表"。

一、一般建设项目损益表

(一)一般建设项目销售收入、成本与税金的关系

一般建设项目销售收入、成本和税金的关系如图 11-4 所示。

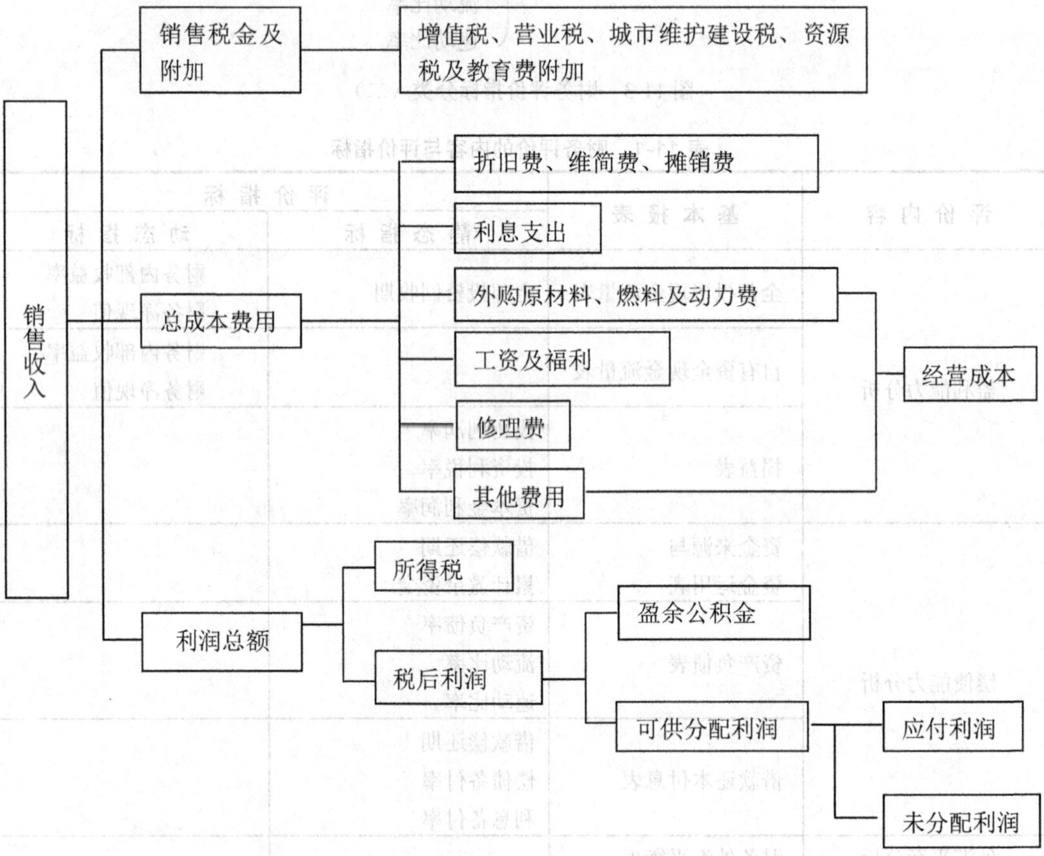

图 11-4 销售收入、成本和税金的关系图

(二)一般建设项目损益表的编制

由图 11-4 所示的项目销售收入、成本和税金的关系,可将一般建设项目投资利润的计算过程简化为如下基本程序。

(1)产品销售(营业)收入。

(2)销售税金及附加。

(3) 总成本费用。
(4) 利润总额[（1）-（2）-（3）]。
(5) 所得税[（4）×25%]。
(6) 税后利润[（4）-（5）]。
(7) 盈余公积金[（6）×10%]。
(8) 可供分配的利润[（6）-（7）]。
　　(8.1) 应付利润。
　　(8.2) 未分配利润。
一般建设项目损益表的形式如表 11-2 所示。

表 11-2　损益表

单位：万元

序号	项目	投产期		达产期					合计
		3	4	5	6	…	…	N	
	生产负荷（%）								
1	销售（营业收入）								
2	销售税金及附加								
3	总成本费用								
4	利润总额（1-2-3）								
5	所得税（25%）								
6	税后利润（4-5）								
7	弥补损失								
8	发的盈余公积金								
9	公益金								
10	应付利润								
11	未分配利润（6-7-8-9-10）								
12	累计未分配利润								

评价指标：投资利润率
　　　　　投资利税率
　　　　　资本金利润率

在编制损益表时，应注意以下几点。

(1) 产品销售（营业）收入、销售税金及附加、总成本费用的各年度数据分别取自相应的辅助报表。

(2) 利润总额等于产品销售（营业）收入减销售税金及附加减总成本费用。

(3) 所得税等于应纳税所得额乘以所得税税率。应纳税所得额为利润总额根据国家有关规定进行调整后的数额。在建设项目财务评价中，主要是按减免所得税及用税前利润弥补上年度亏损的有关规定进行调整。按现行《工业企业财务制度》规定，企业发生的年度亏损，可以用下一年度的税前利润等弥补，下一年度利润不足弥补的，可以在 5 年内延续弥补，5 年内不足弥补的，用税后利润弥补。

(4) 税后利润等于利润总额减所得税。

(5) 弥补损失主要是指支付被没收的财物损失，支付各项税收的滞纳金及罚款，弥补以前年度亏损。

（6）税后利润按法定盈余公积金、公益金、应付利润及未分配利润等项进行分配。

① 表中法定盈余公积金按照税后利润扣除用于弥补损失的金额后的10%提取，盈余公积金已达注册资金50%时可以不再提取。公益金主要用于企业的职工集体福利设施支出。

② 应付利润为向投资者分配的利润。

③ 未分配利润主要指向投资者分配完利润后剩余的利润，可用于偿还固定资产投资借款及弥补以前年度亏损。用于偿还固定资产投资借款的未分配利润，当借款还清后，一般应将这部分利润补分配给投资者。

在项目评价中，销售利润是在完成"项目销售收入和税金估算"及"项目总成本费用估算"后进行测算的，它属于一种综合效果指标。在项目财务评价的损益表中可测算出项目投产后的各年利润总额和从利润总额中提交的所得税等，它反映出项目利润总额的构成和利润的分配情况。其用途有以下三个方面。

- 反映项目投产后的盈利情况，如企业纯收入和利润，作为财务效益和经济效益分析的基础资料。
- 根据测算的年利润和年折旧，估算项目偿还贷款的能力和时间。
- 根据估算项目投产后每年上缴国家的利润和税金，估算项目对国家财政的贡献。

（三）静态盈利性分析

财务评价的静态盈利分析指标主要包括以下几点。

1. 投资利润率

投资利润率是指项目生产经营期内平均年利润总额占项目总投资（建设投资、建设期借款利息与全部流动资金之和）的百分比率。它是反映项目单位投资盈利能力的指标，其计算公式如下：

$$投资利润率 = \frac{年平均利润总额}{项目总投资} \times 100\%$$

当投资利润率≥基准投资利润率时，项目在财务上才可以考虑被接受。

在实践中，有专家建议将该指标改为全部投资利润率，即用项目生产经营期内税息前的年利润总额与项目不含建设期利息在内的总投资相比，即进行项目的融资前分析，为各个投资方案不分资金来源地进行共同比较建立基础。根据这一思路，则有

$$全部投资利润率 = \frac{年利润总额 + 年贷款利息}{项目总投资（不含建设期利息）} \times 100\%$$

在实践中，读者可根据具体需要选择投资利润率的计算公式。

2. 投资利税率

投资利税率是指项目生产经营期内平均年利税总额占项目总投资（建设投资建设期利息和全部流动资金之和）的百分比，它是反映项目单位投资盈利能力和对财政所作贡献的指标。其计算公式如下：

$$投资利税率 = \frac{年平均利税总额}{项目总投资} \times 100\%$$

当投资利税率≥基准投资利税率时，项目在财务上才可以考虑被接受。

3. 资本金利润率（自有资金利润率）

资本金利润率又称自有资金利润率，是指项目生产经营期内年平均所得税后利润与资本金

的比率。计算公式为

$$资本金利润率 = \frac{年平均所得税后利润}{资本金} \times 100\%$$

二、房地产投资项目损益表

（一）以出租经营为主的房地产投资项目损益表

1. 租赁收入、税金与成本的关系

以出租经营为主的房地产投资项目，与一般性建设项目很类似，所不同之处仅在于其经营成本的构成内容不同。该类项目的经营成本主要包括物业管理费、维护维修费、设备设施使用费、员工工资与福利，以及市场推广费和其他费用。租赁收入、税金与成本的关系如图11-5所示。经营成本根据实际租赁合约规定测算。当租赁合约中规定租金为净租金标准时，则经营成本几乎不存在；当租赁合约中规定租金为毛租金标准时，则经营成本约占租赁收入的25%。折旧费为固定资产价值或开发总成本费用的年折旧提取额，利息支出为出租经营期间长期借款与流动资金借款的利息之和。

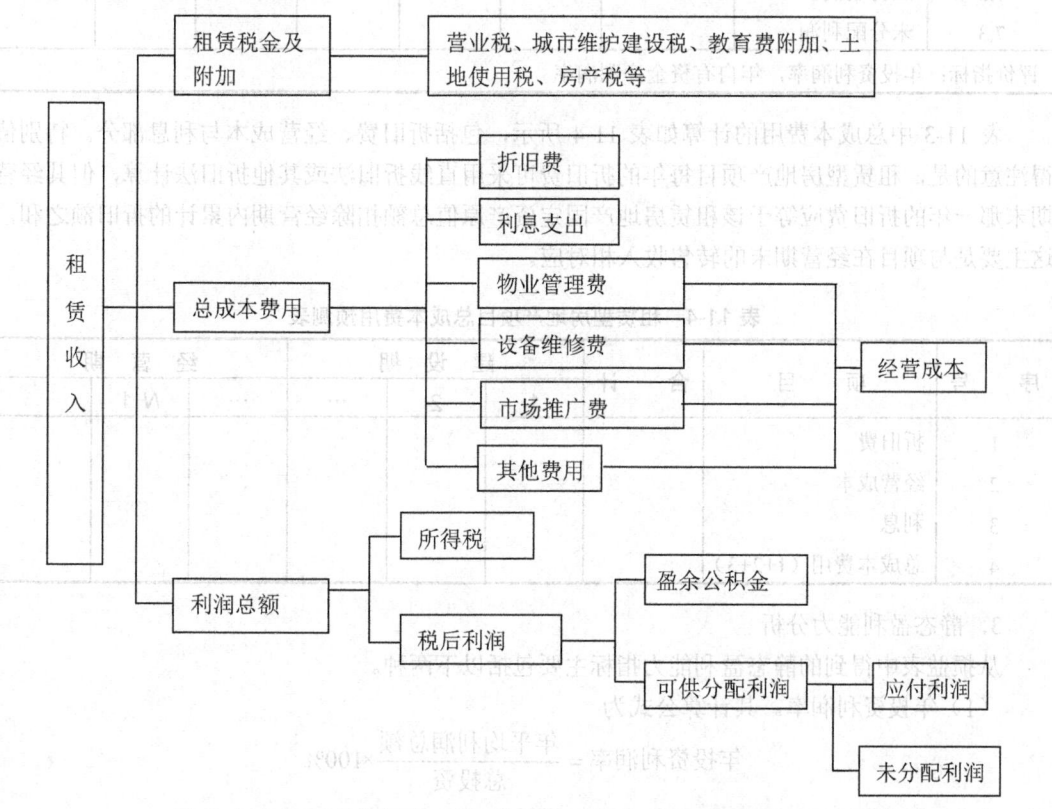

图11-5 房地产项目租赁收入、成本与税金关系图

关于折旧费的计算，可采用直线折旧法，即利用以下公式进行计算，也可采用其他加速折旧法计算。

$$年折旧额 = \frac{固定资产原值(1-残值率)}{折旧年限}$$

关于租赁税金及附加，可参见本书第十章第三节"广州市房地产有关税费一览表"。

2. 损益表的编制

由上述房地产投资项目租售收入、税金与成本的关系，可得到以租赁为主的房地产投资项目损益表的格式，如表 11-3 所示。

表 11-3　租赁型房地产项目损益表

序号	项目	合计	1	2	…	…	N-1	N
1	租售收入							
2	总成本费用							
3	租售税金及附加							
4	土地增值税							
5	利润总额							
6	所得税							
7	税后利润							
7.1	盈余公积金							
7.2	应付利润							
7.3	未分配利润							

评价指标：年投资利润率，年自有资金净利润率

表 11-3 中总成本费用的计算如表 11-4 所示，包括折旧费、经营成本与利息部分。特别值得注意的是，租赁型房地产项目每年的折旧费可采用直线折旧法或其他折旧法计算，但其经营期末那一年的折旧费应等于该租赁房地产固定资产原值总额扣除经营期内累计的折旧额之和，这主要是与项目在经营期末的转售收入相对应。

表 11-4　租赁型房地产项目总成本费用预测表

序号	项目	合计	建设期		…	经营期	
			1	2	…		N-1
1	折旧费						
2	经营成本						
3	利息						
4	总成本费用（1+2+3）						

3. 静态盈利能力分析

从损益表中得到的静态盈利能力指标主要包括以下两种。

（1）年投资利润率。其计算公式为

$$年投资利润率 = \frac{年平均利润总额}{总投资} \times 100\%$$

其中，总投资为房地产开发项目建设投资与租赁经营所需的流动资金之和。

评价标准是年投资利润率大于或等于该类房地产的基准年投资利润率。

（2）年自有资金利润率。其计算公式为

$$年自有资金利润率 = \frac{年平均税后利润总额}{自有资金} \times 100\%$$

其中，自有资金为总投资中自有资金的出资额。

评价标准是年自有资金利润率大于或等于投资者设定的目标年自有资金利润率。

（二）以销售为主的房地产投资项目损益表

1. 销售收入、税金与成本的关系

以销售为主的房地产投资项目，其销售收入、税金与成本的关系如图 11-6 所示。

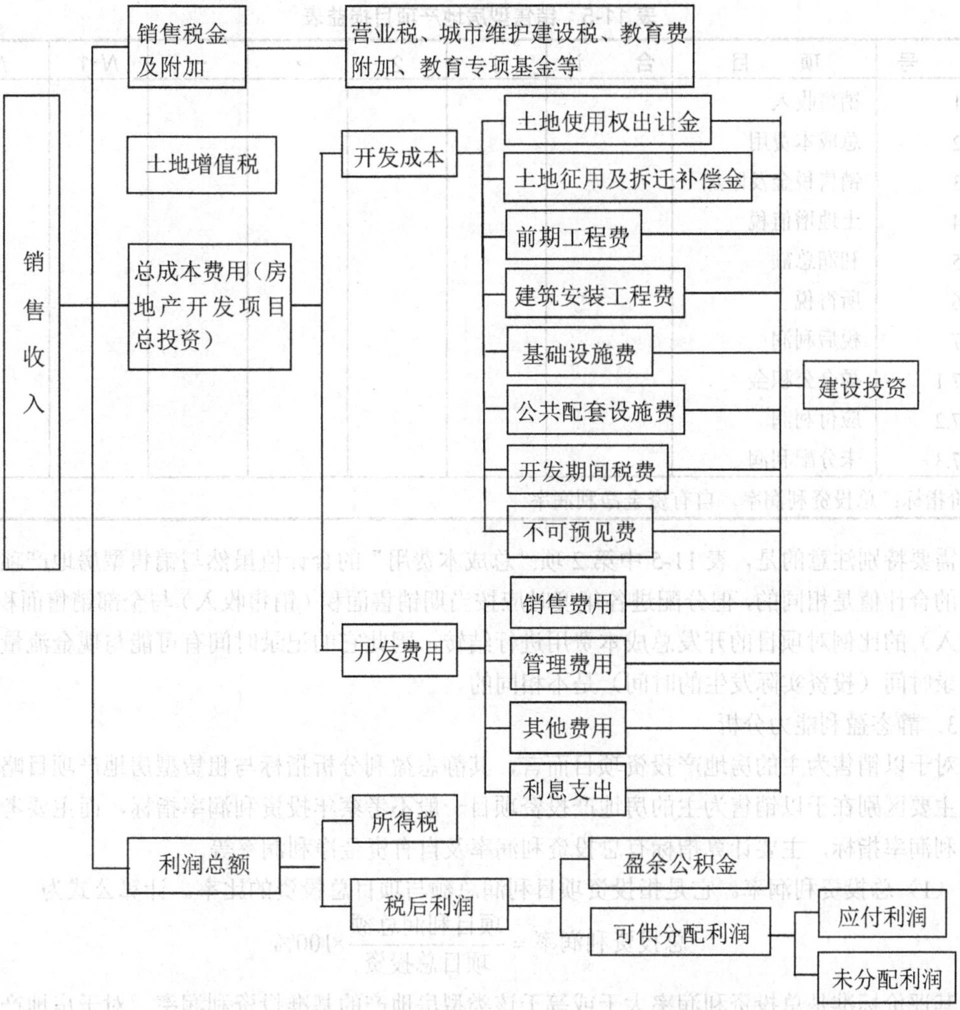

图 11-6　房地产投资项目销售收入、税金与成本关系图

以销售为主的房地产投资项目与一般建设项目的主要区别在于一般性建设项目是先投资，再生产产品，其项目计算期分为两部分，一部分是建设期，主要形成投资；另一部分是生产经营期，主要形成产品的总成本费用，投资则以折旧与摊销的形式在该期内回收。但对以销售为主的房地产投资项目而言，其投资的过程本身就是房地产商品的生产过程，其建设期与经营期无法截然分开，房地产投资项目总投资即为房地产产品的总成本费用之和。其经营成本已包含在项目总投资即总成本费用之内。

至于销售税金及附加的内容，可参照第十章第二节有关"销售税金及附加的估算"的内容。另外，与一般建设项目不同的是，房地产投资项目还应加上一项"土地增值税"，其计算过程

同样参见第十章第三节有关"土地增值税的计算"的内容。

2. 损益表的编制

由上述房地产投资项目销售收入、税金与成本的关系，可得到以销售为主的房地产投资项目损益表的格式，如表 11-5 所示。

表 11-5　销售型房地产项目损益表

序号	项目	合计	1	2	…	…	N–1	N
1	销售收入							
2	总成本费用							
3	销售税金及附加							
4	土地增值税							
5	利润总额							
6	所得税							
7	税后利润							
7.1	盈余公积金							
7.2	应付利润							
7.3	未分配利润							
评价指标：总投资利润率，自有资金净利润率								

需要特别注意的是，表 11-5 中第 2 项"总成本费用"的合计值虽然与销售型房地产项目总投资的合计值是相同的，但分配进各年度时应按当期销售面积（销售收入）与全部销售面积（销售收入）的比例对项目的开发总成本费用进行结转，因此它的记录时间有可能与现金流量表中的记录时间（投资实际发生的时间）是不相同的。

3. 静态盈利能力分析

对于以销售为主的房地产投资项目而言，其静态盈利分析指标与租赁型房地产项目略有不同。主要区别在于以销售为主的房地产投资项目一般不考察年投资利润率指标，而主要考察总投资利润率指标，主要计算指标有总投资利润率及自有资金净利润率等。

（1）总投资利润率。它是指投资项目利润总额与项目总投资的比率。计算公式为

$$总投资利润率 = \frac{项目利润总额}{项目总投资} \times 100\%$$

其评价标准是总投资利润率大于或等于该类型房地产的基准投资利润率。对于房地产项目基准投资利润率的确定，要考虑以下一些因素。

① 当前的宏观经济情况、银行的贷款利率以及其他行业的投资利润率水平。

② 房地产投资项目的类型。

③ 房地产项目的开发建设周期。

若采用"全部投资利润率"指标进行项目融资前分析，则可用以下公式进行。

$$全部投资利润率 = \frac{项目利润总额 + 利息总额}{项目总投资（不含利息）}$$

（2）自有资金净利润率。它是指项目税后利润总额与项目自有资金出资总额的比率。其计算公式为

$$自有资金净利润率 = \frac{项目税后利润总额}{项目自有资金} \times 100\%$$

其评价标准是项目自有资金净利润率大于或等于投资者设定的目标自有资金净利润率。

第三节 现金流量表与动态盈利分析

财务现金流量表是项目财务评价中使用的基本报表之一。财务现金流量分析是指对项目整个寿命期内，现金流入和现金流出的全部资金活动进行分析。它反映了寿命期内项目的全部经济活动状况，也是计算项目动态获利能力的基础。动态盈利分析是依据项目现金流量表提供的财务信息，在考虑了资金时间价值基础上所进行的项目经济效益评价分析。

一、财务现金流量表编制与分析的有关概念

（一）项目计算期

项目计算期是可行性研究中进行动态分析所设定的期限，一般建设项目的计算期包括建设期和生产经营期（或使用期），一般以年为单位。以销售为主的房地产投资项目，建设期和经营期往往无法截然分开，一般不再划分为两部分，而是统称为生产经营期。

建设期是指工程正式开工至项目建成投产所需的时间。生产经营期分为投产期及达产期两个阶段。投产期是指项目投入生产，但生产能力尚未达到设计能力的过渡阶段。达产期是指生产经营达到设计预期水平后的期间。

生产经营期的年限，可根据产品寿命、主体装置的经济寿命等因素综合考虑确定。项目计算期不宜定得太长，特别是新财务制度规定折旧年限缩短后，生产经营期一般不超过 12～15 年，个别行业最长也不超过 20 年，因为 20 年后的净收益金额按折现法计算的现值相对较小，不致影响评价结论。对折旧年限较长的房屋建筑物，生产经营期末可将其折旧后的余额作为固定资产余值回收。

现金流量表的年序为 1，2，…，n，建设开始年作为计算期的第一年，年序为 1。为了与复利系数表的年序相对应，在折现计算中，采用了年末习惯法，即年序 1 发生的现金流量，按 $(1+i)^{-1}$ 折现。年序 2 发生的现金流量，按 $(1+i)^{-2}$ 折现，余类推。通常，在项目建设期以前发生的费用占总费用的比例不大，为了简化计算，这部分费用可列为年序 1，这样计算出的净现值或内部收益率，比在建设期以前计算的略大一些，但一般不会影响评价的结论。

（二）财务评价价格

财务评价采用的价格可简称为财务价格，即以现行价格为基础的预测价格。对于价格变动因素，在进行财务盈利能力和清偿能力分析时，原则上宜做不同处理。进行财务盈利能力分析时，计算期内各年采用的预测价格，是在基年（或建设期初）物价总水平的基础上预测的，只考虑相对价格的变化，不考虑物价总水平的上涨因素；在进行清偿能力分析时，计算期内各年采用的预测价格，除考虑相对价格的变化外，还要考虑物价总水平的上涨因素，物价总水平的上涨因素一般只考虑到建设期末。即两种分析分别采用两套预测价格、两套计算数据。

在实际操作中，为了简化计算，两种分析也可采用一套预测价格，一套计算数据，即对于建设期较短的项目，在建设期内各年均采用时价（既考虑建设期内相对价格变化，又考虑物价

总水平上涨因素），生产经营期内各年均采用以建设期末（生产期初）物价总水平为基础，并考虑生产经营期内相对价格变化的价格；对于建设期较长，确实难以预测物价总水平上涨指数的项目，在计算期内各年也可均采用以基年（建设期初）物价总水平为基础，仅考虑相对价格变化，不考虑物价总水平上涨因素的价格。但须就可能的物价总水平变动因素对项目盈利能力和清偿能力的影响，认真地进行敏感性分析。

（三）基准收益率（基准贴现率）

基准收益率（i_c）又称做最低期望收益率或目标收益率，在进行现金流贴现分析时，又称做基准贴现率，是投资决策者对项目资金时间价值的估值。它主要取决于资金来源的构成、投资的机会成本、项目投资风险程度、项目的性质和要求等因素。基准折现率的确定具有一定的难度，但基准折现率的大小是计算和比较项目动态评价指标的关键，它决定了项目的取舍。因此，对于投资者来说，在基准收益率的确定上应慎重决策。

一般说来，用于财务评价的基准收益率，是由各行业测定，经有关部门综合协调后发布应用。当国家财税、金融制度和价格政策发生重大变化时，应注意对其进行相应的调整。在没有正式公布的标准时，往往采用稍高于同期贷款利率的指标作基准收益率。近年来也多有专家建议采用项目（企业）加权平均资金成本作为确定基准收益率的基础。

（四）现金流量

现金流量是现金流入与现金流出的统称，它是以项目作为一个独立系统，反映项目在其计算期内实际发生的流入和流出系统的现金活动及其流动数量。它只反映项目在计算期内的现金收支，不反映非现金收支（如折旧、摊销、应收及应付款等），并且要如实地反映现金收支实际发生的时间。一般建设项目的现金流入包括产品销售收入、回收固定资产余值（可用净残值代替）和回收的流动资金，现金流出包括固定资产投资、流动资金投入、经营成本、销售税金及附加等。在计算期内的不同时期，现金流入与现金流出的项目有所不同。现金流入减现金流出为净现金流量。

二、一般建设项目财务现金流量表的编制与分析

（一）财务现金流量表的编制

现金流量表反映项目计算期内各年的现金流入与现金流出情况，用以计算各项动态评价指标，进行项目财务动态盈利能力分析。按投资计算基础的不同，现金流量表可分为全部投资现金流量表和自有资金现金流量表两类。

1. 全部投资现金流量表的概念与编制

（1）全部投资现金流量表的概念

全部投资是指项目建设的总投资，即自有资金投资和借贷资金投资之和。全部投资现金流量表不分投资资金来源，以全部投资作为计算基础，用以计算全部投资在所得税前和所得税后的财务内部收益率、财务净现值以及投资回收期等评价指标，考察项目全部投资的盈利能力，为各个投资方案（不论其资金来源及利息多少）进行比较建立共同基础。其具体形式如表11-6所示。

表 11-6 全部投资现金流量表

序号	项目	合计	建设期		投产期		达产期			
			1	2	3	4	5	6	…	N
	生产负荷（%）									
1	现金流入									
1.1	产品销售收入									
1.2	回收固定资产余值									
1.3	回收流动资金									
1.4	其他投入									
2	现金流出									
2.1	固定资产投资									
2.2	流动资金									
2.3	经营成本									
2.4	销售税金及附加									
2.5	所得税									
3	净现金流量（1-2）									
4	累计净现金流量									
5	所得税前净现金流量（3+2.5）									
6	所得税前累计净现金流量									

计算指标：　　　所得税前　　　　　　　　　　　　　　所得税后

财务内部收益率 FIRR=　　　　　　　　　　　财务内部收益率 FIRR=

财务净现值 FNPV（i_c=　%）=　　　　　　　财务净现值 FNPV（i_c=　%）=

投资回收期 P_t=　　　　　　　　　　　　　　投资回收期 P_t=

全部投资的经济效果评价分析的是项目本身的获利能力，它与项目筹资方式毫无关系。该表假定拟建项目所需的全部投资（包括建设投资和流动资金投资）均为投资者自有资金，因此全部投资中不含建设期利息，同时也不考虑全部投资的本金和利息的偿还问题。

这里需要注意的是，在全部投资中不含建设期利息是完全正确的，但在全部投资现金流量表中所列的其他项目中仍保留有建设期利息的影响。比如固定资产原值的增大引起了一连串的连锁反应，如折旧额增大、残值增大，从而造成成本增加，利润减小，税赋减小，最终造成了全部投资内部收益率的增大；又比如所得税的计算就考虑了利息的影响，从而间接影响到了全部投资税后的评价指标，如当利息增大时，应纳税额减少，故所得税减少，从而增大了全部投资税后内部收益率，使得全部投资的动态评价指标失去了可比性。因此，在编制全部投资现金流量表时，从理论上讲最好能把所有受利息影响的数据进行调整，以便能真正反映出全部投资的经济效益。

2002年由国家计委发布的《投资项目可行性研究指南》中对全部投资现金流量表做了修改，改称全部投资现金流量表为项目财务现金流量表，并且只选择所得税前净现金流量，计算所得税前指标。可以看出，无论是全部投资现金流量分析，还是项目现金流量分析都是建立在融资前分析的基础上。全部投资现金流量分析实际上就是国外所谓的融资前分析，相比之下融资前分析的称呼似乎更为准确。

关于对项目全部投资现金流量分析是采用所得税前指标还是采用所得税后指标，历来多有争论。所得税前净现金流量的内涵与息税摊销折旧前利润一致，据此计算的指标可以反映项目方案的基本获利能力，表示的是投资获利的总能力。它只体现项目方案设计本身的财务可行性，而与融资方案和所得税政策的变化无关，可以满足决策者对项目的可行性作出基本判断，并作为方案（或项目）比选的依据，同时也可以为债权人进行信贷决策提供参考。

所得税后净现金流量与息税摊销折旧前利润相比，少了一项所得税。据此计算的指标同样可以反映项目方案的获利能力，但不是总能力，因为所得税也是投资收益的一部分。但所得税是企业的一项实实在在的支出，从公司角度出发，似乎所得税后指标更容易理解。如果把息税摊销折旧前利润比喻成一块大蛋糕的话，所得税后净现金流量就是由这块蛋糕上切掉一块所得税后的其余部分。实际上只要达成共识，计算到哪一步都是可以的。也就是说，在进行项目现金流量分析时，原则上无论计算所得税前指标还是所得税后指标，并用其判断项目的盈利能力，都是可以的。

本书中所给出的报表仍称为"全部投资现金流量表"，并提供了税前、税后两套计算指标。在实际操作中，可由读者根据需要自行决定取舍。

（2）全部投资现金流量表的编制

全部投资现金流量表报表格式如表 11-6 所示。表中计算期的年序为 1, 2, …, N，建设开始年作为计算期的第一年，年序为 1。当项目建设期以前所发生的费用占总费用的比例不大时，为简化计算，这部分费用可列入年序 1。若需单独列出，可在年序 1 以前另加一栏"建设起点"，年序填 0，将建设期以前发生的现金流出填入该栏。

在编制全部投资现金流量表时，应注意以下几点。

① 现金流入为产品销售（营业）收入、回收固定资产余值、回收流动资金三项之和。其中，产品销售（营业）收入是项目建成投产后对外销售产品或提供劳务所取得的收入，是项目生产经营成果的货币表现。计算销售收入时，假设生产出来的产品全部售出，销售量等于生产量。销售价格一般采用出厂价格，也可根据需要采用送达用户的价格或离岸价格。产品销售（营业）收入的各年数据取自产品销售（营业）收入和销售税金及附加估算表。另外，固定资产余值和流动资金的回收均在计算期最后一年。固定资产余值回收额为固定资产折旧费估算表中最后一年的固定资产期末净值，流动资金回收额为项目正常生产年份流动资金的占用额。

② 现金流出包含固定资产投资、流动资金、经营成本及税金。固定资产投资和流动资金的数额分别取自固定资产投资估算表及流动资金估算表。固定资产投资中包含固定资产投资方向调节税，但是不包含建设期利息。流动资金投资为各年流动资金增加额。经营成本取自总成本费用估算表。销售税金及附加包含营业税、消费税、资源税、城乡维护建设税和教育费附加，它们取自产品销售（营业）收入和销售税金及附加估算表；所得税的数据来源于损益表。

③ 项目计算期各年的净现金流量为各年现金流入量减对应年份的现金流出量，各年累计净现金流量为本年及以前各年净现金流量之和。

④ 所得税前净现金流量为上述净现金流量加所得税之和，也就是在现金流出中不计入所得税时的净现金流量。所得税前累计净现金流量的计算方法与上述累计净现金流量的相同。

2. 自有资金现金流量表的编制

自有资金是指项目投资者自己拥有的资本金投入。自有资金现金流量表是从投资者的角度出发，以投资者的出资额作为计算基础，把借款本金偿还和利息支付作为现金流出，用以计算自有资金财务内部收益率、财务净现值等评价指标，以考察项目自有资金的盈利能力。其具体形式如表 11-7 所示。

表 11-7 自有资金现金流量表

序号	项目	合计	建设期		投产期		达产期			
			1	2	3	4	5	6	…	N
	生产负荷（%）									
1	现金流入									
1.1	产品销售收入									
1.2	回收固定资产余值									
1.3	回收流动资金									
1.4	其他投入									
2	现金流出									
2.1	自有资金									
2.2	借款本金偿还									
2.3	借款利息支出									
2.4	经营成本									
2.5	销售税金及附加									
2.6	所得税									
3	净现金流量（1-2）									

计算指标：财务内部收益率 FIRR=
　　　　　财务净现值 FNPV（$i_c=$　%）=

自有资金现金流量表是站在项目投资主体角度考察项目的现金流入流出情况。一方面，从项目投资主体的角度看，建设项目投资借款是现金流入，但又同时将借款用于项目投资则构成同一时点、相同数额的现金流出，二者相抵，对净现金流量的计算无影响。因此，表中投资只计自有资金。另一方面，现金流入又是因项目全部投资所获得，故应将借款本金的偿还及利息支付计入现金流出。

在编制自有资金现金流量表时，应注意以下几点。

（1）现金流入各项的数据来源与全部投资现金流量表相同。

（2）现金流出项目包括自有资金、借款本金偿还、借款利息支出、经营成本及税金。其中，自有资金数额取自投资计划与资金筹措表中资金筹措项下的自有资金分项。借款本金偿还由两部分组成：一部分为借款还本付息计算表中本年还本额；一部分为流动资金借款本金偿还，一般发生在计算期最后一年。借款利息支付数额来自总成本费用估算表中的利息支出项。现金流出中其他各项与全部投资现金流量表中相同。

（3）项目计算期各年的净现金流量为各年现金流入量减对应年份的现金流出量。

一般投资者在投资决策时都对投资应能获得的收益水平有个最低期望值，即目标收益率。计算所得的自有资金财务内部收益率大于或等于该目标收益率，是投资者决定是否投资的必要条件。随着投资体制改革的深入，资本金制度的付诸实施，该表的重要性已越来越为人们所认识。

（二）动态盈利性分析

动态盈利性分析是指用考虑了资金时间价值的动态评价指标评价项目整个寿命期内总的盈利能力的分析。常用的动态评价指标包括财务净现值、财务内部收益率和动态投资回收期等。上述指标应分别根据全部投资现金流量表和自有资金现金流量表进行计算，其中全部投资应按所得税前与所得税后分别计算。

1. 财务净现值

财务净现值（FNPV）是反映项目在整个寿命期内总的获利能力的动态评价指标。它是指项目按部门或行业的基准收益率（i_0），将各年的净现金流量（现金流入与现金流出的净值）折现到建设起点的现值之和。其计算式为

$$FNPV = \sum_{t=1}^{n}(CI-CO)_t(1+i_0)^{-t}$$

式中，CI 为现金流入量；CO 为现金流出量；$(CI-CO)_t$ 为第 t 年的净现金流量；i_0 为部门或行业的基准收益率；n 为项目寿命期；FNPV 为财务净现值。

当净现值大于等于零时，表示项目的收益水平达到或超过了该行业应达到的最低经济效益水平或社会平均收益水平，否则，可以认为项目的经济效益较低。因此，当 FNPV≥0 时，可以考虑接受该项目；当 FNPV<0 时，可以考虑不接受该项目。

2. 财务内部收益率

财务内部收益率（FIRR）是指项目整个寿命期内，各年净现金流量现值累计等于零时的折现率。内部收益率反映拟建项目的投资收益水平。其计算式为

$$\sum_{t=1}^{t}(CI-CO)_t(1+FIRR)^{-t} = 0$$

式中，FIRR 为财务内部收益率；其余符号意义同前。

财务内部收益率还表明在不考虑项目经营本身的资金增值前提下，使企业收支平衡时可接受的最大利息率，这是项目接受贷款利率的最高临界点。如果贷款利率高于财务内部收益率，则项目投资就要造成亏损。因此，内部收益率应大于或等于贷款利率（FIRR>i）；同时，内部收益率应大于或等于部门（行业）规定的基准收益率（i_0），即 FIRR≥i_0，达到上述两个条件的项目在财务上便可行。

3. 投资回收期

投资回收期分为静态投资回收期与动态投资回收期两类。静态投资回收期属静态盈利性评价指标，但因其需要根据现金流量表求得，故放在本节中与动态投资回收期一起讨论。

（1）静态投资回收期（T）

静态投资回收期是在不考虑资金时间价值的条件下，以项目净收益抵偿全部投资所需的时间。其表达式为

$$\sum_{t=1}^{T}(CI-CO)_t = 0$$

式中，T 为静态投资回收期；其余符号意义同前。

静态投资回收期可从建设项目财务现金流量表中求得，其详细计算公式如下：

$$T = \left[\begin{array}{c}累计净现金流量开始\\出现正值的年份数\end{array}\right] - 1 + \frac{上年累计净现金流量绝对值}{当年净现金流量}$$

当求出建设项目静态投资回收期 T 后，其大小与标准静态投资回收期 T_0 相比较。若 $T \leq T_0$，则表明该项目投资能在规定的时间内收回。

（2）动态投资回收期（D）

动态投资回收期是在考虑资金时间价值的条件下，以项目净收益抵偿全部投资所需的时间。其表达式为

$$\sum_{t=1}^{D}(CI-CO)_t(1+i_c)^{-t}=0$$

式中，D 为动态投资回收期；其余符号意义同前。

与静态投资回收期相似，动态投资回收期也可以从项目寿命期内累计净现金流得出。其计算公式为

$$D=\left[\begin{array}{c}\text{累计折现现金流量}\\\text{开始出现正值的年份数}\end{array}\right]-1+\dfrac{\text{上年累计折现净现金流量绝对值}}{\text{当年折现净现金流量}}$$

计算得出的动态投资回收期（D）也要与行业基准动态投资回收期（D_0）相比较，以判别项目的投资回收能力。当 $D \leq D_0$ 时，表明该项目的投资能在规定的时间内收回。

投资回收期是反映项目在财务上的偿还能力方面的重要经济指标，除特别强调项目偿还能力的情况外，一般只作为方案选择的辅助指标，同时按要求只计算静态投资回收期指标。

三、房地产投资项目财务现金流量表的编制与分析

（一）财务现金流量表编制与分析中若干问题的说明

1. 项目计算期

在财务现金流量表中，以租赁为主的房地产项目，其计算期可划分为建设期与经营期两部分，而以出售为主的房地产投资项目，其建设期与经营期不可截然分开，故统称为建设经营期，项目计算期从工程正式开工算起，到项目全部销售完毕为止，一般以年为单位。现金流量表的年序仍为 1，2，…，n，建设开始年作为计算期第 1 年。

2. 财务评价价格

由于房地产投资项目的建设周期一般较长，物价总水平上涨指数难以预料，故在对其进行财务评价时，计算期各年均可采用以建设期初物价总水平为基础，仅考虑相对价格的变化，不考虑物价总水平上涨因素的价格。在大多数情况下，项目收入与支出受市场物价水平变动的影响大致相同，项目收益的增长基本上能抵消投资与成本费用的增长。但仍须就可能的物价总水平变动因素对项目清偿能力和盈利能力的影响，认真地进行敏感性分析。

3. 基准收益率（i_0）

基准收益率（i_0）是房地产投资项目财务评价中的重要参数之一。在国际上，大多数以资本市场中长期贷款的利率作为基准收益率，即以同样数额的投资在别处也能获得的收益率作为标准，所以也称为"最低有吸引力的投资收益率"。在我国，一般取稍大于银行同期贷款利率作为房地产投资项目财务评价的基准收益率，也有专家建议采用项目加权平均资金成本作为确定基准收益率的基础。

（二）租赁型房地产项目现金流量表

1. 全部投资现金流量表的编制

全部投资是指项目建设的总投资，即自有资金投资和借贷资金投资之和。全部投资现金流量表不分投资资金来源，以全部投资作为计算基础，用以计算全部投资在所得税前和所得税后的财务内部收益率、财务净现值以及投资回收期等评价指标，考察项目全部投资的盈利能力，为各个投资方案（不论其资金来源及利息多少）进行比较建立共同基础。其具体形式如表 11-8 所示。

表 11-8　租赁型房地产项目全部投资现金流量表

序号	项目	1	2	…	…	N–1	N
1	现金流入						
1.1	租赁收入						
1.2	转售收入						
1.3	回收流动资金						
2	现金流出						
2.1	建设投资						
2.2	流动资金						
2.3	经营成本						
2.4	租售税金及附加						
2.5	土地增值税						
2.6	所得税						
3	净现金流量						
4	累计净现金流量						

评价指标：　　　　　　　　　所得税前　　　　　　所得税后
　　财务净现值 FNPV（$i_c=$　　%）
　　财务内部收益率 FIRR
　　投资回收期（静态）（年）

2. 自有资金现金流量表的编制

自有资金是指项目投资者自己拥有的资本金投入。现金流量表（自有资金）是从投资者的角度出发，以投资者的出资额作为计算基础，把借款本金偿还和利息支付作为现金流出，用以计算自有资金财务内部收益率、财务净现值等评价指标，以考察项目自有资金的盈利能力。其具体形式如表 11-9 所示。

表 11-9　租赁型房地产项目自有资金现金流量表

序号	项目	1	2	…	…	N–1	N
1	现金流入						
1.1	租赁收入						
1.2	转售收入						
1.3	回收流动资金						
2	现金流出						
2.1	自有资金						
2.2	经营成本						
2.3	借款本金偿还						
2.4	借款利息支付						
2.5	租售税金及附加						
2.6	土地增值税						
2.7	所得税						
3	净现金流量						
4	累计净现金流量						

评价指标：　　　　　　　　　所得税前　　　　　　所得税后
　　财务净现值 FNPV（$i_c=$　　%）
　　财务内部收益率 FIRR

可以看出，租赁型房地产项目财务现金流量表（包括全部投资现金流量表和自有资金现金流量表）与一般建设项目的财务现金流量表很类似。只是需要特别注意的是，一般建设项目现金流量表中的"固定资产余值回收"变成了本现金流量表中的"转售收入"，它是指租赁项目在经营期末的转售收入，需根据实际情况预测、分析、计算后得出；现金流量表中的"流动资金"，是指租赁项目的周转（营运）资金，可根据分项详细估算法或扩大指标估算法计算，参见本书第五章第一节"建设项目投资估算"；现金流量表中的"经营成本"从本章第二节"损益表与静态盈利性分析"中租赁项目的成本费用表中取得。

3．动态盈利能力分析

动态盈利性分析是指用考虑了资金时间价值的动态评价指标，评价项目整个寿命期内总的盈利能力。常用的评价指标包括财务净现值、财务内部收益率和投资回收期等。上述指标应分别根据全部投资现金流量表和自有资金现金流量表进行计算。其中全部投资应按所得税前与所得税后分别计算，自有资金只须计算税后各项指标。

（三）销售型房地产项目现金流量表

以销售为主的房地产投资项目，其财务现金流量表的编制与动态盈利性指标的计算，与租赁型房地产项目略有不同。

1．全部投资现金流量表的编制

在以销售为主的房地产投资项目的现金流量表（全部投资）中，其现金流入的项目为销售收入；现金流出的项目为建设投资（不含投资利息）、销售税金及附加、土地增值税、所得税。

对于房地产投资项目而言，其经营成本已包含在项目的投资与成本费用之内，故不再单独列出作为现金流出的项目。同时根据现金流量表（全部投资）的要求，不考虑资金来源与利息的多少，故将总投资中的投资利息部分扣除，形成建设投资，作为现金流出项目放入表中。

由于以销售为主的房地产投资项目总投资主要就是流动资金的投资，故在现金流出的项目中没有单独列出"流动资金"，在现金流入项目中也没有"回收流动资金"项目。

同时由于以销售为主的房地产投资项目不存在固定资产余值的回收，故现金流入项目中也没有"回收固定资产余值"项目。

以销售为主的房地产投资项目财务现金流量表（全部投资）的具体形式如表 11-10 所示。

表 11-10 销售型房地产项目全部投资现金流量表

序号	项目	1	2	…	…	N-1	N
1	现金流入						
1.1	销售收入						
2	现金流出						
2.1	建设投资						
2.2	销售税金及附加						
2.3	土地增值税						
2.4	所得税						
3	净现金流量						
4	累计净现金流量						

评价指标： 税前 税后
   财务净现值 FNPV（$i_c=$ %）
   财务内部收益率 FIRR

2. 自有资金现金流量表的编制

在以销售为主的房地产投资项目现金流量表（自有资金）中，其现金流入项目为销售收入、银行借贷；其现金流出项目为自有资金、银行借贷、预售收入再投入、销售税金及附加、土地增值税、贷款还本付息、所得税。

由于现金流入与现金流出栏目中都有"银行借贷"项目，两者抵消后，在现金流量表（自有资金）中便不再反映出来。

由于"预售收入再投入"是房地产投资项目总投资的一部分，故在现金流出栏目中增加了该项目。

以销售为主的房地产投资项目财务现金流量表（自有资金）格式如表11-11所示。

表11-11 销售型房地产项目自有资金现金流量表

序 号	项 目	1	2	…	…	N-1	N
1	现金流入						
1.1	销售收入						
2	现金流出						
2.1	自有资金						
2.2	预售收入再投入						
2.3	借款本金偿还						
2.4	借款利息支付						
2.5	销售税金及附加						
2.6	土地增值税						
2.7	所得税						
3	净现金流量						
4	累计现金流量						

评价指标：　　　　　　　　　　　　　　　　　　　　所得税后

财务净现值 FNPV（$i_c=$　%）

财务内部收益率 FIRR

3. 动态盈利能力分析

对以销售为主的房地产投资项目进行财务评价时，其动态盈利性分析指标一般选取财务净现值（FNPV）和财务内部收益率（FIRR）。因为其并非长期经营性项目，分析计算投资回收期并无太大实际意义，而且以销售为主的房地产投资项目，其投资回收的速度取决于项目的营销计划和销售价格，营销方案一经确定，投资回收期也就确定。这些信息在项目的现金流量表和销售收入测算表中已提供，无需再另行计算分析。

第四节　资金来源与运用表及资金平衡分析

资金来源与运用表是反映项目在计算期内各年的资金盈余或短缺情况，以及项目的资金筹措方案和贷款偿还计划的财务报表，为项目资产负债表的编制及项目资金平衡分析提供了重要的财务信息。

一、一般建设项目的资金来源与运用表及资金平衡分析

本章第三节讨论了建设项目的盈利能力分析问题。需要注意的是，有些项目的投资盈利水平虽然很高，但由于资金周转不过来，有时也会导致投资中断，出现财务风险。因此，财务评价的一项重要工作，就是要在投资决策的前期，认真地分析项目在实施过程中各个阶段的资金是否充裕，是否有足够的能力清偿债务，项目在财务安排上负债比例是否合适，等等。一般说来，项目在筹建的后期到生产经营达到正常的这段时间，资金平衡最为困难，此时项目占用的资金最大，利息支付也多，借款也开始要求偿还，而投产试生产阶段成本费用高，产量低，资金流入偏少，因此有必要逐年（有时甚至需逐季逐月）地予以平衡，做到事先心中有数，未雨绸缪。

（一）资金来源与运用表的编制

资金平衡分析可以通过编制资金来源与运用表来进行。这张表有时也叫财务平衡表或财务计划现金流量表，它有两种格式，如表11-12和表11-13所示。

表11-12　资金来源与运用表（格式之一）

单位：万元

序号	项目	1	2	3	4	5	6	7	8	9	10	11
	生产负荷		50%	80%	100%	100%	100%	100%	100%	100%	100%	100%
1	资金来源	2027.6	640.2	884.1	1068.5	983.3	998.2	1032.9	1032.9	1032.9	1032.9	1657
1.1	利润总额		172.9	516.8	751.2	766	780.9	869.5	869.5	869.5	869.5	869.5
1.2	折旧费		173.3	173.3	173.3	173.3	173.3	13.4	13.4	13.4	13.4	13.4
1.3	摊销费		44	44	44	44	44	40	40	40	40	40
1.4	新增长期借款	534.7										
1.5	新增流动资金借款		100	150	100							
1.6	新增短期借款											
1.7	自有资金	1492.9	150									
1.8	其他											
1.9	回收固定资产余值											124.1
1.10	回收流动资产余值											500
2	资产运用	2027.6	518.2	739.1	907.8	831.6	835.5	811.2	811.2	811.2	811.2	1161.2
2.1	固定资产投资	1992.9										
2.2	建设期利息	34.7										
2.3	流动资金		250	150	100							
2.4	所得税		57.1	170.5	247.9	252.8	275.5	286.9	286.9	286.9	286.9	286.9
2.5	应付利润		104.2	311.7	453	461.9	470.9	524.3	524.3	524.3	524.3	524.3
2.6	长期借款本金偿还		106.9	106.9	106.9	106.9	106.9					
2.7	流资借款本金偿还											350
2.8	短期借款本金偿还											
3	盈余资金	0	122	145	160.7	161.7	162.7	221.7	221.7	221.7	221.7	495.8
4	累计盈余资金	0	122	267	427.7	589.4	752.1	973.8	1195.5	1417.2	1638.9	2134.7

表 11-13 资金来源与运用表（格式之二）

单位：万元

序号	项目	1	2	3	4	5	6	7	8	9	10	11
	生产负荷		50%	80%	100%	100%	100%	100%	100%	100%	100%	100%
1	资金来源	2027.6	2350	3510	4300	4200	4200	4200	4200	4200	4200	4824.1
1.1	销售收入		2100	3360	4200	4200	4200	4200	4200	4200	4200	4200
1.2	新增长期借款	534.7										
1.3	新增流动资金借款		100	150	100							
1.4	新增短期借款											
1.5	自有资金	1492.9	150									
1.6	其他											
1.7	回收固定资产余值											124.1
1.8	回收流动资产余值											500
2	资产运用	2027.6	2228	3365	4139.3	4038.3	4037.2	3978.3	3978.3	3978.3	3978.3	4328.3
2.1	固定资产投资	1992.9										
2.2	建设期利息	34.7										
2.3	流动资金		250	150	100							
2.4	经营成本		1494.7	2331.1	2888.6	2888.6	2888.6	2868.7	2868.7	2868.7	2868.7	2868.7
2.5	销售税金及附加		130	208	260	260	260	260	260	260	260	260
2.6	所得税		57.1	170.5	247.9	252.8	275.5	286.9	286.9	286.9	286.9	286.9
2.7	应付利润		104.2	311.7	453	461.9	470.9	524.3	524.3	524.3	524.3	524.3
2.8	长期借款木息偿还		181.0	166.2	151.4	136.6	121.8					
2.9	流资借款本金偿还		11	27.5	38.4	38.4	38.4	38.4	38.4	38.4	38.4	388.4
2.10	短期借款本金偿还											
3	盈余资金	0	122	145	160.7	161.7	162.7	221.7	221.7	221.7	221.7	495.8
4	累计盈余资金	0	122	267	427.7	589.4	752.1	973.8	1195.5	1417.2	1638.9	2134.7

表 11-12 与表 11-13 的区别是，在生产经营阶段，前者资金流入（来源）是从利润总额开始，后者是从销售收入开始。由于在利润总额的计算时，把折旧费和摊销费作为支出考虑。但如前所述，它们不是实际的支出。因此在表 11-12 中又把它们作为资金的来源。另外，在利息总额的计算时，利息支出是作为财务费用的，因此在表 11-12 中不再把生产经营期的利息支出作为资金运用。在表 11-13 中，只把总成本费用中的经营成本作为现金流出，经营成本中不包括折旧费、摊销费和利息支出。因此，表 11-13 的盈余资金中没有扣除折旧与摊销费。而所有的利息支付（包括建设期与生产经营期）都作为现金流出。仔细比较这两张表，可发现其计算所得的盈余资金是完全一样的。

资金来源与运用表与上一节讲述的财务现金流量表（包括全部投资与自有资金投资，参见表 11-8 与表 11-9）有着本质的不同。前者是从项目的资金平衡出发的，后者是从投资角度出发的。

在资金来源与运用表中把用于项目的全部资金来源都看做是现金流入，包括借款和自有资金投资，而在自有资金现金流量表中把自有资金投入看做是现金流出。又如应付利润对投资者来说是一笔肯定的所得，但对于项目来说是一笔流出，如果利润分配太多，有可能使项目资金周转不过来。

（二）资金平衡分析

表 11-12 和表 11-13 所提供的财务信息，可进行项目的资金来源与运用平衡分析。这两张表给出的盈余资金表示当年资金来源（现金流入）多于资金运用（现金流出）的数额。当盈余资金为负值时，表示该年的资金短缺数。在建设期，资金盈余（短缺）表示当年的投资者出资额加上借款或其他债务来源多于（少于）投资的数额；在生产经营期则表示当年货币资金增加（减少）数。作为资金的平衡，并不要求每年的盈余资金不出现负值，而要求从投资开始至各年累计的盈余资金大于零。这就要求投资项目在实施过程中的任何时刻都有够用的资金。否则，项目将无法进行下去。当在某一刻累计盈余资金出现负值时，要在此之前或增加借款，或增加自有资金投入，或延缓或减少利润分配，或设法与债务人协商延缓还款时间。当所有这些措施都无效时，即便是投资盈利性很好的项目，也要重新考虑投资项目的可行性，缩小投资规模，改善投资方案，有时甚至要考虑放弃该项目，另找投资机会。

二、房地产投资项目资金来源与运用表

有不少的房地产投资项目，预期的盈利能力指标很高，但这类项目往往占用资金较多，投资回收的周期较长。一旦出现资金紧缺，有些项目不得不降价出让或低价销售甚至中断清算，使投资的盈利水平大打折扣，甚至出现破产清算的严重局面。因此，资金平衡分析对房地产项目尤为重要。

以出租经营为主的房地产投资项目，其资金来源与运用表可参见一般建设项目资金来源与运用表，两种格式都可以。本书给出第二种格式，如表 11-14 所示。

表 11-14 租赁型房地产项目资金来源与运用表

序 号	项 目	1	2	…	…	N-1	N
1	资金来源						
1.1	租赁收入						
1.2	转售收入						
1.3	自有资金						
1.4	银行借款						
1.5	回收流动资金						
2	资金运用						
2.1	建设投资						
2.2	流动资金						
2.3	经营成本						
2.4	租售税金及附加						
2.5	土地增值税						
2.6	借款本金偿还						
2.7	借款利息支付						
2.8	所得税						
2.9	应付利润						
3	盈余资金（1-2）						
4	累计净现金流量						

对于租赁型房地产项目而言，项目的资金筹措方案及借款与偿还计划应能使表中各年度的累计盈余资金始终大于或等于零，否则，项目将因资金短缺而不能按计划顺利进行。

以出售为主的房地产投资项目，由于利润的计算与实际的收支错位较大，这里建议采用资金来源与运用表的第二种格式，即表11-13的形式。

以销售为主的房地产投资项目，资金来源与运用表的具体格式如表11-15所示。这张表完全按照现金流实际发生的时间记录项目的支出和收入，因此在编制前有必要详细地进行开发方案和营销计划的策划，勾画出项目的开发建设进度、投资计划、销售进度和销售收入计划。本表必要时还可按季或月来编排。

表 11-15　销售型房地产项目资金来源与运用表

序号	项目	1	2	…	…	N-1	N
1	资金来源						
1.1	销售收入						
1.3	自有资金						
1.4	银行借款						
2	资金运用						
2.1	建设投资						
2.2	销售税金及附加						
2.3	土地增值税						
2.4	借款本金偿还						
2.5	借款利息支付						
2.6	所得税						
2.7	应付利润						
3	盈余资金（1-2）						
4	累计盈余资金						

作为项目投资实施的必要条件，每期的累计盈余资金应不小于零。因而，房地产投资项目资金平衡分析关注的要点，同样是资金来源与运用表的累计盈余资金栏目。

第五节　资产负债表及清偿能力分析

资产负债表是综合反映项目建设期及经营期内各年末资产、负债和所有者权益变化及对应关系的报表，主要用于考察项目资产、负债、所有者权益的结构，进行项目清偿能力分析、资本结构分析。资产负债表主要提供如下几方面的财务信息。

（1）项目所拥有的经济资源。
（2）项目所负担的债务。
（3）项目的债务清偿能力。
（4）项目所有者（投资者）所享有的权益。

国家计委2002年发布的《投资项目可行性研究指南》中没有要求任何项目都必须编制资产负债表。

一、资产负债表的构成和内容

一般性建设项目资产负债表的形式如表 11-16 所示。房地产投资项目资产负债表的形式如表 11-17 所示。

表 11-16 资产负债表

单位：万元

序号	项目	1	2	3	4	5	6	7	8	9	10	11
1	资产	2027.6	2395.5	2601	2729.7	2674.2	2619.5	2677.8	2736	2794.3	2952.5	2910.7
1.1	流动资产总额		585.2	1008	1354	1515.8	1678.4	1900.1	2121.7	2343.4	2565.0	2786.6
1.1.1	应收账款		186.8	291.4	361.1	361.1	361.1	361.1	361.1	361.1	361.1	361.1
1.1.2	存货		269.4	434.7	540.8	540.8	540.8	540.8	540.8	540.8	540.8	540.8
1.1.3	现金		7	15	24.5	24.5	24.5	24.5	24.5	24.5	24.5	24.5
1.1.4	累计盈余资金		122	267	427.7	589.4	752.1	973.8	1195.5	1417.2	1638.9	1860.2
1.2	固定资产净值	1607.6	1434.3	1261	1087.7	914.4	741.1	617.7	494.3	370.9	247.5	124.1
1.3	无形及递延资产净值	420	376	332	288	244	200	160	120	80	40	0
2	负债及所有者权益	2027.6	2395.5	2610	2729.8	2674	2619.4	2677.7	2736	2794.3	2852.6	2910.9
2.1	流动负债总额		313.2	591.1	776.4	776.4	776.4	776.4	776.4	776.4	776.4	776.4
2.1.1	应付账款		213.2	341.1	426.4	426.4	426.4	426.4	426.4	426.4	426.4	426.4
2.1.2	流动资金借款		100	250	350	350	350	350	350	350	350	350
2.2	长期借款	534.7	427.8	320.9	214	106.9	0					
	负债小计	534.7	741	912	990.4	883.3	776.4	776.4	776.4	776.4	776.4	776.4
2.3	所有者权益	1492.9	1654.5	1689.1	1739.4	1790.7	1843	1901.3	1959.6	2017.9	2076.2	2134.5
2.3.1	资本金	1492.9	1642.9	1642.9	1642.9	1642.9	1642.9	1642.9	1642.9	1642.9	1642.9	1642.9
2.3.2	资本公积金											
2.3.3	累计盈余公积金		11.6	46.2	96.5	147.8	200.1	258.4	316.7	375	433.3	419.6
2.3.4	累计未分配利润											
	资产负债率（%）	26.4	30.9	35.1	36.3	33	29.6	29	2834	27.8	27.2	26.7
	流动比率		186.8	170.5	174.4	195.2	216.1	244.7	273.2	301.8	330.4	358.9
	速动比率		100.8	97	104.7	125.6	146.5	175.1	203.6	232.2	260.7	289.3

表 11-17 房地产投资项目资产负债表

单位：万元

序　号	项　目	金　额	备　注
1	资产	14203	
1.1	流动资产总额	6394	
1.1.1	应收账款	1680	
1.1.2	存货	2208	
1.1.3	现金	2506	

续表

序号	项目	金额	备注
1.1.4	累计盈余资金	—	
1.2	在建工程	6122	
1.3	固定资产净值	167	
1.4	无形及递延资产净值	1520	
2	负债及所有者权益	14203	
2.1	流动负债总额	4203	
2.1.1	应付账款	1563	
2.1.2	流动资金借款	1680	
2.1.3	其他短期借款	960	
2.2	长期借款	4700	
	负债小记	8903	
2.3	所有者权益	5300	
2.3.1	资本金	4860	
2.3.2	资本公积金	440	
2.3.3	累计盈余公积金	—	
2.3.4	累计未分配利润		

计算指标： 1. 资产负债率：62.68%
　　　　　 2. 流动比率：1.52
　　　　　 3. 速动比率：0.996

由表 11-16 与表 11-17 可看出，资产负债表主要由资产、负债和所有者权益三大部分构成。

（一）资产及资产的构成内容

资产是指项目所拥有、占用或者可以控制的，通过经营活动能创造收益的经济资源。在项目财务评价中，资产分为流动资产、在建工程、固定资产净值、无形及递延资产净值四大部分。流动资产又分为应收账款、存货、现金、累计盈余四项。各部分具体内容如下。

1．应收账款

应收账款是指在下一个经营年度内收回的赊销商品或劳务的款项。如分期付款形式销售的商品房余下的应收房款。

2．存货

存货是指为生产经营活动而储备的实物资产，包括商品、产成品、半成品、在产品及各类材料等。如待销的商品房，待用的电梯、空调等。

3．现金

现金是指以货币形态存在的，普遍接受的，可立即用作支付手段的资金，包括货币、银行或其他金融机构存款。

4．累计盈余资金

累计盈余资金为过去经营年度的盈余资金，由上年财务结转。

5．在建工程

在建工程是指正在进行施工建设的工程项目所投入的资金，是房地产开发项目占用最大比例的资产。按项目形象进度进行成本费用摊销。

6. 固定资产净值

固定资产净值是指生产经营活动中投入使用的，使用期一年以上，单位价值在规定标准以上，并且在使用过程中保持其原有实物形态的资产净值。如公司的办公用房、机械动力设备及运输设备等。

7. 无形及递延资产净值

无形资产是长期使用而无实物形态的资产，包括专利权、商标权、著作权、土地使用权、信誉等。递延资产是指不应全部计入当年损益，应由以后年度分期摊销的各项费用。如公司的开办费等。

（二）负债及负债的构成内容

负债是指项目所承担的能以货币计量的，将以资产或劳务偿付的经济责任。在资产负债表内，负债分为流动负债和长期负债两大类。其中流动负债又划分为应付账款、流动资金借款、其他短期借款三种。其具体内容如下。

1. 应付账款

应付账款是指项目开发建设过程中购进商品（材料、设备、土地）或接受外界提供劳务、服务而未付的欠款。

2. 流动资金借款

流动资金借款是指从银行或其他金融机构借入的短期借款。

3. 其他短期借款

其他未列入上述流动资金借款的短期借款为其他短期借款。如临时借债、结算借款等。

4. 长期借款

长期借款是指期限在一年以上的银行借款、抵押贷款和向其他单位的借款。

（三）所有者权益及所有者权益的构成内容

所有者权益是指项目投资者对项目净资产的所有权，主要包括投资者投入的资本金和生产经营活动中所形成的资本公积金、盈余公积金、未分配利润。其主要内容如下。

1. 资本金

资本金是项目实际注入的投资者资本。国家规定从事房地产开发必须依法成立开发公司（或项目公司）。成立公司必须具备注册资金。按我国现行《房地产开发企业资质管理规定》，我国房地产开发企业划分为四个等级。关于注册资本金的条件为一级 2 亿元；二级 1 亿元；三级 5000 万元；四级 100 万元。

2. 资本公积金

资本公积金是指包括股本发行溢价、法定财产重估后增值、接受捐赠的非货币资产的价值及外商注入资本的汇率折算差额等新增的资本金。

3. 盈余公积金

盈余公积金是指按国家规定从利润中提取形成的公积金。

4. 未分配利润

未分配利润是指实现利润在扣除所得税、提取盈余公积金和分配利润后的余额。

二、清偿能力分析

清偿能力是指项目债务的清偿力。用来描述项目债务清偿能力的指标主要有资产负债率、流动比率、速动比率、负债经营率等。

项目的清偿能力，静态地讲，就是用项目资产清偿其长短期负债的能力；动态地讲，就是用项目收益偿还长短期债务的能力。项目有无支付能力和偿还债务的能力是项目能否健康生存和发展的关键。当项目不能偿还到期债务，丧失支付能力时，债权人可申请破产或没收其抵押物，以偿还其债务。因而，清偿能力分析同时也是项目投资风险、项目经营安全性分析，以及项目筹资方案分析的重要内容。当项目清偿能力较强时，项目的财务风险就较低，也较易筹集到所需资金，较易获得贷款利率、期限方面的优惠。反之，当项目的清偿能力较差时，将加剧其资金筹措的困难，直接带来项目经营的财务风险。因而，项目的清偿能力分析，历来是项目投资者、经营者、债权人及其他有关人员或部门十分关注的问题，也是项目财务评价的核心内容之一。

项目清偿能力分析的主要依据就是项目的资产负债表。其主要分析内容有如下几项。

（一）项目长期偿债能力分析

长期偿债能力，是指项目在长期借款使用期内的还本付息能力或长期借款到期后的归还借贷本金的能力。长期偿债能力不仅与项目资产与负债结构有关，还与项目经营风险有关。长期偿债能力分析是通过项目的资产负债率、负债经营率、资本负债率等指标来描述的。

1. 资产负债率

资产负债率是项目负债总额与资产总额之比，表明在整个项目资金构成中，债权人提供资金所占的比率。资产负债率揭示了项目投资者对债权人债务的保障程度，是分析项目长期债务清偿能力的重要指标。项目的资产负债率按下式计算。

$$资产负债率 = \frac{负债总额 \times （流动负债 + 长期负债）}{资产总额} \times 100\%$$

如表 11-17（资产负债表）所提供的财务信息，该项目的资产负债率为

$$\frac{8903}{14203} \times 100\% = 62.68\%$$

即该项目每百元的资产总额中，负债额占 62.68 元。

资产负债率同时也反映了项目对债权人资金偿还的保障程度。如上例资产负债率为 62.68%，说明该项目在破产清偿时，每 1 元有 1.5%元的资产保证。所以，在有些场合，又称其为债权人投资安全系数。

资产负债率究竟要多高才算合理，并没有统一的规定。它取决于项目（企业）的盈利率、银行贷款的利率、通货膨胀率、国民经济的积累率和国民经济发展水平。一般来讲，项目盈利率较高、资金周转速度较快，其可承受的负债率也就越高。银行利率的提高通常会迫使企业减少负债。国民经济景气时，企业一般会提高负债水平。规模较大、期限较长、投资额较大的项目，其资产负债率也较高。如房地产投资项目，其资产负债率一般都在 70%~80%之间。

资产负债率增加，说明项目债务压力增加、破产风险增大。但对其分析还要结合资金利润率的变化分析进行。一般而言，当自有资金利润率上升，且大于银行贷款利率时，说明负债经营是正确的，举债扩大经营规模，新增的利润在支付了银行贷款利息后增加了项目的净收益。反之，若增大的资产负债率使项目自有资金利润率下降了，说明项目增加负债后的经营并不理想，利润率低于银行贷款利率。此外，过高的资产负债率必然为项目经营带来较大的风险。

2. 负债经营率

负债经营率是指项目长期负债与所有者权益之比，是研究项目资金结构，评价项目资金来源独立性、稳定性和项目风险的重要指标。负债经营率按下式计算。

$$负债经营率 = \frac{长期负债总额}{所有者权益总额} \times 100\%$$

如上例，表 11-17 所提供的财务信息，该项目的负债经营率为

$$\frac{4700}{5300} \times 100\% = 88.68\%$$

即该项目每百元的所有者权益，将承担 88.68 元的长期债务。

项目在投资建设过程中，一般都要发生流动负债和长期负债。流动负债主要是为了应付临时支付而发生的短期借贷。如支付利息、材料设备款的借款等。长期借贷则是经过周密安排，为项目开发建设需要而发生的债务。通常的负债经营，就是指凭借长期负债而进行的生产经营。

负债经营率的高低取决于项目经营利润率、银行贷款利率。一般来说，负债经营率的变化，与银行贷款利率成反向变化。贷款利率越高，负债经营率则越低。银行降低贷款利率，则会刺激企业举债，使负债经营率上升。项目利润越高，盈利能力越强，其负债经营率也就越高。房地产投资项目一般都有很高的负债经营率。

3. 资本负债率

资本负债率又称自有资金负债率，是项目负债总额与所有者权益（自有资金总额）之比。它是反映项目债务偿还保障程度的指标。其计算公式如下所示。

$$资本负债率 = \frac{负债总额 \times (流动负债 + 长期负债)}{所有者权益（自有资金总额）} \times 100\%$$

如据表 11-17（资产负债表）所提供的财务信息，该项目的资本负债率为

$$\frac{8903}{5300} \times 100\% = 167.98\%$$

即该项目每百元的自有资金，要承担 167.98 元的负债。

项目资本负债率提高说明债权人所得到的偿债保障下降，项目举债能力下降，破产风险增加。资本负债率因行业或项目利润水平不同而有很大差异。一般来讲，投资额大、资金占用额大的行业（如房地产业）、利润率高的项目，其资本负债率就高一些。

资本负债率是判断能否获得银行贷款的重要指标之一。资本负债率越高，项目获得银行贷款的可能性就越小。资本负债率也是企业间确定付款方式、付款期限的主要依据，是项目原材料供应商、设备供应商、工程承包商较关注的指标。较低的资本负债率通常都能获得较宽松的付款方式与付款期限。

（二）项目短期偿债能力分析

短期偿债能力，是指项目用流动资产和营业利润归还各种一年内到期或超过一年的一个营业周期内到期的流动负债的能力。它反映了项目在一年内出现偿债危机的可能性。项目的短期偿债能力主要取决于项目流动资产和流动负债之间的比率、流动资产变现快慢的程度，以及项目获利的能力等。通常用流动比率和速动比率等指标来描述和评价。

1. 流动比率

流动比率是项目流动资产与流动负债之比。按下式计算。

$$流动比率 = \frac{流动资产}{流动负债}$$

流动比率描述的是项目流动资产变现为现金以偿还流动负债的能力。流动比率的高低反映了项目承受流动资产贬值的能力和偿还中、短期债务能力的强弱。流动比率越高，说明项目偿还债务能力越强。

以表 11-17（资产负债表）所提供的财务信息为依据，该项目的流动比率为

$$\frac{6394}{4203} = 1.52$$

说明该项目每元钱的流动负债，有 1.52 元的流动资产作担保。只要流动资产变现后贬值损失不超过 52%，短期债权人便可通过流动资产的变现收回借给该项目的全部款项。

流动比率的合理水平因行业性质有较大的差别。即使是同一行业，因经营管理水平、市场景气水平的不同，也有区别。传统的观念，流动比率为 2 时比较合理，小于 2 将意味着项目在偿还短期债务时会遇到一些困难。不过随着市场经济的发育，这种观念也发生了一些变化。有些行业，如汽车、化工、家电等，均下降到 1.2 以下，房地产业的流动比率也在 1.2 左右。

2．速动比率

速动比率是指项目速动资产与流动负债之比。按下式计算。

$$速动比率 = \frac{速动资产}{流动负债}$$

速动资产是指能迅速转变为货币资金的资产，如货币资金、应收账款等。由于流动资产中包括存货，这类资产变现能力较差，影响了用流动比率评价短期偿债能力的可靠性。就是说，由于积压的存货并不能迅速变现为现金，流动比率较高的项目，也可能面临清偿短期债务的困难。因此，在更精确地评价项目的短期偿债能力时，人们用扣除了存货的所谓速动资产与流动负债之比来描述。

由表 11-17（资产负债表）所提供的财务信息可求得，该项目的速动比率为

$$\frac{6394 - 2208}{4203} = 0.996$$

即该项目每元钱的流动负债有 0.996 元的速动资产做保障。

从债权人的角度来看，速动比率为 1 时比较安全。但就多数行业而言，由于存货占用资金较多，要求速动比率大于 1 是不现实的。很多行业，如汽车、制药、建材、化工、家电等，这个比率都在 0.9 左右；有些行业，如商业，甚至低到 0.6 左右；房地产业的速动比率也只有 0.65。

第六节　房地产项目投资经济效益的不确定性分析

在房地产投资项目的经济效益评价分析中，引用了大量的技术经济数据，如销售单价、成本、收益、贷款、利率、工期等。由于这些数据都是分析人员根据资料对未来的可能性作出的某种估计，因此分析中就带有某种不确定性因素。房地产开发项目一般都有较长的投资建设期，在此期间，由于主客观条件的变化，也会使这些数据发生变化。如市场行情的变化将引起商品房销售价格的波动；原材料及劳动力价格的变化将引起项目开发成本的改变等，而这些变动最终将影响投资项目的经济效益。投资者关心的是，这些变动对该项目投资经济效益的影响程度有多大，是否会影响到分析结论的改变，在众多的不确定因素中，哪些是影响最大，危害最严重的因素，等等。不确定性分析就是借助于盈亏平衡分析、敏感性分析及概率分析等数学方法来回答投资者所关心的上述问题，使投资者对拟投资项目的投资效益可靠程度有更进一步的了解。

一、盈亏平衡分析

盈亏平衡分析又称收支平衡分析，它是技术经济分析中经济临界点的分析方法在项目规模

分析中的应用。所谓收支平衡是指投资项目的收入和支出达到平衡时的最低生产水平（产量）和销售水平（销量）。当项目的生产规模（或销售规模）达到这个平衡点时，项目既不亏本也不盈利，维持一种简单再生产的状态，称为"保本"状态。在房地产投资项目的经济分析中，借助于盈亏平衡分析，并辅之以边际利润和边际利润率等分析与评价指标，可对项目投资规模、盈利能力及风险程度进行更深入的探讨。盈亏平衡分析，一般按如下步骤进行。

（一）固定成本与变动成本的分离

房地产项目的开发与经营成本与其他商品经营成本一样，按成本额与工程数量（或销售数量）的关系可分为固定成本与变动成本两类。固定成本是指在一定范围内不随工程数量或销售数量而变化，是相对稳定的成本。变动成本则是指那些随着工程量或销售量的变化而变化的成本。

固定成本与变动成本的分离是项目盈亏平衡分析首先要解决的问题。在实际的经济分析中，实现成本分离的方法很多，有费用分解法、高低点分析法及回归分析法等。但在项目投资分析中，每个项目都有自己面临的特殊情况，难以找到合适的统计数据，目前多采用费用分解法进行固定成本与变动成本的分离，即具体分析每笔投资及成本费用，视其性质划归为固定成本或变动成本。如企业管理费、土地使用费、配套设施费、固定资产折旧费等均属固定成本类；建筑安装工程费等则属变动成本类。

（二）线性盈亏平衡时的产销量 Q_0

当项目的经营收入与开发工程数量或销售量呈线性关系时，称其为线性盈亏关系。处于盈亏平衡时的产销量 Q_0，就是盈亏平衡点，又称保本点，即项目的收支平衡点，常用的盈亏平衡点求解方法有计算法与图解法两种。

1. 计算法

设　S：销售收入；　　　　　　　C：成本总额；
　　P：销售单价；　　　　　　　C_F：固定成本；
　　Q：销售数量或工程数量；　　C_V：变动成本；
　　E：利润；　　　　　　　　　C_x：单位变动成本。

则有关系式

$S = PQ$

$C = C_F + C_V = C_F + C_x Q$

$E = S - C = (P - C_x)Q - C_F$

由盈亏平衡的定义，即 $E=0$，得

$E = (P - C_x)Q_0 - C_F = 0$

故得盈亏平衡点（保本点）Q_0 的计算式

$$Q_0 = \frac{C_F}{P - C_x}$$

由项目的目标利润 E_0（项目投资期望获取的利润），可求得该项目的目标工程量或目标产销量。

$$Q_x = \frac{E_0 + C_F}{P - C_x}$$

【例 11-1】已知某房地产开发项目固定成本为 350 万元，单位变动成本为 920 元/m²，商品房平均售价为 2000 元/m²，开发商拟获利 530 万元。试求该项目开发的盈亏平衡点及目标利润开发量。

【解】 已知 $C_F=350$ 万元，$C_x=920$ 元/m², $P=2000$ 元/m², $E=530$ 万元

将已知条件代入计算式，便得

$$Q_0 = \frac{350 \times 10^4}{2000-920} = 3241 \text{ (m}^2\text{)}$$

$$Q_x = \frac{530 \times 10^4 + 350 \times 10^4}{2000-920} = 8148 \text{ (m}^2\text{)}$$

计算表明，该项目最少要开发 3241m² 的商品房，才能保证不会亏损。若希望盈利 530 万元，则应开发 8148m² 的商品房。

2．图解法

线性盈亏平衡图的形式如图 11-7 所示，横轴表示工程数量 Q，纵轴表示费用 X。图中的四条直线分别表示固定成本线（C_F 线）、变动成本线（C_v 线）和销售收入线（S 线）、总成本线（C 线）。总成本线上任何一点均表示某一开发工程量时，项目的成本总额。

C 线与 S 线的交点 m 即所谓盈亏平衡点，mQ_0 线将图示区域分为两部分，左侧总成本线高于收入线，为亏损区；右侧总成本线低于收入线，为盈利区。m 点所对应的工程数量 Q_0，即项目盈利为零的开发工程量（或销售量），称为保本量。其数额大小可在坐标轴上查得。

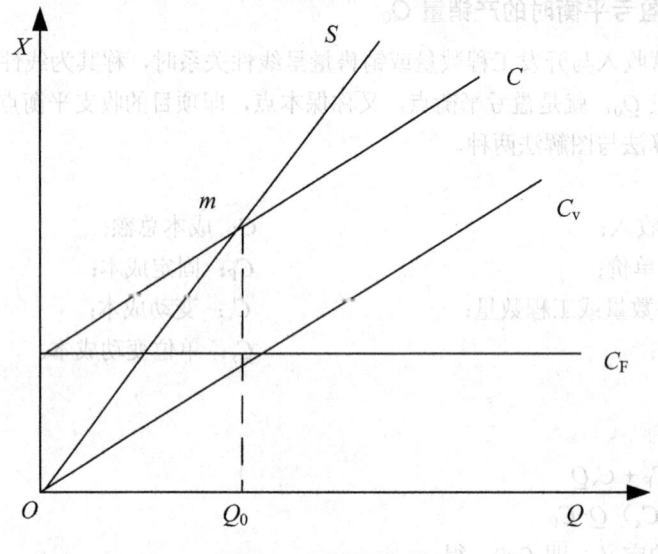

图 11-7 盈亏平衡图

（三）边际利润与边际利润率

边际利润（M）是销售收入减去变动成本后的余额。其计算式如下。

$$M = S - C_v = (P - C_x)Q$$

边际利润率（m）是边际利润占销售收入的比例。

$$m = \frac{M}{S} \times 100\% = \frac{(P-C_x)Q}{PQ} \times 100\%$$

$$= \frac{P-C_x}{P} \times 100\%$$

边际利润可用来补偿固定成本并带来投资利润。如果 $M=C_F$，则项目盈亏平衡，处于保本

状态;如果 $M>C_F$,项目盈利,盈利程度则由边际利润率来描述。边际利润率反映了销售收入扣除固定成本与变动成本后,单位销售收入创造利润额的大小。若设 S 为开发面积,则反映了单位开发面积创造利润的大小。

【例 11-2】试计算例 11-1 所示项目,当开发工程数量为 $Q_x=9000m^2$ 时,该项目的边际利润和边际利润率。

【解】将题设已知条件代入边际利润式,可得

$$M=(P-C_x)Q_x=2000-920\times9000=972(元)$$

故可计算该项目的边际利润率为

$$m=\frac{M}{S}\times100\%=\frac{972\times14^4}{2000\times9000}\times100\%=54.0\%$$

当边际利润率用万元/100m² 作单位时,则有

$$m'=\frac{M}{Q_x}\times100\%=\frac{972\times14^4}{9000}\times100\%=10.8(万元/100m^2)$$

即该项目的边际利润为 972 万元,在扣除固定成本 350 万元后,每百元的销售收入,将得到 54 元的利润;或者说,该项目销售收入在补偿了固定成本后,每百平方米的商品房,将取得 10.8 万元的盈利。

(四)非线性盈亏分析

现实经济生活中,项目开发的成本、产销量和销售收入间并不总是表现为线性关系。如当产量达到一定程度后,便会出现产品积压,引起积压资金,减少销售收入等。此外,产量达到一定程度,还会带来设备增加,原材料价格上涨等一系列问题,从而使固定成本和变动成本率都要发生变化。因而,前述线性关系,只是一种理想状态或在一定范围内才适用的状态。现实经济生活中,多数盈亏平衡关系,是如图 11-8 所示的非线性盈亏平衡关系。

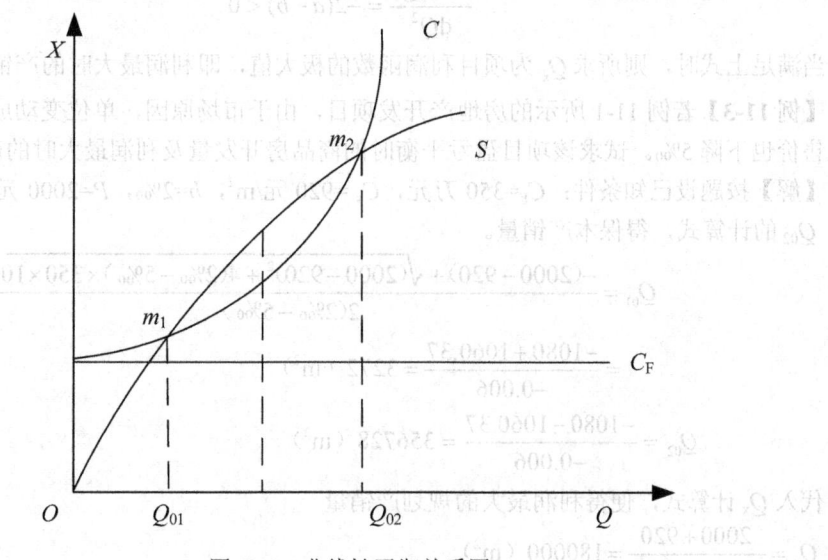

图 11-8 非线性平衡关系图

由图 11-8 可以看出,当项目的产销量 Q、成本 C、收入 S 之间表现为非线性关系时,会出现几个平衡点,如图中的 m_1 点和 m_2 点。显然,只有在产销量介于 Q_{01} 和 Q_{02} 之间时,项目才能盈利。在 Q_{01} 和 Q_{02} 之间,S 线与 C 线标距最大处,即为项目盈利最大位置所对应的产销量 Q_x,

也就是最佳规划产量（或销量）。

非线性盈亏分析多采用计算法求解。其求解过程是先建立收入函数 $S(Q)$ 和成本函数 $C(Q)$，即图 11-8 中的 S 线方程与 C 线方程。令二者相等，便可算出交点 m_1，m_2，从而求得项目的保本产销量 Q_{01} 和 Q_{02}，然后确定项目的盈利区范围，并从中确定最大盈利的规划产销量 Q_{0x}。其计算公式推导如下。

设单位产品销售价格降低幅度为 a，单位产品变动成本下降幅度为 b，则

收入函数：$S(Q) = (P - aQ)Q = PQ - aQ^2$

成本函数：$C(Q) = C_F + (C_x - bQ)Q = C_F + C_x Q - bQ^2$

盈利函数：$E(Q) = S(Q) - C(Q) = PQ - aQ^2 - C_F - C_x Q + bQ^2$
$$= (P - C_x)Q - (a - b)Q^2 - C_F$$

由盈亏平衡原理 $E(Q) = 0$，得方程：$(b - a)Q^2 + (P - C_x)Q - C_F = 0$

解此一元二次方程，便可求得项目的保本产销量。

$$Q_{01} = \frac{-(P - C_x) + \sqrt{(P - C_x)^2 + 4(b - a)C_F}}{2(b - a)}$$

$$Q_{02} = \frac{-(P - C_x) - \sqrt{(P - C_x)^2 + 4(b - a)C_F}}{2(b - a)}$$

欲求最大利润时的产销量 Q_x，只需对盈利函数求极值即可。令

$$\frac{dE(Q)}{dQ} = (P - C_x) - 2(b - a)Q = 0$$

得

$$Q_x = \frac{P - C_x}{2(b - a)}$$

欲检验上式求得的 Q_x 是否为最大利润 E_{max} 时的产销量，可按以下二次微分式进行判别。

$$\frac{d^2 E(Q)}{dQ^2} = -2(a - b) < 0$$

当满足上式时，则所求 Q_x 为项目利润函数的极大值，即利润最大时的产销量。

【例 11-3】 若例 11-1 所示的房地产开发项目，由于市场原因，单位变动成本将下降 2‰，单位售价也下降 5‰。试求该项目盈亏平衡时的商品房开发量及利润最大时的商品房开发量。

【解】 按题设已知条件：$C_F = 350$ 万元，$C_x = 920$ 元/m²，$b = 2‰$，$P = 2000$ 元/m²，$a = 5‰$ 代入 Q_{01}，Q_{02} 的计算式，得保本产销量。

$$Q_{01} = \frac{-(2000 - 920) + \sqrt{(2000 - 920)^2 + 4(2‰ - 5‰) \times 350 \times 10^4}}{2(2‰ - 5‰)}$$

$$= \frac{-1080 + 1060.37}{-0.006} = 3272 \ (m^2)$$

$$Q_{02} = \frac{-1080 - 1060.37}{-0.006} = 356728 \ (m^2)$$

代入 Q_x 计算式，便得利润最大的规划产销量

$$Q_x = \frac{2000 + 920}{2(5‰ - 2‰)} = 180000 \ (m^2)$$

由于 $\frac{d^2 E(Q)}{dQ^2} = -2(5‰ - 2‰) = -0.006 < 0$

故上式求得的 $Q_x = 180000 m^2$ 是该项目获最大利润的最佳规划商品房开发量。

上述分析是单纯从经济效益的角度进行的。事实上，任何投资项目的最优规划产销量，还要受到其他诸如资源供应，市场吸纳，生产能力等条件的限制。以房地产开发项目为例，项目的商品房建筑面积，主要取决于占地面积、城市规划所确定的容积率、土地利用系数以及规划用途、建筑物高度等众多因素的影响。因而，上述分析结果只能从一个角度给项目的投资决策提供一种论证意见。

（五）盈亏平衡分析在房地产项目投资分析中的应用

1. 用以估计项目的开发规模

这里的开发规模主要是指项目的商品房建设规模。当投资者确定了该项目欲求的目标利润后，便可利用前述的目标工程量计算式估计该项目的开发规模。

【例 11-4】某住宅区开发项目，已知其固定成本为 400 万元，单位变动成本为 560 元/m²，商品房平均售价为 1500 元/m²，投资者期望从该项目投资中赚取 500 万元利润，而各种税金的综合税率为 16%。试求该项目拟开发的商品房面积。

【解】综合税率是所得税、营业税、契税等各种税费的累计税率。由于综合税率的影响，实际商品房的销售单价要有一折扣，故前述目标工程量的计算式，要改为如下形式：

$$Q_x = \frac{E_0 + C_F}{P(1-i) - C_x}$$

由题设已知条件：

$E_0 = 500 \times 10^4$ 元，$C_F = 400 \times 10^4$ 元，$P = 1500$ 元/m²，$C_x = 560$ 元/m²，$i = 16\%$

代入上式，求得目标开发量

$$Q_x = \frac{500 \times 10^4 + 400 \times 10^4}{1500(1-0.16) - 560} = 12860 \text{（元）}$$

即该项目欲实现 500 万元的目标利润，至少应保证 12860m² 的商品房开发面积。

2. 用以进行多方案的经济比较

实际的项目开发规划，往往同时提出数种方案，在多种方案的经济效益比较分析时，也可采用盈亏分析方法。具体应用时，先列出各方案的成本函数，将这些函数两两组合，求得它们的交点，从而划定几个区间，再根据开发量的规模 Q_x 选定相应区间，从该区间找到成本 C 为最小的方案，即为最优方案。

【例 11-5】某小区开发提出了 A、B、C 三种方案，各方案的主要费用 C 如表 11-18 所示。设该项目的拟开发房屋面积在 5000～17000m² 之间，房屋的使用寿命均按 20 年考虑，利率取 10%，试用盈亏分析法进行方案选择。

表 11-18 项目费用统计表

方案	造价（元/m²）	维修费（元/年）	管理费（元/年）	其他费（元/年）
A	700	12×10⁴	4×10⁴	10000
B	680	16×10⁴	6×10⁴	15000
C	820	8×10⁴	1.8×10⁴	8000

【解】设该项目商品房的开发面积为 x（m²），则各方案的费用函数分别为

$C_A = 700x$（A/P，0.10，20）$+ 12 \times 10^4 + 1.0 \times 10^4$
$= 82.22x + 17 \times 10^4$

$$C_B = 680x\,(A/P, 0.10, 20) + 16\times10^4 + 6.0\times10^4 + 1.5\times10^4$$
$$= 79.87x + 23.5\times10^4$$
$$C_C = 820x\,(A/P, 0.10, 20) + 8\times10^4 + 1.8\times10^4 + 0.8\times10^4$$
$$= 96.32x + 10.6\times10^4$$

上述三个线性方程，分别描述了该项目 A、B、C 三个开发方案的费用情况。进行盈亏分析时，首先应求得各方案费用相等的交点，即上述线性方程相互之间的交点，为此分别令 $C_A = C_B$，$C_B = C_C$，$C_C = C_A$，求得各方案费用函数的交点横轴坐标（开发面积）。

$$x_1 = 2.77\times10^4 \;(m^2)$$
$$x_2 = 0.78\times10^4 \;(m^2)$$
$$x_3 = 0.45\times10^4 \;(m^2)$$

如图 11-9 所示，当该项目商品房的开发面积不足 $x_3 = 4600 m^2$ 时，C 方案费用总额为最小，拟选 C 方案。当商品房开发面积高于 $x_1 = 27700 m^2$ 时，A 方案费用最小，应优选 A 方案。当项目的商品房开发面积介于 $x_3 = 46000 m^2$ 至 $x_1 = 27700 m^2$ 之间时，B 方案的费用最小，应优选 B 方案。本例设该项目商品房开发面积在 5000～17000m^2 之间，即位于第二区间，故应优选 B 方案。

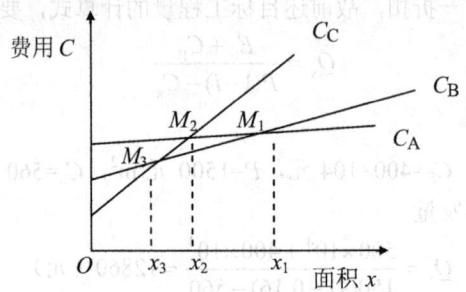

图 11-9 盈亏平衡法计算示意图

3. 用以进行定价决策

房地产开发商品定价除了要考虑市场、成本等因素外，还要考虑项目的目标利润，尤其在卖方市场条件下，投资者的目标利润往往成为商品定价的重要因素。因而，盈亏分析方法，对于商品房的定价决策，也有一定的使用价值。

盈亏平衡时 Q_0 值的计算式为

$$Q_0 = \frac{C_F}{(P - C_x)}$$

式中，$(P - C_x)$ 为商品房的销售单价与单位变动成本的差额，称为贡献利润。

将上式改造一下，方程两边同乘以销售单价 P，便得到由销售收入来描述的盈亏平衡式，即

$$S_0 = \frac{C_F}{P_u}$$

式中，$S_0 = PQ_0$ 为盈亏平衡时的销售收入；$P_u = (P - C_x)/P$ 为贡献利润率，即单位售价提供的贡献利润。

由上式可看出，项目的固定成本 C_F 一定时，要想降低平衡点的销售收入额 S_0，就必须增加项目的贡献利润率。而贡献利润率的大小则取决于销售单价和变动成本率。由此可见，商品房提价、降低单位成本是增加收入的重要渠道。然而，当市场竞争激烈时，商品的市场销量往往对价格十分敏感，销量的多少又直接关系到销售收入。因而，有时可通过采取降价措施，刺激市场销量而增加销售收入。

【例 11-6】 某项目拟获 500 万元利润，公司拟调整该项目开发商品房的销售单价，若提价可增加收入，但会导致市场销量下降；若降价可增强竞争力，计算分析各参数如表 11-19 所示。试据此进行定价决策分析。

【解】 将降价 5%和提价 5%两种定价方案的销售利润 E 和销售额 S 的变化情况绘在图 11-10 上。

表 11-19　项目定价决策分析参数

项　目	原　价	降价 5%	提价 5%
单价（元）	1200	1140	1260
单位可变成本（元/m²）	650	650	650
单位贡献利润（元/m²）	550	490	610
贡献利润率	0.458	0.403	0.484
固定成本（万元）	750	750	750
目标利润销售额（万元）	2727.24	2908.14	2581.99
目标利润销售量（m²）	22727	25510	20492

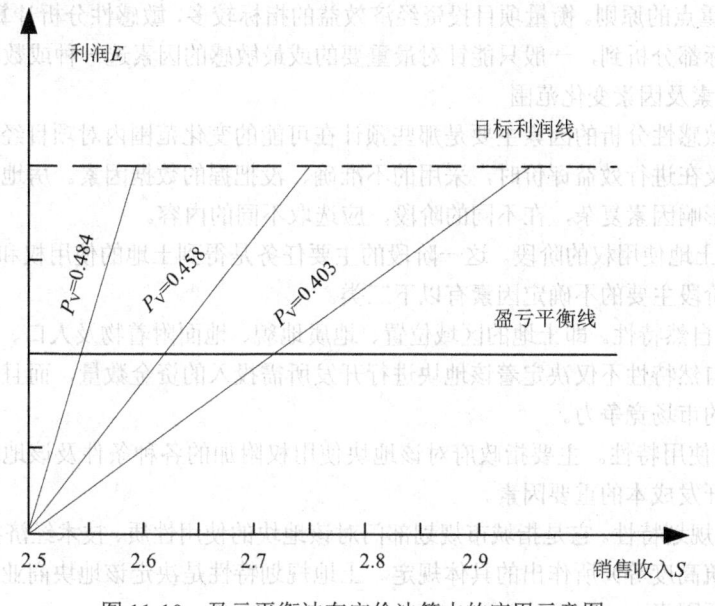

图 11-10　盈亏平衡法在定价决策中的应用示意图

由图 11-10 可看出，若降价 5%，该公司要达到 500 万元的利润，就要增加 6.6%[（2908.14-2727.24）/2727.24]的销售额和 12.2%[（25510-22727）/22727]的销售量。因此，如果市场预测因降价所提高的销量高于 12.2%，则该方案是可行的。若提价 5%，则只需完成原销售额计划的 94.38%（2574.05/2727.24）和原销售量的 90.16%（20492/22727）即可实现目标利润。因而，只要因提价而引起的产品销量下降幅度不超过 10%，该方案便也是可行的。

另外，盈亏平衡分析还可用来测定保本点时的最低销售率，此时，只需将全部投资均视为固定成本即可。详细计算参见本书所附案例。

二、敏感性分析

敏感性分析又称敏感度分析，是研究投资效益预测中某些不确定因素对预测结果的影响及其影响程度的分析。敏感性分析就是借助于某些指标如成本、单价、税率等随变量的变动而变化的计算分析，协助决策者查找影响项目投资效益最大、最敏感的因素；确定这些因素的最佳波动范围，最乐观及最悲观的边界条件，掌握效益指标随某些变量变化而变动的规律；寻找引起这些变化的原因，从而帮助决策者制定相应对策，使项目经济效益达到最优的理想程度。

（一）敏感性分析步骤

一般来讲，房地产开发项目的敏感性分析按以下步骤进行。

1. 确定分析指标

分析指标的选定，是项目投资敏感性分析首先要解决的问题。确定分析指标，应符合以下原则。

（1）与经济评价指标相一致的原则。敏感性分析是为了使投资效益评价更合理化。敏感性分析应当取与经济评价相同的指标。

（2）与经济分析阶段相一致的原则。不同阶段的项目投资分析对分析结果的精度有不同的要求，采用的指标也不尽相同。如在机会研究阶段，多采用投资收益率、静态投资回收期之类较简单的指标，而在详细研究阶段，则多采用净现值、内部收益率等计算较复杂的指标。

（3）突出重点的原则。衡量项目投资经济效益的指标较多，敏感性分析计算的工作量又大，不可能每种指标都分析到，一般只能针对最重要的或最敏感的因素选一种或数种分析。

2. 确定因素及因素变化范围

用于进行敏感性分析的因素主要是那些预计在可能的变化范围内对项目经济效益有强烈影响的因素，以及在进行效益评价时，采用的不准确、没把握的数据因素。房地产投资项目的经济效益涉及的影响因素复杂，在不同的阶段，应选取不同的内容。

（1）获取土地使用权的阶段。这一阶段的主要任务是得到土地的使用权和报建许可。对于投资者，这一阶段主要的不确定因素有以下三类。

① 土地的自然特性。即土地的区域位置、地质地貌、地面附着物及人口、交通等技术经济特性。土地的自然特性不仅决定着该地块进行开发所需投入的资金数量，而且决定着该地块开发出来的商品的市场竞争力。

② 土地的使用特性。主要指政府对该地块使用权附加的各种条件及该地块的配套设施条件。这是影响开发成本的重要因素。

③ 土地的规划特性。它是指城市规划部门对该地块的使用性质、技术经济指标（如容积率、建筑密度、建筑高度等）所作出的具体规定。土地规划特性是决定该地块商业价值及项目投资经济效益的主要因素。

（2）开发建设阶段。这一阶段的主要经济活动是进行商品房的建造，其最主要的不确定因素是工期和建设成本。虽然这些因素在与建筑施工部门签订了工程承包合同后会确定下来，但在项目的投资分析阶段，它是可变的。即使是确定了的工程进度计划、建设成本计划，也往往会因为自然条件、经济条件等因素的改变而改变。

（3）经营阶段。经营阶段的主要经济活动是进行商品房的出售和出租，是房地产商品价值的交换阶段。这一阶段主要的不确定因素有租金、税率、单价、推销期等。这些因素直接影响投资效益。

上述因素一部分处于投资者控制之下，是可以测算与控制的因素；另一部分却是难以预料和控制的，是投资者必须承担的风险。众多的因素中，最基本的是时间，时间的拖延就意味着金钱的流失，更重要的是，时间越长，其他因素的不确定性越大，风险也越大。长达数年的漫长开发周期中，许多因素是不可能在项目投资开始前就准确估计的，然而可以依据历史资料和对未来的估计,对这些因素的变化趋势和变化程度大致确定一个范围。

3. 计算因素波动所引起的分析指标的变化

首先应将某一因素的变化设定若干级的变动数量和变化幅度,然后分别计算在其他因素不变的条件下,相应的经济指标的变化。对每一因素均重复这些计算,并将计算结果列成表或图形,从而得到了用于显示经济指标对因素变化敏感程度的数据资料。

4. 确定敏感因素和敏感程度

由于各因素的变化都会引起经济指标一定的变化,但其影响程度却各不相同。有些因素可能仅发生较小幅度的变化就能引起经济评价指标发生大的变动。而另一些因素即使发生了较大幅度的变化,对经济评价指标的影响也不是太大。我们将前一类因素称为敏感性因素,后一类因素称为非敏感性因素。敏感性分析的目的在于寻求敏感因素。根据分析问题的目的不同,一般可通过两种方法来确定敏感性因素。

(1) 相对测定法(计算敏感度系数)

即设定要分析的因素均从确定性经济分析中所采用的数值开始变动,且各因素每次变动的幅度(增或减的百分数)相同,比较在同一变化幅度下各因素的变动对经济评价指标的影响,据此判断方案经济评价指标对各因素变动的敏感程度。反映敏感程度的指标是敏感度系数(又称灵敏度),是衡量变量因素敏感程度的一个指标。其数学表达式为

$$敏感度系数(\beta) = \frac{|评价指标值变动百分比 \Delta Y_j|}{|不确定因素变动百分比 \Delta F_i|}$$

$$\Delta Y_j = \frac{Y_{j1} - Y_{j0}}{Y_{j0}}$$

式中,ΔF_i 为第 i 个不确定性因素的变化幅度(变化率);ΔY_j 为第 j 个指标受变量因素变化影响的差额幅度(变化率);Y_{j1} 为第 j 个指标受变量因素变化影响后所达到的指标值;Y_{j0} 为第 j 个指标未受变量因素变化影响时的指标值。

根据不同因素相对变化对经济评价指标影响的大小,可以得到各个因素的敏感性程度排序,据此可以找出哪些因素是最关键的因素。

(2) 绝对测定法(计算临界点)

临界点(又称开关点)是指不确定因素的极限变化,即该不确定因素使项目财务内部收益率等于基准收益率时的变化百分率。当该不确定因素为费用科目时,即为其增加的百分率;当该不确定因素为效益科目时为降低的百分率。某些临界点也可以用该百分率对应的具体数值表示,也称为临界值或开关值。当不确定因素的变化超过了临界点所表示的不确定因素的极限变化时,项目内部收益率指标将会转而低于基准收益率,表明项目将由可行变为不可行。

临界点的高低与设定的基准收益率有关,对于同一个投资项目,随着设定基准收益率的提高,临界点就会变低(临界点表示的不确定因素的极限变化变小)。而在一定的基准收益率下,临界点越低,说明该因素对项目效益指标影响越大,项目对该因素就越敏感。

临界点分析在房地产开发项目不确定性分析中是非常重要的一个部分。在实际应用中,通常可以用来进行临界点分析的因素有最低售价、最低销售量、最高土地取得价格、最高工程费用等。

可以通过敏感性分析图求得临界点的近似值,但由于项目效益指标的变化与不确定因素变化之间不是直线关系,有时误差较大,因此最好采用专用函数求解临界点。表 11-20 列出了某项目敏感性分析中计算的几个不确定因素的敏感度系数和临界点。

表 11-20 单因素敏感性分析表

单位：万元

项目 \ 变化幅度	-20%	-10%	0	10%	20%	敏感度系数	临界点
投资额	361.21	241.21	121.21	1.21	-118.79	9.90%	10.10%
产品价格	-308.91	-93.85	121.21	336.28	551.34	17.75%	-5.64%
经营成本	293.26	207.24	121.21	35.19	-50.83	7.10%	14.09%

5. 敏感性分析及分析结果

对敏感性分析的结果应进行汇总，通常是将敏感性分析的结果汇集于敏感性分析表。敏感性分析表应同时给出基本方案的指标数值，所考虑的不确定因素及其变化率，在这些不确定因素变化的情况下，项目效益指标的计算数值以及各不确定因素的敏感度系数和临界点。当针对某种不确定因素的敏感性指标不能被计算时，应采用文字描述的形式说明该不确定因素的影响。敏感性分析表的格式如表 11-20 所示。

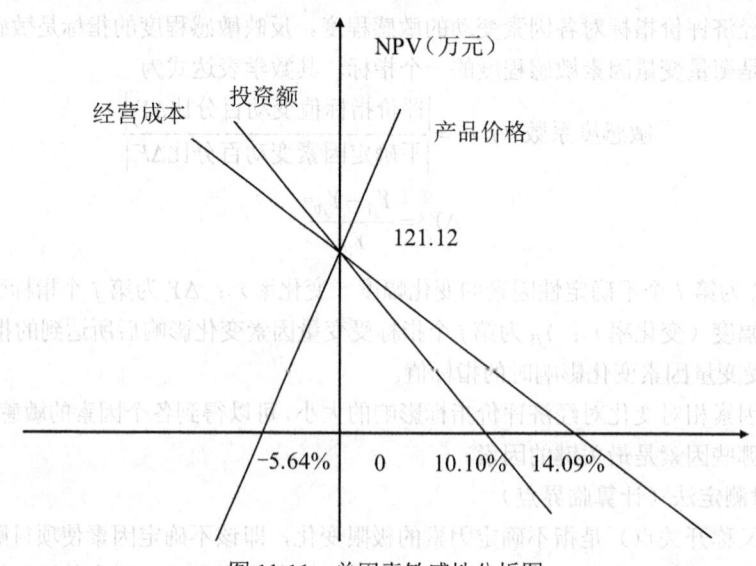

图 11-11 单因素敏感性分析图

由表 11-20 和图 11-11 可以看出，在各个变量因素变化率相同的情况下，产品价格的变动对净现值的影响程度最大，当其他因素均不发生变化时，产品价格每下降 1%，净现值下降 17.75%，并且还可以看出，当产品价格下降幅度超过 5.64% 时，净现值将由正变负，也即项目由可行变为不可行。对净现值影响较大的因素是投资额，当其他因素均不发生变化时，投资额每增加 1%，净现值将下降 9.90%，当投资额增加的幅度超过 10.10% 时，净现值由正变负，项目变为不可行。对净现值影响最小的因素是经营成本，在其他因素均不发生变化的情况下，经营成本每上升 1%，净现值下降 7.10%，当经营成本上升幅度超过 14.09% 时，净现值由正变负，项目变为不可行。由此可见，按净现值对各个因素的敏感程度来排序，依次是产品价格、投资额、经营成本，最敏感的因素是产品价格。因此，从方案决策的角度来讲，应该对产品价格进行进一步更准确的测算，因为从项目风险的角度来讲，如果未来产品价格发生变化的可能性较大，则意味着这一投资项目的风险性也较大。

（二）敏感性分析的应用要点及其局限性

敏感性分析能够指明因素变动对项目投资经济效果的影响及其影响程度，有助于研究项目投资的风险程度，帮助投资者鉴别敏感性因素并制定相应措施以减少风险，从而提高投资决策的可靠性。但是敏感性分析每次都是在假定其他因素不变的情况下，对单一因素进行分析的，但事实上，经济事物发展过程的复杂性决定着各因素间也存在一定的相关性，往往某种因素的改变，还会波及其他因素的变化，而且各种因素发生变化的可能程度，（概率）也不尽相同。这意味着项目承受风险的程度也不尽相同。敏感性分析片面地、孤立地进行单个因素变动分析，又不考虑概率问题，这就使其分析结果的真实性与科学性受到一定程度的影响。因此，敏感性分析虽然在投资效益分析中有很重要的作用，但不是唯一的分析方法，它只能从某个侧面辅助决策。另外，敏感性分析需要的数据资料多，计算工作量大，大多数采用电子计算机计算。这不仅能在很短的时间内完成大量的计算，得到精确结果，而且还能按分析者的要求，通过各种图形形象地描绘出来，如描绘某项经济指标随某些因素变化状态的折线图，两种因素影响程度比较的柱状图，因素值与指标值相关关系的散布图等。

三、概率分析

（一）概率分析及其步骤

项目的风险来自影响项目效果的各种因素和外界环境的不确定性。利用敏感性分析可以知道某因素变化对项目经济指标有多大的影响，但无法了解这些因素发生这种变化的可能性有多大，而概率分析可以做到这一点。故有条件时，应对项目进行概率分析。

概率分析又称风险分析，是利用概率来研究和预测不确定因素对项目经济评价指标的影响的一种定量分析方法。一般做法是，首先预测风险因素发生各种变化的概率，将风险因素作为自变量，预测其取值范围和概率分布，再将选定的经济评价指标作为因变量，测算评价指标的相应取值范围和概率分布，计算评价指标的数学期望值和项目成功或失败的概率。利用这种分析，可以弄清楚各种不确定因素出现某种变化，建设项目获得某种利益或达到某种目的的可能性的大小，或者获得某种效益的把握程度。

概率分析一般按下列步骤进行。

（1）选定一个或几个评价指标。通常是将内部收益率、净现值等作为评价指标。

（2）选定需要进行概率分析的不确定因素。通常有产品价格、销售量、经营成本以及投资额等。针对项目的不同情况，通过敏感性分析，选择最为敏感的因素作为概率分析的不确定因素。

（3）预测不确定因素变化的取值范围及概率分布。单因素概率分析，设定一个因素变化，其他因素均不变化，即只有一个自变量；多因素概率分析，设定多个因素同时变化，对多个自变量进行概率分析。

（4）根据测定的风险因素取值和概率分布，计算评价指标的相应取值和概率分布。

（5）计算评价指标的期望值和项目可接受的概率。

（6）分析计算结果，判断其可接受性，研究减轻和控制不利影响的措施。

概率分析的方法有很多，这些方法大多是以项目经济评价指标（主要是NPV）的期望值的计算过程和计算结果为基础的。这里仅介绍项目净现值的期望值和决策树法，计算项目净现值的期望值及净现值大于或等于零时的累计概率，以判断项目承担风险的能力。

（二）净现值的期望值

期望值是用来描述随机变量的一个主要参数。

所谓随机变量就是这样一类变量,我们能够知道其所有可能的取值范围,也知道它取各种值的可能性,但却不能肯定它最后确切的取值。比如说有一个变量 X,我们知道它的取值范围是 0、1、2,也知道 X 取值 0、1、2 的可能性分别是 0.3、0.5 和 0.2,但是究竟 X 取什么值却不知道,那么 X 就称为随机变量。从随机变量的概念上来理解,可以说在投资项目经济评价中所遇到的大多数变量因素,如投资额、成本、销售量、产品价格、项目寿命期等,都是随机变量。我们可以预测其未来可能的取值范围,估计各种取值或值域发生的概率,但不可能肯定地预知它们取什么值。投资方案的现金流量序列是由这些因素的取值所决定的,所以,方案的现金流量序列实际上也是随机变量。而以此计算出来的经济评价指标也是随机变量,由此可见项目净现值也是一个随机变量。

从理论上讲,要完整地描述一个随机变量,需要知道它的概率分布的类型和主要参数,但在实际应用中,这样做不仅非常困难,而且也没有太大的必要。因为在许多情况下,我们只需要知道随机变量的某些主要特征就可以了,在这些随机变量的主要特征中,最重要也是最常用的就是期望值。

期望值是在大量重复事件中随机变量取值的平均值,换句话说,是随机变量所有可能取值的加权平均值,权重为各种可能取值出现的概率。

一般来讲,期望值的计算公式可表达为

$$E(X) = \sum_{i=1}^{n} x_i P_i$$

式中,$E(X)$ 为随机变量 X 的期望值;x_i 为随机变量 X 的各种取值;P_i 为 X 取值 x_i 时所对应的概率值。

根据期望值的计算公式,可以很容易地推导出项目净现值的期望值计算公式如下:

$$E(NPV) = \sum_{i=1}^{n} NPV_i P_i$$

式中,$E(NPV)$ 为 NPV 的期望值;NPV_i 为各种现金流量情况下的净现值;P_i 为对应于各种现金流量情况的概率值。

【例 11-7】已知某投资方案各种因素可能出现的数值及其对应的概率如表 11-21 所示。假设投资发生在期初,年净现金流量均发生在各年的年末。已知标准折现率为 10%,试求其净现值的期望值。

表 11-21 投资方案变量因素值及其概率

投资额(万元)		年净收益(万元)		寿命期(年)	
数 值	概 率	数 值	概 率	数 值	概 率
120	0.30	20	0.25	10	1.00
150	0.50	28	0.40		
175	0.20	33	0.35		

【解】根据各因素的取值范围,共有九种不同的组合状态,根据净现值的计算公式,可求出各种状态的净现值及其对应的概率如表 11-22 所示。

表 11-22 方案所有组合状态的概率及净现值

投资额(万元)	120			150			175		
年净收益(万元)	20	28	33	20	28	33	20	28	33
组合概率	0.075	0.12	0.105	0.125	0.2	0.175	0.05	0.08	0.07
净现值(万元)	2.89	52.05	82.77	-27.11	22.5	52.77	-52.11	-2.95	27.77

根据净现值的期望值计算公式，可求出：

E（NPV）=2.89×0.075+52.05×0.12+82.77×0.105−27.11×0.125+22.05×0.2+52.77×0.175−52.11×0.05−2.95×0.08+27.77×0.07

=24.51（万元）

投资方案净现值的期望值为 24.51 万元。

净现值的期望值在概率分析中是一个非常重要的指标，在对项目进行概率分析时，一般都要计算项目净现值的期望值及净现值大于或等于零时的累计概率。累计概率越大，表明项目承担的风险越小。

决策树法也可用于一般的概率分析，即用于判断项目的可行性及所承担的风险的大小。详细的决策树法参见本书第十二章"房地产项目投资风险分析"。

【例 11-8】以例 11-7 的资料为基础，用决策树法判断项目的可行性及风险大小。

【解】绘出决策树图，如图 11-12 所示。

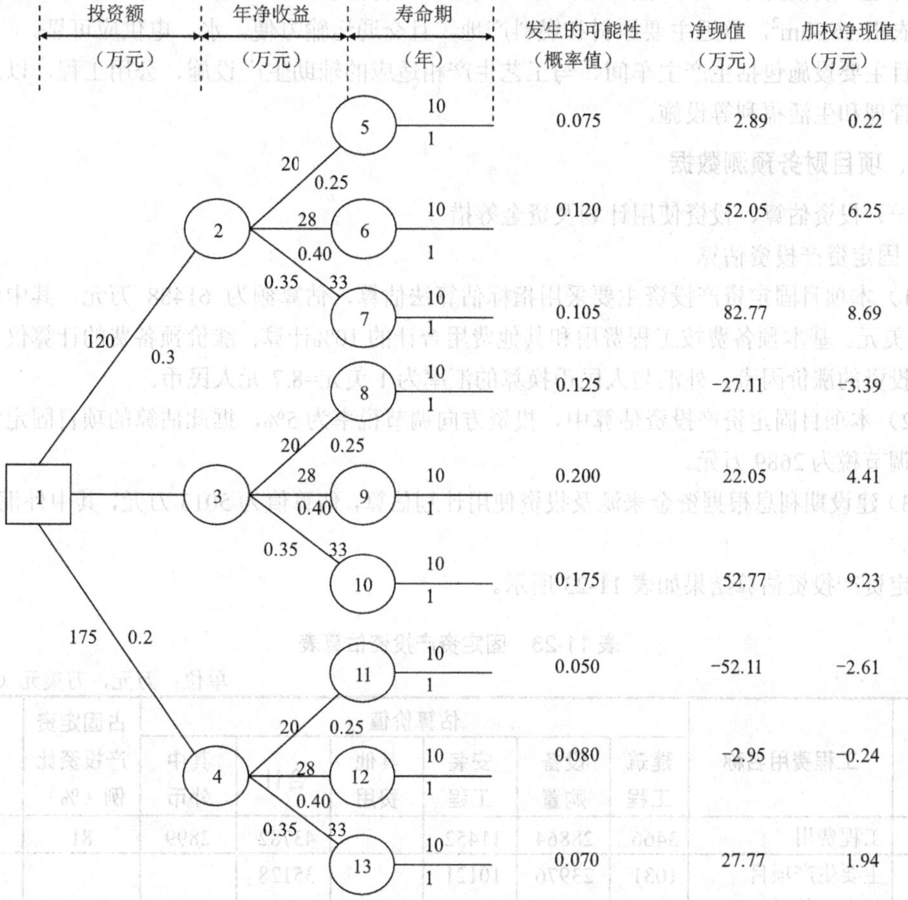

图 11-12 决策树法计算

从图 11-12 中可求出，项目净现值的期望值为 24.51 万元，然后计算净现值大于或等于零的累计概率，可求出 P（NPV>0）=0.745。

由于该项目的净现值的期望值为 24.51 万元，净现值大于或等于零的累计概率为 0.745，说明项目风险较小，是可行的。

第七节 财务评价案例

案例一：某一般建设项目财务评价案例

一、项目概况

本项目为一新建化工项目，拟生产目前国内外市场均较为紧俏的 P 产品。这种产品目前在国内市场上供不应求，每年需要一定数量的进口，项目投产后可以产顶进。

本项目经济评价前的基础工作已经完成，对项目市场、生产规模、工艺技术方案、原材料和燃料及动力供应、建厂条件和厂址方案、公用设施和辅助设施、环境保护、工厂组织和劳动定员，以及项目实施规划等方面进行了全面充分的研究论证和多方案比较，确定了项目的最优方案。

项目生产规模为年产 P 产品 23kt，主要技术和设备拟从国外引进。厂址位于城市近郊，占用一般农田 $16.3hm^2$，靠近主要原料和燃料产地，且交通运输方便，水、电供应可靠。

项目主要设施包括生产主车间、与工艺生产相适应的辅助生产设施、公用工程，以及有关的生产管理和生活福利等设施。

二、项目财务预测数据

（一）投资估算、投资使用计划及资金筹措

1. 固定资产投资估算

（1）本项目固定资产投资主要采用指标估算法估算，估算额为 61488 万元，其中外汇为 3924 万美元。基本预备费按工程费用和其他费用合计的 10% 计算；涨价预备费的计算仅考虑国内配套投资的涨价因素。外汇与人民币换算的汇率为 1 美元=8.7 元人民币。

（2）本项目固定资产投资估算中，投资方向调节税率为 5%，据此估算的项目固定资产投资方向调节税为 2689 万元。

（3）建设期利息根据资金来源及投资使用计划估算，估算值为 5013 万元，其中外汇为 470 万美元。

固定资产投资估算结果如表 11-23 所示。

表 11-23 固定资产投资估算表

单位：万元，万美元（外币）

序号	工程费用名称	估算价值						占固定资产投资比例（%）	备注
		建筑工程	设备购置	安装工程	其他费用	合计	其中外币		
1	工程费用	3466	28864	11452		43782	2899	81	
1.1	主要生产项目 其中：外币	1031	23976 2029	10121 870		35128	2899		
1.2	辅助生产车间	383	1052	51		1486			
1.3	公用工程	449	2488	1017		3954			
1.4	环保工程	185	1100	225		1510			
1.5	总图运输	52	248			300			
1.6	服务性工程	262				262			

续表

序号	工程费用名称	估算价值 建筑工程	估算价值 设备购置	估算价值 安装工程	估算价值 其他费用	估算价值 合计	其中外币	占固定资产投资比例（%）	备注
1.7	生活福利工程	1104				1104			
1.8	厂外工程				38	38			
2	其他费用 其中：土地费用				3818 612	3818 612	241	7	
	（1+2）	3466	28864	11452	3818		3140		
3	预备费				6186	6186	314	12	
3.1	基本预备费				4760	4760	314		
3.2	涨价预备费				1426	1426			
4	投资方向调节税				2689	2689			
5	建设期贷款利息				5013	5013	470		
	合计（1+2+3+4+5）	3466	38864	11452	17706	61488	3924		

2．流动资金估算

本项目流动资金按分项详细估算法进行估算，估算总额为 7266 万元，如表 11-24 所示。

3．项目总投资（基于项目评价的资金需要数额）

项目总投资=固定资产投资+流动资金=61488+7266=68754（万元）

其中，外汇为 3924 万美元。

4．投资使用计划

按本项目实施进度计划，项目建设期为 3 年，3 年的投资分别使用比例为第一年 20%，第二年 55%，第三年 25%。

流动资金从投产第一年起按生产负荷安排使用。本项目第四年投产，当年生产负荷为设计能力的 70%，第五年为 90%，第六年达到 100%。

5．资金筹措

本项目自有资金为 22000 万元，其余均为借款。外汇全部为国外借款，年有效利率为 9%；人民币借款均为国内借款，其中固定资产投资借款的有效年利率为 9.6%，流动资金借款的有效年利率为 8.64%。

投资使用计划与资金筹措如表 11-25 所示。

（二）项目计算期、折旧及摊销费

1．项目计算期

根据项目实施进度计划，本项目建设期为 3 年；由项目技术经济特点等因素，本项目生产期确定为 15 年，其中投产期 2 年，达产期 13 年。项目计算期为 18 年。投产期 2 年的达产比例依次为 70%、90%。

2．固定资产折旧费

本项目计入固定资产原值的费用包括固定资产投资中的工程费用、土地费用、预备费、投资方向调节税、建设期利息。固定资产原值合计为 58282 万元，按平均年限法计算折旧，折旧年限为 15 年，净残值率取 4%，由此得年折旧额为 3730 万元。如表 11-26 所示。

3．无形及递延资产摊销费

本项目固定资产投资中第二部分费用除土地费用进入固定资产原值外，其余费用计为项目的无形及递延资产，其值为 3206 万元。其中，无形资产为 2476 万元，递延资产为 730 万元。

无形资产按 10 年摊销,年摊销费为 248 万元;递延资产按 5 年摊销,年摊销费为 146 万元。如表 11-27 所示。

（三）销售收入和销售税金及附加估算

产品销售价格根据财务评价的定价原则确定。考虑到本项目产品属国内外市场较紧俏产品,在一段时间内仍呈供不应求状态,经分析论证确定产品销售价格以近几年国内市场已实现的价格为基础,预测到生产期初的市场价格,每吨产品出厂价（含税价）按 16800 元计算,正常生产年份的年销售收入估算值为 38640 万元（含税销售收入）。

销售税金及附加按国家规定计取。产品缴纳增值税,增值税税率为 17%;城市维护建设税按增值税额的 7%计取,教育费附加按增值税额的 3%计取。正常生产年份的年销售税金及附加估算值为 3206 万元。

销售收入和销售税金及附加的估算如表 11-28 所示。

（四）产品成本费用估算

本项目总成本费用估算如表 11-29 所示。

（1）所有的原材料、辅助材料及燃料动力价格均以近几年国内市场已实现的价格为基础,预测到生产期初的价格（到厂含税价）。

（2）工资及福利费按全厂定员和人均月工资及福利费估算。全厂定员为 820 人,人均月工资为 356 元,福利费按工资额的 14%计取。由此得年工资及福利费总额为 399 万元。

（3）修理费按折旧额的 50%计取,每年为 1865 万元。折旧费和摊销费已分别在前面估算。

（4）财务费用包括长期借款利息和流动资金借款利息。长期借款利息估算如表 11-29 所示;流动资金借款利息按当年及以前年份流动资金借款合计乘以流动资金借款年有效利率计算,正常生产年份的年应计利息为 420 万元。

（5）其他费用包括在制造费用、销售费用、管理费用中扣除工资及福利费、折旧费、摊销费、修理费后的费用和土地使用税。前者为简化计算按工资及福利费总额的 2.5 倍估算,每年为 998 万元;土地使用税每年为 70 万元。其他费用共计每年为 1068 万元。

（五）利润及利润分配

本项目利润及利润分配估算如表 11-30 所示。

（1）所得税按利润总额的 33%计取。

（2）用税后利润支付长期借款还本后无余额的年份,税后利润全部计入未分配利润用于支付长期借款还本,不计提盈余公积金。其余年份先按税后利润的 10%计提盈余公积金,然后要视需要留出用于支付长期借款还本的金额计入未分配利润,最后将剩余部分作为应付利润分配给项目投资主体。

（六）借款还本付息估算

本项目长期借款的还本付息估算如表 11-31 所示。累计到生产期初的建设期利息转计为借款本金,生产期应计利息计入财务费用,还本资金来源为折旧费、摊销费和未分配利润。

（1）外汇借款从投产第一年起按 8 年等额还本,计算利息。表中外汇借款还本付息估算系折算为人民币列示。由于本项目产品用于替代进口且出售时全部收取人民币,项目没有外汇收入,偿还外汇借款本息的外汇系按 1 美元：8.7 元人民币的比价购买的调剂外汇。

（2）人民币借款的偿还,是在优先保证外汇借款偿还的前提下,按投产后的最大偿还能力计算还本付息。

项目流动资金借款本金在项目计算期末用回收流动资金偿还,流动资金借款利息计入财务费用。

第十一章 房地产项目财务评价

表 11-24 流动资金估算表

单位：万元

序号	项目	最低周转天数	周转次数	投产期 4	投产期 5	达到设计生产能力期 6	7	8	9	10	11	12	13	14	15	16	17	18
1	流动资产			6170	7932	8814	8814	8814	8814	8814	8814	8814	8814	8814	8814	8814	8814	8814
1.1	应收账款	30	12	1278	1643	1826	1826	1826	1826	1826	1826	1826	1826	1826	1826	1826	1826	1826
1.2	存货			4851	6237	6930	6930	6930	6930	6930	6930	6930	6930	6930	6930	6930	6930	6930
1.3	现金	15	24	41	52	58	58	58	58	58	58	58	58	58	58	58	58	58
2	流动负债			1084	1393	1548	1548	1548	1548	1548	1548	1548	1548	1548	1548	1548	1548	1548
2.1	应付账款	30	12	1084	1393	1548	1548	1548	1548	1548	1548	1548	1548	1548	1548	1548	1548	1548
3	流动资金（1-2）			5086	6539	7266	7266	7266	7266	7266	7266	7266	7266	7266	7266	7266	7266	7266
4	流动资金增加额			5086	1453	727	0	0	0	0	0	0	0	0	0	0	0	0

表 11-25 投资使用计划与资金筹措表

单位：万元、万美元（外币）

序号	项目	合计 外币	合计 人民币	1 外币	1 人民币	1 小计	2 外币	2 人民币	2 小计	3 外币	3 人民币	3 小计	4 外币	4 人民币	4 小计	5 外币	5 人民币	5 小计	6 外币	6 人民币	6 小计
1	总投资	722	68754	722	5037	11318	2050	14769	32605	1152	7545	17565		5086	5086		1453	1453		727	727
1.1	固定资产投资	722	61488	722	5037	11318	2050	14769	32605	1152	7545	17565									
1.1.1	投资方向调节税		2689		524	524		1477	1477		689	689									
1.1.2	建设期贷款利息	31	5031	31	51		150	285		288	589		322	1594						3097	
1.2	流动资金		7266											5086	5086		1453	1453		727	727
2	资金筹措	722	68754	722	5037	11318	2050	14769	32605	1152	7545	17566		5086	5086		1453	1453		727	727
2.1	自有资金		22000		3920	3920		10780	10780		4900	4900		2400	2400						
2.1.1	用于流动资金		2400											2400	2400						
2.1.2	资本金		22000		3920	3920		10780	10780		4900	4900									
	资本溢价																				
2.2	借款	722	46754	722	1117		2050	3989		1152	2645			2686	2686		1453	1453		727	727
2.2.1	长期借款	722	41888	722	1117		2050	3989		1152	2645										
2.2.2	流动资金借款		4866											2686	2686		1453	1453		727	727
2.2.3	短期借款																				

表 11-26 固定资产折旧费估算表

单位：万元

序号	项目	合计	折旧年限	折旧率(%)	投产期		达到设计生产能力期												
					4	5	6	7	8	9	10	11	12	13	14	15	16	17	18
1	固定资产合计																		
1.1	原值	58282	15																
1.2	折旧费			6.40	3730	3730	3730	3730	3730	3730	3730	3730	3730	3730	3730	3730	3730	3730	3730
	净值				54552	50822	47092	43362	39632	35902	32172	28442	24712	20982	17252	13521	9791	6061	2331

表 11-27 无形及递延资产摊销估算表

单位：万元

序号	项目	摊销年限	原值	投产期					达到设计生产能力期				
				4	5	6	7	8	9	10	11	12	13
1	无形资产	10	2476										
1.1	摊销费			248	248	248	248	248	248	248	248	248	248
1.2	净值			2228	1981	1733	1485	1238	990	743	495	248	0
2	递延资产（开办费）	5	730										
2.1	摊销费			146	146	146	146	146					
2.2	净值			584	438	292	146	0					
3	无形及递延资产合计		3206										
3.1	摊销费			394	394	394	394	394	248	248	248	248	248
3.2	净值			2812	2419	2025	1631	1238	990	743	495	248	0

表 11-28 产品销售收入和销售税金及附加估算表

序号	项目	单价 外销(美元)	单价 内销(元)	生产负荷70%(第4年) 销售量 外销(吨)	销售量 内销(吨)	小计(吨)	金额 外销(万美元)	金额 内销(万元)	小计(万元)	生产负荷90%(第5年) 销售量 外销(吨)	销售量 内销(吨)	小计(吨)	金额 外销(万美元)	金额 内销(万元)	小计(万元)	生产负荷100%(第6~18年) 销售量 外销(吨)	销售量 内销(吨)	小计(吨)	金额 外销(万美元)	金额 内销(万元)	小计(万元)
1	销售收入产品P		16800		16100	16100		27048	27048		20700	20700		34776	34776		23000	23000		38640	38640
2	销售税金及附加								2244						2886						3203
2.1	增值税								2040						2623						2915
2.2	城乡维护建设税								143						184						204
2.3	教育费附加								61						79						87

表 11-29 总成本费用估算表

单位：万元

序号	项目	投产期 4	5	达到设计生产能力期 6	7	8	9	10	11	12	13	14	15	16	17	18
	生产负荷(%)	70	90	100	100	100	100	100	100	100	100	100	100	100	100	100
1	外购原材料	11568	14873	16526	16526	16526	16526	16526	16526	16526	16526	16526	16526	16526	16526	16526
2	外购燃料	1438	1849	2054	2054	2054	2054	2054	2054	2054	2054	2054	2054	2054	2054	2054
3	工资及福利费	399	399	399	399	399	399	399	399	399	399	399	399	399	399	399
4	修理费	1865	1865	1865	1865	1865	1865	1865	1865	1865	1865	1865	1865	1865	1865	1865
5	折旧费	3730	3730	3730	3730	3730	3730	3730	3730	3730	3730	3730	3730	3730	3730	3730
6	摊销费	394	394	394	394	394	248	248	248	248	248	0	0	0	0	0
7	财务费用	4048	3785	3225	2457	1957	1573	1189	804	420	420	420	420	420	420	420
7.1	长期借款利息	3816	3427	2804	2037	1536	1152	768	384	0	0	0	0	0	0	0

续表

序号	项目	投产期			达到设计生产能力期										
		4	5	6	7	8	9	10	11	12	13	14	15	16	17	18
7.2	流动资金借款利息	323	358	420	420	420	420	420	420	420	420	420	420	420	420	420
8	其他费用	1068	1068	1068	1068	1068	1068	1068	1068	1068	1068	1068	1068	1068	1068	1068
	其中：土地使用税	70	70	70	70	70	70	70	70	70	70	70	70	70	70	70
	总成本费用	24509	27962	29260	28492	27952	27461	27077	26693	26309	26309	26062	26062	26062	26062	26062
	其中：固定成本	11504	11240	10680	9912	9412	8882	8498	8114	7730	7730	7482	7482	7482	7482	7482
9	可变成本	13006	16722	18580	18580	18580	18580	18580	18580	18580	18580	18580	18580	18580	18580	18580
10	经营成本	16337	20053	21911	21911	21911	21911	21911	21911	21911	21911	21911	21911	21911	21911	21911

表11-30 利润及利润分配估算表

单位：万元

序号	项目	投产期			达到设计生产能力期										
		4	5	6	7	8	9	10	11	12	13	14	15	16	17	18
	生产负荷（%）	70	90	100	100	100	100	100	100	100	100	100	100	100	100	100
1	销售收入	27048	34776	38640	38640	38640	38640	38640	38640	38640	38640	38640	38640	38640	38640	38640
2	销售税金及附加	2244	2886	3206	3206	3206	3206	3206	3206	3206	3206	3206	3206	3206	3206	3206
3	总成本费用	24509	27962	29260	28492	27952	27461	27077	26693	26309	26309	26062	26062	26062	26062	26062
4	利润总额（1-2-3）	294	3929	6174	6942	7442	7972	8356	8740	9124	9124	9372	9372	9372	9372	9372
5	所得税	97	1297	2037	2291	2456	2631	2758	2884	3011	3011	3093	3093	3093	3093	3093
6	税后利润	197	2632	4137	4651	4986	5341	5599	5856	6113	6113	6279	6279	6279	6279	6279
6.1	盈余公积金				465	499	534	560	586	611	611	628	628	628	628	628
6.2	应付利润				2827	4344	4518	4749	4981	5502	5502	5651	5651	5651	5651	5651
6.3	未分配利润	197	2632	4137	1358	-44	290	290	290	0						
	累计未分配利润	197	2829	6966	8324	8468	8758	9047	9337	9337	9337	9337	9337	9337	9337	9337

表 11-31　借款还本付息计算表

单位：万元

序号	项　　目	建　设　期			投　产　期			达到设计生产能力期			
		1	2	3	4	5	6	7	8	9	10	11
1	外汇借款（9%）											
1.1	年初借款本息累计		6280	24117	34138	29871	25603	21336	17069	12802	8534	4267
1.1.1	本金		6010	22537	30050	29871	25603	21336	17069	12802	8534	4267
1.1.2	建设期利息		270	1579	4088							
1.2	本年借款	6010	16527	7512								
1.3	本年应计利息	270	1309	2509	3072	2688	2304	1920	1536	1152	768	384
1.4	本年偿还本金				4267	4267	4267	4267	4267	4267	4267	4267
1.5	本年支付利息				3072	2688	2304	1920	1536	1152	768	384
2	人民币借款（9.6%）											
2.1	年初借款本息累计		1117	5105	7750	7697	5208	1215	0	0	0	0
2.1.1	本金		1066	4769	6825	7697	5208	1215	0	0	0	0
2.1.2	建设期利息		51	336	925							
2.2	本年借款	1066	3704	2056								
2.3	本年应计利息	51	285	589	744	739	500	117	0	0	0	0
2.4	本年偿还本金				54	2489	3993	1215	0	0	0	0
2.5	本年支付利息				744	739	500	117	0	0	0	0
3	还本资金来源											
3.1	未分配利润				197	2632	4137	1358	144	0	290	290
3.2	折旧费				3730	3730	3730	3730	3730	3730	3730	3730
3.3	摊销费				394	394	394	394	394	248	248	248
4	还本资金合计				4321	6756	8260	5482	4267	4267	4267	4267
4.1	偿还外汇本金				4267	4267	4267	4267	4267	4267	4267	4267
4.2	偿还人民币本金				54	2489	3993	1215	0	0	0	0
4.3	还本后余额				0	0	0	0	0	0	0	0

三、项目财务评价

（一）财务盈利能力分析

（1）项目全部投资现金流量表如表 11-32 所示，根据表计算有关财务评价指标。

① 所得税后财务内部收益率

通过试算，得到

当 i_1=12%时，FNPV（i_1）=2841.07>0

当 i_2=13%时，FNPV（i_2）=-286.74<0

根据插值公式，得到

$$\text{所得税后财务内部收益率} = i_1 + \frac{\text{FNPV}(i_1)}{\text{FNPV}(i_1) - \text{FNPV}(i_2)} \times (i_2 - i_1)$$

$$= 12\% + \frac{2841.07}{2841.07 + 286.74} \times (13\% - 12\%)$$

$$= 12.91\% > 12\%（行业基准收益率）$$

② 所得税前财务内部收益率

通过试算，得到

当 i_1=15%时，FNPV（i_1）=2567.14>0

当 i_2=16%时，FNPV（i_2）=-245.03<0

根据插值公式，得到

$$\text{所得税前财务内部收益率} = 15\% + \frac{2567.14}{2567.14 + 245.03} \times (16\% - 15\%)$$

$$= 15.91\% > 12\%（行业基准收益率）$$

③ 所得税后财务净现值

$$\text{FNPV} = \sum_{t=1}^{18}(\text{CI} - \text{CO})_t(1+12\%)^{-t}$$

$$= 2841.07（万元）> 0$$

④ 所得税前财务净现值

$$\text{FNPV} = 13406.69（万元）> 0$$

⑤ 所得税后投资回收期

$$P_t = 10 - 1 + \frac{|-154|}{10765} = 9.01（年）< 10.3 \text{ 年（行业基准投资回收期）}$$

⑥ 所得税前投资回收期

$$P_t = 9 - 1 + \frac{|-2868|}{13523} = 8.21（年）< 10.3 \text{ 年（行业基准投资回收期）}$$

根据以上计算看出，项目所得税后及所得税前财务内部收益率分别为 12.91%和 15.91%，均大于行业基准收益率 i_c=12%；项目所得税后及所得税前财务净现值（i_c=12%）分别为 2841.07 万元和 13406.69 万元，均大于零，表明该项目从全部投资角度看，盈利能力已满足了行业最低要求，在财务上可以考虑接受。另外，项目所得税后及所得税前全部投资回收期（含建设期）分别为 9.01 年及 8.21 年，均小于行业基准投资回收期 10.3 年，表明项目投资能够在规定时间收回。

（2）项目自有资金现金流量表如表 11-33 所示，根据表计算有关财务评价指标。

① 财务内部收益率

通过试算，得到

当 i_1=14%时，FNPV（i_1）=1519.47（万元）>0

当 $i_2=15\%$ 时，FNPV（i_2）=-23.3（万元）<0

根据插值公式，得到：

$$财务内部收益率 = 14\% + \frac{1519.47}{1519.47+23.3} \times (15\%-14\%)$$
$$= 14.98\% > 12\%（行业基准收益率）$$

② 财务净现值

$$FNPV = \sum_{t=1}^{18}(CI-CO)_t(1+12\%)^{-t}$$
$$= 5264.11（万元）> 0$$

由项目自有资金现金流量表计算得到的财务内部收益率为 14.98%，大于行业基准收益率 12%，财务净现值为 5264.11 万元，大于零，表明项目在财务上可以考虑接受。

（3）由项目损益表和项目投资估算数据，可以计算以下指标。

$$投资利润率 = \frac{年平均利润总额}{项目总投资} \times 100\% = \frac{7664}{68754} \times 100\% = 11.15\%$$

$$投资利税率 = \frac{年平均利税总额}{项目总投资} \times 100\% = \frac{10784}{68754} \times 100\% = 15.68\%$$

$$资本金利润率 = \frac{年平均利润总额}{资本金} \times 100\% = \frac{7664}{22000} \times 100\% = 34.84\%$$

本项目投资利润率大于行业平均利润率，表明项目单位投资盈利能力达到了行业平均水平；投资利税率大于行业平均利税率，表明项目单位投资对国家积累的贡献水平达到了行业平均水平。

（二）清偿能力分析

1．固定资产投资国内借款偿还期

本项目资金来源与运用表如表 11-34 所示。根据此表及还本付息计算表可计算出项目固定资产投资国内借款偿还期。

$$P_d = T - t + \frac{R_T'}{R_T} = 7 - 1 + \frac{1215}{1215+465+2827} = 6.27（年）$$

所以，项目固定资产投资国内借款偿还期为 6.27 年，能够满足贷款机构要求的期限；外汇借款的还本付息已按要求的偿还条件进行计算，故项目具有清偿能力。

2．财务比率

项目资产负债表如表 11-35 所示，表中计算了反映项目各年财务风险程度和偿债能力的资产负债率、流动比率及速动比率指标。

（三）外汇平衡分析

本项目建设期外汇运用按需用额从国外借入；生产期除支付外汇借款本息外无其他直接外汇支出，项目也无直接外汇收入，支付外汇借款本息的外汇是从外汇调节市场按需用额购买。因此，项目各年的外汇来源与外汇使用显然是平衡的，无须再编制项目财务外汇平衡表。

（四）不确定性分析

1．盈亏平衡分析

按项目第 6 年的年固定成本、可变成本、产品销售收入和销售税金计算，以生产能力利用率表示的项目盈亏平衡点（BEP）为

$$BEP = \frac{10680}{38640-18580-3206} \times 100\% = 63.37\% < 70\%$$

上式结果表明项目具有一定的抗风险能力。

房地产项目投资分析

表 11-32 现金流量表（全部投资）

单位：万元

序号	项目	建设期			投产期								达到设计生产能力期						
		1	2	3	4	5	6	7	8	9	10	11	12	13	14	15	16	17	18
	生产负荷（%）				70	90	100	100	100	100	100	100	100	100	100	100	100	100	100
1	现金流入				27048	34776	38640	38640	38640	38640	38640	38640	38640	38640	38640	38640	38640	38640	48237
1.1	产品销售收入				27048	34776	38640	38640	38640	38640	38640	38640	38640	38640	38640	38640	38640	38640	38640
1.2	回收固定资产余值																		2331
1.3	回收流动资金																		7266
2	现金流出	10996	31011	14468	23764	25689	27881	27408	27573	27784	27875	28001	28128	28210	28210	28210	28210	28210	28210
2.1	固定资产投资（含投资方向调节税）	10996	31011	14468															
2.2	流动资金				5086	1453	726												
2.3	经营成本				16337	20053	21911	21911	21911	21911	21911	21911	21911	21911	21911	21911	21911	21911	21911
2.4	销售税金及附加				2244	2886	3206	3206	3206	3206	3206	3206	3206	3206	3206	3206	3206	3206	3206
2.5	所得税				97	1297	2037	2291	2456	2631	2758	2884	3011	3011	3093	3093	3093	3093	3093
3	净现金流量（1-2）	-10996	-31011	-14468	3284	9087	10759	11232	11067	10892	10765	10639	10512	10430	10430	10430	10430	10430	20027
4	累计现金流量	-10996	-42007	-56475	-53191	-44104	-33345	-22113	-11046	-154	10611	21250	31762	42274	52704	63134	73564	83994	104021
5	所得税前净现金流量	-10996	-31011	-14468	3381	10384	12796	13523	13523	13523	13523	13523	13523	13523	13523	13523	13523	13523	23120
6	所得税前累计净现金流量	-10996	-42007	-56475	-53094	-42710	-29914	-16391	-2868	10655	24178	37701	51224	64747	78270	91793	105316	118839	141959

计算指标 所得税后 所得税前

财务内部收益率： 12.91% 15.91%

财务净现值（$i_c=12\%$）： 2841.07 万元 13406.69 万元

投资回收期： 9.01 年 8.21 年

第十一章 房地产项目财务评价

表11-33 现金流量表（自有资金）

单位：万元

序号	项目	建设期			投产期			达到设计生产能力期										
		1	2	3	4	5	6	7	8	9	10	11	12	13	14	15	16	17	18
	生产负荷(%)				70	90	100	100	100	100	100	100	100	100	100	100	100	100	100
1	现金流入				27048	34776	38640	38640	38640	38640	38640	38640	38640	38640	38640	38640	38640	38640	48237
1.1	产品销售收入				27048	34776	38640	38640	38640	38640	38640	38640	38640	38640	38640	38640	38640	38640	38640
1.2	回收固定资产余值																		2331
1.3	回收流动资金																		7266
2	现金流出	3920	10780	4900	29448	34777	38640	35348	33797	33588	33331	33074	28549	28549	28634	28631	28631	28631	33496
2.1	自有资金	3920	10780	4900	2400														
2.2	借款本金偿还				4321	6756	8260	5482	4267	4267	4267	4267	0	0	0	0	0	0	4866
2.3	借款利息支付				4048	3785	3225	2457	1957	1573	1189	804	420	420	420	420	420	420	420
2.4	经营成本				16337	20053	21911	21911	21911	21911	21911	21911	21911	21911	21911	21911	21911	21911	21911
2.5	销售税金及附加				2244	2886	3206	3206	3206	3206	3206	3206	3206	3206	3206	3206	3206	3206	3206
2.6	所得税				97	1297	2037	2291	2456	2631	2758	2884	3011	3011	3093	3093	3093	3093	3093
3	净现金流量(1-2)	-3920	-10780	-4900	-2400	-1	0	3292	4843	5052	5309	5566	10091	10091	10009	10009	10009	10009	14741

计算指标　财务内部收益率：14.98%

财务净现值（$i_c=12\%$）：5264.11万元

451

表 11-34 资金来源与运用表

单位：万元

序号	项目	建设期			投产期						达到设计生产能力期							
		1	2	3	4	5	6	7	8	9	10	11	12	13	14	15	16	17	18
	生产负荷（%）				70	90	100	100	100	100	100	100	100	100	100	100	100	100	100
1	资金来源	11317	32605	17566	9504	9505	11024	11065	11566	11950	12334	12718	13102	13102	13102	13102	13102	13102	22699
1.1	利润总额				294	3929	6174	6942	7442	7972	8356	8740	9124	9124	9372	9372	9372	9372	9372
1.2	折旧费				3730	3730	3730	3730	3730	3730	3730	3730	3730	3730	3730	3730	3730	3730	3730
1.3	摊销费				394	394	394	394	394	248	248	248	248	248	0	0	0	0	0
1.4	长期借款	7397	21825	12666															
1.5	流动资金借款				2686	1453	727												2331
1.6	其他短期借款																		
1.7	自有资金	3920	10780	4900	2400														
1.8	其他																		
1.9	回收固定资产余值																		7266
1.10	回收流动资金																		
2	资金运用	11317	32605	17565	9504	9505	11024	10600	11067	11416	11774	12132	8513	8513	8744	8744	8744	8744	13610
2.1	固定资产投资	11317	32605	17565															
2.1.1	建设期利息	322	1594	3097															
2.2	流动资金				5086	1453	727												
2.3	所得税				97	1297	2037	2291	2456	2631	2758	2884	3011	3011	3093	3093	3093	3093	3093
2.4	应付利润				0	0	0	2827	4344	4518	4749	4981	5502	5502	5651	5651	5651	5651	5651
2.5	长期借款还本				4321	6756	8260	5482	4267	4267	4267	4267	0	0	0	0	0	0	0
2.6	流动资金借款还本																		4866
2.7	其他短期借款还本																		
3	盈余资金	0	0	0	0	0	0	465	499	534	560	586	4589	4589	4589	4589	4589	4589	9089
4	累计盈余资金	0	0	0	0	0	0	465	964	1498	2058	2643	7232	11821	16179	20537	24895	29253	38324

第十一章 房地产项目财务评价

单位：万元

表 11-35 资产负债表

序号	项目	建设期			投产期						达到设计生产能力期							
		1	2	3	4	5	6	7	8	9	10	11	12	13	14	15	16	17	18
1	资产	11317	43922	61488	63634	61173	57931	54273	50648	47204	43786	40394	41006	41617	42245	42873	43501	44129	44757
1.1	流动资产总额				6170	7932	8814	9279	9778	10312	10872	11457	16046	20635	24993	29351	33709	38067	42425
1.1.1	应收账款				1278	1643	1826	1826	1826	1826	1826	1826	1826	1826	1826	1826	1826	1826	1826
1.1.2	存货				4851	6237	6930	6930	6930	6930	6930	6930	6930	6930	6930	6930	6930	6930	6930
1.1.3	现金				41	52	58	58	58	58	58	58	58	58	58	58	58	58	58
1.1.4	累计盈余资金				0	0	0	465	964	1498	2058	2643	7232	11821	16179	20537	24895	29253	38324
1.2	在建工程	11317	43922	61488															
1.3	固定资产净值				54552	50822	47092	43362	39632	35902	32172	28442	24712	20982	17252	13521	9791	6061	2331
1.4	无形及递延资产净值				2812	2419	2025	1631	1238	990	743	495	248						0
2	负债及所有者权益	11317	43922	61488	63534	61173	57931	54273	50648	47204	43786	40394	41006	41617	42245	42873	43501	44129	44757
2.1	流动负债总额				3770	5533	6414	6414	6414	6414	6414	6414	6414	6414	6414	6414	6414	6414	6414
2.1.1	应付账款				1084	1393	1548	1548	1548	1548	1548	1548	1548	1548	1548	1548	1548	1548	1548
2.1.2	流动资金借款				2686	4129	4866	4866	4866	4866	4866	4866	4866	4866	4866	4866	4866	4866	4866
2.1.3	其他短期借款																		
2.2	长期借款小计	7397	29222	41888	37567	30811	22551	17069	12802	8534	4267	0	0	0	0	0	0	0	0
2.3	所有者权益	7397	29222	41888	41337	36344	28965	23483	19216	14949	10681	6414	6414	6414	6414	6414	6414	6414	6414
2.3.1	资本金	3920	14700	19600	22179	24829	28966	30790	31432	32255	33105	33980	34592	35203	35831	36459	37087	37715	38342
2.3.2	资本公积金	3920	14700	19600	22000	22000	22000	22000	22000	22000	22000	22000	22000	22000	22000	22000	22000	22000	22000
2.3.3	累计盈余公积金	0	0	0	0	0	0	465	964	2058	2058	2643	3255	3866	4494	5122	5750	6378	7006
2.3.4	累计未分配利润	0	0	0	4197	2829	6966	8324	8468	8758	9047	9337	9337	9337	9337	9337	9337	9337	9337
	计算指标																		
	资产负债率 (%)	65	67	68	65	59	50	43	38	32	24	16	16	15	15	15	15	15	14
	流动比率 (%)				164	143	137	145	152	161	169	179	250	322	390	458	526	593	661
	速动比率 (%)				35	31	29	37	44	53	61	71	142	214	282	350	418	485	553

2. 敏感性分析

本项目分别就项目固定资产投资、经营成本、产品销售收入三个主要因素，对项目全部投资所得税前财务内部收益率进行单因素敏感性分析。取变化率为±10%，计算结果如表 11-36 所示。

表 11-36　财务敏感性分析计算表

变动因素	变化率（%）	财务内部收益率（%）	较基本方案增减（%）
固定资产投资	+10	14.44	-1.48
	-10	17.61	+1.69
经营成本	+10	12.98	-2.94
	-10	18.64	+2.72
产品销售收入	+10	19.85	-3.93
	-10	11.51	-4.41

由表可见，各因素变化对项目全部投资所得税前财务内部收益率的影响程度不同，按敏感程度排序由大到小依次为产品销售收入、经营成本、固定资产投资。另外，在±10%的变化范围内，仅产品销售收入下降10%时使所计算的内部收益率指标稍小于行业基准收益率，表明项目有较好的抗风险能力。

由表 11-36 可绘制对应的财务敏感性分析图。

（五）财务评价结论

由上述财务评价结果看，本项目财务内部收益率高于行业基准收益率，财务净现值大于零，投资回收期低于行业基准投资回收期，借款偿还能满足贷款机构要求，项目各年的财务状况也较好，且具有一定的抗风险能力。因此，从财务上讲项目可以接受。

案例二：某住宅小区房地产项目财务评价

一、项目基本情况

GZ 市××地块位于该市 HZ 区 XG 西路 40 号，用地性质为居住用地，用地现状为厂房，用地面积为106690m²（其中净用地面积 97864m²，道路面积 8708m²，绿化面积 121m²）。东边和南边以规划路为界，西至 XG 东马路，北临 XG 西路，东北侧毗邻某高校。该地块由××公司投得，总成交地价为 4.8 亿元。市规划局已经批准了该项目的建设用地，并给出了红线与规划设计要点。本地块已经部分拆迁完毕，一部分厂房现在还正在运作使用。该地块实际上满足"五通"（上水通、下水通、路通、电通、通讯通）条件；现已拆迁部分地块由北向南呈逐步倾斜状态，西南角为最低点，并且这一地块地面上附着许多树龄较大的树木。

二、项目规划设计

（一）项目规划设计要点

（1）建筑密度：28%（以 97864m² 用地面积计）。
（2）容积率：3.6（以 97864m² 用地面积计）。
（3）人口密度：1200 人/公顷。
（4）绿化要求：绿地率 30%，人均公共绿地 1.5m²。
（5）建筑红线退让道路边线及建筑间距：按照《GZ 市城市规划管理办法实施细则》第 95

条有关密度 2 区要求执行。

（6）规划道路：小区内主要道路应不少于 7 米。26 米以上道路建筑物退缩应不少于 5 米、15 米以上道路建筑物退缩应不少于 3 米。

（7）小区交通主要出入口方向：东、南。

（8）停车场（库）配置及停车要求：每 5 户住宅配一个机动车位（每车位建筑面积 $30m^2$）。

（9）小区攻坚配套项目要求。

卫生院：建筑面积 $2000m^2$。

中学：用地面积 $12000m^2$，建筑面积 $9000m^2$。

小学：用地面积 $6500m^2$，建筑面积 $3800m^2$。

幼儿园：用地面积 $1500m^2$，建筑面积 $1500m^2$。

肉菜农贸市场：建筑面积 $2000m^2$。

垃圾压缩站：用地面积 $200m^2$、建筑面积 $200m^2$（三箱）。

社区文化中心：用地面积 $200m^2$、建筑面积 $200m^2$，含图书馆、文化馆、小电影院、体育活动项目。

街道办事处：建筑面积 $500m^2$。

物业管理所：建筑面积 $2000m^2$。

居委会：建筑面积各 $100m^2$，含文化站、卫生站，分三处设置。

储蓄所：建筑面积 $150m^2$。

邮政支局：建筑面积 $2000m^2$。

电信营业所：建筑面积 $200m^2$。

变电房：按用电负荷设置。

公厕：用地面积 $100m^2$、建筑面积 $100m^2$，分两处设置。

变电站：用地面积 $1050m^2$、基底面积 $46m×23m$（变电站高度 25m），退缩间距按《GZ 市城市规划管理办法实施细则》有关要求执行，且不得少于 7m。

煤气调压站：一至两个（$4m×5m$ 距多层建筑应不少于 6m，距高层建筑应不少于 15m，距重要建筑应不少于 25m）。

其他：改用地西北侧临新港西路部分有一地铁临时施工用地，面积约 $3800m^2$ 用地，时间约需 2.5~3 年，且有地铁竖井，尺寸为 $6m×8m$，在作方案时应与地铁总公司联系，结合该位置进行设计。

（二）项目技术经济指标（见表 11-37～表 11-39）

表 11-37 用地平衡表

项　目	用地面积（m^2）	所占比重（%）	人均面积（人/m^2）
居住小区规划总用地	106690	—	9.09
一、居住用地	97864	100	8.33
住宅用地	15695	16.04	1.34
公建用地	27951	28.56	2.38
道路用地	8868	9.06	0.76
公共绿地	45350	46.34	3.86
二、其他用地	8826	—	0.75

续表

项目名称	基底面积（m²）	项目名称	基底面积（m²）
裙楼	11100	小学	1150
小高层	2748.32	幼儿园	750
中高层	7395.12	垃圾站	200
中学	1800	公厕	100
变电房	100	会所	1000
变电站	1050	煤气调压站	40
基底面积总和（m²）		27393.44	
规划要求基底面积总和（m²）		27401.92	

表 11-38　项目主要技术经济指标

项　　目	数　　量	单　　位
总户数	3355	户
居住人口	11743	人
总建筑面积	352290	m²
1. 住宅总建筑面积	280400	m²
2. 公建总建筑面积	25240	m²
3. 商业总建筑面积	25950	m²
4. 车库面积	21000	m²
平均每套建筑面积	83.58	m²
平均每户人口	3.5	人/户
人均居住面积	23.88	m²
人口密度	1200	人/公顷
住宅建筑面积毛密度	2.63	万 m²/公顷
住宅建筑面积净密度	2.87	万 m²/公顷
绿化率	46.34	%
容积率	3.6	—
地下车库建筑面积	21000	m²

表 11-39　项目公建配套设施一览表

项　　目	用地面积	建筑面积	位　　置
卫生院		2000m²	裙楼内
小电影院		1000m²	裙楼三楼
歌舞厅等公建		1000m²	裙楼三楼
社区文化馆		200m²	
青少年活动中心		200m²	
老人活动中心	1000m²	200m²	社区文化中心
健身房		300m²	
图书馆		200m²	
其他会所设施用房		900m²	
游泳场	3500m²	100m²	中心绿地
肉菜农贸市场		2000m²	裙楼内

续表

项　　目	用地面积	建筑面积	位　　置
邮政支局		2000m²	裙楼内
电信营业所		200m²	裙楼内
储蓄所		150m²	裙楼内
街道办事处		500m²	裙楼三楼
居委会		400m²	每组团各100m²
物业管理所		200m²	裙楼三楼
小学	6500m²	3800m²	
中学	12000m²	9000m²	中心绿地边缘
幼儿园	1500m²	1500m²	
煤气调压站	40m²	40m²	地块西面
变电站	1050m²	1050m²	地块东南角
垃圾压缩站	200m²	200m²	地块西面
公厕	100m²	100m²	
体育娱乐场地	200m²		宅旁绿地内
小计	26090m²（不含裙楼内公建）	27440m²	

（三）住宅设计与分期开发

1. 一期开发

一期分为西南组团和东南组团。西南组团住宅为6栋17层，户型全部为三房两厅；东南组团为6栋17层和6栋12层组成，户型主要为三房两厅和两房两厅。两个组团的户型面积基本在80~100m²之间。之所以选择这些户型切入市场，原因是这些户型在市场上最受欢迎；另一方面，考虑到这两个组团位于地块的有利位置，且规划有组团花园，中心花园也配套建成，所以，无论是景观或者是环境，都是相当吸引人的。这是我们采用较低价位入市，必然吸引到大批中高收入人士来购买，聚集一定的人气，从而推动项目的开发。一期住宅建筑面积140995.56m²（详见表11-40）。

表11-40　一期开发住宅类型及面积表

楼型种类	单元类型数量	户　数	建筑面积	户　型	户型比例
蝶形	2	1152	118321.92m²	三房二厅	100%
工字形	2	264	22673.64m²	三房二厅	50%
				二房二厅	50%
合计	4	1416	140995.56m²		

2. 二期开发

二期主要围绕西北组团和东北组团。西北组团为4栋26~28层高的高层，东北组团为4栋26~28层高的高层和2栋11层高的小高层组成。两个组团的户型主要为三房两厅和两房两厅，也有部分两房一厅，两个组团的户型面积基本在55~112m²之间。这一期开发的户型较多，面积种类较多，每一塔楼都有两个112m²的单元，为了吸引一部分购房用于投资的人士前来购买小单元住宅，故将塔楼17楼以下的大单元改成两个小单元。而塔楼17楼以上的住宅，可看到中山大学等远景，故保留大单元。由于这两个组团相对来说可看到较多的景观，同样是中高收入的白领阶层人士安家置业的首选。二期开发住宅建筑面积为139404.14m²，商铺面积

30300m² （详见表 11-41）。

表 11-41　二期开发住宅类型及面积表

楼型种类	单元类型数量	户数	建筑面积	户型	户型比例
井字形	5	1712	131846.26m²	三房二厅	27.6%
				二房二厅	42.5%
				二房一厅	29.9%
工字形	2	88	7557.88m²	三房二厅	50%
				二房一厅	50%
合计	7	1800	139404.14m²		

三、项目开发方案策划

（一）投资组合方案

1. 投资组合方式

在房地产开发中，大量的资金周转使开发商很难单凭自身的经济实力进行项目的开发，像本项目总投资（含贷款建设期利息）为 150663.142 万元，整个建设经营期为 6 年，是一个建设周期长、资金投入量大的建设项目（详见投资计划与资金筹措表），所以一般采用投资的多种组合运用，一方面可减低融资的压力，有助于资金的流通；另一方面可相对降低开发商的风险，使项目顺利开发。

本项目开发投资的资金来源有三个渠道：一是自有资金，二是向银行贷款，三是预售收入用于投资部分。资金运作方式如下：自有资金全部用于投资（需要说明的是，因为本公司刚刚才完成一个项目的销售，故将前一个项目的回收资金投入到本项目，即本项目的自有资金全部由本公司承担，不需再另行寻找合作伙伴）；销售收入扣除与销售有关税费后用于投资，初步估算按销售收入的 25% 计算，从有销售收入年开始，建设经营期的最后一年不须按销售收入的 25% 计算，但租赁需要的 666 万元流动资金从最后一年的销售收入中支出；此外还缺少的资金，则向银行借贷。本项目开发总投资（含贷款利息）共计 150663.142 万元，自有资金 66737.206 万元，占总投资的 44.30%，销售收入再投入用于投资合计 33925.936 万元，另需贷款额合计 50000 万元。

2. 资金运作方式

在项目的前期，将汇集到的自有资金用于支付土地使用权出让金和前期工程费；在获取土地使用权后，可将其向银行或金融机构抵押以获取银行抵押贷款，用于地上建筑物建设；当住宅楼建设完成了主体工程后就可进行销售，销售收入再加上用其他方式筹措到的资金，就可将整个项目投资完成。

（1）自有资金

整个项目的自有资金为 66737.206 万元，占总投资的 44.30%，分 6 年投入，如表 11-42 所示。

表 11-42　自有资金年度投入表

单位：万元

第一年	第二年	第三年	第四年	第五年	第六年
0	12013.9	32481.91	10317.79	11923.63	0

（2）银行贷款

银行长期贷款共有三笔，共计 50000 万元，占总投资的 33.19%；从第一年起每年借一笔如表 11-43 所示。

第十一章 房地产项目财务评价

表 11-43 银行贷款年度投入表

单位：万元

第 一 年	第 二 年	第 三 年
20000	15000	15000

（3）销售收入再投入

销售收入再投入按销售收入的 25%计算，从项目有销售收入时开始，直到项目建设经营期结束，但最后一年投入的销售收入再投入为销售收入的 11.75%，租赁所需的 666 万元流动资金也从最后一年的销售收入中提取。总销售收入再投入为 34015.94 万元，占总投资的 22.58%，如表 11-44 所示。

表 11-44 销售收入再投入年度投入表

单位：万元

第 一 年	第 二 年	第 三 年	第 四 年	第 五 年	第 六 年
0	0	6152.75	8629.1	15764.3	3469.79

（二）项目经营方案

1．销售、租赁比例

项目在销售中采取的是部分销售、部分租赁的策略，即住宅全作销售，商铺、车位全作租赁。采用这样的经营模式的原因如下：第一，本公司实力雄厚，不急于把所有的可售面积全部销售出去以获取利润；第二，本项目的住宅部分销售后已基本收回建设总投资，可还清大部分甚至所有的贷款，即本公司是在低负债率的情况下进行商铺、车库的租赁经营；第三，现在市场上商铺、车库的租赁市场趋势还不太明朗，但乐观的估计，中国加入世贸组织以后，商铺、车库的租赁市场看好，所以我们对商铺、车库的租赁，是采用获取远期投资的策略，期望获得更大的利润。

2．销售内容及规模

（1）第一批先推出一期西南组团的中高层住宅，因为该组团有大型的组团花园，蝶形的楼宇设计，通风、采光、景观方面都较好，目的是吸引一家四口的家庭，售价控制在 5200 元/m² 左右。接着推出第二批，即一期东南客家人组团的小高层和中高层住宅，该组团的组团花园虽然没有西南组团那么大，但是，因为这时小区的中心花园也相应建成，良好的居住环境将有效促进该组团的销售，这里售价控制在 5400 元/m² 左右。

（2）第三批推出的是西北组团，最后推出的是东北组团。这两个组团 8 栋高层住宅和 2 栋小高层住宅，不仅可看到中心花园景观，而且这时环境优美的中小学也相应建成，商铺等配套也相继投入使用，再加上前面两个组团的入住所聚集到的人气，这些都有效促进了该组团的销售，所以售价控制在 5600 元/m² 左右。

3．具体住宅每年销售面积及比例（见表 11-45）

表 11-45 住宅每年销售面积及比例

		第 一 年	第 二 年	第 三 年	第 四 年	第 五 年	第 六 年
中高层	销售面积			47328.77	47328.77	23664.38	
	销售比例			40%	40%	20%	
小高层	销售面积				9069.46	9069.46	4534.73
	销售比例				40%	40%	20%
高层	销售面积					79107.76	52738.5
	销售比例					60%	40%

合计：中高层：118321.92m², 共有 1152 套；

小高层：30231.52m², 共有 352 套；

高层：131846.26m², 共有 1856 套。

4．租赁内容及规模

（1）商铺。本项目商铺全部位于北面两组团的裙楼里，可租面积为 30300m²（其中包括 2000m² 的市场面积、150m² 的储蓄所、2000m² 的邮政支局、200m² 的电信营业所），全部商铺在本项目建设经营期的第五年推出，假设其租赁期也是在建设经营期的第五年开始，20年后（项目开始后的第 24 年末）转售。

（2）车库部分。本项目的车库一部分位于西南组团的架空层内，建筑面积为 10000m²，大约是 320 个车位，该停车库随项目住宅的第一期销售开始推出，即本项目建设经营期的第三年推出。本项目车库的另一部分位于北面高层组团的地下停车库内，建筑面积为 11000m²，大约是 350 个车位，该停车库随项目住宅的第二期销售开始推出，即本项目建设经营期的第五年推出。为方便计算，假设全部车库（建筑面积为 21000m²，大约是 670 个车位）的租赁期在建设经营期的第五年开始，20年后（项目开始后的第 24 年末）转售。

（三）项目开发建设方案

1．建设方式

采用搭接式的施工方法，以公开招标方式选择施工单位，并聘请工程监理，有效地控制项目的工期、成本、质量，使所建的住宅小区能价廉物美，尽快地呈现在人们的眼前。

2．开发方案设想与分析

考虑到本项目的市场推广计划及小区成片建设的需要，拟将整个项目分为两期进行开发。第一期首先完成样板楼展示工程、东西主干道一条、南面主干道一条，并配备管网；同时开发地块南面的两个住宅组团、中心花园及其他一些配套设施。这样可以在小区内部配套尚未完成的情况下使首期买家享受到已成熟的公建配套设施。本期还要将变电站布置在本地块东南面的三角形地块上，并做好防护绿地，对于高压走廊，还要用绿化带进行隔离，尽量减低变电设施对人们心理的不利影响。本期推出的楼盘售价不宜太高，以略高于成本价的价格即可，志在吸引买家，树立小区的形象，创立小区的知名度，为以后提高售价做好准备，也就是说，采用低开高走的策略。

第二期可开发北面的两个组团，这两个组团以高层为主，这时小区已基本成形，配套设施已经基本成熟，人气已聚集，此时楼盘价格可提高一个档次，这时也是获取较大利润的时机。

3．建设进度

本项目计划从 2012 年 1 月开始进行前期工程，总工期为 72 个月，约为 6 年。整个工程分两期开发。

（1）前期开发（时间：2012 年 1 月—2013 年 2 月，约 11 个月）。主要工作包括市场调查，项目开发、营销方案策划，初步可行性分析，规划、建筑、建筑施工设计，项目报建，拆迁征地及办理土地出让合同和土地使用证。

（2）一期开发（时间：2013 年 3 月—2014 年 10 月，约 19 个月）。

一期开发在南区进行，主要是地块的西南及东南两大组团，包括：中高层住宅 12 栋、小高层住宅 6 栋、变电站、幼儿园、会所、中心花园等。

（3）二期开发（时间：2014 年 11 月—2017 年 12 月，约 26 个月）。二期开发主要是地块的西北和东北两个组团，包括：8 栋高层（含住宅和裙楼商铺）、小高层住宅 2 栋、小学、中学等。

关于建设进度的安排详见项目实施进度计划表，如表 11-46 所示。

第十一章 房地产项目财务评价

表 11-46 项目建设进度计划表

序号	工序名称	持续时间（月）	进度安排 2012年				2013年				2014年				2015年				2016年				2017年			
			3	6	9	12	3	6	9	12	3	6	9	12	3	6	9	12	3	6	9	12	3	6	9	12
1	市场调查	1																									
2	投资机会研究与方案构思	0.5																									
3	规划设计	1																									
4	规划设计设计报建	1.5																									
5	项目开发方案策划	2																									
6	项目营销方案策划	2																									
7	项目可行性想研究	2																									
8	开发方案优化	1																									
9	建筑设计	3																									
10	建筑施工图设计	3.5																									
11	项目报建	2																									
12	征地拆迁	8																									
13	缴纳各种税费	1																									
14	办理建筑工程许可证	1.5																									
15	工程招标	1.5																									
16	一期工程预算审核	1																									
17	一期工程准备工作	6																									
18	一期西南组团基础施工	1.5																									
19	一期西南组团主体工程施工	3																									
20	一期销售开展	24																									
21	一期西南组团设备安装施工	2																									
22	一期西南组团装修工程施工	2																									
23	一期西南组团红线工程施工	0.5																									
24	一期东南组团基础施工	1.5																									
25	一期东南组团主体工程施工	3.5																									
26	一期东南组团设备安装施工	2																									

461

续表

序号	工序名称	持续时间（月）	进度安排																				
			2012年				2013年				2014年				2015年				2016年				2017年			
			3	6	9	12	3	6	9	12	3	6	9	12	3	6	9	12	3	6	9	12	3	6	9	12
27	一期东南组团装修工程施工	2																								
28	一期东南组团红线工程施工	0.5																								
29	一期公建配套工程施工	2																								
30	一期绿化道路工程	2																								
31	一期竣工验收	1																								
32	一期交楼	0.5																								
33	二期工程招标	1.5																								
34	二期工程预算审核	1																								
35	二期工程准备工作	6																								
36	二期西北组团基础施工	2																								
37	二期西北组团主体工程施工	3																								
38	二期销售开展	24																								
39	二期西北组团设备安装施工	1																								
40	二期西北组团装修工程施工	1																								
41	二期西北组团红线工程施工	0.5																								
42	二期东北组团基础施工	2																								
43	二期东北组团主体工程施工	3																								
44	二期东北组团设备安装施工	1.5																								
45	二期东北组团装修工程施工	1.5																								
46	二期东北组团红线工程施工	0.5																								
47	二期公建配套工程施工	2																								
48	二期绿化道路工程	2																								
49	二期竣工验收	1																								
50	二期交楼	0.5																								
51	项目后评价	2																								

四、项目投资估算及资金筹措

（一）投资与成本费用估算

本项目住宅总建筑面积为 280400m^2，其中小高层建筑面积 30231.52m^2，中高层建筑面积 118321.92m^2，高层建筑面积 131846.26m^2；裙楼总建筑面积为 33300m^2，可租商铺面积为 30300m^2；地下车库面积为 21000m^2，约 650 个车位。

1．开发成本估算

（1）土地使用权出让金、土地征用与拆迁安置补偿费，以及前期工程费的三通一平费。本项目所投得的地块本来已经完成了征地拆迁和三通一平，开发商共计投入资金 48000 万元。

（2）前期工程费 3722.134 万元，详见本项目前期工程费估算表，如表 11-47 所示。

表 11-47 前期工程费估算表

序 号	项 目	计 算 依 据	计价（万元）
1	规划设计费	建安工程费×3%	1925.242
2	可行性研究费	建安工程费×0.15%	96.262
3	水文、地质、勘察费	建安工程费×0.15%	96.262
4	筹建开办费	建安工程费×2.5%	1604.368
合计			3722.134

（3）建安工程费 64174.72 万元，如表 11-48～表 11-50 所示。

表 11-48 小高层建安工程费用组成每平方米建筑面积造价

项 目	多层（元/m^2）	项 目	多层（元/m^2）
桩基础	60	土建工程	900
一般水电安装	150	煤气	15
通信	10	公用天线	6
普通装修	80	对讲机系统	15
智能化设施	200	电梯	120

表 11-49 中高层建安工程费用组成每平方米建筑面积造价

项 目	高层（元/m^2）	项 目	高层（元/m^2）
桩基础	80	土建工程	950
电梯	140	消防	50
一般水电安装	170	煤气	15
通信	10	公用天线	6
普通装修	80	对讲机系统	15
智能化设施	200		

表 11-50 高层建安工程费用组成每平方米建筑面积造价

项 目	高层（元/m^2）	项 目	高层（元/m^2）
桩基础	90	土建工程	1150
电梯	150	消防	50
一般水电安装	220	煤气	15
通信	10	公用天线	6
普通装修	80	对讲机系统	15
地下室费用	300	智能化设施	200

小高层建安工程费用组成每平方米建筑面积造价＝ 60+900+150+15+10+6+80+15+200+120=1556>1440 元/m²。

所以取 1440 元/m²。

中高层建安工程费用组成每平方米建筑面积造价＝ 80+950+140+50+170+15+10+6+200+80+15 = 1716 元/m²。

高层建安工程费用组成每平方米建筑面积造价＝ 90+1150+150+50+220+15+10+6+200+80+15+300 = 2286 元/m²。

建安工程费：

① 小高层建安工程费 = 1440×30231.52 = 4353.34（万元）
② 中高层建安工程费 = 1716×118321.92 = 20304.04（万元）
③ 高层建安工程费 = 2286×165146.26 +（450+80）×33300 = 39517.34（万元）

其中，"450+80"为裙楼玻璃幕墙和中央空调的每平方建筑面积造价。

总建安工程费 =①+②+③ = 4353.34+20304.04+39517.34 = 64174.72（万元）

（4）基础设施费（红线内外工程费）1911.138 万元，如表 11-51 所示。

表 11-51　基础设施费估算表

序　号	项　目	计　算　依　据	金额（万元）
1	供电工程	65 万元/公顷×106690= 693.485	693.485
2	供水工程	15 万元/公顷×106690= 160.035	160.035
3	电信工程	7 万元/公顷×106690= 74.683	74.683
4	煤气工程	7 万元/公顷×106690= 74.683	74.683
5	绿化工程	5.4 万元/公顷×106690= 57.613	57.613
6	道路工程	42.13 万元/公顷×106690= 449.485	449.485
7	排水工程	37.6 万元/公顷×106690= 401.154	401.154
合计			1911.138

（5）公建配套设施费 2552.64 万元，如表 11-52 所示。

表 11-52　公建配套设施费估算表

序　号	项　目	建筑面积（m²）	单价（元/m²）	金额（万元）
1	幼儿园	1500	850	127.5
2	小学	3800	900	342
3	中学	9000	900	810
4	卫生院	2000（位于裙房内）	600	120
5	文化活动中心	2000	1000	200
6	球类场地	8180	780	638.04
7	肉菜市场	2000（位于裙房内）	—	—
8	居委会	400	600	24
9	邮政支局	2000（位于裙房内）	—	—
10	电信营业所	200（位于裙房内）	—	—
11	储蓄所	150（位于裙房内）	—	—
12	街道办事处	500（位于裙房内）	400	20
13	物业管理所	200（位于裙房内）	400	8
14	额外增加会所	2000（位于裙房内）	800	160

续表

序 号	项 目	建筑面积（m²）	单价（元/m²）	金额（万元）
15	游泳场	3500	100	35
16	体育娱乐场地	200	60	1.2
17	公厕	100	600	6
18	垃圾压缩站	200	300	6
19	变电站	1050	500	52.5
20	煤气调压站	40	600	2.4
合计				2552.64

（6）开发期间税费 7996.85 万元，如表 11-53 所示。

表 11-53　开发期间税费一览表

序 号	类 别	计 算 依 据	交纳税额（万元）
1	配套设施建设费①	建安工程费×6%	3850.48
2	建筑工程质量安全监督费	建安工程费×0.4%	256.70
3	供水管网补偿费②	住宅：0.3 t/人，600 元/t 商铺：0.1 t/m²，600 元/t	住宅：211.37 商铺：199.80
4	供电用电负荷费③	住宅：4kVA/户，480 元/kVA 商铺：8kVA/百 m²，1000 元/kVA	住宅：645.12 商铺：266.40
5	其他	建安工程费×2%	1283.49
6	物业管理基金④	建安工程费×2%	1283.49
合计			7996.85

注：① 配套设施建设费目前 GZ 市是按基建投资额的 5.5%计征（小区开发）；
② 供水管网补偿费目前 GZ 市已取消；
③ 供电用电负荷费目前 GZ 市对住宅已取消，对非住宅按 350 元/kVA 征收；
④ 物业管理基金按规定应由购房者在购房时交纳，因此不宜计入开发成本。

（7）不可预见费 2170.82 万元，取以上（2）～（5）项之和的 3%。（注：由于本项目的土地使用权出让金已实际发生，故此处不参与不可预见费的计算）

不可预见费 =（3722.134+64174.72+1911.138+2552.64）×3%
　　　　　　 = 2170.82 万元

（8）开发成本 130528.30 万元，为以上（1）～（7）项小计。

开发成本 = 48000 + 3722.134 + 64174.72 + 1911.138 + 2552.64 + 7996.85 + 2170.82
　　　　　 = 130528.30（万元）

2．开发费用估算

（1）管理费用 3610.82 万元，取以上（1）～（5）项之和的 3%。
　　（48000+3722.134+64174.72+1911.138+2552.64）×3% = 3610.82（万元）

（2）销售费用 6054.32 万元，如表 11-54 所示。

表 11-54　销售费用估算表

序 号	项 目	计 算 依 据	计价（万元）
1	广告宣传及市场推广费	销售收入×1%	1513.58
2	销售代理费	销售收入×2%	3027.16
3	其他销售费用	销售收入×1%	1513.58
合计			6054.32

(3) 财务费用 10469.7 万元，详见贷款还本付息结算表（见表 11-55）。

表 11-55 贷款还本付息结算表

单位：万元

序号	项目名称	合计	建设经营期					
			第一年	第二年	第三年	第四年	第五年	第六年
1	借款还本付息							
1.1 第一笔借款	年初借款累计				20546.3	21668.7	22852.5	15235	7617.5
	本年借款	20000	20000					
	本年应计利息	5349.3	546.3	1122.4	1183.8	1248.4	832.3	416.1
	年底还本付息	25349.3				8865.9	8449.8	8033.6
	年末借款累计		20546.3	21668.7	22852.5	15235	7617.5	0
1.2 第二笔借款	年初借款累计				15409.7	16251.5	10834.3	5417.1
	本年借款	15000		15000				
	本年应计利息	3027.1		409.7	841.8	887.8	591.9	295.9
	年底还本付息	18027.1				6305.0	6009.0	5713.1
	年末借款累计			15409.7	16251.5	10834.3	5417.1	0
1.3 第三笔借款	年初借款累计					15409.7	10273.1	5136.6
	本年借款	15000			15000			
	本年应计利息	2093.3			409.7	841.8	561.2	280.6
	年底还本付息	17093.3				5978.4	5697.7	5417.2
	年末借款累计				15409.7	10273.1	5136.6	0
1.4 借款汇总	年初借款累计		0	20546.3	37078.4	54513.7	36342.4	18171.2
	本年借款	50000	20000	15000	15000	0	0	0
	本年应计利息	10469.7	546.3	1532.1	2435.3	2978	1985.4	992.6
	年底还本付息	60469.7	0	0	0	21149.3	20156.5	19163.9
	年末借款累计		20546.3	37078.4	54513.7	36342.4	18171.2	0
2	借款还本付息的资金来源							
2.1	投资回收	60469.7				21149.3	20156.5	19163.9

注：1. 贷款利率为 5.463%。

2. 当年利息=（年初借款本息累计+当年借款/2）×年利率。

(4) 开发费用 20134.84 万元，前面（1）~（3）项之和。

3. 总成本费用汇总及分摊表。

本项目的总成本费用详见投资成本费用估算汇总表（见表 11-56）。

表 11-56 投资成本费用估算汇总表

成 本 项 目	总额（万元）	得房成本（元/m²）				
		小 高 层	中 高 层	高 层	商 铺	车 位
1. 开发成本	130528.30	3121.5	3397.5	3667.5	7679.2	2881.5
（1）土地成本	48000	1160.5	1160.5	1160.5	4642.2	
（2）前期工程费	3722.134	105.7	105.7	105.7	105.7	105.7
（3）建安工程费	64174.72	1440	1716	1986	2516	2359

续表

成 本 项 目	总额（万元）	得房成本（元/m²）				
		小 高 层	中 高 层	高 层	商 铺	车 位
（4）基础设施费	1911.138	54.2	54.2	54.2	54.2	54.2
（5）公建配套设施费	2552.64	72.5	72.5	72.5	72.5	72.5
（6）开发期间税费	7996.85	227.0	227.0	227.0	227.0	227.0
（7）不可预见费	2170.82	61.6	61.6	61.6	61.6	61.6
2．开发费用	20134.84	691.8	691.8	691.8	102.5	102.5
（1）管理费用	3610.82	102.5	102.5	102.5	102.5	102.5
（2）销售费用	6054.32	215.9	215.9	215.9		
（3）财务费用	10469.7	373.4	373.4	373.4		
3．合计	150663.14	3813.3	4089.3	4359.3	7781.7	2984

注：投资分摊的原则。
总原则：所有的总投资均应分摊到可售（可租）的面积中去。
细则：（1）按计算投资的各项成本来分摊。
（2）各分项中能按各功能使用容量来分摊的按各功能使用容量分摊。
（3）若不能按使用数量或容量来分摊，则按各功能的面积比例来分摊。
（4）各种税费中与工程有关的按同一分项功能工程成本比例分摊，同工程无关的按功能面积比例分摊。
（5）与工程无关的分项按各功能面积比例分摊。

（二）资金筹措、投资计划及借款利息
1．资金筹措与投资计划
本项目开发投资的资金来源有三个渠道：一是企业自有资金，二是银行贷款，三是销售房收入用于投资部分。本项目开发商投入自有资金 66737.206 万元作为启动资金，另须向银行贷款 50000 万元用于投资，剩余部分 33925.936 万元由销售房收入补充，总投资为 150663.142 万元，其中 10469.7 万元的银行贷款利息从住宅的销售收入中支付。
投资计划与资金筹措表如表 11-57 所示。

表 11-57 投资计划与资金筹措表

单位：万元

序号	项目	合计	建设经营期											
			2002年		2003年		2004年		2005年		2006年		2007年	
			上半年	下半年	上半年	下半年	上半年	下半年	上半年	下半年	上半年	下半年	上半年	下半年
1	投资总额	150663.1	9181.8	9828.1	10381.8	12013.9	22560.7	32073.9	5838.6	17716.6	22202.4	5395.6	1238.6	2231.2
1.1	建设投资	140193.4	9181.8	9281.8	10381.8	10481.8	22560.7	29638.6	5838.6	14738.6	22202.4	3410.2	1238.6	1238.6
1.1.1	土地成本	48000.0	8000	8000	8000	8000	8000	8000	0	0	0	0	0	0
1.1.2	前期工程费	3722.1	700.0	800.0	900.0	1000.0	322.1	0	0	0	0	0	0	0
1.1.3	建安工程费	64174.7	0	0	0	0	12000	18000	3000	12000	18 000	1174.72	0	0
1.1.4	基础设施费	1911.1	0	0	0	0	0	400	600	500	411.14	0	0	0
1.1.5	公建配套设施费	2552.6	0	0	0	0	0	1000	0	0	1552.64	0	0	0
1.1.6	开发期间税费	7996.9	0	0	1000	1000	1000	1000	1000	1000	1000	996.85	0	0
1.1.7	不可预见费	2170.8	180.9	180.9	180.9	180.9	180.9	180.9	180.9	180.9	180.9	180.9	180.9	180.9
1.1.8	管理费	3610.8	300.9	300.9	300.9	300.9	300.9	300.9	300.9	300.9	300.9	300.9	300.9	300.9
1.1.9	销售费用	6054.3	0	0	0	0	0	756.8	756.8	756.8	756.8	756.8	756.8	756.8
1.2	贷款利息	10469.7	0	546.3	0	1532.1	0	2435.3	0	2978	0	1985.4	0	992.6
1.3	流动资金	0.0												

续表

序号	项目	合计	建设经营期									
			2002年		2003年		2004年		2005年		2006年		2007年	
			上半年	下半年	上半年	下半年	上半年	下半年	上半年	下半年	上半年	下半年	上半年	下半年
2	资金筹措	150663.1	9181.8	9828.1	10381.8	12013.9	22560.7	32073.9	5838.6	17716.6	22202.4	5395.6	1238.6	2231.2
2.1	自有资金	66737.2	0	0	0	12013.9	14560.7	17921.1	1230.3	9087.5	11923.6	0	0	0
2.2	借款	50000.0	9181.8	9828.1	10381.8	0	8000.0	8000.0	4608.3	0	0	0	0	0
2.3	销售收入再投入	33925.9	0	0	0	0	0	6152.8	0.0	8629.1	10278.7	5395.6	1238.6	2231.2

2. 贷款本金的偿还及利息支付

长期借款采用每年本金等额偿还方案,三年还清,从建设经营期第四年开始计算,详见表11-55(央行2000年9月起执行的贷款利率为5.463%)。

五、项目销售收入和租赁收入的测算

(一)住宅销售单价的确定

(1)用市场比较法确定销售价格的上限(平均价格),如表11-58、表11-59所示。

表11-58 小高层与中高层住宅价格市场比较法销售状况权重系数修正表

项目名称	顺景雅苑	海富花园	柏涛雅苑	南景园	愉景雅苑	合计
住宅相对价格(元)	5214	5183	5237	5253	5253	
销售状况权重(销售率)	68%	70%	10%	72%	98%	318%
加权后的相对价格(元/m²)	3546	3628	524	3782	5148	16628
本项目住宅销售平均标准价基价(元/m²)						5229

表11-59 高层住宅价格市场比较法销售状况权重系数修正表

项目名称	中海名都	富景花园	顺华名庭	万丰花园	朗晴居	合计
住宅相对价格(元)	5501	5484	5537	5607	5546	
销售状况权重(销售率)	90%	36%	60%	67%	78%	331%
加权后的相对价格(元/m²)	4951	1974	3322	3757	4326	18330
本项目住宅销售平均标准价基价(元/m²)						5537

经比较计算得本项目住宅销售单价小高层和中高层均价约为5229元/m²,高层均价约为5537元/m²。详见本项目住宅价格市场比较法系数修正表(表11-58、表11-59)。

(2)用成本法确定销售价格的下限(平均价格)。

① 小高层销售单价 $3813.3 \times (1+10\%) = 4194.63$ 元/m²。

② 中高层销售单价 $4089.3 \times (1+10\%) = 4498.23$ 元/m²。

③ 高层销售单价 $4359.3 \times (1+10\%) = 4795.23$ 元/m²。

(3)建议销售单价。

① 小高层销售单价5200元/m²。

② 中高层销售单价5300元/m²。

③ 高层销售单价5500元/m²。

(4)总销售收入的确定。

根据成本估算及市场研究的结果,确定住宅部分从建设经营期的第三年中开始出售,整个销售过程大概按四个组团分四批进行，预计建设经营期的第三年卖出 40%的中高层，均价为 5200 元/m²；第四年卖出 60%的小高层和 40%的中高层，小高层均价为 5200 元/m²，中高层均价为 5300 元/m²；第五年卖出 40%的小高层、20%的中高层和 60%的高层，小高层均价为 5300 元/m²，中高层均价为 5400 元/m²，高层均价为 5500 元/m²；第六年卖出 40%的高层，均价为 5600 元/m²。按照上述确定的每年出售比例和销售单价，计算实际的销售总收入，如表 11-60～表 11-62 所示。

表 11-60 销售总收入预测表

项 目		可销售面积（m²）	建议销售单价（元/m²）	销售收入（万元）
第一批	40%中高层	47328.77	5200	24611.0
第二批	60%小高层	18138.91	5200	9432.2
	40%中高层	47328.77	5300	25084.2
第三批	40%小高层	12092.6	5300	6409.1
	20%中高层	23664.38	5400	12778.8
	60%高层	79107.76	5500	43509.3
第四批	40%高层	52738.5	5600	29533.6
合计				151358.2

表 11-61 本项目住宅价格市场比较法系数修正表

类型	序号	项目名称	标准价（元/m²）	交易时间修正	区域因素修正					个别因素修正				交易情况修正	本项目住宅售价（元/m²）
					交通	配套	环境	城市条件	小计	装修	实用率	发展商实力	小计		
小高层和中高层	1	顺景雅苑	4800	100/98	-3	-3	+1	-2	100/93	+2	0	-1	100/101	100/100	5214
	2	海富花园	5600	100/99	0	+1	+2	+4	100/107	+3	+1	-2	100/102	100/100	5183
	3	柏涛雅苑	5500	100/99	-1	0	+3	+2	100/104	+3	+1	-2	100/102	100/100	5237
	4	南景园	5200	100/99	-2	-2	+2	+1	100/99	+2	0	-1	100/101	100/100	5253
	5	愉景雅苑	5200	100/98	0	-1	+2	0	100/101	+1	0	-1	100/100	100/100	5253
高层	1	中海名都	5500	100/99	0	-2	+2	0	100/100	+1	0	0	100/101	100/100	5501
	2	富景花园	4800	100/98	0	-3	-2	-1	100/94	+1	-1	-5	100/95	100/100	5484
	3	顺华名庭	5000	100/98	0	-1	-2	-2	100/95	+1	0	-4	100/97	100/100	5537
	4	万丰花园	6000	100/99	+1	0	+2	+4	100/107	+2	0	-2	100/100	100/100	5607
	5	朗晴居	5600	100/99	0	-2	+2	0	100/100	+2	+1	-1	100/102	100/100	5546

表 11-62 销售收入分批按比例预测

批数	销售计划		建设经营期年收入（万元）						合计
	比例	面积	2012 年	2013 年	2014 年	2015 年	2016 年	2017 年	
1	40%中高层	47328.77			24611.0				24611.0
2	60%小高层	18138.91				9432.2			9432.2
	40%中高层	47328.77				25084.2			25084.2
3	40%小高层	12092.6					6409.1		6409.1
	20%中高层	23664.38					12778.8		12778.8
	60%高层	79107.76					43509.3		43509.3
4	40%高层	52738.5						29533.6	29533.6
合计					24611.0	34516.4	62697.2	29533.6	151358.2

(二)铺租赁单价的确定

(1)用市场比较法确定租赁价格的上限(平均价格)。

已知可比实例顺华名庭的商铺均价为 20000 元/m², 富景花园商铺均价为 18000 元/m², 万丰大厦商铺均价为 16000 元/m²。由于调查所得可比实例价格为销售价格,故须将其价格转换为租赁价格。先求出本项目商铺的销售价格,如表 11-63 所示。

表 11-63 本项目商铺价格市场比较法系数修正表

序号	项目名称	标准价	交易时间修正	区域因素修正			个别因素修正	交易情况修正	本项目商铺相对售价(元/m²)
				交通	繁华程度	小计			
1	顺华名庭	23000	100/98	0	+2	100/102	100/101	100/100	22781
2	富景花园	21000	100/99	0	0	100/100	100/99	100/100	21426
3	万丰大厦	18000	100/98	-2	-2	100/96	100/96	100/100	19930

由于上述三个可比实例的销售状况权重难以确定,故采用算术平均值确定本项目商铺价格市场比较法销售单价的上限。

商铺平均标准价 =(22781+21426+19930)/3 = 21379(元/m²)

(2)用成本法确定销售价格的下限(平均价格)。

商铺销售单价 = 7781.7×(1+10%)= 8559.87(元/m²)

本项目的商铺可租面积为 30300m², 其中 25950m² 为纯商业性质, 而 4350m²(2000m² 市场、2000m² 邮政支局、150m² 储蓄所和 200m² 电信营业所)为公建+商业面积, 故该 4350m² 面积宜以略高于成本价出租, 取销售价格为 12000 元/m², 所以本项目的销售单价须用加权平均来确定, 计算如下:

(21379×25950+12000×4350)/(25950+4350)= 20032.5(元/m²)

假设本项目商铺经营年限为无限期,则根据公式 $a=vr$ 来求其租赁价格(其中 r= 8%):

月租赁价格 =(20032.5×8%)/(12×65%)= 205(元/m²)

(3)建议平均月租金为 200 元/m²。

(4)商铺出租总收入估算表,如表 11-64 所示。

(注:假设商铺出租在第五年开始,在 24 年末转售,转售单价为 25000 元/m²。)

(三)车库租赁单价的确定

(1)采用市场比较法确定租赁价格的上限(平均价格)。

已知顺景雅苑的车位月租赁价格为 500 元/个,中信乐涛苑的车位月租赁价格为 500 元/个,富景花园的车位月租赁价格为 500 元/个。取上述三个可比实例的算术平均值作为本项目车位月租赁单价。

月租赁单价 =(500+500+500)/3 = 500(元/个)

由调查得本项目附近的楼盘的车位售价顺华名庭为 20 万元/个, 银华大厦为 20 万元/个, 中信乐涛苑为 20 万元/个, 取上述三个可比实例的算术平均值乘上一系数作本项目转售时的单价 =(20+20+20)/3×1.25 = 25(万元/个)。

(注:假设车位出租在第五年开始,在 24 年末转售,转售价格为 25 万元/个。)

(2)车位出租总收入估算表,如表 11-65 所示。

第十一章 房地产项目财务评价

表 11-64 出租计划和出租收入估算表

单位：万元

序号	项目名称	建设期				经营期																			
		1	2	3	4	5	6	7	8	9	10	11	12	13	14	15	16	17	18	19	20	21	22	23	24
1	可出租面积（商铺）	0	0	0	0											30300										
2	单位租金（元/m²）	0	0	0	0	190	190	190	190	190	200	200	200	200	200	200	200	200	200	200	210	210	210	210	210
3	可能的毛租金收入（万元）	0	0	0	0	6908	6908	6908	6908	6908	7272	7272	7272	7272	7272	7272	7272	7272	7272	7272	7636	7636	7636	7636	7636
4	出租率（%）	0	0	0	0	65	70	75	80	85	90	90	90	90	90	95	95	95	95	95	100	100	100	100	100
5	有效毛租金收入（万元）	0	0	0	0	4490	4836	5181	5527	5872	6545	6545	6545	6545	6545	6908	6908	6908	6908	6908	7636	7636	7636	7636	7636
6	转售单价（元/m²）																								25000
7	转售收入（万元）																								75750
8	合计																								207100.5

表 11-65 车位出租计划和出租收入估算表

单位：万元

序号	项目名称	建设期				经营期																			
		1	2	3	4	5	6	7	8	9	10	11	12	13	14	15	16	17	18	19	20	21	22	23	24
1	可出租个数（车位）	0	0	0	0											650									
2	单位租金（元/个·月）	0	0	0	0	450	450	450	450	450	500	500	500	500	500	550	550	550	550	550	600	600	600	600	600
3	可能的毛租金收入（万元）	0	0	0	0	351	351	351	351	351	390	390	390	390	390	429	429	429	429	429	468	468	468	468	468
4	出租率（%）	0	0	0	0	65	70	75	80	85	90	90	90	90	90	95	95	95	95	95	100	100	100	100	100
5	有效毛租金收入（万元）	0	0	0	0	228	246	263	281	298.4	351.0	351.0	351.0	351.0	351.0	407.6	407.6	407.6	407.6	407.6	468.0	468	468	468	468
6	转售单价（万元/个）																								25
7	转售收入（万元）																								16250
8	合计															23699									

471

（四）相关税金计算

（1）住宅销售税金及附加估算详见住宅销售税金及附加估算一览表（见表11-66）。

表11-66 住宅部分销售税金及附加表

单位：万元

序号	项目名称	建设经营期						合计
		2012年	2013年	2014年	2015年	2016年	2017年	
1	销售收入	0	0	24611	34516.4	62697.2	29533.6	151358.2
2	销售税金及附加	0	0	1533.2653	2150.3717	3906.03556	1839.94328	9429.6159
2.1	营业税	0	0	1230.55	1725.82	3134.86	1476.68	7567.91
2.2	城市维护建设税	0	0	86.1385	120.8074	219.4402	103.3676	529.7537
2.3	教育费附加	0	0	36.9165	51.7746	94.0458	44.3004	227.0373
2.4	防洪工程维护费	0	0	44.2998	62.12952	112.85496	53.16048	272.44476
2.5	交易管理费	0	0	123.055	172.582	313.486	147.668	756.791
2.6	交易印花税	0	0	12.3055	17.2582	31.3486	14.7668	75.6791
3	土地增值税	0	0	246.11	345.164	626.972	295.336	1513.582
	合计	0	0	1779.3753	2495.5357	4533.0056	2135.27928	10943.198

（2）商铺租赁税金及附加估算详见商铺租赁税金及附加估算一览表（见表11-67）。

（3）车位租赁税金及附加估算详见车位租赁税金及附加估算一览表（见表11-68）。

（注：各种税金及附加估算表中均未包括土地增值税项目。）

六、项目财务评价

（一）损益表与项目静态盈利能力分析

（1）住宅部分损益表如表11-69所示。

评价指标：

① 住宅部分投资的投资利润率 ＝（利润总额/总投资额）×100%
  ＝（23025.6/117389.3）×100%
  ＝19.61%

② 住宅部分投资的投资利税率 ＝（利税总额/总投资额）×100%
  ＝（23025.6+143.2+3683.6）/117389.3×100%
  ＝22.87%

③ 住宅部分资金的投资利润率 ＝（利润总额/住宅部分自有资金）×100%
  ＝（23025.6/40042.3）×100%
  ＝57.50%

本项目以上三个静态评价指标与房地产同行业相应指标比较，可以接受，故项目从静态盈利能力分析来看是可行的。

（2）商铺与车位部分损益表如表11-70所示。

表 11-67 商铺租赁税金及附加表

单位：万元

序号	项目名称	建设期				经营期																			转售
		1	2	3	4	5	6	7	8	9	10	11	12	13	14	15	16	17	18	19	20	21	22	23	24	
1	租赁（转售）收入	0	0	0	0	4490	4836	5181	5527	5872	6545	6545	6545	6545	6545	6908	6908	6908	6908	6908	7636	7636	7636	7636	7636	75750
2	租赁税金及附加	0	0	0	0	255	274.7	294.3	313.9	333.5	371.8	371.8	371.8	371.8	371.8	392.4	392.4	392.4	392.4	392.4	433.7	433.7	433.7	433.7	433.7	4719.2
2.1	营业税	0	0	0	0	224.5	241.8	259.1	276.4	293.6	327.3	327.3	327.3	327.3	327.3	345.4	345.4	345.4	345.4	345.4	381.8	381.8	381.8	381.8	381.8	3787.5
2.2	城市维护建设税	0	0	0	0	15.7	16.9	18.1	19.3	20.6	22.9	22.9	22.9	22.9	22.9	24.2	24.2	24.2	24.2	24.2	26.7	26.7	26.7	26.7	26.7	265.1
2.3	教育费附加	0	0	0	0	6.7	7.3	7.8	8.3	8.8	9.8	9.8	9.8	9.8	9.8	10.4	10.4	10.4	10.4	10.4	11.5	11.5	11.5	11.5	11.5	113.6
2.4	防洪工程维护费	0	0	0	0	8.1	8.7	9.3	9.9	10.6	11.8	11.8	11.8	11.8	11.8	12.4	12.4	12.4	12.4	12.4	13.7	13.7	13.7	13.7	13.7	136.4
2.5	交易管理费																									378.8
2.6	交易印花税																									37.9
3	土地增值税																									757.5
	合计															194163.4										

表 11-68 车位租赁税金及附加表

单位：万元

序号	项目名称	建设期				经营期																			转售
		1	2	3	4	5	6	7	8	9	10	11	12	13	14	15	16	17	18	19	20	21	22	23	24	
1	租赁（转售）收入	0	0	0	0	228	246	263	281	298	351	351	351	351	351	408	408	408	408	408	468	468	468	468	468	16250
2	租赁税金及附加	0	0	0	0	13	14	14.9	16	16.9	19.9	19.9	19.9	19.9	19.9	23.2	23.2	23.2	23.2	23.2	26.6	26.6	26.6	26.6	26.6	1012.4
2.1	营业税	0	0	0	0	11.4	12.3	13.2	14.1	14.9	17.6	17.6	17.6	17.6	17.6	20.4	20.4	20.4	20.4	20.4	23.4	23.4	23.4	23.4	23.4	812.5
2.2	城市维护建设税	0	0	0	0	0.8	0.86	0.92	0.98	1.04	1.23	1.23	1.23	1.23	1.23	1.43	1.43	1.43	1.43	1.43	1.64	1.64	1.64	1.64	1.64	56.875
2.3	教育费附加	0	0	0	0	0.34	0.37	0.39	0.42	0.45	0.53	0.53	0.53	0.53	0.53	0.61	0.61	0.61	0.61	0.61	0.7	0.7	0.7	0.7	0.7	24.375
2.4	防洪工程维护费	0	0	0	0	0.41	0.44	0.47	0.51	0.54	0.63	0.63	0.63	0.63	0.63	0.73	0.73	0.73	0.73	0.73	0.84	0.84	0.84	0.84	0.84	29.25

续表

序号	项目名称	建设期																				经营期				转售
		1	2	3	4	5	6	7	8	9	10	11	12	13	14	15	16	17	18	19	20	21	22	23	24	
2.5	交易管理费	0	0	0	0																					81.25
2.6	交易印花税	0	0	0	0																					8.125
3	土地增值税	0	0	0	0																					162.5
	合计															22102.8										

表 11-69 住宅部分损益表

单位：万元

序号	项目名称	合 计	建设经营期					
			2002年	2003年	2004年	2005年	2006年	2007年
1	销售收入	151358.2	0	0	24611	34516.4	62697.2	29533.6
2	总成本费用	117389.3	0	0	19354.2	26271.1	48773.8	22990.3
3	土地增值税	1513.582	0	0	246.11	345.164	626.972	295.336
4	销售税金及附加	3683.637	0	0	1533.265	2150.372	3906.036	1839.943
5	利润总额	23025.602	0	0	3477.425	5749.764	9390.392	4408.021
6	所得税	7598.4487	0	0	1147.5503	1897.4221	3098.8294	1454.6469
7	税后利润	15427.153	0	0	2329.8748	3852.3419	6291.5626	2953.3741
8	盈余公积金	1542.7153	0	0	232.98748	385.23419	629.15626	295.33741
9	可分配利润	13884.438	0	0	2096.8873	3467.1077	5662.4064	2658.0367
	投资利润率	19.61%						
	投资利税率	24.04%						
	资本金利润率	57.50%						

第十一章 房地产项目财务评价

表 11-70 商铺与车位租赁部分损益表

单位：万元

序号	项目名称	合计	建设期				经营期																	转售
			1	2	3	4	5	6	7	8	9	10	11	12	13	14	15	16	17	18	19	20	21	22	23	24	
1	租赁（转售）收入	230802	0	0	0	0	4718	5082	5444	5808	6170	6896	6896	6896	6896	6896	7316	7316	7316	7316	7316	8104	8104	8104	8104	8104	92000
2	总成本费用	66879	0	0	0	0	1678	1769	1860	1951	2041	2223	2223	2223	2223	2223	2328	2328	2328	2328	2328	2525	2525	2525	2525	2525	22202
3	租赁税金及附加	13618	0	0	0	0	268	289	309	330	350	392	392	392	392	392	416	416	416	416	416	460	460	460	460	460	5732
4	土地增值税	920	0	0	0	0	0	0	0	0	0	0	0	0	0	0	0	0	0	0	0	0	0	0	0	0	920
5	利润总额	149385	0	0	0	0	2772	3024	3275	3527	3779	4281	4281	4281	4281	4281	4572	4572	4572	4572	4572	5119	5119	5119	5119	5119	63147
6	所得税	49297	0	0	0	0	915	998	1081	1164	1247	1413	1413	1413	1413	1413	1509	1509	1509	1509	1509	1689	1689	1689	1689	1689	20838
7	税后利润	100088	0	0	0	0	1857	2026	2194	2363	2532	2868	2868	2868	2868	2868	3063	3063	3063	3063	3063	3430	3430	3430	3430	3430	42308
8	盈余公积	10009	0	0	0	0	186	203	219	236	253	287	287	287	287	287	306	306	306	306	306	343	343	343	343	343	4231
9	可分配利润	90079	0	0	0	0	1671	1823	1975	2127	2279	2582	2582	2582	2582	2582	2757	2757	2757	2757	2757	3087	3087	3087	3087	3087	38077
	年投资利润率	23.21%																									
	年投资利税率	25.47%																									
	年资本金利润率	22.38%																									

评价指标：

① 商铺与车位部分年投资利润率 =（利润总额/总投资额/20）×100%
　　　　　　　　　　　　　　 =（149385/32179.7/20）×100%
　　　　　　　　　　　　　　 = 23.21%

② 商铺与车位部分年投资利税率 =（利税总额/总投资额/20）×100%
　　　　　　　　　　　　　　 =（149385+13617.6+920）/32179.7/20×100%
　　　　　　　　　　　　　　 = 25.47%

③ 住宅部分年投资利润率 =（利润总额/商铺与车位部分自有资金）×100%
　　　　　　　　　　　 =（149385/40042.3/20）×100%
　　　　　　　　　　　 = 22.38%

从本项目以上三个静态评价指标与房地产同行业相应指标比较，可以接受，故项目从静态盈利能力分析来看是可行的。

（二）现金流量表与项目动态盈利能力分析

对本项目进行经济效益分析评价的主要依据是国家计委、建设部颁发的《建设项目经济评价方法与参数》，参照我国新的财会制度，结合房地产开发的实际情况，分别计算全部投资和自有资金的经济效益。由于本项目为租售并举的项目，所以要运用多个评价指标来进行项目评价，主要评价指标有财务内部收益率（FIRR）、财务净现值（FNPV）及项目动、静态回收期等指标。评价指标的计算过程如住宅全部投资现金流量表（见表11-71）、住宅部分自有资金现金流量表（见表11-72）以及商铺与车位租赁现金流量表（见表11-73）所示。

表11-71 住宅部分全部投资现金流量表

单位：万元

序号	项目名称	建设经营期					
		1	2	3	4	5	6
1	现金流入	0	0	24611	34516.4	62697.2	29533.6
1.1	销售收入	0	0	24611	34516.4	62697.2	29533.6
1.2	其他现金流入	0	0	0	0	0	0
2	现金流出	10924.52	13103.4	39466.515	22048.556	27560.638	5323.959
2.1	建设投资	10924.52	13103.4	36539.59	17655.6	19928.8	1734.03
2.2	土地增值税	0	0	246.11	345.164	626.972	295.336
2.3	销售税金及附加	0	0	1533.2653	2150.3717	3906.036	1839.943
2.4	所得税	0	0	1147.55	1897.42	3098.83	1454.65
3	净现金流	-10924.52	-13103.4	-14855.52	12467.844	35136.562	24209.641
4	累计净现金流	-11078.2	-24181.6	-39037.12	-26569.27	8567.291	32776.932
5	折现净现金流	-10115.3	-11234.05	-11792.79	9164.2378	23913.354	15256.18
6	累计折现净现金流	-10257.6	-21491.65	-33284.44	-24120.2	-206.849	15049.331
7	税前净现金流	-10924.52	-13103.4	-13707.97	14365.264	38235.392	25664.291

续表

序号	项目名称	建设经营期					
		1	2	3	4	5	6
8	税前累计净现金流	−1 078.2	−24181.6	−37889.57	−23524.3	14711.091	40375.382
9	税前折现净现金流	−10115.3	−11234.05	−10881.82	10558.898	26022.365	16172.857
10	税前累计折现净现金流	−10257.6	−21491.65	−32373.48	−21814.58	4207.7851	20380.642
	评价指标	税前		税后			
	财务净现值（$i=8\%$）	20380.642		15049.331			
	财务内部收益率	26.638%		22.048%			
	投资回收期（静态）	4.615		4.756			
	投资回收期（动态）	4.838		5.001			

表 11-72 住宅部分自有资金现金流量表

单位：万元

序号	项目名称	建设经营期					
		1	2	3	4	5	6
1	现金流入	0	0	24611	34516.4	62697.2	29533.6
1.1	销售收入	0	0	24611	34516.4	62697.2	29533.6
1.2	其他收入	0	0	0	0	0	0
2	现金流出	0	6006.95	26107.7	36910.33	44347.23	24835.63
2.1	自有资金	0	6006.95	19489.12	6190.68	7154.18	0
2.2	销售收入再投入	0	0	3691.65	5177.46	9404.58	2081.87
2.3	偿还贷款本金	0	0	0	18171.23	18171.23	18171.23
2.4	偿还贷款利息	0	0	0	2978	1985.4	992.6
2.5	销售税金及附加	0	0	1533.265	2150.372	3906.036	1839.943
2.6	土地增值税	0	0	246.11	345.164	626.972	295.336
2.7	所得税	0	0	1147.55	1897.422	3098.829	1454.647
3	净现金流	0	−6006.95	−1496.7	−2393.93	18349.97	4697.974
4	累计净现金流	0	−6006.95	−7503.65	−9897.58	8452.398	13150.37
5	折现净现金流	0	−5149.99	−1188.13	−1759.61	12488.68	2960.521
6	累计折现净现金流	0	−5149.99	−6338.12	−8097.73	4390.957	7351.478
	评价指标	税后					
	财务净现值（$i=8\%$）	7351.478					
	财务内部收益率	37.57%					

表 11-73　商铺与车位租赁部分现金流量表

单位：万元

序号	项目名称	建设期				经营期																		
		1	2	3	4	5	6	7	8	9	10	11	12	13	14	15	16	17	18	19	20	21	22	23	24
1	现金流入	0	0	0	0	4718	5082	5444	5808	6170	6896	6896	6896	6896	6896	7316	7316	7316	7316	7316	8104	8104	8104	8104	100104
1.1	租赁收入	0	0	0	0	4718	5082	5444	5808	6170	6896	6896	6896	6896	6896	7316	7316	7316	7316	7316	8104	8104	8104	8104	8104
1.2	转售收入	0	0	0	0																				92000
1.3	回收流动资金	0	0	0	0																				0
2	现金流出	0	0	6266.4	12597	14959	2557	2751	2946	3140	3529	3529	3529	3529	3529	3754	3754	3754	3754	3754	4175	4175	4175	4175	31647
2.1	建设投资	0	0	6266.4	12597	12597																			
2.2	流动资金	0	0	0	0	0	0	0	0	0	0	0	0	0	0	0	0	0	0	0	0	0	0	0	0
2.3	经营成本	0	0	0	0	1180	1271	1361	1452	1543	1724	1724	1724	1724	1724	1829	1829	1829	1829	1829	2026	2026	2026	2026	2026
2.4	租（售）税金及附加	0	0	0	0	268	289	309	330	350	392	392	392	392	392	416	416	416	416	416	460	460	460	460	6174
2.5	土地增值税	0	0	0	0	0	0	0	0	0	0	0	0	0	0	0	0	0	0	0	0	0	0	0	920
2.6	所得税	0	0	0	0	915	998	1081	1164	1247	1413	1413	1413	1413	1413	1509	1509	1509	1509	1509	1689	1689	1689	1689	22527
3	净现金流	0	0	-6266	-12597	-10241	2525	2693	2862	3031	3367	3367	3367	3367	3367	3562	3562	3562	3562	3562	3929	3929	3929	3929	68457
4	累计净现金流	0	0	-6266	-18863	-29104	-26579	-23886	-21024	-17993	-14626	-11259	-7892	-4524	-1157	2405	5967	9529	13092	16654	20582	24511	28440	32369	100826
5	折现净现金流	0	0	-4974	-9259	-6970	1591	1571	1546	1516	1560	1444	1337	1238	1146	1123	1040	963	891	825	843	780	723	669	10796

续表

序号	项目名称	建设期			经营期																			
		1	2	3	4	5	6	7	8	9	10	11	12	13	14	15	16	17	18	19	20	21	22	23	24
6	累计折现净现金流	0	0	-4974	-14233	-21203	-19612	-18040	-16494	-14978	-13419	-11974	-10637	-9399	-8253	-7130	-6090	-5127	-4236	-3410	-2568	-1787	-1064	-395	10400
7	税前净现金流	0	0	-6266	-12597	-9326	3523	3774	4026	4278	4780	4780	4780	4780	4780	5071	5071	5071	5071	5071	5618	5618	5618	5618	90984
8	税前累计净现金流	0	0	-6266	-18863	-28189	-24666	-20892	-16866	-12589	-7809	-3029	1751	6531	11311	16382	21453	26524	31595	36666	42284	47902	53520	59138	150122
9	税前折现净现金流	0	0	-4974	-9259	-6347	2220	2202	2175	2140	2214	2050	1898	1758	1627	1599	1480	1371	1269	1175	1205	1116	1033	957	14348
10	税前累计折现净现金流	0	0	-4974	-14233	-20580	-18361	-16159	-13983	-11844	-9630	-7580	-5681	-3924	-2296	-698	782	2153	3422	4597	5802	6918	7952	8909	23257

评价指标	税前	税后
财务净现值	23257	10400
财务内部收益率	15.55%	11.65%
投资回收期(静)	10.63	14.32
投资回收期(动)	15.47	23.04

财务内部收益率（FIRR）是指项目在整个计算期内各年净现金流量现值累计等于零时的折现率。反映出项目所占用资金的盈利率，即反映出项目的盈利能力。当 FIRR 大于基准收益率时，则认为其盈利能力已满足最低要求。

财务净现值（FNPV）是指按事先规定的基准贴现率 i_c 将项目计算期内各年净现金流量折现到建设期的现值之和。它是考察项目在计算期内盈利能力的动态评价指标，净现值大于或等于零的项目是可以考虑接受的。建议选取稍大于银行同期贷款利率作为基准收益率，本项目贷款利率为 5.463%，故基准收益率 i_c 取为 8%。

（1）住宅全部投资现金流量表，评价指标详见表 11-74。

表 11-74　住宅全部投资现金流量表评价指标

评 价 指 标	税　前	税　后
财务净现值（i= 8%）（万元）	20522.942	15191.631
财务内部收益率（%）	26.638	22.048

由上述指标可以看出，本项目住宅全部投资的财务净现值均为一较大的正值，税前税后的财务内部收益率均大于贴现率 8%，投资回收期也满足项目投资经营期限的要求，故本项目住宅部分投资可行。

（2）住宅自有资金投资现金流量表评价指标。税后财务净现值 FNPV=7351.478 万元，大于零。税后财务内部收益率 FIRR=37.57%，远大于贴现率 8%。

由上述指标可以看出，本项目住宅自有资金投资的动态盈利能力评价是可行的。

（3）商铺与车位租赁现金流量表评价指标如表 11-75 所示。

表 11-75　商铺与车位租赁现金流量表评价指标

评 价 指 标	税　前	税　后
财务净现值（i= 8%）（万元）	23256.8	10400
财务内部收益率（%）	15.55	11.65
投资回收期（静）（年）	10.63	14.32

从上面的各评价指标可以分析，本项目商铺与车位建设投资占总投资的比例较小，但其租赁经营 20 年后并转售所带来的税前财务净现值为 23256.8 万元，税后财务净现值也有 10400 万元，二者都满足财务净现值大于零的原则；动、静投资回收期也均符合项目投资经营的要求；本经营方案的税前财务内部收益率为 15.55%，税后财务内部收益率为 11.65%，均超过贴现率 8%，所以本经营方案的动态盈利能力评价是可行的。

（三）资金来源与运用表的贷款偿还能力分析

资金来源与运用表集中体现了项目自身平衡的生存能力，是财务评价的重要依据。本项目的资金来源与运用如住宅销售部分资金来源与运用表（见表 11-76）和商铺与车位租赁部分资金来源与运用表（见表11-77）所示。从两个表中可以看出，本项目住宅销售和商铺与车位租赁每年都有盈余的资金，并且累计盈余资金均大于零，说明本项目具有较强的贷款偿还能力和自身平衡能力，故本项目两方案从资金平衡能力分析来看是可行的。

表11-76 住宅部分资金来源与运用表

单位：万元

序号	项目名称	建设经营期					
		1	2	3	4	5	6
1	资金来源	11405.944	13437.42	52100.122	43472.06	69851.38	29533.6
1.1	销售收入	0	0	24 611	34516.4	62697.2	29533.6
1.2	自有资金	0	7208.34	19489.122	6190.68	7154.1804	0
1.3	银行借贷	11405.944	6229.08	8000	2764.98	0	0
1.4	其他收入	0	0	0	0	0	0
2	资金运用	10924.52	13103.4	39466.515	43197.856	47717.138	24487.859
2.1	建设投资	10924.52	13103.4	36539.59	17655.6	19928.8	1734.03
2.2	借款还本付息	0	0	0	21149.3	20156.5	19163.9
2.3	销售税金及附加	0	0	1533.265	2150.372	3906.036	1839.943
2.4	土地增值税	0	0	246.11	345.164	626.972	295.336
2.5	所得税	0	0	1147.55	1897.42	3098.83	1454.65
3	盈余资金	481.4236	334.02	12633.607	274.204	22134.242	5045.741
4	累计盈余资金	481.4236	815.4436	13449.051	13723.255	35857.497	40903.238

七、项目不确定性分析

本项目的不确定因素主要来自建造成本、售价、开发周期、贷款利率等几个方面。这些因素，受当地政治、经济、社会条件的影响，有可能发生变化，影响本项目经济效益目标的实现。

（一）盈亏平衡分析

1．住宅销售部分盈亏平衡分析

假定本项目总投资不变，且售价与收款进度如基准方案所设，则由计算可得，当住宅销售率为80.31%时，住宅全部投资利润率为零，也就是投资刚能保本。一般认为，当盈亏平衡点的销售率≤70%时，项目风险较低。本项目盈亏平衡点的销售率为80.31%，可见其风险程度较高。

房地产项目投资分析

表 11-77 商铺与车位租赁部分资金来源与运用表

单位：万元

序号	项目名称	建设期					经营期																	
		1	2	3	4	5	6	7	8	9	10	11	12	13	14	15	16	17	18	19	20	21	22	23	24
1	资金来源	3604	6958	12993	14970	15487	5082	5444	5808	6170	6896	6896	6896	6896	6896	7316	7316	7316	7316	7316	8104	8104	8104	8104	100104
1.1	自有资金	0	2806	4993	10127	10769	0																		
1.2	银行借款	3604	4153	8000	4843	0	0																		
1.3	租赁收入	0	0	0	0	4718	5082	5444	5808	6170	6896	6896	6896	6896	6896	7316	7316	7316	7316	7316	8104	8104	8104	8104	8104
1.4	转售收入																								92000
1.5	流动资产回收																								
2	资金运用	0	0	6266	12597	14959	2557	2751	2946	3140	3529	3529	3529	3529	3529	3754	3754	3754	3754	3754	4175	4175	4175	4175	31668
2.1	建设投资	0	0	6266	12597	12597																			
2.2	流动资金	0	0	0	0	1180	1271	1361	1452	1543	1724	1724	1724	1724	1724	1829	1829	1829	1829	1829	2026	2026	2026	2026	2026
2.3	经营成本	0	0	0	0	268	289	309	330	350	392	392	392	392	392	416	416	416	416	416	460	460	460	460	6195
2.4	租（售）税金及附加	0	0	0	0	915	998	1081	1164	1247	1413	1413	1413	1413	1413	1509	1509	1509	1509	1509	1689	1689	1689	1689	1689
2.5	土地增值税																								920
2.6	所得税	0	0	0	0	529	2525	2693	2862	3031	3367	3367	3367	3367	3367	3562	3562	3562	3562	3562	3929	3929	3929	3929	22527
3	盈余资金	3604	6958	6726	2374	529	2525	2693	2862	3031	3367	3367	3367	3367	3367	3562	3562	3562	3562	3562	3929	3929	3929	3929	68436
4	累计盈余资金	3604	10562	17289	19663	17817	20342	23035	25897	28928	32295	35662	39029	42397	45764	49326	52888	56450	60013	63575	67503	71432	75361	79290	147726

482

2. 商铺与车位租赁部分盈亏平衡分析

假定本项目总投资不变,且租赁价及转售价与收款进度如基准方案所设,则由计算可得,当商铺与车位出租率为30.92%时,商铺与车位租赁部分全部投资利润率为零,也即投资刚能保本。一般认为,当盈亏平衡点的出租率≤70%时,项目风险较低。本项目盈亏平衡点的出租率为30.92%,可见其风险程度较低。

3. 结论

本项目之所以住宅销售部分的风险较大,而商铺与车位租赁部分的风险明显偏小,一方面原因是商铺与车位租赁的经营期限较长,资金回收较慢,而住宅销售回收资金的速度较快,回收资金马上又投入到项目的投资中去,减少了商铺与车位的资金投入量,像贷款利息,全用住宅销售收入来支付;另一方面,在项目建设成本分摊上,由于商铺与车位的成本价较低,但本地段的商铺与车位投资回报较大,这也使得本项目商铺与车位租赁风险程度降低。

(二)敏感性分析

影响本项目财务效益的主要不确定性因素为开发成本、售价水平、销售税率、建设经营期的长短。据市场预测,开发成本项目中最有可能发生波动变化的是建安工程费和售价水平。因而,本项目敏感性分析针对全部投资的评价指标(财务内部收益率和投资利润率),分别计算售价上下波动5%、10%和建安工程费上下波动10%、20%时,对经济评价指标的影响。计算结果如表11-78、表11-79所示。

表11-78 敏感性分析

全部投资	基准方案	售价变动				建安工程费变动			
		-10%	-5%	5%	10%	-20%	-10%	10%	20%
财务净现值(%)	15049.33	4572.69	9882.16	20501.11	25810.58	22332.31	18761.96	11621.30	8050.96
财务净现值升降幅度(%)		-69.62	-34.33	36.23	71.51	48.39	24.67	-22.78	-46.50
财务内部收益率(%)	22.05	12.39	17.31	26.62	31.05	30.04	25.91	18.42	15.01
财务内部收益率升降幅度(%)		-43.79	-21.49	20.73	40.81	36.23	17.50	-16.44	-31.91
投资利润率(%)	19.61	6.72	13.17	26.06	32.51	31.67	25.35	14.38	9.58
投资利润率升降幅度(%)		-65.73	-32.84	32.89	65.78	61.50	29.27	-26.67	-51.15

表11-79 敏感性分析

全部投资	基准方案	租(售)价变动				建安工程费变动			
		-10%	-5%	5%	10%	-20%	-10%	10%	20%
财务净现值(%)	10400	7064.15	8392.43	12066.70	13734.20	12487.30	11443.20	9355.14	8311.03
财务净现值升降幅度(%)		-32.08	-19.30	16.03	32.06	20.07	10.03	-10.05	-20.09

续表

全部投资	基准方案	租（售）价变动				建安工程费变动			
		-10%	-5%	5%	10%	-20%	-10%	10%	20%
财务内部收益率（%）	11.65	10.56	11.00	12.18	12.69	12.70	12.15	11.18	10.74
财务内部收益率升降幅度（%）		-9.36	-5.58	4.55	8.93	9.01	4.29	-4.03	-7.81
投资利润率（%）	23.21	20.39	21.80	24.62	26.30	26.05	24.56	21.98	20.84
投资利润率升降幅度（%）		-12.15	-6.07	6.07	13.31	12.24	5.82	-5.30	-10.21

1. 住宅销售部分

由表中数据可得出以下结论。

（1）售价、建安工程费的变动对财务净现值的影响。售价下降 5%、10%，将引起该项目的财务净现值分别下降 34.33%、69.62%；当售价下降 14.3%时，该项目财务净现值等于零，到达临界点，此时，若售价再下降，则财务净现值小于零，出现亏损。

建安工程费上升 10%、20%，将引起该项目的财务净现值分别下降 22.78%、46.50%；当建安工程费上升 42.15%时，该项目财务净现值等于零，到达临界点，此时，若建安工程费再上升，则财务净现值小于零，出现亏损。

（2）售价、建安工程费的变动对财务内部收益率的影响。售价下降 5%、10%，将引起该项目的财务内部收益率分别下降 21.49%、43.79%；当售价下降 14.3%时，该项目财务内部收益率等于基准收益率（i_c=8%），到达临界点，此时，若售价再下降，则财务内部收益率将达不到预期的基准收益率。

建安工程费上升 10%、20%，将引起该项目的财务内部收益率分别下降 16.44%、31.91%；当建安工程费上升 42.15%时，该项目财务内部收益率等于基准收益率（i_c=8%）到达临界点，此时，若建安工程费再下降，则财务内部收益率将达不到预期的基准收益率。

（3）售价、建安工程费的变动对投资利润率的影响。售价下降 5%、10%，将引起该项目的投资利润率分别下降 32.84%、65.73%；当售价下降 15.2%时，该项目投资利润率等于基准收益率（i_c=8%），到达临界点，此时，若售价再下降，则投资利润率将达不到预期的基准收益率。

建安工程费上升 10%、20%，将引起该项目的投资利润率分别下降 26.67%、51.15%；当建安工程费上升 23.43%时，该项目投资利润率等于基准收益率（i_c=8%），到达临界点，此时，若建安工程费再上升，则投资利润率将达不到预期的基准收益率。

由以上分析可以得出，售价和建安工程费都是该项目的敏感因素，相比之下售价因素更为敏感。除了售价对本项目的影响较大外，工期跟销售率对本项目的影响也值得注意。工期延误除了导致资金不能及时回收再投入，NPV 和 IRR 会下降，回收期大大延长外，还会影响楼盘的信誉和形象，由此而导致延误交楼时间的，还要给买家赔偿违约金；而销售率低下，即意味着投资资金不能快速回收，这样会使整个项目陷入僵局。

2. 商铺与车位租赁部分

由表中数据可得出以下结论。

（1）租（售）价、建安工程费的变动对财务净现值的影响。租（售）价下降 5%、10%，将引起该项目的财务净现值分别下降 19.30%、32.08%；当租（售）价下降 29.1%时，该项目财务净现值等于零，到达临界点，此时，若售价再下降，则财务净现值小于零，出现亏损。

建安工程费上升 10%、20%，将引起该项目的财务净现值分别下降 10.05%、20.09%；当建安工程费上升 100%时，该项目财务净现值等于零，到达临界点，此时，若建安工程费再上升，则财务净现值小于零，出现亏损。

（2）租（售）价、建安工程费的变动对财务内部收益率的影响。租（售）价下降 5%、10%，将引起该项目的财务内部收益率分别下降 5.58%、9.36%；当租（售）价下降 29.1%时，该项目财务内部收益率等于基准收益率（i_c=8%），到达临界点，此时，若售价再下降，则财务内部收益率将达不到预期的基准收益率。

建安工程费上升 10%、20%，将引起该项目的财务内部收益率分别下降 4.03%、7.81%；当建安工程费上升 100%时，该项目财务内部收益率等于基准收益率（i_c=8%），到达临界点，此时，若建安工程费再下降，则财务内部收益率将达不到预期的基准收益率。

（3）租（售）价、建安工程费的变动对投资利润率的影响。租（售）价下降 5%、10%，将引起该项目的投资利润率分别下降 6.07%、12.15%；当售价下降 53.72%时，该项目投资利润率等于基准收益率（i_c=8%），到达临界点，此时，若售价再下降，则投资利润率将达不到预期的基准收益率。

建安工程费上升 10%、20%，将引起该项目的投资利润率分别下降 5.30%、10.21%；当建安工程费上升 117%时，该项目投资利润率等于基准收益率（i_c=8%），到达临界点，此时，若建安工程费再上升，则投资利润率将达不到预期的基准收益率。

由以上分析可以得出，租（售）价对本项目商铺与车位部分的敏感性较大，而建安工程费对本项目商铺与车位部分的敏感性不大，主要原因是本项目住宅部分分摊了较大的建设投资资金，因而商铺与车位部分在低成本的条件下，影响其投资收益的因素中，租（售）价因素更为敏感。

总体来说，项目经营阶段风险较大，主要集中在住宅部分能不能按计划销售完毕，资金能否尽快回收；商铺与车位租赁能否按预测的租赁计划和租金水平出租。针对这些问题，现提出如下两个建议。

第一，在原来的租售并举的方案中采取投资风险计划控制。实施计划控制，即在充分分析现有和未来的资金条件下，妥善地安排资源，谨慎考虑项目的营销策略是否得当，促销时机是否合理，销售和租赁计划是否能如期完成，市场定位及价格定位是否合理，在利用一切可利用的机会上，为项目的经营制定尽可能周密、科学、详细的计划，并在实施过程中，尽可能地严格按照计划去进行，将风险减至最小。

第二，采用全销售方案。在现在商铺与车位租赁市场不太明朗的情况下，如果暂且不考虑项目的远期收益，而是为尽快回收所有的建设投资，降低投资的风险，可把商铺与车位跟住宅一同出售。我们来比较一下商铺与车位是销售还是租赁这两个方案哪个更合理。详看商铺与车位销售收入预测表(见表11-80)、商铺与车位销售方案与租赁方案评价指标比较表(见表11-81)。

表11-80 商铺与车位销售收入预测表

销售计划			建设经营期年收入(万元)						合计
批数	比例(%)	面积(个)	2012年	2013年	2014年	2015年	2016年	2017年	
1	20%车位	130			2600				2600
2	25%车位	163				3260			3260
3	25%车位	163					3260		3260
	60%商铺	18180					36360		36360
4	30%车位	194						3880	3880
	40%商铺	12120						24240	24240
合计					2600	3260	39620	28120	73600

注:车位售价为20万元/个,商铺20000元/m²。

表11-81 商铺与车位销售方案与租赁方案评价指标比较表

评价指标	商铺与车位销售		商铺预测为出租	
	税前	税后	税前	税后
财务净现值($i=8\%$)	22785.754	11934.906	23256.8	10400.3
财务内部收益率	108.363%	66.712%	15.55%	11.65%
投资回收期(静态)	4.556	4.829	10.63	14.32
投资回收期(动态)	4.615	4.916	15.47	23.04
投资利润率	117.04%		年投资利润率	23.21%
投资利税率	120.54%		年投资利税率	25.47%
资本金利润率	137.93%		年资本金利润率	22.38%

由上表数据可以得知,在前面住宅部分分摊了较多建设投资的情况下,商铺与车位按照销售预测计划,投资资金能快速回收,销售所带来的短期收益也十分可观。但是,商铺与车位租赁经营所带来的年收益也丰厚,而且是长期收益。在两个方案都可获取较大收益的情况下,很难比较两个经营方案的优劣,实际上要看具体的市场情况,然后采取不同的经营策略。

(三)概率分析

概率分析是使用概率研究预测不确定性因素对项目经济效益影响的一种定量分析方法。这里用概率分析方法来研究本项目住宅销售部分的风险,仍然选择建安工程费与销售价格为不确定性因素,用净现值作为概率分析的经济指标。不确定性因素发生的概率如图11-13所示。经计算:

净现值期望值 $E(\mathrm{NPV})=15112.48$ 万元

净现值大于或等于0时的累计概率 $P(\mathrm{NPV}\geqslant 0)=0.88>0.70$

计算结果表明,本项目在给定概率条件下的净现值期望值为15112.48万元,净现值大于或等于0时的累积概率为0.88,说明项目风险较小,是可行的。

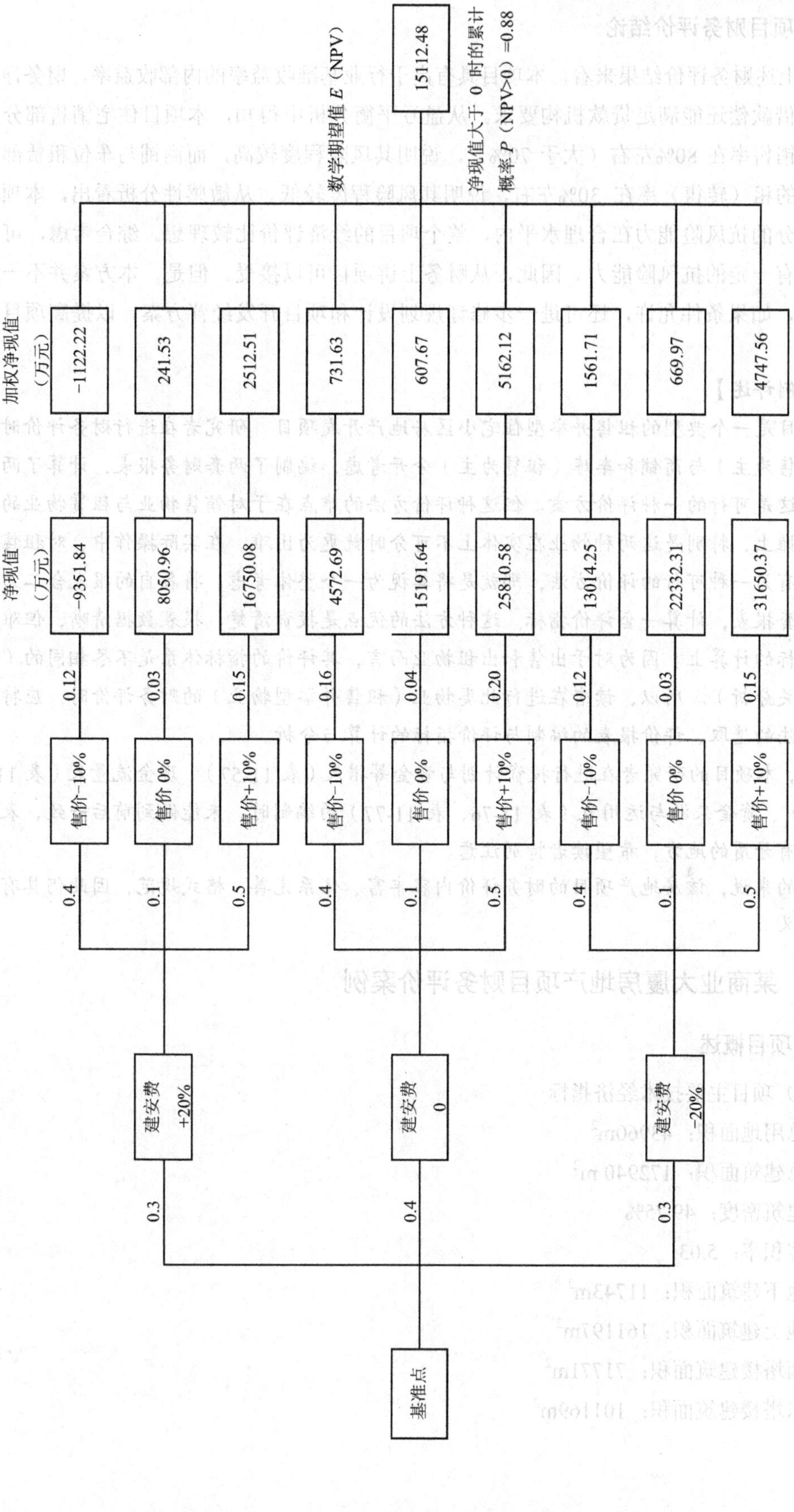

图 11-13 概率分析图

八、项目财务评价结论

通过上述财务评价结果来看,本项目具有高于行业基准收益率的内部收益率,财务净现值大于零,借款偿还能满足贷款机构要求。从盈亏平衡分析中得知,本项目住宅销售部分盈亏平衡点的销售率在80%左右(大于70%),说明其风险程度较高,而商铺与车位租赁部分盈亏平衡点的租(转售)率在30%左右,说明其风险程度较低。从敏感性分析看出,本项目住宅销售部分的抗风险能力在合理水平内,整个项目的经济评价比较理想。综合考虑,可以认为项目具有一定的抗风险能力。因此,从财务上讲项目可以接受。但是,本方案并不一定是最理想的,如果条件允许,还可进一步修订规划设计和项目开发经营方案,以提高项目的整体效益。

【案例评述】

本项目是一个典型的租售并举型住宅小区房地产开发项目。研究者在进行财务评价时,将住宅(销售为主)与商铺和车库(租赁为主)分开考虑,编制了两套财务报表,计算了两套评价指标,这是可行的一种评价方案。但这种评价方法的难点在于对销售物业与租赁物业的投资分配与分摊上,特别是这两种物业在实体上不可分时就更为困难。在实际操作中,对租售并举型物业还有另一种可行的评价方法,那就是将其视为一个整体考虑,将各自的报表合二为一,只编制一套报表,计算一套评价指标。这种方法的优点是投资清楚,报表数据清晰,但难点在于评价指标的计算上。因为对于出售和出租物业而言,其评价的指标体系是不尽相同的(详见本章的有关分析)。所以,读者在进行此类物业(租售并举型物业)的财务评价时,应特别注意评价方法的选取、评价报表的编制与评价指标的计算与分析。

另外,本项目的研究者在进行投资计划与资金筹措表(表11-57)、现金流量表(表11-71、表11-73)、资金来源与运用表(表11-76、表11-77)的编制时,未能做到前后一致,表中的个别数据有矛盾的地方,希望读者特别注意。

但总的来说,该房地产项目的财务评价内容丰富、体系完善、格式规范,因此仍具有一定的借鉴意义。

案例三:某商业大厦房地产项目财务评价案例

一、项目概述

(一)项目主要技术经济指标

1. 总用地面积:43960m^2
2. 总建筑面积:172940 m^2
3. 建筑密度:49.75%
4. 容积率:5.03
5. 地下建筑面积:11743m^2
6. 地上建筑面积:161197m^2
7. 西塔楼建筑面积:71771m^2
8. 东塔楼建筑面积:101169m^2

9. 已完成工程部分：地下室工程，西塔楼上部四层混凝土结构

（二）项目评估目的

本项目是一个在建工程的后续投资开发项目。截止本项目评估时为止，开发商已投入资金近 5 亿元，完成了包括土地使用权获得、相关前期工程、地下室工程以及西塔楼上部四层混凝土结构施工在内的各项工作。本评估报告旨在对项目进行整体评估分析，提出包括市场定位、市场需求分析、项目开发投资成本估算、项目经济效益分析及风险性分析在内的整体顾问专业意见，为项目的后续开发工作的成功奠定基础。以真实、客观和最新的市场情报反映市场发展趋势，为项目正确定位提供参考依据，力求避免因决策失误而造成投资机会错失和实质性的经济损失。

（三）项目方案推荐与比选

1. 方案 A

方案 A 是将该项目东西两栋塔楼分别建为一栋写字楼，一栋写字楼配套酒店及公寓，这也是项目原规划设计的方案。本报告的评估结论是建议不采纳该方案。原因如下。

（1）如本项目采取混业经营模式将增加开发成本及管理难度。本项目是一项建设规模和投资规模较大的房地产开发项目，同时也是一项复杂的系统工程。混业经营必将导致项目建设开发、经营和管理存在相当的难度和风险。

（2）公寓市场萎缩。大型跨国企业及驻穗办事处管理层本地化的力度进一步加强，驻穗外籍人士的数量增长有限，而且大多数跨国企业限制并削减外籍或外地员工的住房预算，对服务式出租公寓的需求造成负面影响。广州公寓市场（含服务式公寓）目前处于饱和状态，市场供应量不断上升，投资公寓市场必将面对激烈竞争，因而存在一定的风险。

（3）酒店市场现状不容乐观。目前广州的酒店市场存在着竞争激烈、淡旺季差异明显的现象，除春秋两季交易会外，酒店业总体营业状况不佳，酒店总体入住率呈现下降的趋势，而且部分服务式公寓也将部分单位改为酒店形式经营，加入竞争。因此目前投资广州酒店市场存在着相当程度的风险。

（4）酒店及公寓两个项目，项目投资庞大，而且基本上以出租为主，投资回收期长，将在极大的程度上降低项目的抗风险系数。

（5）根据初步测算（测算过程略），本项目方案 A 税后静态年投资回报率为 6.13%，略高于长期贷款利率，回报并不理想。税后静态投资回收周期较长（16.3 年），其间不可预见风险较大。因此，在目前的市场条件下，本项目各组团的投资收益率表现都不在理想范围内，故建议放弃该方案。

2. 方案 B

方案 B 是根据市场调查与分析的结果（分析过程略）。将该项目两栋塔楼分别建为一栋甲级纯写字楼（出租为主）与一栋全天候商务写字楼（出售为主）。本报告的评估结论是建议采纳该方案。

本方案的投资估算的效益分析结果如表 11-82 所示。本项目后面所进行的财务评估都是在方案 B 的基础上完成的。

表 11-82　方案 B 投资估算与效益分析指标

评 价 指 标	评 价 结 果
项目总投资（万元）	171270
利润总额（万元）	466562
税后利润（万元）	312596
年投资利润率	9.08%
税前全部投资 FNPV（万元）	110643
税后全部投资 FNPV（万元）	53135
税前全部投资 FIRR	15.24%
税后全部投资 FIRR	11.17%
税前全部投资回收期（年）	7.79
税后全部投资回收期（年）	9.81
税后自有资金 FNPV（万元）	118321
税后自有资金 FIRR	12.02%

（四）项目功能面积分布，如表 11-83、表 11-84 所示。

表 11-83　西塔楼功能面积分布表

楼　　层	使 用 功 能	每层面积（平方米）	总面积（平方米）
负二层	管理中心、维修间、变压器房等低压配电房等	4464	4464
夹层		170	170
负一层	商场	3013	3013
		小计	7647
1 层	大堂、商场等	2648	2648
2 层	商场	1541	1541
3 层	商场	1541	1541
4 层	酒楼、餐厅	2505	2505
5 层	技术层	1774	1774
6～16 层	写字楼	1541	16951
17 层	避难层	1541	1541
18 层	设备层	1541	1541
19～29 层	写字楼	1541	16951
30 层	避难层	1541	1541
31～39 层	写字楼	1541	13869
40 层	设备层	1541	1541

续表

楼 层	使 用 功 能	每层面积（平方米）	总面积（平方米）
40层	停机坪	180	180
小计			64124
合计			71771

表 11-84 东塔甲级写字楼功能面积分布表

楼 层	使 用 功 能	每层面积（平方米）	总面积（平方米）
负二层	管理中心、维修间、变压器房等	2048	2048
负一层	管理中心、低压配电房等	2048	2048
		小计	4096
1层	大堂、商场等	2048	2048
2层	商场	1803	1803
3层	商场	1803	1803
4层	商场	2048	2048
5层	技术夹层	2048	2048
6～18层	写字楼	2048	26624
19层	避难层	2048	2048
20～35层	写字楼	1536	32768
36层	写字楼	1536	1536
37层	避难层	1536	1536
38～45层	写字楼	1536	12888
46～49层	写字楼	1024	4096
50层	设备层	1024	1024
50层核心部	设备层	283	283
		小计	91953
51～55层	写字楼	1024	5120
合计			101169

二、项目投资估算与资金筹措

（一）项目开发投资估算的各项设定与总投资估算表

1. 本项目的开发总工期为三年，从 2012 年 10 月起，至 2015 年 9 月。详见工程建设进度表（见表 11-85）。

表 11-85 工程建设进度表

序号	工序名称		2012年 10-12	2013年 1-12	2014年 1-12	2015年 1-9
1		前期准备工作				
2		准备工作				
3		主体施工				
4	东塔楼	设备安装施工				
5		装修施工				
6		红线工程施工				
7		公建配套工程				
8		交楼				
9		招租				
10		准备工作				
11		主体施工				
12	西塔楼	设备安装施工				
13		装修施工				
14		红线工程施工				
15		公建配套工程				
16		交楼				
17		预售				
18		招租				

2. 从项目开始动工起，本项目的剩余土地使用权年限为 30 年。计算物业的出租收入计算年限是在土地使用期限内计算。计算时间设定为一年一个计算期。

3. 根据 GZ 市房地产开发的实际情况，本项目各项成本费用可以归纳为土地购置费、前期工程费、工程建设费、开发期间税费、管理费、其他费用、不可预见费、财务费用和销售费用等。

经测算，开发总成本为 1712706132 元人民币（以下简称"元"），具体经济技术指标如表 11-86 所示。

表 11-86　项目总投资估算表

单位：元

项　　目	东塔成本	东塔单价	西塔成本	西塔单价	合　　计
1. 开发成本（静态）	907992780	8975	600371392	8365	1508364172
1.1 土地购置费	292497398	2891	207502602	2891	500000000
1.2 前期工程费					
1.3 工程建设费	551302122	5449	356125727	4962	907427848
1.4 开发期间税费	64193260	635	36743063	512	100936323
2. 开发费用	104620066	1034	99721894	1389	204341961
2.1 管理费	16539064	163	10683772	149	27222835
2.2 其他费用	5058450	50	3588550	50	8647000
2.3 不可预见费	16539064	163	10683772	149	27222835
2.4 财务费用	66483489	657	47164512	657	113648001
2.5 销售费用	0	0	27601289	385	27601289
3. 总计	1012612846	10009	700093286	9755	1712706132

（二）各项投资与成本费用估算表

1. 开发成本

（1）土地使用权出让金和前期工程费。根据贵公司提供的数据，以上两项费用和共为 5 亿人民币，东西两栋塔楼按建筑面积比例分摊。目前项目这部分工作已全部完成。

（2）工程建设费。

东塔分项工程造价估算，如表 11-87～表 11-89 所示。

表 11-87　写字楼（计算建筑面积 94230m²）

单位：元

分项工程	平均每平方米造价	分项工程总造价
主体结构	1800	169614000
装修工程	1363	128393087
配件及内置家具	28	2610171
机电设备	2100	197883000
其他工程	16	1539718
小计	5307	500039976

表 11-88　避难层（计算建筑面积 6939m²）

单位：元

分项工程	平均每平方米造价	分项工程总造价
主体结构	1250	8673750
装修工程	220	1526580
配件及内置家具	20	140029
机电设备	730	5065470
小计	2220	15405829

表 11-89　东塔造价估算汇总表

分项工程	计算建筑面积（m²）	平均每平方米造价（元）	分项工程总造价（元）
1 写字楼造价	101169	5095	515445805
1.1 写字楼	94230	5307	500039976
1.2 避难层	6939	2220	15405829
2 室外工程及杂项	101169	49	4999772
3 楼宇智能化的额外费用	101169	305	30856545
3.1 综合布线系统	101169	185	18716265
3.2 架空地板线槽	101169	120	12140280
总计		5449	551302122

西塔分项工程造价估算（酒店改写字楼），如表 11-90、表 11-91 所示。

表 11-90　酒店改写字楼（计算建筑面积 47771m²）

单位：元

分项工程	平均每平方米造价	分项工程总造价
主体结构	1450	69267950
装修工程	1250	59713750
配件及内置家具	40	1910840
机电设备	1500	71656500
其他工程	21	1003191
小计	4261	203552231

表 11-91　西塔造价估算汇总表

分项工程	建筑面积（m²）	平均每平方米造价（元）	分项工程总造价（元）
1 酒店大楼改写字楼造价			342512921
1.1 后勤区（结构已建成）	7647	4030	30817410
1.2 公共地区（结构已建成）	8235	11200	92232000
1.3 写字楼	47771	4261	203552231
1.4 避难层及设备层	8118	1960	15911280
2 室外工程及杂项	71771	70	5000286
3 楼宇智能化的额外费用	71771	120	8612520
总计	71771	4962	356125727

两栋写字楼造价合计 907427848 元。

(3) 开发期间税费

与项目有关的税费合计 100936323 元，如表 11-92 所示。

表 11-92 开发期间税费表

单位：元

项目	计算方法	每平方米成本	东塔楼	西塔楼	合计
配套设施建设费	工程建设费×11%	508	56199380	31579240	87778620
建筑工程质量安全监督费	工程建设费×0.4%	21	2205208	1424503	3629711
监理工程费	工程建设费×1.05%	55	5788672	3739320	9527992
总计		584	64193260	36743063	100936323

2. 开发费用

(1) 管理费。取工程建设费的 3% 做管理费，合计 27222835 元。

(2) 不可预见费。取工程建设费的 3% 做不可预见费，合计 27222835 元。

(3) 财务费用。本项目的财务费用主要由利息费用构成。利息费用的计算参照建设部发布的经济评价标准按如下方法确定：假定贷款发生当年均在年中支用，按半年计息，其后年价按全年计算，还款当年按年末偿还，照全年计息，即

每年应计利息=（年初借款本息累计+本年借款额÷2）×贷款年利率

根据中国人民银行最新发布的利率，五年以上的贷款年利率为 5.76%。目前 GZ 市房地产开发贷款利率通常为中国人民银行公布的贷款利率乘以 1.1 的系数，即本项目当前融资成本为年利率：5.76%×1.1=6.336%。

本项目合计须支付利息 113648001 元，至项目开始第 9 年还清贷款。

(4) 销售费用。本项目的销售费用估算合计 2760 万元，详见销售费用估算表（见表 11-93）。

表 11-93 销售费用估算表

单位：万元

项目	计算依据	数额
广告宣传及市场推广费	销售收入 1.5%	1183
销售代理费	销售收入 1.5%	1183
其他销售费用	销售收入 0.5%	394
合计	销售收入 3.5%	2760

(三) 项目投资计划与资金筹措表

本项目开发投资的资金来源有三个渠道：一是企业自有资金，二是银行贷款，三是租售收入用于投资部分。考虑到开发商已投入了 50000 万元完成了项目前期的有关工作，因此本项目资金缺口为 55220 万元，计划由开发商投入自有资金 9720 万元作为启动资金，另需向银行贷款 45500 万元用于投资，剩余部分 66051 万元由租售收入补充，总追加投资为 121271 万元。项目投资计划与资金筹措表如表 11-94 所示。

表 11-94　项目投资计划与资金筹措表

单位：万元

序号	项　目	合　计	建设经营期			
			2012年（10月启动）	2013年	2014年	2015年
1	投资总额	121271	2425	24254	33956	60635
1.1	建设投资	121271	2425	24254	33956	60635
2	资金筹措	121271	2425	24254	33956	60635
2.1	自有资金	9720	2425	582	696	6017
2.2	借款资金（不含息）	45500	0	6000	4500	35000
2.3	租售收入再投入	66051	0	17672	28760	19619
3	资金缺口（2.1+2.2）	55220	2425	6582	5196	41017

三、项目销售与租赁收入测算

本项目的经营方案是将西塔楼写字楼全部用于出售，共 58093m²。东塔楼的写字楼和商场以及西塔楼的商场全部用于租赁。每年各项收入预测如表 11-95~表 11-97 所示。

表 11-95　西塔楼销售收入测算

	项　目	2013年	2014年	2015年
2013年	售价（元/m²）	13000		
	销售率	30%		
	销售面积（m²）	17428		
	销售收入（万元）	22656		
2014年	售价（元/m²）		14000	
	销售率		75%	
	销售面积（m²）		26142	
	销售收入（万元）		36598	
2015年	售价（元/m²）			13500
	销售率			100%
	销售面积（m²）			14523
	销售收入（万元）			19606
合计（万元）		78861		

四、借款还本付息分析

根据建设期每年投资额估算，本项目需向银行贷款 45500 万元用于投资。

银行贷款还本付息方式采用等额还本付息，从 2016 年开始还本付息，2020 年还清。根据中国人民银行最新发布的利率，五年以上的贷款年利率为 5.76%。目前 GZ 市房地产开发贷款利率通常为中国人民银行公布的贷款利率乘以 1.1 的系数，即本项目当前融资成本为年利率：5.76%×1.1＝6.336%。本项目合计需支付利息 113648001 元，详见借款还本付息表（见表 11-98）。

表 11-96 西塔楼商场租赁收入测算表

		2014	2015	2016	2017	2018	2019	2020	2021	2022	2023	2024	2025	2026	2027	2028
商场（-1至地面4层）	平均月租金（元）	380.643	400	415	430	450	470	460	480	450	430	410	450	450	450	450
	出租率	20%	63%	81%	85%	93%	95%	96%	92%	90%	88%	87%	85%	85%	85%	85%
	租赁费用（万元）	5	33	35	36	38	39	38	40	38	36	34	38	38	38	38
	租金收入（万元）	307	4103	5483	5963	6832	7290	7210	7208	6610	6175	5821	6241	6241	6241	6241

		2029	2030	2031	2032	2033	2034	2035	2036	2037	2038
商场（-1至地面4层）	平均月租金（元）	450	472.5	472.5	472.5	472.5	472.5	496.125	496.125	496.125	496.125
	出租率	85%	85%	85%	85%	85%	85%	85%	85%	85%	85%
	租赁费用（万元）	38	39	39	39	39	39	41	41	41	41
	租金收入（万元）	6241	6553	6553	6553	6553	6553	6881	6881	6881	6881

表 11-97 东塔楼出租收入测算表

		2015	2016	2017	2018	2019	2020	2021	2022	2023	2024	2025	2026	2027	2028
写字楼	平均月租金（元）	147	150	155	165	170	165	168	163	150	140	150	150	150	150
	出租率	15%	60%	80%	95%	96%	93%	94%	91%	85%	82%	80%	80%	80%	80%
	租赁费用（万元）	3	13	13	14	14	14	14	13	13	12	13	13	13	13
	租金收入（万元）	609	9980	13755	17390	18106	17024	17520	16455	14144	12734	13311	13311	13311	13311
商场（1~4层）	平均月租金（元）	400	415	430	450	470	460	480	450	430	410	450	450	450	450
	出租率	25%	70%	90%	95%	95%	96%	92%	90%	88%	87%	85%	85%	85%	85%
	租赁费用（万元）	8	35	36	38	39	38	40	38	36	34	38	38	38	38
	租金收入（万元）	251	2979	3979	4397	4593	4543	4541	4164	3890	3666	3931	3931	3931	3931
东塔小计		860	12959	17734	21787	22699	21566	22061	20619	18033	16401	17241	17241	17241	17241

		2029	2030	2031	2032	2033	2034	2035	2036	2037	2038
商场（1~4层）	平均月租金（元）	150	157.5	157.5	157.5	157.5	157.5	165.375	165.375	165.375	165.375
	出租率	80%	80%	80%	80%	80%	80%	80%	80%	80%	80%
	租赁费用（万元）	13	13	13	13	13	13	14	14	14	14
	租金收入（万元）	13311	13977	13977	13977	13977	13977	14675	14675	14675	14675
写字楼	平均月租金（元）	150	157.5	157.5	157.5	157.5	157.5	165.375	165.375	165.375	165.375
	出租率	80%	80%	80%	80%	80%	80%	80%	80%	80%	80%
	租赁费用（万元）	13	13	13	13	13	13	14	14	14	14
	租金收入（万元）	13311	13977	13977	13977	13977	13977	14675	14675	14675	14675

续表

		2029	2030	2031	2032	2033	2034	2035	2036	2037	2038	2039	2040	2041	2042
商场(1~4层)	平均月租金(元)	450	472.5	472.5	472.5	472.5	472.5	496.125	496.125	496.125	496.125	496.125	496.125	496.125	496.125
	出租率	85%	85%	85%	85%	85%	85%	85%	85%	85%	85%	85%	85%	85%	85%
	租赁费用(万元)	38	39	39	39	39	39	41	41	41	41	41	41	41	41
	租金收入(万元)	3931	4127	4127	4127	4127	4127	4333	4333	4333	4333	4333	4333	4333	4333
东塔小计		17241	18104	18104	18104	18104	18104	19009	19009	19009	19009	19009	19009	19009	19009

表11-98 借款还本付息表

单位:元

序号	项目	合计	2013	2014	2015	建设经营期 2016	2017	2018	2019	2020
1.1	第一笔借款									
	年初借款累计			60000000	65822835	69993369	57659807	44544791	30598807	15769205
	本年借款	60000000	60000000							
	本年应计利息	22842573		1900800	4170535	4434780	3653325	2822358	1938740	999137
	本年还本付息	67073368				16768342	16768342	16768342	16768342	16768342
	年末借款累计			61900800	65822835	57659807	44544791	30598807	15769205	0
1.2	第二笔借款									
	年初借款累计					49367126	40668123	31417952	21581689	11122201
	本年借款	45000000			45000000					
	本年应计利息	13429817		1425600	2941526	3127901	2576732	1990641	1367416	704703
	本年还本付息	47307615				11826904	11826904	11826904	11826904	11826904
	年末借款累计				46425600	40668123	31417952	21581689	11122201	0
1.3	第三笔借款									
	年初借款累计					361088 00	297460526	229801616	157855837	81351574
	本年借款	350000000			350000000					
	本年应计利息	77375611		11088000	18200061	30441217	25077157	18847099	14560230	10001746
	本年还本付息	346024037				86506009	86506009	86506009	86506009	86506009
	年末借款累计				361088000	297460526	229801616	157855837	81351574	0
1.4	借款汇总									
	年初借款累计			60000000	61900800	480448496	395788457	305764358	210036333	108242980
	本年借款	455000000	60000000		395000000					
	本年应计利息	113648001		5347635	11234835	30441217	19373230	13307902	6858275	
	本年底还本付息					115101255	115101255	115101255	115101255	115101255
	年末借款累计	460405021		61900800	112248435	480448496	395764358	305764358	210036333	108242980	0

五、项目销售与租赁税金及附加测算

本项目销售与租赁税金及附加估算表如表 11-99、表 11-100 所示。

表 11-99 销售税金及附加估算表

单位：万元

序号	类别	计算依据	合计	建设经营期			
				2012年	2013年	2014年	2015年
1	销售收入		78861		22656	36598	19606
2	销售税金及附加		4842		1391	2247	1204
2.1	营业税	1×5%	3943		1133	1830	980
2.2	城市维护建设税	2.1×7%	276		79	128	69
2.3	教育费附加	2.1×3%	118		34	55	29
2.4	防洪工程维护费	1×0.09%	71		20	33	18
2.5	交易印花税	1×0.05%	39		11	18	10
2.6	交易管理费	1×0.5%	394		113	183	98
3	土地增值税	1×1%	789		227	366	196

六、项目财务评价

（一）本项目财务分析的假设前提

本项目的财务分析是在对项目的成本收益测算的基础上，按尽可能接近项目开发实际情况的原则设定分析的前提假设，并据此进行计算。

1．价格水平的假定

本项目物业的租售价格是根据市场比较法并结合 GZ 市商业物业的发展状况进行时间修正后，得出物业将来推出市场时的价格。

2．租金升幅的假定

在计算本项目的出租收入时，根据 GZ 市商业物业的发展状况，设定租金每五年的绝对升幅为 5%。本租金基本可视为净租金标准。

3．税费的假定

本项目物业在销售和出租期间预计发生的税项和费用的计算标准均严格按照政府的有关规定。

4．出租物业的折旧

本项目用于出租的物业每年的折旧，采用直线折旧法。折旧年限取物业产生收入起的年份至经营期最后一年（2015—2042 年，共 28 年）。

5．出租物业的期末转售价值

本项目不考虑出租物业的期末转售价值。

6．期望收益率（基准收益率）的确定

目前五年期以上的长期贷款最低年利率为 5.76%，结合项目的风险调整系数，建议将本项目基准收益率确定为 7%。

表 11-100 租赁税金及附加估算一览表

单位：万元

序号	类别	计算依据	合计	建设经营期（年）												
				2012	2013	2014	2015	2016	2017	2018	2019	2020	2021	2022	2023	2024	2025	2026
1	租赁收入		685 530			307	4963	18442	23697	28619	29988	28777	29269	27229	24209	22221	23482	23482
2	租赁税金及附加		120 927			54	875	3253	4180	5048	5290	5076	5163	4803	4270	3920	4142	4142
2.1	营业税	1×5%	34 276			15	248	922	1185	1431	1499	1439	1463	1361	1210	1111	1174	1174
2.2	城市维护建设税	2.1×7%	2 399			1	17	65	83	100	105	101	102	95	85	78	82	82
2.3	教育费附加	2.1×3%	1 028			0	7	28	36	43	45	43	44	41	36	33	35	35
2.3	防洪工程费	1×0.09%	617			0	4	17	21	26	27	26	26	25	22	20	21	21
2.4	交易印花税	1×0.1%	343			0	2	9	12	14	15	14	15	14	12	11	12	12
2.5	房产税	1×12%	82 264			37	596	2213	2844	3434	3599	3453	3512	3268	2905	2667	2818	2818

序号	类别	计算依据	合计	建设经营期（年）													
				2027	2028	2029	2030	2031	2032	2033	2034	2035	2036	2037	2038	2039	2040	2041	2042
1	租赁收入		23482	23482	24656	24656	24656	24656	24656	25889	25889	25889	25889	25889	25889	25889	25889	25889
2	租赁税金及附加		4142	4142	4349	4349	4349	4349	4349	4567	4567	4567	4567	4567	4567	4567	4567	4567
2.1	营业税	1×5%	1174	1174	1233	1233	1233	1233	1233	1294	1294	1294	1294	1294	1294	1294	1294	1294
2.2	城市维护建设税	2.1×7%	82	82	86	86	86	86	86	91	91	91	91	91	91	91	91	91
2.3	教育费附加	2.1×3%	35	35	37	37	37	37	37	39	39	39	39	39	39	39	39	39
2.4	防洪工程费	1×0.09%	21	21	22	22	22	22	22	23	23	23	23	23	23	23	23	23
2.5	交易印花税	1×0.1%	12	12	12	12	12	12	12	13	13	13	13	13	13	13	13	13
2.6	房产税	1×12%	2818	2818	2959	2959	2959	2959	2959	3107	3107	3107	3107	3107	3107	3107	3107	3107

（二）损益表与项目静态盈利能力分析

本项目损益表如表 11-101 所示。

项目年投资利润率为 9.08%，基本达到行业基准投资收益率，可以认为其静态盈利能力满足要求。

（三）现金流量表与动态盈利能力分析

1. 全部投资现金流量表

本项目全部投资现金流量表如表 11-102 所示。根据评价指标显示，本项目有关数据如下。

税前全部投资财务净现值（FNPV）=110463 万元

税后全部投资财务净现值（FNPV）=53135 万元

税前全部投资财务内部收益率（FIRR）=15.24%

税后全部投资财务内部收益率（FIRR）=11.17%

税前全部投资回收期（静态）=7.79 年

税后全部投资回收期（静态）=9.81 年

由此可得，本项目全部投资税前和税后的 FNPV 均大于 0；税前和税后的 FIRR 均大于基准收益率 7%。故从全部投资动态盈利角度分析，本项目满足要求。

2. 自有资金现金流量表

本项目自有资金现金流量表如表 11-103 所示。根据评价指标显示，本项目自有资金：

税前财务净现值（FNPV）=118321 万元

税后财务净现值（FNPV）=50813 万元

由此可得，本项目自有资金投资税后的 FNPV 均大于 0；税后的 FIRR 均大于基准收益率 7%。故从自有资金动态盈利角度分析，本项目满足要求。

（四）资金来源与运用表及资金平衡能力分析

资金来源与运用表集中体现了项目自身平衡的能力，是财务评价的重要依据，如表 11-104 所示。

本项目累计盈余资金大于 0，故从资金平衡能力角度分析，本项目是满足要求的。

七、项目不确定性分析

（一）项目盈亏平衡分析

1. 销售部分盈亏平衡分析

假定本项目总投资不变，且售价与收款进度如基准方案所设，则由计算可得，当用于销售部分的写字楼销售率为 52.35%时，用于销售部分的写字楼投资利润率为零，也就是投资刚能保本。一般认为，当盈亏平衡点的销售率≤70%时，项目风险较低。本项目盈亏平衡点的销售率为 52.35%，可见其风险程度较低。

单位：万元

表 11-101 损益表

序号	项目名称	计算依据	合计	2012	2013	2014	2015	2016	2017	2018	2019	2020	2021	2022	2023	2024	2025	2026	2027
1	收入		764391		22656	36906	24569	18442	23697	28619	29988	28777	29269	27229	24209	22221	23482	23482	23482
1.1	销售收入		78861		22656	36598	19606												
1.2	租赁收入		685530		0	307	4963	18442	23697	28619	29988	28777	29269	27229	24209	22221	23482	23482	23482
2	总成本费用		171271		11502	17490	14332	4748	4748	4748	4748	4748	4748	4748	4748	4748	4748	4748	4748
2.1	由于销售写字楼总成本分摊		38339		11502	17252	9585												
2.2	用于租赁物业折旧		132932		0	237	4748	4748	4748	4748	4748	4748	4748	4748	4748	4748	4748	4748	4748
3	税金		125770		1391	2301	2079	3253	4180	5048	5290	5076	5163	4803	4270	3920	4142	4142	4142
3.1	销售税金及附加		4842		1391	2247	1204												
3.2	租赁税金及附加		120927		0	54	875	3253	4180	5048	5290	5076	5163	4803	4270	3920	4142	4142	4142
4	土地增值税		789		227	366	196												
5	利润总额	1-2-3-4	466562		9764	16888	7792	10245	14769	18823	19951	18953	19359	17679	15191	13554	14592	14592	14592
6	所得税	5×33%	153965		3222	5573	2571	3381	4874	6212	6584	6254	6388	5834	5013	4473	4816	4816	4816
7	税后利润	5-6	312596		6542	11315	5220	6864	9895	12612	13367	12698	12970	11845	10178	9081	9777	9777	9777

序号	项目名称	计算依据	2028	2029	2030	2031	2032	2033	2034	2035	2036	2037	2038	2039	2040	2041	2042
1	收入		23482	23482	24656	24656	24656	24656	24656	25889	25889	25889	25889	25889	25889	25889	25889
1.1	销售收入																
1.2	租赁收入		23482	23482	24656	24656	24656	24656	24656	25889	25889	25889	25889	25889	25889	25889	25889
2	总成本费用		4748	4748	4748	4748	4748	4748	4748	4748	4748	4748	4748	4748	4748	4748	4510
2.1	由于销售写字楼总成本分摊																
2.2	用于租赁物业折旧		4748	4748	4748	4748	4748	4748	4748	4748	4748	4748	4748	4748	4748	4748	4510

续表

序号	项目名称	计算依据	2028	2029	2030	2031	2032	2033	2034	2035	2036	2037	2038	2039	2040	2041	2042
3	税金		4142	4142	4349	4349	4349	4349	4349	4567	4567	4567	4567	4567	4567	4567	4567
3.1	销售税金及附加																
3.2	租赁税金及附加		4142	4142	4349	4349	4349	4349	4349	4567	4567	4567	4567	4567	4567	4567	4567
4	土地增值税																
5	利润总额	1-2-3-4	14592	14592	15559	15559	15559	15559	15559	16575	16575	16575	16575	16575	16575	16575	16812
6	所得税	5×33%	4816	4816	5135	5135	5135	5135	5135	5470	5470	5470	5470	5470	5470	5470	5548
7	税后利润	5-6	9777	9777	10425	10425	10425	10425	10425	11105	11105	11105	11105	11105	11105	11105	11264

评价指标：年投资利润率=9.08%

表 11-102　全部投资现金流量表

单位：万元

序号	项目名称	合计	建设经营期								
			2012	2013	2014	2015	2016	2017	2018	2019	2020
1	现金流入	764391		22656	22963	41561	38048	23697	28619	29988	28777
1.1	销售收入	78861			36598	19606	0	0	0	0	0
1.2	租赁收入	685530		22656	-307	4963	18442	23697	28619	29988	28777
2	现金流出	440429	2198	25203	38018	61013	8034	9054	11260	11874	11331
2.1	建设投资	159906	2198	21981	30774	54953	0	0	0	0	0
2.2	销售	5631		1618	2613	1400	0	0	0	0	0
2.2.1	销售税金及附加	4842		1391	2247	1204	0	0	0	0	0
2.2.2	土地增值税	789		227	366	196	0	0	0	0	0
2.3	租赁税金及附加	120927			54	875	3253	4180	5048	5290	5076
2.4	所得税	153965		3222	5573	2571	3381	4874	6212	6584	6254
3	净现金流量	323961	-2198	-25203	-15055	-19451	30014	14643	17359	18115	17446
4	累计净现金流量		-52198	-77401	-92456	-111908	-81893	-67250	-49891	-31777	-14331

房地产项目投资分析

续表

序号	项目名称	合计	2012	2013	2014	2015	2016	2017	2018	2019	2020
							建设经营期				
5	折现净现金流量		-2054	-22013	-12290	-14839	21400	9757	10810	10543	9489
6	累计折现净现金流量	53135	-52054	-74068	-86357	-101197	-79797	-70040	-59229	-48686	-39197
7	税前净现金流量	477927	-2198	-21981	-9482	-16880	33395	19517	23571	24698	23700
8	税前累计净现金流量		-52198	-74179	-83661	-100542	-67146	-47629	-24059	640	24340
9	税前折现净现金流量		-2054	-13199	-7740	-12878	23810	13005	14679	14375	12891
10	税前累计折现净现金流量	110643	-52054	-71254	-78994	-91872	-68061	-55056	-40378	-26003	-13112

序号	项目名称	2021	2022	2023	2024	2025	2026	2027	2028	2029	2030
						建设经营期					
1	现金流入	29269	27229	24209	22221	23482	23482	23482	23482	23482	24656
1.1	销售收入	0	0	0	0	0	0	0	0	0	0
1.2	租赁收入	29269	27229	24209	22221	23482	23482	23482	23482	23482	24656
2	现金流出	11551	10637	9283	8393	8958	8958	8958	8958	8958	9484
2.1	建设投资	0	0	0	0	0	0	0	0	0	0
2.2	销售	0	0	0	0	0	0	0	0	0	0
2.2.1	销售税金及附加	0	0	0	0	0	0	0	0	0	0
2.2.2	土地增值税	0	0	0	0	0	0	0	0	0	0
2.3	租赁税金及附加	5163	4803	4270	3920	4142	4142	4142	4142	4142	4349
2.4	所得税	6388	5834	5013	4473	4816	4816	4816	4816	4816	5135
3	净现金流量	17718	16592	14925	13829	14525	14525	14525	14525	14525	15172
4	累计净现金流量	3387	19979	34904	48733	63258	77782	92307	106831	121356	136528
5	折现净现金流量	9007	7883	6627	5738	5633	5264	4920	4598	4297	4195
6	累计折现净现金流量	-30190	-22307	-15680	-9942	-4309	955	5875	10473	14771	18966
7	税前净现金流量	24106	22426	19938	18302	19340	19340	19340	19340	19340	20307
8	税前累计净现金流量	48446	70872	90810	109112	128452	147792	167132	186472	205812	226119

续表

序号	项目名称	2021	2022	2023	2024	2025	2026	2027	2028	2029	2030
							建设经营期				
9	税前折现金净流量	12254	10655	8853	7594	7500	7010	6551	6123	5722	5615
10	税前累计折现金净流量	-857	9797	18650	26245	33745	40755	47306	53428	59150	64765

序号	项目名称	2031	2032	2033	2034	2035	2036	2037	2038	2039	2040	2041	2042
							建设经营期						
1	现金流入	24656	24656	24656	24656	25889	25889	25889	25889	25889	25889	25889	25889
1.1	销售收入	0	0	0	0	0	0	0	0	0	0	0	0
1.2	租赁收入	24656	24656	24656	24656	25889	25889	25889	25889	25889	25889	25889	25889
2	现金流出	9484	9484	9484	9484	10037	10037	10037	10037	10037	10037	10037	10115
2.1	建设投资	0	0	0	0	0	0	0	0	0	0	0	0
2.2	销售	0	0	0	0	0	0	0	0	0	0	0	0
2.2.1	销售税金及附加	0	0	0	0	0	0	0	0	0	0	0	0
2.2.2	土地增值税	0	0	0	0	0	0	0	0	0	0	0	0
2.3	租赁税金及附加	4349	4349	4349	4349	4567	4567	4567	4567	4567	4567	4567	4567
2.4	所得税	5135	5135	5135	5135	5470	5470	5470	5470	5470	5470	5470	5548
3	净现金流量	15172	15172	15172	15172	15853	15853	15853	15853	15853	15853	15853	15774
4	累计净现金流量	151701	166873	182045	197218	213071	228923	244776	260629	276481	292334	308187	323961
5	折现金净流量	3921	3664	3425	3201	3125	2921	2730	2551	2384	2228	2083	1937
6	累计折现金净流量	22887	26551	29976	33176	36302	39223	41952	44504	46888	49116	51199	53135
7	税前净现金流量	20307	20307	20307	20307	21322	21322	21322	21322	21322	21322	21322	21322
8	税前累计净现金流量	246426	266733	287040	307347	328670	349992	371315	392637	413959	435282	456604	477927
9	税前折现金净流量	5248	4904	4584	4284	4204	3929	3672	3431	3207	2997	2801	2618
10	税前累计折现金净流量	70013	74918	79501	83785	87989	91917	95589	99020	102227	105224	108025	110643

评价指标:	税前	税后
财务净现值（$I_c = 7\%$）	110643	53135
财务内部收益率	15.24%	11.17%
投资回收期（年）	7.97	9.81

表 11-103 自有资金现金流量表

单位：万元

序号	项目名称	合计	2012	2013	2014	2015	建设经营期 2016	2017	2018	2019	2020
1	现金流入	76491		22656	36906	24569	18442	23697	28619	29988	28777
1.1	销售收入	78861		22656	36598	19606	18442	23697	28619	29988	28777
1.2	租赁收入	685530		0	307	4963					
2	现金流出		52425	23094	37696	30482	18144	20564	22770	23384	22841
2.1	自有资金	59720	52425	582	696	6017					
2.2	预售收入再投入			17672	28760	19619					
2.3	贷款还本付息	57551					11510	11510	11510	11510	11510
2.4	销售税金及附加	4842		1391	2247	1204	3253	4180	5048	5290	5076
2.5	租赁税金及附加				54	875					
2.6	土地增值税	789		227	366	196					
2.7	所得税	153965		3222	5573	2571	3381	4874	6212	6584	6254
3	净现金流量	300546	-52425	-438	-791	-5913	298	3133	5849	6604	5936
	累计净现金流量	300546	-52425	-52863	-53654	-59566	-59268	-56136	-50287	-43682	-37746
4	折现净现金流量	50813	-48996	-382	-645	-4511	212	2088	3642	3844	3229
	累计折现净现金流量	50813	-48996	-49378	-50023	-54534	-54322	-52234	-48592	-44748	-41519
5	税前净现金流量	454511	-52425	2784	4782	-3341	3679	8007	12061	13188	12190
	税前累计净现金流量	454511	-52425	-49641	-44859	-48200	-44521	-36514	-24454	-11266	924
6	税前折现净现金流量	108321	-48996	2432	3904	-2549	2623	5335	7511	7676	6631
	税前累计折现净现金流量	108321	-48996	-46564	-42660	-45209	-42586	-37251	-29740	-22064	-15434

第十一章 房地产项目财务评价

续表

序号	项目名称	建设经营期									
		2021	2022	2023	2024	2025	2026	2027	2028	2029	2030
1	现金流入	29269	27229	24209	22221	23482	23482	23482	23482	23482	24656
1.1	销售收入										
1.2	租赁收入	29269	27229	24209	22221	23482	23482	23482	23482	23482	24656
2	现金流出	11551	10637	9283	8393	8958	8958	8958	8958	8958	9484
2.1	自有资金										
2.2	预售收入再投入										
2.3	贷款还本付息										
2.4	销售税金及附加										
2.5	租赁税金及附加	5163	4803	4270	3920	4142	4142	4142	4142	4142	4349
2.6	土地增值税										
2.7	所得税	6388	5834	5013	4473	4816	4816	4816	4816	4816	5135
3	净现金流量	17718	16592	14925	13829	14525	14525	14525	14525	14525	15172
	累计净现金流量	−20029	−3436	11489	25318	39842	54367	68891	83416	97940	113113
4	折现净现金流量	9007	7883	6627	5738	5633	5264	4920	4598	4297	4195
	累计折现净现金流量	−32512	−24629	−18002	−12264	−6631	−1367	3553	8151	12449	16644
5	税前净现金流量	24106	22426	19938	18302	19340	19340	19340	19340	19340	20307
	税前累计净现金流量	25031	47457	67395	85696	105037	124377	143717	163057	182397	202704
6	税前折现净现金流量	12254	10655	8853	7594	7500	7010	6551	6123	5722	5615
	税前累计折现净现金流量	−3179	7475	16328	23922	31423	38432	44984	51106	56828	62443

续表

序号	项目名称	建设经营期											
		2031	2032	2033	2034	2035	2036	2037	2038	2039	2040	2041	2042
1	现金流入	24656	24656	24656	24656	25889	25889	25889	25889	25889	25889	25889	25889
1.1	销售收入												
1.2	租赁收入	24656	24656	24656	24656	25889	25889	25889	25889	25889	25889	25889	25889
2	现金流出	9484	9484	9484	9484	10037	10037	10037	10037	10037	10037	10037	10115
2.1	自有资金												
2.2	预售收入再投入												
2.3	贷款还本付息												
2.4	销售税金及附加												
2.5	租赁税金及附加	4349	4349	4349	4349	4567	4567	4567	4567	4567	4567	4567	4567
2.6	土地增值税												
2.7	所得税	5135	5135	5135	5135	5470	5470	5470	5470	5470	5470	5470	5548
3	净现金流量	15172	15172	15172	15172	15853	15853	15853	15853	15853	15853	15853	15774
	累计净现金流量	128285	143458	158630	173802	189655	205508	221361	237213	253066	268919	284771	300546
4	折现净现金流量	3921	3664	3425	3201	3125	2921	2730	2551	2384	2228	2083	1937
	累计折现净现金流量	20565	24229	27654	30854	33980	36900	39630	42181	44566	46794	48876	50813
5	税前净现金流量	20307	20307	20307	20307	21322	21322	21322	21322	21322	21322	21322	21322
	税前累计净现金流量	223011	243318	263625	283932	305254	326577	347899	369222	390544	411866	433189	454511
6	税前折现净现金流量	5248	4904	4584	4284	4204	3929	3672	3431	3207	2997	2801	2618
	税前累计折现净现金流量	67691	72595	77179	81463	85666	89595	93267	96698	99905	102902	105703	108321

评价指标：

	税前	税后
财务净现值（$i=7\%$）（万元）	108321	50813
财务内部收益率	17.65%	12.02%

第十一章 房地产项目财务评价

表 11-104 资金来源与运用表

单位：万元

序号	项目名称	建设经营期								
		2012	2013	2014	2015	2016	2017	2018	2019	2020
1	资金来源	2425	29238	42101	65586	18442	23697	28619	29988	28777
1.1	销售收入		22656	36598	19606	18442	23697	28619	29988	28777
1.2	租赁收入		582	307	4963					
1.3	自有资金	2425		696	6017					
1.4	银行借贷		6000	4500	35000					
2	资金的运用	2425	29094	42196	65482	18144	20564	22770	23384	22841
2.1	建设投资	2425	24254	33956	60635					
2.2	借款还本付息			2247	1204	11510	11510	11510	11510	11510
2.3	销售税金及附加			54	875	3253	4180	5048	5290	5076
2.4	租赁税金及附加			366	196					
2.5	土地增值税		227			3381	4874	6212	6584	6254
2.6	所得税		3222	5573	2571	298	3133	5849	6604	5936
3	盈余资金 1-2		144	-95	104	451	3584	9433	16037	21973
4	累计盈余资金		144	49	153					

序号	项目名称	建设经营期								
		2021	2022	2023	2024	2025	2026	2027	2028	2029	2030
1	资金来源	29269	27229	24209	22221	23482	23482	23482	23482	23482	24656
1.1	销售收入	29269	27229	24209	22221	23482	23482	23482	23482	23482	24656
1.2	租赁收入										
1.3	自有资金										
1.4	银行借贷										
2	资金的运用	11551	10637	9283	8393	8958	8958	8958	8958	8958	9484
2.1	建设投资										

续表

序号	项目名称	建设经营期									
		2021	2022	2023	2024	2025	2026	2027	2028	2029	2030
2.2	借款还本付息										
2.3	销售税金及附加										
2.4	租赁税金及附加	5163	4803	4270	3920	4142	4142	4142	4142	4142	4349
2.5	土地增值税										
2.6	所得税	6388	5834	5013	4473	4816	4816	4816	4816	4816	5135
3	盈余资金 1−2	17718	16592	14925	13829	14525	14525	14525	14525	14525	15172
4	累计盈余资金	39691	56283	71208	85037	99562	114086	128611	143135	157660	172832

序号	项目名称	建设经营期										
		2031	2032	2033	2034	2035	2036	2037	2038	2039	2040	2041	2042
1	资金来源	24656	24656	24656	24656	25889	25889	25889	25889	25889	25889	25889	25889
1.1	销售收入												
1.2	租赁收入	24656	24656	24656	24656	25889	25889	25889	25889	25889	25889	25889	25889
1.3	自有资金												
1.4	银行借贷												
2	资金的运用	9484	9484	9484	9484	10037	10037	10037	10037	10037	10037	10037	10115
2.1	建设投资												
2.2	借款还本付息												
2.3	销售税金及附加												
2.4	租赁税金及附加	4349	4349	4349	4349	4567	4567	4567	4567	4567	4567	4567	4567
2.5	土地增值税												
2.6	所得税	5135	5135	5135	5135	5470	5470	5470	5470	5470	5470	5470	5548
3	盈余资金 1−2	15172	15172	15172	15172	15853	15853	15853	15853	15853	15853	15853	15774
4	累计盈余资金	188005	203177	218350	233522	249375	265227	281080	296933	312786	328638	344491	360265

2. 租赁部分盈亏平衡分析

假定本项目总投资不变，且租赁价与收款进度如基准方案所设，则由计算可得，当由于出租部分的物业出租率为 23.54%（直线折旧，按 28 年分摊）时，租赁部分全部投资利润率为零，也就是投资刚能保本。一般认为，当盈亏平衡点的出租率≤70%时，项目风险较低。本项目盈亏平衡点的出租率为 23.54%，可见其风险程度较低。

（二）敏感性分析

影响本项目财务效益的主要不确定性因素为开发成本、租金售价水平、销售税率、建设经营期的长短。据市场预测，开发成本项目中最有可能发生波动变化的是工程建造成本和售价水平。因而，本项目不确定性分析针对全部投资的评价指标（财务净现值、财务内部收益率和投资利润率），分别计算工程建造成本、租金售价和利率分别上下波动 5%、10% 和 15% 时，对经济评价指标的影响。由敏感性分析表（表 11-105）可以看出，工程建造成本、租金售价和利率的变化对财务净现值的影响是最大的，其次是投资利润率，再次是财务内部收益率；工程建造成本、租金售价和利率这三个因素中，租金售价的变化对财务净现值、财务内部收益率和投资利润率的影响是最大的，工程建造成本次之，利率的影响则非常轻微。当项目的租金售价降低与此同时工程建造成本上升，项目是有不可行的可能的。计算结果详见敏感性分析表（见表 11-105）。

1. 租金售价、工程建造成本的变动对财务净现值的影响，详见图 11-14

租金售价下降 5%、10% 和 15%，将引起该项目的财务净现值分别下降 15.57%、31.14% 和 46.72%；当售价下降 32.11% 时，该项目财务净现值等于零，到达临界点，此时，若租金售价再下降，则财务净现值小于零，出现亏损。

工程建造成本上升 5%、10% 和 15%，将引起该项目的财务净现值分别下降 5.57%、11.13% 和 16.70%；当建安工程费上升 89.82% 时，该项目财务净现值等于零，到达临界点，此时，若建安工程费再上升，则财务净现值小于零，出现亏损。

2. 租金售价、工程建造成本的变动对财务内部收益率的影响，见图 11-15

租金售价下降 5%、10% 和 15%，将引起该项目的财务内部收益率分别下降 10.55%、9.92% 和 9.28%；当租金售价下降 32.81% 时，该项目财务内部收益率等于基准收益率（i_c=7%），到达临界点，此时，若租金售价再下降，则财务内部收益率将达不到预期的基准收益率。

工程建造成本上升 5%、10% 和 15%，将引起该项目的财务内部收益率分别下降 10.87%、10.58% 和 10.29%；当工程建造成本上升 89.50% 时，该项目财务内部收益率等于基准收益率（i_c=7%），到达临界点，此时，若工程建造成本再下降，则财务内部收益率将达不到预期的基准收益率。

房地产项目投资分析

表 11-105 敏感性分析表

单位：万元

	基准方案	-15%	-10%	-5%	5%	10%	15%
全部投资			租金和售价				
财务净现值（税后）	53135	28313	36587	44861	61409	69683	77957
财务净现值升降幅度		-46.72%	-31.14%	-15.57%	15.57%	31.14%	46.71%
财务内部收益率（税后）	11.17%	9.28%	9.92%	10.55%	11.79%	12.40%	13.00%
财务内部收益率升降幅度		-16.94%	-11.21%	-5.58%	5.52%	10.98%	16.35%
年投资利润率	9.08%	7.22%	7.84%	8.46%	9.70%	10.32%	10.94%
投资收益率升降幅度		-20.49%	-13.66%	-6.83%	6.82%	13.65%	20.48%
全部投资			工程建造成本				
财务净现值	53135	62008	59051	56093	50178	47220	44263
财务净现值升降幅度		16.70%	11.13%	5.57%	-5.57%	-11.13%	-16.70%
财务内部收益率（税后）	11.17%	12.15%	11.81%	11.49%	10.87%	10.58%	10.29%
财务内部收益率升降幅度		8.74%	5.70%	2.84%	-2.71%	-5.31%	-7.90%
年投资利润率	9.08%	10.15%	9.77%	9.42%	8.76%	8.46%	8.17%
投资收益率升降幅度		11.78%	7.59%	3.74%	-3.53%	-6.83%	-10.03%
全部投资			利率				
财务净现值（税后）	53135	52861	52952	53043	53228	53321	53415
财务净现值升降幅度		-0.52%	-0.35%	-0.17%	0.17%	0.35%	0.53%
财务内部收益率（税后）	11.17%	11.15%	11.16%	11.17%	11.18%	11.19%	11.20%
财务内部收益率升降幅度		-0.21%	-0.12%	-0.03%	0.06%	0.15%	0.24%
年投资利润率	9.08%	9.21%	9.17%	9.12%	9.04%	8.99%	8.95%
投资收益率升降幅度		1.43%	0.99%	0.44%	-0.44%	-1.00%	-1.44%

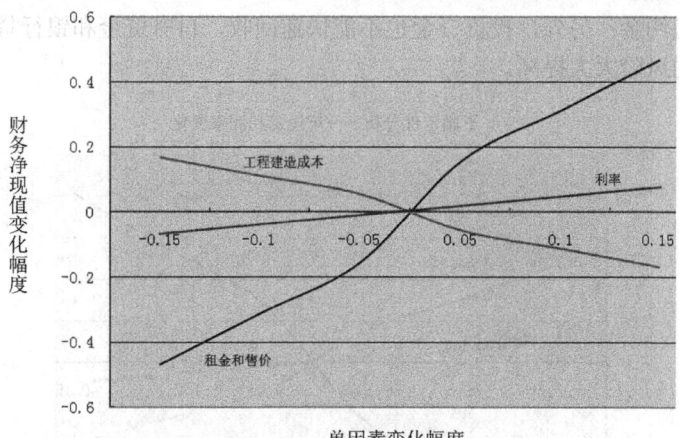

图 11-14 财务净现值变化图

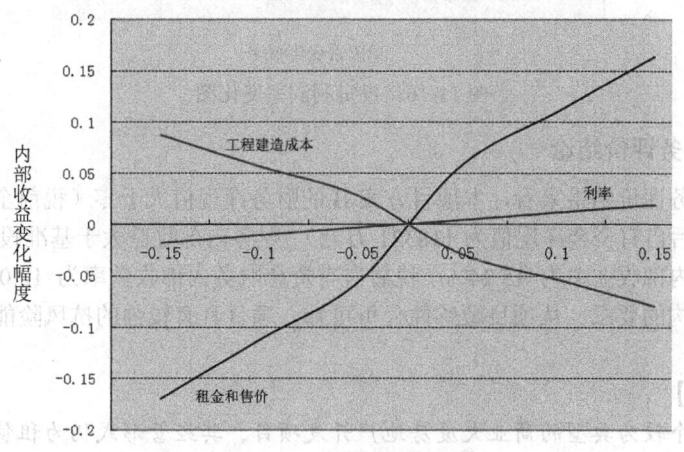

图 11-15 内部收益率变化图

3．租金售价、工程建造成本的变动对投资利润率的影响，如图 11-16 所示

租金售价分别下降 5%、10% 和 15%，将引起该项目的投资利润率分别下降 8.46%、7.84% 和 7.22%；当租金售价下降 16.72% 时，该项目投资利润率等于基准收益率（i_c=7%），到达临界点，此时，若租金售价再下降，则投资利润率将达不到预期的基准收益率。

工程建造成本分别上升 5%、10%、15%，将引起该项目的投资利润率分别下降 8.76%、8.46% 和 8.17%；当工程建造成本分别上升 34.50% 时，该项目投资利润率等于基准收益率（i_c=7%），到达临界点，此时，若工程建造成本再上升，则投资利润率将达不到预期的基准收益率。

由以上分析可以得出，租金售价和工程建造成本都是该项目的敏感因素，相比之下，租金售价因素更为敏感。

4．工期延误的影响

除了租金售价对本项目的影响较大外，工期与销售率对本项目的影响也值得注意。工期延误除了导致资金不能及时回收再投入外，NPV 和 IRR 还会下降。在所有假设不变的前提下，经测算，工期延误 4 年，项目税后财务净现值下降达 62.70%，内部收益率下降 23.90%。项目工期延误除了导致回收期大大延长外，还会影响楼盘的信誉和形象，由此而导致延误交楼时间的，还要给买家赔偿违约金；另外，投资资金也不能快速回收，自有资金和银行贷款数额增大，这样会使整个项目的风险大大提高。

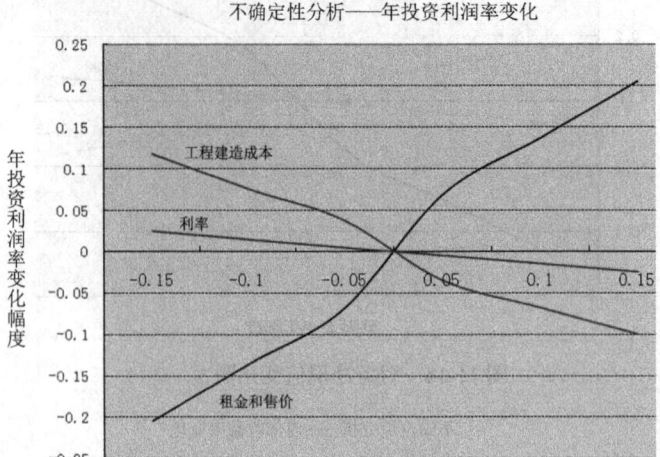

图 11-16 投资利润率变化图

八、项目财务评价结论

通过上述财务评价结果来看，本项目方案 B 的财务净现值大于零（税前全部投资净现值为 110643 万元，税后自有资金净现值为 118321 万元）；财务内部收益大于基准投资收益率 7%（税前全部投资财务内部收益率为 15.24%，税后自有资金财务内部收益率为 12.02%）；借款偿还期能满足贷款机构的要求。从项目敏感性分析可知，项目具有较强的抗风险能力。因此，建议采纳方案 B。

【案例评述】

本项目是一个较为典型的商业大厦房地产开发项目，其经营形式仍为租售并举。研究者在进行财务评价时租售项目合并考虑，编制了一套财务报表，计算了一套财务评价指标，这也是可以借鉴的一种方法；本项目是一个关于在建工程的后续投资开发项目，对于已发生投资的估算和分析，是特别要注意的地方；本项目的经营设定为 30 年，因此对未来租赁收入尽可能客观、准确的预测，是本项目财务评价的重点，也是难点；最后，本项目评估报告共提出两个推荐比较方案，否决了一个，保留了一个，对于较为重要和大型的房地产开发项目而言，这种分析思路和方式是值得学习的。

复习思考题

1. 什么是投资项目的财务评价？作用有哪些？
2. 投资项目财务评价的基本原则是什么？依据有哪些？
3. 投资项目财务评价由哪些基本报表构成？各自的评价指标是什么？
4. 以一个实际的房地产项目为例，对其进行财务评价，并对相关计算指标进行分析与说明。要求包括损益表的编制与项目静态盈利能力分析；现金流量表的编制与项目动态盈利能力分析；资金来源与运用表的编制与项目资金平衡能力分析以及项目不确定性分析。

第十二章　房地产项目投资风险分析

本章首先介绍投资风险的概念、种类、识别、度量与评价，在此基础上，详细阐述房地产项目投资风险的分类以及房地产项目投资风险的防范、分析与控制。

第一节 投资风险概述

一、风险与投资风险

人们置身于瞬息万变、错综复杂的世界,宇宙万物无论是客观存在的自然界、意识形态的精神世界,还是人类自身的政治、经济、军事、文化活动,都有其无法把握的、突发的、无法控制的一面,人们称其为风险。风险无处不在、无时不有,风险渗透于人类社会的所有领域。几千年的人类文明史,也就是人类与风险的抗争历史。唯一的区别就是随着科学技术的进步,人类自身对风险的认知和规避能力有所增强。

(一)风险的定义及本质

风险存在于一切领域,人们从不同的角度,抱着不同的目的研究风险,就产生了不同的定义。

从风险造成损害的角度,人们把风险定义为"损害发生的可能性"(法国学者莱曼)、"某种行为具有不确定时,其行为就反映了风险的负担"(美国学者海尼斯)。从风险管理与保险的角度出发,人们又把风险定义为"客观的不确定性"(美国学者威利特)、"费用、损失或与损害相关的不确定性"(美国学者哈迪)。从研究风险的因素出发,人们把风险定义为"是个人和风险因素的结合体"。从风险预测的研究目的出发,人们又把风险定义为"在一定条件下,一定时期内可能产生结果的变动"(美国学者威廉姆斯和海因斯)。从观察和研究风险,以期测度风险的角度出发,有人又把风险定义为"可测度的客观概率的大小"(美国学者佩费尔)。

上述定义,从不同的角度描述了风险的概念。经济学上对风险的定义为"风险是指在特定条件下,在特定时期内,某一事件实际结果偏离预期结果的程度"。这种定义揭露了风险的如下本质特征。

1. 风险存在的客观性

风险是独立于人类意识之外的,不以人的意志为转移的客观存在。人类只能掌握事物运动变化的规律,在有限的时间和空间范围内认识风险因素,并通过风险因素的控制规避和防范风险造成的损失,而不可能完全排除风险。

2. 风险存在的普遍性

风险无时不有、无处不在,凡是有人类活动的地方,就有风险。风险存在于人类活动的所有领域和一切地方。风险发生的频率大小以及风险所造成的损失程度因时因地而不同。

3. 风险事项发生的随机性

尽管风险无处不在,无时不有,但就任何一件具体的风险事项而言,其发生的时间、地点,以及其具体表现形式,却是随机的。这是因为风险事项发生的原因是错综复杂的,唯有众多的因素共同起作用的结果,才能导致风险的发生。因而,就具体的风险事项而言,其发生是随机的。

4. 风险事项的可测可控性

具有随机性的风险事项并不是不可知的。随着人类科学技术水平的提高,某些风险的形成原因、发展规律、影响因素终于被人们掌握(如风、雹、雷、电等自然现象所引发的灾害风险),于是人们便具备了预测、防范及局部控制某些灾害的能力。尽管由于人类科学技术水平和认知能力的局限性,人类不可能彻底消除风险,但只要深入研究其成因和影响因素,我们就能防范风险,规避风险或尽可能减轻风险造成损失的程度。

（二）投资风险

投资风险是经济学领域内研究的，存在于投资活动中的风险。投资风险的定义是"项目投资效果的实际值偏离其期望值的程度"。由此定义可以理解如下：

（1）投资风险研究的是经济学领域，以投资这种经济活动为对象的风险问题。

（2）投资风险既然与具体的投资活动有关，其研究方法就离不开投资项目的运行特点。因而，投资风险分析就因投资对象的差异而分为债券投资风险、建设项目投资风险、房地产项目投资风险、股票投资风险等多种形式的投资风险。

（3）投资风险既然是以项目投资效果的实际值与期望值之偏差程度来进行描述的，那么它除了应具备一般风险的共同特征——客观性、普遍性、随机性和可测可控性外，还应具备项目投资经济活动应具备的特殊的性质，如影响因素的复杂性、风险与收益的共生性（风险程度越大，要求的投资收益率越高），等等。

二、投资风险的种类

不同的投资对象与投资方式，将会面临不同的风险。概略地研究，人们把投资风险划分如下四类。

（一）经营风险

经营风险是由于企业（项目）经营情况的不确定性而产生的风险。如市场需求变化、消费者偏好变化、竞争对手策略变化而导致的企业（项目）产品销售下降、收入减少；由于资金市场利率增加、原材料市场单价提高、劳动力价格上升等因素引起的产品生产成本的增长；由于营销不畅、产品积压而引起的产品销售价格下降等。诸如此类的因企业（项目）的生产经营条件发生变化带来的风险，统称为经营风险。

（二）财务风险

财务风险是指由于企业（项目）融资，负债经营带来的风险。企业（项目）负债经营的目的是借助杠杆效应，减少平均负担的固定成本，从而增加额外收益。然而，杠杆效应并不总是有利的，当市场疲软、销售不畅、利润下降，杠杆效应就会呈现负影响状态。尤其是当项目（或企业）的利润率低于借款利息时，将使企业的税后盈利受到额外损失，这便是财务风险。在极端情况下，由于过度举债，无法按期清偿债务，将使项目（或企业）面临破产境地。

（三）市场风险

市场风险是指企业（项目）经营市场供求关系发生变化所带来的风险。任何投资项目，无论是项目开发建设过程，还是项目未来的生产经营活动，都离不开市场。市场任何要素的波动变化，都将给项目带来影响。尤其是与项目有关的资源市场（资金市场、原材料市场、劳动力市场）和商品市场供求关系的变化，将会使投资收益遭到意外损失。如市场汇率的波动、贷款利率的增加、原材料成本的上涨、劳动力价格的增加等，均属市场风险因素。与上述经营风险和财务风险不同，市场风险因素对于企业或投资者而言，是不可控因素。面临复杂多变的市场环境，投资者只能研究市场趋势，识别风险并尽可能地规避风险，而不可能影响和控制市场风险。

（四）政治风险

政治风险是指投资项目面临的政治或政策环境条件的变化带来的风险。如政权的更迭、政治局势的动荡、战争或民族（种族）矛盾的兴起、经济政策（如金融政策、税收政策、福利政策等）及产业政策（如优惠条件等）的变动带来的风险。政治风险与市场风险一样，均属于不可控因素带来的风险。投资者只能在项目投资前期尽可能地研究项目面临的政治与政策环境条件，识别各种风险因素并设法规避这些风险因素，使项目面临的政治风险降到最低点。

三、投资风险识别

风险识别是风险分析的基础，运用系统论的方法对项目进行全面考察综合分析，找出潜在的各种风险进行比较、分类，确定各因素间的相关性与独立性，判断其发生的可能性及对项目的影响程度，按其重要性进行排队，或赋予权重。

1．风险识别方法

风险识别应根据项目的特点选用适当的方法。常用的方法有问卷调查、专家调查法和情景分析等。在具体操作中，一般通过问卷调查或专家调查完成，建立项目风险因素调查表（见表7-9）。

2．风险识别应注意的问题

（1）建设项目的不同阶段存在的主要风险有所不同。

（2）风险因素依项目不同具有特殊性。

（3）对于项目的有关各方（不同的风险管理主体）可能会有不同的风险。

（4）风险的构成具有明显的递阶层系，风险识别应层层剖析，尽可能深入到最基本的风险单元，以明确风险的根本来源。

（5）正确判断风险因素间的相关性与独立性。

（6）识别风险应注意借鉴历史经验，要求分析者富有经验、创建性和系统观念。

四、投资风险的度量

投资风险的度量包括风险程度和风险概率两个方面。投资风险程度是描述风险造成损失的大小，又称为投资损失强度。投资风险概率是描述投资风险发生可能性的高低，一般是用随机事件的概率分布评价指标（标准偏差）来描述的。

（一）投资风险损失强度

投资风险损失强度是从风险可能给投资者带来的最大损失的角度来衡量的风险程度。在最大风险的情况下，投资者可能损失全部投资，也可能损失部分投资。投资风险损失强度是指在某一投资市场上，由于风险的存在使投资者可能遭受的最大损失在直接投资总额中所占的比例。按下式计算：

$$投资风险损失强度 = \frac{投资支出 - 投资收入}{投资支出} \times 100\%$$

上式中的投资支出是指项目投资总额，投资收入是指扣除因风险可能遭受的最大损失后的净收益。

当项目投资额和收入额发生变化时，投资风险损失强度也随之发生变化。最极端的情况有下列三种。

（1）投资收入=0，投资风险损失强度=100%，即由于风险而使项目损失了全部收入，风险损失强度达到100%。

（2）投资收入<0（亏损），投资风险损失强度>100%，说明当投资风险大到一定程度，使项目投资出现亏损时，投资风险损失强度将大于100%。

（3）投资收入>0，投资风险损失强度<100%，当投资收入大到超过项目投资支出时，投资风险损失强度将呈负的状态（小于0）。

上述三种情况分别相当于盈亏平衡分析的盈（投资风险损失强度<100%）、亏（投资风险损失强度大于100%）、平衡（投资风险损失强度=0）三种状态。

（二）投资风险分布

风险强度只能用来描述投资风险给投资者带来损失的大小，而投资风险的发生是一种随机事件，人们无法确切地知道风险将在何时何地发生，只能依据统计结果的分布状态来衡量其发生可能性的大小。

当描述风险参数的统计量呈正态分布时，人们用标准偏差（σ）及其变异系数（v）来衡量其分布的离散程度，从而描述其发生风险可能性的大小。其计算公式如下所示。

$$\sigma = \sqrt{\sum_{1}^{n} P_i (R_i - E(R))^2}$$

$$v = \sigma / E(R)$$

式中，σ为投资收益率标准偏差；P_i为状态i的发生概率；R_i为状态i的投资收益率；n为状态数；$E(R)$为投资收益率期望值；v为投资收益率变异系数。

期望值是投资者对未来投资收益的预期结果，是在综合考虑了投资方案在未来面临的各种可能状态发生概率及其投资收益率值后的统计量。期望值描述的是统计数列的集中（平均值）状态。标准偏差则反映了统计数列偏离期望值的状态，即所谓的离散趋势。当然，σ值越大说明未来的投资收益值偏离期望值的可能性越大，风险也就越大；σ值越小，说明未来投资收益值偏离期望值的可能性越小，风险也就越小。需要说明的是，这里的"大""小"仅仅是一个相对概念，并没有一个绝对的指标可以参照。因为不同的项目，投资规模不同；不同的投资者，承受力不同。其评价"大"和"小"的标准自然不同。因而，投资风险分析在大多数情况下是用于不同方案间的比较分析。即使在对单一方案进行技术经济评价时，其投资风险分析也要引用相类似项目进行比较判别。

对于大多数投资者或投资分析者而言，无法收集到足够多的数据来进行上述概率统计计算。因而，实际工作中人们用下式的标准差（δ）作为标准偏差（σ）的近似计算式。

$$\delta = \sqrt{\frac{1}{n} \sum_{1}^{n} (R_i - \bar{R})^2}$$

式中，δ为标准差；R_i为第i种状态下的投资收益率；n为投资方案未来面临的状态数；$\bar{R} = \frac{1}{n} \sum R_i$为投资收益率平均值。

如果确切地知道项目投资收益率值的分布呈正态分布，又计算出了项目投资收益率平均值（$\bar{R}$）和标准差（δ），便可依据正态分布的概率特性，判断该项目未来投资收益值的风险状态。

收益率落在$\bar{x} \pm \delta$范围内的可能性达84.1%；

收益率落在$\bar{x} \pm 2\delta$范围内的可能性达97.7%；

收益率落在$\bar{x} \pm 3\delta$范围内的可能性达99.9%。

由此，便可对项目投资风险进行定量的描述。

当无法确切地描述收益率的分布状态，只能计算出它的平均值（$\bar{x}$）和标准差（δ）时，根据契贝谢夫不等式，大于或等于K倍标准差的"随机事件"发生概率，等于或小于$1/K^2$，于是，可推导出，小于或等于 K 倍标准差的发生概率，等于或小于 $1-\dfrac{1}{K^2}$。由此可判断项目投资收益值的风险状态。

投资收益率落在 $\bar{x}\pm 2\delta$ 范围内的可能性为

$$1-\frac{1}{2^2}=1-\frac{1}{4}=75\%$$

投资收益率落在 $\bar{x}\pm 3\delta$ 范围内的可能性为

$$1-\frac{1}{3^2}=1-\frac{1}{9}=88.9\%$$

【例 12-1】某物业投资 2500 万元，A 方案全部由公司自有资金投资；B 方案总投资的 70%（1750 万元）靠抵押贷款解决。贷款利率 6%，贷款期限 20 年，要求在 20 年内按年等额偿还。假设该项目经营将面临三种效益状态，各状态的发生概率及每年的经营收益如表 12-1 所示。试据此进行该项目的投资风险分析。

表 12-1　项目经营收益表

状态	方案 A		方案 B	
	概率	年经营收益（万元）	概率	年经营收益（万元）
1 好	0.20	375	0.20	375
2 中	0.70	275	0.70	275
3 差	0.10	250	0.10	250

【解】方案 A、B 的年度税前投资收益率计算结果如表 12-2 所示。

表 12-2　A、B 方案税前投资收益率

状态	概率	收益 A_i（万元）	方案 A（自有资金投资 2500 万元）			方案 B（自有资金投资 750 万元）		
			债务本息 I_i（万元）	净收益 $F_i=A_i-I_i$	税前投资收益率 $R_i=F_i/P$	债务本息 I_i（万元）	净收益 $F_i=A_i-I_i$	税前投资收益率 $R_i=F_i/P$
1 好	0.2	375	0	375	15%	152.57	222.43	29.66%
2 中	0.7	275	0	275	11%	152.57	122.53	16.34%
3 差	0.1	250	0	250	10%	152.57	97.43	12.99%

其中：B 方案年度还贷债务本息由下式计算，即

$$I_i = P\times\frac{i(1+i)^n}{(1+i)^n-1}=1750\times\frac{0.06\times(1+0.06)^{20}}{(1+0.06)^{20}-1}$$

$$=152.57（万元/年）$$

由此可求得，A 方案投资收益率期望值为

$$E(R_A)=0.2\times 15\%+0.7\times 11\%+0.1\times 10\%$$
$$=0.117=11.7\%$$

B 方案投资收益率的期望值为

$$E(R_B)=0.2\times 0.2966+0.7\times 0.1633+0.1\times 0.1299$$
$$=0.1866=18.66\%$$

分别将 $E(R_A)$、$E(R_B)$ 代入标准偏差 σ_A、σ_B 的计算式，便可求得 A、B 两投资方案的风险程度。

（1）A 方案：$E(R_A)=11.7\%$

$P_1=0.2$，$R_1=15\%$

$P_2=0.7$，$R_2=11\%$

$P_3=0.1$，$R_3=10\%$

代入 σ 及 ν 的计算式得

$$\sigma_A^2 = \sum P_i(R_i-E(R))^2 = 0.2\times(0.15-0.117)^2 + 0.7(0.11-0.117)^2 + 0.1\times(0.10-0.117)^2$$

$$=0.000281$$

所以，$\sigma_A=1.676\%$。

$\nu_A=0.01676/0.117=14.32\%$

（2）B 方案：$E(R_B)=18.66\%$

$P_1=0.2$，$R_1=29.66\%$

$P_2=0.7$，$R_2=16.33\%$

$P_3=0.1$，$R_3=12.99\%$

代入 σ 及 ν 的计算式得

$$\sigma_B^2 = \sum P_i(R_i-E(R))^2 = 0.2\times(0.2966-0.1866)^2 + 0.7\times(0.1633-0.1866)^2 + 0.1\times(0.1299-0.1866)^2$$

$$=0.003121$$

所以，$\sigma_B=5.587\%$；$\nu_B=0.005587/0.1866=29.94\%$。

由上述计算可看出，该物业项目的投资方案，若采用 70%的贷款，其投资收益率可由 11.7%提高到 18.66%，同时，其风险程度由原来的 1.676%提高到 5.587%，单位投资收益率的风险也由原来的 14.32%增加到 29.94%。由此可见，在融资决策中，效益总是与风险共存的，在制订投资方案时，应权衡利弊，全面分析，作出正确决策。

五、投资风险评价

风险评价是对项目经济风险进行综合分析，是依据风险对项目经济目标的影响程度进行项目风险分级排序的过程。它是在项目风险识别和估计的基础上，通过建立项目风险的系统评价模型，列出各种风险因素发生的概率及概率分布，确定可能导致的损失大小，从而找到该项目的关键风险，确定项目的整体风险水平，为如何处置这些风险提供科学依据。风险评价的判别标准可采用以下两种类型。

1. 以经济指标的累计概率、标准差为判别标准

（1）财务（经济）内部收益率大于等于基准收益率的累计概率值越大，风险越小；标准差越小，风险越小。

（2）财务（经济）净现值大于等于零的累计概率值越大，风险越小；标准差越小，风险越小。

2. 以综合风险等级为判别标准

风险等级的划分既要考虑风险因素出现的可能性，又要考虑风险出现后对项目的影响程度，有多种表述方法，一般应选择矩阵列表法划分风险等级。矩阵列表法简单直观，将风险因素出

现的可能性及对项目的影响程度构造一个矩阵，表中每一单元对应一种风险的可能性及其影响程度。为适应现实生活中人们往往以单一指标描述事物的习惯，将风险的可能性与影响程度综合起来，用某种级别表示，如表 12-3 所示。该表是以风险应对的方式来表示风险的综合等级的，所示风险等级也可采用数学推导和专家判断相结合确定。

表 12-3 综合风险等级分类表

综合风险等级		风险影响的程度			
		严 重	较 大	适 度	低
风险的可能性	高	K	M	R	R
	较高	M	M	R	R
	适度	T	T	R	I
	低	T	T	R	I

综合风险等级分为 K、M、T、R、I 五个等级。

K（Kill）表示项目风险很强，出现这类风险就要放弃项目。

M（Modify plan）表示项目风险强，需要修正拟议中的方案，通过改变设计或采取补偿措施等。

T（Trigger）表示风险较强，设定某些指标的临界值，指标一旦达到临界值，就要变更设计或对负面影响采取补偿措施。

R（Review and reconsider）表示风险适度（较小），适当采取措施后不影响项目。

I（Ignore）表示风险弱，可忽略。

落在该表左上方的风险会产生严重后果；落在这个表左下角的风险，发生的可能性相对低，必须注意临界指标的变化，提前防范与管理；落在该表右上角的风险影响虽然相对适度，但是发生的可能性相对较高，也会对项目产生影响，应注意防范；落在该表右下角的风险，损失不大，发生概率小，可以忽略不计。

以上推荐的风险等级的划分标准并不是唯一的，其他可供选择的划分标准有很多，如常用的风险等级划分为 1～9 级等。

六、房地产项目投资风险

房地产项目投资风险是指由于随机因素的影响所引起的房地产项目投资收益偏离预期收益的程度。由于房地产项目投资固有的周期长、投资额大、影响因素复杂等特性的影响，房地产项目投资面临的风险因素也特别复杂，风险因素所引起的后果也特别严重。风险因素的判别与分析、项目投资的风险研究在房地产投资分析中就显得尤其重要。

一般来说，房地产项目的投资风险，可按如下形式进行分类。

（一）按投资风险的来源分类

按投资风险的来源，人们把房地产项目投资风险分为国家风险、市场风险、自然风险和公司风险四类。

国家风险是指由于国家政治、社会、经济形势的稳定性、国民经济发展状况、国家产业政策、税收政策、金融政策的变化，国家有关法律、法规的变化等宏观政治、经济、社会、文化及法律因素变化带来的风险。

市场风险是指由市场供求关系、市场资源条件、市场购买力水平、市场消费偏好、竞争对手状况发生变化，以及金融市场、劳动力市场、原材料市场、中介服务市场、同类物业的竞争市场等市场环境变化带来的风险。

自然风险是指由于自然条件变化带来的风险，如风、雨、雪、地震等自然灾害，地质、水文条件的变化带来的风险。

公司风险是指由于公司的经营决策失误及经营管理不善带来的风险。如由于理财措施不当、资金筹措失误带来的财务风险，由于营销计划不当带来的销售风险，由于人事管理措施不当带来的人事及劳资纠纷风险等。

（二）按投资实施的阶段分类

按房地产项目投资实施的阶段不同，人们把投资风险划分为项目投资前期风险、项目开发建设风险、项目经营风险和项目管理风险四类。

项目投资前期风险是指投资计划实施前的项目策划与研究阶段存在的风险。如选址风险、市场定位风险、投资方案决策风险、经营方案风险等。显然，由于房地产项目自身的特点，这一阶段的风险危害特别大。一旦决策失误，往往会使项目遭受无法估量的损失。

项目开发建设阶段的风险是指从项目正式动工到交付使用这一阶段的风险。如按时完工风险、成本控制风险、工程质量风险、安全生产风险、建筑设备质量及设备安装质量风险。虽然大部分的房地产项目施工均由承包方负责，但有些风险后果同样会危及投资者的利益。

项目经营阶段风险包括两部分内容：一是项目投资经营的风险，如由于投资计划安排不当、融资计划考虑不周带来的资金周转风险，由于投资控制的失误带来的项目经营效益风险。二是指项目的市场营销风险，如由于促销措施不当、营销时机不当带来的预售计划不能完成；由于市场定位及价格定位的问题而引起的营销业绩不佳等。

项目管理风险是指项目竣工交付使用，业主入住后的物业管理阶段风险，如与业主关系处理不当带来的纠纷，业主入住后的安全、卫生管理问题存在的风险。

（三）按投资风险的内容分类

按房地产项目投资风险的实质内容不同，可划分为政治风险、环保风险、金融风险、市场风险、信用风险、财务风险、经营风险七类。

政治风险是指由于政治条件发生变化而带来的投资风险。政治风险表现为两方面，一方面是项目所在国政府由于政治或外交原因，对项目实施的征用、没收，或对项目产品实行禁运、抵制、中止债务关系的可能性；另一方面为国家政治经济法律的稳定性、产业政策的稳定性风险，如税收政策、金融政策、外汇管理、环境保护政策的稳定性等。

环保风险是指环境保护方面存在的风险。虽然房地产项目涉及的环境保护内容不多，但房地产投资项目无论在规划设计阶段，还是在施工建设阶段，都会遇到相关联的环境保护问题，如项目绿化要求、污水处理要求、项目施工的噪声控制、淤泥运输问题、文明施工要求等。随着人们生活水平的提高，城市管理将对房地产项目规划及施工管理提出越来越高的控制条件。而这些因素势必增加项目投资成本，构成项目投资风险研究的内容。

金融风险主要表现在利率风险、汇率风险以及金融政策风险三个方面。利率风险是指由于经济形势和国家经济政策变化而引起的贷款利率的改变。汇率风险是指由于国际货币汇率波动带来的涉及外币结算的项目风险。金融政策是指国家货币政策、贷款规模的政策性变化。金融风险影响到项目资金来源及借贷资金的成本费用。

市场风险如前所述，是指由市场供求关系、竞争关系、资源条件、市场购买力水平等因素变化带来的风险。

信用风险是指项目投资参与方及与项目有关的各方之间信用结构及信用履行责任上存在的风险。任何一个项目的投资开发，必然要涉及开发商、金融机构、承包商、材料及设备供应商等众多的机构和公司，这些部门间依靠有效的信用结构支撑着。组成信用保证结构的各项目参与方是否有能力履行其信用职责，是否愿意并能够按法律文件的规定对项目履行其信用职责，就构成了项目投资的信用风险。

财务风险是指项目融资、资金运用等财务管理方面带来的风险。房地产投资项目的财务风险主要是融资带来的。如果过度举债、资金运用不当，不仅会增加融资成本，减少投资收益，还有可能因无法按期清偿债务，而失去抵押物或使企业面临破产危险。

经营风险是指项目经营管理决策失误造成的风险，如承包形式的决策、承包方的选择、推销形式的决策、促销策略的制定、市场定位、价格定位、开发方案制定等经营决策与管理决策上存在的风险。

（四）按投资风险的可控性分类

房地产项目的投资风险，按投资者的可控性可分为控制性风险与非控制性风险两类。

凡是可由投资者采取措施，予以控制与防范的风险均属于控制性风险类，如项目的经营风险、财务风险等。凡是不能由投资者控制的投资风险均属于非控制性风险，如政治风险、自然风险、市场风险等。对于非控制性风险，投资者只能加强调查研究，及早识别，采取规避措施，予以防范。

第二节　房地产项目投资风险防范与控制

一、投资风险防范策略

既然房地产项目投资面临那么多的风险因素，投资者在投资决策时就不得不采取各种防范策略，以尽可能地减少风险损失，保护投资者的利益。最常见的投资风险防范策略就是风险的回避和转移。

（一）投资风险回避

风险回避是指对那些风险较大的投资项目，采取放弃原则；或是对某一项目风险较大而获利很高的投资方案，采取放弃的原则。风险回避在有效防止了投资风险损失的同时，也放弃了获利的可能。因而，风险回避是一种消极的风险防范策略。一般来说，只有在风险程度特别高，或风险程度虽不算太高，但获利也不太理想的情况下，才使用风险回避策略。

（二）投资风险转移

投资风险转移是指采取一定的技术措施转移投资风险的承担者。按措施的不同，风险转移策略又分为三种类型。

1. 契约、合同形式的风险转移

即通过契约和合同形式将风险对象的资产或活动连同其风险损失的财务负担和法律责任转移给非保险业的其他人，以达到降低风险发生频率和缩小风险损失程度的目的。比如说，开发

商可通过工程项目总承包合同的签订，将项目施工建设期的风险（原材料涨价、工期等）转移给项目的施工方；可通过拆迁承包合同的签订，将项目征地拆迁中将遇到的各种风险损失转移给承包方。

2．财务责任形式的风险转移

财务责任的风险转移形式也是一种非保险形式的风险转移。它是通过发行股票、寻找投资伙伴等寻求外部资金支持的形式，将一部分投资收益连同财务责任、风险损失转移给他人的风险转移形式。

3．保险形式的风险转移

保险是由保险人或保险公司对被保险的经济损失提供的保障。投资者在项目投资实施过程中，可将项目可能遭受的自然灾害、意外事故等风险损失通过合同的形式转移给保险公司。

二、不同阶段的投资风险防范措施

在经济风险分析中找出的关键风险因素，对项目的成败具有重大影响，应针对项目所处的不同阶段，采取相应的防范措施，尽可能降低风险的不利影响，实现预期投资效益。

（一）选择风险防范措施的原则

（1）贯穿于项目可行性研究的全过程。可行性研究是一项复杂的系统工程，而经济风险来源于技术、市场、工程等各个方面，因此应从规划设计上就采取规避防范风险的措施，才能防患于未然。

（2）针对性。风险对策研究应有较强的针对性，应结合行业特点，针对特定项目主要的或关键的风险因素提出必要的措施，将其影响程度降到最低。

（3）可行性。可行性研究阶段所进行的风险应对研究应立足于现实客观的基础之上，提出的风险应对在财务、技术等方面是切实可行的。

（4）经济性。规避防范是要付出代价的，如果提出的风险应对所花费的费用远大于可能造成的风险损失，该对策将毫无意义。在风险应对研究中应将规避防范风险措施所付出的代价与该风险可能造成的损失进行权衡，旨在寻求以最少的费用获取最大的风险效益。

（二）决策阶段的风险防范措施

（1）提出多个备选方案，通过多方案的技术、经济比较，选择最优方案。

（2）对有关重大工程技术难题潜在风险因素提出必要研究与试验课题，准确地把握有关问题，消除模糊认识。

（3）对影响投资、质量、工期和效益等有关数据，如价格、汇率和利率等风险因素，在编制投资估算、制订建设计划和分析经济效益时，应留有充分的余地，谨慎决策，并在项目执行过程中实施有效监控。

（三）建设或运营期的风险防范措施

（1）风险回避是彻底规避风险的一种做法，即断绝风险的来源。风险回避一般适用于以下两种情况，某种风险可能造成相当大的损失；风险应对防范风险代价昂贵，得不偿失。

（2）风险分担是针对风险较大，投资人无法独立承担，或是为了控制项目的风险源，而采取与其他企业合资或合作等方式，共同承担风险、共享收益的方法。

风险转移是将项目业主可能面临的风险转移给其他人承担，以避免风险损失的一种方法。

转移风险有两种方式，一是将风险源转移出去，如将已做完前期工作的项目转给他人投资，或将其中风险最大的部分转给他人承包建设或经营；二是只把部分或全部风险转移出去，包括保险转移方式和非保险转移方式。

（3）风险自担就是将风险损失留给项目业主自己独立承担项目的风险。投资者已知有风险但由于可能获利而需要冒险时，同时又不愿意将获利的机会分给别人，必须保留和承担这种风险。

上述风险应对不是互斥的，实践中常常组合使用。可行性研究中应结合项目的实际情况，研究并选用相应的风险对策。

三、投资风险分析方法

投资风险分析研究的是如何将投资风险因素融入投资方案评价指标或参数计算之中，以便做出考虑了投资风险的投资决策。本节介绍在房地产项目投资风险分析中常用的专家调查法、风险调整贴现率法、肯定当量法、决策树法、蒙特卡洛模拟法五种分析法。

（一）专家调查法

对风险的识别与评价可采用专家调查法。专家调查法简单、易操作，它凭借分析者（包括可行性研究人员和决策者等）的经验对项目各类风险因素及其风险程度作出定性估计。专家调查法可以通过发函、开会或其他形式向专家进行调查，对项目风险因素、风险发生的可能性及风险对项目的影响程度进行评定，将多位专家的经验集中起来形成分析结论。由于它比一般的经验识别法更具有客观性，因此应用较为广泛。

采用专家调查法时，专家应熟悉该行业的所评估的风险因素，并能做到客观公正。为减少主观性，聘用的专家应有一定数量，一般应在10~20位左右。具体操作上，将项目可能出现的各类风险因素、风险发生的可行性及风险对项目的影响程度采取表格形式一一列出，请每位专家凭借经验独立对各类风险因素的可行性和影响程度进行选择，最后将各位专家的意见归集起来，填写专家调查表。专家调查法是获得主观概率的基本方法。

（二）风险调整贴现率法

风险调整贴现率法是用考虑了风险的贴现率来进行项目投资效益净现值的分析方法。由于贴现率的高低决定于风险的大小，这就相当于在进行项目投资决策时，计入了风险因素。因此，风险调整贴现率法成为房地产投资项目风险防范措施中最重要的措施。

风险调整贴现率法的关键在于如何根据投资风险的大小来确定风险调整贴现率。在一般情况下，风险调整贴现率按下式计算：

$$K = i_0 + bv$$

式中，K 为风险调整贴现率；i_0 为基准贴现率；b 为风险补偿斜率；v 为风险程度系数。

这里的风险程度系数是由投资收益率变异系数描述的相对程度系数。

$$v = \frac{\sigma}{E(R)}$$

其中，σ 为投资收益率标准偏差，$E(R)$ 为投资收益率期望值。

如果项目涉及多年的现金流量，及其发生概率，就可用现金流量的综合变异系数来描述其风险程度系数。

$$v = \frac{D}{EPV}$$

式中，D 为现金流量的综合标准差，即各年现金流量标准偏差（σ^2）的现值和。

$$D = \sqrt{\sum_{t=1}^{n} \frac{\sigma_t^2}{(1+i)^{2t}}}$$

EPV 为各年现金流量期望值的现值和。

$$\text{EPV} = \sum_{1}^{n} \frac{E(R)t}{(1+i)^t}$$

式中，i 为无风险最低收益率（又称基准贴现率）。

风险补偿斜率（b）反映的是风险程度变化对风险调整贴现率影响的大小。b 值是经验系数，可根据收益率的历史统计数据用高低点法或最小二乘法求得。

高低点法的计算公式为

$$b = \frac{K-i}{\mu}$$

式中，K 为所要求的最低风险收益率；i 为无风险程度的项目变异系数；μ 为中等风险程度的项目变异系数。

最小二乘法的计算公式为

$$b = \frac{\sum x_i y_i - \frac{1}{N}\sum x_i \sum y_i}{\sum x_i^2 - \frac{1}{N}\left(\sum x_i\right)^2}$$

式中，x_i 为第 i 年的风险程度；y_i 为第 i 年的收益率。

【例 12-2】某项目投资提出了 A、B 两种投资方案，其现金流量表如表 12-4 所示。设该项最低无风险投资收益率为 5%，所要求的最低风险投资收益率为 12%，而该项目的中等风险程度的项目变异系数为 0.6。试据此来进行方案决策。

表 12-4 现金流量表

年 份	A 方案		B 方案	
	现金流量（万元）	概　率	现金流量（万元）	概　率
0	-5000	1	-3000	1
1	3000 2000 1000	0.25 0.50 0.25		
2	4000 3000 2000	0.20 0.60 0.20	2500 1000 800	0.20 0.25 0.55
3	2500 2000 1500	0.30 0.40 0.30	6000 4000 2000	0.10 0.50 0.40

【解】

（1）计算风险程度

A 方案：

$$E_{A1} = 3000 \times 0.25 + 2000 \times 0.5 + 1000 \times 0.25 = 2000 \text{（万元）}$$

$$E_{A2} = 4000 \times 0.20 + 3000 \times 0.60 + 2000 \times 0.20 = 3000 \text{（万元）}$$

式中：

$$E_{A3} = 2500 \times 0.30 + 2000 \times 0.40 + 1500 \times 0.30 = 2000 \text{（万元）}$$

$$\sigma_{A1} = \sqrt{1000^2 \times 0.25 + 0 \times 0.5 + (-1000)^2 \times 0.25} = 707.1$$

$$\sigma_{A2} = \sqrt{1000^2 \times 0.20 + 0 \times 0.6 + (-1000)^2 \times 0.20} = 632.5$$

$$\sigma_{A3} = \sqrt{500^2 \times 0.3 + 0 \times 0.4 + (-500)^2 \times 0.3} = 387.3$$

故其综合标准差为

$$D_A = \sqrt{\frac{707.1^2}{1.06^2} + \frac{632.5^2}{1.06^4} + \frac{387.3^2}{1.06^6}} = 931.4$$

其期望值现值为

$$\text{EPV}_A = \frac{2000}{1.06} + \frac{3000}{1.06^2} + \frac{2000}{1.06^3} = 6236 \text{（万元）}$$

故求得该项目投资方案 A 的风险程度为

$$v_A = \frac{931.4}{6236} = 0.15$$

B 方案：

$$E_{B2} = 2500 \times 0.20 + 1000 \times 0.25 + 800 \times 0.55 = 1190 \text{（万元）}$$

$$E_{B3} = 6000 \times 0.10 + 4000 \times 0.50 + 1000 \times 0.40 = 3000 \text{（万元）}$$

$$\sigma_{B2} = \sqrt{1500^2 \times 0.20 + 0 \times 0.25 + (-200)^2 \times 0.55} = 687.0$$

$$\sigma_{B3} = \sqrt{2000^2 \times 0.10 + 0 \times 0.5 + (-2000)^2 \times 0.40} = 1414.2$$

故其综合标准差为

$$D_B = \sqrt{\frac{687.0^2}{1.06^4} + \frac{1414.2^2}{1.06^6}} = 1335.6$$

其期望值现值为

$$\text{EPV}_B = \frac{1190}{1.06^2} + \frac{3000}{1.06^3} = 3578 \text{（万元）}$$

由此可求得该项目投资方案 B 的风险程度为

$$v_B = \frac{1335.6}{3578} = 0.37$$

（2）计算风险补偿斜率

$$b = \frac{0.12 - 0.05}{0.6} = 0.12$$

（3）计算各方案的风险调整贴现率

$$K_A = 0.05 + 0.12 \times 0.15 = 6.8\%$$

$$K_B = 0.05 + 0.12 \times 0.37 = 9.4\%$$

（4）计算各方案的净现值

$$\text{NPV}_A = \frac{-5000}{1.068^0} + \frac{2000}{1.068^1} + \frac{3000}{1.068^2} + \frac{2000}{1.068^3}$$
$$= 1144.1$$

$$\text{NPV}_B = \frac{-3000}{1.094^0} + \frac{0}{1.094^1} + \frac{1190}{1.094^2} + \frac{3000}{1.094^3}$$
$$= 285.5$$

由上述分析可知，考虑了风险价值以后，A 方案的净现值大于 B 方案，且 B 方案的风险程度大于 A 方案。该项目应当优选 A 方案进行投资。

（三）肯定当量法

风险调整贴现率法主要通过调整项目现金流量的贴现率来考虑风险程度，在技术处理上比较方便，得到了广泛的应用。但是，这种分析方法混淆了时间价值与风险价值的概念，把风险价值也以贴现率的形式来考虑，这就意味着风险将随着时间的推移而加大，在有些情况下并不完全与事实相符。为此，人们又提出了肯定当量法。这种方法的基本思路是先用一个系数把有风险的现金流量调整为无风险的现金流量，然后再用无风险贴现率去计算净现值。其计算公式如下所示。

$$\text{NPV} = \sum_{1}^{n} \frac{f_t F_t}{(1+i)^t}$$

式中，f_t 为第 t 年的肯定当量系数；F_t 为第 t 年的净现金流量；i 为基准贴现率（无风险贴现率）。

肯定当量系数是指每元不肯定的现金流量期望值相应的，使投资者满意的肯定的金额。它可由经验丰富的分析人员主观判定，也可由历年的肯定现金流量与不肯定的现金流量期望值之比求得。

$$f_t = \frac{\text{肯定的现金流量}}{\text{不肯定的现金流量期望值}}$$

肯定当量系数（f_t）与前述项目变异系数（μ）有表 12-5 所示的对应关系，也可据此来推定 f_t 值。

表 12-5 μ 与 f_t 对应关系表

变异系数（μ）	肯定当量系数（f_t）
0.00~0.07	1
0.08~0.15	0.9
0.16~0.23	0.8
0.24~0.32	0.7
0.33~0.42	0.6
0.43~0.54	0.5
0.55~0.70	0.4

【例 12-3】 试用肯定当量法来判定例 12-2 所示项目投资方案的优劣。

【解】 先求 A 方案各年的变异系数

$$\mu_{A1} = \frac{\sigma_{A1}}{E_{A1}} = \frac{707.1}{2000} = 0.35$$

$$\mu_{A2} = \frac{\sigma_{A2}}{E_{A2}} = \frac{632.5}{3000} = 0.21$$

$$\mu_{A3} = \frac{\sigma_{A3}}{E_{A3}} = \frac{387.3}{2000} = 0.19$$

由表 12-4，可确定相应的肯定当量系数

$$f_{A1} = 0.6, \quad f_{A2} = 0.8, \quad f_{A3} = 0.8$$

再求 B 方案各年的变异系数

$$\mu_{B1} = \frac{\sigma_{B1}}{E_{B1}} = 0$$

$$\mu_{B2} = \frac{\sigma_{B2}}{E_{B2}} = \frac{687.0}{1190} = 0.58$$

$$\mu_{B3} = \frac{\sigma_{B3}}{E_{B3}} = \frac{1414.2}{3000} = 0.47$$

由表 12-5，可确定相应的肯定当量系数

$$f_{B1} = 0, \quad f_{B2} = 0.4, \quad f_{B3} = 0.5$$

将上述各肯定当量系数值分别代入净现值计算式，得

$$\begin{aligned}
\mathrm{NPV}_A &= \frac{0.6 \times 2000}{1.06} + \frac{0.8 \times 3000}{1.06^2} + \frac{0.8 \times 2000}{1.06^3} - 5000 \\
&= 389
\end{aligned}$$

$$\begin{aligned}
\mathrm{NPV}_B &= \frac{0.4 \times 1190}{1.06^2} + \frac{0.5 \times 3000}{1.06^3} - 3000 \\
&= -1316.9
\end{aligned}$$

由净现值计算结果可知，该项目投资方案 B 的净现值小于零，为否定方案；投资方案 A 的净现值大于零，为优选方案。

（四）决策树法

决策树法以投资收益的期望值作决策依据，利用一种树枝状的图形帮助决策。该方法形象、直观、规范、有序，适合影响因素复杂、决策程序烦琐的多级决策问题。

（1）决策树的基本概念。决策树的基本结构如图 12-1 所示。

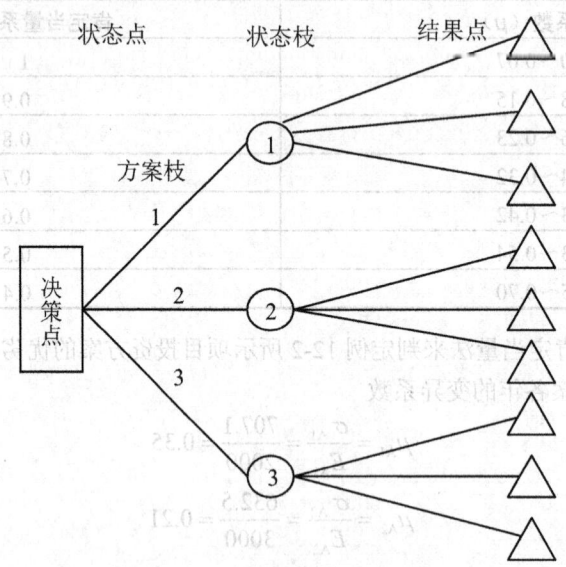

图 12-1 决策树基本结构

决策树由以下四大元素构成。

① 决策点，用符号"□"表示，是决策问题的出发点。由决策点引出的分枝叫方案分枝。

方案分枝数表明了项目的投资方案或经营方案数。

② 状态点，用符号"○"表示。其内部的编号为整个决策树点的顺序编号（由左至右，由上而下）。其上部的数值为方案的期望值。由状态点引出的分枝叫状态分枝。状态分枝数反映了可能存在的自然状态数。在状态分枝上部应标明状态名称和发生概率。

③ 结果点。用符号"△"表示。结果点位于决策树的最右边，其后边的数值表明了每一种方案在相应自然状态下的损益值。

④ 分枝。用符号"—"表示。根据其所处的位置，分别称为方案分枝或状态分枝。

（2）决策树的分析方法。决策树的分析按如下程序进行。

① 市场调研、方案研究。针对问题（项目）的性质与条件进行市场调查与研究，拟订各类投资方案及各方案面临的状态。

② 现金流及概率确定。按照拟选投资方案及市场资料，进行项目投资费用、经营成本、经营收入及税费估算，确定项目各投资方案在各种状态下的现金流量。按照市场及环境分析结果，判断或计算各种状态的发生概率。

③ 绘决策树。将拟订的投资方案及其自然状态绘成决策树的形式，并将上述概率及现金流标注在相应的位置。对于多级决策问题，则要视选定的级数，逐级地展开方案枝和状态枝。

④ 计算各节点（状态点或分级决策的决策点）的期望值。期望值的计算由左向右依次进行。首先将各结果点的收益值（各状态的净现金流量）乘以各状态枝相应的概率值，然后将同一节点下各状态枝的上述乘积累计起来，便得到了该状态节点的期望值，标示于该节点上方。重复上述过程，直至算出了同一决策级的所有状态节点的期望值。对于多级决策问题，各分级决策点的期望值就是所选定方案状态点的期望值。

⑤ 剪枝决策。比较各方案状态点的期望值，剪掉期望值小的方案枝，每一级决策仅保留期望值最大的一个节点，最终整个决策树只剩下一条贯穿始终的方案枝，这便是最后的决策方案，其期望值便是该项目投资收益的期望值。

【例 12-4】某小区开发提出了 A_1、A_2 两个开发方案。A_1 为大面积开发，需投资 5000 万元；A_2 为小面积开发，需投资 3000 万元。市场调查需求量状况及项目年损益值如表 12-6 所示。两个方案的经营周期均为 6 年，若将这 6 年分为前 3 年和后 3 年两阶段考虑。根据市场调查，预测前 3 年市场需求量较高的概率为 0.7，而且如果前 3 年市场需求量较高，则后 3 年市场需求量较高的概率为 0.9；如果前 3 年市场需求量较低，则后 3 年市场需求量肯定低。试据此进行方案决策。

表 12-6 小区开发方案损益表

方案	损益（万元）	
	需求量大时	需求量小时
大面积开发 A_1	2000	-400
小面积开发 A_2	900	600

【解】该决策问题比较复杂，但采用决策树分析法，将前后 3 年作为两级决策考虑，便可化繁为简，十分清晰地描述其间关系。

(1) 绘决策树如图 12-2 所示。

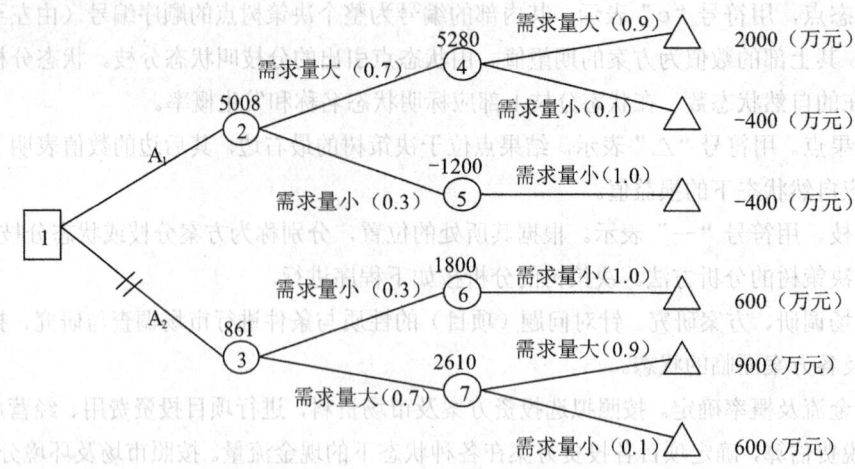

图 12-2 小区开发方案决策树

(2) 计算节点期望值。

$E_4 = [2000 \times 0.9 + (-400) \times 0.1] \times 3 = 5280$（万元）
$E_5 = [(-400) \times 1.0] \times 3 = -1200$（万元）
$E_6 = (600 \times 1.0) \times 3 = 1800$（万元）
$E_7 = (900 \times 0.9 + 600 \times 0.1) \times 3 = 2610$（万元）
$E_2 = 5280 \times 0.7 \times 3 + (-1200) \times 0.3 \times 3 - 5000 = 5008$（万元）
$E_3 = 2610 \times 0.7 \times 3 + 1800 \times 0.3 \times 3 - 3000 = 861$（万元）

(3) 剪枝决策。如图 12-2 所示，剪去期望值小的节点所在方案枝 A_2，保留 A_1。由此，选择大面积开发的方案 A_1 为最优方案。

（五）蒙特卡洛模拟法

不确定因素不可避免地存在着，但是它们的变化是有一定规律的，并且是可以预见的。对其进行模拟，通过大量统计试验，可以使之尽可能接近并反映出实际变化的情况。蒙特卡洛法能够随机模拟各种变量间的动态关系，解决某些具有不确定性的复杂问题，被公认为是一种经济而有效的方法。蒙特卡洛模拟法的实施步骤一般分为以下三步。

(1) 分析每一可变因素的可能变化范围及其概率分布。这可以用一个简单的概率表来完成，如果建造成本变动的概率分布仍如前面假设的那样，则得到表 12-7。某一数值如果有 10%的机会出现，就说明在总共 100 次机会中它出现 10 次的可能。从表 12-7 可以看出，建造成本每年上涨 5%可能性为 10%，就定义其随机数为 1～10 之间的各数，如果每年上涨率为 6%，其发生的概率为 25%，则其对应的随机数为 11～35，其余可依此类推。

表 12-7 可变因素变化范围及其相应概率

可 变 因 素	变 化 范 围	相 应 概 率	随 机 数
租金 （开发期内年增长率）	0%	15%	1～15
	3%	20%	16～35
	5%	40%	36～75
	7%	20%	76～95
	10%	5%	96～100

续表

可变因素	变化范围	相应概率	随机数
资本化率	7%	5%	1~5
	7%	15%	6~20
	7%	50%	21~70
	7%	20%	71~90
	8%	10%	91~100
建造成本 （年上涨率）	5%	10%	1~10
	6%	25%	11~35
	8%	40%	36~75
	9%	20%	76~95
	10%	5%	96~100
年贷款利率	12%	5%	1~5
	13%	25%	6~25
	14%	40%	26~65
	15%	20%	66~90
	16%	5%	91~100
建造期	15个月	20%	1~20
	18个月	50%	21~70
	21个月	20%	71~90
	24个月	10%	91~100
准备期	3个月	20%	1~20
	6个月	60%	21~80
	9个月	20%	81~100
租售期	0	20%	1~20
	3个月	20%	21~40
	6个月	40%	41~80
	9个月	15%	81~95
	12个月	5%	96~100

（2）通过模拟试验随机选取各随机变量的值，并使选择的随机值符合各自的概率分布。为此可使用随机数或直接用计算机求出随机数。

例如，使用计算机求出租金增长率的随机数为22，则根据表12-7可知，该随机数介于16~35之间，对应的年租金增长率为+3%。依次对其他变动因素产生的随机数分别为53、14、80、42、77、68，则相应各因素的值如表12-8所示。

表12-8 模拟试验随机选取的变量值

租金增长率	资本化率	建造成本 上涨率	贷款利率	施工期	场地准备期	出租期
+3%（每年）	7%	+6%（每年）	14%	18个月	6个月	6个月

注：本表只是模拟一次所产生的结果。

（3）反复重复以上步骤，进行多次模拟试验，即可求出开发项目各项效益指标的概率分布或其他特征值。图 12-3 即为例 12-2 所述项目的开发利润概率分布图和获得某一利润的累积概率分布图。

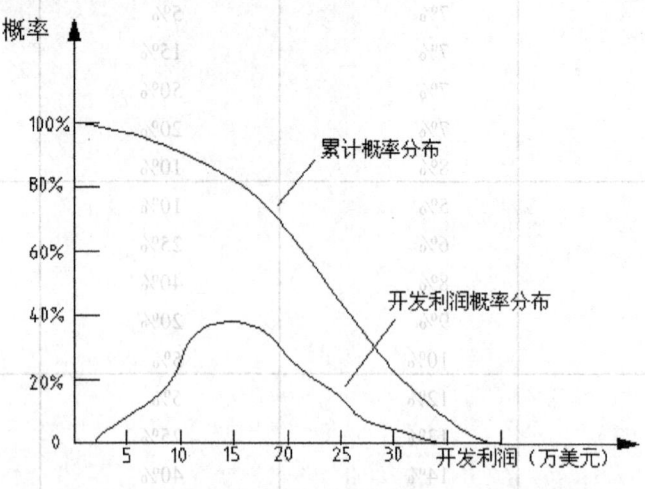

图 12-3 开发利润概率分布及累积概率分布图

根据表 12-7 所示的概率假设，对例 12-2 模拟 1000 次的结果如表 12-9 所示。

假设开发利润服从正态分布，则开发利润有 95% 的可能（±2λ）落在 4 万～30 万美元之间。这种风险分析的结果是否被开发商所接受，取决于开发商对待风险的态度和其接受风险的准则。与前面所述的敏感性分析比较，用蒙特卡洛法进行风险分析能为开发商决策提供更加充分、详实的信息。

表 12-9 1000 次模拟试验下的评估结果

（1）总开发价值（万美元）	（2）总开发成本（万美元）	（3）开发商利润（万美元）	（3）/（1）×100%	（3）/（2）×100%	利润变化（%）
① 92	84	6	6.5%	7.1%	−48
② 104	80	24	23.1%	30.0%	+107
		均值		标准方差 λ	
① 总开发价值		98 万美元		6.1 万美元	
② 总开发成本		81 万美元		2.4 万美元	
③ 开发商利润		17 万美元		6.5 万美元	
④ 开发商利润占总开发价值的百分率：17%					
⑤ 开发商利润占总开发成本的百分率：21%					
⑥ 比原评估例 12-2 利润值增加：47%					

蒙特卡洛风险分析法的要点是需要准确估计各因素的变化范围以及各因素变化的概率，这是保证分析结果准确的前提，而这一点在实际评估中，当市场资料不完整时又是较困难的。因此，在房地产评估中，有些学者认为它虽然在理论上较完善，但是实用性不强，因而对其持否定态度。但从国外近十几年房地产评估发展的情况来看，由于计算机的大量使用和在房地产开发项目的信息收集、分析、处理、预测等方面所做的大量研究，使在实际评估中运用蒙特卡洛模拟技术分析开发项目的风险，已相当普遍。

四、投资风险分析过程

在具体操作过程中,经济风险分析区别以下两种情况。

第一种情况:项目经济风险分析在敏感性分析的基础上进行,只需要分析敏感因素发生的可能性及对经济评价指标的影响程度,没有必要再进行详细的风险识别,可选择适当的方法估计风险发生的概率,然后进行风险估计、风险评价与应对研究。

进行经济风险分析时,风险因素主观概率的估计是在给定风险因素的变化区间后,有专家估计风险因素在不同区间变化的可能性,填入概率分布统计表,表格格式如表 12-10 所示。各变化区间填写的数值之和应等于 1。

表 12-10 财务现金流量分析风险因素变化区间的概率分布统计表

序号	风险因素	-20%~-15%	-15%~-10%	-10%~-5%	-5%~0%	0%	0%~5%	5%~10%	10%~15%	15%~20%
1	现金流入									
1.1	产出品价格				0.1	0.2	0.5	0.1	0.1	
1.2	产量	0.01	0.04	0.1	0.15	0.4	0.15	0.10	0.04	0.01
……										
2	现金流出									
2.1	设备价格	0	0	0.05	0.1	0.2	0.3	0.2	0.1	0.05
2.2	土地价格	0	0	0	0	0.05	0.35	0.3	0.2	0.1
2.3	材料消耗量	0	0.1	0.2	0.4	0.2	0.1	0	0	0
2.4	原材料价格									
……										

由以上调查统计表得出各个风险因素的概率分布后,可以利用蒙特卡洛模拟法计算经济评价指标的概率分布,以及相应的累计概率、期望值和标准差等指标。

第二种情况:项目需要进行系统的专题经济风险分析时,应按前述四个阶段的要求进行。采用专家调查与层次相结合的方法识别风险因素,建立风险因素调查统计表,表格格式如表 12-11 所示,估计风险因素出现的可能性和对项目的影响程度,确定各个风险因素等级的概率分布。专题风险分析的流程如表 12-12 所示。

表 12-11 风险因素专家调查统计表

序号	风险因素名称	出现的可行性				出现后对项目的影响程度			
		高	强	适度	低	高	强	适度	低
1	市场方面								
1.1	市场需求量			√					√
1.2	竞争能力		√				√		
1.3	价格		√				√		
2	技术方面								
2.1	可靠性							√	
2.2	适用性							√	
3	资源方面								
3.1	资源储量			√			√		

续表

序号	风险因素名称	出现的可行性				出现后对项目的影响程度			
		高	强	适度	低	高	强	适度	低
3.2	开采成本				√			√	
……									
4	工程地质方面								
5	投融资方面								
5.1	汇率								
5.2	利率			√				√	
6	投资额			√			√		
6.1	工期								
……									
7	配套条件								
7.1	水、电、气供应								
7.2	交通运输条件								
7.3	其他配套工程								
……									

表12-12 专题风险分析的流程

	步骤1	1	设立适宜的风险分析内容和目标
		1.1	保证有足够的信息以开展风险分析
		1.2	明确分析目标、条件和要求
		1.3	确定假设条件
		1.4	确定项目成功的关键判据
风险识别	步骤2	2	收集有关风险信息
		2.1	风险细分
		2.2	分析每个子项（或称目标、子目标）包含的内容
		2.3	分析子项之间的关系：独立性及相关性
		2.4	列出可能的风险原因
		2.5	识别每个子项的基本风险因素
		2.6	准备子项风险清单
	步骤3	3	风险分类
		3.1	根据风险原因对风险进行分类
		3.2	定性分析影响的效果；风险发生的可能性及后果
		3.3	判断风险因素的权重
		3.4	填写子项风险清单
风险估计	步骤4	4	风险量化估计
		4.1	确定是否需要进行定量估计
		4.2	运用AHP、CIM、Monte-Carlo定量分析风险发生的可能性及后果，获得风险等级的概率分布、最可能发生的风险等级
		4.3	按照风险的影响程度对其进行排队
		4.4	绘制风险等级概率分布图及表
		4.5	风险确定项目综合风险等级

续表

		5	风险综合评价
风险评价与对策	步骤5	5.1	确定每个发展或每组风险水平
		5.2	根据风险等级的判别步骤衡量其可接受性
	步骤6	6	制定风险对策
		6.1	为不能接受的风险设计替换方案
		6.2	制定项目全过程风险控制方案
		6.3	建立项目实施与运营过程风险监控信息系统

五、投资风险控制

风险控制及风险控制的基本手段。

如果说投资风险的防范是一种消极的、被动的对付投资风险的策略，那么，就可以把投资风险控制看做是一种主动的、积极的对付风险的策略。

如控制论的一般原理所示，控制的基本目的在于实现既定的目标，目标是由计划制订的。因而，控制的基本职能便是发现偏差并采取措施纠正偏差。由此可见投资风险控制的基本职能在于识别风险并采取积极的措施控制风险损失。严格地说，风险的回避与风险的转移同样是控制风险损失的重要手段，但这类方法在回避和转移了风险损失的同时，也失去了相应的投资收益，所以风险的回避与转移还属于消极的风险防范之列，积极的风险控制手段主要有计划控制、审计控制和投资组合控制三类。

（一）计划控制

计划是指对工作和行动的事先安排，是人们基于对现实的认识和未来的估计，对今后某一定时期应达到的目标，以及实现目标的措施、方案、程序、进度、人事、责任、资金、材料、设备、技术等所作的安排。计划工作的实质就是充分地分析现有的和未来的条件，妥善地安排资源，在利用一切可利用的机会的基础上，尽可能地将风险减至最小。因而为项目的开发建设制订尽可能周密、科学、详细的计划，并在项目实施过程中尽可能地严格按照计划去进行，是进行风险有效控制的重要方法。

房地产项目投资的计划主要有项目进度计划、项目资金计划及项目设备材料计划，这些计划均可成为项目投资风险控制的有效工具。实际上，计划与控制是密不可分的管理职能，未经计划的活动是无法控制的，因为控制的目的便是纠正脱离计划的偏差，以保持项目的既定方向。没有计划的控制也是没有意义的，因为人们无法判定控制的方向和控制的标准。实施项目的计划和计划控制，便可有效地控制事先预计到的风险。

（二）审计控制

审计是指审计人员对被审计单位的财政经济活动及其会计资料的真实性、合法性、合理性进行的审查和监督。审计活动既有维护政策、法令、规章、制度贯彻执行的维护性作用，也有评价经营管理效率、完善管理制度、改善经营管理、规避和控制经营风险的建设性作用。审计活动分为外部审计和内部审计两类。内部审计是指由单位内部专设的审计机构或审计人员对本单位进行的审计，具备风险控制功能的审计主要是内部审计。内部审计的主要特点有以下几方面。

（1）由本单位或上级专职审计人员审计。

（2）主要目的在于改善经营管理，实施有效控制，规避和控制风险。

(3) 注重弊端的揭发和预防，风险的识别与控制。

(4) 它是经常性、连续性的检查。

由上述内容可看出，一个完善的、连续经常性的内部审计活动，对于项目投资风险可起到有效的控制作用。

（三）投资组合控制

投资组合是从证券投资风险分散原理发展起来的理论。美国纽约市立大学的哈利·马科威茨教授提出了著名的证券组合理论。他指出在一定条件下，一个投资者的证券组合选择可以简化为期望值及方差两种因素的权衡。用于评价证券组合风险程度的标准差，不仅依赖于各单项资产的投资收益率标准差，还取决于各资产投资收益率之间的协方差。一般来说，包含几项资产投资的投资收益率期望值与标准偏差按下式计算：

$$E(R_P) = \sum_{i=1}^{n} a_i E(R_i)$$

$$\sigma_P = \sqrt{\sum_{i=1}^{n} a_i^2 \sigma_i^2 + \sum_{i=1}^{n}\sum_{\substack{j=1\\j\neq i}}^{n} a_i a_j \sigma_{ij}}$$

式中：$E(R_P)$ 为组合资产投资收益率期望值；$E(R_i)$ 为第 i 项资产投资收益率期望值；a_i 为第 i 项资产占总资产投资额的比例，即第 i 项资产投资的权重；n 为组合投资的资产数；σ_P 为组合投资的标准偏差；σ_i 为第 i 项资产投资收益率标准偏差；σ_{ij} 为资产 i 与资产 j 投资收益率的协方差，按下式计算。

$$\sigma_{ij} = \sqrt{\sum_{K=1}^{n} (x_{iK} - \bar{x}_i)(x_{jK} - \bar{x}_j) P_K}$$

组合投资收益率分布的标准差由两部分组成：其一是由所有资产投资收益率标准差组成的 $\left(\sum_{1}^{n} a_i^2 \sigma_i^2\right)$；其二是所有资产相互间的协方差 $\left(\sum_{1}^{n}\sum_{1}^{n} a_i a_j \sigma_{ij}\right)$。由于在一个由 n 项资产组合的投资中，任何一项资产只能有一个标准差，却可以和其他 $(n-1)$ 项资产构成 $(n-1)$ 项协方差，即有 $n(n-1)/2$ 项协方差。由此可见，在一个 n 非常大的投资组合中，每一项资产的投资收益标准差（风险）并不重要，人们关注的是一个资产和其他资产的协方差（第二部分）。因而，投资组合风险分析的关注焦点在协方差的讨论。关于协方差，有如下几点值得注意。

(1) 如果 i，j 两种资产的投资收益率做同向变动，上式的 $(x_{iK} - \bar{x}_i)(x_{jK} - \bar{x}_j)$ 为正。

(2) 如果 i，j 两种资产的投资收益率做反向变动，上式的 $(x_{iK} - \bar{x}_i)(x_{jK} - \bar{x}_j)$ 为负。

(3) 如果 i，j 的投资收益率随机变动，$(x_{iK} - \bar{x}_i)(x_{jK} - \bar{x}_j)$ 的正负分布呈随机状态，$\sum_{1}^{n}\sum_{1}^{n} a_i a_j \sigma_{ij}$ 将趋向于零。由此可见，对于负相关的投资组合，的确有降低风险、分散风险的作用。概括分析投资组合对于减小风险、分散风险的效应，主要表现在如下几方面。

① 在大多数情况下，组合投资风险量值（标准差）将比个别项目投资风险量值小，组合投资的确起到了分散风险、降低风险的作用。

② 组合投资收益率期望值必然小于单项资产投资收益的最大值。因而，分散风险的代价是降低了风险收益。

③ 房地产项目投资风险分散既可通过投资于不同类型房地产项目的组合来实现，也可通过投资于不同地区的房地产项目组合来实现。

第十二章 房地产项目投资风险分析

【**例 12-5**】某房地产开发公司有一笔 5200 万元的资金。市场研究人员提出了 A、B、C 三种投资方案。A 方案为投资住宅，B 方案为投资写字楼，C 方案为一半资金投资住宅、一半资金投资写字楼。每种方案的投资收益状况如表 12-13 所示。试比较各方案的投资收益水平及风险程度。

表 12-13 投资方案及收益状况表

单位：万元

状态 \ 方案	A（住宅）		B（写字楼）		C（住宅+写字楼）	
投资	5200		5200		2600	2600
好	0.6	1040	0.5	1500	580	750
中	0.3	600	0.3	1050	300	525
差	0.1	−400	0.2	−820	−200	−410

【**解**】由表 12-13 所提供的数据，计算各方案的投资收益率、投资收益率平均值、期望值及其标准差如下所示。

1. A 方案

投资收益率：
$$\frac{1040}{5200}=20\%, \quad \frac{600}{5200}=11.54\%, \quad \frac{-400}{5200}=-7.69\%$$

投资收益率平均值：
$$\overline{x}_A=(20\%+11.54\%-7.69\%)/3=7.95\%$$

投资收益率期望值：
$$E(A)=0.60\times20.0\%+0.30\times11.54\%-0.10\times7.69\%$$
$$=14.68\%$$

投资收益率标准差：
$$\sigma_A=\sqrt{0.60(20\%-7.95\%)^2+0.30(11.54\%-7.95\%)^2+0.10(-7.69\%-7.95\%)^2}$$
$$=10.74\%$$

2. B 方案

投资收益率：
$$\frac{1500}{5200}=28.85\%, \quad \frac{1050}{5200}=20.19\%, \quad \frac{-820}{5200}=-15.77\%$$

投资收益率平均值：
$$\overline{x}_B=(28.85\%+20.19\%-15.77\%)/3=11.09\%$$

投资收益率期望值：
$$E(B)=0.5\times28.85\%+0.3\times20.19\%+0.2\times(-15.77\%)$$
$$=17.33\%$$

投资收益率标准差：
$$\sigma_B=\sqrt{0.50(28.85\%-11.09\%)^2+0.30(20.19\%-11.09\%)^2+0.20(-15.77\%-11.09\%)^2}$$
$$=18.08\%$$

3. C 方案

由题设条件可知，C 方案将面临九种状态，各状态的发生概率及投资收益率如下所示。

（1）住宅市场行情好，写字楼市场行情也好。

概率：0.60×0.50=0.30

投资收益率：（580+750）/5200=25.56%

（2）住宅市场行情好，写字楼市场行情中。

概率：0.60×0.30=0.18

投资收益率：（580+525）/5200=21.25%

（3）住宅市场行情好，写字楼市场行情差。

概率：0.60×0.20=0.12

投资收益率：（580-410）/5200=3.27%

（4）住宅市场行情中，写字楼市场行情好。

概率：0.30×0.50=0.15

投资收益率：（300+750）/5200=20.19%

（5）住宅市场行情中，写字楼市场行情中。

概率：0.30×0.30=0.09

投资收益率：（300+525）/5200=15.87%

（6）住宅市场行情中，写字楼市场差。

概率：0.30×0.20=0.06

投资收益率：（300-410）/5200=-2.12%

（7）住宅市场行情差，写字楼市场行情好。

概率：0.10×0.50=0.05

投资收益率：（-200+750）/5200=10.58%

（8）住宅市场行情差，写字楼市场行情中。

概率：0.10×0.30=0.03

投资收益率：（-200+525）/5200=6.25%

（9）住宅市场行情差，写字楼市场行情差。

概率：0.10×0.20=0.02

投资收益率：（-200-410）/5200=-11.73%

由此可求得 C 方案投资收益率平均值。

$$\bar{x}_C = （25.56\%+21.25\%+3.27\%+20.19\%+15.87\%-2.12\%+10.58\%+6.25\%-11.73\%）/9$$
$$=9.9\%$$

进而求得 C 方案投资收益率期望值为

$E（C）=0.30×25.56\%+0.18×21.25\%+0.12×3.27\%+0.15×20.19\%+0.09×15.87\%+0.06×（-2.12\%）+0.05×10.58\%+0.03×6.25\%+0.02×（-11.73\%）=16.70\%$

C 方案的标准差：

$$\sigma_{ij}^2 = 0.30×（25.56\%-9.9\%）^2+0.18×（21.25\%-9.9\%）^2+$$
$$0.12×（3.27\%-9.9\%）^2+0.15×（20.19\%-9.9\%）^2+$$
$$0.09×（15.87\%-9.9\%）^2+0.06×（-2.12\%-9.9\%）^2+$$
$$0.05×（10.58\%-9.9\%）^2+0.03×（6.25\%-9.9\%）^2+$$
$$0.02×（-11.73\%-9.9\%）^2$$
$$=139.57\%$$

$\sigma_{ij} = 11.81\%$

代入组合投资标准偏差的计算式，可得

$$\sigma_C = \sqrt{\sum_1^2 a_i^2 \sigma_i^2 + \sum_1^n \sum_1^n a_i a_j \sigma_{ij}}$$

式中，$a_i = a_j = 2600/5200 = 0.5$；

$\sigma_1 = \sigma_A = 10.74\%$；

$\sigma_2 = \sigma_B = 18.08\%$；

$\sigma_{ij} = 11.81\%$。

代入上式，得

$$\sigma_C = \sqrt{0.5 \times (10.74\%)^2 + 0.5 \times (18.08\%)^2 + 0.5 \times 0.5 \times (11.81\%)^2}$$
$$= 16\%$$

由上述分析计算可知，组合投资方案 C 的风险度量值（σ_C=16%）的确比 B 方案风险度量值（σ_B=18.08%）小。但其投资收益率的期望值（E_C=16.70%）同样要小于 B 方案的投资收益率期望值（E_B=17.33%）。

复习思考题

1. 什么是投资风险？有哪些种类？
2. 对投资风险如何进行度量与评价？
3. 举例说明投资风险的分析方法一般有哪些？
4. 以一个实际的房地产投资项目为例，分析其可能存在的风险，并提出相应的风险防范与控制措施。

第十三章　房地产项目投资社会评价

本章主要针对房地产项目投资社会评价进行阐述。首先介绍项目社会评价的发展概况、内涵、特点以及评价原则，接着论述房地产项目社会评价的主要内容和程序，在此基础上，详细给出房地产项目社会评价的指标体系与评价方法，并重点介绍社会评价中的成本效益分析方法。

第一节 投资项目社会评价概述

项目社会评价是从社会发展的角度来研究项目开发建设的效益和可行性问题。任何项目的建设，必然会从各个不同的侧面对社会发展产生有利和不利影响。如对当地就业的影响、弱势群体的影响、利益相关群体的影响、资源配置的影响等。投资项目的社会评价，正是从这些领域来研究项目的效益的。改革开放以来，我国项目评价理论与方法有了长足的进步和发展，项目社会评价也日益受到重视，但社会评价的理论和方法仍没有建立一套完整的体系。这显然不符合以和谐发展和可持续发展为宗旨的当代社会发展目标。将社会评价列入项目投资分析的重要内容，并使之成为一个规范的理论和方法体系，已成为项目评价理论的重要任务。

一、社会发展与社会发展观

（一）发展观的演变

社会评价既然是从社会发展的角度来研究项目评价问题的，那么社会评价的理论研究就必然决定于社会发展理论问题。因而，社会发展与发展观的演变，便构成了社会评价的理论基础。而项目社会评价的理论和方法，是基于社会发展的需要，随着人类发展观的演变而逐步产生和发展的。

发展观是从哲学角度对发展的诠释，是人们对经济社会发展总的看法和根本观点。随着人类社会的不断进步，人们对发展的认识不断深化，发展的内涵越来越充实。第二次世界大战以后，西方许多国家遵循了经济增长即发展的传统发展观，GDP作为衡量经济福利的综合指标，受到各国的采纳和重视。随着时代的发展，到20世纪60年代以后，人们逐渐发现GDP不能反映资源和环境的代价，不能反映生产力和社会的发展程度。单纯的经济发展不能解决诸如贫富差距、失业和环境等问题，并且造成了许多"因发展而产生的贫困"。人口、不可再生资源、环境、贫困、文化多样性受到威胁等成为全球面临的共同问题，在这种背景下，人们开始重新思考并相继形成了增长极限论、综合发展观、可持续发展观及"以人为本"的现代发展观。

纵观历史的发展过程，我们可以看出，人类发展观的演变大致经历了以下四个阶段，在每个阶段，都有其不同的代表性观点。

1. 20世纪50年代末以前的经济增长论

这是人类发展观演变的第一阶段，此时人们对发展的理解是走向工业化社会或技术社会的过程，也是强调经济增长的过程，这一时期从工业革命延续到20世纪50年代末。这一阶段代表性的发展观，是由发展经济学引出的发展观——经济增长论。

这种发展观源于"二战"后发展经济学的兴起，是发展经济学早期的发展观。它根据对发达国家的经验总结，认为只有促进经济增长，落后国家才能实现追赶的目标。在这个时期，由于发展经济学的主要研究对象是落后国家如何追赶发达国家，因此在理论和认识上也将发展等同于经济增长。其基本观点是，工业化是一个国家或地区经济活动的中心内容；经济增长是一个国家或地区发展的"第一"标志；国内生产总值GDP的增长是衡量一个国家或地区经济发展的重要标尺；发展规划是实现工业化和实行追赶战略的重要手段。其观点表现在经济生活中，就是对GDP的努力追求，对高速度的强烈攀比。为达到这一目标，需要大规模地增加投资，而大规模投资，又要求有较高的资本形成和储蓄率，这方面的理论代表是"哈罗德—杜马模型"。

在这种发展观的指导下，在"二战"后50多年的时间里，人类创造了历史上前所未有的增长奇迹。作为政府对国家经济运行进行评价与诊断的重要指标——国内生产总值（GDP），成为衡量一个国家经济社会是否进步的最重要的指标，形成了以GDP增长为核心的传统发展理念。联合国也与此相配合，于20世纪60年代初制定了第一个十年（1960—1970）国际发展战略，强调把经济增长、GNP和工业发展速度作为最主要的发展目标和衡量经济增长的指标，并具体提出发展中国家GNP年均递增5%的数量指标。

实践证明，以经济增长为核心的发展观，对促进经济增长、迅速积累财富起到了积极作用。但是，由于经济增长并不能完全体现收入分配的改善和社会结构的完善，不能反映技术进步的变化，因此并没有给人们带来所期望的福祉，相反却出现了高增长下的分配不公、两极分化、社会腐败、政治动荡、环境污染和生态破坏。学术界将这种现象归纳为"有增长无发展""无发展的增长"，在理论上确认了发展与增长之间的差异。

2. 20世纪50年代末到70年代初的增长极限论和持续发展观

从20世纪50年代末到70年代初，随着工业化进程，人们将发展看作经济增长和整个社会变革的统一过程，即伴随着经济结构、政治体制和文化法律变革的经济增长过程，这是人类发展观的第二阶段。这一阶段代表性的观点，是《增长的极限》中表达的发展观——增长极限论。

1968年，以美国麻省理工学院的梅多斯等人为代表的全球（主要是欧美）100多位学者、名流聚会罗马，讨论当时人类的困境与出路。聚会中，基于共同的担忧，与会者以人口增长、工业发展、粮食生产、资源耗费和环境污染人类面临的五大严重问题为研究对象，成立了一个名为"罗马俱乐部"的组织。4年后，这个组织发表了震动世界的研究报告《增长的极限》。其中心论点是，人口增长、工业发展、粮食生产、资源消耗和环境污染具有按指数增长的性质，如果按这个趋势继续下去，我们这个星球上的经济增长在今后100年内的某个时期将达到极限，原因在于地球是有限的，人类生活的空间是有限的，资源是有限的，地球吸纳消化污染的能力也是有限的。增长极限论认为，世界经济增长已临近自然生态极限，人类应制止经济增长和技术发展对生态环境的破坏。它所表达的发展观尽管过于悲观，但却警告人类要从人与自然的和谐角度看待发展。在发展过程中，经济发展不能过度消耗资源、破坏环境，人类要注意经济增长与资源环境的协调，应考虑资源环境的最终极限对人类发展和人类行为的影响。虽然"罗马俱乐部"是从技术性角度以人口、工业发展、粮食、不可再生资源和环境污染五大方面预言经济增长已达到极限，但实质上的深刻含义却是宣告传统经济增长战略在西方工业化国家的结束，为人类认识未来和发展开辟了广阔的新视野。

在增长极限论提出后不久，由欧美一些经济学家组成的"新经济学研究会"（TOES）提出了生存经济学。这一观点和罗马俱乐部报告有相似之处，他们强调健康的经济发展要建立在生态持续能力的基础上，因此他们将自己这一派的论点称为"持续发展观"。其要点是重视社会与自然界的协调发展，重视改革社会关系，改革权力结构，提倡社会公正与人民参与。在"持续发展观"里，实际上已隐含了把个人的充分发展当作追求的目标。有人将这一理论观点简单概括为"发展=经济+社会"。

3. 20世纪70年代初到80年代中的综合发展观

从1972年的联合国斯德哥尔摩会议通过《人类环境宣言》以来至20世纪80年代，人们将发展看作追求各社会要素（政治、经济、文化、人）和谐平衡的过程，注重人和自然环境的协调发展，最后形成了一种综合发展观，这是发展观演变的第三阶段。

20世纪70年代以后，人们对发展有了新的认识，即增长不等于发展，发展是经济社会各

方面综合协调发展的系统工程。美国学者率先发动了一场"社会指标运动",提出了建立包括经济、社会、环境、生活、文化等各项指标在内的新的发展价值体系。1972年6月联合国人类环境会议在斯德哥尔摩召开,这是世界各国政府代表第一次坐在一起讨论环境问题,是讨论人类对于环境的权利与义务的大会。会议的目的是促使人们和各国政府注意人类的活动正在破坏自然环境,并给人类的生存和发展造成严重的威胁。会议希望鼓励和指导各国政府和国际机构采取保护和改善环境的行动,并要求各国政府、联合国机构和国际组织在采取具体措施解决各种环境问题方面进行合作。会议通过了划时代的历史性文献——《人类环境宣言》,并郑重申明:人类有权享有良好的环境,也有责任为子孙后代保护和改善环境;各国有责任确保不损害其他国家的环境;环境政策应当增进发展中国家的发展潜力。与此相配合,联合国第二个10年(1970—1980年)国际发展战略报告指出:发展已不再是单纯的经济增长,社会制度和社会结构的变迁以及社会福利设施的改善也具有同等重要的地位。1983年联合国推出的由法国经济学家和社会学家佩鲁撰写的《新发展观》一书,是经济社会综合发展观的标志性著作。书中提出的为一切人的发展,把人的全面发展作为评价发展尺度和发展目的的观点开启了一个新的时代。书中强调发展应该是"整体的"、"综合的"和"内生的",提出发展应以人的价值、人的需要和人的潜力的发挥为中心,旨在满足人的基本需要,促进生活质量的提高和共同体每位成员的全面发展。这种关注中心由客体移向主体,标志着发展观上的一个质的转变。在此基础上逐步形成了综合发展观。综合发展观强调经济与政治、人与自然的协调,将人与人、人与环境、人与组织、组织与经济的合作作为新的发展主题。综合发展观认为发展应以民族、历史、环境、资源等条件为基础,具体来说,发展是经济增长、政治民主、科技水平提高、文化价值观念变迁、社会转型、自然协调生态平衡等多方面因素的总和。这种发展观的局限性在于只强调了当代发展的各种综合协调,但没有考虑到后代的发展空间问题。

4. 20世纪80年代后期以来的可持续发展观

20世纪80年代后期以来,人们将发展看作人的基本需求逐步得到满足、人的能力发展和人性自我实现的过程,以可持续发展观念形成和在全球取得共识为标志。这是人类发展观念演变的第四阶段,其代表性的观点为面向后代与未来的发展观——可持续发展观。

可持续发展理论的形成实际上是经历了相当长的历史过程。如前所述,20世纪50年代末至60年代初,人们在经济增长、城市化、人口、资源等所形成的环境压力下,对增长即等于发展的模式产生怀疑,尤其是一系列充满死亡气息的环境公害事件,如1930年比利时马斯河谷烟雾事件,1948年美国宾州多诺拉烟雾事件,1955年开始的日本富士山骨痛病事件,等等。这些更促使人类对"自然的报复"行为进行反思。1962年,美国女生物学家莱切尔·卡逊(Rachel Carson)发表了一部引起很大轰动的环境科普著作《寂静的春天》,作者描绘了一幅由于农药污染所造成的可怕景象,惊呼人们将会失去"春光明媚的春天",在世界范围内引发了人类关于发展观念的争论。10年后,美国两位著名学者巴巴拉·沃德(Barbara Ward)和雷内·杜博斯(Rene Dubos)的《只有一个地球》问世,把人类对生存与环境的认识带到了一个新的境界。同年,"罗马俱乐部"发表了《增长的极限》,明确提出"持续增长"和"合理的持久的均衡发展"的概念。1980年3月,联合国大会第一次使用了可持续发展的概念,随后这个概念逐渐被更多的官方文件使用。可持续发展作为完整的理论,包括了以《增长的极限》为代表的观点,还包括了《第二个2000年》和《没有极限的增长》中的部分观点,以及联合国《人类环境宣言》中阐述的有关理论。1987年,由挪威首相布伦特兰夫人主持的联合国世界环境与发展委员会在其里程碑式的《我们共同的未来》研究报告中,首次清晰地表达了可持续发展观,即"可持续发展是既满足当代的需求，又不对后代满足需求能力构成危害的发展"。这一概念得到了广泛的认可和接受，1992年在巴西里约热内卢召开的联合国环境与发展大会，通过了《里约环境与发展宣言》和《21世纪议程》两个纲领性文件，它标志着可持续发展观被全球持不同发展理念的各类国家所普遍认同。

可持续发展观的一个重要特点是研究了人类的代际关系，即这一代与后一代人的关系问题。与此相关联，人与自然的关系问题再一次提到了人类的面前。可持续发展观强调以未来的发展规范现在的行动；换言之，就是使发展成为在今天是现实的、合理的，同时又能使明天的发展获得可能的空间和条件。因此，可持续发展也是为未来发展创造条件的发展。

5. 发展观演变的新趋势——现代发展观

应该说，在可持续发展观中，自然资源、生态环境等问题受到了特别的关注，由此也引出了环境成本、自然资本等概念。但自20世纪90年代以来，社会成本、社会资本这些原本由社会学家提出的概念则越来越受到经济学家的重视。因此，在可持续发展的观点中再充实一些社会因素可以视为目前发展观演变的新趋势。

20世纪90年代以来，世界经济获得前所未有的发展，物质财富空前增多，但是各国的社会紧张程度却在增加，全世界有1/5以上的国家近年来经历过民族冲突。全世界的战争、武装冲突、政变、恐怖主义事件此起彼伏。在财富增加的同时，穷人越来越多，失业队伍日益庞大，各种犯罪案件急剧上升，和平与发展因此也就成了全球关心的话题。在这种情况下，持综合发展观的未来学家们提出了"满足人的需求为中心的价值取向"。1995年3月在哥本哈根召开的各国首脑会议通过了《社会发展问题哥本哈根宣言》和《行动纲领》，这两个文件阐发了不少重要的理论观点，主要包括以下几点。

（1）社会发展以人为中心，人民是从事可持续发展的中心课题，社会发展的最终目标是改善和提高全体人民的生活质量。

（2）社会发展与其所发生的文化、生态、经济、政治和精神环境不可分割。

（3）社会发展是全世界各国人民的中心需要和愿望，也是各国政府和民间社会各部门的中心责任。社会性发展应当列入当前和跨入第21世纪的最优先事项。

上述观点是对综合发展观和可持续发展观的继承和突破，并被世界各国作为今后社会发展方略的主要精神，人们将其称为现代发展观。

另外，值得特别注意的是，现代发展观与传统的发展观在看待发展的观点上也是不同的。传统的关于发展的观点是线性的。它假设只有一条单一的轨道供所有的国家循其发展。那些在这一轨道上落后的国家所面临的挑战就是要赶上其他国家，于是最便利的发展方法就是效仿那些走在前面的国家。资金和技术的转化就是达到这一目的的手段。传统的发展观鼓励发展中国家摒弃他们的传统。现代发展观则认为传统不仅是一种文化而且也是一种财富，其注重多样性，即有可能存在许多并行的发展轨道与发展模式。在许多层次上，即使有共同的长期的发展目标，不同的国家很可能会找到实现这一目标的不同路线。这就促使对创新能力而非模仿能力的鼓励。现代发展观还将人的能动作用放在中心位置，重视人类的自身发展、教育以及建立使协同工作更加有效的体制，认为发展所依赖的资本在很大程度上是社会资本，而非物质资本。

（二）现代发展观的核心及其衡量指标

如前所述，现代发展观的核心是以人为核心，以持续发展为目标，其内涵包括如下基本特征：① 发展观应当是变化的，具有时代性和部门性，不存在关于社会发展的"最终"和"标准"的定义；② 发展的指标是可确定、可选择的；③ 由于人的地位与作用在社会发展中日益重要，现代发展观包含了许多无法量化的指标，如人的参与、人的素质、人的政治地位及权力等，这些指标从质的方面描述和解释了发展的效果；④ 发展的范围应当是多种多样的，发展的动力和内外部环境是错综复杂的；⑤ 社会发展应当是经济与社会、物质与精神、局部与整体、现实与未来的均衡发展；⑥ 发展应该是一个持续的过程。

因此，衡量社会发展的指标也相应地发生了变化，由单一的经济指标转变为综合性的指标体系。例如：① 人口指标——人口的数量、增长、分布、受教育程度；② 贫困指标——贫困线、贫困比率；③ 教育指标——教育投入、教育条件、教育设施、教育比率；④ 健康指标——健康条件、医疗设施、费用、营养、疾病等；⑤ 住房指标——居住条件、住房设施、住房费用等。此外，还有无法量化的，反映人的素质、精神、社会参与、社会与政治地位的因素等。

二、项目社会评价研究发展概况

（一）项目评价理论的发展

这里所说的项目，主要是指一般性投资项目，包括工业、交通、水利、农业、林业、商业、卫生、文教、科研、旅游、市政等对环境造成影响的一切基本建设项目和技术改造项目，以及区域开发投资项目（包括工业投资项目和非工业投资项目）。随着人类面临的新挑战和人类发展观念的变化，为避免投资项目可能引起的社会冲突和社会风险，研究项目的社会可行性就变得非常紧迫和必要，社会评价研究就是基于这种情况而发展起来的。

项目评价理论的演变，基本上与我们前面所提到的社会发展观的演变过程相一致。20世纪40年代以前，西方社会经济理论在自由主义竞争理论的引导下，政府对经济活动基本实行不干预政策，企业也只追求利润最大化。相应地，项目评价仅考虑投资的财务效果。"二战"后，西方国家广泛采纳了凯恩斯理论和福利经济学的思想，加强了国家的经济功能，通过对经济活动的干预实现国家经济和社会的持续发展，主要表现在大量增加公共开支，对文化、教育、医疗卫生、交通和环境等社会公共福利事业进行投资，并实行福利政策。由于公共工程与社会福利项目是以社会效益与宏观经济效益为主要目标的，财务评价无法满足这类项目的要求。它要求从国民经济角度，站在国家立场进行评价。另外，发展中国家致力于发展国民经济，也迫切需要从国家立场出发对项目进行评价。因而，西方经济学家逐步形成了一种适应评价公共项目的社会费用效益分析方法，分析项目的国民经济获利性，一般称为国民经济评价。

到20世纪70年代，随着人类可持续发展观的确立以及全球环境与生态问题的凸显，人们对项目的环境效果日益重视，将环境影响评价（EIA）引入项目评价体系。EIA对人类进行开发活动时可能引起的生态系统及环境系统的变化事先进行识别、预测和评价，并在评价的基础上提出合理减轻或消除环境负面影响的对策，以促进社会经济发展和环境保护。

20世纪80年代后期，尤其是90年代中期以后，由于在项目的建设和开发中面临着诸如贫困加剧、贫富差距加大、环境污染日益严重、代际发展的公平性等问题，可持续发展观及以人为本发展观被广泛接受，也促成了在投资项目评价中，除了须保证经济、环境可行性外，也应保证社会的可行性。基于这样的认识，世界银行、亚洲开发银行等一些国际金融机构率先在一些投资项目中引入社会影响分析，并据此逐步演变为对整个项目的社会评价。

（二）国外社会评价的发展概况

国际上社会评价研究仍处于初步发展阶段，其先驱主要是世界银行、亚洲开发银行、联合国开发计划署、英国海外开发署等投资和援助机构，如表13-1所示。

表 13-1 国外项目社会评价发展状况

序号	机构/国家	项目社会评价的发展情况
1	亚洲发展银行（ADB）	1991年，亚洲发展银行（ADB）颁布了发展过程中社会分析指南；1994年，颁布了将社会方面考虑结合到亚行业务中的指南；2001年12月，亚行颁布新的贫困与影响分析作为亚行每个项目的必需部分
2	泛美银行（IDB）	2001年颁布了社会分析指南
3	加勒比海发展银行（CDB）	1999年颁布了社会分析指南
4	英国国际发展部（DFID）	1998年颁布了社会分析指南
5	美国	1969年，美国颁布了国家环境政策条例（NEPA），号召综合使用社会科学评价对"人类环境"的影响，包括自然环境必须以综合的方式进行演绎，包括自然环境和人与环境的关系，不仅要对"直接"影响进行评价，而且要对"审美的、历史的、文化的、经济的、社会的或健康的"影响进行评价，无论这种影响是直接的、间接的还是积累的。1994年5月，美国颁布了社会影响评价指南和原则
6	欧盟	推行环境评价，其中包括对自然环境的评价和对社会环境的评价
7	加拿大	推行社会批评，包括分配效果、环境质量等许多方面的影响分析

资料来源：刘永铨. 基于和谐发展观的项目社会评价体系研究. 2006.

世界银行是国际上较早开展社会评价的机构，取得了许多重要的研究成果，其在项目中开展的社会评价实践具有一定的代表性。1974年，社会学家和人类学家在世界银行仅处于实验性部门的初级职员位置，他们在世界银行从事处于边缘地位有关社会学的工作。20世纪80年代初，世界银行开始重视发展项目中的社会学问题研究，如制定非自愿移民的政策，派社会学家、人类学家参与项目的评价等。世界银行在1984年就要求"社会评估"应成为世行进行项目可行性研究工作的一部分，在项目评价阶段，与经济、技术和机构评价共同进行。世界银行社会评价专家迈克尔·M塞尼教授在《把人放在首位——投资项目社会分析》一书中，阐明了他的工程社会学观点："任何工程都只能以造福于民为目标。工程应当对它所侵害的那一部分人的利益有所补偿，以使工程所涉及的所有人都能从中获利。"这个观点得到广泛认可，并作为投资项目社会评价的准则。

在20世纪80年代及90年代初，加勒比海发展银行、泛美开发银行、亚洲开发银行等机构分别设立了各自的社会发展部门，专门推动社会评价工作的开展，强调项目多层次目标的协调和共同实现。20世纪90年代末，规范性的社会评价研究及相关的政策逐渐形成，世界银行在1997年成立社会发展部门，强化了项目社会评价的作用。项目评价已从单一的财务分析和经济分析，发展到财务、经济、技术、环境和社会等方面的评价，其中社会评价在项目评价体系中扮演着越来越重要的角色。

（三）国内社会评价发展概述

我国真正意义上的社会评价研究，仅有20多年的历史。1986—1996年，由联合国开发计划署（UNDP）、英国海外开发署（DFID）和国内专家组成的"投资项目社会评价课题组"，经过几年的努力，完成了《投资项目社会评价理论与方法》和《投资项目社会评价指南》，以此为标志，我国投资项目社会评价工作进入起步阶段。此后，为进一步规范投资项目的前期研究工作，经原国家计委于2002年审定，中国国际工程咨询公司编著出版了《投资项目可行性研究指南》，其特色是强调社会评价在可行性研究中的重要作用。《指南》阐述了社会评价的作用和范围,要求从社会影响分析、互适性分析、社会风险分析三个方面进行社会评价,提出项目与当地社会协调关系,规避社会风险,促进项目顺利实施,保持社会稳定的方案。本书还提出了社会评价步骤,包括调查社会资料、识别社会因素、论证比选方案;以及提出快速社会评价法和详细社会评价法两种方法。此外,在其他项目,如水利、油田开发、民航、铁路项目等方面也出版了相应的社会评价指南。

2004年,中国国际工程咨询公司编著出版了《中国投资项目社会评价指南》,提出了社会评价的基本框架,包括社会评价的目的、任务和范围,项目周期各阶段社会评价的主要内容及社会评价采用的指标和分析工具。系统研究了公众参与、贫困人口、社会性别、民族群体、受项目影响的非自愿移民等社会评价的内容,比较了不同类型投资项目的社会评价要点,书中还进行了案例的实证研究。这是迄今为止,国内最全面、最权威的关于投资项目社会评价的指南。但本书在对具体投资项目社会评价的实际应用与操作上,仍有待进一步细化与完善。

目前国内的投资项目社会评价研究主要集中在以下几个方面:一是对世界银行社会评价成果的研究,包括翻译、介绍世行研究成果,世行投资项目与国内相应项目做法的比较研究;二是国内学者依照世行的做法,结合国内实际,研究国内社会评价研究存在的问题和困难、社会评价研究应采取的方法等;三是国内各学科的学者,主要是社会学、人类学、工程学、技术经济学学者基于国内投资项目引发的诸多社会问题而开展的探讨性研究。其对象多为非自愿移民、征地拆迁、公众参与、社会危害分析等。

三、项目社会评价的内涵与特点

(一)社会评价的内涵

项目社会评价的界定问题,还没有统一的认识,各国都有不同的理解。如美国推行环境影响评价和社会影响评价,英国及欧共体推行环境评价,包括自然环境影响和社会环境影响评价。我国对社会评价也有多种不同的理解:一是包括在国民经济评价中的社会经济效益分析,也就是说在项目的国民经济评价中已考虑了项目的社会效益,但只包括可计量的效益;二是经济评价加收入分配分析,在经济评价基础上,通过收入分配分析,分析项目对国家、地区、个人的贡献;三是国家宏观经济分析,通过对宏观经济分析,分析项目对国家所作的贡献;四是社会评价,分析项目对社会经济、社会环境、自然资源等各个方面的影响。前三种都属于经济学的范畴,是狭义的社会评价,具有较大的局限性,对于大型投资项目是不适合的。第四种是比较全面的社会评价内涵。

关于社会评价,国内有三种比较有代表性的观点:一种观点认为,社会评价是识别、监测和评估投资项目的各种社会影响及效益,促进利益相关者对项目投资活动的有效参与,优化项目建设实施方案,规避投资项目社会风险的重要工具和手段。具体地说,项目的社会评价就是以社会学、人类学为理论基础,分析项目实施对社会经济、社会环境、自然资源与生态环境等各个方面产生的影响、所作的贡献以及所带来的社会效益,同时通过系统地调查和收集与项目有关的社会因素,识别其不利的影响和负面效果,从而降低项目的社会风险,保证项目的顺利实施和持续发展。社会评价与财务评价、国民经济评价、环境评价作为投资项目评价的四个环节,互为补充,共同构成了项目评价的总体内容。

另外一种观点认为,关于社会评价"是与财务评价、国民经济评价、环境影响评价相并列的一种独立的投资项目评价方法。它主要应用社会学、人类学、项目评估学的理论和方法,通过系统地调查、收集与项目相关的各种社会因素和社会数据,分析项目实施过程中可能出现的各种社会问题，提出尽量减少或避免项目负面社会影响的建议和措施，以保证项目顺利实施并使项目效果持续发挥"（徐莉等，2004）。

第三种这样定义社会评价：以项目区人口及相关人群的社会发展为基本的出发点，综合应用社会学、人类学及其他社会科学的理论与方法，通过系统的实地调查，分析项目中的重大社会事项，从社会方面给出项目是否能够成立的基本判断。如果项目可以成立，则需要给出项目实施过程中重大社会事项可能出现的各种情况，进行社会分析，提出相应的社会发展策略与建议，以保证项目的顺利实施，实现社会公正，促进社会发展。社会评价是社会学理论与方法在项目实践中的具体应用。

以上三种观点有许多相同的地方，都认为社会评价是运用社会学、人类学、项目评估学等的理论和方法，目的在于分析项目实施过程中可能出现的各种社会问题，降低不利影响，保证项目的顺利实施。只不过第一种观点更倾向于把社会评价看作一种手段和工具，后面两种更侧重于把社会评价看作是方法。

我们认为社会评价是规避社会风险、促进项目顺利实施的工具和手段，也是使项目能顺利开展，达到经济和社会效益最大化目标的方法。投资项目社会评价除了运用社会学、人类学、项目评估学的知识外，还应该融合城市规划、工程经济学、工程管理等相关知识，实行全过程的社会评价，而不仅仅是项目前期的社会评价。

（二）项目社会评价的特点

相对于项目财务、经济评价，投资项目社会评价具有以下特点。

1. 重在人文分析

如前所述，现代社会发展概念的核心是人，投资项目社会评价的主体内容也是人，着重于研究项目与人的关系，并坚持以人为中心调整项目与人的关系。因而，从重视人的角度出发，项目社会评价的主要内容便涉及项目投资所引起的人口统计分布、收入分配、就业问题、文化、教育、卫生保健、道德规范、宗教信仰、风俗习惯以及人的价值观、心态、人际关系等社会人文因素的变化；这些变化带来的社会风险、人们对这些变化的可能反应，等等。

2. 属于多层次分析

项目社会评价研究投资项目的社会效益是针对国家、地方与当地社区各不同层次的社会发展目标、社会政策展开分析的。例如，社会发展目标包括经济增长目标、公平分配目标、就业目标等在内的，一般是根据国家的宏观经济与社会发展需要制定的，一些具体的指标则根据地区和项目的情况制定。由于环境条件不同、具体目标及指标不同，各层次的社会发展目标与社会政策既有一致的一面，也有不完全一致、有所区别的一面。因而，投资项目社会评价应当分别从国家、地方和社区三个不同层次上展开。层次分析法便是项目社会评价重要的评价分析方法。

3. 间接效益与间接影响多

项目的社会效益与影响虽然有直接的（如节能效益，就业效益，对教育、文化生活的影响等），但由于社会系统的复杂性及相互关联性，有关社会问题的波及效应比较明显。因此，许多投资项目的社会效益往往是间接效益或外部效益，如水利建设项目对地方供水、促进地方工农业发展的效益，新建公路减少相关公路拥挤、节约旅客时间的效益等都是项目的间接效益或外部效益。

4. 评价的多目标性

财务、经济评价目标比较单一，主要是财务盈利与经济增长。而社会评价涉及社会生活各个领域的发展目标，多个有关社会政策的效用以及多种观念、心态等。因此，必须分析多个目标，考虑多种社会效益与影响。社会评价由于涉及的社会因素复杂，目标多元化，因此没有共

同度量的标准。

5．评价指标定量难，定性目标的处理是评价的关键

项目社会评价涉及许多定性目标。有些定性目标难以定量计算，如项目对社区文化的影响，项目的持续性等。因而，在进行项目社会评价时，如何处理这些定性目标往往成为评价的难点或关键环节。通常的做法是采用定性分析与定量分析相结合的方法。即凡是能量化计算的，均进行定量分析；凡是无法量化的，均采用定性分析；再由两种分析的结果对项目进行综合评价。这是目前应用较普遍的方法。另一种处理办法是采用间接量化的办法，即对那些难以量化的指标，请专家们按照事先商定的标准分等定级，或计分，或计点，或计百分率，将专家们定性分析的结果转化为数值，再对这些间接量化的数值进行定量分析。

6．分析的内容与形式具有多样性

由于项目性质不同、规模不同、所在地域不同、时代不同，项目社会评价的内容与形式将有很大差异。如城市基础设施项目、城中村改造项目、市政项目、房地产开发项目等的性质不同，其社会评价关注的内容将会大不相同。城中村改造关心补偿是否到位、补偿的标准是否合理、改造对城市整体功能的发挥是否有利；房地产投资项目则更关心居住环境、配套设施，以及物业管理带来的社区文化影响等。这种内容与形式的差异，引起了项目社会评价的多样性。因而，项目社会评价只能做到部分内容、部分指标及大框架的统一，相当一部分内容和形式要视项目具体情况和需要而定。

7．评价的长期性

经济评价计算期一般为20年，而社会评价贯穿于项目周期的各个环节和过程，因此还要考虑近期与远期社会发展目标。项目对生态与自然环境的影响，对居民健康、寿命的影响，对利益相关人群生活与心理的影响，可能是几十年，甚至是几代人的问题，因而社会评价的效益与影响往往具有长期性。

四、项目社会评价的原则

一般来说，项目社会评价应遵循如下原则。

（一）科学评价的原则

科学评价就是依据真实的而不是凭空臆造的事实，遵循客观的而不是主观臆断的规律，运用科学的、民主的而不是专制的方法所进行的评价。唯有科学的评价才能得出符合事实的结论。在这里，任何先入为主的思想、不尊重客观事实的思想，都是错误的。

（二）实事求是的原则

实事求是就是尊重客观规律，一切以事实为依据。实事求是的原则其实就包含在科学评价的原则之内，只是为了更突出这一原则的重要性，才把它又单独提出来。在项目社会评价实践中，要实施实事求是的原则，就必须重视调查研究，唯有通过广泛的、深入的、细致的调查研究，掌握了大量的第一手资料，又经过去粗求精、去伪存真、由表及里的改造制作工夫以后，才能得到反映真实情况的信息资料。因而，调查研究的过程，事实上是一个艰苦的工作过程，在这里，切忌先入为主、走马观花、自以为是，切忌偏听偏信、戴着有色眼镜看问题，切忌片面和急躁、急于求成。

（三）可比性原则

在进行项目社会评价分析时，经常会遇到不同项目或同一项目不同方案的社会评价指标相比较的问题。人们往往是通过这类比较才能对一些问题进行鉴别和评价的。这时，尤其要重视比较对象的可比性。不具备可比性的比较往往会得出错误的结论。因而，在项目社会评价实践中应十分重视研究相互比较指标在内涵、单位、范围、时间及基础条件等方面的一致性，尽可能地把不一致的指标改造为具有可比性的指标。

（四）突出重点，抓住主要矛盾的原则

项目的社会评价，面临着众多的问题和因素，涉及错综复杂的方方面面，这就要求运用辩证的方法突出重点、突出主要矛盾。一种非常实用的操作方法就是权重系数的处理办法。权重系数的大小直接描述了各影响因素（或指标）对项目社会评价结果的影响程度，在项目社会评价实践中，正是通过这种权重系数的处理方法来实现突出重点、抓住主要矛盾原则的。

（五）统筹兼顾，从全局出发的原则

项目投资建设是一个复杂的、开放的系统工程，它既有内在的联系和运动，又有外在的联系和运动。项目投资建设过程，本身就是一个不断受到内外因素影响和制约的复杂过程。因而，在进行项目社会分析时，应当采用系统的方法。系统的方法就在于用动态的、发展的和变化的观点来看待事物，系统的方法又要求分析者从全局出发，高瞻远瞩，不仅要学会从事物的相互联系中研究事物及其变化规律，还要正确处理不同利益主体间的关系，把握影响全局的、最主要的、未来的利益所在，以满足社会整体、未来、全局的需要为基本原则。

（六）以人为中心的原则

如前所述，项目社会评价的核心问题是研究投资项目实施过程中所出现的各种社会问题，以及解决这些问题的相应对策，因而社会评价不同于经济评价。在这里，人始终是第一位的。无论是调查研究、问题分析，还是项目评价、对策建议，始终要把人，无论是作为项目主体的人（投资者、建设者、使用者、管理者），还是作为项目客体的人（拆迁户、被征地村民、原社区住户、居民等），作为项目社会评价过程中的重中之重。

第二节 房地产项目社会评价的主要内容和程序

一、房地产项目社会评价的主要内容

尽管由于项目的性质不同、规模不同、地域不同、时代不同，人们关注的社会问题有所区别，其社会评价的内容会有较大的差异，但是，任何项目的投资建设都与人和社会有着密切的关系，既然社会评价是分析项目与人和社会关系的方法，那么，它在投资领域中的应用，从理论上讲，就有着一定的共性。本节正是研究一般意义上的项目社会评价所涉及的主要内容。

一般来讲，项目的社会评价包括两个层次的分析与评价：其一是项目的社会效益与影响评价；其二是项目与社会发展相适应程度的分析与评价。既要分析项目对社会的贡献与影响，又要研究项目对社会政策的贯彻与效用，研究项目和社会的相适性，提出防止社会风险的措施，从项目的社会可行性方面为项目决策提供依据。

（一）房地产项目社会效益与影响评价

社会效益与影响评价，是以各项社会政策为基础，针对社会发展目标而进行的评价。评价内容可分为项目对社会环境、区域发展、自然资源以及当地科教文卫等事业的效益与影响评价，

如图 13-1 所示。

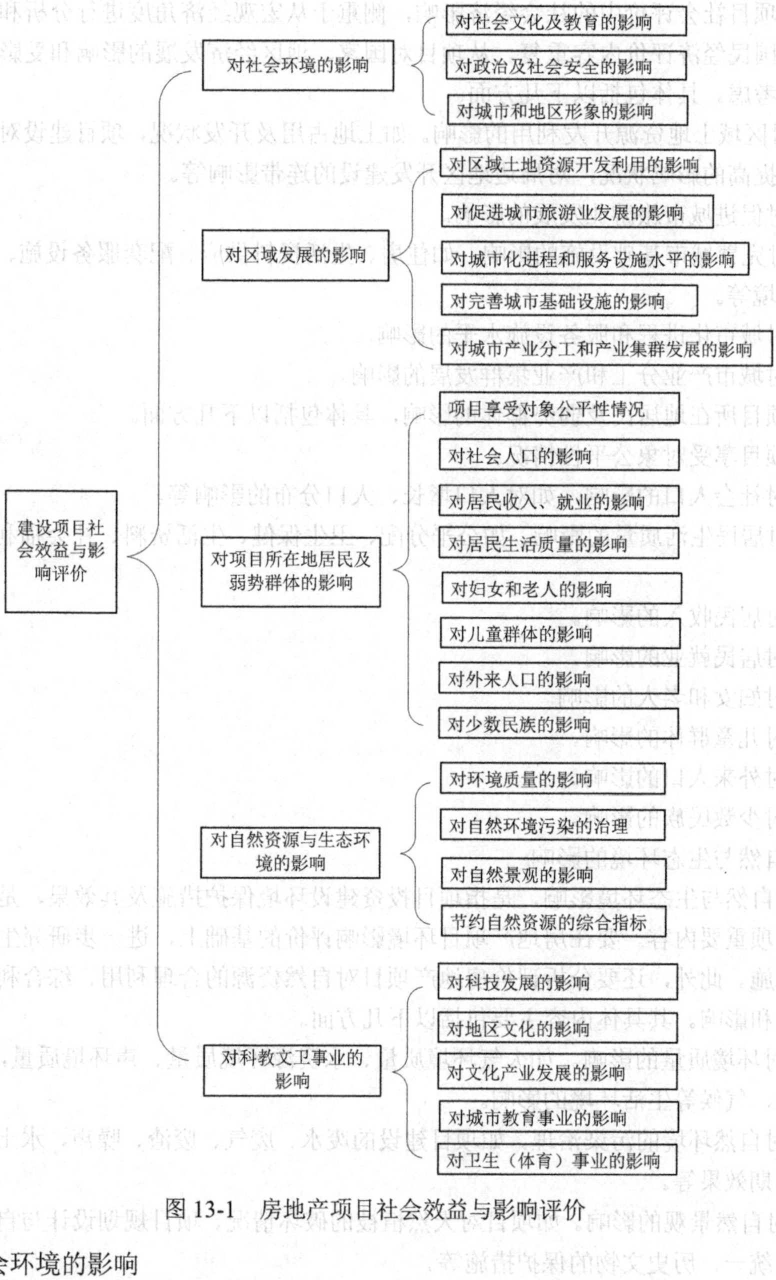

图 13-1　房地产项目社会效益与影响评价

1. 对社会环境的影响

项目的社会环境影响，是指项目投资建设对社会政治、安全、社区服务、社会文化等方面的影响。其具体内容包括以下几方面。

（1）对社会文化及教育的影响。如对当地文化娱乐、文物古迹、教育设施、生活习惯、道德规范及宗教信仰的影响。

（2）对政治及社会安全的影响。如对当地政治稳定、社会安定、社会组织、社会结构、社会安全的影响。

（3）对城市和地区形象的影响。

2．对区域发展的影响

房地产项目社会评价中的社会经济影响，侧重于从宏观经济角度进行分析和评价，尽量避免与项目的国民经济评价内容重复。从项目对国家、地区经济发展的影响和受影响的群体经济生活等方面考虑。具体包括以下几方面。

（1）对区域土地资源开发利用的影响。如土地占用及开发状况，项目建设对周边土地使用价值和价值提高的影响状况，对周边地区开发建设的连带影响等。

（2）对促进城市旅游业发展的影响。

（3）对完善城市基础设施的影响，如住房、生活资料供应、配套服务设施、基础设施、居住及生活环境等。

（4）对城市化进程和服务设施水平的影响。

（5）对城市产业分工和产业集群发展的影响。

3．对项目所在地居民及弱势群体的影响，具体包括以下几方面。

（1）项目享受对象公平性情况。

（2）对社会人口的影响，如对人口增长、人口分布的影响等。

（3）对居民生活质量的影响，如公平分配、卫生保健、生活资料、社会福利、社会保障的影响。

（4）对居民收入的影响。

（5）对居民就业的影响。

（6）对妇女和老人的影响。

（7）对儿童群体的影响。

（8）对外来人口的影响。

（9）对少数民族的影响。

4．对自然与生态环境的影响

项目的自然与生态环境影响，是指项目投资建设环境保护措施及其效果，是房地产项目社会评价的一项重要内容。要在房地产项目环境影响评价的基础上，进一步研究生态环境影响，提出处理措施。此外，还要分析评价房地产项目对自然资源的合理利用、综合利用、节约资源方面的作用和影响。其具体内容主要包括以下几方面。

（1）对环境质量的影响。如大气环境质量、水资源环境质量、声环境质量、园林、绿化、景观、卫生、气候等生活环境的影响。

（2）对自然环境的污染治理。如项目建设的废水、废气、废渣、噪声、水土流失等的治理措施及其预期效果等。

（3）对自然景观的影响。如项目对天然植被的破坏情况、项目规划设计与自然景观及历史风貌的协调统一、历史文物的保护措施等。

（4）节约自然资源的综合指标。如土地的占用情况，包括土地占用面积，其中耕地占用面积、耕地再造面积等；能源、水资源、海洋资源、矿产资源等自然资源的合理使用情况。

5．对区域科学、教育、文化、卫生等事业的影响

房地产项目对社会环境的影响，是效益与影响评价的重点。主要包括项目对社会、政治、人口、文化、教育、科技等方面的影响。具体如下。

（1）项目对城市科技发展的影响。如技术装备状况、高科技含量、高新技术开发等。

（2）对城市文化的影响。

(3) 对城市教育事业的影响。
(4) 对文化产业发展的影响。
(5) 对卫生（或体育）事业的影响。

（二）项目与社会的相互适应性分析

项目与社会适应性分析评价以项目与当地社区的相互适应性为主，分析项目是否与社区要求、群众的需要相适应，当地社区对项目是否满意并能否积极支持项目的实施，研究项目与社区是否协调，关注利益相关群体参与和项目的可持续性等问题。对于大中型房地产项目，则还有适应国家、地方发展重点的问题。通过分析，促使项目与社会相互适应，防范社会风险，保证项目生存的持续性和项目效果的持续性，促进社会适应项目的生存与发展，以最终促进社会的进步与发展。具体如图 13-2 所示。

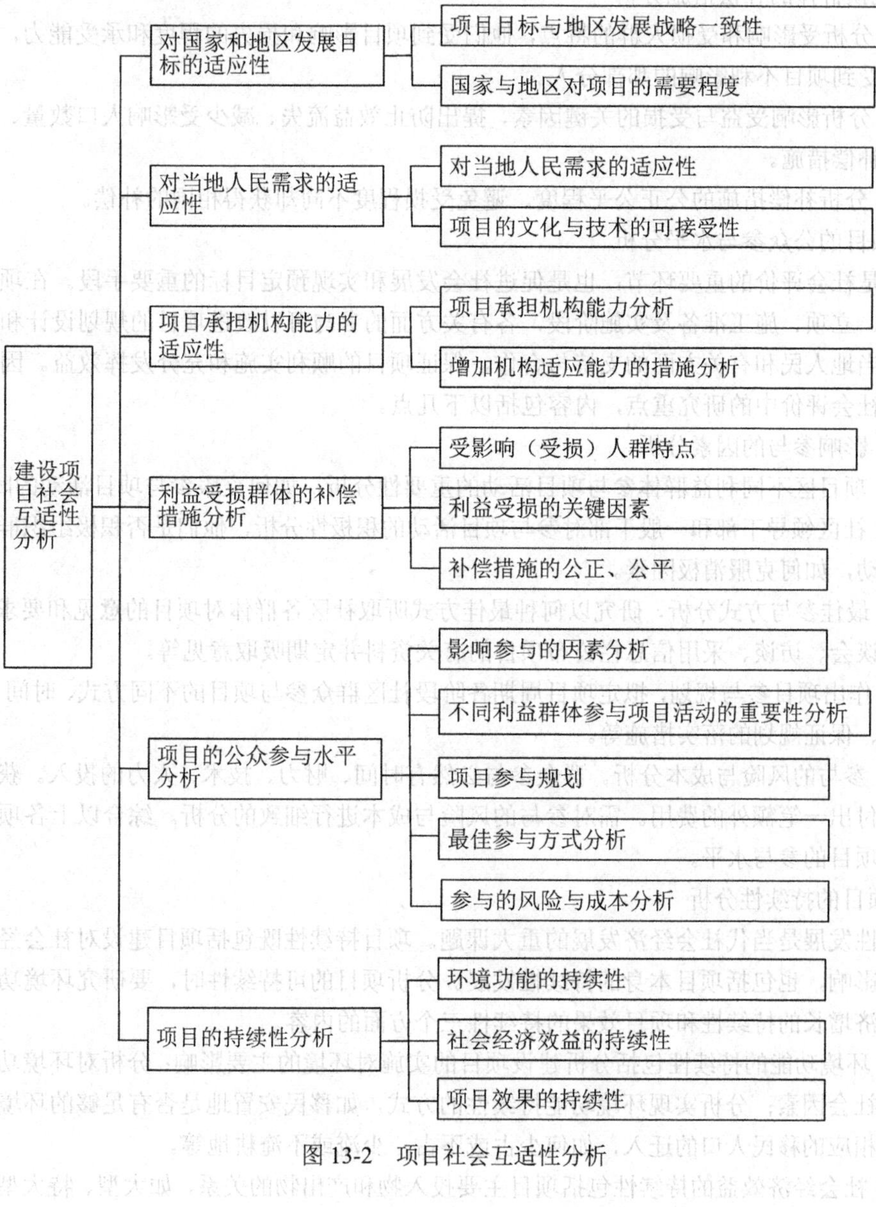

图 13-2　项目社会互适性分析

1. 项目对国家和城市发展重点的适应性分析
   (1) 分析项目的目标与国家、地区或城市的优先发展战略的一致性。
   (2) 分析国家、地区或城市对本项目需要的程度。
2. 项目对当地人民需求的适应性分析
   (1) 分析当地人民的需求，对项目的实施能否适应。
   (2) 分析项目的文化与技术的可接受性。
3. 项目承担机构能力的适应性分析
   分析项目承担机构（承建商、经营者、管理者等）的能力，研究其与项目规模、项目性质、项目水平的适应性，研究是否要采取措施（如增加力量、委托专业性公司等）以增加其能力以及这些措施的可能效果。
4. 受损群体的补偿措施分析
   (1) 分析受影响和受损人群的特点，他们受到项目影响和损失的程度和承受能力，重点分析最容易受到项目不利影响的那部分人。
   (2) 分析影响受益与受损的关键因素，提出防止效益流失、减少受影响人口数量、受影响程度及其补偿措施。
   (3) 分析补偿措施的公正公平程度，避免受损程度不同却获得相同的补偿。
5. 项目的公众参与水平分析
   参与是社会评价的重要环节，也是促进社会发展和实现预定目标的重要手段。在项目的规划、设计、立项、施工准备及实施阶段，各有关方面的参与可以改进项目的规划设计和施工建设，获得当地人民和有关方面的支持与合作，保证项目的顺利实施和充分发挥效益。因此，参与是项目社会评价中的研究重点，内容包括以下几点。
   (1) 影响参与的因素分析。
   (2) 项目区不同利益群体参与项目活动的重要性分析，如何克服参与项目活动的障碍。
   (3) 社区领导干部和一般干部对参与项目活动的积极性分析，他们是否积极组织群众参与项目的活动，如何克服消极因素。
   (4) 最佳参与方式分析，研究以何种最佳方式听取社区各群体对项目的意见和要求。如召开各类座谈会、访谈、采用信息栏公布项目的有关资料并定期吸取意见等。
   (5) 作出项目参与规划，拟定项目周期各阶段社区群众参与项目的不同方式、时间、人数、预期成效、保证规划的落实措施等。
   (6) 参与的风险与成本分析。群众参与必然有时间、财力、技术、人力的投入。获得社区参与必须付出一笔额外的费用。需对参与的风险与成本进行细致的分析。综合以上各项分析，最终提出项目的参与水平。
6. 项目的持续性分析
   持续性发展是当代社会经济发展的重大课题。项目持续性既包括项目建设对社会经济发展持续性的影响，也包括项目本身的持续性发展。分析项目的可持续性时，要研究环境功能的持续性、经济增长的持续性和项目效果的持续性三个方面的内容。
   (1) 环境功能的持续性包括分析建设项目的实施对环境的主要影响；分析对环境功能有影响的主要社会因素；分析实现环境功能持续性的方式，如移民安置地是否有足够的环境容量来吸收承载相应的移民人口的迁入，如何少占或不占，少淹或不淹耕地等。
   (2) 社会经济效益的持续性包括项目主要投入物和产出物的关系，如大型、特大型建设项目规模大，投资多，三材用量多，国民经济能否承受；大型、特大型建设项目工期长，在工程发挥效益前的建设期内只有投入，没有产出，对国家实现中长期经济发展目标有多大的不利影响；发挥效益后对国民经济持续增长的促进作用等；项目利益分配、不同利益集团的关系、不同利益集团对项目发展的观念和关系；找出对项目的实施和运行有影响的主要社会因素，分析实现经济持续增长的各种可能方式及主要措施。

（3）项目效果的持续性。项目效果的持续性是指实现项目规划设计目标，满足人类需要，提供商品和服务的一种持续的能力，可作为判断项目成功与否的主要指标。主要包括规划设计阶段实现项目效果持续性的计划方法；立项阶段确定影响项目效果持续性的主要影响因素分析，如建设资金的筹措到位等问题；项目实施阶段项目和利益群体之间相互影响的分析，要分析资金到位问题，群众反对或不支持以致延误工期的风险，人、财、物是否被挪作他用，受损地区和群体的补偿标准是否合理，移民的要求、建议是否被充分考虑并采纳等；项目生产运行阶段实现项目效果持续性的途径分析，包括政策、体制变化，管理机构对项目持续性的影响等。

（三）项目的社会风险分析

认识并规避风险、趋利避害是社会评价的重要目的，社会风险分析就是要分析项目有无社会风险、严重程度如何，采取什么措施来规避和防范这些社会风险。

（1）识别并分析项目主要的社会风险有哪些，其严重程度如何。

（2）分析社区干部，特别是领导干部对项目的反应与态度，社区群众对项目的意见，有无不满或反对者，不满的地方在哪里。

（3）分析贫困户和妇女，以及受损者对项目的反应和态度，是否接受项目，有无不满或反对者。

（4）分析不同地区从本地区利益出发提出对项目的不同意见，提出协调措施，尤其是直接受益与直接受损地区之间的利益协调措施。

（5）分析项目的主要利益受损群体，尤其注意因项目征地、拆迁而导致的利益受损群体，分析其受项目影响的程度和补偿措施是否到位。

（6）根据以上分析，找出项目主要的社会风险，并提出社会风险防范方法，采取相应的措施。

二、房地产项目周期各阶段社会评价的侧重点

就项目的建设周期而言，房地产项目社会评价的内容可包括机会研究阶段的评价、可行性研究阶段的评价、项目实施阶段的评价、项目使用阶段的评价和项目后评价阶段的社会评价。由于房地产项目开发建设过程的特殊规律，各个阶段社会评价内容也有所不同，下面将主要讨论房地产项目周期各阶段社会评价的侧重点。

（一）项目机会研究阶段的社会评价

机会研究阶段是指项目可行性研究前为寻找投资机会，选择项目位置，确定项目功能、性质与规模所进行的调查研究阶段。这一阶段的社会评价，主要是配合项目的初步技术经济分析，就项目的技术、经济、社会诸因素进行初步的却是全面的分析评价。其主要内容包括以下几方面。

1. 调查了解项目所在地的社会经济现状，明确项目目标与当地社会经济发展的一致性

如调查当地的社会经济发展水平、支柱产业及其产业政策，居民的文化习俗和生活习惯、居民的收入及消费水平，城市规划及其实施计划等。研究项目与当地社会经济发展目标的一致性。如该项目对当地建设的影响，该项目对当地社会经济发展的贡献，该项目可享受的优惠政

策。结合技术经济分析，初步确定项目的基本目标，如性质、规模、场地、功能、服务对象等。

2. 调查了解项目的目标群体与受影响群体，预测和评价拟建项目可能产生的主要社会效益与影响

如调查项目的主要利益相关群体有哪些；哪些是受益群体，哪些是受项目影响的群体；各类群体对项目的态度如何，是支持还是反对；调查项目主要服务对象（住宅的未来住户、商场的未来顾客、厂房及仓储的未来业主或客户等）的基本需要，调查受项目影响群体（如拆迁户、拟建场地的社区群众等）的要求和对项目的态度。初步预测项目的主要社会影响及有可能引起的社会问题的复杂程度，分析研究项目潜在的社会风险，并提出相应的防范措施。

3. 评估目标群体对项目的接受能力

接受能力不同于吸纳能力，不是经济上的可接受性而导致的购买及消费能力，而是专指目标群体对项目本身及项目建设的认同，以及对该项目建设带来的技术、经济、文化、环境的变化，尤其是项目带来的不利影响（自然风貌的转变、天然植被的破坏、生活环境的影响等）的适应和承受能力。

4. 判断项目社会评价的可接受性以及是否有必要在可行性研究阶段进行进一步的评价

依据初步分析，可对项目进行初步的社会评价。对那些没有较严重的消极影响，符合当地社会经济发展方向，目标群体对项目的需要和需求较高，受影响群体对项目的反映较好，没有潜在的强烈不满情绪，接受能力也较好的项目，可判定为社会评价可行的项目，而且还可确定在以后阶段的社会评价中，主要是考虑如何发挥项目的经济和社会效益。

如果在机会研究阶段的初步社会评价中，发现项目对某一群体可能产生不利影响，从而导致不满情绪；如果目标群体对项目的需求或需要有限、接受能力不强；如果受影响群体对项目存在不满和抵触情绪；如果该项目建设与当地社会经济发展不相适应等，就需要在下一阶段进行详细的社会评价。研究这些问题的影响程度并提出解决措施。如果估计上述社会风险危害较大且难以解决，就需要否定该项目，建议重新研究项目内容或重新选址。

（二）项目可行性研究阶段的社会评价

可行性研究是对项目及项目建设方案进行的全面技术经济论证。被确定需进行详细社会评价的项目，应结合可行性研究，全面深入地研究与评价项目的社会效益、社会影响及项目与社会的适应性。

详细的社会评价一般与可行性研究的技术经济分析结合在一起进行。承担社会评价分析的人员应与可行性研究机构中的技术、财务、工程、经济方面的评价人员密切配合、协调一致进行工作。一般来说，详细社会评价的主要内容有如下三个方面。

1. 项目目标群体和受影响群体的调查研究

在初步社会评价的基础上，更深入地调查研究项目影响区域的目标群体或当地社区受影响群体的各子群体。详细调查目标群体的需要、承受力、偏好；详细调查项目所在地的社区文化、风俗习惯、历史、文化、文物、自然景观，并将这类调查结果形成对项目规划设计有影响的意见，尽可能地在项目规划设计中，反映目标群体的需求。如对拆迁安置房的开间大小、结构形式、户型、面积、设备配置以及建筑风格、规划布局等，应尽可能地满足需求，并与当地的社区环境、自然景观协调一致。

要详细研究当地社区受项目影响群体的状况、社会阶层分布、项目将带来的主要影响，这些影响的程度、受影响各子群体对这些影响的承受力及可能的态度，尤其要注意社会薄弱层的

承受能力，如城市贫民、孤寡老人对搬迁的承受力，知识阶层、年老病人群体对项目施工阶段建筑噪声的承受能力，等等。要了解他们的要求，提出应付这类问题的具体措施并预测这些措施的效果，要使这些调查研究结果形成对项目开发建设方案的明确意见，最终影响方案。

2．项目社会风险的鉴别，规避和减少风险的措施

在详细社会评价阶段，应根据详细的社会调查，评价与分析、鉴别该项目有可能存在的社会风险，并评估这类风险的危害程度。如在项目立项阶段，是否会遇到当地群众或组织的抵制；在搬迁原住户或拆除原地面设施时，是否会受到抵制；在依靠法律来解决一些纠纷时，是否会出现障碍，是否会有不公平现象；在项目建设过程中，是否会因环境污染及其他因素带来社会问题，受到抵制，等等。应当详细研究这类社会风险出现的可能性，易发生的群体、时间，风险化解的主要措施及其效果，这些措施的成本及风险扩大带来的损失，等等。

3．项目的实施战略

项目社会评价实施战略重点考虑的是项目利益相关群体和影响群体的参与性。良好的参与性几乎是项目社会评价最终所追寻的基本目标。这里的关联群体既包括项目的目标群体（业主、客户、用户等），也包括项目的受影响群体（社区居民、社区组织等）。

（1）关于目标群体的参与性。目标群体的参与性是指项目目标群体对项目及项目方案的关心、热心、支持、参与并最终接受、认可的程度。显然，目标群体的参与性取决于项目及项目方案对目标而言的可接受程度。它除了取决于项目位置、环境、质量、价格等技术经济标准外，从社会学角度来看，还取决于项目是否满足目标群体优先需要、偏好，是否符合当地社区、文化、风俗，是否为当地社区和主要目标群体所接受。

考虑目标群体优先需要和偏好的做法，首先要对项目目标，按各目标子群体的需求和需要的类型与程度，进行先后排序，从中了解哪些是各子群体都十分关注、十分重要的迫切需要；哪些是符合多数子群体发展意愿的。从中选择排序最高，反映多数子群体需要的方案。据此评价项目每一种目标方案各子群体愿意参与的程度，那些反映多数子群体需要的目标，也是最终进行项目规划设计的重要指导性意见。

显然，项目越能反映目标群体的需要和需求，目标群体的认同感便越强，支持项目的积极性就越高。一些成功的房地产开发项目，开发商在项目开始时就不遗余力地把项目未来的客户组织起来，或以会所、业主委员会的名义组织各种活动，不仅在项目发展上、社区服务上寻求客户的支持和合作，倾听他们的意见，而且在项目内创造一些子项目为业主们提供发展的机会。这一系列的措施使项目的决策避免了失误，促进了项目的顺利实施，而且为项目的发展营造了一种和谐的气氛，不失为强化目标群体参与性的明智之举。

（2）关于受影响群体的参与性。如前所述，项目的受影响群体是指由于项目的建设而受到各种影响的社会群体。主要是项目所在地的社区居民、被拆迁户及相应的组织。受影响群体虽然也可因项目建设改善了社区环境，提供了就业机会而受益，但更多的情形是因住房及相关设施的被拆迁、被占用，因大规模的建筑施工而带来生活上的不便、噪声污染、交通秩序混乱、宁静的生活被破坏，旧有的、习惯了的社会生活秩序被打乱，有些被拆迁户甚至可能搬离熟悉的社区，到新的陌生的地方生活，等等。诸如此类问题，都有可能给当地社区居民带来不快，不满的情绪滋长就会引发社会问题。因而，受影响群众参与性问题上，需重点研究的应当是这一部分人将要受到的影响问题、影响程度、承受力及可能存在的潜在社会问题、补救措施及其效果。

解决受影响群体参与性的关键在于项目策划时，对可能出现的影响群众的各类问题所采取的补救措施。要研究这些措施的有效性及这些措施被受影响群体的认可和接受程度。为此，应

针对社会评价所反映出来的各种潜在社会风险，制订有效的补救措施，并将这些措施切实反映在项目的开发方案和投资计划中。根据已制定的措施方案，在受影响群众中进行广泛的宣传解释，求得他们的谅解和认同，也是必要的。因而，项目筹备阶段，广泛的、深入的宣传，吸收当地有影响的人物和各种组织机构的领导人物参与项目的研究及决策工作，也是一种有效的办法。

（三）项目实施阶段的社会评价

项目实施阶段是指项目开始投资到交付使用的阶段。本阶段的主要任务是执行投资建设计划，保证项目按时、按质、按量、顺利交付到业主或用户手中。由于许多将要引起的社会问题均在可行性研究阶段的社会评价中周密考虑，一切按计划行事，不至于有什么意外，但是，应当看到，项目实施过程实际上是一个动态过程，错综复杂的资源条件和因素条件无时无刻不在发生变化。任何计划在执行过程中都要发生改变。面对变更的条件和变更的计划，社会评价的条件和结论都有可能改变，一些意想不到的情况也可能发生。因而，项目实施阶段社会评价的关键就是关注社会环境和社会条件的变化，注意方案措施的实施效果，研究新情况，修订原有计划，制定并实施新的措施。

为此，在项目实施阶段，应建立一个完善的社会监测与评价机构。其信息系统应及时、准确将项目目标群体和受影响群体的状态信息、项目计划，尤其是社会评价措施执行情况信息反映到决策层。当然，从管理效率出发，一般的中小型项目无须建立独立的社会监测与评价机构，而是依附于其他的机构（如质量管理机构、计划管理机构等），明确相应的职责和权力即可。

（四）项目使用阶段的社会评价

房地产项目使用阶段是指项目建成，交付使用后的阶段。这一阶段项目设备及建筑物投入使用或已经开始生产，各种社会群体关系（用户、经营管理者、使用者、地方行政机构等）均建立起来。这一阶段的社会关系，主要是人与人、人群与人群、管理职能、权限之间的关系。这些关系对项目功能的正常发挥，社区稳定及良好社会环境的建立，显得尤其重要。本阶段社会评价的重点是放在项目与当地社区、人群及各种机构间的关系上。

涉及社区关系的主要机构有业主委员会、用户委员会、物业管理公司、街道、居委会及各级政府的派出机构，其中对项目的使用起主导作用的，便是项目的物业管理公司。因而，房地产项目使用阶段社会评价的主体内容，主要是针对项目的管理公司的。主要包括如下数项。

1. 关于物业设施功能及其维护状况的评价

这里的物业设施指房屋建筑物的各种设备和设施，如通风空调、电力、通信、给水、排水等；项目配套服务设施，如配电、园林、绿化、道路、地下管线等。项目设施是否正常使用，是项目正常运营的基本保障。因而，评价设施状况，是对物业管理社会评价的重要内容。

2. 关于物业环境质量的评价

物业环境质量是指物业所在区域的大环境的质量，如居住小区内的卫生状况、噪声控制状况、空气质量状况、安全状况等。物业环境直接影响使用者生活的舒适性和身体健康，是业主和用户普遍关心的居住质量指标，也是物业管理社会评价的重要内容。

3. 关于社区服务质量的评价

物业管理公司除了要管好、维护好物业、物业服务设施及其配套服务设施外，还要对管辖范围内的业主、使用者或其他客户提供各种优质服务，以满足项目影响和受益人群的生产或生活需要。如满足社区内老年人生活需要的护理服务、家务劳动服务；满足双职工家庭的托儿服务、幼儿教育服务；满足退休职工的各类休闲服务等。此类服务的服务质量成为衡量住宅小区物业管理质量的重要内容,当然也构成了项目使用阶段社会评价的重要内容。对于写字楼宇和商厦之类的项目,社区服务质量的内容则主要包括通信服务、保安服务、卫生服务及生活、娱乐、休闲服务等。

4. 关于项目与所在地区关系的评价

房地产项目主要是供人居住、生活、工作或休闲、购物的。房地产项目使用阶段的社会评价,特别关注项目使用者之间的人际关系,如何营造一种祥和、轻松、亲切、舒适的关系,是物业管理追寻的重要目标。房地产项目的管理方应该通过多种方式,采取多种措施保证项目与当地和谐相处。许多物业管理公司想方设法,采取了许多措施。如成立业主委员会、业主恳谈会,及时交换意见,互通信息,以增进了解;定期或不定期召开业主或住户代表会、联欢会以联络感情;组织各种沙龙、各种娱乐活动以加强联系。这些措施对于改善人际关系,增强凝聚力,调动住户或业主参与管理的热情和责任感,无疑是至关重要的。因而,文化和精神文明的建设也是项目使用阶段社会评价的重要内容。

(五) 项目后评价阶段的社会评价

房地产项目的后评价是指项目投资建设完成后,对项目的决策、执行、效益、影响的系统而全面的评价。房地产项目社会评价的后评价与使用阶段评价虽然在时段上是一致的,但在评价目的与评价内容上却有很大的区别。如前所述,房地产项目使用阶段社会评价的内容主要是项目物业及设施、设备的维护、管理,物业环境质量、项目与所在地关系的评价等。其目的在于评估项目使用阶段物业管理水平、项目人文社会环境状况及项目与当地的适应情况。而房地产投资项目后评价的社会评价目的在于总结经验,为今后建设同类项目积累经验,改进项目管理,消除或减轻不利影响,以利于项目持续实施,并促进社会稳定与进步。其主要内容包括如下三个方面。

1. 社会环境影响评价

具体评价项目建设过程中和项目建成后的社会环境影响、自然环境影响,分析已发生的社会问题的原因及已实施对策的实际效果。与可行性研究阶段的社会评价结果相比较,研究有无未曾预料到的、估计错误的社会问题,有无需要采取补救措施的问题,以及应当采取些什么措施,以利于项目持续实施,并促进社会稳定与进步。

2. 项目与社会适应性评价

分析项目对社区群众需要的适应性;项目对地区经济发展、社会目标实现的适应性;项目在扶贫、解困,提高居民,尤其是贫困居民住房水平的贡献等。

3. 项目持续性评价

可持续性是当代社会经济发展要考虑的核心问题,也是项目后评价阶段社会评价的主要内容。房地产项目持续性评价的具体内容与一般项目持续性评价内容一样,主要有项目环境功能的持续性、经济增长的持续性和项目效果的持续性三个方面。

环境功能的持续性主要评价项目建设对所在地区自然环境、生态环境、经济环境、文化环境、基础设施等人类生存、工作、生活环境带来的有利或不利影响;研究克服不利影响所采取措施的实际效果;分析潜在的社会风险,探讨进一步采取措施的必要性并预测其效果。

经济增长的持续性应从就业、原材料消耗、能源消耗、市场及产业政策、技术水平等角度研究项目对国家和地区经济发展所起的作用;探讨项目本身维持正常发展的必要条件及其现状;分析与项目继续发展有关的社会因素(如法律、法规、产业政策、业主及用户期望等)的有利或不利影响;研究项目经济实现持续增长的方式及其可能的结果。

项目效果的持续性是指项目本身实现计划目标,提供商品或服务,以满足人们需要的持续能力。房地产项目效果主要表现在其经营管理水平、服务效果、资源(尤其是土地和资金)供应条件。因而,房地产项目效果的持续性评价应主要集中在项目的目标、社会效益、收入成本、经营管理、资源条件等方面进行评价。

三、房地产项目社会评价的程序

房地产项目的社会评价程序虽因项目类型、规模、性质不同而有所差异,但从总体上说,大致遵循一定的基本工作程序。这个工作程序可划分为筹备与计划、调查研究、分析评价、总结报告四个阶段。对于一般大中型的房地产项目,在可行性研究阶段进行详细社会评价时,具体工作可划分为如下几个步骤。

(一)项目社会评价的筹备与计划

筹备与计划阶段的主要工作是项目社会评价小组的成立及评价工作计划的制订。项目社会评价一般委托独立的咨询单位或聘请有经验的专业人士承担。具有社会评价能力的咨询单位大多是一些专门的研究机构或高等院校相关专业的教师或研究人员。社会评价小组一般由 5~8 人组成。为了便于联系,一般可在项目可行性研究或策划领导小组的统一领导下工作。

社会评价小组成立后的首要工作便是针对项目的具体情况制订评价工作计划。社会评价工作计划的具体内容包括工作小组的成员分工、进度安排、调研地点及范围的确定,以及上述各步骤工作内容在时间和进度上的协调安排。

(二)项目社会目标与评价范围的确定

1. 项目社会目标的确定

房地产项目开发建设的社会目标取决于项目性质和规模。一般而言,生活服务性项目(如住宅区、商业大厦等)注重于生活环境的改善目标;工业性项目(如厂房、仓库等)及社会公益性项目则注重于当地投资环境的改善;大中型项目关注国家或地区,即宏观与中观的社会影响;小型项目则主要关注局部社区的社会环境影响。对于较大型的住宅小区开发项目,其直接目标便是提供商品住宅的数量及其配套服务设施,其直接的产出实物成果就是项目的开发建设面积及可估计的销售收入,宏观目标便是促进地区经济社会的发展。

2. 项目社会评价范围的确定

项目社会评价范围包括项目影响直接波及的空间范围与时间范围。空间范围一般是项目所在的县、市,其范围大小随项目规模的增加而扩大。对于一些特大型的房地产项目,其空间范围会扩大到全省、几个省甚至整个国家。时间范围一般是指项目的经济寿命期,房地产项目主要取决于土地的有效使用年限。

(三)项目评价指标和标准的确定

1. 项目社会评价指标的选择

房地产项目的社会评价指标,将因项目性质、规模、评价范围的不同而不同,也将因项目所处的环境条件、社会评价所处的阶段不同而有所区别。因而,应视项目的具体要求,按本章前两节房地产项目社会评价内容的论述,选定合适的评价指标。

2. 进行调查研究,确定评价标准

调查研究是社会评价的基本工作。房地产项目社会评价的调查研究有两个基本目的:其一是收集信息资料，了解基本情况；其二是确定社会评价标准。因而，调查研究的主要内容有以下几方面。

（1）调查评价的基线情况。基线情况是指在没有拟建项目的情况下社区的基本情况。主要依靠查阅资料、现场访问、座谈讨论等形式收集项目影响区域内的现有社会经济现状，及项目社会评价指标涉及的有关社会环境、自然环境、资源环境等方面的资料，并预测其未来在项目影响时段内的变化，作为评价的基线。

（2）调查项目所在社区及项目受影响社区的基本社会经济情况及其在项目影响时限内可能发生的变化。

（3）调查项目所在社区及项目受影响社区各群体的基本情况，项目开发对其影响及其影响程度，各群体对项目的基本态度，有无潜在的社会风险等。

（4）调查社区内各群体、各机构及组织参与项目活动的态度、积极性、要求、期望、障碍及解决这些障碍的措施。

（四）进行社会评价并选择最优方案

1．制订备选方案

结合项目的技术经济分析就项目场址选择、项目规模、规划设计、开发方案、市场定位等制订备选方案，按照社会调查的结果对项目各方案进行更深入的社会调查。如采取问卷调查、座谈、实地考察等形式，了解项目影响区域范围内地方政府与群众的意见。如果是当地群众直接受益的社会公益性项目，则要注意了解当地资源条件、社区群众需求，以及他们对方案的看法和建议。大中型的住宅项目，要注意了解服务对象对项目规划设计、户型设计、配套设施的意见，以便在方案评价、决策中纳入有益的意见。

2．进行评价分析

根据事先确定的评价指标、调查研究收集的信息资料，对每一备选方案进行系统的社会评价。一般来说，这种社会评价按如下程序进行。

（1）计算可定量分析的社会评价指标，并按历史统计资料或同类可比项目的统计资料，评价这些方案指标的优劣。

（2）采用专家评分法或其他方法，对各方案无法定量计算的社会评价指标进行量化评价。分析各种定性分析指标对项目社会评价的影响程度，判断当地各社会群体因项目建设受到影响的程度，揭示潜在的、可能存在的社会风险。

（3）分析各定量及定性评价指标对社会发展影响的程度，进行权重及排序计算，并对若干重要指标，尤其是存在不利影响的指标进行深入分析研究，制定防范与减轻不利影响的措施，并估计与评价这些措施的效益与效果。

（4）采用矩阵法或多目标决策法，根据上述评分与权重系数，对各备选方案进行综合评价。

3．选定项目最优方案

依据各备选方案的综合分析评价结果，进行项目的方案优选。在社会评价优选方案时，要注意处理好如下问题。

（1）处理好综合评价总分数与关键问题的关系。社会评价的优选方案，无疑是综合得分较高的方案。但是，应当注意的是，并非所有得分较高的方案都是优选方案，要综合考虑该项目社会影响较大的几项关键指标及有无社会风险等因素。显然，只有那些综合评分较高、关键指标合格、无社会风险或已采取有效措施防范与解决社会风险的项目方案才是可供优选的方案。

(2) 处理好社会评价与技术经济评价的关系。技术经济与社会评价是对同一项目从两个不同角度进行的评价。一个好的项目方案,应当是技术方案先进、财务风险低、经济效益好、社会评价也好的方案。如果同一项目的技术经济评价结论与社会评价结论一致,当然方案优选就是一致的。如果二者评价结论不一致,则要视具体情况,或调整方案,或采取相应措施,解决项目方案在技术、经济、社会方面存在的矛盾。

(五) 撰写社会评价报告并进行论证

1. 撰写社会评价报告

项目社会评价报告是项目社会评价过程及社会评价结论的书面报告。项目的社会评价报告可作为项目可行性研究报告的一部分。只有社会影响特别大的项目,才单独上报社会评价报告。

项目社会评价报告内容的简繁程度取决于项目规模大小及项目社会影响大小,有无较大的社会风险等。一般而言,项目社会评价报告的主要内容应包括项目社会调查人员构成、项目背景、社会调查过程及内容、社会问题分析、方案比较、最优方案的评选过程、方案论证中有争议的问题、尚存的问题,尤其是尚存的社会风险、拟采取的措施、估计的措施效果及成本费用等。如果是后评价阶段的社会评价,内容就更变全面。本书后面几节所选的房地产项目评价案例中,就包括了可行性研究阶段的社会评价和后评价阶段的社会评价。

2. 专家论证

为了集思广益,对一些社会影响较大的项目,常常邀请有关专家,对项目社会评价过程和社会评价结论进行论证,征求专家意见,调整、修改、完善方案和报告。

第三节 房地产项目社会评价指标体系与方法

一、房地产项目社会评价指标体系

(一) 社会评价指标的选取原则

(1) 典型原则。评价指标的设计不可能面面俱到,必须抓住重点,注意选择核心指标。

(2) 可操作性原则。指标必须科学明确,要考虑指标值的测量和数据搜集工作的可行性,注意搭配好主观指标和客观指标的比例关系,尽可能使用现行的统计指标,减少主观指标。

(3) 可比性原则。评价指标应该在时间或空间上具有可比性。那些在较长时期内变化不大的指标,或者在不同地区之间差别不大的指标,不应列入评价指标体系,如果因其地位重要,必须列入,也应赋予较小的权重。

(二) 房地产项目社会评价指标体系

评价指标体系是指能够全面描述和反映被评价对象各方面本质特征的若干指标组成的体系。社会评价指标按照其衡量的内容和对象不同可分为客观指标和主观指标,核心指标和其他指标。客观指标反映客观社会现象,它们最适用于衡量项目带来的结构性变化。主观指标最适用于衡量对个人的影响,即他们的福利现状和期望,以及受影响各方面的满意程度。核心指标是衡量项目影响,特别是衡量受项目影响人群的收入和就业状况,以及社会服务和当地文化状况的指标。这些指标同时反映项目地区的具体目标人群对项目的看法。其他指标是特定行业的,或特定项目目标,或具体情况相关的指标。对于房地产项目的社会评价,应该建立一套综合客观指标和主观指标的核心指标。

虽然不同房地产项目、同类房地产项目在不同地区、不同时间都会遇到不同的社会因素和社会问题，项目之间特征差异明显，但是每个项目都与其社会环境有关。项目建设过程和项目建成运行期间，都对整个社会产生有利和不利的影响，房地产项目作为城市发展的基础，与城市经济的持续发展、城市社区和人类自身的发展都密切相关。因此，各种投资项目都必须满足一些最基本的社会目标才可以被批准实施。公平、公正、消除贫困、持续发展等普适的价值标准是社会发展的目标，房地产项目社会评价指标体系就是围绕这些目标而构建的。本文所建立的社会评价指标就是要构建一个易于对房地产项目进行社会评价的指标体系，并使之满足独立、完整、透明、可操作的要求，以便于客观决策。

根据房地产项目的社会评价主要内容和评价指标的选取原则，社会评价指标体系由社会效益与影响指标，社会互适性指标两部分组成。这两大指标又可以分为多项子评价指标，子评价指标下可以再分为多项底层指标。在评价过程中，可根据具体情况选取底层指标。以下就部分指标的计算进行说明。

1. 社会效益与影响指标

社会评价是站在社会角度评价项目，意在从社会角度最优配置资源。社会评价不但要求国民收入最大化，而且还要求这些收入在全社会最佳配置，从而产生最大的社会效益。社会效益与影响指标就是要评价房地产项目所产生的社会效益的大小和对整个社会的影响程度（曾胜，2005）。

（1）社会经济指标

目前的国民经济评价中已经包含了部分诸如对改变产业结构、产品结构、经济格局的影响等社会经济评价内容。为避免重复计算，在社会评价中应重点考虑就业效益、收入分配效果、居民经济生活三个方面的问题，也就是要在社会评价中着重解决社会经济公平问题。

就业效益分为直接、间接、潜在就业效益。就业效益可用总投资就业效益和单位投资就业效益两个指标来衡量。

$$U_t = Q_d + Q_i + Q_p$$

$$u_t = \frac{Q_d + Q_i + Q_p}{V_t}$$

式中，U_t 为总投资就业效益；u_t 为单位投资就业效益；V_t 为投资总额；Q_d、Q_i、Q_p 分别为直接、间接、潜在就业人数，其中用 Q_d/V_t、Q_i/V_t、Q_p/V_t 表示单位直接、间接、潜在就业效益。

收入分配效果是指项目建成后对收入分配的影响，检验项目收益分配在国家、地方、个人间的收益分配比重是否合理，国家收入分配比重用"项目上缴国家的收益/项目的总收益"表示；地方收益分配比重用"项目上缴地方的收益/项目的总收益"表示；个人收益分配比重用"职工收益/项目总收益"表示。这三者之和等于1，表示项目收益在国家、地方、个人之间的分配比重。这里主要分析三者的分配比例是否合理。

收入的变化，影响到居民的消费能力，从而影响到他们的经济生活。因此，居民经济生活的影响变化是通过居民收入的变化率来反映，即

$$收入变化率 = \frac{有项目时的收入水平 - 无项目时的收入水平}{无项目时的收入水平} \times 100\%$$

收入变化率为正时，说明居民的经济生活有所提高；反之，则居民的经济生活水平降低。

（2）社会环境影响指标

房地产项目对社会环境的影响主要表现在以下几个方面：对人口的影响；对文化教育的影响；对项目所在地社会结构的影响；对项目所在地居民生活习惯的影响；对社会安全、稳定的影响；对居民卫生保健情况的影响等。

对人口的影响主要有两个指标：人口密度和人口迁移率。对文化教育的影响的指标有文盲率、大专以上文化程度人口占总人口的比重、人均受教育年限、在校学生占总人数的比例和每万人中专业技术人员所占比重。对居民卫生保健的影响的指标有卫生保健率。对项目所在地社会结构的影响以及对项目所在地居民生活习惯的影响以及对社会安全、稳定的影响等，这些以定性为主的指标可通过社会调查和参与式社会评估法获得，主要是了解其影响程度的大小。

（3）自然资源影响指标

项目对自然资源的影响具体指标有水、土地、能源等资源消耗系数，自然资源综合利用效益，自然资源综合节约效益三类指标，其计算公式如下。

$$C_k = \frac{IR_k}{V_t} \quad k, t = 1, 2, \cdots, n$$

$$U = \frac{\sum_{t=0}^{n} UR_k (1+I)^{-t}}{\sum_{t=0}^{n} V_t (1+I)^{-t}} \quad k, t = 1, 2, \cdots, n$$

$$S = \frac{\sum_{t=0}^{n} SR_k (1+I)^{-t}}{\sum_{t=0}^{n} V_t (1+I)^{-t}} \quad k, t = 1, 2, \cdots, n$$

式中，C_k 为某种资源的消耗系数；U 为自然资源综合利用效益；S 为自然资源综合节约效益；IR_k 为某种资源的投入量；UR_k 为第 k 种自然资源的利用效益；SR_k 为第 k 种自然资源的节约效益；V_t 为项目在第 t 期的总投资；I 为社会折旧率。

（4）生态环境影响指标

将费用效益原理扩展，项目对生态环境影响的社会评价，可通过污染破坏所造成的费用损失和生态治理成本与效益两个方面来进行。

生态环境污染破坏费用损失指标为各生态要素污染破坏率，可进一步细化为对自然环境的污染破坏指标，如水面污染综合指数、大气污染综合指数、区域环境噪声平均值、人均废物排放量等；对绿地、森林的破坏指标，如植被破坏面积、人均绿地变化率和人均森林植物覆盖变化率等；对水土流失的影响指标，如水土流失面积占地区面积的比例等；对野生动植物的影响指标，如动植物物种数量变化率、濒危物种比例以及受保护动植物物种数量变化率等。

生态治理成本与效益指标主要有环保投资增长率和环保投资效益等，也可以根据各生态要素方面的指标来表示。在评价中，可运用如生产率变动法、机会成本法、预防性支出法和置换成本法等来解决生态资源经济价值的计量问题。从计算的规范性和易操作性出发，可建立以下等式计算项目对生态环境与资源的经济影响（用 ERE 来表示）。

$$ERE = \left(\sum_{n=0}^{t} X_{fg} + \sum_{n=0}^{t} X_{fe} \right) [P/F, I, n]$$

式中，X_{fg} 为在第 n 年由生态或资源 f 影响造成的 X 产品的经济损益；X_{fe} 为在第 n 年进行生

态或资源 f 改造治理的成本；n 为项目期。

2．社会互适性指标

（1）项目与国家、城市发展的适应性指标

项目的建设必须符合国家、城市的发展需要，与其经济发展程度相协调。只有符合宏观的经济政策才能保证项目与城市的协调发展，以及项目经济效益、社会效益的发挥。用以下三个指标来反映：符合国家大政方针程度，符合城市发展需求程度，符合地区经济发展程度。这三个都是定性指标，其值可通过调查分析得到。

（2）当地人民需求适应性指标

只有在满足当地人民的需求的情况下，项目的建设才能获得当地人民的支持，房地产项目才能顺利进行。该指标也是通过实地调查，用定性分析的方法分析项目与当地人民需求的适应程度。

（3）项目受损群体的补偿指标

受损群体是指受到伤害和损失的一群人。在房地产项目中，主要是指非自愿移民。这是一个定性指标。该指标主要评价补偿的合理性和公平性。对搬迁的补偿，通常包括现金或其他实物赔付，以补偿其失去的住房、土地和财产，以及因搬迁而失去的生计和带来的不便。

（4）项目公众参与指标

项目的公众参与是科学民主决策的重要途径，评价项目的公众参与应该结合定性与定量指标，定量指标包括召开座谈会、听证会、见面会的次数，参与决策各阶层人员的组成等。定性分析指标需要通过实地调查，了解公众对项目的了解程度、参与方法、参与途径、对决策的主观判断等。

（5）可持续性指标

项目的可持续性指标主要通过项目效果的持续性（用 PRE 表示）指标来确定。

$$\text{PRE} = \frac{\sum_{n=0}^{T} W_h X_h (1+I)^t}{T}$$

式中，T 为项目年平均效益大于年目标效益的时间；I 为项目社会折现率；X_h 为项目在 h 部门的年度效益值，$h=1,2,3,n$；W_h 为项目在 h 部门年度效益值占项目全部效益的比重系数。式中的项目可持续效益为项目的有形和无形效益的总和。有形效益主要是经济效益和其他物质形式的社会效益。无形效益如文化、生活习俗等方面的影响可以通过社会调查方式来确定。通过以上处理，即可将项目可持续性指标定量化。可持续性效益是对房地产项目各个影响方面的综合计量，在实际运用中应在项目各个影响方面评价的基础上进行。例如，可持续性效益可以用对社会、环境和经济所形成的价值来表示。

二、房地产项目社会评价的综合评价法

这里把社会评价的社会效益与影响和互适性这两大内容下的各项指标作为总体社会评价 R 的子评价指标。评价时先对每一个子评价指标分别根据其本身是定量指标还是定性指标来使用不同方法分别评价。在此采用优劣值指标 R 作为统一的评价值，$R \in (0,1)$，0 表示最劣，1 表示最优，然后将各指标的优劣值按一定的并合算法计算出各了评价优劣值 R_i，最终也按一定的并合算法获得总体社会评价优劣值 R。

（一）底层指标定量评价方法

各定量指标属性值的具体数据因指标而异，互相之间不能直接并合，因此需要先统一折算为评价优劣值。

为了方便定量指标统一，将指标主要分为三类，并区别处理：（1）指标值在上限值、下限值之间属性值越大越好的指标，超过上限值其优劣值为 1，低于下限其优劣值为 0；（2）指标值在上限值与下限值之间属性值越小越好的指标，超过上限值其优劣值为 0，低于下限其优劣值为 1；（3）在上限值和下限值之间存在一个最佳值的指标，在下限值和最佳值之间属性越大越好，在上限值和最佳值之间属性越小越好，在最佳值取其优劣值为 1，低于下限值和超过上限值其优劣值为 0。

属性值与优劣值之间的具体函数关系随项目的不同、环境的不同和指标的不同而变化，比较复杂。为了能够方便地获得具体定量指标的优劣值，并考虑社会评价不可避免地存在一定的粗略性，在此采用在上、下限（或最佳值）之间线形内插法进行定量指标的评价。具体折算公式如表 13-2 所示，其中 q 指属性值，q_1 指下限值，q_h 指上限值，q_0 指最佳值（冒巍巍等，2002）。

表 13-2 优劣值折算公式表

指标所属类别	指标属性值 q	优劣值 r 计算公式
第（1）类	$q_1 < q < q_h$	$(q-q_1)/(q_h-q)$
	$q > q_h$	1
	$q < q_1$	0
第（2）类	$q_1 < q < q_h$	$(q_h-q)/(q-q_1)$
	$q > q_1$	0
	$q < q_1$	1
第（3）类	$q_0 < q < q_h$	$(q_h-q)/(q_h-q_0)$
	$q_1 < q < q_0$	$(q-q_1)/(q_0-q_1)$
	$q > q_h,\ q < q_1$	0

（二）底层指标定性评价方法

评分法是决定型评价方法的一种，是指以评价者直观判断为基础，将评价对象按评价标准评分和处理的一种评价方法。社会评价使用评分法最大的优点是可将定性问题定量化，保证了评价的客观性和科学性，同时使用又比较简便。评分法的缺点是其建立在评价者主观判断的基础上，受评价者的经验、态度喜好和价值取向的影响。可以通过合理评价，准确地设计评价等级和科学地进行主观判断，使得评分法的使用更为有效，减少人为因素造成的偏差。事实上，评分法在一定程度上是对客观数据难以预测的那部分社会影响进行量化的评价方法。评分法按其评分处理的方法不同，可分为加法评分法、连乘评分法、加乘评分法和加权评分法。各种方法都有其适应性的问题，在此我们采用加权评分法进行定性指标量化。

在评价过程中，按每个评价内容在指标中的重要程度赋予权数，设 W_i 为第 i 评价内容在该指标中的权重 $\left(\sum W_i = 1\right)$，$i$ 为评价内容的序数；确定各评价内容评价标准，并设计评价等级及对应得分（最优为 1、最差为 0），设评分数为 S_i；最后将各评价内容得分加权并合得到该评价指标优劣值，计算公式：$r = \sum S_i W_i$。式中，r 为所求的定性指标优劣值。

（三）总体社会评价结果的获得

1. 并合算法

要获得投资项目的总体社会评价值，需要按照一定的并合运算对底层指标的评价优劣值进行并合。在并合运算中，采用加法、乘法两种基本算法。一种基本算法要保证对整体优劣评价具有有效性或者说具有优劣传递性则必须具备全优条件、全劣条件、趋优条件这三个保证条件，并且当基本算法有效时，其导出算法也有效。可证明，加法、乘法算法完全满足这三个保证条件。加法算法和乘法算法各有优缺点。加法算法的优点是计算简便；缺点是并合得到的优劣值分数差距拉不开。乘法算法的优点是克服了加法算法的缺点，增加了评价优劣值的灵敏性；缺点是过多地加大了并合得到的优劣值分数差距。

2．通过并合获得总体社会评价值

就基本并合算法优缺点考虑，通过组合基本并合算法以获得相对准确的最终社会评价值。在本文社会评价模型中存在两次并合，一是将社会评价子评价所涉及评价指标并合得到子评价的优劣值，二是将各子评价优劣值并合得到总体社会评价优劣值。对于前一种并合采用加法算法，将各指标优劣值相加获得子评价的优劣值；对于第二种并合采用乘法算法，将各子评价优劣值相乘后开 8 次方得总体社会评价优劣值。在可行性研究中，将投资不同方案的总体社会评价值对比，总体社会评价优劣值大者为从社会评价角度认为的较优方案。在项目周期各阶段中，可以通过总体社会评价优劣值来判断项目对于社会的优劣。

三、综合评价方法的应用案例

本节通过对 X 项目的建设进行社会评价，以此来介绍如何在房地产项目社会评价中运用本章提出的评价指标体系。该评价是在 X 项目的准备和实施阶段时所进行的社会评价。

（一）项目概况

1．建设背景

G 地区的高校在迅速发展过程中普遍遇到了用地不足的问题。为此，Z 市政府根据 GD 省委制定的关于"文化立省"的发展战略，提出了建设 X 项目的建议。

X 项目建设的重要使命是不仅要解决由于"扩招"带来的高校用地困难问题，还要通过 X 项目的建设实现对 G 地区"北优南拓、东进西联"城市发展战略的实质推进。X 项目正好为开启南拓发展之闸提供了动力，X 项目的建设必然会带动周边的土地开发和科技产业的发展，为南拓提供契机。从长远来看，X 项目的人才储备可为今后 G 地区的发展提供必需的人才资源并推进学、研、产一体化和高科技产业的发展，总之，X 项目对引导 G 地区空间及产业布局结构的优化都将产生重要作用。

2．总体规划

X 项目坐落在 G 地区 M 岛及其南岸地区。它处在"G 城市建设总体战略规划"中确定的城市南拓发展轴的重要节点上，是未来 G 地区的信息港。

X 项目总规划面积为 43.3 平方千米，其中 X 项目首期工程——M 岛，面积约 18 平方千米，四面环水，拥有起伏的地形、连绵的水岸、良好的植被、丰富的文物古迹与特色景观。M 岛南岸则为 X 项目二期工程，约 25 平方千米。

3．未来展望

未来岛内人口将增至 20 万，学生人数达 15 万。项目中轴线南部购书中心、北部博物馆及西端的科学中心等配套设施均建成并投入使用，由此将带动岛内的旅游观光事业，旅游及流动人口激增，光科学中心就可带来每年 300 万人次的游客。2006 年，X 项目新添 8 个体育馆和一个可容纳 5 万人的中心体育场，作为大学生运动会的主赛场和亚运会的备用赛场。届时 X 项目将揭去神秘的面纱，正式被全省乃至全国人民所认识，来自全国各地的比赛队伍入驻X城，也会给X项目带来无限的商机。

2005年年底开地铁四号线，七号线也于2007年动工。X项目北部往生物岛至仑头的隧道将于2007年底开通，届时X项目南北交通将畅通无阻，由G市老城区到X项目只需20分钟车程。

X项目强化城市"绿心"的整体功能，采用开放式网络状、绿化生态系统，形成绿网，创造景观生态的安全格局。以各种形式的公共绿地为纽带来组织公共设施和生活设施，形成绿色城市户外游憩空间序列，实现人类回归自然的理想。

X项目的快速成长不仅使自身的旅游事业得到长足的发展，还带动了周边的旅游资源，与长洲岛、黄埔古港、万亩果园等共同构筑兼具历史人文、自然风光、都市风貌的文化旅游区。M岛南岸地区也开始进入了开发阶段。

4. 项目总投资

X项目一、二期总投资约330亿元，其中包括征地50多亿、高校建设和岛内公共设施，但不包括地铁、快速路等。

（二）定量分析指标计算

1. 就业效益

M岛内外总人数为12956，教职工及岛内工作人员约5万人。村民中约有25%已找到工作，因此新增就业人数53148，而建设总投资为330亿元。

$$单位投资就业效益 = \frac{项目新增就业人数}{项目建设投资} = \frac{53148}{3300000} = 0.016（人/万元）$$

该指标越大越好，设该指标的上限值为0.02人/万元，下限值为0.016，就业效益折算成指标优劣值为0.5。

2. 居民收入变化率

征地前，当地居民一年人均获利1万元，征地后，虽然有一小部分当地居民可以通过出租房子、商铺以及利用X项目的资源做生意，收入得到改善，但大部分居民失去了土地，难以就业，只能靠补偿款或简单的手工劳作维持最基本的生活。因此，征地后，当地居民的人均月收入为600元，一年则为7200元。

$$居民收入变化率 = \frac{7200 - 10000}{10000} \times 100\% = -28\%$$

该指标越大越好，设该指标的上限值为10%，下限值为-30%，居民收入变化率折算成指标的优劣值为0.1。

3. 人口迁移率

岛内原有居民人数为12956，现岛上原来的居民有5954人，因征地拆迁搬到岛外新村居住的人数为7002。

$$人口迁移率 = \frac{迁移人数}{原有人数} \times 100\% = \frac{7002}{12956} \times 100\% = 54\%$$

该指标越小越好，设该指标的上限值为70%，下限值为10%，居民收入变化率折算成指标优劣值为0.4。

4. 土地资源消耗系数

耕地的大量占用是本项目的对自然资源方面的最大影响。通过计算土地消耗系数，可以发现项目对项目所在地在自然资源方面的影响程度。M 岛是珠江 G 市段江心小岛，面积 1800 公顷，其中约 900 公顷是基本农田，因此，本项目占用耕地数 900 公顷，总投资为 360 亿。

$$土地资源消耗系数 = \frac{占用耕地数}{总投资} = \frac{900}{360} = 2.5（公顷/亿元）$$

该指标越小越好，设该指标的上限值为 3 公顷/亿元，下限值为 1.5 公顷/亿元，其折算成指标优劣值为 0.5。

5. 生态环境影响指标

本项目对该地区生态环境的影响是破坏了当地原有的植被，按原有植被面积约为 1260 公顷计，每公顷植被价值约为 60 万元，植被经济损益为 75600 万元。新建植被约为 810 公顷，植被治理费用为 48600 万元。项目建设期为 2 年，社会折现率为 8%。

$$生态环境与资源影响指标（ERE）=(75600+48600)\times(1+8\%)^2=144867（万元）$$

该指标越小越好，设该指标的上限值为 14.8 亿元，下限值为 14 亿元，其折算成评价优劣值为 0.6。

6. 项目效果的持续性

按 GD 省每年人均 GDP 为 4000 美元计算，一个学生毕业后工作 30 年能为社会带来 90 亿元经济效益，一年总共有 15 万学生，每年带来的社会效益约为 1350 亿元，假设项目年平均效益大于年目标效益的时间为 50 年，社会折现率为 8%。

$$项目效果持续性 = \frac{1350\times\left[(1+8\%)^{50}-1\right]}{8\%\times 50} = 15492（亿元）$$

该指标越大，说明项目的持续性效果越好。设该指标的上限值为 16100 亿元，下限值为 15000 亿元，其折算成评价优劣值为 0.8。

（三）定性分析

1. 国家与城市适应性评价

按照 GD 地区高等教育发展规划，至 2005 年，GD 省高等教育毛入学率要达到 20% 以上，普通高校在校生达到 80 万人；到 2010 年，高等教育毛入学率达到 30%，普通高校在校生达到 130 万人；到 2020 年，高等教育毛入学率达到 50% 左右，普通高校在校生达到 200 万人左右。G 市地区高校集中了较多的教育资源，在 G 市地区高校就读的学生约占全省的 60% 左右。X 项目的建成，保证了 GD 地区和全国的高等教育的持续发展，提供了更多的综合型知识人才。因此，通过专家评分法，符合国家大政方针程度、符合城市发展需求程度、符合地区经济发展程度这三个指标的优劣值都为 0.9，三个指标赋予的权重一样，该子评价指标的优劣值为 0.9。

2. 与当地人民需求的适应性

X 项目建设是与我国高校扩招相伴而生的。X 项目的建设提供了更多的优质学位，让当地更多人能读到大学，较为符合当地人民的需求。但是，对于当地大部分村民来说并不是一件好事，他们部分要被迫搬离自己长久居住的地方。因此，通过专家评分法，该子评价指标的优劣值应为 0.7。

3. 受损群体的补偿

征地时，政府在时间紧迫的情况下，采取了"一刀切"的青苗补偿费（每亩 3000 元），村民的作物是政府派人强制清理的，许多农民特别是果农的损失严重。另外，政府拆迁时给他们住房的补偿标准是 450~850 元/平方米不等，但出售给居民的新房子是 1200~1450 元/平方米，他们认为自己的房子被拆了，但还换不来新房子，还要把 20000 元/人 "限期拆迁奖励"以及按照他们房屋面积 600 元/平方米的补贴和征地款加进去。而且，由于失去土地，农民收入下降，从而导致另一个后果就是子女上学变得越来越困难，补偿费不足以支付巨额的教育支出。因此，该项目对受损群体的补偿不太合理，优劣值为 0.3。

4．项目的综合社会评价

项目社会评价各指标优劣值情况如表 13-3 所示。

表 13-3 指标优劣值情况表

序号	子评价指标	底层指标	底层指标权重	优 劣 值
1	社会效益与影响	就业效益	80%	0.5
		居民收入变化率	20%	0.1
底层指标加权平均				0.4
2	社会环境影响	人口迁移率	100%	0.4
3	自然环境影响	土地资源利用系数	100%	0.4
4	生态环境影响	ERE	100%	0.6
5	国家与城市适应性	符合国家大政方针程度	33%	0.9
		符合城市发展需求程度	33%	0.9
		符合地区经济发展程度	33%	0.9
底层指标加权平均				0.9
6	当地人民需求适应性	与当地人民的适应程度	100%	0.7
7	受损群体的补偿	受损群体的补偿的合理程度	100%	0.3
8	持续性	项目效果的持续性	100%	0.8

综合社会评价的优劣值是将各子指标的优劣值相乘，并开 8 次方。因此，X 项目的社会评价优劣值为 0.5。可见，X 项目的综合评价优劣值处于中等水平。

四、房地产项目社会评价的其他方法

（一）参与式评价法

在项目社会评价的实践中，还逐渐探索出了一些比较专门的方法，如协商、公众参与等。根据我们的经验，协商与公众参与是通过对项目利益相关者的广泛动员，使他们获得有关项目的信息，了解项目，并对项目的准备与实施提出其看法、建议，从而使项目的设置更为合理、公平和公正。

参与式评价法是通过一系列的方法或措施，促使事物（事件、项目等）的相关群体积极全面地介入事物过程（决策、实施、管理和利益分享过程）的一种参与方法。通过这些方法或措施的运用，使当地人（农村和城市的）和外来者（专家、政府人员等）一起对当地的社会、经济、文化、自然资源进行分析评价，对所面临的问题和机遇进行分析，从而作出计划，制订出行动方案并使方案付诸实施，对计划和运动作出检测评价，最终使项目的利益相关群体从项目的实施中得到收益。它的第一个目的是让乡村社区把自己收集的当地资料放在一个特定的背景下来评估自己的情况。第二个目的是调动乡村社区的力量为实现他们未来的设想而采取行动。

（二）利益相关者分析法

利益相关者是指与项目或发展规划有利害关系的人、群体或机构。利益相关者包括以下几类人：主要利益相关者，是指发展项目的直接受益或者直接受到损害的人；次要利益相关者，是指与项目的方案规划设计、具体实施等相关的人员或机构，如银行机构、政府部门、非政府组织等。利益相关者分析在社会评价中用于辨认项目利益相关群体，并分析他们对项目的实施与实现目标的影响。利益相关者分析还可采用利益相关者研讨会等方式进行。

利益相关者分析的主要内容有以下几方面。

（1）划分利益群体。

（2）明确各利益群体的利益所在及项目的关系。

（3）分析各利益群体间的相互关系。

（4）研究各利益群体对项目的态度及参与心理。

（5）研究因利益关系而引发社会问题的可能性及其预防措施。

利益相关者分析一般按照以下四个步骤进行。

（1）识别并界定利益相关者。

（2）分析利益相关者的利益及项目对其利益的影响。

（3）对每一个利益相关者的重要性和影响力进行分析。

（4）为重要的利益相关者制订出相应的参与方案。

对这些方法的应用参见本书后面的实际案例。

（三）社会成本效益分析法

社会成本效益分析法也是房地产项目社会评价的重要方法之一。其应用项目经济评价的基本原理，对项目各种现实与潜在的成本、效益进行分析，在关注项目的财务效益、经济效益和环境效益的同时，也关注各种社会发展目标的实现，以减少项目可能引起的各种社会矛盾和风险。关于成本效益分析方法的具体论述，详见本章第四节。

第四节　社会评价中的成本效益分析法

一、房地产项目社会成本效益分析的理论基础

房地产项目社会评价中的成本效益分析法，也称为社会成本效益分析法，它是一个确认、衡量和比较房地产项目的社会效益和成本的过程。这里的房地产项目可以是公共投资项目，也可以是企业（私人）投资项目。这两种投资项目都需要进行评估以决定其是否代表了对资源的有效利用。以对企业投资项目进行社会效益成本评估为例，这个项目会涉及纳税、提供就业以及可能会带来污染。这些影响与单纯从企业投资角度进行评估产生的成本与收益是有着显著差别的。因此，社会成本效益分析既可以用来评价公共投资项目，同时也可以用来评价企业投资项目。项目社会成本效益分析法中将涉及"帕累托（Pareto）改进理念"这一福利经济学的理论基础与项目相关群体的概念。

（一）帕累托改进理念

假定某投资项目的总成本是$Y，项目所带来的总收益是$X，项目的净收益用$（X-Y）来表示，其代表的是将土地、劳动力、资本等生产要素用于该项目建设而非其他用途的更好（X-Y>0）或更差（X-Y<0）的程度。

当我们说$(X-Y>0)$是指将投入用于该项目比用于其他可选方案都更好时，实际上是用了Kaldor-Hicks指标来度量经济福利的变化。K-H指标说的是，即使执行项目的结果会使部分社会成员的情形变得更糟，但如果项目的受益者能对项目的损失者给予补偿的话，整个项目仍然会产生净收益。换句话说，执行项目并非一定要遵循帕累托改进理念（指执行一个项目的结果是至少使一部分社会成员的情形变得更好，同时没有任何社会成员的情形会因此变得更糟）来增加社会福利，只需遵循潜在帕累托改进理念（总体结果更好）即可（Campbell, 2003）。隐藏在这一观点之后的逻辑是，如果社会认定执行这一项目后收益和成本分配的结果是不理想的，那么就可能通过某种转移支付的方式对项目的收益与成本进行再分配。这一观点的问题在于转移支付的方式通常是通过征税或收费，而这种方式有时会扭曲经济行为，同时增加经济运行成本（Boardman & Greenberg, 2001）。

（二）项目相关群体

公司通常都是按部就班地对投资项目进行分析与评估，所采用的分析技术与进行社会成本效益分析时采用的技术类似。实际上，从企业的角度对所提出的项目进行的评估通常是项目社会成本效益分析的一部分，其考虑的只是项目对企业产生的效益和成本——其会对收益与成本产生影响进而影响到利润。但项目往往会有更广泛的影响，诸如对环境和就业的影响，但如果这些不直接影响到企业的利润的话，它们往往在分析中就被忽略掉了。与此相对的是社会效益成本分析，它从一个更宽泛的或者"社会"的角度，来度量项目给所有社会成员所带来的成本与效益。在社会效益成本分析这一概念中，"社会"所指的是一个相对狭窄的内涵：简单地说，就是被决策者视为相关的由个体组成的群体，它通常也用"相关群体"这一术语来表示（Pearce & Nash, 1981）。在进行项目社会效益成本分析之前，分析者需要从项目决策者那里弄清楚项目"相关群体"的组成。通常说来，相关群体一般由国家所有的社会成员组成，但有时也将其内涵缩小在一个更为狭窄的范围，这时可以用"次相关群体"这一术语来表示，比如说，某区域范围内的所有居民，或者某类特定的社会群体，比如贫困者群体、失业者群体、老年人群体或者妇女儿童群体等（Just & Hueth, 1982）。关于项目相关群体的概念会在本章的下一部分进行更详尽的分析。

（三）非营利性房地产项目可货币化效益的度量方法——消费者剩余法

在进行非营利性房地产项目经济分析时，如何量化项目对社会创造的直接收益是一个关键问题，正确判断和量化非营利项目的直接收益，对于该类项目进行成本效益分析至关重要。福利经济学中的消费者剩余法是可以借鉴的方法。

消费者剩余是消费者在购买一定数量的某种商品时，愿意支付的总价格和实际支付的总价格之间的差额。消费者剩余是消费者的主观心理评价，它反映了消费者通过购买和消费商品所感受到的状态的改善。在研究公益性房地产项目时，消费者剩余反映的是项目对使用者所产生的可货币化效益。结合消费者剩余的概念，首先我们引入消费者剩余来量化公益性房地产项目的效益，然后采取费用—效益方法分析项目的经济可行性。

消费者剩余可以用几何图形来表示，如图13-3所示：曲线是消费者的需求曲线，表示当商品价格发生变化时，消费者需求所引起的数量变化，商品的价格越高，需求量越少。需求曲线上每一个点都表示消费者对每一单位商品所愿意支付的价格。假定商品的市场价格为P_1，消费者的购买量为Q_1。那么，根据消费者剩余的定义，可以推断出在产量$0\sim Q_1$区间需求曲线以下的面积表示消费者为购买 Q_1 数量的商品所愿意支付的总数量，即图中的 $OABQ_1$；而实际支付的数量等于市场价格 P_1 乘以购买量 Q_1，即相当于途中矩形 OP_1BQ_1 的面积。这两块面积的差额即途中的阴影部分面积，就是消费者剩余。

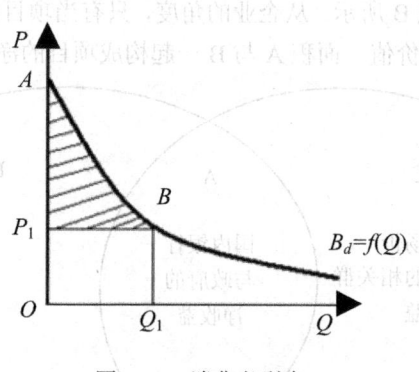

图 13-3　消费者剩余

可见，当价格 P 越小时，$OABQ_1$ 面积就越大，即消费者为购买 Q_1 数量的商品所愿意支付的总数量越大。同样，消费者剩余越大。当 P 趋向于 0 时，$OABQ_1$ 面积就最大。西方经济学中，用消费者剩余来度量和分析社会福利问题，把消费者剩余作为公益性房地产项目的量化指标。所以当 P 为 0 时，消费者剩余最大，即社会效益达到最大化。

二、房地产项目的社会成本效益分析方法

成本效益分析可以从不同的视点来进行，比如说，对于一个企业而言，它可以只从资产所有人（股东）的角度来考虑项目产生的成本与效益，从这一角度进行的成本效益分析称为"企业效益成本分析"，这与我国项目财务评价中的项目自有资金现金流量分析相类似；另外，它还可以更为宽泛地从相关群体成员的角度来进行效益与成本分析。

项目成本效益分析是指用市场价格来估量项目所有的收益与成本，即 EBIT（Earning Before Interest and Tax）分析。这与我国项目财务评价中所得税前的项目全部投资现金流量分析相类似。项目成本效益分析揭示的是，在不考虑项目贷款利息和税收的情形下，项目在市场价格下是否有一个正的 NPV（经济净现值）。用这种方法计算出的 NPV 既不是自有资金下的 NPV（项目对投资人自有资金的价值），也不是社会性的 NPV（项目对所有相关群体的价值），而是项目在市场价格下的总价值（Mc Master & Webb, 1979）。项目所涉及的相关群体概念如图 13-4 所示。为进一步解释这一概念，现举例说明。假定某一外商独资企业将在某发展中国家建一工厂。政府希望从本国国民——也就是本项目的相关群体——的角度评估该项目。这时，可先用上面介绍的两种方法来分析该问题。首先，项目在市场价格下的价值是多少（不论投资的资金来源，也不考虑纳税）？这是由项目成本效益分析法来决定的。在用该方法比较该项目的效益与成本时，是用市场价格来计算项目的收益与成本的，其净效益的现值用图 13-4 中的 A+B 的面积表示。其次，从项目投资者也就是资产所有人的角度而言是否有利可图？这是用企业成本效益分析法来决定的。如果项目的投资全部来自于自有资金，则只是在项目 NPV 中扣除税金即可。然而，如果在这里假设的是项目的部分投资来源于东道国的金融机构的贷款，那么项目的贷款金额就应当从项目的成本中扣减掉，同时也需要从项目的税后收益中扣减掉项目的还本付息额。

在这个例子中，假设项目的投资者不属于项目的相关群体。图 13-4 中，面积 A 代表的是项目对相关群体净效益的净现值——对项目发放贷款的金融机构（银行）以及对项目所缴纳税金的接受者（政府）。项目对非相关群体——也就是项目的资产所有人——的净效益，也是用净现值表示，如图 13-4 中面积 B 所示。从企业的角度，只有当项目的净收益对资产所有人而言为正值时，该项目才具备投资价值。面积 A 与 B 一起构成项目的净现值 NPV。

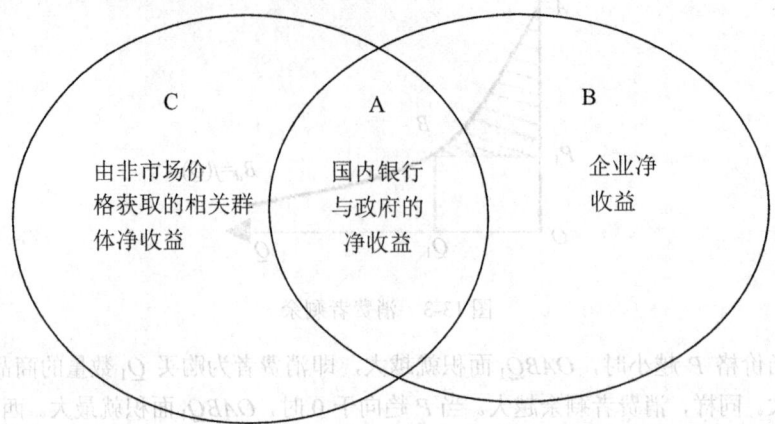

图 13-4　项目、企业、效率以及相关群体净收益的关系图

注：A—相关群体（市场价格）；B—非相关群体（市场价格）；C—相关群体（非市场价格）；A+B—项目（市场价格）；A+B+C—效率（非市场价格）。

如前所述，项目实际上比用项目成本效益分析法得出的结论有更广泛的影响。项目可能会对东道国内的不同群体产生效益或成本。举例而言，一些本来面临失业的人或许会因此得到就业机会；他们从该企业所得到的报酬或许会比从事一些非市场性活动所得到的报酬更高；企业或许会购买不同的物品或服务，诸如水、电等，支付的价格或许要高出这些投入本身的成本，由此再一次对部分相关群体带来净收益。项目也许会带来污染，影响到东道国国民的健康，同时也许还会给他们带来其他一些成本。在图 13-4 中，面积 C 代表的是这一部分净收益（扣除成本后的净收益的现值），它从项目相关群体的角度，用非市场化的价格来评估项目产生的这一部分收益与成本，可称它为给相关群体所带来的非市场化的净收益/成本。给相关群体所带来的总的净收益用图 13-4 中的面积 A+B 来表示。

那么，总面积 A+B+C 又代表的是什么呢？这可以看成是项目有效率的净收益，即扣除机会成本后的项目效益的净现值，不论其是否施于项目的相关群体。这与我国的项目国民经济评价相类似。面积 B 代表的是项目对非相关群体也就是资产所有人的净收益，其将决定企业是否执行该项目。面积 A+C 代表的是项目对相关群体的净收益，其将决定政府是否同意执行该项目。相关群体的净收益是项目的有效率的净收益的一部分。相关群体的构成根据对项目效益与成本的计算范围而确定。如前所述，确定项目相关群体的范围是一项基本的政策决策。相关群体净收益的构成是效益与成本分析主要阐述的问题。

除了要度量相关群体总的净收益以外，分析者还需要知道它们是如何在各次相关群体之间进行分配的，这是因为对决策者而言，最可能想了解的就是净收益或损失是如何在项目相关群体的成员间进行分配的，这一内容涉及的是项目相关群体分析(referent group analysis)。

三、投资项目的社会成本效益分析程序

概括而言,对上述所讨论的假设项目(也可以是其他任何项目)的评估,可以从以下四个不同的角度出发。

(1)项目成本效益分析。它由面积 A+B 来表示,通过用市场价格来计算项目所有的投入与产出来获得(与我国项目财务评价中所得税前的全部投资效益分析相类似)。

(2)企业成本效益分析。它通过从项目评估中扣除税收、利息以及偿还本金后获得。如果企业资产所有人不属于相关群体,如本例所述,则其净收益由图 13-4 中的面积 B 来表示,它代表的是非相关群体的净收益(与我国项目财务评价中的自有资金效益分析相类似)。

(3)效率成本效益分析。它由面积 A+B+C 来代表,其计算过程与项目效益成本分析类似,只是用来计算项目投入与产出的价格用的是影子价格(与我国项目的国民经济评价相类似)。

(4)相关群体(社会)成本效益分析。它由面积 A+C 来代表,可以用下面两种方法来求取:直接法,通过量化所有相关群体成员所遭遇的效益与成本来求得;间接法:通过剔除有效率的净收益中非相关群体的净收益来求取。在本例中,非相关群体的净收益(面积 B)是通过企业成本效益分析来获得的。当然,在其他案例中,企业的所有者也有可能是项目相关群体的组成部分(在我国的项目经济评价中,对这一部分的成本效益未加以充分的考虑)。

在进行一个完整的社会成本效益分析过程中,项目分析者应当按照下面的步骤来进行。

第一,用市场价格计算项目的现金流量(图 13-4 中的面积 A+B)。

第二,用市场价格计算企业的现金流量(图 13-4 中的面积 B)。

第三,用有效率的价格(影子价格)计算项目的现金流量(图 13-4 中的面积 A+B+C)。

第四,在相关群体(与非相关群体)的成员间分配相关的现金流量。

很明显,有两种方法可以用来计算面积 A+C——相关群体的净收益:直接法,列出针对项目相关群体所有成员(在本例中,包括劳动力、政府机构以及普通公众)的效益与成本,同时对其进行度量与汇总;间接法,通过计算项目有效率的净收益,同时剔除其中属于非相关群体的部分。在第一种方法中,面积 A+C 是直接计算出来的;在第二种方法中,现计算出面积 A+B+C,然后剔除对非相关群体产生的净收益(本例中由面积 B 表示),便可以间接地得到面积 A+C 了。

概括而言,用间接法计算出来的是项目相关群体所获得的总的社会净收益,用直接法分项计算可以得到项目相关群体每一部分所分配到的社会净收益。这个与收入分配相联系的分类数据相对于汇总的数据而言为决策者提供了更重要的信息。当然,它也比汇总的数据更难获得。在成本效益分析中,提倡同时采用这两种方法。

四、房地产项目社会成本效益分析中的相关指标及其确定

(一)经济净现值(NPV)指标

从发展趋势来看,净现值被认为是项目经济分析的主要评判指标,它反映项目对国民经济净贡献的绝对指标,是用社会折现率将项目计算期内各年的净效益流量折算到建设期初的现值之和。其计算公式为

$$NPV = \sum_{t=1}^{n}(B-C)_t(1+i_s)^{-t}$$

式中,C 为每年的现金流入;B 为每年的现金流出;i_s 为社会折现率;t 为项目有效期。

项目经济净现值等于或大于零,表示国家为拟建项目付出的代价可以得到符合社会折现率

要求的社会盈余，或者说除得到符合社会折现率要求的社会盈余外，还可以得到以现值计算的超额社会盈余。经济净现值越大，表示项目所带来的经济效益的绝对值越大。

经济净现值指标隐含着这样的前提假设：任何一年发生的现金流量具有相同的时间价值，不去细分现金流量内所包含的内容在性质上的不同。社会折现率 i_s 表示了有用物品占用的机会费用，净现值 NPV≥0 意味着所研究的项目比存在的各种投资机会的效果还要好，因此项目是可取的。

（二）经济内部收益率（IRR）指标

经济内部收益率是反映项目对国民经济净贡献的相对指标，它表示项目占用资金所获得的动态收益率，也是项目在计算期内各年经济净效益流量的现值累计等于零时的折现率。其表达式为

$$\sum_{t=1}^{n}(B-C)_t(1+\mathrm{IRR})^{-t}=0$$

式中，B 为经济效益流量；C 为经济费用流量；$(B-C)_t$ 为第 t 年的经济净效益流量；n 为计算期。

经济内部收益率等于或大于社会折现率，表示项目对国民经济的净贡献达到或者超过要求的水平，应认为项目可以接受。

由于经济内部收益率的计算可以事先不知道社会折现率，很多人相信它比净现值更能反映项目投资的效果，因此在实际工作中较广泛采用。经济内部收益率的经济含义是项目方案在某利息率下，在项目寿命终了时，不断变化的未被回收的投资被完全回收过来。它是指项目对未被回收资金（投资）的收益能力，而不是仅指初始投资的收益能力。

（三）效益—费用比（B/C）指标

计算这个指标时，各年的净现金流量 Y 分解为效益 B_t（正的）和费用 C_t（负的）两部分，分别折现。效益现值 $B_0=\sum B_t(1+i_s)^{-t}$，费用现值 $C_0=\sum C_t(1+i_s)^{-t}$，$B/C=\dfrac{B_0}{C_0}$，当 $B/C\geq 1$ 时，表示效益现值大于费用现值，房地产项目可行。

国内学者对投资项目这几个指标有不同的评价，认为从我国目前的实际出发，经济内部收益率指标比经济净现值指标更好一些。其理由如下：（1）由于目前国家没有对折现率基准作出规定，计算经济内部收益率可以避开折现率问题；（2）国内的实际工作者对经济净现值的经济含义不好捉摸，找不到一个与其相对应的实用的经济指标或经济指数来理解它；（3）有些人认为经济净现值只是一个绝对数值，并不反映投资的效率。

（四）社会折现率的估算

社会折现率是从社会角度对资金时间价值的估量，是费用—效益分析体系中的重要参数。社会折现率在项目经济分析中作为计算经济净现值的折现率，并作为衡量经济内部收益率的基准值，社会折现率的高低对项目的评价和选择有极大的影响。

在投资项目的社会成本效益分析过程中，社会折现率的确定是一个关键的环节，因为只有准确地确定社会折现率，才能对一个项目的社会成本效益作出正确的判断。对于一个投资项目，如果采用过低的折现率，对社会无效益或低效益的项目也会上马，造成社会资源的浪费，影响社会经济的可持续发展；如果采用过高的折现率，有效益的项目也会因为无法通过经济评价而

被舍弃，同时过高的折现率也会低估未来的长远利益，刺激人们过早地耗尽自然资源，把成本负担强加于未来几代人的身上。所以，只有选择恰当的社会折现率，才能作出正确的投资决策，才能使经济资源在私人部门和公共部门之间及其内部合理地配置。

从银行的贷款利率角度进行分析，资料显示，我国 5 年的贷款利率从 20 世纪 90 年代初期的 15.12%降至目前（央行 2009 年 2 月发布）的 5.94%，大约下降至原来的 2/5；同时考虑到社会长期投资风险溢价 2%～3%，因此可推算出社会折现率为

$$i_s \approx 5.94\% + (2\% \sim 3\%) = 7.94\% \sim 8.94\%$$

另外，考虑到目前我国的投资项目进行财务评价时所选取的基准折现率一般在 9%～10%左右（由资本成本的加权平均法而得，视投资类型与投资风险的不同而变化），因此按照社会折现率略低于财务折现率的原则，将目前我国投资项目的社会折现率定为 8%～9%也应该是合理的。当然，这一取值应该是随着社会经济的变化而随时进行动态调整的，不能将其固定化。

五、应用社会成本效益分析方法的相关建议

社会成本效益分析方法首先是要帮助分析者识别、度量与评估项目的社会影响，项目给相关群体带来的收益是否超出其所带来的损失（不管谁是受益者或受损者）。它是从政府（而不是企业）的角度来决定一个项目是否执行的主要评价指标；其次，该方法还应帮助分析者识别与度量项目的收益与成本在各相关群体成员间的分配。它是政府有关部门在对项目的收入进行再分配时的主要参考依据。另外，社会成本效益分析也有助于定量评估房地产项目的社会风险。由此，我们对该方法的应用提出如下具体建议。

（1）从政府的社会公共事务管理职能的角度，不论是对公共投资项目，还是对企业（或私人）投资项目，都应要求作国民经济评价和社会评价，以加强对项目的环境影响与社会影响的控制，仅靠企业自己在可行性研究报告中所做的项目社会评价是不够的，因为所站的角度不同，视点不同，很可能得出的结论也不同。

（2）在进行项目的国民经济评价与社会评价时，不仅要通过对项目影子价格的测算与社会折现率的选取，做到对项目所产生的总体与宏观的经济效率的控制，即进行项目的成本效益分析，同时还应从项目所有受影响的相关群体的角度出发，对项目进行相关群体（社会）成本效益分析，测算出项目的相关群体总的净收益以及相关群体内部各子项目之间净收益的情况，以此为依据来决定是否同意执行该项目，以及对项目实施后的收益进行合理的再分配，对受损失的相关群体进行相应的补偿。

（3）从项目管理的角度，为避免投资项目的社会风险，企业不仅要详细测算项目的直接成本与收益，进行投资项目的财务评价，还要详细地分析项目的社会效益与成本，进行项目的社会风险评估。

第五节　案例——JG 镇拆迁项目社会风险评价

一、项目基本情况

JG 镇保障房项目位于 X 市 BY 区，拆迁后拟建设成为该市保障性住房社区。项目总征地面积 8088m²。项目拆迁范围内有厂房建筑面积 821m²，公房建筑面积 3944m²（主要为政府公房），

私有住房建筑面积约 1763m², 单位房建筑面积约 1514m²（主要为供销社宿舍与床单厂宿舍），共计拆迁建筑面积约 8042m²。按 X 市规划局批复的设计条件，本项目地块容积率≤2.5，首期可建建筑面积最高可达 14163m²。项目拆迁范围内房屋情况具体如下。

1. 政府公房

列入本次拆迁范围的政府直管房于 1959 年左右竣工，迄今已有 40 多年的楼龄。为四栋四层的砖混结构楼房，共 80 个房间，没有独立厨卫。主要用于安置当地的城市低收入居民。

2. JC 供销社宿舍

在本次拆迁范围内居住的 JG 供销社宿舍住户共有 9 户，他们大多在 1972 年单位分房时就住在这里，至今已有 30 多年。由于没有独立的厨卫，这部分房屋不符合房改条件，因此房屋没有房产证。但是这 9 户住户当时都曾买断了房屋的使用权，有房屋使用权转让证明。

3. DF 床单厂职工宿舍

DF 床单厂职工宿舍，是 1964 年建成的一栋砖墙承重结构建筑。该建筑共 5 层，每层 7 个房间，楼内一共有 35 个房间，有独立厨房，无独立卫生间（每层有一个公用厕所）。楼内共居住有 15 户住户，租户大部分为床单厂的退休员工，其余的为失业或打散工者。由于住宅不成套，不符合房改条件，故未能房改，住户仍向单位交纳租金，楼房的维修及保养长期以来均由租户负责。

4. 私有住房

列入本次拆迁范围的私有自建房共有 8 户。房屋层数以二层或二层半为主。房屋的建筑面积多在 100m² 以上，面积最大的有 481.38m²，最小的有 125m²。住户多是 JG 村村民或在附近工作的城镇居民。

二、调查过程和方式

本次调查对象为列入项目拆迁范围的住户，调查历时一个月。调查主要采用问卷调查、深度访谈与小组座谈等方式，考虑到本次调查对象总体规模不大，边界清晰，为提高调查精度，采用了普查方式。调查以入户调查为主，并辅以电话访谈等方式，共收集了 57 份有效问卷，其中政府公房住户 32 份，供销社宿舍住户 9 份，床单厂宿舍住户 10 份，私有住房住户 6 份。如表 13-4 所示。

表 13-4 拆迁房屋性质

分 类	频率（份）	百分比（%）	有效百分比（%）	累积百分比（%）
政府公房	32	56.1	56.1	56.1
供销社宿舍	9	15.8	15.8	71.9
床单厂宿舍	10	17.5	17.5	89.5
私有住房	6	10.5	10.5	100.0
合计	57	100.0	100.0	

三、主要研究发现

通过对本次问卷调查获得的相关数据进行分析，主要得到如下研究发现。

（一）住户对拆迁的知情情况和了解途径

多数住户听说过但不是很清楚自己所住房屋已列入拆迁范围。

1. 超过50%的住户不清楚自己所住房屋已列入拆迁范围

调查显示，43.4%的住户清楚自己所住房屋已列入拆迁范围，但仍有50.9%的住户听说过要拆迁，但对此并不是很清楚。由此可见，政府相关部门对此次公共项目拆迁的宣传工作还有待提高。

2. 约34%住户从政府张贴的相关公告中得知拆迁事宜

从调查结果看，33.9%的住户从政府张贴的相关公告中得知所住房屋要拆迁，39.3%的住户从政府相关工作人员入户测绘中得知，另有26.8%的住户是从街坊邻里处得知要拆迁。

（二）绝大多数住户认为最合理的补偿方案是原址回迁

1. 94%的住户认为最合理的补偿方案是原址回迁

若不计房屋的产权性质，仅从原址回迁和异地安置两种方式来看，认为原址回迁是最合理的补偿方式的占94.2%，可见绝大多数住户都有原址回迁的诉求。如表13-5所示。

表13-5 住户认为最合理的补偿方式有效问卷

分 类	频率（份）	百分比（%）	有效百分比（%）	累积百分比（%）
原址回迁，获得产权房	17	29.8	32.7	32.7
原址回迁，获得租赁房	32	56.1	61.5	94.2
异地安置，获得租赁房	1	1.8	1.9	96.2
其他	2	3.5	3.8	100.0
合计	52	91.2	100.0	

2. 住户对合理补偿方案的诉求与其现住房产权情况显著相关

交叉分析显示，住户对补偿方案的要求与其所拥有产权的情况显著相关，如表13-6所示。对应分析也显示出同样的结论。由图13-5可以看出，没有产权证明的政府公房和床单厂宿舍的住户，明显倾向于原址回迁，获得租赁房；有类产权证明的供销社宿舍住户，明显倾向于原址回迁，获得产权房；而明确有产权证明的自建房住户，比较倾向于其他补偿方案。

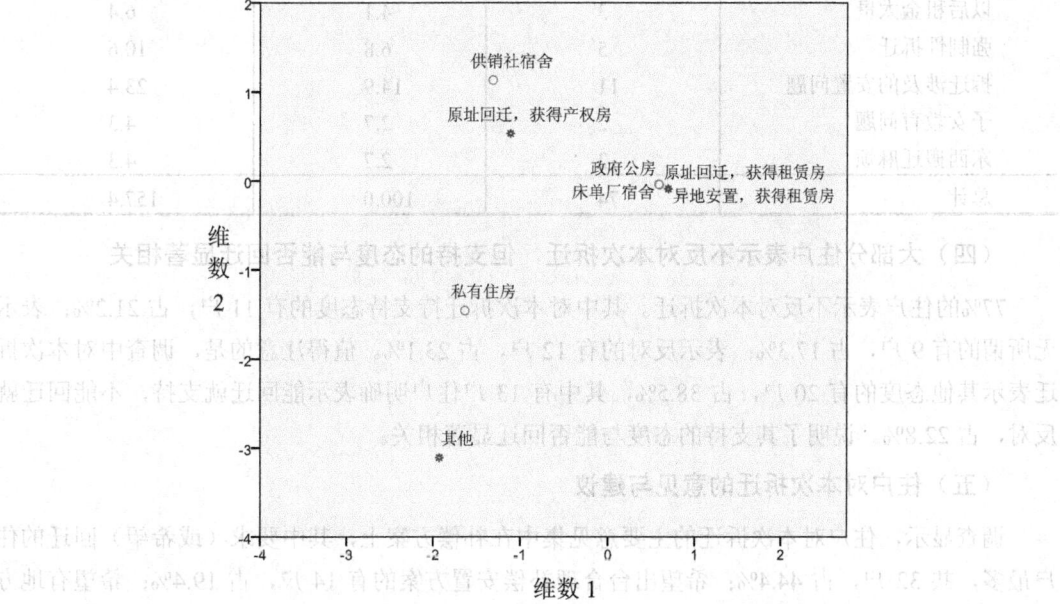

图13-5 住宅性质与最合理的补偿方式对应分析图

表 13-6 住宅性质与首选补偿方式交叉分析

住宅性质及比率		首选补偿方式				合计
		原址回迁，获得产权房	原址回迁，获得租赁房	异地安置，获得租赁房	其他	
政府公房	计数	3	24	1	0	28
	比率（%）	10.7	85.7	3.6	0	100.0
供销社宿舍	计数	9	0	0	0	9
	比率（%）	100.0	0	0	0	100.0
床单厂宿舍	计数	1	8	0	0	9
	比率（%）	11.1	88.9	0	0	100.0
私有住房	计数	4	0	0	2	6
	比率（%）	66.7	0	0	33.3	100.0
其他	计数	17	32	1	2	52
	比率（%）	32.7	61.5	1.9	3.8	100.0

（三）住户对本次拆迁最担心的是不能回迁或没地方住

住户对本次拆迁最担心的主要是不能回迁，拆迁后没地方住和拆迁带来的安置问题。如表 13-7 所示。

表 13-7 住户对本次拆迁最担心的问题

问题	响应		个案百分比（%）
	计数	百分比（%）	
不能回迁	24	32.4	51.1
补偿不合理	5	6.8	10.6
拆迁后没地方住	22	29.7	46.8
以后租金太贵	3	4.1	6.4
强制性拆迁	5	6.8	10.6
拆迁涉及的安置问题	11	14.9	23.4
子女教育问题	2	2.7	4.3
东西搬迁麻烦	2	2.7	4.3
总计	74	100.0	157.4

（四）大部分住户表示不反对本次拆迁，但支持的态度与能否回迁显著相关

77%的住户表示不反对本次拆迁。其中对本次拆迁持支持态度的有 11 户，占 21.2%；表示无所谓的有 9 户，占 17.3%；表示反对的有 12 户，占 23.1%。值得注意的是，调查中对本次拆迁表示其他态度的有 20 户，占 38.5%，其中有 13 户住户明确表示能回迁就支持，不能回迁就反对，占 22.8%。说明了其支持的态度与能否回迁显著相关。

（五）住户对本次拆迁的意见与建议

调查显示，住户对本次拆迁的主要意见集中在补偿方案上，其中要求（或希望）回迁的住户最多，共 32 户，占 44.4%；希望出台合理补偿安置方案的有 14 户，占 19.4%；希望有地方住的有 5 户，占 6.9%，三项合计占比 70.7%。具体意见如表 13-8 所示。

第十三章 房地产项目投资社会评价

表 13-8 住户对本次拆迁的意见与建议

意见与建议	响应		个案百分比（%）
	计数	百分比（%）	
要求/希望原址回迁	32	44.4	69.6
出台合理补偿安置方案	14	19.4	30.4
有地方住	5	6.9	10.9
租金不要太贵	10	13.9	21.7
阳光拆迁、政策公开透明	3	4.2	6.5
补回土地	2	2.8	4.3
回迁后享有优选权	5	6.9	10.9
政府多与住户直接沟通	1	1.4	2.2
总计	72	100.0	156.5

四、评估结论

通过研究和分析，我们得出如下评估结论：JG镇东风新街拆迁项目是一项获得多数群众（这里特指本项目拆迁范围内敏感人群）赞成（至少是不反对）的拟决策事项，但同时也存在着需要高度重视和妥善解决的若干实际问题。在这些问题未解决之前，建议暂缓实施拆迁。

上述问题主要包括以下两点。

（1）由于宣传、沟通工作上的不足，拆迁范围内居民对安置补偿顾虑较多，加上一些历史遗留的问题，部分人群对这项工作的支持度不高。

（2）住户回迁的诉求强烈，如果处理不当，有可能发生过激行为，引发社会风险。

五、相关应对策略及政策建议

根据上述实证研究发现，我们提出化解本项目社会风险的对策与相关政策建议如下。

（一）以造福于民为目标，将社会风险转化为践行科学发展观、构建和谐社会的机会

世界银行的移民和社会政策高级顾问迈克尔·M.赛尼教授极具代表性的工程社会学观点就是"任何工程都只能以造福于民为目标。工程应当对它所侵害的那一部分人的利益有所补偿，以使工程所涉及的所有人都能从中获利"，这可以作为我们对工程项目进行风险评估的行动指南。评估中应通过深入细致的调研工作，通过公众的有效参与，增加各利益相关群体的知情权与话语权，将项目中所蕴含的社会风险转化为践行科学发展观、构建和谐社会的机会，真正做到将工程项目造福于民。

（二）遵循以人为本的原则，明确工程项目社会风险评估是为了维护社会稳定这一过程而非单纯的结果

社会稳定是工程投资项目顺利推进的基本条件。但是，要维护社会稳定，需要更多的关注维护稳定的过程而非结果，要关注在这一过程中，是公平得以体现、正义得以伸张、社会矛盾得以疏解，而不是为了稳定而压抑了群众的合理诉求，为了效率而牺牲了公平。对于本项目而言，应通过深入细致的调研工作，理清产权人与承租人之间的关系，适当考虑承租人的权益，增加各利益相关群体的知情权与话语权，稳妥推进，化堵为疏，只有这样，才能真正做到促进和谐，转危为安。

（三）建立良好的沟通渠道和申诉机制，把握民情，消除顾虑，及早发现并解除风险

正如前面定量和定性的调研发现，相当一部分群众对沟通渠道的认可程度不高，担心他们的诉求得不到关注，有的居民视这次社会风险评估是他们唯一宣泄和发表意见的机会。问卷调查非常高的应答率也从一个侧面反映了这种担心。因此，建议建设单位尽早与受影响群众协商制订拆迁补偿方案，增加其知情权和参与度，消除疑虑；建立通畅的沟通渠道和健全的申诉机制，如设立拆迁工作办公室，及时反馈居民的意见；对于重点人群，应主动出击，加强信息收集工作，如可与楼宇内热心群众建立联系，随时把握动向，防微杜渐，化解风险。

（四）尊重民意，制订科学合理的项目补偿方案与实施方案

项目拆迁的顺利进行，需要尊重民意，制订科学合理的项目补偿方案与实施方案。就本项目而言，应照顾居民原地安置的合理诉求，在项目落成后，优先采用回迁的安置补偿方式。对于符合廉租住房保障条件的，入住廉租住房；对于符合公共租赁房保障条件，又愿意承担其租金的，可以安排其入住公共租赁房；对于收入较高的家庭（如一些自建房住户），由于改善居住条件的能力较大，适应能力也较强，在做好沟通和政策宣传工作的基础上，合理制定补偿标准，妥善安置。

同时，在符合分区规划及控制性详规的前提下，建议修改现有建设方案，适当提高地块容积率（如有可能，建议将容积率由目前的 2.5 提高到 3.5），增加建筑面积，以提供更多住房满足回迁以及保障性住房建设的需要。同时，这一做法也符合在保障性住房建设中应节约、集约利用土地的精神。

（五）完善社会风险管理机制，强化制度建设，同时通过立法进一步规范工程项目社会风险评估工作

逐步建立和完善社会稳定风险评估机制、社会风险信息汇集分析机制、风险调处化解工作机制等社会稳定风险管理机制的制度化建设。同时，工程项目社会风险评估是一项政策性很强的工作，建议通过立法明确规定何种类型的工程项目必须进行社会风险评估，明确各类工程项目社会风险评估的程序、内容和形式，以及从事工程项目社会风险评估的机构与专业人才的资质条件等。

（六）工程项目社会风险评估应贯穿项目决策与实施的全过程

目前的项目社会风险评估工作，还主要局限于项目的前期准备阶段。事实上，既然项目所产生的社会影响是全过程的，项目社会风险评估就应按照项目不同时期的不同特点，贯穿于项目从可行性研究、实施到监控、运营全过程中的各个环节。

复习思考题

1. 结合自己的认识，谈谈对社会发展观的理解。
2. 项目社会评价理论的发展概况是怎样的？其评价的内涵与特点是什么？
3. 房地产项目社会评价的主要内容与程序是什么？试举例说明。
4. 房地产项目社会评价的指标体系是什么？评价方法有哪些？试结合一个具体的房地产项目，对其进行相应的社会评价。

第十四章 房地产项目投资后评价

本章主要针对房地产项目后评价进行阐述。首先介绍项目后评价的内涵与特征，接着介绍项目后评价的评价内容与程序，在此基础上，详细阐述房地产项目后评价的评价内容、指标和评价方法。

第一节 项目投资后评价概论

一、项目投资后评价的内涵

项目投资后评价是指项目建成投产、生产运营或交付使用一段时间后（一年左右），按照项目的实际情况，对项目的前期策划、效益预测、方案决策、经营管理等全过程进行的一种技术经济分析评价活动。项目投资后评价是项目投资管理的最后一个环节。它要求按实际的运行情况对照估计预测值进行比较，分析产生偏差的程度和原因，总结经验，吸取教训，为今后改进项目策划提供帮助，从而不断提高项目投资决策水平。项目投资后评价与项目投资前期策划阶段的可行性研究评价有较大差别，主要表现在如下几方面。

1. 评价所处阶段不同

可行性研究中的评价属于项目前期工作，主要用于项目立项决策；项目后评价是项目竣工交付使用并达到设计生产能力后，对项目进行的再评价（对于房地产项目而言，则是项目竣工交付使用后的再评价），是项目管理的延伸。

2. 比较的标准不同

项目前期评价依靠的是国家和地方颁布的定额标准，以此为依据来衡量项目的必要性和可行性；项目后评价虽然也参照定额标准，但它主要依据的是项目前期评价的预测数据和国内外同类项目的有关资料，检测实际情况与预测情况的差距。

3. 作用不同

项目前期评价的主要作用在于投资决策，是项目或项目方案取舍的依据；项目后评价是投资决策的信息反馈，其目标在于提高决策水平。

4. 评价的内容不同

项目前期评价分析和研究的主要内容是项目的建设条件、投资环境、技术方案（规划设计方案）、投资方案、实施计划及项目的经济效果和社会效果等；项目后评价的主要内容则是对上述内容的再评价，以及对项目决策、项目实施效率、项目主要技术经济措施、主要方案的实际效果的评价。

5. 组织实施不同

项目前期评价主要由投资主体或出资贷款的金融部门组织实施；项目后评价则主要由投资运行的监管部门或投资主体的上级部门组织实施。

二、项目投资后评价的特征

项目投资后评价具有如下特征。

1. 现实性

现实性是指真实性。投资项目后评价是以实际情况为基础，对项目投资效果、运营现实存在的情况进行评价。而投资前期的可行性研究，所进行的是预测性评价。

2. 全面性

全面性是指后评价涉及内容的广泛性。在进行项目投资后评价时，既要分析项目投资的过程，也要分析项目的经营过程；既要分析项目投资的经济效益，也要分析项目的社会效益，要进行全面的、综合性的分析评价。

3. 反馈性

反馈性是指项目评估目的在于反馈信息，检查投资决策、肯定成绩、总结经验、改进工作，不断提高决策水平。

三、项目投资后评价的组织

目前我国投资项目后评价一般分三个层次组织实施，即项目建设单位的自我评价、项目所属行业（或地区）的后评价、金融部门（贷款方）的后评价。

1. 项目建设单位的自我评价

项目建设单位的自我评价也叫项目自评，是项目建设单位负责组织实施的评价。所有的项目竣工交付使用一段时间后，都应进行自评。项目自评是该项目投资建设和经营使用过程的真实回顾与描述。既要照顾全面，又要突出重点；既要依赖数字资料，又要有分析评价。项目自评的出发点是项目建设单位，其评价内容主要关注的是项目的微观经济效益和项目的社会效益。即使是社会效益评价，评价者关心的也是项目社会效益对项目本身或项目建设者带来的影响。

2. 项目所属行业（或地区）的后评价

项目所属行业（或地区）的后评价是指项目建设单位的上级部门对该项目的评价，是在项目建设单位自我评价的基础上，从行业角度或地区社会经济发展角度，对项目建设的投资效果，从中观和宏观经济效益、社会效益方面进行的全面综合评价。在这里，评价者更为关注的是项目建设给整个行业或整个地区社会经济发展带来的正面或负面影响。

3. 金融部门的后评价

金融部门的后评价主要是由项目投资的主要贷款银行对项目投资的实施效果进行的后评价。金融部门的后评价主要着眼点是项目贷款的清偿能力，以及项目可行性研究阶段对项目投资风险（财务风险、经营风险等）的预测准确性、风险规避措施的实际效果等。

第二节　项目投资后评价的内容和评价程序

一、世界银行投资贷款项目后评价的主要内容

世界各国及各种经济组织的项目后评价体系，以世界银行的评价体系最完善。世界银行早在 20 世纪 70 年代初就开始对其援贷的项目进行后评价，到现在已形成了一整套完整的制度和方法。按世行的评价方法，一般投资项目的后评价分两个阶段进行：其一是在项目贷款发放完毕后，由该项目贷款的银行主管人员编制的项目完成报告；其二是由董事会主席指定专职董事负责的"业务评议局"对项目进行的全面、综合评价。二者评价的主要内容有所不同。

1. 项目完成报告评价的主要内容

项目完成报告由与项目直接有关的责任者负责编制。若是银行金融机构对贷款项目进行评价，就应是该项目贷款的负责人；若是投资者对项目的后评价，则主要是该项目投资实施的负责人。项目完成报告评价的主要内容包括如下各项。

（1）项目背景。包括项目的提出、立项及项目准备和进行的过程、依据；项目规模、目标、范围和主要内容；项目投资额、资金渠道、工期、质量等计划指标。

(2) 项目管理机构、责任制、咨询专家、管理体系。
(3) 项目实施进度、实际进度与计划进度的偏差及其原因。
(4) 项目财务管理状况。分析项目投资建设期和经营期现金流量表、收益表和资产负债表；研究其预测值与实际值的差别，分析其原因；探讨对策的实际效果。
(5) 项目投资及经营过程。研究项目投资计划和经营计划的执行情况，分析产生偏差、发生变化的原因。
(6) 项目还贷计划的执行情况。若有不正常情况，这些问题与贷款协议或贷款条件有何关系。
(7) 项目建设和经营期违约事件的发生及其原因分析、措施效果分析。
(8) 项目承包状况。采购、供应商及承包商的表现。
(9) 项目财务评价。包括财务内部收益率、净现值财务成果及其他财务目标的实际值与预测值（项目可行性研究报告中提出的数据）的偏差，分析偏差的程度及产生偏差的原因。
(10) 项目效益评价。包括项目的国民经济评价、社会效益评价的实际状况与预测状况的比较分析。
(11) 项目管理状况评价。分析项目管理机构、管理体制方面的措施、经验及教训。
(12) 项目总评价。对该项目投资及投资效果的总评价。

2．董事会"业务评议局"对世行投资项目后评价的主要内容

世界银行董事会的"业务评议局"负责对该行贷款项目进行全面、综合的后评价。在收到项目的完成报告后，要通过查阅档案、实地调查等多种评价方法，独立地对该项目进行全面、系统、综合评估，编写"项目执行情况审核备忘录"。该文件一般包括如下内容。

(1) 项目概况。对项目立项背景，项目性质、规模、目标及项目投资实施过程做简单描述。
(2) 项目评价。对项目投资及经营的实施效果、目标实现状况进行评价。
(3) 问题分析。项目立项及可行性研究中已查明、预测到的不利条件、风险因素，是否有所改变，问题在哪里。
(4) 教训和经验。该项目投资建设和经营使用过程中的主要经验教训有哪些。
(5) 分歧。描述本评价与该项目的项目完成报告的分歧所在，表明对项目完成报告的观点和结论的看法。
(6) 存在的问题。研究该项目策划立项、投资实施过程中存在的问题及其纠正措施。

二、项目投资后评价的评价程序

项目投资后评价一般包括如下几个基本步骤。

（一）立项阶段

立项阶段的主要任务是明确后评价的具体对象、评价目的及具体要求。项目后评价的任务由国家计划部门、银行贷款部门、项目主管部门提出，也可由项目投资者或项目自身管理部门提出。项目后评价立项阶段的主要工作内容，由这些有关部门以项目后评价任务书的形式或以项目后评价委托书的形式向有关部门下达。

（二）筹划准备阶段

项目后评价的筹划准备阶段是指后评价任务立项后，即后评价任务书或委托书下达后，为实施项目后评价任务而进行的一系列准备工作。具体包括以下两点。

1. 项目后评价机构的组建

项目后评价机构是一个由项目评价专家组成的，包括技术、经济、社会、环境各方面专门人才的临时机构，一般称为项目评价组。项目评价组的规模取决于项目本身的规模和项目后评价深度的要求。一般来说，项目规模越大，后评价深度要求越高，评价组的人数也越多。通常的中小型项目，5～7人；较大型的项目，10人以上；超大型项目，评价组人数可达数十人。项目后评价机构是为承担具体项目的后评价任务而组建的。随着项目后评价任务的完成，该机构的存在自然失去意义。因而，它是一个临时机构。项目后评价的许多内容是对该项目前期策划，尤其是可行性研究工作的审核与评价。因而，在组建评价组时，要注意回避原则。即一般而言，参与该项目策划、决策、可行性研究、施工、管理的有关机构或人员，不宜参加该项目的后评价组。

2. 项目后评价计划的制订

项目后评价组成立后的首要工作便是依据评价任务书（或评价委托书）的要求和该项目的具体情况制订该项目的后评价计划。项目后评价计划的具体内容主要包括进度安排，评价内容、范围与深度要求，经费预算与评估方法的确定，选定评价指标，并视其在综合评价中的地位确定其权重系数等。

（三）调查研究阶段

调查研究阶段的主要任务是信息资料的收集、原始数据的采集以及各种数据资料的分析与处理。常用的信息资料主要有以下几方面。

1. 关于项目开发建设的资料

如项目建议书、可行性研究报告、项目策划阶段的市场调查资料、项目设计文件、项目概预算文件、项目决算报告、竣工验收报告、质量检验报告及与项目开发建设有关的各种合同文件。

2. 关于项目开发建设及生产运营的财务资料

如项目投资计划、资金筹措计划、现金流量表（预测值）、现金流量表（实际发生值）、收益表（预测值）、收益表（实际发生值）、生产经营利润、成本、税收、偿还贷款本息等。

3. 关于国民经济政策的资料

主要包括国家有关的产业政策、经济政策、税收政策、金融政策、资源政策、环境保护政策等。

4. 关于市场状况的资料

主要指与该项目产品有关的市场信息资料，如该产品的市场供求状况、价格状况、竞争状况，该项目产品的市场占有率、消费者的反馈信息，等等。

5. 关于项目环境影响的资料

主要指项目建设期和生产运营期的环境影响资料，包括环境监测报告、环境治理投入资料、周围社区群众反映资料等。

6. 关于国内外同行业的对比资料

主要指上述分析评价资料的国内外同类项目平均水平和先进水平的有关数据资料。

（四）分析研究阶段

在掌握了大量的信息资料的基础上，按照评价任务书（或评价委托书）的要求，对所须评价的内容，运用所选用的评价方法，逐项进行评价。然后再依据综合评价的程序和方法，对该项目进行系统的、全面的综合评价。

（五）编制项目后评估报告阶段

将上述信息资料及分析研究、综合评价结果汇编整理，按项目后评估（项目完成报告）报告的内容和形式，编制项目后评估报告。

第三节 房地产项目投资后评价的内容、指标和评价方法

一、房地产项目投资后评价的内容

我国房地产项目投资后评价，主要包括立项决策、投资实施和交付使用三大部分。

（一）项目立项决策后评价的主要内容

立项决策后评价是房地产项目投资后评价的重点。其主要内容包括以下几点。

1. 项目立项依据评价

主要评价指项目立项决策的依据是否充分。要对项目可行性研究报告中所提供的关于项目选址、定向、方案选择等重大问题的决策依据进行分析评价，研究其真实性、可靠性。

2. 项目方案评价

主要是对项目前期策划所确定的开发方案、投资方案、筹资方案、经营方案等计划的评价。着重于这些方案的实施情况、实际执行情况与策划方案的变动状况，变动的原因及其实际效果的评价。

3. 项目技术评价

房地产投资项目立项决策的技术评价主要是针对项目的规划设计进行的。要分析规划设计方案的先进性、科学性和适用性，要评价项目主要结构形式、主要设备材料，以及房屋开间、布局、选型等技术问题决策的正确性。

4. 项目管理评价

主要评价项目立项决策阶段各有关方的协作状况、工作效率和管理程序，评价项目主要决策程序的科学性、客观性，评价项目管理层的指挥能力、协调能力、办事效率。

5. 项目效益评价

针对项目投资建设的实际经济效益、社会效益、环境效益状况进行评价。主要评价内容为该项目实际效益状况与项目可行性研究中同类效益指标预测值的比较分析，如现金流量比较、投资收益率比较、投资利润率比较、利润总额比较、环境评价比较、社会评价比较等，分析存在的差异及产生差异的原因。

（二）项目投资实施后评价的主要内容

投资实施后评价主要分析项目投资实施过程中的若干问题，用以研究项目投资计划决策的正确性。其主要内容包括以下几点。

1. 项目投资额的比较分析

研究项目投资总额及投资计划的实施状况，比较实际发生值与计划值，分析其差异及引起差异的原因，评价项目投资控制效果。

2. 项目开发建设进度的比较分析

分析项目开发建设进度状况，研究引起进度差异的主要原因，评价项目投资进度控制的实际效果。

3. 项目开发建设质量评价

研究项目开发建设的质量状况，分析质量问题的根本原因，评价项目开发建设质量控制的实际效果。

4. 项目开发建设成本分析

研究投资项目开发建设投资费用的构成情况，从构成比例及各项费用的实际发生值与可行性研究预测值的比较分析，评价项目开发建设过程中成本控制的实际效果。

（三）项目交付使用后评价的主要内容

投资项目交付使用后评价是指项目建成，交由业主使用阶段所进行的后评价。这类评价主要是针对项目的使用效果而进行的。其评价内容主要包括以下几方面。

1. 项目规划设计评价

从项目使用的方便程度、适用性、舒适性角度来评价项目总体规划设计、单体设计的效果，从项目社会效益、环境效益角度来评价项目环境设计、环境保护措施效果。

2. 项目使用功能评价

针对项目功能的实际发挥水平、满足需要程度，评价该项目投资建设目标实现的程度、规划设计水平等。由于具体功能的差异，其评价内容有很大不同。如住宅性项目主要评价居住性功能，写字楼宇主要评价办公、通信功能，工业厂房主要评价满足生产工艺需要的功能，等等。

3. 项目维护管理评价

投资项目维护管理评价主要是从交付使用项目维修、大修、管理的角度进行的项目投资后评价。如维修费的高低，大修的费用及大修程度，物业管理、安全管理的方便性、适应性等。

4. 经营效益评价

对经营性的房地产投资项目，如用于出租经营的住宅、写字楼、酒店、商场等，交付使用后评价的主要内容是评价该项目的实际经营效益，包括从经营成本、收益、利润角度研究的经济效益，从为社会提供优质服务、改善投资环境角度研究的社会效益和环境效益等。

二、房地产项目投资后评价指标

（一）选定评价指标的原则

选定评价指标是项目投资后评价筹划准备阶段的重要任务。尽管因项目性质、规模、环境条件的差异，所选定的评价指标有所不同，但在选择这些指标时，应当遵循如下几项基本原则。

1. 统筹兼顾，从全局出发的原则

现代经济是一种开放的经济，任何项目的投资建设和生产经营，都是在这种开放的经济大环境中进行的。在这种开放的、系统的经济体系内，任何项目的经济活动都是既有内部联系，又有外部联系的运动过程。因此，在选择项目后评价指标时，尤其要注意面上的、整个经济大环境的影响指标，注意项目社会影响、环境影响的评价指标，注意项目对地区经济发展影响的评价指标。

2. 坚持辩证观点，抓住主要矛盾的原则

项目在开发建设和生产经营过程中，充满各种矛盾，受制于各种条件，也带来各种效益和影响，不同的方面都会对项目提出各种不同的要求和期望。因而，在进行项目后评价时，必须善于从众多的指标中抓住主要矛盾和主要矛盾方面，选择最能反映项目建设目标的指标体系，进行客观评价。

3. 动、静结合的原则

动、静结合是指要综合运用项目经济效益评价的动态指标和静态指标。静态指标将项目投资建设和生产经营活动中的资金看作是静止的，只考虑其数额而不考虑其发生时间，这类指标简单、计算方便而常被采用。动态指标不仅考虑了资金的数额，还兼顾了其发生时点，这类指标更真实、更科学地反映了效益状况，是效益评价的常用指标。进行项目后评价时，应当综合运用动、静两类指标。

4. 综合指标与单项指标相结合的原则

综合指标是反映项目功能、利润、工期、成本等经济效果的指标。它能全面、综合地反映项目经济效益的高低，是项目后评价的主要评价指标。单项指标是从某个局部或某个角度反映项目投资效果，如产量、质量、原材料消耗、能耗等。由于综合指标内涵复杂，并受众多因素影响，单独使用有可能掩盖某些不利因素或薄弱环节。因而，在具体选定后评价指标时，应注意综合指标与单项指标的配合运用。

5. 可比性原则

项目投资后评价的评价标准，主要是项目策划阶段可行性研究报告提出的标准，以及同类项目国内外的实际标准。为此，在选定评价指标时，要注意两个可比性条件：一是要保证项目后评价指标与可行性研究过程中所采用评价指标的一致性；二是要保证所有相比较的指标内涵的一致性，包括时间、内容、单位、计算方法等均是一致的。

（二）常用后评价指标

房地产项目投资后评价的常用指标，包括如下 4 类 36 种。应用中应视具体要求和项目的实际情况从中选择。

1. 反映项目建设周期及建设质量的指标

（1）项目决策周期。即项目建设从提出建议书到可行性研究获得批准所经历的时间，是以月描述的周期。

（2）项目决策周期变化率。即项目实际决策周期与预计决策周期相比的变化程度，按下式计算：

$$项目决策周期变化率 = \frac{项目实际决策周期（月）-项目预计决策周期（月）}{项目预计决策周期（月）} \times 100\%$$

（3）项目立项报建周期。即项目从可行性研究被批准到立项报建被批准所经历的时间，是以月为单位描述的周期。

（4）项目立项报建周期变化率。即项目实际立项报建周期与预计立项报建周期相比的变化程度，按下式计算：

$$项目立项报建周期变化率 = \frac{项目实际立项报建周期（月）-项目预计立项报建周期（月）}{项目预计立项报建周期（月）} \times 100\%$$

（5）项目设计周期。即从项目签订设计委托合同生效之日起至设计任务完成并交建设单位之日止，所经历的时间，以月为计算单位。

（6）项目设计周期变化率。即描述实际设计周期与预计设计周期相比偏离程度的指标，按下式计算：

$$项目设计周期变化率 = \frac{项目实际设计周期（月）-项目预计设计周期（月）}{项目预计设计周期（月）} \times 100\%$$

（7）项目建设工期。即项目从开工之日起到竣工验收之日止所经历的有效日历天数（不包括开工后停建、缓建的间隔时间）。

（8）项目建设工期变化率。即项目实际建设工期与预计建设工期相比，是用来描述其变化程度的指标，按下式计算：

$$项目建设工期变化率 = \frac{项目实际建设工期（天）-项目预计建设工期（天）}{项目预计建设工期（天）} \times 100\%$$

（9）项目建设工程质量合格率。即项目建设质量一次验收合格数占验收数的比率，按下式计算：

$$\begin{matrix}项目建设工程\\质量合格率\end{matrix} = \frac{项目建设工程质量验收合格数-项目建设工程质量验收数}{项目建设工程质量验收数} \times 100\%$$

（10）项目建设工程质量优良率。即项目建设工程质量一次验收优良数占验收数的比率，按下式计算：

$$\begin{matrix}项目建设工程\\质量优良率\end{matrix} = \frac{项目建设工程质量验收优良数-项目建设工程质量验收数}{项目建设工程质量验收数} \times 100\%$$

2. 反映项目建设费用及成本的指标

（1）项目投资总额。即项目的全部投资额，以万元计。

（2）项目投资总额变化率。即项目实际投资额与预计投资额相比，是用来描述其变化程度的指标，按下式计算：

$$项目投资总额变化率 = \frac{项目实际投资额（万元）-项目预计投资额（万元）}{项目预计投资额（万元）} \times 100\%$$

（3）项目投资构成。即项目投资总额中，用来描述各单项费用所占比率的指标。其中主要几种构成按下式计算：

$$前期投资所占比率 = \frac{项目前期投资费用}{项目投资总额} \times 100\%$$

$$建安工程费所占比率 = \frac{项目建安工程费用}{项目投资总额} \times 100\%$$

$$项目税费所占比率 = \frac{项目所交税费额}{项目投资总额} \times 100\%$$

$$项目配套设施费所占比率 = \frac{项目配套设施费}{项目投资总额} \times 100\%$$

（4）项目投资构成变化率。即项目实际投资构成与预计投资构成相比，是用来描述其变化程度的指标。常用的几种构成变化率按下式计算：

$$\begin{matrix}项目前期投资\\构成变化率\end{matrix} = \frac{项目实际前期投资构成（\%）-项目预计前期投资构成（\%）}{项目预计前期投资构成（\%）} \times 100\%$$

$$\begin{matrix}项目建安投资\\构成变化率\end{matrix} = \frac{项目实际建安投资构成（\%）-项目预计建安投资构成（\%）}{项目预计建安投资构成（\%）} \times 100\%$$

$$\begin{matrix}项目税费投资\\构成变化率\end{matrix} = \frac{项目实际税费投资构成（\%）-项目预计税费投资构成（\%）}{项目预计税费投资构成（\%）} \times 100\%$$

$$\begin{matrix}项目配套设施投资\\构成变化率\end{matrix} = \frac{\begin{matrix}项目实际配套设施\\投资构成（\%）\end{matrix} - \begin{matrix}项目预计配套设施\\投资构成（\%）\end{matrix}}{\begin{matrix}项目预计配套设施\\投资构成（\%）\end{matrix}} \times 100\%$$

(5) 项目单位投资额。即项目单位面积（建筑面积）投资额，以每平方米建筑面积所占投资额计。

$$项目单位投资（元/m^2）=\frac{项目投资总额}{项目总建筑面积}$$

(6) 项目单位投资额变化率。即项目实际单位投资额与预计单位投资额相比，是用来描述其变化程度的指标，按下式计算：

$$\frac{项目单位}{投资额变化率}=\frac{项目实际单位投资额-项目预计单位投资额}{项目预计单位投资额}\times100\%$$

(7) 项目得房成本。即项目每平方米可售建筑面积的平均投资费用，按下式计算：

$$项目得房成本（元/m^2）=\frac{项目资额总额}{项目实际可销售建筑面积}$$

式中，项目实际可销售面积等于该项目建筑总面积减去回迁面积、公建配套设施所占面积的余额。

(8) 项目得房成本变化率。即项目实际得房成本与预计得房成本相比，是用来描述其变化程度的指标，按下式计算：

$$\frac{项目得房成本}{变化率}=\frac{项目实际得房成本-项目预计得房成本}{项目预计得房成本}\times100\%$$

3. 反映项目财务状况的指标

(1) 项目流动比率。即项目流动资产与流动负债之比，是用来描述项目偿付短期债务能力的指标，按下式计算：

$$项目流动比率=\frac{项目流动资产总额}{项目流动负债总额}\times100\%$$

(2) 项目流动比率变化率。即项目实际流动比率与预计流动比率之比，是用来描述项目流动比率变化程度的，按下式计算：

$$\frac{项目流动比率}{变化率}=\frac{项目实际流动比率（\%）-项目预计流动比率（\%）}{项目预计流动比率（\%）}\times100\%$$

(3) 项目速动比率。即项目速动资产与流动负债之比，是用来描述偿还短期债务能力的指标，按下式计算：

$$项目速动比率=\frac{项目速动资产总额}{项目流动负债总额}\times100\%$$

(4) 项目速动比率变化率。即项目实际速动比率与预计速动比率之比，是用来描述其变化程度的指标，按下式计算：

$$\frac{项目速动比率}{变化率}=\frac{项目实际速动比率（\%）-项目预计速动比率（\%）}{项目预计速动比率（\%）}\times100\%$$

(5) 项目负债比率。即项目负债总额与项目资产总额之比，用来描述项目债权人提供资金所占的比率，按下式计算：

$$项目负债比率=\frac{项目负债总额}{项目资产总额}\times100\%$$

(6) 项目负债比率变化率。即项目实际负债比率与预计负债比率相比，是用来描述其变化程度的指标，按下式计算：

第十四章 房地产项目投资后评价

$$\text{项目负债比率变化率} = \frac{\text{项目实际负债比率（\%）} - \text{项目预计负债比率（\%）}}{\text{项目预计负债比率（\%）}} \times 100\%$$

（7）项目筹资成本率。即项目资金筹措成本额与筹资总额之比，是用来描述资金筹措效益的指标，按下式计算：

$$\text{项目筹资成本率} = \frac{\text{项目筹资成本额}}{\text{项目筹资总额}} \times 100\%$$

（8）项目筹资成本变化率。即实际筹资成本率与预计筹资成本率相比，是用来描述其变化程度的指标，按下式计算：

$$\text{项目筹资成本变化率} = \frac{\text{项目实际筹资本率（\%）} - \text{项目预计筹资成本率（\%）}}{\text{项目预计筹资成本率（\%）}} \times 100\%$$

4. 反映项目经济效益的指标

（1）项目投资收益率。即项目收益总额占投资总额的比率，按下式计算：

$$\text{项目投资收益率} = \frac{\text{项目投资收益总额}}{\text{项目投资总额}} \times 100\%$$

（2）项目投资收益率变化率。即项目实际投资收益率与预计投资收益率之比，是用来描述项目投资收益率变化程度的指标，按下式计算：

$$\text{项目投资收益率变化率} = \frac{\text{项目实际投资收益率（\%）} - \text{项目预计投资收益率（\%）}}{\text{项目预计投资收益率（\%）}} \times 100\%$$

（3）项目净现值（NPV）。即项目历年净现金流量按事先规定的基准贴现率统一贴现到项目开始投资那一年的现值代数和，是反映项目经济效益的动态指标，按下式计算：

$$NPV = \sum_{1}^{N} F_t (1+i_0)^{-t}$$

式中，F_t 为项目第 t 年的净现金流量；N 为项目经济寿命；i_0 为基准贴现率。

（4）项目净现值变化率。即项目实际净现值与预计净现值相比，是用来描述其变化程度的指标，按下式计算：

$$\text{项目净现值变化率} = \frac{\text{项目实际净现值} - \text{项目预计净现值}}{\text{项目预计净现值}} \times 100\%$$

（5）项目内部收益率。即使项目净现值为零的贴现率，同样是衡量项目经济效益的动态指标，按下式计算：

$$NPV = \sum_{1}^{N} F_t (1+IRR)^{-t} = 0$$

式中，IRR 为项目内部收益率；其余符号意义同前。

（6）项目内部收益率变化率。即项目实际内部收益率与预计内部收益率相比，是用来描述项目内部收益率变化程度的指标，按下式计算：

$$\text{项目内部收益率变化率} = \frac{\text{项目实际内部收益率} - \text{项目预计内部收益率}}{\text{项目预计内部收益率}} \times 100\%$$

（7）项目投资回收期。即项目收益用于补偿投资所需的时间。有静态投资回收期和动态投资回收期两种，按下式计算。

① 静态投资回收期 N：

$$\sum P = \sum_{1}^{N} F_t$$

式中，$\sum P$ 为历年投资代数和；N 为静态投资回收期（年）；F_t 为第 t 年的项目净收益。

② 动态投资回收期 N：

$$\sum_1^N P_t(1+i)^{-t} = \sum_1^N F_t$$

式中，P_t 为第 t 年投资额；F_t 为第 t 年净收益；i 为基准贴现率；N 为项目动态投资回收期。

（8）项目投资回收期变化率。即项目实际投资回收期与预计投资回收期相比，是用来描述项目投资回收期变化程度的指标，按下式计算：

$$\text{项目投资回收期变化率} = \frac{\text{项目实际投资回收期} - \text{项目预计投资回收期}}{\text{项目预计投资回收期}} \times 100\%$$

（9）项目年等值。即项目经营期间的年度等额收入与年度等额支出的代数和，是用来判断租赁经营项目经济效益的动态指标，按下式计算：

$$\text{项目年等值} = -\sum P_i(A/P, i, n) + \sum F_i - \sum S_i + \sum L_i(A/F, i, n)$$

式中，P_i 为项目投资；$(A/P, i, n) = \dfrac{i_0(1+i_0)^n}{(1+i_0)^{-t}-1}$ 为资金回收系数；$\sum F_i$ 为项目年经营收入和；$\sum S_i$ 为年经营成本和；L_i 为项目各物业残值；$(A/F, i, n) = \dfrac{i}{(1+i)^n - 1}$ 为资金积累系数。

（10）项目年等值变化率。即项目实际年等值与预计年等值相比，是用来描述项目年等值变化程度的指标，按下式计算：

$$\text{项目年等值变化率} = \frac{\text{项目实际年等值} - \text{项目预计年等值}}{\text{项目预计年等值}} \times 100\%$$

三、房地产项目投资后评价的分析方法

项目投资后评价的基本方法是对比法，就是把项目建成后实际取得的各种效果，如经济效益、社会效益，以及项目建设过程中或项目建成投入使用后的实际财务状况，与项目建设前期可行性研究阶段的相应预测情况相比较，以发现问题，总结经验。因而，实际运作中有两项基本要求，一是要正确地描述项目完成后的实际情况，真实地反映项目现状；二是要弄清当初项目上马、立项决策时的目标、意图和主要计划指标。

依据项目评价的内容和要求，人们把后评价的基本方法分为如下三类。

（一）项目影响评价法

主要研究项目投资建成后对当时当地经济、社会和环境的影响及其影响程度。通过项目建成后各项社会、经济与环境指标与立项时的目标相比较，便可评价该项目立项决策的正确性，可行性研究预测与结论的准确性。由于项目立项时的各种社会、经济和环境影响指标均已在可行性研究时拟定，因而，这种评价的主要和大量工作便是调查研究，测定项目的实际影响。

（二）成本—效益（效果）评价法

成本—效益（效果）评价法是指把项目建设过程中，项目建成投入运营后的成本、利润、收入等经济效益和效果值与项目立项决策前，可行性研究中所测定的相应指标一一对比，研究其差异状况的评价方法。显然，这种评价方法主要是针对项目经济效益和效果指标而进行的，其目的在于判断项目投资的实际经济效益与目标的差异，从而评价该项目投资决策的正确性和项目可行性研究的准确性。

（三）项目投资建设过程评价法

上述影响评价和成本—效益评价都是针对项目效果的研究，但在成因分析中，只有效果评价往往是不够的。只有深入到项目投资建设过程中去，才能了解到引起效果差异的根本原因。因而，过程评价法应当是深入揭示项目投资效果差异根本原因的分析评价方法。过程评价实际上也是一种比较分析法，即把项目开发建设过程或经营过程中的各种实际指标值（大多数是财务指标）与项目实施计划的相应指标相比较，寻找差距，分析原因。因而，过程分析评价法更注重实际情况的调查研究，不仅要研究项目效益状况结论性的数据资料，还要调查现金流量表之类的过程性的信息资料，显然过程评价法的研究深度和复杂程度都会大大超过前两类后评价方法。

第四节　案例——HG 项目后评价

一、项目概况

HG 项目位于 G 市 L 区中心位置，属传统的老城区。总占地面积 14503 平方米，地块呈不规则状态。2006 年 4 月 11 日，DT 集团通过土地竞拍以 2.08 亿元获得项目土地开发权，项目定位是以高尚住宅、乙级公寓式办公楼、三星级精致型酒店为一体的综合性物业。本项目弃产弃租面积共 1089 平方米，拆迁安置面积为 11006 平方米。本项目主要技术指标如表 14-1 所示。

表 14-1　HG 项目主要技术指标

指标		面积（平方米）	备注
总用地面积		14503	
容积率		5.69	
总建筑面积		90491	包括地上及地下面积
地下室建筑面积		7950	规划为设备用房和停车场，详见备注1
地上总建筑面积		82583	
其中	住宅建筑面积	50914	其中安置回迁面积 11006.06 平方米，商品住宅面积 39908 平方米
	商业建筑面积	14960	其中回迁商业面积 465 平方米，须安置在首层商铺内；可售（租）商业面积为 14495 平方米。其中包含肉菜市场 1000 平方米
	办公建筑面积	15387	
	配套公建及其他	2322.02	详见备注2
建筑密度		≤38.54%	
绿地率		≥25%	

备注：1. 停车场：北部设置一层地下室，南部设置两层地下室，约 400 个车位（待设计方案明确后确定）。现先按规划设计条件中规定的 199 个车位进行测算，待规划部门批准扩大地下室面积后，再明确车库的收益。
　　　2. 公建配套：2322.02 平方米，包括幼儿园 1000 平方米、公厕 92.02 平方米、文化站及居委会 100 平方米、变电房 50 平方米、垃圾压缩站 80 平方米、原规划文件批复中规定的肉菜市场 1000 平方米。

二、项目前期总体策划思路与可行性研究相关结果指标

（一）项目开发原则及思路

以营销导向指导工程建设进度。先销售商品房住宅，再销售办公楼，首层商业、餐厅、会

所及酒店考虑作为长期经营性物业。开发顺序按照北部商品住宅楼（一期）到南部办公楼、回迁楼、商业裙楼（二期）。本项目总平面图如图14-1所示。

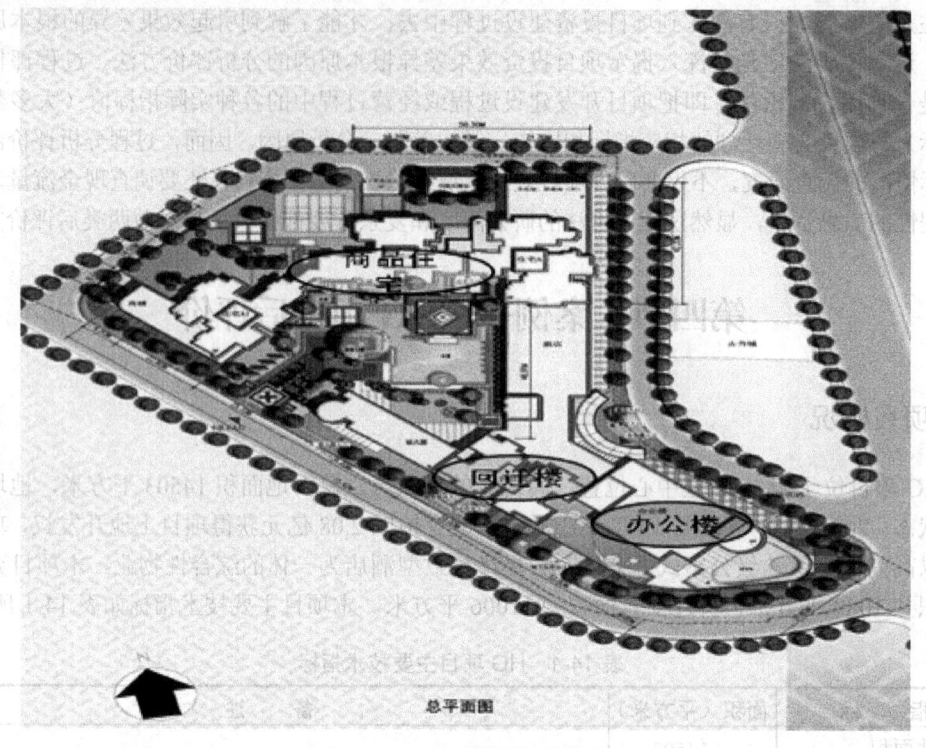

图14-1　HG项目总平面图

（二）项目定位

1. 项目功能定位

住宅市场定位——以现代简约的时尚西关生活空间为主题，以出色物业管理为特色的高档住宅。

办公楼市场定位——以自由、灵活、多元、便捷为主题，以提供甲级服务为目标的乙级公寓式办公楼。

商业市场定位——以"地铁商旅"都市商旅新干线为主题，具有西关风情的类三星精致型酒店。

2. 目标客户定位

（1）住宅部分。从原居住地细分：L区原居民以市内和港澳为主的海外亲友；从年龄上细分：以30~50岁的中青年为主；从职业上细分：以老师、医务人员、公务员、专业市场业户、贸易商人为主；从购房心理细分：以二次或多次置业为主；从购房需求细分：以自住和长线投资为主。

（2）办公楼部分。从区域来源上细分：以L区工作和生活的客户为主；从年龄上细分：以35~50岁的中青年为主；从职业上细分：贸易和咨询服务行业的中小型企业客户和专业市场业户为主；从购房心理细分：以多次置业为主；从购房目的细分：投资客占绝对比例（50%以上）。

（3）商业部分。定位于酒店将服务于周边专业市场商业往来的商务人士和区域旅游客户。

3．价格定位

（1）住宅价格定位：均价 9500 元/m²。

（2）办公楼价格定位：销售均价 9000 元/m²；租金均价：65 元/平方米/月；物业管理费：8 元/平方米/月。

（3）酒店价格定位：（需待酒店策划方案进一步深化）酒店的 2 楼为 1800 平方米的酒店配套设施，包括商务中心、休闲中心、中西餐厅等，租金约 50 元/平方米/月。

酒店 2 楼及以上部分为客房面积 8895 平方米，约 180 间客房，房价约 250 元/间/天。

（4）车位价格定位：均价 15 万元/个。

（三）财务评价指标

总投资 56933 万元，总收入 70748 万元（按考虑全部销售进行测算），总利润 13815 万元，投资利润率 24%。

（四）总体计划关键点

项目修规报建：2006 年 11 月

项目开工：2007 年 10 月

项目商品房住宅预售：2008 年 10 月 1 日

项目办公楼预售：2009 年 5 月

商品房住宅交楼时间：2009 年 9 月

回迁楼回迁完毕：2009 年 12 月

酒店试营业：2009 年 12 月

（五）项目目标

1．产品开发目标

在充分调研，深入分析市场的前提下，利用有限的土地资源，开发出均好性强，最具经济效益和品牌效益的房地产产品。

通过项目的住宅部分、办公楼部分、商业部分和配套设施部分的互相呼应，协调定位，提升住宅和办公楼的附加值，并使项目总体形象在统一的基础上进一步提升。

产品定位必须具有一定的超前性，有利于在实际销售时不同物业销售的合理组织和各类物业间销售价值的相互拉升。

2．项目效益目标

全面实现并超越项目的相关财务指标要求，即总收入超过 70748 万元，总利润超过 13815 万元，成本利润率高于 24%，销售利润率大于 18%，实现经济与品牌效益最大化。

3．规划设计目标

（1）符合项目的开发定位。

（2）符合项目开发定位的使用要求。

（3）符合项目的报建要求。

（4）充分利用地块的价值原则。

（5）各类型物业设计应考虑景观、朝向需要。

4．开发建设目标

（1）按期、优质地打造出地铁地产的标志性品牌社区。

(2) 项目开发与地铁品牌推广目标。

(3) 在项目自身实现经济效益与品牌效益的同时，带动地铁地产实现品牌飞跃，建立地铁高品位、高品质、高增值的房地产开发品牌形象。

5. 项目战略发展目标

开创地铁地产的"上品系列"的发展之路。

三、项目后评估

（一）项目经济效益后评估（见表 14-2～表 14-4）

表 14-2 HG 项目总投资费用明细表

单位：万元

工程费用名称	已发生成本		变更成本	总成本
	合同初始金额	已变更合同金额		
土地征用及拆迁费	42704	23	0	42727
前期工程费	1723	344	0	2067
主体建筑工程费	23905	6525	1992	32422
主体安装工程费	6064	1142	222	7428
社区管网、园林等配套设施费用	2323	434	0	2757
开发间接费用	802	161	0	963
融资费用	3321	0	0	3321
销售费用	695	0	0	695
管理费用	0	0	0	0
总投资额	81537	8629	2214	92380

表 14-3 HG 项目销售收入表

指标	面积（平方米）	销售单价	金额（万元）
销售收入合计			123782.18
其中：住宅	40142.00	1. 实际销售 412 套，以实际签约金额计算；2. 冻结房源，3 套以 1.7 万元/平方米售价估算	68811.89
公寓	16115.00	1.7 万元/平方米	27395.50
裙楼：1 层（商铺）	2168.60	5 万元/平方米	10843.00
裙楼：2～6 层	10528.90	1.1 万元/平方米	11581.79
车库（自然车位）	206.00	25 万元/个	5150.00

总投资 92380 万元，总收入 123782.18 万元（按考虑全部销售进行测算），总利润 31402 万元，投资利润率 34%。

表 14-4 项目经济效益实现情况对比表

指标	目标金额（万元）	实际金额（万元）	备注
总投资	56933	92380	
总收入	70748	123782.18	
总利润	13815	31402	
投资回报率	24%	34%	

（二）项目营销管理评估

1. 项目各类型物业销售情况

在项目体量较少，地块老城区资源富足的条件下，通过准确定位，锁定总价承受能力较强的客户，制定了积极有效的推广策略和销售策略，并通过一以贯之的生动鲜明的推广传递项目信息，最终实现了项目的良好销售。已发售的物业类型为住宅和公寓办公楼，其中住宅实现销售 98.5%，公寓办公楼实现销售 99%。住宅未实现销售的单位为前期因办理预售证时出现预测绘面积超出规划报建面积的住宅，拟于相关手续完备后重新销售。

2. 项目销售时机

2009 年，市场整体供需严重不平衡，触发市场销售旺盛，老城区成为置业热点，在此背景下，2009 年 11 月全盘单位一经推出，伺机抢占市场价格制高点。以高层中小户型单位实现的良好价格和销售速度做基础，带动高层大户型单位的销售，开盘 2 小时销售完毕，实现当日售罄的既定目标。

2012 年 10 月间，广州市住宅市场在限购的政策影响下产销量直下，但二期办公楼，按照产品定位为公寓式办公楼属不限购范畴，仅 30 天的客户积累期，公寓式办公楼当日销售推货量的 90%，最终实现 99%的销售业绩。

3. 原定位与实际设计建设成果的对比分析

（1）原定位户型、面积比。住宅总建筑面积为 50914 平方米，其中回迁面积 12095 平方米，可销售住宅面积 38819 平方米。按住宅部分的总建筑面积 50914 平方米的 70%计算，需设计为 90 平方米以下的面积约为 35640 平方米，扣除回迁面积 12095 平方米后，商品住宅部分仍有 23545 平方米的面积需设计为 90 平方米以下的户型，占商品住宅总建筑面积（38819 平方米）的 60%，即商品住宅部分约有 40%的面积可设计为 90 平方米以上的大户型。综合考虑潜在消费者的需求以及"国六条"的规定，提出如下方案：① 回迁住宅部分：按照回迁协议，回迁住宅的面积单户在 90 平方米以下的占到 96%，90 平方米以上的只有 9 套（见表 14-5）。因此回迁住宅的单元面积设计为 90 平方米以下的户型，个别 90 平方米以上的回迁户，通过打通两个单元进行组合来实现。② 商品住宅部分：根据目标客户的需求和新政的限制形成三个方案。

表 14-5　回迁住宅户型

户型建筑面积	套　　型	套　　数
25 平方米左右	一房一厅	33
35 平方米左右	一房一厅	55
45 平方米左右	二房一厅	39
55 平方米左右	二房一厅	46
65 平方米左右	三房一厅	24
85 平方米左右	三房一厅	28
合计		225

方案一：组合实现大面积，迎合市场需求

可售面积 38819 平方米全部设计为大面积单元。

其中，40%则设计为建筑面积 110 平方米左右的标准三房带主套单元、130 平方米左右的大三房单元和 150 平方米以下的四房带双主套单元。

其余的60%则设计为建筑面积为80平方米左右的大二房单元和组合打通实现的上述三种三房或四房单元，如表14-6所示。

表14-6 方案一：商品住宅户型表

户 型	大约套数（套）	占百分比（%）
80m² 大二房	146	30
110m² 三房	141	40
130m² 三房	59	20
150m² 四房	29	10
合计	375	100

方案二：不考虑组合，避免政策风险

可售面积中40%则设计成建筑面积110平方米左右的标准三房，130平方米左右的三房，则设计为带工人房的大户型。

其余的60%则设计成建筑面积90平方米以下的小三房，以及80平方米以下（建议考虑后期连通性，为65～75平方米）的两房户型单位，如表14-7所示。

表14-7 方案二：商品住宅户型表

户 型	套数（套）	占百分比（%）
80m² 以内的两房	166	30
90m² 以内的小三房	129	30
110m² 的三房	71	20
130m² 的四房	60	20
合计	426	100

方案三：方案一的调整方案

如果方案一遇到政策严格限制，不能做到组合打通的户型，就必须按照中户型直接销售。因而，建议优先考虑以分拆销售市场需求较大的两房单元组合，面积控制在65～75平方米，以增强突发政策的规避能力，如表14-8所示。

表14-8 方案三：商品住宅户型表

户 型	套数（套）	占百分比（%）
65m² 的小两房	118	20
75m² 的两房	58	10
80m² 的大二房	146	30
110m² 的三房	141	40
合计	463	100

接下来将三个方案进行对比，如表14-9所示。

表14-9 各方案对比表

方 案 一	方 案 二	方 案 三
与目标客户的匹配度	符合目标客户需求 匹配高端消费需求	符合目标客户需求 匹配低端消费需求（可通过连通方式调整）

续表

方案一	方案二	方案三
与政策的匹配度	需灵活应对政策规限	完全按照政策规定执行
规划设计难度	需要特殊处理，设计有难度	设计难度较方案一容易
市场竞争	户型档次高，市场竞争较小	户型档次低（如不连通销售），市场竞争压力大
价格水平	目标客户定位档次高，价格承受力高，价格调升空间大，高价格销售难度不大	目标客户定位档次较方案一低，价格承受力有限，价格调升空间不大，如必须在高位价格水平销售，需要采用连通户型，提升档次，增加销售推广手段
销售收入概算	约3.6亿	约3.55亿

最后给出户型定位建议：通过规划设计单位进行三种方案设计，因按照方案一执行不能处理好组合打通设计缺陷，以及较难处理好政策严格限制后对不能组合的户型影响，最后按照方案二优化户型设计并执行。

（2）实际建成的户型、面积比。可售面积中约40%设计成110平方米的三房、130平方米左右的三房带工人房的大户型。其余的60%则设计成建筑面积为90平方米以下的小三房户型，以及80平方米以下的两房两厅户型。如表14-10所示。

表14-10 户型和面积分析表

户型面积		套型	总建筑面积	面积比例	套数	套数比例	
90m² 以下	70m²	二房二厅	25397.37	62.62%	88	21.26%	72.46%
	80m²	二房二厅			88	21.26%	
	90m²	三房二厅			124	29.95%	
90m² 以上	110m²	三房二厅	15162.17	37.38%	27	13.77%	27.54%
	130m²	三房二厅			26	6.28%	
	150m²	三房二厅			31	7.49%	

（3）实际建成与定位的户型、面积对比小结。实际建成两房单位面积占43%，三房单位面积占50%，与定位时方案二中两房面积占30%、三房面积占50%相比，三房比例持平，两房比例减少1成多，与规避新政策影响有关。实际建成楼体四房户型南北对流，大三房户型户户观景，小三房户型东南朝向，非景观面设置为小面积两房，较好地实现了均好性。

4. 预期销售价格与实际价格的对比分析

项目销售均价与实际成交价格相比，已超过预期销售价格，主要原因有以下五个方面。

（1）市场形势好转，供需两旺。
（2）产品供应合理，品牌辐射到位。
（3）推广形象制胜，促销灵活出牌。
（4）推售营造紧张气氛，销控工作较好。
（5）实际成交客户与原定位目标客户的区别。

由表14-11最终分析得出，并从购买客户的特征角度分析，目标销售客户分析与最终购买客户特征分析契合度较高。在从事的职业和购房目的上略有差异。投资客户数量和比例因市场回暖等原因略有增加，因此两次、三次及以上置业次数的客户和购房自住（度假、改善居住环境）以外的客户比例呈现增加趋势。

表14-11 实际成交客户情况一览表

来源（%）	老城区	60.5	家庭月收入（%）	3000~5000	25
	镇区	37.2		6000~8000	30
	港澳	2.3		8000以上	45
年龄（%）	20~35	78	家庭结构（%）	两口	23
	35~50	16		三口	45
	50以上	6		四口	29
职业（%）	私营	5		四口以上	3
	个体	3	置业次数（%）	一次	62.5
	企业人员	69		二次	29.2
	专业人士	5.3		三次及以上	8.3
	公务员	8	购房目的（%）	度假	0
	事业单位职员	9.7		改善居住环境	70
付款方式（%）	一次性	15		其他	30
	按揭	85	交通工具（%）	私家车或其他	45
				公交车	55

（三）项目设计管理后评估

1. 项目设计管理执行情况与实施完成情况

（1）项目开发总平面规划布局。考虑到该地块用地形状不规则，功能复杂，将可售住宅、回迁房、公寓办公楼、商铺分开布局，减少干扰是该地块设计首要解决的问题。将商品住宅独立成区，并避开沿HG路一侧的吵闹区域，这样有利于提高商品住宅的档次，增加其出售价值；将HG路的沿街一侧设计成商业区，充分利用沿街面设计成商铺，通过外广场的设计，提升该地块的人气活力和购物环境，并且增加了商铺的沿街面积；同南面的逢源花苑相呼应形成有特色的西关风情商业街，增加了住户的归属感，可在商业裙楼两端分别布置回迁房、办公楼，使各类功能分开布局；将商业裙楼与办公楼置于一栋建筑物内，办公楼位于商业裙楼上，较能体现商业部分的连贯性和功能上的共享。从环保自然的角度考虑，建筑物采用南低北高的形态布局，商品住宅南北向布置，尽量提升楼距、景观优势并对居住环境适当围蔽。商业除首层部分以外的酒店面积可相互连接，便于商业裙楼的统一经营管理。裙楼上盖无建筑部分可考虑与转换层结合，设计为园林绿化空间或运动休闲场地。小区主出入口沿HG路设立，并采取适当形式强调入口位置，并突出项目形象。

（2）交通道路规划。该地块周边房屋密度较大，仅HG路和北向的一条7米宽的道路可供车行，如何处理好各类型建筑的出入口及使用者的交通流线，幼儿园、垃圾房等配套设施的合理布局是又一难点。针对此难点，解决方案如下：利用南面的西关特色风情小巷设计成有岭南风情的居住步行道，解决该地块住宅居民的步行疏散交通要求，并可在该道路的东段适当位置设置车库另一出入口。北面的道路则可作为西面可售住宅区的车行通道，可将车库出入口设于此。幼儿园设置在可售住宅区的南部，居民步行道的一侧，同对面的小学相呼应，形成文教区域，也便于家长的接送。垃圾房、公厕等设施设置在北部商业裙楼的首层凹位，便于垃圾车的进出，同时不干扰居民及商铺，形成相对独立封闭的区域。

（3）户型设计。

① 住宅户型设计又分为回迁住宅设计和商品住宅户型设计。回迁住宅户型设计要点：平面

设计以实用性为原则,着重考虑实际使用功能,设计上尽量减少不必要空间的浪费;为便于回迁工作的开展,在平面布局上应尽量争取厅出阳台的设计,争取避免黑厨黑厕,争取尽量多的南向单元。

商品住宅户型设计要点:大户型单元尽量朝南或南北对流布局,并且享受园林景观。130平方米以上大户型单元应设计带入户花园,同时主套中应考虑包含衣帽间及小书房。二房单元安排为并联设计,在兼顾投资客使用的同时,也可供需求大面积单元的客户打通组合使用。设计为组合成大户型销售的单元,必须同时具备良好的独立性。各种户型厅房开间和厨卫面积应在满足功能使用要求的同时体现舒适性;二房单元客厅宽度不少于 4 米,三房单位客厅不少于 4.5 米,均带观景阳台;主人房不少于 15 平方米,单边户型的主人房设转角对开飘窗;卫生间配置为淋浴间、洗手盘、座厕,厨房与工作阳台连接。设计上考虑应用转角飘窗、2 米以上超宽大阳台等消费者喜爱的卖点因素。在平面设计上要考虑电梯间的自然采光以及垃圾箱的设置问题,对住宅单元入口和走火楼梯的位置关系等,并考虑分体空调室内、室外机位置合理性等。单元实用率争取在 80%以上。

② 办公楼户型设计:户型间隔要求方正实用。平面布置采用单一核心筒式,且大面积单元临近电梯间布置(尽量避免线状布置使大部分办公楼单元远离电梯间的缺点)。每套办公楼单元均带独立洗手间和茶水间,也可设置烟道,提供将其用做公寓居住的可能。洗手间和茶水间的设置应尽量不影响多套单元打通使用的灵活性和实用性。为满足创造大面积的办公空间的可能,部分在高层单元采用中心核心筒附着洗手间的设计。

电梯充足(配置四台客梯,一台货梯,一台客梯和货梯可直达地下停车场),并考虑货梯设计的实用性。注意各楼层合理预留的公司水牌位置。在平面设计上要考虑电梯间的自然采光和通风,以及垃圾箱及公共厕所的设置问题。预留部分高层单元暂时不做任何间隔,只做"放线"处理,可灵活用于大面积租售,且节省施工成本,并处理好分体空调室内、室外机安排位置,避免室内机风管过长和室外机影响建筑立面。实用率要求达到 75%以上。

(4)建筑设计。项目地处 L 区,附近的街巷及建筑具有浓郁的西关特色,且周边居民喜爱西关的便利生活和悠久的文化,规划设计应满足居民们对岭南文化的依恋,营造具有文化特色的居住和商业环境。为保护并延续地块南面逢源花苑的风情小巷,建筑要退缩足够的距离,设计规划为岭南风情的休闲散步道,整体形成文化风情区;临街商铺可设计成骑楼样式,回归岭南建筑文化,创造特色购物环境,并引导周围居民对该地块的建筑产生认同感,沿街小商铺也便于租赁和经营;整体建筑风格采用岭南特色,但力求造型简洁,功能清晰,将现代的建筑功能融合传统的建筑文化整合设计。

① 住宅建筑设计:住宅建筑的外立面以现代、简洁、时尚的设计风格为主,选择明快、协调的颜色组合,并适当融入西关或岭南元素。回迁住宅立面设计坚持与相邻商品住宅或办公楼建筑立面的整体统一,立面主要细节设计应协调一致。注意做好分体空调室外机放置位置的外观修饰。

② 办公楼/商业建筑设计:外立面采用大幅玻璃幕墙,具有良好的现代美感和商务观感,同时设计可开启窗户,实现环保节能和低成本。办公楼的外立面须区别于岭南风格的住宅设计,并联动商业裙楼、外立面广告牌等综合设计。

(5)园林景观规划。项目的西面及北面非商业部分外围墙可种植大型绿色植物,种类可相互交错,植物以自然层次生长,高低起伏。绿化的构造保持了绿地侧边住宅的私密性,使人流聚集在周边时不会对住户造成干扰,而此景观又造成亲切的视觉角度,自然地把整体环境分为宁静与动态的层次空间。

（6）立面（层高）、灯光、消防、设备、环保、装饰、电梯、安全电力等配备。从经济角度考虑，回迁房屋单元层高为 2.9 米。大堂的层高为 4.5 米，公共通道的净高在 2.4 米以上，候梯厅的净高保持在 2.5 米以上。商品住宅，层高为 3.0 米。大堂的层高为 4 米，公共通道的净高在 2.8 米以上，电梯间的净高保持在 2.6 米。办公楼大堂的层高在 6 米以上，展现形象和档次。层高为 3.15 米，净高达 2.6 米，满足舒适使用的需要。公共通道的净高 2.5 米，并增加自然通风采光口。候梯厅的净高 2.6 米。

（7）公共部位装饰设计。重点在大堂、电梯轿厢、候梯厅、公共通道，利用色彩、材料的搭配体现时尚、商务或居住氛围、高档的观感，而不是高价值的成本投入。

2. 项目设计管理方面突出经验和教训

（1）项目设计管理的突出经验

① 设计招标采用"多控制点、全程跟踪"的过程控制方法：分阶段设置五个控制点，对招标过程进行深入控制。为保证回标设计质量及对设计要求的正确把握，在过程中的控制方法如下：第一控制点，开标后以探讨的形式摸索规划设计方向；第二控制点，十天后方案构思阶段以中期交流形式出现，以全面启发设计单位进行多思路考虑；在多种思路汇集的情况下，进行第三、四控制点，并邀请策划单位和甲方策划、工程、成本及设计人员，逐步提出明确对项目的思路，以控制设计方向，杜绝没有市场的方案出现；第五控制点，深入交流户型立面设计等，以确保投标方案深度达到要求。此法为实现设计成果的"零缺陷"打好了基础，并为规划评审工作提供了积极的参考作用。

② 加强施工图的审图工作：由于项目的综合性，有住宅、商业楼及办公楼，为保证出图质量，需要加强施工图的内审和各专业的统一配合。在项目设计过程中，工程设计管理人员非常重视对方案和施工过程图的审核，并同设计院就各项重大的技术问题进行充分的沟通。

③ 楼型、户型设计"点石成金"精准到位：项目概念设计上就充分体会目标客户的喜好，并适当提高目标客户的品位档次，给目标客户体验新的感觉。在户型设计中，结合项目定位，对目标人群意向进行观察，确定以大露台、南北对流、实用小三房等作为卖点，实现使用面积的最大化和均好性，进一步提高深化营销主导的理念，与竞争项目相比总价占优的稀缺多层单位，引领广州老城区住宅及公寓产品市场日益稀缺的楼型，继而引发市场热捧。

④ 污水处理生化池与地下室主体结合设计：由于地下室与建筑红线之间的距离较小，单独设计污水处理生化池不便于设计和施工，经过同设计院的共同探讨，决定将污水处理生化池与地下室主体设计在一起，不需要单独开挖和基坑支护，同主体一起进行施工。这样既节约了土建成本，同时也加快了工程施工的进度。

⑤ 给排水设计的综合考虑：考虑本项目在老城区，水压不稳且周边市政给排水水管使用时间长，所有住户给水均采用变频供水，保证了住户供水的可靠性和稳定性。

⑥ 结构设计上的成本控制：高层结构按最经济的进行设计，通过建筑调整使方柱不在室内突出，达到短支柱的平整效果，高层采用剪力墙落地不做转换梁的结构方式，在满足建筑功能的同时，又节约了成本。

（2）项目设计管理中吸取的教训

① 冷凝水管与地漏的关系问题：冷凝水不能直接排入地漏，而且地面没有找坡，夏天会造成较严重的积水问题，如果户式中央空调在以后项目中使用，应该统一解决。（产品标准问题）

② 立面装修问题：外墙使用新型材料加气块，容易导致外墙的漏水。另外，卫生间沉箱进

行整改时发现给水管生锈，部分连接处和生锈部位均有不同程度的渗漏水。设计单位未根据设计咨询单位意见采用 PP-R 塑料复合管，而是采用了 PSP 钢塑管。经了解，PP-R 塑料复合管价格较 PSP 钢塑管价格低，且不会生锈。（材料选型问题）。

③ 室内热水管不连通，导致不能实现安装一个储水式热水器即满足套内热水供应。

④ 煤气管道由 G 市煤气公司设计并施工，未通至阳台，仅连通厨房，导致无法在阳台安装煤气热水器。

⑤ A1～A3 栋洗手间沉箱未充分考虑沉箱设计的防水效果，未设计二次排水。A1～A3 栋洗手间沉箱设计需回填陶粒混凝土，而该设计方案对施工工艺要求较高，若施工工艺未达到设计要求，易引起回填陶粒混凝土松动，导致上层防水层破裂；且在陶粒的压力下，PSP 钢塑管在连接处易产生错位，引起渗漏水。由于沉箱设计未考虑二次排水，易造成墙角及墙面浸湿、墙体油漆表层脱落、木地板及木踢脚线起拱裂开等一系列问题。

⑥ 电梯厅的照明采用 48 盏节能灯的问题：对以后的物业管理产生较大的影响。如果电梯厅的设计考虑了节能灯因素，不但能够节省运行费用，而且还会节省灯具和安装投资费用。

⑦ 防火门的质量问题：防火门本身存在较严重的质量问题，在设计时没有考虑这个细节，造成防火门的闭门器、五金配件存在严重的使用问题（门不能全部打开）。

⑧ 照明电气系统：由于在土建施工图设计阶段未确定精装修方案及天花灯位布置图，因此电气设计图中只考虑了照明的照度满足要求，在结构施工时按照土建施工图纸进行了电气照明管线的预留和预埋，但在精装修电气出图时由于综合考虑了天花灯位的布置及烟感、喷淋的布置等因素，致使精装修电气土建施工图纸与原图纸严重不符，造成原有预留、预埋的管线几乎全部作废，照明电气管线需要在吊顶中全部重新走明管施工，作废的管线加上重新施工的管线费用近 80 万元，单纯增加的费用 50 多万元。此类问题如在施工图设计阶段就确定精装方案，或者有吊顶的照明电气管线做结构时不做预留、预埋，也许就可以避免此类问题的发生。

⑨ 消防报警系统：由于原北建院设计图纸与消防深化设计图纸不交圈，造成设计漏项，后期施工时补管及增加线槽，增加了很多费用。

⑩ 户式空调容量的设计：由于原设计图纸未考虑后期户式空调室外机的实际摆放数量及位置，造成户式空调电容量不均衡，不得已只好对已施工完毕的吊顶进行拆改，重新布置电缆，配电箱也因此作了很大调整，增加了很多费用。

⑪ 精装设计：无与幕墙连接节点，无分格图（对缝原则考虑损耗率），无专业综合图（空调、消防、水、强电、弱电），导致吊顶高度确定仓促未考虑周全，工程完毕才发现空调检修口问题。精装图纸与建筑图不符，专业图纸与土建图纸不符。

⑫ 由于设计原因增加的费用和变更、拆改的费用占一定的比例，而且不考虑因为改动而带来的工期延误损失，因此需要解决如何挑选设计院，如何控制设计院的设计水平，如何与设计院进行沟通，由于设计自身责任出现的现场签证等问题，如少、漏设计，设计方案不能满足要求，重大的设计失误等，应扣除此部分设计费，并向设计院索赔造成的损失。这些问题频繁发生说明对设计院的要求和控制力度还不够，施工有总包，设计也应实施总包负责制，对各专业深化设计，进行汇总协调，以避免设计不交圈，造成设计漏项及设计不合理。而设计图纸的质量与成本的控制密切相关，设计的经济合理性对成本至关重要，需要组织专业技术力量，对设计方案、施工方案进行审核，从方案及设计阶段对成本进行控制。加强设计图纸的审核力度，力争在施工前把图纸中存在的问题解决，避免施工完成后再进行修改，减少实施过程中的成本预测外费用的发生。所以项目启动前应采取措施加强对设计质量及经济合理性的监控力度，加

行设计责任,从源头做起,才能有效控制造价,保证工程质量。

(四)项目工程管理后评价

1. 项目安全与进度管理后评价

(1) 档案资料管理评估

项目所有的工程资料和相关的会议纪要均齐全,每周定时召开工程协调会议、安全例会并及时出具会议纪要,定时整理好各类相关的文件进行分类保存。各类合同均按照规定执行,并与各合同方签署有效的合同文件,各类合同都能建立明细的合同台账。重大决策文件主要有会议汇报文件、会议纪要、招标领导小组会议纪要、招领会及计划协调会议纪要等,以上资料均归集在合同管理经办人,以及计划管理经办人处。项目档案按照公司有关规定和要求完成归档工作。

(2) 施工安全管理评估

① 安全、文明施工建设,确保安全生产:项目部自开工以来就十分重视安全文明施工工作,通过集团公司、总部各部门的联合巡检和定期检查督促、引导,并采用详细的评比打分表来全方面地评价安全生产工作。

- 在合同中明确要求标准的安全文明施工范本,责令限期建立安全管理组织架构。明确各相关责任人及其岗位职责,明确建设单位的项目经理是安全生产监督第一责任人,总部副总经理安全生产监督直接责任人,专职安全员是安全监督管理责任人,按照集团公司及总部的相关规定承担相应的安全工作法律责任,且定期对各项目安全文明施工情况进行评比和通报。
- 根据项目的实际特点,由建设单位组织和安排,监理和各施工单位编制安全施工及文明施工规划大纲,针对重大安全隐患和法律法规规定,编制专项安全施工方案,监理单位编制安全监理实施细则,提交建设单位审批,并作为项目实施过程中的安全文明施工工作的指导文件。各级安全管理人员定期学习和培训有关安全生产的法律法规、规范、文件以及新的安全文明施工案例,确实有针对性地落实各项安全文明施工措施,并在安全文明施工上取得良好运转,树立安全无小事,防患于未然,人人都是安全员的主人翁责任意识。
- 加强对施工单位安全准备工作的督促与审查。监督、检查和培训各施工单位统一的安全文明施工工作,建立安全生产责任制度及安全操作规程,对照合同约定的安全文明施工组织架构,审核安全管理员的配置完整情况及安全员的上岗资格。对施工单位的专项施工方案的准备情况,有条件的可以有针对性地安排紧急救援演练。审查施工单位的安全生产工作记录。
- 检查施工作业工人的持证上岗、培训教育情况。加大对施工大型机械设备及施工机具的检查。加强安全标志、警告牌的挂设以及"三宝"、"四口"安全防护的检查,不符合要求的一律要求彻底整改。督促检查临时施工用电安全及消防设施情况。

② 安全设施投入的监管:项目安全设施投入监控的主要手段是通过严格审核进度款中的安全措施费。现场工程师在审批安全措施费时,必须确认施工单位是否按照合同规定、相关安全规范的要求进行,若发现投入不足现象立即采取必要的手段和措施督促施工单位进行整改,确保安全防护、文明施工费用专款专用。

(3) 施工进度管理评估

本工程土建合同工期为552天,整个项目完工时间为2011年9月,工期延迟约14个月,造成工期延迟的具体原因总结如下。

① A5栋规划许可证因功能变化延迟批复。A5栋因市场需要功能用途变为商业、办公，规划许可证推迟批复，导致二期施工许可证2008年10月30日才予以下发，造成工期直接影响约10个月。

② 地下障碍物过多导致基础工程工期延迟。由于本项目地址前期拟建某建筑物，地下有不少支护结构（其中有不少连续墙）、桩基础、承台以及底板等不明障碍物，而且没有前期拟建工程的基础资料，因此在基坑支护、桩基础施工时，不断采取各种施工技术来清理障碍物或采取措施避让，对基础工程的施工进度造成很大影响，由此造成工期延迟约3个月。

③ 为确保一号地铁的正常运行改变施工方法，导致二期基础工程延迟2个月。由于二期工程基坑边离一号地铁轨道隧道边最近距离约20米，桩基础按照原有的施工方案施工会造成隧道的偏移而影响地铁正常运行，为确保地铁的正常运行，本项目部有针对性地改变施工技术，一是要求使用的施工机械设备明显减少，二是利用小径冲孔依次施工（大孔改小孔的施工方法），因此施工明显放慢，导致工期延迟2个多月。

2．项目计划管理后评价

项目的计划管理工作主要分为计划制订，计划跟踪，计划的报告和考核，协调、预警等四个方面。

（1）计划制订。项目开发计划是投标节点计划以及项目实施总控计划的重要文件，是指导项目开发建设工作的重要工具。项目实施初期虽有使用Project软件制订的开发计划，但月度工作计划采用Excel软件编制和考核，没有表现出各关联任务的相互关系。须根据实际情况，用Project细化施工阶段的各项任务。在Project项目列表中可以清楚地展现各项任务的链接关系，方便任务的跟踪、汇总，并可及时发现延期任务对后续工作的影响。

在编制月度计划时，能够有意识地对有条件开始的工作提前安排并列入计划，如项目的面积实测提前3个月列入项目计划，并提前完成。实测报告的提前完成，及时为规划验收及销售证的调整提供了数据，保证了销售关键任务的完成。

（2）计划跟踪。计划跟踪主要由项目经理按照前期确定的里程碑节点计划，按照项目开发的实际情况，分阶段、分类别、分部门、分年度地向计划管理部门上报审批。为了全面掌握关键路线上的各个节点的进展情况，项目经理需要根据总控计划进行分解，任务分解到每月、每周甚至每日。在计划执行期间，项目经理必须每周参加一次监理例会，并对比工程形象进度和计划的差别，分析原因并及时将项目进展情况利用照片或摄像等电子文件方式，同时以周报或月报的形式反馈给总部。

（3）计划的报告和考核。计划管理部门每月的月中和月底完成计划月通报，并在月底对项目完成计划情况在总部计划协调会上进行通报。依据计划跟踪情况，针对反应的问题，统一协调沟通。最终按照计划完成情况的报告进行相应的考核和评比。

（4）协调、预警。计划部门在监督考核计划执行的同时，也对各部门工作起到了协调和预警作用，如在项目验收阶段，着重协调前期与工程，物业与工程的各项工作，制订相关计划并督促完成。遇到关键节点可能或已经延误的紧急情况，须快速且同步向项目经理通报，并对影响节点的人员或部门，以通告形式发预警单到计划管理部门和总部领导。与此同时，及时进行协调沟通找出解决问题的办法。

3．项目工程质量管理后评价

（1）工程质量管理的措施及效果

总承包单位都为G市房屋建筑工程有限公司，属于第一次合作，在工程做法上对地铁集团公司类似地铁建设施工的通用做法较为陌生，较大地影响了项目工作的开展。项目部对重要工序组织技术交底，对每一道工艺进行控制要点交底，现场严格实行样板先行制度。经历了一期工程施工的历练后，现场管理水平有所提高，现场工作有所改善。

总承包单位施工质量和工程管理水平需要大力加强，总承包单位也负起责任协调各分包施工质量、进度和各种关系。项目部需要通过如下措施达到项目工程质量有效控制的要求。① 事前质量控制：事前质量控制是设计单位在图纸下发后，到现场进行技术交底，要求监理和总承包单位参加。现场监理公司在组织图纸审查后，由总监在总承包单位进场前，进行技术交底。目的就是做好统一标准，统一目标，统一行动。② 事中质量控制：要求在各项工序交接时有检查、有旁站、有确认。做到施工前有技术方案，技术措施施工前有交底，施工过程有监督，质量控制有复查，质量文件有归档。监理单位按照监理大纲的要求，做好旁站记录，做到工序交接必检、循环互检、甲方飞行检等多种质量控制方法，并按照各项技术措施和工序流程控制要点编制检查表格，在检查时严格按照表格内容进行填报，以此进一步加强对总包单位和各分包单位，以及工序与工序之间的质量控制。③ 事后质量控制：要求总承包单位对成品进行保护和保管，包括对分包单位、甲方指定单位、材料供应单位等的成品的保护。树立总承包单位的责任意识，并及时要求分包单位向总承包单位，以及总承包单位向项目部，项目部向物业公司进行移交工作。减少成品破坏以及各单位相互推诿索赔的情况。项目部对已完工工程进行了多次严格的检查验收，包括项目工程师联合大检查、监理公司专项检查、各项目之间联合验收、竣工验收内部初验收、逐套质量检验等。发现问题，及时协调解决，避免客户投诉。

（2）项目工程质量管理经验教训

① 低价中标模式造成施工单位投入不足、管理水平下降，给项目质量及进度管理带来较大的隐患。例如，装修招标工作用近半年时间完成；采用低价中标的方式，造成装修施工进度缓慢；在投入不足又需要进行赶工的情况下，最终导致装修质量严重下降，并造成交楼整改工作量巨大。

② 施工前期准备工作不足，计划得不到有效执行。

③ 项目场地地质情况相当复杂，但前期勘探工作为控制成本，现场勘探布控点严重不足，导致地质报告对设计指导性较差，原设计图纸的基础形式在现场施工出入较大。最终造成一期工程桩基础有较大变更。因勘探结果与实际开挖结果不符，不仅增加了预算外成本，而且大大增加了施工工期。基础施工占用了大量时间，后续施工时间缩短，引发一系列进度、质量问题。

④ 标段划分对工程质量、进度管理的影响较大。对一些基面交接量巨大和质量控制容易扯皮的工作，如防水施工、外墙涂料、铝合金门窗等工作尽可能由总承包单位来完成施工，避免项目部花费巨大精力进行现场协调。

⑤ 渗漏、裂缝等质量通病控制仍存在问题：项目一期在2010年6月30日入伙，虽然入伙前项目组织施工单位进行了多次入伙前检查维修，但入伙期间还有较多的质量通病投诉。装修进场施工前，室内给水管道只进行试压没有具备通水条件，交付客户后发现一些水嘴水压小，个别的甚至无法供水，后查明因接头部位热熔过度，堵塞管道，造成一些客户投诉。

（五）项目成本管理后评价

1. 项目开发单位成本分析

项目开发的各个阶段，根据具体情况及时提出了成本控制指标。虽然集团对成本科目进行了调整，各项建安成本内容的归集也有所调整，但重新调整的各项成本控制值仍具有指导意义。

从新的成本科目重新归集的成本控制值来看,前期工程、基础工程、高层住宅、配套工程的实际成本及单位成本均高于成本控制值。由于新增立体车位及园建、室内装修、绿化档次的提高,室外工程则大幅超过成本控制值。

2006年11月,HG项目第一次全面预算总投资额为56933万元,2006年12月的前期策划报告中提到项目总投资额预计为56897万元,2007年3月项目"立项报告审批表"中提到项目总投资额为60619万元,2007年全面预算下达的项目总投资额为56933万元,2008年下达的全面预算中调整项目总投资额至63509万元,现实际项目总投资额约为92380万元。可见,HG项目总投资额在其开发期间调整多次,主要原因为在HG项目开发过程中,缺乏明确的、经专业部门审定的HG项目成本控制目标;作为房地产开发总成本实际控制手段的全面预算,在对房地产开发项目总投资预算进行调整时也缺乏严谨的专业审批程序和考核机制,使目标成本管理缺乏有效的管理抓手。同时,由于公司在HG项目招标前期,未配置专业的概预算审查人员,因此对项目投标及进度款支付的预结算审查并不到位,也未对投资成本进行动态回归和预警。

土建单方造价、钢筋含量、砼含量等指标值偏高。如表14-12所示,项目A1~A3栋结算指标较预算指标均有不同程度的偏高,尤其是钢筋含量和土建单方造价超预算指标值较大,对比同类项目的砼含量、钢筋含量和土建单方造价也偏高。初步设计和施工图设计任务书均规定,对应地上建筑面积含钢量为 $70kg/m^2$。设计任务书是设计咨询单位根据项目实际情况编制的供甲方将相关设计要求输入给设计单位,并对设计单位进行相关指标管控的依据,而实际项目的地上建筑面积含钢量结算指标超出设计任务书指标 $26kg/m^2$。

表14-12 A1~A3栋结算指标值与预算指标值、相似工程指标值的对比表

设计指标		预算指标	A1~A3栋结算指标	无锡市某高层住宅	南京市建邺区某高层住宅
砼含量(kg/m^2)	地下	1.25	0.42	0.72	0.48	0.40
	地上	0.41	1.47			
钢筋含量(kg/m^2)	地下	147	242	140	88.12	61.56
	地上	64	96			
土建单方造价(元/m^2)	地下	2433	6415	2750	1529.87	1585.44
	地上	1292	1300			

2. 项目合同管理和成本控制策划

(1) 标段划分模式

项目合同标段划分采用了通用的"总承包单位+机电分包单位+装修分包单位+物资公司(甲供材)"模式。本着以保证工程质量、降低总成本、专业公司做专业工程为目的,兼顾工程整体协调和配合并发挥总承包管理责任,在工程策划中将标段划分作为重要事项处理,合理划分并注意承包范围的衔接问题,有序地开展招投标计划。

① 总承包工程标段划分:总承包合同采用工程量清单计价方式,以总价包干和单价包干形式结合使用。合同中除土方、地下室连续墙及地下与地上主体工程为总价包干外,其余工程桩基、旧基础处理等均为综合单价包工包料承包。

② 专项分包标段划分:专项分包除政府强制规定投标人资格的,均需要造价金额,按照100万以上公开招标,100万以下招议标进行招标工作。以G市建筑工程、装饰工程、安装工程等专业工程消耗量标准、建筑材料信息价格除钢筋、混凝土可按10%以上调差外,其余不作

调整，以工程量清单报价方式进行招标。

（2）合同标段划分阶段取得的积极成果

在合同标段划分过程中，严格遵守公司的相关规定和流程，保证了招标工作的公平和公正，在保证施工进度和质量的前提下，合理地降低了成本。

根据统计数据，设计阶段对总成本的影响率占到70%之多，所以设计部门在设计初期就必须树立成本意识，将设计限额在设计任务书中进行明确，在设计过程中时刻紧绷限额设计这根弦，在源头上就把好成本这关。在施工过程中，对较大的设计变更先进行成本估算。对严重影响成本即较大的变更，须与设计部门沟通，并进行设计变更方案比选，同时做好设计总结，过程中按流程做好变更签证手续。

（3）工程结算情况

工程结算作为成本控制的最后环节，直接决定了工程的实际成本。对于总价包干合同，原则上对图纸进行包干，并按照设计竣工图进行预算分析、结算。对于综合单价合同，采用现场实际工程量、设计变更、现场签证的综合计算进行按个结算。本着严格、全面、公平的原则，对于需现场实测的工程量，项目、监理、施工单位三方现场确认并留下现场签证照片和纸制文件，三方同时确认来保证工程量的准确性和真实性。对于施工单位报送的结算资料，严格审核相关手续是否办理完毕，必要时需要请第三方咨询机构审核。对于不符合公司合同管理要求的，则不予办理。

3．项目成本管理控制情况

从工程结算的结果看，变更预算总金额占工程合同标段划分金额的13.3%，总体来看偏大，但以初步设计阶段的图纸进行的招标标底价来说，13.3%应属于行业内正常的变更比例。

变更预算增加较大的原因主要有四个：一是为防止在施工过程中超付工程款及招标图纸不完善，在合同标段划分时暂定工程量定的偏小。二是由于时间紧张，招标图纸不够完善，错漏较多，或与最终施工图纸差异过大，造成设计变更较多，有些甚至是结构性的修改。三是由于项目销售价格节节攀升，为适应形势，提高整个项目的档次和形象，加大了室内装修、室外园建、绿化等的投入。四是原预算编制中的漏项较多且单价估算偏低，不符合市场价格，导致结算时对应编制的预算偏差较大。

4．项目成本管理中的经验与教训

（1）土方工程。由于土方工程采用的是暂定工程量合同，现场实测实量的准确性直接决定了工程造价的准确性，因此在施工过程中有必要配备专门的测量工程师及时测出开挖前后的场地标高方格网，并进行三方确认，保留好现场记录，防止在结算过程中互相扯皮。结算时不要采用场地平均深度乘以基坑面积的方法，而应尽量采用方格网计算出的土方量，只有这样算出的土方量才是准确的；同时由于内、外运土方的价格相差较大，施工单位经常在这方面做手脚，这就需要在开挖前就确定大致的内、外运分界线，并在开挖过程中及时调整并记录现场情况的变化，做到所有土方量的来源都有依据，而不是事后拍脑袋。

（2）总承包工程。只有一个总承包单位，而且该总承包单位技术及经济实力均较强，这为施工阶段的现场管理和成本控制工作带来了极大的便利。一期总承包单位在交楼后半年，就完成了所有的结算工作。二期总承包单位的结算工作也在2013年下半年基本完成。因此选择一个实力较强的总承包单位是有利于项目发展的。

（3）绿化工程。在售楼展示区绿化工程中，设计道路需要与市政道路相连接，而且由于先

第十四章 房地产项目投资后评价

行施工需要尽早地对综合管线进行施工,避免反复开挖和道路施工;在小区内部绿化工程中,合同签订后,有一半的苗木品种因图纸设计与苗厂的不一致,发生了较多变化。这些情况不利于成本控制,且容易出现货不对板的情况,今后应当尽量在设计阶段就稳定苗木的选材或指定苗厂来控制园林的成本和效果。

(4) 园建工程。在施工过程中,由于园建档次的提升,铺装面积大幅上升,造成其施工力量不足,给现场管理及成本控制造成了很多困难。

(5) 项目主要的总承包、分包工程基本上没有出现无图标段划分的情况,避免了许多项目中出现的所谓"三边工程",并没有造成许多事后扯皮的情况。

(6) 在收尾阶段,出现了大量零星的装修、栏杆、围墙等工程,单个工程虽较小,但几个小工程加在一起总造价就比较高了。如果这类小工程每出现一个就招一次标,消耗了许多无谓的时间和精力,而且完全按照招标流程进行招投标,就很难满足该类工程对工期的要求。如果直接委托相关单位施工,一方面成本不易控制,施工单位经常讨价还价,以工期紧张为名,提高造价;另一方面也造成了相关合同的结算金额大幅增加,给合同的成本归集造成了混淆。比如栏杆工程实际工程量与暂定工程偏差不大,但是由于委托其完成了许多零星的栏杆(水箱的不锈钢爬梯、小区的围墙栏杆等)工程,造成结算金额大幅增加,而且增加的内容和原合同内容不属于同一个成本科目。建议今后可把各项目相类似的零星工程归纳整理,集中标段划分或者采取一个综合单价的确定方式,以便该类工程的成本控制。

(7) 现场各种结算资料的收集整理和保管是项目合同工作的重要部分,也是做好项目成本控制的基础。由于工程师的流动性较大,而且基本上是独自负责一块工作,经常发生某位工程师工作变动后,而由于其负责的工作他人不清楚不知晓,造成了现场联系单和签证的困难,如果不及时办理,签字确认,就会造成某项工作签证难以确认的情况。同时,详细的基础资料和证据也是解决双方争议问题的依据。这就要求及时做到"月清月结"工作,工程师应对已发生的现场签证及时签字确认,并保管好相应资料。

(8) 设计变更往往是发生造价上涨的主要因素,比如结构设计变更、园建及绿化设计变更等。因此审图不够,对成本的事前控制做得不好,不能从图纸及施工方案上提前发现问题,变更不及时,成本控制就容易失控。

(9) 项目有关部门和人员需要提高成本意识。从项目前期定位开始,在设计、招标、施工、变更以及结算等每个环节,都应把成本管理放在首位。成本管理是系统性的工作,不一定省钱就是对的,而更应该从总体把控,本着以性价比取胜的原则。项目有关部门应与成本管理部门说明原因,尽量做到成本的合理性,避免一味地强调最低价,导致项目管理上的被动和局限。

(六) 客户服务及物业管理

一般一个独立开发项目的客户服务在项目销售阶段已经开始。客户服务包括日常客户维护,客户接洽,客户交楼以及维修维保等售后服务工作外,还包括服务升级等方面的工作。

1. 客户日常维护工作

(1) 用给客户寄送生日卡、过节问候、温馨提示等服务来维系客户感情。给客户寄送企业内刊和企业报刊,引导和扩大公司在客户中的影响力,从而增加客户的忠诚度,也能潜移默化地提升企业品牌效应,使客户提升荣誉感;也可以线下推广给潜在客户,正面地宣传和发展公司的形象度和影响力。

(2) 客户顺利收房和交楼后,客服中心可以根据客户的情况,提供上门服务和升级服务,同时可以提升物业管理的满意度,从而提升项目的档次和口碑,客户也会得到一定的实惠,达到双赢的效果。

2. 客户交楼工作

项目在工期紧、工程量大的情况下,各部门团结一致,通力配合,为集中交楼工作的顺利开展奠定了非常好的基础。通过这次集中交楼,做如下总结。

(1) 良好的质量和热情的服务,特别是准时交楼,体现了一个开发商的诚信。在施工过程中就要求物业公司参与项目的施工,特别在机电类工程施工期间起到监督制造的作用。在交楼前三个月,项目要求物业公司代表客户进行的全面验收。通过验收查找各种问题,也同时是在帮助物业公司提前了解整个项目运营的条件。加强交楼期间的接管能力,对物业公司全面接管以及后期维修维护起到了一定的促进作用。

(2) 在客户收楼前期,项目部组织了物业公司、销售部门、销售代理多次针对收楼的统一培训,包括特别针对交楼的交楼流程培训、交楼接待礼仪培训,以及维修整改培训、现场交楼的应急预案等。这些都是顺利交楼的重要保证。

(3) 在交楼过程中发现需要整改的问题,由物业公司汇总统一交项目部,并敦促施工单位在约定的整改时间之前进行整改,可以大量减少客户交楼时的投诉。

3. 前期物业管理的情况及经验教训

在物业的前期介入及项目部的交接验收过程中,项目部统一召集各个专业施工方、材料供应商、主要设备厂家等,对物业公司进行整体培训,全面介绍使用功能并进行技术交底,给物业公司日后的经营维护工作创造有利条件。经验教训总结如下。

(1) 在设计审图阶段,引进物业管理公司的意见,由物业公司从使用者的角度把关设计方案的合理性。既考虑使用的合理性,也考虑日后物业管理的方便。

(2) 部分设计不合理,造成项目永远的缺陷。例如,电梯先天不足,靠验收整改中的后天改造、调节、再改造、再调节维护成本太大,最后的效果难以达到最佳。这些问题设计时可能就是图纸一点小变动和安装施工时注意保护就可以解决的。

(3) 尽快建立产品标准,统一项目定位与物业公司的产品概念。例如,停车库的产品概念中是否包含坡道雨搭;楼宇自控的概念中远程控制的范围是什么;远程监测的范围是什么;建筑面积、安防需求与电视监控点位的比例标准。

(4) 产品定位要准确。例如,住宅与办公楼的消防要求不同,住宅与办公楼的使用客户人群不同,产品定位的变化直接影响物业管理取向。

(5) 项目部与物业公司的配合方面还要进一步加强。例如,允许中国电信供应商独家经营,虽然中国电信免费给予铺设管道还提供租赁机房的费用,但由于电信施工单位的参差不齐,施工配合难度较大,难以满足日后客户使用上的要求,也给物业管理带来了一定缺陷,尽管物业公司多次协调,也达不到理想效果。因此在物业验收中,尽早知会物业公司有关弱电系统和智能化系统的使用效果,对项目日后的经营意义重大。

(6) 销售承诺必须统一口径。在客户提前交楼的前期,销售员对客户的承诺与物业相关规定不符,也造成了部分客户交楼时的抵触心理。例如,承诺客户对房屋装修对结构和外墙的改动,以及承诺客户交楼交纳物业费起始日期都与物业管理规定有较大差距。

(7) 物业工程人员对项目工程进度、质量及施工工艺的控制、了解不够,难以在第一时间了解现场的实际情况并及时解决,主要原因在于人力资源配备不够,专业工程师专业能力不高,其结果就是因工作量巨大而无暇顾及，难以面面俱到。

（8）施工组织问题。项目整体即将竣工并马上要向客户交楼，可是几乎没有一项工程彻彻底底地完工，几乎每一项都存在问题，成品保护问题凸显，造成财力人力的浪费。例如，精装单位刚刚装修好的木地板被刷涂料的施工人员弄脏，安装好玻璃栏杆后又经常被后续机电安装施工人员破坏等问题。

四、项目后评价结论

（1）L区作为G市的老城区，也是房地产开发的传统旺地。该区域一直是"公共配套成熟、生活设施完善、教育资源配套好"的代名词。近几年来，老城区房地产业蓬勃发展，取得了不俗的业绩，此项目大大加强了地铁房地产品牌的区域化优势。

（2）该项目属于较常规的一个中小型项目，但在老城区却属于较大用地面积。项目采用"快、准、狠"的发展方式，在规划、户型、立面、景观、销售策略等方面充分地体现了高尚、价优、实用的概念。

（3）在设计过程中，建筑、结构、景观、室内设计、设备专业均采取有效措施对设计过程进行有效控制，保证了出图进度，提高了出图质量，降低了设计费用，但整个设计过程从结果来看，仍未能严格按照限额设计，有效地控制在预定的控制指标范围内。

（4）项目的营销工作从节约成本的角度出发，能独辟蹊径地创造出地铁房地产品牌推广形象，在营销中也充分利用了周边的资源和造势，准确把握了目标客户，采取集中火力，速战速决的方法，以最快的速度成功地完成了销售任务，特别是在项目销售后期，在遇到住宅市场低迷和恶性竞争的情况下，项目先行采取了合理的销售策略，保证了公寓式办公楼等单位的持续热销。

（5）项目经历了市场价格飞速上扬的过程，随之利润也大幅度上升，远超过可研阶段的预计，获得了良好的经济效益。

（6）总体来看，HG项目整体管理水平在不断地完善和提高，但本项目在工程设计管理、合同管理、施工管理、财务处理等方面的精细化管理水平仍有待提高。

复习思考题

1. 投资项目后评价的内涵是什么？特征有哪些？
2. 试以一个世界银行贷款项目为例，说明项目后评价的主要内容与评价程序。
3. 房地产项目后评价的内容有哪些？评价指标与方法是什么？试结合一个具体的房地产项目，对其进行后评价。

第十五章　房地产开发项目可行性研究案例

　　本章提供了两个实际房地产项目可行性研究案例。其中一个为大型的新开发房地产项目，另一个为城市更新改造项目。期望通过本章案例的学习，加深对相关理论与方法的理解，获得对实际项目进行可行性研究的感性认识。同时这些案例也可为具体项目可行性研究工作的开展提供参考与示范。

案例一 GZ市白云地块项目可行性研究

一、项目简述

（一）项目概况

（1）位置。本项目位于GZ市近郊白云镇南部，濒临东江，西接增城沙埔镇和新塘镇，与东莞市中堂镇隔江相望。紧靠规划中的广园东路延长线三期白云收费站，距已通车的广园东二期瑶田出口约14千米。距离GZ市天河商业中心区约46千米，距离增城城区荔城约27千米。

（2）用地规模与地块现状。用地规模：首期用地包括广园东沿线和大洲岛约75万平方米（合约1200亩），可建筑面积34万平方米；整个地块约9500亩，包括鹅桂洲，可建面积待定。

地块现状如下。

① 地块目前主要为耕地、工业用地及部分河滩地。

② 首期用地中包括两个自然村，共200多户，其余为农田和水面。

③ 鹅桂洲与大洲岛均四面环水，江面最宽处达180米，周边视野开阔。大洲岛上有大量茂密的荔枝树，与水景一起构成良好的自然景观。

④ 项目所在地白云镇之前的主要产业为水泥制造，目前用地周边仍遗留有为数不少的水泥厂，其中部分尚未完全停产。在地块的视线范围内，均可看见大小不等的烟囱，它们有的位于白云镇，有的位于邻近的沙埔镇，有的则位于东莞市中堂镇。

（3）本项目基于景森工程设计顾问有限公司的初步规划方案进行相关的财务评价。用地平衡表如表15-1所示。

表15-1 连体别墅区用地平衡表

项 目	计量单位	数 值	所占比值（%）
用地总面积	ha	42	
居住区用地	ha	42	100
住宅用地	ha	28	67
公建用地	ha	3	7
道路用地	ha	3	7
公共绿地	ha	8	19

（二）项目主要技术经济指标（见表15-2～表15-6）

表15-2 连体别墅区经济技术指标表

项 目	计量单位	数 值	所占比数（%）	备 注
用地总面积	ha	42		
居住户（套）数	户（套）	884		
居住人数	人	3094		
户均人口	人/户	4		

续表

项 目	计量单位	数 值	所占比数（%）	备 注
总建筑面积	万平方米	22		
计算容积率建筑总面积	万平方米	22	100	
住宅建筑面积	平方米	204340	94	
规划	平方米	204340		
保留	平方米	0		
公建面积	平方米	15660	6	
规划	平方米	15660		
保留	平方米	0		
人口密度	人/ha	74		
住宅容积率	%	50		
综合容积率	%	53		
总建筑密度	%	30		
绿地率	%	40		
人均公共绿地面积	平方米/人	26		
停车数	个	1000		

表 15-3 连体别墅区配套设施一览表

项 目	符 号	设施名称	建筑面积（平方米）	用地面积（平方米）	备 注
文化娱乐		文化活动站	5000	9000	
		小计	5000	9000	
教育		幼儿园	1800	2500	
		小计	1800	2500	
商业服务		沿街商铺	6000	6000	
		饮食店	800		
		电信营业所	300	300	
		邮电所	300	300	
		储蓄所	200	200	
		肉菜分销店	300		
		中西药店	300		
		书店	300		
		小计	8500	6800	
行政管理		居委会	200		
		小计	200		
公共设施		变电房	60		
		变电房	50		
		公厕	50		
		小计	160		
		总计	15660	18300	

表 15-4 独立别墅区用地平衡表

项　目	计量单位	数　值	所占比值（%）
用地总面积	ha	33	
居住区用地	ha	33	100
住宅用地	ha	20	60
公建用地	ha	2	6
道路用地	ha	5	14
公共绿地	ha	7	20

表 15-5 独立别墅区经济技术指标表

项　目	计算单位	数　值	所占比重（%）	备　注
用地总面积	ha	33		
居住户（套）数	户（套）	320		
居住人数	人	1280		
户均人口	人/户	4		
总建筑面积	万平方米	12		
计算容积率建筑总面积	万平方米	12	100	
住宅建筑面积	平方米	115100	96	
规划	平方米	115100		
保留	平方米			
公建面积	平方米	4900	4	
规划	平方米	4900		
保留	平方米	0		
人口密度	人/ha	39		
住宅容积率	%	35		
综合容积率		36		
总建筑密度	%	30		
绿地率	%	40		
人均公共绿地面积	平方米/人	52		
停车数	个	370		

表 15-6 独立别墅区配套设施一览表

项　目	符　号	设施名称	建筑面积（平方米）	用地面积（平方米）	备　注
文化娱乐		文化活动站	3000	6000	
		小计	3000	6000	
教育		幼儿园	1800	2500	
		小计	1800	2500	
公共设施		变电房	50		
		公厕	50		
		小计	100		
			4900	8500	

（三）项目主要财务评价结果指标（见表 15-7）

表 15-7 项目主要财务指标

主要财务指标	评价结果
项目总投资（万元）	108287
项目总销售收入（万元）	135270
利润总额（万元）	17325
税后利润（万元）	11608
投资利润率	10.72%
税前全部投资 FNPV（万元）	7480
税后全部投资 FNPV（万元）	2886
税前全部投资 FIRR	11.33%
税后全部投资 FIRR	8.61%
税后自有资金 FNPV（万元）	2950
税后自有资金 FIRR	9.85%
盈亏平衡点销售率	86.21%

二、项目开发宏观环境分析

（一）GZ 经济发展状况（略）

（二）GZ 市经济发展趋势分析（略）

（三）地块临近城市（略）

（四）GZ 市住宅市场分析（略）

1. 住宅市场供给情况分析（略）
2. 住宅市场需求情况分析（略）

（五）GZ 市新兴住宅区域的分布（略）

（六）项目开发宏观环境评价

综上所述，本项目开发面临的宏观环境具有如下特点。

（1）GZ 市是目前中国经济发展最为迅速的地区之一。经济实力强，基础设施及交通环境日益改善，国民经济发展后劲足；居民收入高，生活水平不断提高，为当地房地产业尤其是住宅产业的发展奠定了有力的基础。

（2）GZ 市的住宅市场规模庞大，从总体上呈现过剩与短缺并存、挑战与机遇同在的局面。商品房空置高达 600 多万平方米，买方市场已经形成，各楼盘均面临巨大的价格与营销竞争压力，但适销对路，质量上乘，环境与品牌优势明显的楼盘仍然畅销无阻。

（3）GZ 市的住宅市场呈现如下基本特征。

① 郊区化特征。随着城市交通环境的改善以及居民对居住环境质量要求的日益提高，城市近郊及部分远郊楼盘发展迅猛。前几年是番禺洛溪一带，近年来向北（白云板块）、向南（华南板块）及向东（广园东板块）的发展引人注目。

② 主题特征日益明显。住宅市场细分日益深化，各类具有明显主题特征的楼盘占据明显的市场优势。近年来，以体育运动、休闲度假、养老保健、旅游、教育等为主题的项目各呈缤纷，吸引了众多的买家。

③ 品牌因素日益走强。历经10余年的GZ房地产业已形成了一些著名的品牌，如中海物业、合生创展、碧桂园、丽江花园等。这些品牌在消费者的心目中留下了深刻的印象，成为他们在购买商品房时首选的因素之一。

④ GZ较大规模的商品住宅主要集中分布在番禺的洛溪及迎宾路一线、白云区的南湖、白云大道一线、广园东路一线。由于广园东二期工程的动工，广园东及其延长线一带的发展势头引人注目。

三、GZ城市总体规划描述

（一）GZ城市总体规划

根据GZ城市总体规划，GZ市都会区空间布局的基本取向为南拓、北优、东进、西联。新规划中将GZ市原有区、番禺大部分和增城新塘、永和一带，确定为GZ主要的城市发展密集地区，"东进"中明确提出，未来GZ市特别是旧城区的传统产业主要向黄埔—新塘一线集中转移，利用GZ经济技术开发区的基础和港口条件，形成密集的产业发展带。GZ城区的城市中心大组团、城市东翼大组团（天河新城市中心）、城市北翼大组团三大板块之间将由环城高速公路，两条半环高速公路向东和北三条放射状快速或高速路以及地铁、轻轨等联系起来（资料源自《GZ城市建设总体战略规划》）。

（二）GZ市城市发展战略目标

GZ市城市发展的战略目标是充分发挥中心城市政治、文化、商贸、信息中心和交通枢纽等城市功能，坚持实施可持续发展战略，实现资源开发利用和环境保护相协调，巩固、提高GZ作为华南地区的中心城市和全国的经济、文化中心城市之一的地位与作用，使GZ在21世纪发展成为一个繁荣、高效、文明的国际性区域中心城市；一个适宜创业发展又适宜居住生活的山水型生态城市。

（三）总体发展战略

1. 城市与区域

珠江三角洲城市群以东岸广深（香港）城市带、西岸广珠（澳门）城市带作为区域发展主轴，构造了一个"人"字形的发展构架。应当共同发展为开放式的"区域组合城市"，城市之间优势互补，保持经济优势与发展潜力。

GZ市正处于珠江三角洲两条发展主轴的交汇点，在"人"字的焦点上；同时还是七条拓展轴的辐射源。

2. GZ市域

GZ市城市发展规划将全市划分为都会区、从化片区、南沙片区、增城片区、花都片区五个片区。各片区概况如表15-8所示。

表15-8 GZ市各片区概况

序 号	片 区	土地面积（平方千米）	备 注
1	都会区	2342.0	包括GZ市辖八区、永和镇、新塘镇以及番禺沙湾水道、东涌镇以北地区
2	花都	961.1	花都区行政范围
3	增城	1572.0	增城市域扣除永和镇、新塘镇地区
4	从化	1974.5	
5	南沙	584.8	番禺区扣除沙湾水道以北、东涌镇的地区

都会区：原城市规划发展区，增城的新塘和永和两镇，番禺沙湾水道、东涌镇以北的广大建设用地规划控制区称都会区。花都、从化、增城、南沙等城镇与中心城区的空间距离相对较远，在规划结构上明确其各自的相对独立性，形成有相当规模的综合发展区——片区，但强化了它们在区域内的优势和功能特色。

南沙片区：依托深水港建设临港工业区，主要发展高科技工业和资金密集型对外加工业，适当发展重工业，协调发展商业、旅游业和转口贸易业。规划将本区域建成一个以港口产业、外向型加工业和三高农业为主的片区。

增城片区：广汕公路以南的城镇以发展外向型工业为主，以北的城镇以发展三高农业和生态旅游为主。行政区划整合可以将国家与地方扶持 GZ 经济技术开发区的优惠政策、效应扩散到增城，从而推动增城地区外向型经济的发展。

花都片区：交通区位优势显得十分突出，可以依托新机场发展成为 GZ 地区的物流中心和与航空交通联系紧密的高新技术产业和服务业基地。

从化片区：具有良好的农业发展条件和优越的旅游资源，可利用其独有的环境及旅游资源优势，发展旅游业和三高农业。

21 世纪的 GZ 确立了"生态优先"的建设战略思想，寻求一种既能应对发展挑战又能解决环境问题的城市发展模式。以 GZ 市域丰富的地形地貌，"山、城、田、海"并存的自然基础，构建"山水城市"的框架，最大限度地降低开发与资源保护的冲突，减少对自然生态体系的冲击。构筑生态廊道，保护"云山珠水"，营造"青山、名城、良田、碧海"的山水城市。

3. 都会区规划布局

（1）概念规划

传统的城市格局使 GZ 市空间发展捉襟见肘，目前环境、交通、土地存量等方面存在的问题严重制约了城市未来的发展潜力。行政区划调整解决了城市向南发展的政策门槛，使 GZ 有可能从传统的"云山珠水"的自然格局跃升为具有"山、城、田、海"特色的大山大海格局，为建设生态安全的国际性区域中心城市提供了历史性机遇。

GZ 城市发展存在的问题只有在发展中通过控制和引导解决，要采用有机疏散、开辟新区、拉开建设的措施，力争优化结构、保护名城，形成具有岭南特色的城市形象。规划确定东、南部为都会区发展的主要方向，确定都会区空间布局的基本取向为南拓、北优、东进、西联。

南拓：南部地区具有广阔的发展空间，未来大量基于知识经济和信息社会发展的新兴产业、会议展览中心、生物岛、大学园区、GZ 新城等将布置在都会区南部地区，使之成为完善城市功能结构，强化区域中心城市地位的重要区域。

北优：北部是 GZ 主要的水源涵养地，将优化地区功能布局与空间结构，由于新白云国际机场在花都，在保证贯彻"机场控制区"规划的前提下，将适当发展临港的"机场带动区"，建设客流中心、物流中心。

东进：以 GZ 21 世纪中央商务区的建设拉动城市发展重心向东拓展，将旧城区的传统产业向黄埔—新塘一线集中迁移，重整东翼产业组团，利用港口条件，在东翼大组团形成密集的产业发展带。

西联：西部直接毗邻 GZ 市直接吸引区——佛山、南海等城市，将加强 GZ 同这些城市的联系与协调发展，加强广佛都市圈的建设，同时对西部旧城区进行内部结构的优化调整，保护名城，促进人口和产业的疏解。

(2) 城市结构

GZ 市未来城市空间结构为以山、城、田、海的自然格局为基础，沿珠江水系发展的多中心组团式网络型城市结构。

两条城市功能拓展轴：东进轴——规划以珠江新城和天河中心商务区拉动城市商务中心功能东移，形成自中心城区、珠江新城、黄埔工业带向新塘方向的传统产业东进轴。该区目前尚有 200 平方千米的土地储备，有良好的交通及基础设施条件，产业开发已经有相当的基础。

南拓轴——地铁四号线和京珠高速公路的定线，串联了一批基于知识经济和信息产业的新兴产业区，从 GZ 科学城、琶洲国际会展中心、GZ 生物岛、GZ 大学城到 GZ 新城、南沙经济技术开发区、南沙新港，可以提供约 200 平方千米区位优良的城市用地储备。规划确定该发展轴线为南拓轴。

结合 GZ 城市沿江发展独特景观，重塑珠江"母亲河"形象，形成"江城一体"的适宜人居住的富有滨江城市特色的山水人情城市。规划设置三条沿江发展带：沿珠江前航道发展带，约 432 平方千米；沿珠江后航道发展带，约 163 平方千米；沿沙湾水道发展带，约 184 平方千米。

两个转移带：白云山西侧北部转移带，是 GZ 市旧城传统商业贸易功能疏解和发展的继续，必须采用严格控制下的低强度开发。作为旧城功能的补充，发展全市性的商贸物流中心，开发低强度的居住区。

海珠区——市桥"南部转移带"，是旧城人口的主要疏解地区。

由于传统的商贸功能仍旧要依赖旧城发展，因此城市传统的两个增长方向仍然会有一定的发展惯性。

(四) 项目开发规划环境评价

综上所述，项目开发所面临的城市规划环境具备如下特点。

(1) GZ 正在致力于建设一个繁荣、高效、文明的国际性区域中心城市与既适宜创业发展又适宜居住生活的山水型生态城市，以迎接入世后新一轮的国际产业转移。

(2) GZ 市城市建设概念规划所明确的战略发展目标是南拓、北优、东进、西联，其中东进的内涵为 GZ 市区将往东部推进到增城的新塘、永和一线。项目所在地的增城片区将是未来 GZ 市对外加工汽车配件、化工、转口贸易、出口加工的基地，当地的经济将有较快发展。

(3) GZ 新规划的城市结构为以山、城、田、海的自然格局为基础，沿珠江水系发展的多中心组团式网络型城市结构。项目所邻近的新塘镇、荔城镇将形成具有一定规模的区域中心。

四、项目所在地区域环境分析

(一) 区域定义

本项目位于 GZ 东部白云镇，未来可由广园东路延长线直接与 GZ 市区相连，鉴于区域交通特点及已经逐步形成的广园东房地产开发板块，现将区域定义为广园东快速路全线，西起沙河立交，穿 GZ 市区天河、黄埔，过增城新塘、永和、沙埔到白云项目所在地，兼顾荔城，现对本区域内有关规划及房地产开发供应状况作分析如下。

（二）现状与规划

1. 现状

所研究区域跨 GZ 两个区（天河区、黄埔区）与增城的四个镇（新塘镇、永和镇、沙埔镇和白云镇）。其中天河区珠江新城与天河北一带已经成长为 GZ 市新的中心商务区，新的城市中轴线穿越其中。黄埔区历来是 GZ 石化等产业基地，黄埔港也是 GZ 目前主要的深水港口；位于黄埔区内的 GZ 经济技术开发区是国家首批经济技术开发区，经过十多年的快速发展，已经形成高科技产业基地，经济规模巨大。增城新塘以服装工业闻名中外，服务业等多种产业也有很大发展。在 GZ 经济技术开发区与新塘的影响和带动下，永和、沙埔等地也建立了许多任务业园区。由于九运会主场馆的落成和基础设施的日趋完备，本区域目前已成为地产投资的热点地区。

2. 区域规划发展方向

本项目分析的广远东快速路板块可分属于两个片区，即沙河至增城新塘、永和的都会区和沙埔、白云及荔城所在的增城片区。前者属于城市东进拓展轴，位于 GZ 着力打造的东翼大组团产业发展带，其发展方向是建设为 GZ 制造业的基地，高新技术开发和生产中心和 GZ 21 世纪经济增长的核心区域之一。而项目所在的增城片区南部，依托东翼大组团，以外向型工业为主要发展方向，正逐步引进国家与地方扶持 GZ 经济技术开发区的优惠政策、效应，来推动地区外向型经济的发展。

3. 交通

目前该地区与 GZ 的交通主要依靠广园东快速路和 107 国道。广园东快速路已通到新塘，年底将实现全线通车，届时，作为 GZ "东进"战略重要交通线的广园东路将一直延伸至东莞中堂镇，从 GZ 至东莞的路途也将由目前的一个半小时缩短至 45 分钟。另外广深铁路已获国家开发银行一项为期 5 年、上限为 28 亿元的贷款（授信额度），主要用于兴建从 GZ 至新塘的城市列车线路，并可能在年内动工。如果这一计划实施，将大大增强增城与 GZ 市区之间的快速集体运输能力。

可以预见未来两三年，除了现有的广深高速、广深公路、广园东快速路、广深铁路、广汕公路外，还将有广惠高速、GZ 北三环和广园东快速路三期等道路经过增城，这些道路设施将增城与珠三角连成一片，驱车一个半小时内可到达珠三角任何城市。这些设施的投建，将直接为区域内，尤其是道路沿线楼盘带来升值空间。

（三）房地产开发供应量

区域内广园东路一线，随着各种设施日益完备，近一两年来已成为继华南板块后的又一开发热点地区。较大的楼盘就有位于天河区的汇景新城、华景新城、中海康城，位于增城新塘镇的碧桂园凤凰城、新世界花园、新康花园、紫云山庄，位于增城市内的荔城碧桂园等。另据悉，香江集团、雅居乐集团和合生创展等大开发商也在新塘一带划取大片土地，积极入市，其中香江集团开发的广园东锦绣香江项目预计年底上市，供应量在可预见的未来将进一步放大。同质楼盘供应量大，价格竞争将不可避免。由于新塘与本项目距离近，可以认为项目的投建受此影响最大，特列出未来三年内新塘地区供应量预测表，如表 15-9 所示。

表 15-9 新塘地区供应量预测表

开发商	名称	地块面积（公顷）	总建筑面积（万平方米）	投放市场时间
香江集团	锦绣香江	574	250	一年内
碧桂园	碧桂园凤凰城	667	330	一年内
香港新世界	新世界花园	28.3	42	一年内
罗兰德地产	紫云山庄	约 100	80	已建成
雅居乐	增城雅居乐	200	120	两年内
合生创展		266	约 130	两年内
新康地产	新康花园	30	约 50	已建成
合计		1866	1002	

注：详细个案分析见竞争对手分析。

五、项目开发条件分析

（一）地块概况

本项目地块濒临东江，位于 GZ 东部白云镇南部，首期征地 1200 亩，可发展用地 9600 亩，距荔城 27 千米，距 GZ 城区 46 千米，西接沙埔镇和新塘镇，与东莞市中堂镇隔江相望。目前主要为村落、农田和少量厂房。地块属南亚热带季风气候，年平均气温 21.6℃，1 月平均气温 13.3℃，7 月平均气温 28.3℃，年平均降水量 1869 毫米，7~9 月份的降水量可达 600~700 毫米，无霜期为 360 天左右。地下水较丰富，东江流经地块南缘。

（二）地块所在区域城市规划

按照城市规划发展纲要，东部地区以天河区中央商务区建设拉动城市重心向东拓展，将旧城区的加工工业向黄埔至新塘一线转移，利用港口条件，重整东翼产业组团，形成东部密集的产业发展带。同时，黄埔—新塘—荔城地区发展东翼大组团，强化制造业基地功能；以 GZ 经济技术开发区为依托，以黄埔和增城为腹地，积极引入高新技术产业，在加强对饮用水保护的前提下，继续发展工业、港口运输业、仓储业以及休闲观光和特色农业。拟规划面积约 200 平方千米，由增城南部的新塘、永和、沙埔、宁西、白云及周边镇组成。目前已规划新塘工业园区 60 平方千米，并将建设成为区域性重要物流中心。由此可知，GZ 东部白云镇及邻近地区未来将发展成为以工业、物流业为主导的 GZ 市新的工业中心。

（三）交通

1. 公路

广深公路（107 国道）、广深高速公路出入口离白云镇约 8 千米。广惠高速公路（GZ—惠州）设置了白云出入口。地块目前靠辅道接驳 GZ 广园东路快速干线。GZ 北三环高速公路（荔城—花都机场）、增莞深高速公路（增城—东莞—深圳）和新坪公路（新塘至从化太坪场），正在规划兴建。未来两三年，将有广深、广惠、GZ 北三环和广园东等高速及快速路经过增城，目前已通车的 GZ 至新塘广园东快速路，将连接增城南部诸镇，延伸至东莞中堂镇。

广园东路全长 14 千米的广园东路延长线现已动工，建成后 GZ 至东莞的车程只需 45 分钟。据了解，目前广园东路一期工程沙河立交至黄埔丰乐立交路段已纳入年票制收费范围，二期工程丰乐立交至增城新塘荔新路段至今仍未实施收费。但广园东路是经国家批准立项、省政府同意收取车辆通行费的城市快速路。有关部门负责人表示，为了偿还贷款，广园东路必须实行收费，在广园东路一、二期工程报批时有关部门就确定了收费方案，并已上报市物价局。真正实行收费时，广园东路一期工程仍可能纳入年票制统一收费，但会允许相关部门从中提成；二、三期则可能会采取封闭式设点收费的方式。

广园东路延长线与已建成通车的广园东路一期和二期相接，总长度为 47 千米。14 千米长的延长线从增城市新塘镇荔新路开始，经该镇塘美村向南跨越广深铁路，穿过沙头、瓜岭、上坪地、沙浦水厂、刘安等地，向东至白云镇后折向南跨过白云涌，经十字窖岛，跨过东江北干流后，接入东莞市中堂镇潢涌工业区的潢涌工业大道，止于潢涌工业大道与北王公路交点。

2. 铁路

广九铁路在白云镇设有车站，以货运为主，每天只有对开两班往返穗深的客车停靠该站，对人流输送并未产生实质作用。但根据《GZ 市国民经济和社会发展第十个五年计划纲要》，在"十五"期间，计划利用广深铁路线开通中心城区经黄埔至增城方向的"穗新线"城市列车，终点站设在新塘。据悉，这一计划已得到有关部门的初步同意，国家开发银行也已向广深铁路发放一项为期 5 年、授信额度为 28 亿元的贷款。虽然城市列车并未直达白云，但可通过短距离的公路交通与之相接，相信必对改善该地区交通，尤其是联系 GZ 市区的交通有正面影响。

3. 码头

地块南临东江北支流，水面较开阔，少波浪，有若干装卸货物的小码头，但没有客运码头。

综上所述，目前出入该地块必须穿越白云镇区，交通仍十分不便，到天河中心区需 50 分钟车程，这主要是由于广园快速路的延长工程尚未完成，没有直达道路所致。广园快速路延长工程完成后，本地块将与珠三角连成一片，一个半小时内可到达珠三角任何一个城市。

（四）地块周边环境

地块所在的 GZ 东部白云镇是远近闻名的"水泥镇"。由于靠近铁路运输线，附近石灰石资源又很丰富，发展水泥行业的条件得天独厚。改革开放后，白云镇的水泥厂如雨后春笋般涌现，高峰时达有 100 多家，增城市水泥厂也设于此。水泥厂的年生产能力从几千吨到十几万吨不等，水泥行业在该镇财政收入中的比重一度达到七成。然而，众多水泥厂大量喷吐的粉尘严重危害着当地的环境质量，水泥粉尘可造成土壤板结，影响植物生长，对人体长期刺激还可能引起结膜炎、鼻炎、咽炎、扁桃体炎、湿疹、消化道溃疡乃至职业病"尘肺"。由于水泥厂严重污染了环境，20 世纪 90 年代中期以来，在环保呼声日益高涨的情况下，各级政府部门加大治理力度，限制其过度发展。增城市人大曾制定方案，对年产 4 万吨以上的水泥厂实行限期整治，要求其破碎机、生料机、熟料机、立窑卸料口、包装机、立窑配备收尘设施、粉料运输带和提升机密闭传输，除尘率要达到 90% 以上，同时政府还决定关闭年产 4 万吨（含 4 万吨，按机组设计能力界定）以下的水泥厂，收缴营业执照，停止供水供电。目前，白云镇已关闭了近百家规模小或不符合环保要求的水泥厂，当地的水泥粉尘污染得到很大缓解。但由于资金短缺，保留下来的年产 4 万吨以上的 33 家水泥厂中仍有 5 家没有安装环保除尘设备。这些工厂迫于环保检查的压力，白天多不生产，但夜间偷排的情况很普遍。由于水泥厂是当地财政收入的主要来源，短期内全部关闭地块周边所有的水泥厂的可能性不大。虽然经过整治后，空气质量有所改善，但对于建设大型居住区来说，仍然是一大隐患。

地块邻近新塘大敦，是印染洗水布行业较集中的地区。印染业排放的污水曾一度严重威胁东江水质。GZ 市目前大力加强重点区域的水污染防治工作，全面整治新塘一带的印染洗水布行业，白云、新塘地区的河涌和东江河段的水质明显改善。而目前该地区洗漂印染企业通过二期治理工程达标一批、停产一批、减产一批、关闭一批后，水环境质量有了明显变化。该地块有沿江景观的优势，但若不能彻底解决水污染的问题，这一优势也可能变成一个劣势。

地块隔江与东莞中堂镇相望，该镇岸边的水泥厂和造纸厂也对地块环境和景观构成一定威胁。

（五）该地块建设大型住宅区 SWOT 分析

1. 优势（Strength）

（1）发展商注重文化氛围，打造精品的开发理念有利于树立别具一格的项目形象，以较低成本迅速占领市场。

目前房地产市场豪强林立，有些开发商以很快的速度实施扩张，但往往容易使消费者产生"粗制滥造"的印象。本项目发展商与之恰成鲜明对比，十年用心经营一个项目的专注，文化小区、精品住宅的口碑，都为贵集团积累了巨大的品牌知名度，如继续沿用公司已有项目品牌开发，较容易打动目标消费群，并能给他们产生物业可以保值增值的期望，可帮助贵集团以较低推广费用支出迅速占领市场，并可有力地支持项目在长期开发中保持较优价格。

（2）水道环绕，自然景色优美。

本项目地块为东江支流环抱，河网纵横，水面开阔，大洲和鹅桂洲上果树成林，自然条件好。可根据地块原始地貌特征与沿江的地理特点规划布置住宅组团，充分利用景观优势，迎合广东人乐水、好林的居住习惯，打造以水为特色、水上运动、水上娱乐、水上风景为卖点的住宅区，形成别具一格的竞争优势。"临水而居"也恰恰是目前广园东各住宅楼盘欠缺的卖点。

（3）土地面积较大，是增城南部诸镇所不可多得的；项目投资额巨大，对地方经济促进较大，也更容易获得政府的优惠和支持。

由于新塘、永和、沙埔等镇大量用地已划作工业区，很难找到自然条件优良，面积又具规模，适合大型住宅区建设的用地。项目首期征地 1200 亩，可征地面积近 9600 亩，面积之巨，是增城南部诸镇所不可多得的。项目投资额高，本研究报告初步估算，仅首期 1200 亩用地的开发，即需投入逾 10 亿资金，吸引数千中高收入居民迁入，对于吸引投资、解决就业、带旺一方经济都有不可估量的作用，而且项目所在的白云镇随着传统的水泥产业萎缩，也正积极寻求新的地方经济支撑产业。参考附近大型住宅项目（碧桂园凤凰城与锦绣香江等）的开发经验，相信项目的投建，也能获得地方政府在地价、税收等方面的优惠与支持。

（4）该地区是开发上尚未涉足的"处女地"，未来发展潜力较大。

目前广园东板块楼盘也仅发展到新塘，白云、沙埔两镇还属于大规模住区开发的"处女地"，因此具有较大的发展潜力。

（5）该地块位于 GZ 市城市发展东进战略轴线，按照发展目标，该地块临近的新塘、荔城两镇将发展成重要的工业基地，从而带动本地区经济的快速发展。

2. 劣势（Weakness）

（1）据《GZ 城市建设总体战略概念规划》，新塘和永和两镇并入都会区，而地块所在的白云镇则归入增城片区，不作为都市未来重点发展区域。

如前面已经论述的，新塘和永和两镇并入都会区，作为都市边缘区域发展，在基础设施等的配建上将逐步与都市看齐；而地块所在的白云镇则归入增城片区，规划上主要以外向型加工工业为主，基础设施（尤其是与 GZ 都会区的交通设施）的建设上都将与新塘、永和两镇进一步拉大差距，"穗新线"城市轨道只开通到新塘就是表现之一。

（2）随着开发商"圈地"情况的增多，"圈地现象"已引起立法部门及各级政府的高度重视，大面积征地作为土地储备的做法面临较大的政策风险。

由于广东省尤其是 GZ 市区周边开发商大面积"圈地"的情况愈演愈烈，省人大已关注到这一问题，正考虑立法规范管理。省国土资源厅也将采取措施，如制订和执行房地产业供地计划，经营性房地产用地实行总量控制，进一步完善经营性房地产项目用地公开交易制度；建立土地收购储备制度，建立健全建设用地信息服务体系等，规范土地供应市场。增城市政府已于2000年10月颁布实施《增城市闲置土地处理暂行规定》。该暂行规定明确提出：对用于房地产开发的土地，在取得土地使用权后，未按土地出让合同规定的动工开发日期动工建设满一年的，征收每平方米2元的土地闲置费；对两年未动工建设的，可依法无偿收回。尽管到目前为止，还未有一块土地被收回，但据我们了解，处理闲置土地将是该市国土部门今后工作的一个重点。可以预见，贵集团希望以较低成本圈下大块土地作为储备的经营模式，将面临较大的政策风险。

（3）项目所在区域经济欠发达，目前生活配套很不完善，离GZ市区相对较远。

项目地处白云镇，生活配套不完善，镇区的购物、娱乐、医疗、教育、金融等各种设施都不能满足大型住宅区的需要，加大了项目配建设施的压力。由于远离GZ市区，大城市完善的生活配套对本项目几乎不能起到任何的弥补作用。一切依靠项目自己建设，开发成本将有所提高。

（4）目前交通条件尚不尽如人意，与新塘附近的楼盘相比有一定的差距。

由于广园东路目前只修建到新塘，地块对外交通还要穿过白云镇，接驳荔新路，出入不便。即便明年全线通车，从将出台的《广园东路分级收费方案》看，从GZ市区到白云的收费要比到新塘的高一级，路程也远了一截。即将动工兴建的"穗新线"城市列车，也只能开通到新塘。与新塘等地的竞争对手相比，本项目在交通条件上尚有一定不足之处。

（5）项目地块临近东江，堤岸整治及地块地基防洪、防潮处理成本费用较高。

地块临近东江，地势低洼，大洲和鹅桂洲四面环水，且未筑堤岸，一旦遇到洪水，水位上涨，将会淹没部分土地。所以项目开发，堤岸整治和填土垫高是必不可少的工作，这样将带来大量土石方工程费用的支出。同时由于土质松软，进行大型公建施工时，地基处理也将是一笔不能避免的开支。这些都增加了项目的开发建设成本。

（6）镇区面貌比较落后，影响项目形象。

由于当地经济欠发达，白云镇的镇容镇貌相对落后，将会影响项目形象。

（7）污染源依然存在，水环境及空气环境质量有待提高，景观也受到一定影响。

虽说水泥厂等污染源已关停了大半，但仍有一些在生产，空气中的粉尘还很多，环境质量有待提高。而属于白云镇的海景、沙湾水泥厂，东莞中堂镇的纸厂和水泥厂等，由于临近地块，其高耸的烟囱、生产时排出的烟尘，还直接影响着项目的景观。

（8）历史上是有名的"水泥镇"，使附近潜在消费者心存顾虑。

白云镇为远近闻名的"水泥镇"，空气环境及水环境受到一定影响，尽管正在治理整治之中，但人们印象较深，短期内会对知情者产生不利影响。

3. 发展的机会（Opportunity）

（1）地块位于"GZ—东莞—深圳—香港"经济走廊中部，区域辐射潜力大，开发得当，能吸引当地、GZ市区、经济技术开发区以及东莞、深圳乃至香港的买家。

（2）政府环境保护力度必会进一步加强，解决现有水泥厂污染问题前景比较乐观。

据了解，增城市政府对整治水泥厂污染态度很明确，所有水泥厂发出牌照的有效期都只到2005年6月，以后不再续牌。就是说，到2005年中，基本上可以解决水泥厂由于生产造成粉尘污染的问题。

(3) 有历史文化资源和旅游资源可供整合利用,利于休闲度假项目的开发。

白云镇有比较深厚的历史文化渊源,南朝宋元嘉中起设立县治,距今1000多年,相传晋代葛洪在此地得道成仙,其名就是由此而来,镇内现存有驸马祠等古迹。白云农产丰盛,出产的丝苗米、荔枝等都是佳品。项目附近还有占地1500亩的白云国际高尔夫球场。这些都是休闲度假型项目开发可资利用的资源。

(4) 广园东路延长线直抵项目地块,将使本项目的交通条件大大改善。

4. 面临的威胁（Threat）

(1) 邻近地区住宅供应量大,面临严峻的价格竞争。

(2) GZ 住宅空置量居高不下,面临市场营销压力。

(3) 投资期长,前期投入大,受政策和市场影响大,融资风险和市场风险较大。

(4) 在郊外大盘越开越多的同时,基于各种考虑,购房者回迁市区的有所增多。

六、项目开发竞争对手分析

（一）区域内竞争对手及竞争性楼盘分析（略）

（二）其他区域竞争对手及竞争性楼盘分析（略）

（三）项目开发竞争对手评价

1. 本项目开发面临的或潜在的竞争对手的特征

(1) 规模大,价格低。广园东碧桂园、凤凰城占地面积500万平方米;紫云山庄占地100万平方米,中海康城占地25万平方米……均是大规模或超大规模项目,其销售价格都在3000元/平方米左右,依靠优质低价吸引了大批客户。

(2) 开发商实力雄厚,具有强大的竞争力。位于广园东板块的物业发展商,均是具备强大实力的强手。

(3) 品牌效应强,环境建设力度大。众多开发商在多年的经营过程中已创建了自己良好的社会形象和品牌。在项目建设中非常重视环境建设。

(4) 售后服务及物业管理到位。

2. 项目开发面临的竞争对手评价

(1) 本项目最重要的竞争对手是位于广园东延长线一带的大型物业。

(2) 本项目面临的最大竞争压力是环境建设及营销价格。如果本项目不在环境建设上独树一帜,开创自己的特点,不在价格上占优势地位,将面临较为严峻的市场风险。

七、市场需求分析

项目虽地处 GZ 东部白云镇,目标客户应包括当地、新塘等地企业主和富裕居民,但作为用地面积达 9000 亩的大盘,要想持续消化掉所有产品,必须依托一个更大的市场,这个市场只能是 GZ。为此,GZ 市潜在购房者的基本情况值得我们关注。

（一）基础数据分析（略）

（二）数据分析结论

从上述统计数据中,我们可以把握到郊区楼盘潜在购买者的一些特征,作为目标市场定位及产品设计的参考,具体如下。

（1）年轻的购房者占的比重大，项目开发中应充分研究这一消费群体的生活习惯与需要，如适当增加休闲娱乐设施与运动设施。

（2）购房者普遍受教育程度高，对居住文化有自己独到的见解，属于行为积极型消费者。为他们设计住宅产品时，可沿用郦江花园成功的开发模式，注重小区文化的营造，分期分批开发，实现产品差异化和精品化，迎合不同品味的需求。

（3）郊区购房者中外地到穗发展的人口比重较大，没有老城区情结，在产品设计中应关注"异乡人"的心理需求和家庭结构特征；在针对这一群体做营销时应尽量少使用方言等。

（4）企业管理人员购房比例高，他们收入较高而又相对稳定，能承受中等偏上的楼价，并且更乐于采用"供楼"的付款方式。这类客户往往在市区有固定的工作地点，对通勤的便捷性要求较高。往返市区的屋村巴士等交通设施必须在项目推出初期就配备。

（5）在目前郊区住宅消费市场来看，仍以自住为主，以投资为目的购置住房的比重只有1%，说明消费者对投资物业升值的期望低。故在进行产品设计时，应以自买加自用为基础，突出方便、舒适等用户关心的元素。

（6）用作休闲度假的比例只占8%，较去年同期的27%有了较大的回落，差异如此巨大，可能与同期推出的项目类型或调查选取的样本特征有关。但如果贵集团拟开发此类物业，建议对市场需求作进一步的研究。

（7）从"影响购买因素"统计结果反映消费者对楼宇质量，物业管理与服务及周边环境及景观最关注，体现了业主重视居住质量的特点。建议项目的建设与管理交由知名的大公司进行，这样利于尽早取得购房者的认同。

（8）"对楼盘主题的偏好"统计反映出现在的购房者最重视生态与园林，这一需求恰与项目自然风貌很契合。建议在项目开发中，尽可能保护大洲岛上的原生树木，保留自然生态。同时，购房者对江景、湖景和运动的喜好度也很高，正可充分利用项目临近东江的独特优势，开发堤岸，改善景观，发展水上运动，将"水"的主题与"动"的元素有机结合，甚至建立游艇俱乐部，从整体上提高项目品位。

八、本地块住宅开发市场定位

（一）目标客户确定

主要客户设定为当地（新塘、永和、白云、沙埔、荔城）与东莞的富裕人群，在 GZ 市经济技术开发区工作的高级白领及管理人员，进而开拓 GZ 市市区、深圳等周边地区市场。

由于当地（尤其是新塘、永和等地）加工工业发达，产生大批富裕的企业主，这些人的居住观念发生了很大的变化，不再满足于自建房屋居住，转而倾向于有完善的生活配套、精致的园林绿化景观、优秀的物业管理住宅区，更重要的是他们也以能拥有知名楼盘的物业感到荣耀。GZ 市区、经济技术开发区等地的高级白领及管理人员收入较高且稳定，只要产品设计具有品味、价格吸引、交通条件能为他们所接受（一般以单程通勤时间不超过一小时为限），相信可以吸引一定数量的买家。

（二）项目概念定位

项目远离市区，珠水环抱，又可资利用的历史文化资源，在概念选择上，"水"的主题不可或缺。从"有位佳人，在水一方"引申出"有我小筑，在水一方"的概念定位，尽可能拉大与同区域竞争对手定位概念上的差距，强化高贵而典雅的项目形象。如果按贵集团设想在鹅桂洲兴建高尔夫球场,则概念的选择应更重于休闲、娱乐、度假等主题。在项目规划设计上也应大大突出水的地位,如修建环岛林荫道(仿珠海情侣路)、建设游艇码头等水上运动设施。以水上运动、水上风光为主题,作为项目卖点。

(三)项目产品设计建议

(1)以独立别墅和连排别墅为主的低密度住宅。

(2)配精装修,尽量减少二次施工。

(3)利用"近水而居"的特点,打好水景牌。如修建江堤观景道、码头,建游艇俱乐部等,提高项目档次。

(4)整合公司已有项目文化地产概念,提供优质住宅小区和倡导新的生活方式。

(四)价格建议

经市场比较法,独立别墅和联排别墅的销售均价分别为 4600 元/m^2、3800 元/m^2,区内配套商业均价为 5500 元/m^2。(定价过程详见第十一章财务评价"项目销售均价的确定"。)

九、项目开发投资分析与财务评价

(一)项目的总开发成本

1. 项目工程进度估算

本项目的开发周期为 6 年,共分四期建设,其中第一期建设连体别墅,第一年内施工完毕,在第二年开始销售;第二期建设独立别墅,第二年内施工完毕,在第三年开始销售;第三期建设连体别墅,第三年内施工完毕,在第四年开始销售;第四期建设独立别墅,第四年内施工完毕,在第五年开始销售。整个销售活动在第六年内完成。项目工程进度如表 15-10 所示。

本项目的土地使用权年限为 70 年,计算时间设定为半年一个计算期,各期成本费用按当期的支出计算,累计到期末。

2. 项目总投资与成本估算

(1)开发成本估算

① 土地成本:本项目地块需投入 16440 万元。如表 15-11 所示。

表 15-11 项目土地成本表

征地补偿单价	11.5	万元/亩
土地指标费单价	2.2	万元/亩
合 计 地 价	13.7	万元/亩
总 地 价	16440.0	万元

② 前期工程费:2453 万元。如表 15-12 所示。

表 15-12 项目前期工程费构成表

序 号	项 目	计 算 依 据	金额(万元)
1	规划及设计费	建安工程费×3%	1472
2	水文、地质、勘探费	建安工程费×0.5%	245
3	筹建开办、市场调研及可行性研究费	建安工程费×1.5%	736
	合计	建安工程费×5%	2453

房地产项目投资分析

表 15-10 项目工程进度表

单位：万元

序号	工序名称		建设经营期（年）									
			第一年		第二年		第三年		第四年		第五年		第六年
			上半年	下半年	上半年	下半年	上半年	下半年	上半年	下半年	上半年	下半年	上半年	下半年
1	前期准备工作												
2	前期工程	第一期别墅											
3	土建工程												
4	室内装修工程												
5	设备安装工程	连体别墅											
6	公建配套工程												
7	预售												
8	交楼												
9	前期工程	第一期											
10	土建工程												
11	室内装修工程												
12	设备安装工程	独立别墅											
13	公建配套工程												
14	预售												
15	交楼												
16	前期工程	第二期											
17	土建工程												
18	室内装修工程												
19	设备安装工程	连体别墅											
20	公建配套工程												
21	预售												
22	交楼												
23	前期工程	第二期											
24	土建工程												
25	室内装修工程												
26	设备安装工程	独立别墅											
27	公建配套工程												
28	预售												
29	交楼												

③ 建安工程费：47460万元。如表15-13所示。
连体别墅建安工程费 = 1430×20.434 = 29221（万元）
独立别墅建安工程费 = 1630×11.51 = 18761（万元）
商铺建安工程费 = 1265×0.85 = 1075（万元）
总建安工程费 = 连体别墅+独立别墅+商铺 = 49057（万元）

表15-13 建安工程费估算表

序 号	项 目	工程量（m²）	单价（元/m²）	金额（万元）
一	连体别墅	204340	1430	29221
1	基础工程	204340	65	1328
2	土建工程	204340	650	13282
3	内装修工程	204340	450	9195
4	水电煤安装工程	204340	100	2043
5	消防工程	204340	60	1226
6	电话入网	204340	25	511
7	智能化系统	204340	80	1635
二	独立别墅	115100	1630	18761
1	基础工程	115100	65	748
2	土建工程	115100	700	8057
3	内装修工程	115100	600	6906
4	水电煤安装工程	115100	100	1151
5	消防工程	115100	60	691
6	电话入网	115100	25	288
7	智能化系统	115100	80	921
三	商业服务设施	8500	1265	1075
1	基础工程	8500	80	68
2	土建工程	8500	650	553
3	内装修工程	8500	300	255
4	水电煤安装工程	8500	150	128
5	消防工程	8500	60	51
6	电话入网	8500	25	21
四	小计	327940		49057

④ 基础设施费（红线内外工程费）：12011万元。如表15-14所示。

表15-14 基础设施费估算表

序 号	项 目	工程量（m²）	单价（元/m²）	金额（万元）
1	供水	319440	20	639
2	供电	319440	60	1917
3	绿化工程	319440	100	3194
4	道路工程	319440	50	1597
5	煤气	319440	13	415
6	桥梁	319440	18	575
7	三通一平	319440	80	2556
8	其他	319440	35	1118
	合计			12011

⑤ 公建配套设施费：3096 万元。如表 15-15 所示。

表 15-15 公共设施配套费估算表

序 号	项 目	工程量（m²）	单价（元/m²）	金额（万元）
一	连体别墅配套设施	7160		1709
1	文化活动站（会所）	5000	3000	1500
2	幼儿园	1800	1000	180
3	居委会	200	900	18
4	变电房	110	500	6
5	厕所	50	1000	5
二	独立别墅配套设施	4900		1388
1	文化活动站（会所）	3000	4000	1200
2	幼儿园	1800	1000	180
3	变电房	50	500	3
4	厕所	50	1000	5
三	合计	12060		3096

⑥ 开发期间税费：4148 万元。如表 15-16 所示。

表 15-16 开发期间税费估算表

序 号	项 目	计 算 依 据	金额（万元）
1	配套设施建设费	基建投资额×5.5%（小区）	2698
2	建筑工程质量安全监督费	建安工程费×1.2%	589
3	供电用电负荷费	商业：8kva/100m²，400 元/kva（住宅免收）	27
4	报建费	建安工程费×0.5%	245
5	监理费	建安工程费×1.2%	589
	合计		4148

⑦ 不可预见费：4227 万元，取以上①～⑥六项之和的 5%。

开发成本：91656 万元，以上①～⑦七项合计。

（2）开发费用估算

① 管理费用：2616 万元，取以上（1）中①～⑥六项之和的 3%。

② 销售费用：8793 万元，如表 15-17 所示。

表 15-17 销售费用估算表

序 号	项 目	计 算 依 据	金额（万元）
1	广告宣传及市场推广费	销售收入的 5%	6764
2	其他销售费用	销售收入的 1.5%	2029
	合计	销售收入的 6.5%	8793

③ 财务费用：5313 万元，详见借款还本付息表（表 15-22）。

根据中国人民银行最新发布的利率，五年以上的贷款年利率为 5.76%。目前 GZ 市房地产开发贷款利率通常为中国人民银行公布的贷款利率乘以 1.1 的系数，即本项目当前融资成本的年利率：5.76%×1.1=6.336%。

开发费用：16722 万元，前面①～③项之和。

（3）总成本费用汇总及分摊表

本项目的总成本费用详见总成本费用估算汇总表（见表 15-18）。

表 15-18　总成本费用估算汇总表

序号	项目	合计（万元）	得房成本（元/m²）		
			连体别墅	独立别墅	商铺
一	开发成本	91565	2685	3015	2359
1	土地成本	16440	501	501	501
2	前期工程费	2453	72	82	63
3	建安工程费	49057	1430	1630	1265
4	基础设施费	12011	350	399	310
5	公共设施配套费	3096	84	121	
6	开发期间税费	4148	121	138	107
7	不可预见费	4360	127	145	112
二	开发费用	16722	487	556	431
1	管理费用	2616	76	87	67
2	销售费用	8793	256	292	227
3	财务费用	5313	155	177	137
	合计	108287	3172	3571	2790

3. 项目投资与资金筹措计划和项目贷款计划

（1）资金筹措与投资计划

本项目开发投资的资金来源有三个渠道：一是企业自有资金，二是银行贷款，三是销售房收入用于投资部分。本项目开发商投入自有资金 32987 万元作为启动资金，另须向银行贷款 23000 万元用于投资，剩余部分 49413 万元由销售房收入补充，总投资为 108287 万元。其中 10469.7 万元的银行贷款利息从住宅的销售收入中支付。详见详细投资计划表（见表 15-19、表 15-20）与投资计划与资金筹措表（见表 15-21）。

（2）贷款本金的偿还及利息支付

根据建设期每年投资额估算，本项目须向银行贷款 23000 万元用于投资，在第一年和第二年分四期分别向银行贷款 8000 万元、6000 万元、6000 万元和 3000 万元。

银行贷款还本付息方式采用等额还本付息，从第三年开始还本付息，第六年还清。根据中国人民银行 2002 年 2 月调整后的利率，五年以上的贷款年利率为 5.76%。目前 GZ 市房地产开发贷款利率通常为中国人民银行公布的贷款利率乘以 1.1 的系数，即本项目当前融资成本年利率：5.76%×1.1=6.336%。

因此，本项目合计须支付利息 5313 万元，详情见借款还本付息表（见表 15-22）。

表 15-19 详细投资计划表（按比例）

序号	项目	合计	第一年		第二年		第三年		建设经营期 第四年		第五年		第六年	
			上半年	下半年	上半年	下半年	上半年	下半年	上半年	下半年	上半年	下半年	上半年	下半年
一	开发成本	100%	23.47%	15.57%	18.23%	11.30%	7.77%	11.36%	5.04%	7.26%	0%	0%	0%	0%
1	土地成本	100%	55.65%		44.35%									
2	前期工程费	100%	55.65%		44.35%									
3	建安工程费	100%	12.35%	18.53%	7.65%	11.47%	12.35%	18.53%	7.65%	11.47%				
4	基础设施配套费	100%	25.00%	25.00%	25.00%	25.00%								
5	公共设施配套费	100%	27.59%	27.59%	22.41%	22.41%								
6	开发期间税费	100%	12.35%	18.53%	7.65%	11.47%	12.35%	18.53%	7.65%	11.47%				
7	不可预见费	100%	12.50%	12.50%	12.50%	12.50%	12.50%	12.50%	12.50%	12.50%				
二	开发费用	100%	7.02%	10.18%	6.63%	8.05%	11.33%	12.80%	10.23%	10.15%	8.11%	6.32%	4.90%	4.28%
1	管理费用	100%	9.88%	14.82%	6.12%	9.18%	9.88%	14.82%	6.12%	9.18%	5.00%	5.00%	5.00%	5.00%
2	销售费用	100%	9.00%	11.00%	4.59%	4.59%	9.84%	12.14%	10.85%	10.85%	9.29%	6.99%	5.43%	5.43%
3	财务费用	100%	2.35%	6.53%	10.26%	13.22%	14.51%	12.89%	11.21%	9.48%	7.70%	5.86%	3.97%	2.01%
	合计	100%	20.93%	14.74%	16.44%	10.80%	8.32%	11.58%	5.84%	7.71%	1.25%	0.98%	0.76%	0.66%

表 15-20 详细投资计划表（按金额）

单位：万元

序号	项目	合计	第一年		第二年		第三年		建设经营期 第四年		第五年		第六年	
			上半年	下半年	上半年	下半年	上半年	下半年	上半年	下半年	上半年	下半年	上半年	下半年
一	开发成本	91565	21488	14259	16689	10346	7117	10402	4615	6649	0	0	0	0
1	土地成本	16440	9149	0	7291	0	0	0	0	0	0	0	0	0
2	前期工程费	2453	1365	0	1088	0	0	0	0	0	0	0	0	0
3	建安工程费	49057	6059	9089	3752	5628	6059	9089	3752	5268	0	0	0	0

续表

序号	项目	合计	第一年		第二年		第三年		建设经营期 第四年		第五年		第六年	
			上半年	下半年	上半年	下半年	上半年	下半年	上半年	下半年	上半年	下半年	上半年	下半年
4	基础设施费	12011	3003	3003	3003	3003	0	0	0	0	0	0	0	0
5	公共设施配套费	3096	854	854	694	694	0	0	0	0	0	0	0	0
6	开发期间税费	4148	512	768	317	476	512	768	317	476	0	0	0	0
7	不可预见费	4360	545	545	545	545	545	545	545	545	0	0	0	0
二	开发费用	16722	1175	1702	1109	1346	1895	2140	1710	1698	1357	1057	819	715
1	管理费用	2616	259	388	160	240	259	388	160	240	131	131	131	131
2	销售费用	8793	791	967	404	404	865	1067	954	954	817	615	477	477
3	财务费用	8793	22663	15961	17798	9011	12542	6324	8347	1357	1057	1057	819	715
	合计	108287	22663	15961	17798	9011	12542	6324	8347	1357	1057	1057	819	715
	合计	102974	22538	15614	17253	10990	8240	11857	5729	7843	948	746	608	608

表 15-21 投资计划与资金筹措表

单位：万元

序号	项目	合计	第一年		第二年		第三年		建设经营期 第四年		第五年		第六年	
			上半年	下半年	上半年	下半年	上半年	下半年	上半年	下半年	上半年	下半年	上半年	下半年
1	投资总额	102974	22538	15614	17253	10990	8240	11857	5729	7843	948	746	608	608
1.1	建设投资	102974	22538	15614	17253	10990	8240	11857	5729	7843	948	746	608	608
2	资金筹措	102974	22538	15614	17253	10990	8240	11857	5729	7843	948	746	608	608
2.1	自有资金	32077	14538	9614	5059	1796	128	942						
2.2	借款资金	23000	8000	6000	6000	3000								
2.3	销售收入再投入	47897			6194	6194	8113	10915	5729	7843	948	746	608	608

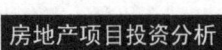

表 15-22 借款还本付息表

单位：万元

序号	项目	合计	第一年 上半年	第一年 下半年	第二年 上半年	第二年 下半年	第三年 上半年	第三年 下半年	第四年 上半年	第四年 下半年	第五年 上半年	第五年 下半年	第六年 上半年	第六年 下半年
第一笔借款	年初借款累计		0	8125	8378	8640	8909	7911	6883	5822	4728	3600	2437	1237
	本年借款	8000	8000											
	本年应计利息		125	253	261	269	278	247	215	182	147	112	76	39
	本年还本付息						1276	1276	1276	1276	1276	1276	1276	1276
	年末借款累计		8125	8378	8640	8909	7911	6883	5822	4728	3600	2437	1237	0
第二笔借款	年初借款累计				6094	6284	6480	5754	5006	4234	3439	2618	1772	900
	本年借款	6000		6000										
	本年应计利息			94	190	196	202	179	156	132	107	82	55	28
	本年还本付息						928	928	928	928	928	928	928	928
	年末借款累计			6094	6284	6480	5754	5006	4234	3439	2618	1772	900	0
第三笔借款	年初借款累计					6094	6284	5580	4854	4106	3335	2539	1718	872
	本年借款	6000			6000									
	本年应计利息				94	190	196	174	151	128	104	79	54	27
	本年还本付息						900	900	900	900	900	900	900	900
	年末借款累计				6094	6284	5580	4854	4106	3335	2539	1718	872	0
第四笔借款	年初借款累计						3000	3047	2354	1991	1617	1231	833	423
	本年借款	3000				3000								
	本年应计利息					47	95	84	73	62	50	38	26	13
	本年还本付息						436	436	436	436	436	436	436	436
	年末借款累计					3047	2706	2354	1991	1617	1231	833	423	0
借款汇总	年初借款累计		0	8125	14472	21017	24719	21951	19097	16153	13118	9988	6760	3432
	本年借款	23000	8000	6000	6000	3000	0	0	0	0	0	0	0	0
	本年应计利息	5313	125	347	545	702	771	685	596	504	409	312	211	107
	本年还本付息	28313	0	0	0	0	3539	3539	3539	3539	3539	3539	3539	3539
	年末借款累计		8125	8378	8640	8909	7911	6883	5822	4728	3600	2437	1237	0

建设经营期

4. 项目的销售均价

(1) 用市场比较法确定销售价格的上限（平均价格）（见表15-23～表15-26）

① 连排别墅

表15-23 本项目连排别墅售价市场比较法综合修正系数表

项目名称修正因素	估价对象	碧桂园凤凰城	锦绣香江	华南碧桂园
成交均价（元/m²）		4200	5500	4600
交易情况修正	1	1	1	1
交易时间修正	1	0.98	1.06	1.06
区域因素修正	1	1.08	1.25	1.25
个别因素修正	1	0.98	1.1	0.96
本项目的相对价格（元/m²）		4049	3774	3616

表15-24 本项目连排别墅销售状况权重系数修正表

项目名称	碧桂园凤凰城	锦绣香江	华南碧桂园
相对价格	3929	3774	3616
权重	0.5	0.25	0.25
加权后的相对价格	2025	943	904
本项目的销售价格		3872	

② 独立别墅

表15-25 本项目独立别墅售价市场比较法综合修正系数表

项目名称修正因素	估价对象	碧桂园凤凰城	紫云山庄	华南碧桂园
成交均价（元/m²）		5300	4300	6200
交易情况修正	1	1	1	1
交易时间修正	1	0.98	0.98	0.98
区域因素修正	1	1.08	1.06	1.25
个别因素修正	1	1.03	0.96	1
本项目的相对价格（元/m²）		4862	4312	5061

表15-26 本项目独立别墅销售状况权重系数修正表

项目名称	碧桂园凤凰城	紫云山庄	华南碧桂园
相对价格	4862	4312	5061
权重	0.4	0.4	0.2
加权后的相对价格	1945	1725	1012
本项目的销售价格		4682	

经比较计算得本项目住宅销售单价：连体别墅均价约为 3872 元/m²，独立别墅均价约为 4682 元/m²。

(2) 用成本法确定销售价格的下限（平均价格）

① 连排别墅销售单价：$2685 \times (1+10\%) = 2954$ 元/m²

② 独立别墅销售单价：3015×（1+10%）= 3317 元/m²

(3) 建议销售单价

① 连排别墅销售单价：3800 元/m²

② 独立别墅销售单价：4600 元/m²

③ 商铺销售单价：5500 元/m²

5. 项目的销售收入

根据成本估算及计划的工程进度，整个销售过程按四个组团分四批进行，确定连排别墅部分从建设经营期的第二年开始出售，均价为 3800 元/m²；独立别墅部分从建设经营期的第三年开始出售，均价为 4600 元/m²；商铺部分从建设经营期的第二年开始出售，均价为 5500 元/m²；预计建设经营期的第六年全部售出。按照上述确定的每年出售比例和销售单价，计算实际的销售总收入。详见分年度按比例销售收入测算表（见表 15-27）。

6. 项目的经营税费与所得税

销售税金及附加估算和所得税如表 15-28 所示。

（二）项目的财务评价与不确定性分析

1. 项目的财务评价

（1）损益表与静态盈利能力（见表 15-29）

① 全部投资的所得税后投资利润率=（所得税后利润总额/总投资额）×100%=10.72%

② 全部投资的所得税前投资利润率=（所得税前利润总额/总投资额）×100%=16.00%

按目前房地产开发行业的平均投资利润率 10%的水平，本项目的静态盈利能力是可以接受的。

（2）现金流量表与动态盈利能力

对本项目进行经济效益分析评价的主要依据是国家计委、建设部颁发的《建设项目经济评价方法与参数》，参照我国新的财会制度，结合房地产开发的实际情况，分别计算全部投资和自有资金的经济效益。项目评价的主要评价指标有财务内部收益率（FIRR）、财务净现值（FNPV）等。评价指标的计算过程详见全部投资现金流量表（见表 15-30）与自有资金现金流量表（见表 15-31）。本项目基准收益率 I_c 取为 7%。

由上述指标可以看出，本项目全部投资的财务净现值均为正值，税前税后的财务内部收益率均大于基准收益率 7%，净现值均大于零，说明本项目的动态盈利能力水平也是可以接受的。

资金来源和运用表与项目资金平衡能力分析：资金来源与运用表集中体现了项目自身平衡的生存能力，是财务评价的重要依据。本项目的资金来源与运用表（见表 15-32）。可以看出，本项目在达到预计的销售率和售价的前提下，每年都有盈余的资金，也就是说，每年的资金流入都大于资金流出。本项目具有的贷款偿还能力和自身平衡能力主要依赖销售收入，若市场情况变化，销售不理想，则有可能使项目面临财务危机。

第十五章 房地产开发项目可行性研究案例

表15-27 分年度按比例销售收入测算表

单位：万元

年份	项目	销售比例	销售均价（元/m²）	销售面积（平方米）	第一年上半年	第一年下半年	第二年上半年	第二年下半年	第三年上半年	第三年下半年	第四年上半年	第四年下半年	第五年上半年	第五年下半年	第六年上半年	第六年下半年
第二年上半年	连排别墅	10%	3800	20434			7765									
	独立别墅	0%	4600	0			0									
	商铺	0%	5500	0			0									
第二年下半年	连排别墅	10%	3800	20434				7765								
	独立别墅	0%	4600	0				0								
	商铺	0%	5500	0				0								
第三年上半年	连排别墅	10%	3800	20434					7765							
	独立别墅	15%	4600	17265					7942							
	商铺	20%	5500	1700					935							
第三年下半年	连排别墅	15%	3800	30651						11647						
	独立别墅	15%	4600	17265						7942						
	商铺	20%	5500	1700						935						
第四年上半年	连排别墅	15%	3800	30651							11647					
	独立别墅	10%	4600	11510							5295					
	商铺	30%	5500	2550							1403					
第四年下半年	连排别墅	15%	3800	30651								11647				
	独立别墅	10%	4600	11510								5295				
	商铺	30%	5500	2550								1403				
第五年上半年	连排别墅	10%	3800	20434									7765			
	独立别墅	15%	4600	17265									7942			
	商铺	0%	5500	0									0			

641

续表

年份	项目	销售比例	销售均价（元/m²）	销售面积（平方米）	第一年 上半年	第一年 下半年	第二年 上半年	第二年 下半年	第三年 上半年	第三年 下半年	第四年 上半年	第四年 下半年	第五年 上半年	第五年 下半年	第六年 上半年	第六年 下半年
															建设经营期	
第五年下半年	连排别墅	5%	3800	10217										3882		
	独立别墅	15%	4600	17265										7942		
	商铺	0%	5500	0										0		
第六年上半年	连排别墅	5%	3800	10217											3882	
	独立别墅	10%	4600	11510											5295	
	商铺	0%	5500	0											0	
第六年下半年	连排别墅	5%	3800	10217												3882
	独立别墅	10%	4600	11510												5295
	商铺	0%	5500	0												0
合计	135270						7765	7765	16642	20524	18344	18344	15707	11824	9177	9177

表 15-28 销售税金及附加估算表

单位：万元

序号	项目	计算依据	合计	第一年上半年	第一年下半年	第二年上半年	第二年下半年	第三年上半年	第三年下半年	第四年上半年	第四年下半年	第五年上半年	第五年下半年	第六年上半年	第六年下半年
									建设经营期						
1	销售收入		135270	0	0	7765	7765	16642	20524	18344	18344	15707	11724	9177	9177
2	销售税金及附加		8306	0	0	477	477	1022	1260	1126	1126	964	726	563	563
2.1	营业税	1×5%	764	0	0	388	388	832	1026	917	917	785	591	459	459
2.2	城市维护建设税	2.1×7%	473	0	0	27	27	58	72	64	64	55	41	32	32
2.3	教育费附加	2.1×5%	203	0	0	12	12	25	31	28	28	24	18	14	14
2.4	防洪工程维护费	1×0.09%	122	0	0	7	7	15	18	17	17	14	11	8	8
2.5	交易印花税	1×0.05%	68	0	0	4	4	8	10	9	9	8	6	5	5
2.6	交易管理费	1×0.5%	676	0	0	39	39	83	103	92	92	79	59	46	46

续表

序号	项目	计算依据	合计	第一年 上半年	第一年 下半年	第二年 上半年	第二年 下半年	第三年 上半年	第三年 下半年	第四年 上半年	第四年 下半年	第五年 上半年	第五年 下半年	第六年 上半年	第六年 下半年
						建设经营期									
3	土地增值税	1×1%	1353	0	0		78	166	205	183	183	157	118	388	388
4	所得税		5717	0	0	328	328	703	867	775	775	664	500	388	388
	可运用资金	1-2-3-4	119 895			6882	6882	14750	18191	16259	16259	13922	10480	8134	8134

表15-29 损益表

单位：万元

序号	项目	计算依据	合计	第一年 上半年	第一年 下半年	第二年 上半年	第二年 下半年	第三年 上半年	第三年 下半年	第四年 上半年	第四年 下半年	第五年 上半年	第五年 下半年	第六年 上半年	第六年 下半年
						建设经营期									
1	销售收入		135270			7765	7765	16642	20524	18344	18344	15707	11824	9177	9177
2	总成本费用	包括利息	108287			6216	6216	13322	16430	14685	14685	12574	9466	7346	7346
3	销售税金及附加		8306			477	477	1022	1260	1126	1126	964	726	563	563
4	土地增值税		1353			78	78	166	205	183	183	157	118	92	92
5	利润总额	1-2-3-4	17325			994	994	2131	2629	2349	2349	2012	1514	1175	1175
6	所得税	5×33%	5717			328	328	703	867	775	775	664	500	388	388
7	税后利润	5-6	11608			666	666	1428	1761	1574	1574	1348	1015	787	787
8	盈余公积金	7×10%	1161			67	67	143	176	157	157	135	101	79	79
9	可分配利润	7-8	10447			600	600	1285	1585	1417	1417	1213	913	709	709

评价指标：

① 全部投资的所得税后投资利润率＝（所得税后利润总额/总投资额）×100%=10.72%。

② 全部投资的所得税前投资利润率＝（所得税前利润总额/总投资额）×100%=16.00%。

③ 全部投资的投资利税率＝（利税总额/总投资额）×100%=24.92%。

④ 盈亏平衡点=86.21%。

房地产项目投资分析

表 15-30 全部投资现金流量表（$I_c=7\%$）

单位：万元

序号	项目名称	合计	第一年 上半年	第一年 下半年	第二年 上半年	第二年 下半年	第三年 上半年	第三年 下半年	第四年 上半年	第四年 下半年	第五年 上半年	第五年 下半年	第六年 上半年	第六年 下半年
1	现金流入	135270	0	0	7765	7765	16642	20524	18344	18344	15707	11824	9177	9177
1.1	销售收入	135270	0	0	7765	7765	16642	20524	18344	18344	15707	11824	9177	9177
2	现金流出	118349	22538	15614	18136	11872	10132	14190	7814	9928	2733	2090	1651	1651
2.1	建设投资	102974	22538	15614	17253	10990	8240	11857	5729	7843	948	746	608	608
2.2	销售税金及附加	8306	0	0	477	477	1022	1260	1126	1126	964	726	563	563
2.3	土地增值税	1353	0	0	78	78	166	205	183	183	157	118	92	92
2.4	所得税	5717	0	0	328	328	703	867	775	775	664	500	388	388
3	净现金流量	16921	-22538	-15614	-10371	-4107	6510	6334	10531	8416	12974	9735	7526	7526
4	累计净现金流量	16921	-22538	-38152	-43523	-52630	-46121	-39786	-29256	-20840	-7866	1869	9395	16921
5	折现净现金流量	2866	-22538	-15095	-9692	-3711	5686	5348	8596	6641	9898	7180	5366	5187
6	累计折现净现金流量	2866	-22538	-37633	-47325	-51036	-45350	-40002	-31406	-24764	-14866	-7687	-2321	2866
7	税前净现金流量	22638	-22538	-15614	-10043	-3779	7213	7202	11306	9191	13638	10234	7914	7914
8	税前累计净现金流量	22638	-22538	-38152	-48195	-51974	-44761	-37559	-26253	-17062	-3424	6810	14724	22638
9	税前折现净现金流量	7480	-22538	-15095	-9386	-3414	6300	6081	9229	7253	10404	7548	5642	5455
10	税前累计折现净现金流量	7480	-22538	-37633	-47018	-50433	-44133	-38052	-28823	-21569	-11165	-3617	2025	7480

评价指标：	税前	税后
财务净现值（$I_c=7\%$）	7480	2866
财务内部收益率	11.33%	8.61%

表 15-31 自有资金现金流量表（$I_c=7\%$）

单位：万元

序号	项目名称	合计	第一年 上半年	第一年 下半年	第二年 上半年	第二年 下半年	第三年 上半年	第三年 下半年	第四年 上半年	第四年 下半年	第五年 上半年	第五年 下半年	第六年 上半年	第六年 下半年
1	现金流入	135270	0	0	7765	7765	16642	20524	18344	18344	15707	11824	9177	9177
1.1	销售收入	135270	0	0	7765	7765	16642	20524	18344	18344	15707	11824	9177	9177
2	现金流出	123663	14538	9614	12136	8872	13671	17729	11353	13468	6272	5629	5190	5190
2.1	自有资金	32077	14538	9614	5059	1796	128	942	0	0	0	0	0	0
2.2	预售收入再投入	47897	0	0	6194	6194	8113	10915	5729	7843	948	746	608	608
2.3	贷款还本付息	28313	0	0	0	0	3539	3539	3539	3539	3539	3539	3539	3539
2.4	销售税金及附加	8306	0	0	477	477	1022	1260	1126	1126	964	726	563	563
2.5	土地增值税	1353	0	0	78	78	166	205	183	183	157	118	92	92
2.6	所得税	5717	0	0	328	328	703	867	775	775	664	500	388	388
3	净现金流量	11608	−14538	−9614	−4371	−1107	2971	2795	6992	4877	9435	6196	3987	3987
4	累计净现金流量	11608	−14538	−24152	−28523	−29630	−26660	−23865	−16873	−11996	−2562	3634	7621	11608
5	折现净现金流量	2950	−14538	−9294	−4085	−1001	2595	2360	5707	3849	7198	4569	2843	2748
6	累计折现净现金流量	2950	−14538	−23832	−27917	−28918	−26323	−23963	−18256	−14407	−7210	−2640	202	2950
7	税前净现金流量	17325	−14538	−9614	−4043	−779	3674	3662	7767	5652	10099	6695	4375	4375
8	税前累计净现金流量	17325	−14538	−24152	−28195	−28974	−25300	−21638	−13871	−8218	1880	8575	12950	17325
9	税前折现净现金流量	7564	−14538	−9294	−3778	−704	3209	3092	6340	4460	7704	4938	3119	3015
10	税前累计折现净现金流量	7564	−14538	−23832	−27611	−28315	−25106	−22013	−15673	−11213	−3508	1430	4549	7564

评价指标：	税前	税后
财务净现值（$I_c=7\%$）	7564	2950
财务内部收益率	14.28%	9.85%

表 15-32 资金来源与运用表

单位：万元

序号	项目名称	第一年		第二年		第三年		建设经营期 第四年		第五年		第六年	
		上半年	下半年	上半年	下半年	上半年	下半年	上半年	下半年	上半年	下半年	上半年	下半年
1	资金来源	22538	15614	18824	12561	16770	21467	18344	18344	15707	11824	9177	9177
1.1	销售收入	0	0	7765	7765	16642	20524	18344	18344	15707	11824	9177	9177
1.2	自有资金	14538	9614	5059	1796	128	942	0	0	0	0	0	0
1.3	银行借贷	8000	6000	6000	3000								
2	资金的运用	22538	15614	18136	11872	13671	17729	11353	13468	6272	5629	5190	5190
2.1	建设投资	22538	15614	17253	10990	8240	11857	5729	7843	948	746	608	608
2.2	借款还本付息	0	0	0	0	3539	3539	3539	3539	3539	3539	3539	3539
2.3	销售税金及附加	0	0	477	477	1022	1260	1126	1126	964	726	563	563
2.4	土地增值税	0	0	78	78	166	205	183	183	157	118	92	92
2.5	所得税	0	0	328	328	703	867	775	775	664	500	388	388
3	盈余资金（1-2）	0	0	688	688	3098	3737	6992	4877	9435	6196	3987	3987
4	累计盈余资金	0	0	688	1376	4475	8212	15204	20081	29516	35711	39698	43685

2. 项目的不确定分析

(1) 盈亏平衡分析

本项目销售率的盈亏平衡点为86.21%。它意味着在售价不变、成本不变的前提下，项目的销售率要达到86.21%，项目才能达到静态盈亏平衡，也就是投资刚能保本。对于住宅项目而言，盈亏平衡点超过70%，项目风险已十分高。可见，本项目在目前的市场环境下开发建设，风险很大，须十分谨慎。

(2) 敏感性分析

从经济效益分析的评价指标及现时的市场情况看来，在各主要成本要素中，本项目的土地成本、税费等因素相对固定，而建安成本是其中对项目收益影响最大的一项；另外，本项目的推出面临一定的市场竞争，预期售价的变化会对项目产生影响。因此，本项目的敏感性分析确定选取物业销售价格及建安成本两项进行考察，分别算出上述两个因素各自在其他条件不变的情况下，以5%的幅度增加或减少时，对主要经济评价指标的影响，在正常的变化范围之内，售价的变化对指标的影响尤其明显。具体变化情况如表15-33所示。从该表我们还可以看到，本项目的临界点过低，当售价下降4.57%、建安成本上升7.56%，项目的动态盈利能力指针即显示为不可行。这说明项目抵抗市场风险的能力较弱。

表15-33 敏感性分析表

售价变化							
全部投资	基准方案	-15%	-10%	-5%	5%	10%	15%
财务净现值（税后）	2866	-6562	-3419	-276	6009	9152	12295
财务净现值升降幅度		-328.92%	-219.28%	-109.63%	109.63%	219.28%	328.93%
财务内部收益率（税后）	8.61%	2.75%	4.76%	6.71%	10.47%	12.28%	14.04%
财务内部收益率升降幅度		-68.08%	-44.74%	-22.11%	21.54%	42.55%	62.98%
全部投资利润率	10.72%	-0.12%	3.52%	7.13%	14.28%	17.80%	21.03%
投资利润率升降幅度		-101.12%	-67.16%	-33.48%	33.22%	66.06%	96.19%
售价临界点：	-4.57%						
建安工程费变化							
全部投资	基准方案	-15%	-10%	-5%	5%	10%	15%
财务净现值（税后）	2866	8551	6656	4761	972	-923	-2818
财务净现值升降幅度		198.31%	132.20%	66.09%	-66.09%	-132.20%	-198.31%
财务内部收益率（税后）	8.61%	12.34%	11.05%	9.81%	7.64%	6.34%	5.26%
财务内部收益率升降幅度		43.25%	28.27%	13.88%	-11.31%	-26.40%	-38.94%
全部投资利润率	10.72%	17.77%	15.28%	12.94%	8.62%	6.63%	4.75%
投资利润率升降幅度		65.78%	42.55%	20.72%	-19.58%	-38.15%	-55.69%
建安工程费临界点：	7.56%						

3. 财务评价结论

从上述分析可得出本项目财务评价结论如下。

(1) 从各财务评价指标看，本项目有可以接受的静态与动态盈利能力。

(2) 从数学模型的设定计算得知，影响本项目开发效益的主要变动因素分别是建安成本与物业的销售价格。

(3) 建安工程成本是影响项目首期盈利能力的主要因素之一，在成本计算中尽量按实际情况进行设定，在实际操作中对成本的控制对于改善指标的作用是明显的。

（4）本项目的计算模型中，所有住宅物业的销售率均确定为100%，目的是体现投入首期资金在确定的计算期内的盈利能力。当假定本项目的总投资不变，住宅销售进度不变时，住宅平均售价变化对各财务指标的影响较大。

（5）由于计算中设定项目销售的收入不做提前偿还贷款所用，而只转作下季度的投资资金，因而会造成一定的利息损失。

十、项目风险分析

（一）项目政策性风险

1. 环境治理政策风险

项目所在地是远近闻名的"水泥镇"，大大小小的水泥厂散布在地块周边，高峰时达到100多家。水泥厂的存在对该地区水环境及空气环境造成极大威胁。尽管自20世纪90年代以来，各级政府部门加大了治理力度，采取了一系列措施，关闭了年产4万吨以下水泥厂，限期治理年产4万吨以上的水泥厂，但由于资金问题，仍然有些水泥厂没有达标；水泥工业是当地财政收入的主要来源，要短期内关闭该地块周边的所有水泥厂的可能性不大；有些水泥厂坐落在临近村镇（如沙埔）或城市（东莞市中堂镇），这是白云镇乃至增城市各级政府在整治过程中力所不及的。对于拟建的大型别墅住宅区而言，政府未来的环境治理政策和治理力度将是本项目面临的一大风险。

2. 土地出让政策风险

本项目土地的获得采取的是与当地政府的协议出让方式。尽管这种方式目前在城市的边缘地带还是大行其道，但有迹象表明，这种方式今后将会受到越来越多的限制。在国土资源部和监察部联合发布的一份《关于严格实行经营性土地使用权招标拍卖挂牌出让的通知》中指出："各市县人民政府土地行政主管部门今后要定期及时向社会公布国有土地使用权出让计划；经营性土地使用权必须以招标、拍卖或者挂牌方式出让。招标拍卖挂牌底价必须根据土地估价结果和政府产业政策集体决策，并严格保密。要统一招标、拍卖、挂牌出让文件，严格规范土地使用权招标、拍卖、挂牌出让程序。"由此可以看出，该地块的协议出让方式面临着被招标、拍卖或者挂牌方式代替的风险。

另外值得注意的是，目前全国各地的房地产开发热所形成的"圈地运动"已引起了政府的高度重视。近期各地已出台了一系列政策严禁"圈地"，即使是对正式有偿出让的土地，也要限期开发。因此，本项目与当地政府达成的以较少资金便可预留住大面积的土地留待今后开发的承诺是不具备法律效力的，随时都有被政府收回的可能，这也是本项目将面临的一个非常大的政策性风险。

3. 耕地保护政策风险

《中华人民共和国土地管理法》第31条规定"国家实行占用耕地补偿制度"。具体规定："非农建设批准占用耕地的，按占多少，垦多少的原则，由占用耕地的单位负责开垦与占用耕地的数量和质量相当的耕地，没有条件开垦的应当按省、自治区、直辖市规定缴纳耕地开垦费，专款用于开垦新的耕地。"

我们在研究中还注意到，GZ市人民政府颁布的GZ市土地利用总体规划（2000—2015年）第五部分"关于土地利用分区规划"中指出："增城和从化两个县级市属丘陵山区，是GZ市的主要水源和生态屏障,增城市南部东江下游平原和从化东南部流溪河谷,是主要农业区,从化街口镇、增城荔城镇、新塘镇被列为 GZ 重要工业城镇。本区土地利用主要是在工业城镇建设的同时,及时保护好耕地";在本规划的第四部分"关于土地开发复垦整体布局"中指出:"土地开发复垦的重点在番禺市的海涂和增城市河滩地的改造利用,规划开发面积共 3661 公顷,这是确保落实全市耕地保有量的主要途径"。另外,在本规划最后的"GZ 市耕地占补平衡专题报告"中指出:"到本次规划期末占用的耕地 15.78 万亩,包括已经确定的到 2010 年 GZ 市的城市建设用地规模和番禺市市桥镇 40 平方千米,花都市新华镇 40 平方千米,增城市荔城镇 35 平方千米和从化街口镇 20 平方千米范围内的耕地,以及其他建制镇建设用地范围内的部分耕地,这是实施城市规划所必须保证的。"

从以上数据我们可以看出,政府对耕地的保护是非常重视的,但同时也要保证城市规划的实施。本项目是会纳入政府的耕地保护范围,还是可以批准作为城市建设用地,主要取决于 GZ 和增城市的城市规划与布局。从目前我们掌握的资料来看,该地块紧邻都会区边缘,又是 GZ 市东进战略重点发展的工业布局区域,因此其作为耕地保护起来的可能性不大,其中的河滩地复垦为耕地的可能性也不大。但在一切尚未完全明朗的情况下,此点也可视为项目的一大政策性风险。

(二) 项目市场风险

(1) 本项目面临的市场风险主要来源于现实的竞争对手与竞争楼盘,以及潜在的竞争对手与竞争楼盘。

GZ 的房地产市场,尤其是住宅市场已经是供大于求的买方市场,统计数据显示,全市商品房空置面积高达 600 多万平方米。项目所面临的宏观市场竞争压力较大。本地块位于城市远郊区,虽然有广园东交通干线与市区相连,但位于同一交通干线已开盘的有中海康城、紫云山庄、碧桂园凤凰城等物业,即将开发的有锦绣香江、合生创展等物业。它们比本项目更临近 GZ 市区,有些规模也很大,品牌也很出色,价格上也较有优势。这些楼盘的存在将使本项目面临更大的价格竞争压力及营销压力。

(2) 项目所在地 (增城市,特别是荔城镇与白云镇) 相对于番禺、东莞等地而言,属经济落后的地区,当地市政建设、环境治理、配套设施与发达地区相比,均有一定的差距,同时居民收入水平及消费水平也较低,这使得本项目所吸引的当地客户数受到了限制,由此而增加了市场营销的风险。

(三) 项目财务风险

由项目的财务分析报告可以看出,本项目的静态与动态盈利能力指标均达到了行业的基本标准,财务评价结果基本上显示是可行的,但仍然要看到这其中存在着较大的风险。

1. 销售率风险

从项目的盈亏平衡分析中看出,在目前设定的平均售价 (连排别墅 3800 元/平方米,独立别墅 4600 元/平方米) 与得房成本单价 (连排别墅 3172 元/平方米,独立别墅 3571 元/平方米) 下,本项目销售率的盈亏平衡点高达 86.21%,这意味着项目要达 86.21%的销售率才能收回项目投资。该指标超过了 70%的警戒线,说明项目蕴含较大的销售率风险。当然,这一方面与项目的首期开发中投入的基础设施建设费用有较大关系,同时也与在定价中偏于保守有关。但不管怎样,这一结果值得引起重视。另外,从项目的敏感性分析表中,我们可以看到,本项目的临界点过低,当售价下降 4.57%,建安成本上升 7.56%,项目的动态盈利能力指标即显示为不可行。这说明项目抵抗市场风险的能力较弱。另外，敏感性分析显示项目的建安工程成本和售价是影响项目首期盈利能力的主要因素。因此，在开发中应实施严格的成本控制，并在全过程加强营销。

2. 资金风险

本项目总占地 9600 亩，规模巨大。首期 1200 亩开发的总投资据初步测算约需 10.8 亿元，这还不包括为取得后续土地而预交的地价款，因此对整个项目开发而言，其所需的资金数额是非常庞大的。项目首期开发中的资金来源有三个部分，包括自有资金、银行贷款与预售收入的再投入。按财务计划的安排，本项目开发商投入自有资金 32077 万元作为启动资金，另须向银行贷款 23000 万元用于投资，剩余部分 47897 万元由销售收入补充。按项目的开发进度计划、贷款计划和销售计划，本项目在开发期第三年的上半年的资金需要量将达到峰值。一旦销售计划未能如期完成，项目将有可能面临较为严重的资金短缺，从而给开发带来较大的资金压力，也可能面临较严重的债务危机。因此，在项目开发的全过程中加强营销，确保销售率是非常重要的。

（四）项目自然风险

本项目所在地块为河岸及岛屿，水灾项目环境建设中扮演着重要角色，但也会带来洪涝灾害，因而在项目风险评价中应考虑到洪、涝、雨、风等自然灾害的风险。

（五）项目社会风险

由于项目建设必然强化了所在地政府周边水泥行业的环境治理力度，有可能因此而引发当地居民的不满，从而影响到本项目的开发进展。

十一、项目特征综述、评估结论与建议

（一）项目特征综述

通过上述分析，我们可以得出本项目具有如下特征。

（1）项目目前所处的宏观经济环境状况运行良好，项目所在的 GZ 地区（包括新塘、永和等地）以及项目所辐射的东莞、深圳等地的经济都保持着两位数的持续发展势头，居民生活水平继续提高，房地产的消费力保持强劲。同时随着中国加入 WTO，将会掀起新一轮的国际产业向 GZ 地区的转移，对高档住宅的需求也将会进一步增长。

（2）GZ 市的城市总体规划战略安排是南拓、北优、东进、西联。本项目所在地为市区东部，紧靠未来都会区边缘，是重整东部产业组团，形成东部密集型产业发展带的地区，预期经济会有较快发展，人口将会大幅增加，基础设施建设将会有较大改善。这些都将有利于住宅建设和销售。但是这并不意味着一定适合建设大型、高档、休闲度假式的别墅区。

（3）GZ 市的住宅市场目前基本上是供大于求的卖方市场。商品房空置面积高达 621 万平方米，其中商品住宅的空置面积为 366 万平方米。虽然由于居民消费水平较高，这种局面并未影响到适销对路商品房的销售速度，但这仍然是新开发项目的发展商应清醒地认识到的市场形势。

（4）GZ 市的住宅市场呈现郊区化、规模化、品牌化、环境化的基本趋势。郊区大规模的楼盘，尤其是那些以创造出品牌效应的优质楼盘吸引了众多的买家，销售势头良好。众多楼盘都十分重视环境建设。景观、绿化、配套设施包括学校、医院、交通服务、运动设施等，均是开发商形成特色、吸引买家的"卖点"。

（5）本项目位于广园东路的延长线上。该延长线已正式动工，预计年底竣工。竣工后，本项目的交通条件将会大大改善。

（6）本项目地块位于小岛及河流沿岸，临近一货运码头，视野开阔，自然景色优美，为将来建设水环境提供了优良的条件。同时本项目的发展商也拥有较丰富的开发亲水楼盘的经验。但同时也应考虑到由此而产生的防洪所需的堤岸整治、地基防潮、防沉降处理的费用，以及治理码头、修建桥梁所需要的费用都会大幅度提高项目所需的开发成本。另外，本项目所在地的GZ东部白云镇，属城市远郊区，基本生活配套设施目前尚不健全，主要依靠小区自行配套建设，这也会增加项目的开发成本。

（7）本项目地块所在地为远近闻名的"水泥镇"。大大小小的水泥厂星罗棋布地遍布于该地块及其周边地区，对项目环境造成极大威胁。尽管由于环境治理的要求，这种状态目前已有所改善，但由于水泥产业是当地财政的主要收入，而且有的水泥厂位于临近村镇与县市，因此这一状况短期内难以有根本性的改变。

（8）广园东板块上已有的一系列大规模楼盘（如中海康城、紫云山庄、碧桂园凤凰城等）以及一系列即将开发的大规模楼盘（如锦绣香江、合生创展等）的存在将对本项目的市场营销构成极大的威胁。

（9）目前GZ周边地区大规模圈地开发大楼盘的趋势愈演愈烈，已引起了各级有关部门的高度重视，政府极有可能在不远的将来采取更严厉的措施来控制土地出让规模和闲置土地的开发建设时间。因此，本项目拟采取的这种用较少资金留住土地的做法将具有较大的风险。

（10）尽管政府对耕地的保护是非常重视的，但同时也要保证城市规划的实施。本项目地块紧邻都会区边缘，又是增城市重点发展的城镇，因此我们认为其作为耕地保护起来的可能性不大，其中的河滩地复垦为耕地的可能性也不大。最大的可能性还是可以批准作为建设用地。

（11）本项目的财务评价结果显示，项目基本具有可以接受的盈利能力和债务清偿能力，但盈亏平衡点过高，同时敏感性分析所显示的临界点过低，说明本项目抵抗市场风险的能力较弱。

（二）结论与建议

由上述市场前景、环境特点以及项目的财务评价结果，我们就项目开发建设的可行性得出如下结论性意见及相关建议。

（1）项目所在地块及其周边环境目前尚不具备别墅型住宅区建设的基本条件，同时与本项目相关的不确定性因素过多。建议暂不急于开发建设，等观望一段时间，待如下条件具备时再作实质性的投资决策。

① 政府环境治理力度加大，水泥厂治理前景明朗。

② 政府对城市远郊的土地使用制度特别是对大规模土地收购储备制度已基本明确。

（2）本项目地块及其周边地区目前是开发商们尚未涉足的区域，小范围内的竞争尚不算激烈。相信随着广园东路延长线的开通，该地块也会有一定的增值潜力。同时，就地块本身而言，其景观确实优美。另外，该项目目前的地价也具有一定的优势。因此，如果本项目打算在上述结论（1）中的条件具备时进行开发，则我们提出如下建议。

① 密切关注政府的政策动向与城市建设动向，及时调整开发目标与开发策略。

② 寻找合作伙伴，共同分担风险。

③ 继续与当地政府谈判，设法再降低一些土地价格，同时想办法用较少资金留住未来9600亩土地的使用权。

④ 将该项目作为一个长线投资项目，分期分批地进行开发。首期要注重环境治理，尤其是要进行河道堤岸整治、沿河林荫道的建设、码头整治、跨河桥梁（至小岛）建设等。在水环境

的建设上多下工夫。同时可开发一系列与水有关的水上运动、水上娱乐等设施。

⑤ 首期开发主要以聚集人气，开拓市场，树立品牌为主，经济效益目标定位于保本微利。控制成本，加强促销，缩短建设周期，尽快回收资金，把盈利的期望放在以后各期。

⑥ 将项目的主要目标客户设定为当地（新塘、永和、白云、沙埔、荔城）富裕人群，GZ市区、经济技术开发区工作的高级白领及管理人员，同时开拓东莞、深圳等周边富裕地区市场。

⑦ 将公司已有项目历来独特于GZ房地产界的文化生活方式引入本项目中，尽可能拉大与同区域竞争对手定位概念上的差距，强化高贵而典雅的项目形象。如果按贵公司设想在鹅桂洲兴建高尔夫球场，则概念的选择应更重于休闲、娱乐、度假、健身等主题。（关于高尔夫球场的开发模式设想请详见附录"开发高尔夫球场的初步设想"）

（3）本项目最大的不足之处就是目前其周边所受到的环境污染，这一点对于一个大型休闲度假型别墅区的开发来讲可以说是致命的。尽管政府许诺要限期进行彻底的环境治理，但这其中蕴含着很大的政策风险。另外，广园东板块目前已经推出和即将推出的一系列大规模楼盘也给本项目带来相当大的市场压力。从项目的财务评价结果指标来看，尽管本项目有着基本可以接受的盈利能力，但其抵抗市场风险的能力较弱。因此，如果贵公司经过慎重的讨论后决定放弃对该项目作为大型休闲式别墅区的开发，则我们提出如下可供选择的方案建议。

方案一：保留该项目用地，但转换用途，将其规划建设成为一个高科技工业园区。

这一方案的优点包括以下几点。

① 可以利用地块未来良好的交通前景。
② 与地块所在区域的未来规划发展方向相一致。
③ 目前地块周边环境污染问题的影响退居到了次要位置。
④ 回避了与大量的广园东板块楼盘的正面竞争。

这一方案的不足包括以下几点。

① 不能充分发挥公司已有项目的品牌优势。
② 不能充分利用地块本身的良好景观。建议将小岛仍然建设成一个为工业园区员工特别是管理层员工服务的住宅区。

该方案的可行性尚需进一步论证。

方案二：彻底放弃该项目，另行选址。

如果贵公司最后还是决定彻底放弃该项目，我们则建议贵公司另行选址，仍然进行较大规模的住宅小区楼盘的开发。这一方面是因为楼盘的规模化已成为住宅开发的一种趋势，另一方面是因为公司已有项目的品牌已蕴含着极大的无形资产价值。经过十多年的专注与成功的开发，公司已有项目的品牌已经拥有了较强的知名度、美誉度和顾客忠诚度。将该品牌在别的项目上延续，实际上是对这一无形资产的充分利用。我们建议的选址区域包括以下内容。

① 规划中的地铁三号线（中心区—番禺市桥—GZ新城）或地铁四号线（科学城—广东奥林匹克中心——琶洲会展区——官洲生物岛——GZ大学城—GZ新城—南沙）经过的区域，向北可考虑白云板块、花都和新机场一带，向南可考虑会展中心、GZ大学城和南沙一带；向西可考虑芳村、南海一带等。

② 配合政府的城市规划，将市区中已经或将要迁出的较大规模的工厂用地改为住宅小区开发，类似于光大花园、富力地产的做法。这样的开发模式一般来说风险较小，但其拿地成本普遍较高，同时开发规模也受限制。

案例二　GZ市某旧厂改造项目策划与可行性研究[①]

一、项目概况

（一）开发企业基本情况（略）

（二）项目位置

本项目位于GZ市天河区员村四横路128号，在珠江新城CBD中轴线的东面，美林海岸花园的西侧，南面与琶洲国际会议中心隔江相望，北通黄埔大道连接天河商业圈。紧靠琶洲大桥，距华南快速干线黄埔大道西出口约1.9千米，距猎德大桥约3.8千米（见图15-1）。

（三）用地规模及地块现状

该项目总占地面积为170000m^2，总建筑面积为123000m^2，其中，现有建筑面积47000m^2，拟复建建筑面积为76000m^2。地块南北长度约500米，东西长度约400米（见图15-2）。

图15-1　项目位置图

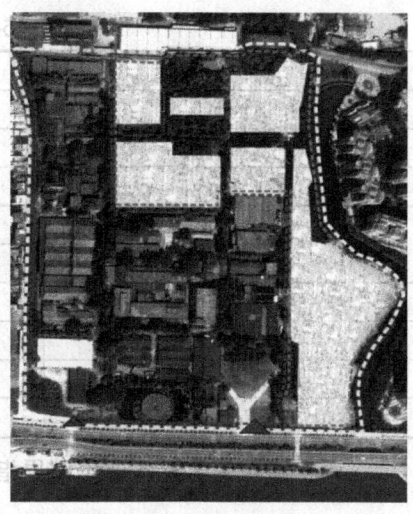
图15-2　项目地块现状

地块现存大量的工业厂房，多为20世纪50年代建造的苏式建筑；现存的厂房多数保存良好，但也有一些建筑较为破旧；厂区内的建筑极富特色且充满工业世代遗留的痕迹，临江大道边上的大油桶（见图15-3）和园区内的烟囱尤为突出；厂区内种有大量的高大乔木，绿树葱葱，大树、古树四季常青，俨如繁华都市中的世外桃源（见图15-4）。

（四）项目来源

该地块前身是YJQ罐头厂，经过50多年的生产后，厂区内原有的建筑以及结构已经渐渐不能满足大型现代化机械生产的需要。因此，YJQ罐头厂于2008年迁至从化市太平开发经济区。

同年，在GZ市YJQ罐头厂面临拆迁之际，国内某知名室内设计企业和一些社会上知名艺术家们联手向政府申请将厂区保留并发展为文化创意区，这一举动引起了政府的关注并得到极大重视。2009年12月，GZ市时任市领导到该地块视察，落实将该项目打造成艺术生活创意基地。

[①] 本案例的编写得到广州市集美组室内设计工程有限公司的大力支持，特此致谢。

图15-3 厂区里的大油桶

图15-4 厂区里留存的大树

至此，GZ市政府已将该地块的产权移交至GZ城投集团，而该项目则由政府主导，城投集团负责开发改造。

（五）项目主要技术经济指标（见表15-34）

表15-34 项目经济技术指标表

项目		数值	计量单位
用地总面积		170000	m²
建筑占地面积		67000	m²
总建筑面积		123000	m²
其中	原建筑总面积	47000	m²
	复建建筑面积	76000	m²
建筑密度		39	%
容积率		0.72	—
绿地率		50	%
停车位		500	个

（六）项目主要财务评价结果指标（见表15-35）

表15-35 项目主要财务评价结果指标汇总表

主要财务评价指标	评价结果
项目总投资（万元）	39949
项目租赁（转售）收入（万元）	397818
利润总额（万元）	305453
税后利润（万元）	229090
年投资利润率（%）	18.72
税前全部投资FNPV（万元）	305343
税后全部投资FNPV（万元）	264368
税前全部投资IRR（%）	20.31
税后全部投资IRR（%）	17.54
税后自有资金FNPV（万元）	260079
税后自有资金FIRR（%）	19.44
盈亏平衡点出租率（%）	18.13

二、项目宏观环境分析（略）

三、项目所在地区域环境分析（略）

四、同类项目案例研究及对本项目的启示（略）

五、项目开发条件分析

（一）历史回顾（略）

（二）项目现状基本情况

（1）项目所在地块共有三个出入口：一个是在临江大道边上的主出入口，可供车辆和行人出入；另一个是位于该地块的北面的新开的出入口，只能供行人出入，行人通过北门外的小路直达员村二横路（地铁5号线员村站）和员村四横路；还有一个出入口位于员村四横路尽头，入口的宽度可供汽车出入，但该出入口现阶段暂时封闭。

（2）项目所在地的旧厂房以低层建筑为主，厂区里的厂房建筑以平层建筑为主（见图15-5），另有少量的2~3层建筑，厂区里的建筑最高层数是4层。因此，项目建筑密度低，容积率低。此外，厂区内拥有大量几十年历史的高大乔木，放眼望去，满眼是绿，内部环境优美，景色宜人（见图15-6）。

图15-5　园区建筑以低层建筑为主

图15-6　园区内环境优美

（三）建筑现状分析

1. 建筑新旧程度

由于规划片区内大部分都是旧的厂房，所以不存在一类建筑。但该项目存在大量二类建筑，兼有少量三类建筑。所谓二类建筑，即有一定年限，结构稳定，并且有一定的历史保留价值和审美价值；所谓三类建筑，即有一定年限，但基本上没有历史保留价值和审美价值（见图15-7）。

2. 建筑形态

由于YJQ罐头厂是与苏联合作建成的，所以厂区建设主要以苏式建筑为主，墙体很厚实，整体外观呈长方形，窗户小，楼梯间入口全部是厚实的水泥墙。外墙全部刷上红、黄相间的颜料，看上去很有历史厚重感。罐头厂基本上已经囊括了我国自新中国成立以来工厂建筑的大部分类型，而且其连贯性、多样性和代表性都代表其为现存为数不多的建筑群。由于这些苏式老建筑一直有人居住，为了改善居住质量，几乎无一例外地进行了"开膛剖肚"的改造，红色外墙前几年安装白色塑料下水管道，镀锌或者不锈钢质的自来水管一排排穿墙而入，黑色的电线电缆纵横交错，明显破坏了老建筑的整体美感。这种苏式建筑的窗户偏小，采光及通风并不是很理想。园区建筑主要分成以下三大类型。

图 15-7　园区建筑分布图

（1）苏式红砖金字顶建筑

园区大部分厂房和仓库都是这种建筑，主要建于 20 世纪 50 年代的设厂之初，以混合建构为主，左右呈中轴对称，平面规矩，中间高两边低，主楼高耸，回廊宽缓伸展。其次还有"三段式"结构，是指檐部、墙身、勒脚三个部分，而且楼房墙体厚，有一砖半厚，房子空间大，主要以瓦顶为主，冬暖夏凉（见图 15-8）。

图 15-8　园区内的苏式红砖金字顶建筑

（2）苏式平房建筑

除了金顶建筑外，园区也保留了很多苏式平房，一部分建于 20 世纪 50 年代，一部分建于 70 年代后，结构开始向框架结构转变，基本上都是两层的建筑，在之前的罐头厂主要用于办公类或者半成品仓库，其中也有用作厂区的研发中心（见图 15-9）。

图 15-9　园区内苏式平房建筑

(3) 钢筋混凝土建筑

厂区在现代化改造中建设的建筑，全部是框架结构，以钢筋混凝土作为主要建筑材料，基本在 20 世纪 80 年代后落成，楼层主要为 3～5 层，厂区主要用于管理层办公室（见图 15-10）。

图 15-10　园区内钢筋混凝土建筑

（四）交通

1. 公路

该项目周边道路外围有便利的城市快速道路：北有黄埔大道，西有华南快速干线和新光快速路，连同东侧科韵路—琶洲大桥横穿珠江，贯通 GZ 市南北地区。但是，该项目外围有城市主干道，项目周边道路主要以城市支路和自发开辟的社区小路为主，通行较为不便，交通拥挤（见图 15-11、图 15-12）。

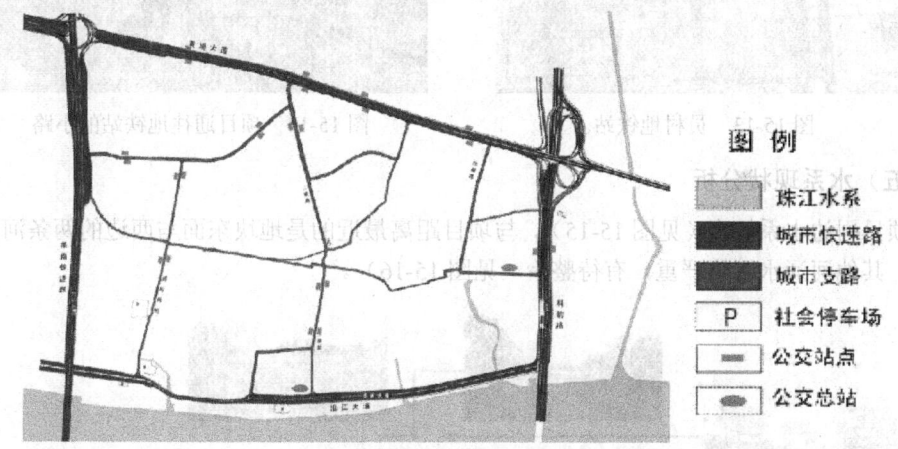

图 15-11　外围道路现状

2. 地铁

项目北门距离地铁 5 号线员村站 B 出口（见图 15-13）约 300 米，步行时间约 7 分钟。但该通往地铁站的小路途经程介西村，道路狭窄，路面泥泞，路况较差，且人多混杂（见图 15-14）。

3. 公交车站

项目附近有三个公交站点，共 10 条公交线路途经此地。一个是员村总站，公交 284 路、299 路站点，距离项目临江大道门口约 200 米；一个是美林海岸花园（员村）总站，公交 243 路站点，距离项目北门约 2000 米；一个是琶洲大桥北站，公交 137 路、304 路、564 路、大学城 1 线、大学城 2 线、大学城 4 线、夜 48 路站点，距离项目临江大道门口约 700 米。

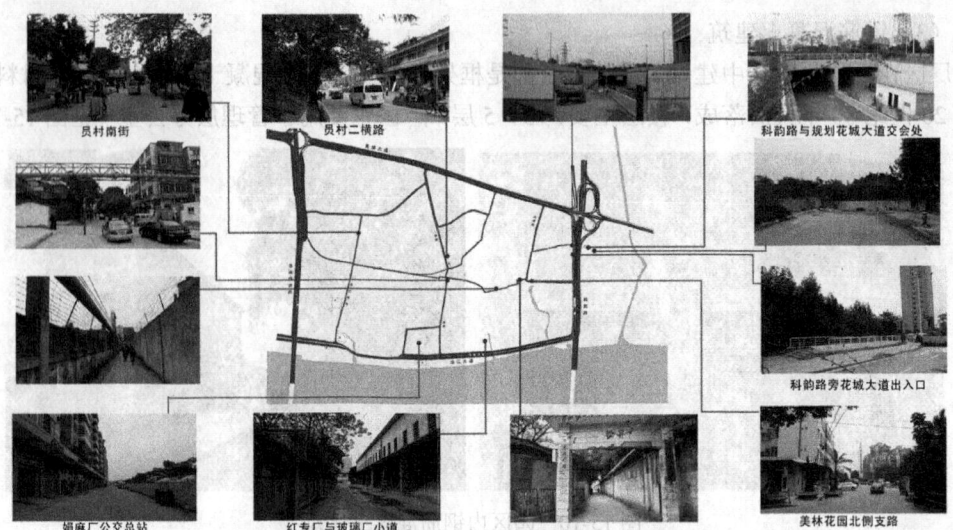

图 15-12 周边道路现状

图 15-13 员村地铁站

图 15-14 项目通往地铁站的小路

(五) 水系现状分析

该项目周边水系较多 (见图 15-15),与项目距离最近的是地块东面与西边的两条河涌。除珠江外,其他河涌水污染严重,有待整治 (见图 15-16)。

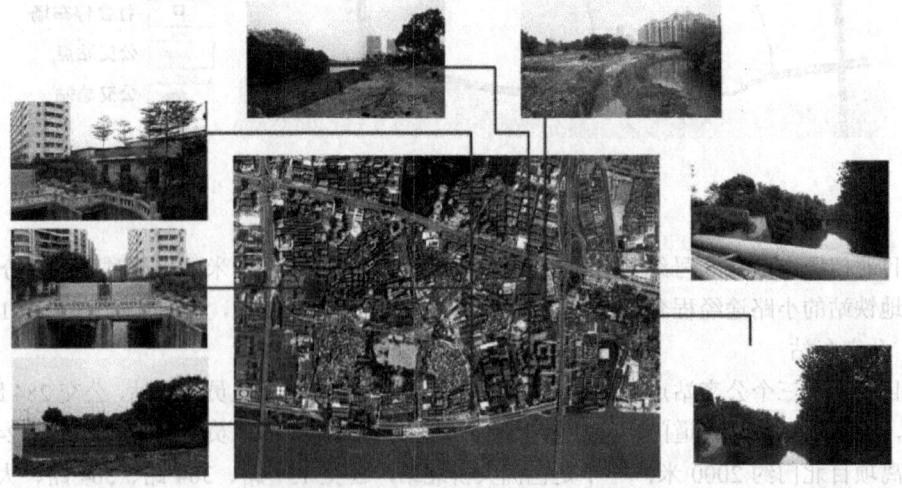

图 15-15 项目周边各水系分布情况

图 15-16 项目周边河涌污染严重

(六) 项目 SWOT 分析

1. 优势分析

(1) 地理位置优越，区域优势明显。

该项目位于城市 CBD 中轴线的东面，珠江口西北角，近临珠江岸边，南面是国际会展中心，北临天河商业圈，地理位置十分优越。它与音乐厅、美术馆、市民广场、歌剧院、博物馆新馆、图书馆新馆、少年宫和电视塔形成横向文化轴线，它将成为城市 CBD 商务形态的一个重要文化组成，是 GZ 创意产业对外交流的主要组成部分，也将成为城市发展的新地标和 CBD 中的都市时尚当代艺术生活中心区（见图 15-17）。

图 15-17 横向文化轴线

(2) 交通便捷，构筑了四通八达的立体交通网络。

该项目临临江大道，可快速通往珠江新城 CBD 商务区；北接市区主要干线黄埔大道，通往市区各个方向。另外，该项目通往科韵路—琶洲大桥，直达琶洲国际会展中心，附近的华南快速干线黄埔大道西出口、新建落成的猎德大桥、项目临近地铁 5 号线员村站和多条公交线路，共同构筑四通八达的立体交通网络（见图 15-18）。

(3) 一线江景，坐拥丰富城市景观资源。

该项目位于珠江边，视野开阔，除了一线江景外，琶洲国际会展中心、香格里拉大酒店、新电视塔、珠江新城 CBD 等城市顶级景观尽收眼底。

图 15-18 项目周边道路图

（4）具备丰富的工业文化遗产。

项目前身 YJQ 罐头厂是与苏联合作建成的，因此厂区内遗留大量苏式建筑的厂房。厂区内有苏式红砖金字顶建筑、苏式平房建筑和钢筋混凝土建筑三种形态，大部分建筑形态独特，独具魅力，为 GZ 市沉淀了宝贵的工业文化遗产。

（5）项目内部绿化水平高，形成了多层次的绿化格局和生态氛围。

厂区内绿化率高，有大量具有较长树龄的高大乔木分布在厂区的主干道上，另外也有其他植物点缀在厂区的角落中，形成了极佳的生态氛围和绿化效果。

（6）知名室内设计公司担任设计单位，确保了项目改造后的质量。

由国内知名的室内设计公司担任该项目的改造设计单位，园区内的每一处改造都经过专业的审核，确保改造的质量。

（7）开发企业具有政府背景，是项目开发的强大后盾。

该项目的开发商是 GZ 城投集团，具有政府背景，并拥有良好的社会关系，有利于项目开发时的融资和争取政府相关的政策优惠。

2．劣势分析

（1）旧建筑功能不能满足新的要求，需要投入大量资源进行改造。

由于厂区内一些苏式老建筑一直有人居住，为了改善居住质量，几乎无一例外地进行了"开膛剖肚"的改造，有些建筑红色外墙前几年安装白色塑料下水管道，镀锌或者不锈钢质的自来水管一排排穿墙而入，黑色的电线电缆纵横交错，明显破坏了老建筑的整体美感，而且这种苏式建筑的窗户偏小，采光及通风并不理想。因此，该项目厂房改造难度较大，而且有部分建筑之前已经被拆除，若考虑复建，将会增加项目的资金投入。

（2）地区现状较落后，影响项目形象。

项目所在员村地区是传统的老工业区和城中村的集聚地，给人感觉该区相对偏远和落后，而且目前该地区商业配套和生活配套都比较低端，使潜在客户印象产生一定负面影响。

（3）项目周边部分工厂仍然生产运营，对项目周边环境污染产生一定影响。

紧邻项目北面的澳联玻璃厂和项目西边的面粉厂仍在生产运营，玻璃厂产生的污染问题如水污染、空气污染、噪声污染等对项目有直接的负面影响，项目北面景观受到一定影响。

（4）部分通往该项目的道路路况较差，将会影响项目形象。

地铁5号线员村站通往该项目的是一条途经程介西村和澳联玻璃厂的小路，该道路狭窄，路面泥泞，路况较差，而且经过的城中村和旧工厂人多混杂，这些不利因素都会影响项目的形象。

（5）项目周边河涌污染严重，有待整治。

该项目周边水系较多，与项目距离最近的是地块东面与西边的两条河涌。除珠江外，其他河涌水污染严重，会发出臭味，有待整治。

3．机遇分析

（1）GZ市"退二进三""旧城改造"的工作正如火如荼地开展，为项目的立项与建设铺就了坚实的政策基调。

《珠江三角洲地区改革发展规划纲要》赋予了GZ建设国家中心城市、综合性门户城市、区域文化教育中心的重要使命，大力发展文化创意产业，提高现代服务经济比重，将大大加速GZ构建以低消耗、低排放、低污染、高效率、高产出为主要特征的现代产业体系，也将有效提升GZ的文化引领能力，提升"GZ服务"的能力和水平。此外，有序推进相关企业"退二进三"工作。以"政府引导，市场运作，中介服务"的形式推进"退二进三"工作，为第三产业发展做好土地储备和供应。

（2）GZ文化创意产业发展迅速，行业前景明朗。

根据数据统计，2006年GZ创意产业实现增加值308.2亿，占全市GDP的比例达到5.07%。GZ市创意产业与国内一些城市在创意企业数量、就业人数、资产总值、营业收入等方面相比，仅次于北京、上海，排名全国第三名，在全国副省级城市中位居首位。GZ文化创意产业发展迅速，行业前景明朗。

（3）作为市重点项目GZ北岸文化码头的重要组成部分，本项目发展潜力巨大。

2009年12月，GZ市提出了高起点、高标准打造GZ北岸文化码头，推动GZ市文化创意产业跨越式发展的要求。要以GZ北岸文化码头设想为基础，高起点、高标准地规划建设一个能真正作为"GZ名片"的大规模文化创意产业园区。通过GZ北岸文化码头的建设，促进GZ市文化创意产业聚集发展。吸引国内外更多的资金、人才和文化创意项目集聚发展，形成规模效应，形成文化创意产业企业之间的分工合作、资源共享、优势互补局面和创造、制造、销售、服务一体化链条。力争用5年左右的时间，打造成GZ文化创意产业的核心基地和新增长极，成为全省乃至全国文化创意产业发展的样板。要通过GZ北岸文化码头的建设，促进GZ城市新形象的塑造和提升。既要学习借鉴世界先进城市的经验和做法，又要充分体现GZ特色、岭南文化，形成独特的形象魅力、文化价值和创意吸引力，提升GZ文化软实力。

4．威胁分析

（1）文化创意产业园供应量逐渐增加，面临一定的价格竞争和市场营销压力。

随着GZ市"退二进三""旧城改造"的推进，未来会有越来越多的文化创意产业园落成，从而市场供应量会增加，所以项目面临一定的价格竞争和市场营销压力。

（2）"退二进三"临时改造工程使用期限最长只有6年，影响潜在客户进驻意愿。

2010年4月20日公布的《关于贯彻执行〈关于推进市区产业"退二进三"工作的意见〉规划管理要求的通知》的征求意见稿中提出："退二进三"临时改造工程的使用期限为两年。

需要延长使用期限的,向原审批机关提出延期申请。申请延长使用期限的次数不得超过两次,每次延长使用的期限不得超过两年。因此,"退二进三"临时改造工程使用期限最长只有6年,对潜在租户造成有关经营期限的担忧,影响潜在客户的进驻意愿。

六、项目竞争对手分析

文化创意产业园是一种特殊的商业物业形态。与一般住宅项目相比,由于文化创意产业园是一种新兴的物业,园区数量比较小,因此其竞争对手分析的区域范围也应相应放大,故将本项目竞争对手分析的比较范围扩大至 GZ 市区范围。此外,投资主体、投资规模和项目规模理念等也是影响潜在消费者选择进驻园区的重要因素。因此,综合上述考虑条件,现将本项目竞争对手定为七个,其中五个是现有竞争对手,两个是潜在竞争对手。

(一)现有竞争对手

1. XY 国际会馆(见图 15-19,表 15-36)

图 15-19 XY 国际会馆

表 15-36 XY 国际会馆情况表

项目位置	GZ 市荔湾区芳村大道下市直街 1 号
建筑面积	占地约 2.5 万平方米,总建筑面积 1.3 万多平方米。共有 12 栋建筑,面积为 425 平方米到 1307 平方米
前身	GD 省机电机械公司
开园时间	2005 年
投资规模	2.5 亿元
市场定位	集聚艺术博览、商务、旅游观光、文化娱乐、酒店业等功能的文化商业区
园区改造规划	会展基地:空间开阔足以轻松布局,在 1300 平方米、17 米高的空间内,19 米宽、72 米长的大跨度间,可以从容布局,自由铺排 多功能厅:集产品展示、商务会议、电影首映礼、小型演唱会、西式婚宴等大型聚会的多功能为一体
租金	85 元/平方米/月(参考网上二手交易数据)
小结	XY 国际会馆于 2004 年立项,经过数年的发展,XY 国际会馆成为 GZ 市旧厂房改造的成功例子。虽然该项目规模较小,但进驻的企业比较著名并且空置率低。从现场环境来看,该园区的物业管理水平较高。此外,除了办公租赁收入外,活动场地租赁收入也成为 XY 国际会馆的重要经营收入来源

2. YBWL 创意园(见图 15-20,表 15-37)

图 15-20 YBWL 创意园实景

表 15-37 YBWL 创意园概况

项目位置	GZ 市荔湾区芳村大道东 200 号
建筑面积	占地 51436 平方米,总建筑面积 32385 平方米。由 76 栋错落有致的厂房车间组成,单栋建筑面积为 100 平方米至 3000 平方米
前身	JZ 双氧水厂
开园时间	2009 年 11 月 28 日
投资规模	5000 万元
市场定位	GZ 时尚展览、艺术创作、文化交流、办公生活的品位空间以及集文化、商业、展览、旅游、教育为一体的复合型大型文化社区
园区改造规划	大烟囱变成时尚舞台
租金	60~70 元/平方米/月
小结	园区门口一面巨大的涂鸦墙上醒目地标出了 YBWL 的标志。刚进入园区,也能看到一个巨大的由双氧水厂的机器改造而成的"YBWL"几个大字。而进入园区,主干道旁的厂房已经加建了玻璃房。从现场来看,园区已经正式对外开放,但园内多处地方正进行施工改造,物业管理水平没有 XY 会馆高。目前园内只有两家企业进驻,一家是家具企业,另一家是生物化妆品企业,显得比较冷清

3．YC 创意园（见图 15-21，表 15-38）

图 15-21　YC 创意园

表 15-38　YC 创意园概况表

项目位置	GZ 市天河区黄埔大道中 309 与 11 号
建筑面积	占地 18 公顷，可用于改造为创意工作室、创作室、展馆、影棚、多功能厅、个性化写字楼等的旧厂房资源建筑面积达 10 万平方米
前身	GZ 化学纤维厂
开园时间	2007 年开始启动
市场定位	全力打造华南最大的创意产业孵化器。
租金	60～80 元/平方米/月
小结	从 5 个现有的竞争对手中，YC 创意园距离本项目最近，因此从地理位置上说，YC 创意园是本项目最大的竞争对手。园内进驻的多为设计公司，有相当大面积的建筑被改造成展览厅。园内几乎看不到商店，经营者们着力打造的是美术展、摄影展等文化类消费场所

4．TT 创意园（见图 15-22，表 15-39）

图 15-22　TT 创意园

表 15-39　TT 创意园概况

项目位置	GZ 市海珠区新港东路 397 号
建筑面积	占地面积 93400 万平方米，改造后规划总建筑面积 55000 平方米
前身	GZ 纺织机械厂
开园时间	2009 年 11 月

续表

投资规模	超过一亿元
市场定位	搭建一个以服装创意为主题,集信息发布、产品展示、商务交流、时尚休闲等多种功能于一体的服装产业创意平台
园区改造规划	创意园划分为创意工作区、设计师之家、展示发布中心、品牌总部、时尚休闲区、配套服务区六大功能区
租金	120元/平方米/月
小结	TT创意园定位很明确,纺织工贸集团利用其自身的产业优势,在原纺织机械厂旧址上建设成TT纺织服装创意园,主打纺织服装,引进纺织服装行业,且只允许行业内的设计部门进驻

5. TGC创意生活区(见图15-23,表15-40)

图15-23 TGC创意生活区

表15-40 TGC创意生活区概况表

项目位置	GZ海珠区革新路TGC码头
建筑面积	八个仓库面积超过1.7万平方米
前身	英国TG轮船公司码头仓库
改造年代	2010年元旦
市场定位	集港口历史展览、市民休闲、旅游观光娱乐为一体的滨水新型体验式文化景区
园区改造规划	四个功能区,分别是葡萄酒展贸中心、展览展示中心、服装创意设计园和怀旧电影院
租金	A、B两个仓共有70多个商铺,月租均价为每个铺7000元,面积30~60平方米,最贵的商铺位于B仓,建成小别墅的形式,月租达200万元
小结	商业化严重,缺少历史味道

(二)潜在竞争对手分析

1. HX创意园区(见表15-41)

表15-41 HX创意园区概况

项目位置	GZ市荔湾区芳村大道东136号
建筑面积	占地面积3.6万平方米,建筑面积5万平方米
前身	协同和机器厂
开园时间	总体分为三期开发建设,一、二期为30000平方米老厂区,三期为市粮食局富民粮仓(约6000平方米)。现正在进行园区设计当中,预计2010年年底前建成并投入使用

续表

投资规模	1.5亿
市场定位	一个以汽车文化为主题,高水平建筑风格为特色的创意园区,主要服务定位于高端消费,结合文化、商务、艺术、人文历史、旅游所打造的创意园区
园区改造规划	创意园对园区旧有建筑进行改善,将新旧建筑、古树木园林、独特自然景观与人文景点巧妙融合

2. FC文化创意产业园(见表15-42)

表15-42 FC文化创意产业园概况表

项目位置	GZ市荔湾区堤岸路5号
建筑面积	占地面积3.7万平方米
前身	清朝开埠初期亚细亚火油公司所建的石油储藏及仓库建筑区,旧称亚细亚花地仓
开园时间	现园区正邀请法国、新加坡、澳洲及国内等多个建筑设计单位进行总体规划及建筑设计。预计2010年年底前建成并投入使用
投资规模	2亿
市场定位	初步定位为总部经济集聚区、国际会议、文化展览及配套酒店、餐饮服务等
园区改造规划	该园区将保留良好的原始浓密植被和四个铆钉工艺的大型油罐

(三)项目竞争对手评价总结

1. 项目位置分布较集中

在七个现有或潜在的竞争对手中,其中有四个位于荔湾区,两个位于海珠区,一个位于天河区。这些竞争对手所在的行政区都有相关的政策措施支持文化创意的发展,特别是荔湾区,为保障文化创意产业的发展壮大,荔湾区制定了促进创意产业发展配套的激励政策和措施。按规定,荔湾区政府每年安排1500万元专项基金扶持文化创意产业发展。

2. 项目规模偏小,特色不明显

除了YC创意园之外,其他文化创意园的建筑面积多在50000平方米以下,规模较小。此外,除了HX创意园区是以汽车文化为主题和TT创意园以服装创意为主题,其他定位不是很鲜明。

3. 开发模式多为合作开发模式

本项目的竞争对手开发商多是由原先地块的国有企业和其他开发商联手开发的,还有一些是开发商独立开发的。开发商都属于中小型开发商。

4. 不同文化创意园的租金价格差别很大

目前,GZ市的文化创意园的租金均价多在60~80元/m²/月之间;但是有些文化创意园如TT创意园租金价格达到100元/m²/月以上,而TGC创意生活区有的铺位月租金达200万元。

5. 部分文化创意园商业化严重,缺少文化创意

目前,GZ市有些文化创意园文化艺术人士尚未进驻,园内的商业配套如海鲜酒楼、茶餐厅、咖啡店就已生意火爆。还有,TGC创意生活区在进行营销推广的时候以"一个真正做红酒生意的地方"做口号,这些商业化的操作使文化创意园区缺少品位。

6. 部分文化创意园成为市民日常休闲的好去处

各区的创意园和市民最大的关系,就是成了一些社区文化的"高雅去处",例如,TGC创意生活区附近有GD花园等小区以及革新路附近的居民区,建成电影院、游艇码头以及海鲜酒

楼、红酒窖，为周边的居民提供了休闲去处。

七、市场需求分析

（一）研究方法

本次项目的市场需求分析采用定性研究中的深度访谈法。深度访谈采用半结构式访谈方式，根据受访者的回答，随时调整、延伸问题。

（二）深度访谈概述

本次深度访谈共采访了10人，其中包括潜在租户的6人和潜在消费者的4人。其目的是深入了解不同人群站在不同的角度对YJQ罐头厂改造的看法。

（三）深度访谈的主要发现

1. 潜在租户

（1）不同类型的企业，其进驻园区的原因差别较大。

潜在租户进驻园区的原因不尽相同。大致可以分为以下四类：① 潜在租户现有的办公地点合约到期，需要寻找新的办公地点；② 潜在租户现有办公地点面积太小，需要寻找宽阔的空间；③ 潜在租户现有办公地点租金太贵，需要寻找便宜一点的地方；④ 潜在租户现有的办公地点不能满足其公司发展的需要，如有的产品设计公司需要增设一个展示厅，方便与客户的交流。

（2）潜在租户租用场地的用途多样。

潜在租户租用场地的用途主要包括办公区、工作室、展示厅、交流沙龙和经营一些商业配套如餐饮、运动设施等。

（3）潜在租户需求的面积差别很大。

从访谈中我们了解到，不同类型的客户需要的场地面积差别很大。客户需求的面积主要取决于该公司的类型、规模等因素，从几十平方米到几千平方米的场地都有市场的青睐者。

（4）潜在租户都认为应该保留厂区的历史韵味。

大部分潜在租户认为在改造旧厂房的时候应该保留厂区旧建筑的外貌，不应该随意改造，破坏建筑原本的特点。此外，在问及一个文化创意园应具备什么内容时，大部分潜在消费者认为园区不应太商业化，要维持浓厚的文化艺术气息。

（5）大部分潜在租户进驻园区的考虑较一致。

大部分潜在租户选择进驻项目是因为看重的是园内特色的建筑和优美的内部环境，能够给文化创意工作者带来不一样的工作动力。此外，他们所顾虑的问题也比较统一，都是担心场地的使用年限。

2. 潜在消费者

（1）部分潜在消费者认为该项目地理位置偏僻。

除了居住在附近的居民外，其他潜在消费者认为该项目地理位置偏僻，不容易找到。

（2）大部分潜在消费者对项目的改造感兴趣，愿意到园区参观游览。

大部分潜在消费者对文化创意园区认识不深，但对旧工厂改造而成的文化创意园有一定的好奇心，他们都愿意和家人或朋友到园区参观游览。

（3）大部分潜在消费者希望园区能够多举办互动型的活动。

大部分潜在消费者希望园区能够多举办互动型的活动，亲身参与其中，获得更多的体验。

八、项目整体定位

（一）目标市场定位

1. 产业定位

全力发展第三产业，其中以发展文化创意产业为主，商业为辅。

2. 目标客户群定位

（1）目标进驻租户

室内设计、建筑设计、广告设计、工业设计、产品设计等设计企业，艺术家或设计师工作室，传媒机构，摄影棚等创意组织。

艺术中心、博物馆、画廊、展厅等艺术表现组织。

设计师集训营、舞蹈练习室、画室、音乐培训机构等教育组织。

艺术文化交流机构、公益机构等交流组织。

精品酒店、创意市集、进口书店、艺术文化商店、精品花坊、乐器行、高档餐厅、精品店、咖啡厅等商业组织。

（2）目标消费群定位

年轻时尚的商务精英、CBD 常驻人士/外籍人士、文化休闲人群、商务旅行人群、观光人群、大学生/中学生/学院人群。

（二）项目改造概念定位

1. 概念引入

（1）元素 1：CAD（Central Art District）

项目位于城市 CBD 中轴线的东面，与音乐厅、美术馆、市民广场、歌剧院、博物馆新馆、图书馆、少年宫和电视塔形成横向文化轴线，而且项目是未来全国最大规模文化创意区 GZ 北岸文化码头的重要组成部分。因此，项目将成为珠江新城 CBD 商务形态的一个重要文化组成，成为珠江新城 CBD 中的 CAD——中央艺术区。

（2）元素 2：历史展馆——上海新天地旧城改造

上海新天地是一个具有上海历史风貌的都市旅游景点，它是以上海近代建筑的标志——石库门建筑旧区为基础，首次改变了石库门原有的居住功能，创新地赋予其商业经营功能，把这片反映了上海历史和文化的老房子改造成集国际水平的餐饮、购物、演艺等功能的时尚、休闲文化娱乐中心。新天地的石库门建筑群外表保留了当年的砖墙、屋瓦，而每座建筑的内部，则按照 21 世纪现代都市人的生活方式、生活节奏、情感世界量身定做，无一不体现出现代休闲生活的气氛。漫步新天地，仿佛时光倒流，有如置身于 20 世纪二三十年代的上海（见图 15-24）。

图 15-24　上海新天地改造后

(3) 元素 3：低碳经济、低碳生活、节能建筑、骑车代步——哥本哈根低碳生活模式

2008 年，哥本哈根被英国生活杂志 MONOCLE 选为世界 20 个最佳城市，其以生活质量高和重视环保等因素位列榜首。哥本哈根计划到 2025 年成为世界上第一座碳中性城市，使二氧化碳排放量降到零。

哥本哈根电力供应大部分依靠零碳模式，大力推行风能和生物质能发电，随处可见通体白色的现代风车，有世界上最大的海上风力发电厂。在哥本哈根，低碳生活体现在生活的方方面面，渗透进市民的骨髓。哥本哈根是国际自行车联盟命名的世界首座"自行车之城"，自行车代步已成为这座城市的文化符号。

哥本哈根人知道低碳生活时代的到来不可逆转，它将改变人们的生活和消费方式。时下，全球减排将进入"后京都议定书时代"，低碳经济和低碳生活已成为拯救地球、延续文明的热门话题。低碳城市是可持续发展的必然选择，哥本哈根的市政建设以低碳城市为荣，关注和重视经济发展的代价最小化以及人与自然的和谐相处、人性的舒缓包容（见图 15-25）。

图 15-25 哥本哈根低碳生活模式

(4) 元素 4：创意生活——温哥华格兰威岛（Granville Island）

格兰威岛始建于 1916 年，面积 15.2 公顷。该岛原是温哥华的重工业区，聚集了大量的制造业、机械工业和材料加工业，岛内的工业发展曾经非常成功。1973 年，加拿大政府筹集两千万资金重建格兰威岛。工程开始前进行了广泛的民意调查，有更多市民赞同将该岛改建成为一个综合区，既有商业，又有文化、教育和展览功能。因此，经过加拿大政府精心规划，决定保留岛上工业建筑的特征，充分利用旧建筑，容纳文化、教育和商业等综合功能；逐步开发，持续发展，经济自足；做到适合各个不同年龄层次和收入层次的人们；营造多样化的公共空间，吸引各种公共活动；鼓励发展艺术品作坊，使公众能亲眼看见艺术品的生产过程。同时还制定了非常详实的规范指导建筑的翻新和加建。1979 年以来，格兰威岛逐步开发了公共零售市场、小型影剧院、艺术工作室、工艺品展销店、艺术学院、旅馆、餐厅、游艇码头和轮渡码头等设施。

精心的策划和建设使格兰威岛成为温哥华市的一个旅游胜地，是旅行者必经之地，也是当地市民所喜爱的休闲购物天堂，尤其到了周末，岛上更是游人如织。人们可以驻足在几个小广场上观看乐队的表演；可以坐在海边在海风吹拂之下和海鸥嬉戏；可以流连在工艺品商店，一边欣赏美不胜收的艺术品，一边与艺术家交谈；可以在琳琅满目的市场里挑选商品，而伴随着的是身旁艺人悠扬的琴声（见图 15-26）。

图15-26　温哥华格兰威岛创意生活

2．项目形象定位

综合上述概念思路，将项目形象定位归纳如下。

（1）中央艺术创意生活区

项目将打造为一个以国际标准定义的艺术、生活中心，以现代的视野、国际的平台，探索、打造富有时尚、创意、艺术和人文精神的新领域。这里有创意艺术，有生活消费，有文化传播，有休闲娱乐，成为CBD中的都市时尚当代艺术生活中心区，也成为城市发展的新地标。

项目将结合生活、商业市场需求，带动创意艺术的经济产出，使这里能够产生一种集聚效应，强化地域品牌价值。它将辐射周边社区，为GZ东部城市发展注入一股新的文化动力。它的中心效应将辐射整个华南地区，成为GZ与国际文化交流的窗口。

（2）原生态低碳历史展馆

项目前身为GZ市YJQ食品厂，它自身在GZ市有着一段段辉煌的历史，其内在空间及建筑群特质，使它散发出一种独特的魅力。在经历了历史年代岁月的洗礼后，它依然向我们展示着辉煌时代的烙印，向人们述说着一段段历史故事。延续历史，将低碳概念、新的创意元素和生活点子渗透到项目中，让沉睡的建筑焕发出新的生命力。

保留城市的历史肌理，让人们回忆和缅怀过去的时代情怀；同时也向人们传递另一种新的创意生活文化，创造另一段美丽传说。

（三）项目功能分区

根据项目的定位和发展战略，现将项目分为五大功能区（见图15-27）。

图 15-27　项目功能分区示意图

1．创意办公区

创意办公区中主要引入的业态种类为室内设计、建筑设计、广告设计、工业设计、产品设计等设计企业，艺术家或设计师工作室，传媒机构，摄影棚等行业（见图 15-28）。

图 15-28　创意办公区意象

2．艺术展示区

艺术展示区主要引入艺术中心、博物馆、画廊、展厅等艺术表现组织（见图 15-29）。

3．教育培训区

教育培训区主要引入设计师集训营、舞蹈练习室、画室、音乐培训机构等（见图 15-30）。

4．文化交流区

文化交流区主要引入艺术文化交流机构、公益机构等（见图 15-31）。

图 15-29　艺术展示区意象

图 15-30　教育培训区意象

图 15-31　文化交流区意象

5. 配套服务区

商业服务区主要引入精品酒店、创意市集、进口书店、艺术文化商店、精品花坊、乐器行、高档餐厅、精品店、咖啡厅等（见图15-32）。

图 15-32　配套服务区意象

（四）项目改造设计（见图15-33）

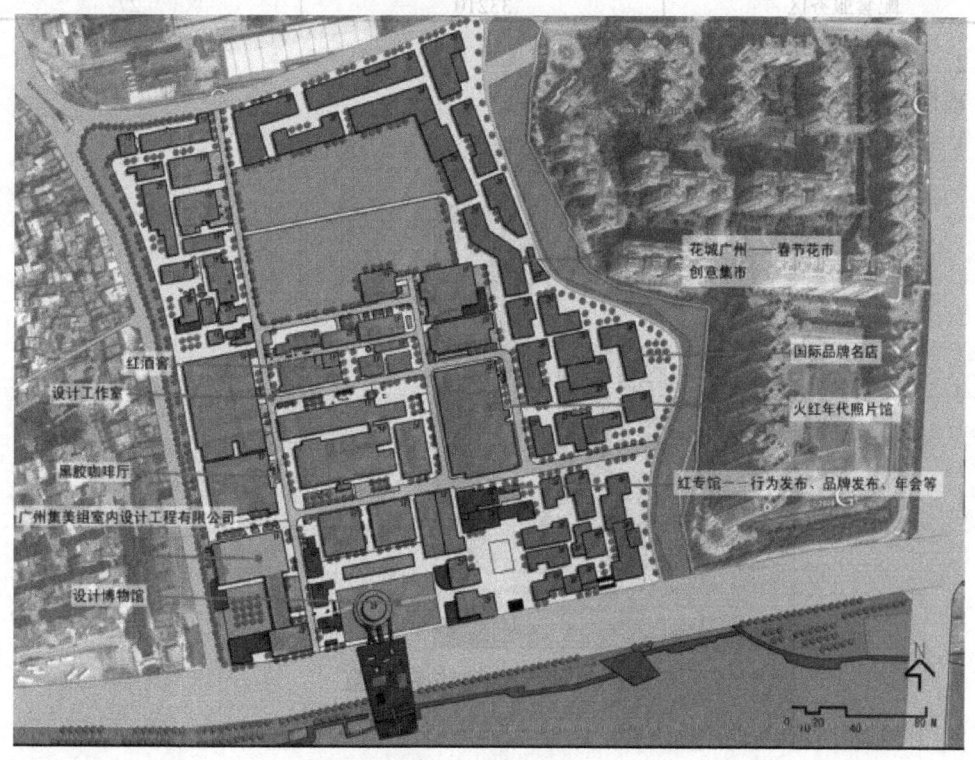

图 15-33　项目总平面图

1. 项目改造技术经济指标

(1) 项目主要技术经济指标（见表15-43）

表15-43 项目主要技术经济指标

项　　目		数　　值	计量单位
用地总面积		170000	m^2
建筑占地面积		67000	m^2
总建筑面积		123000	m^2
其中	原建筑总面积	47000	m^2
	复建建筑面积	76000	m^2
建筑密度		39	%
容积率		0.72	—
绿地率		50	%
停车位		500	个

(2) 五大功能分区用地表（见表15-44）

表15-44 项目五大功能分区用地表

项　　目	建筑面积（m^2）	所占比例（%）
创意办公区	46740	38
艺术展示区	25830	21
教育培训区	11070	9
文化交流区	6150	5
配套服务区	33210	27

2. 道路规划布置

项目道路规划布置如图15-34所示。

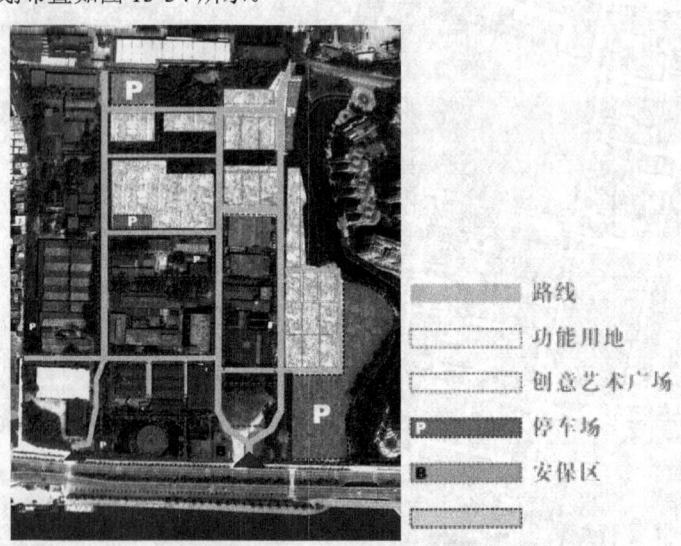

图15-34 项目道路规划布置

3. 建筑改造设计策略

(1) 统一规划和环境整治，注重场所精神和地域特色的营造

在对项目旧建筑进行更新再利用时，首先必须要有环境和整体的概念，对项目整体环境进

行统一的规划和整治，具体包括用地调整、环境整治、功能置换和重要地标建筑及环境形态要素的保留，使整体环境既保留了清晰可见的地段历史发展痕迹，又可满足当时的使用功能和景观生态要求。

一是空间布局的梳理。对现状建筑进行了评估取舍，拆除部分质量较差的建筑，而各保留建筑高低错落，有合有分，使总体布局显得疏密有致。

二是整体风貌的统一。对保留的原建筑进行必要的装修，包括外立面的清洁整饰，外墙、屋面及天窗等维护结构的修缮等。在尊重历史的前提下，厂区建筑大多保留了砖墙的质感，但色调又各有不同，整体风格在变化中仍互相协调。

三是环境场所精神和地域特色的营造。对道路绿化环境系统进行整合，区内原生态的高大乔木作为主要环境要素保留下来。另外，珠江水这一具有地域文化隐喻的要素引入到环境设计中，沿江加建亲水平台（见图 15-35），园区增加岭南常见的园林植物，使单调的工业用地增添了地方历史韵味。

图 15-35　项目亲水平台

（2）建筑空间重组以适应新功能

项目旧建筑的主要功能是进行工业生产、存储和运输，除了某些特殊工艺要求之外，大部分空间具有平面方整，空间高敞的特点。这种大跨度、高层高和规则平面的空间形式有很大的灵活度，可以根据不同功能需要自由划分重组各种空间形式。

例如，项目原先的特殊形式建筑物大油桶（见图 15-36），具有独特的外形特征，可以将其改造成一个博物馆（见图 15-37），让其构成所在区域的地标。

图 15-36　园区里的油桶

图 15-37 改造后的博物馆日夜效果图

（3）结构体系的再利用

由于工厂建筑的特点，对其再利用时一般不同于其他历史建筑，通常不必进行大规模的结构翻新和加固，而是通过必要的结构测试和地基检测，尽量利用原有的结构体系，仅做必要的改造与加固。由于钢结构具有轻巧灵活的特点，因此被广泛应用于夹层等新建的部分。对工厂建筑的机构体系的再利用，主要有两方面的意义。一是经济方面，可以节约大笔投资费用；二是审美方面，大跨度的结构体系体现了工业美学的力量感，对其的保留是对场所精神最直接的诠释。

（4）尊重历史，强化建筑的工业美学特征

厂区内拥有大量的红砖厂房均为自然的苏式风格，具有明显的新中国成立初期产业建筑的特点，空间高敞，具有简洁的外立面和清晰的结构体系。在项目进行改造时，应该最大限度地保留该类建筑的外部特征，对斑驳的砖墙外立面仅采取简单的清洗处理，并涂刷外墙漆。另外，适当保留和利用原建筑的特征物，如有些墙面上涂刷了毛主席的语录和工厂生产时期的标语口号，这些带有时代烙印的岁月痕迹，都应该被保留下来。

4. 项目主要特色设施

（1）临街配套服务区

临街服务区的位置位于项目靠近临江大道一侧，在项目主出入口的东侧（见图 15-38）。在该位置设立临街服务区，一方面能够引起人们的注意，提高该文化创意园的人流量，吸引更多市民到园区参观，感受文化艺术气息；另一方面能够配套好项目外部环境，与一河两岸景色相得益彰（见图 15-39）。

图 15-38 临街配套服务区位置现状

图 15-39　临街配套服务区效果图

（2）公共休息空间

为了营造具有创意的休闲生活气息，园区将会建设独特创新的公共休息空间，供入园参观人士休憩之用。公共休息空间的建设将会点缀于每个功能区之中，务求让园区的工作者和参观者有一处身心放松的地方（见图15-40）。

图 15-40　公共休息空间效果图

（3）自行车停放点

为了实现"低碳生活"这个概念，园区将会在每个功能服务区设计若干个自行车停放点，供园内人士免费使用，这既会提醒园内人士关注环保问题，也会为园区内的工作者和参观者提供工作乐趣和游览乐趣（见图15-41）。

图 15-41　自行车停放点效果图

九、项目开发投资分析和财务评价

（一）项目的总开发成本

1. 项目进度预算

本项目的开发周期为5年，分为四个阶段建设。

第一阶段是项目启动期，工作内容包括项目前期准备工作、对现存的旧厂房和园区内的基础设施如电力系统、消防系统、给排水设施等进行改造和公建配套的建设等，持续时间为18个月。

第二阶段是项目培育期，工作内容包括一期改造完成的厂房对外进行招租、项目二期复建工程的前期准备工作及建设、二期工程基础设施建设等，持续时间为18个月。

第三阶段是持续升温期，工作内容包括二期复建工程公建配套的建设、二期复建完毕的厂房对外进行招租等，持续时间为12个月。

第四阶段是资源整合期，工作内容是对园内内部资源进行整合，做好市场推广工作，持续时间为12个月。

项目实施进度图如图15-42所示。

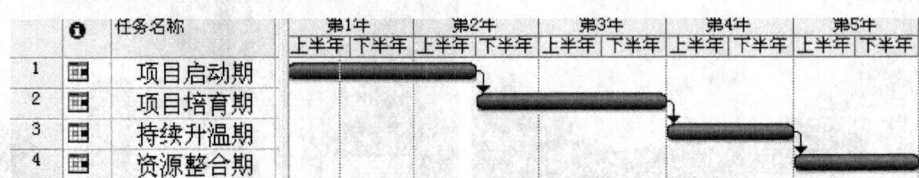

图15-42 项目实施进度图

本项目的土地使用权年限为50年，计算时间设定为一年为一个计算期，各期成本费用按当期的支出计算，累计到期末。

2. 项目总投资与成本估算

本项目总建筑面积为123000m^2，由于厂房里须改造的建筑面积为47000m^2，须按照原来建筑复建的建筑面积为76000m^2。

（1）开发成本估算

① 土地使用权出让金：16575万元。

虽然GZ市政府已将该地块的产权移交至城投集团，但是为了使该改造项目的可行性研究在真实的商业环境中进行，按照GZ市国土房管局2010年5月6日公布的《关于调整我市国有建设用地使用权出让金计收标准的通知》计收土地使用权出让金，计收标准为"原土地使用权人自行改造旧厂房，改作教育、科研、设计、文化、卫生、体育等非经营性用途和创意产业等，不符合划拨用地目录的，按综合办公用途基准地价的30%计收土地出让金"；"商业、综合（办公）、住宅、经营性基础设施和经营性仓储等参照工业用途标准计收的其他项目用地以及原划拨工业用地权属转移或企业改制补缴土地出让金，地上和地下建筑面积超过净用地面积时，按建筑面积计收；反之，按净用地面积计收"。

根据在GZ市国土资源和房屋管理局查询得知，该项目地块的基准地价均价约3300元/m^2，而本项目建筑面积为123000m^2，小于其占地面积170000m^2，故按其占地面积计收土地使用权出让金。如表15-45所示。

表 15-45　土地使用权出让金计算表

基准地价（元/m²）	占地面积（m²）	金额（万元）
3250	170000	16575

② 前期工程费：601.04 万元，如表 15-46 所示。

表 15-46　前期工程费估算表

序　号	项　　目	计　算　依　据	金额（万元）
1	规划设计费	建筑安装工程费×3%	400.7
2	水文、地质、勘探费	建筑安装工程费×0.5%	66.78
3	可行性研究费	建筑安装工程费×1%	133.57
	合计	建筑安装工程费×3.5%	601.04

③ 建安工程费：13356.5 万元，如表 15-47 所示。

表 15-47　建安工程费估算表

序　号	项　　目	工程量（m²）	单价（元/m²）	金额（万元）
1	一期旧厂房改造工程	47000	1055	4958.5
1.1	厂房改造工程	47000	600	2820
1.2	内部装修工程	47000	300	1410
1.3	水电安装工程	47000	85	399
1.4	消防工程	47000	60	282
1.5	电话入网	47000	10	47
2	二期厂房复建工程	76000	1105	8398
2.1	基础工程	76000	50	380
2.2	土建工程	76000	600	4560
2.3	内部装修工程	76000	300	2280
2.4	水电安装工程	76000	85	646
2.5	消防工程	76000	60	456
2.6	电话入网	76000	10	76
3	小计	123000	—	13356.5

④ 基础设施费（红线内外工程费）：2031.1 万元，如表 15-48 所示。

表 15-48　基础设施费估算表

序　号	项　　目	工程量（m²）	单价（元/m²）	金额（万元）
1	供水工程	123000	15	184.5
2	电力工程	123000	65	799.5
3	绿化工程	123000	5.4	66.4
4	道路工程	123000	42.13	518.2
5	排水工程	123000	37.6	462.5
	合计	—	—	2031.1

⑤ 公建配套设施费：44 万元，详见表 15-49 所示。

表 15-49 公建配套设施费估算表

序 号	项 目	工程量（m²）	单价（元/m²）	金额（万元）
1	垃圾集散点	200	300	6
2	公厕	300	600	18
3	变电站	400	500	20
	合计			44

⑥ 开发期间税费：742.2 万元，如表 15-50 所示。

表 15-50 开发期间税费估算表

序 号	项 目	计 算 依 据	金额（万元）
1	配套设施建设费	基建投资额×5.5%	111.7
2	建筑工程质量安全监督费	建安工程费×0.4%	53.43
3	供电用电负荷费	8kVA/100 平方米，400 元/kVA	243.2
4	建设工程招标活动基金	建安工程费×0.2%	26.7
5	监理费	建安工程费×1.3%	173.63
6	其他	建安工程费×1%	133.57
	合计		742.2

⑦ 不可预见费：1000.5 万元，取以上①～⑥项之和的 3%。

不可预见费=（16575+601+13356.5+2031.1+44+742.2）×3%

=1000.5（万元）

⑧ 开发成本：34350 万元，以上①～⑦项小计。

开发成本=16575+601+13356.5+2031.1+44+742.2+1000.5

=34350（万元）

（2）开发费用估算

① 管理费用：1000.5 万元，取以上①～⑥项之和的 3%。

管理费用=（16575+601+13356.5+2031.1+44+742.2）×3%

=1000.5（万元）

② 销售费用：由于该项目采取只出租不出售的营销策略，因此在营销过程中产生的销售费用如广告宣传费、市场推广费中计入租赁收入的经营成本中，在此不另外计销售费用。

③ 财务费用：4598 万元，详见贷款还本付息表（表 15-58）。

④ 开发费用：5599 万元，取以上①、③两项之和。

（3）总成本费用汇总及分摊表

本项目的总成本费用详见投资成本费用估算汇总表（见表 15-51）。

表 15-51 投资成本费用估算汇总表

序 号	项 目	合计（万元）	单价（元/m²）
1	开发成本	34350	2793
1.1	土地成本	16575	1348
1.2	前期工程费	601	49
1.3	建安工程费	13357	1086

续表

序号	项目	合计（万元）	单价（元/m²）
1.4	基础设施费	2031	165
1.5	公共设施配套费	44	4
1.6	开发期间税费	742	60
1.7	不可预见费	1000	81
2	开发费用	5599	455
2.1	管理费用	1000	81
2.2	财务费用	4598	374
	合计	39949	3248

3．项目投资与资金筹措计划和项目贷款计划

（1）资金筹措与投资计划

结合本项目的定位和发展策略，本项目采取只出租不出售的营销策略，故此本项目开发投资的资金来源缺少了一般房地产住宅项目的销售收入再投入，但是在项目改造过程中，可将改造完毕的厂房分批推出市场。因此，本项目开发投资的资金来源有三个渠道：一是企业自有资金，二是银行贷款，三是租赁收入再投入。本项目开发商投入自有资金16861万元，占项目投资总额（不包括利息）的47.7%，另须向银行贷款13000万元，占项目投资总额（不包括利息）的36.78%，剩余部分5489万元由租赁收入补充，总投资（不包括利息）为35350万元，4598万元的银行贷款利息从住宅的销售收入中支付。投资计划与资金筹措表如表15-52、表15-53所示。

表15-52　投资计划表

单位：万元

序号	项目名称	合计	建设经营期								
			第一年	第二年	第三年	第四年	第五年	第六年	第七年	第八年	第九年
1	开发成本	34350	19796	4181	6680	3693	0	0	0	0	0
1.1	土地使用权出让金	16575	16575								
1.2	前期工程费	601	230	371							
1.3	建安工程费	13357	1983	2974	5599	2800					
1.4	基础设施费	2031	508	508	508	508					
1.5	公共设施配套费	44	10	12	12	10					
1.6	开发期间税费	742	110	165	311	156					
1.7	不可预见费	1000	380	150	250	220					
2	开发费用	5598	248	571	893	1019	1002	725	559	384	197
2.1	管理费用	1000	150	250	280	200	120				
2.2	财务费用	4598	98	321	613	819	882	725	559	384	197
	合计	39949	20044	4752	7573	4711	1002	725	559	384	197
	合计（不含财务费用）	35350	19946	4431	6960	3893	120	0	0	0	0

表 15-53 资金筹措表

单位：万元

序号	项目名称	合计	建设经营期				
			第一年	第二年	第三年	第四年	第五年
1	投资总额	35350	19946	4431	6960	3893	120
1.1	建设投资	35350	19946	4431	6960	3893	120
2	资金筹措	35350	19946	4431	6960	3893	120
2.1	自有资金	16861	16646	131	84		
2.2	借款资金	13000	3300	4000	5200	500	
2.3	租赁收入再投入	5489		300	1676	3393	120

（2）贷款本金的偿还及利息支付

长期借款采用每年等额本金利息偿还方案，五年还清，从建设经营期第五年开始计算。详见贷款还本付息表（见表15-54）。（央行执行的贷款利率为5.94%）

表 15-54 贷款还本付息表

单位：万元

序号	项目名称	合计	建设经营期								
			第一年	第二年	第三年	第四年	第五年	第六年	第七年	第八年	第九年
第一笔借款	年初借款累计			3398	3600	3814	4040	3323	2562	1757	904
	本年借款	3300	3300								
	本年应计利息	1488	98	202	214	227	240	197	152	104	54
	本年还本付息	3830					958	958	958	958	958
	年末借款累计		3398	3600	3814	4040	3323	2562	1757	904	0
第二笔借款	年初借款累计				4119	4363	4623	3802	2932	2010	1034
	本年借款	4000		4000							
	本年应计利息	1478		119	245	259	275	226	174	119	61
	本年还本付息	4382					1096	1096	1096	1096	1096
	年末借款累计			4119	4363	4623	3802	2932	2010	1034	0
第三笔借款	年初借款累计		0	0		5354	5672	4665	3598	2467	1269
	本年借款	5200			5200						
	本年应计利息	1522			154	318	337	277	214	147	75
	本年还本付息	5378					1344	1344	1344	1344	1344
	年末借款累计				5354	5672	4665	3598	2467	1269	0
第四笔借款	年初借款累计						515	423	327	224	115
	本年借款	500				500					
	本年应计利息	110				15	31	25	19	13	7
	本年还本付息	610					122	122	122	122	122
	年末借款累计					515	423	327	224	115	0
借款汇总	年初借款累计			3398	7719	13 532	14 850	12 213	9418	6458	3322
	本年借款	13000	3300	4000	5200	500					
	本年应计利息	4598	98	321	613	819	882	725	559	384	197
	本年还本付息	17598					3520	3520	3520	3520	3520
	年末借款累计		3398	7719	13532	14335	11789	9092	6234	3322	0

4. 项目租赁收入的测算（含相关税金的估算）

（1）园区租赁单价的确定。

① 用市场比较法确定租赁价格的上限（平均价格）：首先，选取可比实例。选择的实例应与估价对象处于同一供需圈，同属于文化创意产业园，交易时间与估价对象的估价时点相近，并且均为实际成交价格的实例。考虑现时部分 GZ 市文化创意园区正在招租，故采用正在招租的文化创意园的一手成交均价。对交易案例进行分析后，选择三个文化创意园作为可比实例（见表 15-55）。

表 15-55　本项目可比实例表

园 区 名 称		园 区 位 置	开 园 时 间	成交均价（元/m²）
可比实例 A	YC 创意园	GZ 黄埔大道中 309 与 311 号	2007 年	70
可比实例 B	YBWL 创意园	GZ 市荔湾区芳村大道东 200 号	2009 年	65
可比实例 C	TT 创意园	GZ 市海珠区新港东路 397 号	2009 年	120

其次，因素选择。因估价对象与可比实例处于同一供需圈，所以仅对区域因素和个别因素修正（见表 15-56）。

表 15-56　区域因素与个别因素表

区域因素	区域位置、交通便捷度、环境条件、公共配套、繁华程度、规划前景等
个别因素	开发商实力、园区改造、装修情况、配套设施完备程度、绿化率、新旧程度、经营情况、物业管理等

再次，比较因素条件说明表。估价对象与可比实例的各因素条件指数比较如表 15-57 所示。

表 15-57　比较因素条件指数表

项 目 名 称		待估对象	可比实例 A	可比实例 B	可比实例 C
项目位置		本项目	YC 创意园	YBWL 创意园	TT 创意园
交易时间		100	105	103	104
交易情况		100	100	100	100
开园时间		100	96	99	98
区域因素	区域位置	100	99	98	97
	交通便捷度	100	102	99	101
	外部环境条件	100	98	96	101
	公共设施完善程度	100	102	103	101
	繁华程度	100	99	101	99
	规划前景	100	100	100	98
个别因素	开发商实力	100	100	100	99
	园区改造	100	98	99	99
	装修情况	100	100	98	101
	配套设施完备程度	100	99	98	99
	绿化率	100	99	98	102
	经营情况	100	102	100	98
	新旧程度	100	96	99	98
	物业管理	100	101	102	102

最后，因素修正。在各因素条件指数表的基础上，进行比较案例交易日期修正、交易情况修正、区域因素及个别因素修正，即估价对象的因素条件指数与可比实例的因素条件进行比较，得到各因素修正系数，如表15-58所示。

表15-58 比较因素修正系数表

项目名称		可比实例A	可比实例B	可比实例C
项目位置		YC创意园	YBWL创意园	TT创意园
交易价格		70	65	120
交易时间		105/100	103/100	104/100
交易情况		100/100	100/100	100/100
开园时间		100/96	100/99	100/98
区域因素	区域位置	100/99	100/98	100/97
	交通便捷度	100/102	100/99	100/101
	外部环境条件	100/98	100/96	100/101
	公共设施完善程度	100/102	100/103	100/101
	繁华程度	100/99	100/101	100/99
	规划前景	100/99	100/100	100/98
个别因素	开发商实力	100/100	100/100	100/99
	园区改造	100/98	100/99	100/99
	装修情况	100/99	100/99	100/101
	配套设施完备程度	100/99	100/98	100/99
	绿化率	100/99	100/98	100/102
	经营情况	100/102	100/98	100/99
	新旧程度	100/96	100/99	100/98
	物业管理	100/101	100/102	100/102
比准价格		82	76	134

由于各可比实例的比准价格有一定的差距，因此综合各文化创意园因素选用加权平均值法求得项目商铺租赁面积单价为 82×0.7+76×0.2+134×0.1=86 元/m²/月。

② 用成本法确定租赁价格的下限（平均价格）：项目成本单价=3167×（1+10%）=3483.7 元/m²。假设项目商铺经营年限为无限期，租赁经营成本费用为毛租金收入的 25%，则根据公式 $a=vr$ 来求其成本租赁价格（其中 $r=8\%$）。月租赁价格=（3483.7×8%）/（12×75%）=39.8 元/m²。

③ 建议该园区平均月租金为 75 元/m²。

（2）项目转售收入的确定。

考虑项目的特性，采用市场比较法或成本法都不适宜，只能采取最符合项目特质的收益法计算。假设该项目在 24 年末转售，将项目 25~50 年每年的租赁收入倒折现到 24 年末，求出折现值和即为项目的转售收入。因此，该项目的转售价格为 164425 万元，如表 15-59 所示。

（3）项目租赁总收入估算表，如表 15-60 所示。

（4）项目租赁税金及附加估算，详见租赁税金及附加估算一览表（见表 15-61）。

（注：各种税金及附加估算表中均包括土地增值税项目。）

表 15-59 转售收入估算表

单位：万元

序号	项目名称	建设经营期																									
		25	26	27	28	29	30	31	32	33	34	35	36	37	38	39	40	41	42	43	44	45	46	47	48	49	50
1	租金收入	14022	14022	14022	14022	14022	14723	14723	14723	14723	15424	15424	15424	15424	15424	16125	16125	16125	16125	16125	16826	16826	19631	19631	19631	19631	19631
1.1	可出租面积	123000	123000	123000	123000	123000	123000	123000	123000	123000	123000	123000	123000	123000	123000	123000	123000	123000	123000	123000	123000	123000	123000	123000	123000	123000	123000
1.2	单位租金	100	100	100	100	100	105	105	105	105	110	110	110	110	110	115	115	115	115	115	120	120	120	120	120	120	120
1.3	出租率	95%	95%	95%	95%	95%	95%	95%	95%	95%	95%	95%	95%	95%	95%	95%	95%	95%	95%	95%	95%	95%	95%	95%	95%	95%	95%
2	租金收入折现值	12983	12022	11131	10307	9543	9278	8591	7954	7365	7144	6615	6125	5671	5251	5083	4707	4358	4035	3736	3610	3343	3611	3343	3096	2866	2654
	合计	164425																									

表 15-60 租赁总收入测算表

单位：万元

序号	项目名称	建设经营期																							
		1	2	3	4	5	6	7	8	9	10	11	12	13	14	15	16	17	18	19	20	21	22	23	24
1	租金收入		677	2538	4830	8266	8266	8856	8856	10037	10037	10664	10664	10664	11291	11291	11956	11956	12620	13321	13321	13321	13321	13321	13321
1.1	可出租面积		18800	47000	77400	123000	123000	123000	123000	123000	123000	123000	123000	123000	123000	123000	123000	123000	123000	123000	123000	123000	123000	123000	123000
1.2	单位租金		75	75	80	80	80	80	80	85	85	85	85	85	90	90	90	90	90	95	95	95	95	95	95
1.3	出租率		40%	60%	65%	70%	70%	75%	75%	80%	80%	85%	85%	85%	85%	85%	90%	90%	95%	95%	95%	95%	95%	95%	95%
2	转售收入																								164425
	合计	397818																							

表 15-61 租赁税金及附加表

单位：万元

序号	项目名称	建设经营期																								
		1	2	3	4	5	6	7	8	9	10	11	12	13	14	15	16	17	18	19	20	21	22	23	24	24（转售）
1	租赁（转售）收入		677	2538	4830	8266	8266	8856	8856	10037	10037	10664	10664	10664	11291	11291	11956	11956	12620	13321	13321	13321	13321	13321	13321	164425
2	租赁税金及附加		38.85	145.68	277.23	474.45	474.45	508.33	508.33	576.11	576.11	612.12	612.12	612.12	648.13	648.13	686.25	686.25	724.38	764.62	764.62	764.62	764.62	764.62	764.62	9438.02
2.1	营业税		33.84	126.90	241.49	413.28	413.28	442.80	442.80	501.84	501.84	533.21	533.21	533.21	564.57	564.57	597.78	597.78	630.99	666.05	666.05	666.05	666.05	666.05	666.05	8221.27
2.2	城市维护建设税		2.37	8.88	16.90	28.93	28.93	31.00	31.00	35.13	35.13	37.32	37.32	37.32	39.52	39.52	41.84	41.84	44.17	46.62	46.62	46.62	46.62	46.62	46.62	575.49
2.3	教育费附加		1.02	3.81	7.24	12.40	12.40	13.28	13.28	15.06	15.06	16.00	16.00	16.00	16.94	16.94	17.93	17.93	18.93	19.98	19.98	19.98	19.98	19.98	19.98	246.64
2.4	防洪工程维护费		0.61	2.28	4.35	7.44	7.44	7.97	7.97	9.03	9.03	9.60	9.60	9.60	10.16	10.16	10.76	10.76	11.36	11.99	11.99	11.99	11.99	11.99	11.99	147.98
2.5	交易管理费		0.68	2.54	4.83	8.27	8.27	8.86	8.86	10.04	10.04	10.66	10.66	10.66	11.29	11.29	11.96	11.96	12.62	13.32	13.32	13.32	13.32	13.32	13.32	164.43
2.6	交易印花税		0.34	1.27	2.41	4.13	4.13	4.43	4.43	5.02	5.02	5.33	5.33	5.33	5.65	5.65	5.98	5.98	6.31	6.66	6.66	6.66	6.66	6.66	6.66	82.21
3	土地增值税																									1644.25
	合计	24479.03																								

表 15-59 养老保险金估算表

单位：万元

序号	项目名称	25	26	27	28	29	30	31	32	33	34	35	36	37	38	39	40	41	42	43	44	45	46	47	48	49	50
												运营管理期															
1	用水人数	14022	14022	14022	14022	14022	14223	14223	14223	14223	14424	14424	15224	15224	16125	16125	16125	16125	16826	16826	16826	16826	19031	19031	19031	19031	19031
1.1	年用电量	123000	123000	123000	123000	123000	123000	123000	123000	123000	123000	123000	123000	123000	123000	123000	123000	123000	123000	123000	123000	123000	123000	123000	123000	123000	123000
1.2	单位税金	100	100	100	100	105	105	105	110	110	110	110	115	115	115	115	120	120	120	120	120	120	120	120	120	120	120
1.3	税率	95%	95%	95%	95%	95%	95%	95%	95%	95%	95%	95%	95%	95%	95%	95%	95%	95%	95%	95%	95%	95%	95%	95%	95%	95%	95%
2	合计收入估算	12023	11137	10307	9543	9278	8591	7954	7365	7164	6615	6125	5281	5061	5071	4700	4258	4035	1736	1101	3543	3011	3343	3096	2866	2554	
	合计	1644124																									

表 15-60 租赁总收入测算表

单位：万元

序号	项目名称	2	3	4	5	6	7	8	9	10	11	12	13	14	15	16	17	18	19	20	21	22	23	24
													运营管理期											
1	租赁收入	677	2538	4830	8200	8200	8566	8566	10037	10037	10064	10064	11291	11291	11956	11956	12950	13321	13321	13321	13321
1.1	建筑面积	18800	47000	123000	123000	123000	123000	123000	123000	123000	123000	123000	123000	123000	123000	123000	123000	123000	123000	123000	123000
1.2	单位租金	75	75	80	80	80	80	85	85	85	90	90	95	95	95	95	95	95	95	95	95
1.3	出租率	40%	60%	65%	70%	70%	75%	75%	80%	80%	85%	85%	85%	85%	90%	90%	95%	95%	95%	95%	95%
2	合计收入																						
	合计	397518																						

表 15-61 租赁税金及附加表

单位：万元

序号	项目名称	1	2	3	4	5	6	7	8	9	10	11	12	13	14	15	16	17	18	19	20	21	22	23	24（续表）
													运营管理期												
1	收入（销售）收入		677	2538	4830	8200	8200	8566	8566	10037	10037	10064	10064	11291	11291	11956	11956	12950	13321	13321	13321	13321	104425
	营业合计附加	38.55	145.68	277.21	471.45	471.45	508.37	508.37	576.11	576.13	578.17	578.17	648.13	648.13	686.25	686.25	744.63	766.62	766.62	766.62	766.62	9438.02
2.1	营业税	33.84	126.90	241.19	413.26	413.26	442.80	442.80	501.84	501.84	503.21	503.21	564.57	564.57	597.78	597.78	666.05	666.05	666.05	666.05	666.05	8221.27
2.2	城市维护建设税	2.37	8.88	16.90	28.93	28.93	31.00	31.00	35.13	35.13	37.32	37.32	39.52	39.52	41.84	41.84	44.17	46.62	46.02	46.02	46.02	575.49
2.3	教育费附加	1.02	3.81	7.24	12.40	12.40	13.28	13.28	15.08	15.06	16.00	16.00	16.94	16.94	17.93	17.93	19.03	19.98	19.98	19.98	19.98	246.64
2.4	地方教育附加	0.61	2.28	4.35	7.44	7.44	7.97	7.97	9.03	9.03	9.60	9.60	10.16	10.16	10.76	10.76	11.36	11.99	11.99	11.99	11.99	147.93
2.5	印花税	0.68	2.54	4.83	8.27	8.27	8.86	8.86	10.04	10.04	10.66	10.66	11.29	11.29	11.96	11.96	12.62	13.32	13.32	13.32	13.32	104.43
	土地使用税	0.34	1.27	2.41	4.13	4.13	4.43	4.43	5.02	5.02	5.33	5.33	5.65	5.65	5.98	5.98	6.31	6.66	6.66	6.66	6.66	82.21
	土地增值税																						1644.25
	合计	2447903																						

表 15-62　损益表

单位：万元

序号	项目名称	合计	建设经营期																							
			1	2	3	4	5	6	7	8	9	10	11	12	13	14	15	16	17	18	19	20	21	22	23	24	24（转售）
1	租赁（转售）收入	397818	0	677	2538	4830	8266	8266	8856	8856	10 037	10 037	10 664	10 664	10 664	11 291	11 291	11 956	11 956	12 620	13 321	13 321	13 321	13 321	13 321	13 321	164 425
2	总成本费用	67984	98	200	382	1047	1856	2062	2214	2058	2069	1893	1801	1604	1604	1698	1698	1798	1798	1898	2004	2004	2004	2004	2004	2004	28 181
3	土地增值税	1644	0	0	0	0	0	0	0	0	0	0	0	0	0	0	0	0	0	0	0	0	0	0	0	0	1644
4	销售税金及附加	22835	0	39	146	277	474	474	508	508	576	576	612	612	612	648	648	686	686	724	765	765	765	765	765	765	9438
5	利润总额	305453	0	438	2011	3505	5935	5729	6133	6290	7391	7567	8251	8448	8448	8945	8945	9471	9471	9997	10553	10553	10553	10553	10553	10553	125 162
6	所得税	76363	0	110	503	876	1484	1432	1533	1573	1848	1892	2063	2112	2112	2236	2236	2368	2368	2499	2638	2638	2638	2638	2638	2638	31 290
7	税后利润	229090	0	329	1508	2629	4451	4297	4600	4718	5544	5675	6188	6336	6336	6709	6709	7103	7103	7498	7914	7914	7914	7914	7914	7914	93 871
8	盈余公积金	22909	0	33	151	263	445	430	460	472	554	568	619	634	634	671	671	710	710	750	791	791	791	791	791	791	9387
9	可分配利润	206181	0	296	1357	2366	4006	3867	4140	4246	4989	5108	5569	5702	5702	6038	6038	6393	6393	6748	7123	7123	7123	7123	7123	7123	84 484

表 15-63　全部投资现金流量表

单位：万元

序号	项目名称	合计	建设期经营期																						
			1	2	3	4	5	6	7	8	9	10	11	12	13	14	15	16	17	18	19	20	21	22	23	24
1	现金流入	397818	0	677	2538	4830	8266	8266	8856	8856	10037	10037	10664	10664	10664	11291	11291	11956	11956	12620	13321	13321	13321	13321	13321	177746
1.1	租赁收入	233393	0	677	2538	4830	8266	8266	8856	8856	10037	10037	10664	10664	10664	11291	11291	11956	11956	12620	13321	13321	13321	13321	13321	13321
1.2	转售收入	164425																								164425
2	现金流出	107014	19946	4613	7735	5288	2371	2320	2484	2524	2926	2970	3208	3257	3257	3449	3449	3652	3652	3855	4069	4069	4069	4069	4069	5713
2.1	建设投资	35230	19946	4431	6960	3893																				
2.2	税金及附加	13397	0	39	146	277	474	474	508	508	576	576	612	612	612	648	648	686	686	724	765	765	765	765	765	765
2.3	土地增值税	1644	0	0	0	0	0	0	0	0	0	0	0	0	0	0	0	0	0	0	0	0	0	0	0	1644.25
2.4	经营成本	11670		34	127	241	413	413	443	443	502	502	533	533	533	565	565	598	598	631	666	666	666	666	666	666
2.5	所得税	45073	0	110	503	876	1484	1432	1533	1573	1848	1892	2063	2112	2112	2236	2236	2368	2368	2499	2638	2638	2638	2638	2638	2638
3	净现金流	290804	-19946	-3937	-5197	-458	5894	5946	6372	6332	7111	7067	7456	7407	7407	7842	7842	8304	8304	8765	9252	9252	9252	9252	9252	172033
4	累计净现金流	993596	-19946	-23883	-29080	-29538	-23644	-17699	-11327	-4995	2116	9183	16639	24046	31453	39295	47138	55442	63746	72511	81763	91015	100267	109519	118771	290804
5	折现净现金流	264368	-18133	-3579	-4725	-416	5358	5405	5792	5757	6465	6425	6778	6733	6733	7130	7130	7549	7549	7968	8411	8411	8411	8411	8411	156394
6	累计折现净现金流	903269	-18133	-21712	-26437	-26853	-21 495	-16090	-10297	-4541	1924	8348	15127	21860	28594	35723	42853	50402	57950	65919	74 330	82741	91152	99563	107974	264368
7	税前净现金流	335877	-19946	-3827	-4695	418	7378	7378	7905	7905	8959	8959	9519	9519	9519	10079	10079	10672	10672	11264	11890	11890	11890	11890	11890	174671
8	税前累计净现金流	1436526	-19946	-23773	-28468	-28 050	-20672	-13294	-5389	2516	11474	20433	29952	39 471	48990	59068	69147	79819	90490	101755	113645	125535	137425	149316	161206	335877
9	税前折现净现金流	305343	-18133	-3479	-4268	380	6707	6707	7186	7186	8144	8144	8653	8653	8653	9162	9162	9701	9701	10240	10809	10809	10809	10809	10809	158792
10	税前累计折现净现金流	1305932	-18133	-21612	-25880	-25500	-18793	-12086	-4899	2287	10431	18576	27229	35883	44536	53698	62861	72562	82264	92504	103313	114123	124932	135741	146551	305343

表 15-64 自有资金现金流量表

单位：万元

序号	项目名称	合计	建设经营期																						
			1	2	3	4	5	6	7	8	9	10	11	12	13	14	15	16	17	18	19	20	21	22	23	24
1	现金流入	397818		677	2538	4830	8266	8266	8856	8856	10037	10037	10664	10664	10664	11291	11291	11956	11956	12620	13321	13321	13321	13321	13321	177746
1.1	租赁收入	233393		677	2538	4830	8266	8266	8856	8856	10037	10037	10664	10664	10664	11291	11291	11956	11956	12620	13321	13321	13321	13321	13321	13321
1.2	转售收入	164425																								164425
2	现金流出	111732	16646	613	2535	4788	6011	5840	6004	6043	6445	2970	3208	3257	3257	3449	3449	3652	3652	3855	4069	4069	4069	4069	4069	5713
2.1	自有资金	16861	16646	131	84																					
2.2	资金再投入	5489		300	1676	3393	120																			
2.3	经营成本	11670	0	34	127	241	413	413	443	443	502	502	533	533	533	565	565	598	598	631	666	666	666	666	666	666
2.4	还本付息	17598					3520	3520	3520	3520	3520															
2.5	税金及附加	13397		39	146	277	474	474	508	508	576	576	612	612	612	648	648	686	686	724	765	765	765	765	765	765
2.6	土地增值税	1644																								1644
2.7	所得税	45073	0	110	503	876	1484	1432	1533	1573	1848	1892	2063	2112	2112	2236	2236	2368	2368	2499	2638	2638	2638	2638	2638	2638
3	净现金流	286087	-16646	64	3	42	2255	2426	2852	2813	3591	7067	7456	7407	7407	7842	7842	8304	8304	8765	9252	9252	9252	9252	9252	172033
4	累计净现金流	286087	-16646	-16582	-16580	-16538	-14283	-11857	-9006	-6193	-2602	4465	11922	19328	26735	34578	42420	50724	59028	67793	77045	86297	95549	104801	114053	286087
5	折现净现金流	260079	-15133	58	3	38	2050	2205	2593	2557	3265	6425	6778	6733	6733	7130	7130	7549	7549	7968	8411	8411	8411	8411	8411	156394
6	累计折现净现金流	260079	-15133	-15075	-15072	-15034	-12985	-10780	-8187	-5630	-2365	4059	10838	17571	24305	31434	38564	46113	53662	61630	70041	78452	86863	95274	103685	260079
7	税前净现金流	331159	-16646	173	505	918	3738	3858	4385	4385	5439	8959	9519	9519	9519	10079	10079	10672	10672	11264	11890	11890	11890	11890	11890	174671
8	税前累计净现金流	331159	-16646	-16473	-15967	-15049	-11311	-7453	-3068	1318	6757	15716	25234	34753	44272	54351	64429	75101	85772	97037	108927	120817	132708	144598	156488	331159
9	税前折现净现金流	301054	-15133	157	459	835	3398	3507	3987	3987	4945	8144	8653	8653	8653	9162	9162	9701	9701	10240	10809	10809	10809	10809	10809	158792
10	税前累计折现净现金流	301054	-15133	-14975	-14516	-13681	-10283	-6775	-2789	1198	6142	14287	22940	31594	40247	49410	58572	68274	77975	88215	99025	109834	120643	131453	142262	301054

（二）项目财务评价与不确定性分析

1. 项目的财务评价

（1）损益表与项目静态盈利能力分析（见表 15-62）

评价指标：

① 年投资利润率 =（利润总额/投资总额/24）×100%

$\qquad$ =（305453/39949/24）×100%

$\qquad$ = 18.72%

② 年自有资金利润率 =（税后利润总额/自有资金/24）×100%

$\qquad$ =（229090/16861/24）×100%

$\qquad$ = 75.48%

本项目以上两个静态评价指标与房地产同行业相应指标比较，高于同行业相应指标，故项目从静态盈利能力分析来看是可行的。

（2）现金量表与项目动态盈利能力分析

对项目进行经济效益分析评价的主要依据是国家计委、建设部颁发的《建设项目经济评价方法与参数》，参照我国新的财会制度，结合房地产开发的实际情况，分别计算全部投资和自有资金的经济效益。由于本项目为租赁项目，在运用评价指标来进行项目评价，主要评价指标有财务内部收益率（FIRR）、财务净现值（FNPV）及项目动、静态回收期等指标。评价指标的计算过程详见全部投资现金流量表（见表 15-63）、自有资金现金流量表（见表 15-64）。

项目内部收益率（FIRR）是指项目在整个计算期内各年净现金流量现值累计等于零时的折现率。反映出项目所占用资金的盈利率，即项目的盈利能力。当 FIRR 大于基准收益率时，则认为其盈利能力已满足最低要求。

财务净现值（FNPV）是指按事先规定的基准贴现率 i_c 将项目计算期内各年净现金流量折现到建设期的现值之和。它是考察项目在计算期内盈利能力的动态评价指标，净现值大于或等于零的项目是可以考虑接受的。以银行同期贷款利率为依据，本项目的贷款利率为 5.94%，考虑其他风险因素，故基准收益率 i_c 取为 12%。

① 全部投资现金流量表，评价指标如表 15-65 所示。

表 15-65 全部投资现金流量表评价指标

评价指标	税 前	税 后
财务净现值	305343 万元	264368 万元
财务收益率	20.31%	17.54%

由上述指标可以看出，全部投资的财务净现值为正值，税前税后的财务内部收益率均大于贴现率 12%，故本项目全部投资的动态盈利能力评价是可行的。

② 自有资金投资现金流量表，评价指标如表 15-66 所示。

表 15-66 自有资金投资现金流量表评价指标

评价指标	税 前	税 后
财务净现值	301054 万元	260079 万元
财务收益率	22.96%	19.44%

由上述指标可以看出，本项目自有资金投资的财务净现值为正值，税前税后的财务内部收

益率均大于贴现率12%，故本项目自有资金投资的动态盈利能力评价是可行的。

（3）资金来源与运用表的贷款偿还能力分析

资金来源与运用表集中体现了项目自身平衡的生存能力，是财务评价的重要依据。本项目的资金来源与运用如资金来源与运用表（见表15-67）所示。从表中可以看出，本项目建设经营期间每年的盈余资金和累计盈余资金均大于零，说明本项目具有足够的贷款还款能力和自身平衡能力，故本项目从资金平衡能力分析来看是可行的。

表15-67 资金来源与运用表

单位：万元

序号	项目名称	建设经营期								
		1	2	3	4	5	6	7	8	9
1	资金来源	19946	4808	7822	5330	8266	8266	8856	8856	10037
1.1	租赁收入		677	2538	4830	8266	8266	8856	8856	10037
1.2	自有资金	16646	131	84						
1.3	银行借贷	3300	4000	5200	500					
2	资金的运用	19946	4613	7735	5288	6011	5840	6004	6043	6445
2.1	建设投资	19946	4431	6960	3893	120				
2.2	借款还本付息					3520	3520	3520	3520	3520
2.3	销售税金及附加		39	146	277	474	474	508	508	576
2.4	土地增值税									
2.5	经营成本		34	127	241	413	413	443	443	502
2.6	所得税		110	503	876	1484	1432	1533	1573	1848
3	盈余资金	0	194	87	42	2255	2426	2852	2813	3591
4	累计盈余资金	0	194	281	323	2577	5003	7855	10668	14259

2．项目不确定性分析

本项目的不确定因素主要来自改造建设成本、租赁价格、出租率、开发周期、贷款利率等，这些因素受当地政治、经济、社会条件的影响，有可能发生变化，影响本项目经济效益目标的实现。

（1）盈亏平衡分析

由公式（租售收入-租售税金及附加）×盈亏平衡点保本率=总成本费用计算，得该项目出租率的盈亏平衡点为18.13%。它意味着假定本项目总投资不变，且租赁价格及转售价格与收款进度如基准方案所设时，当项目出租率达到18.12%，项目就能达到静态盈亏平衡，也即投资更能保本。一般认为，当盈亏平衡点≤70%时，项目风险较低。可见，本项目在目前的市场环境下开发建设，风险较小。

（2）敏感性分析

影响本项目财务效益的主要因素是改造建设成本、租赁价格、租赁税率、出租率、建设经营期的长短等。根据市场预测，开发项目中最有可能发生波动变化的是租赁（转售）收入。因此，本项目敏感性分析针对全部投资的评价指标（财务净现值、财务内部收益率和全部投资利润率），计算租赁（转售）收入上下波动对经济评价指标的影响。计算结果详见敏感性分析表（见表15-68），从该表中我们可以看到，当租赁（整售）收入下降43.2%时，项目动态盈利能力指标即显示为不可行，这说明项目抗风险能力较强。

表 15-68 项目敏感性分析表

全部投资	基准方案	租赁（转售）收入变化		
		-20%	-40%	-50%
FNPV（税后）	264 368	209114	153828	126162
FNPV 升降幅度		-20.9%	-41.81%	-52.28%
IRR（税后）	17.54%	15.15%	12.48%	10.99%
IRR 升降幅度		-13.63%	-28.85%	-37.34%
全部投资利润率	18.72%	15.69%	12.17%	10.19%
全部利润率升降幅度		-16.19%	-34.98%	-45.57%
临界点		-43.2%		

3. 项目财务评价结论

通过上述财务评价结果来看，本项目具有高于行业基准收益率的内部收益率，财务净现值大于零，借款偿还能满足贷款机构的要求。从盈亏平衡分析中得知，本项目盈亏平衡点的租赁（转售）率在 18.13%，远远低于 70%，说明其风险程度较低；从敏感性分析看出，本项目抗风险能力较强，整个项目的经济评价比较理想。综合考虑，可以认为本项目具有较强的抗风险能力。因此，从财务上讲项目可以接受。但是，本方案并不一定是最理想的，如果条件允许，还可进一步修订规划设计和项目开发经营方案，以提高项目的整体效益。

十、项目风险分析及控制

（一）项目政策性风险及控制

该项目的政策性风险主要来源于未来可能出台的关于旧厂房改造的规范性约束文件。从国家出台的《文化产业振兴规划》和 GZ 市政府推出的一系列关于"三旧"改造和企业"退二进三"的政策来说，目前该厂房的改造开发项目在宏观政策环境中还是比较明朗的。但是，随着城市旧城改造工作的日益推进，未来肯定会有更多关于旧厂房改造的规范性文件出台，而这些规范性文件有可能成为项目的不确定因素，会为项目带来潜在的政策性风险。例如，在 2010 年 4 月 28 日 GZ 市规划局公布的《关于贯彻执行〈关于推进市区产业"退二进三"工作的意见〉规划管理要求的通知》的征求意见稿中，提出若干对市区产业"退二进三"的规划管理要求，其中最值得我们关注的是厂房改造的使用期限问题，《通知》里规定："'退二进三'临时改造工程的使用期限为两年。需要延长使用期限的，应当在使用期限届满三十日前，向原审批机关提出延期申请。申请延长使用期限的次数不得超过两次，每次延长使用的期限不得超过两年。使用期届满或使用期间因城乡规划管理、建设或者公共利益需要、政府储备土地等原因需要征收土地时，企业应当无条件配合政府开展征收工作，政府按原用地性质及建筑使用性质、产权面积给予补偿。"这就意味着，"退二进三"的临时改造工程最多只有六年的使用期限。虽然该规定只是征求意见稿，但是倘若它能够顺利通过，会对项目产生较大的影响。

因此，作为项目的开发商应该联手其他知名的旧厂房改造而成的文化创意园，以行业参与者的身份积极向政府反映意见，就有关文化创意园的发展多提客观的意见，此外，还要尽量争取政府支持，将项目潜在的政策性风险最小化。

（二）项目市场风险及控制

本项目面临的市场风险主要来源于文化创意园的快速增加导致的市场供应量加大。据政府相关统计，现时 GZ 市 12 个区（县级市）拥有旧厂房的企业约 2500 家，厂区占地面积约 4300 公顷。可想而知，随着生产企业"退二进三"的加快推进，GZ 城市中心城区会在未来 1～2 年出现大量旧工厂用地，大量旧工厂、旧单位用房的改造，导致市场同类型项目较多，焦点感容易弱化。这对于潜在消费者有一定分流的影响，对项目的营销推广、租赁价格的确定和收入形成一定的压力。

此外，项目所在地员村区域以前是国企工厂的集中地，虽然现在大部分工厂已搬迁，但员村仍然给人们留下一个发展不是很好的印象。在众多规划文件中，员村都被规划定位为 CBD 延伸区和现代服务业发展基地，加上项目周边会建设全国规模最大的北岸文化码头，员村地区未来会有更多更好的发展，然而一个地区的改变不是瞬间而成的，是需要长时间才能发展起来的。因此，项目地块的周边环境及给人们的印象短时间内很难有重大的改变，这使得本项目在引进客户方面受到了一定限制，由此增加了市场营销的风险。

在控制项目市场风险时，一方面，我们可以做到的是向潜在客户强调该地区的规划发展，尽量减少潜在客户对项目周边环境的不良影响；另一方面，针对文化创意园供应量增加的问题，我们应做到定位鲜明并率先引入特色项目如博物馆、艺术中心等，避免与其他相同市场类型项目同质化。此外，开发商可以考虑在项目前期市场推广时多与知名品牌合作举办活动，吸引社会大众的眼球，在短期内迅速提升该项目的名气。

（三）项目财务风险及控制

由项目的财务分析报告可以看出，该项目的静态与动态盈利能力指标均高于行业的基本标准，财务评价结果基本上显示是可行的，但仍然值得关注的是这其中存在着一定的风险。例如，项目的资金风险，该项目开发商投入自有资金 16861 万元，占项目投资总额（不包括利息）的 47.7%，另需向银行贷款 13000 万元，占项目投资总额（不包括利息）的 36.78%，剩余部分 5489 万元由租赁收入补充，总投资（不包括利息）为 35350 万元，4598 万元的银行贷款利息从住宅的销售收入中支付。按照 GZ 市国土房管局 2010 年 5 月 6 日公布的《关于调整我市国有建设用地使用权出让金计收标准的通知》，计收土地使用权出让金的计收标准为"原土地使用权人自行改造旧厂房，改作教育、科研、设计、文化、卫生、体育等非经营性用途和创意产业等，不符合划拨用地目录的，按综合办公用途基准地价的 30%计收土地出让金"。虽然该项目的土地使用权出让金享受到政策优惠，但开发商仍需要投入大笔自有资金支付土地使用权出让金。另外，由于项目二期复建工程的启动需要投入大笔建设资金和项目在建设期中可出租面积比较少，导致租赁收入不高，一旦租赁计划未能如期完成，项目将有可能面临资金短缺。因此，在项目开发的全过程中加强营销，确保出租率是非常重要的。

（四）项目自然风险及控制

由于该项目地势较低，且园区内的建筑及基础设施陈旧，此外，项目位于珠江边，周边水系也较多，因此水灾在项目环境建设中扮演着重要角色。一旦雨季来临，项目所在地可能会发生洪涝灾害，影响项目的工程进度。因此，开发商应该在雨季来临的时候注意做好预防措施，进行改造的时候先改造排水系统，避免园区在其他改造工程进行的时候遭遇影响，将项目面临的自然风险最小化。

十一、项目社会评价（略）

十二、项目结论和建议

（一）项目特征综述

（1）项目目前所处的宏观经济观景状况运行良好，2010年一季度中国经济保持双位数的发展势头，而项目所在的GZ地区在举办亚运会的机遇下，经济发展势头更加迅猛，全社会固定投资额显著增加，居民生活水平持续提高。随着2008年底爆发的全球金融危机改变了中国特别是珠三角地区传统的外向型经济增长模式，这将加快促进珠三角地区产业结构调整和产业转型，对第三产业的发展需求将会进一步增长。

（2）全球文化创意产业发展迅速，特别在发达国家，文化创意产业的发展更快。作为发展中国家的中国，文化创意产业发展远远落后于发达国家。然而，近几年，我国的文化创意产业发展迅速，发展规模越来越大，目前已经建立了环渤海地区创意产业园区、长三角地区创意产业园区、珠三角地区创意产业园区三大集聚地。《文化产业振兴规划》的公布标志着文化产业已经上升为国家的战略性产业，显示我国文化创意产业发展潜力巨大。

（3）GZ市政府为了推进市区产业"退二进三"工作，优化GZ市产业结构和空间布局，促进经济发展与资源环境相协调，把GZ建设成为适宜创业发展和生活居住的现代化大都市，公布了一系列关于"退二进三"和"三旧"改造工作的规范性文件。随着GZ市政府"三旧"工作改造的推进，未来肯定会有更多相关政策出台。所以从产业政策和改造政策综合来看，改造旧厂房、发展文化创意园区已经具备了相对完善和良好的法律、法规政策。

（4）项目所在的员村地区属于城市CBD的延伸区，而城市"泛CBD"的概念将辐射范围更广，影响力更大。在政府公布的一系列规划中显示，员村地区以发展现代服务业为主，实现与城市中央商务区和国际会展中心功能区实行产业对接，互助互补，重点发展总部企业基地、创意产业和时尚休闲娱乐业。

（5）项目建筑密度低，容积率低。项目所在地的旧厂房主要以低层的苏式建筑为主，主要包括苏式红砖金字顶建筑、苏式平房建筑和钢筋混凝土建筑。厂区内大部分的建筑物存在一定的历史保留价值和审美价值，可以通过改造重新利用。此外，厂区内拥有大量几十年历史的高大乔木，内部环境优美，景色宜人。

（6）该项目外围有城市主干道，但是项目周边道路主要以城市支路和自发开辟的社区小路为主，通行较为不便且交通拥挤；项目距离地铁5号线员村站B出口步行时间约7分钟。但该通往地铁站的小路道路狭窄，路面泥泞，路况较差；项目附近有三个公交站点，共10条公交线路途经此地。此外，该项目周边河涌水污染严重，有待整治。

（7）随着GZ市"退二进三""旧城改造"工作的推进，未来会有越来越多的文化创意产业园落成，因此市场供应量会逐渐增加，所以项目面临一定的价格竞争和市场营销压力。

（8）本项目的财务评价结果显示，项目具有高于行业基准收益率的内部收益率，财务净现值大于零，借款偿还能满足贷款机构要求。从盈亏平衡分析中得知，本项目盈亏平衡点的租赁（转售）率远远低于70%，说明其风险程度较低；从敏感性分析看出，本项目抗风险能力较强，整个项目的经济评价比较理想。

（9）本项目的风险主要有政策性风险、市场风险、财务风险和自然风险。政策性风险主要源于"退二进三"临时改造工程的使用年限，目前政府公开的意见征求稿中显示，该类建筑的使用年限最高只有6年；因为文化创意园的快速增加导致市场供应量加大，使项目面临一定的市场风险；财务风险主要源于需要在前期投入大笔自有资金支付土地使用权出让金，使项目资金流动性减低；自然风险主要源于水灾的影响，使项目改造工程进度受到影响。

（10）本项目具有良好的社会效益。项目的改造不但顺应GZ市日益增长的文化需求，提高市民的生活质量，添置市民休闲娱乐设施，增加市民的就业机会，同时，项目的改造将为优秀的文化创意人才提供良好的平台，促进项目区域发展，大力发展文化创意产业，与GZ市经济发展目标相适应。

（二）结论与建议

综合上述本设计的所有结果，我们认为该项目的改造开发是可行的。此外，我们就相关问题给出如下建议。

（1）随着GZ市"退二进三""旧城改造"工作的推进，未来会有越来越多的文化创意产业园落成，市场供应量会逐渐增加，因此建议项目尽早改造建设推出市场，尽早占领一定市场份额，减小项目面临的营销压力。

（2）一个成功的文化创意园除了建筑改造成功以外，更重要的是培育园区内的文化创意氛围。针对现时GZ市多数文化创意园商业化严重，缺少文化创意味道，应该在商业配套与文化创意之间取平衡点，确保园区内文化创意的本质。另外，我们建议在日常的管理上，项目除了成立一般的物业管理公司外，还可以考虑成立项目市场推广公司，该机构的职能是整合园区文化创意资源，举办文化创意活动，推动园区文化创意发展，打造园区品牌，增强项目的竞争力。

（3）在2010年4月28日公布的《关于贯彻执行〈关于推进市区产业"退二进三"工作的意见〉规划管理要求的通知》征求意见稿中提到，"退二进三"临时改造工程的使用期限为两年。需要延长使用期限的，须提出延期申请，申请延长使用期限的次数不得超过两次，每次延长使用的期限不得超过两年。因此，"退二进三"临时改造工程的使用期限最高为六年。虽然这只是征求意见稿中的意见，暂未落实，但一旦这个规定落实出台，对于项目来说是一个巨大的考验。因此，我们应该密切关注政府的政策动向，多与政府沟通，争取政府的支持。

（4）持续与政府进行沟通，争取政府给予更多的政策支持。如对进驻园区的企业实行税收优惠等，吸引优秀的文化创意企业落户园区，形成集聚效应，扩大园区影响力，推动文化创意产业发展。

参考文献

[1] Boardman A E, Greenberg A R. Cost-Benefit Analysis: Concepts and Practices[M]. New York: Prentice Hall, 2001.

[2] Bo-sin Tang. Urban Renewal Authority: Negotiation for Property Acquisition and Property Owners [J]. Hong Kong Economic Journal, 2006, 6(2): 100-111.

[3] Campbell Harry, Brown Richard. Benefit-Cost Analysis[M]. Cambridge: Cambridge University Press, 2003.

[4] Cowell F, Gardiner K. Welfare Weights[Z]. the UK Office of Fair Trading, www.oft.gov.uk/NR/rdonlyres, 1999.

[5] David M Geltner, Norman G Miller, Jim Clayton, etc. Commercial Real Estate Analysis and Investments[M]. Second Edition. Cengage Learning, 2007.

[6] Gaylon E Greer, Michale D Farrell. Investment Analysis for Real Estate Decision[M]. Third Edition. Dearborn Financial Publishing, Inc, 1997.

[7] Guido Ferrari, Tiziana Laureti. Evaluating technical efficiency of human capital formation in the Italian university: Evidence from Florence[J]. Statistical Methods and Applications, 2005(2).

[8] Heal G. Valuing the Future: Economic Theory and Sustainability[M]. New York: Columbia University Press, 1998.

[9] James A Graaskamp. Fundamentals of Real Estate Development[M]. Washington, DC: The Urban Land Institute, 1999.

[10] Joseph C Paradi, Mette Asmild, Paul C Simak. Using DEA and Worst Practice DEA in Credit Risk Evaluation[J]. Journal of Productivity Analysis, 2004(2).

[11] Just R E, Hueth D L, Schmitz A. Applied Welfare Economics and Public Policy[M]. Prentice, 1982.

[12] Mc Master J C, Webb G R. Australian Project Evaluation: Selected Readings[M]. Sydney: Australia and New Zealand Book Company, 1979.

[13] Michael P Todaro. Economic Development[M]. England: Addison Wesley Longman, 2000.

[14] Mikael Lindvall, Roseanne Tesoriero Tvedt, Patricia Costa. An Empirically-Based Process for Software Architecture Evaluation[J]. Empirical Software Engineering, 2003(1).

[15] Olsen M, Bailey M. Positive time preference[J]. Journal of Political Economy, 1998, 89(1).

[16] Pearce D W, Ulph D W. Environment Economics: Essays in Ecological Economics and Sustainable Development[M]. Edward Elgar, Cheltenham, 1999.

[17] Ronald D Brunner. Context-sensitive monitoring and evaluation for the World Bank[J]. Policy Sciences, 2004(2).

[18] William B Brueggeman, Jeffery D Fisher. Real Estate Finance and Investments[M]. The McGraw-Hill Companies Inc, 2000.

[19] World Commission on Dams. Dams and Development: A New Framework for Decision-making[M]. London and Sterling, VA: Earthscan Publications Ltd, 2000.

[20] 国家发展与改革委员会，建设部．建设项目经济评价方法与参数[M]．第 2 版．北京：中国计划出版社，1993．

[21] 国家发展与改革委员会，建设部，社会评价课题组．投资项目社会评价指南[M]．北京：经济管理出版社，1997．

[22] 国家发展改革委，建设部．建设项目经济评价方法与参数[M]．第 3 版．北京：中国计划出版社，2006．

[23] 建设部．房地产开发项目经济评价方法[M]．北京：中国计划出版社，2000．

[24] 建设部标准定额研究所．建设项目经济评价参数研究[M]．北京：中国计划出版社，2004．

[25] 决策资源房地产研究中心．现代房地产全程操作[M]．广州：暨南大学出版社，2002．

[26] W. Behrens, P. M. Hawranek. 工业可行性研究编制手册[M]．建设部标准定额研究所，译．北京：化学工业出版社，1992．

[27] 全国经济专业技术资格考试用书编写委员会．房地产经济专业知识与实务（中级）[M]．北京：中国发展出版社，2006．

[28] 上海市政工程研究总院．市政工程投资估算编制方法[M]．北京：中国计划出版社，2007．

[29] 同济大学，建设部标准定额研究所．政府投资项目经济评价方法与参数研究[M]．北京：中国计划出版社，2004．

[30] 中国国际工程咨询公司．投资项目可行性研究指南[M]．北京：中国电力出版社，2002．

[31] 中国国际工程咨询公司．项目投资经济咨询投资指南[M]．北京：中国经济出版社，2000．

[32] 中国国际工程咨询公司．中国投资项目社会评价指南[M]．北京：中国计划出版社，2004．

[33] 中华人民共和国住房和城乡建设部．城市居住区规划设计规范[S]．北京：中国建筑工业出版社，2002．

[34] 中华人民共和国住房和城乡建设部．住宅设计规范[S]．北京：中国建筑工业出版社，2011．

[35] 柴君，滕清安．逻辑框架法在政府投资项目后评价中的应用[J]．江苏地质，2004（3）．

[36] 柴强．房地产估价[M]．第 7 版．北京：首都经济贸易大学出版社，2012．

[37] 陈琳，潘蜀健．房地产项目投资[M]．第 2 版．北京：中国建筑工业出版社，2004．

[38] 陈琳．广州市房地产税费指南[M]．北京：中国建筑工业出版社，1996．

[39] 陈琳．房地产投资项目财务评价体系研究[J]．技术经济，1999（7）．

[40] 陈琳．关于房地产开发项目中若干问题的探讨[J]．技术经济，1997（12）．

[41] 陈琳．房地产开发项目投资风险度量研究[J]．广州大学学报，2003（4）．

[42] 陈琳．人类发展观的演变，漫谈科学发展观[M]．广州：广东人民出版社，2004．

[43] 陈琳．西方投资项目社会成本分析[J]．技术经济，2004（12）．

[44] 陈琳．投资项目评估中的社会成本效益分析[J]．建筑经济，2005（3）．

[45] 陈琳．建设项目应进行"损害性"评估[N]．广州日报理论版（C16），2005-12-06．

[46] 陈琳，谭建辉．建设项目社会评价研究[M]．北京：中国建筑工业出版社，2009．

[47] 陈琳．拆迁项目社会风险评估——来自广州的实证研究[J]．广州大学学报（社会科学版），2012（3）．

[48] 陈溥才，郭镇宁．房地产开发项目可行性研究与方案优化策略[M]．北京：中国建筑工业出版社，2004．

[49] 陈溥才．财务评价实务与疑难问题分析[M]．北京：中国计划出版社，2007．

[50] 陈绍军，施国庆．中国非自愿移民的贫困分析[J]．甘肃社会科学，2003（5）．

[51] 陈绍军，施国庆，朱文龙，等．非自愿移民安置活动中的公众参与[J]．水利水电科技进展，2003（12）．

[52] 陈仕亮．风险管理[M]．成都：西南财经大学出版社，1996．

[53] 陈志斌．项目评估学[M]．南京：南京大学出版社，2007．

[54] 陈志华．外国建筑史（19世纪末叶以前）[M]．第4版．北京：中国建筑工业出版社，2010．

[55] 丁烈云．房地产开发[M]．第3版．北京：中国建筑工业出版社，2008．

[56] 董建昌．″效益—费用″法在林业公益事业建设项目经济评价中的应用[J]．林业调查规划，2002（4）．

[57] [法]佩鲁．新发展观[M]．张宁，等译．北京：华夏出版社，1987．

[58] 范冰，范伟达．市场调查教程[M]．第2版．上海：复旦大学出版社，2008．

[59] 傅家骥，仝允桓．工业技术经济学[M]．第3版．北京：清华大学出版社，1996．

[60] 高鸿业．西方经济学（微观部分）[M]．第4版．北京：中国人民大学出版社，2007．

[61] 龚维丽．工程造价的确定与控制[M]．第2版．北京：中国计划出版社，2001．

[62] 桂泳评，聂永有．投资风险[M]．上海：立信会计出版社，1996．

[63] 郭熙保．发展经济学的历史演变[N]．光明日报B2版，2003．

[64] 黄渝祥．工程财务[M]．北京：知识出版社，1995．

[65] 黄渝祥．工程经济学[M]．第3版．上海：同济大学出版社，2005．

[66] 贾士军．房地产项目策划[M]．第2版．北京：高等教育出版社，2011．

[67] 建筑艺术工作室．住宅小区环境设计图集[M]．北京：水利水电出版社，2004．

[68] 柯惠新，丁立红．市场调查与分析[M]．北京：中国统计出版社，2000．

[69] 李明哲．投资项目经济评价问答[M]．北京：中国计划出版社，2011．

[70] 刘国恒．建设项目可行性研究与项目评估文献[M]．北京：学术书刊出版社，1989．

[71] 刘洪玉．房地产开发经营与管理[M]．第6版．北京：中国建筑工业出版社，2013．

[72] 刘林洁．科学的项目经济评价指标[J]．技术经济，1999（11）．

[73] 刘晓君．工程经济学[M]．北京：中国建筑工业出版社，2009．

[74] 卢家仪，蒋冀．财务管理[M]．第3版．北京：清华大学出版社，2006．

[75] 罗小未．外国近现代建筑史[M]．第2版．北京：中国建筑工业出版社，2004．

[76] 罗应婷，杨钰娟．SPSS统计分析从基础到实践[M]．第2版．北京：电子工业出版

社，2010.

[77] 马振东. 建设项目后评价指标体系框架构想[J]. 建筑经济. 2006（11）.

[78] 迈克尔·M. 塞尼. 把人放在首位——投资项目社会分析[M]. 王朝纲，等译. 北京：中国计划出版社，1998.

[79] [美]Al Ries, Jack Trout. 定位[M]. 王恩冕，等译. 北京：中国财政经济出版社，2002.

[80] [美]Arthur J. Keowr. 现代财务管理基础[M]. 第7版. 朱武祥，译. 北京：清华大学出版社，2002.

[81] [美]Charles W. Lamb, Jr. 营销学精要[M]. 杨洁，等译. 大连：东北财经大学出版社，2000.

[82] [美]Erich A. Helfert. 企业财务分析技巧[M]. 陈石进，译. 台北：清华管理科学图书中心，2000.

[83] [美]Jack Trout, Steve Rivkin. 新定位[M]. 李正栓，等译. 北京：中国财政经济出版社，2002.

[84] [美]Michael E. Porter. 竞争论[M]. 高登第，译. 北京：中信出版社，2003.

[85] [美]Philip Kotler. 市场营销导论[M]. 俞利军，译. 北京：华夏出版社，2001.

[86] [美]Philip Kotler. 市场营销原理[M]. 第13版. 北京：清华大学出版社，2011.

[87] [美]查尔期·吉布森. 财务报表分析[M]. 刘筱青，译. 北京：中国财政经济出版社，1996.

[88] [美]戴维·阿克（David A. Aaker），库马（V. Kumar），乔治·戴（George S. Day）. 营销调研[M]. 第7版. 魏立原，译. 北京：中国财政经济出版社，2003.

[89] 潘谷西. 中国建筑史[M]. 第6版. 北京：中国建筑工业出版社，2009.

[90] 潘久政，李敬. 我国投资项目评估中存在的问题及对策研究[J]. 西南农业大学学报（社会科学版），2004，2（2）.

[91] 潘蜀健，陈琳. 房地产市场营销[M]. 北京：中国建筑工业出版社，2003.

[92] 戚安邦. 项目论证与评估[M]. 北京：机械工业出版社，2004.

[93] 任淮秀，汪昌云. 建设项目后评价理论与方法[M]. 北京：中国人民大学出版社，1999.

[94] 任杰. 工程建设项目后评价方法[J]. 建筑设计管理，2007（1）.

[95] 芮明杰. 投资项目经济评价[M]. 上海：复旦大学出版社，2001.

[96] [日]长岛点一郎. 中短期暨年度经营计划实务[M]. 林正明，译. 台北：超越企管顾问公司，1993.

[97] 邵颖红，黄渝祥. 政策后评价的方法[J]. 中国软科学. 1999（4）.

[98] 沈建明. 项目风险管理[M]. 北京：机械工业出版社，2009.

[99] 施国庆，董铭. 投资项目社会评价研究[J]. 河海大学学报（哲学社会科学版），2003（6）.

[100] 施国庆. 非自愿移民：冲突与和谐[J]. 江苏社会科学，2005（5）.

[101] 宋林飞. 社会发展的评估与对策[J]. 南京社会科学，1998（4）.

[102] 苏晓毅. 居住区景观设计[M]. 北京：中国建筑工业出版社，2010.

[103] 苏益，张延民. 项目评估[M]. 北京：中国商业出版社，2000.

[104] 唐盛明. 社会科学研究方法新解[M]. 上海：上海社会科学院出版社，2003.

[105] 谢邦昌. 市场调查实战手册[M]. 广州：广东经济出版社，2002.

[106] 陶树人. 技术经济学[M]. 北京：中国经济管理出版社，1999.

[107] 王虹，施国庆．非自愿移民：大型水坝经验[J]．河海大学学报（哲学社会科学版），2002（6）．

[108] 王珏．营建投资估算实务[M]．台北：詹氏书局，2009．

[109] 王淑敏，石信谊．房地产金融实务[M]．北京：清华大学出版社，2009．

[110] 王蔚松，夏健明．项目评估[M]．北京：清华大学出版社，2001．

[111] 王直民，黄卫华．房地产策划[M]．北京：北京大学出版社，2010．

[112] 王志纲工作室．大盘时代[M]．成都：四川人民出版社，2001．

[113] 吴添祖，冯勤，欧阳仲健．技术经济学[M]．北京：清华大学出版社，2004．

[114] 吴志强，李德华．城市规划原理[M]．第4版．北京：中国建筑工业出版社，2010．

[115] 夏联喜．房地产项目管理[M]．北京：中国建筑工业出版社，2008．

[116] 肖涧松，邢旭东．房地产营销策划[M]．北京：中国劳动社会保障出版社，2012．

[117] 谢亚伟．工程项目风险管理与保险[M]．北京：清华大学出版社，2009．

[118] 徐大图．工程造价的确定与控制[M]．北京：中国计划出版社，1997．

[119] 许晓峰，等．建设项目后评估[M]．北京：中华工商联合出版社，2000．

[120] 严玲，尹贻林．公益性水利工程项目经济评价方法的述评[J]．水利水电技术，2003，34（5）．

[121] 杨涛，施国庆．建设征地中利益关系的调整与和谐机制构建[J]．华东经济管理，2006（8）．

[122] 叶剑平．房地产市场营销[M]．北京：中国人民大学出版社，2000．

[123] 叶茂中．叶茂中谈调研[M]．北京：中华工商联合出版社，2001．

[124] 尹贻林．工程造价计价与控制[M]．北京：中国计划出版社，2003．

[125] 于建春，方勇．服装市场调查与预测[M]．北京：中国纺织出版社，2002．

[126] 于九如．投资项目风险分析[J]．北京大学学报，1999（5）．

[127] 余源鹏．房地产项目可行性研究实操一本通[M]．北京：机械工业出版社，2009．

[128] 张极井．项目融资[M]．北京：中信出版社，1997．

[129] 张家鹏．商业地产真相[M]．北京：机械工业出版社，2008．

[130] 张伟．公司筹资[M]．上海：上海财经大学出版社，1997．

[131] 赵国杰．投资项目可行性研究[M]．天津：天津大学出版社，2003．

[132] 赵世强．房地产开发风险管理[M]．北京：中国建材工业出版社，2003．

[133] 周晓华．城市更新之市场模式[M]．第2版．北京：机械工业出版社，2007．

[134] 周裕新，李国好，蔡国强．技术经济学[M]．第2版．广州：华南理工大学出版社，1996．

[135] 朱东恺．投资项目利益相关者管理研究[J]．中国工程咨询，2004（2）．

[136] 朱东恺，施国庆．城市拆迁呼唤项目社会评价制度[J]．小城镇建设，2004（3）．

[137] 朱东恺．投资项目社会评价探析[J]．中国工程咨询，2004（7）．

[138] 左农，等．销售力全攻略：冠军楼盘营销策划实战全录[M]．广州：广东旅游出版社，2001．

附录A "房地产项目投资"课程设计指导书

课程设计的性质、目的、任务：

本课程设计是基于理论课"房地产项目投资分析"的一个实践性教学环节，"房地产项目投资分析"课程具有理论性和实践性都很强的特点。本课程设计主要通过对某一具体房地产项目的可行性研究实践，了解项目可行性研究的工作程序和方法，加强学生对投资分析知识的感性认识，巩固已经获得的理论知识；这个过程不局限于将知识转化为一般的技能，而是培养学生将所学知识运用于实践的意识和能力。

本课程设计主要包括六个方面的内容，一是项目调研，要求学生根据给定的设计题目，进行宏观环境、区域环境和开发条件调查，主要竞争对手分析和消费者需求分析；二是进行市场细分和项目定位；三是项目的营销策划；四是进行项目成本—收益分析；五是项目财务评价，计算项目实施的财务指标；六是项目风险性分析。（详见"设计内容"的要求）

项目地块基本资料：

项目地块位于白云新城运城东路西侧（详见建设用地规划红线图）。项目总用地面积 $23311m^2$，其中可建设用地面积 $23311m^2$，土地性质为二类居住用地（R2），地形图号：32-38-1（13）。

开发强度指标：

项目容积率≤3.0；建筑密度≤30%；绿地率≥40%（均按 $23311m^2$ 算）。

规划专项要求：

建筑物限高不超过120米；机动车泊位按1泊/$100m^2$ 建筑面积设置，$35m^2$/泊位；非机动车泊位按1泊/$100m^2$ 建筑面积设置。

公建配套要求：

项目名称	用地面积（m^2）	建筑面积（m^2）	设置要求	备注
老年人服务站点		120		
文化室		200		
居民健身场所	800	200		
社区居委会		100		
物业管理用房		200		含业主委员会用房
垃圾收集站	160	150		
公共厕所		50		

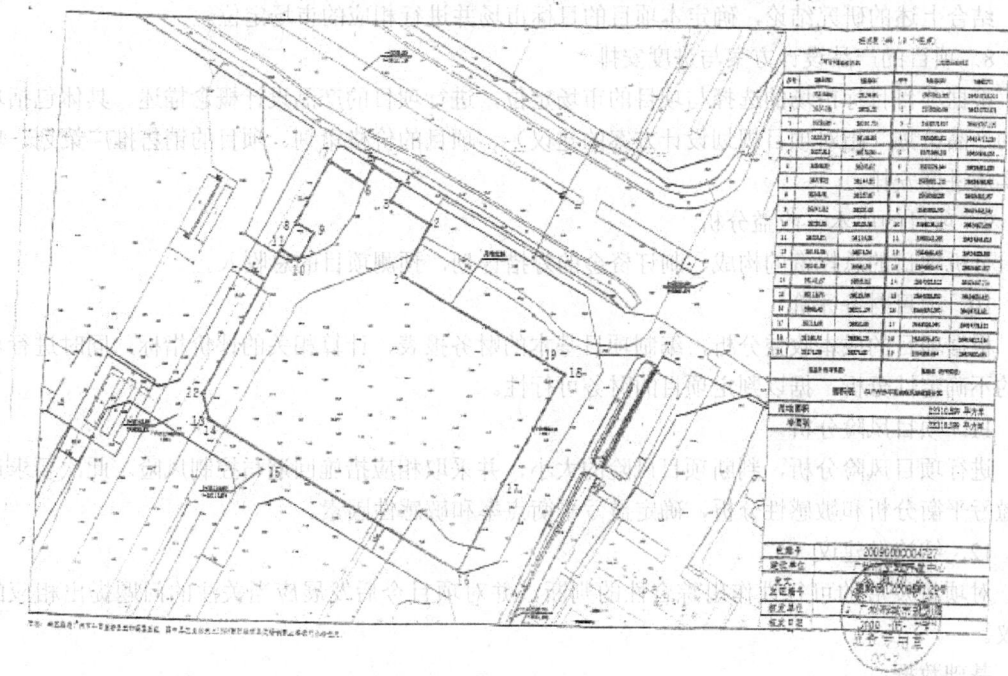

建设用地规划红线图

设计内容（仅供参考，应包括但不限于）：

1. 项目概述
2. 宏观环境研究

通过对城市不断变化的经济、政治、文化、人口、技术等因素的分析研究，明确项目当前所处的宏观环境与市场条件，把握房地产市场的整体走势，为科学决策提供宏观依据。

3. 区域环境研究

通过对项目所在区域的城市规划、景观、交通等区位条件的分析以及对区域内现实与潜在楼盘供应量的分析，研究项目地块所具有的区位价值。

4. 项目开发条件分析

对项目自身的开发条件及发展现状进行分析，初步明确地块及其环境的优势与缺陷，完成项目SWOT分析，为项目定位、投资分析做准备。

5. 项目开发的主要竞争楼盘分析

通过对项目开发的主要竞争对手的竞争楼盘分析，了解项目主要竞争对手的楼盘规模、租售价格、市场反应等，同时了解竞争对手的营销策略及其目标客户群，为确定本项目开发的竞争策略提供依据。

要求做不少于6个竞争对手楼盘分析。

6. 消费者需求调研

通过对消费者需求的二手资料与一手资料的收集与调查，了解消费者的购买力水平、购买倾向以及目标消费者的特征，为本项目的市场定位提供依据。

编写访谈大纲及问卷，开展访谈和问卷调查。

7．项目目标市场的选择与市场定位

结合上述的研究结论，确定本项目的目标市场并进行相应的市场定位。

8．项目的产品设计方案与进度安排

根据项目目标市场的选择与项目的市场定位，进行项目的产品设计概念描述。具体包括项目的产品策划（指对项目规划设计方案的建议）、项目的价格策划、项目的销售推广策划、项目实施进度安排。

9．项目的成本——收益分析

分析项目的总投资的构成，制订资金的筹措计划，预测项目的总收入。

10．项目财务评价

根据项目的成本收益分析，编制项目基本的财务报表，计算相关的评价指标，同时进行项目的不确定性分析，据以判定项目的财务可行性。

11．项目风险分析

进行项目风险分析，判断项目风险的大小，并采取相应措施回避与控制风险。此次要求进行盈亏平衡分析和敏感性分析，确定盈亏平衡点率和敏感性因素。

12．结论及建议

对项目发展的可行性作出综合性的判断，并对项目今后发展应当关注的问题提出相应的建议。

基础数据：

项目开始投建时点为 2012 年 6 月 1 日，开发周期自行确定。

项目资金来源为自有资金、银行借贷和预售收入再投入。其中自有资金投入应不少于总投资额的 30%。银行贷款利息率根据央行公布利率执行。地价按楼面地价 8000 元/m^2 计算。相关建筑造价数据自行收集、设定。基准折现率、项目租售单价、项目开发与租售进度等以合理为原则，自行确定。

注意事项：

可采用小组的形式开展调研，收集的数据可以共享，但数据的处理、解释、指标的测算须独立进行。每个同学必须独立撰写项目可行性研究报告。

附录 B "方兴杯"第七届全国大学生房地产策划大赛任务书

一、地块概况

1. 地理位置

亦庄 X85、X88 地块位于东南五环、六环之间的亦庄新城板块,隶属 3.8km² 居住区,属于新区开发板块,地块位于东南五环外,亦庄板块,距离京津唐高速约 6km,距离东南五环约 4km,距离南海子公园 2km。

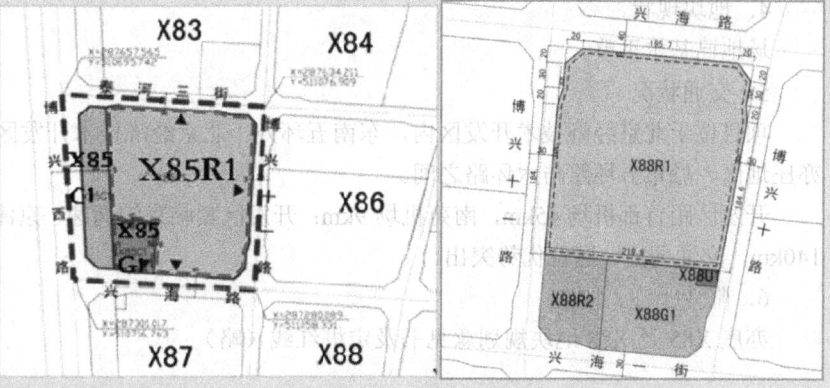

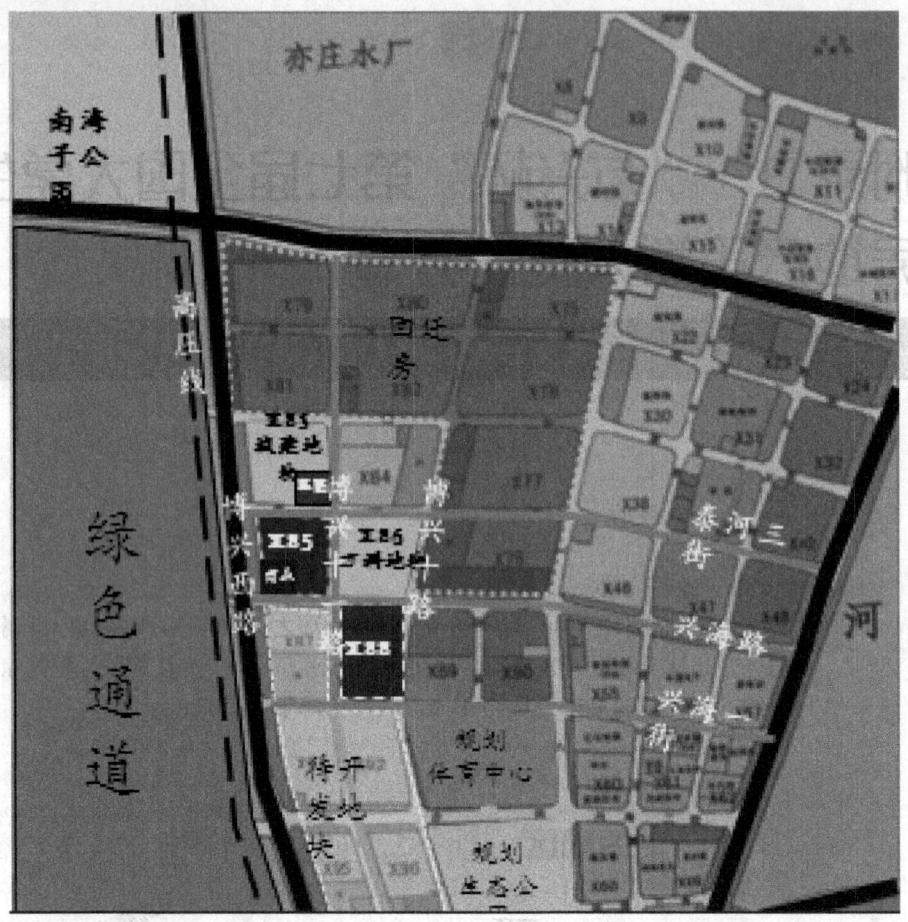

2. 宗地四至

地块四至为现状道路，与城建地块、金第万科地块一路之隔。

3. 经济技术指标

规划地块编号	用地性质	用地规模（m²）	容积率	地上规模（m²）	高度（米）	建筑密度（%）	绿地率（%）
X85R1	R2 居住用地	76723.14	2	153446（含公租房43000）	45	30	30
X88R1	R2 居住用地	58134	2.5	145335（含公租房46000）	60	40	30

4. 地块现状

场地已基本平整。

5. 交通状况

项目位于北京经济技术开发区内，东南五环外；北京经济技术开发区，位于中国北京东南亦庄地区，城市五环路与六环路之间。

开发区距首都机场45km，南苑机场9km；开发区紧临京沪高速、京津唐高速，距天津新港140km，交通便捷、区位优势突出。

6. 附件一

亦庄X85及X88地块规划意见书及定桩红线（略）

附录B "方兴杯"第七届全国大学生房地产策划大赛任务书

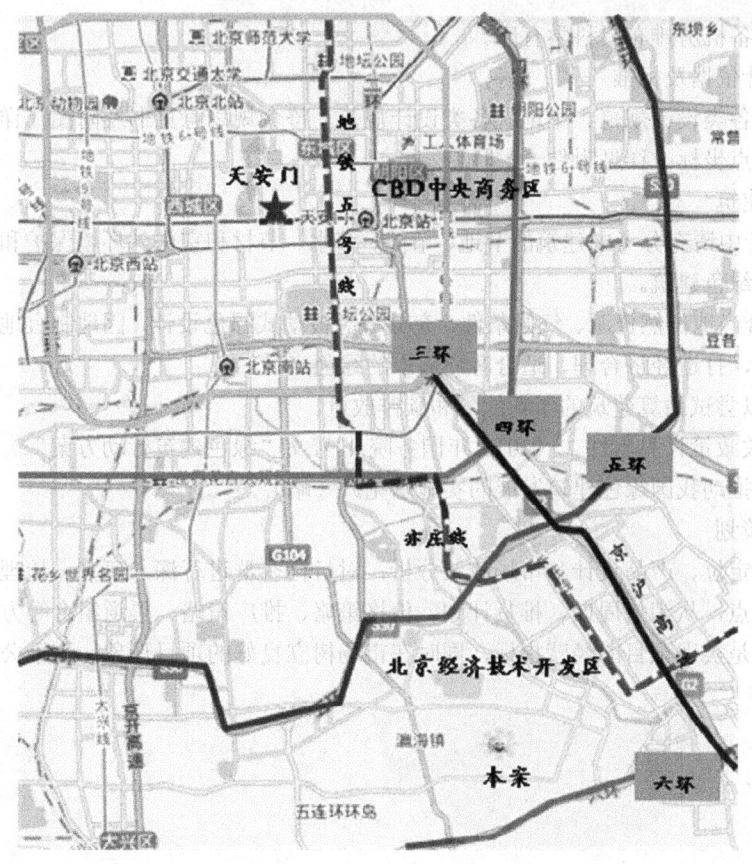

二、任务要求

1. 产品定位

通过对市场和区位进行综合分析,结合周边竞品项目,对目标客群进行定位,制定项目的竞争策略,从而合理准确并具有前瞻性地进行产品定位。

2. 经济分析

该地块于2013年1月获取,挂牌交易成交价为353000万元,请以此为依据对地块进行经营测算分析。

3. 规划设计

（1）设计指导思想

规划设计应以满足各项规范、面积指标为首要前提；建筑总体布局、造型、色彩应注重城市设计,应充分考虑与周围地块的关系；合理处理建筑物与环境场地之间的关系；合理处理各种建筑空间的有机组合、过渡；整个规划,应体现理性分析的过程,要求以功能合理为首要目的,杜绝纯粹的追求构图和形式主义。在总体布局时应充分考虑入口空间的展示作用,集中体现项目主题,最大限度地展现项目优势；住宅群体布置要避免建筑物之间的相互遮挡,要满足住宅对日照、间距、自然采光、自然通风的要求,要充分考虑对小区内部环境及外部远景的利用；充分考虑地块周边噪声对本项目的影响,要提出合理的规划布置方案,避免或减低噪音对主要房间的污染,要尽量减少通过使用技术手段来降低噪声（会带来建设成本的提高）；总体规划要充分体现经济性原则,合理平衡土方量；地下部分设计中,要做到经济合理,地下车库设计、地下设备机房排布要科学有序。

(2) 设计依据及标准

符合国家各类设计规范、本地区各类设计规范。符合规划意见书及附图（详见附件一）和红线图及钉桩点坐标（详见附件一）。

4．绿色建筑

(1) 设计中请充分考虑建筑的节地、节能、节水、节材和室内外环境保护和减少污染等问题，努力打造绿色建筑。

(2) 结合当地自然资源、气候条件，充分考虑被动式绿色设计，因地制宜地采用适宜的绿色理念和技术，打造经济合理、适合客户需求的绿色产品。

(3) 可以尝试估算建筑的年耗能量和碳排放量。

(4) 相关政策详见附件二《2013年国务院1号文"绿色建筑行动方案"》（略）、附件三《关于加快推动我国绿色建筑发展的实施意见》（略）。

5．营销策划

根据项目定位、产品设计和市场政策分析，对目标客群进行深入研究，梳理和营造项目的核心价值和卖点，从销售周期、推货计划、价格策略、推广策略、渠道组合等方面制订整体营销方案。目标是实现项目的经营指标，同时在市场树立良好的项目形象，利于公司品牌影响力持续提升。